沈福伟 著

东亚文明八千年

上海人民出版社

卷首语　文明的潮流

　　与漫长的地质时代相比,人类由采集经济向种植经济逐渐过渡的历史,距今大致只有一万年。种植经济引起的"食物生产革命",前提是必须要有土地和水,土地和水,无疑是人类赖以生存的根子。平整土地大约算得上是人类开发自然资源所从事的第一件有意义的工程了,无论可耕地还是可居地,都是经过人工开垦和平整才会出现,这样的场地,在此前处于初始阶段的农业社会中是尚未有过的;大河是世界文明的发源地,世界文明最初就是大河文明。尼罗河唤醒了埃及人的智慧,底格里斯河和幼发拉底河造就了美索不达米亚的辉煌文明,印度河启迪了达罗毗荼人的创造力,黄河和长江催发了华夏民族去缔造独树一帜的东亚文明,这就是人类从野蛮跨入文明阶段时,最初使地球发生的变化。

　　平整土地、调整水源、建造可以供成千上万甚或数以万计的人居住的城市,使地平线上出现了新的景观。公元前 3500 年,世界文明进入了以铸造青铜器为主要工艺手段的城市文明阶段,在两河流域,诞生了第一批城市之后,新兴城市便随之在大河沿线绽放,标志着野蛮社会经过"城市革命",进入了冶炼青铜器的文明社会。财富和人口的双重增长,最终促使氏族社会陷入分崩离析的境地,给构建阶级分化的国家提供了前提和必要的条件。战争作为解决不同利益集团之间冲突的非常规的手段,往往会成为取得新土地、新的水源和劳动力的一个不失时机的策略,一条引领新一轮社会进步的途径,以致在文明进程中,许多实际例子都说明,通常是武力征服培植了城市文明,原先自给自足的村落因此变成了工商兼有的城市。在美索不达米亚,自公元前 2200 年阿卡德的闪族统治者萨冈夺取巴比伦城,建立统一王朝开始,直到公元前 18 世纪,才由汉谟拉比完成统一大业,缔建了一个面积不足 25 万平方千米的古巴比伦王国。同一个时期的东亚地区,在黄河中游山西南部襄汾县的陶寺发现的龙山文化土城,面积有约 280 万平方米(2.8 平方千米)。其中的小城有 1 400 平方米的观象台的遗址,符合《尚书·尧典》中唐尧时代已有"观象授时"的记录。在长江三角洲的浙江余姚莫角山,2007 年发现的一座良渚文化的古城,总面积有 290 多万平方米(2.9 平方千米),算得上是公元前 2200 年古城中最大的一座了。公元前 2000 年由夏禹建立了夏后氏统治的国家,首先在黄河流域构建了一个统一王朝。这个在中国北部最早成立的王朝,管辖了近 60 万平方千米的土地,领土之广,远远胜过两河流域的古巴比伦帝国。

考古学家从地下发掘到的遗址和遗物,再现了人类在文明进程中利用风力、浮力、机械力和畜力,发明了船只、风帆、风箱、车子、织机、瓷砖、玻璃和冶金技术,修筑了可以长期保存的坟墓、庙宇、宫室和工场,并使来自远方的外来物品——融入当地的城市生活,成为常用物品。尼罗河畔修建的金字塔,曾是人类直到 19 世纪一直未能超越的建筑高度。埃及在跨进青铜器时代以后,在尼罗河和西奈半岛建立了一批城市,分布沿线长达 1 000 千米。像卢克索神庙,以及阿比托斯、孟菲斯、底比斯这些用石头叠起来的雄伟古都,它们作为历史的记忆库,直到今天仍在向后人昭示着业已逝去的古老文明昔日的光华。在印度河谷地信德的古老居民点摩亨佐达罗(Mohenjo Daro),由土坯砖构筑的两层房组成的大街小巷,面积达到 2.6 平方千米,年代却比阿卡德的萨冈建立的帝国还要早些。古巴比伦的城市绵延长达 900 千米。在美索不达米亚南部苏美尔的古城市群中,有离开两河汇合处 80 千米、位于幼发拉底河左岸的古城埃利都(Eridu),遗址保留了世界上最古的观象台和刻写楔形文字的众多泥版。《圣约》中的伊勒克,当初叫乌卢克(Uruk),后来希腊人称作安谷城,不但是个古都,也是个"典籍之都",拥有最早的图书馆,算得上世界上最古老的文化都会。苏美尔的城市伊立克,还筑有金字塔式的塔庙齐古拉,使用沥青,先后修筑了四次。至于那座奠基在砖头之上的,城墙高达 10 米、厚有 30 米的巴比伦城,更是一座辉煌的大城。估计公元前 2500 年,这些城市可容纳的居民已有 8 000—12 000 人。这些城市使用了宏伟的石头、黏性的釉彩修筑人间的天堂,使用了轻便的战车和力畜运输商货,人们为此倾注了一段段广积财富、技术更新、商贸发达、文明进步的历史。

由畜牧业、农业和工商业三大板块集中的城市组建而成的文明社会中,城市生活的日益丰富、城市建设规模的扩大引领着世界文明向前大步迈进。城市文明是财富集中到一定程度的产物,标志着金属冶炼、建筑工程和远距离商品交换达到了一定的规模。同时出现的还有王权、文字、法典和制度化的宗庙(或神庙)祭祀。

城市诞生后,首先在埃及、巴比伦和中国中部确立了三大文明中心,随后扩散到周边的亚述、叙利亚、伊朗、信德、旁遮普、克里特、希腊诸岛和安纳托利亚高原，然后才轮到希腊本土、库班草原和里海地区绽放文明之花。

公元前2000年以后，世界文明以铁器时代为标志，继续壮大城市文明。埃及的尼罗河文明、西亚的肥沃新月文明、南亚的印度河文明，以及以中国黄河中下游的中原地区为代表的东亚文明，这四大传统文明，在以后的2 000年中继续保持着领先的地位，并以创造的文字，形成各自独立的文明标识。埃及的领土在公元前15世纪一度扩展到叙利亚、腓尼基和巴勒斯坦。巴比伦在汉谟拉比时代一度繁荣，随后在它的东部边境出现了游牧民族加西特人的骑马文化，第一次在高度发展的文明中心地区形成农牧交错的特殊分工。在印度河文明地区，由于公元前1600年手持铁器的雅利安人自开布尔山口入侵，迫使印度河原住民向东开发恒河沼泽地，由此展开了使用梵文（sanskrit）的吠陀时期。中国北方黄河中下游先后成立了夏、商两个王朝，创造了以龟甲、牛肩胛骨为书板的象形文字甲骨文，为东亚文明使用的单音节方块字文字体系提供了初期的范本。

小亚细亚由于冶铁技艺的飞速发展，展开了新一轮的文明浪潮。使用铁器的海克索斯人和希提人先后从卡巴杜西亚侵入幼发拉底河。老家在安纳托利亚高原中部哈里斯河的希提人属于蒙古利亚族，在公元前15世纪建立了一个帝国，将埃及、肥沃新月和爱琴世界民族连成一体。这是继古巴比伦王国之后，由于掌握了先进的生产工具和兵器，迅速出现的又一个疆域更加广袤的帝国，它的领土大约达到了150万平方千米，堪与东亚的商文明区相提并列，可惜的是，它只是一个昙花一现的短命王朝。

进入公元前1000年之后，历史经历了一大转折：陆地上的车和马文化、海洋上帆船的广泛应用，加速了世界文明的进程。许多新兴民族凭着他们的智慧、毅力和找到的资源，缔建起各式各样的文明社会，使文化圈的振波逐渐扩大，彼此纵横交叉，强化了原先被崇山峻岭和海洋分隔的各个文明中心之间的相互交流。地中海东部许多民族使用铁制的武器和马匹，战胜对手，战争的规模因此比起以往更加扩大，破坏力也愈演愈烈，战争逐渐演绎成促使文明的整合，冲破地域、民族和信仰不同的一种手段，反复发生。

在以后的1 000年中，几个使用铁器的骑马民族在越来越广阔的天地中，凭借他们的优势，接二连三地建立起多民族的帝国，运用统治集团所具有的权力，强迫其他民族并入这些新近崛起的文明联合体，来扩大自身的权势和财富。文明的传播因此演变成极不文明的杀戮和破坏，战争与机遇成了一对难以分割的连体儿，使早先的一些文明古国下降为弱势民族。古巴比伦和埃及先后成为新兴帝国的省份，从此变成了地理名称。古老的埃及接连遭受斐利斯丁人、亚述人、波斯人、马其顿人和罗马人的入侵。公元前525年波斯王大流士征服了埃及,埃及从此失去了独立的地位,逐渐退出了文明中心的序列。昙花一现的大流士帝国证实了在它那个时代,要在文明发达地区建造一个包容多元文化而且领土广达400万平方千米的帝国,只能以违背时代潮流而迅速崩溃。但是波斯从那时起,确已升格为西亚文明的中心,波斯文明在以后的1 000年中,构成了和西方的希腊、罗马文明东西相对的东方文明的中心。从此出现了东方与西方两大不同体系的文明的对峙。

自公元前12世纪希腊社会进入铁器时代以来,希腊人便以城邦的政治体制活跃在爱琴海和地中海东部地区,克里特、塞浦路斯、爱琴海、黑海和小亚细亚半岛、利凡特以及埃及,连同希腊本土,形成了希腊文明圈。希腊人接受了腓尼基人发明的22个字母的拼音文字,再添上元音,完成了拼音文字,由此奠定了西方语文的基石。希腊文明的兴起,标志着欧洲走进了文明社会。

非洲、亚洲和欧洲先后进入铁器时代以后,在欧洲出现了以地中海世界为主体的罗马帝国,这个面积在400万平方千米以上的庞杂帝国,由于文化、宗教和语言的迥异,到公元395年最终分裂成东西两部,西部以罗马城为中心,统有西欧、北非;东部以拜占庭城为中心,将东欧、希腊、俄罗斯和小亚细亚划入圈内。在东亚同样建立了有广大疆域的统一国家,先有秦汉帝国,后有隋唐帝国相继,西汉王朝的领土接近600万平方千米,公元669年以后的大唐帝国更是一个疆土拓展到1 155万平方千米的超级帝国,影响遍及整个亚洲,以它的智慧和创造力,向世界充分展示了东亚文明的辉煌。

直到15世纪尚未被旧大陆认知的美洲,在以文明世界自诩的旧大陆居民的眼里,曾是一大块孤悬在大西洋和太平洋之间等待开发的未名地。但这里的农艺世界,少说也有4 000—5 000年历史了。迟至公元前12世纪,奥尔梅卡(Olmeca)文明的光华首先在墨西哥湾沿岸冉冉升起,他们信奉羽蛇神灵,运用象形文字制作树皮或蹬羚皮文书,采用365天的太阳历,并举行人祭,以玉米、豆类(主食马铃薯)为食品。这一文明后来被特奥蒂瓦坎文明和古典时期(300—900年)的玛雅文明所继承。玛雅人创建了城市,建筑了美洲的金字塔,到14世纪才进入衰败期。南美洲秘鲁的印加(Inca)文化,则以首都库斯科为中心建造了许多神奇美妙的建筑物和城堡而著称于世。

散居在西起多瑙河、黑海,东至阿尔泰山、阴山、燕山山脉的草原牧民,曾经建立过许多以军事统治为基础的草原帝国,并且对居住在他们以南的农业社会不断构成新的威胁,进而推动了移民和文化的融通。然而在文明发达地区先后出现的罗马、波斯、汉、唐几个称雄一时的大帝国,足足在长达1 000年的时段中,挡住了游牧民的侵扰,守住了自己的地盘。

然而一到 7 世纪,所有以往的传统又开始逆转,原本散居的阿拉伯人在麦地那掀起了沙漠旋风,使世界面目为之一变。创立伊斯兰教的穆罕默德,成为宗教领袖的先知,率领信徒战胜了古莱氏族人,以麦加为圣地(后来又加上耶路撒冷)。伊斯兰教与佛教、基督教并称为世界三大宗教。

欧洲人到东方寻找财富的愿望,最初是由威尼斯人马可·波罗根据他的经历写作的游记所引发,对异教徒的战争、连年的瘟疫和对东方贸易形成的逆差,刺激了大西洋滨两个刚刚摆脱了穆斯林统治的国家葡萄牙和西班牙,到东方去开辟新天地,由此发现了美洲大陆。这两个面积总共才 60 万平方千米的小国,受罗马教廷唆使,竟在 1494 年 6 月签订了一个托尔特西拉条约,以大西洋中的亚速尔群岛为分界线,对世界进行分割,规定此线以西 270 海里的地方归西班牙,以东划归葡萄牙。由此在以后 400 年中引发的欧洲殖民运动,由荷兰、英国、法国、普鲁士、俄国等相继霸持,世界上许多地方被归入弱势地区,遭受了欧洲列强吞并与侵扰的厄运。进入 20 世纪时,世界已被列强分割完毕,一些文明古国早被宰割得面目全非了。

世界在 19 世纪进入工业化时期,迎来的是一股科学昌明、技术不断革新的文明新浪潮,工业化引领人类迈向电气时代,同时也加速了各个强国为取得世界霸权而不断进行争战,导致国际关系的重新组合,终致国与国之间的摩擦演化成世界性的战争,于是在第一次世界大战之后又爆发了第二次世界大战。从战争的废墟中重新站起来的人们,不得不面对这样的现实:科学越发达,战争的规模也越大,促使人类面临生存危机的概率也同时增大,因此"和平共处"已成人类维护生存的第一需要。同样,也必须看到,第二次世界大战以后,科学技术的迅猛发展,正在彻底改变人们的思维方式和社会生活,经过短短的半个世纪,文明世界便迅速地超越了电子时代进入信息时代,在 100 多年中,迫不及待地跨越了电气时代、电子时代,进入了信息时代,有人甚至已在呼吁地球村的出现,设法探索距离地球几十万光年的星球。

当今全球经济一体化的大潮,既给一些国家和地区带来了繁荣,也迫使人类吞下生态环境遭破坏的恶果,由此摆在人们面前的是一场保护环境、珍惜资源、保卫地球的艰巨的斗争,全人类唯有团结一致、共同努力,才能捍卫文明世界的繁荣与进步。

目　录

下　编　　新　潮

上编 成 长

第一章
东亚文明的曙光

一、 东亚的地理环境

东亚地区本来指亚洲的东部地区,大致包有东经 100° 以东的许多陆地和海岛,约占亚洲总面积的 1/4。根据地理位置,可以分成东北亚和东南亚两大板块。东北亚由于它所处的亚寒带、温带和亚热带的人居环境,最适合文明的诞生和形成,和西亚、地中海东部地区一样,各自在东方和西方滋生和孕育了人类的文明,为世界构建了文明社会的发源地。

东北亚地区分属中国、蒙古、朝鲜、韩国和日本,共 5 个国家。东北亚北部和归属俄罗斯的北亚邻接,南部和东南亚毗连。东北亚地区的居民,几乎全部属于蒙古利亚的黄色人种。中国的国土广袤,拥有 13 亿人口,因此既是东北亚的主体国家,也是东亚地区最大的国家。中国约有 2/3 的领土,也就是约 600 万平方千米属于东亚地区,除此以外,还有约 1/3 的领土,即约 360 万平方千米的土地,是在东亚地区以西属于中亚细亚境域,合起来一共是 960 万平方千米。中国在东亚地区所属领土只相当于它的东半部,这东半部的北面有内蒙古高原,向南有山陕黄土高原,西边和青藏高原毗连,它的东南是云贵高原。除了青藏高原,中国的东半部,既包括了上述三大高原,更有三大高原以东直到沿海的大片平原和丘陵,主要有东北平原、华北平原、长江中下游平原和江南丘陵。中国的地形,按照西高东低的走向,自西向东可以分成三级阶梯。西边的青藏高原平均海拔在 4 000 米以上,高原西南边缘处于中国和印度、尼泊尔边界的喜马拉雅山,平均海拔 6 000 米以上,是世界上最大的山脉;高原西端和帕米尔高原邻接,是一处在亚洲中部突起的山地,天山、昆仑山、喀拉昆仑山、兴都库什山等几条大山脉,从这里向四面八方伸展,在帕米尔地区形成一大山结。高海拔的崇山峻岭,曾在交通手段相对简陋的古代,给中国西部地区和境外的交通带来过一定的困难。这曾一度被有些历史家认为的那样,是中国的西部长期处于被封闭状态的依据。

在西部青藏高原和东部沿海的平原和丘陵之间,是处在两者中间呈"丫"字形向两端展开的第二级阶梯,这一地区的平均海拔下降到 1 000—2 000 米,境内森林密布,植被丰厚,比较适合只能依靠简易的生产工具从事农牧生产的高原居民生活。"丫"字形高原带的西端有塔里木盆地、准噶尔盆地、吐鲁番盆地,向东与内蒙古高原毗连,直至大兴安岭为止,中间通过黄河大转弯的河套地区,往南通往秦岭、大巴山、武陵山、苗岭、南岭山脉,一直延伸到北部湾边的十万大山。正是这条"丫"字形的山地,在顶部构成了一条在古代横贯亚洲大陆的东西交通大动脉,使它处于受海洋暖流支配的温暖湿润带和欧亚大陆腹地的干燥带之间,呈弧状展开的一条中间过渡地带。在这条弧形地带内广泛分布着高原灌木丛与草原,在海拔高程、日照、气温、湿度、降雨量、无霜期和土壤、植被等方面都表现出相当大的一致性,自新石器时代晚期以来,这里就是北方诸多游牧民族或半农半牧民族繁衍生息之地。中国北部的河套和六盘山(陇山)地区,是这一"丫"字形地带的中间环节,由此往南穿越秦岭,通过四川盆地西边的山区和云贵高原东部之间形成的一条交通线,通常被称作半月形走廊,它们表现出一种中国西部游牧民族所共有的文化面貌。通过这条走廊,中国北方的高原牧民和东南亚北部大陆半农半牧的居民取得了最初的联系。横贯中南半岛的文化传播线,很早就通过巨石文化等铜石并用时期的古老文化,和中国境内各种区域性文化有了往来。如果将这幅图像再放大一下,那就不难看出,正是在中国境内和边陲地区构成的一种"工"字形的交通格局,早在公元前两三千年前,便促使东北亚和东南亚悄悄地走到了一起。

在中国东部沿海的平原和丘陵地区生活的古老居民,他们不乏水源,他们的栖息地处在北起大兴安岭、燕山、太行山,南至巫山和云贵高原以东的第三阶梯地区,海拔高度一般在 500 米以下。从这里再往东去,沿着渤海、黄海、东海和南海的海滨平原,大都处在海拔 50 米以下。这里是东亚古老的农艺作物的发源地,世界上最大的稻作文化中心。在这块土地上,从北起哈尔滨、沈阳、北京到西安、成都、大理,可以划上一条斜线,占总人口 90% 的中国人就居住在这条线以东的地方,而这块土地的面积却只占到中国土地总面积的 1/3;其中的一半是平原,山地、高原和丘陵占了另一半。在这条线以东,是中国农艺作物生长的宝地。按照世界气候类型的分布,这条线以东的地方,又可以淮河为界,分成南北两部分,南半部包有秦岭、淮河以南的长江流域、云贵高原以及五岭以南地区,属亚热带季风性湿润气候;北半部属温带季风气候,包有河套地区和大兴安岭以东黑龙江流域的广大区域;中国的农业全靠这些肥沃的土地才能滋育出人们赖以生存的粮食、各种食物和农艺产品。但是这些平原和丘陵加起来,也不过占中国总面积的22%,所以中国人早就开始奔向环绕黄河、长江、澜沧江的高原要地,好扩大种植面积,养活更多的人口。沿海居民更靠了善于利用舟楫的天赋,漂洋过海,到海洋中去寻找新的生存空间,于是大陆文化也就随之在海外立足,成为一种不分陆地和海岛,可以放之四海而在整个地球上生存的新文化。

按照亚洲东部大陆"工"字形交通网络形成的框架,如果在中间再加上一条横线,将它扩大为王字形框架,也就是在西起塔里木盆地、柴达木盆地,向东顺着秦岭和淮河一直通向东海,更越过对马海峡往东的地方,划上一道界线,将包括关西在内的日本列岛的南部地区,全部圈进这条线的南面,那么就会出现一幅完整的早期东亚的文明分布图。在此线以北属于河套以西半月形走廊以东的地方,是包有山陕黄土高原、华北平原的黄河中下游地区,往东更有东北平原和朝鲜半岛可以圈入该线以内,这些地方构成了东亚北部最早发展农艺作物的地区。在此线以南属于河套以西半月形走廊以东的地方,是包有大巴山、四川盆地、长江中下游平原和江南丘陵,以及珠江三角洲在内的,东亚南部最早跨进农耕社会的地区。远离大陆孤悬海中的台湾岛和海南岛,则是东亚南部文明向海外传导的两支触角。

位于东北亚太平洋上的群岛国家日本,由北海道、本州、四国和九州四大岛和周围许多小岛组成,海岸曲折崎岖多港湾,是世界上少数几个海岸线特长的岛国之一。境内偏多山地,仅有一些滨海之地才有狭小的平原,河流短促,属温带海洋性季风气候。全岛处于来自西北的冬季干寒的季节风和来自西南的夏季湿热的季节风交汇的地方,表现出以关东地区(东京都和附近的神奈川县等6个县)为界,北寒而南热的气候特点。日本列岛全年降雨量平均为1 000毫米,南部有些地方达到3 000毫米。日本列岛和朝鲜半岛之间,在3万年以前的旧石器时代晚期,由于第四纪冰河期间海水下降,曾有陆桥可通,大陆居民和生物通过这座陆桥,得以进入日本的沿海岛屿,所以在人种上,日本群岛的原住民和华北的居民并无多大区别。到了距今12 000年以后,全球气候返暖,冰期告终,进入间冰期,海水上升,陆桥消失,群岛从此孤悬海外达数千年之久。中国沿海的黄海、东海、南海等早先已经陆地化的地方,重新成为海洋。中国黄河下游和长江下游三角洲间的海岸线,在公元前五六千年前由于气温下降,发生海退现象而出现造陆运动,向外拓展到几十千米之外,形成了现在的海岸线。同一时期,日本列岛由于海退现象,逐渐浮出水面,直到绳纹文化的晚期才接近现在的面貌。正因列岛处于北上的太平洋暖流、对马暖流和南下的日本海寒流、千岛寒流交汇的地方,这些海流只会冲向日本沿海,无一回复,所以在交通工具处于初始时期的情况下,只有大陆沿海的漂流者才有可能偶尔到达日本沿海,日本的原住民却无法前往大陆,和大陆的联系十分困难,群岛的新石器时期因而长期停滞不进。

和东亚大陆相毗连的东南亚地区,拥有4.5亿人口,属于世界上人口稠密的地区,居民绝大多数是黄色人种。居住区大多集中在各大河的沿岸平原、河口的三角洲,以及各大岛屿的沿海平原上,占陆地面积极大的山区和许多岛屿的雨林地带的人口十分稀少。东南亚由于地势的关系,分成大陆和海岛两大部分。属于大陆的部分,由于地处中国的南方,所以称作中南半岛,它的南半部在泰国湾以西形成一条狭长的走廊,一直伸展到赤道附近的马六甲海峡,特称马来半岛,是东南亚海岛原住民马来人的居住区。中南半岛有越南、老挝、柬埔寨、泰国、缅甸、新加坡和属于马来西亚的马来亚。属于海岛的部分,总称马来群岛,有印度尼西亚、菲律宾、文莱三国,还有属于马来西亚的加里曼丹岛上的沙捞越和沙巴。所以东南亚总共有十个国家,并且拥有广大的海域。马来群岛分布在马来半岛的东南西三面,西面起自苏门答腊岛,向东一直伸展到西南太平洋的所罗门群岛,南面邻接澳大利亚,北部直抵台湾和菲律宾群岛之间的巴士海峡,南北逶迤 3 200 千米,东西绵延 7 000 千米以上,境内共有大小岛屿 21 000 多个,面积达到 220 万平方千米,拥有海域之广,实属世所罕见。群岛的主要国家是印度尼西亚和菲律宾。领土面积为 190 万平方千米的印度尼西亚,是世界上最大的群岛国家,属热带雨林气候,境内有火山 400 多座,地震频繁。在这个近 2 亿人口的国家中,爪哇族占了一半,并有巽他、马来等 100 多个民族,历史上深受印度文化的熏陶,后来又信仰伊斯兰教。境内资源丰富,林木繁茂,森林覆盖率达 67% 以上,出产紫檀、柚木等优质木材。

早在公元前 1 世纪,这些地方都被中国人称作"南海",当时的刘熙《释名》卷二已称:"南海,在海南也,宜言海南。欲同四海名,故言南海。"所以"南海"一名,老早就有两个含义,一是指南面的海洋,又一是称呼包括陆地和海岛在内的东南亚。到 14 世纪,这一地区被划分成东洋和西洋两大区。3 个世纪后,陈伦炯在《海国闻见录》中将这里正式称作东南洋或南洋,从此以后,"南洋"一名,才被中国人当作了东南亚的代名词,在相应的英语中,称作"South Sea",也就是古代中国所称的"南海",和中文的含义相仿。到了 20 世纪初,中国、日本和英语、法语的地理书中所称的南洋,是包括以下两个部分的:一是中南半岛,指越南、老挝、柬埔寨、泰国、缅甸五国;另一部分是按民族分布称作马来西亚,包有马来半岛(马来亚)和马来群岛(荷属东印度群岛、英属婆罗洲和菲律宾群岛)。这些名称反映了当时处于西方殖民统治下的东南亚地区的地缘政治面貌。直到第二次世界大战期间,"东南亚"作为一个地理区划的特定名词,方始获得正式的认定。

中南半岛的北部和中国的西南部相毗连,山脉的走向上承横断山脉,大致呈南北向,整个半岛的地形也和中国中西部一样是西高东低,由西北向东南倾斜。缅甸北部的阿拉干山地,一般海拔在 4 000 米以上,中部诸山海拔在 2 000—3 000

米,南部阿拉干山海拔降至 1 000 米上下。在第三纪发生的喜马拉雅造山运动,掀起了东西走向的喜马拉雅山,但在坎底以北,受到滇缅结晶杂岩带古陆块的阻碍,造山运动突然转向西南,在中印缅边区造成一系列南北向相互平行的山脉,出现了由东北向西南伸展,在伊洛瓦底江和阿拉干海岸之间汇合成的阿拉干山,像屏障一般阻碍着东西交通,仅有若干较低平的山口才可通过。阿拉干山到缅甸极西南的尼格莱角没入海中,之后,山脉在海底继续绵延,中途露出的成为大小岛屿,有尼格莱岛、金刚石岛、安达曼群岛、尼可巴群岛,直到印度尼西亚的苏门答腊岛、爪哇岛等一系列岛屿,这些在印度尼西亚境内延伸的岛屿,总称爪哇-巽他山弧,都由缅甸境内 1 100 千米长的阿拉干山地绵延而成。因此从地质构造而言,不难见出,素有"千岛之国"(Nusantara)称号而实际拥有 13 000 多个岛屿的印度尼西亚和大陆关系的深远了。

中南半岛的山系和发源于青藏高原、云贵高原的水系彼此并行,自北而南注入大海,形成山山水水相互间隔,一齐向南奔流入海的地理景观。在中南半岛和马来半岛,山地和高原占有的面积达到 3/4 以上,平原只占一小部分。许多山脉直接由青藏高原、云贵高原逶迤南下。这些山脉有分布在印缅边境的阿拉干山,中缅边陲的掸邦高原,泰缅之间的他念他翁山脉、比劳山脉,泰国中部的当佩亚法山和桑坎彭山,还有可以当作越南和老挝、柬埔寨天然分水岭的长山山脉。穿行在这些崇山峻岭之间的大河,有源自青藏高原的伊洛瓦底江、作为中国境内怒江的下游的萨尔温江、从云贵高原的南部边缘奔流而下的湄南河、由中国的澜沧江出境后改称的湄公河,以及由云南流入北部湾的红河。湄公河是中南半岛最大的一条河流,全长 2 888 千米,流域面积 65.6 万平方千米,湄公河加上澜沧江总长 4 500 千米,在亚洲是仅次于长江、黄河的大河。下游入海处有九条河汊,称九龙江,形成巨大的冲积平原,为东南亚地区发展区域经济最有开发潜力的资源宝库。湄公河、湄南河(Mae Nam, Chao Phraya,全称昭披耶河)、伊洛瓦底江和红河下游形成的冲积平原,是本区农艺作物最理想的培植基地。

东南亚地区的气候,分别属于热带季风气候和热带雨林气候。在中南半岛和菲律宾群岛北部,属于热带季风气候,常年气候湿热,大部分地区的年降水量在 2 000 毫米以上,个别地区甚至高达 6 000 毫米。这里一年分为旱季和雨季:旱季从 11 月开始,到下年的 4 月,风向循地形方向,自大陆吹向海洋,括东北风,降水量在 1 000 毫米以上;从 5 月到 10 月是雨季,刮西南风,风从湿热的海洋上吹向东北方,降水量一般在 1 500—2 000 毫米之间,雨量充沛集中,通常以暴雨方式降水,适宜农作物播种,收获多在旱季。马来半岛南部和马来群岛的大部分地区在赤道附近,属于热带雨林气候,全年处于热带气候,不分季节,随时可以播种和收获,年降水量在 2 000—3 000 毫米之间,所以盛产热带蔬果和耐用的优质木材,缅甸北部和泰国北部的柚木林、越南南部和马来半岛的乌文木、加里曼丹的铁力木,尤其是名闻遐迩的建筑和造船用材。

在东南亚地区纬度最为偏北的缅甸,它的最南端还在热带雨林区以外,所以东南亚地区的温度以缅甸为最低,但它的北部因处在北回归线以北,出现大面积的温带气候,并有少数终年积雪的山峰。缅甸全境由于南北向纵列的地形区域和山脉排列,与印度洋季风成斜交或直交,致使分布在阿拉干海岸和德林达依海岸的山脉的迎风坡普遍多雨,形成年降水量 3 000—6 000 毫米的暴雨区,而受西南季风影响的山脉的背风坡却相对干燥。印度洋西南季风进入伊洛瓦底江谷地后,受地形影响,改成南北向,更由于平原地区气流较难上升降雨,所以即使在伊江三角洲,雨量也因此减少,进入伊洛瓦底江中游谷地后,西南季风已近于消失,伊江中游谷地因此成为一处特出的干燥地带,年降水量在 500—1 000 毫米,其核心地区的年降水量仅在 650 毫米以下(北京年降水量是 632 毫米),是缅甸最干旱的地区。缅甸境内的气候,除了少数海拔 1 000 米以上的高山、高原以外,全年可明显划分为凉季、热季和雨季三个季节。凉季自 10 月中旬开始,到 3 月初始转入热季,属收获的季节。其间天气晴朗,降雨极少,大部分地区月平均温度为 15—22 ℃,是缅甸最温和宜人的季节。热季从 3 月上旬到 6 月上旬,气候炎热,月平均温度普遍在 25 ℃以上,伊江中下游干燥地带在 30—40 ℃。由于热季少雨,不利于作物的生长,当地居民只得将希望寄托在各种"求雨"活动上。雨季在全国范围内要到 6 月中旬才普遍展开,7 月和 8 月是大雨滂沱的时节。雨季在缅甸海岸地带最早进入,最晚退出,内陆进入雨季较迟,9 月中旬以后又率先转入凉季。东南亚各国中,只有缅甸一国,由于所处纬度偏北和直接面对孟加拉湾的印度洋季风,才会出现一年三季的特殊现象。

二、 东亚文明的诞生

人类从蒙昧到文明是一个漫长的过程,在 200 万年中先后经历了猿人、智人、真人等不同的进化阶段,直至最近的 1 万年,才加快了进入文明社会的步伐。文明的诞生,是人类文化和社会发展到一定阶段的产物,包括文化的发展和社会的进步两重内涵。文化方面,既有物质资料的生产、交换和消费方式,也有精神领域的信仰、意识和它外在的表现形式如美术、乐舞、祭祀、巫术、台庙等的出现。社会方面,指反映人们之间关系的社会组织以及结构的变化与发展,表现在社会成员之间的关系由原始氏族社会中平等、互助的关系,逐渐转变为不平等的主宰与附庸的关系,由此引起物质资料和精神生活中占有和分配的差别之扩大,由于人口增长、生产规模扩大、群体活动增强,组织大型的生产、祭典和战争的需要,这类人际关系的不平等更被人为地扩大,并被制度化,最终形成了反映这种不平等关系的官僚机构和具有强制性管理职能的国家权力的产生。

　　人类文明首先由作物栽培拉开帷幕,由此形成的定居农业,成为人类在采集经济之外,更有保证的食物来源。美国考古学家 R.J.布雷伍德根据对西亚农业起源的研究,提出公元前 9000—前 8000 年是"初始的食物生产期"。这时人类初次走出洞穴,从事零星的采集和种植,最初种植的作物是瓜果和蔬菜。世界上 100 多种蔬菜中有一半是中国原产,如白菜、萝卜、芥菜等。中国又是世界上三个最大的果树原产地之一,以黄河为中心的原生种群有桃、杏、中国李、柿、枣和栗等,原产长江以南的有柑橘、梅、橙、柚、龙眼、荔枝和枇杷等常绿果树。大致在中华大地上,最早栽种的就是这些瓜果。但是只有当人类发现并驯化了小麦、水稻、粟、黍、玉米等重要粮食作物之后,才会出现房屋和定居农业,才会有农村和粮食作物的生产。只是这些粮食作物所提供的食物,大约仍少于人类全部食物的一半。然而只要聚落达到一定的规模,例如有上千人或更多的人居住,生产的组织和管理必须进一步强化时,那么随之就会产生管理层和神职人员,这些人占有的生产资料和财富就会显得与众不同,人间的不平等就此得以滋长起来。以湖南澧阳平原上澧县城头山遗址墓葬为例,这样的社会分化早在 6 500 年前便已展开了。

　　澧阳平原位于长江中游武陵山余脉和洞庭湖盆地之间的过渡地带,海拔 32—45 米,属亚热带大陆性气候,雨量充足,年均温度 16.5 ℃ 以上,适合水稻种植。澧阳平原考古发掘提供的史前时期生活图景,说明了距今 7 000 年以前,虽然人们的日用生活资料、装饰品、工具都属个人所有,但并未因此萌发更多占有和积累的意识,也不见有将其传之后代的观念。在生产能力出现可以有更多的占有的情况下,人人都以满足生活的基本需要为限,并无社会分化现象的产生。1988 年对澧县彭头山遗址的发掘,在 400 平方米面积内出土数以吨计的碎陶片,而当时墓中出土的陶器却十分稀少。由于流行二次葬,无论是距今 8 000—9 000 年的彭头山文化,还是距今 7 000 年的皂市下层文化,墓葬所见只是一些碎片,完整器极少,一座墓最多不过 4 件。当时的社会还缺乏财富意识,人们也没有死后继续维持生前富庶生活的意愿,社会上没有由于贫富分化而产生以财富为标志的等级和地位区别。1996 年在澧县城头山发现距今 6 000 年以上的汤家岗文化时期的古稻田,发现了田埂,形成的丘块,并有用来灌溉的蓄水坑。由此出现了土地所有权与经营权的分离,以划成田块为主体的固定耕作模式,需要更精细的劳作,劳动成果也由人人共享转为与具体劳动单元直接挂靠的分配方式。耕作方式的变化和由此带来的组织、管理和分配方式的变革,最终导致了贫富分化和社会关系的变革。反映在汤家岗墓地的墓葬分成三个等级,墓地分南北两区,每区葬有甲、乙、丙三个等级,表明墓地不仅以血缘为纽带,而且有明显的分层分级管理的特点。北区的墓葬等级最高,不仅有区一级的中层管理和神职人员,还葬有整个墓地最高级的管理与神职人员,这类墓的随葬品最多,而且最精美。汤家岗墓地新增的社会化管理因素,表现在与过去不计报酬的自然管理不同,业已和酬劳、财富挂靠,管理者地位越高就越有权,拥有的财富也越多。财富私有化引起了私有制的起源,推动了作为聚落管理者与宗教神职人员的脑力劳动与生产者的体力劳动之间的社会分工,促使过去那种以血缘关系为基础的自然管理逐渐让位于以经济利益为基础的社会化管理。史前农业聚落正是在社会的基本矛盾推动下,获得了进一步发展的动力。

管理机构行使权力的制度化结果是,早先按生产分工和地域聚居的人群,被分化成一批具有特权的统治阶级,以及一大群没有特权或处于中间状态的被统治阶级。由社会结构造成的权力的出现和它的发展,通常和聚落的扩大、生产力的提高联系在一起。作为其基础和前提的是,包括武器在内的生产工具的进步,作为这一进步的里程碑式的标志,就是在同一地区生活的人群开始从新石器时代进入铜石并用时代。由此引起的对资源和财富(包括人口)的掠夺,致使各个群体之间的战争愈益频繁,导致城市出现,促使社会分化加剧,掌管宗教祭祀、军事和财富分配的大权集中到一小部分人的手中,而城市最终成了维护这些权益的物化的表征。因此城市的出现,是人群进入文明社会的重要标记。换句话说,文明是由新石器时代的野蛮人创造出来的。

文明诞生的过程往往是一个长达几百年,甚或上千年的缓慢的自然趋势。在中国的黄河流域,是由仰韶文化中晚期和龙山文化展开的,在长江流域,文明开端于马家浜文化和屈家岭文化,距今已有5 000—6 000年的历史。和聚落的扩大、冶铜文化出现的同时,社会财富在占有和分配方面的差别必然迅速加强,直至出现了体现王权的都邑。都邑的出现,不仅是人口增长和人群聚居规模扩大的结果,而且更重要的是,象征着氏族制度在这一地区的解体,接替氏族制度的是可以作为国家权力标记的王权的确立,由此形成的一个又一个的王权就成为一处又一处文明的实体,出现在文明演进的初期历史上。曾几何时,这些古老的城堡曾一度屹立在大地的表面,起到了人类在向文明社会迈进的过程中留下印迹的作用。中国考古学家苏秉琦用"古文化—古城—古国"的框架来凸显文明起源的三部曲,十分生动地体现了中国文明的起源应该也像世界文明的起源和发展一样,既有原生型,也有次生型和续生型的发展规律。

东亚文明是世界上少数几个古老文明中最大的一个土生文明,最早诞生在黄河和长江两条大河流经的地方,是在中国境内出现的具有明显的地域特色的古文明。由于境域广袤,多元化的区域社会的文明化进程并不一致,这是中国文明起源过程中的一大特色,但长江和黄河在这一进程中,分别表现出南北两大文明体系的趋势十分明显。虽然两大文明可以按照地域各自分成上、中、下游三个地区,各地区也并非在同一起跑线上同时启动各自的文明进程,但是它们之间各自消长,时而领先、时而滞后的历史,业经近百年的考古发掘加以分辨清楚。各地区间时而分离、时而组合,或东西相连,或南北交接,但两条大河自最初进入各自的农业区位时,便已注定了它们在文明进程中,实在是分处两大文明体系的客观事实。北方的黄河流域属于旱作文化区域,南方的长江流域则属稻作文化区域。黄河上游甘肃、青海地区的地势高于中、下游的东部地区,降水量比东部少,接近草原带;中下游地区当时大部分属于亚热带范围;这个旱作区的最大特点是大部分地区分布有黄土和黄土状土,黄土由于它的风成起因,和长期的干旱、半干旱形成条件,使其土壤结构异常均匀、松散并有良好的透水性,但容易随风暴向东南方飞扬。长江流域与黄河流域相比,主要是降水多、气温高,水源充足,广大平原地区沼泽、水网密布,人群多活动在地形较高的坡岸,以"墩""台"为居住地,长江下游的居民日与江海为邻,特别擅长捕捞与漂洋。北方和南方在生态环境上的差异,使得他们最早从事的生产活动和生活方式也有着巨大的差别,由此形成了南人与北人在体质和生活习惯上也大相径庭的格局。这个不同的起点,决定了以后数千年(至少5 000年)中两大地区在文明化进程中步子的快慢不一,即使到了公元前2000年,北方首先建立了强有力的国家机器,用夏朝统一周边地区,形成中原文明迅猛发展的大势,然而南北分野依然如故,仍在以后延续了至少1 800年之久。

东亚文明起始于中国文明,中国文明的起点在新石器时代和铜石并用时代,大致从公元前9000年展开;遵照考古学在各地发掘的数千处遗址的出土物,目前认为,可以分成五个阶段:

(1)第一阶段,属新石器时代早期,公元前9000—前6500年。在黄河流域,有人将它称作"前裴李岗文化时期",但缺少确切的考古遗址可以论述。迄今唯一可供论证的早期遗址,是2009年在河南新密李家沟发现的旧石器至新石器过渡阶段的遗址,或可作为黄河流域中原文明初始阶段的文化遗存加以考察。在长江中下游地区,有公元前18000年以前的在湖南道县玉蟾洞发现的稻谷和人类居住遗址,公元前9000年的江西万年仙人洞遗址,公元前8000年的浙江萧山上山遗址,公元前7000—前6000年湖南澧县彭头山文化。属于华南地区的有公元前

7000 年广西桂林甑皮岩、柳州大龙潭、广东英德青塘圩等遗址。这些遗址出土了最早的栽培稻谷,以及少量的粗制陶器。

（2）第二阶段,属新石器时代中期,公元前 6500—前 5000 年。代表性文化有黄河中游中原地区有裴李岗文化,河北境内有武安磁山文化、北福地文化,合称磁山-裴李岗文化;并有山东(海岱地区)的北辛文化,陕甘地区的老官台文化。古代黄河下游沿太行山东进,摆动在子牙河南北两岸,在永定河南岸或北岸入海,所以黄河以南均称山东海岱地区。这些地区出土的粮食是旱田作物的粟和黍,属于旱作区,旱作区因此又称"粟黍文化"。长江流域有澧县彭头山文化、皂市下层文化、城背溪文化,都以水稻为主要的粮食作物。北方地区有辽河流域的兴隆洼文化。这一时期的遗址出现了地面建筑,发现大量灰坑,其中有许多是粮食窖穴,农业和畜牧业相当发达,出土的生产工具多是磨制石器,还有大量陶器,主要是炊具,反映出人们普遍以熟食为主。渔猎活动仍然是一种重要的谋生手段,弓箭是主要的狩猎工具。

（3）第三阶段,属新石器时代晚期,公元前 5000—前 3500 年。具有代表性文化在黄河流域中游有仰韶文化前期、山东的大汶口文化早期、北方燕辽地区的红山文化。长江流域有上游成都平原的宝墩文化、中游的大溪文化,下游太湖流域的马家浜文化、崧泽文化、宁绍地区的河姆渡文化。这时期遗址中出现了可以容纳几百人的村落,文化堆积层很厚,表明有了可以长期连续的定居农业。黄河流域出土的陶器以红陶占多数,彩陶由逐渐增多达到高峰。石器还有相当一部分是打制和半磨制的,但已有穿孔石斧、刀、铲、锛、凿等磨制石器。长江下游地区有了发达的木作工艺和玉琢工艺。公元前 4000—前 3500 年,是出现城址的初始阶段,有澧县城头山、郑州西山等早期的城。湖南澧县出现了城头山遗址,城内有较大的制陶作坊和椭圆形祭坛,墓葬等级分明,显示这里是一处陶业和宗教中心,社会已有贫富和等级之分。山东大汶口文化早期有阳谷王家庄城,面积有数十万平方米的大汶口遗址中也见有贵族墓,贫富分化明显。仰韶文化庙底沟时期出现了陕西华阴西关堡、华县泉河村等面积在十多万以至一百多万平方米的中心聚落。葬具的变化也和墓区的等级化同时,反映出社会地位的分化,早先在黄河流域有石棺和瓮棺,但最能表现出等级分化的是在木质葬具出现之后。太湖地区的马家浜文化和崧泽文化最早出现用木质材料铺盖人的遗体,在有 92 座墓葬的嘉兴南河浜崧泽文化遗址中,有少量的墓葬使用了独木舟形木棺,墓主的身份当然也就不同凡响了。2009 年在长江下游距长江仅 2 千米的张家港金港镇东山村,发掘了崧泽文化早中期高等级大墓,大墓与小墓实行分区埋葬,证明社会出现明显的贫富分化,社会阶层已经形成。在大汶口遗址早期墓地中,有 9 座墓葬存在熟土二层台,其中最大的一座墓葬具有足以容纳棺或椁的熟土二层台。这些葬具的变化,表明了山东海岱地区和太湖流域的社会分化,在公元前3500年以前已经十分明显。

(4)第四阶段,属铜石并用时代早期,公元前3500—前2600年。代表性文化在黄河流域有仰韶文化后期包括庙底沟二期、大汶口文化后期(中晚期)、西边洮河流域的马家窑文化;北方燕辽地区的红山文化晚期和小河沿文化;长江中游的大溪文化后期、屈家岭文化、石家河文化早中期,安徽潜山薛家岗文化,以及长江下游太湖流域良渚文化的早期。这一时期的石器制作获得突破性进展,切割法和管钻法被普遍应用之后,不但节约了石材,石器也磨得更平滑、扁薄和规范化,因此才能大量制造玉器。从这一时期的遗址可以看到,聚落规模迅速扩大,墓葬等级严明,贫富分化明显。大汶口文化后期墓葬,大墓有棺有椁,随葬品往往达100件左右,其中有精美的玉器和象牙雕刻;中等墓仅少数有棺,随葬器物十几件至几十件不等;小墓无葬具,随葬物仅几件或者没有:足见贫富有别,而且身份、地位差别之大。自公元前3000年以后,史前城址发展迅猛,但中原地区很多建有城垣的遗址并不在聚落群的中央,面积也不突出。有些聚落规模更大,却无城防,城址使用时间较短,不见扩建的迹象,到处都可见到的乱葬、杀殉和箭镞等武器,说明当时中原地区正处于各种文化重组、社会动荡的时期。陕西仰韶文化晚期、甘肃马家窑文化和山东龙山文化遗址都出土了含铅锌的黄铜铸件,并发现了红铜、低锡青铜等铜器。但中原地区这类出土物数量还很少。这一时期的一个特点是,与北方长城地带文化南下的同时,有屈家岭-石家河文化的北上,山东大汶口文化的西进,出现了中原地区周边各大文化区系向中原地区汇集的大趋势。

(5)第五阶段,属铜石并用时代后期,公元前2600—前2000年。这一时期
通常又称龙山时代,包括黄河流域由下游到上游的龙山文化、中原龙山文化、齐家文化,长江流域由上游的成都新津宝墩村发现的宝墩文化(公元前2700—前1800年),到中游的石家河文化、下游的良渚文化晚期等文化。这时的社会经济有了进一步的发展,在手工业方面表现得最为突出的是,冶铜业有了发展,迄今已有五六十处遗址发现铜器,出土物有砷铜、红铜、黄铜和锡青铜,多半出自铜的共生矿。铜器的制造方法有热煅和熔铸,器物种类有刀、削、锥、斧、凿、镜、铃和指环等,分属工具、生活用品、乐器和首饰等不同门类。玉器的生产不但数量增加,工艺水平也有大幅度的提高,透雕技术尤其令人刮目相看。酿酒、丝织和漆木工艺都有长足的进步。制陶业已经从手制为主转变为轮制为主。建筑业已大量使用石灰、土坯,并且广泛应用了夯筑技术。有些建筑用人和牲畜奠基,人祭现象已时有所见。墓葬制度反映的阶级和等级分化比前更加尖锐,表现在几乎所有地区的

墓葬中都已使用棺椁。原来木质葬具使用情况不甚清楚的中原地区,这时也出现明显的等级差别。如山西襄汾陶寺的 1 300 多座墓葬,可以分成大中小三型,其中大型墓葬均有木棺,棺底还铺朱砂,中型墓也有木棺,小型墓的墓室狭小且多无木棺。葬具的使用、墓室的大小与陪葬品的数量和质量,折射出聚落社会内部等级分化更加严明。棺椁演化清楚而且发展水平最高的山东海岱地区,开始出现两椁一棺以及在椁内置边箱、脚箱的墓葬,最高等级的墓葬由此前的二重棺椁升格为三重棺椁,山东临朐西朱封遗址三座大墓,有两座为两椁一棺。这一地区墓葬中棺椁的使用已日益趋向于等级化、规范化和制度化。在拥有 65 座墓葬的山东泗水尹家城墓地,最高一级的墓仅一座,墓室面积 25.29 平方米,使用两椁一棺;第二级的墓四座,面积在 10 平方米上下,使用一椁一棺;第三级为一棺墓;第四级为无棺墓。棺椁制度的等级化和规范化,体现了社会分层分级不仅业已趋向制度化,而且必然会朝着法制化的方向走去,为三代礼制开启门径。这个时期出现的一批古城,分布在北起松辽平原、南至黄河和长江上游成都平原各地,其中有些特大型的聚落遗址,如山西陶寺、河南的王城岗、平粮台、禹县瓦店,陕西神木石峁城址,也多集中在黄河流域,城的面积如神木石峁城址甚至达到 425 万平方米,已经接近商周时代城的规模。长江上游成都新津县早在 1996 年发现的宝墩古城,经2009 年再发掘,呈现了圆角长方形外城的周长近 6 200 米,面积有 276 万平方米。从距今 4 500 年前起的 800 年中,成都平原也形成了密集的古城聚落群遗址,进入了新石器晚期文化。但是和中原地区相比,北方燕辽地区和长江流域的文化,在总体上逐渐放慢了脚步,并未进入铜石并用时期;在黄河流域,冶铜业兴起,出现了新的生机,促使社会生产更加迅速地发展起来。

龙山时代,逐渐形成了北方燕辽、中原龙山、山东龙山、南方两湖、东南良渚、西北甘陕和西南巴蜀文化,一共七大文化区系。龙山文化下接代表夏朝的河南偃师二里头文化,有文字的中国历史从此正式展开。

龙山时代在黄河流域普遍展开的铜合金文化,拉动着中国走进文明社会。

中国冶炼铜合金的历史进程,已有许多考古发现证实,首先是在黄河中下游地区展开,表现出自东而西的传播方向,完全是一个独立的体系。像西亚和地中海东部地区那些最早开始冶铜的地区一样,中国最初也是由自然铜或当地特有的铜合金共生矿中取得铜的制成品,也是非人工铜合金发生在先,然后才有人工冶炼的铜合金。但中国与世界上最早冶铜的地区普遍先有砷铜、红铜、低锡青铜,然后取得人工合成的锡青铜不同,中国是先有黄铜,然后出现低锡青铜和红铜,最后才有锡青铜。现在根据考古发现,可以明白,中国境内自出现金属冶炼技术起,至少可以河套地区为准,划分为东西两大区。东区即黄河中下游的中原地区,包括山东海岱地区,最早从黄铜、锡青铜起步,在公元前2000年在各大文化区系中最先跨入青铜时代,到公元前1300年进入鼎盛时期,制造出成批精美绝伦的大型青铜容器。西区即河套以西甘肃及其邻近地区,包括新疆境内尼勒克县奴拉赛冶铜遗址在内,最早从红铜、砷铜开始,直到公元前1500年前后,才首先由甘肃西部的四坝文化掌握锡青铜的冶炼工艺。由此可见,中国的青铜制造是一个经历了3 000年才臻于成熟的金属冶炼部门,经过千锤百炼,才开创了夏、商、周三代灿烂的青铜文化。

三、 东亚农艺的区域特色

(一) 世界农艺作物八大中心

人类从新石器时代的渔猎采集经济跨入文明时代,曾历经了漫长的磨炼,实现这一步,要从发现并培植庄稼起步;从此人类才获得了生存与拓展的空间,有了第二次的生命。1982年在埃及南部阿斯旺附近瓦迪·库巴亚干涸的山涧中发现了6处旧石器时代晚期遗址的堆积层,属于尼罗河泛滥平原常见的堆积层,其中有与磨石、石器共存的小麦、裸麦的碳化谷粒,经过鉴定,确认是栽培品种。因此,尼罗河谷地至少在公元前16300—前15000年已经萌发了栽培农业,尽管当地人仍然以采集经济为生,但栽培农业开始展现了它的曙光。从此人类逐渐扩大垦植的面积,开始懂得了与地球去争夺土地,种植庄稼,好养活自己。

自法国学者德·康多勒(A. de Candolle)开创作物学研究,在1882年发表《农艺植物考源》(*Origin of Cultivated Plants*),从植物进化的历史地理着手,系统研究野生植物和农艺作物的关系,提出植物栽培起源的见解之后,人们才开始了解人类的成长与农艺作物关系的深远历史。随后田野考古的普遍调查,在西亚、埃及、地中海等地发现了许多古代遗址,逐个揭示了文明演进过程中栽培作物的起源,进而展开了对农业起源的原因和地点的探讨。全世界最早大规模展开农业生产的地方,首先形成了不同的作物栽培中心。

间冰期来临后自然环境的剧烈变化,导致人类不得不从单纯的采集经济转向人们主动去掌握生活资料的生产,这个启发首先应该来自自然界动物和植物代代相传,或跟随斗转星移、周而复始的自然繁衍规律而取得。一万年前冰河期结束后引起的气候变化,迫使人类向狭隘的绿洲聚居,由此造成居住环境的缩小。采集经济所依赖的野生动物由于大量被捕杀而成群消失,最终导致人口的膨胀和生态环境之间失去平衡,于是不得不求助于将野生的食物转变为一种可以由人类掌控的产业,驯养家畜和认识农时的重要,从此便作为一项关系人类生死存亡的新知识,应运而生了。

1935 年苏联植物生理学家瓦维洛夫(N.I.Vavilov)根据作物变异的遗传演化,对全世界 666 种主要粮食作物、经济作物以及蔬菜、果木等作物进行分类研究,将世界农业的起源归结成八个中心:西南亚、地中海区域、东亚、印度、中亚、东非、中美洲和南美安第斯山地。他认为东亚地区以中国为首要的起源中心,这一中心的栽培食物种类最丰富,计有 136 种,占了总数的 20.4%。栽培植物受到气候和地理环境的制约,从史前时期起,就形成了好几个中心,东亚、西南亚、地中海区域、中美洲和南美安第斯山地属于普遍认同的五个发源地。根据植物繁衍和演化的地理分布,也有人表示,中东、中国和中美洲是独立发展起来的农业革命中心,还有东南亚、西非和南美安第斯山地,也可能属于类似的中心。

20 世纪考古发现和古生物学已经取得了许多重大的进展,如果我们能将公元前 8000—前 5000 年设定为农艺作物产生的起始点,按照植物区系、植物演化历史和史前考古遗址证实的栽培作物发源地,根据农艺作物发生与发达的先后,对世界农艺最先出现的几个区域重新加以排列,那么这最早的八个中心是:埃及尼罗河谷地,两河流域(美索不达米亚),小亚细亚、高加索和巴尔干地区,东非(埃塞俄比亚高原和努比亚),长江中下游的稻作文化,黄河中下游的旱作文化,印度五河流域,以及中美洲的玉米文化。这几个最早的农艺作物中心涉及的面积,每一处至少有 10 万平方千米,栽培的粮食作物有小麦、大麦、水稻、粟、黍和玉米这几种最常见的粮食作物。人类找到了这几种足以提供大量热量的粮食作物,并且一代又一代地栽培下去,才能算是展开了农业生产,方可给定居生活提供可靠的保证。

农艺作物的主体是粮食作物的生产。

小麦是世界上分布最广的粮食作物,也是现在栽培面积最大的禾本科作物,定期泛滥的尼罗河使人类很早便对这一可口而又能充饥的谷物产生了兴致,找到了可以使其年复一年周而复始继续生长的规律。约旦河谷时间跨度长达几千年的耶利哥遗址中出土的两粒小麦、两行大麦,也有 9 000 多年之久了。小麦传到中国不过是 5 000 年前的事,甘肃民乐东灰山遗址出土的小麦算是最早的了。黄土高原不适宜种小麦,要到太行山以东的华北大平原才适合大面积播种,《逸周书》指出,麦在东方,后来经过改良,战国时代小麦才在北方大面积播种,到公元前后逐渐成为北方居民的主粮。

世界上另外一种栽培面积大、产量高的农作物是水稻。中国是水稻的老家,它是中国南方温湿地带主要的粮食作物,产量居世界第一,并且几千年历久不衰。

秦岭、淮河以南直到广东、广西和云贵高原都是生产水稻的地区。经过半个世纪以来的考古发掘，已经可以肯定，长江中游和下游是两个几乎同样古老的稻作栽培中心，其中长江下游三角洲靠近浙江境内钱塘江边萧山市上山发现的稻谷，尤其古老，可以早到 10 000 年前前后。2012 年在淮河下游江苏北部泗洪顺山集发现的新石器时代遗址中，出土了稻谷标本，经鉴定，属于距今 8 100 年—8 300 年。这里是淮河下游年代最久、规模最大的一处聚落，当地的先民以种植稻谷为生，竟比在他们西北的邻居磁山-裴李岗文化的居民种植粟米还要早几百年。在那么早的时候，南方栽稻区业已将今天江苏省的北境圈入它的北缘之内了。这项发现已被列入 2012 年十大考古发现之一。还有许多年代比这要晚的发现，说明旱稻的栽培区更往北推进到了山东南部地区。

在长江三角洲，另外还有重要的发现：浙江余姚田螺山出土的栽培稻，年代在距今 7 500 年以前。在萧山上山附近的跨湖桥遗址，考古人员发现这里的居民最早用烧荒围堰的办法，使长满了桦树、柳树的淡水沼泽地变成适合种植水稻的农田；考古学者从地层中采集到的硅藻等非孢粉类微型化石，可以证明在距今 7 800 年时有一支族群在这里展开农耕生活，但持续了仅 200 年便告消失（见英国达姆勒大学宗永强与复旦大学陈淳在 2007 年 9 月英国《自然》杂志上刊出的论文）。

长江中游湖南澧县彭头山出土过杂有野生稻的栽培稻，距今 7 800—8 200 年，是完全可以肯定的。湖南道县玉蟾岩出土的稻谷更早到距今 18 000—22 000 年，或者是野生稻，且数量少，增加了鉴定的难度。但可以断定，中国的野生稻偏粳的远比南亚的多。长江中下游稻作遗址超过 120 处，浙江、江苏境内包括河姆渡在内的 5 个最有名的遗址，都有 6 000—7 000 年历史，所以可以确认长江下游是粳稻的起源地和主要分布中心。

中国黄河流域是旱作地区，也是粟的原产地，粟俗称谷子。河北武安磁山遗址在 1978 年出土的粟，有 8 000 年的历史。粟在古希腊也有栽培，但比中国要晚一些。公元前 300 年以后，粟经帕提亚传到罗马，应该已经不是这种作物的第一次西传了。

现在世界上种植面积仅次于小麦、水稻，产量也列第三位的玉米，是原产热带美洲的禾本科粮食作物，适合疏松的土壤，性喜高温。在美洲许多古遗址中保存的玉米穗，经碳 14 检测，在 5 000—7 000 年前已经存在。美洲原先种谷子，后来改种玉米，在公元前 1500 年，培育出了 200 多个新品种，使果穗比原来增大了四五倍，籽粒有红、白、黄、蓝等多种色彩。15 世纪以后，玉米走出美洲，传遍世界，成为又一种重要的粮食作物。

列入世界四大谷类作物之一的蜀黍，又称高粱，是东北非向世界各地传播的一种禾本科粮食作物。公元前3000年苏丹和埃塞俄比亚开始在旱季到尼罗河东支河流的河床中栽培蜀黍,后来经班图语民族传给库施人。印度人要到公元前1000年才种蜀黍,伊朗人把它叫做"印度大麦"。中国北方种植蜀黍比印度要早,仰韶遗址中已经见到,后来的甘肃民乐东灰山遗址也发现了蜀黍、大麦和小麦,至少有5000年历史了。在5世纪的农学百科全书《齐民要术》中列举的粮食作物,在麦、稻、豆之外有谷(粟)、黍、粱。粱原本是粟、黍中的优质品种,或稷的不同品种,当初黄河、淮河流域种蜀黍可能就叫粱,它的起源早,似可推测是稷的一种黏性变种,所以汉代就有了秫酒。古代伊朗不种蜀黍,中世纪以后才有susu,是从中文的"蜀黍"借去。元代以后蜀黍在中国北部栽培比较多,逐渐成了华北和东北地区居民的一种主粮。

东亚还是大豆的家乡,现在用来统称黄豆、青豆,是原产中国的豆科一年生草本植物,中国北方栽培极多,东北产的尤其有名。《诗·大雅·生民》称后稷当尧的农师,栽种了荏菽,荏菽就是大豆。在黄河流域,自周代以来,黍、稷、麦、菽一直是五谷中排在前面的主要口粮。在很长时期中,大豆曾是唯一的一种油料作物。战国时代大豆东传朝鲜,公元1世纪,日本从山东和朝鲜半岛引入大豆。7世纪时,大豆从广东传入越南、泰国。欧洲人知道大豆,已晚到1712年,由传教士在1739年将种苗引入法国,大豆才第一次在欧洲落户。英语soya,法语、意大利语soia,美国称soy,全得名于"菽"。

在人类最早栽培的几种重要的粮食作物中,水稻、谷子、大豆、小麦、蜀黍都是被公认为最有影响、最先受到各地居民青睐的庄稼,而以中国为主体的东亚地区就贡献了其中的三种。至于蜀黍的栽培历史,甚至与它的原生中心东北非洲相比,也差不了多少年;就是小麦,在中国北方,也很早就知道加以育种了,到了公元1世纪以后,更没有忽视将这种极富营养而又十分可口的粮食加以推广,小麦逐渐在大江南北普遍种植,在辽阔的东亚地区,实现了南稻北麦的农艺生态环境。我们更应记得,东亚地区还是世界上三大蔬菜和果木发源地之一,有着十分丰富的可以供人们充作食物的食用植物资源。世界各国所有的果树近40科,中国栽培的果树就分属37科,300多种,品种不下万余个,它们在帮助先民走出采集经济的怪圈、展开农艺生涯的过程中,曾起过决定性的作用,随后进行的农艺活动,终于使我们的祖先获得了第二次生命,逐步地养活了自己,并使子孙繁衍下去,传至万世而不绝。靠着在东亚大地上生活的先民进行的创造性的劳动,从古到今,东亚地区一直养活了占世界总人口份额最多的人口。

中国这一农业区系中心,按照南半部和北半部气候带的不同,应当细分为两大中心:北半部属温带大陆性气候(包括亚寒带针叶林气候),适合耐寒作物生长,是旱作区;南半部属亚热带季风性湿润气候,适合湿润作物生长,是稻作区。中国的北半部是黄河流经的地方,中国的南半部是长江流经的地方,黄河和长江两条大河流经的区域,正是中华文明诞生、成长和不断壮大的地方,所以人们常说黄河和长江是中华民族的摇篮。从古时候起,中国人就以"江""河"指称"大江"和"大河","大江"和"大河",也就是长江和黄河。

长江发源于青海省西南部,全长 6 300 千米,流域面积 180 多万平方千米,在上海注入东海。长江流域气候温暖湿润,林木繁茂,水源充足,中游有洞庭湖可以自然调节长江江水量,江水含沙极少,沿途有不少适宜栽培和养殖的天然湿地。下游三角洲有一大片肥沃的土地,等待人们去开发。长江流域的旧石器时代遗址有几十处,中游有 200 万年前的四川巫山县龙坪遗址,是目前所知中国最早的人类遗址。上游有 170 万年前的云南元谋遗址,其他各地的旧石器时代遗址分布在四川、贵州、湖南、湖北、安徽等省,上游和中游早有许多原始聚落在这里栖息。进入新石器时代后,中游和下游几乎在同一时期开始栽培农作物,尤以下游的钱塘江和太湖两个农业区人口最为密集,培育出短米型的粳稻和籼稻,这里展开了世界上最早的稻作农业和养殖业,驯养了猪、狗和水牛。

黄河是另一条哺育了中国文明的大河,发源于青海省南部,流域面积 75 万多平方千米,在山东北部注入渤海,8 000 年前它的入海口却在河北省永定河入海处附近。黄河由于上游和中游沿途所经多为黄土高原,所以挟带大量泥沙,是世界上泥沙含量最高的一条大河;但在 6 500 年以前,黄河流域气候比现在要温暖得多,生态环境远较后来要优越。属于旧石器时代的遗址已发现 100 多处,最早的是 100 多万年前的山西芮城西侯度遗址,定居时间最长的有周口店的北京人遗址,洞穴堆积层有 40 米,先民在这里延续生活了 30 万年。许多文化内涵相同的遗址往往散布在十多千米的地段内,如陕西蓝田到西安之间的公王岭遗址,晋南风陵渡、山西下川都有连续的遗址分布在一个地区之中。20 000 年前的下川遗址和相邻的几个遗址,出土了旧石器上万件,其中有加工粮食的石磨盘和磨锤。黄河流域中游和上游是中国旱地农业的发源地。在新石器时代的中期首先发现的定居农业遗址,位于黄河下游冲积扇起始的太行山脉和华北平原交界的十字路口,在河北境内有北福地和磁山文化,在河南境内有裴李岗文化,这些遗址生活的居民,在距今 8 000 年前播种了小米,驯养鸡、狗、猪、牛,制作了夹砂红褐陶和泥坯的红陶器。

根据古代农业遗址的分布,中国南半部长江流域和粤江流域都属稻作农业区,可以命名为华南区;中国北半部黄河流域的旱地农业区,可以命名为华北区。

中国境内因此拥有两个农业起源中心。

在中国华南区和华北区以外,世界上还有西南亚、印度、地中海区域、东北非以及中美洲和南美安第斯山地等几处,在公元前3000年以前便已形成的农艺作物的区域性中心,所以全世界总共有八个农艺作物中心。

(二) 长江流域稻作农业的原生中心

东亚地区是全世界最早培育稻米和加以推广,使它成为人类一种主要的粮食作物的地区。稻(*Oryza sativa*)是禾本科一年生草本植物,中国南方地区的主要作物,产量居世界第一。

稻谷适合在气候温暖湿润、沼泽河流众多、雨量充沛的地方培育。分水稻和陆稻(旱稻),世界上的产稻区大部分都是水稻的产地,陆稻区只占一小部分。水稻是喜温好湿的短日照作物,适合在28—32 ℃的亚洲、非洲的热带和亚热带区域成长,抽穗结实期需大量水分和矿质养料,1 000克稻谷的生成需水500—800克。所以水稻主要产于中国、印度、泰国和日本。陆稻比较耐旱,在亚洲主要产在南亚和东南亚,西亚和西非的陆稻种植都晚于中国、东南亚和印度。

在中国的秦岭、淮河以南的长江中下游和西江流域,栽培稻少说也有9 000年之久了。稻的类型和品种很多:按形态特征、生理特性和品种亲缘关系的差异,分籼稻、粳稻;按光照长短和生育期,分早稻、中稻、晚稻;按对土壤水分的适应性,分水稻、深水稻、陆稻(旱稻);按米粒内淀粉的性质,分黏稻和糯稻。稻谷去壳称米,中国人习惯叫大米。米饭久已成为中国南方居民的主要食粮,还可用来制造米酒和淀粉,稻谷去壳后的米糠和稻秆可作饲料和工业原料,用途极多。

稻的原产地分布在西起印度阿萨姆、中国云南和长江中下游一带,过去半个世纪中,农学界对稻作的起源有阿萨姆-云南说、长江中下游说、长江下游说等多种看法,但是由于考古发现不断地将出土史前稻谷遗存的年代推前,科学界更采用酶谱类型分析方法研究稻作分布的规律,逐渐凸显出长江中下游一带是最早开始人工培育稻谷的历史事实。从酶谱类型分析亚洲水稻的地理分布规律,可以发现亚洲北部(中国华北、朝鲜半岛和日本)以及最南的地区(斯里兰卡),都以简单的酶谱告终,而在尼泊尔以东的阿萨姆、缅甸、泰国和中国云南是酶谱变异最丰富的地区,中国长江流域以及更南的粤北、桂北地区是酶谱变异仅次于上述地区的又一中心;然而从亚洲的范围来看,既然适合于栽培的野生稻在中国、印度和东南亚都有分布,因此有一种看法以为,栽培稻也有可能在许多地方较早地各自独立发生,会出现多个起源中心,即使在中国,也不一定只有一个最早的起源地。自从20世纪40年代以后,中国和日本的稻作史家便开始从各个不同的相邻地区去排比可能发生的稻作起源中心,中国既然是稻作文化分布最广的地区,中国的栽培稻究竟最早发生在哪里? 这是无法回避的问题。

尽管答卷各式各样,但随着讨论的深入,有些看法已被摒弃,目前最主要的有三种说法:第一种说法以阿萨姆-云南为稻作的起源地,第二种说法是长江下游起源说,第三种说法以长江中下游一带为稻作栽培的起源中心。

阿萨姆-云南起源说是最早并最先受到关注的说法。云南的栽培植物多达15 000多种,仅稻种就有3 000多个品种,稻谷种植的垂直分布从海拔40米直至海拔2 600米。云南的地理、环境、气候,使它成为作物变异的中心。对云南的稻种进行同功酶分析,结果发现酶谱一致,表明云南现代栽培稻种的亲缘关系十分接近云南的现代普通野生稻,因而认为当地现代栽培稻的祖先,很可能就是云南的普通野生稻。然而从考古发现立论,到目前为止,上述地区还只有印度发现过7 000多年前的稻作遗址,云南境内出土的稻谷遗存最多只有3 700年的历史,所以难以成为中国稻作文化的最早起源中心。云南和阿萨姆都处在亚热带高原,稻作有籼、粳两种,在现代种植中呈现出按海拔高度垂直分布,在海拔1 750米以下是籼稻地带,海拔1 750—2 000米是籼稻、粳稻交错地带,海拔2 000米以上是粳稻地带。云南的稻作文化十分丰富,同时存在籼稻、粳稻未分化品种和野生稻。全球经鉴定确认适合栽培的野生稻有22种,其中中国有4种,分布在8个省(台湾省的野生稻种在1977年消失),云南一省就有3种。*Oryza sativa* 的野生种现已确定为 *Oriza rupipogon*,但有一年生、多年生,还有多年生与一年生的中间型。南亚存在的一年生普通野生稻,被命名为专门的种(*Oryza nivara* Sharma et Shastry,1965);中国存在的是多年生普通野生稻,两者并不相同。加之,近期在长江中游和下游出土的许多7 000年以上的稻谷遗存,也多是籼稻、粳稻混杂,这就排斥了云南是稻作起源中心的说法,而只能将云南作为一大变异中心去认识。尤其遗憾的是,迄今为止,在云南只找到8处稻谷遗存,最早的距今尚不足4 000年,完全无法证明这里稻作起源之早。

长江下游,特别是长江三角洲,在很长时期中都是中国十分重要的水稻栽培基地。在太湖流域和浙江东部宁绍平原都曾出土过史前的稻谷遗存,遗址多达20多处,分布在嘉兴、桐乡、吴兴、萧山、余姚、宁波、仙居等地。余姚河姆渡遗址第四文化层在1973—1974年出土的稻谷数量最大,距今已近7 000年,经鉴定为栽培稻的籼亚种中晚稻型水稻(*Oriza Sativa* L.subsp. *hsien* Ting)。从抽样鉴测得知,占多数的是籼稻,其次是粳稻,并有少数中间类型,而且粒型变异幅度较大,是一个亚洲栽培稻属的杂合群体,显示出栽培稻初期野生与农作并存现象。1980年更在浙江桐乡罗家角发现7 100年前的稻谷遗存,也是籼稻为主,并有粳稻,稻粒也较河姆渡(每千粒重估计约 22 克)为小,每千粒重 20—21 克。随后的发现,将稻谷遗存的年代推到了 10 000 年以前,遗址的分布也扩大到了长江中游和黄淮流域。2004 年在浙江余姚田螺山 300 平方米遗址的第 7 层地层中,找到了稻谷壳和碳化米粒,还有数量多达 1 000 件的遗物,多属 7 500 年以前的遗存。同样重要的发现,是近年在萧山的上山新石器时代早期遗址中,出土了距今 10 000 年的稻谷遗存,这使长江下游栽培稻的历史前推了 3 000 年,达到了足以和长江中游的稻作起源相提并论的地步。籼稻和粳稻并存,在这一地区是自古已然,在浙江余姚河姆渡、桐乡罗家角和吴兴钱山漾以及江苏苏州草鞋山遗址中,都是籼稻、粳稻共存。2003 年在江苏昆山发掘的绰墩遗址,发现了 13 块距今 6 000 年前的水稻田,最大的有 10 多个平方米,是迄今为止最早的稻田剖面样板。长江三角洲出现的稻田遗址,以河姆渡、罗家角、仙蠡墩、草鞋山和绰墩最早,是目前所知 5 个最古老的粳稻栽培遗址,距今有 6 000—7 000 年,其中苏州和昆山的遗址系保存完好的古稻田遗址。江苏北部淮河流域的连云港二涧村遗址出土稻谷烧土印痕,时代和山东北辛文化相当,距今有 7 000 多年,过去被认作黄淮流域最早的稻谷遗存,但是此后在安徽蒙城尉迟寺的大汶口时期遗址中发现了稻谷的硅酸体,安徽固镇豪城镇、五河豪城镇、江苏赣榆盐仓城、高邮龙虬庄先后出土了稻谷,显示了这些地区的水稻种植和长江三角洲的稻作文化关系之深,江南水稻有一种越过长江向北推进的趋势。

2012 年在江苏泗洪县梅花镇赵庄东侧发掘的顺山集新石器时代遗址,是淮河下游最早和最大的环濠聚落,遗址属于淮河中下游中期偏早阶段;在那里发掘了 92 座新石器时代墓葬,发掘总面积达到 2 750 平方米,出土的稻谷标本,经北京大学年代学中心碳 14 确认,距今约 8 100—8 300 年,江苏文明由此至少可以前推 1 600 多年。萌发在长江下游平原上的稻谷文明,经过一两千年的推广,到 8 000 多年前,已将文明的前沿,由北纬 30° 向北推进到北纬 35° 的地区。稻谷文明经过不断的试验,在越过长江以后,平均每一个一百年,便以几十千米之遥朝着旱作区挺进,开始逐渐将水稻的栽培由多雨和容易发生山洪的江南转向雨量相对较少和水灾也少的江淮平原了。由此可见,6 000 年以前,长江下游的先民首先解开了水稻种植的谜团,水多、雨多、洪涝多的地方,并非他们的最佳选择,拥有适当的雨水和湖河港汊才是发展稻谷文明的生存之道。因此在人们的抗洪能力尚极有限的年代,雨量多、丘陵多、沼泽多的南方并非种植稻谷的首选,这也是拥有江淮平原的长江下游比之常常洪水成灾又难以泄洪的长江中游,可以成为稻谷文明优先获得成功的得天独厚的天时地理条件所在。解开这个谜团,掌控这一机关,便是长江下游的先民在文明之路上得以先行一步的秘诀和关键所在。

在山东境内栖霞杨家圈龙山文化遗址找到的稻谷烧土印痕,就地理环境而言,只能说是远古时期稻作文化北进过程中所能达到的最北极限。分属安徽、江苏两省的淮河中下游地区,就气候、雨量、土壤条件而论,正是亚热带湿润季风气候和暖温带半湿润季风气候的分界线,淮河以南为亚热带湿润季风气候,淮河以北为暖温带半湿润季风气候,水稻要在旱作杂谷地区存活,只有在适应地区性变异,改种旱稻之后,才能生存下去。山东全省处于暖温带湿润季风气候的北缘,地处胶东低山丘陵的栖霞杨家圈遗址,已经接近北纬38°的暖温带湿润季风气候带的最北端,这里已处在稻作文化圈最北的临界线,与朝鲜半岛的南部和日本列岛的关西地区同处一条纬线。在3 000—4 000年以前的远古时期,人类的聚居规模极小,人力物力条件有限,尚无条件展开垦荒和实施人工灌溉工程,因此自然条件所起的制约作用特别突出,因而东亚稻作分布的地理界限,对远古稻作传播提供的自然条件的依赖之深,远非在短时期内所能攻克的。

长江下游水稻栽培历史的久远,如果结合太湖地区水稻品种资源在历史时期具有的连续性,便可看出,这一地区具备了足以成为一大栽培中心的历史条件。根据太湖地区可查的文献资料,这里的水稻品种一脉相承,同福建就完全不同,与安徽相比,是同中有异,充分展现了江苏、浙江的水稻品种既极丰富,而又表现为特有的地域文化。在明清方志中,湖北、湖南、江西的水稻品种在名称和称呼上都和太湖地区的水稻品种有很大的差别,但这并不妨碍太湖流域和长三角地区在长达万年之中,早已成为一个有别于长江中游地区的另一个稻作文化的发源地和传播中心,也许,反而显示了这里是中国稻作文化两大起源中心之一。长江下游的稻作起源中心,包有江苏省、浙江省和安徽省的大部分地区,以及山东省的沿海地区,总面积有25万—30万平方千米。用酶谱类型分析,中国稻作品种和朝鲜半岛、日本列岛之间的相近,正好凸显地处东亚稻作文化东传前沿的长江下游地区,才是稻作技术由长江下游或淮河流域越海而东,进入日本列岛,促使稻作文化在整个东北亚遍地开花的一大传播中心。

到2005年为止,全国有140处以上的遗址出土稻谷、稻壳、稻秆、稻谷印痕、烧土印痕,至少有10处遗址出土的稻谷距今超过了7 000年。排在最前的是距今18 000—22 000年的湖南道县玉蟾岩遗址,1995年出土了两颗稻谷,其中一颗经鉴定是栽培种,仍保留着野生稻的一些特征,可能是野生稻向栽培稻驯化过程中的古稻种。江西万年吊桶环出土的硅酸体稻谷,距今已有9 000—14 000年,万年仙人洞发现的硅酸体稻谷也有9 000—10 000年之久。最近在浙江萧山的上山遗址发现了10 000年前的稻谷,将浙东新石器时代的稻作考古前推了3 000年,为长江下游地区作为栽培稻起源地的看法提供了新的材料。

湖南澧县的彭头山文化地处长江以南的澧阳平原,自1988年以来,这里的史前遗址如彭头山、八十垱、城头山曾多处出土稻谷、稻壳。其中彭头山遗址距今约9 000年,出土陶器胎壁中夹有无数稻谷、稻壳和稻茎叶,并杂有野生稻。八十垱遗址西边古河道淤泥中出土形态完整、数以万计的稻谷,籼、粳混杂,至少有8 000年的历史了。距今6 000多年的城头山的护城壕内,也出土了大量的稻谷和稻米,1996年在这里发现了6 500年以前属于汤家岗文化时期的古稻田,稻田与现代稻田的水稻土一样,是形成丘块的纯净的黑灰色,这片稻田的年代与江苏苏州草鞋山的稻田相差无几,被认作是迄今为止世界上最早的古稻田,显示澧阳平原早已是一处古老的稻作农业之乡。此外,在河南舞阳贾湖发现的籼、粳稻谷,也有8 000年之久,这是黄河流域的一处遗址,目前是这一地区最早发现稻谷的遗址。陕西西乡县的李家村和何家村两处遗址,属于老官台文化,经树轮校正的年代是距今7 600多年,出土有稻谷印痕。年代相仿的还有淮河流域的江苏连云港的二涧村遗址,下层文化年代与山东北辛文化相当,属黄河下游新石器时代文化中最早的时期,也有7 000多年的历史。2004年在浙江余姚田螺山300平方米的第7层中,找到了稻谷壳和碳化米粒,还有数达1 000件的遗物,也多是6 500年前的遗存。由此可见,7 000年以前,在黄淮流域,从陕西到苏北都已开始栽培稻作了。

在长江中游,栽培稻大约在10 000年前便已展开。目前所见5 000年以上的稻作文化遗址最多、年代最久的要推长江中游地区,主要分布在湖北省、湖南和江西两省的北部,以及河南省的南部,相当于北纬27°—34°,东经110°—117°,面积约有45万平方千米。湖北地区的大溪文化和它以后的屈家岭文化、湖北龙山文化,都有丰富的稻谷遗存。京山屈家岭遗址发现有500多平方米烧土内拌入了结成层的稻谷壳,经鉴定,属于颗粒较大的粳稻品种,与现在长江流域普遍栽培的稻种相近。长江中游以湖北、湖南及其周边地区为主的一大片土地,就是东亚最早开始试验稻作文化的地区,这里的年降水量在1 000—1 500毫米之间,它的北界逐渐伸展到了属暖温带-亚热带、湿润半湿润季风区的豫西山地,而和向来种植稻谷的秦岭、淮河一线接界,推测黄河中游的稻作文化是在它的影响下才逐渐滋生成长起来的。

到2015年为止,根据考古资料提供的证据,大致可以推断,长江中下游是最早展开稻作文化的地区。如果进一步细化,那么长江中游地区,大约公元前12000年前后,在沿江两岸,已经出现了从采集野生稻过渡到人工培育的农作实践;而在长江下游,同样的稻作实践大约要晚一两千年。继沿江地区以后,展开稻作的是在长江以北直到淮河流域的广袤平原,到公元前6000年,稻作文化经过技术改进,已在旱作农业区的黄淮流域立住脚跟,分布在西起陕西汉中东至江苏北部的淮河流域了。稻作农业的北进最初是在江苏境内的沿海地区步步推进,随后在长江中游越过淮河进入华北平原。

公元前 3500 年,当中国北方的气候急剧恶化,部分族群不得不大举南迁之际,长江三角洲的先民加快了他们走入文明社会的步伐。与北方从事旱作农业的族群不同,他们开始构筑规模宏大的水利系统工程,探索旱涝保收的农业生产,建筑可以满足上层集团奢侈生活、具有丝织技艺和制作漆器、玉器工坊的城市,将农业生产进一步提高到足以供应更多人口基本生活的程度,促使农业和手工业有了更明显的分工。所以,在长江三角洲最先出现了可以容纳更多人口的城市。

(三)稻作文化的海外传播

稻作产生之后,开始向周边地区扩散,首先经过云贵高原和两广地区传入东南亚,再越过南海,在印度尼西亚找到了新的田地。苏门答腊岛的旧港(巴邻旁)直到 14 世纪还仰赖生产优质的大米名闻遐迩,当地人有"一季种谷,三年生金"的说法,譬喻种三年田就可以发财致富。后来南印度人从海上不断到旧港,取去肥沃的土壤,拿回去自己种田,于是旧港的大米出口贸易便衰败了。

稻米经过印度传入波斯,之后,又被埃及引种。罗马诗人贺拉斯(公元前65—公元 8 年)曾讲到过水稻,当时罗马人还不知道稻谷可以食用,而以它为一种药物。罗马人和希腊人都把稻谷叫作 oryza,希腊语可能借自中古波斯语 gurindj,但《阿维斯塔》(Avesta)这部波斯古经并未提到水稻。有一则故事说,亚历山大的部下在波斯和印度发现了水稻。可是实际上印度栽培水稻的历史不长,在印度河河谷文明中最古老的农作物,是和苏美尔人的粮食一样的大麦。

从非洲东部红海地区陶器的制作似乎可以作一些推测。红海西岸库施民族的陶器制作历史极早,传统的手制技术可能追溯到公元前 2000 年,到公元前 3 世纪已普遍使用,接受埃及的轮制陶器的技术则要晚得多,来自中国华南的陶器制作工艺有可能早到公元前 3 世纪以前,随着人员往来已经进入这一地区。英国牛津大学阿希莫良博物馆藏有一件形制朴实侈口桶身的陶盆,业经《剑桥非洲史》第 2 卷公布,(沈福伟:《中国与非洲文化交流研究》,新疆人民出版社,2010年,118 页,图 17 曾予转载,并与西汉陶盆加以比较),这件陶盆器表光润,器身刻有上下两排类似篆文的象形文字。它的祖型,可以在 2001—2005 年湖南宁乡炭河里西周城址出土的 A 型尊软陶器上找到同一的体型(复原照片见《文物》2006年 6 期,25 页,图 40),是从公元前 10—前 9 世纪已经在中国南方被不断南迁的百越民族所使用的一种陶器。宁乡炭河里西周城址还曾出土过一种侈口鼓腹圜底的"I"形陶罐,其形制竟和近千年后在津巴布韦出现的格可曼尔陶器有着惊人的相同之处！（图片见沈福伟著《中国与非洲文化交流研究》，新疆人民出版社，2010年，118页，图21）宁乡西周城址出土的这类陶罐被发掘者命名为"I"形陶罐，以别于同一地点出土的"G"形陶罐、"H"形陶罐，但从形制上观察，和已经进入铁器时代的非洲东部某些地区制作的陶罐居然产生了亲缘关系。这一时期长江中游制作的陶罐和陶釜差别极小，而在南中国势力最大的楚国，又恰好和北方的燕、西方的秦一起，是东亚最早进入铁器时代的先进国家，他们的铁器冶铸知识来自何方，尚不清楚。在中国南方，人们制作炊具，似乎是由陶釜直接过渡到铁釜的，宁乡炭河里西周城址出土的陶器"A"形釜、"C"形釜、"E"形釜，后来在广东各地成为汉代流行的铁釜款式（例如2009年广东连州镇三江河两岸东汉墓出土的一件铁釜，见《文物》2012年2期，35页，图一七），而形制却与同时代的津巴布韦格可曼尔陶器又如出一辙，后来更成为赞比亚马契里陶器模仿的对象，其间所蕴含的移民信息和稻米传播信息，应该是十分丰富，但却有待于作进一步发掘的。在印度洋地区，稻米的传播也和作为炊食器的陶器和铁器的流传联系到了一起，是十分具有启发意义的文化现象。

在地中海地区，可以肯定的是，阿拉伯人将稻米的栽培技术传给了西西里和西班牙。16世纪热那亚人从埃及或小亚细亚将水稻引种到意大利，1530年意大利开始收获稻米，从此意大利逐渐成为一个生产稻米的欧洲国家了。东非洲栽培稻米，大约是由印度尼西亚直接或间接传去。西非栽培大米，是由一种野生的 *Oryza breviligulata* 演化而来。

最重要的是，长江中下游的稻作对东亚地区产生了巨大的影响，在中国稻作栽培技术的带领下，东亚地区在最近的3 000年中，始终是世界上最重要的水稻生产基地。

朝鲜半岛和日本的稻作文化来自中国，这是中日两国学者的共同认识。日本列岛的种植稻米与中国大陆息息相关。日本在属于新石器时代的绳纹文化时期（公元前6000—前300年），基本上处于渔猎生活的采集经济阶段，水稻栽培还没有大面积推广。绳纹文化按时间先后分早、前、中、后、晚五个时期，出现稻作遗存是在后期和晚期。从考古发现可以见到，本州冈山县总社市南沟手遗址的绳纹后期陶片中，夹有水稻植物硅酸体，是距今3 000—4 000年的遗物。这一孤例，将稻作在日本出现的时间推到了三四千年以前，如果没有更多的发现，显然还不足以说明在那么早的时候，日本已经有了稻作文化。但这一遗存之早，却是无法予以否认的，有可能是由西部地区获得。稻作在日本的一些地区比较集中地出现，要迟到绳纹晚期（公元前1000—前300年），遗址集中在北九州一带，有菜畑、有田、板付等遗址，唐津菜畑遗址8上层的年代是公元前1010±90年，8下层的年代是公元前 1280±100 年,也就是说,至少公元前 12 世纪,商王武丁(公元前 1250—前 1192 年)之后,中国北方进入兵戎时期,沿海地区居民的航海活动进入了活跃期,海外渔业、近海漂流逐渐展开,于是在这一时期,稻作生产技术开始输入日本,促使日本迈入了稻作文化的萌芽时期。进入弥生文化(公元前 300—公元 300 年)之后,稻作农业在九州一直到本州的北端这样广大的地区内普遍展开,从此繁荣昌盛起来。因此,完全可以将公元前 12 世纪列为日本稻作文化的起点来看待。

现在要作进一步探讨的是,由什么样的人,从哪条路,将稻作技术引进了日本。从稻作文化的东传立论,到目前为止,计有华北说、华中说和华南说,一共三种说法。三种说法都试图从最可能的路线、最合理的途径、最合适的时间去解决稻种和稻作由中国输入日本的问题。华北说认为,稻作是由河北、辽宁的陆路或由山东渡海经朝鲜半岛传入日本。与此相对应的日本学者的主张,将前者称作北回说,将后者叫作东来说。但朝鲜半岛的稻作遗存是从青铜时代的无文陶文化(公元前 1000 年—公元初)开始,遗址多遍布在半岛南部,目前所见,偏北的遗址只有平壤南京和首尔欣岩里两处遗址。首尔欣岩里遗址用碳 14 测定的年代是公元前 1030±70 年,朝鲜半岛大部分地区出土的是粟、黍、小麦之类作物,完全可以推测,它的北部在史前时期大致处于杂谷地带,而且在南部的稻作遗址中也往往混有其他杂粮,即使在南部地区,稻米的大规模种植也不致早到公元前 500 年以前。稻作聚落最有代表性的松菊里文化,是以锦江流域为中心,从中西部拓展到南部地区,出土碳化米全是粳稻,碳 14 年代测定距今约 2 500 年,遗址有竖穴式居址、支石墓、瓮棺葬,并有青铜器伴葬。庆尚南道的固城贝丘遗址,也有碳化稻米和青铜器、铁器同时出土,墓中出土汉镜,时间已晚到公元前后。由此推断,大约要到公元前 3 世纪的秦汉之际,大批来自华北的移民到达以后,稻作才在朝鲜半岛的南部开始大面积的推广。考古发现显示,朝鲜半岛的稻作遗存并非像华北说认为的那样,是自北向南传播的结果,换句话说,稻作进入半岛并非出于存在一条自北而南传播的陆路,相反,遗址的分布正好表现了由南向北的发展趋势。由此可见,稻作文化最初越海而东,并非来自华北,华北地区并非是稻谷东传最早和最重要的一条线路。上面提到的考古发现提供的时间表显示,日本的九州接受稻作技术可能要稍早于朝鲜半岛,因为现在所能推测的历史事实是,稻作文化在日本的展开开始于公元前 12 世纪,而朝鲜半岛最古的稻谷遗存却不能早过公元前 10 世纪,由此可见,日本稻作完全有可能是由华北以外的其他路线直接从海上传入,而不必经过朝鲜半岛过渡。

有人从地理位置论述,在造船和航海技术极不发达的远古时代,最早知道浩瀚的大海对面有一个日本岛并能与之交往的,是活跃在华北和华南一带的中国人,将由华北出发取陆路到朝鲜半岛南端再渡过对马海峡到达日本北九州的路线,说成是一条在当时最方便、最安全也是来往最频繁的路径,排在其次的是从山东半岛经水路到朝鲜再到日本的路线,再次是从福建、台湾经琉球群岛到日本的路线,最后才是从江苏、浙江沿海出发到达日本的路线。然而一个几乎无需争论的事实是,华北地区属于以粟、黍、麦子和豆类等杂粮为主要口粮的杂谷地带,在3 000年以前,即使有大批移民进入朝鲜半岛,也不会产生将当时还难以在气候寒冷、干燥的朝鲜生长的稻谷种子,成批运往那里的举动,因为当时他们并不拥有青铜的农具,又不了解怎样才能使不耐寒冷的稻谷,在北纬38°以北的高原和多山地区移栽成功。至于从山东渡海东去的海路,在三四千年以前,由于当时还没有足以对抗从千岛南下的利曼寒流的船只和知识,除非偶尔漂洋成功,否则是绝无生还希望的。所以华北说,无论是陆路还是海路,在稻作文化的东传问题上,可说是最最无法立足的一种说法。因为这是在三条路线中,实际上最晚形成的一条路线。

再看华南说的论点,是以稻作的传播由福建沿海、台湾一路经过琉球群岛到达日本的九州。与此相对应的日本学者的主张叫作南回说。说者以为琉球群岛的大小岛屿,在台湾和日本九州岛之间形同天然跳板,福建、台湾的渔民可以凭借夏季的西南风和南来的暖流,从台湾海峡沿着琉球群岛北上,到达日本九州岛,日本的渔民也可沿着这条路线南下。并且强调,福建和台湾都已发现3 000—4 000年前的稻谷遗存,在航海条件极差的远古时代,稻谷通过这条路线传入日本的可能,比之华北和华中两条路线更具现实性。确实,人类学家曾指认这条海上通道是波利尼西亚地区、马来群岛和日本列岛之间进行海上交通的重要路线,但是必须注意,这一区域的南部地区是热带风暴的生成区,在这一海区中,只有西半部是远古时期海上渔民比较合适的作业区。如果从台湾北端的富贵角向东北到日本九州西部的五岛列岛之间划一条斜线,它的跨度可以由东经121°40′伸向东经129°,那么在此线的西边是浅海区,最深处不过150米,在这条线的东边,海深逐渐增大,到冲绳诸岛的内侧形成平均深度为1 500米的细长形海沟,露出顶部成冲绳岛,岛东海深达6 000米以上,称琉球海沟,冲绳岛南边最深处达到7 481米。介于东海和太平洋之间的琉球群岛,耸立在太平洋海盆的西壁,处于由中国沿海进入西太平洋深海区的前沿。自东向西到台湾海峡转向北方的北太平洋暖流,经过它的西部海域北上,琉球群岛因此被珊瑚礁所包围,近海多为浅海。干潮时期,岛礁水深常仅半米,因此水源缺乏,不但水田难以开辟,连饮用水也常难保证。琉球群岛之所以极难找到古代稻谷的遗存,原因也就在此。更有甚者,稻谷文化华南说的主张者,常将日本史前时期业已出现的一些由中国沿海传去的文化因子,例如玉玦、漆器、干栏（吊脚楼），以及称呼稻谷的语言和某些风俗习惯，归之于由福建沿海居民传去，偏偏不提江苏、浙江的因子，造成一种江南的文化因子却必须由更南面的福建人才能传到日本的局面。诚然，九州南部的熊袭（马来人）和隼人（百越人）都是靠了北太平洋的黑潮暖流北上到达目的地的，他们之所以会获得成功，多半靠的是取道东海在浅海区的漂流，根本无需经过琉球群岛进行逐岛移植。实际上，恰恰是这条"福建—琉球—九州"线，并非一条在航海工具极其简陋的远古时期就很方便的路线，尤其无法使人想象，它恰巧是一条稻谷和稻作文化从中国沿海输入日本的必由之路。

　　稻谷成为一种基本的食物，得以在日本列岛立足，是一个以公元前 12 世纪为起点、中间历时 1 000 多年的漫长的过程。在这一时段中，中国沿海各地种植稻米的地区，似乎都有可能成为通过海路向日本传递稻种和稻作技术的传动中心，然而就航线的优劣、根据遗址分布见出的中国沿海稻作密集的区域，以及相对应的日本稻作分布遗址而论，十分明显，华南说最难成立。因为日本稻作早期遗址几乎全部集中在北九州，弥生时期遗址出土稻谷全是短米稻种，根本不存在华南的长形稻米。华北说的缺点是，在弥生时期以前，华北地区尚不具备充足的稻作栽培技术知识可以在遥远的海外地区进行大规模的移植，航行技术方面的不足，使得这种传播途径成功的概率显得微乎其微，只要看秦始皇时期山东人徐市（福）多次出海，遭到在苍茫大海中飘浮不定的三座神山的阻碍，便不难知道出海探险之艰难了。然而相对而言，生活在江苏、浙江沿海的古越族，却是一群素以擅长航海、出没江河如莅平地的水上居民，他们居住在长江流域下游多水和沼泽密布的地区，以舟楫为出行和觅取生活资料的重要工具，他们是出土过 7 000 年前划船的木桨和陶舟的河姆渡人的后裔，在距今三四千年前，顺着东海沿岸流（又称长江冲淡水）完全可以在合适的季节到达在晴天可以望见对岸的日本西部海岸。在西南风盛期（6—8 月）的夏季，由浙江沿海北移的沿岸流，在长江口外与长江水和钱塘江冲淡水汇合后，形成强大的冲淡水流奔向济州岛方向与对马暖流对接，一部分汇入对马暖流进入日本海。近在对马海峡的北九州，因此成为随波逐流北上的江南渔民最先可以登陆的栖息地。这些渔民似乎完全可以无需先到朝鲜半岛南部去着陆，然后再转往日本，他们之所以会在九州生根，完全是出于漂流的结果。而另一些到达济州岛海域的江南渔民，却可能被海流冲向韩国南部的全罗南道或庆尚南道沿海，造成日本几乎与韩国的稻作文化在同一时期展开的局面。依据这些理由，稻谷东传的华中说，与华北说或华南说相比，似乎更要胜出一筹，持同样认识的日本学者，将这种旨意叫作直接东来说。日本稻作史专家安藤广太郎在 1951 年发表的《日本古代稻作史杂考》中，根据海流和稻作栽培技术，最先提出日本的水稻是由中国江南地区传入的论点。他不但认为日本的水稻和中国江南那种圆形而有芒的粳稻是同一品种，而且主张朝鲜半岛水稻的原种也是由江南传去，在时间上也和水稻传入日本大致相同。（《稻的日本史》，日本稻作史研究会，1963年，上卷，271—274页）他的这些论点，后来被考古学和稻作栽培遗传学所证实。

正是这些来自长江下游地区的渔民，一旦在海外找到了可以生存的新天地之后，便会接二连三地成群结队顺着海流进入日本列岛的西部地区，成为和来自亚洲南部的百越人和马来人一样的移民，在当地世代定居下来。不用说，在那些原本低湿的土地上开垦稻田，取得比之采集经济更加稳定的食物来源，对这批具有几千年种植水稻的江南农民来说，并非困难重重，只是怀着拓荒者在新土地上重操旧业的喜悦，增添了一分土地的主人翁感。

因此日本人的传说，便直接指认他们是泰伯的后裔。至少从公元2、3世纪以来，也就是在弥生时代，那里的日本人已经流传这样的说法了。

杜佑在8世纪中叶编成的《通典·边防·东夷》中的"倭"条下，有这样的原注：

《魏略》云，倭人自谓泰伯之后。

据《翰苑》，《魏略》的逸文称：

闻其旧语，自谓太伯之后。

此后的《晋书》《梁书》，也都有类似的说法。

这是说，3世纪日本的倭人和曹魏通使时，业已明白宣称他们是长江下游太湖流域和浙江一带吴人的后裔。比杜佑更早，完成在7世纪初的《晋书·倭人传》，根据几种古书和《史记》的说法，对吴越人和日本人的血缘关系，更推前到了4000年前的夏代，有这样的叙述：

男子无大小，悉黥面文身，自谓泰伯之后。……昔夏少康之子封于会稽，断发文身，以避蛟龙之害，今倭人好沉没取鱼，亦文身以厌水禽。

在夏少康之子以后1000年，姬姓的泰伯为了让贤，放弃了王位继承权，在公元前11世纪初，率领一批人马离开周原，千里迢迢奔赴东南地区，在太湖的北边定居,建立了吴国,泰伯因此被尊作吴国的开国君主。从此吴地归入了在中原称雄的周天子的封国,接受了中原文化的熏陶,步入了使用青铜器的时期,加入中原文明体系之中。吴国的子民在这个大变迁的时期不断移居海外,去了日本和朝鲜半岛。这批来自长江下游的吴越民族,正是最早促使虾夷人居住下的日本,逐步由原始的绳纹文化转向使用金属工具的弥生文化的外来文化的主人。他们给日本带来了稻作技术,以及更加高明的捕捞工具和制陶技艺。他们是稻作文化渡海而东的主力军。然而这段历史却被后来日本编年史的编纂者出于某种历史原因加以抹杀了。直到历应三年(1340)日僧中岩圆月以私人名义修《日本纪》,才旧事重提,大胆地宣称日本是"吴泰伯之后,故有姬氏国之称,且曰东方君子国,亦以此也"(《本朝通鉴续编》,历应三年条注)。但此刻的幕府将军认这种言论违背大和民族是天神的子孙的历史,有辱国体,指为邪说,此书遭到政府的干预,书稿被毁。一段真实的日本开国史和日本怎样进入文明社会的历程,从此石沉大海,湮没无闻。

然而无法改变的是,稻作文化确实开启了日本文明的大门,因此又出现在日本官方钦定的神代开国史中。日本的古籍最初都用汉字写成,自《古事记》(712年)、《日本书纪》(720年)以来,模仿中国,先有开天辟地,后经天神五代、地祇七代,到"人皇是现身神",才正式进入人的历史。在此以前,稻作文化却早在女性的天照大神的孙子彦火琼琼杵尊时代便正式开始了。日本的开国神话从天照大神的孙子彦火琼琼杵尊降临国土开始,由幕府将军德川光圀总纂,在1715年正式完成的《大日本国史》卷一有这样的记述:天照大神提倡平定水土,开展农事,派孙子彦火琼琼杵尊降居苇原中国,加以统治,宣称这是处可以立国的地方。

因谓之曰:"丰苇原瑞穗国是吾子孙可王之地也,尔宜就而治焉,宝祚之隆,当与天壤无穷矣!"于是琼琼杵尊离天盘座,降于日向高千穗峰。

这则神话处处与稻作有关,作为主角的彦火琼琼杵尊,按照本居宣长的解释,与"火琼琼杵"同音的训读是"穗饶"(《古事记传》一五之五),也就是"米多王子"的意思。"彦"(ヒコ)这个字是火琼琼杵的美称,"彦"的原意是"美士",即美男子,它的日本语音是中文"好看"的对音,也是江南吴越居民称赞人物俊秀的习惯用语,出自长江下游地区向日本的移民群,是一清二楚的。"丰苇原瑞穗国"是当时被人们发现的最合适种植水稻的地方,瑞穗国又可写作水穗国,都是称颂水稻的词语;这里本是一片山地,坐落在九州南部日向的高千穗峰是这片山地最高的地方,就是现在雾岛山的南部地区。年轻的琼琼杵便带领众人占有了这块沃土,仰赖种植水稻,展开了以农立国的定居生活。传说中天照大神为了支持琼琼杵去开辟新的土地,赐给他三件神器:八咫镜、草薙剑、三坂琼曲玉。从三件神器可以得知,全是大陆的舶来品,至少已是青铜时代的器物,不会早于中国的春秋战国时期。所以无论是三件神器还是稻作文化,都是由中国的移民漂洋过海带到日本。三神器中的镜、剑、玉,都是最晚到春秋时期已在吴地十分著名的产品。由此可见,日本开国神话中自天而降的天照大神,只是一位海外来客,是从东海对岸的长江口渡海而来。他们最初到达的高天原可能是九州北部的筑紫山地,后来又打听到东边九州山地的南部有一大片沃土,便派了由琼琼杵为首的一批年轻人去加以占领,就地屯垦,从此稻作文化便在九州的北部和东部得到了大面积的推广。

坐落在高千穗峰附近的瑞穗国,位于鹿儿岛湾的东北,这里风调雨顺,东面和南面全是可耕的稻田,在擅长垦植的"米多王子"的策划下,这些来自海外的移民有了充足的口粮,人口繁荣,于是有了"瑞穗国"的美称。日向这块地方后来成为大和朝廷的发源地。"大和"和"大吴",在吴语中完全相同,吴语"大和"和"大吴"是谐音,大和民族之出于江南吴人的后裔,难道说只是一种巧合吗?要知道,日向地方和长江口的太湖几乎同处在一条北纬32°线上,和太湖的北端只差半度,只是一个在东,一个在西,两地相距的直线距离不足1 400千米,拿地中海作比,只相当于从巴勒斯坦的加沙到希腊雅典的航程。日本的九州曾是3 000年前长江下游以鱼稻为生的吴人所发现的海外新天地,应当是没有什么疑问的。

从日本语言中许多来自中国的借词,可以明白双方关系之深,至少商周以来便已如此。中国春秋时期把善稻叫作"伊糯",糯是"糯"的本体,这种稻是长江三角洲出产的最有黏性的稻米,它的米粒既可口又耐饥,可以用来做糍粑、糕团、粽子等干粮,成为一种在行止中十分方便的口粮,传到日本,就被当作了"水稻"。日语中因此有几个与汉语称水稻和米谷相同的同音字。日语中有一个叫イネ(ine,伊内,=吴语"伊软")的词,有时也称イナ(ina)、ヨネ(yone)、ヨナ(yona)、イ二(ini),都指的是水稻,和上面提到的"伊糯"最相近,两个字连起来念,和江南地区吴语"元米""软米"中的"元"或"软"的发音完全一致,元米或软米,就是指"最好的米""又软又粘的米",可以看作水稻由江南传往日本的一个证据。日语中的米,叫コメ(kome),是稻米,和吴语"谷米"同音。在日本古文献《皇极记》上写作"渠米",《倭名抄》(也作《和名抄》)写成"古米",同样也是从古吴越语直接转读的语音。这里的ko,也是吴越语中的发声词,相当于"这个"或"这是"的意思。日语从1到10(大写:壹至拾,小写:一至十)的数字,也是由大陆传去,它的发音和吴语基本一致。尤其是1—5和6,这些字的发音,吴语和今天普通话的发音相去甚远,吴语2读如"腻",6读如"陆";而日语的发音竟和吴语一般无二,并且没有拖音。从 1 至 10，是最基本的数，用 10 个手指就可以在原本语言不通的人群中获得相通的效果，这也是吴人最初在日本登陆之后，和当地的虾夷人互通语言的一个有力的证据。

所有这些证据都提供了古老的吴文化和日本列岛之间海上联系的悠久，稻作文化作为民族生存和繁衍的最重要和最基本的手段，至少在三四千年前已由大陆传至日本，到公元前 7 世纪—前 6 世纪，更因中国沿海地区政治变迁和人口膨胀，致使大批人群离开家乡、漂洋过海，前往日本和朝鲜半岛去寻找新的土地，于是稻作文化从此跨越东海，在海外有了拓展之地。

四、 东亚文明展示的文化社会形态之一：长江文明

(一) 长江流域的湿地农业

长江流域尤其是四川宜宾以下的中下游地区，全年雨量充沛，江河支流密布，沼泽、沟洫纵横，林木茂盛，各种野生植物品类繁多。在这一地区栖息的华夏族群和百越族群培育了稻米，生产籼稻、粳稻、旱稻、糯稻，以这些稻米为主食。生活在这一地区的先民还先后培育出了一大批极具经济价值和富含淀粉的农作物，有花生、芝麻、蚕豆、小豆、莲子、菱角、甘薯、芋芳、芡实（*Euryale ferox*）、薏米（*Coix lacrymajobi*）、菰米（*Zizania caduciflora*）、葫芦、甜瓜。许多果木因结出的果实可以食用，最先为采集者品尝，而且果子比采集蔬菜和谷物的种子，更易引起注意到它的自然生长过程，败果落地或食果弃核，使果子在土中发芽生根，周而复始，又产出新的果木，最能启发人类有心加以栽培。果木中的桃、梅、李、酸枣、橡子、猕猴桃、芒果、香蕉、柑橘、柚子（櫹）、荔枝、龙眼、枇杷、杨梅、柿子以及甘蔗，都是长江流域的华夏族群和百越族群最先培育成功，并且向四方传播，最终成为著名的果木和糖料的。2004 年在浙江余姚田螺山遗址的第 7 层和第 8 层，曾出土许多稻草、谷壳、碳化米粒、果核，以及菱角、橡子、酸枣、芡实、葫芦、麻栎果、豆类、草籽等可以食用的植物和食品，遗址共有 8 层，是杭州湾畔一处以垦作水稻为生的村落，时代在公元前 5500—前 4000 年之间，足足延续了 1 500 年之久。遗址出土的食物代表了当时江南农家的食物清单。这些食物可以使我们知道，江南农家的食单，比之黄河流域，特别是黄河中上游的农家，要丰富得多。

花生（*Arachis hupogaea*），又称落花生、长生果。是豆科一年生草本，由受精的子房柄伸入土中，发育成茧状荚果，内有长圆形种子，称花生仁，富含蛋白质、脂肪，供食用，或作油料。花生喜高温干燥，适宜沙质土壤栽培，主产于淮河、长江一

带,共有普通型、多粒型、珍珠豆型、蜂腰型等四类。过去以为花生原产热带美洲,明代中叶才传入,但考古发现,早在 5 000 年前的浙江钱山漾遗址已有碳化花生,属同一时期的江西修水山背遗址也发现过花生,后来在湖南石门县的商代遗址中出土过半化石的花生,陕西汉景帝墓也发现了碳化花生,可见中国长江流域栽培花生之早,先是在下游培育成功,后来又在中游得到栽种,大约要到汉代,才推广到黄河中游。花生的植物形态,最早是晋代嵇含《南方草木状》描述"千岁子"这种荚果时提供。千岁子这种植物,据《三辅黄图》,是汉武帝元鼎六年(公元前111年)破南越,建扶荔宫引植南方奇草异木时,已经有了。"千岁子"大约也是广东地方最早称呼花生的名称,是百越族群培育的荚果。

芝麻(*Sesamum oriental*),是芝麻科的油料作物,又名脂麻、油麻、巨胜。赤道非洲拥有芝麻的 12 个品种,古代巴比伦人所需油料都从芝麻取得。沈括《梦溪笔谈》将芝麻称作油麻,以为中国古时只有大麻,张骞从大宛引进油麻种子,起名胡麻,说是为了与中国大麻相区别。沈括是浙江人,他也不知道早在远古时期浙江已栽培芝麻了,吴兴钱山漾遗址就有碳化的芝麻,是 5 000 年以前的植物。芝麻在华南区最初到底称什么,还难以确定,可能叫"油麻";"胡麻"这个名称其实在北方是后起的,大约当时南方的油料作物主要靠油菜、花生油,华北区主要靠豆油。芝麻的波斯语名 kunjut 在汉代传入黄河流域后,借用了"巨胜"这一译名,在华北区普遍栽种。后来又跟原产地中海的亚麻相混,据《唐本草》,在中国华北区称角有八棱的叫巨胜,四棱的叫胡麻(亚麻)。

蚕豆(*Vicia faba*)在钱山漾遗址中见到过蚕豆。蚕豆古称"𧆑"(《山海经·五藏山经》),因为蚕豆像侧面的虎头形状,习称虎豆,后来被讹作"胡豆",以为是从西域引种。蚕豆是长江流域普遍生长的豆科植物,富含蛋白质、淀粉,可以作粮食或副食,做成豆饭。

莲藕,莲结子为莲子,根为藕,可以作副食或蔬菜。过去以为是从印度传入,其实是长江下游原产,河姆渡遗址已发现莲的花粉化石,在河南仰韶文化遗址也出土有两粒碳化的莲子。汉墓出土的莲子经培育,竟会发芽开花,证明它是土生的。《诗·陈风》中有莲藕。

菱角,是菱科一年生水生草本,果实叫菱,春播秋收,果实供食用和制淀粉,分四角菱、二角菱和乌菱,长江中下游和东南沿海都有出产。余姚田螺山遗址在2004 年出土过菱角、菱壳,还有芡实、葫芦、豆类等许多可以果腹的食物。

甘薯,中国原产的是薯蓣科(Dioscoreaceae)中的薯蓣属植物,学名 *Dioscorea esculenta*,是南方珠江流域和珠崖地区的土产。薯蓣科植物共 11 属,广布在热带和亚热带地区,多半产在西非,现仍是加纳、科特迪瓦、多哥、尼日利亚等国内地居民的主食品,所以中国甘薯(*D. esculenta*)也被认为出自西非原生中心。薯蓣主要品类有六。其中白薯(*D. rotundata*)又叫几内亚薯。中国的甘薯,俗称山薯,是白薯的变种,文献上先见于越南北部,在中国南方(广东、广西、珠崖)多半有野生的,后来广加栽培,唐代以后逐渐推广到福建等地。

芋(*Colocasia esculenta*),俗称芋芳、芋头,是天南星科草本地下所生的肉质球茎,富含淀粉。原产东南亚,也是中国南方广泛栽培的食用植物。

原产长江流域、云贵高原和五岭以南两广地区的果木,尤以桃、梅、猕猴桃、柑橘、香蕉、荔枝、龙眼和糖料作物甘蔗最为突出。

桃、梅都是长江流域的果木,后来在北方得到移栽。桃树在黄河流域移栽成功不过 3 000 多年,河南郑州二里岗遗址、河北藁城台西村商代遗址,都见到桃核,说明当地已有栽培。梅树的生长区则最北只能到淮河流域为止,不能越出河南的南部。

猕猴桃科落叶木质藤本的猕猴桃(*Actinidia chinensis*),是产在中国中部、南部和西南部的野生藤本植物,东亚地区有 36 种,中国占到 32 种。猕猴桃是后起的名字,实际与桃不同科属。猕猴桃果形似桃而皮色如梨,明代李时珍说:"其形似桃,其色如梨,而猕猴喜食,故有诸名。"最早在《诗经·桧风》中叫苌楚,是生长在湿地的果木,就是在低洼地里野生的猕猴桃树。《尔雅》称作羊桃,但不是五敛子的别名;另有一名叫鬼桃。果实甘美,果肉中维生素 C 的含量可比醋栗,1904 年美国加利福尼亚州引种猕猴桃,起名就叫中国醋栗。

柑橘(*Citrus raticulata*, subsp),柑和橘均属芸香科柑橘亚科常绿灌木或小乔木,两者的区别在柑的果皮海绵层较厚,橘皮海绵层薄。柑、橙都比橘后出,原生种是橘,长江中游湖南、湖北都是橘、柚的主要产地。受气候和土壤条件的限制,橘的生长区难以越过淮河,自古有"橘逾淮而化为枳"(《考工记》)的说法。直到汉代,南方的果木中始终只有橘可以与北方的枣、栗、梨三种果木并列,保持着在分属四科的各种水果和坚果的行列中居于榜首的地位。

香蕉,原产亚洲东南部热带丛林区,是芭蕉科芭蕉属多年生草本,现在传遍全球,有 50 多个种,各地栽培作果蔬用的是香蕉和甘蕉两种。中国广东、广西也是香蕉起源地之一,华南种植的是果形弯曲的香蕉(*Musa nana*),马来语叫 Pisang,公元前 1 世纪的中国文献译作皮宗或皮松,在马六甲海峡已有这样的香蕉岛,是汉代使者航行过的地方。5 世纪后香蕉经马达加斯加岛进入南非,到 15 世纪后遍布非洲各地。

荔枝(*Litchi chinensis*),原产中国闽广,栽培历史在 3 000 年以上。汉武帝在平定南越以后,试图从交趾(越南北部)移植百株到陕南扶荔宫,可是几年来存活的只有一株,且不结实,最后还是枯死。从此荔枝、龙眼与橙、橘等南方稀有珍果,名享中原,当局不惜劳民伤财,将这类容易变质腐烂的亚热带水果运到北方去,供帝王贵胄享受南方果子的甘美。

还有一种生长在南方,生产糖料的禾本科作物甘蔗,原产中南半岛和云南,仅云南种植的就有甘蔗属 6 个种,1 个变种,另有 6 个甘蔗边缘属的 8 个种。"甘蔗"这个词最早出于云南、广西边境的一种民族语言,《楚辞·招魂》《汉书·礼乐志》最早记录的名称叫"柘",或称"诸柘",柘或蔗,都和马来语 těbu 的首音相同。3 世纪时又称都蔗,"都"是黄河流域对 těbu 的一种译法。越南语叫 mia,用来制糖,称石蜜,意思是蔗糖。与西亚用甜菜制糖不同,东亚用甘蔗制糖,后来蔗糖风行世界,这也是长江上游金沙江和澜沧江对全球经济和饮食文化产生广泛影响的一种农艺作物。

中国南方生长的许多蔬果和湿地植物,和东南亚的农艺作物属于同一个耕作区,其中有一些作物移栽到了黄河流域,更多的作物则越过海洋,传遍了世界,推进了世界各地农作物的生产和栽培技术,对改善、提高和丰富人类的饮食文化做出了巨大的贡献。

(二) 长江流域早期的饮食文化

人类在知道利用自然火以后,才有可能将采集和捕捉到的食物,加以烧烤,逐渐脱离茹毛饮血、茹草饮水的生食习惯,这些习俗至今在边远地区仍能见到,贵州的苗族还喜食生肉,东北的赫哲族爱吃生鱼,都还保持着最原始的饮食习惯。烧烤是把捕获的食物放在炭火上烧熟,或把采集到的野生坚果和植物种子放在火堆中加以火爆,但烤或爆容易烧焦。后来进而采取涂泥烧烤的方法,由烤法进化到炮法,是人类制造食物最早的两种方法。直到先民发现了利用能源,将猎物切成一块一块放在烧红的石块上去煎煮的石烹法,制造食物的方法又由烤或炮进至用烙、烘的煮法。这种原始的煮法今天在西藏雅鲁藏布江河曲地区的门巴族那里仍在使用,他们在烧红的石板上烙肉或荞麦饼,云南独龙族、纳西族用他们的圆形石板烤饼,当地人称石锅。还有一种办法是挖地为坎,将肉或鱼和烧红的石块一起放在水中煮熟,现在云南西双版纳的布朗族就是用这种地锅煮成卵石鲜鱼汤进食的,布朗族的竹筒饭,也是用竹筒作饭锅煮米饭。傣族是将牛皮垫在坑里,盛水和肉,将烧红的石块投入煮熟。先民从取食方法的演进中找到了制造食物的原始方法,懂得了以火攻石获得熟食的饮食文化,进一步创造出了可以开发山林和加工食物的石斧、石锛、石铲,以及石犁、石镰、石磨盘、石磨棒等许多农用工具,在增强自身体质的同时,又增进了对付大自然的智慧,提高了开发大自然的能力和才干。

先民用石板煎煮食物，把石板当作最早盛物的锅，也有用兽皮作炊具的。在盛产竹子的长江流域，使用竹筒盛上谷米或食物，或用竹篾、柳条编成箩筐涂上泥土，风干后，盛上食物，放进火堆上煮，于是在石釜（石板）之外又有了皮釜或竹釜。《礼记·礼运》注说："中古未有釜甑，释米捋肉，加于烧石之上而食之耳。"从石锅、竹釜的使用，启发先民制作了用一定的温度烧成的陶器。

最早的陶器有夹砂陶、夹炭陶、泥质陶三种，自新石器时代早期便有了。夹砂陶是羼有砂粒的陶器，常见的是石英、长石类的砂粒。羼有贝壳碎屑较少见，见于沿海地区的早期遗址，如华北区的北辛文化、华南区的浙江罗家角遗址。还有比较少见的是云母、滑石类矿物，在华北区的新郑裴李岗、胶东白石村一期、大连郭家村下层等地都有发现。夹炭陶，指夹有水稻或植物的茎、叶和皮壳的陶器，多见于长江中下游的早期遗址，余姚河姆渡遗址第四层出土 10 万多件陶片中，多数是夹炭黑陶，少数才是夹砂黑陶，河姆渡后期转向以夹砂陶为主，并有泥质陶。河姆渡出土的猪纹夹炭黑陶钵，是远古时期少见的一件刻纹陶。这类低温夹炭陶在浙江罗家角、湖北枝江关庙山大溪文化、屈家岭文化、宜城曹家楼屈家岭文化、枝城城背溪、湖南石门皂市下层等地均有发现，但到新石器时代晚期便消失了。

现在发现最早的陶器，是属于公元前 8000 年前后的江西万年县仙人洞遗址下层出土的火候很低的夹粗砂红陶，能复原的仅有一件陶罐。公元前 7000 年的广西桂林独山甑皮岩遗址，出土有罐、釜、钵、瓮等陶器。黄河流域出土最早的陶器是在裴李岗遗址，出土物已较南方所见的进步。所以目前所知最早制作陶器的地区，是在华南区长江流域江西万年的仙人洞、广西的甑皮岩。早期遗址还有华北区黄河流域的秦安大地湾一期、华县老官台、临潼白家等地，当地使用的制陶方法是泥片贴筑法，之后，使用范围更广、沿用时间也更长的泥条盘筑法取代了贴筑法，大约在渭水至黄河中游是在公元前 5000 年以后，长江中游大致是在公元前 4000 年的上半期，长江下游是公元前 4000 年的中期以后，黄河中游大约在公元前 4000 年的下半期，才分别完成了这一技术上的更替。

陶器中最基本的炊具是釜和甑。釜的发明在先，直接利用火的热能，煮熟食物，釜熟叫作煮。甑是利用蒸法煮熟食物又兼作食器的炊具，它的发明较釜要晚 2 000 年，用甑蒸物是东方烹饪术特有的技法，至少公元前 4000 年以前已经在长江下游使用了。有了釜甑，才可以"蒸谷为饭，烹谷为粥"。河姆渡遗址出土的陶甑是目前所知年代最早的甑，甑熟是利用火烧水产生的蒸气能，蒸熟食物，使用时釜中盛水，将甑底套在釜口，下煮上蒸，甑熟叫作蒸。这种蒸法是西方自古以来从未使用过的烹法。中国最早利用蒸汽，将饮食文化引入一个全新的境界，展开了以三足器鼎鬲为代表的鼎鬲文化。三足的炊具甑、鼎、甗，都是长江中下游先民最先发明的陶器。

太湖流域的马家浜文化遗址普遍使用釜和支脚煮食,支脚由三个上小下大、中间略细的陶支脚将陶釜架空,下面生火。稍晚制作的陶鼎,是将釜和三个支脚同时烧坯,连成一体,并且逐渐取代了釜和支脚,后来被广泛使用,数量越来越多。马家浜文化的盛食器有盘、碗、豆等,并有盉、匜等盛水器。盉的腹部盛水,一端有管,另一端有把手,形似现在的茶壶,实际是甗的变异。崧泽文化的居民在公元前4000年以后的几百年中,发明了一种蒸食的炊器甑,通常将甑制成无底的筒形,再用竹木编成箅子(蒸架),嵌在甑底,使用时将甑套入三足鼎口,成为复合炊具甗,这已经是相当成熟的蒸食用的炊具了。良渚文化大量使用鱼鳍形、侧三角形的陶鼎煮食,有的鼎腹内壁有一周凸棱,可以放上箅子蒸制食物。

长江中游湖北的大溪文化已制造实用陶器多种:炊具有鼎,盛食器有豆、盘、盆、钵、簋、碗、罐,盛水器有瓶、壶;还造出了通体有浅浮雕印纹的白陶盘、薄胎彩陶杯和碗。屈家岭文化的炊器有盆形鼎、罐形鼎、甑、锅,盛食器有豆、盆、钵、碗,盛水器有壶、瓶;并有少量彩陶,突出的是薄近蛋壳的彩陶碗、杯和圈足壶。在屈家岭文化基础上发展起来的湖北龙山文化的陶器,受中原龙山文化影响,普遍饰有篮纹、方格纹、绳纹。使用的陶炊器有鼎、鬶、甑;盛食器有盆、豆、钵、罐;酒水器有盉、鬲、杯、壶等。

长江中下游是鱼稻之乡,这些地区的先民创造了富有地方特色的饮食文化,用红陶、灰陶、白陶、黑陶和少量的彩陶,创造了适合当地饮食和生活习惯的陶业,从最早在露天手捏泥坯,到马家浜文化晚期和屈家岭文化开始使用快轮制陶,跨越时空长达五六千年之久。但是,无论是华北区的黄河流域,还是华南区的长江流域,这种先进的快轮制陶,在新石器时代,都只在沿海地区,也就是下游地区才比较发达,中、上游地区都处于相对后起的地位。

快轮制陶顺应了对陶器需求量日益增加的社会趋势,凸显出人口与财富的增长,各类人群对食物烹饪、应用与贮藏的增大,反映了农业与产业的兴旺程度,而饮食文化正好是衡量社会进步、人口繁衍的基准和尺度。新石器时代各地区先民中的多数逐渐以粮食为主食,菜肴、调味品为副食,而且还酿造了以果子或粮食为原料的酒作为饮料。菜肴兼有素、荤,素以瓜蔬为主,荤以蚌蛤、鱼虾、肉类为主,有了家畜的饲养,可以保证肉食的供给。古代菜肴是以和水多汁而成的羹为主,求其有味,必须加上调味料,调味品以盐和酸为最。盐取其咸味,最初靠的是"煮海为盐",也是沿海地区的居民最先发明,后来又知道了要用酸,长江流域出产的梅子,成了最佳的调料。《尚书·说命》称:"若作和羹,尔惟盐梅。"要作汤料,少不了要用盐和梅。但最好的饮料是酒。华南区可能是由于剩果腐败极多,引起人们注意,成为最早的果酒发源地,但粮食酒最早出现在华北区的仰韶文化和大汶口遗址中,那里发现了酿缸和陶制的酒具。

值得一提的是,在世界上三种进餐方式手指、刀叉和筷子中,作为筷文化发祥地的中国文化,却是经历了手指、刀叉直到筷子三种进餐方式全过程的东方文化。最初先民进食无不用手指直接抓取,有些地方流传至今,有的地方后来进而采用了刀叉、匕匙,而在中国则更有一个筷子时代。古时筷子称箸,明代才有筷子一名,一直沿用至今不衰。箸是筷子的古名,明代为了行舟讳言"住"(箸的同音字),长江下游的吴中人才改称"快儿",于是有了"筷"字。自从农业生产定期提供了粮食,中国的先民便用骨、木、竹为材料制作了进食的匕和叉。匕和箸可能是同时发明的一种进餐用具,目的是要从羹中捞取肉和菜。长江流域可能因土地卑湿,不易保存竹、木制品,所以出土筷和匕不多,但河姆渡遗址还是出土了30多件骨匕,有条形匕,也有勺形匕。勺形匕只有一件,是迄今所见年代最早的勺形匕,已有7000年历史了,还有一件柄作鸟头形状的象牙匕,也是罕见之物。

(三)长江流域早期的丝、漆、玉琢和干栏文化

自从中国人发明养蚕、缫丝、织帛以后,丝织品就跨越数千年的时间在各类纺织品中列居榜首,作为最珍贵的面料,具有极为特殊的地位。养蚕发端于野蚕吐丝结茧,化成蚕蛹,蚕蛹也是先民的一种食品。蚕的家养,必先栽桑,作为饲料,将蚕加以驯化,成为家蚕($Bombyx\ mori$)。家蚕丝的性能远胜野蚕丝,栽桑、养蚕、结茧、缫丝是取得蚕丝给以加工的最基本的工序,经过湅制的蚕丝产品可以分成两大类:一类是作丝棉,古人叫作"絮",可以御寒,效果胜过棉花,而轻巧过之;另一类是织帛,织成不同品类的丝织品。

丝织业的起点正是长江下游三角洲的鱼米之乡——江南的杭州湾和太湖流域,这里是世界上丝绸工艺的策源地。距今7000年的浙江余姚河姆渡遗址,发现过原始的踞织机的零件。这次在1977年冬进行的考古发掘,出土了双股的麻线和三股的麻绳,还有骨制的盅,上刻四条形态逼真的蚕纹和编织纹。和1963年江苏苏州梅堰新石器时代遗址出土绘在黑陶上的蚕纹相比,河姆渡骨制蚕纹更加逼真,可能是由于这里更早就注意到养蚕剥茧食蛹了。尤其重要的是,在太湖南边浙江吴兴钱山漾遗址,经过1956年和1958年两次发掘,出土了一批盛在竹器里的丝绵、丝带和经纬交织的绢片。其中一块灰褐色的平纹组织,经丝密度是20根/厘米,纬丝密度是28根/厘米。经丝的投影宽度是0.4毫米,纬丝的投影宽度是0.6毫米。另外一块平纹组织的经纬丝密度都是41根/厘米,经纬丝是未加捻的蚕丝。从丝帛和丝绳取出的蚕丝具有钝三角形截面形态,可以确证它是典型的

蚕桑丝,而且是经过缫丝加工的长丝。缫丝过程同样包含脱除丝胶的过程,要点是将茧置在热水中,用文火加热,并适当加上冷水,控制水温和丝胶浓度。钱山漾绢片经纬纤维表面显得光滑均匀,纤维断面显示三角形已经分离,表面丝胶已脱落,很可能是在热水中缫取。遗址的碳14测定年代是4750±100年。这批丝织品向全世界提供了迄今为止人类最初对桑蚕丝进行缫丝加工、织成丝帛的实物。

钱山漾地区最早是以葛、麻等韧性纤维编织纺织物的,差不多5 000年以前有了人工喂养的家蚕,用来缫丝、织帛,产生了一种新的动物性纤维纺织品,这使人类的衣着材料大为改观,从此进入一个新的阶段。但这项在东海西岸产生的伟大发明要被全世界认识,并加以采用,还有待于以后漫长的岁月。最早要到公元前1000年以后,丝帛生产才能从中国走出国门,而且是从长江三角洲首先向黄河流域、辽河流域传播,逐渐进入朝鲜半岛,并跨海到达日本列岛的。

漆器和漆艺是和丝织技术同样古老的发明,几千年中,中国一直以丝漆为最有代表性的制造业。直到西汉时期,司马迁还以西域地方"无丝漆"作为这些地方经济不发达、社会相对滞后的标志。寻找造漆的原料,本来是为了保护竹子、木料制成的竹器、木器,人们试图寻找一种既能防腐又可用来黏连的溶剂,好延长使用的时间,这种溶剂正好是在盛产竹木的长江流域生长的落叶乔木漆树(*Rhus verniciflua*)所提供的。漆树的茎干能分泌乳汁的漆,在生长8年以后到40年间,年年可以割漆,涂在泥坯、竹木等物体表面后,会形成保护膜或装饰膜,漆干后会使牢度大大加强,这样就延长了器物的寿命,最初的涂料便应运而生了。当初只知道用动物油脂或树脂来调和干漆,产生的漆颜色单调,多半是黑色或深色的,后来色彩渐多,才开始用植物油作为调漆的主要原料。

长江下游先民造漆,少说也有7 000年历史了。浙江河姆渡遗址在1978年出土过一件造型美观的朱漆碗,木碗腹部呈瓜棱形,碗底有圈足,像是饭碗,在器表涂抹的黑漆因年久剥落极多,内壁涂的红漆,还有光泽,配上骨匕用来进餐,在当时一定算是很不寻常了。这便是现在保存下来最早的漆器。

在太湖地区常州圩墩下层的马家浜文化遗存中,出土过两件喇叭形漆木器,一件深黑色,另一件上部用黑漆,下部暗红色。稍后的良渚文化出现了漆绘陶器,例子是江苏吴江梅堰遗址出土的一件黑陶束腰小壶,上面有一层薄薄的棕色漆作底色,再用厚厚的金色和棕红色漆涂上两组绞丝图案。经化学检测,知道这种涂料和汉代漆器上的漆相同,但和吴江制造的红衣陶、仰韶文化彩陶上的色料不同。

钱山漾出土物中有涂漆的木桨、木杵、木榔头,那时人们已懂得用漆来延长这类木制工具的寿命。浙江余姚的瑶山还出土了良渚文化的一件嵌玉的漆杯,那是一件很奢华的漆器了,也是目前所知最早的嵌玉漆杯。华北地区要晚到龙山文化时期,才在山西陶寺遗址发现一批彩绘木器,彩皮有点类似漆皮。那批漆器也比4 000 年前古埃及使用黑漆的历史稍为要早一些。早期的漆器虽然色彩单调,但能保存到五六千年以后,还未朽坏,首先得归功于华南区先民早就有了防腐保洁意识,于是有了这样的发明和造诣。

玉是新石器时代早期已开始使用的装饰品,后来更进化到成为代表地位和等级的礼仪用品。

玉有软玉(nephrite)和硬玉(jadeite)之分,二者都是真玉。软玉是透闪石或阳起石这类分布极广的造岩矿物中,呈致密块状具有交织纤维显微结构的透闪石阳起石系列矿物集合体,前者是石头,后者是真玉。玉的贵贱重在质地,其次才是色彩。玉的质地取决于致密润泽,决定软玉质地的基本要素,要看透闪石、阳起石维晶束组成纤维的粗细程度,纤维越细质地越佳。色彩是玉的质地的一个次要因素,17 世纪初宋应星《天工开物》以为玉只有白、绿两色,绿色的称作采玉,这也与现代软玉的基本色调黄绿色相符合。透闪石、阳起石中铁和镁所占比率不同,引起色彩的深浅浓淡,铁含量增能使玉色随之加深。

半个世纪以来的新石器时代考古,已揭示了中国古玉起源的谜底,将中国古玉的使用历史前推到 8 000 年前。辽西兴隆洼、查海等处遗址出土的佩玉距今超过 8 000 年。兴隆洼人使用软玉作饰品,有玦、管、匕形器和弯条形器,占多数的是柱形或环形的玉玦,大多成对出土在人骨左右耳部,用作耳饰。查海遗址出土有球状和管状珠玉器。当时这种环状而中间有切口的玦饰分布在黑龙江省东北部,经俄罗斯滨海省进入日本北海道,另一路向南一直分布到燕山山脉南麓。中国沿海最早发现玉饰的是杭州湾的两处遗址:一处是萧山跨湖桥遗址,出土两件璜饰,距今有 7 500 年;另一处是余姚河姆渡遗址第四层出土璜、玦、管、珠、饼、丸等六种玉饰,玉饼是玦饰的毛坯,测定的年代是距今 7 000 年。

山东的大汶口文化是介于东北和长江三角洲之间的,又一处沿海出土玉文化的地区,在它的早期(公元前4300—前3500 年)出土过玉璜(颈饰)、玉玦、玉管,还有一把三孔、柄长 8.3 厘米的环刃玉刀。

长江三角洲至迟从公元前 5000 年以后,已逐渐成为中国特有的玉文化的中心。马家浜文化发现过玉制的玦、环、管,崧泽文化有玉制的璜、手镯、耳坠。自公元前 3000 年开始的良渚文化将长江下游的玉文化推向社会发展的一个新时期,玉制品无论作为佩饰,还是权力的象征,都凸显了等级社会严明的礼仪制度。余杭县良渚镇附近素来盛产玉器,附近有大小遗址 40 多处,当地出土的一大批5 000 年前的玉器所达到的技术高度,几乎使人难以相信,那是先民留下的史前遗物。出土玉器最多也最精美的,是反山和瑶山两处贵族墓地。反山是一座人工堆筑的坟山，长约 100 米，宽约 30 米，高约 5 米，封土厚 1.4 米左右。在反山东北 5千米的瑶山，是建造在小丘上的祭坛，祭坛面积约 20 米见方，后来改作贵族墓区，出土的上千件玉器已不只供生产和生活之用，而是用于祭典。反山在 1986 年出土的冠状玉饰，上宽 10.4 厘米，下宽 6.4 厘米，高 5.2 厘米，厚 0.3 厘米，已经和王冠类似。苏州草鞋山、张陵山、青浦福泉山、武进寺墩等也有丰富的玉器出土。苏州草鞋山遗址，堆积文化层厚达 10 米以上，共分十层，包括了马家浜文化、崧泽文化、良渚文化，直到战国时期的印纹陶器各个时期的堆积。出土玉器有琮、璧、钺等用于祭典的大型礼玉，还有璜、瑗、觿、镯、带钩、杖端饰、冠状饰、锥状饰、三叉形器、圆牌饰，另有雕作鱼、鸟、蝉、龟的瓣状饰，以及日用的管、珠、坠组成的串饰。

　　玉器中的钺和琮、璧是礼玉，用于大典。在良渚文化墓葬中，这些礼玉的使用已可见出等级的不同。只有最高级别的大墓中才有玉钺，通常一墓只随葬一件玉钺，有玉钺，必有玉琮。玉璧的使用则比较宽泛，瑶山一共 12 座墓葬，其中几座出土玉钺、玉琮的最高等级的大墓，却没有见到一件玉璧。琮和璧这样的礼器，都由穿戴在手上的实用饰品环、镯演进而成：环、镯向立体式样发展，就成筒成琮，甚至趋向于高筒形；环、镯向平面式样发展，就成瑗成璧。苏州张陵山 4 号墓出土的琮，是接近镯的短圆筒形，还有好（孔径）倍肉（周边）的瑗式璧 2 件，说明璧当初也可戴在手腕上。武进寺墩遗址出土的一件玉琮，高 33.5 厘米，琮身浅刻横道 15节，另一件玉琮高 23 厘米，雕有兽面纹，这时玉琮已由实用饰品演变为权力或王权象征的礼玉。无论琮、璧尺寸有大有小，甚至可以依次递减，但孔径（好）基本是一致的，只是周边（肉）的宽度不同。这可能是制作玉器时的管钻工具有特定的直径所致。

　　玉的硬度很高，在中国南方或北方，早期加工都用线切割作为玉器开料或切割的手段，用锯切割开料比较晚出，而西伯利亚北部格拉兹科夫斯卡亚文化使用玉器只有锯切割，足见西伯利亚玉器加工在时间上已经较为晚起。苏州草鞋山崧泽文化遗址出土的残玉璜，约在公元前 3500 年，比曾被认作最古老的软玉器的俄国勒拿河畔萨内亚克塔赫出土的玉器还要早 600 年。良渚文化出土玉琮的兽面纹饰眼部，残留有实心钻和空心钻两种痕迹，都要借旋碾才能完成截断、穿空、雕镂、磨光等项工序，当时一定已发明了圆形的砣具，将解玉砂掺水加在旋转的砣上反复碾磨，才能制作出像草鞋山、张陵山、反山、瑶山等遗址的玉器。

　　玉器生产的繁荣，玉之从实用饰品发展到高级的礼器，正是顺应了作为财富与权力的象征而日益增长的社会需求，并为以后夏、商、周三代的礼乐制度开了先河。这是在黄河流域已进入铜石并用时期时，长江流域的先民所能夸耀的又一项尖端技术。

早在几千年前,中国传统建筑就以木构建筑为特色,它的起点,可以追溯到长江流域的先民在木作技术上的精湛成就。长江流域及其以南地区是巢居主要分布地带,巢居建筑是人类最初利用树干、树的枝叶和杂草搭建在树冠上的建筑,在热带、亚热带森林内陆,巢居可以躲避瘴气、毒虫、猛兽和潮气对人体的侵袭,大洋洲、南美洲、日本、东南亚和中国华南区普遍存在巢居。到新石器时代晚期,中国南方出现的干栏式房屋,也和巢居相仿,只是下部架空部分用多根木桩替代了巢居的树干,上部则搭建了全木结构的木棚。这种干栏式建筑在世界上分布很广,非洲的马达加斯加、南亚和附近的海洋岛屿,一直到东亚的南部地区和日本,是干栏式房屋最集中的地区。华南区流行的干栏式木结构房屋,是先民从单木巢居、多木巢居逐渐演进的产物,是长江流域及其以南地区的一种土著建筑形式。干栏式房屋按地理环境可以分成两类:一类分布在森林密集地带的云南、贵州、广东、广西,至今仍有这类建筑;另一类分布在平原、洼地以及其他一些靠近湖泊、河流的地方,无法巢居或穴居,只有使居住面抬高远离地表,东南沿海远古时期因此流行干栏式房屋。这类房屋的木桩打入岸边或浅水区,居民临水而居,汲水、排污均极方便,地板远离地面足以防止潮气和毒虫、兽类的侵扰。7 000 年前余姚河姆渡遗址中的干栏式房屋选址在背山临湖的地方,木桩密布地下,上面铺有木板和梁架,是这类建筑的范例。今天有名的旅游地贵州雷山县西江镇,依然保持了干栏式建筑的地理特色,同样也是由于它所体现的功能。

1973 年河姆渡遗址出土大量木质建筑构件,足以确认中国木结构建筑技术的起源一定已经走过了一段路程,才会达到这样的高度。这些在卑湿的地下奇迹般地被保存下来的数千件木质构件,是当时建造的干栏式建筑下立桩柱,上置地板,板上立柱安梁,用芦席铺顶并充当围屏的物证。垂直插入地层的桩柱有圆桩、方桩、板桩,基本成行,可以排出 13 列。推测至少有 3 栋以上的长屋,其不完全长度有 23 米,临水一侧有宽 1.3 米的外廊,和今天云南、贵州一些干栏式房屋平面柱列布局完全相同。遗址出土的桩柱、立柱、枋梁、板等木质构件,都经加工成榫、卯、企口、销钉。桩柱的底端都削成棱体,便于打入地下,并保持平稳,桩柱并不直接向上延伸到居住面以上,另有柱子承重居住面积。柱、板、梁都用榫头和卯口,柱身上丁字相交的卯口,开以后燕尾槽、十字槽的先河。在木板对接工艺中使用的企口板、销钉孔,是至今仍然不失为精细工艺的木工工艺,在河姆渡干栏式房屋中出现之早,不能不令人惊叹不已。遗址中出土的许多石制与木制工具,是当年造房时的器具,木器工具更是木结构技术的工艺结晶。河姆渡出土的干栏构件及工具,是东南沿海地区先民在从事农业生产的同时,为定居生活所进行的物质创造。他们在掌握木结构建筑技术的基础上,已具备了运用力学原理的智慧,他们的成就开启了后世全木结构的中国建筑的光辉前程。

五、东亚文明展示的文化社会形态之二：黄河文明

(一) 黄河流域的旱地农业

世界六大主要粮食作物中，康多勒和瓦维洛夫二人一致认为，粟（Setaria italia）和黍（Panicum miliaceum L.）是原产中国北方的旱作粮食，水稻则是中国南方最早栽培的粮食作物。

黄河流域经历了从刀耕火种到锄耕农业的演进，自母系到父系氏族社会的变迁，黄河流域的旱地农业开始于新石器时代中期锄耕农业阶段。黄河流域的新石器时代遗址已发现五六千处，每个类型的遗址，就是一处农业聚落区。和磁山-裴李岗文化到仰韶文化后期相当的农业遗址（时代大致从公元前 6500 年至公元前 3500 年），都出土过成套的原始农具和手制或轮制的陶器，以及最早的旱作粮食粟和黍。磁山-裴李岗文化遗址分布在太行山脉与华北平原交界的近 10 个县，正处在黄河下游冲积扇地层的起点地方。遗址所在可以见到种植的小米，驯养鸡、狗、猪、牛等禽畜出土多种夹砂红褐陶和泥质红陶的生活用器。

中国北方是粟的老家，粟是禾本科一年生草本，北方通称谷子，去壳后叫小米，几千年来都是华北居民的主粮。粟是一种耐旱作物，对土壤适应性强，可以春播和夏播。籽粒黏性强的称糯粟（秫），弱的称粳粟，可供食用和酿酒。古代常以"禾""稷"或"谷"相称。河北武安磁山遗址（公元前 6400—前 5000 年）在 1978 年出土的粟，已有 8 000 年以上的历史。磁山遗址出土了 1 000 多件石斧，考古人员发掘了作为仓储的窖穴遗址。在 88 个储存粮食的窖穴中，长方形窖穴有 86 个，每个长方形窖穴通常长 1—1.5 米，宽 0.5—0.8 米，深 1—5 米不等。考古人员在遗址发掘过程中发现，几乎每 4 个长方形灰坑中，就有 1 个堆积粮食，储存粮食已经具有一定的规格，形成制度。每个窖穴中积存的粟，厚度不一，最薄的仅 0.2—0.3 米，一般厚度有 0.5 米，相当一部分窖穴厚度在 1—2 米。一份粗略的统计表明：这类窖穴堆积厚度在 0.5—0.6 米的有 40 多个，占 60%；厚度在 1 米以上的有 20 个，占 25%；2 米以上的有 10 多个，占 15%，最多的一个窖穴堆积厚度达到 2.9 米。估计 88 个窖穴堆积的粟大约有 109 立方米，折合重量约 13.82 万斤。由此可以推算出，这一聚落的居民业已开垦了千亩以上的旱田。黄河流域栽培粟的历史大致在距今八九千年前已经开始。希腊的史前遗址阿吉萨（Argissa）曾出土距今 6960—7950 年的黍和粟的遗存，比中国的要晚。墨西哥塔曼利伯斯是一处公元

前3950—前3450年间的遗址,谷子一度是当地居民的重要口粮,但在这些地方,谷子随后就被其他粮食作物取代,例如墨西哥人就改种玉米和马铃薯了。然而谷子是仰韶文化聚落居民最重要的谷物来源。谷子大约在公元前6000年以后已经成为黄河中游华北地区华夏族的主要食物。公元前3世纪通过安息(帕提亚)或亚美尼亚传入罗马,安息人称谷子harzen,亚美尼亚人叫herzen,就是hozaran(千粒),罗马人因此把谷子叫milium(千粒)。后来谷子在萨尔马提人居住地栽种,再传到斯拉夫人手中,然后在北非地区落户,甚至成了伊比利亚半岛的安达卢西亚人的主粮。

在磁山以北河北省的易县发现的北福地一期文化,是与磁山毗邻的另一处遗址。磁山文化的南邻则是河南北部新郑县的裴李岗文化,裴李岗曾出土大量精致的石斧、石铲、石镰和石磨盘、石磨棒,从砍伐林木、翻土、收割到粮食加工的各种器具一应俱全。裴李岗文化的一些遗址中,也发现了粟的遗存。在黄河上游的甘肃秦安大地湾遗址发现的一座房子中有窖穴,底部存有碳化的粮食颗粒。从河北到河南,这一时期的遗址都出土了大批陶器,主要是炊具,有椭圆形的陶盂、陶罐,盛贮器小口双耳壶,盛食器碗、钵、鼎,以及极具地方特色的陶支座。在这些遗址中,还发现了相当多的家养的猪、狗、鸡的遗骸,说明已有剩余的粮食可以驯养家畜,宝鸡北首岭光民可能已经开始养牛。裴李岗文化遗址中还出土有陶猪、陶羊。羊是食草动物,野生在喜马拉雅山至黎巴嫩山脉一带,羊毛又是御寒品,羊肉更是寒冷地区最有滋补价值的肉食。羊在西亚是最早被驯养的动物,中国家养羊晚于猪、狗,但羊也是一种早被驯养的牲畜。至此,六畜之中只差一个马了。

仰韶文化遗址中,普遍见到在房屋附近或屋内挖有窖穴,有的窖穴一次可以容纳60多千克的粮食。在陕西半坡遗址、宝鸡北首岭和华县元君庙的氏族墓地中,小米已用来作为陪葬品埋入地下。山东的大汶口文化遗址中,也可以见到粟的遗存,胶县三里河遗址的窖穴出土了1立方米以上的粟,窖穴占了房屋面积的一半,等于建立了一座粮仓。自公元前7000年以后,粟这一旱作粮食,业经山东、河北、河南、山西等地的聚落居民作为主要的粮食,加以栽培。进入公元前4000年以后,仰韶文化的居民更普遍种粟,充作主要的口粮。在半坡遗址中,猪骨出土很多,并有牲畜栏圈,在姜寨遗址中也有圈养牲畜的遗存,宝鸡北首岭和华县元君庙遗址发现了用猪獠牙或猪颌骨随葬的习俗,可见猪作为主要的家畜,在仰韶文化时代已经确立。周人郊祀后稷的乐章《诗·大雅·生民》,记述后稷任唐尧的农师时,已种植禾(小米)、荏菽(大豆)、麻(芝麻)、麦(大麦、小麦)、秬(深色黄米)、秠(双穗黄米)、穈(深色小米)、芑(淡色小米)。粟已有三个品种,黍也有两个品种。

华北地区另外一种重要粮食作物是黍,也是中国很早就开始栽培的粮食作物。黍是禾本科一年生草本,不耐霜,喜温暖,生长周期仅两个月,有较强的抗旱力。籽实分黏性或不黏,可以食用或酿酒,秆、茎、叶、种子都可作饲料。黍主要分三个类型:圆锥花序密,主轴弯生,穗的分枝向一侧倾斜的是黍型,叫黍子;圆锥花序密,主穗直立,穗分枝密集直立的是黍稷型,叫穈子;圆锥花序较疏,主穗轴直立,穗分支向四面散开的是稷型,叫稷。但古书上的“稷”,通常指的是粟。稷型的黍,习称黄米,是华北地区最早培育的黍。第一部农政典籍《夏小正》,据说是夏代农事的经典,当时已见栽种黍(黄米)、麦(大麦、小麦)、穈(穈子)、菽(大豆)等谷物。

从出土实物来看,在陇西黄土高原,1978—1984 年发现了时代大致与磁山 - 裴李岗文化相当的秦安大地湾遗址,出土陶器、骨器和石器 20 多件;出土碳化的种子,有禾本科的黍和十字花科的油菜。大地湾是目前中国所知最早发现黍的标本的地方,大地湾一期文化的绝对年代,为公元前5800—前5350 年,已有 7 000 多年的历史,和希腊阿吉萨遗址年代的下限相仿佛。陇西黄土高原迄今还有野生的黍,据甘肃省农业科学院等研究机构的实验,用野生黍和栽培黍能正常杂交产生正常的中间类型,足见野生的黍在中国起源之早。大致在公元前 7000 年以前,黄河中下游的聚落居民已普遍找到了粟,作为他们栽培的最重要的粮食作物;而在黄河的上游地区,当地聚落居民最早确定栽培的粮食作物是黍,从此以后在黄河流域,人们就离不了粟和黍这两种旱作粮食作物了。七八千年前中国农业初始阶段,是北粟南稻。小麦在甘肃民乐东灰山遗址中已有发现,在中国的栽培历史也有 5 000 年之久了,最迟在商代,大麦、小麦已从中国西部传到华北地区,小麦叫“麦”或“来”,大麦称“牟”。冬小麦叫宿麦,可以越冬,不与粟、黍争地,较早得到推广,但一直要到公元 1 世纪,小麦在北方粮食作物中的地位才与谷子并列。

在史前时期,列入中国北方和黄河地区居民重要口粮的还有大豆(*Glycine max*)。中国是大豆的原产地,今天还能在中国的许多地方找到大豆的野生品种。大豆最初生在北方燕蓟地区和松辽平原,后来在山西栽培,《诗·大雅·生民》追叙后稷当尧的农师,已种植荏菽。荏菽就是大豆的华北品种,是那里居民的重要食物来源,晚到公元前三千纪才被驯化,古书上称作“菽”。属于原始通古斯人支族的山戎民族,在公元前 11 世纪周成王建都洛邑以后,特地派人进京献戎菽,以他们那里颗粒丰硕的大豆作为少见的优良食品,向周朝的君王进献,中原的人将这种颗粒大、营养价值高的大豆称作“戎菽”,汉代的郑玄说是“巨豆”。

春秋时代的北方,菽是粟、黍之后位居第三的主粮,《墨子·尚贤》认为套种菽粟,可以满足民间对口粮的需求,可作“豆饭”保岁备荒。大豆在战国时代东传朝鲜,公元1世纪,日本从朝鲜和山东引进大豆。7世纪后,大豆由广东传入越南、泰国;在清代更越海进入菲律宾和爪哇。19世纪移植欧洲、美洲,美国、巴西和法国都成了大豆的输出国。

夏代以来,反映在《夏小正》中的粮食作物,是以黍、稷(粟)、麦、菽、麻为五谷,都是黄河流域旱作区的主粮,加上南方的稻,才算"六谷",后来又去麻、加稻,成为"五谷"。

黄河流域也是许多蔬菜和果木的原产地。在粮食供应不足的古代,瓜果、蔬菜通常也是不可或缺的辅助食品。世界上常见的100多种蔬菜,原产中国的就占了半数,大白菜、萝卜、芥菜、韭菜、薇(豌豆苗)、荠、蕨、藿尤其有名。华北地区栽培这些蔬菜已有6 000年以上的历史,半坡遗址有贮存在陶罐中的白菜籽、芥菜籽,6 000年前的郑州大河村仰韶文化遗址曾出土过莲子。大白菜,属十字花科一、二年生草本,是黄河流域的主要蔬菜,又名结球白菜、黄芽菜(黄芽白)。白菜是芸薹属植物,这一属植物多半产在地中海沿岸,所以过去有一说,以为大白菜是从伊朗、阿富汗传至中国。15世纪出现的结球白菜黄矮菜,使大白菜产量大增,南方称黄芽菜,是豪门贵胄餐桌上的嘉品,加工方法极多。现在连黑龙江北部和西藏拉萨那样的高寒地区,都已栽培成功。迄今大白菜已有800多个品种,世界各国都从中国引种。13世纪朝鲜从中国引进散叶大白菜,到1527年被列作43种蔬菜中的一种,1835年后普遍推广。日本爱知县在1885年引入山东大白菜,逐渐培育出了300多个品种和杂种。18世纪欧洲有了大白菜,英文称作中国甘蓝(Chinese cabbage),又叫北京甘蓝。19世纪初美洲也有了大白菜。还有一个例子是蕨,《诗·召南·采蘋》已记述采蘋,蘋是一种凉菜,生于溪涧之滨,清香脆嫩,用作羹菜,爽滑清润,和藿同被认作上品之菜,用于贵族宴饮和祭鬼神。

作为世界上三个最大、最早的果树原产地之一的中国,以黄河流域为中心的原生种群有桃、李、杏、枣、梨、栗和榛子、核桃等多种水果和坚果。桃、李、杏是中国北方在3 000多年前最早栽培的果木。桃原产长江流域,余姚河姆渡遗址和崧泽文化遗址中都有野生桃核,钱山漾出土过毛桃核,夏商遗址也有桃核出土,公元前5世纪桃传到波斯。罗马人将杏树称作亚美尼亚树,杏是从亚美尼亚传入欧洲和地中海各地。桃和梨在公元初落户印度河,是从新疆传的种苗。后来阿拉伯的麦加也出产大梨子。华北山区是栗子的主要产地,西部山区和南方五岭一带也都盛产栗子,栗子在中国是一种遍布南北的坚果,6 000多年前的半坡遗址中,出土过碳化的板栗、榛子和松子。

中国北方也曾陆续从中亚和西亚引种了大麦、小麦等粮食作物和许多经济作物。有一些被冠以"胡"字的农艺作物,其实只是黄河流域从西域引进了新的品种,被称作"胡麻"的芝麻是其中的一个例子,芝麻的原产地却在长江下游三角洲。另一个例子是胡桃。胡桃是核桃的不同品种,核桃的原产地是中国,60万年前周口店北京猿人遗址地层出土物,经孢粉分析就有核桃,江西修水史前遗址也有碳化的山核桃,后来汉代有从西胡传入的核桃新品,比中国产的山核桃要大,于是人们起名叫胡桃,加以栽种,从此便误认核桃是西域的物产。核桃属植物有8个重要的种,其中普通核桃又叫波斯核桃,中国原产的是小果核桃,另有西羌出产的胡桃。张华《博物志》中传闻张骞从西域传入胡桃,是波斯胡桃。《西京杂记》也说,汉武帝上林苑中栽有胡桃十株。大约公元前中国已开始培育波斯胡桃。

(二) 黄河流域早期的饮食文化

黄河流域的农业与饮食文化起源极早,现在能见到的早期陶器,属于公元前6000年的磁山-裴李岗文化遗址,分布在河北和河南一带,在陕西还有李家村遗址和宝鸡北首岭文化的下层遗存。

磁山-裴李岗文化遗址出土有大量陶器。尽管这时的陶器都是夹砂、夹云母陶,制法用简单的泥条盘筑法,烧成的温度在700—930 ℃之间,陶器质地粗糙,里面有许多没有抹平之处,但是已经有炊具鼎、贮水的壶、洗濯用的盂、贮谷的罐、饮水的杯、盛菜的盘、盛汤的钵、盛饭的碗,还有当作炊具的陶支座。在遗址中都发现了家养的猪、狗、鸡的骸骨,北首岭遗址可能还有家养的牛,当时已经开始家养牲畜,这使植物来源有了比较稳定的供应渠道。同样属于磁山-裴李岗文化的河北易县北福地遗址,经过2003—2004年的发掘,获得大量陶器的遗存。属于北福地一期(公元前6000—前5000年)的典型陶器,是直腹盆和支脚为主的夹砂、夹云母陶,文化面貌与上坡、磁山早期遗存相似,与燕山南北地区的兴隆洼文化也有一些相近的因素。直腹盆可分大中小型,方唇、直口、直壁、平底,口径一般大于通高,有灰褐色、红褐色等,颜色多半不纯,支脚为倒立的靴形。直腹盆既可作炊具,又可作杯、碗。出土的刻陶假面面具,是祭祀崇拜或巫师实施巫术时的辅助工具。北福地二期(公元前5000—前4700年)出土陶器,以夹砂夹云母红褐色陶为主,其次是泥质红陶和灰陶,并有简单的纹饰。器形有釜、支脚、红顶钵、壶。釜是常见的素面、大口、深腹、圜底的夹砂红褐陶或褐陶器,另有支脚和钵出土。

与磁山-裴李岗文化直接衔接的仰韶文化,从公元前5000年起的两千年中,经历了彩陶艺术由盛极转衰退的演变过程。仰韶文化主要分布在黄河中游河南、山西、陕西一带,北面到长城沿线和河套地区,西边抵达甘肃、青海,已发现的遗址有千余处。按照时间跨度,可分前后两大时期。仰韶文化前期的炊具,较多的是夹砂罐;后期出现的专用炊具有釜、甑、鼎等。水器有小口尖底瓶,始终很流行。

饮食器主要有碗、钵、杯、豆。

中国的彩陶文化是 8 000 年前在西北的泾水、渭水流域最早出现，并独立地演进、发展起来的，时间之早，大致与世界上最早产生彩陶的西亚地区耶莫文化（Jarmo culture）不相上下。最初是用红色的铁矿粉绘出一道宽边或波纹，在口沿内绘上一道细线。这种类型的彩绘陶器持续了千年之久，迎来了仰韶文化彩陶的高峰时期。仰韶彩陶艺术的高峰分属半坡类型和庙底沟类型。

半坡类型的彩陶图案中出现的象生性的鱼纹、鹿纹以及人面和鱼组合的人面纹，是当时兼有渔猎、畜牧的仰韶农业社会的写实作品。1957 年半坡出土的鱼纹彩陶盆，其实是一件鱼纹釜；还有器身绘出网格与鱼鳍的船形壶，用十字形、米字形将蛙纹、网纹等图案分割，也是彩陶纹饰中十分流行的做法。人面鱼纹更具有精灵崇拜的宗教含义，半坡出土的人面鱼纹彩陶盆，原用于覆盖幼童的瓮棺，人面左右有鱼形翅，口衔双鱼，头顶有谷穗形山峰，似乎别有一种出入于生死两界之间的象征意义在内。

以鸟纹、鱼鸟纹、太阳纹和弧线圆点纹为主要纹饰的庙底沟类型彩陶，在装饰手法、色彩与图案设计方面都有了进一步的发展。其中的鸟纹，通常采取剪影形式，陕西华县柳子镇出土的鸟类纹彩陶盆，以鸟的侧身形象和前后方的弯弧，显示出栖息无常、不断冲飞的动感。华县泉护村出土的彩陶残片，上面绘着神话中太阳的三足鸟，背后的大圆点是一轮红日，这是世界上最早对太阳黑子现象观察的图像记录。郑州大河村出土的太阳纹陶钵，肩部横列十二个太阳，天文学家认为代表的是十二个月的天象知识。河南临汝阎村出土的陶缸外壁绘有鹳鸟衔鱼，右前方有一柄石钺，很可能是代表一个群体中有特殊身份的人物的用具。陕县庙底沟出土的三重弧线圆点纹彩陶钵，是弧线纹的典范，开启了在大汶口文化和屈家岭文化中花瓣纹的先例。

半坡彩陶最初多注重尺度、比例和分割，线条多取方、直结构；到庙底沟彩陶，逐渐趋向圆形和曲线结构，大多在卷沿曲腹盆或敛口曲腹钵的外壁施上彩绘，主要色彩仍是红地黑花，也有少数先罩白色陶衣后再上彩，尤以蓝色富于鲜艳的感觉。山西洪洞县出土的一件彩陶盆，在腹壁以斜线、弧线或直线等组成花瓣纹、三角涡纹等抽象的装饰图案，以横向的连续和纵向的重叠，烘托出流动的韵律感。

庙底沟类型彩陶向西北方向推进，使甘肃的马家窑文化，在公元前 3300 年以后的大西北形成彩陶艺术发展的新高峰，先后经马家窑、半山、马厂前后相承的三种文化类型，历时 1 200 多年，才进入彩陶艺术的结尾阶段。马家窑文化的彩陶创造了多样、活泼的艺术图案，尤其是半山类型彩陶数量最多。马家窑彩陶材质以橙黄色细陶为主，早期饰以黑彩，到半山类型加入红色，形成红黑两色组成的锯齿形长条花纹,以流畅的曲线组成旋涡纹、几何纹,施于肩部宽大的陶罐或陶壶的腹部。马厂类型的彩陶,弧线纹被直线、方格、菱形、云纹、三角折纹等纹饰替代,后来为商周青铜器纹饰所吸收。

黄河下游的大汶口文化,到中期以后受仰韶文化庙底沟类型感染,也时兴彩陶,在红色或的白色陶衣上,运用黑、白、褐、红、黄等色彩构成鲜明、柔美的纹饰。长江中游的大溪文化及其后的屈家岭文化,也都出现了彩绘陶器,屈家岭彩陶以薄如蛋壳的陶壁上施彩为特色。长江下游的彩陶数量少,良渚文化中出现过漆绘陶器,漆艺成为这一地区凌驾于彩陶艺术之上的具有地区特色的一大工艺。

继仰韶彩陶发展起来的大汶口晚期(公元前2800—前2500年),已由中期开始使用慢轮进步到用快轮制造陶器,并应用泥条盘筑到模制等多种方法,烧造技术从露天烧制到窑制,由横穴窑到竖穴窑,能够自由控制窑内气氛,将烧造温度提高到1 050 ℃以上。仰韶彩陶由于所用黏土含铁成分高,烧窑时氧化成红色,仰韶文化后期,还原焰逐渐增多,应用氧化焰与还原焰的不同,是造成红陶与灰陶的主要差别。到龙山文化时期(公元前2600—前2000年),还原焰成为主流,制陶技术取得长足的进步,彩陶艺术由此退居其次。龙山文化的制陶技术极其高超,陶土先经精淘,陶坯未干时用骨器将器表砑光,烧窑时运用烟熏和渗碳方法,创造出坚硬而乌黑光亮又薄如蛋壳的黑陶艺术;更由于使用了新发现的名为坩子土的陶土,经过高温烧造出色泽明快的白色、黄色、粉红色陶器,统称白陶,从而将黄河流域的陶器制造,推向以黑白两色为主的拥有更高技术成就的素陶阶段。

大汶口文化晚期生产的黑陶逐渐增多,但陶胎多半仍是棕红色的,仅器表呈黑色,属于黑皮陶,只有薄胎高柄杯等少数饮酒器才是真正的黑陶。山东胶县三里河的大汶口墓葬中,各类陶器都置于死者脚下,唯有黑陶高柄杯和石钺是放在死者腋下的重器。山东莒县发现成套的酿酒器具和酒器,时代之早还在传说中夏禹的臣子仪狄开始酿酒之前。那时业已大量制造饮酒、酿酒、存酒的器物,使用了快轮和烟熏法,烧成的黑陶薄如蛋壳,光洁细腻,厚薄均匀,器形规整,器壁厚度在0.5—1毫米之间,有的甚至不足0.5毫米,因此习称蛋壳黑陶,成为龙山文化晚期绝对占有优势的产品。

龙山文化黑陶的器物组合,以酒器中的高柄杯为代表,饮水器有单耳杯、高柄杯和盉,食器有簋、豆,炊器有鼎、甗,存储器有罐、罍、鬶等。后世的青铜器多半以黑陶的产品为楷模而制作。黑陶艺术将陶器的制造推向薄胎技术的顶峰,成为少数权贵才能享受的特殊产品,启发着几千年后诞生的瓷器的烧造与制作。

在仰韶文化晚期和大溪文化中有少量发现的白陶器,是以镁或铝含量较低的黏土或瓷土烧造而成。在大汶口、龙山文化白陶器中数量最多、最具代表性的是鬶。鬶是一种具有三个袋形足为支点,在器腹上部有喇叭口式样的流,背后有錾的炊具。大汶口文化中期(公元前3500—前2800年)使用的实足鬶,是新发明的炊具,后来又出现在长江下游的良渚文化中。这类袋形足的炊具自公元前2000年前后普遍流行在太行山北部至燕山南北地区,成为一种叫鬲的炊具,一直到春秋、战国之际,始终是北方游牧民族最时兴的炊具,它分布的范围从北纬34°一直拓展到了北纬52°的外贝加尔地区。

以日用陶器鼎鬲的制作为代表的中国饮食文化,就起源的地域性拓展而论,首先是由长江下游发端,然后一路溯长江而上,另一路顺海岸越过长江北上黄河下游地区。长江中下游的炊具本以釜鼎为主,黄河流域则流行鼎罐为烹饪的器具,而在北方阴山、燕山山脉(或称长城地带)地区,则通行三足袋形器的鬲为典型的炊具,这种称为鬲的炊具是在釜鼎出现以后2000多年才产生的北方游牧民族的生活用具。所以后世所称的"鼎鬲文化",实际代表着起自公元前4500年,一直延续到公元前500年的中国饮食文化;在地域分布上,概括了长江、黄河和习称北方地区的三个区域性地带的农艺和饮食文化。

(三) 黄河流域的冶铜工艺

人类最初对金属发生兴致,是由于金属矿具有的光泽和坚硬耐磨的特性。生活在尼罗河流域和美索不达米亚的先民,相信金子和宝石里隐藏着来自大自然的魔力或法术,设法用刻在宝石或金属块上的记号把这类无法为人力所左右的魔力保存下来,变成最早的符箓,随时可以对人产生一种超强的保护力,以阻挡来自大自然和敌方的侵害。人类从符箓和金属矿萌发了逐步跨向文明社会的意念。具有金色光泽的铜可以算是排在前列的一种自然金属,早在公元前9000年,已被居住在伊拉克北部和土耳其接壤处的居民加以熔解、锤打,做成饰品了。自然铜多半生存在赤铜矿中,也可以在含褐铁矿的泥土中发现。在西亚、中亚、欧洲的早期遗址中,可以知道人们还从共生矿中提炼铜:在公元前4000年出现的砷铜合金,是从当地的硫砷铜矿中取得,低锡青铜来自绿色的孔雀石,此外还有从赤铁矿和褐铁矿炼制的红铜制品。中国的冶铜工艺大约有6000年以上的历史,起源之早,几乎与小亚细亚的冶金中心不相上下。经过多年的考古发掘,新石器时代晚期出现在黄河流域的冶铜工艺终于得以弄清,是东亚地区独自形成的一大工艺体系。

在黄河流域展开的冶铜工艺,大致是以河套地区为中心,向东西两个方向逐渐扩散。东区为中原地区,包括黄河中下游,在公元前4600—前2400年间属于初始期。这里出土了迄今为止东亚地区最早的冶铜制品,1973年在陕西临潼姜寨的一处仰韶文化早期房屋遗址中,发现了一个含锌达25%的半圆形黄铜片,房屋是公元前 4675±135 年的遗物。大部分早期冶铜制品要到仰韶文化晚期才陆续出现,陕西渭南出土的铜笄也是黄铜锻造。陕西仰韶文化遗址中出土的黄铜制品和山东龙山文化遗址中发现的黄铜器,都取自当地含有铅锌的氧化共生矿。山东龙山文化遗址有两处出土含锌的黄铜:1974 年胶县三里河发现铜锥,1982 年长岛北长山店子出土圆形铜片。结合诸城、牟平、栖霞、日照出土的铜锥、铜片,以及残余的炼渣和孔雀石等炼铜原料,证实山东东部沿海地区是黄河下游在公元前 2700 年前后最早开展冶铜工艺的地区。山东地区拥有丰富的铜锌铅共生矿和铜锌共生矿资源,足以满足在这一地区制造黄铜和锡青铜制品的资源需求,一旦技术成熟之后,就可以在较长的时段内进行持续的开采。虽然中原地区很早就已能利用自然铜锻制铜饰品,但是只有等到下游的龙山文化向西扩展以后,冶铜工艺才有长足的进步。

在中原郑州、登封、临汝等地 5 处龙山文化晚期(公元前 2400—前 1900 年)遗址出土了黄铜和锡青铜遗物,其中最重要的是 1981 年登封王城岗一个灰坑中出土的一件高 5.7 厘米、残宽 6.5 厘米、厚约 0.2 厘米的锡青铜容器,是目前所知最早含有铅、锡的低锡青铜容器。从附近地区如郑州牛寨发现过炼制铅青铜的炉壁残片、临汝煤山出土过最早的炼铜坩埚残片,可以证明这一带已经建立了本地区的冶金工艺。从时间的差异可以明白,这些工艺知识的源头是在下游的山东地区。公元前 2400 年以后,经过由东而西的传导之后,中原地区,东起山东、河南,西到陕西,在公元前三千纪早期留下的冶金遗存中,制造了刀、笄、锥等黄铜制品,同时还炼出了锡青铜器,但是没有砷铜和红铜制品。

在河套以西的甘肃、青海地区,生成在黄河上游的马家窑文化和稍后的齐家文化,也是冶铜工艺获得重要发展的地区。马家窑文化的年代相当于中原仰韶文化的晚期,1978 年有了重要的发现,这一年,在甘肃东乡林家出土了一把完整的铜刀和一些铜器的碎片。呈弓背的铜刀,含锡 6%—10%,是一件青铜器。鉴于遗址的年代属于公元前 3280—前 2740 年,所以铜刀的绝对年代是公元前 2740 年,和地中海东部乌尔第一王朝王陵出土世界上最早的青铜器(铜斧和短剑)的年代几乎不相上下,这把铜刀是中国现在所见到的最早的锡青铜器。遗址灰坑见到的铜碎渣,经过鉴定,分别从褐铁矿、赤铁矿、孔雀石提炼而成。曾有过从冶炼铜铁氧化共生矿多次试验后才成功的经历,低锡青铜刀的制作,在当时实在来之不易。

继马家窑文化在甘肃东部兴起的齐家文化,建立了以红铜为主要材质的冶铜工艺,多处遗址曾出土锡青铜和红铜制品,6 处遗址出土 45 件铜器。年代最早的武威皇娘娘台遗址,一共出土 30 件红铜器,有铜锥、铜刀、铜凿、铜条、铜环、钻头等工具。广河西坪出土一把长183厘米、柄长7厘米的红铜刀,广河齐家坪发现了红铜空首斧和红铜镜。永靖秦魏家出土了青铜指环,广河齐家坪和青海贵南尕马尔台各自发现过青铜镜。这一地区的冶铜工艺从红铜、砷铜的冶炼入手,掌握锡青铜冶炼工艺远远滞后于中原地区。而且中国西部地区的冶铜工艺,除了接受中原文化的辐射或出于自身的独自创造以外,还没有明显的迹象显示,在齐家文化以前受到过中亚细亚南部土库曼斯坦的纳马兹加红铜文化的传导。

最近的考古发现能够证实的新疆地区早期青铜文化,有罗布泊地区的小河文化、哈密地区东部的天山北路文化、阿勒泰地区的克尔木齐早期遗存,这些遗址在公元前2000年以后的铜器遗存,全是锡青铜,最多的是牌饰、管饰,大型的圆形牌饰通常被称作铜镜或镜形饰,是萨满进行巫术的道具。吐鲁番洋海墓地发掘的萨满墓葬,可以见到墓主手执管銎战斧,并有铜铃、铜片、铜管等作法时用的法器。在罗布泊小河墓地发现的一件纯锡耳环,不仅是到现在为止在中国境内发现的年代最早的锡器,而且被认为是第一个直接的证据,表明新疆早期的锡青铜完全可能是用铜、锡两种金属配炼而成。所以新疆境内的冶铜工艺,一开始便表现出是以锡青铜为主的传统技术的延续。2012年在新疆西部伊宁地区温泉发掘的阿敦乔鲁遗址与墓地,属于公元前19世纪—前17世纪,是目前新疆发现的最早的青铜时代早期遗址,已被列入2012年中国十大考古发现之一。

在温泉遗址东面,乌鲁木齐市南郊萨恩萨依沟口的古墓地,经2006—2008年的发掘,清理墓葬180座,多数是聚石封堆墓葬,时间跨度长达2500年,出土器物300多件(组)。其中的早期墓葬,经碳14测定,距今约3890年,出土物中有夹砂灰陶器(个别器物口沿有三角戳印纹),铜器有红铜圆形素面牌饰、权杖头、碗等物。遗址出土物中的陶器、石臼与阿勒泰地区克尔木齐文化中的陶罐、石杯相近,发掘者认为南西伯利亚地区的青铜文化是这类文化遗存的主要来源,推测来自奥库涅夫文化。构成萨恩萨依墓地主体墓葬的是它的中期墓葬,出土铜器较多,有弓形纽铜镜、铜刀、铜锥、铜镞、戈、马衔、马镳等欧亚草原早期游牧民族使用的同类器物,出土的铜器、陶罐,与叶尼塞河中游米努辛斯克盆地的卡拉苏克文化和塔加尔文化的同类器物相似,属于公元前7世纪青铜文化晚期遗存。墓葬普遍以马羊的头和蹄作殉葬的牺牲,未见居处和农具,是一群以游牧为主导经济的牧民。天山中部的谷地正是这群牧民南北迁移的要道所经之地。可以推测,新疆北部和外界的青铜文化发生联系,

不会早到公元前2000年以前。在此以后,来自黄河上游的齐家文化却加强了他们与走廊西部地区的来往,最近在天山北路古墓沟墓地的部分墓葬中,发现了属于甘肃河西走廊西部"过渡类型"的陶器,墓地的碳14数据年代落在公元前

1700—前1300年之间,显示了这类古物可以归属于新石器时代晚期的遗存,在内地与新疆之间起到沟通作用的,可能是滋生在河西走廊西部的四坝文化。

年代大致在公元前2000—前1500年的罗布泊小河墓地,与天山北路古墓沟墓地的年代约略相当,所以新疆即使很早就和它西边的域外地区发生联系,那么它的时间也不致早到公元前1700年以前。迄今为止尚无证据可以表明,新疆的冶铜工艺会在这个时间以前,业已接受了来自西方的技术信息。由此可见,到目前为止所有的考古发现,只能证明东亚地区的冶铜工艺从最初各地区炼制黄铜、红铜起,直到掌握了由低锡青铜起始炼出坚硬的锡青铜的技能,亦即相当于商代的早期和中期为止,完全是在黄河中下游中原地区的冶铜工艺带动下,独自在长达2 000多年的过程中逐步形成的。

六、 走进文明社会

(一) 冶金与城市的出现

在铜器的制作成为一项独立的工艺部门以后,石器仍在两三千年内被普遍使用,将社会推进到铜石并用时代。中原文化在这一阶段加快了奔向文明社会的脚步。史前社会的文明是以农业经济为主体的生产力发展的结果,但各地自然环境条件不同,农业类型不同,有的地区是半农半牧,北方是旱作地区,南方是湿地经济,各地区间由于文化传统、生活习俗的不同造成的宗教、语言、习性、体质与财富积累的程度所形成的差异,也在与日俱增。由此,这些不同的因素在北方或者在南方所催发的社会效应也就大相径庭了。

在自然环境优良的东部(东北辽西地区、黄河下游、长江下游)、南部地区(长江中游),早先已经出现的社会分化,到铜石并用时期更加快了步子,随着新的社会等级秩序的建立,一套与之相对应的等级表征系统同时出现。在考古发掘所见墓葬中,死者的身份可以由随葬品中有无高档的手工业产品(玉器、象牙器、漆器、精细陶器、丝织品),以及棺椁和墓葬规模的大小等物化形式加以表达出来。宗教在聚落内部和各个聚落群之间起着维护和调节等级秩序的作用,因此在铜石并用时期出现的一些聚落中心和城址中,往往建有大到数百平方米的祭台和相关建筑物。长江中下游的史前遗址,由于雨量充沛、多水和平陂的地理环境,出于湿地农垦的需要,居民多倾注全力修筑防洪工程,因地制宜地以泥草混合物当作充填工程材料,以致遗迹难于保存。由于物产的丰富与通常只能容纳适度的人口配置,加上由宗教主宰的社会关系,这一地区居民的生活可以长期处于相对稳定的状态,因而没有见到许多早期遗留的城址。最明显的是在长江下游大量使用礼玉作为祭祀用品的良渚文化中,宗教对巩固贵族阶层的社会政治地位所发挥的突出作用,使得公元前 2500 年以前,在浙江余杭莫角山出现了一座总面积达到 290 多万平方米的古城遗址,这是一直到 2007 年为止,在冶铜工艺尚未兴起的长江下游发现的最大的城市遗址。

在自然条件相对较差的西部(黄河上、中游和长江上游)和北部(长城地带)旱作农业区,社会分化程度较东部和南部地区要低得多,等级表征系统也不明显,考古记录中可以见到不少城墙壕沟等聚落防御设施,出土大量箭镞、戈等武器,伴随有乱葬、杀殉等现象,显示了这些地区社会矛盾的解决和新的社会秩序的建立,往往通过发生在聚落和族群之间的冲突和暴力行为,以取得暂时的缓和。公元前3500 年以后,受到寒潮袭击的中国北方,气候迅速转向干燥寒冷,致使许多刚从农牧生产中获得温饱的聚落和族群,不得不重新改变原有的生产模式,改进食物的储备和居住条件,甚至大规模地移民,以求生存。由此在仰韶文化晚期,处于中心地区的中原文化通过武力的拼搏,进入了与周边地区各种文化重新组合的阶段,邻近地区诸多族群的文化因此有机会与中原地区产生许多文明的火花,山东的大汶口文化、湖北的屈家岭文化在这里形成了与山东的龙山文化特别相似的中原龙山文化。周边有山东龙山文化、湖北的石家河文化,以及河套地区的游牧文化。

由于自然环境引发的防卫措施的需要,在公元前 3000 年以前,中国北方地区,内蒙古中南部属于新石器时代晚期的石城遗址便有 15 处,这些石城都出现在公元前 2300 年以前的近千年中,通常面积在一两万平方米,最大的寨子塔石城遗址面积有 5 万平方米。正是在这一地区,后来在考古学文化上成了著名的鄂尔多斯青铜器群的诞生地。在农牧交界地带,城的兴起和衰亡是铜石并用时期的一个特殊现象;在农业发达地区,城的兴筑对定居垦植和新兴手工业起着保护的作用,因此城市的普遍发展是文明社会中各类资源必然相对集中起来而出现的基本现象,由此组成了文明进程的主旋律。冶铜工艺的发现和推广,使人们找到了比新石器更加锋利、耐用的工具和武器,驱使人们走出石器时代,跨入文明社会,为开创一个历史上的新纪元而奋斗不已。

在中原龙山文化发现的一些城址,往往可以同时找到遗留的铜器和冶铜的遗迹。河南登封王城岗、淮阳平粮台、郾城郝家台城址是这一类城市遗址中最有名的。山西南部襄汾县东南的陶寺,先后发现了分布甚广的墓地和城址,时间可以上推到公元前 2300—前 2000 年。20 世纪 80 年代发现的陶寺墓地早期遗址,有1 000 多座墓葬,其中大型墓葬只占 1%稍多,中小型墓葬占了绝大多数,凸显出社会阶级分化的鲜明。集中在一起的大墓,规模既不如龙山文化,随葬器物的华丽程度也远逊于龙山文化、良渚文化,但有了一定数量的彩绘木器、彩绘棺椁、彩绘陶器,以及玉、石、骨、蚌器。出土的6件玉钺,象征至高无上的王权,秉承了仰韶文化中期河南灵宝西坡遗址(公元前3300年)大墓陪葬品仅有陶器,只有1—3件玉钺表征王权的传统。陶寺古城在几百年中处于不断扩大之中,2002年确定的陶寺早期城址的面积为58万平方米。陶寺文化中期之初,更修筑了面积为280万平方米的大城。这座大城大约建成在公元前2200年以后,可能是有意要赶上南方良渚的莫角山大城而建造。城内发现了规模宏大的观象台(1 400平方米)和宫殿基址,似可据此定作陶唐氏尧的都城平阳。《尚书·尧典》称尧在位时,四方服属,东面到旸谷,西边抵达昧谷,南方的交趾、北方的幽都都有使者前来通好,从辽东到青海的日月山,自北京附近的幽州到西江和红河流域的交趾,各族群纷纷和这个新建立的中原王朝建立了友善的联盟关系。

2012年在黄河中游地区发现的另一处规模宏大的古城遗址,修筑在陕西神木县高家堡镇石峁村的秃尾河北侧山峁上,经5年发掘,发现了内城、外城和包围在内城中的皇城台的三重石头城墙。内城墙体残长2 000米,面积约235万平方米,外城墙体残长2 840米,面积约425万平方米,是龙山文化至夏代建造的最大的城址,距今已有4 000年。石头围墙上发现木架构高层建筑,推测用作烽火台。遗址还出土玉画,十分精美。

以中原地区为中心的文明社会,从古城的建立开始,进一步经过古国(方国)阶段,突进到了王国时期,确立了中原地区在华夏文明中所处的核心地位。

(二) 玉文化和中原文明的崛起

按照《史记》的编年,唐尧之后是有虞氏舜,舜的都城在蒲反(音坂),和尧的都城一样,也在山西西南部,它的遗址现在还没有找到。舜之后是以治水出名的大禹。禹都阳城,与河南登封发现的王城岗遗址符合。属于河南龙山文化晚期的王城岗遗址,最初在1977年被发现,为东、西并列的两座城堡,2004年在这里更发现了面积为34万平方米并带有护城壕的大城,可能是大禹最初建都的地方。大禹确立了有夏氏的王朝,从此开创了有文字记载的夏、商、周三代的历史。继王城岗遗址发现之后,又有河南新密新砦"后羿代夏"时期遗存的发现。对夏商考古曾有重大意义的河南偃师二里头遗址,经过2003—2004年的发掘,确定了这里是夏都的可信,使一向被认为处于传说时代的夏王朝的历史大白于天下。夏代以后的商周历史,已由郑州商城、偃师商城、安阳小屯殷墟等古城遗址,以及陕西周原、西安丰镐、河南洛阳成周遗址取得的考古发现,得以证实。

夏商周三代对国家体制和文化的传承,都有极其重大的贡献,而源头在仰韶晚期的古国。自公元前 3000 年以后的 1000 年间,分布在华夏民族境内黄河上游、黄河中游、黄河下游、北方长城地带、东北辽西、长江上游、长江中游、长江下游的八大区域文明,在不断变化的自然环境和社会环境的催发下,各族群经过激烈的比拼,完成了规模空前的融合、更新和替代,确立了以中原王朝为核心、由多元文化共同组成的华夏文明体系。

值得注意的是,作为中华文明传统的玉文化,原本并非中原文化所固有,但是经过中原文化认真吸收,到周代已成为最有标志性的传统文化。而作为东北玉文化起点的兴隆洼文化、红山文化、小河沿文化,长江下游极度发达的良渚文化及其后继的广富林文化、好川文化以及马桥文化,却由于自然环境的变迁,或者出于自然资源的局限,难以摆脱原先可以与铜相列的玉文化的羁束,反而走上了衰退之路。诚如《越绝书》所记古人风胡子称述,在石兵与铜兵之间,曾经有过一个玉兵时期。这个玉兵时期,正好和铜石并用时期沿海地区从辽东湾到南方的杭州湾曾经盛行的玉文化相呼应,在东北地区的红山文化和江南地区的良渚文化那里有过充分的展露。

红山文化墓葬出土的玉器常见组合有马蹄状箍、勾云形佩、猪龙、神兽、神人像等一批与宗教祭祀、天神崇拜相关的玉器,并有少量玉制的钺、斧、戚、牙璋等象征权力的仪仗类兵器,而且留下了令后人震惊的用于宗教祭祀的坛、庙、冢等大型建筑的遗迹。继承红山文化的小河沿文化、夏家店文化,考古发现只能证明它没有发展成独立的文明国家,随后开始进入了青铜器时代。

东南地区的良渚文化,以祭坛、贵族坟山、众多精美玉器和大型城址为标志,文明的程度已经高于红山古国。良渚文化的玉器组合有琮、璧、冠状饰、三叉形器、璜形器、锥形器、镯、环、钺以及石钺;出土玉器组合少则几十件,多则超过百件。青璧与黄琮常伴随出土,在相信天圆地方、天苍地黄的先民眼里,以苍璧礼天、黄琮礼地最能起到通灵的作用,因为外方内圆的琮正好符合天圆地方的理念。良渚玉器在琮、冠状器、璜形器、三叉形器、锥形器、圆牌饰等器上常细密地刻有"神人兽面"纹,个别玉璧、玉钺上也有同样的纹饰,直接向公众宣示了代表大自然的神灵的形象。良渚文化的玉文化代表了史前时期玉文化已将神灵崇拜推进到空前的高度,表现出神权高于王权、神权高于一切的思想,确立了玉文化具有上通天灵这样的神奇作用的特性,为以后夏商周三代古典文明的佩玉制度指明了路径。

从公元前 3500 年前后开始,东亚地区向文明社会的进程加快。自那时以来,原本比较温暖的中国北方突然受到寒潮袭击,气候迅速转向荒漠化,这使许多地区刚从农牧生产中获得温饱生活的人们一下子陷入僵局。史前社会的文明是以农业经济为主体的生产力发展的结果，人口与资源的配置和开发程度往往会转化成一种生死存亡的斗争，致使文明的传承，在生活资料比较优厚的南方，更多地体现出宗教在调节人际关系中所起的作用；由玉文化所体现的宗教与巫术，在调节史前社会关系中所起到的功能，远远胜过北方中原地区。所以，风胡子所谓的玉兵时代，是从东北地区的红山文化、小河沿文化直到长江下游的马家浜文化、良渚文化所特有的历史时期，集其大成的是太湖流域和杭州湾地区的良渚文化。创造这一文化的主人，似乎是分布在沿海地区的东夷民族的先民。

在自然环境优良的东部、南部地区，社会分化很早已经出现，到铜石并用时期更加快了步伐，而且随着新的社会等级秩序的建立，一套复杂的等级表征系统也随之发展起来。死者的身份可以由随葬品的等级和数量，以及棺椁和墓葬规模的大小等体现出来。在聚落内部以及各个聚落群之间维持和巩固这种等级秩序，往往是由宗教来实现的。最明显的是在长江下游大量使用礼玉作为祭祀用品的良渚文化中，宗教对巩固贵族阶层的社会政治地位所发挥的突出作用。

在良渚文化中期偏早的公元前 5000—前 4800 年，已经开始出现城市。杭州余杭良渚遗址，是长江下游铜石并用时代前期良渚文化的一处超大型的复合聚落。整个遗址以莫角山修筑的城垣为中心，向周边地区伸展，遗址群的面积在 40 平方千米以上，包括约 135 个遗址（浙江省文物考古研究所：《良渚遗址群》，文物出版社，2005 年，314—325 页）。2006 年在杭州余杭区窑瓶镇的莫角山发现了良渚古城墙，海拔仅 2 米多，城墙宽 60 多米，东西长 1 500—1 700 米，南北宽 1 800—1 900 米，呈圆角长方形，总面积达 290 多万平方米，连同外郭城，共有 34 平方千米，该城是目前在中国发现的同一时期古城中最大的一座。城垣内的城址是这一聚落的中心区域，垣体坡度平缓，与城垣外有河流相通，预测遗址聚落的人口峰值期约有 4.5 万人。

良渚古城位于杭州湾稻作区中心，又是浙江暴雨中心天目山东支余脉延伸的终端，在古城西北的山区发现 11 条水坝。2007 年起考古人员对古城周边环境展开勘探调查，范围超过 100 平方千米，发现了根据海拔高下构筑的高坝和低坝。高坝筑在谷口，低坝连接平原孤丘，在圩区形成平面 9 千米的二级库区。2015 年对老虎岭、鲤鱼山、狮子山等水坝进行发掘，弄清了先民为防止山洪，采用了当地人称作"草裹泥"的草包：在老虎岭水坝见到的一条条白色细线，是用当地沼泽所产的芦、荻、茅草，先切割淤泥，沾湿后再用芦苇捆扎，从变成河道的芦苇塘用竹筏将草包运至堤坝接近水面的地方，便可防水。中国社科院考古研究所用 GIS 软件对高坝系统进行分析，认为用此法可以阻挡短期内 960 毫米连续降水，经换算，可对付本地区百年一遇的洪水。北京大学年代实验室用碳14检测7条坝体样本，结果显示坝体距今4 700—5 100年，属良渚文化早中期。老虎岭的坝上有一条良渚时期的沟，有陶器碎片；塘山有良渚人墓葬、玉器作坊，都是先有人住，或者至少在良渚古城开筑不久，堤上便有人守候了。所以古城的年代一定在公元前2500年以前了。

经20多年的发掘，了解到良渚古城遗址是一处由内而外，由宫城、王城、外郭城、外围水利系统组合而成的都城建筑群体结构。城市发挥了筑堤蓄水、防洪、灌溉农田的多种功能，并且形成了最早的运河和水上交通网，在高坝系统的岗公岭、老虎岭等地，水库满水时，可沿山谷上溯1 500米。4 300—5 300年前的良渚文化，与古埃及文明的年代不相上下；世界上最古老的埃及尼罗河、两河流域和印度河文明都是旱作农业，以种植麦子和其他旱作植物为农业经济的支柱，在早期无需大型水利工程便可维持生机。良渚文化与它们不同，是出现在水乡泽国、以舟楫为车的低洼湿地，为了与洪涝争胜，在全世界首先修筑了大型水利系统工程，老虎岭、狮子山等地保存到现在的大坝，是世界上最早、规模最大的大坝，出现在大禹治水的1 000年之前，并且保存了下来，是人类古文明的一大奇迹。在那样早的时候，中国南方修建大型水坝便获得了巨大的成功，因此在长江下游产生了以玉、丝、漆以及大型水利枢纽工程为标志的良渚文明。

良渚文化中玉琢的璧、琮、三叉形器、璜形器和冠形器，分别象征着日（天）、月（地）、山、川和由天地人合一的王权，玉琢的钺、斧则是代表权力的权杖。城中心筑有人工堆筑的高10米、面积达30余万平方米的高土台，作为祭祀中心。莫角山遗址的大墓出土大批造型优美、纹饰精致的成套玉器、漆器和嵌玉漆器，社会财富已向少数上层人员集中，并趋于礼仪化；此外，还发现了数十种近似文字的符号，一件陶器上出现11个连续的符号。莫角山与周边的聚落，形成众星拱围的形势，显示了作为初期文明中心和早期古国权力中心的都城地位。已知的良渚文化最北的边界，由于江苏北部兴化与东台交界的蒋庄遗址的发掘，早已突破了长江天险。发掘工作从2011年10月延续到2015年12月，在总共45万平方米的遗址中发掘了35万平方米，清理出良渚文化墓地一处（长方形竖穴墓葬282座），房址8座，灰坑110多座，以及水井、灰沟，出土玉、石、陶、骨器1 200件。墓区中、北部都是平民墓，南部是高等级墓葬，出土物有玉璧、玉琮，人骨保存良好。玉器都出在二次葬的墓中。

蒋庄遗址是核心区以外，出土物最多的良渚文化遗址。出土陶鼎具有自身特点，可以衔接北方大汶口文化。

长江中游的史前城址，在距今6 000年以前的大溪文化第一期的湖南澧县城头山已经出现,呈圆形的城址周边有城壕和土筑城垣环绕,面积近7万平方米,在大溪文化时期一直沿用下来。城壕和附近河道连通,可以行舟,构成多水的南方地区发展水上交通的通道。城内有大溪文化时期的大型祭坛、祭祀遗迹、墓葬区、陶业手工作坊区,有了专业的陶工。尽管多数墓葬是瓮棺墓、没有随葬品的土坑墓,少数较大的墓葬中,却有玉璜和多达25件的泥质红衣陶器随葬品一起出土,凸显了初始阶段社会分化的程度。

长江中游规模最大的史前城址是石家河城址,始建于屈家岭文化晚期,到石家河文化晚期毁坏。城址由环形壕围住的面积约180万平方米,城垣内可使用的面积约120万平方米。在城址内有大量红烧土建筑遗迹,发现了陶筒和陶缸相互套接的祭祀遗迹,出土数万件红陶杯。这些现象说明城内布局经过规划,存在手工业作坊、祭祀场所、公共建筑和专用墓地。至少晚到屈家岭文化中期,石家河地区已形成7个聚落群;到石家河文化早期,聚落群增加到27个,密集的聚落群占有8平方千米的地面。据研究,修建城壕,主要是为了防止北来的洪水。城址遗物还看不出有明显的社会分层,也见不到宫室之类的建筑遗迹。防御洪水促使各聚落居民起而修筑城壕,这对长江中游业已发现的城址所起功能,作出了具有代表性的解答。与世界其他古文明中心相比,修筑城垣是长江流域早期城址的一个显著的物态特征,除了长江上游成都金沙遗址,其他城址都修有坡度较缓、底部宽大、不像北方那样在陆上攻战中有利于防守的城垣,首要的功能在于防洪排涝和防止野兽的侵扰,同样也体现了河港交叉的南方,为适应攻战中利用泄洪阻敌的攻防特点。在这些城址的外部也分布有次要的聚落,居住着大量的平民,拱围着中心城市。石家河遗址内外整体地势是西北高东南低,修筑城垣和城壕可以阻隔洪水,管住水的进出,而在地势最低的东南角则只有城壕,未修城垣,有利于城内泄洪,是最早的水利工程。在东亚文明中心,大规模的水利工程,最早多见于常年雨量充沛的长江流域。良渚遗址在城外更增筑很长的土埂,加强防洪的功能。

就自然环境相对来说,具有较多的人口,而可供采集和栽种的农作物比南方要少了很多的黄河流域,在很长时期中,社会分化程度普遍较低,等级表征系统亦不明显。考古记录可以见到的早期城址、城墙壕沟等聚落防御设施,都修筑在垣壁陡峭的山陂旁,那些地方是攻战中有利于守御的地方。遗址中往往出土大量的箭镞等武器,并有乱葬和杀殉的奠基仪式的痕迹。社会矛盾和新的社会秩序的建立,更多体现在聚落之间和族群之间的冲突和暴力行为,主要是由实力的比拼获得,而不是通过对稀有资源的占有和分配,或通过宗教观念来调整日益激化的族群之间或聚落间的关系。仰韶文化晚期,中原地区处于各种文化重组阶段,山西南部的庙底沟二期文化迅速南下豫西洛阳平原,同时还有北方长城地带文化南下,山东大汶口文化晚期向西推进,南方湖北屈家岭-石家河文化相继北上,由数种不同来源的文化糅合成了与邻近地区面貌相近似的中原龙山文化。在它的东边和南边,则是山东龙山文化、湖北石家河文化等区域性文化,河套地区是以游牧经济为主的北方文化区域。逐渐定格成北方文化、中原文化和长江中下游的南方文化,三大文化体系并存的格局。

中原文化迅速吸收了四邻的先进文化,使自身的壮大有了坚实的基础。中原文化从东方的龙山文化学到了薄胎黑陶和冶铜工艺,从南方吸取了优质白陶制造技术,引进了玉文化、漆绘技术和缫丝工艺,又从北方学到了改善畜牧业和冶金技术的知识,从而成为兼长各业、包罗各科知识的文明中心。

城是在中心聚落基础上扩展的产物,构成区域性的经济和文化中心。由古城到古国,是文明进程中跨出的一大步。龙山文化时代相当于古史传说中的唐尧虞舜时代,已经处于许多古国结成联盟、有了一定规模的朝廷的时代,所以《墨子》常以虞夏商周连称,孔子也说:"唐虞禅,夏后殷周继。"唐虞虽然是由各地推举出来的国家元首,与夏启以后元首是由世袭制继承不同,但作为国君的意义是完全相同的,标志着东亚地区已经进入文明社会。

中国素来标榜自己是衣冠之邦,自称华夏。《尚书·武成》称:"华夏蛮貊,罔不率俾。"《传》称:"冕服采章曰华,大国曰夏。""华夏"就是衣冠之邦的文明大国,所以《疏》曰:"中国有礼仪之大,故称夏,有服章之美,谓之华。"中国跨进文明社会,也从传说时代的黄帝起始。相传黄帝作旒冕,确立了王权,他的臣下伯余作衣裳,胡曹作冕,于则作扉履,于是贵族都有了衣履冠带,一见便显出与众不同的身份。《易·系辞传下》说,"黄帝尧舜垂衣裳,而天下治",就是以服饰来显示身份等级,将它制度化,好维持王权统治下的社会新秩序。而王权统治的中心当然固定在都邑中了。

传说黄帝的都城在今河北涿鹿附近;陶唐氏尧的都城是平阳,在今山西临汾;有虞氏舜的都城定在蒲反(音"坂"),在今山西永济。尧舜两代的政治中心都在山西西南部。《尚书·尧典》有尧在位时,四方服属的记载,东面到了旸谷(日出之地),西边抵达昧谷(日落之地),南方到交趾,北边与幽都。用《墨子·节用》篇的话来说,是"古者尧治天下,南抚交趾,北降幽都,东西之日所出入,莫不宾报"。从辽东到青海的日月山,自幽都(北京附近)到红河流域的交趾,各族群都和中原王朝建立了联盟关系。但华夏族的统治中心仍在汾水、洛水一带,据有黄河中游地区。这是当初北中国水资源最集中的地区。

可以作为对比的是,在同一个时期,地中海滨的尼罗河文明却在公元前2200年出现了断层。原本以金字塔为城市文明表征的埃及文明,在距今4 200年前,进入古王国第四朝以后的200多年中,忽然不再见到金字塔,引发考古学家对此作出新的思考。

伦敦大学学院研究尼罗河文明的菲克里·尼哈桑曾在已经倾塌的法老胡夫的长子雷吉德夫的金字塔遗址附近进行发掘,根据这一时期的沙土层,发现了这一时段中尼罗河因气候变化,不再定期泛滥的物证。原因在于埃塞俄比亚高原不再有洪水往下游倾注,于是尼罗河流域出现了严重的干旱。此举同时也证实了美国阿拉巴马大学帕尔卡克博士在尼罗河支流特拉比古遗址发现的壁画和象形文字,记述大批灾民被迫离乡背井,奔向上游地区,出现人吃人的惨境,完全是当时的记事文件,毋庸怀疑。从此法老的神性在古埃及降至最低点,太阳神"拉"成为民众心目中至高无上的主宰,埃及历史的这一转折正是由于这一自然变迁所促成。这给正确认识气候变迁对人类社会所产生的决定性影响具有重大的现实意义。

在中国,这类自然现象对早期城市变迁的影响还有待今后深入探讨。

自仰韶文化晚期出现用土筑城以后,便有了堆筑和版筑技术。黄河流域的版筑技术以仰韶文化时期的郑州西山遗址最早,出现在公元前2800年。到龙山文化时期,版筑已广泛用于城垣筑造和宫殿建筑。中原龙山文化已发现了一些城址。特别是20世纪70—80年代发现的登封王城岗、淮阳平粮台、郾城郝家台城址,都用版筑技术,使用木板、竹编夹持挡板,不用基槽,由平地起筑,可以新密古城寨城墙为代表。用堆筑技术的,以辉县孟庄城址为代表,采用斜向夯筑,逐步加宽墙体。1977年发现的登封王城岗城址,建有东、西并列的两座城堡,东城残存南墙30米,西墙残存南段65米。西城是东城东部被山洪冲毁后加筑,仅可见到南墙和西墙的基础槽及夯土层还保存在地下,南墙长82.4米,西墙长约92米。2004年,在王城岗遗址又发现了面积约30万平方米、带护城壕的龙山文化大城址。平粮台城址呈方形,每边长约185米,门道内有陶质地下排水管。城内房子均土坯砌筑,每房三至四间,有的房子还有走廊,不同一般聚落遗址中的圆形单间房,是贵族的居所。城内还有陶窑,发现了铜炼渣,应当是冶铜所遗,遗址面积小于山东章丘的龙山城(城子崖),但已经有了冶铜、制陶的手工业作场。

最值得注意的中原龙山文化古城遗址,位于山西南部襄汾县东南的陶寺,距今已有4 000多年。20世纪80年代发现了陶寺文化早期墓地,1 000多座墓葬,可以分成大中小三类,大墓仅1%稍多,中墓不足12%,小墓约占87%;金字塔式的墓葬等级,充分表明了当时社会的阶级分化。集中在一起的大墓规模不如龙山文化,随葬器物也不如龙山文化、良渚文化精美,但也有彩绘棺椁,并以布裹尸,大量随葬彩绘木器、陶器、玉、石、骨、蚌器,彩绘龙纹陶盘、大石盘、玉钺和成对的鼍鼓。这些器物都是中小墓中绝对没有的。陶寺墓地分早、中、晚三期,中、晚期墓葬预计会有更加惊人的发现。2000 年发现了龙山时代的大型城址,2002 年确定的早期城址的面积为 58 万平方米,陶寺文化中期之初,修建了面积达 280 万平方米的大城,为目前所见同时代两座最大的城址中的一座。在城址内有房址、窖穴、灰坑、灰沟、窑址、墓葬等遗存,房屋多为白灰地面房。中期小城祭祀区内,已发现总面积约 1 400 平方米的观象台遗址,证明当时已有"观象授时"(《尚书·尧典》)的设施,为观测农时、制定历法有了专门的制度。但迄今尚未发现与唐虞时代相对应的宫城或宫殿区,因此尚难断定是否是当时中原地区一大都邑的遗址。2012 年在陕西神木发现的石峁遗址,距今有 4 000 年历史,城址的规模超过了陶寺,有皇城台、内城、外城三重石头城墙;外城面积有 425 万平方米,是目前已知史前城址中最大的一处。

城是定居农业文化发展到一定阶段的产物,城的一个占主导地位的功能是在涨水时期对付水患,并且在聚落冲突或族群冲突中,保卫本聚落或族群定居生活的安全,防御敌方的攻掠。在以畜牧业为主或半农半牧地区,城的功能就完全不同了。内蒙古中南部石城的衰落,正是气候变冷,农业经济向畜牧业经济转化所造成的。在朱开沟文化时期,内蒙古中南部气候已出现干冷的趋势,平均气温明显下降,中国北方长城地带居民只得放弃半地穴式房屋,营作窑洞或地面式石筑房屋,或引起大规模的迁移。传统的农业经济在当地开始退化,畜牧业则方兴未艾。目前内蒙古中南部新石器时代晚期发现的石城址,共有 15 处,其中包头地区发现石城 5 处,海岱地区 4 处,南流黄河沿岸地区 6 处。这些石城多选择在深壑大沟与黄河主流交汇地带,或三面环山,一面为箕形坡地的地带,靠天险和石围墙构成封闭的防御空间。石城面积通常在一两万平方米,南流黄河沿岸地区的寨子塔石城址面积有 5 万平方米,海岱地区的老虎山石城址面积最大,达 13 万平方米。包头地区石城城内以石筑房屋为主,石城址内外多设有祭台一类的祭祀设施。海岱地区与南流黄河沿岸地区石城内,多以半地穴式房址为构成单元,极少见到祭祀遗迹。这些石城大多出现在公元前 3000 年至公元前 2300 年的近千年中,老虎山石城遗址的年代在公元前 2500 年前后。陕西神木石峁古城遗址的年代大致与浙江良渚莫角山古城遗址年代相当,鄂尔多斯青铜器的产生和发展,正是这一时期在考古学文化上最具代表性的反映。

在农牧交界地带,城的兴起和衰亡,正好是铜石并用时期的一个特殊现象。在农业发达地区,城的兴筑对定居农业和新兴手工业起着保护的作用,因此城市的普遍发展是文明社会最基本的社会现象,是文明进程的主旋律。而在畜牧业日益代替半农半牧生活的北方边区,城只会随着畜牧业的发达而逐渐消失,那些汇聚着高度发达农业社会的财富的城市,则逐渐成为逐水草而居的游牧民族攻击和掠取的对象,这一社会现象在以后农业经济高度发达的地区和相对滞后的游牧地区形成的反差,必然会随着社会文明化进程的加剧而进一步扩大,造成中原农业社会与北方游牧社会之间,几千年来和战局面反复出现的历史现象。

第二章
夏商周三代：东亚文明的古典时代

一、 夏代开创的文明中心

　　文明产自人群和土地不断的扩大和统一，文明是统一的结果。中华大地自进入铜石并用时代以后，加速了生产力发展和社会阶级分化，使社会财富的积累迅猛扩大，各部落和族群之间的战争规模也不断升级，战争也成为加速文明进程、对社会财富进行再分配的一种手段，而频频出现。夏商周三代，是中国历史上最初进入文明社会，建立起奴隶制国家的时代，其代表奴隶制国家的统治者有了"王"的称号。三代以前，有三皇五帝，但这"三皇五帝"之说，是春秋战国时期的人对两千年前的古代统治者的尊称，那时正当列国僭号称王称帝，所以在那时编成的《周礼·春官》曾说："外史掌三皇五帝之书。"三皇五帝原始的真正称号，本来叫作氏。三皇原称天皇氏、地皇氏、人皇氏，或称燧人氏、伏羲氏、神农氏。五帝原称有熊氏、高阳氏、高辛氏、陶唐氏、有虞氏。氏就是原始社会氏族的酋长，他们占据的地盘往往超过了原始的古国，已经相当于方国，是一方之长。只有出现了统一的奴隶制国家以后，国家的最高统治者才称为王。《说文》解释："王，天下所归往也。"后世以各种溢美之词称赞王者，以为王能通天、地、人之道，说者以为"王"字以一贯三，"三者，天地人也，而参通之者，王也"（《说文》引董仲舒说）。又以为只有有道者才能成为王，《管子·君臣上》称："王天下者，其道王之也。"《老子》说："道大、天大、地大、王亦大，域中有四大，而王居其一焉。"《广雅·释诂》于是以为："王，大也。"又或以为王能通德，《管子·兵法》称："通德者王。"《荀子·议兵篇》说："以德兼人者王。"或以为能得众人拥护者可以为王，《管子·霸言篇》以为："得天下之众者王。"《易·师彖》："能以众正，可以王矣。"郑玄注："能御众有正人之德。"这些说法无非以王天下者是有道、有德、有众之人，最重要的是王者一定是为众人拥戴而有权势的人，才能胜任。这就符合古人以尚武立国的实际，为王之人，一定首先是统率军队的将帅。就字形而言，王者，无非是端拱而坐的人，两旁则是列队站立的人。由此可见，王位的获得无非是武力征服所致，并非出于有道德仁义的圣人之辈。处于战国时代的人对此感受最深,以为古时的"明主贤君,常欲坐而致之,其势不能,故以战续之"(《战国策·秦策一》)。韩非子说得好,只要"利足以盖世",就一定能得天下,"古之所谓贤君明主,非长幼弱也,及其次序也,以其构党与、聚巷族,逼上弑君,而求其利也。彼曰:何以知其然矣?因曰:舜逼尧,禹逼舜,汤放桀,武王伐纣,此四王者,人臣弑其君者也,而天下誉之。察四王之情,贪得人之意也;度其行,暴乱之兵也。然四王自广措也,而天下称大焉。自显名也,而天下称明焉。则威足以临天下,利足以盖世,天下从之"(《韩非子·说疑》)。所以王者无非是战争的胜利者,是具有威德的人。"威临天下,利以盖世",说的正是韩非子的历史进步观。

中国在走向文明的过程中,也经历了无数次战争的洗礼。最早留存在人们记忆中的,有炎黄集团和蚩尤集团的二次大战。黄帝集团和炎帝集团是黄河中游最大的族群,黄河下游有以蚩尤为首的族群,蚩尤自东而西,战败了炎帝集团,炎帝只得北退,联合黄帝集团,在河北涿鹿之野击败蚩尤集团,将它的余部逐出中原,余部只得向西南山区撤离,成三苗的祖先。到了虞舜时代,中原地区仍有来自南北双方的困扰,舜命夏后氏征伐三苗,之后又去攻击北方的共工,杀相柳氏。大禹又因受命治水而立功,于是首先被称为王。古文《尚书·胤征》称:"先王克谨天戒。"顾炎武解释:"禹崩之后,允征则曰先王"(《日知录》卷二,帝王名考)。禹死之后,首先被夏朝尊作先王。后世《大戴礼记》《说苑》《淮南子·泰族训》都说"禹以夏王"。自此以后,夏商周称为三代,三代都称王,亦称三王。王成为三代统治者所称的专号。

在先秦时代遗留下来的二十多种古书中,常常称三代为三王或四代。《礼记·大学》说"三王四代";唐代孔颖达疏:"三王谓夏、殷、周,四代则加虞也。"《礼记·王制》干脆以虞、夏、商、周为三代。《墨子·明鬼下》径称:"虞、夏、商、周,三代之圣王。"所以三王又可代表四代。原因在于有夏一代实际脱胎于有虞氏的当政。

夏禹之所以能登上王位,是借助了神权和法权。

夏代的统治者首先借助神权维护政权,宣扬替天行道的"天命",以"有夏服天命"(《尚书·召诰》),作为行使政令的依据。夏禹的一言一动,都要托命于鬼神,所以后世称道夏禹"致孝乎鬼神"(《论语·泰伯》)。具体行使的政令则由各种法律形式去执行。而以"不孝"("不孝乎鬼神")为最大的犯罪,违者必须受到惩罚。

军纪、军法组成了中国法律最早的一个主要形式。在私有制成为社会集约的基本制度以后,氏族社会中拥有各类财产的人,要求对土地、财货甚至男女奴隶确定身份,确立法制,明确所有权关系,并且对侵犯这类财产权益和人身权利的人确立禁令,进行惩处。从属于氏族或族群的武装力量,便成了执行少数氏族领袖命令的工具,传统的习惯法被披上"礼"与"德"的外衣,成为礼制、礼法,具体的执行则有刑法,对违禁者处以残酷的刑罚。"礼"原是先民用来祭神灵祭人鬼的器具,后来推广为有一定程序和仪式的祭典,以决定人们今后必须共同遵循的行为准则。"德"成了法律行为的理性准则,"刑"则是法律行为的执行手段。

在夏朝正式建立前,虞舜曾任命东夷的一位首领皋陶作士(大法官),由他主持对黄帝以来的习惯法作了系统的梳理,《尚书·舜典》将皋陶立下的刑法归结成:"象以典刑,流宥五刑,鞭作官刑,扑作教刑,金作赎刑。"皋陶是第一位系统整理修订法律的大法官,被古人推崇为中国法律文化的创始者。所立文字,以岣嵝碑的虫鱼书写成,后来成为夏代的文字。有虞氏舜才以皋陶所定刑法为依据,动用军队,用各种罪名加以声讨,击败了与他抗争的族群,流共工于幽陵,放驩兜于崇山,窜三苗于三危,殛鲧于羽山,将不服从他的族群一一驱赶到边远地区。这使舜赢得了"明德之君"的美名,于是礼、德、刑成了三位一体的法律基准。

虞舜后期,大禹专门负责治水二十年,获得了成功,于是得到大祭司、大法官皋陶谟的支持,由他出面,"令民皆则禹,不如言,刑从之"(《史记·夏本纪》)。禹继舜之后,成为族群的首领,是由于他得到祭司的推荐,有法律的保护,对不服从的,就执行惩罚。禹仰赖法律的强制,靠着执法的队伍,维护了他作为君主的至高无上的权威性。他登上君主的宝座后,任命伯夷颁布典礼,对违法的人行使刑法。礼与刑,从此成为执行法制不可缺少的行为准则与工具了。

夏朝从大禹开始,便以法律条令,缔造了一套以军事统治为基础的奴隶制国家体制。禹曾下令诸侯在太湖流域的会稽山大会诸侯,"执玉帛者万国"。各地的邦国前来朝会,表示对王权臣服的多至万国,每一国都是一个个由中心聚落与周围聚落组成的聚落群,彼此在争斗中互为消长,属地并无定制。当时防风氏过了期限迟到,禹便下令"杀而戮之"(《国语·鲁语》)。所以《吴越春秋》称大禹"周行天下,还归大越,登茅山以朝四方群臣,观示中州诸侯。防风后至,斩以示众,示天下悉属禹也"。当时禹所亲至的会稽山实是江南的茅山,是太湖西部上游诸水发迹之处。

防风氏是长江下游太湖西边的一个氏族领袖,他对于奉禹为首领有所不服,行动怠慢,犯了禁忌,受到杀戮之刑,禹以此举震慑了各地的氏族首领,将中原王朝的势力扩张到了长江三角洲。禹靠他拥有的一支军队,率领夏族成员进行了伐三苗、讨共工的战争,对西边和北边的一些不同族群进行打击,扩大了夏族的领土范围,加强了族群内部各氏族领袖的威望;对行政区划第一次进行大改革,用划定九州的办法,将全国分成九块,逐步打破了原有以氏族血缘关系为纽带的地方性势力,重新调整公共权力的管辖区;初步开始在九州范围内实施赋税征收制度,将原来由部族联盟议事会决定一切大政的权力,转化为由君主及贵族官僚和军队构建的奴隶主政权,初步具备了国家政权的规模。

从禹开始,国家的最高统治者称"后",到夏朝的晚期,才有"王"的称号。在禹的时代,全国尚未出现统一的行政体系,只是按照山川形势,将天下划成九个区域,禹所划定的九州,后又被商周所继承,而名称与地盘多少有所不同。夏代九州,分别是冀州(今河北、山西)、兖州(今河北东南、山东西北)、青州(今山东中部以东)、徐州(今山东南部、江苏北部、安徽东北)、扬州(今江苏南部、浙江西北部以及安徽全境)、荆州(今湖北南部、湖南北部)、豫州(今河南南部、湖北北部)、雍州(今陕西、甘肃北部)、梁州(今甘肃东南、陕西南部、四川北部)。传说禹铸九鼎,代表九州,从此九个青铜鼎成了国家版图的象征。

禹生前本想承袭禅让制度,在诸侯中选定首领,但是私有制的发展,已使夏族势力大为拓展,所以禹死后,许多从属夏禹部族的首领仍愿投靠禹的儿子启,而不承认禹指定的东夷族群的伯益继承他的位置,于是启在这批部族的拥戴下,自立为国王,开创了夏朝。东夷族群的伯益起而反对,向西进攻,被启平定,杀了伯益。夏族在西方的同姓邦国有扈氏也起兵反抗,启亲率大军讨平了有扈氏,在陕西渭水流域"甘"地方的一场大战,双方已使用了战车,每辆战车有甲士三人,一人居左主射,一人居右主击刺,御者居中,操纵战马。获胜后的启在钧台(河南阳翟)大会诸侯,夏王朝的政权正式得到诸侯的承认。从夏启开始,建立了军政合一的六卿统治制度,当时称作"六事之人",作为主管国家政治生活的主政官员,后世称"天子六军,其将皆命卿",这六名主政官都出身武职,又兼管政事。从此夏王朝向着建立一个以中央政治机构为中心的统一国家的目标迈去。古本《竹书纪年》推定夏朝"自禹至桀十七世,有王与无王,用岁四百七十一年"(《太平御览》卷八二引)。夏的国祚自公元前21世纪绵延了四个多世纪,相传十三世,十六王,直至公元前17世纪才告终。

夏王朝是第一次将一个世袭制的王朝凌驾于原本分散在黄河流域上游、中游至下游,以及包括长江中、下游地区的各个氏族之上的统一王朝,早先的外部矛盾必然会转化成空前庞大的政权内部的纷争,因此在400多年中,夏曾多次迁都。夏启死后,他的儿子太康继位,荒淫无道,导致五个儿子起而叛乱,以善射著称的东夷有穷氏首领后羿,乘机夺取了夏族的地盘,史称"太康失国"。后来后羿又被他的部属寒浞篡灭。太康的弟弟仲康的孙子少康流亡到有虞,积聚力量,驱逐了东夷集团,恢复了夏朝的王位,揭开了"少康中兴"的帷幕,将夏朝开始的文明进程继续推向前去。

继少康登上王位的帝杼，是一位有雄才大略的君主，《国语·鲁语上》以为是"能帅禹者也，夏后氏报焉"。杼在位期间，大力扩充军备，建立了以王室为中心的军队。原来王室直接掌控的军队十分有限，据伍子胥追述，少康在出亡时，仅"有田一成，有众一旅"。一成是方十里，一旅是五百人，亦农亦兵的兵丁只有五百人，一旦有事，便众叛亲离，难以控制局面了。帝杼是开始用甲装备军队的第一人，这使夏军有了对付善射的东夷族群的办法。帝杼又给他的军队装备了一批青铜兵器，《越绝书》以为夏代"以铜为兵"，是正式在军队中推广青铜兵器的朝代。在夏代中期的都邑河南偃师二里头遗址中，就曾发现冶铸青铜器的手工作坊，出土的青铜兵器有用于格斗的戈、戚，用于射远的扁平形箭镞，青铜兵器已达一定水平，并非初始阶段的铸品。但出土物中还有大批用骨、石制作的兵器。

帝杼的王位传给了他的儿子帝槐，为加强国家机器，开始建立"圜土"（监狱）。在帝槐即位的第三年，山东（指太行山以东的河北省和山东省大部）和江淮流域的九夷（畎夷、于夷、方夷、黄夷、白夷、赤夷、风夷、玄夷、阳夷）正式向夏朝称臣纳贡，黄河下游地区成为夏王朝的又一经济发展区。此后帝泄时期（九世），夏朝进一步改善了与畎夷的关系，帝不降（十世）以武力征服九苑，扩大了版图，使夏朝的政治势力有了坚实的基础。

夏朝的法律总称"禹刑"，相传禹刑有三千条，彻底改变了"唐虞有制令而无刑罚"的法律观念。自征伐三苗之后，夏后氏从苗民中引进五虐之刑，建立直夏朝的刑法体系，计有死、墨、劓、膑以及分别对男性与女性施行破坏生殖机能的宫与幽闭两种方式，后世将宫与幽闭合并为一种，统称宫刑，于是有了五刑的刑罚方式。以死刑为中心的五刑，开创了中国奴隶社会与封建社会刑罚制度的主体形式。据《周礼·秋官·司刑》注，"夏刑大辟二百，膑刑五百，劓、墨各千"。此外并有放逐罪犯到边远荒漠地的"放刑"，将罪犯及其家属罚没为奴的"孥刑"，对有钱人规定了有犯罪嫌疑但证据不足的，可用钱赎罪的"赎刑"，分别按犯罪轻重，定作"死者千锾，中罪五百，下罪二百"。有死罪嫌疑的罚铜千锾，计六千两，中罪三千两，下罪一千二百两，确立了铜作为一种重要的通货的地位。

夏朝已经开始用法律手段作为监督行政事务和生产管理的依据。夏代《政典》规定了官吏和军队执行政务、军务时必须恪守的政令。在《禹贡》中规定了以九州的区划作为地方行政区划和贡赋制度的依据，初步具备了类似现代行政法规、财经法规的条例，注意到统一度量衡，甚至着手实施保护环境和资源的禁令，《逸周书》称，禹之禁，春三月山林不准砍伐，确保草木之长；入夏三月川泽不准下网罟，确保鱼鳖之长。在《夏小正》这一现存最早的物候学著作中，用 463 个字，按一年十二个月份分别记录了物候、气象、天象和有关农耕、蚕桑、养马、采茶以及渔猎等生产活动。正月的物候,有"梅杏杝桃则华",四月"囿有见杏",七月"秔秀",农事则有农率均田、采芸、摄桑委扬、取茶(茶)、攻驹等项目,涉及草本、木本植物,以及鸟、兽、家禽和鱼类的活动,举凡自然生态环境的动向和农事、畜牧、渔猎等各项生产活动,都有了粗略的但已颇为全面的记录。

夏代的都城曾多次变更,大禹先在汾水流域的安邑(山西夏县)建都,后迁平阳,再东迁洛水流域的阳城(河南登封)、阳翟(河南禹县)。禹以后夏都又屡次迁徙。夏启都城在黄台之丘(今河南新郑附近),太康以斟寻(河南巩县)为都,帝杼先后在原(济源)和老丘(开封市东南陈留)建都,这些城市都在河济区。帝皋一度将都城西迁至崝(三门峡市东南),夏桀又还都斟寻,直至夏朝灭亡。夏代都城由汾洛区东迁至河济区,彰显出黄河下游地区在夏王朝统治区中所占地位已日显重要,为今后3000年中原王朝的繁荣昌盛开启了端倪。

黄河中下游的考古发掘,使当年的特大型聚落遗址重现人间,山西的陶寺,河南的王城岗、平粮台和禹县瓦店等处,都曾被认作是都邑的遗址。最突出的是山西陶寺、河南偃师二里头遗址,两处遗址都凸显出夏朝都邑的规模。

山西陶寺是襄汾县东南一处距今4000多年的遗址。自20世纪70年代末进行发掘,到2000年发现龙山时代的大型城址,城址有早期和中期之分:早期城址面积58万平方米;中期之初,修建了面积为280万平方米的大城,到中期之末,城被毁,聚落规模显著缩小。在早期小城的南部,发现了数百平方米的大型夯土基址,出土了精美的刻花墙皮和迄今最早的陶质建筑材料陶板,是一处高级贵族的居所。在中期大城东南部,有多座直径达10多米的大型窖穴,可能是当时的仓储区。大城西部发现较多的石器半成品,大约是手工业作坊区。大城西北部分布有较多的小型居住遗址,城内已有严格的区域划分。遗址的墓地,虽然大中型墓比较集中在一个区域,但尚未脱离公共墓地,还没有见到商周时期单独形成的王陵区。在陶寺中期墓地附近,还发现了观测太阳运行以定农时的观象台。最后经过一场动乱,这座都邑被摧毁。

偃师二里头遗址在1959年被发现,随后便发掘了一号和二号大型夯土基址的一批灰坑、房屋,以及中小型墓葬,确立了1—4期的分期。2001年后,发现了始建于二里头文化2—3期之交的,长300多米,面积达10.8万平方米的宫城。宫城平面呈纵长方形,东西墙的复原长度分别约为378米和359米,南北墙的复原长度分别约为259米和292米。宫城内发现多座修建于不同时期的夯土建筑遗址,形成以中轴线东西对称、南北前后对应的宫殿建群。其中包括面积有数千平方米到10000平方米的两处大型建筑基址。

二里头遗址现存面积约 300 万平方米,可分成中心区、居住区、墓葬和手工业遗迹区三大部分。中心区可以分成宫殿区、贵族聚居区、铸铜作坊区、祭祀活动区四大块。二里头遗址曾是一座规正严密的都城。

在一座基址的院落内,发现多座中型墓葬,其中一座出土了 64 厘米长、用绿松石镶嵌的龙。在宫城以外的南部,有绿松石制作作坊和大型铸铜作坊,属于由王室直接管辖的作坊区。比较偃师境内伊洛河流域自新石器时代到西周时期的聚落分布,广达数百平方千米范围内,在原先发现的 48 处遗址外,近期又新增 174 处遗址。这就充分体现出都邑是在周围出现中心聚落和众多聚落的前提下,才会自然形成的政治、经济和文化中心。都邑也必然是由众多的古国-方国形成的金字塔的顶峰。

二、 神权与王权合一的商文明

夏王朝最后由于政治腐败,各方矛盾尖锐,自孔甲(十三世)开始到履癸(桀)的四代四世,日趋衰败,诸侯不再听令,最终陷于众叛亲离的境地。夏桀一味追求奢侈淫乱,指画杀人,赋敛无度,营建离宫别苑,修造酒池、肉山、脯林,最后夏桀倾全力去征服山东金乡县一带的东夷有缗氏,早已怨愤的民众,起而响应成汤的号召,推翻了夏王朝,于是成汤建立了商朝。经过二十年的战争,平息了夏朝诸侯的动乱,进一步扩大了统治区域,建立了比夏朝更加稳定的奴隶制王朝。

商族原是黄河下游一个以玄鸟为图腾的古老氏族。商的祖先契,曾辅佐大禹治水有功,封在商,传了十四代,而有天乙(成汤),名履,初时以南亳(河南商丘)为都。成汤任用任虺、伊尹等贤臣,治理政务,发展生产,先后剪除夏桀的羽翼葛、荆、温、韦、顾等部族,成为一方的盟主,不再听命于桀。这时夏桀早已失去人心,无法调动九夷的军队去对付成汤,成汤决定亲自率领由七十辆战车和五千名步卒组成的军队,向西进讨夏桀,在鸣条(山西安邑)大败夏军,一路追击夏桀,将夏桀流放到南巢(安徽巢县)。成汤在南亳大会诸侯三千,宣称:"此天子位,有道者可以处之。天下非一家之有也,有道者之有也。故天下惟有道者理之,惟有道者宜久处之"(《尚书·汤誓》)。诸侯都推成汤即天子位,开创了以诸侯而诛伐无道的君王的先例,确立了帝王的使命在于替天行道的天道观是巩固王权的基石,向公众宣布:"有夏多罪,天命殛之。"所以古人以为"汤武革命,顺乎天而应乎人"(《周易·革》)。商汤顺应时势,在民众对夏政一片怨恨,咒骂"时日曷丧,予及汝皆亡"时,起而取代夏朝,成功地建立了一个新王朝商朝。

商王朝自成汤立国到帝辛（纣）亡国，根据卜辞，共传二十三世三十七王，旧说有 647 年，新说用甲骨卜辞验证，不足 600 年。中间经历了第二十代盘庚将都邑由奄（山东曲阜）西迁到殷（河南安阳小屯村）的大事，以此分成前后两期，前期约 400 年，后期自公元前 1300 年至前 1046 年殷亡为止，有甲骨卜辞可以确证年代。商族的兴起，在政治上经历了长期动乱和不稳定状态，于是有频繁的迁都，以延缓社会矛盾，在成汤立国以前，曾迁都八次，成汤建立商王朝后，又有五次迁都，所以有"殷人屡迁，前八后五"（《西京赋》）之说。成汤以前，商都大致在河济区，商族统治中心处在黄河下游。成汤以后，第十一代仲丁将都城自西亳迁嚣（河南荥阳），后又迁相、耿、庇、奄，大多因黄河为患，而治理无方，始终以黄河下游为统治中心。直到盘庚继位，为迁都于殷，曾广泛动员各地氏族领袖与公众，宣说利害，最后才取得公众的赞同，从此定都于殷。这使商王朝可以为建立常备军获取充足的兵源，充裕的财政收入，政令可以越过太行山、伏牛山一线，到达更西的远方。

商代王位世袭制由于受到前期氏族统治权贵的制约，难以顺利实施，表现在嫡长子继承与兄终弟及制的参差交错，以致王位纷争，政令难以下达，诸侯不听朝命，王权与族权之间抵牾无常。在商代，宗法等级制度还处在形成时期，王位的继承以王族男性血统为依据，没有明确嫡长子继承制，多行兄终弟及，所以商代继统法以兄终弟及为主，无弟则传子为宗旨，可按历史进程，分成前、中、后三期。前期自太丁至祖丁，弟传兄子，以兄为直系；中期自小乙至康丁，弟传己子，以弟为直系；后期自武乙至帝辛，完全是传子制，与周代相同。在整个商朝，宗法等级制度已由逐步成熟，最后过渡到按直系、旁系区分血缘的亲疏，而臻于完备。开头是成汤死后，太子太丁未立，于是由太丁的弟弟外丙继承王位，外丙仅立三年而殁，又立外丙的弟弟中壬为王，中壬四年而殁，由伊尹主政，立太丁之子太甲继承王位，太甲是成汤的嫡长孙，继位后三年内行为不正，不受伊尹的训诫，于是放太甲于桐，伊尹代为摄政，等到太甲在三年后表示悔过，才由伊尹重新迎还亳都，归政太甲，而自己做了太甲的相。商代立国之初，并未实施嫡长子继承，太甲之后便由他的儿子沃丁继位，之后，由沃丁的弟弟太康即位，于是有了兄终弟及的先例。太康传位给儿子小甲，之后，便由弟弟雍己继位，结果号令不行，诸侯不朝，王权开始衰败。雍己在位十二年，死后由弟太戊继位，王位继承有了以弟传弟的例子。在商代历史上，太戊算得上是一代中兴明主，号称中宗，其后有盘庚、武丁继出，支撑王朝，共有三位中兴的帝王。太戊在位七十五年，是商代最长寿的君主。他任用伊尹的儿子伊陟以及臣扈、巫咸等贤臣为辅政大臣，重振朝纲，安抚各地氏族领袖和百姓，经过三年整顿，远方重译而至的多达七十六国，西戎、东夷都和商朝和平交往,表示友善。商代的著名商货丝织品、铜器远销西域,公元前16世纪商朝的声誉已通达四方,远到亚洲西部地区。乌兹别克斯坦南部阿姆河畔的城市沙巴里达坂有25座墓葬,发现了公元前1700—1500年间真正丝织品的残件,就是证明。

商朝自太戊去世,传位给他的儿子第十一代的中丁,从此"弟子或争相代立",王位继承成为内乱的焦点,连绵九世,致使商王朝国力中衰,到阳甲的弟弟盘庚继承王位,改国号为殷,中间经历了一百多年。后世因此又称商为殷,但商人始终以商自称,并未以殷为国号。盘庚在位二十八年,为了逃避黄河的水患,缓解因兼并土地而造成的社会矛盾,决定迁都于殷(安阳),返回到成汤发迹之地。这都城自公元前1300年起,一直维持到帝辛(纣)亡国的公元前1046年,历时255年之久,面积约24平方千米。盘庚迁殷,将都城置于卫河、淇河以北,远离了黄河水患的困扰,缓和了由于经济衰退而使王权与族权、民权三者之间被激化的矛盾,增强了国力。盘庚之后,他的弟弟小辛、小乙先后继位。小乙的王位传给了儿子武丁(公元前1250—前1192年)。武丁在位五十九年,当王子时,就被小乙派到各地去体恤民情,登位后,任用贤相甘盘、傅说,改革弊政,外御强敌,重振国势,成为商朝后期一位砥柱中流的国君,号称高宗,与太戊、盘庚同享盛誉。武丁对内翦除了与王权对抗的地方势力邦伯、侯甸等异姓贵族,使得从祖乙以来已有两百年封爵的大彭与豕韦遭到灭顶之灾,减少了地方豪强与中央的摩擦,得到了处于被压迫地位的"众人"的拥护。为了开疆拓土,武丁先后对(工)方、鬼方、土方、羌方以及夷方用兵,其中对羌方的一次用兵多达一万三千人,被俘的羌人被杀死祭祀鬼神,用作人祭的有时一次竟有四百名之多。最重要的一次胜利,是武丁花了三年时间,才在他登位的三十四年(公元前1217年)制服了陕甘边区的鬼方。《竹书纪年》说:"武丁三十四年,王师克鬼方,氐羌来降。"西部边区这才正式归属商朝,从此黄河上游的大片土地划入了商朝的版图。

商朝为巩固它的统治,唯有借助宗教的威力,靠祖先维护他的宗法血缘制度。夏商周三代是中国传统宗教奠基时期,代代相传,但也有因有革。夏代信天命,殷代尚鬼神,周代重祭礼。《礼记·表记》对三代神权政治各自的特点曾有中肯的评定:"夏道遵命,事鬼敬神而远之,近人而忠焉";"殷人尊神,率民以事神,先鬼而后礼,先罚而后赏";"周人尊礼尚施,事鬼敬神而远之,近人而忠焉"。商朝继承了夏朝的天命观,而有了进一步的发展。商人尚鬼尊神,崇拜祖宗以及掌控天地和一切自然现象的"上帝",将神权尊奉到绝对至上的地位,相信通过商王祖宗的鬼灵可以和上帝沟通,构筑了一个归上帝统帅的由日、月、风、雨、雷、电等天神以及山川、土地等地下神组成而与人间不同的世界,但商人的上帝并不是"天"。中国上古时代形成的一些习惯,到夏商时代演变成民法的重要渊源,通过祀神祭祖的祭祀活动,形成为"礼",作为人们行为的准则,获得社会的认可。然而在宗法制度下,上自王公、贵族、百官,下至黎民百姓,各自具有不同的身份等级,"礼"就是确定人们由于宗法血缘关系不同而导致民事地位不同的法律。自夏商二代开始,至周代完善的礼法,由于"礼所以定亲疏、决嫌疑、别异同、明是非也"(《礼记·曲礼》)。所以"礼"才是当时"分争辩讼,非礼不决"(《礼记·曲礼》)的根本法,礼法就是古代版的宪法。神权和族权是构建商王朝的两大支柱,因此商王处理一切政务,都要通过卜筮,取得上帝的旨意,诏示于群臣和民众,以决定是否进行。商人又提倡祭祀,来祈求上帝和祖宗的保佑,制订了一套宗法祭祀制度。商人祭祀祖宗,可概括成"周祭"和"选祭"两种方式。"周祭"是用羽、彡、(肜)三种祭法轮祭所有先祖先妣。"选祭"是一次合祭五世之内直系先祖先妣若干人。商王先祖都以忌日天干为庙号,祭日和忌日相应。同一个干日去世的先王有多个,每一旬的一天只能祭一位,要按辈分轮开,轮祭一周需时十二旬。商代末年,用周祭法轮祀三周,共要祭先公先妣一百六十八位,商王于是几乎天天要忙于祭祖。祭祀要动用大批祭品,祭品用过后只能掩埋或处理掉,这样就白白糟蹋了大量的社会财富,更有甚者,是献祭常伴随着杀人祭神、杀人殉葬,卜辞记有一次杀十五人、杀三十人的例子。商王处处以神权为依据,维护它的奴隶制的统治,主张用重刑治国;在神权的掩护下,竭力提高商王的地位,在卜辞中,商王常以"余一人"或"一人"自称,与文献上常见的"予一人"相同,表示商王是在替天行事,有权作出最终的决定,从而给商王的行事,包括一切刑惩和残暴的镇压,都涂上一层合乎"天道"的神符。

商人占卜,使用了大量自南方运进的龟甲和牛胛骨,上面契刻贞卜的文字,自1898年在河南安阳殷墟发现以后,被称作甲骨文,是现存最古老的一种文字。已发现二十多万片,至少有四千多个字,能识别、隶定的近两千字。从甲骨文卜辞内容可以明白,商人已将"方鬼神"的夏人所崇信的灵魂不死观念放大到以上帝为至高无上的神,形成了与宗法血缘制度紧密结合的国家宗教。殷墟出土的卜辞,都是祭祀问卜的记录,问卜的对象有天神,也有地示(祇),还有人鬼。由此可以得知,商人是最早实际使用文字的族群,《尚书·多士》说:"惟殷先人,有册有典,殷革夏命。"这是说,世居黄河下游的商人大约从契以后,便使用文字作记录,或从事文字工作,负责编集册度了。盘庚迁殷以后,更尽量使用文字,通过占卜来迷惑公众,增强它的统治。同时用祭礼、祭典,举行盛大的乐舞,振奋人心,鼓动公众的激情。商代的祭典极多,祭祀乐舞也多种多样。为祈雨保丰收、消灾而祀神,为抵御自然灾害、外族侵扰、繁衍后代而祭祖,也是古人求生存求发展意愿的衷心表露,但与巫舞一结合,便有了迷信色彩。巫以舞为手段,进行巫术活动,所以巫师也是早期的宗教专业舞蹈家。甲骨文中的巫与舞，无论音、形、义，都完全相同。商代甲骨文中巫字，是一个"十"字上下左右都有一横，表示天地和四方，而能贯通天地四方的便是巫。商代的"奏舞""龙舞"，是求雨的舞；"翌舞"是以鸟羽祭祖的舞蹈；"伐祭"是出征前手执干戈在誓师大典上举行的武舞，伴有人祭。规模宏大的是由成千上万人参与的"万舞"，又称"万人"，从商代开始，后来一直流传到春秋战国时代。有一则钟鼓齐鸣的大乐，叫"濩"，据《吕氏春秋》和《尸子》，是在成汤登位二十四年时，由于连续五年干旱，庄稼颗粒无收，于是成汤穿布衣，用白茅缠身，剪发、缚手，到桑林向上帝求雨，祈求上帝，不要因他一人的罪过而连累了万民，如若是万民有罪，就应算在他一人头上，将他作为牺牲祀神。由于成汤宽政治民，果然感动老天下了雨，当年获得了丰收，于是万民欢庆。由于成汤率先祀神祭鬼，这一风气从此成了商朝的国风。

　　商朝的疆土胜过夏朝，商朝的政治制度，有许多新的建树，比夏代大为拓展，《礼记·明堂位》说："夏后氏官百，殷二百，周三百。"这些由中央直接设置的官职，由于王权的扩张，政务的日益繁忙，一代比一代增多。商朝的中央官制已相当完备，所以大盂鼎铭文以为"殷正百辟。"最高层的官职是典司六典的六太——太宰、太宗、太史、太祝、太士、太卜，掌管政务、宗教、档册、庆典、宗室事务；其次设分管行政、选拔官员、司法、军事、财政典司五众的五官——司徒、司马、司空、司士、司寇；还有专管经济和资源典司六职的六府——司土、司木、司水、司草、司器、司货，以及典制六材的六工——土工、金工、石工、木工、兽工、草工。由此可见中央机构之庞大、王畿地区范围之广大，在中国历史上第一次显示出城市经济的活跃、都邑生活的繁荣。

　　商朝对王畿以外的地方也逐渐建立起以点带面的地方官员，《尚书·酒诰》对商代地方统治机构作了这样的概括："越在外服，侯、甸、男、卫、邦伯。"侯、甸、男、卫都是商朝的职官，听从商王调遣，从事征伐、献俘、纳贡。商后期见于甲骨文中的侯有三十多人。邦伯是受商王封爵的方国首领，地位在一般方国首领之上，可以视为直属于商王的方国。商王通过对地方的进一步控制，逐步加强了对地方上赋税的征集。商因夏制，仍以全国分成九州，但无夏代的青州、梁州，而有山东境内的营州，河北及山西北境的幽州。夏代的制度，规定农户受田百亩，古时因地力不足，无法深耕，田亩必须轮休，不耕的田叫莱田，实际受田是五十亩，向公家缴纳的赋税叫"贡"。所以《孟子·滕文公》称："夏后氏五十而贡，商人七十而助，周人百亩而彻。"商代实行土地王有制，由商王将土地分赐给各级奴隶主贵族，奴隶主贵族没有买卖或处理土地的权力，但必须向商王缴纳贡赋，奴隶则作为私产归各级奴隶主私有。商代规定农家的受田数为百亩，以三十亩为莱田，将田地划成九区，一夫授七十亩，以其中的七十亩划作公田，由八家共耕，收获归公，称作"助"。但这一措施即使在商代已经实际施行，恐怕也只是在受商王直接控制的地方才能执行，换言之，可能正是这一情况，才是真正推动商代加强对地方行政制度建设的重要因素。

商代农业生产有很大的发展，商人十分重视观象、授时、占卜，采用了应用月相周期的阴阳历，在卜辞中出现了闰八月、闰六月的年中置闰的记载。在 10 多万片甲骨中，所有完整的卜辞，都记有干支，甚至还有按顺序刻着全部六十干支的甲骨片，以甲、乙、丙、丁、戊、己、庚、辛、壬、癸十干，与子、丑、寅、卯、辰、巳、午、未、申、酉、戌、亥十二支相配合，组成甲子、乙丑……到癸亥为止的六十日循环记日法，说明当时确已采用干支记日法。这样就为确定农时、节气提供了依据。商代末期已记录有"四仲中星"的天象。商代的农业生产工具有斧、镰、铲、锛、耒，在二里头夏文化遗址中已见到用石、骨或蚌壳制作的斧、镰、铲，《韩非子》更说夏禹"身执耒、臿以为民先"。可能那时有了木制的耒、耜。商代的农具除了仍在使用石器、骨器、蚌器，更重要的是在黄河中游和长江中游地区较早地使用了青铜制造的耜、铲、镢、镰和斧。河南安阳大司空村、山西保德和石楼、河北无极甄家庄、湖北黄陂盘龙城和随县、江西都昌等地商代遗址总共出土了各式各样的青铜斧 19 件。1976 年安阳殷墟妇好墓出土青铜生产工具 44 件，有 16 件是农具，仅青铜铲就有 7 件。陕西临潼零口的一处西周窖藏中出土的青铜镢和青铜铲有 10 多件。郑州南关商代青铜器作坊发现过上千件陶范，可以见出斧、斤、镈、刀、凿、锥等生产工具的陶范占了 60%，斧、斤、镈是除去草木为田的得力工具，镈更是专用农具。公元前 13 世纪以来，青铜农具在现在的河南省及其周边地区已经得到了较快的推广，这里可能就是当时农业生产最先进的地区了。

商代的法律总称汤刑，与夏代的禹刑一样是五刑。商代以墨、劓、刖、宫、杀为五刑。其中的刖刑相当夏代的膑刑，是用锯截断人的一条小腿。商人的五刑只是常刑，五刑以外，还有更残酷的死刑，称大辟，常用的刑有孥戮、炮烙、醢脯等刑，并有磔、烹、焚、车裂、肢解等法外酷刑。而且并不明确什么样的罪，行什么样的刑罚，所以刑法并未与刑罚相沟通。自成汤以来，商代的刑法经过了多次修订，盘庚时，"以常旧服，正法度"（《尚书·盘庚》）。就是严饬纲纪，用业已施行的案例重新修正法律的一次，到了商代的末年，还出现了"祖甲二十四年重作汤刑"（《竹书纪年》）的事，足见商代刑法曾随时增删，一再修改补充。

商代是王权处于空前强大的时期，它不但宣布土地王有，而且要为商王建立一支强大的军队，作为维护王权最可靠的保障。商代前期，军队主要靠临时征召农民出征，所以商汤讨伐夏桀，是"舍我穑事而割正夏"（《尚书·汤誓》）。可能只有一小部分贵族出身的甲士是作为常备军,成为军队的主干。商代后期,曾致力于构建一支具有高水平战斗力的常备军,但直到武丁时,仍有许多兵丁是由于战事的需要从农民中临时征集的"登人""以众""共人"。但武丁时期已使常备军达到右、中、左三个师,武乙(公元前1147—前1113年)、文丁(公元前1112—前1076年)时又增建了三个师,使常备军扩大到六个师,共有六万人。这些军队都按十进位法编列,最基本的单位是"什",一什十人,有什长;十什为"行",一行百人,设百夫长;十行为"大行",一大行千人,设千夫长;十大行为"师",一师有万人,长官称师或师长。河南安阳侯家庄发掘的1004号商代大墓出土数以百计的青铜矛,多是十件一捆,可以见出军队编制的基准是十进位法。常备军的主要来源是居住在国都附近的自由民,卜辞中称作邑人,他们是常备军的主要对象,他们平时从事生产,战时受到征召,充任军籍,计丁入伍,组成军队,可以听命国一及指定的将帅指挥。其中少数战车兵由贵族充任,奴隶则充作后勤。商代军队有车兵和步兵两个兵种,车兵是少数,主要靠射手,称"登射",武丁时已有"登射三百",至少配备了三百辆战车。军队中常见的是"步伐",用步兵征伐。除了动用常备军,还可以临时征集军队,所以商王可以调集的军队大约不会少于十万之众。此外贵族中一些强大的氏族也常拥有私族的武装,但动用他们作战,必须听从商王的调遣。商王的近卫部队、六师主力军队和战车兵,都已装备了青铜兵器,具有最先进的武器,构成了战斗力最强的主力部队。

商人向来注重商货的运输,成汤的祖先相土"作乘马",发明用马驮运货物和拉车;王亥"服牛远贾",驯牛驾车,从事长途运输。在河南安阳殷墟发现的物产中,有从东海运去的鲸鱼骨、咸水贝,产自西部地区的和阗玉、绿松石,还有来自北方的青铜剑和马匹,以及从南方输入的朱砂和供占卜用的大龟甲。横贯亚洲东西部的大动脉,在那时已能将商朝出产的名贵丝织品去交换新疆的玉石、西亚的珠宝。商朝最有名的制造品青铜器,在东至山东、江苏、安徽,西抵陕西,南到江西、湖南,北达河北、内蒙古的广大地区内,都有发现。安阳发现过青铜器、陶器、玉器和骨器的制作工场,商朝的手工业在铜器、陶器、玉器、骨器之外,还有皮革、酿酒、蚕丝、织布、制裘、缝纫、舟车和土木营造等各种部门,产品也运销各地。商王朝和王畿以外的周边地区,通过各种官方或非官方的渠道进行着货物的流通,促使商货流通。在一定程度上是由于马匹的增多,在甲骨文中有以马为祭牲的记录,最多的用5匹马,但在殷墟王陵区等地发现了70多个车马坑和马坑,用马数量多到200匹以上。多数马匹被用于车战和供贵族出行的车舆。商亡于周,之后,不少遗民"肇牵车牛远服贾",御车的牲畜主要是牛马,靠着驾车可以远走他方去经商。因而有人相信,正是由于经商是商人的特长,后世遂将流通领域的活动称作了商业。

在新形势推动下的商业活动,起到了刺激市场需求、促进产品销售的效果,其结果,一是扩大了货币的使用范围,二是促成了城市经济的兴起。

商朝的货币是原始社会末期已开始使用的贝币,贝是介壳类水生动物,产于南海和东海,在云贵高原作为货币流通的历史十分悠久。最初是作为贵重装饰品运入北方,在仰韶文化遗址和二里头夏文化遗址中有出土,但数量很少。商朝开始将这种稀有物品当作货币使用。商代中原地区已流行用贝作为随葬品,商代晚期,在墓葬中随葬的贝明显增多,数量自数百至数千不等,多的甚至达到六七千枚。用作货币的贝常用线串联成索,计数时以每五个贝为一系,两系为一朋,一朋十贝,作为一个计算单位。从商代的金文中,可以见到商王以贝赏赐臣下,臣工于是铸作青铜器,铭刻文字以资纪念,贝之作为财富的计值单元,其价值已非同寻常。商代金文和甲骨文中,都可见到以朋为钱币计量单位的记载,数量自一朋至二十朋不等,二十朋就足以代表一笔很大数字的财富了。商代墓葬还出土有铜贝、石贝、玉贝、骨贝等材质的贝币仿制品,最多的一次就见到有 109 枚铜贝之多。铜贝从此作为商代最主要的人工铸币开始在市场上流通起来。一直到 20 世纪初,中国东部沿海地区的民众还流行用多少"铜贝"、多少"铜钿"这一习惯用语,来称呼当时早已使用银圆或纸钞作为货币单位的货值,这时离开铜贝在中国作为国币最通用的计量单位,在社会上流通,至少已有 3 000 年之久了。不难想见,在中华大地上,铜贝与人工铸币关系之深且厚了。

商代的城市已经具备一定的规模,商代早期建造了方圆近 7 千米的设防城市,实例有商代早期的郑州商城内城,用泥土无基槽夯筑;内城的年代相当于早商文化的洛达庙二期,平面呈方形,面积约 300 万平方米,年代早于郭城。还有作为商代中期都城的郭城,使用了深基槽夯筑和版筑技术。郑州商城坐落在黄河南岸面积约 25 平方千米的商代遗址中部的大平原上,西接豫西山地,城垣周长 6 960米,用泥土无基槽夯筑,十分坚固,平面基本呈方形,东北有一抹角。城的东墙长 1 700 米,南墙与东墙等长,西墙长 1 870 米,北墙长 1 690 米。城墙共有 11 个缺口,有些是城门。城内后半部偏东发现有一大片大小不等的夯土台基,台基高的有 2.5 米,夯土台基有细密坚硬的层面,并发现有一些柱孔和柱础,推测是宫殿遗址。宫殿区略呈东西长方形,东西长约 800 米,南北宽约 500 米,面积约 40 万平方米。(河南省文物考古研究所《郑州商城》,文物出版社,2001 年,230—233页),区内发现密集的商代早期夯土建筑基址,面积最大的有 2 000 多平方米,面积最小的约 150 平方米。在宫殿区边沿发现了商代夯土墙、石筑水管道、石筑水槽与深壕沟等遗迹。在宫殿区为中心展开的商城内外有手工业作坊区、贵族与平民居住区、墓葬区和祭祀窖藏坑遗迹。郑州商城的外部有手工业作坊遗址,西区有制陶作坊,南面有冶铜作坊,北面也有冶铜作坊和制骨作坊,冶铜作坊分别制造生产工具、兵器和鼎爵等青铜器。城外东南西三面都有墓区分布。

就郑州商城城区建筑分布而言,只是对原有的聚落中心加以改造,突出了作为全城中心的宫殿区的位置,但建筑遗址并无轴线关系,也不见有街道的划分。只是城市的规模已较原先有了扩充,尤其是将工程浩大的夯土墙替代了早先聚落中心周边的壕沟和围栅,使用了当地已有千年历史的版筑夯土技术。郑州商城城墙先用夹板夹固形成墙模,再分层填土夯实,从残存的墙体仍可见出清晰的夯层,每层厚8—10厘米,有些地方厚薄不均,往上以0.1厘米的收层修筑。郑州商城有可能是商汤的亳都,一说是仲丁的隞都。

早期商城年代晚于郑州商城内城的,除郑州商城郭城外,还有偃师商城大城和小城、焦作商城、垣曲商城、东下冯商城。郑州商城内城和东下冯商城采用无基槽墙基,偃师商城小城用浅基槽墙基,其他各城均已采用深基槽筑城,这种城墙要算是当时最坚固的城墙了。偃师商城大城的城墙总长约5 500米,面积近200万平方米。宫殿区在城的南部居中,总面积超过4.5万平方米,已发现不少于9座宫殿建筑的遗址,其中第9号宫殿基址面积达9 000多平方米。还有其他夯土基址、居址以及手工业作坊和墓葬遗迹。

当时的墙体构造,除了木骨泥墙和夯土版筑,还有土坯墙垒砌,是使用模制的夯土生砖或草泥混合倒模的泥砖垒砌的技术。实例有河北藁城台西商代遗址,11座房址,除1座外,均用夯土和土坯垒砌,现存土墙残余高度约2.5米,厚40—70厘米,用草泥作黏接材料,土坯尺寸37×30×6厘米,接近方形。值得注意的是,辽宁丰下遗址出土的土坯,尺寸为40×20×8厘米,使用了错缝砌法,与中亚及新疆使用的土坯尺寸和砌筑方式相当接近,应该是以北方草原民族为媒体的民族文化大交流的产物。

郑州商城、安阳殷墟、河北藁城的商城遗址,在地面面层使用了白灰抹面或三合土抹面,个别有以细黄泥墁地、烧烤地面的做法。木构屋顶的形象在甲骨文和钟鼎文中都有例证,甲骨文中并有了两层的楼阁。但房屋通常仍是"茨茅土阶",用茅草结顶。郑州商城等遗址使用的承重柱在40厘米左右,廊庑柱子在25—30厘米,殿堂擎檐为18—20厘米,可知屋面出檐已很大,但尚未出现斗拱承檐构件。商代的宫室建筑已有壁画、木雕和石雕技艺。商代烧制了用于排水的陶水管,比欧洲古罗马用赤陶制造水管早了1 000年。安阳白家坟村发掘出两排陶水管,水管铺在地下1.7米处,附近均有夯土遗迹,水管形制有三,一种口径大小可套,一种两端直径相同,还有一种与现代三通管相同,可以垂直接连,自由铺设。这样的设施,已为城市的发展绘制了非常具有实用价值的蓝图。

商代后期,经祖甲(公元前1184—前1152年)、武乙(公元前1147—前1113年)两朝,政治渐显衰败。祖甲生活奢靡,西戎不服,祖甲率军平叛,但西部地区从此局势不稳,在以后的一个世纪中,最终在黄河上游形成为一股反对商朝的强大力量。武乙行为乖戾,不信鬼神,用土木偶人,充作天神,与之对弈,天神输了,受到戮刑;又用革囊盛血,抛入空中射击,称作射天;他的举止引出众多的议论与指责。但历代的商人先祖凭空构筑的一个鬼神世界,确实无时无刻不在平白无故的浪费与糟蹋劳动者群体流尽血汗创造的大批社会财富,统治阶级不但在生前要占有数量极其可观的财宝,死后加入鬼神世界之后,还要将生前享受的所有物品尽可能带入坟墓,杀殉陪葬,好继续享受人间的荣华富贵。因为一旦贵为王侯,便以为"有天命在身",而可以为所欲为不受任何节制了。商代最后一位国王帝辛(纣),是有名的暴君,横征暴敛,无恶不作,臣下对他进行规劝,他却十分骄横地说:"我不有命在天乎?"(《尚书·西伯戡黎》)因为商人以为只有商王祖先之灵才可以通达天帝,上帝永远会庇护商王。商纣有恃无恐地以为,天下众多的方国诸侯是无论如何也无法推翻商代的统治,起而加以替代的。

这时在陕西境内渭水和泾水之间有姬姓的周族兴起,他们的祖先是一个名叫姜嫄的羌族妇女,周族因此最初便有了羌族的血缘。姜嫄生了弃(后稷),成了周族的先祖,自尧舜以来,世代作农官。后来传至公刘,迁到陕西,继续务农,得到民众拥护,他的儿子庆节便就地立国。几百年后传到古公亶父,为避开戎狄的侵扰,率领族人从豳地迁到岐山下的周原,在那里重建家园,发展农业生产,建造都邑宗庙太社,号称太王。古公亶父筑城而居,一年便建成一座有三千户的邑,两年成都,人口增长了五倍,从此一步一步地开始实施他的翦商计划。周族在他的带领下,接受了商朝先进的青铜文明和典章制度,认同了商王朝较高层次的文明,并努力发展养马事业,建成了一支强大的军队。古公的儿子季历被商朝任命为西方的方伯,与商王室建立了宗亲关系,势力一大,与商王的矛盾随之激化,于是演变成商王文丁捕杀季历事件。随后,古公的孙子姬昌,位列商纣王的三公,但纣王无道,宠幸有苏氏之女妲己,滥杀忠良,又搜刮万民,在都城修筑有琼室玉门、广达三里的鹿台,模仿前朝暴君夏桀,将沙丘苑台扩建成酒池肉林,作长夜之饮。三公之中,九侯、鄂侯先后被杀,姬昌也遭囚禁。但姬昌得到诸侯的拥护,两年后获释,受封为西伯昌,回到故里,苦心经营五十年,任用姜尚等一批贤臣,讨伐了犬戎,在丰、镐擘画新都。姬昌联络各地诸侯方国,逐步翦除商王的羽翼,在西部地区奠定了立国的基业;在多数诸侯方国的赞成下,完成了"三分天下有其二"的目标,为周王朝建立后中原王朝古典文明的全面建设打下了坚定的基础。

姬昌死后,他的儿子姬发继位,后世尊为武王。商纣王残暴的统治已激起广大人民和各方国诸侯的极度不满,姬发决定率领大军渡过孟津,八百名方国的领袖拥护姬发,主张趁商王朝内部不和,向商王朝的核心地区发动总攻,但姬发觉得时机尚未成熟,于是班师回国。不久,东夷发生叛乱,纣王派大军去征讨,于是引发了"纣克东夷而陨其身"(《左传·昭公十一年》)。商朝在与东夷的战争中大伤元气,给姬发对商朝发动最后的冲击提供了良好的时机。于是武王亲率戎车三百乘、虎贲三千人、甲士四万五千人,加上庸、蜀、彭、濮等民族组成一支大军,联络各地诸侯同时起兵,直扑商都。姬发在牧野大败商军,趁胜攻克商都朝歌,纣王在鹿台自焚,公元前 1046 年,经历了六百年国祚的商朝正式灭亡了。姬发在商文明的废墟上开始缔建一个更加强大的周王朝,将都城从丰迁到镐京。

三、 西周宗法制度下的中原文明

商亡后,周武王姬发仍将纣的儿子禄父(武庚)封在殷,继续统治旧部,另外派自己的三个弟弟管叔鲜、蔡叔度、霍叔处分封在周边加以监管,称三监。周武王灭商不过三年,便得病身亡,他的儿子诵即位,为成王(公元前 1042—前 1021年)。成王年幼,中央大政由他的叔叔周公旦摄政。管叔、蔡叔对此不满,东方的奄乘机煽动武庚起而作乱,由三监和武庚联合奄、徐、淮夷、蒲姑等邦国,在中原燃起了一场反对周王朝的战争。周公旦临危受命,率师东征,在公元前 1040 年平定了战乱,进一步将周朝的领土扩大到黄河下游和东南沿海地区,对镇守东方的诸侯重新作了部署,命康叔、中旄父等镇守殷和东方各地。按照武王遗旨,经过规划,从公元前 1038 年开始营建新都成周洛邑,至公元前 1036 年建成,洛邑成为一座规模宏大、可以设祭天地、建有太庙五宫的都城,"立城方千七百二十丈(即方九里),郭方十七里,南系于洛水,北因于郏山,以为天下之大凑"(《逸周书·作雒》)。周人在洛水上建成了一座近 10 平方千米的大城。经过实地考察,该城南北约长 3 320 米,东西宽 2 890 米,总面积为 9 564 800 平方米。据当时《周礼·考工记》的记载,城墙高度在 20 米以上,每面城墙有三个城门,王城是全城的中心,全城体现出以中轴线贯穿、左右对称的布局手法,城内道路规划整齐,东西南北交错成方格式样,城内有闾里的街坊,以围墙相隔。周王城的制度后来成为历代城市建置的楷模,曹魏的洛阳城和邺城、唐代长安城、北宋的东京(开封)城、元代大都(北京)、明清的北京城,都基本上按照这种网格化的设计去规范城市的建设,各地的州府县城也大多以此为城市建设的准则。值得注意的是,周代在房屋建造中已较多地使用了瓦盖屋顶,在西周早期城址中开始有实物出土,这样就解决了屋顶的防水问题,将中国的建筑从"茅茨土阶"推向更加高级的阶段。

东都建成后,成王长大了。周公致政成王,东迁雒邑(1965 年宝鸡出土何尊铭文上的称谓),成王坐镇中央,决意继承虞夏商三朝开创的华夏文明千秋基业。从中原文明的视野与气度出发,开始营造规模空前的新都,其真实的意义在于向世人显示,周王朝要在亚洲东部缔造一大文明中心的决心、气势和实力,而洛阳正好处在已有数千年文明传统,更有广袤国土的新王朝的中央,"此天下之中,四方入贡,道里均"(《史记·周本纪》),具备了四方辐辏的交通条件。在周成王时代,洛阳作为东都,移置夏代传承的九鼎,成王在这里大会诸侯,声威所及,周边民族有六十四国,各备方物,前来洛阳,连辽西的肃慎和隔海的倭人(日本)那样边远的大荒世界,也派使者到洛阳来朝贺了。

周朝统治下的疆域,虽然仍以九州相称,但面积已经胜过夏商两代,接近 200 万平方千米。九州的名称与商代相比,又有了变化,废除了商代的徐州和营州,采用了夏代的青州,新设了并州。计有冀州(河北南部、河南北部、山西南部)、兖州(山东中部以西)、青州(山东东部、江苏北部、河南东北部)、扬州(江苏中部及南部、安徽东南部、浙江北部)、荆州(河南南部、湖北、湖南、安徽西北部、江西北部)、豫州(河南西部、陕西东部)、雍州(陕西中西部、甘肃东部)、幽州(山东北部、河北东部、辽宁西部)、并州(山西北部、河北西北部)。

周朝在潼关以东的帝国中心营建了东都,但周族是一个久居西部的族群,兼有农牧之利,所以从成王以后,直到平王东迁,一直以关中地区的镐京、南郑等处作为都城,并未以洛阳为政治中心。周人入主中原以后,经过武王和周公的治理,周朝继承了夏商以来的古典文明,加以改革,采取了"周因于殷礼"的政策,参照商代的宗法制度和以天命为核心的宗教信仰,加以"损益",实行分封制、宗法制和世卿世禄制,厘定了适合新王朝的宗法制度和宗教观念,作为调整王权与族权、使宗统与君统获得结合的社会政治制度,为统治阶级制定了维持宗法制社会秩序的礼乐制度,对被统治阶级则颁布了刑政和赋役制度。

周人首先改变了商人以骨卜为主的占卜方式。周人在灭商以前也使用骨卜,陕西扶风出土的 15 000 多片卜骨,可以见出周人早先也用骨卜,但在周公东征以后,周人发明的筮卜也逐渐推行到了全国各地。筮卜是运用五十根蓍草和《易经》这部古老的卦书来占卜吉凶。《易经》相传是伏羲根据天文、地理制作的八卦,由此可以推演出各种潜在的玄机。周文王在被商纣王囚禁时,将八卦相叠演成六十四卦,根据周人以阴阳八卦占卜的习俗,写出六十四条卦辞和三百八十四条爻辞,成为《周易》的初稿。据《易·系辞》,占卜时,卜史将五十根蓍草取出一根,然后将四十九根蓍草在手指间分倒三次:若余数是奇数,便得到一个阳爻—;若余数是偶数,便得到一个阴爻— —。然后依法继续搬动蓍草,得出其他五爻,无论阳爻阴爻,最终可以构成六十四卦中的一卦。由此再据《周易》上的卦爻,贞问事情的吉凶。每卦有六条爻辞,吉凶可以灵活获解。方法简便,又节省财力,因此推广极易。按照阴阳两爻排列组合,形成八卦、六十四重卦和三百八十四爻的系统,体现了一种数学规律,给探索宇宙的运动规律展示了一个十分高明的占卜体系。

周人在宗教信仰方面更比商人进了一步,将对祖先的崇敬和对天神的崇拜直接挂靠到了一起。周王为了讨灭商纣,自称"天之元子",以为"天子"。周人本来是商代的诸侯,起而灭商,本属弑君反上之举,周人却以上帝有权改变嫡长子的权力为由,声称纣王无道,于是上苍改封小国的周为元子,按天意立为嫡长子,起而掌控王统,所以获得成功。从此以后,在周朝,天神与祖神便直接结合到了一起,神权便与王统的族权合二为一了。从周代以来,历代君主便以天子自居,使"天人合一"的观念从王统开始,便是天命所系,由此成为三千年封建统治的基石。

周朝的宗法制度,是以嫡长子继承制和余子分封制为基础,根据同一宗族内各成员间的亲疏关系,确定等级和世袭权利的制度。宗法制最根本的一条是以嫡长子作为全体宗族的大宗,而以旁系的庶子为小宗。周代的天子都以嫡长子的身份继承父位,登基为王,成为姬姓宗族的大宗,他的同母弟与庶兄弟为小宗,受封为诸侯。在诸侯的封国内,也适用同一的宗法,由嫡长子继承为下一代诸侯,成为封国内的大宗;他的诸兄弟作为小宗,受封为卿、大夫。卿、大夫在他自己的采邑内,也通过嫡长子继承制成为采邑内的大宗;他的诸兄弟作为小宗,受封为士。士的长子仍世代为士,其余诸子降为庶人。从周天子起,凡大宗,必是姬姓宗族中的嫡系子孙,对大宗来说,不同等级中相应的小宗,属于庶出。

周代的宗法制度规定,小宗必须服从大宗,这使每一个等级的大小宗关系都在政治上成为领导与下属的关系。始祖及其嫡长子孙这一系统是世代不变的,享有大宗的祭祀权,形成"百世不迁之宗"(《礼记·大传》)。与此不同,小宗被规定"五世则迁之宗"。高祖以上一代祖宗的主位必须迁到供奉远祖的祧庙内,不再祭祀。经过五世之后,小宗便与大宗脱离关系,成为疏远的族系,体现五世而斩的宗法淘汰制。周天子是天下的大宗,拥有太庙的祭祀特权,因此必然是政治上的共主,这样一来,王权与族权便结合到了一起,消除了以往王位继承与原始社会中遗留下来的宗族统治权之间产生的矛盾。所以周代的宗法制度既继承了氏族制度中残存的族权,又在人口和物质财富空前增长的条件下,从必须进一步加强国家机器的实际需要出发,对已有数千年之久的氏族社会进行彻底的改造,明确规定宗法关系必须从属于政治关系,"不以亲亲害尊尊"。这给周代全面推广分封制提供了既不背离族权又符合礼法的理论依据,更使得推行世卿世禄选官制度有了符合新旧贵族利益的组织条件,促成了王权的进一步扩展。

西周时代已经出现较多的城市,实行都(国)、鄙(野)分居制度。按照周代的封禄制度,共分公、侯、伯、子、男五等,"天子之三公之田视公侯,天子之卿视伯,天子之大夫视子男,天子之元士视附庸"(《礼记·王制》)。这似乎已是西周晚期所享的封禄。西周早期贵族的封禄,照《孟子》说:"天子之卿受地视侯,大夫受地视伯,元士受地视子男。"比之以后,还要丰厚得多。贵族和多数上层平民居住在国都(国)和都(大邑)中,称"国人";大多数平民和奴隶住在郊外的"鄙"和"野",称"野人"。在地方行政机构方面,周代规定,郊内设乡制,分六级;郊外设遂制,也分六级;乡制:五家为比,五比为闾,四闾为族,五族为党,五党为州,五州为乡;分别设立比长、闾胥、族师、党正、州长、乡大夫。遂制:五家为邻,五邻为里,四里为酂,五酂为鄙,五鄙为县,五县为遂;分别设立邻长、里宰、酂长、鄙师、县正、遂大夫。无论乡制,还是遂制,各级的官爵都由下士、中士、上士、下大夫、中大夫、卿担任。这一制度保证了自下而上的授田、出兵、纳税与治安等各项工作,得以在新秩序下有条不紊地正常进行,促使西周的社会政治出现了与商代完全不同的新局面,从而巩固了周王朝的统治,社会经济进入了欣欣向荣稳步发展的时期。周初"成康之治",完全得益于周武王和周公东征以后先后两次对诸侯的大分封,出现了成康之际,"天下安宁,刑措四十余年不用"(《竹书纪年》),展现了中国在文明进程中所能发挥的巨大魅力,开创了东亚文明史上的辉煌时期。

西周时代的中央官制首次确立了三公九卿的编制,成立了以卿事寮为中心的中央行政机构。卿事寮的成员由氏族贵族组成,他们既是氏族首领,又是新王朝的支持者。卿事寮由三公(太师、太傅、太保)主持,执掌全国的军政大权,担当周王的辅弼大臣,如若国王尚未成年,三公就成为监护人,主持大政。周朝刚成立,姜尚、周公、召公都先后位居三公,姜尚是异姓贵族,实际大权操在周公和召公手中。周公起初任内廷主管太宰,后摄政七年,成王亲政后,以太师身份主持东都政务。卿事寮负责掌管"王畿"的"三事"(行政、财政和军事),和"四方"各地诸侯地区的政务。卿事寮的长官简称卿事仕,正式官职在西周中期为太师,官职在太宰、司徒之上;卿事寮的属官泛称诸尹,周初职官有御事、庶士、庶事、多士、尹氏、少正等多种。主要负责官员有天官冢宰,掌管国家安全;地官司徒,管理王室的采邑和征调劳役;春官宗伯掌管国家祭典;夏官司马掌握军赋和军旅事宜;秋官司寇掌管刑狱、司法;冬官司空掌管国土、户籍、爵禄;六大部门分管邦治、邦教、邦礼、邦政、邦禁、邦土,这样就有了六卿。再加上三孤(又称孤卿)的少师、少傅、少保,共有九卿。九卿之下更有中大夫、下大夫、上士、中士、下士，士以下有府、史、胥、徒、工、贾等职级。

西周中期策命制度建立以后，在卿事寮以外，更设立了直属周王的另一个中央机构太史寮（《毛公鼎》）。太史寮的长官是尹氏，也即太史，掌管册命、制禄、图籍、著史、礼制、祭祀、占卜、时令、天文、历法、农耕等项，有关宗教、祭礼、人事、档案、制度、月令的大政。太史寮的主要官员，不如卿事寮成员一定是地位显赫的贵族，但都属周王特选人员，为周王的亲信。主要人员是专为神职人员建立天官以前便有的"六大"：太宰、太宗、太士，为三右；太史、太卜、太祝，为三左。凡宗教、文化、制度方面的事务都归太史寮管理。西周中期，卿事寮、太史寮两大中央官署系统的形成，内廷官员中一些有一定权力的人员参与管理国家政务，内廷官属组织的逐步完善，使西周的中央官制进入了成熟时期。经过不断调整，政权、族权和神权三者之间，在新的王权政治的威力下，取得了和谐和统一，彻底改变了商代王权和神权合一的统治局面。

由周公制定的周礼，是西周时代根据宗法等级制度制定的国家典章制度。《周礼》在一定意义上就是周朝的法规汇编，它既是根本法，又具有刑法、民法、行政法和诉讼法的内容。其目的在于维护各种不同社会地位的人之间以血缘关系为纽带的君臣、父子、兄弟、夫妻关系，区分他们所展示的尊卑、贵贱、亲疏的身份关系，而以刑法作为维护礼制和社会秩序的重要手段。礼是法的基础，原本作为道德规范的礼，经过夏商两代的发展与改造，到周初条理化、制度化，成为法的基础，以礼为本，而刑为治，所以有"律出于礼"的说法。据《逸周书·尝麦解》，周成王四年（公元前 1039 年），大正奉命整理刑书，成《太史笺刑书九篇》，就是周代实行的九刑，到西晋杜预注《春秋左氏传》时已经佚失。周穆王时，财政陷入困境，司法腐败，吕侯提出参照夏朝赎刑修正刑法，有了周穆王五十一年（公元前 918 年）产生的《吕刑》，又称《甫刑》（《史记·周本记》）。《尚书》中有一篇《吕刑》，论述西周的刑事政策、刑事原则和诉讼制度，主张"明德慎罚""罪行法定"，提出"疑案有赦""疑罪惟轻"的原则，要求法官采取"上下比推""世轻世重"灵活的运用刑罚原则，对犯五刑的均可因罪疑而实行赎刑制度，赎金以罚锾（铜六两为锾）计数，从百锾到千锾不等，通计开列的刑事共有三千之多。从此确立了"礼不下庶人，刑不上大夫"的不同适用原则。礼是贵族阶级的特权，贵族按照不同的等级，在祭祀、朝觐、车乘、服饰、宴飨等方面，享有不同层次的待遇，而庶人则无法涉及；但庶人同样必须遵守亲亲、尊尊等礼制的约束，如若违礼，必须受到刑法的惩处。这叫做"礼不下庶人"。对"刑不上大夫"也有了规定，各级贵族犯罪不受一般刑罚的制裁，对他们另有特殊的礼遇：《周礼》规定，贵族可出庭受审；贵族一旦犯了死罪,也不令当众受刑、陈尸闹市;犯了重罪,可以放逐代刑,或以赎金免罪。最特别的是为王室宗亲和对国家有特殊贡献的贵族,制定了八辟之法,根据议亲之辟、议故之辟、议贤之辟、议能之辟、议功之辟、议贵之辟、议勤之辟、议宾之辟,为以上八类有特殊身份的贵族和官员制定了特权法,采取可赦则赦、可减则减的特殊待遇,实施"有爵者不为奴,同族者无宫刑,有罪不即市",同罪不同罚的刑法,将东亚奴隶制社会的法律体系推进到一个新的高峰。

　　西周时代农业生产比商代有了进步,表现在农具已有较多的青铜制品,有翻土和挖土工具耜、钱,除草用具镈,收割工具铚和艾。在夏商时代由耕地的沟洫灌溉方式引出的井田,到周代正式演化成了完善的井田制度。井田制度是在土地公有制基础上实施的农耕方式,全国井田的最高所有权属于周王,周王按照爵位的高低,分封给诸侯、卿、大夫和百官不同数量的井田。井田是计算他们俸禄的等级单位,受封者对井田只有使用权、占有权,而没有所有权,所以井田不得私自买卖。对直接耕种井田的农民来说,井田是他们必须向政府缴纳的"什一税"的基本来源,即向周王缴纳收益的十分之一,作为使用井田的回报。对这项田赋,历来实行的办法是:"夏后氏五十而贡,商人七十而助,周人百亩而彻。"周代农民可以领有自己私家使用的一百亩耕地,一夫一妇为一家,妇女概不另行受田,一家中如若还有男劳动者,则列作"余夫",可受田二十五亩。周代以一百步为亩,一百亩为夫。以夫为单元,在夫与夫之间,建立起水沟和陆路的交通网,一夫之间有径,十夫有畛,百夫有涂,千夫有道,万夫有路,通达京畿。据《周礼》,每家农户(夫)的不易之地是一百亩,需要休耕一年的一易之地是每家二百亩,需要休耕二年的再易之地是每家三百亩,其中包括杂草较多的备用田"莱田"。《周官·遂人职》根据上地、中地、下地三类土地,再分配不同的莱田。上地,在一百亩之外,要配莱田五十亩;中地,要搭配莱田一百亩;下地,要搭配莱田二百亩。当时三百步为一里,方一里的田地叫井田,一块井田有九百亩,称一田。井、田、里,都是数量相同的耕地计量单位。每八家共耕一井之田,以耕公田方式向领主提供劳役地租。在公田百亩中,专门划出二十亩作为八家农户的宅基地,每家可得二亩半,所以《孟子》称:"五亩之宅,二亩半在田。"建造庐舍外,还有一半可辟为菜园,供种植之用。《周礼》还规定,为调节农家的财力,井田每三年要定期轮换耕作,叫"爰田易居"。《礼记·王制》以为夏商时代以周尺八尺为步,周代以周尺六尺四寸为步,所以造成夏商周三代受田数的不同,但三代最大的不同,在于田赋的不同:夏代行贡法,收实物税;商代行助法,是借助民力耕公田,实行劳役地租;周代的彻法,是公田、私田都要计亩均收,以十分抽一作为租税。而且是在"国"中用贡法,收实物税,在"野"中用助法,采用劳役地租。周代对井田施行"任土作贡"的赋税制度,并且对不同用途和在不同地方的土地,收取不同税率的土地税:"凡任土,国宅无征,园廛二十而一,近郊十一,远郊二十而三,甸、削、县、都皆无过十二,唯漆林之征,二十而五"(《周礼·地官·载师》)。农民在缴纳土地的赋税之外,还有军赋的负担。自诸侯、卿、大夫直至平民还须向周王定期献纳各种贡品,拒绝纳贡,就违背了"礼法",要受到周王的"礼乐征伐"。至于各种税收更是名目繁多,如房屋税(廛布、里布)、券税(质布)、渔业税(渔征)、商业税(关市之征),以及各种杂税。平民向国家缴纳的税收之多、负担之重,在周代也达到了前所未有的地步。

井田中的沟洫,兼有排水防涝和引水灌溉防旱的作用。作为一种农村村落制度,井田是以公田和水井为中心,八家农户的宅园也建在公田之上,周围有农田围绕,田间有贯穿南北和东西的阡陌相通,形成一组一组互相连接的大田。

周代的兵制,完全根据井田制度计丁入伍。周初军队的编制仍使用商代的十进位编制法,武王立国,建立了六师军队,驻在陕西长安附近的丰镐地区,称宗周六师或西六师;以后周公东征,建立成周,组建了八师军队驻防在洛阳,称殷八师或成周八师。周初建立的14师是直属周王指挥的中央军,其兵员的主要来源是居住在国都及其附近的平民,当时称作国人。各地诸侯也拥有不同数量的军队,按照等级规定,大国不得超过三师,次国二师,小国一师。这些地方部队平时驻守一方,各地诸侯不能随意动用军队征伐,战时必须由周王统一调度,才能参与战事。井田制度建立以后,兵役与乡、遂的建制挂靠,有了充足的来源。乡制,五族为党,由五百家出五百人,成立旅;五党为州,由四千五百家出两千五百人,成立师;五州为乡,由一万二千五百家出一万二千五百人,成立军。六乡共出六军,有兵七万五千人。遂制,五酂为鄙,五鄙为县,五县为遂,六遂也有七万五千人,作为预备役。从乡制、遂制建立的兵役都是正卒。正卒之外,还有羡卒,是劳动者一户超过一人,达到一户七人、六人或五人的,则按照上地、中地、下地各立标准征兵,称作羡卒。这些都是按比法而定出的劳役。此外还有甸法,属于军赋中征用的军队装备,也按井田制度的规定,无论国人、野人都需交纳。《周礼》规定的甸法,在出兵以外,还要出车。按照九夫为井,四井为一邑,四邑为一丘,四丘为一甸,一甸有六十四井,总共出长毂一乘,戎马四匹,甲士三人,步卒七十二人,大车三乘,牛十二头,徒二十五人,并配备兵器。甸就是征调战车,所以又称"乘",一百乘为同,采邑大的卿大夫,要出的军赋可以达到百乘。拥有十同的诸侯,要出的军赋就是一千乘,所以百里之国可以征调出千乘战车。王畿百同,所征军赋达到万乘。万乘之国的人口总数已在千万以上,"万乘之国,人数开口千万也"(《管子·海王》)。武王立国,战车不过三百乘,大部分依靠步兵作战。到西周晚期,周宣王南征,《诗·小雅·采芑》描述军容,称"其车三千",动用的战车已经是武王时的十倍了。战车兵在军队中的数量有了显著的增长,步兵在战争中的重要性已逐渐下降,形成了以车兵为主力,每辆战车都配置有一定数量的步卒、徒兵和少数后勤人员,步兵主要依附于战车的编成特点。根据《禹鼎》铭文,戎车一百乘,要配置斯驭(御者)二百人,徒(无甲胄装备的士兵)一千人。但直到西周晚期,仍然保留着一定数量的成建制的步兵。由于车战在战争中日趋重要,射箭和控马御车作为重要的武艺,一开始便受到统治者的重视,射、御和礼、乐、书、数一起被列入"六艺"。作为贵族必须具备的技艺,射与御两项技艺也是平民普遍要学习与掌握的项目,社会上普遍认为,只有掌握了射箭和御马这两项技能的,才能算得上是有本事(基本技能)的人。

西周的学校教育比商代有很大的进步。商代已有典有册,学校中可以读书习字,但商代的学校仅有庠、序,兼有养老、习射的职能。另有瞽宗之学,列于国都南郊明堂西门之外,所以也称"西学",原本是用作祭祀的场所,属于宗庙的组成部分。祭祀中礼乐相附,瞽宗是乐祖祭祀之所,后来演变成对贵族子弟进行礼乐教育的专门机构。商人崇尚天命与祭祖,所以瞽宗属于宗教伦理教育。

周初继承商制,世子求学,"礼在瞽宗,书在上庠"(《礼记·文王世子》)。礼乐与书数是最基本的科目。周代的官学已有国学与乡学之分。国学专为贵族子弟设置,国学中又分成大学和小学。小学或称外傅(《礼记·内则》),就学年龄是十岁,进入门塾之学,称作门子。但从六岁到九岁必须先学五方、六甲,十岁寄宿在外,叫外傅,学书计(六书、九数)。由保氏主管六艺的教育。六艺是:一曰五礼,二曰六乐,三曰五射,四曰五驭,五曰六书,六曰九数(《周礼·地官·保氏》)。贵族子弟因出身等级不同,小学也分设公宫和王宫,诸侯小学设在公宫南侧门闱,天子小学设在王宫四门。王宫、公宫都是明堂宗庙,小学就设在其中,由师氏守王门,保氏守王闱,负责王宫小学的教导。20世纪后期西周岐邑甲组宫室宗庙遗址的发掘,证实了《尚书·顾命》中东塾、西塾的存在。其中的一室藏有甲骨卜辞,可见学习书写、计数属于基础教育,学习的内容已涉及分数运算、代数、三角,设置了方程、赢不足、勾股之学,形成了后来的《九章算术》。国学中的大学,又分两种:天子曰辟雍,诸侯曰泮宫。辟雍居中是明堂,外雍以水,环水立四学,南学成均,习乐;北学上庠,习书;东学称东序、东胶,习干戈羽籥;西学为瞽宗、西雍,习礼。四学的分设,符合分科设教、循序而进的教育原则。教学的场所也是王室举行大祭、朝觐、养老、飨射、布政等国事活动的场所,教师仍由有关的政府官员兼负教导之责。大司乐是国学中负责礼乐教育,以乐德、乐语、乐舞教育贵族子弟的最高职级的官员(《周礼·春官》)。西周初期建立了历史上前所未有的宫廷礼乐制度,成立了规模宏大的乐队,创作了配合仪式典礼所用的音乐,后世将这支宫廷乐队演奏的音乐称作雅乐。编钟编磬是乐队的核心,演出时钟鼓齐鸣,场面极为宏壮。雅乐最兴旺的时期从周初一直延续到春秋初期,此后由于诸侯割据,"礼崩乐坏",到春秋晚期便开始衰败。乐是体现礼制的极为重要的手段,对不同身份的贵族使用乐器的多少和乐队的排列,甚至乐律、乐调、表现时间、表现场合都有相应的规定。如对乐队的规模,有这样的规定,周王的乐队可以"宫悬",四面排列;诸侯的乐队可以"轩悬",三面排列;卿和大夫的乐队只可"判悬",二面排列;士的乐队只能"特悬",单立一面。西周宫廷音乐,门类繁多,规格最高的是六代乐舞,有黄帝之乐《云门大卷》、唐尧之乐《大咸》、虞舜之乐《大韶》、夏禹之乐《大夏》、商汤之乐《大濩》,以及周武王之乐《大武》。其次是由少年演出的小舞;三是诗乐,以《诗经》中作品为歌词的音乐,直到春秋时期,《诗》的章句还在贵族社会的礼仪中常被运用;四是民间乐舞散乐。五是四夷之乐。六是房中之乐,是由琴瑟伴奏的女乐。七是求雨、驱除疫鬼的宗教音乐。

西周的乡学,是依照地方行政区域设定,闾设塾,党设庠,术设序,乡设校。乡校通常是地方上的族长以及做官后退居乡里的士绅聚会议论之所,"大夫、士七十而致仕,老于乡里,大夫为父师,士为少师"(《尚书大传·略说》);是在农闲时,由这些有一定身份的人,对普通农民进行礼乐知识和农事教育的场所。从周代开始,为巩固王权,统治者已经注意到对平民及时进行伦理道德和农业知识的传授,而最根本的一条是,已开始对农民灌输宗法制度的思想,好使他们完纳政府要求的赋税、兵役等各式各样的劳役和实物地租。

西周的宗法制度对反映社会文明进程的饮食、服饰、婚姻、丧葬等最能体现人类日常生活的习俗与风情,有了严格的规定,形成了一整套制度,在社会上和日常生活中分别按照贵族、平民和奴隶的不同身份,形成不同梯级的生活方式。

周代的饮食文化由于饮食品类的扩大、烹饪制作技术的提高、饮食器具的改进、饮食观念的进步,形成了前所未有的饮食礼仪,进一步加强了饮食与宗教、伦理文化的关系。粮食的品类,见诸文献的有黍、稷(禾)、麦、粱、稻、麻(芝麻)、秫、菽(大豆)、苽(茭草的籽和实)等十多种。甲骨文和金文中屡见米、秫、粟(稷)、黍、稻、粱等粮食名称。粱是稷的良种,当时视作美食,可以分成白粱和黄粱,并可酿成"粱醴"(带糟的甜米酒)的美酒;作为贵族宴请宾客的佳肴,通常在宴席中列入饭食后添加的点心,只有遇上荒年,大夫才食不加粱。可见贵族进餐,通常在主食、佳肴、美酒之外,还有各类点心佐餐。

周代平民进食,主要有饭食、粥食、菜肴和羹食几类,要用匕和箸两种食具进食,用匕进食,使箸挟菜(包括羹中的菜)。进餐时采取分餐进食,每人席地而坐,面前置一矮足的木案,这种进餐方式大约从龙山文化开始,一直维持了3 000年之久,要到东汉才起变化。

周代贵族的饮食十分丰盛,贵为君王的天子更是奢华之极。《周礼·天官·膳夫》记周天子的饮食分饭、饮、膳、羞、珍、酱六大类,饭用稻、黍、稷、粱、麦、苽六谷;饮用水、浆、醴、琼、医、酏六清;膳用马、牛、羊、豕、犬、鸡六牲;羞有一百二十品,珍用八物,酱有一百二十瓮。饭有黍、稷、稻、白黍、粱、黄粱、稰、糇八种。饮有稻醴、清糟,黍醴、清糟,粱醴、清糟;醴是带糟的甜米酒,清指滤过的汁。膳,有十六盘至二十盘,在六牲外还有鱼脍和雉、兔等野味。羞,是用干饭捣成粉做的米面饼,以及撒有豆面的稻米饼,属于点心类糕饼,有时用牛、鹿、雀、范(蜂)、芝、菱以及各种瓜果、姜、桂做出美味的"庶羞"。酱,是用各种蔬菜、水产、野味精制而成的调料,多至一百二十种,密封在陶瓮内贮藏。

八珍是王室庖人采用不同的食料和烹调技术精心庖煮的八种烹饪极品,《礼记·内则》记有八珍的菜谱:

一是淳熬,把炸肉酱浇在陆稻(香粳米)煮的饭上,原本是一种南方口味的盖浇饭。

二是淳母,把炸肉酱浇在黍食(黄米)煮的饭上,完全是北方口味的盖浇饭。

三是炮豕羊,将一只乳猪或羊羔宰杀后,挖空内脏,用红枣塞满肚子,将芦苇和草拌泥涂上后入火烧烤,待外壳烧焦,将外壳和膜皮剥去,用稻米糊涂在豕羊身上,在油锅里炸到焦黄,取出切成长条,敷上香料,盛在小鼎中,再放入汤锅中用文火炖三日三夜,然后用酱、醋等调料取食。这一炮全豕全羊的菜,用了炮、炸、炖三种烹饪技能,经过宰杀、净腔、填肚、烧烤、挂糊、油炸、切件、慢炖八道工序,使三代烹调技艺达到了一个高峰。

四是捣珍,以肉类的加工法命名的菜肴,用牛、羊、鹿、獐的里脊肉,反复捶击,剔去筋膜,烹熟后,刮去外膜,调味食用。

五是渍,把新鲜牛肉逆纹切成薄片,用香酒渍一夜,第二天以肉汁和梅酱调和取食,是供生吃的香酒牛肉片。

六是熬,取牛、羊、鹿、獐的肉,切成条块,反复捶击,摊在苇席上,洒上姜、桂屑和盐,再烘熟,要吃干的,揉一下就可以了,要吃软的,可先浸一下,用肉汁煎起来吃。

七是糁,取数量相等的牛、羊、豕肉,切粒,调味,和两份稻米混合烙熟,类似一种三鲜烙饭。

八是肝背,取一副狗肝,用狗的网油(肠间脂)包裹,调好味,放炭火上烤,烤到焦香为止。

周代的八珍是王室和贵族常用的菜肴,运用的烹饪手艺有煎、炸、炮、炖、烹、腌、烘、烙、烤九种；并有多种刀法和特殊手法处理食料，佐料包括盐、酱、醋、梅浆、香酒、姜、桂、紫苏、红枣。贵族每餐大鱼大肉，醋（古称醯）和醢（梅浆）可以解油腻、助消化，所以天天要用，周代宫廷特设酒坊和醋坊，加以生产。中国发酵业的一大成就，是3 000年前业已兴起的制酱业。制酱业在商周时代已获得很大的发展，用黄豆或蚕豆作主料，加上适量的麦麸、淀粉、盐、糖等配料，利用毛霉菌发酵制成酱油、豆酱、豆豉等含有多种氨基酸、维生素 B_1 和麸酸钠（味精）的系列酱料，使食品具有美味，对提高烹调技艺、促进营养吸收、增强保健功能，都有很大的贡献。这些手艺有一部分是由南方传入北方，但在周代已经是北方地区颇具代表性的烹饪手艺了。

夏商周三代的服饰在文明进程中逐渐完善，表现在冠裳衣服和佩饰都有了一定的规制。与史前时代相比，冠的变化尤其明显，史前时代，人们头上只有一块称作"头衣"的包头布；到周代，冠有弁、冕之分，冕是帝王、诸侯、卿、大夫才可以戴的礼帽，冕的形制是顶上有一块前低后高的长方形的板，叫延，前后挂着一串串的珠玉，叫旒，天子的冕有十二旒，以下按等级递减，最低的玄冕只有二旒。周代以后，历代帝王和贵族都以冕为礼服中的礼帽，宋代以后，冕才成帝王专用的冠服。弁是贵族平时戴的帽子，有用白鹿皮作的武冠皮弁，和红中带黑的文冠爵弁，因形似雀头，又称雀弁，雀弁的顶上有延。不戴冠的有小孩、女子、平民、罪犯和异族人。平民满二十岁，只在发髻上包上巾，算是士冠，叫庶人巾。罪犯要剃光头，异族人是披发或断发，不戴冠。

夏商周三代中原地区华夏族的衣装是束发右衽，上衣下裳，裳指裙子。一般人平时上身着短上衣，叫襦，短的齐腰，长的到膝盖。下体的穿着，在裳之外有绔和裤，绔是只有两个裤筒而无裆的套裤，《说文》解作胫衣；有裆的裤叫裈，还有遮大腿的蔽膝和类似后世从足到膝绑腿的邪幅。古人在战国以前穿的单底鞋叫屦，汉代以后叫履，制作材料有草、麻、皮、丝等多种，后来才称作鞋。安阳殷墟出土的石雕、玉雕贵族像，头戴扁帽，身穿右衽交领衣，下穿裙裳，腰间束带，裹腿，着翘尖鞋。这样的打扮，从殷代一直维持到西周和春秋时代。贵族在春夏季穿着锦、绮、绫、罗和细麻布裁剪的长衫，冬季穿狐裘棉袍，平民只能穿葛布、粗麻和由乱毛织成的褐做的短衣。到了战国时代，由于作战方式由车战改为骑马厮杀，处在西北边陲的秦国和赵国，首先改革宽衣博带的华夏服装，提倡胡服骑射，仿效北方游牧民族穿紧身窄袖的短衣、长裤、皮靴，用带钩、革带束腰，携带武器、革囊等用品，好适应轻快灵活的骑马作战生活的需要。最有名的是公元前325年以后，赵武灵王（公元前325—前299年）在国内大力改革男子服装，在边地更专设骑邑，全面推广骑射，赵国的骑兵迅速增至一万三千骑，秦、楚也各有万骑之多。从此，紧身窄袖的上衣、下身着裤的西部式样的服饰,逐渐在中原流行起来。

周人都以佩玉来显示身份、地位和权力。长江下游发达的玉文化进入中原地区以后,被三代继承,质地最优良的新疆和阗美玉,至少在殷代就不断运至内地了。1976年在安阳的殷墟出土了大量的玉石器、铜器、陶器和象牙制品,光玉器就有750多件,据鉴定,几乎全是产在新疆的和阗玉。和阗玉和叶尔羌玉,也就是先秦古籍中称道的昆山之玉。据《山海经》和《穆天子传》,周人自古公亶父时就派了宗亲季绰到葱岭东侧去监管玉石的生产了,周王朝成立后,和这里的关系更非同一般了,《山海经》称这里是西周之国,产玉的地方叫西胡白玉山。到公元前7世纪,从和阗到洛阳的玉石之路,被新兴的草原民族月支所控制,《管子·轻重甲》篇称产玉的昆仑之虚(昆仑山),成了禺氏的边山,到都城成周足足有八千里之遥,指出那是周王朝从西部边远地方获得白璧、璆琳(碧色宝石)的来源地。这条路东起洛阳,北上山西中部勾注山,再西出河套,直通塔里木盆地南缘和阗玉的产地。这段历史过去已湮没无闻,自1874年英国地质学家史托利茨格以来,直到20世纪的法国汉学家伯希和、英国科学史家李约瑟,都相信汉代以前中国内地并不产玉,要到汉武帝派张骞通西域,才将昆仑软玉传到中国内地。现今有考古发现和矿物学的检测,证实了在张骞之前1200年安阳的玉琢工场就用上了和阗玉,而且在以后好几百年中,周王朝就控制了玉石的开采和运输,一批陕西人早已移居到了和阗和莎车(叶尔羌),从事农耕和开采玉石。

周代的婚姻制度是在男尊女卑、同姓不婚规矩下实行的一夫一妻制与一夫多妻制的婚姻,平民遵循一夫一妻制,贵族盛行一夫多妻的媵妾制,男子二十岁结发加冠、女子十五岁结发加笄后,正式成人,可以完婚。《仪礼·士昏礼》和《礼记·昏仪》记述,从议婚到完婚,要经过采纳、问名、纳吉、纳征、请期、亲迎六道手续,称作"六礼"。平民结婚要精简得多。"六礼"最终的亲迎,是新郎到女家迎娶新娘,接入家门后,设酒宴共食,要将一个瓠分成两个瓢,夫妇各执一片互相敬酒,表示相亲相爱,后世才以"合卺"作为结婚的代称,换成了交杯酒。

周代贵族的丧俗已有定制,人死后到落葬,要经过属纩、招魂、沐浴、敛、殡、执绋、挽歌七道程序。属纩是人在临终时将新丝絮放在口鼻上,验其是否断气。招魂是人初死,家人要登上屋顶,向北为死者招"复",让灵魂回复到体内,然后办丧事。人死后,要沐浴。死后三日才能入殓,小殓是给死者裹上衣衾,殓衣必须左衽,不结纽带,以别于生前;以巾覆尸,在露出的口中,放上米,称"饭",或含珠、玉、璧之类珍宝,称"含",合称"饭含"。大殓,是将尸体放入棺材,根据历史传统,按死者身份分成三类:

有虞氏瓦棺,夏后氏堲周,殷人棺椁,周人墙置翣。周人以殷人之棺椁葬长殇,以夏后氏之堲周葬中殇下殇,以有虞氏之瓦棺葬无服之殇。夏后氏尚黑,大事敛用昏,戎事乘骊,牲用玄。殷人尚白,大事敛用日中,戎事乘翰,牲用白。周人尚赤,大事敛用日出,戎事乘骝,牲用骍(《礼记·檀弓》)。

周人的棺椁制度极其严格,照《荀子·礼论》:"天子棺椁七重,诸侯五重,大夫三重,士再重。""无田禄"的平民死后连设祭器的资格都没有(《礼记·曲礼下》)。

在周人看来,殷丧于天意,所以丧服当然用白色,入殓定在日出时。殡,是入殓后,停丧待葬,常达数月之久;其间,亲属要服丧服,除天子以外,自诸侯到庶人均可遵循,按照亲疏将丧服分成斩衰、齐衰、大功、小功、缌麻五个等级,称为"五服"。斩衰是丧服中最重的一种,用最粗的麻布制作上衣,叫衰,下衣叫裳,这种丧服用在诸侯对天子、臣对君、子对父、父对长子、妻妾对丈夫、未嫁女子对父亲,丧期三年;齐衰是用熟麻布做;大功也用熟麻布做,做工比齐衰要精细;小功用较细的熟麻布做,做工更细;缌麻用细麻布做,做工精细,是最轻的一种丧服。五服各有三年、一年、九个月、五个月、三个月五种不等的丧期。后世称五服之内为近亲,五服之外为远亲,将灵柩送至葬地叫出殡。送葬时,送者要白衣执绋,将柩车送到落葬的地方,以赤色的牛马献祭,叫执绋。挽柩的人要为死者唱挽歌,后来演变成送葬者以挽联相赠。

殷周时代,死者埋葬的地方叫墓,墓与地平。春秋时代,开始在墓地上垌起高出地面的土堆,叫坟,坟墓成了死者最后的归宿。殷周时代贵族在墓地上建寝,按死者生前饮食起居的场所布置,继续供死者享受生前的起居方式。战国中期以后,各诸侯国君主的坟墓专称王陵,形成一套守陵护陵的制度。至于庶人,死后只能用麦秆、稻草编结的草苫裹在尸体上埋葬,习称"稿葬"(或作"藁葬"),甚至死无葬身之地,只得火化或水葬。

贵族死后有从葬的恶习,从葬者多则数百,少亦几十,"天子杀殉,众者数百,寡者数十;将军大夫杀殉,众者数十,寡者数人"(《墨子·节葬》)。奴隶主常以杀殉大批奴隶来陪葬,并用杀害奴隶来祭祖,称作人祭,此风上承商代。在周代,人祭的风气大为减少,春秋以后,宗庙在传统观念中所占的地位大为下降,人们开始怀疑人死后是否还有灵魂存在,各国君主重视的是丧仪和构筑坟茔,在自古已然的物殉制度中出现了专为从葬而制作的明器。虽然秦、晋等国的君主仍维持着杀殉的恶习,如秦穆公死后,从葬的人多达一百七十七人,但这种"杀生而送死"的风气,遭到了社会的严厉谴责,出现了以木俑、陶俑代人殉的新风尚。用作陪葬的青铜器逐渐减少,产生了与祭器严加分别的明器。明器原本是周天子分封诸侯时赏赐的宗庙重器,到了《仪礼·既夕礼》,所举几种明器都不再是铜器,而是以芦苇、菅草和陶土制造盛放食物和饮料的容器,明器也包括死者生前待客所用的燕乐器、服役时用的铠甲等役器、休闲时随身用的杖、扇、斗笠等燕器，所以孔子说："为明器者，知丧道矣，备物而不可用也"（《礼记·檀弓上》）。所谓明器，是生者对死者表示怀念的意思，所备的物品，因此可以不必是再有实际用途的东西了。《礼记》引孔子的话说："其曰明器，神明之也"（《礼记·檀弓上》）。人死后，世人便将他尊若神明了，陪葬品就大可简约化了。所以论者以明器是鬼器，而祭器是人器（《礼记·檀弓上》引曾子），两者不必一致。周人向来与殷人不同，遵循"敬鬼神而远之"的信念，所以在丧葬礼仪上虽然兼采明器与祭器，但献祭与下葬的仪式，与殷人相比，已有许多不同。在战乱的年代，陪葬品使用明器，大大降低了亲属的负担，减少了财富的流失，从长远的利益着眼，更是对不可再生资源的节约。据郑玄的注，周人只有大夫以上的贵族，在献祭时才兼用明器和祭器，士一级的就只用鬼器和生器（日常用品），不用人器了，这和《仪礼·士丧礼》运用的标准是完全符合的。

春秋中期以后，考古发现的丧葬器中的明器，主要是陶器，也有漆、木、铅器。陶礼器虽然早到西周时代已有存在，但要到春秋中期以后才变得十分普及，燕下都九女墩春秋晚期王室墓发现的 135 件有精美彩画的仿铜陶器，是其中的一例。另一方面，自西周中期穆王时期开始，铜礼器的制作已可见出粗糙的铸器，西周晚期以后，铜、陶两种礼器，在山西天马曲村晋侯墓地、春秋至战国早期的秦墓，均出现了微型化的倾向，另有一类铜器则在工艺上开始简约化，表现在采用素面、器盖连铸或大小相套等工艺的运用，无论在用材和工序上都尽量节省和简易化了。

西周初期开始建立起前所未有的极其完善的宫廷礼乐制度，凡是王室用于祭祀、宴飨、射礼、庆典的音乐和乐舞，后世通称雅乐，从周初到春秋初期的 400 年是它的兴旺时期，到公元前 600 年以后便衰落了。西周使用的乐器，按照主要材料制作可以用金、石、土、革、丝、木、匏、竹八音分类，品种多到近七十种，出现了以打击乐器为主使用五声（宫、商、角、徵、羽）音阶配制乐曲的乐队。雅乐所用的乐舞主要有六代乐舞，由少男少女表演的小舞，在后宫演出的房中乐，作为民间乐舞的散乐，为传世的《诗经》中的风（国风）、雅（大雅、小雅）、颂（宗庙祭祀乐）配套的乐舞，以及各种祈神的乐舞。王室供养的专业乐舞队伍，多至 1 463 人。作为施行礼制的重要辅助工具，王室对乐舞的乐律、乐调、乐器、演出的时间、地点和场合，都有严密的规定。可是几百年以后，早先定下的这些规矩，在风起云涌的社会变迁中，随着礼制的崩溃而一起变了样。表现之一是，各诸侯国要求分享王家音乐的庄严肃穆，孔子生前在鲁国当政的仲孙、叔孙、季孙三家大夫，竟用了原本只有王室才用的《周颂》中的《雍》来结束祭典，这在礼制上是一大僭越。表现之二是，民间歌舞早已风靡中原大地，到处都有专业的乐师和舞者表现歌舞，专业的舞者有演出万人舞的万人,由齐、燕、晋、秦、郑、楚诸国宫廷供养的女乐与倡优(男性乐舞和说唱艺人)。对三代以来的古乐来说,它们是新声新乐,相对于雅乐,它们是世俗之乐;但是这些丰富多彩、更能通达人性的新声、新乐深受各诸侯国君民的青睐,它们一旦进入诸侯国的宫廷,便排挤了讲究尊卑、宣传德音的雅乐,被儒家指责为"淫于色而害于德"的溺音。春秋晚期中原地区的乐舞,以郑、宋、卫、齐为中心。魏文侯(公元前445—前396年)就曾对孔子的学生子夏直言相告,说他听了古乐要打瞌睡,听郑、卫之乐,则精神抖擞。百年之后,作为中原地区文化教育中心的齐国,其君主齐宣王(公元前319—前301年)对孟子表示,他感兴趣的不是先王之乐,而是世俗之乐,声称他要"与民同乐",周代的礼乐制度进入了全面崩溃的地步,赶在东周王朝告终之前,提前一步,预期了王朝的最后灭亡。

西周时代定下的礼俗制度,凝聚了华夏民族的意志、智慧和创造力,上承三代文明的传统,曾经开创一个具有光辉前程的局面,但是历史的潮流总要顾及多数人的意志,顺应时代的变化,不断更新,不断扩大振波,才能在历史的长河中继续推进前人的业绩,使之汇聚成中华文明的主流。

西周的历史可以分成早期、中期和晚期三个阶段。

西周早期经过武王和周公的治理,对夏商文明进行了全面的继承和革新,认识到天命是可以因德行而转归有德的王统的,提出了"以德配天"的政治思想,在周公的指导下,实施了"明德慎罚""礼刑结合"的法律原则,实行"礼治"与"法治"相结合的统治手段。受到周王朝册封的世族,享受到世禄、世官,士农工商各得其所,社会出现欣欣向荣的局面,以致成、康之世刑措四十多年未用,出现太平盛世。

周代中期自昭王(公元前995—前977年)、穆王(公元前976—前922年)开始,历经共王、懿王、孝王、夷王(公元前885—前878年),共传五世。西周君王,自文王到懿王,都是生称,大约自孝王起,才有谥号。这一时期,自昭王南巡,两次讨伐荆楚,一个世纪中,从西部到东部,自黄河流域到长江流域,战火绵延,此起彼伏。由于社会经济的发展,奴隶主贵族长期占有封地,对农民任意敲诈勒索,西周中期,在贵族、商人和农户之间出现了转让、交换、赔偿、出租和抵押土地的现象。周共王(公元前922—前900年)时代的"格伯簋"铭文,记下了格伯用4匹良马换得了朋生的3 000亩田,双方自行剖券立约,并有书史登记在册,但无官员签押,即使这批土地是作为私田出卖,也可见到土地已经成为彼此交易的商品,周朝初年"田里不鬻"的情况开始崩塌了。周穆王姬满是一位声势显赫的君王,响慕西方,从中亚获得千里马以后,便带着大队人马向西巡狩,到达新疆南部产玉的赤乌氏之国。"赤乌"就是《山海经》中的西周之国,是周人的先祖古公亶父在公元前12

世纪派他的宫廷侍卫季绰率领一批移民到产玉的和田地区建立的国家,周穆王曾由此进入中亚的费尔干纳会见西王母部落。周穆王回国前已有徐偃王率东夷兵马反叛,向宗周进军,穆王回国后立即平定了徐王的叛乱,又打败了西边的犬戎,将他们迁移到太原,旨在杜绝边危。随后又制胜了进取徐国的荆蛮,南征百越,直抵江西南部的纡(于都)。

周懿王时,西戎侵入镐京,狄人侵扰岐山,王室一度迁都,王师讨伐犬戎,结果打了败仗,周王的威望因此极度下降。懿王死后,王位传给了他的叔父辟方,称孝王,王位的继承违背了宗法制。秦、楚相继建立邦国。孝王曾派申侯讨伐西戎,西戎献马,养马业于是有了进展。孝王允许非子在渭水与汧水间牧马,封邑在秦(甘肃清水),号秦(嬴)。孝王去世,王位由于诸侯的力争,又回到懿王的儿子燮的手中,称夷王,于是出现了天子下堂见诸侯的局面,周王的威望再度下降,楚蛮熊渠乘机扩张势力,成为南方一大诸侯。

西周晚期只有三世,由厉王、宣王而幽王,一度出现宣王中兴的局面。周厉王姬胡(公元前877—前841年)当政时,专横无道,被国人驱逐,出走山西,于是诸侯共推共伯和摄政(公元前841—前828年),共和十四年,厉王死后,由他的儿子宣王姬靖继承王统(公元前827—前782年)。宣王为伸张王权,招纳贤才,刻意追迹文、武、成、康的遗风,大兴军旅,首先讨伐西戎与北狄(猃狁),继而征荆楚,平淮夷。宣王更亲率六师征讨徐国,凯旋而归。王室权势一度重振,史称中兴。到宣王晚期,对戎狄的战争逐渐失利,连年战火,加剧了社会内部的矛盾,人民逃亡,土地荒芜,中下级贵族"多畔王命"(《史记·鲁世家》)。宣王的儿子姬宫涅立为幽王后,不过11年功夫,就断送了西周王朝。幽王因宠幸陕西人褒姒,废了南阳人的申后和太子宜臼,立褒姒为后,以褒姒的儿子伯服为太子。宜臼逃到申侯那里,借以庇护,幽王派军队讨伐,申侯于是勾结犬戎起兵对抗,结果幽王被犬戎杀害,死在骊山。继位的周平王于是迁都洛阳,周王朝的历史从此进入东周时代(公元前770—前256年),再度绵延达515年之久。

四、 东亚文明中心的礼俗

东亚文明首先在黄河中下游地区建立了一个有广袤领土的王国,在夏、商、周三代逐步形成了一套文明社会的礼仪制度,广及婚姻、饮食、服饰、礼乐、政法、军事、祭祀和丧葬的礼俗,作为后世文明传承的依据与楷模,对中国和东亚地区周边国家的文明进程起了十分重大的作用。

三代婚姻礼俗,以男尊女卑为纲,出现了一夫一妻制与一夫多妻制并存的局面。甲骨卜辞中有"妃、娣、嫔、妾"等字同时出现,可以知道商代以前的一夫一妻制只适用于妇女,男子是可以一夫多妻的。到周代,对一夫多妻制进一步完善,从奴隶主、贵族到平民的配偶名称和数量都有了规定,《礼记·曲礼》称,天子之妃称后,诸侯称夫人,大夫称孺人,士称妇人,庶人称妻。天子在正妻(三夫人)以外,还有众多的嫔、世妇、妻、妾,总共一百二十人。庶民一般是一夫一妻,所以叫匹夫。周代男子二十而冠,行冠礼,可以婚配,女子十五许嫁。婚姻期限,男三十而娶,女二十而嫁,合起来是五十,恰好是大衍之数,为生育的适龄期。一夫一妻制还常伴随着媵妾制,媵是随正妻伴嫁的女子,往往是下妻的侄女、妹妹或同姓女子。为维护优生,并且通过异性联姻达到巩固宗法制度的目的,实行同姓不婚。男女成婚都按聘礼的程式进行,社会上通行以聘娶婚作为合法婚姻的依据。

饮食文化在中国起源极早,兼有北方旱作农业和南方湿地农业之利。由于饮食需要而产生的大田生产、厨具食器生产、膳食生产和食品生产,构成了饮食文化发展的物质基础。夏商周三代时这四大生产已经颇具规模。黄河流域的主要粮食作物是粟、黍、大豆和稷,但古书上的"稷",通常指的是粟,稷型的黍,习称黄米。据传是夏代农事经典的《夏小正》,已经栽种黍(黄米)、麦(大麦、小麦)、穈(穈子)、菽(豆)等谷物。《诗·大雅·生民》称是周人郊祀后稷的祭乐,称唐尧时任农师的后稷教民广种荏菽(大豆)、禾(小米)、麦(大麦、小麦)、穈(深色小米)、芑(淡色小米)、麻(芝麻)、秬(深色黄米)、秠(双穗黄米)。西周时代黄河中上游土肥水润,有许多稻田,还培植了不少杂粮,赤菽(红豆)、虎豆(蚕豆)、甘薯、芋芋、芡实和山药,产在长江中上游的芋芋在各种杂粮中尤其重要。三代蔬菜有葫芦、甜瓜、白菜、赤苋、韭、薹(蔓菁)、菲(萝卜)、莲藕、蒲、蘋、水芹、水葵、荸荠、菱角、茭白等多种;调味蔬菜有葱、蒜头、紫苏、椒(花椒)、苓(甘草)、姜、桂(肉桂)、芥,以及叫"芎"的香茅草。《山海经·北山经》中产在陕西东部景山的秦椒,据说是原产中美洲的辣椒,所以在周代,作为五味的调味品都已齐全了。

中国南北地域跨度大,渔猎、养殖业资源丰富,六畜俱全;水果、坚果品种很多,原产果木有栗、核桃、榛子、枣、桃、杏、梅、李、梨(棠)、山楂(柤)甘蔗、荔枝、柑橘、猕猴桃(桃桃、山桃)、柚(櫾),以后更从国外陆续引进新品种,为世界三大果木中心之一。

夏商二代生产的粮食大致能做到适量的平衡,酿酒业因此获得发展,社会上饮酒成风,促使作为礼器、祭器和酒器的青铜器的制造工艺达到登峰造极的地步,商纣王设酒池肉林,穷极奢靡,因此亡国。周初曾下令禁酒,风气为之收敛,但宴席上仍少不了酒。在周代,丰富的饮食资源得到进一步开发,贵族宴饮成习,会宴时,因无桌椅,仍席地而坐,每人面前放一矮脚案几,通常要钟鼓齐鸣,伴以乐舞,形成了一套礼乐宴饮的等级制度。周代饮食礼仪主要有燕礼(传有虞氏所制,属贵族便宴)、食礼(传商代所制,有饭有肴而不饮酒)、乡礼(传夏后氏养老之礼,兼有燕礼、食礼内容而仅取其礼数)、乡饮酒礼(地方政府及贵族举行重大活动时的饮酒礼仪)。周代社会举行冠礼、婚礼、丧礼期间都有相应的饮食礼仪。周人以为饮酒可以养阳气,食饭可以养阴气,调味品也因季节而功能不同,应该是春多酸,夏多苦,秋多辛,冬多咸。但所有这些规矩,充其量都只能代表黄河流域,特别是黄河中上游贵族和平民的饮食口味,难以概括长江流域和粤江流域人民的生活习俗。

《礼记·曲礼》对进食之礼作了全面的论述,对席面上肴馔的摆放位置亦大有讲究。按顺序,带骨肉要放在净肉的左边,饭食放在进食者的左手,肉羹放在右手;脍炙等肉食置在远一点的外面,醯酱调味品放在内侧;葱末之类可放远处,酒浆要放在近处;有肉脯之类的食品,要注意左边放大件,右边放细件。摆酒器,要将壶嘴面向宾客。进全鱼时,鲜鱼要将鱼尾对着宾客,易于剥食,干鱼要鱼头向客,方便剥食;冬季鱼腹肥美,摆放时鱼腹向右,夏季鱼背鳍丰厚,置放时鱼背向右。

在进食方式上,东亚地区素以筷文化著称,不同于以手或刀叉进食的其他两种方式。筷子的发祥地在中国,但从进餐方式的演进而论,最初先民无不用手指直接抓取食品进口,有些地区至今用手进食;有些地区后来进而采取了刀叉、匕匙,至今使用刀叉;中国则经历了手抓、匕匙之后,更有一个筷子时代,沿用到今天。中国的先民在使用匕、叉的同时,又发明了用筷子从羹中捞取肉和菜。筷子古时称箸,是在水运不发达的北方使用的进食工具。西周时代,贵族进食,为了便于从羹汤中挟取菜肴,采用了由二根细木棒制作的"梜",又称"箸"。早在高昌王国的回鹘民族,也跟着中原地区,使用了箸子。日本大谷光瑞探险队从中国西部地区取得的一卷回鹘文写本中,记述汉人使用的物品中有"箸子"(cügi),这样箸子就传到了河西走廊和新疆的回鹘民族中,出现在敦煌和吐鲁番文书中。后来普遍到南方水乡也在匕匙之外,采用了箸挟菜肴,因划船忌"迟"(慢),而"箸"与"迟"谐音,南人因此改称"筷子",到14世纪明代建立以后,此名便南北一致了。筷子在盛产竹木的地方,不失为一种合宜的进食工具,传遍了东亚各地,成为东亚地区独特的进餐方式。

三代的礼乐制度到了商代,由于手工技艺的飞速发展,促使青铜工艺、丝织工艺和造漆工艺取得了长足的进步,对开发自然资源、提升文明社会的物质基础起到了引领作用。规模宏大的青铜制造业被当作国家的基础工业,站在经济发展的前列,成就卓著。

商王朝是一个建立在神权与王权一致基石上的国家,遇事随时都要祭祀鬼神,借助巫师占卜通达鬼神所在的天庭。在青铜工艺获得长足的进步以后,青铜器便被当作了象征奠定国家政权的礼乐制度的重器,加以冶铸。尤其是被视作神权和奴隶主贵族政权的鼎,向来是象征华夏文明的三足器的鼎,原本在各地制作的是陶鼎。到大禹立国以后,就被视作了九个自然地理区划归于大一统的政局,于是改用青铜冶铸,列入宗庙。相传禹铸九鼎,被视为表述"国运在德"、保护民生的神器。后来夏桀亡国,鼎迁于商;商代末年,又因商纣暴虐而亡国,鼎归了周。估计夏禹时铸的鼎,并不大,但关系九州的统一,意义重大,成为传国之宝。夏代晚期铜鼎形体小、纹饰简单,出土的云纹鼎(上海博物馆藏)所具有的早期铜鼎特点,是圜底腹,下有三条锥形足。

到了商代中后期,国力增强,青铜工艺突飞猛进,冶铸工艺繁复、重逾千斤的大鼎已经完全可以做成。从公元前14世纪起,直到战国时期的一千多年中,是商周青铜工艺最为繁荣的时期,在这一时段中,出现了前段商周青铜工艺的成熟时期,在经历了公元前9世纪—前8世纪的衰退时期以后,处于春秋中期以后到战国时期的青铜工艺,再度革新了自身的创作意象,迎来了一个转型升等的新境界。

夏代开始出现的青铜炊食器,目前所见,有鼎,还有酒器中的爵和斝。

商代早期的青铜器有郑州二里头文化时期的杜岭方鼎,酒器中的爵和斝,素面无纹饰,还有兵器、乐器、工具和装饰品,已具有鲜明的时代风格。郑州商城遗址出土兽面纹鼎的张寨南街等三处重要祭祀遗迹窖藏坑,都发现用鼎,数量均为偶数,形制上两两相对。

商代中后期是青铜工艺极富创意并取得重大进展的时期,器物造型和艺术风格为以后西周时代的青铜工艺所继承,青铜器的造型系列和时代风格都形成在这一时期,作为礼器的青铜器,出现了被认为具有沟通人间和神灵世界作用的灵符性质的纹饰。商代中后期出现了大量用作礼器和供贵族享用的炊食器、酒器、乐器。主要作品有湖北黄陂盘龙城、江西新干大洋洲出土的商代中期青铜器群;商代后期的青铜器群,有安阳殷墟商王大墓和妇好墓,山东益都苏埠屯大墓的出土物,以及湖南、陕西等地的窖藏青铜器。

商代中后期和西周早期炊食器有鼎、鬲、甗,盛食器有簋、盨、簠、敦、豆。商代青铜器中列入礼器的,主要有炊食器和酒器。炊食器的造型系列包括三足器鼎、鬲、甗,还有盛食器中的盨、簋。鼎是使用最多的实足炊具,分四足的方鼎和三足的圆鼎;鬲有三条袋形足,多为北方使用的炊具;甗是鬲上置甑,用来蒸煮食物。盛食器中的簋,是具有双耳、圆腹、侈口、圈足,盛放黍、稷、稻、粱的大碗。盨是有盖的盛食器。从出土遗址可以知道,这时的鼎不但用于祭祀,在墓葬中也常用作陪葬的礼器了。

商代礼器和饮食器中数量占多数的是酒器,主要有饮酒器的爵、觚、觯、角;温酒器的斝;饮酒器和温酒器多是三足器,便于加热升温。盛酒器有尊、瓿、壶、罍、卣、盉、鸟兽尊、方彝、兕觥;挹酒器有勺。

盛水器,有供盥洗的盘、匜,盛水的盨、鉴、盂、缶(也用于盛酒)。

青铜乐器有铃、鼓,湖南宁乡老粮仓曾出土象纹大铙、湖北崇阳出土过仿鼍皮木腔鼓的铜鼓。还有数量很大的兵器、农具、工具、车马器。

鼎是商代青铜器中的重器,主要流行式样是方鼎和圆腹柱形鼎。方鼎造型尤其庄重而和谐,郑州所出商代中期的杜岭鼎等4件方鼎,高度在1米左右,还有山西平陆出土方鼎,都是形体宽大、唇薄、锥足。商代后期的鼎,体形趋于横宽,具有厚重、柱足的特点,代表作有司母戊鼎、司母辛鼎、牛方鼎、鹿方鼎。司母戊鼎是殷王文丁为他的母亲、武乙的配偶戊献祭的方鼎,1939年在安阳武官村出土,通耳高133厘米、横长110厘米、宽76厘米的大鼎,重875千克,鼎腹四周以饕餮纹和夔龙纹装饰,鼎耳各饰虎噬人头图像,显得庄严、神奇,是体量最大、最能体现商代青铜器时代特征的重器。酒器中的四羊方尊、龙虎尊、妇好鸮尊、妇好方尊、妇好方彝、兕觥,都是设计巧妙、精工铸作的青铜礼器。1976年发掘的妇好墓是安阳商代大墓中唯一未被破坏的大型墓葬,出土青铜器468件,具有断代标准器价值。出土的夔足方鼎以及鸮尊,造型精巧,妇好方尊、妇好方彝都是重要酒器。许多尊、彝、壶、盉的体型取法于通灵的鸟兽形象。西周时代祭器中有六尊六彝,六彝都是鸟、虎等鸟兽图形,代表了与人类生活密切相关的自然界的生命现象。

周代是青铜工艺继续发扬光大,并在春秋中后期和战国时期趋向繁富的另一个高峰时期。

西周早期青铜器的风格大致承袭殷代,同时也体现了早先生活在陕西周原(扶风、岐山)以及首都丰京、镐京和雒邑地区周人的艺术特色,周原出土青铜器数量很多,大多属于窖藏,是贵族后裔的遗物。河北燕国、山西曲沃晋侯墓也曾出土成批精美铜器。

自西周中期开始,青铜器的性质和艺术表现手法有了重大的变化,商代艺术中代表鬼神的森严、神秘、狞厉的气氛逐渐淡化直至消失,增强了在周代礼乐制度下更加符合现实生活的理性化的创作手法,装饰纹饰由商代的饕餮纹、夔龙纹、凤鸟纹,以及写实的动物纹(象纹、虎纹、兔纹、鹿纹),演变成更加舒展的窃曲纹、水波纹、蛟龙纹、蟠虺纹、平行沟纹(瓦纹)。

周代青铜礼器的用法逐步定格化。炊食器的鼎和簋,在礼祭时,周代规定了天子和诸侯的不同用器数,鼎用奇数,簋用偶数,最高有九鼎八簋,天子九鼎,诸侯七、卿大夫五、元士三;簋、簠、盨都用偶数。酒器有六尊、六彝。由于周人尊崇"尊礼尚施,事鬼敬神而远之,近人而忠焉"的统治思想,用于祭礼的青铜器数量因此大为减少,数量更多的是为贵族享用的日用器皿。西周时代的大鼎流行圜腹柱足的圆鼎,西周初期名器有大盂鼎、淳化大鼎,后期有大克鼎、毛公鼎。饮食器有利簋,酒器有何尊、令彝、折觥。利簋,在武王讨纣的第八天开始冶铸,通高28厘米,鼓腹、双耳有珥,圈足下有方座的"禁",1976年在陕西临潼出土,是已发现的西周最早的铜器。另一件同样早的朕簋,又称天亡簋,共有四个下有垂珥的耳,有长篇铭文记述讨纣灭商的经过。西周中期以后,簋的造型又衍化出盨和簠。

在器物造型组合上,从西周中期至春秋早期,酒器的地位因周人禁酒而大为下降,原有的各种器皿逐渐消失,只保有壶、盉等器,大量使用的是日用酒尊、缶和椭杯。炊食器中的方鼎到春秋早期已很少使用,鬲和簋的数量增多,流行器新增簠、盨、豆。

盛水器有壶、罍、盘、匜和鉴。乐器中大量使用的有钟、镈,成为普遍使用的日用器皿。

西周中后期的名器有颂壶、史墙盘、虢季子白盘、盠驹尊,这类器物中有些具有长篇铭文,如史墙盘、虢季子盘,为后世所重。

春秋中期以后,器物变化不大,但不再用盨。新出现的炊食器敦,有替代簋的趋势;并且有了有盖的平底锅铜舟、外形如豆(有盖)而足部列有成排散热孔可以烧炭火的铜铺,为后世暖锅的滥觞。盛水器中,有了盛冰水的鉴。

进入春秋时期以后,西周时代礼乐征伐自天子出的局面,已被强大的诸侯国所替代,甚至进而出现了陪臣执国命。象征国家政权的鼎,在礼制上,原先天子九鼎的规制已被僭越,在诸侯墓中也可以见到九鼎,新郑郑国祭祀遗址15号坑出土物中可以见到排成整齐的二列八鼎八簋之外,还有单独成排的一鼎,计共用了九鼎八簋,就是一例。河南虢季墓出土的七鼎六簋,也已越出旧制。威仪不下于周鼎的秦公鼎、精巧胜过周鼎的晋国新绛出土的镂空蟠虺纹鼎、齐国临淄出土的国子鼎、楚国淅川下寺出土的王子午升鼎组合,足以代表西、北、东、南四大诸侯国在冶铸国鼎的技艺和规制上,都已脱颖而出,呈现一片新气象。

在乐器中,出现数量巨大的成套的编钟。周代中期以后,编钟逐渐流行,由三枚一套,扩大到几十枚。1978年在战国初期湖北曾侯乙墓出土的编钟共64枚,包括大小甬钟46枚,纽钟19枚,并有楚王镈1枚,总共65枚,分三层悬挂在矩尺形的笋虡(钟架)上,总重2 500千克。可以令人推想公元前5世纪中叶在长江中游用编钟演奏多声部乐曲的情景,编钟与编磬等乐器一起可以组成庞大的乐队。用青铜制作的乐器在八音中已有铙、钲、铎、钟、镈、句鑃等音质良好、音域宽广的乐器，标志着长江中游的音乐舞蹈有了新的进展。新的"钟鸣鼎食"的盛况已经越过中原，远播于长江中游地区了。

三代的服饰经过进一步规范，与前相比有明显的变化。最大的变化是，头上开始有冠，早先头上只有包头布，称"头衣"，算是帽子。后来有了衣裳、冠帽，形成冠裳衣服。周代的冠共有冕、弁、冠三种。冠是一般贵族男子所用，男子20岁行冠礼，在发髻上加一个罩，然后用笄左右横穿加以固定。冕是帝王、诸侯、卿、大夫以上所戴的礼帽，冕的上面是一块前低后高长方形的底板，叫延，延的前后挂着成串的圆玉，叫旒，天子有十二旒，以下递减，到最低的玄冕只有二旒。戴冕冠的，再按等级，穿上冕服，配以玄色的上衣和绛色的下裳，绘以图像并刺绣。周代以后，冕冠冕服作为礼服一直传到清代，与古代不同的是，宋代以后只有帝王才可戴冕，所以"冕旒"成了帝王的代称。弁是贵族用的礼帽，分爵弁（文冠）、皮弁（武冠）。爵弁，红中带黑，似雀头，又称雀弁，顶上有延；皮弁，用白鹿皮缝制，缝线有五彩玉石闪闪发光。古代不戴冠的有小孩、女子、平民、罪犯、异族人，罪犯还要剃去头发，远离中原的边区异族是披发或断发，古时被称作"披发左衽"。

古人穿衣，上身叫衣，下身叫裳（裙子）。夏商周三代华夏族服装是上衣下裳，束发右衽。春秋战国以来，流行上下衣裳连成一体的深衣，下垂到足踝，上古用麻作衣料，深衣的领、袖、襟、裾都有彩色镶边。这种深衣是士以上有身份的人的常服，也是庶民朝祭时用的礼服。御寒的衣服有裘、袍：裘是皮衣，贵族行礼或接待宾客时要在裘衣外加一件袖口较短、颜色与裘衣相配的罩衫，叫裼衣；袍是长衣服的通称，通常由旧丝绵制作，是战士的服装。

战国时代引进北方骑马民族的胡服，使中原地区的服装有了很大的变化。居住在黄河流域的华夏民族向来将活跃在中国北部的草原游牧民族视作戎狄，他们生活在马背之上，多穿紧口窄袖的短衣、长裤和革靴，叫做"胡服"，便于快速行动。赵武灵王（公元前325—前299年）决心采用草原民族的短衣长裤，在边地专设"骑邑"，发展养马业，用"胡服骑射"代替早先的战车，有效地阻挡了胡人的攻击，后来六国起而效尤，骑兵逐渐成了战时的主力部队。早先的胡服就此融入华服，成了华服的一种表现形式。

与服饰文化相配合的还有佩玉制度。商代广泛吸收了沿海地区已有悠久历史的玉文化，对真玉和假玉（采石）的分辨，从所立名称之多而细，可以得知相当精细。加上和田玉成批运往中原，玉作技艺进一步提高，到西周，礼玉制度已很完备。西周时代，大量使用和阗玉护身、养体，更以玉显示身份和财富，礼玉的制度十分完备。《礼记·玉藻》强调君子"玉不去身"，是指有身份的人佩玉从不离身，并以玉比德,可以分成九德、七德,到公元 1 世纪许慎编《说文解字》定为五德,实际是要据周代以来对公卿佩玉所分的等级而定。就现代矿物学和宝石学的视角而论,玉德的基本要素,取决于质地的致密润泽,软玉质地由它的显微结构,亦即透闪石、阳起石维晶束组成纤维的粗细程度决定,纤维愈细,质地愈佳。

据《周礼》的记载,周代主要的礼仪用玉,有六瑞和六器。《周礼》记六瑞,是不同等级的贵族朝贺时使用的玉器,王、公、侯、伯分执不同纹饰和尺寸的镇圭、桓圭、信圭和躬圭,子、男分执不同纹饰的谷璧、蒲璧。六器是璧、琮、圭、璋、琥、璜。按照用于祭典的功能来分,苍璧礼天,黄琮礼地,青圭礼东方,赤璋礼南方,白琥礼西方,玄璜礼北方。参预礼典的人,因身份不同,用玉用石数量也大不相同,唯有贵为天子,才可以佩全玉,其他等级的贵族,都是玉石相杂:上公用珑,是四玉一石;侯用瓒,是三玉二石;伯用埒,是玉石各半。石就是假玉。这是由于玉少而价昂,而且君子以玉比德,贵为天子才算是有全德的人。但这种礼玉制度到春秋战国时代,随着礼制的崩坏和从周边地区运进内地玉石品类的增多,玉的身价也有了变化,能佩玉的人的数量也有了增长,玉器的运用也有了变化。东周时期,根据考古发现的资料判断,主要的礼玉是璧、圭和璋,玉琮数量很少,形制多不规整,已不算是主要的礼玉。玉璜和玉琥主要用于佩玉,也有用玉璜作祭玉的。玉环、玉瑗、玉玦、玉龙等,有时也作为事神的礼玉。用作仪仗的大型礼玉,如玉戈、玉钺、玉戚、玉斧、玉矛也随之增多了。作为贵族随身佩戴的玉器,在环、玦、笄、钏、珠、坠饰以外,还有各种人和动物的小型圆雕和浮雕,见于殷墟妇好墓中的玉雕动物,就有龙、虎、熊、象、马、牛、羊、狗、猴、兔、凤、鸽、燕、鹦鹉、鹰、鹤、鸬鹚、鹅以及鱼、蛙、蝉等多种,形态极为生动,玉质亦晶莹剔透。周代的玉饰动物挂件中更多出鹿、蚂蚱、蚕等动物,并常与玛瑙、琉璃珠、鸡血石等配成各种美丽的串饰。

自秦始皇用玉玺表示皇权,以后历代帝王都用玉玺,直到清朝覆灭。由悠久的玉文化传统凝结而成的玉玺,在 2 000 年间成了中华民族兴旺发达、国家统一的象征。玉文化迄今仍是东亚文明中别具一格的历史文化遗产。

第三章
东亚文明中心的三合一范式

一、 走进铁器时代的成周东亚文明中心

　　成周的营建虽然可以从周王朝建立的初期算起,但要到西周王朝被犬戎和申侯的联军灭亡,周平王姬宜臼(公元前770—前750年)借助晋、郑等东部诸侯的力量,在公元前770年正式迁都洛阳,进入东周时代,洛阳才真正成为全国的中心城市。这里曾是夏文化的核心地区,所以西周时代,在《尚书·康诰》中,华夏文明便自称"区夏"了,"区夏"就是"夏文化区"的意思,也可称"有夏""时夏"(是夏),是东亚文明诞生,并向邻近地区不断拓展的文明中心区。

　　春秋时期以前,华夏族居住的地方,通常以禹迹、禹域相称,也可以称作四海、九州、九有、九域。《礼记·王制》按照《禹贡》的说法,将四海的范围限于周围三千里的境域中,"方三千里"。折合现在度制的计算,约略比200万平方千米稍多一些。"华夏"是与周边相处的"夷狄"相对而言的文明中心,"华"古音"敷","夏"古音"虎",两音相近,代表的却是长江和黄河两大东亚地区的古老文明。而从周王朝建立以来,就开始同时使用"夏"和"中国"这两个称号,"夏"是承袭传统的称呼,《尚书·康诰》对华夏文明自称"区夏",意思是"夏区"(夏族居住区),"区夏"也可以称作"有夏""时夏"(是夏),是东亚文明诞生、并向邻近地区不断拓展的文明中心区。在公元前1000年时,这一文明中心所特有的以农业为主体,并具备发达的手工业和家畜饲养业的经济特性,已经和周边的游牧民所操持的畜牧经济或以渔猎为生的采集经济,有了明确的差异。在夏族居住区的西边和北边,散布着逐水草而居的游牧民,在它的东边和南边生活着以渔猎为主的渔民和猎手,他们都被夏族视作夷狄。因此从西周时代开始,夏族开始自称"中国",《尚书·周书·梓材》中就出现了"中国民"这样的专门名词。从此,"中国"和"夏"一同指称中原王朝,诸侯国则称"诸夏"。随着移民和农业经济由黄河中下游向周边地区的扩散,区夏和夷狄的居住地区也在不断的变化。"诸夏"的区域不但扩大到黄河的上游,而且也拓展到了长江的中下游地区。"诸夏"在春秋中期(公

元前 7 世纪) 已经包有南方的楚国, 到公元前 6 世纪由于长江下游吴越文化的崛起, 东亚文明中心出现了夏、楚、越三大文化区,《荀子·儒效》因此有了 "居楚则楚, 居越则越, 居夏则夏, 是非天性也, 积靡使然也" 的见解。荀子指出文化是可以相互渗透、相互融通的, 在不同族群中长期积累起来的特定的生活方式, 受到生态环境的制约, 所以形成了各不相同的地域文化, 而文明总是处在不断的进化之中。稍后,《淮南子·齐俗训》对东亚文明中心的民俗也作过综述, 说是 "三苗髽首, 羌人括领, 中国冠笄, 越人劗鬋, 其于服一也"。《淮南子》以为夏文化区的服饰是冠笄 (笄指椎髻——引者), 以三苗族群为主体民族的楚文化区的服饰是髽首 (头顶梳左右双髻), 越文化区的人下垂鬊发, 西部的羌人穿紧扣领头的衣衫, 半农半牧; 北方的游牧民族属于戎、狄、山胡, 没有算在里面。到 6 世纪时, 楚文化区中原来分布在荆、湘、雍、郢、司等五州 (今河南南部、湖北、湖南、陕西东南部地区内) 的蛮族也已改变发式,《南齐书》卷五八记蛮族的风俗: "蛮俗衣布徒跣, 或椎髻或剪发"。表明楚文化已和以往的夏文化融合到了一起。

东周时代的中原王朝, 在那些善于骑射持有锋利的铁兵器的西部入侵者的威胁下, 进入了王权衰败、无法号令天下的境地, 只得仰赖几个称霸的大国继续维持着宗亲和君臣关系, 艰难地在京畿附近地方勉强生存下去, 已经处于一场决定命运的大变革的前夕, 先后经历了春秋 (公元前 770—前 476 年)、战国 (公元前 475—前 221 年) 两个大国兼并、大夫专权和华夷斗争的时期, 没有等到战国时代结束, 在公元前 256 年就被秦国灭亡了。春秋时期是几个大国打着 "尊王攘夷" 的旗号, 先年进行兼并战争、抵制周边民族入侵, 而内部则不断出现大夫专权、内讧时起的时期。战国时期是在兼并战争中仅存的七个大国纷起在政治上进行变法运动, 继续对骚扰边境的异民族不断反击和进行融化的时期。尤其值得注意的是, 在春秋时期和战国早期, 代表中原文明的东周王朝统治下黄河流域的各诸侯国在声势浩大的民族文化整合运动中, 对于夏文化和周边四夷文化的关系, 在观念上产生了重大的变化, 最终认可了居住在长江流域的族群创造的文明也是华夏文明的组成部分, 明确华夏文明在黄河流域的夏文化之外, 还包括南方的楚文化和越文化。三大区域文化在地域分布上, 各自代表着三个既有区别又有共同的文明因子的文化区域, 标志着华夏文明在春秋、战国时期伸展到了长江的中下游, 甚至也渗入了长江上游地区。

在东亚文明赖以生存的地区, 随着农业生产和城市生活在社会经济中的增长, 尽管不同的族群会因共同的文化因子而团聚在一起, 但仍会顽强地表现出具有不同地域特征的区域文明, 因而到公元前 5 世纪, 在东亚地区以黄河和长江为主的江河文明, 逐渐扩大到接近 300 万平方千米, 出现了夏、楚、越三大最富地域色彩的文化族群并峙的局面;这时"诸夏"的地域不但包括长江中下游的楚和越,甚至伸展到了长江上游和五岭以南的百越民族居住区。从经济的视野考察,这是标志着原本与中原地区相比,由于自然资源、人口和生活方式的不同,农业经济与手工业显得相对滞后的长江流域和粤江流域,同样跟了上来,取得了不亚于黄河流域的成功;从政治的角度考量,原本比黄河流域相对滞后的长江流域,在中游和下游先后组建了强大的楚国和句吴(又作"勾吴",习称"吴越")两个大国,起而与周王朝统治下的中原地区各诸侯国抗争,因而声名鹊起,最终赢得了占有中原地区的周王朝的认可。从而在战国时代中期,完成了华夏文化亦即中原文化最终成为长江流域的主体文明的历史性进展。《通典·四裔》称道中国周边的族群逐渐采用中原地区的礼制和习俗,说他们"率皆土著,喜饮酒歌舞,或冠弁衣锦,器用俎豆;所谓中国失礼,求之四夷者也"。就这样,中国的南方和北方,首先通过文化模式的融合,在战国时代,赶在政治体制的统一之前,先行一步,在文化体制上,第一次迎来了南北统一的格局。

春秋、战国时期是在贵族采邑制度仍占主导地位的土地占有制度下,开始向中央政府直接管理地方行政的郡县制度过渡的时期。春秋以前,虽有九州的区划,但"九州"的区分只是自然地理区划,当时地方上的行政区域,并非以土地来划分,而是以部族来划分,甲骨文中有邦、方、侯,均指部族。周代以土地分封诸侯,诸侯又用采邑分封卿、大夫以及士,分封者得到的是土地,成为田地的领有者,因此对周天子来说,只有形成等级的领主,并不存在各级行政区域。曾经构成西周时代农业经济基础的"井田制",在春秋时期已经陷入崩溃状态,商品经济获得前所未有的发展,先前构成国家政权统治基础的"分封制",逐步被新兴的"爵秩制"和郡县制所替代,最终成为以后历代政权所乐意推行的行政制度。公元前256年,在战国时代实际已下降为一个小小的诸侯国的东周王朝,被秦国所吞并,宣告了土地按级分封制度在事实上已经结束,唯有积极推行行政长官可以随时调动的郡县制度,才是各诸侯国改革的正道。

促成"井田制"崩溃的一个富有活力的因子是冶金业在青铜工具之外,找到了冶炼熟铁的工艺。中国境内最早使用铁器的是现在新疆地区。哈密焉不拉克时代处于公元前12世纪—前10世纪的墓地在1986年出土过7件铁器,其中有刀、剑各1件,戒指1件,残器4件。出土铁刀的墓葬经碳14测定,距今3 065±55年,树轮校正距今3 240±135年。乌鲁木齐南山太区、和静县察吾乎口也有公元前10世纪西周早期的铁器出土。它的工艺技术有可能是由西亚的冶铁中心一路传来。西亚的赫梯人是最早将制造铁器形成规模化的民族,但是到公元前1 200年帝国衰败后,炼铁工艺便在地中海东部得到推广,在公元前10世纪铁器的价格已便宜到可以打造农具了,采用新的工艺,用展性铸铁淬火的技术到公元前9世纪已被发明出来,于是亚述人和埃及人用这种冷却技术将高温的铸件脱碳,再反复锻打,增加它的韧性,好制造工具。

制造铁器,在青铜器制作工艺达到极高水平的中国,并非难事,只需将铁矿石投入不足1米的竖炉,在不到900℃的低温下,就能取得含有大量氧化亚铁-硅酸盐杂件的疏松的块状铁,经反复锻打后,得到的是熟铁。新疆和静县出土的铁锥、江苏六合程桥的铁条、甘肃灵台的铁剑,都是这样的产品。用熟铁在锻炉中加热渗碳,就可取得"块铁渗碳钢",战国时期燕下都44号墓中出土的钢剑、钢矛就是这类产品。但这类产品不能连续生产,生产率低,机械性能差,所以到公元前2世纪初就不时兴了。中国由于冶铜业发达,在公元前8世纪已拥有高于1.5米的炼铜竖炉,有了足够大的冶炼空间,在高温下可以保持强劲的还原性气氛,并且使用了多橐送风,有了这些高温还原冶炼匠的经验,所以中国在掌握熟铁生产工艺以后,在公元前6世纪很快就炼出了生铁,接着又发明了百炼钢。对比欧洲,虽然早在公元前1000年已知道炼熟铁,但要迟至14世纪才炼出生铁。中国在高温炼钢的工艺方面取得的进步之快,在世界上确是绝无仅有的。罗马帝国使铁的应用跨出了一大步,但在很长一段时间中他们还只知道锻铁,却不会铸铁;他们知道一些钢的性能,但不能掌控这类材料中碳的比例,所以锻打时使用的铁锤、铁钳和铁砧都不够合用。到公元2世纪,靠了从中国输入制造"镔铁"(低碳钢)的工艺,罗马的工匠才造出了精工煅制的"焊纹剑",学会了使金属表面硬化和具有延展性的工艺。这种工艺需经多道程序才能合成,先要将经过初炼的铁块用低碳的木炭锻炼,使铸件表面形成一层很薄的碳合金,然后反复锻打,将部件进行焊接,使造出的钢剑遍体既达到一定的硬度并且具有弹性;制出的焊纹剑,经过蚀刻,具有水波纹样,美观又别致。

在春秋时期,铁农具和手工工具已在陕西、河南、湖北、湖南、山东、江苏等沿着黄河和长江的各地出土。湖南长沙杨家山出土的钢剑、铁削是锻件;铸件有杨家山出土的鼎形器,农具中最早的铸件是在湖南长沙识字岭314号墓中发现的小铁臿,可以早到公元前7世纪,还有在河南洛阳水泥制品厂发现的铁䦆和空首铁镈,则是公元前6世纪的铁农具,以上3件都是展性铸铁铸造的农具,在当时多数还使用青铜和骨、蚌和石质农具的时代算是十分令人瞩目的了。到公元前4世纪,铁耕已是从事农业生产的中原各地必须具有的常备工具了(《孟子·滕文公上》)。黄河流域和长江流域的诸侯国在进步浪潮的推动下,不得不采用先进的工具,才能取得事半功倍的生产效率。河南辉县固围村出土的铁农具有犁铧、镬、铲、锄、镰,这些农具同样在河北易县燕下都也有出土,还多了一种五齿耙,足以用于垦地、开沟、整土、除草和收割等农事了。农业生产的大变革促成了田地成了一种新的商品,超越了原先的阡陌、沟洫,使诸侯国的领地也跟着日新月异。

春秋战国时期诸侯国竞相拓土开疆,打破了原先由周天子独揽的封国制度,出现了直属各诸侯国的行政单元县和郡。走在前头的是楚国。从公元前 700 年楚国最先在北边设县开始,先后经过 5 个世纪,与封国并行的郡县制度才得到全面推行。县和郡,早先都是在各国的边区设立,县的等级起先在郡之上,到公元前 5 世纪初,在个别地区出现了郡辖县的现象,公元前 3 世纪以后才逐渐推广成郡、县两级的行政制度。

继楚设县之后,与楚相邻的秦国也立即在边地设了县。楚、秦两国的县,都是吞并周边的邻国后设立,这些地方原本没有采邑,地方又大,设县后,直属国君统治,加强了边防。稍后,晋、齐、吴等国也在春秋时期设立了县。但这三国设立的县,是由国君封赐给卿、大夫作采邑用的,将采邑改名叫县,好在这样的采邑都属边荒战乱之地,已非早先土肥地壮的井田可比。就管理体制而论,楚、秦的县,性质相同,属于同一类型;而晋、齐、吴三国的县则属于另一类型。郡的设置比县要略为晚些,但至少在公元前 650 年秦穆公时期便有记载了。到春秋末年,晋国和吴国也都有了郡的行政建置。郡的面积要比县大,但是郡和县并无统属并系,只是不同的建置单元。县的辖区,各国大小不一,以楚国和秦国的县最大,尤其是楚国的县,可以大到等于一个次等的国,春秋中叶,楚庄王(公元前 613—前 591 年)灭陈国,一度设县治理,可以见出在几个大国交界处设置县的重要性。齐国的县,面积最小,保持着《周礼》中县的规制,面积不足 1 平方千米。叔夷钟的铭文记下了一处采邑可有县 300。晋国的县,有一县可当几个采邑的。吴国的县,有一县当一邑的。春秋晚期,晋国和吴国也有郡的建置,大致相当于邑,等级在县之下。郡的面积虽然要大于县,但多属边区没有开发的荒地,所以等级比县要低。春秋末期,县多设在内地,土地要比边郡的优良,而郡则多属边远地区,所以主持县和郡的官员的爵位,也有高低之别。

春秋后期,土地成为商品交换的对象,买卖、转让十分普遍,铁器的使用进一步加快了商品经济的发展,迅速递增的人口因此突破了千万大关。在各国主政的卿、大夫,在他们的领地内纷纷设官分职,选取没有世禄可享的人任职,形成庞大的官僚体制,进入了再也没有土地可以用来封赐的境地,这就从根本上动摇了传统的世卿世禄、世禄世官的爵秩制度,只得改用谷禄制度去替代以往的赐田、赐邑的封赐。到了战国时期,大夫以下,普遍无田可授,世禄制度因此失去了生存的根基。推行设县置郡的新的政治体制,对于行政制度和俸禄制度的改革极为有利,而且成了支持地方分权,还是强化中央集权、对付边患的关键所在,所以战国时期,郡县制度得到了大力推行。魏国设置了上郡,防御戎、狄和秦;赵国设置云中、雁、代三郡,燕国成立了上谷、渔阳、右北平、辽西、辽东五郡,防东胡、林胡、楼烦、山戎、匈奴;秦建陇西、北地二郡,防西戎。战国中期,北边和西边的各国为及时对付游牧民族的侵扰,纷纷修筑长城,在长城以外的地方设置亭(瞭望台)、障(军事堡垒),加强预警。七国之中,唯有与游牧民族不相接境的齐国没有推行郡县制度,只是将全国分成五都,与郡一级的机构相当。

推动郡县制度最有力的是秦国和楚国。公元前350年,秦孝公迁都咸阳,境内设立四十一县,由国君派员治理,首先在各国中建立了国君-县令的二级行政机构,每个县的面积平均达到6 000平方千米以上,长官由国君委派,定期考核,随时可以调动。到战国晚期,史籍中提到的县名已不止500个,总人口估计在2 000万以上。原本不相统属的郡和县,由于边郡的开发和移民,所辖土地原本比县要大的郡,逐渐出现了郡辖县的建置,为以后全国统一后的行政系统打下了基础。郡县制的出现,促使官职逐步与爵秩并不直接挂靠,而且由于官职和爵禄均不世袭,致使爵秩制度必须与人才的选拔挂靠,而不必拘泥于门第观念。公元前4世纪,各国对爵秩制进行改革的结果,凸显出秦国在推行新政方面最为果断。秦国将新的爵秩从最低的公士到最高的列侯,分为二十个等级,提倡以军功进爵。楚国则将爵位分成七个等级,与秦国的改革处于同一类型。三晋、燕、齐只认可卿和大夫两个等级,属于另一类型。与西周以宗法为基准的爵秩制度不同,新的等级制度是对建立新政权的有功之士给以爵秩的一种确认,是政府对新招募的雇员的身份进行承诺的表示,从此这些接受爵秩的对象,无需受身世的限制,这使新一轮官僚政权最终与宗法血缘关系脱离,成为社会基础比之以前更加广大的政治机构。这一改革对以后历史的进程所起的推动作用,现在看来是最清楚不过的了。

二、 东亚文明中心之一的夏文化区

周平王姬宜臼(公元前770—前750年)依靠晋、郑等诸侯的力量迁都洛阳以后,西周开创的古典文明在新形势下,经历了领主分封制度下的奴隶经济在春秋战国时期迅速崩溃、铁制农具、兵器和炊食器的广泛应用,商品交换在新的租税政策指导下获得前所未有的发展,城市经济随着交通运输的拓展进一步起到了活跃经济的杠杆作用,进入了一个比西周更加漫长的东周王朝。在春秋时期已经日趋衰败的陈旧的等级制度和社会生活,在社会经济急剧变化、政治与军事斗争层出不穷、科学与文化取得新的转机之际,到了战国时期,通过各大诸侯国的兼并战争和不断进行的改革,迅速地建立起通向强化中央集权、引领社会进入铁器时代的新的社会秩序。

东周王朝是夏文化区处于新旧制度嬗变、社会由领主分封制代表的奴隶社会进入封建社会、生产方式由青铜时代跨进铁器时代的大转变时期的产物,没有等到新的大一统王朝的诞生,它就没有存在的必要了。这是一个东亚文明中心处于急剧变化,并且继续扩大它文明振波的大变革的时期,华夏文明再一次在这个历史的拐点显示了强大的生命力。在春秋时期和战国早期,代表中原文化的东周王朝统治下黄河流域的各诸侯国,在巨大的民族文化的整合运动中,最终认可了长江流域的文明也是华夏文明的组成部分,将南方的楚文化和越文化,也圈入了华夏文明之中。

(一) 春秋战国时期的礼俗

夏商周三代的饮食文化,与以前相比,在结构和内涵上,都产生了巨大的变化。特别是在礼制已经十分完备的西周时代,饮食文化和祭祀仪式、宴饮之礼密切结合,食物加工、烹饪技术,饮食器具的性能,以及进餐的方式都有了重大的改进,致使人们的生活习俗和社会风尚发生了根本性的变化。

《礼记·礼运》说:"夫礼之初,始诸饮食。"是说礼仪制度和风俗习惯始于饮食活动。《礼记·昏义》又说:"夫礼,始于冠,本于昏,重于丧祭,尊于朝聘,和于射乡,此礼之大体也。"指出饮食之礼和男女之礼是文明社会最根本的礼仪。周代的饮食文化也自有它的方方面面,最朴素的是大羹、玄酒。据《周礼·天官·亨人》,大羹用于祭祀和接待宾客,是不加调味料的肉汁,就餐时要放在火炉上温热,属于原质的肉汤。玄酒,是一种祭品,"凡尊必尚玄酒"(《礼记·玉藻》)。目的在于教民不忘本,玄酒实际是清水酒,代表无酒时代用水作饮料,要求时下以饮酒作乐为时尚的人们保持清醒的头脑,追忆远古时代朴实无华的生活。周武王有鉴于殷亡的历史教训,曾告诫康叔,殷王自成汤至帝乙,上下"罔敢湎于酒",所以昌盛,至纣王荒湎于酒,"故天降丧于殷"(《尚书·酒诰》)。提醒人们,"我不可不监[鉴]于有夏,亦不可不监[鉴]于有殷"(《尚书·召诰》)。因为社会上早就流传夏桀、殷纣都因沉湎酒色而亡国。

最早的酒可能是果子酒,后来才出现谷物酒,山东龙山文化中精美的黑陶器,多半属于酒器,说酒的出现有 5 000 年的历史大致可以相信。谷物酒的酿造比果子酒要复杂,酿造成功,一定经历了很长的时间,但也可以是由于丢弃的饭食,"郁积成味,久蓄氛芳"(晋人江统《酒诰》),以致糖化而成醇醪,形成了酒。《世本》以为"仪狄始作酒醪,变五味。少康作秫酒"。《战国策·魏策一》叙述仪狄用酒曲酿成了一种美酒,进献给禹,这种美味的旨酒,很能吸引人,禹一饮而尽,深感"后世必有以酒亡其国者",于是从此与仪狄极少往来,杜绝旨酒。后来的人都相信是杜康改进了酿酒工艺,用秫稷造出了更加甘美的谷物酒,于是饮酒成为人间一件乐事。二里头夏文化的酒器有陶制的爵、盉、壶、角、杯和封口盉,还有一件青铜的爵。商代将酒曲加以推广,使酒可以在作坊中大量生产,贵族因此宴饮成风,河北藁城县台西村商代中晚期遗址中,挖出过重8.5千克的人工酵母和有一定规模的酿酒作坊,证明酿酒业已在各地建立起来。商代贵族墓葬中,常见爵、盉、斝、盉等酒器与棺木一起放在木椁之内,将鼎、鬲、甗、豆等饮食器置之椁外,重视的是酒器。宴饮相连,渐成风气,"无酒不成席"大概是从那时形成的。贵族的地位和等级可以从随葬青铜酒器的多寡见出,较大的商墓往往有10件左右的青铜酒器,殷墟大墓甚至出土有100多件酒器的,这是平民墓穴中完全没有的。商纣王晚期好酒淫乐,营建的酒池,规模不在夏桀之下,在酒池中,"使男女倮相逐其间,为长夜之饮。"终至将一个具有壮丽的古典文明的帝国断送在他的手中。商代早期青铜器含铜量高达90%—98%,中期以后铅锡含量增大,含铅量通常在6%左右,晚期铸器,往往以铅代锡,含铅量因此大为增长。用含铅的容器盛酒加热,会大量增加人体所能承受的铅含量,造成铅中毒。商纣王最后大约患上了谵妄症,神志恍惚,胡言乱语,竟将他叔叔比干的心剖开,审视是否有七个进出口!结果是"天降丧于殷。"纣王的统治已为天理所不容。周公有鉴于此,下了禁酒令,规定周人不得群饮、崇饮(纵酒),违者处死,于是酒器的用途大减,西周大型墓葬中,有的甚至没有酒器随葬。后来事过境迁,禁令松弛,饮酒的人逐渐多了起来,当时酒精的含量不高,改用釉陶和陶质饮器以后,出现了不少能饮的豪侠、高士和酒徒。酒文化因此也成为中国文化的一绝。

三代饮食,尤其是西周时期,就中原地区和黄河流域而言,主要有饭食、粥食、菜肴和羹食几种。饭食是以黍、粟、粱、麦、豆、秫为主,也有稻米;粱有白粱、黄粱之分,常作为贵族会宴后的加餐,属于嘉肴,又可酿成"粱醴"的美酒。佐饭的副食主要是羹,用鱼、鸟、肉或菜加水蒸煮,便可成羹。所以直到汉代,烹饪器具始终以釜(鼎、鬲、罐)为主,一则为煮粥饭,一则为羹藿、羹鱼。饮食器通常是陶器,在西部地区多碗、盆、钵、瓮,东部地区多鼎、豆、杯、盂。

商周青铜器上出现的铭文,称作金文,对于研究中国文字的起源提供了丰富的实例,保留了许多第一手的历史资料,十分难能可贵。商代青铜器上所铸铭记,最早是二里岗文化时期的一件鬲,上有一"亘"字,是族氏名号。商代青铜器多数铭记只有两三个字,表示器物的属主,到晚期帝辛、帝乙时期,金文才有了初步的发展,铸有铭记的铜器有所增多,出现了铸有十多个字乃至四十多个字的长篇铭文。达到数十字的不过十来例,最长的铭文不超过 50 个字。西周是金文兴盛的时期,出现了长篇记事记言的铭文。武王时的《天亡簋》,有铭文 78 字,成王时的《令彝》《令尊》都有 187 字,康王时的《大盂鼎》有 291 字,《小盂鼎》字多漫漶,近 400 字。《何尊》《令簋》等周初的青铜器铭文都在百字以上。《大盂鼎》记述了康王对盂册命时的一番训诰,要求臣下不忘殷朝由于内外官员只顾酗酒,以致亡国的历史教训。西周中后期的金文更反映出当时发生的动乱和战争,贵族之间有关土地交易、经济往来和刑事诉讼案件的审理结果,一些长篇铭文类似一篇《尚书》。长达 497 字的《毛公鼎》记录了宣王册封毛公时的训诫之词,是现存金文中最长的一篇。共王时所作有 410 字铭文的曶鼎、有 350 字铭文的散氏盘也是同一时期的重器。春秋时期王室衰微,铸青铜器的都为诸侯国,反映的多为贵族生活,数量最多的是贵族嫁女时用的铜器,涉及各诸侯国之间的邦交,铭文的内容亦由繁趋简;长篇铭文大多是秦、晋等大国所铸,有秦公簋、秦公镈、叔夷钟、晋姜鼎等器。战国时期金文已处于衰退状态,铜器多为漆器和铁器替代,刻有长篇铭文的只有中山国一鼎二壶,文字记叙该国政事。铭记有金文的铜器,达到了 8 000 件以上,字数接近 4 000,1985 年容庚主编的第 4 版《金文编》,共收 3 772 字,可识的字有 2 420 字,不识的多是商末的族氏徽号和战国时期鸟虫书的异体字。文字在西周和春秋时代虽然仍是少数贵族的专利,但已从商代的鬼神世界开始进入人世间,而这一步正是于饮食文化在周代发生巨变的同时启动的。

　　进入东周时代以来,在饮食器具上发生的一大变化,是漆器逐渐替代青铜器成为中上层人士常用的饮食器具。夏商时代,在黄河中下游开始出现漆制的觚、钵和鼓等髹红漆的漆器。西周时代的漆器,在数量、品种和工艺诸方面都有了新的进展。河南浚县、三门峡上村岭、洛阳庞家沟、陕西长安丰镐地区、北京琉璃河燕国墓地都有漆器出土。北京燕国墓地出土的漆器有罍、壶、簋、豆、觚、杯、盘、俎等多种,居多数的是豆。这时的漆器主要用作祭器,尚未进入日常生活。商和西周时代,漆器的主要底色是朱、褐、黑三种,绘彩也多限于这几样。殷墟出土漆器有时使用粉红、杏黄、黑、白四色绘彩。在工艺上出现了木胎雕花、贴金箔、镶嵌绿松石、螺钿、蚌泡的漆器,占多数的是木胎漆器。春秋战国时代,礼崩乐坏,漆器开始作为日用器皿在全国南方和北方各地成批生产,广泛使用。长江中游的楚国在这一场日用器皿的革新中,站到了前列,成了一面旗帜。

　　青铜器的制作在春秋时期由于各国诸侯的强大、旧礼制的逐渐崩溃、工商业主和新贵族对奢侈品需求的成倍增长,必须调整自身的机制。春秋时期成书的《周礼·考工记》,对攻金、攻木、攻皮、设色、刮摩、搏埴六大门类、三十个工种的工艺,进行了理论性的认识和技艺的总结,促使青铜器从商周时代的神器、礼器,逐步转向人数正在迅猛增长中的一大批新贵和豪门，制作出品类更多、技艺超群、体量更大、设计意象更加富丽、造型和纹饰更具装饰效能的产品。青铜器因此比之前代，转向生产更多的铜镜、带钩、车马器、屏风架、兵器、农具、工具和乐器。铸造技艺采用了嵌错、焊接、镂刻、失蜡法等多种新工艺，在春秋时期制成了通高125.7厘米的莲鹤方壶（1923年河南新郑出土），在战国时期造出了错金银云纹有流鼎（1981年河南洛阳小屯出土）这样精美的器物。重要的青铜器群出土地点，有河南洛阳金村周王室和附葬臣僚墓地，河南新郑的郑国墓，汲县山彪镇魏国墓，浚县辛村、辉县琉璃阁卫国墓，三门峡上村岭虢国墓，河北平山县中山国墓等地。

青铜器纹饰在春秋战国时期有了新变化，逐渐趋于精细繁密：第一类是先前的夔龙纹衍化成了屈曲多变的蟠虺纹，和作卷浪式样的浪花纹（或称羽纹），图形多作浅浮雕形式；第二类是由三角形、菱形、圆心的云纹组成的规整严谨的图案，常错彩镶金，以金、银、铜丝嵌错，再镶绿松石，十分豪华；第三类是动物纹，有象纹、鹿纹、蝉纹、兔纹；第四类是春秋中晚期新产生的生活写实画面，有采桑、狩猎、宴乐、攻战、弋射等图像，到战国时期成为流行的装饰图画，工艺上采用减底平刻、镶嵌异色金属材料两种技艺，多施加在壶、鉴、豆等大型器物上，后来被汉代画像石艺术所继承。还有一种用刀、锥的针刻技法，多数用于器壁较薄的盘和匜类器物。错彩镶金工艺使这一时期的青铜器走上了最后的一个高峰，有的器物在器表上刻上了金文，开风气之先的是春秋时期晋国的栾书缶，在颈部刻上了5行40字的金文。至于金银镶嵌的黄金时代，那要等到唐代才出现。

春秋战国时期是以钟镈为代表的"礼乐文化"和日用器大为流行的时代。但青铜器要作为日用器来推广，已经有了漆器和来自日益"瓷化"的釉陶的挑战，因此只能就此退出历史舞台。

饮食文化涉及社会生活的各个领域，上自重大的政治生活、外交活动和宗教祭祀，下至日常生活及各种节庆和活动等多种场合，周王室为此制定了十分繁缛的礼仪。主要的饮食礼仪可以分成燕礼、食礼、乡礼和乡饮酒礼四类，对国君、诸侯、四方使节到同姓、异姓之间的宴会，立出条规，定立制度。周代社会举行冠礼、婚礼、丧礼，均有相关的饮食礼仪，此外，还对君臣侍食、待客便食、岁凶减食、君子饮酒等饮食文化的方方面面作了具体的规范，使之都有相应的礼仪可循。

直到汉代为止，尚无桌椅，每有集会，人们都是席地盘足而坐，逢到会食，采用分食制，每人面前放一件有四条短腿的木案，再摆上饭菜。自远古以来，东亚地区进餐的工具就是匕，使用得最多的是骨匕，进入铜器时代以后，逐渐出现了铜匕，辽河流域夏家店上层文化遗址发现过勺形铜匕，夏商两代仍流行条形骨匕，青铜匕数量少，形制不一。《方言》："匕谓之匙。"现在都称匙，或叫做勺。自西周时代起流行下部呈尖叶形的青铜勺形匕,这种匕的柄部宽大扁平,有时有花饰和铭文。东周时代仍在使用,分大匕、小匕,小匕仅长几厘米,大匕可以长到57厘米,出土时往往放在鼎或鬲中,多发现于中原及其周边地区,是由中原向四周扩散的一种匕。按用途分,周代的匕有饭匕、挑匕、牲匕、疏匕四种:饭匕是小匕,直接用来进食;其他三种都是大匕,是祭礼或宾客时,将肉从鼎、镬中取到俎上时用。中原地区自春秋早期有了柄部宽大的长柄舌形勺,春秋晚期有了窄柄舌形勺,逐渐替代早先的尖叶形勺形匕,到战国时代成为流行品。战国中晚期,大匕逐渐消失,小匕更加显得实用,可以进饭取酱,挟菜则有了挟,这种窄柄舌形勺从此流传下来,成为中国餐匙的主流。战国时代漆器工艺有了很大的发展,许多饮食器改用漆木制作,食匕除用铜制外,又有了漆木制品,形制与铜匕类似,而更加秀美。战国时期随州曾侯乙墓出土过金盏和金匕,东汉时有了银匕,唐代大量打造银餐匙,后来被辽宋金元各代仿造,一直传承至今。

　　箸的使用原来是为了从羹中挟菜,可以用竹木随地制作,而保存不易。《礼记·曲礼上》说:"羹之有菜者用挟,其无菜者不用挟。"挟在《广韵》中写作筴,就是箸。《曲礼》还关照:"饭黍毋以箸。"是说吃粥饭不必用箸,要用匕。恐怕民间已经一箸二用,而有身份的人却不能有这样的习俗。商代铜箸是从殷墟一座墓葬中发现,春秋时代在江南和西南都发现过方形或圆形的箸,上下一般粗细。汉代用箸很普遍,出土物中有铜箸,江南在长沙马王堆一号汉墓发现了一双长17厘米的竹箸。在壁画和画像砖上有用箸进食的图像。汉箸两头粗细不一,湖北云梦出土的竹箸,首径0.3厘米,足径0.2厘米,便于把握。唐代有银箸,长30厘米以上,径0.5厘米,十分粗大。商周以来,黄河流域的进食方式已完全定型,而且还不断地向周边地区扩散,整个东亚地区全都以这样的进食方法为最完善的方式。

　　周代人的饮食,已经进化到五味调和。夏商时代只有咸、酸二味,周人更注意到复合调味品,"执熟食者操酱齐"(《礼记·曲礼》),吃哪样菜用哪种酱,都有了定制。周人的基本调味在咸、酸之外,更有甜、苦、辣、鲜、香、麻、淡等九种,王室用餐更注意用酱,《周礼·天官》记周天子祭祀或宾客,用羞一百二十品,用酱一百二十瓮,其中有醯物六十瓮,醢物六十瓮,都是用动植物食料加调味品炮制的复合调料。周人的饮食通常有饭食、粥食、菜肴和羹食几类,食具是匕、箸并用。饭菜各有固定的位置,"凡进食之礼,左(肴)右(肉),食居人之左,羹居人之右;脍炙处外,醯酱处内;葱渫处末,酒浆处内;以脯(修)置者,左朐右末"(《礼记·曲礼》)。进餐时,肋条肉要放在净肉的左边,饭食放在进餐者的左边,肉羹放在右边;脍炙等肉食放在外圈,调味品醯酱放在面前;酒浆也放在近处,葱末之类可放得远一点;有肉脯类食品,还得注意将干肉放左边,差一点的放右边。仆从上菜,也有种种规矩,既要卫生,又要方便进餐者。如上鱼,若是鲜鱼,要将尾部对着进餐者,因为尾部肉容易和骨刺剥离,上干鱼,要将鱼头对着进餐者。冬天的鱼肥,上菜时鱼腹向右,便于取食;夏天的鱼,肥在背鳍,要将鱼背朝右。宴会时有了这些规矩,才说得上尽到了主人的情意。

食礼的一个重要内涵是要充分体现尊卑之礼,分清上司与下属、父母与子女、少小与尊长的关系。《礼记》记载:陪侍长者饮酒,酌酒时须起立,离席向长者拜而受之,长者如表示不必如此,少者才可返回席位;要待长者饮毕,少者才能干杯。侍奉年长位尊的人,少者要先吃几口饭,以示"尝饭",但要慢慢地进食,以备随时回答长者的问话,待长者吃完饭,少者才能用毕。陪食者对熟食要先尝一尝,如若长者赐食水果,有核的,必须把剩下的果核带回去,否则便是极为不敬了。《礼记·曲礼》还对许多不礼貌不规范的饮食举止一一列举,以示警戒:如进食时不可让舌头在口中发出声响,免得主人以为客人在对他的饭菜表示不满;也不要啃骨头,产生不雅的声音,或使主人以为客人吃不饱,以致还要啃骨头;更不要把进过嘴的鱼肉再放回去,这样不卫生。凡此种种,都属参与宴席时必须具有的礼貌与习俗。

(二) 土地私有化进程中社会关系的变化

春秋战国时代,周王朝由于王畿的土地愈缩愈小,陷入困境,无力驾驭诸侯,中原各诸侯国停止定期到洛阳去述职和纳贡。周天子反而要向诸侯国"求赙""求金"。名存实亡的周王朝在处理它和诸侯国的关系时,已经无力以武力相胁迫,更有效的措施是通过朝聘与会盟来协调彼此的关系。办法是"令诸侯三岁而聘,五岁而朝,有事而会,不协而盟"(《左传·昭公三年》)。诸侯对天子用比年小聘、三年大聘的举动,送些礼物便可保住正常的关系,至于会盟则必须动用大礼,以酒食相享了。春秋时期是各国混战、大国争霸的时期,先后有齐楚、晋楚、吴楚争霸,最后还有吴越之间的争战。在宗法制度尚未铲除以前,争霸还得打出"尊王攘夷"的旗号,"尊王"是由于哪一国也无力去号令天下,"攘夷"则是面临夷狄对华夏的侵扰,中原各诸侯国还可以找到共同的利害关系,尤其要防范"南夷与北狄交",以致中国遭到夷狄的夹攻。当时在中原各诸侯国看来,南方的楚也不出夷狄之列。据《春秋》记载,春秋时期242年中,列国朝聘、会盟有450次,军事行动更多达480次,国与国之间的外交活动,多少也化解了中原各诸侯国之间一定数量的军事行动。礼尚往来,因而成了国与国之间保持和平共处的一种方式,而会盟常常是以强凌弱而弱者又不甘示弱,结果只好不欢而散。公元前279年秦赵二国的渑池会盟,正是这样的一次盟约,当时楚国的和氏璧归了赵惠文王,秦昭王闻讯后,扬言要以 15 座城池换取这件宝物,并且连年讨伐赵国。在渑池会上,秦王要赵王鼓瑟,加以侮辱,赵国的蔺相如迫秦王击缶;秦国要赵国献出 15 座城池给秦王祝寿,赵国则要秦国以都城咸阳奉献给赵王相要挟,互相僵持不下。在那个年代,外交谈判只不过是战争的一个插曲,一切都要靠各个诸侯国的实力,尤其是军事实力来作出最后的裁定。春秋中期以后,各国的兵力都已超过了原先周王朝的规定,到春秋后期,各大国都早已突破了"千乘之国"的框架,战车数量达到 3 000 辆左右,晋、楚有战车 4 000 辆以上,秦、齐的战车也在 3 000 辆上下。春秋中期以后,争霸战争扩大到中原以外的山地和水乡,大多不适合车战的地区,各国相继加强了步兵的建制,或将战车兵改为步兵,军队的总数往往达到 10 万。公元前 6 世纪末的《孙子兵法》上多次出现"兴师十万""带甲十万"的字句,正好反映了当时军事行动的规模之大,为前所未有。车战在春秋时期达到鼎盛,但战车不适用于山地作战,面临戎狄入侵的晋国军队有时不得不临阵毁车以行;车战又不适于攻城,当时战争主要采取速战速决的野战,尽可能回避攻城作战。所以在春秋晚期车战已由盛转衰,暗伏日后改革的契机。

战国时期是社会处于剧烈变化的时期,通过兼并战争,早先数以百计的诸侯国,到公元前 369 年,只剩下秦、韩、魏、赵、楚、齐、燕七个国家了。战国时代经济发展,城市扩大,出现了更多的商业都市,这些工商业的都市,大多是早先作为各国都城的政治中心,处于水陆交通的枢纽,最有利于商品的流通。"居天地之中"的洛阳,在战国时代已是东贾齐鲁、西通雍咸、沟通南楚北蓟的全国性经济都会。洛阳东面有新郑(河南新郑)、阳翟(河南禹县)和大梁(河南开封),大梁是战国初魏都安邑(山西夏县)被秦吞并后自魏惠王(公元前 369—前 319 年)起魏国的都城,战国时代最著名的大城市中的一个,东北有济水连接陶(山东定陶)和齐都临淄(山东淄博);洛阳南面的宛(河南南阳)是冶铁中心,地处秦、楚、韩三国冲要,春秋时是楚的北疆,战国时先属韩后归秦;洛阳北面的温(河南温县)、轵(河南济源)、野王(河南沁阳)、邯郸(河北邯郸),都在太行山、王屋山之间,邯郸是漳水、黄河地区的重要商业都会,又是赵国的都城和冶铁中心,它的北边有中山(河北定县)和代(河北蔚县),是北方游牧地区和中原农耕地区贸易的重要场所。城市经济的兴旺,提高了城的战略地位,攻城灭国成为各大国对周边国家采取军事行动、借以扩张国力的直接目标。战国中期,各国相继进行变法,调整政策,促进生产,增强国力。随着钢铁兵器的投入战场,可以足踏或擘张的射远武器弩机的大量运用,军士技击训练的普及,步兵采用更加先进的密集阵形,提高了布障设垒和攻坚战的能力,军队在数量和装备不断提高,战争的规模也越来越大,从《孙膑兵法·雄牝城》《尉缭子·守权》《墨子·城守》可以看出,攻城守城已是兵家着力研究的命题,步兵的重要因此更加突出。到战国后期,秦、楚二国拥有的军队已各有百万,其他各国也都拥兵数十万不等,各国之间的战争往往一次就动用兵力达二三十万之多,死亡人数常常高到几万甚或十几万。公元前262年秦赵长平之战,秦将白起先后斩杀和俘虏敌军四十五万人,将战俘四十万全部坑死,开创了战争史上的新记录。秦将王翦、白起都是统领六十万大军的将帅,他们统领的大军在战场上拼杀,期盼一举歼灭敌方有生力量,完成统一的大业。车战的局限在战国时期进一步凸显出来,一个重要的因素是,北方游牧民族在战场上大量使用行动迅速的骑兵,笨重而容易倾覆的战车便相形见绌了,所以地处西部和北方边陲的秦国和赵国,首先注意到扩建骑兵队伍,用来应对战场上时刻处于迅速变化中的敌我力量对比。在公元前3世纪,骑兵的威力正在随着时间的推移,愈发显得重要起来。

春秋战国时代也是社会生产处于重大变革的时代。春秋时代土地买卖、争夺、转让事件层出不穷,井田制度起了变化,相应的税收制度也从劳役地租制度逐渐被实物地租制度所替代。东方的齐国和鲁国最先根据产量的多少按亩计税,公元前685年,齐国用管仲为相,开始对土地分等级征税,鲁国在公元前594年首先实施按亩收取租率为十分之一的实物地租,正式从法律上确认土地的私有权。土地私有化的进程因此日益明显。与此相应的世卿世禄制度,也日益失去它的基础。在春秋早期,照《管子》的办法是,士、农、工、商,他们的儿子也世代只能是士、农、工、商,齐国的乡里制度便按照这四类职业分业定居。楚国的申无宇则以为"人有十等:王臣公,公臣大夫,大夫臣士,士臣皂,皂臣舆,舆臣隶,隶臣僚,僚臣仆,仆臣台"。隶以下都是罪犯。自王公至士,是统治阶级,士以下的庶人(野人)、工商、奴隶属于被统治阶级。到春秋后期,随着各诸侯国卿大夫权力的膨胀,私学兴起后人才的增多,他们开始不再专凭宗法血缘关系任命官吏,纷纷在各自的采邑中按照才能和军功设官任职,赵简子曾下令,"克敌者,上大夫受县,下大夫受郡",干脆以勋位定封地。孔子的许多弟子就是凭着才干获得了士的地位,当上了邑宰等职务,进入了仕途。凭军功上升的人就更多了。春秋后期贵族人数空前增多,原来靠封土赐田维持的世卿世禄制度,由于无田可分,只得逐渐改用领取粟米的谷禄制度作为俸禄,致使臣属无法割地称雄,一旦离职,便比农民都不如了。

战国时代,逐步走向瓦解的井田制度,使得早先以宗法关系为纽带的社会结构与阶级关系,进入了急剧的重新组合与调整统治和被统治方式的历程。公元前5世纪至前4世纪,魏文侯时的李悝、楚悼王时的吴起、韩昭侯时的申不害、齐威王时的邹忌先后在本国进行变法,改革政治,平定物价,增加财政收入,取得成效。综合各国变法经验,而集其大成的是秦国商鞅(约公元前390—前338年)的两次变法。商鞅变法的要旨是"废井田,民得卖买"(《汉书·食货志》),宣布土地私有,受到法律保护;奖励耕战,广开田地,将以往一百步为一亩的小亩制改成二百四十步为一亩的大亩制;废除了井田制中的休耕制和轮换分配制,由受田者终生使用,死后才收回。除中央直接由内史掌管的土地以外,均按郡县制和新编的户籍制度分配给农民耕种,一部分土地留给了立有军功的新贵,这些人因此成了新兴地主。土地逐渐成为私有财产的结果,滋生了大批中小地主和自耕农,到战国中后期,以自耕农为主体的土地私有制度最后得到了确立。社会的基本矛盾由原先贵族阶级、平民阶级与奴隶阶级的对立逐渐转化成地主阶级与广大农民阶级的对立。从原来拥有土地的贵族中分化出来的一部分贵族,由于荒地的开垦、土地的兼并和转让,成为地主阶级的主体。在这个队伍中,更增加了在耕战政策推动下造就的军功地主,以及由于经商和开垦土地而形成的新兴地主。

社会关系的重大变化和代表奴隶主利益的礼法制度的崩溃,在法律制度上也引起了相应的变革,并且进而将法律条文公之于众,作为公众守法的依据。公元前536年,郑国的子产在他执政期间,审定了刑法,作成刑书,将法令铸在鼎上,使大家都能见到,于是中国开始有了第一部成文法。公元前513年,晋大夫赵鞅子将范宣子制定的刑书也铸在鼎上,加以公布。宋、楚等国相继效法,战国时代各国先后将本国的各种法律条文公布于世,魏国公布了《魏宪》,赵国有《国律》,韩国有《刑符》,齐国有《七法》。魏国的司寇李悝(公元前455—前395年)参照各国的刑典,将地主阶级变法、立法的成果汇集成《盗法》《贼法》《囚法》《捕法》《杂法》《具法》六篇,合称《法经》六篇,又称《六法》,在中国法律文明史上为开山之作,为秦汉以后封建立法奠定了基础。直到20世纪,中国的法典仍以六法全书相称。

(三) 私学兴起催发了百家争鸣的学术繁荣

春秋晚期和战国时代,列国争雄的形势加剧,人才的选拔成为各国君主和权贵最为迫切的一项政治举措。处于贵族阶级最低层的士,在大变革时期,受到整顿吏治、选贤任能的变法运动的推动,他们的成分、地位和所起的作用也有了很大的变化。以管仲为相的齐桓公,采纳管仲的意见,"夫争天下者,必先争人"(《管子·霸言》)。由于重视人才的蓄积,组织智囊团,养了游士八十人,首先称霸。伴随着士的兴起和壮大产生的一大社会效应,是私学的兴盛和教育的普及。春秋时期周王室衰败,官学已远远不能适应社会上要求提高文化的需求,于是从公元前6世纪起,出现了一批由有识之士授徒讲学的私学。在孔子之前开办私学的有出于周室内史的老聃,楚国的老莱子,郑国的列御寇、邓析、壶丘子林,稍后在鲁国有孔丘(孔子),以及与他同时的少正卯、王骀、柳下惠等人,先后招募门徒,开办私学。邓析、壶丘子林收徒,已不论出身门第,只要缴费就可入学,孔子更声明"有教无类",愿意学艺,缴纳费用便可收为生徒,先后有弟子三千人之多,身通六艺的优等生也有七十二人。他办的私学规模最大,创立的儒学,"游文于六经之中,留意于仁义之际,祖述尧舜,宪章文武艺"(《汉书·艺文志》),是当时最大的"显学"。

孔子(公元前551—前479年),名丘,字仲尼,春秋后期鲁国陬邑(山东曲阜)人,是儒家学派的创始人,生平有一段时间从政,官至大夫,大部分时间致力于教育和整理文化典籍,将中国的教育事业推向了新的境界,是中国最负盛名的教育家和学术大师。他创立的儒学,主张施行仁政和以"礼"为纲常的德治和人治。"仁"是儒家学说的核心和根本,孔子试图在新形势下,对已经崩坏的礼乐制度,注入春秋时代以来在天道观上业已萌发的"天人相分""重民轻神"的民本思想,持这种政治观的人以为:"夫民,神之主也。是以圣王先成民而后致力于神"(《左传·桓公六年》)。所以孔子是设想以"爱民"为本的仁政,去实现他试图恢复周礼中"君君、臣臣、父父、子子"局面的重现。孔子虽曾率领他的弟子周游列国,他的主张却未被各诸侯国采纳,终生无从实现他的政治理想。然而他的学说经过他的后辈孟子、荀子的发扬,足足影响了东亚社会2 000多年,甚至在18世纪的欧洲也曾一度成为实现开明君主政治的旗帜。

次于孔学,在公元前5世纪成为第二大"显学"的是墨学。墨学的创始人墨翟(约公元前476—前390年),是鲁国人,出身低下,自称"贱人",是个有手艺的工匠,早年受过儒家的教育,当上了宋国的大夫,可他主张"背周道而用夏政"(《淮南子·要略训》),反对贵族专擅的强权政治,提倡"兼爱、非攻"的平民政治,门人有一百八十人,自成墨家学派。他死后,继承人称钜子,有禽滑釐、孟胜、田襄子等人继续传承墨家学说,他们在公众面前发表议论,派人四处宣传自己的主张,弟子遍布天下,与孔子学生一样,显荣于各国的,不计其数,推动了战国时代思想与学术界百家争鸣的风气。《墨子》一书是集墨学言论大成之作,书中自《尚贤》至《非攻》十篇代表墨子本人的思想,其他十四篇主要出自弟子之手。他反对处于战乱时代的大国攻小国,强击弱,众暴寡,只知爱己利己,不知爱人利人的"别",提倡不别亲疏,爱人利人的"兼相爱,交相利"的"兼"。他提出了实现平民政治的十大主张:"国家昏乱,则语之尚贤、尚同;国家贫,则语之节用、节葬;国家(熹)音湛湎,则语之非乐、非命;国家淫僻无礼,则语之尊天、事鬼;国家务夺侵凌,则语之兼爱、非攻"(《墨子·鲁问》)。淮南子所以评述墨子不取周朝的宗法制度,而主张回复到比较朴实的夏朝,就是指他针对当时的乱政,要重新倡导尊天事鬼的宗教信念。墨学最根本的中心思想是兼爱与非攻,提醒人们,特别是当政的权贵,要爱人利人,实行"兼相爱,交相利",达到一个完全和谐的大同世界。

　　与出自鲁文化的儒家、出自宋文化的墨家同时流行的重大学说,还有堪称荆楚文化的道家。道家是和儒家同时的学派,道家的创始人是老子,《史记·老庄申韩列传》称老子姓李名聃,楚国苦县(河南洛邑)厉乡曲仁里人,曾任周朝掌管图书典籍的守藏史,见闻广博,孔子曾向他请教过礼制的问题,晚年出关隐居,著书五千言,旨在阐释道德的教义,即今传《老子》一书,其中汇集了战国初期经道家弟子整理形成的道家思想,包括对孔墨学说的批评。1973年在长沙马王堆3号汉墓出土的《老子》甲、乙两种本子,是目前所能见到的最古的本子,与今传本《道德经》编次相反,都是《德经》在前,《道经》在后,文字也与今本有出入。《老子》一开始就探讨了孔、墨所未能接触的世界的本原和变迁的规律,提出在天地生成以前,就"有物混成,先天地生。"这个无生命的混成物,"周行而不殆,可以为天地母。吾不知其名,字之为道,强为之名曰大"。这个道正是由星云构成的宇宙,因此老子以"道"为世界万物生成的根源,以为"道生一,一生二,二生万物"。又说:"天下万物生于有,有生于无。"这等于说,宇宙是由"道"或"无"化生出元气,由元气产生阴阳二气,再和合而生出了万物。无生命的宇宙如何会演化出一个有生命的地球的呢? 这是一个老子还无法解答的难题。因为"道之为物,惟恍惟惚。惚兮恍兮,其中有象;恍兮惚兮,其中有物"。这是在解释无生命的星云之气,终于在运动中产生了元气和阴阳二气,于是整个世界(地球)有了生命,有了万物。由此,老子提出了"道法自然"的哲学命题,所谓"自然",即非人的意志所能使然的意思,把矛头直接指向了殷周以来笃信鬼神的宗教观,主张"以道莅天下,其鬼不神,非其鬼不神,其神不伤人"。明白告诉大家,即使"天""帝"也只是"道"的派生物。由此竖立起以"天道观"为主体的本体论,否定了以"天命鬼神"为传统的"天命观",开启了后来的无神论思想。在先秦时代古人的宗教观中,殷人是用上帝来称呼至上神的,周人起初用上帝、皇上帝、皇天上帝、天来称呼至上神,越是往后,周人越是以天为他们的至上神,这就使天与抽象的天命、天道等观念等同起来了。从人、鬼、天三者的关系而论,殷人不认为人与天神有血缘关系,所以殷王只有通过祖灵才能与天神沟通,鬼治因此重于人治;到周朝建立就不同了,周王自称得了天命,立为嫡长子,所以称天子,天成了人的祖先,人可以直接祭天,摆脱了鬼灵对人的主宰,出现了"天人合一"的政治制度,人治于是重于鬼治,出现了"敬鬼神而远之"的局面。老子的"天道自然"说既彻底否定了鬼治的理论基础,而且比周王的人治理论更进一步,将客观世界与顺乎自然的天道挂钩,第一次从本体论的高度,提出了以"道"为核心的自然哲学,创立了天道观的哲学体系。

　　老子的"道"揭示了事物的本源,进一步发挥了西周末年周太史伯阳父关于存在于天地之间的阴阳二气的学说。伯阳父在公元前780年曾对自然现象与阴阳气序的关系发表过一番议论,他说:"周将亡矣! 天地之气,不失其序,若过其序,民乱之也"(《国语·周语》)。这种阴阳之气的自然观,大约源自古人对日月转换的观察,是对存在于天地之间的大气的最早的一种表述。古典时期的希腊哲学家也曾对宇宙的形成进行过探讨,提出过四大元素的学说,其中一个元素是存在于天地之间且包罗万象的"气"。老子的"道"与西方的"气"有类似的地方,而且在时间上,与出生在米利都士的希腊哲学家安纳西美尼(Anaximenes,公元前588—前524年)提出"气"在地球形成中的作用,几乎处在同一个时期;所不同的是,老子是将包容宇宙的"道"作为万物生成的本源去看待的。在这一点上,老子确实比他的希腊同行更进了一步,已经探索到了宇宙起源的真谛。对于以"礼"为核心的儒家,老子以为是失道、失德、失仁、失义的结果,"失义而后礼,夫礼义者,忠信之薄而乱之首也"。所以道家始终与奉行宗法等级以为根本的周礼处于对立的地位,攻击不遗余力。

老子创立的自然哲学,揭开了时刻处于运动之中的自然界和人类社会的本质,反映出春秋战国之际社会急剧的变化和尖锐复杂的社会矛盾,使人们必须面对事物中普遍存在的矛盾现象,而且更要求人们看到事物中相互矛盾的双方,还有相互依存和相互转化的关系。老子继承了《易经》中的辩证法,进一步从自然和社会的矛盾运动中概括出美恶、有无、难易、长短、生死、强弱、贵贱、吉凶、祸福等矛盾现象,并认为矛盾并非处于静止状态,同样也在运动之中,并向它的对立面转化,"祸兮,福之所倚;福兮,祸之所伏","物或损之而益,或益之而损"。后世人们常说的"祸福无常","有所失,必有所得","三十年河东,三十年河西",说的也就是这一道理,用老子的话说,叫"反者道之动",是矛盾的双方不断向它的对立面转化的规律。老子还从作为矛盾统一体的事物从其对立面的转化规律中,看到了运动中的事物在渐变的过程中会发生由量变到质变的现象,在老子看来,有意思的是,"合抱之木,生于毫末;九层之台,起于累土;千里之行,起于足下"。老子对辩证法的运用,可谓到了出神入化的地步,是在他的那个时代,足以睥睨世界的成就,可以毫无夸张地称他为古典时期世界哲学史上最富于思考的哲学家。

战国中期,道家分化成齐国的稷下黄老学派和以宋人庄周(公元前369—前286年)为代表的另一派。

稷下黄老学派由长期在稷下学宫任"先生"的宋妍和他的弟子尹文倡导,两人先后在齐威王、宣王、泯王时期(公元前356—前284年)任教,著作有《宋子》等篇,多半佚失,《管子》一书中的《心术》上下、《内业》《白心》《枢言》是稷下道家的代表作。当时开倡百家论坛的稷下学宫,将道家和田齐尊奉的始祖黄帝撮合到一起,在人们开始使用铁器提高生产、自然科学也大有进展之时,宋尹学派的学子接过了春秋时代关于"阴阳之气"的思想,进一步将老子的"道"改造成唯物主义的"精气"说,以为"凡物之精,此则为生。下生五谷,上为列星,流于天地之间谓之鬼神,藏于胸中谓之圣人,是故名气。杲乎如登于天,杳乎如入于渊,淖乎如在于海,卒乎如在于气"(《管子·内业》)。明白主张精气是客观存在的物质,构成天地万物的本源。

与稷下黄老学派同时的庄周,是宋国蒙(河南商丘)人,早年在蒙当过管理漆园的小吏,后来却拒绝了楚威王请他去当相国的聘书,终生过着隐居生活。现存的《庄子》三十三篇,由晋人郭象编集,只有内篇七篇是他本人之作,外篇、杂篇是他后学整理的作品。庄子以为"道"是无形无象的"非物",有形之物产生于这个"非物",由此得出了"物物者非物"的结论,这使老子的"道"完全归入了唯心主义的外壳。他对世界万物的观察因此陷入了相对主义的泥淖,以为"道无终始,物有死生"(《庄子·秋水》),主张"齐万物而为一"(《庄子·齐物论》),于是抹杀了客观事物具有差异的规定性;以为"彼亦一是非,此亦一是非"(《庄子·齐物论》),从而否定了认识标准的客观性。他对人的认知能力所持的怀疑论观点,最终使他觉得自己在梦中变成了一只蝴蝶,但他因此弄不清究竟是他做梦成了蝴蝶,还是蝴蝶做梦变成了庄子。庄子用等生死、齐物我、泯是非的惊世骇俗的议论,写出了奇诡恣纵的文章;在沉浊之世,不得不借助寓言、神话,甚而凭空虚构的故事,以展示他的奇谈高论,读来却使人妙趣横生,对后世的哲理、修辞、文学、艺术产生了重大的影响。儒、墨、道三家,是战国时代百家争鸣中最先站在时代前列的三大家。

次于这三家的,有代表三晋文化的法家,惠施、公孙龙的名家,以公孙发、杜文公、容成子、邹衍为代表的阴阳家;并有纵横家、农家、杂家,合起来称九流。诸子百家,最重要的是儒、墨、道、法四家。

法家思想的先驱是齐人管仲,他是襄助齐桓公霸业的杰出政治家,他的治国主张是"礼""法"并重,为维护君权,提出"必先富民"的思想。战国时代的管仲学派,更进一步发展了他的"仓廪实,则知礼节;衣食足,则知荣辱"(《管子·牧民》)的观点,同时强调了道德的作用,在《牧民》中,将"礼、义、廉、耻"作为国之四维,以为"四维张,则君令行","四维不张,国乃灭亡"。对人才的选拔,提出"才"和"德"两个标准,"举贤"必须着重"孝悌忠信"的道德标准。战国时代的法家力主"以法治国",魏国的李悝编成了《法经》,在变法运动中起了倡导作用,影响深远,其他代表人物还有吴起、商鞅、慎到、申不害、韩非。曾在稷下讲学的赵人慎到(约公元前395—约前315年),著有《慎子》一书,是从法理学视野系统提出公、私观的第一人,以为法的最大功效在"立公弃私","有法而行私,谓之不法,"从而为反对"人治",奉行"法治",奠定了理论基础。受老子、荀子学说而集先秦法家学说大成的韩非(约公元前 280—前 233 年),著有《韩非子》,主张法、术并重,反对迷信天命、鬼神的社会思想,反对"法先王",主张"世异则事异,事异则备变"的历史进化论。他的学说受到秦王政的赏识,公元前 233 年,他由韩奉使入秦,未能见到秦王政,就遭李斯、姚贾妒忌,服毒死在狱中。

战国时代,在黄河中下游兴起的私学,形成了涌动于齐鲁赵魏间各种人才的洪流的源泉,门徒数百游学稷下的孟子,弟子多至三千人的淳于髡,曾游学于齐、赵、魏、燕,以推行"五德终始""五帝崇拜"而为秦汉以后历代帝王所崇奉的齐人邹衍(约公元前 305—前 240 年),在中原地区都有众多的追随者。他们往往并非宗亲之后,而为时势所推选,卒至当上"布衣卿相",成为新形势下政治舞台上叱咤风云的人物,倡"合纵"说的洛阳人苏秦、主"连横"说的魏人张仪,巡游各国的范雎,都以"布衣"位至卿相;孙膑、白起、廉颇全是"白身",而官至上将军。战国后期,齐、魏、赵、楚养士之风特盛,齐国的孟尝君、魏国的信陵君、赵国的平原君、楚国的春申君,号称四君,各有食客三千,凡以一技之长投奔的,不计身世,不论地位,便可与贵为公卿的相国、世子享受同等的饮食,为的是一朝有事,便可为之效劳,甚而抛头颅、献热血。在各国中,养士最早和最多的是齐国,春秋时代齐桓公以养士而称霸,属于公室养士;战国时代孟尝君田文养士多达三千,开启了私门养士的风气。

私学兴起后,各个不同阶层的子弟受教育的机遇大为增多。一部分人进入仕途,成为新贵族;另一部分人,受到私门养士的保护,进入了人才录用的后继队伍。所有这些,都使正在壮大中的士的队列受到了有力的支持,而且促成了早已衰败的官学必须通过改革才能走出新的路子。战国中期,田齐桓公(公元前 375—前357 年)当政时兴办的稷下学宫,就是一次在新形势下对教育制度进行的重大改革。齐国政府为顺应百家争鸣的教育新潮,在齐国都城临淄的稷门(西门)开设学宫,招募天下贤才,讲学议政,前后存在了 140 年,尤其在最初的 100 年间,办得十分出色,时人称为"稷下之学"。这是在私学的催促下,当时唯一的一所官办的高等学府。这所学府有教无类,以重金招聘名师任教,孟子、荀子都曾在这里讲学,并获得"稷下先生"中最高的职衔"客卿"。后来的诸子百家,如儒、道、名、法、阴阳诸家都出自稷下学宫,造就了一大批受过教育的足智多谋之士。稷下学宫最多时学生有上千人,齐国因此成了中国文化教育的中心。稷下先生可以带着学生到各国去游学,进行学术交流,对国家大事可以出谋划策,著书立说。由于齐国的君主广招各国英才,广开言路,对百家之学兼收并包,使学府成为百家争鸣的论坛。学府兴旺之时,正是希腊名哲柏拉图创办雅典学院之际,当年文化学术的发达,一时出现了东西交辉的局面。

（四）实施郡县地方行政，强化中央集权体制

　　春秋战国时代，是在贵族采邑制度仍然占主导地位的土地占有制度下，开始向中央直接管理的郡县制度过渡的时代。春秋以前，虽有九州的区划，但九州并非行政区域，只是自然地理区划。当时的行政区域并非以土地来划分，而是以部族来划分，甲骨文中有邦、方、侯，均指部族。周代以土地分封诸侯，诸侯又以采邑分封卿、大夫以及士，他们得到的是田地，成为田地的领有者。因此对周天子来说，只有形成等级的领主，并不存在各级政区。春秋时代，才出现直属各诸侯国的行政单元县和郡，两者之中，是先有县，后有郡，郡的等级低于县。但不论县和郡，都是先在各国的边区设立，然后再在内地推广。

　　公元前700年，长江中游地区的楚国在兼并战争中向周边地区扩张，取得不少新的土地。楚王将这些新的领土中的一部分作为采邑赐给了贵族，大部分土地都用来设县，归国君直接统治。楚国的县多数设在周边地旷人稀的落后地区，面积往往有几百平方千米之大，由国君派有贵族身份的县公治理地方的政务、军务和财政。县公是爵位，职务是县尹，县公可以世袭，但无采邑，便于随时撤换，国君的权力因此比前更加集中。地处西陲的秦、与北方的强敌戎狄相邻的晋，也是较早在边区设县加强边防的诸侯国。楚、秦两国的县都是吞并周边的邻国后设置，这些地方原本没有采邑，不受领主封建制的束缚，地方又大，所以首先设县，直属国君统治，有利于加强边防。

　　次于楚、秦，在边远地区设县的是晋。在晋国，县的长官称守，爵位是大夫，所以也称大夫，开始时由国君委派卿大夫或他们的子弟担任，后来就放宽了任职者的身份尺度，而规定县大夫不再世袭。公元前6世纪，晋国的卿大夫势力上升后，他们各自在自己的领地内设置了县和别县，于是县一级行政机构由边区推广到了中部地区，晋国成为首先在内地设县的国家。晋以后有齐国和吴国，相继起而建县。但晋、齐、吴三国的县，是由国君封赐给卿大夫作采邑，只是不再称邑，而称作县了。春秋时代，楚、秦、晋、齐、吴先后有了县的建制。但在性质上，楚、秦的县属同一类型，由国君直接管辖；晋、齐、吴则属另一类型。县的辖区也是大小不一，各国相差悬殊。楚、秦的县要算最大，尤其是楚国的县，可以大到一个次等的国，齐国的县面积最小。郡的设置要比县晚一些，至迟在公元前650年秦穆公统治下的秦国就有了，春秋晚期晋国和吴国也有了郡的地方机构。郡的等级相当于邑，在县之下。

　　春秋后期，土地成为商品交换的对象，铁器的使用又加速了商品经济的发展，对社会经济产生了巨大的影响，迅速递增的人口突破了千万大关。各国的卿大夫在自己的领地内纷纷设官分职，选取有才能而无世禄的人任职，形成一个个庞大

的官僚体制,促使贵族人数大为增长,造成了再无土地可以封赐的情势,这就严重地冲击了世卿世禄、世禄世官的爵秩制度。

战国时代,各国普遍推行郡、县制度,对任命的职官必用实物形式的谷禄制替代先前的赐邑制,有利于推行和巩固中央集权的王权。为加强边防而设置的郡县,可以占领早先牧民出入的农牧交界地区,进行屯垦,郡治所在,往往都是以前戎狄出没之地。自战国中期起,秦、赵、燕三国先后在和骑马民族接界的边郡依凭崇山峻岭修筑长城,构建亭(瞭望台)、障(驻军城堡),用烽火进行预警,保障了这些边地的农牧生产,因此人口增多,郡的地位有了提高,出现了郡辖县的二级地方行政体系。

战国时代,各国通过变法,逐渐削弱旧贵族的势力,采用招贤纳才、论功进爵的办法任命大批官员,在地方上推广郡县制度,建立了由各国君主作为国家最高主宰的中央集权的官僚机构。权势仅次于国王的丞相,是百官之长,又称相国,后来更称宰相,只有楚国仍称令尹,但已非世袭。地位仅次于丞相的是将军,是武官之长;秦国以大庶长为大将军,称将军比较晚,在楚国称作上柱国。在丞相和将军以下的百官,三晋、齐、燕与楚、秦,各有本国的系统,职权与名目也不一致。相同的是,各国都已废止了官职的世袭制,对任职官员一律采用以谷物计量的俸禄制,齐、魏以钟计量,燕、秦以石、斗计算,楚国以担为单位。为维护王室宗亲的地位和享受的特权,在废除世卿世官世禄制的同时,仍然保留了商周以来的爵秩制,但与以前相比,一个不同是,官职与爵秩均不再世袭,再者,官职与爵秩并不直接挂靠,一旦免职,爵秩可以另作处理。按照各国爵秩制度的同异,可以分成秦、楚,以及三晋、齐、燕三个系统。三晋、齐、燕爵秩分卿(上卿、亚卿)、大夫(长大夫、上大夫、中大夫)两级;楚爵分七等。秦国施行的二十等爵最为周详,自公士到最高的列侯有二十等,自十爵左庶长以上至十八爵大庶长,皆卿大夫,皆军将;十六爵大上造享受赐邑三百家,赐税三百家;十九爵关内侯,居京畿,无国邑;二十爵列侯,上通天子。与西周以宗法为基准的爵秩不同,新的爵秩制度是对建立新政权有功之士给以爵秩的一种确认,是政府对新招募的雇员的身份进行承诺的表示,现在这些接受爵秩的对象,已无需受身世的限制,这使新一轮的官僚政权最终与宗法血缘关系脱离,成为社会基础更加广大的政治机构。

夏文化区是中华文明演进过程中,最早进入文明社会的地区。到西周时代,这一文化已覆盖了黄河的上中下游。公元前316年,秦国派大军占领四川东部的巴、蜀,于是夏文化区的面积达到了120万平方千米以上,包有今天的山东、山西、陕西、河北、河南北部、甘肃东部、四川东北部、内蒙古中南部和辽东。

三、 东亚文明中心之二的楚文化区

(一) 楚文化源流

楚文化是在长江中游地区兴起的区域性文化,三代文献中的"荆蛮""楚蛮",指的是楚地的蛮族。他们的祖先自新石器时代中晚期以来,世代居住在江汉之际近水的坡地,依靠种植水稻为生。大约在大溪文化阶段开始出现中心聚落,到屈家岭文化和石家河文化阶段更有聚落群出现,并有明显的中心聚落和半从属聚落的分化,业经考古发现大型建筑或祭坛等公共设施。有些聚落中心甚至还有城壕环绕,聚落布局有居住、墓地、手工业作坊的分区,并有明显的阶层分化。

进入商周时代的荆楚,它的北面和东面与商、周王朝的辖境毗连,西部与蜀、羌、巴、微、彭等部族相邻,南方江汉流域有庸、庐、濮等三苗后裔的蛮族。商王武丁曾"奋伐荆楚,深入其阻,裒荆之旅"(《诗·商颂·殷武》)。荆楚一度侵扰商的西疆,威胁中原王朝,商王于是派大军深入到丹江和汉水流域去镇压。《史记·楚世家》将楚的先祖追溯到传说时代的颛顼,说是到了穴熊以后,就"中微,或在中国,或在蛮夷,弗能纪其世"。这个穴熊在新发现的新蔡战国楚简《楚居》中,写作"穴酓",提到穴酓曾定居在周都京宗(镐京),为周王谋事。《史记·楚世家》又记鬻熊"文王之师也"。鬻熊的儿子在周文王时也投靠了周王朝。有人主张《史记》因为弄不清穴酓与鬻熊是同一人,所以对楚人早期的世系产生过疑问,此说恐怕不实。穴熊以后,大约受武丁的征伐,因此族群西迁,有人逐渐与新兴的姬周王族有了联系,先后定居到了周王朝的镐京,《楚居》说,较早的有远仲、穴酓,这个穴酓显然不是以前的穴熊,倒有可能就是《楚世家》中的鬻熊。

周武王起兵讨伐商纣,率领了蜀、庸、微、庐、濮等西南方或南方八个蛮族部落的军队参战。世居伏牛山一带的荆楚部族,姓芈,因有鬻熊早先与周文王有过联络,在推翻商朝的过程中立功,周原出土的甲骨文中可以见到"楚子来告"的文辞。周成王时,鬻熊的曾孙熊绎是与鲁公伯禽等人齐名的名臣,被授以子男的爵位,封在"楚蛮之地",去治理荆楚,居住在靠近荆山的丹阳。这个最早的楚都丹阳,只是泛指丹水之阳,历来有几种说法。经过多年考古发掘,考古学家在陕西商州与河南淅川之间,找到了多处西周的遗址与遗留的荆楚地名,所以极有可能是在丹水之阳的淅川。据《楚居》,则说得更正确,是在夷屯,近都,都的旧都在河南商密,晋代杜预注《左传·僖公二十五年》,说是在南郡鄀县,正是商密,所以夷屯在鄀国以西的丹江流域。这是周王朝初期,借助受中原文化熏陶的熊氏家族开发丹江流域的一段信史。

荆楚的封邑本是南方以苗、瑶为主体的南蛮族居住地区，与西周王室矛盾重重，不服周朝的统治。周昭王（公元前995—前977年）南巡到汉水，当地人以胶合船载王，以致船体在江中分离，昭王溺水而亡。周的南疆因此长期难以越过汉水中游，到达长江。

周夷王（公元前885—前878年）时，楚人熊渠趁中原号令不一，开始称王，以汉水上中游为中心，吞并了西边的庸（湖北竹山东南），向东夺取扬越的章水、章山，向南一直打到了长江边上的鄂（湖北武昌），开拓了江汉平原一大片新土地。熊渠说："我蛮夷也，不与中国之号谥。"宣称自己是南方蛮夷族群的领袖，与华夏民族相抗争。熊渠的臣民多是三苗、百濮、夔夷、扬越所居的地方。楚的君主虽出自华夏族，但他的辖境原是蛮夷的居地，所以早就打算凭武力打出一个天下来。据《吴越春秋》，善射的楚人琴氏，发明了用弩机射箭，从弩机上发射的矢，无论射程和速度都远胜原先使用桃弧棘矢的弓箭，而且可以通过连发，大大提高杀伤力。琴氏将这一技能传授给了熊渠的三个儿子麋侯、翼侯、魏侯，在军队中作为新式装备加以推广，楚军的战斗力因此大为增强。他们兵分三路，沿汉水向长江中游进发，成功之后，他的三个儿子也被熊渠封王，长子康（麋侯）作了句亶王，中子红（翼侯）为鄂王，少子执疵（魏侯）为越章王。这些地方，"皆在江上楚蛮之地"（《史记·楚世家》）。《史记》从熊绎开始，就将楚的封地称为"楚蛮之地"，是由于楚的封地原本是南方蛮夷的居住区，这些地方一旦被授予楚人，就有了楚人，后来楚人向长江北岸拓展，江汉平原也被圈入楚的辖地，使长江北岸地区也成了"楚蛮之地"，原意就是"华夏族的楚人与当地蛮夷混居的地方"。所以"楚蛮之地"，不必特意读成"楚、蛮之地"，以示境内既有楚人又有蛮人。随着楚人的国境不断扩大，以人数论，楚人是少数，但居官的多数是楚人，当地的蛮夷虽然占了多数，但他们属于臣民，身份低下。西周时代楚的国力毕竟有限，所以熊渠在周厉王时，为避免周天子的讨伐，还是取消了王号，他的三个儿子不用说，也就此只好当他们原先的侯了。公元前822年（周宣王六年），熊霜死后，他的三个儿子争夺王位，仲雪战死，叔堪失败后到濮地避难，长江中游地区与中原地区有了进一步的联系。弩机在长江中游成为一种克敌制胜的武器，后来传入黄河流域，到公元前4世纪，被各国军队所采用，成为中国军队所特有的一种高效武器。

春秋时代，楚人向南方扩展，成了南方最强大的国家，到了足以和中原诸国相抗争的地步。楚武王（公元前740—前690年）开发濮地，加以占领，在他的晚年更将都城从丹阳迁到了郢。这个最初的郢都，根据近年在湖北宜城发现的楚王城的遗址，有可能是宜城，而不是像早先认为的那样，是江陵的纪南城遗址。公元前

671 年,周惠王向楚成王正式宣示:"镇尔南方夷越之乱,无侵中国。"于是楚地扩大到千里之外。罗香林在《中华系统中之百越》中,以为夷越就是扬越,夷、阳古音分属影纽的脂部、阳部,两音多可对转。并无君长的扬越人这时尚处在氏族社会阶段,在长达两个世纪中,无法对抗楚人的压迫,只得由江北转入江南湘水流域的越人居住区,与三苗、百濮为邻。

此后,楚人的势力开始进入长江以南的沅湘流域。湘水流域在公元前 11 世纪业已有了青铜文化,著名的"宁乡铜器群"就是以宁乡为中心,在湘江下游的长沙、湘潭、益阳、岳阳、衡阳等地出土的商周青铜器。这批总数在 400 件以上的青铜器,有 300 件出土在宁乡境内,尤以出土铜器最集中的黄材盆地,2001—2005 年经过二次发掘,发现了具有一定规模的炭河里西周城址及冶铜遗址,明白了铜器群大部分是在当地铸造的历史事实。宁乡铜器群中有铭文的铜器均属殷墟商文化风格的铜器,是在周灭商过程中,向南流亡的商人在宁乡避难时传入;出土物中最引人注目的是,制作精巧的有动物造型的尊、卣,如宁乡出土的四羊方尊、虎卣,长沙跳马涧的两羊尊(藏不列颠博物院),湘潭的豕尊,醴陵的象尊,这些大型器物最有可能出自南迁的商人,在新居安家之后就地制造。以上二类产品的青铜器,代表的是商周之际的中原风格。第二类产品是地方类型或被称作"越式""越系"的青铜器,可以见到越式鼎、钟、镈、斧、矛、刮刀等器物,这是江汉地区在被楚人占领前后富有地方风格的产品。另有一些大口尊、折肩罍和宁乡黄材发现的大型瓿,以及在鄂东南和赣西北流行的大铜铙,是当地铸造的南方型青铜器,可能自西周晚期已出现在北起陕西城固、湖北枣阳、安陆雷公镇,西到湖北江陵、沙市、重庆巫山、四川广汉,南到江西南昌、湖南新邵,东至安徽阜南、六安、江苏江宁的广大地区内,而其扩散的中心最有可能是在江汉平原,在熊渠称王以后制作的具有早期楚文化风格的青铜器。

楚国的平民都是蛮族,并有越人,楚文化中的青铜器,因此也受到越文化和以三苗为主体的蛮族文化的感染。例如楚式鼎的双耳极力外撇,正是越器的范式,将立耳改为附耳,正是为了便于扛抬。楚式鼎的又一特点是束腰平底,足作兽蹄形,粗壮有力。1979 年河南淅川出土的王子午鼎,是春秋时期的楚式鼎(公元前 6 世纪中叶);战国时期的楚式鼎,可以曾侯乙墓出土的九件升鼎为代表(公元前 5 世纪)。公元前 6 世纪楚国使用失蜡法铸造青铜器,已知最早的实例是 1979 年淅川下寺出土,在公元前 552 年入土的楚国令尹公子午的随葬物铜禁,禁身通长 131 厘米,通宽 67.6 厘米,身长 103 厘米,宽 46 厘米,周身以 5 层铜梗为支点,加以联接,构成多层透空的蟠虺纹饰。另一件失蜡法铸造的精工器物,是曾侯尊盘,由尊和盘合成一体,尊口、盘沿均用失蜡法铸造繁缛的口部附饰,盘体四周有龙 56 条,螭 48 条,形体的瑰丽使青铜器的铸造达到了出神入化的境地,预示了这一工艺即将由顶峰下滑的趋势。

春秋时代,楚穆王(公元前 625—前 614 年)趁晋国与秦国冲突,开始向中原地区扩张势力,征服了郑、宋、陈、蔡。楚庄王(公元前 613—前 591 年)继位后,在公元前 606 年借助对付侵扰中原的允姓之戎陆浑,挥师北上,直逼周王室,敢于探问作为王权象征的九鼎的大小轻重。翌年,平定了境内濮人和庸人的内乱,楚的国境向东北拓展到安徽的舒蓼(舒城)、江苏的萧。在中原,一路往北,更是旗开得胜,灭陈后设置了陈县,后来又让它复国。打败郑国后,与之联盟,在河南郑县击败晋国军队,以此洗息了城濮之战楚师败绩的前怨,确立了楚国称霸中原的基业。

(二)楚、越争战下的文化融合

春秋时代晚期,长江下游有吴越兴起。公元前 574 年,楚国东面的吴国开始侵入安徽的巢湖地区。公元前 570 年,楚国对吴国发起反击。从此以后,一个世纪中,两国不断交战,长江下游的吴国成为新一轮争霸的主角。楚平王将王位传给了楚昭王(公元前 515—前 489 年),由于争夺王位,昭王的异母兄建出亡宋国,他的师傅伍奢及儿子伍尚被平王杀害,伍尚的弟弟伍员只能到吴国去避难,侍机复仇。但吴王僚并未听从伍员去伐楚,于是伍员怂恿公子光派人刺死僚,扶助公子光登上了王位,称吴王阖闾(公元前 514—前 496 年)。此后楚、吴连年交兵,吴国的军队由淮河南下,一直攻进郢都,毁掉平王的陵墓,楚昭王逃到了随(湖北随县)。楚国从秦国借到援兵,才打败吴国军队。公元前 496 年,吴、楚在伯举(湖北麻城东北)大战,吴军的后方因越军北上攻入国境,发生内讧,只得班师返国。楚国的都城也从宜城迁到了湖北的江陵,在长江的北岸,沮水之东,遗址所见面积约有 16 平方千米。可以代表春秋时代中晚期楚国高等级的大型墓地的,有 2006—2007 年在湖北荆州川店镇发掘的熊家冢墓地。主墓是一座带有斜坡墓道的"甲"字形土坑木椁墓,周围有一座陪葬墓、分成 4 列 24 排的 92 座殉葬墓、34 座车马坑、超过 100 座祭祀坑。出土陶器以大口卷沿、具有较直的锥状柱足的鬲为主,并有少量的甗、盆、罐、壶、豆。陶器以外的出土物,计有玉璧 36 件、玉珩 103 件、龙形和龙凤形玉佩 39 件,以及玛瑙、水晶、铜铃、铜洗、铜带钩,并有 3 件宽格铜剑和铜制车马用具,马头饰有青白玉片 79 件和锡制的节约 45 件。墓葬的规模是已发现的东周楚国贵族墓葬中等级最高的一处,在全国同时期墓地中也属罕见。由此不难明白,公元前 6 世纪的楚国确是一个泱泱大国了。

战国时代是秦国称雄的时代,秦国到公元前 4 世纪末侵吞蜀国,才构成强势,但占地最广的是楚国。楚国的疆域向长江中下游和淮河流域扩张,北面的宛(河南南阳)是黄河中游与江淮地区交通的门户,原本是韩、楚边界的商贸都会,后来被秦吞并。楚国东北的疆界到达山东的西南部,西北以丹江上游的武关与秦国接界,西南沿长江与巴蜀相通,南面到达昭关,一度扩展到珠江口的番禺。公元前334年楚国灭了越国,占有长江三角洲吴越旧地。公元前316年秦国派司马错灭了蜀国,威胁到楚国的西南边区,于是楚国命楚庄王的后裔庄𫏋溯江而上,略取巴、蜀、黔中一带土地,直到云南东部的滇池,占领了周边数千里的沃土。庄𫏋本意回国向顷襄王(公元前298—前263年)报告,可是秦在公元前280年派兵占领巴郡和黔中郡,在险要地区修筑了五尺道,断了庄𫏋的归路,庄𫏋只得在滇称王立国。当地的蛮族接受了楚文化,对他的统治表示臣服,云南东部地区正式建立了国家,归入楚的疆域,于是楚国成了当时七国中疆域最广的国家。然而这一切已经无法挽回楚国日益衰败的国势。

公元前223年,秦在吞并韩、赵、燕、魏之后,一举灭亡了迁都寿春(安徽寿县)的楚国,将势力扩张到了长江流域,对黄河下游和渤海湾的齐国形成包围的态势,最后在公元前221年完成了统一全国的大业。

楚国在公元前4世纪将它的统治区从长江中游拓展到了下游的江淮地区,随后又将长江上游地区划入它的势力范围,俨然是一个足以和北方中原文化相颉颃的南方长江文化的大国。

楚国的多数平民原是荆蛮,荆蛮的主体是三苗的后裔,与世居南方的蛮族相近。春秋中期楚人还保存着"尚左"的理念和习俗,和黄河流域的夏文化所有的袍服右衽的习俗不同,袍服采用左衽。楚人的官职也以左为上,表示尚左是楚人和蛮族的习俗。楚人的葬俗,也与周人的头北脚南不同,楚人贵族墓葬中的尸骨是头东脚西,只有楚国的异姓贵族和平民的葬俗是尸体向南。到战国时代,楚人贵族和平民所穿袍服已照中原式样改为右衽,而蛮族则到汉代仍然保持着左衽的旧俗。长沙郡到战国末期,仍处于"其半蛮夷"的状态,长江中游的南岸,许多地方还是越人和三苗、百濮等族群占优势的地方。

楚人制作的陶器和青铜器,自成一格,在贵族墓葬的随葬品中可以见到许多与周式不同的蛮式器皿,表现在陶器的色彩、形制和花纹多与周式不同,著名的楚式鼎、楚式鬲是最具代表性的产品。楚人以玄鸟为图腾,表现在陶器、漆器、铜器和丝织品的图样上,富有飞鸟、鸾凤、孔雀的纹饰。楚人信巫,所以在铜器和漆器的纹饰上常常出现羽人的图像。

楚国的文字自成体系,到现在还有许多遗物可证。西周以来使用的金文,在800年中经过了很大的变化。西周初期的字体类似甲骨文,字形稍长。西周中后期以后,字形笔画圆柔,逐渐趋于方格化,形成籀书,传说这种书体出自周宣王(公元前827—前782年)太史籀的手笔。在春秋时期形成了写法规整的正体字,后来在战国时期被秦国所继承。春秋中期以后,铭文书体追求形式美,出现了首尾尖而中间肥的蝌蚪文,或模仿鸟虫的鸟虫书,字体变得十分难认,在南方江淮地区流传。与正体字同时,又出现了写法简洁的简体字,在春秋晋国十分流行。楚国的文字大致与晋、齐、燕同属一系,而与秦国通用的篆文不同。春秋战国以来,私学兴起,文字从中原地区向周边扩散,普及到了民间,使用的单字在《十三经》中多达6544个,文字总数比前增加了三分之一。

文字的推广与书写材料的增多密切关联。自周代开始,在金文、石鼓文、各种石刻文字之外,到战国时代出现了竹简和帛书,于是文字有了比之前更加易得和更加容易完成的材料。竹简和丝帛成为书写材料,根据现存实物推测,正是在楚国首先出现。竹子的生长地区极为广袤,以江淮流域最为集中,自1953年湖南长沙仰天湖战国墓出土43枚竹简以后,长沙杨家湾、河南信阳长台关、湖北江陵纪南城、荆门包山等地的楚墓,以及湖北云梦睡虎地、四川青川郝家坪、甘肃天水放马滩、湖南湘西龙山县里耶古城出土的秦简,均写有文字。数量比较多的,有荆门包山2号楚墓在1986年出土竹简282枚。同一年,甘肃天水秦墓出土竹简460枚,而1975年湖北云梦睡虎地秦墓发现1 100多枚竹简,要算是在楚国境内出土简牍最多的一次了。2007年湖南大学岳麓书院从香港购藏的一批秦简,编号有2 098枚,其中有新发现的《数书》,时间比张家山汉简的《算数书》更早,内容则超过《算数书》,极可能也是楚人的作品。竹简的出土情况告诉我们,楚国是最早用漆书在竹简上写字的国家,楚国境内出土的简牍数量也最多。书写与传递都极简约便利的简牍此后又被秦国采纳,因此在汉朝以前,竹简就成了当时最容易推广的书写材料,各类典籍因而第一次在黄河上游和长江中游得到了推广。

和北方夏文化区产生的《诗经》《庄子》相对应,楚文化区拥有诗人屈原(约公元前339—前278年)创作的长篇诗赋《离骚》开启的楚辞文体。《诗经》是以民歌、民谣以及和音乐舞蹈相配的诗歌为主的结集,多以四言诗的形式表达,每句二拍,每拍两字。而《离骚》却是一篇由诗人创作的长诗,全诗300多句子,2 400多字,前半部叙述诗人的身世、理想和因参与政治改革而遭到流放;后半部以诗人发自心肺的幻想,呼天唤地,抒发诗人请巫咸降神、灵氛占卜,祈求出路。屈原的诗作开启了长诗的创作,并有《九章》《九歌》《天问》《招魂》等诗篇,随后又有宋玉写作的《九辩》等楚辞作家的作品问世。楚辞的形式和借景抒情的艺术手法,开创了诗歌与散文相结合的文学创作,为一二百年后的汉赋开了先河。这使中国的诗和散文的发展步入了一个全新的时期。

公元前 3 世纪,楚文化覆盖的地域达到 94 万平方千米,包有今天的河南南部、湖北、湖南、江西、安徽、江苏南部、贵州、四川东南部、广东东北部和云南东部地区。

四、 东亚文明中心之三的越文化区

(一) 百越民族的形成

越文化是产生在长江中下游,并逐渐拓展到东南沿海以及西南地区的百越民族创造的区域文化,是三大文化区中地域分布最广、族群极为繁杂的区域文化。越人原本是指使用一种石戉的族群,他们中的许多人早先生活在黄河中上游的北方,后来由于加入了众多来源不同的氏族和种族,并且不断地向南方迁移,形成了人数众多而又互不统属的族群,号称"百越",成为分布在长江以南人数最多的族群的统称。越人的南迁,对推动夏文化向长江流域和东南沿海拓展,成了巨大的动力。

石钺、玉钺或铜钺在东亚文明诞生之初,就被视作威权的象征。传说黄帝发明了铜钺,而黄帝是大夏的始祖,越、夏是一声之转,越人中最古老的一支于越,据说就出自炎黄集团,古时于、於、乌是一个字,《尚书·尧典》郑注:"於者,乌声也。"《仪礼·既夕礼记》注:"今文于为於。"到夏代少康时,有一支越人强大起来,接受了先进的中原文化,成为少康氏的后裔。在商代中叶,这支越人与东夷族於(于)人结合成为于越。商灭夏,夏桀率领部分族群远遁南巢,到了安徽巢湖地区,用石钺开发江淮地区,逐渐从黄河中游南迁到长江中游,形成越族。

商代甲骨文中有于盂、盂方,还有商王伐西戉的记录。戉方和陕西合阳东南的洗方(有莘氏)有联系,商王武丁多次征讨了黄河中游的戉方,大批越人因此进一步向南方迁移,作为商王属下采邑的越方已东迁到河南长垣,成为东国(《毛伯班敦》)。商灭夏后,东夷中的一支于夷进入河南的睢县和沁阳县的邘,于人与相邻的越人联合起来,在商代后期出现了崇尚鸟图腾的于越国。周成王二十四年(公元前 1040 年),《竹书纪年》有"于越来宾"的记事,《逸周书·王会解》称於越纳贡,记的是同一件事。

越人使用斧钺和有段石锛,由早先的新石器时代跨入青铜器时代后,开始冶铸青铜器具,同时制作印纹硬陶器。他们大多经营的是以种植稻谷为主、实行刀耕火种的流迁农业,生活在中国东南部遍布江河、山陵、沼泽的丘陵地带,受到地理环境的制约,彼此分隔成大大小小的族群。同时在长期的迁徙过程中,众多越人也不断融合不同的氏族,与于人、扬人、干(音汗)人、瓯人、闽人、骆人等相结合,形成了于越、扬越、干越、瓯越、闽越、骆越等不同名号的支系族群。但是这些越人部族组织松散,无力抵御外敌的侵袭,在长时间中未能建立起捍卫自身权益的政权,反倒加深了他们的流徙性或固守在深山老林中的封闭性,因此随着人数的增长,有了"百越"的称号。百越移居的地方,原本是蛮夷的居住区,《礼记·王制》对中原以外周边民族作了这样的描述:"东方曰夷,披发文身。南方曰蛮,雕题交趾。西方曰戎,披发衣皮。北方曰狄,衣羽毛穴居。"在长江下游生活的东夷人,披发文身,根据文身,以定身份,《三国志·魏书·乌丸鲜卑东夷传》指出:"诸国文身各异,或左或右,或大或小,尊卑有差。"公元前5世纪,越人还是断发文身(《庄子·逍遥游》),以麻棉制作的衣着十分简陋。由于地理环境的制约,虽然长江三角洲早已是周室的列封地,越人却"不得处于大国,而处江海之陂,与鼋鳝鱼鳖为伍,文身剪发,而彼处焉"(《韩诗外传》卷八)。这里仍然落后于长江中游的楚国。岭南地方的民众,到公元2世纪时还是"长幼无别,椎结徒跣,贯头左衽,长吏之设,虽有若无"(《三国志·薛琮传》)。

战国中期以后,古代九州之一的扬州境内,从汉水以南到长江中下游地区,已经遍布越人的部族,连同长江上游的滇黔以及五岭以南的岭南地方,也都成了部族众多而互不统属的百越民族的居住区。《吕氏春秋·恃君览》高诱注因而称:"越有百种。"因此有了"百越"之称。

到公元前4世纪,越人已广布在汉水以南直至南海之滨。《汉书·地理志》颜师古注引臣瓒的话:"自交阯至会稽七八千里,百越杂处,各有种姓。"罗泌《路史·国名纪丙》列出"百越"的名号有"越裳、骆越、瓯越、瓯凯、且瓯、西瓯、供人、目深、攉夫、禽人、苍梧、杨雩(于)、桂国、损子、产里、海葵、九菌、稽余、北带、仆句、区(音瓯)吴,是谓百越"。从春秋战国时代以来,越人凭借高于南方以苗、瑶、百濮为主的南蛮各族的文明水准,通过与当地蛮族混居,使长江流域和珠江流域成为越文化的流行区,将这一大片土地纳入东亚文明的中心地区。

自公元前7世纪楚文化南下之后,伙同早先自夏商以来已络绎南下的越文化,在南中国和东南沿海掀起的文化波,更是一浪高过一浪。楚成王(公元前671—前626年)时,楚国的疆域拓展到洞庭湖以及四水中下游,而洞庭湖以东正是越人的分布区。公元前559年楚共王去世的一年,时人已称:"赫赫楚国,而君临之,抚有蛮夷,奄征南海,以属诸夏"(《左传·襄公十三年》)。从中原立论,首先被纳入诸夏中的是南方的楚。楚文化的扩展,也渗透与驱逼着越人改变他们原来的地盘。由湖北南下的楚,一度越过五岭,进入岭南。到战国初期,楚悼王(公元前401—前381年)任用吴起变法,楚的境域再次向南扩张到南海地区,在番禺

133

建立楚庭,南越地区的越人君长于是与楚王同姓芈,《路史·国名纪丙》因此指认这里的越人是"古南越",实际是楚的势力一直在追踪越人中一支由长江中游南迁的扬越。《战国策·秦策》说:"吴起南攻扬越,遂有洞庭、苍梧。"洞庭和苍梧这些属于湖南、岭南的地方,全是蛮、越文化交错区。进入这一地区的越人创造了一种"王"字铜器,在兵器上阴刻"王"字双线形状。这类器物中最早的是出于湖南的一件商周之际的铜斧,另一件铜斧出于广东四会乌旦山,属于战国中期。多数发现物出现在战国早期的湘水流域,以铜矛为最多,有长沙浏城桥楚墓出土的铜矛,在湖北和广东有"王"字刮刀出土。两湖出土的"王"字铜器明显早于两广,凸显出扬越人南迁的路线。湖南省博物馆收藏的牛角形耳云纹铜鼎,两耳外撇,圜底浅腹,三足细长外撇,虽威仪不足,而轻巧过之,最适合于不断流徙中的扬越族群的日常生活了。

随着楚国势力的南扩,楚国在南海设置楚庭。楚威王(公元前339—前329年)用越人高固为相,相传有五羊衔萃于楚亭,于是增筑南武城,周围十里,叫五羊城,从此有了广州城。总之,长江中游向南到五岭,是公元前6世纪到秦始皇统一全国时,楚、越文化相互交叉的地区,所以汉人王充《论衡·率性》说:"楚、越之人,得庄、岳之间,经历岁月,变为舒缓,风俗移也。"当地的越人常为强势的楚人所役使,从民族混居和文化移植的背景立论,形成楚、越、蛮三大文化层次相互叠积的关系。湖南郴州高山背在1957年出土一座春秋晚期楚墓,出土物既有楚式鬲,又有一件米字纹与方格纹组合的越式印纹硬陶罐,是楚、越文化共生的见证。平江瓮江遗址、宁远春陵城中出土的陶器同样也是楚越文化混合式样。由北方迁到湖南的骆越,也在战国时代继续西迁,进入广西三苗族的一支先民驩兜的故地驩水,将这里的原住民赶到越南的北圻,从此这里便改称骆越水了。越人的南迁形成一股股强大的文化波,冲击着南方未经开发的蛮族文化,从长江中下游不停地向着东、西、南三个方向转移地盘,他们不但朝南方山地辗转移殖,甚至在海岛上谋取新的生活资料,不断向外海迁移。

(二) 吴越文化的地域特色

在百越群居的区域内,首先起而立国的,是占有长江三角洲太湖流域的吴国。吴的先祖是陕西姬周部族首领古公亶父。古公因预见到他的小儿子季历所生的孙子姬昌才华出众,有意将他加以培育,于是他的长子泰伯和仲子仲雍相约,带领一批人马出奔吴地,到太湖流域建立吴国。后来姬昌(西伯昌)与九侯、鄂侯列位商纣王的三公,儿子姬发起而推翻商朝,成立周朝,身处吴地的泰伯后裔,虽已庶出,列入五服以外,但与周王朝的关系实在非同寻常,所以到公元前6世纪寿梦

（公元前 585—前 561 年）登位，吴国便有世系可叙了。与西伯昌同时的鄂侯，照《史记·殷本纪》徐广注，"鄂一作邘，音于。野王县有邘城"。所以鄂侯还算得上是于越人的先祖，与周人关系至深。到公元前 574 年，吴国在晋国密使的怂恿下，派军队进入安徽的巢湖地区，开始和西边强大的楚国冲突。从此吴晋联结，与楚越联合成的另一方，战乱不绝。

吴国的崛起，得益于它拥有制造利剑的冶金工艺，而这一技艺的传导是出于由北方南迁的干（音汗）人。古代干、寒相通，《世本》称给黄帝御马的寒哀是这一氏族的始祖。夏桀时在王都附近有干辛邦，后来是商王帝辛田猎的地方，《清一统志》考证在开州（河南濮阳）北有干城村，是干的故地。干人在周代从山东半岛南迁临淮，占有邘地（广陵，今天江苏的扬州——引者），吴王寿梦灭亡干国后，以这里为国都，称干吴。寿梦戈所铸铭文便称作"邘王是壄"，是壄又作是野，就是寿梦。从此吴国在青铜器铭文中有了勾吴、攻敔、攻吴等称呼，勾、攻都是干的异写。吴国之民是九夷中的夷民和从山东南迁的干（邘）人，吴国靠了精于青铜工艺的干人，就地打造各类兵器和农具，大大增强了国力。

吴王阖闾（公元前 514—前 496）时在太湖东边的姑苏筑城，以为都城。阖闾得到从楚国来投奔的贵族伍员的襄助，对活跃经济实行各项奖励的政策，促使农业、手工业和商业飞快发展起来，国内出现了欣欣向荣的新气象。专门研究军事的齐人孙武，带着他的《孙子兵法》十三篇，也来到吴国，当了阖闾的谋士，吴王以他为将，训练军队，吴国的军威因此大振。孙武在吴国继续撰写军事学著作，在他这部开私家撰写兵学风气的专书中，论述了他的重兵、知兵、慎战的战争观，阐明了奠基于速决战和取用于敌的战略理论，创造性地发挥了运用计谋、灵活变化的作战思想，确立了依靠诡诈的计谋取胜对手的战术原则，给后世的兵学树立了兵家的典范。后来各家继起发挥，托名孙武，以致《汉书·艺文志》著录的《孙子兵法》竟有八十二篇之多。

这时由北方南迁到钱塘江流域的于越，已占有北起太湖南岸、南抵浙江南部瓯越、西至鄱阳湖的大片土地，越王勾践乘吴楚战争，袭击吴国腹地，阖闾在嘉兴与越军作战中受伤致死，从此吴、越结仇。继位的吴王夫差（公元前 495—前 476 年）在太湖中的椒山击败了越军，进围越都会稽（今浙江绍兴），勾践被迫投降，于越成了吴王的属国。

在长江下游吴地出土的青铜宝剑，数以百计，可以追溯到西周早期，属于春秋时代的宝剑出土更多。春秋中晚期吴越地区的青铜剑形式渐趋一致，形制是剑身中脊起棱，呈宽格或窄格，圆形直茎，上面有两凸箍，或者是圆茎中空，剑首呈圆盘形，前者称双箍剑，后者叫空茎剑。剑身通长 50—55 厘米。吴国的宝剑因锋利而享誉东亚,被各国视作重宝。长江中下游属于水乡泽国,不适合中原地区大规模使用战车作战,只能依靠步兵和水军短兵相接,士兵多装备长矛和宝剑,便于在实战中格斗。制作精巧的宝剑,非具三绝不能成功:一是剑身采用复合金属工艺铸就暗花纹,剑、矛上常饰有菱形、米字形或火焰状几何装饰暗花纹,可以埋藏地下两三千年不致腐蚀、锈坏。二是一些剑首的凹面上饰有华丽而精细的薄壁同心圆及槽底极细凸起的绳纹,同心圆由厚仅0.2—0.8毫米,凸起0.5—2.2毫米,间距仅0.3—1.2毫米不等的多圈薄壁状凸棱十分规整地组成,至今难以加工。三是利用刚柔相依原理,首创分两次合成的嵌铸剑,亦称复合剑或双色剑,以不同成分的合金,分两次浇铸而成,剑脊含锡量低,加多量的铅而坚韧;剑从含锡量多,硬而脆,可致锋利,第一次先铸成带榫头的剑脊,然后再铸接两侧剑从,这就使铸就的剑既坚又韧,锋利而又不易折断。这最后一项绝技,将吴越的铸剑师推向运用铁合金工艺铸就了在当时绝顶锋利的吴干剑。在吴国属境的皖南铜陵就有含铁的黄铜矿藏,当涂、繁昌一带富有赤铁矿,在它附近江北六合吴墓内出土的铁条,经鉴定,是块炼铁锻打而成,同时出土的铁丸是白口铁(碳化铁)和铁奥氏体在1 150 ℃炉温下生成的共晶体,具有硬而脆的特性,可以表明邗国在公元前6世纪末确已拥有自身的炼铁工业了。皖南和附近宁镇地区以及江北出土的青铜器,由来已久,可以追溯到西周早中期,1979年繁昌汤家山出土的13件青铜器,尤其重要。其中乳钉纹方鼎、窃曲纹球腹蹄足鼎、龙钮圈足盖盉、扁体簋,都属西周早、中期以来流行式样,在邻近地区也都有发现,可以见出这一地区冶金业发展的初步脉络。在吴王寿梦以前,江北的干国早就以高超的冶金技艺名振东南了。

卓越的铸剑师干将原是干人的后裔,吴王阖闾重用干将,正是由于干将早就掌握了炼铁、锻铁工艺,在吴王支持下,干将、莫邪夫妇为提高炉温作了大胆的尝试,炼了三个月的铁,决心"使童男童女三百人鼓橐装炭,金铁刀濡,遂以成剑"(《吴越春秋·阖闾内传》)。这种剑熔炼时要利用焦炭发出的高温,反复煅打,才能铸成,说明在公元前5世纪之初,独得其巧的干人,由于世代精于金工技艺,掌握了青铜器铸造技术中的层叠铸造、锻打、钎焊、镂刻、镶嵌、鎏金银以及淬火、回火技术,进一步利用铜铁共生矿向新兴的炼铁工艺迈出了划时代的一大步。这时中国内地的铸铁工艺还方兴未艾,然而自河南三门峡发现公元前9世纪西周晚期的铜柄铁剑以来,春秋时代的铁剑、铁匕首已陆续在甘肃灵台、河南淅川、云南江川等地出土。公元前6世纪在楚国境内的长沙杨家山出土过铁鼎以及铁铲、铁斨,江苏六合程桥吴国墓葬发现过铁丸、铁条。干将及其后人所铸宝剑,也就是现在江苏、湖南、江西、安徽等地出土的吴王夫差剑、越王勾践剑,工艺堪称精绝,称吴干之剑。《战国策·赵策》赞扬此剑"夫吴干之剑,肉试则断牛马,金试则截盘匜"。凡是锋利的宝剑,当时唯有吴干剑才可当之无愧,所以《吕氏春秋·疑似》有"患剑之似吴干者"。吴干剑锋利绝胜一般铜剑,非铁剑或铜铁合铸不能成此。由于当时炼成的铁条,需经多次精工叠打,似乎可以进而推测已由铁入钢,开启了后世才能得到推广的低碳钢的先河。由于技术上的保密和操作的难度之高,在数百年中这类宝剑成了一时之绝。工艺之高,即使在开始建立了铸铁业的楚国,也是无法达到的。于是《吴越春秋》虚拟了一个湛卢剑自己飞入楚昭王(公元前515—前489年)宫中的故事。湛卢剑是与干将同出师门的欧冶子,到福建北部的湛卢山找到矿石后,经过三年才炼成的一把名剑,剑成后归了吴王阖闾。据说由于吴王无道,宝剑腾空飞到郢都,落到了楚昭王的床上,楚王于是出乎意外地获得了这把名剑。其实是楚国为了窃取炼剑的秘密,正是费尽了心机。吴干和欧冶子是吴国最杰出的铸剑师,他们的作品是绝世之宝。吴干之剑代表了春秋战国时代工艺最精、名声最大的宝剑,在《尉缭子·兵令下》《新语·术事》等名著中都备受推崇。干将的绝活后来传给了他的后人,这一大帮人成了炼铁名手,世代相传,称作干将氏。吴王夫差时,吴国粮足兵精,吴国军队装备了精锐的武器,拓宽了邗沟,在公元前485年创建了中国历史上第一支海军,由徐承率领舟师沿着海岸北上侵齐,与诸侯订立黄池之盟,实现了称霸中原的伟业。

这时伺机东山再起的越王勾践,趁着吴国后方空虚,在公元前477年,攻占了吴都姑苏(苏州),吴军被越军打败后,夫差只得北遁,回到作为陪都的邗。四年之后,夫差在邗的地道中率领三千名疲卒抵抗,被俘时自刭而死。于是善于铸剑的干将氏都归属了越国,干吴一变而成干越,"使干越之工铸之以为剑"(《尸子·劝学》)。《庄子·刻意》也称干越之剑是传世之宝,属于"宝之至也"。越有干王,专职管理居住在太湖一带的干人。

勾践也大霸称王,将都城迁到苏北的瑯邪,被周朝晋爵为伯,但越王并不满意。勾践传位给儿子与夷,再传子翁、不扬、无疆。无疆侵楚失败,被楚威王杀死。公元前334年,楚国的疆土拓展到钱塘江以西,仅保留了浙东和沿海地带,于越内部诸族相争,或为王,或为君,一些支族进而在灵江、瓯江、闽江建立了东越、瓯越、闽越等独立的小国。勾践的后裔无诸当了闽越王,姓驺氏,占有闽中,南下的越人与闽人混居,形成闽越人。在公元前3世纪中叶以后,瓯越、闽越不断西迁,或由赣南进入湘南,或远徙北江和柳江,称作西瓯。他们占据的地方和从北洛水一路南迁的骆人相邻。古代以骆、雒、洛三字互通,罗泌《路史》以为骆人是夏后氏的后裔,春秋初期迁入湖南,受到楚国势力的压迫,在战国时代继续迁徙到广西东部,与越人结合成骆越,原来的骓水于是改称骆越水。骆越人当了官吏,役使越人和当地土著服役,称雒侯、雒将,他们在沿山坡开辟的梯田叫雒田。骆越人培育的一种浮稻,利用天然肥料和自然灌溉,后来在北圻称交趾稻,传遍了中南半岛。到公元前111年,汉武帝派大军平定南越,招降了瓯、骆部众三十多万口,西瓯人因此融入汉族,一部分与骆越结合成瓯骆,成为壮族中最主要的先民。

于越和他旁支的越族,从黄河流域向南方流迁的过程中,由于他们拥有的对环境的适应和应变能力,能够不断壮大自身的族群,在长江流域和珠江流域找到他们的新土地,继楚文化之后,在南方缔造了又一个强有力的文明中心。

百越民族在长达一两千年的流徙过程中,不但同化了南方土著的蛮族,又和自中南半岛北上的僚人、马来人等混居,并不断接纳从北方南下的族群和越人杂居、通婚,最终形成构成"百越"族群的各个支系民族,其中就有于越、干越、闽越、瓯越、东瓯、东越、外越、西瓯、骆越、越裳、牂柯、乌浒、越裳、桂人、伶人、南越、交阯、且兰等民族,同时也融入了居住在南方的土著,如百濮、三苗、僚人、俚人、瑶人、冼人、蜒人、郁人、句町、同并、毋敛、驩兜、扶人等多种古老的民族,成为现代中国南方壮族、侗族、傣族、水族、布依族等民族的先民。

随着岁月的推移,这股民族迁移的浪潮所波及的范围,已超越了东亚,甚至远涉重洋,到达了太平洋彼岸的美洲。

迁入中南半岛和阿萨姆的百越民族,进一步和当地的孟人、喀钦人、骠人、缅人、寮人、高棉人、占人、马来人以及黑人融合,在中世纪历史上形成了仡佬族、掸族、傣族、京族和岱族。通过海洋展示的文化天地就更加宽广了。居住在中国东南沿海的百越民族,以瓯越、闽越、外越人为主,成群结队漂洋过海,早到公元前5世纪以前,便进入了台湾地区和菲律宾,再从这里到达马来群岛,成为加里曼丹、苏拉威西、爪哇、新几内亚和小巽他群岛的移居者,给那里的人带去了双肩石斧、有段石锛、石铲以及农耕和捕捞技术。他们驾驭独木舟和浮筏,利用北纬3°—9°间全年自西向东的赤道逆流和北纬30°以北的北太平洋海流,远达西太平洋和南太平洋的加罗林群岛、密克罗尼西亚、美拉尼西亚,往东进入波利尼西亚,抵达夏威夷岛,在那里可以从业已发现的有段石锛得到见证。这条海流的位置正好在产生良渚文化的钱塘江口和墨西哥北部的加利福尼亚半岛之间,在公元前5世纪吴越争霸、中国东南沿海政局大动荡时期,由江浙一带的越人从此成批向太平洋进发,波利尼西亚各地的有段石锛,也逐岛流传,延续了近2000年之久,到距今500年前才结束石器时代。在南太平洋的萨摩亚群岛、汤加群岛、斐济群岛和新喀里多尼亚群岛,都有百越文化的遗迹可以找到。在北美洲的墨西哥,甚至也可发现由百越文化延伸而来的羽蛇崇拜习俗。

五、 太平洋上古老的文化传递线

中国是一个大陆国家,同时拥有世界上少数几个国家才有的近二万千米的海岸线,因而早就在和海洋打交道的过程中,成长为出色的航海民族。新石器时代晚期和仰韶文化相当,在黄河下游产生的大汶口文化、山东龙山文化,长江下游兴起的河姆渡文化、马家浜文化、崧泽文化、良渚文化,它们的主人都是华夏族祖先中最早开始航海生涯的沿海居民。

山东龙山文化,按照考古遗存比较研究,证实曾渡过渤海,到辽东半岛南端大连的貔子窝、大台山等地;同时曾向南到达太湖流域,和良渚文化关系密切。如拔牙的风俗起于山东大汶口文化,比龙山文化还要早些,而在商代以前,拔牙人已经进入台湾,间接说明龙山文化在东南沿海的扩散。

南方江浙地区的河姆渡、良渚文化,以有段石锛和几何印纹硬陶为主要特征,在东南沿海的江苏、浙江、福建、台湾、广东和安徽、江西赣江流域扩展,它们的主人是以海为生的东夷人,在周代成为百越民族的祖先。

北方山东龙山的黑陶文化和南方有段石锛文化(几何印纹陶文化)是滋生在中国东部沿海地区的两大新石器文化,在东海、南海和太平洋地区浩瀚无际的海域中,通过由岛屿和海岬联成的岛链,曾经在长达数千年的时段中,组成文明传递的波段,向太平洋辽阔的远方推进。

这些文明的振波,按照地区,可以分成东海、北太平洋区和南海、波利尼西亚区两大传递区。

(一) 东海、北太平洋区

中国和日本列岛的联系早在史前时期便已开始。中国北方和日本列岛早先可以通过陆桥取得联系,到了距今一万年前第四纪第四冰川期结束,进入间冰期后,海水猛涨,亚洲大陆和日本列岛之间便出现了不可逾越的汪洋大海。大冰层和万年积雪消融后,一些生物重又获得了生长的时机,大约到距今 7 000 年前,气温逐渐下降,上涨的海水开始回落,出现海退现象,今天构成日本列岛的北海道、本州、四国和九州等四个大岛,先后浮出海面。海退现象直到公元前 2400 年前后才终止,日本列岛的最后形成正是海退现象停止后的结果。

于是,一个征服海洋的新时代,又展现在东亚大陆的居民面前。在很长时间中,人们通过木筏、竹筏、苇舟和独木舟漂洋过海,在失败中探求成功的经验,最后才制造成了木板拼合的大船。

日本列岛上的新石器文化，是从发现"绳纹式土器"命名的，从此展开了称作"绳纹土器时代"或"绳纹时代"的文化。日本考古学家对瓦器称作"土器"，是烧成温度极低的陶器。这类土器原来指日本的先民用泥土制作的深腹罐上留有操作用的绳子叠压成的纹饰，它的发现只是 100 多年前的事。1877 年美国学者爱德华·莫尔斯(Edward S.Morse)对横滨附近一处叫作大森贝丘的发掘，1880 年他的考古报告发表时，将出土的一些土器叫作 cord marked pottery，7 年后，日本考古学者白金先太郎译作"绳纹土器"，从此人们才知道日本早就有了这类原始的陶器的制作。

日本的这类经过记录和发掘的贝丘有一千几百处，奈良时代的《常陆国风土记》就有平津驿家西 1—2 里大栉岗贝丘的记事，说是远古时代工艺巨人在丘陵上采蠃充饥，事后弃置的贝壳积聚成岗。自从莫尔斯发掘以后，各地的贝丘陆续发掘出来，明白了贝丘是渔猎时代绳文人遗留的生活垃圾，是贝壳、动物遗骨、块根类坚果类野生植物以及废弃的土器、石器、骨角器和人的遗骨的自然堆积物的遗存。1945 年以后，日本人在岩荫和洞穴中找到了早于冲积世已经存在的细石器(如长崎县福井岩荫)和绳纹文化早期的捻丝纹土器。

绳纹文化通常分成早、前、中、后、晚五期，从公元前 6000 年延续到公元前 300 年前后，长达 6 000 年。前三个时期占了 4 000 年，到公元前 2400 年海退现象告终，进入后期和晚期的绳纹文化又存在了 2 000 年，才被弥生文化接替。

绳纹式陶器在早期，只有尖底或圜底的小型罐，色泽是黄色或赤褐色。到早期末、前期初，才开始出现大型的平底甑和罐，色泽呈黝黑色，器身上的绳纹，是在制作陶器时使用绳索卷在棒上，不断在器坯上回旋，或用贝壳押印厕自然留下的印痕，这类纹饰有"押型纹"、"捻绳纹"、"贝壳纹"等名称，是绳纹早期和前期的产物。绳纹中期的陶器，绳纹特征十分明显，色泽以橙褐色或赤褐色为主，除容器外，有了许多土偶、土板，土偶多半是特出女性特征的女偶，还有动物的形象，土板的花纹和现在北海道阿伊奴人服装上的花纹相仿。

进入后期以后，陶器转向平面表现，使用磨削技法形成纹饰，器形有细小的瓶子和香炉的造型，在东北地区的陶器中，有圆形容器，还有碗和壶。这类陶器以青森县西津轻郡木造町出土的龟冈式土器为代表，制作精细，纹饰流畅，烧成后再加磨光。西南地区的九州，也在晚期出现了纹饰简朴而类似中国龙山文化黑陶的陶器。日本后期和晚期的绳纹陶器都以黑色为主色，器身因研磨而有光泽。但绳纹陶器因烧成温度仅 500 ℃，所以器质脆弱，东北地区和关东一带制作的这类陶器特别不适合实用，因此，多半只能作容器，不能作炊具。陶器和石器、骨角器一样，以中部高原南麓的桑名至关原为分水岭,在此线以东以北直至北海道的,出土陶器特多,纹饰和风格与西南地区相比,差异特别明显,完全属于两个不同的体系。大部分人都容易相信,这里的居民相对于西部地区的居民,称得上是日本的原住民了。在日本发现的 12 处旧石器时代的人骨化石中,只有冲绳尻郡志头村的港川人一处具有完整的化石,经研究,和同时期中国南方广西发现的柳江人有相似的地方,而和中国北方出土的山顶洞人则大不相同,仅凭这一点,有人就指认港川人连同以后的绳纹人,都是和中国南方的柳江人相似的南亚系统(原意指中国南方居民——引者)的人(埴原和郎:《形成日本人的双重构造》,《日本读卖新闻》1990 年 10 月 31 日)。但一定要将绳纹人和以前的港川人连成一条直线的说法,似乎离开历史的真实还有相当的距离。

日本史前学家赤泽威用微量分析法,分析了日本 6 000 年前 10 多个遗址中出土的人骨,以锶作为定量的基础,从古人骨骼中的锶含量,可以推知古人生前肉食率的高低。从中得知,北海道族群的居民以鱼类、贝类等海产资源作为主要食品;本州族群居民以陆上资源作为主要蛋白质来源,再可细分成沿海地区和内陆地区两组,沿海地区绳纹人的主要食物是特定的植物、陆上哺乳动物和海产,住在内陆的绳纹人以特定的植物作为重要的蛋白质来源,出于素食和肉食的不同,形成人体骨骼中含锶量的高低,肉食率高的人骨骼中的含锶量较素食的要高。

从绳纹时代日本列岛和大陆移民的关系而论:由于海流的关系,日本的东北地区与黑龙江流域的大陆居民关系最为密切;日本的西南地区,则和大陆的黄河下游、长江下游的居民联系较多,而且更早就已展开。

特别是在绳纹时代的后期和晚期,来自中国沿海的居民漂洋过海到达日本西部地区的人数,比起以前明显增多。因此导致的稻作技术大规模传入日本列岛,正是在公元前 11 世纪才正式展开,到公元前 3—4 世纪出现九州的稻田遗址,就是这批中国东部沿海的居民成群结队"乘桴而东",到日本去定居的最好证明。日本考古学家驹井和爱在《中国考古学论丛》中,根据他在海拉尔、齐齐哈尔和黑龙江下游发现过不少印有绳席纹鬲的碎片,认为日本列岛的绳纹陶器完全有可能是在黑龙江下游的绳席纹陶器的影响下出现的。他在日本东北的山形县女鹿地方发现一柄和绳纹陶器一同出土的殷周时代制造的青铜刀,刀长 26 厘米,与殷墟出土的青铜刀相似,因此主张殷代的这些陶器和青铜刀是同一时期由大陆移民带到日本的。殷周之际大陆发生的政治变迁,促使居住在沿海地区的东夷民族和一部分殷王朝的拥护者越海而东,到海外去开辟新天地,从而加强了左右日本列岛和建立在青铜文化基础上的大陆之间的交往,加快了日本列岛居民遗传因子的变化。

日本列岛的居民从港川人到绳纹人,中间有数千年之久的断层相隔,难以判断他们之间是否是直线相承;更多的人宁肯相信日本北方的阿伊奴人(虾夷人)是日本最古老的原住民。

尽管南亚系统的港川人不一定就是绳纹人的代表,可是绳纹中期以前的绳纹人的遗传因子似乎更接近于南亚系统(南中国系统)的族群,几乎是可以肯定的。换句话说,只有到了绳纹时代的后期和晚期,特别是晚期的最后2—3个世纪,绳纹人的遗传因子才有了更多的北亚系统的因子。日本国立遗传学研究所的宝来聪在研究古代日本人的遗传因子时,发现6 000年前绳纹时代中期绳纹人的遗传因子,和同时期南亚系统人的遗传因子属于同一类型,和以后的弥生人却不相同,因而不但肯定了绳纹人与弥生人不是出于同一民族,而且即使同样是外来移民,也存在着北亚系统与南亚系统的巨大差异。

现在可以知道的绳纹晚期中叶以前绳纹人的体形特征是:头部,前后方向稍长,脸部上下方向短,而横向较宽,略呈方形;绳纹人的四肢骨较短。人类学家推测,绳纹人男性的平均身高在157厘米以上。

继绳纹文化而突然在日本列岛兴起的弥生文化,是由新移民带去的一种与先前日本列岛上原有文化完全不同的新文化。弥生时代日本人的人骨已有许多发现,有神奈川县的间口洞穴、大浦山洞穴,长崎县平户市根狮子遗迹,山口县丰浦郡丰北町土井浜遗迹,佐贺县神埼郡东脊振村三津永田遗迹等多处,曾出土弥生前期和中期的人骨。山口县响滩沿岸的土进浜遗迹和亚洲大陆与日本列岛交往最频繁的北九州地区相去不远,出土的人骨多达200具左右,多数出土在弥生初期地层,只有一具人骨随葬有弥生中期的陶器;遗址中还发现了属于绳纹晚期末叶到弥生初期的须玖式陶器和栉目文式陶器。栉目文陶器是朝鲜半岛南部制造的陶器,因出土在韩国庆尚南道金海遗址,又称金海式陶器,是新式的无纹陶。以上这批陶器的出土,证实了在绳纹晚期末叶,相当于公元前4世纪的时候,已经有来自朝鲜半岛的移民到达山口县的地界了。

日本长崎大学的内藤芳笃研究过九州各地发掘的弥生时代的人骨,以分布在佐贺县西部、长崎县以及更南边的鹿儿岛县一带的人骨,特别是九州南部出土的人骨最有代表性,仍然具有绳纹人的特征,与绳纹人的体形相差无几。另外一组以山口县土进浜和佐贺县三津永田为代表的人骨,主要分布在北九州一带,其中的土进浜人和韩国釜山附近庆尚南道礼安里遗迹中出土的人骨特征相似,体形特征与绳纹人不同,头部呈圆形,脸部是长脸略带扁平,四肢骨长,男性平均身高达161—163厘米。这样身高的日本人,在绳纹晚期中叶以前的日本列岛上是前所未见的,却和中国北方(长城地带)人的体形相似,属于长头狭颅的通古斯族的华北型。这一族群被认作属于绳纹人和大陆移民所生的混血集团,或直接来自中国东北地区,甚至更远的西伯利亚等地的北亚系统的民族,他们具有适应寒冷气候的体能。这一研究表明:在绳纹晚期末叶开始,已经有大批来自北方大陆的移民进入和大陆距离最近的北九州,在那里定居,和原住民绳纹人混血,向九州传送先进的文明和生产技术;而在九州的西部和南部,直到弥生时代的初期或中期,仍和北九州处于隔离状态,因而那里的原住民仍保留着绳纹人的体形特征,构成与北九州的弥生人不同的族群。

有人估计,在绳纹文化的初期,日本列岛的原住民不会超过一万人。原住民会随着新的移民的到来,经过通婚,而产生新的遗传因子。而那些被驱赶进边远僻地的族群,却因处于封闭状态,必定会老化而被转换成原住民。在绳纹文化和以后产生的弥生文化彼此交替的时段以前,日本列岛原住民的遗传因子比以前有了更加迅猛的变化。日本学者对现代日本男性的头骨所作的抽样调查,有助于加深对发生在列岛上的波浪式推进的移民文化所起作用的理解。调查者将日本分成东、西、表(沿太平洋)、里(沿日本海)四个地区,将各地区人群所得的平均值加以比较,可以理清亲疏关系。调查结果显示,东日本和里日本接近,西日本则和表日本相似。

人口稀少的日本列岛,要摆脱采集经济,培育农艺,全靠来自海外的移民。旧石器时代的日本火山喷发频繁,酸性的火山灰覆盖了整个列岛的土壤,要开发可耕地需要经过一个很长的时段。

绳纹前期,由公元前 5000 年起,已发现葫芦、绿豆、构、漆、荏、紫苏等植物,曾被日本的一些考古学家认为是栽培植物,而且是由中国南方通过海路输入日本的,但还不能获得一致的结论。就较多的考古发现而论,由于绳纹晚期发现了碳化稻米,根据花粉分析,证实了这时已有水稻的耕作,并且出土了大批用于农耕的石制工具,此外还发现了印有稻谷痕迹的陶片、碳化粟,甚至还有个别的碳化大麦和少量荞麦属花粉。所以绳纹晚期已有农耕的说法,最能被人们所接受。

长江中、下游新石器时代遗址,从年代最早的浙江余姚河姆渡遗址起,已出土为数众多的籼稻、粳稻的碳化稻谷、稻米,红烧土中保存的稻壳和稻草,以及陶片上的稻谷印痕,表明这里的稻作至少已有 7 000 年历史,长江下游是中国稻作农耕最早和稻类作物发现最集中的地区之一。日本出土的稻谷和长江下游已发现的稻谷十分相似。长江下游和日本列岛的九州相隔极近,和朝鲜半岛南部也比较接近,在稻谷传播的各种途径中,最有可能是由长江三角洲直接输入日本九州和朝鲜半岛南部地区。日本、朝鲜水稻栽培起源时间大致相仿,在公元前 10 世纪前后。首尔附近岩欣里遗址的碳 14 年代是公元前 1030±70 年,日本唐津市菜畑遗址 8 上层的碳 14 年代是公元前 1010±90 年,8 下层是公元前 1280±100 年。从目前所得考古资料判断,可以认为稻作农耕是先从长江口通过海路进入日本九州北部,稍后又输入朝鲜半岛西南部。和稻作的传递同时,朝鲜半岛北部和中国北方一样,也以栽培粟、黍为主要农作物,朝鲜半岛南部无纹陶器文化中,稻作遗存并不多见,足见稻作经济首先在朝鲜海峡南北繁衍,以后在日本弥生文化时代由北九州向濑户内海和近畿推广。上承绳纹文化的弥生文化,是稻作农耕经济在日本逐渐替代采集渔猎经济、成为主要经济生活的时代。在以后的年代中,由于来自海上的中国移民不断增多,文化传递的信息在朝鲜海峡两岸因而络绎不绝,维持不衰。

这些古代来自长江下游的海上移民,向日本输入的生活用具和风俗习惯,有石玦、漆器、干栏式建筑和拔牙风俗等多个方面。

日本的石玦是绳纹文化中期以后有代表性的遗存,它的形制和商周时代的玉玦十分相似。商周玉玦起源于长江下游的史前居民。长江下游太湖流域是世界上用玉最早的地区,浙江河姆渡遗址出土的玉玦有 11 件,距今 7 000 年,是最早的遗物。苏州越城和草鞋山出土 5 件,嘉兴马家浜、上海青浦崧泽、常州圩墩、南京北阴阳营等地均有出土,总计已发现玉玦 141 件,全在长江以南和长江沿岸。在黄河流域的新石器文化中,仅河南孟津小潘沟的龙山文化遗址中发现 1 件,要待商、周时代才大量使用玉玦。太湖流域发现的玉玦分属河姆渡文化、马家浜文化、崧泽文化和良渚文化,无疑要比日本绳纹文化同时期的石玦为早,日本的石玦正是那些太湖流域的移民到达日本以后,就地选用石材制作的同类耳饰。

中国是最早的制造漆器的国家。河姆渡出土的木胎漆碗是目前所见最早的遗物,距今已近 7 000 年。在常州圩墩遗址中也发现两件涂漆的残木器,属于马家浜文化,具有 4 000 年以上历史。日本已出土绳纹文化的漆器,大多属于晚期,相当于商周时期,1965 年在宫城县票原郡山王遗迹中,见到的竹木制作的碗和漆弓,就是这一时期的产物。甚至在距今 5 500 年以前的福井遗址中,也出土过精致的漆梳。这些漆制品都是中国江南的渔民带到日本的遗物。用漆涂制竹木器的知识,在东海两边传递十分迅速。

新石器时代的居民处于穴居和巢居阶段,后来由巢居而变成栅居,在河沼附近打上木桩,耸出地面,再在木桩顶端架上竹木构件,修葺房屋,这类建筑遍布在中国东南沿海直至西南地区,在东南亚各地也极普遍。中国西南少数民族称这类建筑叫干栏,或麻栏。干栏,在壮泰语中是"高屋"的意思,汉族称"楼居",用来对比早先的"穴居"和"巢居"。

干栏建筑早在 7 000 年前已出现在长江流域,浙江余姚河姆渡、桐乡罗家角遗址出土过这类建筑的木桩构件,同类建筑的基址也可以在浙江吴兴钱山漾、江苏丹阳香草河、吴江梅堰、苏州草鞋山等遗址中见到。汉代以前中国南方干栏建筑的实际形状可以从江西清江营盘里的陶屋模型、云南石寨山的铜屋模型以及祥云大波那的屋形铜棺得知一个概貌,金属在底架桩柱上面建有长脊短檐式屋顶的干栏建筑。汉代陶制干栏式建筑反映出广东、广西、四川、贵州、湖南的干栏建筑,除底架桩柱仍然具有传统式样外,屋顶形制已经是汉代式样了。东南沿海的这类原始式样的干栏建筑,早在汉代以前已经传入日本。日本赞岐国发现的铜铎和奈良佐味田冢古坟出土铜镜上刻画的干栏建筑,都是底架桩柱,具有长脊短檐式屋顶。奈良唐古遗址出土的弥生陶片上表现的建筑,也和赞岐国铜铎上的图像相近。至少在战国晚期,相当于日本弥生文化开始的公元前 3 世纪,日本西部地区从长江流域接受了这种建筑式样,这种式样一直保留到古坟时代的房屋埴轮(明器)之中。这种建筑物传遍了全日本,到现在日本北方虾夷人的建筑,木构建筑四壁的柱子都还是深入地表,依然保持着干栏建筑的特色。

中国东南沿海通过东海和日本列岛之间产生文化联系,从公元前 5000 年的河姆渡文化向日本输出玉玦和漆器开始,时间之早,胜过了通过朝鲜半岛然后转往日本西部地区的联系。在日本绳纹文化中见到的夹炭黑陶(含纤维陶器)、木器制作的盛行,都具有长江流域文化因素。

中国沿海居民的拔牙风俗,出现在公元前 3900 年至公元前 2200 年黄河下游的大汶口文化,同时流行在长江下游的马家浜文化、崧泽文化中,从山东、江苏、浙江沿海一直延伸到福建、台湾,成年男女都有拔牙的风俗。这一习俗曾远播绳纹文化后期、晚期和弥生文化时代的日本列岛。绳纹时代后期的日本男女,多拔去犬牙、门牙和小白齿,和长江三角洲先民的拔牙风俗完全一样。宫城县黑滨贝丘中发现的 13 具遗体,拔牙的有 11 具;爱知县稻荷山贝丘出土 100 具遗体,全被拔牙;爱知县吉胡贝丘出土的 133 具遗体,有 125 具被拔牙。还有文身的习俗,也是中国东南沿海居民流行的风俗,商周时代,中原已是衣冠之邦,然而东部沿海地区仍是夷人所居,《礼记·王制》说:"东方曰夷,披发文身"。日本列岛也有这一风俗,直到 3 世纪弥生文化时代,这种文身的风习,或左或右,或大或小,用来显示"尊卑有差"。而男女衣着却依然十分简约,《三国志·魏书·乌桓鲜卑东夷传》记日本人男子都露紒(发髻),用木棉包头,用带子将横幅的布连起来穿在身上,不用针缝;妇人被发屈紒,做的衣服像单被,中间开一个洞,用头往里一套就成了。

这些风俗随着大陆移民的足迹进入日本,也给中国大陆通过朝鲜半岛南部和日本九州之间的海上联系提供了物证。

处于绳纹文化时期的日本和中国大陆之间的海上联系,主要有四条路线:一是由山东渡渤海到达朝鲜半岛，或由东北的陆路进入朝鲜半岛，借日本海左旋环流抵达日本列岛的北岸。这条路线可以进一步延伸，沿着日本西海岸穿过本州和北海道间的津轻海峡，和北上的太平洋暖流汇合航抵北美洲。二是通过朝鲜半岛南部，穿越对马海峡，到达北九州，西路由对马经壹岐岛至唐津，东路由对马经冲岛、大岛至北九州。三是由江苏、浙江渡过东海，在冬半年中，借助太平洋黑潮暖流在台湾以西的支流，航抵九州鹿儿岛；在下半年中，借助太平洋黑潮在台湾以西北上的支流，航向朝鲜半岛西南端。四是由福建、台湾，仰赖太平洋黑潮暖流，经琉球群岛抵达九州。四条航路，以第一条日本海左旋环流航线和第三条东海航线的历史最为悠久。

日本海左旋环流，形成于鞑靼海峡的里曼寒流，沿朝鲜半岛东海岸南下，在北纬36°附近和东北走向的对马暖流相遇，一支继续西南流向东海，另一支随对马暖流，流向日本西海岸的山阴、北陆地区，转向东北，直到津轻、宗谷海峡。里曼寒流在对马岛以东形成左旋环流，将来自西伯利亚和朝鲜半岛东岸的船只送往日本，却难以从日本北返。黄河下游的大汶口文化和后续的山东龙山文化，正是通过朝鲜半岛，在朝鲜半岛海岸借助左旋环流进入日本列岛，促进了日本绳纹陶器制作。在朝鲜半岛、日本、阿拉斯加、太平洋东岸出土的龙山类型的有孔石刀、石斧和陶器，表明了这条文化线的存在。在公元前2000年以后，商的祖先契的孙子相土时代便和海外世界有了联系，《诗·商颂》"相土烈烈，海外有截"，就是证明。汉代的王充在《论衡》中甚至说，周成王时（公元前11世纪末）便有"倭人献鬯草"。

另一条太平洋黑潮暖流航线，早在河姆渡文化时代已被中国东南沿海居民发现。夏季西南风期间，在菲律宾东侧沿台湾北上的黑潮暖流，支流越过台湾海峡北上渤海，在中国东南沿海全无南下寒流的阻挡，极易抵达朝鲜半岛西海岸和南部沿海地区。冬季东北风季节，东中国寒流沿海岸线南下，黑潮暖流主流比较偏东，它的支流通过台湾海峡后，便经由琉球、宫久岛流向日本东海岸，这时只有从福建通过琉球，才有可能航抵九州南部。太平洋黑潮暖流给大陆史前居民的北航提供了机会，指明了方向。日本弥生文化稻作的全面展开，是和黑潮暖流所输送的大陆文明难以分开的。黑潮暖流在日本列岛四国南部沿海分成两支，主流称作北太平洋暖流，沿日本列岛东北流至北纬40°海域转向东流，在北美大陆沿海和加利福尼亚海流汇合。另一支通过对马海峡，称作对马暖流；沿日本列岛海岸北流，通过津轻海峡，和北太平洋暖流汇合。无论北太平洋暖流，还是对马暖流，常年保持着平均每天20—25海里的流速，给太平洋西部地区的海上居民年提供了顺风顺水东航彼岸的途径。

经由朝鲜半岛南部通过对马岛和北九州之间的海上交通线，开辟较晚。这是由于必须具备横渡每昼夜24海里的对马海流的航海设备,才能从朝鲜半岛南端的釜山,越过对马岛、冲岛(冲之岛)、大岛到达北九州的宗像。这条航线一经航行成功,便可以往返自如。在《日本书纪》这部日本古代史书中,称这条路叫"海北道中",就是由于这条路线不但使得日本处于新石器时代末期的原始文化可以接受大陆金属文化,而且也畅通了从日本前往大陆的道路,日本考古学家把它称作"朝鲜路线"。从此,中国战国时期的铜、铁器金属文化,不但可以通过左旋环流进入日本本州地区,而且通过这条海上联络线,中国、朝鲜半岛和九州之间的海上居民可以自由往返了,九州的筑前竟因此成了日本古代传说中的海神国。当时朝鲜海峡两岸,都有许多来自燕国的移民,他们从渤海湾带去了燕国的货币明刀和铜剑、铜鉾(戈),在日本历史上开创了金属文化和稻作农耕全面推广的弥生文化时代。

横跨对马海峡的朝鲜路线,使中国、朝鲜半岛和日本的交通进入了一个新的局面。和朝鲜半岛隔海相望的齐国和燕国,也是最早开辟这条对日交通线的开路先锋。春秋时代的齐国,早和朝鲜半岛建立了海上运输线。在《管子》中,管子曾列举国内的重要物产有七,朝鲜的文皮便是其中之一。朝鲜文皮进口必须通过山东荣成县的斥山,因此后来斥山文皮便成了东北毛皮的上等货。战国时代,燕国在辽东扩展领土,许多燕人或渡海,或从陆上进入朝鲜半岛各地,燕国的货币明刀便通行在这些地方,辽东半岛,朝鲜平安北道细竹里、渭源,韩国全罗南道,日本的广岛、冈山等地,都出土过明刀。燕人和齐人也给日本带去了许多青铜器和祭器,铜铎、铜剑和铜鉾是最有名的了。

日本弥生文化从公元前3世纪开始,在本州出现了铜铎文化圈,在九州同时展开的是铜鉾文化圈。这时中国大陆的青铜器时代早已结束,铁器十分普遍,日本则刚刚从中国那里获得金属器的使用和冶炼技术,至少在战国末期,日本还不知道仿制中国的青铜器和铁器。铜铎的发现都在近畿一带,分布在本州的西部。铜铎的祖型是春秋、战国时期中国北方流行的编钟,首先传入朝鲜半岛,近年在庆尚南道入室里出土的小铜铎,和1918年在日本大和葛城郡吐田乡发现的相同。铜铎的出土地点,多数在左旋环流经过的朝鲜半岛东南端和日本本州西部广岛以东的地区,传入日本无疑比铜鉾更早。铜铎的铸型在20世纪80年代以后有发现,佐贺县鸟栖市安永田遗址、福冈市赤穗浦遗址出土的铸型和广岛市东区安艺町出土铜铎同型。考古学上的日本铜铎文化,分成菱环钮式、外缘付钮式、扁平钮式、突线钮式四种类型(简称Ⅰ—Ⅳ式),与日本铜铎最相近的是中原地区和山东沿海春秋中晚期的钮钟,但日本本州出土的铜铎两侧均无这类钮钟旁出的花饰,钟体亦无圆泡状枚(乳钉),是一种简化了的中国式钮钟。类似的编钟,在山东出土的,有1975年莒南大店春秋墓葬中的编钟,特别是1995年山东长清仙人台春秋中期邿国墓地出土的9件铜编钟,钟体上窄下宽,呈合瓦形,钮部有长方形框,钮部索形,最与日本铜铎的钲部有六格矩形框、钮部作半弧形相似,可以视作日本铜铎的祖型。当是山东沿海的东夷民族在公元前7世纪以来陆续东渡朝鲜半岛,利用左旋环流进入日本本州以后,在当地所铸造,是东夷文化向海外东传的结果。

铜鉾所代表铜利器包括铜剑、铜戈、铜矛,多数出土于北九州地区,向东远及濑户内海沿岸,最初都从中国大陆和朝鲜半岛输入日本。铜鉾文化圈代表了另一个不同于铜铎文化圈的文化类型,是以中国北方燕、齐(包括东夷)兵器为祖型,传播的路线也和铜铎迥异,是跨越对马海峡进入北九州地区的。对马岛曾出土大批铜矛,总数达59件。朝鲜半岛南部的庆尚南、北道,原是战国末期辰韩和弁韩的分布区,也发现了中国青铜剑、铜鉾遗址3处,出土11件。这一事实,可以使我们明了,在稍后于左旋环流航线以西的朝鲜海峡一线,也在秦始皇统一中国以前不久,成为中国移民进入日本九州的重要路线了。

战国末期,许多不堪战祸和剥削的中国人,渡海逃亡朝鲜半岛南部的马韩,马韩将东南部近海一带荒僻的土地,作为安置这些来自大陆的流民的地方,于是出现了辰韩这个国家。当地通行中国语言,直到两三百年以后,这里的居民仍然保存了不少汉代以前通行的华北方言,例如汉初为了避汉高祖刘邦的讳,不称邦而称国,而辰韩的语言,仍称国为邦,称弓为弧,称贼为寇,行酒叫行觞,互相称呼叫徒,和秦代没有两样,因此也有把辰韩叫作秦韩的。

在北太平洋区,航海活动曾给大陆居民展现了一个新的世界,这就是1492年哥伦布发现新大陆以前,太平洋暖流早已给从事海上活动的先民,提供了从亚洲大陆前往北美大陆的通道。北美洲的原住民因纽特人和印第安人都是从白令海峡西岸的亚洲迁居过去的。尤其是后来在美洲创造了3 000年灿烂文明的印第安人,在外貌上和蒙古利亚人种十分相像,有人甚至说过,印第安人简直就是横渡重洋过来的中国人。

委内瑞拉学者安东尼奥·莫雷诺·维亚弗兰卡认为,在公元前1000年前后,来自中国黄河下游的殷代移民,向东横越太平洋,来到墨西哥。这些海上移民在墨西哥西岸登陆以后,创造了前奥尔梅克文化和奥尔梅克文化。这个看法,可以稍稍加以修改,因为事实上有许多考古发现,已经说明华北的细石器文化和北美阿克马克印第安遗址有相似的地方,山东、辽宁龙山文化中的有孔石斧、有孔石刀也在太平洋东岸可以见到。奥尔梅克文化在公元前2000年前后,已在墨西哥湾西岸的韦腊克鲁斯州和托拔斯科州兴起,延续了近2 000年之久。在公元前1200年以后,奥尔梅克文化获得了新鲜血液,这就是出现在奥尔梅克文化中的一些值得注意的商周文化因素。公元前 12 世纪,周人的先祖太王古公亶父十分中意他第三个儿子生的孩子姬发(后来的周文王),于是他的长子泰伯、次子仲雍主动放弃王位的继承权,出奔南方长江,来到下游的吴地,与越人相处。商亡以后,散处山东、江苏北部的东夷、徐夷起兵反抗,周公统率大军讨伐,于是许多人亡命海外,有些人到了日本,一部分人可能借助北太平洋暖流进入墨西哥湾,到了中美洲。也有一些越人可能会借助赤道逆流,通过波利尼西亚到达中美洲。

(二) 南海、波利尼西亚区

居住在南海地区的马来人和华南的中国人在人种和语言上都有相近的地方,被称为原始马来人的印度尼西亚人,是由中国南下的蒙古利亚族和东南亚的原住民尼格罗-澳大利亚族混合的种族,因此马来人在体质上和福建、浙江人非常相似,甚至有人认为,次生马来人是由中国东南沿海经菲律宾移入印度尼西亚的。在新石器时代,华南的中国人创造了一种和黄河流域完全不同的文化,那就是以有段石锛和几何印纹陶为特征的文化。

有段石锛年代最早的见于浙江余姚河姆渡遗址第四层,经碳 14 测定,在公元前 5000 年。同类石锛在浙江、福建、江西、广东的石器遗存中,都有发现。印纹陶的出现略晚于有段石锛,兴盛于相当黄河流域的商周时期,到战国、秦汉进入衰退时期。在印纹陶兴盛期,有段石锛和双肩石斧在东南沿海地区仍然占有相当比例,大致一直使用到公元前 1000 年以后。使用这种石锛的是百越民族兴起以前就在长江下游定居的荆蛮,后来又成为百越民族的重要工具。随着东南沿海居民在海上的迁移,有段石锛也传入了台湾地区、菲律宾、苏拉威西和北加里曼丹,最后进入了太平洋中岛屿星罗棋布的波利尼西亚,甚至远到南美洲大陆的厄瓜多尔,也有同类石锛遗存出土。

菲律宾发现的有段石锛较多,考古学家拜耶(H. A. Beyer)曾发掘出四五千件之多。在北加里曼丹和苏拉威西的明纳萨(Minahasa),也有过同样的发现。有段石锛在爪哇、苏门答腊和澳大利亚附近各岛没有发现,在菲律宾以东的密克罗尼西亚群岛中也没有出土,而在分布于中太平洋的波利尼西亚群岛中分布极广。奥地利人类学家海尼-格尔顿(Robert Heine-Geldern)是最早在波利尼西亚发现这种石锛的,他定名为有段石锛(德文 Stufenbeil,英文 Steppod adze),后来中国学术界便采用了这一名称。

波利尼西亚群岛自北而南都发现过有段石锛,夏威夷、马克萨斯群岛、社会岛、库克群岛、塔希提岛、奥斯突勒岛、查森姆岛是这种文化集中的地方。新西兰发现过同类石锛,在萨摩亚群岛也有少量出土,再往西去,这一文化的传递便中断了。而在太平洋东部的复活节岛，甚至南美洲的厄瓜多尔，构成了一条向着美洲大陆延伸的传送带。

中国人类学家林惠祥根据中国东南沿海和台湾的遗存，发现有段石锛在中国大陆由原始型进至中级型以至高级型都有发现，作为中级型和高级型的有段石锛曾传到台湾地区和菲律宾，以至波利尼西亚群岛。

在南太平洋上，这种自西而东的文化传递，在航海工具处于筏子、独木舟、轻便小艇的条件下，只有利用介于南赤道流和北赤道流之间的赤道逆流和北太平洋海流，才有可能顺利实现。处于北赤道流和南赤道流之间的赤道逆流，位于北纬3°—9°海域，全年自西向东，由苏拉威西海和菲律宾的棉兰老岛，经密克罗尼西亚的加罗林群岛、马绍尔群岛的南部和吉尔伯特群岛的北部流向南美洲的哥伦比亚。而在这个地区至今还未发现有段石锛。另一条东流的北太平洋海流，位于北纬30°以北的西风带，流速较慢，位置正好在钱塘江口的河姆渡和墨西哥北部的加利福尼亚半岛之间。这条海流经过夏威夷岛，正好在夏威夷已经有了有段石锛的遗存。不妨推测，波利尼西亚的这一文化是由浙江漂洋过海的越族带去的，时间约在公元前5世纪，相当春秋、战国之际，中国东南沿海政局大动荡的时期。波利尼西亚各地的有段石锛，从此便逐岛流传，延续了近2000年之久，在距今500年前才结束石器时代。

有段石锛的传入台湾地区和菲律宾，时间应该更早于战国时代，延续的时间也是很长的，一直维持到中世纪初期。

在拉丁美洲墨西哥南部奥尔梅克文化中出现的许多商周文化的因素，实际上都是公元前10世纪前后，居住在长江下游三角洲的百越民族特有的文化，这些文化因素有佩玉和玉雕技术，使用斧钺，采用土墩形制的墓葬。

玉的使用在江南算是最早，商、周时代中原地区也普遍使用。中国用软玉，墨西哥则用硬玉。在墨西哥，玉被用来形容绿色的风景，称呼天神和统治者。当地民间有在死人口中置玉的习惯，也和中国一样。还有玉雕技术也类似中国，用纤维或木板切削，靠弓或压钻打眼，用研磨料混合碎片琢磨。

奥尔梅克文化也像中国一样使用象征权力的斧钺，斧钺表面磨制光滑。中国北方华夏族曾大量使用石斧，后来又以玉制的斧钺作为权力的徽号。古代南方的越族大量使用石锛和有段石锛。越族的越，原来写作"戉"，像斧（戉）的形状，本是武器或舞器，由可以装柄的有段石锛演变而成，也可以是扁平的穿空石斧，在5000年前的马家浜文化中已经有了，到了良渚文化时期，磨制得很精致的扁平穿空石斧，逐渐成为象征武器的礼器，一变而成晶莹洁白的玉斧，上海福泉山和武进寺墩先后都有出土，时间距今4000年以上。在南美洲秘鲁的沿海地区和奥尔梅克文化相当的查文文化中,始祖神手中所持就是装有长柄而上有三孔的梯形斧,这种斧显然具有权杖的意义。

平地掩埋的土墩墓葬在长江下游三角洲的江苏南部是一种土生土长的文化遗存,分布在上海、苏南、浙江北部和皖南,兴起于公元前11世纪,到公元前5世纪初为止。浙江境内的土墩墓主要分布在杭嘉湖、宁绍地区,以及浙西的金华、衢州地区。浙江东南沿海在商周时期流行石棚墓(支石墓),很少见到土墩墓,仅在温州苍南有过一座商代土墩墓,在温州瓯海杨府山、台州黄岩小人尖发现过土墩墓。土墩墓是典型的越族墓葬,墓葬中常伴随有大量小型的玉石饰品。东南沿海地区到春秋时期逐渐出现土墩石室墓,从春秋晚期起,平地起建的土墩石室结构逐渐被中原地区或楚式的竖穴土坑木椁墓所替代;到战国时期,土坑木椁墓更进而成了越地流行的墓葬新形制。这种墓葬形式,极有可能跟着海上移民的足迹,在商末周初,漂洋过海,进入了太平洋的彼岸。在奥尔梅克文化三个祭祀中心中,拉文塔祭祀土墩下有16个用玉或蛇纹石雕刻的人像,面貌类似中国人,全体列成半圆形面向一个首领,首领用红石雕刻。这些土墩墓葬早到西周初期首先从海上传到了墨西哥,随后在公元1世纪后,又出现在北美洲。

奥尔梅克文化中还有许多石雕像,都具有中国人的形象。奥尔梅克的三个祭祀中心拉文塔、圣劳伦佐、特莱斯萨波特克,先后发现15个巨石头像,用10吨以上的独块玄武岩雕成,最高的有2.9米,形貌像中国人。在南美洲玻利维亚的蒂亚瓦纳科遗址的庙宇祭坛上,也有这种类似华人的石雕头像。奥尔梅克文化中,巫师所用的凹面镜,形制也像中国铜镜。印第安人有用牛肩胛骨占卜的习惯,和商代用龟甲、牛肩胛骨占卜类似。

中国大陆和墨西哥、拉丁美洲之间,虽有重洋相隔,但善驾舟楫航海的中国沿海居民,凭借他们的经验,早已利用太平洋暖流或东流的北太平洋海流,在公元前221年中国第一次完成南方与北方的大一统以前,向这些地区实现了移民和文化的播迁。

六、 南海、印度洋文化传递线

南海是两三千年以来,华南沿海居民栖息和从事捕捞业生产活动的地方。南海诸岛在历史上习称万里石塘、千里长沙,最早见于一部叫《琼管志》的古地理书,宋代王象之《舆地纪胜》曾加引用。这里是越人先祖出没之处。欧洲人进入到这一地区以后,便顺理成章地称作"中国海",而将南海以西的海洋叫作"印度洋"。其实,中国人一直是将这一大片与中国南疆毗连的海洋叫"涨海"或"南海"的,在欧洲人之前早就出入这些海域的阿拉伯人也是跟着中国人这样称呼这些海域的。古代的中国将现在阿拉伯海以西的海域明确地称作"海西"或"西海",已经迟至公元 1 世纪了。

14 世纪亲历南海、印度洋和地中海各国的贸易家汪大渊,根据他对海流和岛屿分布的观察,认为通常海员习称的万里石塘(泛指海中岛屿)广布于苍茫大海之中,像长蛇般"横亘海中,岂止万里而已!"依他之见,突出在海中的"地脉",起自潮州,可以概括成三大支,一脉至爪哇,一脉至加里曼丹、帝汶岛(东岛),一脉至昆仑岛(马达加斯加岛),将南海和印度洋中的海岛和洋流剖析得一清二楚。当时的中国帆船在季风期间乘风破浪,在这片汪洋大海中行驶,日速可以达到百里,所以他认为用"万里石塘"来泛称这些海岛,已经与实际航行有所出入。汪大渊的这一见解,十分符合现代海洋学的测量,在东北季风盛行的 10 月—次年 2月,南海皮流速度每日可达 40 海里,在 5—8 月西南季风期间,平均皮流速度每日可达 28 海里,这一海域的东北风比西南风要强,所以有利于中国海船的出行,而西南季风来自爪哇海向北吹往加里曼丹海峡(*China Sea Pilot*, Vol.1, Hydrographic Dept。Admiralty, 1951, 2nd. London),这就促使中国帆船首先利用这一有利因素,及早开通了穿越巽他海峡往返东非的航路。中世纪阿拉伯地理书也记录,苏门答腊以西的海流十分有利于船只由此前往大科摩罗岛(马达加斯加岛)和桑给海岸的航行。

春秋、战国时代黄河流域频发的战乱,引发了涌向南方的移民潮,促进了五岭以外华南沿海地区的开发,推动了原本在江湖密布地区仰赖舟楫生活的百越民族,沿着海岸向更加广阔的海洋世界寻求新的生存空间。因此,我们居然可以在红海彼岸的麦洛埃遗址出土的陶罐中,发现它的祖型是在距离几千千米之遥的中国湖南。世居红海之滨的库施民族已经有 3 000 年的历史,他们擅长制造陶器,在库罗、努里等地建有王室陵墓;自公元前 8 世纪以来,在努里以南、那巴达以北的萨那·阿布·邓姆(Sanam Abu Dom)附近,还建造了众多的非王室的陵园。在这里出土的以陶器为主的文化形态也自有地方色彩,与埃及采用轮制作的陶器式样不同,完全采用手工制作,雕刻纹饰可以上溯到公元前 2000 年,而兴盛的时期是公元前 3 世纪。当地出土的许多陶器多数与埃及二十五朝及以后各朝的产品类似,但也有一些属于当地制作,因此和埃及风格全然不同的产品。这些属于当地手工制作的陶器中,有一件归英国牛津大学阿希莫良博物馆收藏的侈口桶身、形制特异的陶罐,在光润的器身一侧,居然刻有两行类似中国篆文的象形文字(《剑桥非洲史》第 2 卷,第 288 页后图版 3 之 6),极有可能正是公元前 3 世纪前后的产物。但就陶罐的器型和文字的古老程度而言，与同时代汉代中国的陶罐又不尽相同，难说是秦汉之物。它的祖型却能从 2005 年湖南宁乡发掘的古遗址中见到。宁乡炭河里的西周城址发现过一批陶器和青铜器，其中一件被发掘者称作 A 型尊软陶器的形制却和萨那·阿布·邓姆出土陶罐吻合（《文物》2006 年 6 期，21 页，图 34 之 12，复原照片见 25 页图 40A 型陶尊）。这类陶罐在西周以后的几百年中，尚未见到可以称作直接传承的遗物，勉强可以在汉代找到它演变过程的遗物的，似乎只有河北定县 40 号出土过金缕玉衣的中山怀王刘修墓中的陶盆可以相当（《文物》1981 年 8 期，5 页，图七之 9。）这一历史现象在中国本土湮没，却在千余年后，在远隔印度洋的红海左岸见到它的遗存，应该不是出于偶然，而是由于其间曾有过的移民活动所形成。

在中国古史上，西周的晚期，湖南宁乡处于南北交通的十字路口，受到南迁的扬越和蛮族文化的影响，逐渐开发。迟至楚悼王（公元前 401—前 381 年）时才直接归属楚国，成立了洞庭和苍梧两个郡，随后便出现了苍梧族群的大举南迁，其中的一支，受阻于岭南地区的瘴疠，转入广西，流徙于中南半岛沿海，成为骆越民族的主干。秦朝建立象郡，领土拓展到北部湾。在秦朝覆亡之后，中国南方沿海地区的经济，由于赵佗在珠江流域建立南越国，有了进一步的发展。南越国推动了首先在中国境内熔铸铁鼎建立冶铁工艺的楚文化，和当地的越文化以及海洋文明融合在一起，在中国南方首次建立起一大海洋文明中心。随后的汉代，一直将国疆伸展到了越南半岛的中部。公元前 111 年，汉朝在越南中部成立了辖有五个县的日南郡，那里的居民都自称是汉人子孙，决意拓展海洋文明。北部湾和它以南的海域从此受到中原王朝的管控，长达千年之久。从此，这个在南海地区最早出现的文明国家，随着沿海流迁的居民进一步向海外扩散，促使文明大潮西进，在南海地区掀起了各族群的建国运动。

早在公元前 4 世纪中叶成书的《山海经·海外南经》，对南海地区的知识还只限于红河、湄公河和怒江的中上游地区，最往南去，文明便告消失，由此直抵海滨，妄无所知。但此后由于移民和经商，大批流徙的人群逐渐进入印度洋沿岸地区，以及从苏门答腊起向西广为分布的岛链组成的海洋世界，空前地拓展了处在东亚文明中心的人们的视野，致使中国文献中有关东南亚和远至阿拉伯半岛和非洲东部地区的地理知识大为拓展。根据《汉书·地理志》，公元前 1 世纪末汉代的使者通过沿岸航行，逐段接驳，达到了南印度东海岸的黄支国（康契普腊姆），似乎可以凸显出处在文明潮流的冲击和环境变迁中的海上移民，已经汇成风气，表露了人们所具备的航海知识业已消除了对前往浩瀚的海洋未知地去寻找新的生存方式的恐惧，替而代之的是充满希望的探索精神。

因此到公元 3 世纪初,从日南郡南端出现的西图国起,可以列数到波辽国、扶南国、屈都乾国、金陈国、林阳国、奴后国、横趺国等众多的国家,其中的横趺国便是汉使最早到过的黄支国;还有在公元前后的苏门答腊岛上,已经先后出现的叶调国和毗骞国。文献所列国家甚至远到大秦国,《外国传》(又称《吴时外国传》《扶南传》)说:"大秦国人,长一丈五尺,猿臂长胁,好骑骆驼"(《太平御览·兽部》卷九〇一引)。这个"好骑骆驼"的大秦国,不正是罗马时代居住着闪族和含族、连接亚非大陆的红海地区吗?

有一部取名《太清金液神丹经》的道家经籍,从东亚文明中心出发,对 3 世纪以来自日南郡南方展开的海外世界作过系统的叙述,已经对亚欧非三大洲的海洋世界有了比较完备的常识。虽然就成书的年代而论,此书比之埃及的希腊地理学家托勒密的《地理学》要晚了一个世纪,但书中条理清晰的叙述,早已先西方世界勾勒了亚非两大洲之间的海洋世界,而不像托勒密那样,在印度洋的东边,只是绘制了一个虚假的、全然被自北向南延伸的大陆阻隔的东亚。

从印度洋的东端到西端,陶器款式和制作工艺的传递,给我们提供了最早的交流信息。

汉代敞口敛颈鼓腹陶罐曾是麦洛埃陶器的重要图式,透露了印度洋北部岛链对于文明的越洋传递所起的作用。随后,流布到东非和中非各地的陶罐却与汉式不尽相同,仍然具有西周时期宁乡炭河里陶尊(罐)的款式。其中的 I 式,具有大口直形宽边、腹部鼓起的陶器,在赞比亚的邓布韦(Dambwa)有成批发现,在津巴布韦的格可曼尔(Gokomere)也有出土。同一类型的 II 式唇口鼓腹、颈部有装饰纹样的陶器,被称作阴纹陶器(dimple-based wares),有在津巴布韦的利奥波特小丘发现的,几乎与麦洛埃式样没有什么变化;在赞比亚维多利亚瀑布西北 105 千米的马契里、赞比亚的卡蓝博瀑布,还有津巴布韦境内的一些铁器时代遗址中,也有发现。经放射性碳素测定,马契里林站的出土物,时代约在公元 2—3 世纪。同类器物在 4 世纪以前的津巴布韦第一期地层中,也有出土。格可曼尔陶器与湖南宁乡炭河里出土的 I 型陶罐相似(《文物》2006 年 6 期,16 页,图一七之三),与炭河里出土硬陶 D 型罐属于同一类型(《文物》2006 年 6 期,22 页,图三五,硬陶器之八),甚至和 2009 年在广东连州东汉墓出土一件铁釜及残存支架(《文物》2012 年 2 期,35 页,图一七)也同出一源。可以推断,原本在西周时代用于烹饪的陶尊陶罐,后来到了广东便演变成铁釜,畅销海外。中国南方开始和麦洛埃周边地区发生文化联系,大致就发生在公元前 3 世纪到公元 2 世纪的时段中。麦洛埃非埃及式陶器和以后出现的格可曼尔陶器以及阴纹陶器,都曾有来自印度洋东部岛链传承的陶艺参与其间。

阴纹陶器的传播者是从肯尼亚西部高原南下,操邻近尼罗特语或库施语的非班图语居民。这群移民的东支创造了蒙巴萨西南 30 千米的克韦尔首次发现的克韦尔陶器(Kwale ware),他们的西支在肯尼亚西部的乌里维(Unrewe)遗址创造了乌里维文化。克韦尔文化出现在公元 2—3 世纪的东非,传播这类文化的起点可能是尼罗河中游麦洛埃古老的冶铁中心。

　　麦洛埃非埃及式陶器不仅陶罐、陶罍与汉式相仿,连陶碗式样也有和汉代瓷碗相同的。浙江上虞东汉瓷窑遗址是世界上最早烧造青瓷的窑址,出土的两种青瓷碗,曾被麦洛埃的陶匠作为新款加以仿造。其中之一,口缘细薄,深腹平底,碗壁圆弧呈半球形,和麦洛埃一种碗腹上部有带形纹饰的深腹碗最为相似;其中之二,口微内敛,浅腹平底,竟也出现在麦洛埃的浅腹陶碗中。瓷器是中国的独创,国外产品,在初期均非中国工匠前往传艺,难得成功,陶碗形制虽可复制,烧成温度不高,但若非里手,绝难成其工巧,因此这类工艺信息的传递,在文明传播进程中实在堪称奇迹。

　　清代学者王谟将 7 世纪以前佚失的地理典籍加以辑录,编成《汉唐地理书钞》,从中可以明确中国人在古代已经有人去过红海地区。其次,便只有仰赖 9 世纪以来的阿拉伯地理著作了。从那时起,一些阿拉伯人的著作开始描述旧大陆最大的海洋,伊本·法基说:"世界上没有比大洋更大的海了,此海起自马格里布,经苏伊士到中国的韦韦群岛。"马格里布指埃及以西的非洲,包括东北非洲,从那里到中国东边的海洋,从罗马时代就有了人员和商货往来。后来中世纪的阿拉伯地理学家伊德里西和伊本·赛义德,记述了中国人越过南岭山脉将南方的昆仑民族赶到东南亚各地的移民潮。伊本·赛义德将东南亚昆仑民族沿着海岸向西拓殖的浪潮,归结成通过印度洋岛链向东非的三次移民潮。继第一次之后的第二次移民潮,使昆仑人进入沿海地区和附近的海岛中,这已经是 6 世纪的时候;此后的第三次移民持续了几个世纪,有成批的印度尼西亚人到达东非各地,这些移民先到达大科摩罗岛(马达加斯加岛),最后登上了出产黄金和优质铁矿的索法拉地区的大陆,记下了索法拉地区最南边的一座城市是在莫桑比克境内的达古塔城。

　　来自印度洋东部的海岛文化,进入印度洋西部以后,由于受到自北而南的红海海流和由东往西的北赤道海流的冲击,航海者或海上漂流者很难在索马里沿海登岸,只能越过索马里海盆北上红海,要么退而在肯尼亚北部沿海上陆,或凭借南赤道流通过查戈斯群岛、塞舌尔群岛进入坦噶尼喀南部和莫桑比克的无风区。

　　若非前两条顺着海流的海上传递线早在公元前已经出现,否则在那样早的时候,要进行跨越海洋的工艺传送,一定是难以实现的。所以公元 2—3 世纪之际的万震在《南州异物志》中出现了一个远在歌营西南名叫加陈国的海洋国家，此国是个古国，在公元前 6 世纪的波斯铭文中已经有这个 Kuśá 国了，那是波斯人对埃塞俄比亚和努比亚地区库施民族的称呼。中国和古老的麦洛埃文明，恐怕最初就是凭借海上漂流，才实现了双方信息的互通。

第四章
东亚与西亚、地中海三大文明中心最早的联系

一、 商周文化与草原民族

（一）商周文化与北方游牧文化

公元前 17 世纪建国的商朝，在黄河中游创造了灿烂的青铜文化，给丝织、原始青瓷、玉雕、漆器等具有传统特色的中华文明，在建国 600 多年的漫长岁月中，奠定了深厚的基础。商王朝和北方草原文化有广泛的文化联系，据说商族的始祖契和禹是同时人，契的孙子相土开始驯马，相土的四世孙王亥服牛。王亥曾将大批肥美的牛羊交予河北有易族的住处做买卖，有易族的首领杀了王亥，侵吞了他的牛羊。王亥的儿子上甲微为父报仇，兴兵杀了有易族许多人。有易之群潜逃到北方，在榛莽和野兽中间，建立了一个国家，叫摇民国，这个国家大概在阴山山脉附近地方，后来改叫因民国。像华北许多地方一样，也靠黍作为主粮。摇民国的居民据说是舜的后代，也是从黄潭流域迁徙去的。这则故事讲出了商族早就和河套地区的草原牧民有了经济来往。

商代北方有獯鬻、（工）方、鬼方等许多游牧民族，周代有猃狁、北戎，还有北狄国，据说也是黄帝族的后裔。这些北方少数民族流徙无常，常常南下侵扰中原王朝的土地，双方的经济往来和战争，助长了商、周文化和西伯利亚、中亚细亚的信息传递，促使现今内蒙古地区成为华夏文化和草原文化交汇的十字路口。

商文化兴起时，在西伯利亚叶尼塞河上游到里海东北部，同时形成了一个名为安德罗诺沃文化的青铜文化。在安德罗诺沃文化的西部地区，伏尔加河下游，存在着木椁墓文化，木椁墓文化分布极广，东起伏尔加河，西至顿河、顿涅茨河以及第聂伯河沿东岸草原。公元前 13 至 12 世纪，木椁墓文化进入晚期，它的铜器遗存表现出东、西两组具有不同的倾向，东部一组，以赦瓦伦遗址为代表，典型出土物有柄部镂孔的短剑，还有特种的镰形弯刀或砍刀，对于在它东面的安德罗诺沃文化具有相当的影响。安德罗诺沃文化中已经出现的曲柄刀，后来不断东传，成为继安德罗诺沃文化兴起于西伯利亚的卡拉苏克文化（公元前 1200—公元前

700 年)在中国新疆、蒙古和西伯利亚交接的萨彦-阿尔泰地区流行的工具。后来甚至进入殷的首都安阳。

在叶尼塞河中游米努辛斯克盆地的安德罗诺沃墓葬,和同一时期在外贝加尔湖的格拉兹科沃文化墓葬中,出土了根子在中国的白玉璧和白玉环。玉的大量使用开始于公元前 3000 年前后,玉殓葬在长江下游良渚文化中十分盛行,此后不久,玉器的使用便在黄河中游,以及远到辽宁大凌河流域的红山文化中不断出现。向北方草原传递这种文化的不仅是商代华夏族,而且有居住在北方广大地区的戎族游牧部落。而在商代晚期,当西伯利亚的卡拉苏克文化兴起后,由于中国北方戎族大批北迁,西伯利亚无论在外贝加尔湖,还是在米努辛斯克盆地,都具有显著的商周文化因子。

外贝加尔湖地区出土的卡拉苏克时期遗物中,有完全中国式样的陶鼎和陶鬲,总共 30 多件,它们都是由中国北部的戎、狄民族带去的。

商代高超的铸铜工艺,使得许多青铜制品在国外获得了声誉。在外贝加尔湖出土的许多半圆形铜饰品,在河套地区鄂尔多斯草原也曾见到过,在内蒙古也有类似的发掘物,一路向北传递的路线十分清楚。叶尼塞河米努辛斯克盆地,是当时和商、周文化并行的另一个青铜制造中心,那里广泛吸收了商代开创的青铜工艺,从青铜小刀、两头弯曲中间平直的弓形器到戈、矛、箭、簇和匕首形短剑,许多先进的兵器和工具,都从河套、阴山一线源源输往西伯利亚。在西伯利亚和中亚细亚北部塔加尔文化(约公元前 800—前 100 年)崛起后,各色各样的青铜剑在中国北方和西伯利亚的草原民族中流传,以致双方在这一时期完成了草原民族驰骋的一统世界。

中国北方在商代晚期出现的曲柄剑,柄端有鹿头、羊头等动物首部作装饰,曾流行于长城内外,向北输入到贝加尔湖地区和米努辛斯克盆地,但在中国东北地区没有见到过。这类匕首式青铜短剑由于在鄂尔多斯发现的最为典型,通常便被称作鄂尔多斯式短剑。这类短剑最早出现在商代晚期,直到西周时期仍被北方草原民族使用。同一类有鹿头或兽头装饰的刀和匕首型短剑,也在黄河中游使用过。安阳殷墟妇好墓出土过龙头刀,安阳小屯 20 号墓出土过马头刀,陕西也有同类的马头刀和蛇头匕形剑。

公元前 7 世纪到公元前 5 世纪,相当春秋中、晚期,北方青铜短剑在东起热河山地向西直到山西北部,进入一个高峰时期。这一时期的北方青铜剑爱到黄河中、下游中原文化的影响,出现了雕镂富丽、附有铜制剑鞘的花格剑。同时流行的还有野兽纹柄顶的弯头柄双侧曲刃剑,这类剑和西周时期中原以及北方东胡民族通行的柳叶剑有许多一致的地方,柳叶剑的原型可能出于中亚细亚的树叶形剑,而发达于中国北方和黄河中游地区。西伯利亚流行的兽形柄顶短剑和弯头柄短剑,在春秋晚期、战国初期,也是中国北方最时行的款式,由此演变出式样繁多的青铜短剑,其中环式或双环式弯头柄顶剑又成为同类大刀的蓝本,在汉代成了主要的格斗武器。

商代晚期出现的青铜弯刀和空銎斧,受到草原青铜文化的影响,可以在远到欧洲东部俄罗斯草原的塞伊玛文化中找到它们的祖型。这类青铜弯刀刀柄宽厚,柄部和刀身长度相近,柄端并有形体细小的兽形雕塑。到公元前 8 世纪内蒙古的夏家店上层文化中,流行的双侧曲刃短剑,形似柳叶,上部宽阔,中间出现左右两侧曲刃,下部收尖,俗称柳叶剑,是中国北方草原民族最常用的短剑(匕首),这类短剑后来随着河套地区斯基泰民族的西迁,通过天山传到黑海地区,成为中欧地区线条流畅的曲刃剑的祖型。夏家店上层出土的 2 号剑可以和多瑙河上游南起阿尔卑斯山,北至波罗的海广大地区出土的曲刃剑进行对比,足以了解这类短剑起源于中国北方黄河中游的河套地区,它们与意大利北部米兰附近喀西纳·拉扎(Casciana Ranza)窖藏中出土短剑、克莱恩湖居遗址出土曲刃剑、瑞典奥兰岛出土曲刃剑者有相似的地方。夏家店上层出土的 4 号剑、内蒙古桃红巴拉出土的 1 号青铜短剑,与德国莱茵河地区出土的青铜短剑也有亲缘关系。过去瑞典国家博物院院长奥斯卡·蒙德留斯(Oscar Montelius, 1843—1921)在考察了意大利北部青铜短剑以后,曾认为中欧地区的曲刃剑是由意大利的三角形短剑演变而成。但从以后发现的欧亚草原民族交流的历史材料观察,中欧地区的曲刃剑实在是由黑海地区的草原民族作为媒介,从遥远的蒙古草原吸取了青铜格斗武器的制造工艺,逐步发展而成。

另一种常见的青铜工具和武器空銎斧的形制,无论安阳类型还是塞伊玛类型都很相似,只是纹饰不同,安阳铜斧上有饕餮纹,而塞伊玛铜斧上纹饰简朴。在塞伊玛和安阳之间,过渡的类型可以在米努辛斯克盆地找到。在商代晚期,安阳通过鄂尔多斯草原,经蒙古和米努辛斯克盆地,向西直通伏尔加河流域的广大地区,中间经过许多文化类型和种族不同的草原民族的传递。黄河中游的华夏文化正是通过这样的途径很早和欧亚文化有了接触,直到春秋时期,中西交通的大道都通过西伯利亚和阿尔泰地区向西伸展,居延海至天山一路,在那时还未成为主要的交通路线。

(二)公元前 6 世纪通向欧洲的丝绸之路

在欧亚草原上放牧的草原民族,常年游走在平野与峡谷间,驱赶着牲畜,过着逐水草而居的生活,他们靠了养马业的发展,将黑海、里海到巴尔喀什湖的草原、峡谷作为放牧和栖息的地方,逐渐缩短了原先隔阂的族群间的距离。这些塞人和斯基泰人是一群群天生的商旅,是黑海与中亚细亚之间最优秀的商贩。斯基泰人与亚述人展开商业竞争,亚述帝国因此衰亡。斯基泰人和天山西部的牧民互相交换货物,其中就有中国生产的金属制品、皮革、丝漆。中国的蚕丝早先是长江下游太湖流域居民的一项特殊的手工艺产品,这项动物纤维的发明是从家蚕(*Bombyx mori*)结成的茧子抽取丝纤维做出,然后加工纺纱,织成丝绢。靠了考古发掘,人们至今还可以看到非常古老的产品。1958 年在浙江湖州钱山漾的良渚文化遗址中,发掘到丝线一团、丝带一团和绢一片,并有麻绳和两把棕刷一起出土,经树轮校正的年代有 5228±135 年,这些丝织物的纤维原料都是家蚕丝,有五六千年的历史了。钱山漾绢片的断面显示三角形已经分离,表面丝胶脱落,大约已经热水处理后才缫取,能达到这一步,纺纱、织绢算是完全成功了。这种绢,古人称作"帛",是没有花纹的普通丝织品。而这个"帛"字要迟到公元前 5 世纪才传入中国西边的另外两个文明中心——伊朗和印度,在中古波斯语中叫 bālās,梵语叫 patta,从那时起中国丝绸就畅销亚洲各地了。

商代的养蚕业已推广到黄河流域各地,并且形成了一定的规模,开始纺织由斜纹显出菱形花纹的"文绮",后来又有了有美丽的彩色花纹的绫。西周中期,公元前 9 世纪,在黄河中下游地区更创制成由多种色彩交织成花纹的、织工繁复的锦,再加上用彩色丝线在锦、缎上刺绣,于是锦绣成了妙绝人寰的纺织品,可以用作华丽的衣料,也可制作帷幕、挂幡、垫褥和床上用品。这是 3 000 年前文明世界中属于顶级一类的手工艺产品。《旧约·以西结书》16 章 10 和 13 节中出现的纺织精品 mesí,可能原来指的是"美绣",是一种绣品,虽然不一定是丝织品,也可以是用绣针在麻织物或毛织物上绣出花纹,但这类绣品的流行时间,恰好和当年丝织品开始成为亚洲西部地区的一项热门产品的年代相吻合,就值得注意了。何况在 20 世纪 30 年代,在埃及底比斯附近的岱尔·曼迪纳(Deir el Medina)属于埃及第 21 王朝的王室工匠墓地,发现过一具年龄在 30—50 岁之间的女性木乃伊,在她的头发中夹有丝绢,发掘者因此认定在公元前 1000 年埃及已用上了丝织品。

丝的一项初级产品是丝绵,古代叫"絮",用它做衣服,在冬天可以御寒,比棉花要轻,而且更加经用、更加耐寒,所以中国北方早就发明了用丝、毛混纺来生产适合寒冷地区使用的纺织品了。由于可以增强织物的耐磨和御寒性能,丝绢便从一种值钱的商品变得可以在寒冷的欧亚草原上也同样适用的织物。根据出土物,可以知道,公元前 17 世纪以后,中国的丝织品就已运销到了中亚细亚的阿姆河畔,乌兹别克斯坦境内沙巴里出土的一批丝织品就是中国生产的丝绸。在早期,更多的外销产品恐怕要算成捆的丝、丝线、绢(古称"帛")和丝絮了,随后才有更多的高级产品输出。最吸引人的当然是那些锦绮文绣、绫罗缎匹了，是这些精妙绝伦的产品震撼了整个世界，使得早先在亚洲西部由缫丝工艺产生的蚕丝产品引发的第一轮振波逐步扩大，然后迎来了规模更大的第二轮振波的产生，真正开展了从养蚕、缫丝到纺织的成套工序，使丝织工艺形成一定的规模。除了中国，在世界上其他地方要达到这一步，那已经是公元后好几个世纪以后的事了。

由中国首先开始的养蚕缫丝工艺，教会了许多民族就地采集蚕茧，抽丝纺纱。中国人赖以生产蚕丝的家蚕，只是鳞翅目蚕蛾科中的一种昆虫，它们经过精心培育，喂以桑叶（*Morus alba*），能吐出纤维长、韧性强、弹性高的蚕丝。鳞翅目中其他一些蚕蛾，如天蚕蛾科中的柞蚕（*Antheraea pernyi*）、原产印度的蓖麻蚕（*Philosamia Cynthia ricini*）、枯叶蛾科中的叙利亚野蚕（*Pachypasa otus*），也能吐丝结茧。但是在印度、伊朗和地中海东部地区知道采集这些野蚕结成的茧子，抽出丝纤维，加以纺织，最早也是在公元前第二千纪中的事了，真正织成衣料，都是公元前 1000 年以后才出现。在印度，用野蚕丝织成的衣服叫憍奢耶衣（Kauseya），叙利亚野蚕丝织成的衣服有著名的科斯丝绸，希腊名哲亚里士多德在《动物志》中曾详加讨论，它的幼虫头上长角，幼虫的形体应是黄褐色，主要分布在希腊到腓尼基海岸的地中海东部地区。用这些天然结成的蚕茧抽丝，纤维短而乱，制成的纺织品，无论光泽、粗细、品质都与家蚕丝所织的产品相去太远，无法相提并论。一直到公元 1 世纪，罗马博物学家普林尼对中国家蚕丝的生仍然妄无所知，他以为中国的蚕丝是产在树林中的一种绒毛（《博物志》第 6 册，XX，54—55），他似乎将长在树上的亚洲棉错认作了蚕丝。

欧洲人到底要到什么时候才知道中国丝绸？过去只能从古希腊的雕像和绘画中去做一些推测，这些雕像最早可以在公元前 6—前 5 世纪的作品中，通过身上所穿的透明衣服找到一些蛛丝马迹，最早的要算是雅可波利斯的科莱（Kore）女神大理石像了，女神胸前披有薄纱，看似中国生产的纱罗，这像是公元前 530—前 510 年的作品。但是人们对这类推论可以并不相信。直到 20 世纪 70 年代，在德国西南部巴登-符腾堡州（Baden-Wurttemburg）的霍米歇尔（Hohmichele），属于早期铁器时代的公元前 6 世纪中叶的贵族墓地中，考古学家发现了许多来自希腊和地中海地区的器物，在 6 号墓中获得了一块中间夹有蚕丝的羊毛衣服，装饰图案中也杂有蚕丝，才初步解开了谜团。这件羊毛衣是当地人的手工艺产品，但出现了决不可能由当地人生产的家蚕丝，因此有人推测是将中国丝织品拆开后，再和羊毛混纺而成。然而丝毛混纺织物可算不上是欧洲人的发明，那是中国北方民族早就会做的一项手工艺。在埃及，第十八王朝图特穆西四世（公元前 1412—前 1403 年）的墓中曾出土过用亚麻和羊毛混纺的织物，后来成了埃及毛纺业的传统特色。在麻、棉、丝、毛四类纺织品中，毛织品要算是最晚出现的一类了。欧洲人学会用丝毛混纺是比较晚近的事。在德国斯图加特附近的霍克道夫-埃伯丁根（Hochdorf-Eberdingen），一座公元前6世纪晚期的古墓也发现了羊毛和蚕丝混纺的织物。在希腊，首先是雅典西北属于富有的阿西比德（Alcibiades）家族的陶工区墓地出土了6件丝织品，其中3件平纹组织的素绢已变成绿色和棕色，还找到了由3股蚕丝合成的丝线，经过鉴定，是中国家蚕丝，上面还有残留的丝胶。出土物被认为是公元前430—前410年间的产品，那已经发生在希波战争以后了。但实际上出土物的年代还有上推的可能，因为中国文献中，在希波战争以前，早有希腊使节访问洛阳的记载了。不用说，中国丝绸应该早就运销希腊了。在小亚细亚弗利基亚的戈提安（Phrygian Gordion），发现过一大批完整的纺织品，年代属于公元前700年，在羊毛织物中可以见到业已碳化的丝线，上面残留着丝胶。这些发现，似乎处处都在告诉人们，从公元前7世纪普罗柯尼苏的阿里斯提士（Aristeas）写作《独目篇》（Arimaspea）起，在里海和中亚细亚之间不断迁移的牧民，确实在将中国河套地区以西的丝路不断向西延伸，将丝绸贸易当成了一宗大买卖，运销到了黑海、地中海周边各地，甚至远到多瑙河上游地区。

公元前6世纪，丝绸贸易在东起黄河入海的东海、西到爱琴海滨引发的空前的财富效应，驱使沿线的骑马民族纷纷投入到这一大宗的商业活动中去，于是在黄河中下游有华夏民族与草原牧民戎、狄和塞人之间一系列的冲突，在爱琴海则有波斯人与斯基泰人、希腊人之间的连年战火。公元前600年以后，地中海世界首先在安纳托利亚高原西部和爱琴海的希腊城邦中使用金银作为硬通货，随后又出现了金币和银币，促使商贸活动进一步活跃起来，将整个亚洲和大半个欧洲联结在一起，从东周都城洛阳或黄河下游齐国都临淄通向斯图加特的这条丝路，因此成了世界上最长的通道。

这条人类历史上最先贯穿欧亚大陆的交通大道，由东往西，大致可以分成四段。第一段，东起洛阳，向西直达天山东部的吐鲁番盆地，是华夏民族和中国北方草原民族的栖息地，属于丝绸西运的起始地区。

第二段，由吐鲁番盆地向西至里海北岸，是塞人和分布在里海以北的斯基泰人东边许多游牧民族的居住区，他们是丝绸贸易不可或缺的中间商，对黄河流域的中国人（华夏民族）来说，他们是最早从中国人那里获得生产丝绸知识的域外地区的居民。

第三段，从里海以西到黑海北岸，是从公元前9世纪以后逐渐由东向西移居的斯基泰民族的栖息地。他们是英勇的骑手，又是出色的商帮，欧洲门户的守护人，丝绸贸易靠了他们才传遍欧洲，因此被亚述帝国灭亡后崛起的波斯人视作最危险的对手。

第四段，从黑海的西海岸向南跨越多瑙河，经过色雷斯，可以直达希腊半岛，沿途布满希腊城邦，他们与斯基泰人结有商业联盟关系，希腊商品通过斯基泰人和草原牧民可以运销欧洲各地。在多瑙河流域，自下游通往上游的商业网络，经过各民族的转手交易，直指今天德国南部施瓦本山区的黑林山，这使那里的蛮荒地区和文明社会也可以互通信息了。

丝绢贸易由此在亚洲和欧洲之间展开了第二轮振波，但要到千年之后才在欧洲结出丰硕的果子。

二、 古代西方文明大国如何称呼中国

（一）中华文明的前哨：葱岭东侧的西周国

自西周以来，中国内地生产的丝织品有了很大的发展，不仅运销亚洲各地区，而且远到欧洲，也都通过商业渠道领略到了<u>丝线</u>、<u>丝布</u>、<u>绫锦</u>、<u>纨绮</u>等丝织品的魅力。公元前 12 世纪周王朝的开创者在陕西中部的周原兴起，他们的祖先是一个名叫姜嫄的羌族女子，姬姓的周族因此早就有了羌族的血缘，他们和河西地区的羌族有联盟关系，十分注意马匹的驯养和繁殖。《穆天子传》这部公元前 3 世纪以前的古书中记着推翻商朝的周武王（公元前 1046—前 1043 年）的曾祖父太王古公亶父和河套以西的游牧民族结盟，将他的一名侍卫长季绰派到葱岭东边产玉的地区，去监控那时的玉石生产，还把宗室的女子许配给他，代表周人的宗室统治这一地区。周人早已习惯了骑马驾车，长途奔驰，3000 年前一批关中的陕西人就此移居到了新疆的叶尔羌一带，在那里一边垦殖，一边开产和阗玉。不用说，许多丝织品也经过他们运往了葱岭以西的文明国家，在波斯诗人费尔杜西的编年史诗《帝王纪年》（*Shahnamah*）中，他把季绰译作季夏（Jamshid）。季绰的后代在那里世代相传，《山海经·大荒西经》称这里是西周之国，说他们是后稷弟弟的儿子叔均的后代，姬姓，在葱岭的东边种田食谷，传播农艺；又说那个地方有赤国妻氏，有双山。赤国妻氏，也就是《穆天子传》里周穆王到过那儿去运和阗玉的赤乌氏的国家，"赤乌"两个字拼起来正好是陕西话里的"周"，赤乌氏无非是周代宗室女的后代了。这一批陕西移民到达这里以后，便世代相传，繁衍生息，将这里经营成华夏族最西边的前哨。

葱岭东边从莎车、叶城往东，连同皮山、墨玉、和阗、于阗等几个县都产玉，皮山有座密尔岱山，更是著名的玉山，半山以上全是洁白无瑕的玉，《山海经·海内

《海内西经》是中国北方的燕国人在公元前 4 世纪下半叶的作品,要比齐人写作的《大荒西经》晚 200 多年,那时,和阗玉的生产又有了新的变化,已经不属于先前出现过的西周国管辖了。《海内西经》描述流沙出钟山(祁连山、冷龙岭)后西行又南行,将河套以西的腾格里沙漠直到塔克拉玛干沙漠全都囊括在内了,并且进一步指出西胡白玉山在大夏的东面,白玉山早就归属西胡;这时的大夏(吐火罗人)还没有进入阿富汗,居住在疏勒到库车、焉耆一带,所以出产和阗玉的白玉山正好位置在它的东南。《海内西经》还指出白玉山的西南是苍梧,苍梧的意思是"苍山",就是葱岭。时代变了,在葱岭以东因此再不见有西周国,但在早先的西周国的西边,仍有一个早在《大荒西经》中业已出现过的轩辕国,他们也是华夏族移民在葱岭以东建立的国家。由于塔里木盆地周边游牧民族不断迁徙,作为中国陕西移民后代的轩辕国要和他们的母国东周王朝取得联系,由于中间民族的阻隔,已经有了许多不利因素,因此变得难以和先前的西周国时期相比了。那么公元前 4 世纪时的轩辕国又在哪里呢?

(二) 伊朗化的中国译名

据成书时间与《海内西经》差不多的《海外西经》,轩辕国是在"穷山"的山脚边,"女子国"的北边。"穷山"不过是长江流域的楚人写作《海外西经》时,对"葱山""葱岭"这些原本北方化的地名所作的不同的译写。在轩辕国南面的女子国,是印度史诗中很有名气的苏伐拉拏瞿呾罗国,那里是西北印度史瓦特河流域的产金国,玄奘在《大唐西域记》中也提到过。根据地理位置判断,轩辕国只能是在新疆西南部葱岭东西交通要道所在的塔什库尔干。在公元前 4 世纪,这处周围广达200 里的地方,确实是华夏民族在新疆建立的最西的一个前哨了。

《海外西经》指称轩辕国,"其不寿者八百岁",这句话的意思是说轩辕国立国至少有 800 年了,从公元前 4 世纪上溯 800 年,正好和公元前 12 世纪季绰率领一批人马西迁的时间符合。轩辕国本是黄帝的氏族,黄帝据说也姓姬,和周的宗室同姓,可以见出,黄河中游姬姓家族的后裔也有在南疆的穷山之际建国的,他们的历史也不比西周国晚多少。轩辕国的居民在那里凭着一座天然的"轩辕之丘",作为北面的屏障,阻挡着北方游牧民族的侵扰,过着平静的农牧生活。他们崇拜的图腾(族徽)是"人面蛇身,尾交首上",证实他们来自黄河中上游的华夏族世居之地。轩辕之丘的遗迹在塔什库尔干以北 10 多千米的一座石方堡,当地塔吉克人把它叫作公主堡,传说是古时候一位中国公主在这里立国时留下的遗迹。赴印求法的高僧玄奘在 643 年归国时到过塔什库尔干,拜见了当地的朅盘陀国国王,国王自称是汉日天种,是华夏族与信仰日神弥罗(Mithra)的伊朗语民族混血儿的后裔。玄奘在《大唐西域记》卷一二中对羯盘陀的开国传说有一则记录。当年波斯国王向中国娶了一位公主,归国时经过这里,遇上兵乱,东西交通断绝,便把公主留在一座孤立的山峰上,派人守卫。但是每天中午,有一丈夫从日轮中御马下地相会,三个月后,战乱平息,波斯国王派人迎接公主回国,不料公主已经怀孕,臣僚们大为困惑,不得已就在石峰上建立宫城,将公主立为女王,到时生下一子,才华出众,威服周围各国。由于他的母亲是"汉土之人",父亲则是"天日之种",因此自称"天日之种"。据玄奘观察,这地方的王族,面貌和中国一样,也戴首饰方冠,只是穿的是胡服,和当地人一般无二。全是由于他们是中国公主的后裔。史书中也同样认为,新疆境内,只有于阗一地的人,"貌不甚胡"。不难明白,所以如此,全因 3 000 年前这里已经有了大批内地的移民。塔什库尔干的建国传说,无非显示当地开国时已信奉波斯日神,这种文化影响大约可以上推到波斯阿赫曼尼德朝的大流士一世(公元前 521—前 485 年)时期,当时波斯帝国的领土北面濒临黑海,西起希腊半岛,东抵锡尔河,东南到达印度河,亚洲西部和欧洲之间的交通线全在帝国的控制之下。波斯帝国首先扣响了中华帝国的大门,葱岭地区不再是东西交通的阻碍,反而成了两个大国共同的门扉。

居住在中国西部边疆以外的伊朗语系民族,在 2 500 多年前对吐兰地区和中国新疆境内各民族就有交往,公元前 5 世纪在费尔瓦丁神的颂辞中有了 Cini 这样的国家,以后古波斯语中称呼中国用 Cinistan、Cinastān,都是指中国,正是很早移居到新疆南部和田、皮山、叶尔羌、塔什库尔干的周朝宗室的自称,玄奘按音译叫"支那",意译是"汉",指中国人的居住区,他们是姬姓的后代,也可以是周人的后裔,是陕西方言中念起来的"姬"国的对音。以往法国学者鲍蒂埃、伯希和认为这是"秦"的对音,以为在秦始皇统一六国前,西域(包括中国新疆和其西邻国家)人就以"秦人"称呼中国人了,可是对照葱岭东部地区周人移民的历史发展,便完全说不通了,因为这个自季绰以来由赤乌氏、西周国、轩辕国(黄帝轩辕氏也是姬姓)展开的系统,跟泾水流域的秦人毫无关系,他们是公元前 12 世纪以来周人的后代。秦人发迹比周人要晚许多,秦人非子曾给周孝王当过牧马官,受封在秦邑,是公元前 9 世纪的事,比周人立国要晚三个世纪。公元前 3 世纪形成的印度史诗《摩诃婆罗多》第二部《大会篇》中有这个 Cīnas 的国家,位置在波地婆以西,吐火罗、达罗陀以东的地方,吐火罗以大雪山北的昆都士为活动的中心,吐火罗以东的达罗陀,玄奘《大唐西域记》译作达丽罗,是由塔什库尔干到克什米尔的必经之地,因此 Cīnas 一定是在中国新疆境内的皮山、莎车到塔什库尔干一带,汉代由皮山通往克什米尔的一条大道正好在这里通过,这一记事同样符合羯盘陀的开国传说。

费尔杜西《帝王纪年》有一则吐兰国王的女儿下嫁波斯王子肖伍希的记事，据说发生在居鲁士（公元前486—前465年）登位以前，吐兰国王将"姬国"与和阗作为陪奁封给了肖伍希夫妇，他们从此居住在和阗东北的宫城里，过着安逸的生活。这则故事比竭盘陀的开国传说又进了一步，把和阗弄成了波斯王子的封邑，由此可以知道，"姬国"与和阗国邻接，当时和阗的国都在于阗，所以"姬国"就在墨玉、皮山、叶城一带，轩辕国当然还在它们的西边；但是对波斯人或印度人来说，这地方已经够远，所以弄不清有和阗、姬国、轩辕国之分了，由于这里的居民多数不是在上述这些国家东边的月支人或羌人，又与印度西边和北边的吐火罗人有别，于是将这一地区统统归入了 Cini、Cina、Cīnas 的范围，处于中、波、印三大国之间。后来欧洲人纷纷东来，到达塔里木盆地周边的绿洲，发现这里离开中国文明的心脏地区仍很遥远，于是把它叫作 Serindia，意思是夹在中国和印度之间的一大块地方。在公元前3世纪以前，这一地区最通行的语言是北伊朗语，经过马其顿的亚历山大东征以后，塞人大举南迁，进至五河流域，形势大变，之后，这里产生了一种新的混合语，在西北印度通行，这种西北印度方言，又称和阗-塞语，就是新疆南部的官方语言。

（三）希腊使节造访洛阳

欧洲的文明古国希腊知道中国，过去总以为要比波斯晚，但有迹象表明，此说并无充分的依据。虽然希罗多德并未直接讲到过中国，但他曾记下从黑海北岸的西梅里安人那里往东走，有一条大道通向中国北方的边区，沿途要经过许多草原牧民，最后到了天山以东希帕波里亚人（Hyperborean）居住的地方。他只听说希帕波里亚人一直分布到另一个大海之滨，过去有学者认为就是黄河流域的汉人，其实，在中国历史上，这些民族是分布在河套地区以西和北边的戎族和狄族。这些草原牧民在当时担起了东西方之间传递信息、交换商货、繁衍牲畜的担子，他们栖息的草原沿线，正好是贯穿欧亚草原的交通大道经过的地方。从文献上看，一个在公元前416—前398年间波斯宫廷当过医生的希腊人克泰西斯（Ktesias）在公元前400年写作的《印度纪》中，曾提到波斯的东面居住着赛勒斯人（Seres）和印度人，相传他们身材高大，寿命超过200岁。尽管这一材料的真实性在上个世纪一度被人怀疑过，认为不大可能在那么早的时候，希腊人就知道在葱岭的东边有赛勒斯人了，但后来在欧洲找到了公元前6世纪的丝织品，那么联带着欧洲人听说产丝国赛里斯，也就没有什么可以大惊小怪的了。希腊语中的"中国"，现在通译"赛里斯"，应该正作"赛勒斯"，和波斯语的"支那"同出一源，所以这个名词不可能是丝织物的对音，也并非"秦"国的对音。希腊人在公元前490年就受到波斯帝国铁蹄的蹂躏,难道希腊人是通过波斯才认识中国的?

有两条材料给我们提供的是否定的答案。一条是比波斯人知道中国还要早,在以色列人的经典《旧约·以赛亚书》第49章12节有一个 Sinim 的国家,书中称:"看哪,这些从远方来,这些从北方、西方来,这些从 Sinim 来。"过去有人不以为 Sinim 是中国,指称它是尼罗河上游的一处地方,1859年版的《旧约希伯来-英语辞典》720页对 Sinim 的解释是,此名指大地极东或极南的地方。于是有人起而推测,这地方是北方的 Pelusium(皮留辛),也有人认为是南方的 Syene(西恩)。北方说肯定不对,因为原文只有南方、东方尚未明说,但还有一个含糊其词的"远方",到底是指东方呢,还是指南方呢?即使是在南方尼罗河上游的 Syene,也仍然很难对上这里的 Sinim,何况希腊文的《圣经七十子本》(Septuagint)以为是指波斯;这看法虽然不对,但方向是偏向东方的,看来 Sinim 只能是和欧洲一样遥远的中国。原文中的"远方",则是指来自不够文明的南方的,因为对以色列民族来说,他们是处在尼罗河文明和苏美尔文明之间的一个弱小民族,和西方以及北方民族的联系很活跃,只有广大的南方是通向大海洋的,在所罗门王时期,南阿拉伯的沙巴女王就不辞艰辛,亲自远赴北方,向这位富庶的以色列国王进献黄金和香木了,以后便有了阿拉伯人(奥山人、希米雅尔人)向非洲沿岸的航海活动,所以这里的"远方"一定是通往亚丁湾和印度洋的南方。这样一来,《旧约·以赛亚书》至少在公元前6世纪业已编定,《旧约·以西结书》更讲到过用细麻布、丝织品裁制衣服,并有绣花的衣服,这些都是公元前6世纪在西亚早已出现的事。20世纪发现的死海古卷抄本《以赛亚书》,与 Sinim 名词对应的词是 Sēwēnēh 或 Sēwēnēm,最后一个字母尚难肯定是 h,还是 m。1952年牛津出版的《旧约希伯来-英语辞典》称,Sinim 可能读作 Sewenīyym,相当于希伯来文中的 Syene 人,用的是复数。据英译本《旧约·以西结书》第29章27节中有 Seweneh,中译本作"色弗尼"。《以西结书》指出色弗尼在埃及,与埃塞俄比亚交界,牛津辞典解释 Sēwēneh 指埃及南部的 Syene,但 Sēwēneh 如若是 Sēwēnēm,那不就成了无稽之谈了?更何况将 Syene 读作 Sewenīyym 也只是一种推论。所以看来还是应该将 Sinim 读作"中国"。当时地中海东部的希伯来人、亚美尼亚人通过来往于里海和黑海之间的斯基泰牧民发展商贸关系,互通有无,可以不必经过波斯人取得价格相对公道的中国丝货,所以在公元前4世纪写成的《山海经·海外西经》上出现了一个与现代学者认定在大兴安岭的肃慎国不同的,另一个位置在里海北岸的肃慎国。这个里海地区的肃慎国(Skyth, Scythia),正是斯基泰民族最早的中文译名,而那个在大兴安岭的肃慎,只是大批向西迁入欧洲的斯基泰人留在河套地区的一小支部民,后来在春秋、战国时代被别的民族驱迫着往东边的西拉木伦河迁徙,直到进入了大兴安岭地区。根据《逸周书·王会》的解释,可以查出,在西周初期,肃慎又称息慎、稷慎,原来是分布在周王朝正北方的部族,是被周武王友善地称作"北邻"的一支游牧民族,此后这个骑马民族便大举向西迁徙了。在中国文献中,这一过程,虽然有所缺失,只能根据中国北方动物纹饰的起源加以推论,但在公元前7世纪希腊人阿里斯提士的诗篇《阿里麻斯比》中,记载了斯基泰人和天山地区的原住民一目国、无启国发生的一连串战争,由于打了败仗,无法立足,斯基泰人只得流窜到里海与黑海之间放牧,成了那里的新主人。稍后,希腊历史之父希罗多德也指明斯基泰人是分布在里海和黑海之间的游牧民族。

　　另外一条材料更加清楚地告诉我们,希腊人在公元前6世纪波斯尚未对斯基泰人发动大规模的征剿以前,就向中国派出了使节,到达洛阳。在3世纪出现的《拾遗记》中,曾称周灵王(公元前571—前545年)时,有渠胥国人韩房到中国进献一件高6尺(约合2米)的虎魄凤凰,这件精美的工艺品,用的仔料是当时中国内地尚未见过的巨型虎魄,诚属稀世之宝。这个渠胥国只有希腊(Greece)可当,可以说是欧洲古国希腊最早的中译名了。《拾遗记》的作者王子年是3世纪时的人,当时原本通用竹木简的文书正在政府的支持下,逐步转写到新发明的植物纤维纸上,以便保存,他写的这本书是以整理古代遗留的史实为主,将已成过去的稗史逸闻加以著录,并非出于传闻。当年中国北部经过长期战乱之后,许多案牍都已散佚,便于书写的植物纤维纸则在各地大量生产,供应市场,整理古籍,誊写成纸本文档,成为一时风气。张华的《博物志》要算是最著名的一种了,但传到今天,原书所剩已十不一二,所以那时留下的古史逸闻实在弥足珍贵了。王子年记述的渠胥国使节第一次提到了希腊,使者韩房或者原名赫尔梅士(Hermeus)。从希腊出发的韩房,极有可能是经过黑海东边的草原路到达中国新疆,他走的是一条斯基泰大道,说不定希罗多德关于西梅里安人向东通往希帕波里亚人的那条大道的知识,就是根据韩房率领的希腊使团沿途见闻留下的记录转述的。韩房一行最后经过河套地区进入中国内地最大的都会洛阳,洛阳本来在西周初年就已建成,但周成王(公元前1042—前1021年)并未长期住在洛阳,还是习惯陕西丰、镐的环境,一直到公元前8世纪周平王时代,才正式迁都洛阳。洛阳城规模宏大,《逸周书·作洛解》记这座城"城方七百二十丈,郛方七十里,"今天考察这座古城遗址,南北长约3320米,东西宽2890米,总面积9564800平方米,接近10平方千米,在当时已是空前巨大的了。这是一座人口众多、商贸发达的东方大都会,这里正是"姬国"的都城。尤其值得称道的是,处在全国中心的洛阳,还是享誉天下的丝绸之都。韩房在中国的所见所闻,一定在希腊世界留下了反响,才会有希罗多德以及后来的克泰西斯关于赛勒斯人的记事问世。韩房出使洛阳与《圣经》中出现 Sinim 的记事,几乎发生在同一个时段,比任何波斯文献都要早一些。

再说韩房向中国王室进献的虎魄凤凰,原本是一种第三纪松柏科植物树脂化石,在美丽而半透明的晶体中常可见到木叶和昆虫,公元前 4000 年先民已用虎魄制成饰珠和纽扣了,后来又用它治病和作染料。虎魄又可写作琥珀、虎珀、兽珀,《山海经·南山经》将滇缅一带出产的虎魄译作"育沛",也是一种民族语言的译音。波罗的海的虎魄是很早就出了名的,欧洲人往往不辞艰辛前去贩运,期待可以因此致富。腓尼基人也热衷于到波罗的海去转运虎魄。希腊人甚至把上好的虎魄叫作"伊莱克特伦",以为那是一种神鸟的泪水凝结而成。他们特别崇拜火凤凰,认为那是不死和永恒的象征,用虎魄去精心制作这样一件工艺品,而且能够经过长途运输最终平安抵达目的地,在 2500 年以前的当时,堪称是一件伟大的壮举了。

当年韩房使团如何称呼中国,并没有记录保存下来,但是从希伯来文的《圣经》中关于 Sinim 的名称可以推测,希腊人当初一定也是这样称呼中国的。希伯来文与希腊文有亲缘关系,这两个民族彼此交往密切,稍后出现的 Seres 的名称,也不过是这一名称的另一种音读罢了,可以肯定,这时的希腊人对中国的称呼,已经不是通过斯基泰民族才得知,很可能是借助于中亚细亚的吐火罗人或塞人了,因此口音也变得不一样了。足迹极广的希腊人史特拉波后来在公元前 1 世纪也引用了克泰西斯有关 Seres 的材料,可见公元前 5 世纪末希腊人知道赛勒斯国并非不可能,对克泰西斯这个人的真实性,曾经产生过的怀疑因此也就显得不必要了。从史特拉波起,赛勒斯人和丝绢(Sericum, Serica)便联在了一起,欧洲人从此算是找到了产丝国的所在了,Seres 无非是北支伊朗语系对"产丝国"的一种转读。说不定公元前 6 世纪到过洛阳的希腊使节,当年已经使用了这个名词,只是文献上没有保存下来,所以连希罗多德都不知道这个国家叫什么了。但是有一点特别值得提出,Seres 的音读和汉语中的"蚕丝"是最相似不过了,也许正是由于在那么早的时候,希腊使节就到过洛阳,所以 Seres 的音读简直和用河南话念出来的"蚕丝"一模一样,"蚕丝"这个词,已经点明了丝绢是用蚕吐出的丝织成的秘密,不就讲明了这样高档的产品出产在中国吗?因为当时世界上只有中国人会用经过人工精心培育过的家蚕吐出的蚕丝纺织衣料和高档的床上用品,所以以后使用拉丁文的罗马人便有了 Sericum、Serica 这些代表丝织品的专有名称了,其起点应该就在希腊使节造访洛阳以后,后来沿袭下去。到 6 世纪以后,这些名词便化作了东周王朝的首都"洛阳"这一国际都会的代称了,犹如希腊人将他们的首都君士坦丁堡单称"拂菻"("大都"),都是出于同一的习俗。

但是希腊人的这种习惯,看来由于政治背景的不同,并没有得到罗马世界的认可，罗马人由于在国际交往上经常要和波斯人打交道，所以他们在帝国分成东西两大部分以后，宁是采用了波斯人对中国的称谓，用了"支那"这个名称。在中世纪，有别于拜占庭的罗马世界一直这样称呼中国，以致一直到今天，德语、意大利语还是把"中国人"叫作 Chino、Cino，尽管他们并不明白，这个名词是由于"姬"姓家族开创了周王朝才沿袭下来的缘故。但如果要反问，如果玄奘翻译的"脂那"，原来并非由于那个姬姓王朝而得名，那么至今居住在中欧的那些民族，怎么会那样正确地念出那个与"姬"一样的字音，用来称呼中国人的呢？

三、 中国西南高地居民和东南亚文化

（一）中国南方的大石文化

旧石器时代末期，来自印度的高加索种的印度尼西亚族（或称原生马来族），将石器磨制技术带到越南北部，开创了和平-北山文化，迫使原住民美拉尼西亚人渡海东去。到了新石器时代晚期，印度尼西亚族又和从中国华南迁来的海洋蒙古利亚族混居，产生了现代马来人的祖先次生马来族。他们将来自中国南方先进的有段石锛、双肩石斧传送到东南亚各地。

新石器时代晚期，中国东南沿海居民通过航海，不断地将以有段石锛为代表的新文化输送到南洋群岛各地。同时从南岭山脉和云贵高原向南方发动民族迁徙的浪潮，又将各式石钵和双肩石斧文化带到印度支那北部，直到印度东北部阿萨密地区。双肩石斧在广东珠江三角洲发现的数量最多，年代也最早，在东南亚北部广为流传，表现出和越南南部以及南洋群岛使用的尖刃或弯刃无肩石斧在文化系统上具有明显的差别，属于由居住在华南的苗、蛮、越、濮等民族特有的南方系统文化。而在中国南方盛行的阴刻几何纹陶器，成了整个东南亚地区独特的艺术风格。

原生马来族曾从中南半岛或通过海上活动，进入中国东南沿海福建、广东，和原来的土著居民混居，成为越族的先民，这使福建、广东的居民在蒙古利亚种的斜长而末梢上吊的眼形以外，还具有比华北人圆而不斜吊、有双眼睑的半马来眼。由此可见华南先越族和马来族在形体上的近似。华南民族与中南半岛原生马来族的文化联系和移民活动，大约开始于公元前3000年，通过原生马来族的媒介，以双肩石斧和有段石锛为代表的新石器文化，从华南传入印度尼西亚各地。双肩石斧在印度支那、缅甸、北印度的阿萨密、奥里萨、那格浦尔，南印度的门达都有发现，分布非常之广，而它的老家在华南。

东南亚和华南山地居民之间的文化联系，还表现在大石文化和铜器时代大量使用石范。大石文化起于西欧，分两路向东传往亚洲。北路经北欧、东欧，进入西伯利亚后传入中国东北，到达朝鲜半岛。南路经西亚、中亚、印度、东南亚，传往日本和波利尼西亚。

东南亚各地和中国西南的大石文化表现为呈巨石竖立作成四壁，顶上覆盖大石，形成石棚。也有用巨石构筑四方形或长方形墓穴，用来纪念死者；这类石板墓的年代属于后起，在马来西亚的霹雳、苏门答腊的帕诗玛高原和菲律宾，常伴随着铜铁器的出土。

中国西南地区的大石文化大约受到印度那格浦尔的门达族和阿萨密的那伽族向东传导的影响，尽管在出土器物的面貌上有着很大的不同。石棚在四川西南的安宁河流域和它毗邻的金沙江以南云南各地都有成批发现。安宁河流域的越西、冕宁、喜德、普格、西昌、德昌、米易等县的石棚和石墓有近百处。年代最早的在春秋时代，最晚的已是东汉。云南金沙江以南地区，在弥渡已清理出石棚10座，祥云有石板墓1座，两处都属于战国时代。

长江下游太湖流域和杭州湾存在的多数土墩石室，或者是来自史前期的海上民族的遗风。这些石室大多用1米见方的自然石块堆砌成长方形，其中一端开口，口内设有封门墙，依山脊为向。苏州五峰山、无锡马迹山、宜兴洑东山、武进城湾山、吴兴巷山的石室墓时代，上起西周中期，下至春秋中期，石室墓在受中原影响兴起的土墩墓习俗时，仍保存了大石文化的特色。这一特色，可能是通过海上来自印度支那或印度尼西亚的原生马来人的遗风。

在铜器铸范的材料上，中国南方和中原地区具有明显的不同。中原地区在铜器制造的初期，曾使用过石范，等到进入青铜时代时，从公元前2000年以后的偃师二里头文化开始，就以陶范为主，经商、周，到铸铁业开始，都是如此。而在南方，像中南半岛的行多青铜时代遗址一样，一直使用石范。泰国东北依诺他遗址第四层出土的两对砂石斧范，属于公元前2100年，是亚洲目前遗存的最早的石范。战国晚期，南越国境内的广东海丰宝楼出土有石斧范、石铃范，在香港出土的则有陶斧范、陶鱼钩范，或者时代已经晚到公元前2世纪。西南地区发现战国时期的铸铜范，都是石范，最早的云南剑川海门口发现的片麻岩斧范，碳14测定年代约在公元前1100年；此外，剑川沙溪墓葬有钺范，四川会理瓦石田出土过红砂石戈范。直到战国时代，在长江上游、金沙江流域和珠江流域，铸造青铜器仍然使用石范。中南半岛冶金业崛起以后，华南地区就和这一地区的传统观念联系在一起，才使石范铸造技术流传长达一两千年之久。

（二）移民与铜鼓文化

目前，东南亚发现青铜器最早的是泰国班清（Ban Chiang）遗址。班清是泰国东北部乌隆府的一个小村庄，1966 年一名美国青年社会学者在这里发现了遗址残留的古物，1974—1975 年泰国艺术局和美国宾夕法尼亚大学在这里进行发掘，获得惊人的发现。发掘者将遗址分成三个时段。前期（公元前 3600—前 1000年），先民在这里种植稻米，饲养牛、羊、猪、鸡、狗等家畜，出现了青铜器，残留有建筑房屋时留在地面上的圆柱孔。公元前 3000 年出现了高大、带圆形底座、肩部雕刻图案的黑白瓮。公元前 2000 年制作的红陶器有烧卖杯式陶瓶、长颈圆形陶罐，器表均以绳纹装饰。班清青铜器最早在公元前 3000 年已铸造，有斧、锄、枪，可以安装木柄。中期（公元前 1000—前 300 年）有许多造型典雅、两侧有圆形头的青铜手镯。晚期（公元前 300—公元 200 年）发掘物中有一串精工打造折青铜项链。同一时期出现的彩陶，有美丽的漩涡纹；高脚彩陶罐在白色或乳色陶胚上绘出红色弧线形图案。此外，在泰国中西部北碧府班考（Ban Kao）遗址发现的班考文化，是 1960—1962 年丹麦考古队联合发掘，代表物有班考黑陶。班考陶器与中南半岛其他地区出土陶器形制相似，可分三类。一类是没有底座的容器，第二类是有圆形底座的容器，第三类，也即数量最多的是三足容器，与中国北方龙山文化早期相似，出土有鬲、釜，时代在公元前 2200—前 1600 年。可以见出来自黄河流域的移民大约早到虞舜时代已经南迁到中南半岛，与《山海经·大荒南经》的记述可以印证。

越南考古研究所在 1976 年公布了最新发现的梅和文化（Mieng Ho）的放射性碳素年代数据，梅和文化属于新石器时代晚期至青铜时代早期文化遗存，距今 4145±60 年。另一处属于青铜时代早期的冯原文化（Phung Nguyen），分别属于距今 3328±100 年和 3405±100 年。大约相当于商代晚期，越南已进入青铜时代。公元前 2000 年以后，随着大石文化从印度东北部奥里萨、阿萨密进入中南半岛，印度支那开始使用铜制工具和武器。在柬埔寨三隆盛和老挝琅勃拉邦附近，铜制的鱼钩、钟、斧、凿是和精巧的新石器同时出土的。越南的板门遗址中最早见到的几件铜斧和磨制石器一起出土；在广平的德诗和深村，还发现过一些小型的铜器和少数铁器。在越南西北地区发现的铜器比起东部和东南发现的要多，推测越南境内制造铜器的工艺首先是从富有铜锡矿的云南传入。

在东南亚，次于泰国和越南，大约在公元前 1000 年以后，次生马来人给印度尼西亚带去了铜器和铁器，于是印度尼西亚也开始有了青铜文化。

虽然越南早期青铜文化的来源，尚不明朗，但至迟在中国春秋、战国时代，印度支那业已受到中国南方青铜文化的强烈影响。在公元前 500 年展开的东山文化,十分集中地反映了华南夷族、越族文化对越南地区原住民产生的巨大文明感染力。越南、柬埔寨在这一时期出土铜斧的式样和纹饰,几乎和华南制造的一模一样,没有见到来自印度的影响。1924—1928 年河内远东博古学院在越南东部马江流域清化省东山县东山村进行田野发掘,获得了多达 489 件的铜器,包括兵器、用具、铜鼓和装饰品,还有少许石器和陶器,这使人们对越南东部的青铜文化有了进一步的认识。以后在这一地区又有新的收获,因此被命名为东山文化。它的绝对年代,大约从公元前 5 世纪延续到公元 1 世纪。

东山文化标志着越南进入铜器时代后,受到来自中国南方强大的楚文化的影响。楚国是中国境内最早发展冶铁业的地区,春秋晚期属于楚国的长沙,在 1978 年已有钢剑和铸造的铁鼎出土。春秋、战国之际,楚的势力已向西进入金沙江流域,控制了丽江(云南境内金沙江)的产金区,对巴蜀文化施展影响。公元前 4 世纪初,吴起当上楚悼王的令尹,将势力伸向五岭地区以南,对广东、广西的经济、文化交流比以前更进一步加强。一批楚人到达西江流域。广东德庆战国墓中的铜剑、铜鼎和肇庆古墓中同类剑、矛、斧、鼎、提梁壶,多和楚文物相同,陶器、铜柱、附耳铜筒则具有地方特性。广西平乐战国墓中的铜剑、铜矛,以及铁刀、铁锄,都和楚器相同,无疑来自楚国。广东西南和广西境内的西瓯、雒(骆)越民族和越南东山广化尤其具有同样的地域和民族特性。据考古发掘所见,广西浔江、郁江以南,邕江和左江、右江流域是古代西瓯、雒越人混居和雒越人聚居的地方。武鸣马头曾出土过商代铜卣、铜戈,宾阳武陵、洛川乌石出土过西周铜尊,横县出土过西周铜钟,宾阳、北流还发现过春秋时期铜钟。战国时期青铜器也在梧州、容县、北流、宾阳等地有所发现。这些地方出土的青铜器,形制、纹饰大多具有浓厚的地域色彩。1985 年武鸣马头西周、春秋墓葬发现了为数可观的青铜器,并且出土了铸造这些青铜器的石范,说明这些青铜器都是当地雒越人参与铸造的。雒越青铜器主要限于体形较小的兵器和工具,纹饰简朴,器物常留有粗糙的砂眼。武鸣马头出土西周至战国铜器中,冶铸造水平较高的有镂空扁把匕首,镂空反饰有纤细的云雷纹;还有圆尖顶长舌的盾和矛相连的武器,有的饰有弦纹、云雷纹,并有制造的石范出土。此外,銎部扁圆的斜刃铜钺,不但见于武鸣,在湖南湘潭、益阳、汉寿和载南北部都有发现,在形制上各有地方特色,武鸣铜钺有石范同时出土,属于当地铸造。迄至战国时期双刃凸箍茎长剑已在雒越地区流行。早期的雒越文化以广西南部地区为中心,到战国时期随着民族迁徙,在越南北部才产生了以东山文化为代表的雒越文化。

东山文化中引人注目的铜鼓,曾在云南、贵州、四川、广西、广东、越南和东南亚各地广泛流传,延续 2000 多年,大致按年代可分早、中、晚三期,春秋、战国时代是铜鼓文化的早、中期，之后进入晚期。现存最早的铜鼓出土于云南楚雄万家坝古墓葬中，约当春秋中期（公元前760—前660年）。雏形时期的铜鼓起于烹饪用的铜釜，万家坝铜鼓有的就是由铜釜改制，而同一地点出土铜鼓器表又常留有烹饪后残存的烟炱。战国时代晚期铜鼓进入发展时期，这时的铜鼓才发展成乐器，用于威严的祭礼。滇王统治下的晋宁石寨山、江川李家山出土铜鼓，已用于悬空锤击以祭神的礼仪中。这种礼仪在中国西南地区一直沿袭下去，铸作悬鼓，代表当地豪族的权势，可以为民审案断事。还有一个功能，是驱逐亡灵，在人死后击鼓，据说仿佛雷击，可驱使鬼魂不敢再回顾人间，只能向前赶赴地府。古代记事，在越南北部，有人专事收购铜鼓，取后埋入地下，寓"入土为安"之意，以保人世平安。后来楚国将军庄（乔）入滇，此风大为流行，扩及中南半岛，裴氏《广州记》对这种风习曾有记述。

春秋、战国时代华南流行的铜鼓，早期的，以石寨山式为代表，在云南、贵州、四川、广西均有发现，这类铜鼓体型较小，面径在40—75厘米，鼓身分成胸、腰、足三部，胸部四周呈弧形鼓起，纹饰有舞人、翔鹭、竞舟等。这类铜鼓也见于越南北部。中期铜鼓出现在广东、广西，以广西灵山式为代表，铜鼓体型巨大，通常面径在80厘米以上，最大的有160厘米以上，重300多千克，胸部呈直线下垂，鼓面略大于胸体，腰足大多以凸起棱线为界，鼓面铸有光体自6芒至12芒不等，并有立体的蟾蜍、栖鸟等塑像。越南河内博物馆收藏的50件铜鼓中，最著名的玉镂铜鼓，面径87厘米，高63厘米，学术界认为是东山铜器同时期的遗物，属于灵天式铜鼓，时代约在公元前3世纪至前1世纪。

越南的古史，传说始祖泾阳是炎帝神农氏的后裔。公元前7世纪，泾阳王的后裔骆越人在越南北部越池附近正式建立文郎国，以峰州为国都，世代都自称雄王。文郎国传了十八世，被来自四川成都盆地的蜀王子泮率领的移民取而代之。文郎国是创立东山文化的骆越国家。公元前316年蜀国被秦国所灭，蜀王的后裔率领3万人南迁，这些蜀民在广西和瓯越、骆越人混居，在公元前257年进入红河平原中部的封溪，在那里运用他们在四川修筑方城的技术，修建了一座在当时印度支那史无前例的城市，这座土城由于广千丈，盘旋屈曲如螺形，才以螺城为名，别号思龙城。这位来自四川的蜀国王子便在红河三角洲开始了安阳王系的统治。安阳王的军队曾抵抗秦始皇的远征军。他们配备了许多传自楚文化的高超的弩箭，使用铜箭镞，在公元前1世纪，用灵弩打败了从广东进入这里的南越王赵佗的军队，从此来华南的使用弩箭的军事技术和土木工程技术，便在越南北部生根发芽了。

（三）哀牢国与中国南方棉织业基地的成长

中国的蚕丝生产诞生在长江三角洲，棉纺织业最早也是在东南沿海地区起步。福建崇安武夷山悬棺葬在 1979 年出土过公元前 1200 年的青灰色棉布，可以见证中国东南沿海地区是最早从事棉纺织业的地区，战国时代这里成为闽越的聚居地。这时在亚洲西部的印度还处在吠陀时代以前。中国云南虽然邻近恒河平原，但也要到公元前 6 世纪佛陀的时代才有分工精细的纺织业，贝纳勒斯就是一个棉织业的中心。在耆那教经典中，棉布分成蓝棉布（草棉布）、土布（亚棉布）、孟加拉棉布（卑泊布）三种，孟加拉的棉纺技术算是比较古老的，有可能很早已经和分布在云南西部和缅甸东北部的哀牢夷地区有过交流。

印度的棉纺织业在佛陀（公元前 565—前 486 年）在世时已十分有名，主要有两类：一类叫新净绵，又名新劫贝（巴利语 Kappasa）；还有一种叫"细叠"或"白叠"（巴利语 Pataka）。

佛陀涅槃后，《大般涅槃经》描述葬仪："时诸力士以新净绵、及以细叠缠如来身"（东晋法显译本）。后秦佛陀耶舍、竺佛念合译《长阿含经》也有同样的记事，按圣王的葬礼，以新劫贝周遍缠身，五百张叠次如缠之"。"劫贝"是用人工栽培的棉花织成的狭幅而可以卷起的棉布，"叠"是阔幅而可以成张叠起的棉布，后来通称"白叠"，更加切合印度原名。唐代若那跋陀罗译的《大般涅槃经·后分》说，先用兜罗绵缠全身，再用白叠千张"于兜罗绵上次第相重，缠如来身"。可以明白，净绵（襄绵）、劫贝、兜罗是同指一物，叠和白叠也并无分别。唐代的玄应《一切经音义》卷一注《大方等大集经》卷十六将劫贝改译"劫贝育"："或言劫贝者，讹也，正言迦波罗，高昌名叠，可以为布，罽宾以南，大者成树，以此形小，状如土葵，有壳，剖以出华，如柳絮，可纫以为布。"这是说栽培棉，分两类，阿富汗河以南，适宜栽树棉，以北只能栽草棉，高昌产的是草棉布，印度可以栽树棉。但对红水河以西的云贵高原和中南半岛而言，只要花功夫，无论栽亚棉，还是种草棉，都有很大的发展空间，因此华南和中南半岛正是一大片得天独厚的棉业基地。生活在这里的先民也确实没有辜负这一使命。

在栽棉这一行业中走在前头的哀牢夷，属于藏缅语族民族中百濮的一支，经济、文化水平在战国时代的西南地区已经佼佼出众。他们的开国传说显示哀牢建国，可能早到公元前 5 世纪以前，受楚文化熏陶，元隆开始称王，立国于哀牢山下。公元前 4 世纪初写成的《山海经·海外西经》，以大运山为起点，描绘了云贵高原及外喜马拉雅山南麓地区通向葱岭的地理环境，将夜郎国以西各国加以复原排列，有三身国、一臂国、奇肱国、女祭、维鸟、丈夫国、女丑、巫咸国、女子国，最后向北转到葱岭东侧的轩辕国。丈夫国以西已远到徼外的缅甸北部。《山海经·海外西经》将早些时候编成的《大荒西经》中的"天穆之野",改成"大乐之野",以为它位于大运山的北面。大运山相当于苗岭主峰云雾山,在贵阳东南龙里之南,是云贵高原的南大门,它的西面和北面是古夜郎国的中枢,大乐之野坐落在平坝、安顺、盘县一带,正是先秦时代的夜郎国。图像中有人珥两青蛇,乘两龙,表明这里是以龙为图腾的族群居住的地方,说古藏缅语的一些部族本来以龙为神,氏、羌人各支都属于这一系统。藏缅语中的"人"叫"明""米""美"。《华阳国志·南中志》称,"夷人大种曰昆,小种曰叟",昆就是"昆明",今天的彝族也属于这一系统;又说哀牢,"南中昆明祖之",是云南地区各大族群的先民。《风俗通》称"种人皆刻画其身,象龙文,衣皆著尾"。民间风尚喜欢身后拖根尾巴,出于崇拜龙图腾,是濮族的风俗。和印度东北部阿萨密山区的那伽族有类似的风俗。《海外西经》把这里叫作"丈夫国",是一个"其为人衣冠带剑"的国,比较周围各个族群有较高的文明,而且至少在公元前4世纪,这里的上层分子已经完全中原化了。据汉代的记载,这里的居民就有"闽濮、鸠獠、漂越、僄濮、身毒之民"(《华阳国志》卷四),有壮泰系、孟-高棉系、剽(缅藏)系、景颇(蒲人)、印度族群的民众。最可注意的是,远到福建的闽濮,大约也早在春秋以后经过湖南逐渐西迁到了云南南部,成了后来的蒲人和僰人,这些人是纺织蓝棉布的能手,更是向云南传去草棉(*Gossypium herbaceum*)的族群,他们最早将草棉称作"古贝",三国魏人孟康注《汉书》,已说闽人呼棉花为吉贝,"吉贝"显然是"古贝"在"夷"语中的又一种念法。他们是向哀牢国引进草棉的媒体,对于改进当地棉纺技术有过贡献。

滇西地区的进一步印度化已经是在4世纪以后,因为有许多印度移民越过了伊洛瓦底江,进入永昌的西部地区,所以《华阳国志》干脆说:"身毒国,蜀之西国,今永昌是也。""今永昌是也",其实有阙文,应是"今永昌西是也",说的是当初永昌西境就有印度人。据3世纪乐资《九州记》描述,哀牢地方"宜五谷蚕桑,知染丝文绣。有兰干细布(獠言纻也),织成文章,如绫锦。有梧桐木华,绩以为布,幅广五尺,洁白不受垢污,先以覆亡人,然后服之"(《太平御览》卷七八六)。哀牢是个知养蚕、织丝、染采的国家,因此《山海经·海外西经》早就将它列入"丈夫国"。这里是中国西南地区继巴国、蜀国之外,又一个文明古国。他们还是个早就能纺织亚洲棉(树棉)的民族,这种野生的树棉,比地桑略高,但比木棉树要矮,古称梧桐木,在孟-高棉语中称kodoh、kaduh,源自景颇语ga-duǹ,景颇族也是濮族,《新唐书·南蛮传》称作朴子蛮,元代称蒲蛮,"男子衣布披毡,佩刀跣足"(《清职贡图》),直到清代,仍然保持着2000多年前丈夫国的遗风。澜沧江两岸的百濮民族属于壮泰语系统,他们采摘野生的亚洲棉的棉花,加以纺织的历史可能有3000年以上,所以语原和雅利安民族对野生棉的名称Bhardvdji不同,有一个壮泰语的

dieu,或者得自印度次大陆的原住民达罗毗荼语。达罗毗荼人在公元前 1000 年时,受到从西北入侵印度的雅利安民族的驱迫,一路东迁,最终只得在斯里兰卡落脚,僧伽罗语中的棉布 kattooimbul,和"梧桐花布"的音译正好吻合,不是没有因果关系的。

木本的树棉织成的布叫桐华布,壮语"梧"音吾,意思是"子","梧桐木"在壮语中就是"桐子树",所织棉布以可写作橦华布。扬雄《蜀都赋》中有称作"细都弱折"的棉布,细的是"都布","折布"洁白,但比都布要差一些,折布是泰语 dieu 的早期译名,稍后又可写作"緤布"。晋代张勃《吴录·地理志》记木棉树:"又可作布,名曰緤,一名毛布"。(《太平御览》卷九六〇引,与《齐民要术》引文不同——引者)这种毛布并非由兽毛织成,而是出自树棉结出的子棉,说是"毛布",是与"丝布"、"细布"相对而言,这种布只能算"粗布"。木本而树身高大开红花的木棉树是无法织布的,最多也只能靠了混纺技术加以夹带而已,这一性能,明代是有人知道的,《明一统志》卷八七北胜州攀枝花:"状如绵花,可铺褥,亦可为布"。正是由于木棉科在分类上和梧桐科、锦葵科的界限并不明显。(唐燿:《云南热带材及亚热带材》,科学出版社,1973 年,53,157 页)

隋代陆法言《切韵》下释"棉":"其实如酒杯,中有绵,如蚕绵,可作布,又名曰緤。""緤"下注,思列切,显然是"折布"的又一种译写法。梧桐木到晋代又有新译,晋时裴渊《广州记》译作"古绿藤",与梧桐的语原相同,都属南方系统。但各地织出的棉布则品种不一。都布因交通困难,很难运往海外,而"折布"则可以经边民转手,大约在公元前 1 世纪已经进入罗马世界。证据是亚洲棉的种子虽然在埃及梯比斯王朝的古墓中已有出土,但希罗多德、狄奥斯科立提、齐奥夫拉斯托都没有提到过木本的棉花,只有普林尼(《博物志》,XIX,1)说过,上埃及红海沿岸的木本棉花叫 Xylon,这个字和"折""緤"的发音竟是那样的相同!全非出于偶然。

哀牢族不但能用木绵织成洁白的桐华布,还出产"帛叠"。"帛叠"是一种经过染色工艺处理的花色棉布,大约是和四川地区进行交流以后采用的丝棉混纺技术,原名 Batik。译成中文,形成一个新词语"帛叠",帛是丝布,叠是棉布,合起来叫"帛叠",契合汉代译名常常兼顾音义,这个词语是汉语写法的壮泰语。滇西纺织帛叠,至少在公元前 2 世纪以前,汉武帝连续派兵到滇西,计划开通前往伊洛瓦底江的交通线以前,甚至早到公元前 4 世纪,因为他们知养蚕,又会织布。帛叠又称"班布",是那里最有名的纺织品,三国吴丹阳太守万震《南州异物志》说:"五色班布以丝布、古贝木所作。此木熟时状如鹅毳,中有核如珠珣,细过丝绵,人将用之,则治出其核,但纺不绩,任意小抽牵引,无有断绝。欲为班布,则染之五色,织以为布，弱软厚致，上罥毛"（《太平御览》卷八二〇）。可以知道，和丝布一起混纺的是古贝木，而不是梧桐木，也就是用草棉（非洲棉），和丝布同车织成。草棉的纤维只有 1.5—2.5 厘米，比树棉纤维的 5 厘米要短得多，因此"但纺不绩"，与蚕丝混纺后的班布，它的纤维就可达到 50—1200 厘米（《大英百科全书》，1964，芝加哥版，第 20 卷，665 页），陡增几百倍。这就成了上等的细棉布了，而它的价格则要比丝绢低了许多，所以成了哀牢国的一项具有竞争力的强势产业。

对这种新的原料和新技术起了传导作用的，要数在战国时代已经南迁到湖南境内的僰人了。僰是濮人中的一支，公元前 3 世纪已进至云南东北部的金沙江流域，汉初属朱提郡（今云南昭通地区）的地方，他们在那里栽植树棉，纺织桐华布，《广舆记》说，古代的句町国，汉代的牂柯郡（今贵州），直到元代还称阿僰。另一支僰人，则西迁到了澜沧江以西，称黑僰蛮，到了哀牢夷境内。唐宋以来，僰人称作白族，《汉书·王莽传》中的僰虏，在《华阳国志》中称白虏，到元代，李京《云南志略》干脆说："今转为白人也。"这一族群无疑是继哀牢夷以后，纺织棉布并且向中国西南地区和中南半岛传播草棉和有关纺织技术的主力军。他们和哀牢夷是同一族群中的各个支族。

最古老的帛叠染色布采用"掩隔"（Ikat）染色法，先染丝，后染布，对于不拟染色的部分，用椰子纤维或者蜜蜡加以捆缚或涂抹，再将丝束投入染缸，染成各种色泽。这种染色法在泰国、柬埔寨、马来半岛，以及苏门答腊、爪哇、加里曼丹、松巴、棉兰老等地都很流行。这就是《禹贡》中所说南方"岛夷卉服"的来源，"岛夷"是指华南沿海和东南亚各地居民，卉服是指葛越、木棉（木本或草本）之类植物纤维布，卉是草，草的常见色是青色，最初云南西部哀牢族织出的色布大约就是蓝棉布，以后又发展成五色班布，色彩更斑斓可与锦绣媲美，足以和"蜀布"匹敌了。《禹贡》在"岛夷卉服"之下，还说那里的特产就是"织贝"，"织贝"是织成花纹的棉布，在南亚语系中，"贝"这个字就是野生棉，但野生棉后来也被人工移栽成活，供纺织衣被。原来生活在云南澜沧江以西和伊洛瓦底江上游之间的哀牢族，是 2500 年前南方地区发展棉纺业的主角。到了公元 43 年，汉朝派刘尚率军征讨西南夷，公元 45 年汉军进入澜沧江以西的地区，之后，哀牢国附汉，设立了"东西三千里，南北四千六百里"的永昌郡，汉帝国的版图正式跨越了怒江，占有了西南地区的出海口，与印度洋的交通便比前大为拓展了。

地处中国最西南边角的哀牢族，无疑是 2000 多年前对印度、中南半岛和东南亚海岛居民棉布纺织，特别是丝棉混纺和染色技术的极有影响的传导者。公元前后，这里是五岭以西中国南方和中南半岛各地种植棉花、生产和运销棉布的一大中心，规模不在印度之下。

四、《山海经》中的亚洲地理知识

（一）《山海经》的年代与佛教信息

《山海经》是一部难读的古书，其中有神话、传说，但更多的是记录了氏族世系、民族变迁、生态环境、自然资源与医药知识，所以更像是一部形象生动、知识广博的地理书，或应该说是一部由明确的地理观念表述的小型百科全书。长期以来，华夏民族惯于使用"海内"和"海外"的观念来看待中国本部和外部世界。"海内"是华夏民族和他周边那些受中原王朝册封的"四夷"民族生活的地区；"海外"则是在"海内"的观念外，更加广阔的世界。从公元前 6 世纪到公元前 3 世纪逐渐形成的《山海经》，正是以这一观念为基础构筑而成，是当时中国人所具有的世界地理知识的总汇。《山海经》包含的内容既有华夏民族和它周边民族的生态环境，而且进一步将视野拓展到广及太平洋和欧亚草原在内的外部世界，论述范围之广，使它成为最早的一部亚洲地理志。

现在流传的《山海经》，经过西汉末年刘向、刘歆父子校刊，将原来三十九篇并成十八篇。根据书中各篇的文字和内容，可以分成《大荒经》《海外经》和《五臧山经》三个部分，分别代表了不同时代、不同地域内形成的作品。其中《五臧山经》是成书最晚的部分，它的写成，大约在秦始皇统一全国前后，直至公元前 206 年秦亡为止期间。《山海经》中归属《大荒经》和《海外经》部分的作品，提供了有关海内世界和海外世界的地理框架，表明了中国人对世界地理的了解程度。

属于《大荒经》部分的文字，有《大荒东经》《大荒南经》《大荒西经》《大荒北经》和独立成篇的《海内经》，一共五篇，出于齐人之手。这是《山海经》中年代最早的篇章，在春秋时代晚期，至少在公元前 6 世纪末已经写成。和《大荒经》四篇相配的《海内经》一篇，成书约略早于《大荒经》，甚至可以早到公元前 600 年前后。书中最早将华夏国家用四海的界限加以描述，分成东海、南海、西海、北海四个海区，华夏包括长江流域的楚、越，是春秋中期才形成。《海内经》一篇涉及的地理范围不如《大荒经》各篇，所记地方东至朝鲜、日本，南到苍梧之丘的九嶷山，西南有巴国、都广之野（成都平原），最远到四川东部，西边至于甘肃东部鸟山（鸟鼠山），北面包有内蒙古的幽都之山（阴山）、钉灵之国（丁零），是个以齐人和东周王朝为中心的海内世界，春秋时代只有齐国既到中原去称霸，又曾向海外谋求过发展，孔子也说过"道不行，乘桴东去"的话，可见到海外移民的还真不少。那时的渤海对中国人类似爱琴海对希腊人一样，是个内海，朝鲜、日本都在这一属境之内。它说，在东海之内，北海的边上，有朝鲜和夭毒这两个靠海的国家。朝鲜，在渤海以东；夭毒，原书上写的是"天毒"。"天"其实是"夭"的刊讹，晋人郭璞解作"天竺"，但又觉方位不对，以致 2000 多年来没有人指出这个错误。"夭毒"就是日本邪马台（Yamato）的音译，日本名儒新井白石（1657—1725 年）在《外国事调书》中考作九州筑后国（今福冈县）的山门郡。夭毒因此一定是来自北九州的山门了。称日本叫夭毒，是齐人的口气，和燕人在《海内东经》中称日本叫"倭"不同，由于早先中日交通取道海路，大多以山东半岛或江苏北部作为启航地点或目的港，所以从"夭毒"的称谓也透露出记录者是齐人。

　　与《海内经》一篇差不多同时的《大荒经》四篇，记述了周边民族的山川地理，按《周礼》使用"大荒"的观念，是以宗周为主体，从千里以内的王畿开始，向四方的属地展开，以甸、侯、宾、要、荒五等划分，每五百里（二百五十千米）算一个等级，大荒之境就是远到宗周三千里以外的地方了。按五服的观念，两千里以内属于甸服、侯服、宾服，蛮夷属于要服，戎狄属于荒服，原因在于南方的蛮夷也和宗周同样属于农耕文化，至于戎狄的游牧文化就被划入荒服之外了。山川地理在春秋时代以齐国最发达，公元前 7 世纪的《管子》已有地图篇，宗周的一批档册先后落入齐、晋，所以《大荒经》各篇的成书比《海外经》各篇要早得多，与《海内经》一篇同样，是齐人的作品。《大荒经》各篇列出的条目比之《海外经》各篇要多出很多，涉的山川、国家和地名虽多，但具体所在的位置不明，只是大致按照东、南、西、北四个方向排列，分四篇论述。后出的《海外经》四篇对《大荒经》四篇中的地名和国名，按当时的实际情况进行整理，作了删节，同时按照东南西北的方位一一顺着次序作了说明，显得条理分明，头头是道，凸显了公元前 4 世纪中叶以后中国人心目中海外世界的地理框架。十分清楚，《海外经》四篇是对《大荒经》四篇所作的注释。

　　《大荒北经》中的北齐之国，《大荒西经》中的北狄之国、西周之国、轩辕之国、寿麻之国、沃民之国，这六个国家的材料，提供了《大荒经》比《海外经》要早得多的证据。

　　北齐国，《大荒北经》有姜姓的北齐国，是齐桓公（公元前 685—前 643 年）北伐后建立的国家。齐桓公当政时，戎狄已是北方边患，公元前 661 年，齐桓公率大军北伐，《管子·小匡》记述："北伐孤竹，攻令支（离戎、骊戎、丽土之狄——引者），驱迫山戎，中救晋公，禽狄王，败胡貉，破屠何，而骑寇始服。"据《韩非子·说林》，北齐国正是位置在今河北卢龙县的孤竹，本系山戎牧地，建立北齐国后有了河北的移民，是华夏族最北的边地，到战国时代由于北疆的拓展，此国不复存在，所以晚出的《海外北经》并无此国。

北狄国,《大荒西经》将北狄说成是黄帝的孙子始均的后裔,晋文公(公元前636—前628年)逐戎狄后,戎狄无法在河套以东立足,逐渐同化,北方的胡、貉相继东迁,战国中期写成的《海外西经》因此不再有北狄国。

西周国,《大荒西经》说是"姬姓,食谷",为后稷弟弟的儿子叔均的子孙,他们熟悉农耕,这些姬氏后裔在葱岭以东的移植,带动了当地的农业生产,从周的祖先古公起,已是姬周在南疆的封国。称这里叫西周国,是写作《大荒经》、生活在盛产丝漆的东海之滨的齐人(姜姓)对远迁荒外的血缘亲属的一份难得的记录。姬、姜是生活在周原的两大联姻的氏族,春秋时代有关西周国的信息,最早透露了已有一条横贯亚洲大陆的丝绸之路的信息,维系这条交通线的正是分布在沿线的华夏民族和月支民族。

轩辕国,《大荒西经》说这个国家:"江山之南栖为吉。不寿者八百岁。""江"指塔什库尔干城北有叶尔羌河东流,"山"指号称"穷山"的慕士塔格山岭。它的历史有800年之久了。还介绍这里在女子国之北,女子国在史瓦特河上游,原名苏伐拉拏瞿呾罗国,意思是"黄金国"。《海外西经》对轩辕国的文字和《大荒西经》差不多,只是将"江山"改成了"穷山"。可见这个轩辕国一直到公元前4世纪,还是有中原地区的移民凭着天险继续坚守在那里。

寿麻国,《大荒西经》中的"寿麻正立无景,疾呼无响。爰有大暑,不可以往"。寿麻,是3000年前从中亚移入印度的雅利安人司收获的神,他们以为用苏麻酒(sauma)作献祭,可以上通因陀罗大神,以此为民祈生求福。这地方正当北回归线的恒河大平原,没有山岭可以对声速作出反响,天气又太热,因此这条路真难走。《大荒西经》中还有一个不明所在的灵山十巫的故事,只说:"有灵山,巫咸、巫即、巫盼、巫彭、巫姑、巫真、巫礼、巫抵、巫谢、巫罗十巫,从此升降,百药爰在。"灵山十巫可算是最早传到中国的有关佛教的信息,首先获得这一信息的是云贵高原居民和楚人。后来晚出的《海外西经》将这个寿麻国改称巫咸国,又把灵山十巫也配合在一处,因为这里有佛陀讲道的灵鹫峰,在摩揭陀国首都王舍城东北,当今比哈尔西南,佛陀曾常年在这里讲经,先后有巫咸等十大弟子相随左右,于是有了"灵山十巫",说是"十巫"上下于天地之间的地方。"十巫"其实是中国黄淮地区的齐人和楚人最早对刚刚在印度兴起的佛教的译音,"巫"也就是楚人翻译的"佛","十巫"指佛陀释迦牟尼的十大弟子。名列榜首的巫咸,借用了商代的名人巫咸,又可作佛陀最宠信的随从侍者阿(读如"乌")难的译名,咸、难同声,他是佛陀临终遗言的托付者。佛陀的十大弟子,自巫咸以下,各人相当于目犍连、舍利弗、优波离、阿尼律陀、迦旃延、富楼那、须菩提、迦叶、罗睺罗;罗睺罗是佛陀的亲生儿子,列名十大弟子之一。

从《大荒经》保存的其他许多原始记录看来,《大荒经》记述灵山十巫应离佛陀在世(公元前565—前486年)不远,佛陀在35岁悟道成佛,公元前530年以后佛教正式开始传教,《大荒经》大约在公元前500年以前佛陀在世时已经成书,所以"巫"又是最早译成中文的"佛"(Buddha)。"佛"是中国新疆吐火罗人传递的名称,属于操东伊朗语民族传递的印度佛陀。佛陀又可译成浮图、浮屠、复豆、没陀等字眼,具有浓重的鼻音。而在中国南方古译作"巫",以"巫"通转佛教的"佛",反而被后人遗忘了,以致无人注意。"巫"是梵文Buddha这个浊音最合适的译音,属于藏缅语系民族传递的印度佛,全译应是巫咸(Bur-ha)。d与r有明显的音转,而且这字的读音,并非得自其他中介民族。一个半世纪以后,楚人根据新材料编写《海外经》,对《大荒经》中的寿麻国与灵山十巫重新作了十分周详的解说,宣称巫咸国"在登葆山,群巫所从上下也"。这时佛教不但在北印度得到了发扬,而且走出了国门,在亚洲西部成为一种流行的宗教,于是经过楚人的改笔,产生了巫咸国的故事。"巫咸"既可用作国号,又是"佛陀"最合适的对译,巫咸国之相当于西方"佛"国,可说是由来已久了。巫咸国所在的登葆(Dharma)山,也就是"护法山"的音译,这山正是比哈尔西南佛教六大圣地之一的灵鹫峰。

佛教东传的时间有可能提早到公元前500年前后,当时波斯帝国将亚洲西部和地中海东部统一在一大帝国的麾下,恒河流域佛国的信息便已东传滇、黔,与楚边相接。时间之早,还在阿育王(公元前273—前236年)派人到新疆于阗弘扬佛教之前。东海边的齐人得知灵山十巫,也必须通过长江流域的楚人,"巫",这个名词有许多理由可以相信是中国南方各族最早音译的"佛"。至少可以认为,早期佛教经过中印缅道一路东进时,佛教曾借用或托附于当地居民原本信奉的巫。《大荒南经》中在红河附近的裁民国,据说是帝舜的儿子无淫移居的地方。又称巫裁民,盼姓,食谷,生活充裕,似乎与佛祖十大弟子之一的巫盼有关,为舍利弗的宗徒,也是一个早就信佛的民族。这给佛教东传滇、黔、桂、越一带提供了最早的信息。

在礼崩乐坏的战国时代,宗周的本体观念被摒弃;远处中原以外,由楚、越两大民族统治的南方蛮夷居住的广大地区,最终被列入"诸夏"之内,所以战国时代写作的《海内经》四篇和《海外经》四篇仅用海内、海外区分四海,不再使用海内、大荒的区划观念。然而列入《海外经》系统的这八篇《山海经》,并非出自同一地点和时间,而是分别由北方的燕人编集了《海内经》四篇,另外由南方的楚人编著了《海外经》四篇,他们写作的时间虽然相近,都在公元前4世纪后半叶,但写作时间的上下限还是有所区别。

写作《海内经》四篇的燕人,和齐人一样,也是生活在北海(包括渤海、黄海)

的民族，《海内东经》从海内东北陬以南叙起："钜燕在东北陬。盖国在钜燕南，倭北。倭属燕。朝鲜在列阳东，海北山南。列阳属燕。"经文自称"钜燕"，显示作者确是燕人，叙述的方位由东北陬向南展开，从航海方向将燕国、盖国、倭国（日本九州岛）划作一列；另外从陆上将燕国、清川江以北的列阳、朝鲜划作一列，彼此前后呼应。指出列阳已臣属于燕，举清川江是燕与箕氏朝鲜的边界线。经文描述了燕国移民自战国初陆续跨越千山进入朝鲜半岛，继而南渡对马，到达日本九州的情景，是以燕国为中心展开的东方世界。燕国的海外移民，到昭王（公元前311—前279年）时期由政府派人环航北海，直达日本，达到高潮。《史记·封禅书》记述齐威王（公元前356—前320年）、齐宣王（公元前319—前301年）、燕昭王派人入海，探寻日本附近的蓬莱、方丈、瀛洲三座飘荡在海中难以靠近的神山，驱使移民前往朝鲜海峡两岸去开拓海外新天地。《海内东经》称日本为倭，与称夭毒的齐人不同，明白宣称此地属燕，正是由于有了武装的燕人进入北九州移居，统治了这块地方。公元前3世纪在日本列岛西部展开的弥生文化，多半是由种植稻米，使用大陆带去的金属货币明刀和铜剑、铜戈的燕人带去。燕国还是中国北方最早使用铁器的地区，日本弥生文化中最先出现的铁器，无疑也是从燕国输入的。地处北方的燕国，对南方的知识有限，《海内南经》从东南陬转向西部地区，由浙江、福建沿海的海岛瓯、闽开始，经广东西江再北上巫山到氏人国、巴蛇，接下去便是《海内西经》由岷江上游的氏国往西转到流沙内外、西胡白玉山至葱岭，最后是《海内北经》再由西向东转，回到燕国。所以《海内经》四篇是燕人的作品。

《海内北经》最后列出大泽、雁门山（勾注山）、在代以北的高柳等一系列北方边陲要地，证明写作时间还在赵武灵王（公元前325—前299年）北伐以前，公元前306年赵武灵王开始收复胡地，公元前300年攘地北至燕、代，西至云中、九原，于是雁门山不再是北方门户，只是赵国的关防了。四篇经文出于燕国地理学家手笔，完成在燕文公（公元前361—前333年）以后至燕王哙（公元前320—前312年）间，至少在公元前306年已经有了。

《海外经》四篇的写作时间约略与《海内经》四篇相近，但所讲述的地域比《海内经》四篇大为拓展，《海内经》四篇表述的是以北方的燕国为中心展开的华夏地区及其周边世界，这一地理观念不但无法超越齐人所作的《大荒经》四篇，而且与公元前4世纪末的实际情形也有了相当的出入，在七国争雄进入最终决战的前夕，既要对《大荒经》进行必要的整理和补充，同时在客观上，这样的整理必然会成为对正在编辑的《海内经》的一种分工。能担负起这一使命的自然只有称得上是南方大国的楚国了。

《海外经》的写作，从它的叙述方式看也与《大荒经》《海内经》不同，是由"海外自西南陬至东南陬"开始,接下去是"海外自西南陬至西北陬",再到"海外自西北陬至东北陬",最后才是"海外自东南陬至东北陬者"。完全出自南方拥有广袤版图的楚人的立足点,在《大荒经》基础上删繁就简,排列各国方位次序,取得了新的进展。所作《海外南经》涵盖的疆域和地理知识胜过了《大荒南经》,对滇、黔、桂记述特详,范围广及红河流域的厌火国,指出该国在讙头国之南,将厌火国定在十万大山之西,现在越南的和平、河内一带,对《大荒南经》已有新的说明,又据《海内西经》赤水的入海方向加以定位。一水一国形成三经叠积的层累关系。所作《海外北经》拘泥于传说,内容贫乏,暴露了有关知识的朦胧,是四篇中的弱篇,正好显示了各篇作者是公元前3世纪以前,对地跨河套东西的北方毫无实际接触的楚人。

《海外经》写作时期,正是秦、楚在西南地区展开激烈冲突之际。公元前316年秦派兵占领蜀国,接下来灭了巴国。《华阳国志》记公元前308年秦国的司马错率领巴蜀十万之众,下长江讨伐楚国,《海外经》4篇就完成在公元前316—前308年之间。

(二)《山海经》中的亚洲民族与美索不达米亚

《山海经》各篇在地域上最拓展的是《海外经》四篇,《海外经》各篇经文有相当多的篇幅是跟踪《大荒经》而来,但已根据当时实际作了补充与整理;同样,《海外经》也吸纳了《海内经》各篇的有用知识,特别是对《海内东经》《海内北经》有很多的借鉴,因为身处南方的楚人对东北亚和北亚的地理知识原本有限,必须要借鉴燕人的有关知识,才能对早先齐人在《大荒经》中取得的成果有所增益。由此可见,《大荒经》《海内经》《海外经》三组经文中,《海外经》各篇可算是最晚出现的集子。因而《海外经》叙述的地理范围最为宽广,四篇经文已将东起西太平洋、南至中南半岛、西抵两河流域、北到大戈壁和贝加尔湖的亚洲网罗在内,称之为最古老的亚洲地理志名副其实。

《海外经》从西南方转向东南方展开它的地理记述,将《海外南经》排在最前面,依次列出《海外西经》,自西南方转向西北方;再是《海外北经》,由西北转向东北;最后是《海外东经》,从东南转向东北。

《海外东经》的叙述从东南角的(磋)丘开始,这地方在东海中,长满甘美的果树,有杨桃、甘梨、甘华,相当于台湾岛。从这里往北,都是分布在海中的岛国和亚洲大陆边缘的居民,由台湾以北的大人国开始,转向日本海,直到库页岛。这些地方有在琉球群岛冲绳岛的大人国;在大人国北面日本九州岛上,有个衣冠齐整、备带宝剑、靠狩猎为生的君子国;再往北去,有青丘国、黑齿国。青丘国,在日本北九州,这里的人,吃五谷,穿丝帛,有了农业,还有纺织业,该是燕人移民建立的国家。黑齿国在青丘国北边,他们牙齿漆黑,有拔牙风俗,吃稻米饭,拿蛇作菜肴。在黑齿国北边的雨师妾国、玄股国都是黑肤色民族。玄股国的东北,隔着日本海,是分布在日本列岛本州东部和北海道的毛民国,他们全身长毛,就是日本历史上的土著居民虾夷。在毛民国北边的劳民国,是分布在库页岛北部和鄂霍次克海附近大陆的基雅喀族,他们黑色皮肤,拿野果、草实充饥。

在北方很远的地方,从东向西也有许多神秘的国家,它们的名字很怪,有奇踵国、拘缨国、夸父国、聂耳国、无肠国、柔利国、一目国、无启国。《海外北经》将这些国家都排在北海以西,北海就是西伯利亚南部勒拿河上游的贝加尔湖。奇踵国、拘缨国、夸父国在大兴安岭以西,贝加尔湖的东南,是些居住在克鲁伦河到贝加尔湖间的草原牧民。过了贝加尔湖再往北,便是斯基泰民族认为日头无法见到、终年陷于黑暗的北极了。聂耳国很像是叶尼塞河上游阿尔尚地方新发现的黄金国遗存,遗址由德、俄两国的考古队在 2003 年完成发掘工作,出土的黄金饰品令人震惊,发掘者将遗址命名为乌尤克文化,《山海经》说这里的人"聂耳",是指用黄金、宝石作耳珰,可以坠至双肩,看起来成了大耳朵。

再往西有柔利国,在公元前 7 世纪希腊诗人阿里斯提士(Aristeas)的诗篇中称作守卫黄金的格里芬国,"格里芬"正是这个希腊人所译出的"柔利",位于传说中出产黄金的阿尔泰山。现在由于有了考古发掘的新材料,可以明白,这里只是斯基泰人经营来自阿尔尚的黄金贸易的一处转运站,著名的巴泽雷克文化就是柔利文化。

在柔利国以西的一目国,正好在现今中国新疆北部境内。一目国被阿里斯提士称作阿里麻斯比人(Arimaspea),意思是"独目国",是在南部阿尔泰山以西发展壮大起来的一个民族。一目国人将准噶尔东部阿尔泰山出产的金子出售给西方的邻人,因此在希腊人心目中,一目国人是和黄金、金山联系在一起的。

北方最西的国家是居住在新疆北部布伦托海附近的无启国,无启国又叫无继国,他们没有子孙后代,却能长生不死,他们吃的是鱼和空气,也就是说住在高山上,善于做深呼吸运动,附近有产鱼的河流和湖泊。因为他们历经变化,但始终保住着"任"(读如"银")的姓氏不变,这个姓氏和中国古文献中的"允姓之戎"的塞人有着亲缘关系,所以经文中说的"无启",并不真的是说他们没有后继者,而是指这个民族在好几个世纪中,一直在他们原先生活的地方保持着半农半牧的习俗,过着采集经济的生活。"任"可能是"伊赛顿"最早的汉语译音,这些人和希腊人所说的伊赛顿(Issedon)人有许多相似之处,大致是可以相信的。

再说从西北向东南展开的另外半个世界。

　　《海外西经》中最北的是长股国，又叫长脚，这些人居住在卡通河上游阿尔泰山西端的山中，在希腊史料中，传说这些山里人的脚像山羊，意思是说他们行动健捷有如山羊。由长股国偏向西南，有许多民族居住在亚洲中西部，里海北岸的肃慎国、白氏国和沃民国，是最西边的三个国家。

　　肃慎国，《海外西经》称肃慎国在白氏北，有雒棠树，逢上好年头，会长出木皮来供人做衣服。它的北面是长股国。比《海外经》更早的《大荒北经》只说，大荒中有一座不咸山，那里有肃慎氏之国，有一种长着四个翅膀的飞蛭。这个肃慎民族，过去曾有学者根据《说苑》，说他是在山戎之东，考定在东北的大兴安岭地区，但是周武王称他们是周人的"北邻"，把他们排在河套地区。这是个与周朝保持友善关系的族群，先后向周武王、成王、康王屡次进贡，在公元前11—前10世纪与周朝关系良好，后来要到春秋时期才再提到。因此如若东北地区的肃慎与里海地区的肃慎是同一族群，那么，"东北说"至塞上是有个时间差的问题存在的。据《逸周书·王会》，东北地区的肃慎应称"稷慎"，是个处在原始社会的渔猎民族，也有可能是从河套地区东迁的斯基泰同族中的支系。与这个"息慎"不同，从河套一路西迁到里海北边的肃慎，是骑马民族斯基泰（Scythia），他们是中亚和黑海地区的大商贩，东西方物流的媒介。那个地方出产一种叫作"雒棠"的棉花，能织成棉布，做衣服。后来不明真相的欧洲人产生了地生羊的故事，以为棉花是从地下生出来的白羊毛。在中国一些古书中出现的"渠廈"，应该是与斯基泰族群相近的塞人建立的国家。

　　白氏国，自清代毕沅注《山海经》以来，在现有的许多版本中，都被错误地改成"白民国"。《海外西经》以为白氏国在肃慎国以南，龙鱼陵居的北面，这里的人白身被发，推测因为他们信奉琐罗阿斯德教，崇尚白衣、白旗、白幡。"白氏"和"波斯"的音读相近，是"波斯"最早的译音。《大荒西经》也有白氏国，只说："有大泽之长山。有白氏之国。"这里的"大泽"肯定和在中国北方的那个"大泽"不是同一个地方，可以解释为里海，长山就是里海南边的厄尔布尔士山脉。到了厄尔布尔士山，就是伊朗高原的波斯国了。在《大荒经》写作时，这条由中亚河中地向西进入里海南边里海关的大道，正是波斯和中亚交通的要道，相当于后人称呼的"伊朗北道"。《大荒西经》还说，"西海之外，赤水之西，有天民之国，食谷，使四鸟"。这里的西海指里海，赤水是阿姆河，由此往西，进入伊朗高原以后，可以通往里海西南的农产区大不里斯坦（Tabaristan），"大不里"译出了天民国的"天"，这条路同样也是指的伊朗北道。

　　在白氏国南面、沃民国北方的龙鱼陵居，其实是一座建造在由夯土垒成的坡基上的城市，就是古代世界中最有名的巴比伦城。巴比伦城在尼布甲尼撒（公元前 602—前 562 年)统治时期是世界上最雄伟的城市。20 世纪初这座古城从地下被发掘出来,可以见到这座四方形的城市横跨在幼发拉底河上,长达 17 千米,有两道厚城墙,隔开一段距离便有一座堡垒,全城在公元前 539 年波斯人入侵时毁于战火。残存的伊斯达尔门,是献给伊斯达尔女神的,分成前后两座,由四座相连的望楼组成,现在保存在柏林的博物馆中。城内的大道宽 24 米,铺有石灰石和云石。每道门都有坚固的堡垒,使用了窑制的砖筑城,用沥青作黏合剂。城门的蓝色釉面砖上镶嵌着各种怪兽,其中有像龙又像狮的四足兽;城中有一座著名的高层建筑"空中花园",高耸入云。"龙鱼"陵居,大约因此得名。西亚式样的蛟龙图像在春秋时期传到中国,铸入青铜器和砖石雕刻,也是在这个时候。

沃民国,最早出现在《大荒西经》中叫沃民之国,沃民就住在一大片"沃之野",这里的人吃凤鸟的卵,饮的是甘露,物产丰饶,有许多甜美的食品,珍贵的矿石,尤多银铁。那里一派祥和的景象,鸾鸟自歌,凤鸟自舞,百兽群处,所以称作"沃之野"。《海外西经》对沃之野加以定位,叫作"诸夭之野",通作"诸沃之野",只知道这地方在"龙鱼陵居"的南面,龙鱼陵居的北边就是白氏国。巴比伦附近的沃之野,不用说是在幼发拉底河和底格里斯河之间美索不达米亚南部的苏美尔了。从那里往北可通白氏(波斯)。现在通行的《山海经》版本,将白氏改作"白民",是完全没有道理的。比这更早的《大荒西经》对通向沃之野的路线却有不同的说法,它说:"有西王母之山、壑山、海山。有沃民之国,沃民是处。"指明由西王母山经过壑山、翻越海山,有一条路通向沃民国。这条路显然不是上面讲过的伊朗北道,而是另外一条路。这条路的起点是西王母山,按《海内西经》,西王母山可以是昆仑山的泛称,主峰在昆仑虚以北葱岭东侧,海拔 7579 米的公格尔山或可相当。由公格尔山越过葱岭,接上壑山,壑(kūh)是波斯语中的山,相当于兴都库什山,此山蜿蜒 1200 千米,贯穿阿富汗全境,往西进入伊朗高原,在锡斯坦的哈蒙湖上有科·伊·胡瓦贾(kūh-I-Khwāja)神山,伊朗传说称,光明山落入海中,升起了科·伊·胡瓦贾神,因此这山有了"海山"的说法。从这里再往西就直通苏美尔了。这是对伊朗南道最早的叙述了。可见,伊朗北道、伊朗南道,这两条通往伊朗高原和美索不达米亚的大路,早在公元前 6 世纪的《大荒经》时代,已被东海之滨的齐人体认到了。那时正是波斯王大流士一世建立了波斯帝国的时代,反过来,也证明了《大荒经》的写作在公元前 6 世纪末是可以相信的。

从美索不达米亚向东往回走,这条山路一直通到了塔什库尔干的轩辕国,向东南走是女子国,进入恒河流域有新兴的佛国巫咸国,一路往东南有个叫"女丑之尸"("女"读如"汝")的地方,是历史上有名的东辉国(普拉约蒂萨,Pragjyotisha),《摩诃婆罗多》的《大会篇》记得有支那人支援过东辉国的战争。然后往东有丈夫国,这是个"衣冠带剑"的国家,正是哀牢山区最早开化的国家。有迹象表明,早到春秋中晚期,楚人便进入滇边,到金沙江上游去淘金,因此楚地逐渐使用金块郢爰。最后向东到了大运山以北的大乐之野,大运山为苗岭主峰云雾山,是云贵高原的南大门,再往南便是西江流域了。

《海外南经》从结匈国开始,记述的国家都在广西、广东和北部湾附近,那里的人多半以鸟、鱼为图腾,与鸟、鱼结下不解之缘。结匈国在南山的西北,也就是南岭山脉西边的濮人,他们有宽阔的鸡胸,所以叫结匈国。在它东南的羽民国,那边的人都是长头,身上长满羽毛,其实是些爱好羽饰又擅长划船的民族。再往南很远的地方有个讙头国,那里的人身上有翅膀,却不会飞,靠捕鱼为生,那翅膀其实是船上的篷,也许是初始阶段的帆,他们是些生活在北部湾北岸的沿海渔民。在它的南方有个厌火国,那里的人身子长得很怪,肌肤很黑,口中会出火,其实是生活在十万大山以西的雒越民族和土著的孟族居民,他们喜嚼槟榔,弄得嘴舌血红,嚼完后口吐槟榔,就像口中出火。

在广西红水河流域东边有三苗国,是已经被南下的楚人和越人从湖北、湖南一路驱赶到五岭以西的三苗的后裔。三苗国的东面有载(音秩)民国,又叫盛国,会张弓射蛇。按《大荒南经》,这里的人还是帝舜的后裔,那地方很富饶,五谷天生,衣着不愁。最有意思的是在越南半岛北部的周饶国,又叫焦侥国,那里的人特别矮小,大约混有原始尼格罗血统,吃的却是上好的五谷。在周饶国东边的海上,有个张弘国,又叫长臂国,这里的人胳膊特别长,在海上捕鱼很方便,这海中之国便是海南岛。

一部《山海经》,到公元前4世纪,已将整个亚洲的地理和民族描绘了一番。有人以为《山海经》里已经说到了北美洲,那可真是有点言过其实了。

五、 东方与西方:文明的边界

(一)波斯帝国与东西方文明的互动

公元前2000年,世界文明以铁器时代为标志进入了一个新时期,铁器制造的普遍却要到公元前1000年以后才大有起色。埃及、肥沃新月、印度河和中国黄河流域的中原地区,总共四个传统文明,到这时已在悄悄地起着变化。小亚细亚由于冶铸铁器成功,崛起成新一轮文明中心。老家在安纳托利亚高原中部哈里斯河的希提人,他们在公元前15世纪建立的国家,一度将埃及、肥沃新月和爱琴海周边民族联合成一个文明中心区,后来虽然帝国垮台,但是集合在这一地区的文化凝聚力,不时在这里发挥着隐性的作用,呼唤着正在日新月异的民族文化重新回复到昔日的传统中去。能与这一个埃及、巴比伦、小亚细亚文明中心相提并论的,只有一个远在黄河和长江的东亚文明中心;这个东亚文明中心,北有黄河的华夏文化,南有长江的楚文化与吴越文化,拥有 300 万平方千米的土地,如果将分布在东南沿海一直到云贵高原的百越民族的居住区全都加上,那就更大了,比之处于欧亚大陆中间地带、总面积不足 200 万平方千米的埃及、巴比伦、小亚细亚三处文明中心,多出了 100 万平方千米还不止。

在公元前一千纪的 1 000 年中,文明古国埃及先后遭到斐利斯丁人、亚述人、波斯人、马其顿人和罗马人的入侵。到公元前 525 年波斯王大流士一世征服埃及,埃及从此失去独立地位,直到 20 世纪,不再具有文明中心的地位。大流士建立的波斯帝国,是地跨亚非两大洲的帝国,国疆已超过了以往希提人、斐利斯丁人、亚述人缔造的国家,将伊朗高原、安纳托利亚高原收进国土。这就使早先的埃及-巴比伦文明中心区扩大成了以阿赫曼尼德王朝为中心的主文明中心区,在这一地区构建了一个伊朗、地中海文明交流区,在它西边的希腊文明中心区和它东边的东亚文明中心区之间架起了文明的桥梁。公元前 490 年以后,大流士更发兵攻打希腊城邦国家,他的后继者薛西斯将希波战争继续下去,动用了数达两三百艘战舰的庞大舰队,和包括许多希腊人在内、使用骑兵作战的马军、步军参战。原先从未联合在一起的希腊各城邦,为对付这一强大的敌人,在公元前 478—前 477 年的提洛岛上结成了提洛同盟,由雅典领导抗击波斯的军事同盟,靠着重装步兵希腊方阵和严格的军纪,战胜了入侵的敌人。公元前 449 年波斯要求签订和约,希、波订立了卡利阿斯和约,宣告这场大战结束,促使希腊本土迎来了城市繁荣、文明昌盛的古典时期。随后在伯罗奔尼撒战争(公元前 431—前 404 年)中,雅典被斯巴达战败,提洛同盟被解散。但希腊文化从此远播海外,成了最具影响力的西方文明的代表。

西方学者将希波战争描绘成民主政治的西方战胜了专制政治的东方,是过分突出了政治体制对建立在海上贸易体系下欧洲松散的城邦国家的作用。阿赫曼尼德王朝的国土不但拓展到了地中海的东部地区,南面到达霍尔木兹海峡,北面进入高加索山脉和里海地区,向东更沿着兴都库什山脉一直伸展到帕米尔高原和印度河上游,巴克特里亚人和印度人都是居鲁士帝国的臣民。巴克特里亚东北锡尔河上游的塞迦(塞人游牧区)是帝国的第 15 州,在公元前 522 年—前 518 年的比希斯坦铭文中,还有犍陀罗州,这些地方与中国的新疆相毗连,已连接到东亚文明中心的西陲地区。早先由骑马民族斯基泰操纵的东西方贸易,于是开始转向里海以南的伊朗境内。《山海经·大荒西经》记述的伊朗北道和伊朗南道,先后被东方的齐人和楚人所知晓,反映了阿赫曼尼德朝的统治者缔造的帝国,决意控制东西方贸易,将丝绸之路由黑海草原引向偏南的里海南部地区,于是在历史上开始出现了称作米底亚衣料的一种由蚕丝织成的衣料。

波斯与希腊,代表了东方与西方,从此成了公开竞争的两大文明体系。靠着在陆上和海外殖民,在黑海、爱琴海和地中海建立起100多个殖民城邦的希腊世界,实行民主政治,信仰自由的多神教,使用腓尼基字母拼写的希腊文,他们自称"希腊人",将其他民族视作"异邦人"。波斯帝国统治下尽管也有许多操希腊语的民族,但波斯人同样以为这些人是与他们不同的"异邦人"(Yavana)。希腊与波斯相互争雄,于是萌发了东方与西方的争夺与对立。

希腊历史之父希罗多德在他的名著《历史》中认为:希腊位于欧罗巴大陆,属于西方;它的东边是亚细亚大陆,波斯是亚细亚的国家,最东边的民族是印度人,亚细亚大陆属于东方。当时希腊人对亚洲的知识就限于印度,以为印度的东边和北边都有大海围绕,对中国全无印象。中国对希腊也是同样的妄无所知。但波斯人使东方与西方在地中海世界联动起来,大大有利于地中海文明的发扬与壮大。首先发生在这一文明地区的不同文明国家之间产生的冲突,通过陆海战争,对两大文明进行了实战比较。战争虽然是对文明的破坏与摧残,但也使不同的民族和文化逐渐趋于和谐与融合,彼此可以从中比较异同,各取所长,相互交流,在新一轮会合中登上更高的台阶,期待着取得新的成果。

(二) 文明世界中的东方与西方:亚历山大东征催发的文明旋流

东方与西方的交往,在公元前4世纪下半叶,由于双方之间产生的旋风效应而大为加剧。

公元前333年马其顿国王亚历山大用30 000名步兵和5 500名骑兵组成一支大军,开始了他对亚细亚的远征。公元前333年希腊军队占领了巴比伦和波斯帕里斯,这两座全世界最富丽的城市,然后继续挥师东征,进入河中地和旁遮普。史特拉波在《地理志》中记下亚历山大在越过阿姆河以后,先后征服了居住在河外地的Asii、Gasiani、Tuchari、Sacarauli四支不同的种族,其中的Asii按照古音,正是在伊犁河和锡尔河之间放牧的乌孙民族,另外还有塞人、吐火罗人。波斯诗人费尔多西(935—1025年)在长诗《国王纪年》中,记着亚历山大亲自出使中国,受到中国国王的隆重接待。在其他的传说中,更有中国国王向亚历山大馈赠镶金的印度剑、良马、精美衣料和金银的记事。这中国国王当然是锡尔河以东的游牧民族乌孙,或塔什库尔干的西周国的后裔了。因为乌孙也由河西迁,而且是操印欧语系的民族,所以那时欧洲人知道的中国人多半属于"碧眼赤须"口操印欧语的民族,从新疆昭苏县乌孙墓葬出土的尸骨推测,属于高加索支系。

早先中国南方楚人在秦岭地区发明的射远武器强弩,到亚历山大东征时,已被中国北方骑马民族普遍习用。由于乌孙和居住在新疆南部地区居民的传导,欧洲人也知道了这一武器的优越,不久以后,在马其顿便出现了类似的发射石弹的弩机。不过,亚历山大的远征只是一阵席卷亚洲的狂风,后来由于希腊士兵厌恶印度的炎热和远征生活,发动兵变,要求返国,亚历山大只得率领大军转回巴比伦。公元前323年,亚历山大病死在巴比伦城以后,庞大的帝国立即一分为五,各地将领据地自立,互相讨伐。中国对亚历山大帝国译作犁靬(Alexandria)。亚历山大在征战中往往将新建的城市称作亚历山大里亚(Alexandria),这样的城市数以百计,比较著名的也多达三十多个,说犁靬是哪一个城市,范围太小了,所以对照《汉书》所记犁靬的地理位置,以往出现过许多误解。塞琉古占领下的亚洲西部地区,有许多希腊移民,他们既学会了像波斯贵族那样穿束腰外衣,在腰间扎上华丽的衣带,配上高雅的冠冕,也在建筑、饰品、戏剧、工艺品等风俗习惯上留下许多希腊文化的印迹;更将马其顿和波斯的政治制度糅合到一起,使亚洲人和欧洲人都接受亚历山大式的君主统治方式。

经过亚历山大军队对亚洲西部地区旋风般的扫荡以后,西亚和地中海地区的工艺制品和珍宝冲破了葱岭的阻隔,源源不绝地沿着天山和昆仑山绝地运到了东亚文明的西部地区,进入黄河流域的华夏文明的心脏地区。以致中国人在春秋战国时代,不但知道雍州(陕西、甘肃、宁夏、内蒙古西部)向周王朝的贡物中有青碧色玉石的璆和琳,而且还有来自埃及的绿松石玫瑰。中国最早记录商周时代公文的《尚书》,其中《禹贡》一篇,说雍州产璆、琳。璆是伊朗语中的kŭk,是美玉;琳,按照司马相如《子虚赋》引张揖,是"珠",也就是"美石",属于宝石。碧色的宝石中就有绿松石、孔雀石、硅孔雀石、绿柱石及其变种绿宝石等多种。中国人知道绿松石的历史至少有4 000年了,山东泰安、宁阳间的大汶口10号墓,在1959年出土过绿松石串饰,是公元前2000年前后的制品。根据20世纪在新疆北部富蕴以北可可托海3号矿区的发掘,这里有丰富的绿柱石,也有绿松石。在古代有些绿松石可能是从这里运进黄河流域地区的,但更多的绿松石一定是来自中亚、西亚的宝石矿。到了公元前3世纪更有楚人卖珠的故事,《韩非子·外储说左上》描写楚人讲究穿着,衣裳上装饰有珠玉、玫瑰,"玫瑰"这种宝石本非中国所有,是对埃及所产绿松石mafkat最早的音译。埃及在古王国时期已经开采了西奈半岛的两处绿松石矿,大约在亚历山大东征以后,这类宝石成批运到中国,于是中国南方长江流域的楚人,也知道使用这类价格昂贵的埃及绿松石了,"玫瑰"一名正好是对柯普特语绿松石的翻译,这类奢侈品可能是由埃及直接运到印度以后,再转往中国南方的。

　　绿松石在"玫瑰"这个词语出现以前，从周王朝起，早有一个称作"瑞玟"的老名词。瑞玟由瑞和玟两个字合成，瑞是次玉石，玟同珉，也是一种半宝石，两个字合起来成瑞玟，按照上古音读起来，和一种埃及宝石 shesmat 非常相近，也就是孔雀石。孔雀石、硅孔雀石都是和铜共生的矿石，在青铜时代早已被文明国家所认识，它们和绿松石的形态相似，古人对宝石鉴别不精，古埃及人就常将绿松石和孔雀石混为一物，所以可以相信，瑞玟就是绿松石的古称。在中国周朝，据《礼记·玉藻》，瑞玟是士一级爵位的官员的佩玉，品位比起天子佩白玉、公侯所佩山元玉、大夫的水苍玉、世子的瑜玉要低，大约就因为这是一种宝石，而不是真玉。这种从西部边外运进的宝石，数量在汉代以前已经十分可观。

　　公元前3世纪中叶，地中海文明在西亚和东亚交接地区更建立了一个新的国家，作为传扬西方文明的基地。公元前255年希腊人狄奥多特斯在巴克特里亚宣布独立，在阿姆河和印度河之间建立了一个希腊化的王国，后来屈服于西迁的月氏人，作为附庸，到公元前30年完全被大月氏贵霜王朝吞并。中国人将巴克特里亚称作大夏，因为它的居民是吐火罗人，大夏的古音与"大虎"相近，就是吐火罗的音转。这个国家是公元前两三百年间，希腊文化在葱岭西侧的传播站。巴克特里亚独立后，发行了希腊式样的货币，正面有国王肖像，背面镌刻希腊诸神和希腊语铭文，完全模仿希腊金工技艺。巴克特里亚货币上的国王头像，早期技法简陋，到第四代国王德米特里时，肖像的铸工才达到圆熟的境地。阿富汗北部席巴尔干东北5千米的提利亚在1979年发现了大月氏王陵，出土金器有2万件，被人们称作黄金冢，是大月氏统治下公元前1世纪到公元1世纪间巴克特里亚的希腊工匠的铸品，出土的金器琳琅满目，有黄金宝剑、金像、金罐、金壶、金币和各式各样的饰品。从头冠、耳环、项链、手镯、腰带，到缝在衣服上的金饰品、衣扣和袜扣，它们的风格有纯粹希腊罗马风格的，也有希腊-斯基泰式样的。从出土的手镯上展示的龙，和鞋扣上浮雕的车马出行图样，可以见到汉代中国风格的影响。

　　巴克特里亚的弥兰王朝，曾将它的势力扩展到印度河上游，公元前190年，犍陀罗地区也归入巴克特里亚的版图。犍陀罗是吠陀时代十六大国之一，国都塔克西拉（Taxila）建立在印度河东岸，古代中国人把这里叫作罽宾国，是从新疆皮山到旁遮普的道路必经之地。这里是印度西北的门户，希腊人按希腊式样在塔克西拉的锡尔卡普建造过一座新城，街道呈棋盘格状，王宫处在十字路口。这里先后遭到从新疆西部南下的塞人和来自帕提亚（安息国）的伊朗人的侵占，但这些移民到了这里，便吸收了希腊文化，像火神庙这样的建筑，原是希腊化的塞人和帕提亚人信奉的琐罗阿斯德教（拜火教）的庙宇，但这类建筑也都采用了希腊柱头和壁柱。公元60年大月氏贵霜王朝占领犍陀罗后,赶走了帕提亚人,统治了巴克特里亚和旁遮普,将希腊文化和帕提亚文化融成一体,顺应了蒸蒸日上的佛教的宗教信仰,创造了希腊罗马风格的佛教雕刻艺术。后来犍陀罗风格的佛教艺术向南传遍了德干高原,向北由阿富汗进入中国新疆和甘肃河西走廊,它的影响一直延续到6—7世纪。巴克特里亚不愧是在亚洲中部培育出希腊文明硕果的园丁,是在东方文明世界中西方文明的凝聚点和传播站。

文明本无东方与西方之分,但自从公元前5世纪东方与西方展开角斗之后,东方与西方似乎确实成了不可相容的对手,成了历史上永无止息的具有争议的话题。东方与西方,无论民族、语言、性格、信仰、风情、礼俗、技艺、制度与价值观,都有不同的地方,但他们之间总能找到共同的语言、爱好、习性与追求,所以文明越昌盛,彼此的隔阂只会一天天缩小,而共同的目标总会使人们走到一起,尽管方式不同,进展速度不一,但东方与西方,不会永远只有差别与隔阂,而没有融合与和谐。

第五章
秦汉开放的丝绸之路与西域文明的东传

秦汉时代是中国结束春秋、战国群雄争霸的分裂局面之后的大一统时代,国土面积拓展到600万平方千米,中国和域外民族建立了比以前更加广泛的交往,特别是北方草原民族的媒介,使中国文明的信息可以不断地传向远方,直至地中海世界。在世界开始迈入工艺时代之初,中国以它特有的智慧创制了顶级的工艺产品——丝绸,博取了世界声誉。中国纺织的锦、绮等丝绸产品,具有美丽的花纹、柔软的质地、闪耀的光泽、华贵的气魄,不但吸引许多草原上迁徙的骑马民族,而且也使欧亚大陆的一些文明大国,如巴比伦、波斯、印度、希腊的贵胄和商人,慕名前往,争相采购。横贯大陆的草原牧民驰骋的通道,将黄河中下游中华文明的发祥地,和远处地中海、黑海、波斯湾的文明世界连成一体,输送着中华文明的信息,这就是后世所称的"丝绸之路"。秦汉帝国起而保护丝绸之路的正常运转,使丝绸之路成为一条通畅的开放之路、文明之路、友谊之路,使人类历史翻向新的一页。

一、 秦汉帝国与天山南北政治形势的变化

(一)统一王朝的政治体制与农牧界线的设定

战国时代晚期,经过改革后日益强大的秦国,在公元前3世纪开始实施它的蚕灭六国、建立大一统的王朝的政治目标。成功地实现了这一宏图的秦始皇嬴政(公元前246—前208年)在13岁登上王位后,首先排除了内部不同政治集团间的争斗,然后从公元前234年起,采取"远交近攻"的策略,先后灭了韩、赵、燕、魏四国,继而动用六十万兵力,打败楚国,攻占楚都寿春,对齐国形成南北夹攻的形势,迫使齐王不战而降。公元前221年,嬴政成了一统天下的君主,自称始皇帝,将传说时代"三皇五帝"的封号集于一身,对新王朝展开一系列雄心勃勃的改革,实施了统一文字、货币、度量衡等多项大政。在两年内,建成了以咸阳为中心,由九条驰道(高速马路)可以通达的交通网络,从此"东穷燕齐,南极吴楚"。北到河

北、山西,东到山东、江苏、浙东,南到湖北、湖南。驰道的宽度有50步(合59米),长达千里以上,其中一条叫直道,自咸阳向北直达河套的九原(内蒙古包头以西),开山填谷,总长1 800里(900千米)。秦始皇从此每两年出行一次,巡视天下,一次往往经年。

中国最大的敌对势力来自北方的游牧民族,他们出没无常,对黄河流域的农耕社会造成极大的损害。首当其冲的是秦、赵、燕三国,统一以后,秦始皇命蒙恬率三十万大军,北驱匈奴,收复河套以南被匈奴侵占的河南地,修筑新的长城,将秦、赵、燕三国长城连成一体,使它成为对付南侵的匈奴极为有效的边墙。现已查明秦长城起自甘肃临洮北三十里墩,不经岷县,而经渭源、陇西,入静宁、固原,越六盘山,经环县入陕北与赵、燕长城相接,最后跨越鸭绿江进入浿水(清川江),东边到了朝鲜半岛遂城县碣石山(平壤西南大同江口、镇南浦北),这就是千古闻名的万里长城。秦长城将河南地(河套以南)圈入长城以内,将长城修到阴山山脉上,将匈奴逐至河套和燕山山脉以外的蒙古高原,长城的长度超过现在保存的明长城。后来在汉武帝(公元前147—前87年)时期,又一次进行大规模修建长城,基本上按秦长城的方式,加以修复,或改建,或新建。大多依山势用块石叠砌,在地势低平的地方用夯土和木架建造,在沙漠边缘地带则用砾石和红柳、蒲草的枝条叠压成墙体,土筑墙基宽度在4—6米,石筑墙基外墙用大石块,中间填碎石,或依山岩修筑而成。为屯垦和驻守需要,长城内侧通常建有边城,附近建有向外延伸的障燧,用来及时传递信息。长城是农耕民族生活的边墙,是由东而西输出丝、漆、金属制品,和从西域运入玉石、金银饰品、毛皮、力畜的防护墙,所以公元前后通往新疆的主要道路是起自山东经太行山、勾注山沿燕山南麓通往天山的大道,其次才是越吕梁山经绥德、固原出六盘山西进的一道。从此,长城成了农业社会的保护墙,长城是华夏民族的生命线,长城也是在长达2 500年的时段中,中华文明得以不断成长的最北的国防线,它是东亚文明中心与亚洲北部牧业生产的一条天然设定的分界线。

公元前214年,秦的南疆越过五岭,在广东、广西设立南海(治广州)、桂林(治广西桂平)和象郡(治广西崇左)三个郡,调发五十万人戍守五岭。为保护土地私有制,秦始皇在公元前216年下令土地所有者据实申报土地,载入户口簿,第一次对土地和人口进行全国性的普查,促进了封建地主和小农经济的发展,进一步贯彻重农抑商政策,保证了国家机制有一个固定的赋税、徭役、兵役的来源。秦始皇和他一帮推行新政的人马,在总人口1 000万人,国土面积达到320万平方千米的东亚,建立起了一个空前庞大的帝国。

但是这个刚刚建立起来的王朝终究过于庞杂,蓄积已久的地域的、民族的、市民和农民间的、官绅与庶民奴隶间的各式各样的矛盾,由于新政的急功近利,迅速招致了席卷全国的反秦风潮的到来。新政最突出的一个举措,是在全国废除了被视作立国之基的已经传承了几千年的分封制,代之以全国化的郡县制。中央政府以数达五十处的郡县制,削去了旧贵的封国,几乎使贵族丧失了全部权力,有的甚至到了无以立足的境地。因此,新的统一王朝仅仅维持了十多年,到公元前210年秦二世继位,继续推行苛政,于是吴楚地域的民众首先起而反抗,卒至全国响应,义军在混战中打起楚怀王的旗号,攻进咸阳,葬送了这个短命王朝。最后剩下项羽与刘邦两支大军,彼此决战,刘邦战胜了项羽率领的楚军,在公元前206年,以长安为都城,建立了汉王朝。

刘邦(公元前206—前195年)在公元前202年称帝,继承秦朝的政制,开创了大汉帝国。他为了总结治理天下的国策,听取辩士陆贾意见。陆贾建议以黄老思想和儒家主张的"仁政"作为治国理政的指导思想,指出秦朝暴亡是由于"举措暴众而用刑太极故也",要求采取"轻徭薄赋""重农抑商"等政策,改善民生,推行郡县与封国并行的治国方针。刘邦在削去异姓王的同时,以为必须分封同姓王侯,以拱卫皇权,封了吴、楚、淮南、淮阳等九个同姓王,保留了中央直辖的十五个郡,诸侯王国跨州连郡,总计占三十九个郡。

汉代的官制传袭秦制,但扩大了丞相的权力,汉初丞相都由已经封为列侯的功臣担任,下有属官,成为百官之长,可管宫内和宫外之事,形成和皇帝可以抗衡的力量。继刘邦之后,经过文帝(公元前179—前157年)和景帝(公元前156—前141年)的治理,出现了"文景之治"的安定局面。公元前163年(文帝十六年)开始采用年号,改称后元元年,从此历代的皇帝都有了年号,并且为了祈福可以经常改元,表示有了新的起点。这一纪年法,到6世纪被日本用到了他们天皇的年号上,并且将年号从推古天皇向前上推,竭力拉长神代史的起点,一直使用到现在。

到汉武帝刘彻(公元前140—前87年)登位,国库充实,社会稳定,国家已经变得富强起来。雄才大略的刘彻为了充实国力,对付来自北方的强敌,巩固皇权,进行了一系列的改革。首先削弱了丞相的权力,提高听命于皇帝的侍中、尚书的权位,任命出身布衣的儒生公孙弘毅为相,此后丞相便只得听命于皇帝了。他又招募新人担任侍中、给侍中、常侍的官职,可以出入宫禁,和尚书(或由宦官担任的中书)一起参与大政的决策,形成"中朝",而以丞相为首的政务机构,作为执行大政的"外朝"。汉武帝在中央设立丞相、太尉、御史大夫和诸卿等职,成为三公九卿制;在军事上,创建了守卫宫廷的常备军,和拱卫京师由八校尉统领的禁卫军,直接听命于武帝的使唤。公元前119年,将大将军卫青和骠骑将军霍去病升为大司马,作为国家最高军事长官。后来,汉成帝确立了三公制度,重大国事均由三公议决。大司马成为百官之首,正式将三公定为大司马(太尉)、大司徒(丞相)、大司空(御史大夫),原来丞相的职位已在大司马之后。东汉(公元25—220年)时代,三公各去"大"字,单称司马、司徒、司空。

汉代在地方上设郡、县、乡、里等机构,郡有郡守,县有县令。对地方行政,汉武帝进一步实施削弱各封国势力的政策,推行嫡长子为王,余子分得部分土地为列侯的"推恩令",侯国的大小约略与县相当。公元前122年,刘彻挫败了淮南王和衡山王密谋反叛行动之后,尽废封国;十年后,又废同姓列侯,另立功臣为列侯。为加强对地方行政长官的监控,在公元前106年,专门设立了由御史大夫督导下专门监察地方治安的刺史、司隶校尉,将全国划成十三个监察区,称十三部州,司隶校尉专管京兆七郡,十三部州各设刺史一人对属下州郡监察,有豫、冀、兖、徐、青、荆、扬、益、凉、并、幽、朔方、交州等州。共领八十三郡二十国。后来废国立郡,公元前103年,全国共有一百零三郡。郡数比秦已扩展了一倍有余。到平帝元始二年(公元2年),全国有县一千五百八十七,县分大县、小县,大致以万户为界,大县设县令,小县设县长。郡县制经过西汉时期的反复,渐成定制。

治国理政必须确立基本方针。秦朝专重法家治国,排斥其他各家,禁止各家私学的存在,奉行"以法为教,以吏为师"的法理教育,制造了震惊全国的"焚书坑儒"的恶性事件,从源头上摧毁了文化发展的活力,以致失国。为扭转这种文明逆转现象,汉武帝在公元前134年,采纳了董仲舒"罢黜百家,独尊儒术"的人才培养和思想指导原则。对五经博士培养弟子,在全国郡国立学宫,用儒家经学取代诸子百家和汉初风行的黄老思想,使之成为封建社会的正统思想和处于时代前列的文化学术范式,试图摆脱由法哲学捆绑下的封建文化专制主义。从此,儒学在以后2000年的中国社会中,一直处于独尊的地位。

匈奴是威胁汉王朝生存的最大敌人。开国皇帝刘邦在公元前200年率三十万大军讨伐投降匈奴的韩信,被匈奴冒顿单于围困在平城白登山(今山西大同北)。后来设计逃出,从此只能以宗室女充公主嫁给匈奴单于,履行和亲政策,向匈奴定期赠送大批丝绢、酒食、奴婢。但匈奴仍屡屡犯边,侵占长城以内的郡县,甚至深入畿内,威胁长安。汉武帝决心改变这一屈辱的政策,从公元前133年起,进攻匈奴,十多年中,对匈奴争战十多次。到公元前119年,经过三次大战,改变了匈奴与汉朝敌强我弱的态势。汉朝不但收复了河南地,还向西拓土开疆,切断了匈奴与羌人的联系,实现了"断其右臂",大军直捣漠北单于王廷的战略目标。匈奴只得一路败逃,西徙到天山以北的地区,大漠以南再无匈奴骑兵出没了。汉军在对匈战争中修复了各地的长城,并在公元前111年起,将防线由令居(今甘肃永登)延伸到玉门关,接上居延海以西的另一条防线。公元前102年汉军还修筑了阴山山脉以北的外长城。到汉宣帝在公元前60年在现在的新疆境内设置西域都护府，原本已由玉门关沿疏勒河西延的亭燧障塞，再次向西拓展，沿孔雀河北岸修筑到了库车西北，保护了经过塔里木盆地的西域南道交通线，可以越过葱岭进入中亚和西亚地区。

汉的国疆在云贵高原也有很大的进展。汉武帝为辟通巴蜀地区和南越的交通，派唐蒙修筑五尺道，穿越险峻的山谷，收复了贵州西部的夜郎国，又将四川西部的邛都(西昌)、笮(雅安)、冉駹(茂县)以及白马(甘肃武都)，设置了犍为郡、牂牁郡、越巂郡等郡县。公元前109年，调动蜀兵，收复滇国，赐滇国王金印，设益州郡。

在东北，秦末汉初，许多燕人和齐人移居朝鲜半岛，进一步扩大了燕国在半岛北部的势力，燕人卫满率领一批人马在辽宁燕东南和朝鲜北部建立了卫氏朝鲜，不服汉朝的调遣。汉武帝在公元前109年，派水陆两路大军进兵朝鲜，卫氏政权贵族杀了右渠王，汉军攻占了都城王俭城(今平壤)。之后，在半岛北部的西海岸设立乐浪、真番两郡，西海岸设立玄菟、临屯两郡，加以统治。

公元前1世纪的汉朝已是当时世界上国土最大的帝国。它的版图东起北海、东海和朝鲜半岛北部；南边到南海，包有海南岛和越南半岛北部；西南部领有四川盆地和云贵高原的大部分；西部伸展到今新疆的塔里木盆地，北部尽有河套以西直至居延海和喀济纳河的土地，总面积超过600万平方千米。在这样广阔的空间内，构筑了一个以汉民族为主体民族，包有百越、百濮、匈奴、氐、羌、僰、僚、壮族以及乌孙、乌桓等上百个民族的多民族国家。十三部州的监察制，在东汉时也因时势变迁而有所变动，各州长官或称刺史、或称牧。自公元35年起，州牧的身份由中央派出的使者转成派驻地方的常驻官员，有了固定的治所。公元188年，为镇压农民起义，加强军事力量，州牧成了地方上最高行政长官，于是地方行政成了州郡县三级制。州成为最大的地方行政建置。

原本作为农牧界线的长城，随着汉族的移民和原本居住在长城以外边远地区的少数民族的迁徙，逐渐有了变化，表现出农耕地区在大西北沿河西走廊逐步西进的态势，在东北则向辽西推进。在多山又多水的西南地区，则冲破了大渡河、雅砻江的界限，进至金沙江流域，在那里，将半农半牧和游牧的民族化解成农耕区的农民，畜牧业转化成他们的副业，将这片林莽之地改造成农业和栽桑养蚕、植棉的新天地。

(二) 最早出国考察的张骞

在黄河上游河套地区以北的草原、峡谷和沙漠的边缘，原本是逐水草而居、流徙无常的游牧民族生活的空间。这些游牧民族迫于气候的变迁和民族兴衰的大势,大致在公元前3000年以后,呈现出由东而西的迁徙方向,像浪潮一样,传递着东西文明的信息。公元前3世纪初,在河套以西、天山以东居住的民族有大夏(吐火罗)、竖沙(斯基泰,又译西叙亚)、居繇(羌)、月支(月氏)。受匈奴的压迫,吐火罗人、塞人(斯基泰人的一支)和月氏人纷纷西迁。吐火罗人和塞人先后越过天山,进入中亚细亚,公元前255年,以吐火罗人为主体的巴克特里亚在阿姆河南岸正式建国,中国人称为大夏国。公元前176年以后,被匈奴人驱赶的月氏人,追踪塞人,陆续到达锡尔河和阿姆河上游肥沃的平野,在费尔干纳盆地西南重建家园,成为中亚细亚的一个大国。中国将它称作大月氏。

大月氏的西迁向汉王朝报道了中亚细亚的许多真实的情况,使得面临匈奴时刻南侵的汉帝国的统治集团,决意酝酿一个新的战略目标:联络西迁的月氏,分别从左右夹击匈奴。汉武帝考虑到保卫帝国的心脏关中地区,必须首先消除匈奴从右侧包围的威胁,筹划组织大规模的军事行动,积极拓展帝国的西界。于是,原先由草原牧民驰骋开拓的民间贸易的大道,成了帝国的决策者从地图上加以标出的路线。这条路线便是"丝绸之路"。

张骞在公元前138年被刘彻派去了实现这一伟大使命。张骞是个善于外交的人才,他的得力助手是胡人甘父。出发时,张骞带着一百多人,打算通过匈奴的属境,前往阿姆河北岸的大月氏王庭。匈奴知道张骞是个人才,把他扣押了十一年之久,张骞在那里娶了妻子,生了孩子。在这段时间中,他了解了匈奴和中亚各民族的地理、民俗、军事等各方面的情况。后来他找了个机会逃走,走了几十天,到了大宛。大宛在葱岭以西的费尔干纳盆地,大宛王很乐意和汉通好,以便得到汉的丝绸和兵器等财物,帮助张骞和甘父,通过它西边的康居(今撒马尔罕以北)到了阿姆河北岸的大月氏王庭。随后,又继续往南访问了大夏的国都蓝氏城(巴尔克,今阿富汗北部瓦齐拉巴德)。那时大月氏早已侵吞了大夏的北部领土,原来率众西迁的月氏王已在战争中被人杀害,新王无意返回故土与匈奴为敌,所以张骞在大月氏和大夏住了一年多以后,便取道祁连山东返,他在途中又被匈奴抓获。不久匈奴内乱,张骞才有机会在公元前126年重返长安,回来时只有他和甘父两人了。

刘彻根据张骞的情报,派卫青、霍去病连连出击,发动河西战役、漠北战役,把匈奴赶到大漠以北、河套以西直到罗布泊的广阔地带,从此不见匈奴铁骑。张骞返国后将他在大宛、康居、大月氏、大夏四国的考察报告呈递刘彻,还将他听说的安息(今伊朗北部)、条支(地中海东部安提阿克王国)、身毒(今巴基斯坦、印度)、乌孙(今新疆特克斯西至伊塞克湖)等西域大国的情况,一一向刘彻作了汇报。

这篇考察报告后来被司马迁撰写《史记》时,改编成《大宛列传》。

张骞在他的报告中,指出大宛、大夏和安息是物产富饶而军事力量较弱的文明国家,这三个国家都盼望和汉王朝建立频繁的贸易关系,以便得到中国的商货。大月氏和康居则是两个游牧民族组成的军事国家,汉帝国可以通过经济援助来获得他们对中西交通大道的安全方面的支持。张骞的这些见解,都被刘彻采纳了。大夏的国都蓝氏城(后来称作监氏城),是张骞这次具有划时代意义的出访中所考察的最遥远的国都了。

(三)陆上丝绸之路

张骞初次出使大月氏、大夏,去时通过天山南路塔里木盆地北缘,返国时另取一道,走的是塔里木盆地南缘,通过当金山口沿祁连山南麓东归。沿着塔里木盆地南北边缘的主要通道,构成了当时新疆境内天山南麓贯通东西的两条大道。公元前121年,匈奴昆邪王率众降以北。到公元前119年,匈奴在这片土地上再没有王廷了,汉代便在这里设置了武威、酒泉两郡加以管辖。不久又因人口增加、对外交通的发展,由东边的武威郡分出张掖郡,西边的酒泉郡分出敦煌郡。汉代在敦煌以西约115千米小方盘城西的马圈湾设立玉门关,在敦煌西南60千米南湖以西设立阳关,分别控制通往葱岭的北道和南道。沿途烽燧亭障遗址,至今仍然可以见到。玉门关和阳关间有联络线,玉门关成了中国和西域各国交通的大门,汉帝国的军事力量则一直向西伸展到罗布泊北岸的巴什托克拉克。

在张骞出使大夏以后的半个世纪中,经过罗布泊的北道必须通过楼兰王国的属境。公元前119年,张骞出使乌孙,目的在于疏通大夏等国,试图将汉帝国的势力伸展到葱岭以北的纳伦河上游,以确保汉和中亚的交通线不受匈奴的干扰。张骞带着随从三百人,每人备马二匹,其中有许多都是持节副使,可以随时派往邻近各国。这一个庞大的使团,驱赶着牛羊数万头,随带黄金、币帛成千上万,旨在打开中国和西域各国贸易往来的新局面。他们顺利通过楼兰、焉耆,到了乌孙都城赤谷城(今吉尔吉斯斯坦伊塞克湖东南依什克提)。张骞的副使则继续往西,到了大宛、康居、大月氏、大夏、安息、身毒等国。不久,大夏的使节跟着汉使一起到了长安,其他各国也都派出使团,和汉通好。许多商人为了发财,以汉代使者的身份,成批涌向中亚细亚。

公元前111年,赵破奴率领汉军直奔杭爱山以北的鄂尔浑河。下一年,赵破奴战败楼兰,攻破姑师(音"居师",后改车师,今吐鲁番),趁胜向乌孙、大宛进军,将匈奴势力逐出天山。天山南路的北道,从此便在汉帝国的控制之下。北道由大宛经木鹿(今土库曼斯坦马里),直抵安息国都和椟城(今伊朗沙赫鲁德),成为伊朗北道。

天山南路的南道,起自阳关,走的是山路。沿途要通过婼羌(今若羌)、精绝(今民丰)、( )罙(今策勒)、于阗(今和田),经蒲犁(今塔什库尔干)出葱岭,进入大月氏属境。在张骞归国以后,大月氏势力跨过阿姆河,并吞了大夏,大夏的国都成了大月氏的国都监氏城(巴尔克),南道在葱岭以西伸向巴尔克,又通过锡斯坦(因塞人聚居得名,今阿富汗西部尼姆鲁兹)进入伊朗西部,成为伊朗南道。

公元前60年,汉在新疆境内的乌垒(今轮台)成立西域都护府,统属天山以南城郭诸国和葱岭以西的大宛。此后,自敦煌出发的南北二道正式处于汉帝国控制之下。北道由敦煌经罗布泊以北的白龙堆,商旅为减少罗布碱滩雅丹地貌的艰辛,又可和扼天山南北交通枢纽的姑师通商,大多宁肯转向西北,通过吐鲁番再西去焉耆、龟兹(今库车)、疏勒(今喀什),进入大宛。如果从吐鲁番翻越博格多山进至天山北麓,沿伊犁河西进,通过乌孙北境,便和春秋、战国时代以来贯通欧亚草原的干线相接了。

大夏的吐火罗人和随后由天山进入锡尔河、阿姆河和印度次大陆的塞人,追迹塞人到达阿姆河的月氏人,在伊犁河流域和伊塞克湖建国的乌孙人,像浪潮一样,先后从中国河西走廊向西迁入中亚和五河流域,他们传导了中国北方草原文化,并在他们的新的国土上,保持着和中国北方的联系,双方通过贯穿在沙漠和半沙漠地区的绿洲路和峡谷间的草原路线,不断传递着文明的信息。

塞人文化遍及天山南北,新疆阿拉沟东口发掘战国到西汉的竖穴木椁墓的文化面貌,和新源、特克斯以及哈萨克斯区的塞人文化完全一致。阿拉沟出土的承兽铜盘,同样见于新源和中亚地区的塞人文化遗址。阿拉沟常见的圆形虎纹牌饰和哈萨克斯坦东部麦阿密地区出土塞人牌饰十分相像。中亚的塞人联系着新疆和阿富汗、印度次大陆五河流域的同一文化,这种文化传递的波浪甚至远及南印度的古黄支国(Kancipuram)。

在张骞出使乌孙以后,汉帝国使团的足迹也随之遍及西域各地,这样的使团每年多达十多次,一般的年份也有五六次。他们通过向贵胄馈赠礼物和进行贸易,互通有无。使团人数多达几百,少的也有一百多人。每个使团随带的牛羊、金币和丝绸总是一次胜过一次,他们都追踪着张骞的足迹,而希望更超过他。

两汉时代,通过天山南北的草原民族,和那些纵横交叉车于山林、沙碛、峡谷和绿洲中的交通线,迎来了中西文化交流的两大高峰。第一个高峰是在武帝刘彻时期。刘彻深好西域的角抵、眩术,年年要更新节目,广泛搜求外国的珍禽怪兽、名香异草和各类珍宝,构筑了陈列七宝床、杂宝案、侧宝屏风、列宝帐的四宝宫,建造了陈设火浣布(石棉)、切玉刀(钻石),豢养巨象、大雀(鸵鸟)、狮子、宫马的奇华殿。为了获得乌孙、大宛的良马,向中亚细亚运去了大量丝绸、镔铁和铜币,随之移居的还有精通天文、农业、水利、冶金的各种技术人才。汉代丝绸总称缯彩,通过大宛,远销地中海世界,成为国际市场上各闻遐迩的热门货。第二个高峰恰当桓帝刘志(公元147—167年)、灵帝刘宏(公元168—189年)时期,形成桓灵之世胡风盛行。刘志、刘宏不但尊奉印度佛教,而且竭力提倡胡风,引进印度、波斯风格的乐舞、美术和生活用品,宣扬西域风尚。化装歌舞、假面戏剧、角力竞技、马戏斗兽、魔术变幻成为洛阳和许多城市中经常出现的活动。由于刘宏爱好胡服、胡帐、胡床(折叠椅)、胡坐(靠椅)、胡饭、胡空侯(竖式角形竖琴)、胡笛、胡舞,洛阳城里的贵胄官僚竞相仿效,来自域外的乐舞、服饰、饮食和家具风行一时。著名的出身王子的安息高僧安世高在公元147年来到中国,开始了以后长达十四年的译经事业,他一生为宣扬佛教而奔走,足迹遍及全国,为翻译佛典、输送印度宗教哲理铺平了道路。

(四) 海上丝绸之路

汉代在陆上既有丝绸之路的开放,几乎在同时,在海上也有丝绸之路的拓展。中国东南沿海百越民族素以擅长航海见称,和东南亚各地早有联系。秦汉以来,珠江三角洲的番禺(今广州)成为南方沿海的一个都会,海内外所产珠玑、犀象、果品、棉布都在这里集散。附近的徐闻、合浦,与汉代日南郡的边塞,更发展成远航印度洋的启航港。

汉武时既有张骞出使大夏,同时在海上,自中国大陆也有使者到了南印度东部科罗曼德海岸的黄支国(今康契普拉姆)。从此以后,黄支国的使者不断和中国进行贸易。西汉时代,自中国大陆前往南印度的海上交通线,都是沿着大陆边缘的沿岸航行。中国船从徐闻、合浦出发,经过十个月的航行,可以绕过马六甲海峡,抵达泰国南部塔库巴的谌离国(Chryse,黄金国)。从那里往北的海路因多风浪和浅滩,只能改走崎岖的山路,经十多天之后越过克拉地峡,进入地峡西端帕克强河口的夫甘都卢国(今泰国南部克拉附近)继续搭乘印度船,沿孟加拉湾航行两个多月,才能到达户口众多、宝货荟萃的黄支国。

汉武帝时,到过黄支国的使者中,有一位懂得梵语或巴利语、在宫廷中担任传译的译长,他依靠中国南方沿海居民驾驶的船只,又搭乘马来人和印度人的海船,不但到了黄支国,而且还由黄支国抵达已程不国(Sihaladipa,师子国,今斯里兰卡),这是西汉时代中国使者在海上所到的最远的国家。使者到了那里,又另取一道,向东直接穿越十度海峡,经过一个出产甘蕉的岛,回到了中国。这条路要横越大海,风险很大,但只要有大船,善于掌握季风,熟悉航道,比之沿岸航行,那就省时省费得多,从此中印之间的海上交通便大为便捷了。黄支是个强国,是公元前230年后统治德干高原的萨丹伐诃纳的重要都城,在古代印度人所建七个圣城中,就有黄支城。西汉末年,王莽摄政后,为了造成一个四海来朝的局面,特意遣使海外,于是有公元2年春,黄支自三万里外献犀牛的盛会。汉代使者到黄支,带去的是黄金和各色丝织物,目的是换取那里出产的明珠、璧流离(蓝宝石)、各色宝石、珍奇货色。西汉时代海路初通,般以续航能力有限,中间停靠站头既多,使交易增加了许多困难,但南印度科罗曼德出产的周径二寸的大珠,和以蓝宝石著称的晶莹剔透的各色宝石,还是吸引了许多中国人不辞艰辛,去开辟这条通向希望的印度洋航路。

进入东汉时代,在罗马对印贸易繁荣的三个世纪中,来自红海和地中海的各种珍奇物产和精巧的手工艺品,源源汇聚于南印度东西两岸,更使这条海上丝绸之路增添了新的活力和源头。来到马来半岛的印度人带来了南印度和罗马帝国通航的信息,刺激了中国的航海家和贸易商不断去探索跨越孟加拉湾的海上捷径,促成了2世纪泰国湾中顿孙国的兴起。在印度科罗曼德那些和罗马人打交道的港口中,中国人选择了黄支以南科佛里河口的科佛里帕特那(希腊航海家称卡马拉,今特朗奎巴),作为从马来半岛西岸塔库巴西航科罗曼德的直达航线,塔库巴在中国2世纪的载籍中叫投拘利(巴利语takula,原意"肉豆蔻"),因为当地出产著名的香料肉豆蔻,而ta这个字在孟-高棉语中有"码头"的意思,所以当地人和中国人常常简称"拘利""勾稚",甚至写成"投拘利口"。通过这些港口,在东北季风期间,只需一个多月的航行就可到达了。这是中国船民在公元2世纪中通航南印度的一项壮举,从此中国人来到斯里兰卡进行交易的人数也多了起来。当时中国帆船在塔库巴、克拉和印度科罗曼德的索帕特马(今马尔卡纳)与科佛里帕特那(今特朗奎巴)之间,开辟了定期航线。起自索帕特马通过马纳尔湾向西直达罗马帝国的航线上,确已有"船张七帆"的中国远洋帆船参加到印度和红海各口岸间的海上行列中了。那时来自红海的希腊船只需一个多月的航行,就可直接停靠在南印度马拉巴海岸的莫席里港(今克拉格诺尔),进行繁忙的交易。在和康泰同时代的万震所作《南州异物志》中,莫席里港被称作姑奴国(卡纳塔克),中国帆船追迹希腊帆船,经过莫席里再向西航行,便可到达埃塞俄比亚的港口阿杜利,这地方被称作加陈国(Kusà),也就是库施民族的古译。阿杜利港是公元1世纪才兴起的海港,在罗马东方贸易盛期,是中国帆船所到达的唯一被确认作罗马世界一部分的海港城市。阿杜利在东汉已有使节前往洛阳,是东汉以来中国所熟知的非洲港口。

南印度的莫席里由于和罗马通商,成为东西方客商汇聚的地方,希腊罗马文化、阿拉伯文化、印度文化和中国文化通过海路在这里找到了各显其长、互争光华的场所。中国帆船在季风贸易期间也是常客，可以看到那里有一万多人的市集，不分昼夜地进行交易。那里的人"衣被中国"，向中国输出优质棉布，同时也成这中国丝绸的销售市场，在当地出现了新兴的丝绵混纺工业。优质的中国镔铁也运到南印度的鸡罗王朝，再转销西亚。仰仗中国远洋帆船开创的海上丝绸之路，在2世纪取得了高棉人、马来人、泰米尔人、卡纳塔克人、希米雅尔人、埃塞俄比亚人以及希腊人的支持和合作，将输送各色丝绢和丝服的海上通道，从广州、交州沿着马来半岛和印度次大陆，延伸到了亚丁湾和红海南端的埃塞俄比亚，在那里和罗马世界建立了直接的交往。

二、 中国和大宛、康居：草原民族的传媒

（一）汉代的西域

汉代的西疆称为西域，在公元前60年隶属于西域都护府，辖境东起罗布泊，北抵巴尔喀什湖，南至昆仑山，西境越过葱岭，领有费尔干纳盆地的大宛。这是狭义的西域。广义的西域，则自西域都护府伸向中亚、南亚、西亚以及更远的一些地方。

公元前328年马其顿的亚历山大率军侵入锡尔河，一度进入费尔干纳盆地的阿斯特拉，此后希腊人便在巴克特里亚定居，当地人称这些希腊人Yavana，传到中国，便叫大宛，"宛"字代表了Yavana。大宛的塞人接受了希腊文化，从事农耕和畜养马匹，拥有70座城市，是一个30万人口的大国。大宛的国都贵山城（今浩罕），距离西域都护府所在的乌垒公4 031里，从长安到贵山，走天山南路的北道，共计12 250里。

大宛是汉代西境的门户，东北通康居卑阗城，和横贯欧亚大陆的草原路相接。西南到大月氏的国都监氏城（今瓦齐拉巴德）仅690里，查以登上美索不达米亚和印度的大道。从大宛到安息、大月氏虽然都比走塔里木盆地的南道要远，但大宛是直属都护的国家，西汉时代，这里是中国文化和希腊文化交汇的前哨。

公元前104年，汉武帝命李广利率军攻打大宛，旨在将匈奴势力逐出天山，前后四年，经过两大战役，才获得成功。李广利首次出战，目的在于取得大宛贰师城（今乌拉提尤别）中名贵的汗血马。失败后，逾两年，大军再度西征，这一次为了挽回汉帝国的声誉，彻底击败匈奴对天山南北交通线的干扰，最后打通汉和大夏等国的国交，派遣了6万名士兵和举国动员的后续部队，计牛10万，马3万多，上

万的驴骡骆驼。先头部队 3 万人首先进攻大宛国都贵山，切断了王城的水源，破坏了外城，大宛守军退入中城，大宛贵族杀了大宛王毋寡求和，汉军同意谈和。汉军得到了汗血马几十匹，中马以下牡牝合计三千多匹，支持亲汉的贵族眜蔡当了大宛王，才将大军撤走。

中亚的局势和匈奴的兴衰息息相关。在大宛归汉以后半个世纪，匈奴郅支单于和呼韩邪单于不和，在呼韩邪单于率部归汉以后不久，郅支单于便率领少数部众西窜，战败乌孙，占领了乌孙以北的乌揭、坚昆，杀掉汉使。康居王和郅支单于联姻，迎郅支到康居，郅支便乘机霸占康居，强迫大宛、奄蔡（今咸海、里海一带）向匈奴交纳贡赋。匈奴势力的西迁，使丝路北道各国陷于困境。公元前 36 年，新任西域都护甘延寿在西域副校尉陈汤的策划下，征发都护属国和屯田兵丁 4 万多人，对郅支单于发动进攻。汉军在康居贵族支持下，兵分南北二路，攻入塔拉斯河上的单于城，斩杀单于，郅支所部三千名匈奴士卒被歼灭，西匈奴才被翦除。此后汉和康居虽然再未和康居发生军事冲突，康居也和汉保持着通商关系，但康居一直以控制着欧亚草原路、拥有强悍军力的亚洲北部大国自居。汉和康居的关系也像汉和大月氏的关系一样，考虑到康居所处的战略地位，作为中国和西域各国文化锁链的一个不可或缺的环节，在中国和安息、中国和欧亚草原诸国的文化关系中，同样是必须维系的外交对象。

（二）文化的链环

汉代从大宛成批输入良种马匹，在内地的经济生活上引起了不小的变化。

在张骞出使乌孙的前后，汉从乌孙那里获得优良的乌孙马（伊犁马），刘彻极为赞赏，命名"天马"。不久，又从大宛得到名贵的汗血马，这种历来被波斯帝王贵族服役的尼萨种汗血马，体型高大，出汗时显出红斑，品格更高于乌孙马，于是刘彻决定将汗血马命名为"天马"，而将乌孙马改称"西极马"。

成批的骏马从中亚各地运入内地，促进了汉代的养马业，壮大了在北方边塞地区装备的骑兵，刺激了在交通运输中使用大量马匹作为力畜，东汉首都洛阳的贵戚官僚，常常在嫁娶的仪仗队中，使用长达数里的车骈，以致骑奴侍童和车马相并。刘彻在长安的园囿中首先提倡种植苜蓿，专辟了苜蓿园。苜蓿（*Medicago sativa*）又称光风草、连株草，原产米地亚，公元前 424 年，希腊喜剧家阿里士多芬在《骑士》中业已提到苜蓿是马的饲料，称作米地亚草。苜蓿在阿纳托利亚到南高加索，以及波斯、阿富汗、克什米尔都早见栽培。李广利从大宛得到苜蓿、葡萄种子后，在长安宫殿别馆旁加以栽种，从此中国北方内地也开始栽种苜蓿和葡萄。

葡萄（*Vitius vinifera*），古译蒲陶，在西亚和埃及栽培的历史极早。在新疆地区栽种,当在汉代以前,两汉时代伊吾、车师、焉耆、龟兹、且末、于阗都产葡萄。中亚各国,康居、月氏、大宛都种葡萄,大宛所产葡萄酒遍及家家户户,民间饮酒成风,富户有贮酒万斛以上,甚或数十年不败的。大宛归汉以后,葡萄美酒也成中国北方别具特色的佳酿。在长时期中,产地始终以南疆各地为主。

康居在中西文化的输送线上,也是一个值得注意的链环。公元前36年,陈汤和郅支单于3 000名匈奴骑兵接战时,看到单于城外有一百多名步兵在城门前后,演习罗马军团常用的鱼鳞阵作战。单于城的工事与中亚城市用土城构筑也有所不同,在土城之外,还有多重木栅作为城防工事,和罗马的城防工事如出一辙。英国的德效骞(H.H.Dubs,其文见荷兰莱顿出版《通报》,1940年,第36卷,64页)推测,在郅支单于麾下有一支罗马军团参与了和汉军的对峙。实际是,最多是和匈奴联盟的康居人,接受了来自安息或者罗马的军事训练,这些国家有一些军官支持单于,在当地传导军事知识和城市攻防技术,以填补草原牧民原本所欠缺的攻坚战中的军事威力。确实,中国军队的攻坚战术早已震撼了草原国家所原有的游骑战术和战略,将那些只有在城市经济发达地区才具有的,能够攻打砖筑城堡的军事技术沿着天山山脉传入咸海地区的草原民族,给那里的军事和政治首脑对于革新军事战略敲响了警钟,这是在公元前1世纪中,对改变从蒙古草原直到阿姆河流域的草原国家的作战方略,所提供的十分有说服力的战例。不难见出,将发生在康居的这一战事,单纯地归之罗马军团的进入中亚草原地区,只能是一种全无实际依据的臆测。因为无论就马文化的传播历史或西亚地区(广义的西亚也可以包括现在的中亚五国在内)城市的发展而言,都是波斯的因子比之罗马的因素要早得多,也更大得多;换句话说,在那么早的时候,在亚洲西部地区发生的战事,尤其是在阿姆河流域,还说不上会有罗马军队节节向东推进或逃窜的战例。总之,在这个时段的这一地区,最大的文化因子,特别是军事行动及其带来的后果,要么数波斯人的安息国,要么只能是汉代的中国。

甘延寿和陈汤在战事结束回到康居既扼欧亚草原交通的咽喉,他们大概也曾得到来自安息或黑海的希腊城邦的图书,可以肯定的是,这些西方世界的图画和书写纸一定震撼了中国长安里的贵胄,促使他们要求中国工匠去研发一种可以代替绢和竹木简的书写用纸,而且催发了学习这种使用硬笔的书画技法。于是中国研制成了世界上最早的植物纤维纸。

大宛是汉文化和波斯、希腊文化交接的前哨。在张骞出使大宛时,从大宛到安息,都不产丝、漆,所有丝绸、漆器都得从中国运去,奇姆肯特、撒马尔罕都曾出土汉代锦、绮、罗纨。中国独有的铸铁(生铁),也是中亚各国所无,汉代向这些地方运去的铜币,当时称作黄白金,在黄铜以外,还有俗称白铜的铜锌镍合金,都在当地当作进口金属熔铸器物。

尤为重要的是，中国的使团和在战争中逃亡的士兵，教会了大宛、康居的工匠冶铸三棱铁镞、铜剑和一侧有刃的环柄长刀。西汉时冶炼技术的一大发明是使用了生铁炒钢的新工艺，因而可以用铸铁固体脱碳熔铸成百炼钢。这项新技术的输出，使中亚各国在新型铁铸兵器的装备上广泛吸取汉军使用的长柄武器矛、戟和射远武器强弩、铁镞。汉代中期，军事装备和匈奴相比，赖以取得优势的强弩、坚甲，也成了中亚各国热衷采用的新技术、新装备。河北满城汉墓出土的固体脱碳钢镞，表明公元前2世纪末汉军已使用这些新式的钢镞，以代替青铜镞。同一时期汉军在装备上普遍采用铁铠、铁兜鍪，以代替皮甲。所有这些先进的军事装备和冶铁技术，也都成了汉与大宛、康居、大月氏以及安息足资交流的项目。原来兵器简朴不利的大宛，获得了制造强弩利刃的秘密，使原有的军事装备大为改观。同时，中国的弩机，在汉代经过改进，在青铜扳机外面加装铜制机匣，并改进了瞄准装置，通过大宛第二次西传，成为西方各国同类武器的楷模。

中国内地的开渠穿井技术，在新疆地区随着青铜冶炼和矿山开采，流传已久。1983年新疆天山北麓尼勒克县发现的奴拉赛古铜矿遗址，是一处塞人在公元前10世纪至前5世纪开采的铜矿，矿中使用的抽水提升工具和平衡石砣，与同一时期湖北大冶铜绿山古矿遗址相仿。开矿抽水使穿凿地下水井的技术在北方干旱地区，成为一项具有重大经济价值的工程项目，在对匈奴战争中更是具有战略意义的技术开发项目。

三、 中国和伊朗：文化交流的主体

（一）汉代的安息

中国和古波斯早已有过商业和民族迁徙的接触，但直到公元前3世纪，双方的交往多半靠的是广泛分布在俄罗斯南部和伊朗东北部直到中国西部地区的草原牧民。这些过着游牧生活总称斯基泰-塞迦民族的文化，曾给予他们的东、西邻居以相同的渗透，促使中国北方和伊朗同样成为中亚传统文明的共同的受益者。

在大流士（公元前521—公元前485年）统治下，曾将领土扩展到锡尔河和阿姆河的阿赫曼尼德王朝分崩离析之后，中国和伊朗的联系只能重归于各种文化因素从中居间传递的微弱的维系，类似《山海经》中关于西方世界的神秘观念所透露的一线曙光。

张骞出使大夏，以亲身体验第一次获得了安息的信息。这使那时以为十分强大的汉帝国,初次获悉在西域存在着像安息这样的一个大国。张骞向刘彻报告,安息在大月氏以西几千里以外,那时到安息去必须通过阿姆河北岸大月氏的属境。张骞听说的安息,是个种植稻麦的农耕国家,境内大小城镇为数几百,是域外最大的国家。安息东境直抵阿姆河,商旅通过陆、海两道,遍布各地。安息的西边是叙利亚王国,汉代译作条支,取自它的都城地中海东岸的安提阿克(Antioch)。

公元前3世纪中叶,塞迦族中马萨革泰族群的一支帕勒-达依人,在首领阿尔萨克(Arsak)率领下,在里海南岸的帕提亚起而反对塞琉古王国的统治,建立帕提亚国,汉代称作安息。班固《汉代·西域传》中称安息王都是番兜城,"番兜"就由帕提亚(Parthia)转来。《汉书》列举安息的北邻是康居,东面是大月氏、乌弋山离,西边和条支相接。乌弋山离本是安息帝国的一部分,占有今阿富汗南部。公元前127年后塞人自阿姆河大举南侵,安息的苏林贵族在10年中平息了塞人的战乱,统治了以锡斯坦为中心和德兰琴亚那和阿拉科西亚二郡,定都锡斯坦的亚历山大里亚-普洛夫达西亚,"乌弋山离"正是汉代所译的亚历山大里亚(Alexandria)。西汉时代,汉使通过南道所到国家最远的便是乌弋山离,在那时,到条支去的,从没有走乌弋山离这一条路的。南道到乌弋山离,可以不经巴尔克,而在新疆境内于阗(今和田)以西的皮山,另辟一条捷径,这条路经过塔什库尔干,跨越昆仑山脉的明铁盖山口进入克什米尔的乌秅(今罕萨),向西沿斯瓦特河南下,到达罽宾(今克什米尔)国都查萨达,再越过喀布尔河向西南方的锡斯坦进发,总共从皮山到乌弋山离,不过六十日。但这条道路在克什米尔境内须经艰险陡峭的峡谷悬度(今特鲁附近),进入锡斯坦后,向西有卢特沙漠和库赫鲁德山脉的阻挡,道路崎岖,商旅不畅。到了东汉时代,由于波斯湾航运的通畅,由锡斯坦到两河出口处的商路才大有扩展,那时罗马占领叙利亚,中国人所称的条支已专指波斯湾头的航运枢纽,由于东汉和条支交往频繁,于是伊朗南道也成为中国、阿富汗和西亚交通的一条重要干线了。

连贯中亚的伊朗北道,是汉代中国和安息交通的大道。张骞在出使乌孙时,派遣副使率领庞大的使团经大宛、康居前往安息,安息王密司立但特二世(公元前124—公元前87年)为了确保使团不受出没阿姆河地区的塞人的干扰,在公元前117年特派二万名骑兵在东部边境木鹿(今马里)接引汉使,经过几千里的护送,通过几十座城,才到安息国都番兜城,这里在东汉时又称和椟城,是据原名赫康托姆菲勒(Hecatompylos)。汉使回国时,安息随即派使团一起到长安,沿途考察国情,参观仓库、府藏,汉武帝旨在这些外国使团了解中国的富庶和强大,进一步开展睦邻关系。

西汉时代,安息是西域最有威望的大国,他的使者一到长安,沿途带动了北道所经中亚各国,如大宛西边的骥遄、大益、康居小王苏薤,以及新疆境内城郭诸国,纷纷和汉互通使团,交换商货。安息使者初到长安,向汉武帝进献大鸟卵(鸵鸟蛋)和黎轩眩人(魔术师)。此后双方使节、商旅往来不绝,中国丝绸,铁器和漆器通过安息,畅销西亚和地中海。西方各国的珠宝、香药、毛皮和毛麻织物,也经安息输入中国。

(二) 各显其长的中伊技艺

西汉时代,中国丝绸源源西运,安息成为西域各国中重要的主顾。中国丝绸织物无论锦、绮、绫、绢,在波斯语言中都留下了它传递的新知识,在波斯语中 vālā 这个字,后来在汉语中译作"越",原本是一种丝织物,也可以称呼丝制的旗,最初便是借用汉语中的"幡"。幡用精细的罗纱制作,成长条形可以悬挂。上面可以画图,到了安息,成了丝旗。安息军队中常用各种彩色的丝质旗帜,也多从中国学去。安息在击败克拉苏斯统率的罗马军团时,也使用了丝质彩旗。

中国生产的优质钢铁,是木鹿市场上集散的大宗货。木鹿以冶铸刀剑闻名,用的原料是由中国运去的铁和铅、锡器物。这些优良的刀剑由于使用中国的铸铁脱碳和低碳钢,犀利异常,装备了在战场上大显身手的安息骑兵,罗马史家普卢塔克因此用"木鹿兵器"(Margiana)专称安息骑兵使用的武器。

铜锌镍合金是中国的一项颇具特色的发明,这种合金被正式命名为鋈,由于色泽洁白,或呈银色,而有白铜之称。白铜传入伊朗,在波斯语中称作"中国石头"(xār-čini)。白铜在中国可以制作铜镜和各种日用器皿,含有79%铜,16%镍,4%铁。伊朗人十分了解,用白铜制作的箭镞,一中箭就会使人丧命。古代伊朗关于镍合金的知识,是从大厦传去的,公元前2世纪大夏王德米特里一欧多台墨二世开始制造镍币,这种镍币含有相当的锌。镍合金知识的输出,是汉代中国和大夏、安息冶炼技术交流的一项重大成就,欧洲直到公元1751年才知道镍的存在。

穿井开渠的技术,根据罗马史家波里比乌斯的记载,在公元前146年已在西亚出现,这项技术知识的流传,似乎也出自希腊化的塞人的传导,在波斯地下水渠被作卡纳特,后来又成为阿曼盛行的汲水系统,在公元2世纪时这类水渠在阿曼已有上万条。阿曼古都尼兹瓦郊区的这类水渠,主渠长达数十公里,自绿山区下坡后,又经暗渠流向尼兹瓦。

伊朗的美术、乐舞和杂技,在安息时代具有精湛的技艺、独特的风格,在西方曾推动拜占庭艺术的发展,在东方也曾成为汉朝北方艺术领域中吸取新鲜养料的一个源泉,为丰富艺术的表现力增添了活力。

汉代吸取的西域美术,突破了传统题材的局限,增加了许多新的主题和表现形式。骆驼、翼兽和狮子等动物题材和纹饰,丰富了汉代的艺术天地。翼兽和狮子都起源于伊朗的雕刻。狮身翼兽常见于波斯阿赫曼尼德朝雕刻和日用器皿。战国时代中山国墓葬中也有这种波斯风格的翼兽。这种翼兽在汉代艺术中有了新的变化,在双翼的花纹和式样上都开始一变西域式样,而具有中国的风格。东汉时代,翼兽不但作为石刻镇墓兽出现在大型圆雕作品中,而且也在具有连环画性质的镶嵌在墓葬和祠堂壁间的画像石中,展现出成群结队的图像。这类雕塑可以在公元209年建造在四川雅安的高颐墓的翼狮,和公元147年建成的山东嘉祥武氏祠画像石中,见到堪称范例的作品。高颐墓前翼狮的羽翼,仿自古波斯阿塔萨斯宫前翅翼作三叠飞展的翼兽,而将双翼简化成具有中国式粗线条的肥壮而紧贴胸旁的二重翅翼。东汉时传自安息的镇墓兽天禄、辟邪和麒麟,也都具有这种既保存着安息式样,又增添了中国格调的双重特色,在艺术的移植上作了极具创新意义的改造。汉代流行的海兽葡萄镜,常常在画面上出现葡萄和各种怪兽,其中也有翼兽。汉镜既流行民间,伊朗艺术也成了流行的图式。

汉代传入中国内地的伊朗乐器和乐曲,对中国音乐的发展和改造极有影响。安息乐曲大多经过康居、龟兹音乐的媒介,是古代传入中国的胡乐的主流。崔豹《古今注》称,张骞出使西域,将安息的胡乐横吹乐传到西京(长安),"唯得摩诃、兜勒一曲。李延年因胡曲更进新声二十八解,乘舆以为武乐,后汉以给边将军。"摩诃(Māh)更是雅利安民族的月神,代表丰收女神,兜勒是雨神第希里亚(Tishtrya)的音译,两神至今是伊朗农民所崇奉的祈雨以得丰收之神,摩诃兜勒曲正是伊朗高原农民祭祀天神降雨以保收成的祭乐。横吹乐原本是在马上行进时吹奏的乐曲,以鼓、角为主要乐器,以其雄壮,成为鼓吹乐。供职长安的李延年学习安息乐曲,配成二十八首新曲,成为充溢喜庆气息的华夏新声,与商、周以来传统的宫廷音乐大异其趣,属于纵情欢庆的"淫乐"。东汉时这种鼓吹乐更发展成边塞所用的军乐,为龟兹乐、西凉乐的蓝本,组成汉代以来输入中国内地的西方乐舞的主要流派。在乐器的流行上,来自伊朗和竖箜篌、四弦曲项琵琶和筚篥,从汉代以来,便在中国乐坛大显身手,对以后中国音乐的发展具有深远的影响。

箜篌是起源于美索不达米亚的一种古老的弦乐器,有弓形、角形和卧式、竖式之分。汉武帝时最初由侯调制造的箜篌(一作空侯、坎侯)是经过印度传导的卧式弓形箜篌。汉代竖式的角形箜篌先在中亚流行,成为塞人和月氏人的乐器,1996年在新疆且末的扎滚鲁克村出土的三件箜篌,就属于卧式的角形箜篌,其中最早的一件是公元前4世纪遗物。和阗附近发现3世纪以前土偶弹箜篌,拜城克孜尔千佛洞中的木雕人像弹箜篌,都和亚述竖琴相似,早见于科尔·法伦石刻中的伊兰(Elam)乐队所持箜篌。由于这种角形箜篌在古波斯十分流行,2世纪中叶传入中国内地,便称作胡箜篌,以别于原来侯调制作的箜篌。汉灵帝爱慕西域音乐,胡箜篌因而进入宫廷乐舞,北魏时始称竖箜篌,俗称擘箜篌。竖箜篌有18—20弦,演奏时抱在怀中,用双手拨弹。

琵琶也起源于美索不达米亚,后成波斯常见乐器,波斯称短颈琵琶叫barbāt,就是中国名称琵琶,还有长颈琵琶,波斯名称是tanbur。最早出现在中国北方的秦琵琶,是长颈琵琶,又称秦汉子,经过汉族乐师的改进,曾在汉武帝时由乌孙公主下嫁乌孙昆弥时,作为嫁妆带到乌孙赤谷城。晋代经阮咸改进,又称阮咸。汉唐之际,在葱岭东西,波斯琵琶和印度琵琶都很流行,在和阗和敦煌之间,由于中亚各国人士的传导,波斯产的四弦曲项琵琶,似乎更多于印度式样的五弦琵琶。这种四弦曲项琵琶成为龟兹乐的主乐器,得了龟兹琵琶的名称,传入内地后,就单称琵琶了。

另一种龟兹乐器筚篥,最早写作必栗,或译悲篥,声调低沉,是一种以芦茎为簧、短竹为管的竖笛,在西亚早已流行,后来传入中国,在山东孝堂山东汉石刻中有奏筚篥的图像。在稍后的萨珊波斯时代,筚篥更风行一时,称作Surnāy,汉语改译唢呐,南北朝时由于龟兹乐的流行,在北方内地也是一种重要的管乐器。

汉代以后,在长安、洛阳流行的杂技中,伊朗和印度的节目占有重要的地位。安息和汉帝国初次通使,送来的黎轩魔术师,是信奉祆教而精熟麦吉(magi)幻术的巫师。在张衡《西京赋》歌颂的场景中,有扮演各种西方怪兽的假面舞和杂技的,其中的大雀踆踆,正是表现安息鸵鸟的杂技和乐舞。

四、 中国和罗马:最阔绰的贸易伙伴

(一) 汉代的大秦

西汉时代,安息控制了亚洲东部和地中海地区的丝绸贸易,罗马帝国崛起以后,地中海世界的政治形势迅速改观。公元前1世纪,罗马军队入侵叙利亚,罗马和安息以幼发拉底河为界,不断发生冲突,战祸连绵。新兴的罗马帝国占领了叙利亚和埃及,积极扩展东方贸易,迫切需要从中国运去丝绢,在利凡特沿岸贝鲁特、西顿、提尔(或译推罗)等兴建的丝织工业中心就地加工,以适应罗马贵胄日益奢靡的生活的需要。

最初得知罗马帝国的是那些经常奔波于伊朗北道,来到地中海东部奥朗特河畔的滨海城市安提阿克的中国商队。希腊人称这些以运销被西方视作稀世之珍的丝绸商人,叫赛勒斯(Seres)人,意思是来自蚕丝国的人。赛勒斯这个名称虽然

早在公元前 4 世纪已经被希腊人运用，但传递这一信息的多半是大夏的希腊人。远在地中海的罗马人是在奥古斯都(公元前 30—公元 14 年)时代，才正式接触到赛勒斯人的。2 世纪罗马史家佛罗勒斯写的《史记》中，在赞颂奥古斯都的丰功伟绩时，特意指出远到赛勒斯人和地处太阳直照之下的印度人，都派使者到罗马，要求订结盟约。奥古斯都时代的地理学家史特拉波(公元前 58—公元 21 年)笔下的赛勒斯国，是和巴克特里亚邻接的国家，也就是锡尔河下游归汉朝西域都护管辖的大宛。居住在中国新疆和在西域都护管辖下费尔干纳的塞人，善于贩运丝绸，他们的商旅因仰慕奥古斯都，而曾由安提阿克或黑海地区奔赴罗马。

奥古斯都时代的罗马诗人和学者，常以赛勒斯国来炫耀他们知识的广博。在诗人维吉尔、贺拉斯、普罗帕斯、哲学家塞内伽和博物学家普林尼的心目中，赛勒斯总是和被称为丝织品(Serica)的缣、还有犀利无比的箭镞、以及被称为赛勒斯战车的军事装备联成一体。虽然罗马人在 1 世纪时已离不开提尔的染紫和赛靳斯的织物，但神秘的蚕丝，甚至在博学的普林尼(23—79 年)的笔下，也还是些出产在丛林中的羊毛。罗马以羊毛织物著称于世，因此在他们从中国大量输入缣素，在利凡特各工业城市中重新拆开、加以纺织的同时，许多属于社会上层集团的人物却还以中国羊毛来比拟仅有赛勒斯国才能生产的举世无双的丝线和丝布。

自奥古斯都时代起，罗马为了开展对印贸易，取得中国的生丝和丝布，努力摆脱帕地亚王朝对华贸易的垄断，积极发展红海航运，罗马帆船通过曼德海峡附近的奥赛里斯(今也门图尔巴附近)和海达拉毛的古港凯尼(今也门比尔·阿利)，直航印度河口的巴巴里加、坎贝湾的巴里格柴(今布罗奇)、马拉巴的英席里(今克朗格诺尔)。来自新疆的中国生丝和丝织物，常常通过巴克特里亚运往巴巴里加和巴里格柴，再走海路载送红海西岸的贝伦尼塞(今埃及乌姆克塔夫湾)，经尼罗河抵达亚历山大里亚。亚历山大里亚是罗马东方贸易的中心，在公元初的 3 个世纪中，这个海港城市成为整个地中海和东方世界熟知的都会，汉代称为迟散城。

公元 1 世纪到 2 世纪，沿着丝绸之路，自东而西出现了汉帝国、大月氏(贵霜)、安息和罗马四个大国。汉代中国和贵霜王朝分别控制着丝路东段，安息占据中段，在丝路西段的罗马，被汉代称为大秦，意思是泰西(极西)之国。因为在海西，又称海西国。大秦一名的使用大约不早于 1 世纪八十年代。公元 88 年，西域长史班超在和莎车的匈奴势力角逐时，曾和月氏联盟，那时月氏已是罗马和中国贸易的重要桥梁，可能是从那时中国才从官方渠道正式获知罗马这个泰西之国。此后由于经济和外交上的需要，东汉王朝决意冲破安息的阻挡，谋求和罗马直接建交,以进一步加强双方的联系。公元97年班超派甘英出使大秦,就是执行这一国策的具体行动。甘英出使大秦,目的是寻求通往埃及亚历山大里亚的海路,但因甘英仍走丝绸之路在伊朗北部的干线,所以尽管他到了波斯湾头安息西界的于罗(今沙特阿拉伯东部乌凯尔),然而安息海商不愿中罗两国直接通使,便婉言阻拦,卒使甘英到了波斯湾,却无法继续西航。

甘英出使大秦,虽然未达目的地,然而中国和埃及之间的贸易关系,在海上早已出现三路并进之势,最北的一条通过乌弋山离的伊朗南道,在波斯湾北岸阿曼尼斯河口的希腊贸易站哈蒙西-阿曼那和希腊船相接应,另外二条则分别经由印度河口的帕塔拉和坎贝湾的巴里格柴和红海通航。甘英到达波斯湾,《后汉书》说所到的地方都是过去所未知的,中国使者到那里交换珍宝,消息一传开,引起了红海彼岸希米雅尔人的莫恰(今也门木哈)和阿克苏姆人的阿杜利(今埃塞俄比亚马萨瓦港附近)也派使者,在公元100年的农历11月到达东汉首都洛阳,向汉和帝进献礼物,求结婚约。莫恰和阿杜利都是罗马东方贸易盛期繁荣兴旺的海港,中国历史上称为远国蒙奇、兜勒。汉和帝厚待两国使者,赐给两国国王以最高荣誉的紫绶金印,表示双方在发展邦交上极大的诚意。半个世纪之后,罗马安东尼朝最负盛名的皇帝马可·奥理略(161—180年),在公元166年派遣使者自埃及出发经由印度洋,直抵汉朝统属下的日南郡登岸,再北赴洛阳,完成了当初甘英所未竟的事业,开创这两个大国直接通使的记录。《后汉书》称这次使节是安敦王所派,论述这是罗马和中国第一次正式建立外交关系。罗马使者东来的航路,正是遵循着以南印度为枢纽的海上丝绸之路。罗马货物通过海路直运南中国的因此也就越来越多了。

(二)《魏略》中的大秦都:罗马城

从后汉时代展开的中国和罗马帝国的交往,必须通过两河流域,当时这一地区北有安息(帕提亚),南有苏林家族统辖下的乌弋山离,中罗贸易要经过安息与罗马边境的一些小国,这些小国和部落成了罗马与波斯双方争取的伙伴势力与抵制对方的藩属。罗马对中国丝绸的渴求,使它在公元2世纪初加强了对叙利亚境内小国奥斯格赫纳和巴尔米拉的统治,公元106年罗马正式占领彼特拉,发展埃及和叙利亚贸易。公元116年罗马大军一度攻陷安息冬都泰西封-塞琉西,直抵波斯湾头。但安息人仍然从丝绸交易中获取高额利润,并扼制着罗马人在利凡特几个丝织业城市贝鲁特、西顿和推罗的丝货来源。

在正始、嘉平(240—253年)年间,叙述魏武帝曹操(155—220)至明帝景初三年(239)中政治的《魏略》,原本有五十卷,但已散佚,其中的《西戎传》记述了西亚和地中海地区的国情、交通和城市,被裴松之的《三国志注》引用,一直流传下来。《魏略·西戎传》是最早详细记叙罗马帝国政事、地理、交通和文化风貌的文字,文中提出了罗马帝国由于它位置在安息、条支以西的海西,所以俗称海西国。那时的海西指波斯湾以西,包括阿拉伯海、红海直至地中海的广大海域。

《魏略》将从美索不达米亚通往罗马帝国的交通线,分成南、北两道。南道是海路,起点在波斯湾头的瓦尔卡或史帕西纳,这条路要绕过阿拉伯半岛,经阿拉伯北上红海,到达埃及南部海港贝仑尼塞(Berenice)港以后登岸,顺尼罗河向北直抵地中海南岸的亚历山大里亚(Alexandria)。北道是陆路,从两河出海口的瓦尔卡(Warka)出发,向北溯幼发拉底河取陆路到达地中海东岸的大城市安提阿克(Antioch),由安提阿克通过小亚细亚的陆路,渡过博斯普鲁斯海峡,进入欧洲,到希腊北部后再转向南面,抵达雅典后往西通过科林斯地峡到科林斯,再通过科林西亚湾,经过六天海路,到达罗马城。罗马是罗马帝国的首都,亚历山大里亚则是帝国最大的商业都会和海港。这些地方都一一列入了《魏略》。从《魏略》文章的叙次来看,对中国商旅和使节来说,通往罗马帝国的南、北二道,最熟悉的是自波斯湾走海路经红海到亚历山大里亚的那条道,其次才是通过陆路,到希腊南部的伯罗奔尼撒半岛的科林斯以后,再转海路去意大利半岛的罗马城。南道是先走海路再走尼罗河水路;北道是先走幼发拉底河沿岸的陆路,再到希腊伯罗奔尼撒半岛转海道到罗马城。

《魏略》是这样叙述从两河入海处到大秦(罗马帝国)的南北二道的:

> 从安息界安谷城乘船,直截海西,遇风利二月到,风迟或一岁,无风或三岁。其国在海西,故俗谓之海西。有河出其国,西又有大海(地中海——引者),海西有迟散城(亚历山大里亚——引者)。
>
> 从国下直北至乌丹城(贝伦尼塞港——引者),西南又渡一河,乘船一日乃过。西又渡一河,一日乃过,凡有大都三。
>
> 却从安谷城(Orchoe,今瓦尔卡——引者)陆道,直北行之海北,复直西行之海西,复直南行[经]之乌迟散城(Athenê,指雅典城——引者),渡一河,乘船一日乃过,周回绕海,凡当渡大海六日,乃到其国。

第一、二两段都是叙述由安谷城出发,走波斯湾直指海西的海路,属于南道。具体走法是从波斯国南下绕过阿拉伯半岛,再北上红海,到乌丹城登岸。乌丹是乌姆克塔夫湾的音译,著名的贝仑尼塞港构成了埃及南部对印度洋贸易的门户。东来的商旅到此以后,走陆路到科帕托(Coptus),然后经过尼罗河,接连渡河北上,先后经过底比斯（Thebes）、希普托诺米斯（Heptanomis）和迪尔他（Delta）三大区的三个都市底比斯、希莫波利和孟菲斯。这三个城市,《魏略》并未一一说出,只提了"凡遇大都三"。最后到了在该文另一处提到的尼罗河入海处的大秦都迟散城,罗马亚历山大省的都会、帝国最大的海港和东方贸易中心亚历山大里亚。

第三段是叙述从安谷城向北再转入欧洲,最后到达帝国首都罗马的陆道,属于北道。这条路是先走陆道,后取海道。从安谷城启行后,按罗马帝国的行政区划分成四个大区,分头叙述到达海北区的都会安提阿克城,再转入海西区的小亚细亚,经过希腊北部的塞萨洛尼基城,然后转向南方,纵贯希腊全境,直抵乌迟散城。这里的行文中出现"经"字,是个衍文,目的地乌迟散大约是"乌迟报"的讹刊,是希腊都会雅典在中文中最早出现的译名。后来到450年就改译"颇盾",有使者到北魏的都城平城。破解这个迄今为止尚未揭开的谜,对于中国和欧洲关系史的阐述,无疑是一大进步。

雅典是罗马帝国东部海陆交通枢纽。从雅典往西渡海,只需一日就可通过科林斯地峡,到达科林斯。然后经过六天的航行,出科林西亚湾西航,到意大利半岛南部的布林迪西登岸,走陆路抵达罗马城。这是"条条道路通罗马"中的一条到达靴尖北端的大路,由雅典渡海西去最方便的走法。

这就是中国文献中,最早关于中国西部地区通过美索不达米亚,再经陆、海通道与意大利半岛联通的记录。这一记载,反映了罗马使节在公元166年通过波斯湾航路到达中国南方沿海城市前后,中罗双方使节和商旅往返的实况,进一步证实了公元2—3世纪的丝绸之路,从东边中国的洛阳往西,最终通达了罗马帝国的首都罗马城。地处欧亚两洲交界的拜占庭城所以兴起,成为新一轮商业浪潮的都会,正是由于这一契机催发的结果。

(三) 罗马世界和中国文明

罗马物产之富,名扬世界。罗马通过东方贸易输往中国的货物名目繁多。在公元240年左右写成的《魏略》,曾详细开列罗马世界的物产,这些物产也就是亚历山大（今埃及）东方贸易的货单,所列货物可归成金属制品、珍禽异兽、珠宝、织物、玻璃、香药六大类,共83项。这些货物正是罗马世界向中国的输出物,其中大部分来自地中海的叙利亚、小亚细亚、埃及和红海、亚丁湾沿岸。

和成批罗马货输往中国的同时,罗马为了进口中国货支付了大量的货币,普林尼在一世纪中叶估计,每年至少有一亿枚罗马金币被印度、中国和阿拉伯半岛取走。这些钱币曾在中国流通,在山西出土的罗马钱币,起自公元14年,下迄公元275年。事实是,更多的罗马金币被当作金块,在印度洋贸易区流通,在进入中国西部地区的以前,早已落入了大月氏贵霜王朝官府的国库之中。衣料、皮货和铁器,是罗马从中国进口的三项大宗货物。

在普林尼的著作中,中国的衣料是和人类劈出挖出大理石、潜入红海海底去取珠宝以及深入地心去寻找碧玉同样,足以使人深表惊讶的奇事。曾使大诗人维吉尔的想像力感到困惑的是,中国人居然从树叶上采下非常纤细的"羊毛",同样也是几个世纪中,一直使不知道养蚕缲丝的罗马人难以理解的神秘之谜。公元前1世纪,埃及女王克利奥巴特拉曾穿着在地中海尚属罕见的轻软透明的西顿罗纨,在众人面前炫耀她的美丽和华贵,凯撒也在此风的感染下,使用昂贵的丝绸,而遭物议。然而曾几何时,由于丝帛从中国源源西运,安息人、贵霜人都因此大发其财,贝鲁特、西顿、提尔和科斯的丝织业也大有起色,丝制衣服、坐垫、帷幔、旗帜等便日益风行,丝质衣料也由妇女推广到男子。那不勒斯和罗马城郊的但伯河上都有销售丝绸的商人,在罗马城内托斯加区也曾开设丝绸商场。叙利亚东部沙漠的巴尔米拉,是丝绸西运进入罗马世界的第一大站,在那里出土的汉字纹锦,属于东汉时期,和斯坦因在新疆楼兰发现的汉代锦绮相仿。4世纪中叶的罗马史家阿米安·马塞林纳在《功绩》一书中,以钦美的口吻叙述中国人在宁静和高爽的环境中生产丝绢,"以前这种丝绢仅供贵族使用,但现在甚至连最低贱的人也无分等级可以穿戴了。"

中国的丝绸和各色锦缎风靡罗马世界之际,丝织技艺也在汉魏时代传入伊朗、叙利亚和埃及。汉代绮、锦织法十分高超,汉绮在经斜纹显花之外,还创造了显花部分中,同每根有浮线的经线相邻的另一根经线,也用平纹组织的织法,并采用了经线起花的平纹重组织。西汉时代使用的提花机到一世纪初便已在西顿丝织业中出现。罗马作家卢卡纳(39—65年)在《法尔塞里》(Pharsalia)中夸奖埃及女王克利奥巴特拉穿着西顿罗纨,指出"这种罗纨是用赛勒斯人的机杼织成,并用尼罗河畔的织针挑出粗大镂空的网眼。"简单的提花机至少在3世纪已被埃及采用,但要到6世纪,这种提花机才传入欧洲,至于它的普及,则更是13世纪以后的事了。

中国的铸铁和丝绸同享盛名。普林尼说:"在各种铁中,赛勒斯铁名列前茅。赛勒斯人在出口衣料和皮货的同时,也输出铁器。"罗马人首先是在和帕提亚的战争中,饱尝中国钢铁的犀利。4世纪末的奥罗齐在《反对异教徒》中追叙公元前1世纪帕提亚王霍罗德斯曾派使者瓦格斯前往罗马军营,责备罗马执政官克拉苏斯背信弃义越过幼发拉底河,用讽刺的口吻警告他:"你将很快见到用进口的中国钢铁来代替向你交纳的帕提亚黄金"。

中国弓弩特别吸引罗马军人,像战车一样,曾使罗马贵胄为之心向神往。公元 100 年时,作家查利敦在《加拉和卡利哈》中提到主人翁将中国精工制作的弓弩和箭囊挂在自己身旁,作为心爱的宝物,好随时观赏和使用。由于亚洲西部都通行中国铁器,这类制造物也出现在非洲东部,现在苏丹境内的古都麦洛埃的遗址中。发掘者奥开尔把这件出土物称作中国式三足烹饪器(现藏苏丹喀土穆博物馆),将墓葬的主人归属于未知的 X 组中,认为是 4 世纪以后的物件,实际可能早到 2、3 世纪。这件铁鼎形制介于汉鼎和晋洗之间,具有翻唇、圆口、平腹、直足而无双耳的特点。这种中国式铁鼎,似乎是当时炼丹家使用的鼎灶,和 2 世纪魏伯阳《参同契》中用于烧炼仙丹的鼎相近。这件铁鼎或许来自中国,也有可能出自麦洛埃的库施工匠的仿作。麦洛埃素以冶铁著称,在公元 300 年前后巴诺波里斯的佐西莫斯(Zosimos)编集的炼金百科全书中,已经脱离希腊富于实用的物质变化知识,而具有中国炼丹家所特有的神秘和抽象符号。佐西莫斯出生的巴诺波里斯靠近上埃及都城底比斯,和红海西岸的海港贝仑尼塞相近,是出入红海和上埃及的必经之地,中国帆船在 2、3 世纪常到阿杜利,麦洛埃的冶铁业和制陶业因此都逐渐受到中国同行的感染,制作了供炼丹和烹饪的钦制鼎灶和各式类似汉代壶罐的陶器,在通向尼罗河三角洲的罗马文明世界的路上,传递了来自遥远的东亚大陆的中国文明的信息。这些事实,构成了中国文化最初在罗马世纪结出的丰厚的果实,谱写了由库施人和中国人共同培育的古老文明的绚丽篇章。

五、 中国和印度:海陆交通的枢纽

(一)汉代的月氏、天竺

汉代大月氏人由中亚进入印度次大陆,成为五河流域的一大强国。张骞在公元前 126 年由大夏返归长安以后,大月氏便正式吞并了大夏,以大夏国都巴尔克为都城。大月氏控制了从中国西出葱岭到美索不达米亚的南道交通。公元前 60 年罗马人占领叙利亚后,大月氏在公元前后由贵霜翖侯丘就却统一各部,正式成立贵霜王朝,领土扩展到喀布尔河流域和克什米尔。迦腻色迦王(78—120 年)统治时,国势达到鼎盛,恒河流域和坎贝湾都划入了它的势力范围。贯霜王朝使用印度次大陆西北地区通行的波罗谜字体,写起来像驴唇,因此称作佉卢文,佉卢文也流行在塔里木盆地南缘各地使用尼雅俗语的地方。贵霜王朝兴起以后,葱岭东西的交通一度都由它操纵。公元 90 年,贵霜王朝和汉帝国在新疆的矛盾越来越尖锐,月氏派副王谢(kshatrap)率领 7 万大军进攻班超的部下,班超采取收谷坚守,诱敌深入,在疏勒和龟兹之间的,交通要道设置伏兵,挫败了月氏军的前锋,迫使月氏撤军。此后,双方便恢复了正常的邦交,年年有商队互通往来。疏勒王由于王位继承事得到贵霜王的支持,势力大张,2世纪初,莎车也归附疏勒,疏勒成为葱岭东侧兼临南北二道的大国。这使贵霜王朝在中国和中亚、南亚交通上所起的作用,达到了举足轻重的地步。

印度在西汉时代译作身毒,东汉时代改称天竺,领土包有五河流域和恒河流域,辖境直抵恒河中游的华氏城(今巴特那),并且控制了恒河上游和坎贝湾间的交通枢纽马图腊地区。和罗马东方贸易相呼应,贵霜王朝通过伊朗南道、印度河口与坎贝湾,和红海进行海上贸易,使罗马商人可以绕过安息取道印度和中国往来。葱岭西侧的中外交通线,无论由疏勒经大宛南入阿姆河流域,或由塔什库尔干经瓦罕山谷进入兴都库什山的亚洲腹地交通枢纽,还是走皮山取道克什米尔进入犍陀罗(今白沙瓦附近),都需要通过贵霜属境。所以大月氏在公元前1世纪便吞并了巴克特里亚。中国的生丝、丝绢在1世纪起,已由五河流域运往印度河口或坎贝湾的巴里格柴,也可以顺恒河而下,运往泰米尔的索帕特马或科佛里帕特南,和东航的希腊船相接应。

中国云南和印度恒河流域早有交通,印度移民大约在公元前3世纪已进入伊洛瓦底江流域。当张骞初次到达大夏国都巴尔克时,见到当地的货物中有来自中国西南的邛竹杖和蜀布,据大夏人相告,这些货物是由大夏东南数千里外的印度运来的。汉武帝听信张骞的建议,为开辟西南一线,发兵金沙江流域,虽经几十年的努力,终于因散处大理、保山间的昆明部族的阻拦,难以使汉使顺利通过。西汉时代,官方的使团虽然受阻于漾濞江,而民间的贸易却在长时期中通过蜀群和哀牢国经过伊洛瓦底江上游,联结了阿萨密和恒河、印度河、喀布尔河各民族的文化,维系着物质文明的彼此沟通。

公元67年,东汉政府设置永昌郡,汉在西南的领土越过澜沧江,向西开拓到伊洛瓦底江下游地区,境内有泰族、印度等各族人民,在文化区划上,这里属于中国文化和印度文化交接的地区。《华阳国志》称永昌宜五谷,出铜锡,更有蚕桑绵绢、彩帛文绣。这里以哀牢族文化最高,分布在永昌郡的西部,他们受中原文化的熏陶,和四川盆地居民一样,能织绢,染采,还有织成文彩的纻布,称兰干细布。同时受到印度文化的感染,能织毛料的厨旄,由丝绵和树棉(亚洲棉)织成的帛叠,以及白色的桐华布。哀牢族居地和印度、缅甸毗连,水路可顺伊江、怒江和印度奥里萨、科罗曼德通航,陆路经曼尼坡和阿萨密、孟加拉相接。萨尔温江以西泰族的掸国,和公元94年已向中国通好的克拉地峡得樗族的敦忍乙王,在公元97年向洛阳派出使者,表示接受中国文化,受到汉和帝赐以金印紫绶的厚待。汉之所以重视这些徼外小国,一个原因便是由于这些东南亚国家,对于发展中国和印度以及罗马的海上贸易,极为有利。公元120年掸国王雍由调又向洛阳遣使,除了光珠、琥珀、水精、琉璃、轲虫、蚌珠、翡翠、犀牙之类的珍宝,还献上了掸国的乐舞和魔术师,这些魔术师能变化吐火,自己支解变换牛马头,又可以手弄十个跳丸,胜过汉代的杂技,他们自称是海西人,亦即来自罗马帝国,因为当时掸国可以由萨尔温江口和罗马世界取得联系。汉朝对于丹那沙林地区在东西航运上的地位十分重视,公元121年便册封雍由调为汉太尉,随之馈赠大批金银彩帛。

印度是古代亚洲另一个古老文明的发祥地。印度的移民在进入中国的塔里木盆地和怒江、澜沧江以后,带去的文化因子在中国滋长发育,在1世纪以后,更由于海上丝绸之路的繁荣,促使两个有着悠久文明的友邻国家在文化上的纽带越系越紧了。

(二)中印工艺交流和佛教东传

汉代中国和印度各地通过移民和贸易往来,有过广泛的接触。在商人、使者之后,工艺和宗教以及民间传说也接踵而至,从此两大友邻国家的文化,相互交融。

在汉代输入印度各地的物产中,以丝、漆、铁、玉、毛皮和黄金最具代表性,印度各地向中国输出的大宗货物是马匹、棉布、玻璃、毛织物和珠宝等项,桃、梨等中国果树也在公元1世纪由疏勒王储移植到印度,印度称桃"至那你",意思是"汉持来";梨的印度名字"至那罗阇弗呾逻",意思是"汉王子"。

丝绢在印度和中国间也是联系的纽带。曾任月护大王(公元前320—公元前315年)侍臣的侨胝厘耶,在《政事论》中已提到"侨奢耶"(Kauśeya)和"中国所出由带捆扎的丝"(Cīnapattā)。中国的生丝和丝带早已从新疆向印度输出,同时也由素以蚕丝著称的四川经过云南运往印度。梵文里许多"丝"的表意字都用ita和krmi组成复合字,意思是"虫子"。印度和希腊、罗马不同,很早就知道蚕丝是由虫子所生。古代印度只能生产野蚕丝,用野蚕丝织成的丝衣,照玄奘《大唐西域记》的解释。叫"侨奢耶"。在《政事论》中将中国丝和侨奢耶并列,表明了二者来源的不同。印度的侨奢耶在纺织工艺上是否受到中国丝织技术的影响,虽然还不清楚,但中国丝成批运到印度,在汉代,Cīnapattā这个字便有了"丝衣"的意思,另外一个字Cīnāmsuka(中国衣料),后来也干脆成了"丝衣"。用野蚕丝织出的衣料,非常粗糙,丝径大于家蚕丝许多倍,这种丝衣和中国丝绢一比,就难于抗争了,中国丝因此成了丝衣的代表。恒河中游纺织中心瓦腊纳西,从事棉、毛、麻、亚麻的纺织,在公元前后,也以产丝而具有一定的声誉,这种丝衣就是侨奢耶,而瓦腊纳西地区的丝织与中国西南地区丝织技术之交流,也是完全可能的。

中国漆器、玉器，铁器和毛皮太多由新疆运往五河流域和中印度。漆器已在阿富汗境内柏格曼成批出土，玉器也发现于公元前一世纪塔克西拉遗址中，在遗址中的和阗玉和日本海扇壳同时并存，十分有力地说明印度河的文明中心犍陀罗和世界各地联系的广泛。中国的铁器既源源输入安息，同时也由月氏进入印度次大陆，南印度的鸡罗则是中国铁的另一个销售市场。中国的毛皮不但普林尼已说到它曾大批输出，在同时代的《厄立特里海环航记》中也早有记录了。黄金也曾从中国运往南印度，同时也有通过新疆来自北方丝绸之路的，成为贵霜帝国从罗马、阿尔泰和乌拉尔取得黄金之外的第四个来源地。

印度的棉织业早对云南的棉布纺织有过工艺上的贡献，公元1、2世纪后南方沿海流行五色斑布，是用亚洲棉织成，先染成彩色的棉线，然后纺织成五色条纹布；另一种印花布叫白氎，也和印度棉布业相互交流。印度古籍《婆檀迦利》中提到马图腊已生产一种优质棉布叫沙塔加（sataka），也是一种花布。印花布在东汉时已输入新疆，1959年在新疆民丰东汉合葬墓中，发现覆盖在盛着羊骨的木碗上的两块蓝白印花布，大约当作餐巾使用，男主人穿着的白布裤和女主人使用的手帕也是棉织物。这种布在文献上称作叠布或褋布。南印度的丝绵混纺业出现在公元2世纪，从一个侧面联系了中印纺织技术的交流。

毛织物中最流行的毛织褥在印度称氍毹，也就是憍奢耶的古译。古代印度的憍奢耶似不限于用野蚕丝所织，也有用兽毛纺织的，传到阿拉伯还是用的印度名称，阿拉伯的氍毹不仅有野蚕丝织的，也有用羊毛或亚麻织的，而南印度的氍毹，据晋代郭义恭《广志》，至少在2世纪时也有用棉花织的，这种氍毹也就是丝绵混纺的毛褥。东汉服虔《通俗文》解释："织物褥谓之氍毹，氍毹细者谓之毲毲。"公元1世纪初，中国北方内地首先使用的便是这种优质毛褥毲毲。这种毲毲多从中亚和印度输入，其中月氏的毲毲随着马匹的输入，在马鞍和帐幕中使用尤广，班固在给他的弟弟班超的信中便指出过，月氏毲毲，大小都有，优点是细好。大的毲毲便是毛毯，小的毲毲就是毛垫。新疆境内于阗是中国最早的毛织业基地之一，它的兴起和印度的关系十分密切。1901年在于阗尼雅废址中发现过有彩色条纹和十字形图案的毛毡，应该就是当初的氍毹。1959年在于阗屋于来克古城遗址中，发现了北朝时代的蜡缬毛织物二件，一件是方格纹驼色，一件系紫红色，织工细密，是当地产品。汉代于阗当已有制作氍毹和毲毲的工场。

印度文化得以进入中国边地，一个重大的动力是佛教的传扬。各种传说都表明在孔雀王朝阿育王（公元前298—公元前232年）时代随着印度移民的到来，新疆于阗和云南西部怒江和苍洱一带，都已有佛教的印迹，而信徒仍以印度移民为多。1901年，斯坦因曾在于阗尼雅废址掘出许多1世纪的佉卢文木牍和羊皮文书。1906年斯坦因又在尼雅获得许多佉卢文木牍和用梵文雅语书写在木简上的一段一段的佛经。印度原先的书写材料是羊皮和贝叶,在新疆由于使用中国式的木牍、木简,使佉卢文书在塔里木盆地沿线得到了新的流传方式,书写尼雅俗语的佉卢文书便是中印文化结合的一种产物。佛教经典的梵本,据说在西汉刘向整理宫廷藏书时,已有古藏经录。到公元前2年,西汉哀帝元寿元年,长安的博士弟子景卢跟随大月氏的使者伊存,向他口授佛经。当时贵霜王朝在邱就却统治下方兴未艾,向汉帝国派遣使者,以期取得外交上的支持,同时宣扬佛教,以推动文化上的合作,谋求贵族官僚的同情。伊存口授的佛经,当然是未经翻译的梵本,景卢则是精通这种语言的人士。这时佛教经典已在长安上层贵族集团中当作一种新知识,一种新思想去加以追求。

到了公元64年,在崇信黄老学说的最高阶层中,对于席卷西域的佛教文化的向慕,促使明帝派遣一个以蔡愔、秦景为首由12人组成的使团到印度,正式探讨佛学,引进印度学术。明帝的兄弟楚王刘英已正式供奉佛陀,按佛教仪规洁斋悔赎,盛宴供养沙门(僧侣)和伊蒲塞(居士)。中国使团足迹所至已到五河流域,因月氏势力早已东扩,秦景等人就地取得佛陀画像,又在月氏访得高僧竺摩腾,译写佛经四十二章,书写材料当然是汉代木简。公元67年,秦景等人归国后在洛阳整理佛经,筹划译经,供奉佛像,在明帝支持下,在内地兴建了第一座佛教寺院白马寺。此后天竺、月氏、安息、康居僧侣相继东赴洛阳,译经、布道同时并进,为以后长达千年的译经事业开创先河。从此,印度文化在长时期中,成为和中国文化关系密切的友邻文化。在中华文明的滔滔大江中,印度文化无疑是汇融合流的一股强大支流。

六、 东亚文明圈的形成

(一)中国向朝鲜半岛的三次移民潮

秦汉时代,中国大批移民或从辽东或经渤海抵达朝鲜半岛,其间有过三次高潮。第一次在秦始皇统一六国过程中,燕齐移民浮海逃亡朝鲜半岛南部,在朝鲜半岛南部立国的马韩对这批具有先进生产技能的中国人,表示极大的热情,将他们安置在东部沿海,以后就长期定居,称作辰韩,语言很多像秦人,因此也称秦韩。这次移民的浪潮持续到秦末,河北、山东的燕、齐、赵人民为了逃避战乱,成群结队移居朝鲜半岛。不久,第二次移民再度开始。公元前195年汉帝国的燕王卢绾逃亡匈奴,燕人卫满和一千多流民渡过浿水(清川江),不久击败朝鲜王箕准,在大同江南岸王俭城(今平壤)成立卫氏政权。从卫满到他的孙子右渠,不断招募、收容来自燕齐的流民,中国移民已遍居半岛南北,尤其集中在半岛的西海岸。公元前108年汉武帝刘彻派兵征服右渠政权,在半岛北部先后设置乐浪、真番、玄菟、临屯四郡,不久又将半岛土地裁并于乐浪一郡。新罗本是辰韩的一个部落,在文化上与汉文化十分接近,统治着半岛的东南部。高句丽在公元前39年于玄菟郡高句丽族居地立国。另一个国家百济在公元前18年建国于马韩的东北部,逐渐并吞了马韩的许多部落,统治了半岛西南部,百济和汉朝丝绸中心的山东仅一海之隔,和中国大陆往来极便。此后一段时间,乐浪群和新罗、百济、高句丽三个政权并存。公元184年黄巾起义失败后,各地军阀混战,中国人由辽东移住乐浪,或由山东半岛经海路抵达朝鲜半岛定居的,为数不少,形成第三次高潮。公元204年辽东割据政权公孙康才把乐浪群南部原来荒芜的七个县,设立带方郡加以治理,治所带方在朝鲜凤山附近。公元140年的人口统计,乐浪郡18城,共25万多人,这些属于被征赋税的人口,绝大多数是中国移民。

中国人移居使汉话成了乐浪郡的通用语言。1世纪时扬雄的《方言》,将北燕和朝鲜洌水(今临津江)划作一个方言区,就是由于辽东、辽西和朝鲜西北部的语言大致与燕、齐(今河北、山东)的方言仅有音调上的区别。中国文字也流传各地。慈江道江界郡吉多洞等朝鲜西北部6个地方出土的明刀钱,钱文汉字多达3 000以上,平壤附近发现的秦代铁戈,上面铸有20多个秦篆,还出土有公元前41年汉元帝铸造镌有汉字的汉孝文庙铜钟。

古朝鲜留下的唯一的文学作品,是在西汉初年津卒霍里子高妻丽玉用汉字创作的诗歌《箜篌引》,诗中哀诉:"公无渡河,公竟渡河,堕河而死,当奈公何。"《三国史记》追述公元前37年建国初期的高句丽已编成史书《留记》一百卷。1世纪初,不少朝鲜人已能背诵《诗经》、《尚书》、《春秋》等中国经籍。

根据朝鲜西北部古遗址的发掘,在乐浪故址出土遗物中,有为数众多的漆器,其形制和铭文中的"蜀郡西工"、"广汉工官"及"元始""永平"年号文字,漆箧图案中的二十四孝图及汉代羽人、龙虎图像,以及来自鲁地的绫绮残片等,均可见汉代文化的传入。

辰韩本多中国移民,发展了冶铁、织缯、板筑,在物质文化上远较半岛邻近地区为高。乐浪和辰韩也有商业往来,公元1世纪初,数以千计的辰韩商人来到乐浪交易。从乐浪启航的船绕过半岛西海岸,可在半岛东南端拘邪韩国(今韩国庆尚南道金海)停靠。在发掘公元前后金海贝冢的过程中,也见到了铁器、铁块。据《三国志》,拘邪韩国出产铁,运销韩国(今韩国西南部)、濊(今朝鲜江原道)和倭国(日本),通行于这些地区。从拘邪韩国渡过朝鲜海峡,便可到达日本的北九州。金海成为当时中国、朝鲜、日本三国交通的枢纽和文化交流的纽带。

（二）秦汉时代的越南

自公元前 214 年,秦始皇派军占领陆梁地,设桂林郡、南海郡、象郡后,越南和秦汉王朝的关系不断得到发展。赵佗在越南也有所建树,积极输入中原的铜、铁、田器、马、牛、羊和缯布,以发展当地生产,开拓荒地。铁制农具和牛耕在越南虽不自赵佗统治时期开始,却是从那时随着来自中原的移民的增多,逐渐在红河三角洲得到推广。今越南北部谅山的谅巴洞贝冢中,曾有一件雕刻中国南方牛犁图形的石器,暗示了牛耕铁犁在越南北部边区曾和石器的使用同时并存。赵佗又注意制止各地宗族相互械斗的恶习,稳定内部政局,使汉人和越南人和睦相处。由于赵佗的南越政权积极要求和汉通商,输入汉文化,以汉文教导居民,《诗经》《尚书》成为教化的范本,从此汉文化在象郡得以植根,并进一步发扬光大起来。

汉平南越,路博德在公元前 11 年到达合浦,接受越王的二名使者所献赠礼和民户口簿,汉承认继续由骆越人维持社会治安,设立交趾、九真、日南三郡。公元 1 世纪前后,交趾、九真二郡和中原文化的关系有进一步的发展。交趾太守锡光、九真太守仁延任职期间,在推广汉文化中各有建树,名声很大。从汉初开始,经过一个半世纪的移民,交趾、九真逐步接受汉文化,摆脱了原来依靠潮涨潮落灌溉雒田的生产方式,仰赖先进的铁工具,纺织、制陶、造纸、冶金等手工业渐渐臻于齐备。同时接受汉文字和语言训练的越南人,也越来越多。有一些越南人进入内地移居,汉水西边中卢县在东汉时有地名骆越,据说正是骆越人从红河移居后得名。更有杰出的越南人到汉政府中担任高级官吏,1 世纪中叶,曾和汉明帝刘庄对答如流的日南计吏张重是越南人,后来当上了金城郡太守。2 世纪末,越南人李进本是交趾高兴人,后来当上空州刺史,他向汉献帝建议,要提倡选拔边远地区人才,和中州人士一视同仁,于是汉政府在公元 200 年时从茂材中选越南人当夏阳令,孝廉中选越南人当六合令。另一名越南人李琴,后来力任司隶校尉。李进、李琴被看作是东汉时越南人出任政府大员的杰出人物。三国时广信人士燮,少年时曾到洛阳游学,学习《左氏春秋》,后来回越南出任交趾太守,从公元 187 年到 226 年共四十年。当时正值中原大乱,北方的学者、官吏为逃避战乱而迁往交趾投靠士燮的,数以百计。士燮在公余以研究《春秋》见长,著有《春秋经》十三卷传世。中国的音乐、医药、佛学也都在这时传入越南。士燮恪遵内地礼仪制度,出入要鸣钟磬、笳箫、鼓吹,此后便一直流传下来。越南史家对士燮十分推崇,尊为“士王”。越南的水果和药物龙眼、荔枝、菖蒲早为中国所知,马援又从交趾获得薏苡。在士燮时代,中原医生也已迁居越南,士燮曾昏迷不醒、气绝三日,中原名医董奉用苏合丸加以治疗,成效卓著。中国佛学也由中原迁居人士初传越南,中国第一部研究佛学的专门著作《理惑论》,便是牟融在交趾写成的。中原知识分子和各种能工巧匠在 3 世纪初成群结队迁入交趾,在越南北部继续宣扬中国文化,使越南和中国的文化关系更加紧密。

汉代时期,越南中部也是中国和东南亚、印度,以及罗马世界建立邦交、交流文化的前哨。公元 131 年叶调国王(今印度尼西亚爪哇)便派使者到中国,公元159 年和 161 年天竺(印度)使者、公元 166 年大秦(罗马)安敦王的使者,都是航海来到日南,然后在今越南归仁附近再换船到广东,北上洛阳进谒汉帝。

(三)永昌郡和中南半岛

东汉时代中国西南边疆有很大的拓展,起因是云南西部各族群发生叛乱。建武十九年(公元 43 年),汉朝派刘尚率领大军一万三千人进讨,进驻不韦(今保山),平定了叛乱,汉军第一次越过澜沧江进入蛮荒地区。此后由于形势的发展,在汉明帝永平十二年(69),永昌南部的哀牢国王柳貌派他的儿子率族人正式归附汉朝,计有邑王七十七人,户五万一千八百九十,口五十五万三千七百一十一。汉朝在这里正式设置哀牢、博南二县,并将益州西部的不韦(永昌)、巂唐(腾龙)、比苏(云龙)、楪榆(大理)、邪龙(蒙化)、云南(楚雄)等六都尉的地方划入永昌郡,永昌郡因此成了一个辖境很大的郡,东西三千里,南北四千六百里。将云南的把边江以西直到缅甸的伊洛瓦底江都划入了永昌郡的辖境。

秦汉时代对道里的计算已很精细。从西汉前期绘制的长沙马王堆 3 号墓出土的三幅古地图,可以知道当时已经有了运用缩尺比例绘成的地图,尽管汉代还未具备球面三角学知识,只能采用平面计算法绘制地图。秦始皇统一全国后,曾修筑了几条通往各地的驰道。其中一条由咸阳经云阳直达北方九原(内蒙古包头附近)的直道,"堑山堙谷"千八百里(《汉书·贾山传》),属于最重要的国防大道,它的实际距离是 720 千米。由此可知,2.5 汉里 = 1 千米。东汉时代的尺,据古尺验算,相当 0.235—0.239 厘米(《文物参考资料》1957 年 3 期《古尺考》,25—28页),符合上述推算。1 里 = 1 500 尺,合 375 米,可以得知:东西宽 3 000 里,等于1 125 千米;南北长 4 600 里,相当于 1 725 千米。这是最高的长宽尺度,由此计算出来的总面积是 1 940 625 平方千米,只取其三分之一作为最小值,也可达到646 875 平方公里,已经等同于现在包有德林达依沿岸的缅甸全境。永昌郡的南疆完全可以包有萨尔温江、锡当河和伊洛瓦底江的出海口,因此史籍说"永昌通大秦",这大秦确是指罗马帝国最东边的亚丁湾属境,是可以"通过水路"就走得通的,不用再在印度地面去求得答案了,其他的解释看来都是不需要的。永昌郡和印度的陆路交通线,已经越过伊洛瓦底江推向布拉马普特拉河流域。永昌要和罗马帝国取得直接联系,如果走这条路,反而要借道波斯湾北岸和坎贝湾直通红海的港口,远远不如借助于孟加拉湾的水上交通便捷痛快了。

永昌的拓展,得到了在锡当河至萨尔温江下游的昆仑族的支持,极大地促进了孟加拉湾东部地区的海上贸易活动,推动了这一地区的文明进程快步向前。见于历史记载的有《后汉书》卷七十四,"永元六年(公元94年),永昌郡徼外敦忍乙王莫延慕义遣使译献犀牛、大象"。敦忍乙是与永昌边地邻接的得楞(Talainge)族的君主,在公元前已在直通(Thathon)建国,是与后起的缅族不同的剽越族的君主,具有尼格列多的血统。西汉时代广东和印度东海岸的黄支国通航,要经过濒临孟加拉湾东岸的夫甘都卢国(Pakchan Talainge),从此往北到孟加拉的海岸贸易,全由得楞人包办了。不久,又有边外的孟族以及掸国国王雍由调遣重译带着珍宝和永昌通贡。永元九年(公元97年),西南边徼部族又和雍由调的使者进京献珍宝,汉和帝向雍由调颁赐金印紫绶,小国君长均加印绶钱帛,承认了这些边远民族在永昌郡通商、定居的合法权益。公元120年、131年掸国又遣使者通贡。汉朝在公元120年更封雍由调为汉大都尉,赐金银采帛等物,将萨尔温江以西永昌南境的实权下放给了掸国。永建六年(公元131年)十二月的一次,"日南徼外叶调国、掸国遣使贡献"(《后汉书·顺帝纪》卷六)。同书卷一一六记同一件事,"帝使调、便金印紫绶"。据《东观汉记》:"叶调王遣使师会诣阙贡献,以师会为汉归义、叶调邑君,赐其君紫绶。"汉帝十分珍视叶调使者来华,封作归义将军,对叶调国君和掸国王都给以紫绶金印的爵封,于是在印度洋沿岸,汉朝在西起蒙奇、兜勒,东至掸国、叶调的广大海域,建立了彼此协调、多方合作的海上联运网络。推动了在公元2世纪第一次出现的贯通红海、印度洋和南海地区海上物流的东西方大协作。

此后永昌就成了和罗马接通海上贸易的一大通道,就海路来说,中国西南地区和印度以及红海地区的贸易有了这一通道,便开始进入黄金时期了。此举自然促进了克拉地峡向北直到印度东海岸的海上交通,其一是克拉地峡附近的香料贸易因此繁荣起来;其二是北印度、南印度的棉布、粮食、珠宝和铁器在东南亚找到了新的市场;还有极其重要的是,生活在孟加拉湾和泰国湾的水居民族,开始从贸易活动中认识到要增加财富,必须建立强有力的国家组织,才能进行有效的管理。于是在东南亚先后出现了林阳、金邻、典孙(典逊,顿逊)、究原、都昆、乌文、扶南、林邑等一批早期的民族国家。在公元2世纪初扶南的建国,便在于和苏门答腊的叶调国争夺来自中国南部的海外贸易利益。曼谷湾西部已有一大强国金邻国。可以看到,永昌建郡以后,才有顿逊的崛起,南印度安陀罗王朝东迁到戈达瓦里河下游和克里希纳河下游的三角洲地区,进入后期萨丹瓦诃纳时期(公元124—225年),以及曼谷湾西部出现了跨越地峡的一大强国金邻国的繁荣,从此,印度洋东部地区才能有效地被罗马帝国纳入向东方张开的贸易网中。

扶南的建国,据242年以后奉东吴孙权之命和宣化从事朱应一起派往扶南考察的中郎康泰写的《扶南土俗》(见《太平御览》卷七八七引,别称《扶南传》,又作《吴时外国传》),2世纪初,有一个信神(婆罗门教)的横跌国(一作横趺、摸跌,应正作"横跌")人混滇带着一张神赐的弓,乘大船进入泰国湾,到了湄公河中游的扶南地方,凭借神弓的威力,慑服了寮族的女酋长柳叶,做了扶南王,柳叶成了他的妻子(《北堂书钞》卷一二五引)。以前将扶南的原音考作Baphnom,意思是"山国",其实原音更像是Paknam,意思是"水口国";所以671年开始下南海到苏门答腊和印度研究佛学的高僧义净,干脆将"扶南"译作"跋南",并说"旧云扶南"(《南海寄归内法传》卷一),原意就在说明,旧译的语原依据有讹。公元2世纪扶南建都特牧城(Vyadhapura),离海还有500里。到3世纪初,扶南王范蔓造了大船,越海而西,在十多年中先后征服了泰国湾西岸的都昆、九稚、典孙等十多个国家,最后打算进攻金邻国的时候病死了。此后爆发了王位争夺,有范旃(约224—243年)、范寻(约244—286年)相继登上王位。朱应、康泰到扶南,见到的国王是范寻。扶南的王族出自横跌国,应该是文化较发达的地方,《扶南土俗》说它"在优钹之东南,城郭饶乐不及优钹也"。同书还说:"优钹国者,在天竺之东南可五千里,国土炽盛,城郭、珍玩、谣俗与天竺同。"优钹是一个印度文明的发达国家,位置在中印度东南的奥立萨(Udapura, Ussa),玄奘译作乌荼。在优钹东南的中南半岛上,又一个印度化的文明城市,只能是金邻国的国都乌通(U-Thong)城了,但它比起印度的大城市自然要逊色多了,所以有"城郭饶乐不及优钹"的评论。乌通的古遗址可以追溯到新石器时代,出土过许多青铜时代和铁器时代的遗物,历史悠久。在当地的考拍山上刻有人面湿婆楞的婆罗门教文物,发现过南印度后期萨丹伐诃纳王朝(约124—225年)雕有法轮和伏鹿的佛像,以及作为这个安陀罗文化代表的王朝创造的阿马拉瓦底派风格的艺术品;还出土了和湄公河三角洲奥埃育(Oc Eo)发现的罗马钱币和双头兽饰品,以及属于3—8世纪的大批烧珠,其形式和古曼谷湾东部挽巴功河上游的古城室摩诃梭出土的同类烧珠完全一致。这些都足以比定乌通曾是金邻国的都城,就像印度学者比定阿马拉瓦底是萨丹伐诃纳的东都丹阿克塔卡(Dhanyakataka)一样。横跌的原音和"金城"("黄金城墙",Suvarnakudya,简称kudya)一致。

室摩诃梭有可能就是混滇首次乘船离开横跌国出去创建的乌文国的都城。乌文国尽管名字与泰国东南的乌汶府(Ubon Ratchathani)完全一致,但不一定会远到蒙河的下游;而且挽巴功河在古时有支流可以和蒙河接通,所以有可能现在的乌汶府,只是借用了这个古国的一个后起的名字。室摩诃梭的西北有罗斛等一群古城遗址,面有古城室贴,属于古曼谷湾东北部古城比较集中的地区。从室摩诃梭到乌通相隔不过200千米,无论水路还是陆路,都很方便。但是从这里前往柳叶统治的地方,还要加三四倍的路程,所以必须改乘大舶经湄公河溯流而上了。

3世纪编成的《太清金液神丹经》卷下(以下简称《神丹经》)对南海地理按道教曲子编成经文,对晋代印度洋沿岸国家的交通和特产有一个全面的介绍:"自扶南、顿逊逮于林邑、杜薄、无伦五国之中,朱砂、琉黄、曾青、石精之所出……汎舟洪川,经自象林,迎箕背辰,乘风因流,电迈星奔,霄明莫停,积日倍旬,乃及扶南,有王有君,厥国悠悠,万里为垠。北欤林邑,南函典逊,左牵杜薄,右接无伦。"林邑原属汉日南郡象林县,在越南中圻伐勒拉岬,公元193年占族区逵起兵独立,取名林邑。东汉马援南征,定日南郡边界,立两铜柱,在林邑南三里的地方,据《神丹经》,当时有西图国。林邑独立,象林成为日南县,所以《神丹经》说:"象林,今日南县也。"可以知道,经文是3世纪编成。

《神丹经》说,从日南南部的寿冷浦出发,走海路是正南行,"扶南在林邑西南三千余里,……。从扶南北至林邑三千里,其地丰饶,多朱丹、硫黄"。又说,走海路,"昼夜不住,十余日乃到扶南",同一条海路,要十五日到典孙(顿逊)。这是由于从林邑启程,走海路到扶南要三千多里,走陆路只要三千里,因为扶南的都城特牧城地处内地,距海500里,在它的南面有海港奥埃育,曾出土大批罗马文物,特牧城大致在金边北面湄公河折曲处的柬埔寨磅湛省西部境内。

泰国湾海流常年呈东北—西南流向,古时沿岸航海者往往会产生地势由东北经西北转向东南的感觉,以为马来半岛是从西北转向东南,所以《神丹经》根据当时中国人的海洋知识描绘的南海地图,是以林邑居北,顿逊在南,东面是杜薄("国名闍婆",见于《神丹经》原文——引者),西边是无伦。直到7世纪,中国人知道的泰国湾南部和马来半岛始终处于东西走向状态。《神丹经》中列举的国名中有顿逊,作为航行的港口则有典逊,可见并不是简单地认为顿逊就是典逊便可了事。照《神丹经》:"典逊,在扶南南去五千里,本别为国。扶南先王范蔓有勇略,讨服之。今属扶南。其地出铁。其南又有都昆、比嵩、句稚诸国。"这里已经说明典逊是在扶南之西产铁的国家,都昆、比嵩、句稚都还在它以南沿线,属于泰国湾西岸国家。

《外国传》说,从扶南到金陈是二千余里(《太平御览》卷九七〇引《外国传》);比《外国传》约晚半个多世纪的《神丹经》未见金邻国,却指称"无伦国,在扶南西二千余里"。居然方位、道程与扶南到金邻完全一致,可以确认无伦就是古曼谷湾西北的乌通古城。乌通发现的佛教文物反映了公元 2 世纪末到 3 世纪部派佛教正在转向大乘佛教时期的情况。萨丹伐诃纳的国王叶纳·萨丹卡尼相传就是大乘中观派创始人龙树(Nagarjuna,约公元 160—250 年)的密友,因此这个王朝也曾支持中观派的传扬,向周边地区派遣僧侣和商旅。在它的南边有罗马商港阿里卡曼陀(Arikamedu,在本地治里以南),曾经发掘到许多公元前后的罗马陶器和铜灯、钱币等文物。在阿马拉瓦底附近更出土过成批的分属公元 1—3 世纪的罗马钱币窖藏,足见这里曾是和罗马贸易的重要城市。

　　那时的曼谷湾向北要拓展到 120 千米以外,现在曼谷湾周边的五六个府在 1 500 多年前还浸在水中。根据考古发掘,可以确定素攀武里府的乌通(U Thong)古城就是金邻国的都城,是中南半岛最古老的城市中的一个。"金邻"也源自"金色的城墙",表示它的富有,是没有 d 辅音的民族借用 l 音转读,因而 kudya 成了金邻(kulya)。而无伦只是乌通的另一种读法。从乌通有古道往南越过夜功河,再转向西北方的三塔山口,前往莫塔马湾的林阳国(Prejoytisa)。印度史诗《摩诃婆罗多》第二篇《大会篇》23 章 48—49 颂,称东辉国的福授王,曾与般度王的儿子激战一场,野人、支那人,以及许多滨海之民,都来支援东辉国的大军。东辉国就是林阳国。这件事大约发生在公元 1 世纪或更早些时候,那时汉朝的军队在西南地区已和林阳国建立了联盟关系,逼得哀牢国难以向东有所拓展。《后汉书》卷一一六已指出,公元 47 年以后,哀牢王贤栗顺水进攻边境上的鹿茤部族,鹿茤两次都得天气帮助,使哀牢遭受重大损失。哀牢新王登位,便决定投靠汉朝了。

　　从古曼谷湾的金邻国向南,泰国湾西岸最重要的国家是顿逊,建国比扶南要早。《梁书·扶南传》卷五四说,扶南"南界三千余里有顿逊国,在海崎上,地方千里,城去海十里,有五王,并羁属扶南。顿逊之东界通交州,其西界接天竺、安息;徼外诸国,往还交市。所以然者,顿逊回入海中千余里,涨海无涯岸,船舶未得径过也。其市东西交会,日有万余人。珍物宝货无所不有"。顿逊处于泰国湾西部和安达曼海之间的半岛最窄的地峡,其西边的海岸线有德林达依山脉向北一直绵延到土瓦,隔断了泰国湾的居民进入孟加湾和印度东海岸的交通线,所以顿逊成了东西交通的重要枢纽。顿逊的孟语 Dung Chuun 应是《梁书》中已经译出的"五王",Dung 是头人、首领,Chuun 指邦国,业经学者指明,五国分布在千余里的海边,而以顿逊为最大的国都所在。顿逊国的国都大约就在典孙,又可译作"典逊",3 世纪万震的《南州异物志》说:"句稚国,去典逊八百里,有江口,西南向。东北行,极大崎头,出涨海中,浅而多磁石"(《太平御览》卷九七〇)。这段话分上、下二句:上句讲明句稚(九稚、句利)到典逊的方向;下句是指由句稚向东顺斯瓦

河东北行,最后到达突出海中的大崎头的路径。再对照《神丹经》介绍句稚国:
"去典逊八百里。有江,口西南向,东北入〔海〕。正东北行大崎头,出涨海中,水
浅而多慈石。外徼人乘舶船皆铁叶,至此崎头,阂慈石不得过,皆止句稚,货易而
还也。"句稚就是《梁书》九稚,在安达曼海东岸的港口是塔库巴。海口有塔库巴
河,入海口在西,由此南流,实际是东南流向(以往标点不当,成句:"有江口,西南
向,"——引者)。与从西南向东北入海的"山国河"(今译"斯巴河")只一山相
隔,过分水岭,可顺山国河抵达海口,成为横越半岛的水路。它在泰国湾的口岸是
万伦(土名 Bandon,华人译作"万伦"),在素叻他尼府,当时叫典逊(《梁书》作"典
孙")。6 世纪的《洛阳伽蓝记》卷四记述南印度歌营国僧菩提跋陀启程到中国,经
海路"北行一月至拘稚国,北行十一日至典孙国,从典孙北行三十日至扶南国"。
中间横越半岛费时十一日,是水陆兼程。然后由典孙再走水路到扶南。

　　"典逊"只是孟语或古泰语中对"顿逊"一名的音转,《梁书》和《神丹经》一
样,也是顿逊和典孙二名同见于一书。但这两个名称也不是完全可以等同的,因
为顿逊是国号,而典逊则是它五个属国中的一国,也是国都所在的外港。素叻他
尼(Surat Thani)这个名词可能源出梵语 Sri Ratchathani,意思是"王都"。现在万伦
东北的大崎头北岸有地名敦沙(Don Sak),有可能是"顿逊"国名和同名国都的遗
存。顿逊的五个王国在 3 世纪的记述中,已经可以数到都昆(投拘利,投拘利口)、
九稚(拘利)、典逊(典孙,孙典)和最靠北的比嵩(巴蜀,Prachuap)。比嵩是比
嵩—丹荖线的东端,这条路线比它南边的春蓬—都昆线和更南面的典逊—拘利线
都要差许多。五国中还有一个应该就是国都顿逊了,它只是仰赖大崎头海域的神
奇色彩保护下的一个小小的特区罢了。但顿逊靠了包揽西海岸和东海岸之间货
物的转运,发了大财。这条遐迩闻名的山国河成了黄金水道。顿逊又和一群有三
千多户由越南中部迁居到金邻湾中的船民,开展黄金贸易,取得高额利润。这帮
从日南郡南迁的中国人,经三千多里到达金邻湾以后,建立了屈都乾国,古城蓬迪
就是它的国都或港口。泰国湾西岸国家的财富日增,因此名声远扬印度和罗马,
成了他们渴望前往经商的黄金国。

　　从中国经扶南西去经商,最好走的一条路,不是在克拉地峡的春蓬—拉廊线,
而是在它南面的典孙—拘利线。尤为重要的是,如果泰国湾这边的人要去南印度
和安息、大秦国通商,那么更要取道这一条南线了。如果目的港是印度东海岸北
边的孟加拉湾,那么就该取道北面的投拘利口了。因此典孙(典逊)与顿逊还是
有区别的,顿逊是国名,被扶南征服后,成了扶南的属国,但因为它已存在两个多
世纪,所以人们常常仍然会将典孙称作顿逊,直到 6 世纪泰国湾形势产生巨变,作
为国号的顿逊才完全消失。

　　当初顿逊的领土在泰国湾方面,北起屈都乾(蓬迪),中经春蓬,南至素叻他尼(万伦),长达千余里。6世纪更向南扩展到大崎头南边的那空是贪玛叻(洛坤),后来这一地区便改称班斗(边斗)了。在孟加拉湾方面,则北有帕克强河口的拉廊(投拘利,唐代称哥谷罗)、南有攀牙府的塔库巴(拘利,唐代称箇罗),都在今日泰国境内和马来西亚北部。顿逊五王是在永昌郡成立前后逐渐兴起的海港城市,早在公元1世纪就已进入繁荣期,当地居民有许多白皮肤的,有的是从中国南方移去,有的是不同于孟-高棉族的操壮泰语的民族。其中最早的就是中国史料中所称的顿逊港。这个海港城市可能早到公元前1世纪已经出现,在大约是公元1世纪初成书的巴利文《那先比丘经》(*Milandapanha*,英译本 *The Quest of Milinda*)中,西北印度的希腊君主记述和印度建立海上贸易的地区,有亚历山大里亚、苏拉特、孟加拉、投拘利(Takola)、中国、苏弗拉(Sovira)、科罗曼德海岸以及称作“远印度”(马来群岛)的许多地方。佛典中的“投拘利”是和它南面的“拘利”(《神丹经》句稚,《梁书》九稚)不同的海港,地处克拉地峡偏北的春蓬—拉廊一线。投拘利是《梁书》中顿逊国在安达曼海东岸的海港。

　　顿逊就是希腊人所称的“投拘利”,在孟语中叫“都昆”,是“白豆蔻港”的意思。繁荣了两个世纪后,成了范旃统治下扶南的属国,于是顿逊在印度洋的港口成了扶南的海港。扶南人根据当地的孟语将顿逊港称作投拘利(Takula)口,“ta”是“船码头”。范旃派他的亲属苏物从投拘利口向正西北方向航行,去联络北印度的君主,经一年多到达天竺江(恒河)口的擔袟国(耽摩立底),这里已是天竺统治下的属地,苏物从这里溯流而上,行程7000里,到了北印度。苏物和早先派到印度的中国使者陈、宋等二人回到扶南,费时四年,这时扶南王已是范寻,康泰曾与他们会面,交流信息。244年,范旃派到建康(今南京)吴国的使者到达中国,而他本人至少已在上一年去世了。从此扶南成了维系中印海上交通的一大中转站。

　　从顿逊再往北去,有缅甸境内的嘌杨国,是在德林达依(丹那沙林,Taninthayi)河入海的地方兴起的聚落,叫丹荖(墨吉),此地是从泰国湾的巴蜀横越半岛的诸线中最北的一条路线。嘌杨是在公元2世纪扶南建国以后,才出现的一个邦国。康泰在他写的《吴时外国传》(别称《扶南传》《扶南土俗》)中说,以前扶南王范旃时,有嘌杨国人家翔梨去过印度,回来后经商到了扶南,见到了国王范寻,向他介绍印度(天竺)的风俗、政治和山川饶沃、生活富裕的情景。范寻问他,去天竺几时可到,几年可回;得到的回答是:往天竺三万余里,走一趟,要四年才能回来(《水经注》卷一引)。

　　范寻,原本是前王范旃手下的大将,范旃在位未及二十年,被前王的儿子杀死,范寻起而为范旃复仇,登上了王位。朱应、康泰到扶南考察,见到当时只有妇人著贯头,国人皆裸体,便向范寻建议,国人不应再裒露,范寻同意改变这一习俗,下令国内男子著横幅(唐代称干漫),大户人家便穿上了锦衣,平民用布。中国的锦帛和棉布在泰国湾也扩大了市场。扶南从此直接参与了贩卖金银锦帛的大生意。

嘡杨往北,有萨尔温江口的林阳国。林阳占有莫塔马湾水陆交通的枢纽,往北有水陆通道到达永昌,往西可到恒河口,东南有大道通向曼谷湾周边各地,据有中南半岛西部地区交通中心的地位。林阳是个古国。在3世纪有比较清楚的记录,《扶南土俗》说:"扶南之西南有林阳国,去扶南七千里,土地奉佛,有数千沙门,持戒,朝六斋日,鱼肉不得入国。一日再市,朝市诸杂米、甘菜、石蜜,暮中但货香花"(《太平御览》卷七八七)。万震《南州异物志》说林阳和扶南的距离相同,还说那里:"地皆平博,民十余万家"。是一个人口众多的农业国家,分布在比林河到萨尔温江三角洲的平野上,信奉小乘佛教(上座部)。从扶南要去林阳,中间必须经过金邻(乌通)。《外国传》说:"从扶南西去金陈,二千余里到金陈"(《太平御览》卷九七〇)。金陈又称金邻,杨孚《异物志》说:"金邻一名金陈,去扶南可二千余里。"金邻、金陈对照古音相近,有人认为可以复原成孟语 Kamen Dung(王中王),然而距译音相差尚远。这是当年扶南王范蔓最后打算要吞并,而在生前未能实现的曼谷湾中最北的一个强国。《南州异物志》称:"夫南之外有金邻国,去夫南可二千余里"(左思《吴都赋》刘逵注引)。从金邻到林阳,在5世纪有一条新筑的大道,可以不走夜功河,径直往林阳,竺枝亲自走过此路,"林阳国去金陈国,步道二千里,车马行,无水道,举国事佛"(《水经注》卷三六引《扶南记》)。这条路比旧路可以缩短数百里,方便多了。对比《神丹经》说,"林阳在扶南西二千余里",一定是"四千余里"之讹。

《外国传》说:"从林阳国西去二千里,到奴后国,可二万余户,与永昌接界"(《太平御览》卷九七〇引)。奴后国是缅甸西部若开山东北的亲敦江上游的弥诺国的境域,奴后即是弥诺,从此往东与永昌接界,可见3世纪初的永昌郡已经将其西境放弃给新兴的骠国,而以亲敦江下游与伊洛瓦底江上游界。原本在伊洛瓦底江下游卑谬建国的骠国,自2世纪以来对永昌郡的南部蚕食鲸吞,将掸邦的统治者赶往伊洛瓦底江上游地区,到108年将都城向北迁到蒲甘,永昌郡的西界只得退至伊洛瓦底江以东,离郡城还有三千里路程的地了。林阳国通行的文字有巴利文和孟文,骠文要到4世纪才根据南印度的迦檀婆(Kadamba)字母创造出来,从此才有出土碑铭可证。

东汉时代是中国西南疆域大拓展的时期,从而使中国通过现在的缅甸与印度以及中南半岛的新兴国家建立了贸易与宗教活动关系,在印度东海岸、恒河三角洲、莫塔马湾与泰国湾之间建立了一个商业网,通过印度东海岸的港口,从北起恒河口的耽摩立底,经奥里萨的卡纳塔克南下克里希纳河口和科维里河口的海港城市,与波斯湾和亚丁湾的文明国家取得联系。在孟加拉湾和安达曼海东部的商贸支点,则集中在北面的林阳、嘽杨(丹老)、泰国湾的都昆、顿逊(投拘利)和拘利。在泰国湾的支点是乌通和它南边的蓬迪(Pong Tuk,泰国叻武里府),还有班当湾口的素叻他尼(典逊,后来移到附近的敦沙)。从这些地方跨越半岛后,都可以北去萨尔温江和锡当河地区的水陆交通线,遥通永昌(保山)、大理,彼此建立商业往来,在342年永昌道在缅甸境内一段被阻以前,这里一直是通畅的,因为在9世纪以前,萨尔温江是可以全程通航的。

从2世纪南印度恭伽王朝兴起以后,投拘利就和科佛里河口的科佛里帕特那有了通航关系,后来朱罗兴起,科佛里帕特那成了国都,《神丹经》称它叫扈犁国,在它南面的普哈尔有罗马的商站。绕过科摩林角以后,还有姑奴国(《神丹经》叫古奴国,在卡纳塔克),自2世纪末以来,中国南方通过克拉地峡南北的港口和印度各地以及远到罗马世界进行海上贸易,刺激了扶南去占有这一地区,中国在这一时期的文献记载了这些事件,特别难能可贵(参见沈福伟:《中国与非洲文化交流研究》,2010,新疆人民出版社,52—56页)。

南海地区也是部派佛教和婆罗门教随着商船的足迹,向东传播的重要地区。孟加拉湾北部地区自阿育王派遣佛教东来宣教以后,流行小乘佛教,到公元前后,在中南半岛,逐渐被婆罗门湿婆教所替代,留下许多遗迹和传闻。5世纪以后,大乘佛教在克拉地峡站住脚跟之后,便顺着马来半岛继续东进,掀起了向南海地区和中国南方传教事业的高潮,给唐代中国成为佛教的中心铺奠了路基。

(四)徐福东渡

秦始皇统一六国,许多燕齐人出亡海外,他们走的是一二个世纪以来久已开辟的航路,沿山东半岛成山角跨越渤海(今黄海),来到朝鲜半岛的白翎岛,其间仅隔90海里,然后沿着海岸进入朝鲜海峡,通过日本古已相传的"海北道中",抵达日本北九州。海北道中必须通过对马岛,对马岛和它西南壹歧岛以及唐津湾的景观,自公元前356年齐威王派人下海,探访前往日本的航路后,就被喻作蓬莱、方丈、瀛洲三座神山。但从山东半岛渡海而东,必然受到日本海南下的利曼寒流的阻挡,使渡过对马海峡在很长一段时间中,成为航海者的一大难题。

公元前219年,秦始皇东巡到了山东沿海的琅邪(今诸城东南),齐人徐福与一些人士上书秦始皇,宣称海中有三神山,请求秦始皇派童男女和他一起去求仙人,秦始皇采用了他的建议,派数千童男女乘船出航。经过几年,徐福花去了许多费用,还没有得到延年益寿的神药。公元前 210 年秦始皇再次巡幸琅邪时,徐福恐怕受到责备,编造谎言,说是蓬莱药由于海中有大鲛鱼,受到阻难,一定要派善于使用连弩的射手去才能排除困难。据徐福东渡后二十年出生的伍被和淮南王刘安的对话中透露,这次秦始皇又派徐福率童男女三千人,装载五谷种子、技艺百工下海。徐福航海到平原广泽的新天地,便在那里建立了政权,这地方便是日本本州和歌山。徐福及其徐福船队在抵达北九州的大岛后,进入濑户内海,远达纪伊半岛。至今在和歌山新宫町东南有蓬莱山,并有徐福墓,墓前石碑上刻“秦徐福之墓”五个汉字。《史记》并没有明白说徐福一行到了日本,只讲那里是一片平原广泽,是最适合稻作农耕的地方。到公元 10 世纪下半叶,明教大师义楚在《义楚六帖》卷 21 国城市部引证,公元 958 年(后周显德五年)有日本传瑜伽的弘顺大师介绍,称富士山就是蓬莱山,说是徐福到了这里,认为是到了蓬莱山了,他的子孙至今称秦氏。到 14 世纪,元人吴莱东渡日本,始传出徐福到的地方是熊野,作有《听客话熊野徐市(福)庙》七绝一首。德川时代大儒松下见林(1637—1707)在《异称日本传》中肯定了熊野是徐福一族人定居的地方:“相传纪伊国熊野山下飞岛之地有徐福之坟。又曰熊野西宫之东南有蓬莱山,山中有徐福祠。”三十年后,新井白石(1657—1725)在《同文通考》中也说:“现熊野附近,有名为秦住之地,土人相传,谓系徐福居住之旧地。离此七八里,又有徐福祠。其间古坟参差,亦谓系其随从之冢。如此旧迹,现仍相传,并有自称为秦姓的族人,因之曾有秦人来往,是不至有误的”。

徐福东渡事迹是战国末至秦汉初,大约近百年时间中,中国大陆向日本移民浪潮中最有组织、最集中和最突出的事例。徐福及其伙伴从大陆输送到日本的新颖的海船、稻米和农耕技术,以及青铜和铁器冶炼技术,使得早先已有零星传入的中国文化,在日本列岛上得以巩固和延续,促使日本在绳纹文化的末期,突然展开了一种与原先的文化面貌和发展水平截然不同的新的文化,这一文化便是以弥生式土器和中国铁器为特征,和原来列岛上固有的绳纹文化同时并存、来开始它的进程的弥生文化。

(五)弥生文化时代的日本

日本列岛上的弥生文化与中国移民密切相关。秦汉时期,日本西部地区和中国大陆的来往,多以输入中国的金属文化和农作技术、车船、货币而成为当地新文化的特色。

稻作的推广反映了弥生文化和绳纹文化的根本区别。中国大陆稻作文化输入日本,虽然在公元前11世纪已经开始,但要到弥生文化时代,稻米才成为日本人结束渔猎为生的漂泊生活,进入定居生活,开始出现广布各地的栽稻的村落的起点。弥生时代的日本人把传入稻米的西国(中国),看成美好的乐园,称为"常昼国"。在稻作传播上,朝鲜半岛南部是一座重要的桥头堡。朝鲜半岛南部弁辰(伽耶)出土的碳化米既和华中地区的古代稻米相同,又和北九州出土稻米类似。稻作文化自公元前11世纪以后,最活跃的传播路线是由长江口顺北上的暖流航海到北九州西部,或先到韩国南部沿海,再转往日本。春秋末期,吴越两国争战几十年,最后在公元前473年,以吴亡于越告终,吴民因此漂流海外的不在少数。秦汉之际,吴、越族群渡海去东瀛的仍然十分活跃,他们是向日本传授湿地农业技术的里手,他们中间更不乏冶铸青铜兵器、农具和钢铁制品的能工巧匠。

弥生时代的青铜文化,在九州以铜锋文化为主,在近畿(京都、大阪、奈良地区)则以铜铎文化为主。铜剑、铜戈、铜矛、铜镜等铜利器代表的铜锋文化,多数发现在九州,尤以福冈县、佐贺县的瓮棺土葬坟和怡土郡的支石墓出土最多,属于公元前1世纪到公元1世纪的弥生中期。筑前(福冈)、肥前(佐贺)并有熔范出土,说明当地已能就地制造,不限于从海峡对岸输入。铜铎文化集中在近畿,西至冈山、广岛,熔范在近畿、爱知、静冈等地发现而外,也在北九州有个别的发现。两种文化显示出日本列岛上两大不同的族群,各自和大陆文化有着特殊的亲缘关系。公元1世纪,北九州进入铁器时代,出现了倭之奴国,即以倭国与奴国为中心的族群国家。2世纪后半畿内进入铁器时代,成立了《三国志·魏志》中所说的邪马台国,实际是以邪马台国为中心的族群成立的国家。

弥生文化与秦汉移民关系密切,自公元前108年汉在朝鲜半岛西北部设立乐浪郡后,乐浪就成为向日本列岛百余国传递新文化的门户了。日本西部在汉代和乐浪互通使驿的有三十多国。公元57年(建武中元二年),倭奴国的使者越过乐浪,直赴东汉首都洛阳,受到光武帝赐以的印绶。《后汉书·东夷传》称倭奴国使者自称大夫,来自倭国极南界。倭奴国使者受到汉帝册封的金印,在公元1784年春2月28日由筑前国糟屋郡志贺岛(今北九州福冈县志贺岛)的农民掘土时获得。金质蛇纽的印上刻有"汉委奴国王"五字。和汉制诸王、宰相金印紫绶相同。倭奴读作wana,奴就是《日本书纪》中的傩(na),后来的那珂。倭奴国使者来自九州西北部佐贺县的唐津,那里离壹歧岛极近,处于九州和朝鲜半岛航线的要冲。此后,公元107年(永初元年),又有倭国王师升等来献生口160人。这次日本使者,据内藤湖南考证,在古代传入日本的《后汉书》和北宋版《通典》中都作"倭面土国王师升",倭面土读作yamato,是来自近畿大和(邪马台国)。邪马台国僻处内地,虽也接受了汉文化,但生产力低下,落后于北九州,因此只得以拥有各种专长的生口(奴婢)作为贡礼,以交换汉朝的丝绸和金属制品。

作为中国文化象征的丝织品,也在同一时期传入日本。现存日本出土的最早丝织物,是1966年在弥生中期的立岩遗址(九州福冈饭冢市)中发现的,这种包裹素环头刀子的丝织物具有浓厚的中国色彩。同一遗址还发现了汉代铜镜。中国丝绸随着秦汉移民的到来和通商关系,逐渐出现在九州和近畿,从天理市柳本镇崇神天皇的陪葬墓中出土了平纹绢,博多湾附近福冈县眷日市须玖遗址的一个国君墓中发现了丝绸残片,这里是倭奴国的中心。福冈县丝(系)岛郡、福冈县怡土郡先后发现过三、四世纪时蚕形的玻璃勾王,是大陆移民崇拜的蚕神,这里是汉代伊都国的行政中心。大约从公元2世纪末日本开始有了本土的丝织业,但具有这类手艺的应该都是从大陆迁移过来的移民。日本的《古事记》和《日本书记》都记载有应神十四年(283),有一个秦人首领弓月君带着他部下分属汉127个县的秦人,从百济渡海进入日本,这些人早就在辰韩(新罗的前身)定居,日本派了军队将他们送往大和,从此才建立了日本的纺织业,弓月君成了日本的"秦公祖",也就是日本有史以来最早的一批汉人的移民。所以《三国志·魏志》便说日本产"纻麻、蚕麻、缉绩,出细纻缣绵"。这时日本西部地区已经跨入弥生文化的晚期。

东汉以后,生活在黄河流域的华夏民族在空前的社会动乱和民族变迁中,面临着传统文化和西域文化如何调和、如何适应的新问题,这在一定程度上促使华夏民族重新调整它和周邻民族的文化关系。自304年刘渊建立汉国开始,匈奴、羯、氐、羌、鲜卑五个北方游牧民族相继内迁,展开了五胡十六国时期(304—439),直到439年被鲜卑族的北魏统一。中国南方自东晋建都建康(今南京)以后,从420年刘宋政权代兴,先后经历宋、齐、梁、陈四朝,在420—589年间处于南、北朝分裂时期。在这个民族矛盾十分尖锐、民族文化相互争妍、空前交汇的时代中,华夏民族以外的文明,尤其是西域文明的浪潮,在北方草原民族和西域各国移民的推动下,以雷霆万钧之势,向中原地区席卷而来,成为不可抗拒的时代潮流,催促着中国北方迅速纳入亚洲各族人民文明的大家庭之中。魏晋南北朝时期的中国,在所有这些对中国传统文化的改造起着催生剂作用的民族混合中,在沟通黄河流域和域外文明的历史进程中,除汉族以外扮演主要角色的是鲜卑、柔然和突厥三大民族。

一、 伊朗文明与骑马民族的东进

(一) 草原帝国的迭兴

一世纪末北匈奴西迁以后,漠北地区被原来游牧于西拉木伦河的鲜卑占据,匈奴人十余万落也自称鲜卑兵,鲜卑从此强盛起来,东并夫余,西击乌孙。二世纪中叶,在中国北方建立起一个鲜卑氏族军事大同盟。不久同盟瓦解,到三世纪末拓跋猗卢时,鲜卑势力重振,疆域不断扩大,在315年建立代政权。338年什翼犍在繁峙(今山西浑源县西)之北即代王位,竭力吸收中国文化,仿照中原典章制度,整顿纪纲,一时国势强盛,东连濊貊(朝鲜半岛东北部),西通破洛那(今吉尔吉斯斯坦费尔干纳盆地)。376年代政权被前秦苻坚所灭,十年之后,前秦覆灭,北方重新陷于分裂。什翼犍的孙子拓跋珪收集旧部,迁都盛乐,称魏王,先后出兵攻下库莫奚,击败高车、柔然,最后消灭铁弗匈奴,成为大漠南北强大的力量。398年拓跋珪迁都平城,正式称帝,改元天兴,为北魏道武帝。重新进入中国北方的鲜卑拓跋氏,成为黄河流域输入西域文化的一股主干力量。

在鲜卑之后,继起控制河西走廊和天山南北中西交通干线的民族是柔然。402年柔然首领社仑自称丘豆伐可汗,控制了亚洲北部地区,东边到达朝鲜故地之西,西边则统治了焉耆以北的草原,而以敦煌、张掖之北作为部落的统治中心。此后八九十年间,在五世纪中,柔然成为在北方和北魏对立的强大势力。自402年北魏道武帝拓跋珪发兵攻击柔然黜弗部和素古延部,到493年北魏迁都洛阳,入主中原,北魏和柔然争战激烈。柔然在战争中遭到挫败,被迫西徙,在天山南北建立起一个强大的草原帝国。

柔然的西徙使拜占庭和萨珊波斯增添了一大强悍的邻邦,成为中国和这些西方文明大国打交道时不可绕越的中介国。485年的大战中,北魏动员了10万名骑兵,车15万辆,直捣大漠,柔然吐贺真可汗只得远徙。拜占庭史家普里斯库对此记述,461年到465年间,有阿哇尔(Avares)族驱迫鲜卑,并和拜占庭邻近各族争战。这阿哇尔族便是中国历史上的柔然,在这次战争中,柔然向西重新占领天山以北鲜卑故地,并向中亚细亚草原牧民进行掠夺战争。470年柔然攻袭于阗,天山南北已完全役属柔然,就在这一年,柔然又被北魏战败,柔然于是向西扩展,乌孙因屡遭柔然侵凌,只得西徙葱岭山中。柔然的势力于是直抵阿姆河畔,和大月氏国都卢监氏城(今阿富汗瓦齐拉巴德)相接。

柔然帝国的建立和柔然民族的雄霸中亚,使亚洲腹地的形势有了很大的变化。原来在四世纪末臣属于柔然的滑国,是哒人以阿姆河南岸的昆都士为据点建立的小国,在五世纪中叶以滑国为中心扩张势力,先灭大月氏,迫使月氏余部南迁富楼沙城(今巴基斯坦白沙瓦西北),改称小月氏。484年滑国王乌桓大败波斯,波斯王卑路斯因此战死。拜占庭史家梯奥芬尼便用哒一名称呼新兴的滑国。六世纪初哒处于极盛时期,据有吐火罗、迦布罗、石汗那;葱岭以东的焉耆、龟兹、疏勒、姑墨、于阗、句盘都被哒所占;小月氏残部所据的犍陀罗也在511年被哒灭亡。这时康居、波斯都向哒纳贡。487—516年间,新疆境内以高昌为界,成三方鼎峙之势,高昌东北是强大的柔然,高昌以西是哒的势力范围,高昌西北则有敕勒占据悦般、乌孙故地,葱岭东西交通一度被哒所控。波斯、印度和中国的使节、贸易、文化交流,都得通过哒控制下的莎车——伽倍道,经由莎车越过葱岭瓦罕(今阿富汗东北喷赤河上游),西转巴尔克(今阿富汗瓦齐拉巴德)。这一条路成为五世纪中叶到六世纪中叶,中国和波斯、印度交通的主要干线。南北朝时期,哒由于统一葱岭东西广大地区,成为中亚细亚的一大游牧帝国,盛况堪与汉魏时代的月氏贵霜王朝相比。

　　元魏和波斯的互通使节，开始于元魏统一华北后，文成帝太安元年（455），波斯和疏勒的使节同时抵达魏都平城，不久，461年，波斯再次遣使来华。由于元魏无力控制高昌，北道因此未能通畅，自哒兴起后，通过于阗的南道也成为元魏和西域通好的重要通道。宣武帝正始四年（507），哒、波斯和喝槃陀（今塔什库尔干）等国的使者，一同来到洛阳。此后多年，通过哒，元魏和印度、波斯互建邦交，交换商货。

　　哒的兴起，也使柔然、波斯和南朝的交通开辟了一条新路。这条新的交通线经由南道通过柴达木盆地。五世纪初鲜卑慕容部的一支吐谷浑（读突欲浑）在陇右逐渐壮大，成为青海地区的强大力量。这里东南由洮州城南出石门可通四川盆地，和南朝取得联系；北出祁连，连通凉州，成为中西交通路线上的青海一道，由于位处黄河上游折曲处以南，史称河南道。河南道成为南方和柔然、丁零民族联系的主要干道。480年后柔然使者曾多次经益州到建康（今南京）和南齐、梁朝通好。491年到492年益州刺史刘悛遣江景玄出使丁零，到达鄯善、于阗，亦经青海道。518年宋云、惠生到印度求法，就由洛阳西出赤岭（今青海日月山），经吐谷浑城（伏俟城，今青海都兰寺）到鄯善，再西出瓦罕经哒到印度。吐谷浑也通过这条路和哒、波斯互通贸易。吐谷浑曾获得波斯草马，放入青海，因而滋生新种良马骢驹，能日行千里。波斯商人也出入于这条路。1956年在西宁旧城出土波斯卑路斯（459—484）银币76枚，大约就是五世纪末埋入地下的。这批银币虽比吐鲁番出土的早到沙普尔二世（310—379）时代的波斯银币要晚些，却同样生动地记录了当时繁忙的商旅往来。由于青海和南朝的益州相邻，民间贸易十分便利，吐谷浑人接受汉字汉文，同时又充当哒商人和使节的通译。516年哒使者曾由河南道经由益州到达建康，和梁武帝萧衍通好。520年哒使者的礼物中有黄狮子、白貂裘、波斯锦。益州自古以蜀锦闻名，临夏山路一通，益州绫锦更可不经武威、张掖，直接运往中亚和西亚了。通过哒，波斯锦和蜀锦经由河南道互相交换，足资彼此观摩、并相争妍、媲美。

　　进入六世纪以后，草原帝国风云突变。先是柔然内讧，丑奴可汗阿那瓌战败后，在520年投靠北魏，受北魏册封。不久，鲜卑分裂，东魏、西魏都以笼络柔然为国策。接着突厥兴起于漠北，突厥首领阿史那土门与西魏通婚，得到西魏支持。552年突厥灭柔然，土门以漠北为中心，建立突厥汗国，自称伊列可汗。突厥势力进入中亚后和萨珊波斯国王库思老一世（531—579）联合攻袭哒，568年哒覆亡。土门之子木杆可汗（553—572）和弟弟它钵可汗（572—581）统治时期，国势强盛，辖境东自辽海（辽河上游濒海一带）以西，西至西海（里海）万里，南自沙漠以北,北抵北海(贝加尔湖)五六千里,都归突厥汗国。木杆可汗牙帐设在于都斤山(今蒙古鄂尔浑河上游杭爱山之北山)。当时,北齐和北周互相攻伐,都争相拉拢突厥。北周与突厥和亲,每年以缯絮锦彩10万段作为礼物馈赠突厥。北齐也不甘示弱,将国库所积尽数付给木杆。突厥统治者就靠这些不断运去的大量丝织品,转销给中亚、波斯和拜占庭,从中博取巨利。

(二) 南北朝时期的交通

南北朝时代的中国,南方和北方王朝各自有它的周邻国家和对外交通的网络,和世界各地取得联系,交换信息,互通有无,因而形成了一套根据特定的地理观念区划的世界地图。这些世界地图虽无一遗存至今,但构成这些蓝图的地理区划仍然不无可以追迹之处。

北魏时代,自五世纪中叶着意和西域各国互通使节,437年太武帝拓跋焘派董琬、高明出使乌孙,考察西域地理,了解政治形势。董琬回到平城,将葱岭东西的交通线如实报告,并将他了解的西域各国,按照自然地理、国势变迁和文化类型,划分为四区,总括亚非大陆的世界形势,在北魏太武帝太延(435—439)年间,已合并为十六国,分布在四个地区。

第一区,位于葱岭以东,流沙以西。相当于天山南路,新疆南部地区。

第二区,葱岭以西,海曲以东。相当于兴都库什山脉以南、萨尔哈德高原以东喀布尔河流域、印度河流域和恒河流域,包括阿富汗东南部、巴基斯坦和印度,是南道所经各国。

第三区,者舌以南,月氏以北。者舌中心在锡尔河北岸的塔什干,月氏当时已局处阿姆河流域,这一区处于锡尔河、阿姆河流域,相当于巴尔喀什湖、咸海以南,兴都库什山脉以北的中亚细亚,是北道所经各国。

第四区,两海之间,水泽以南。相当于地中海、红海之间,北面兼包里海。水泽或称大泽,古代对里海和黑海分划不清,常以为是大泽。这一区包括了两河流域以西,黑海、里海以南伊朗高原和红海两岸地区。两海之间是《魏书》对大秦所在位置的概括,水泽以南则将伊朗高原也划入该区。

四个区划在政治和文化面貌上各成体系。第一区是中国北方王朝和中亚草原帝国争逐的地方,第二区指南亚次大陆,属于印度文化。第三区在董琬出使以后,先后成为柔然和哎哒统治的区域,在文化上属于伊朗文化和印度文化交汇的地区。第四区分隶于萨珊波斯和拜占庭帝国,包括阿拉伯人散居的广阔的沙漠和半沙漠地区,在文化上分属伊朗文化和拜占庭文化。

北魏时代对亚非大陆的世界观念,指导着鲜卑统治集团和亚洲各国乃至沿着红海的非洲国家和民族,进行了极其广泛的交往。在哒哒兴起以后,北魏和南亚次大陆、阿拉伯半岛、甚至东北非洲都有了使节往来,在宣武帝元恪(500—515)统治期间,通过印度河口的迪布尔和坎贝湾的巴里格柴,南印度的磨勒(今奎隆)、车勒阿驹(遮娄其王朝)、南天竺(潘地亚),以及埃塞俄比亚的阿陁(阿杜利港)、埃及的不仑(贝仑尼塞)、婆比(巴比伦,开罗附近),都有使节或商旅到达洛阳,形成一个洛阳城中各国贵宾云集,各种类型的民族文化交相辉映、万紫千红的繁荣景象。

南朝各代,特别是刘宋(420—479)和梁(502—557),也各自有与之建立邦交和贸易往来的海外世界。刘宋和日本、百济、高丽建立的关系超乎一般,在文化和经济上支援这些国家迅速成长。刘宋在交州通过越南半岛中部的港口,和越南中部的林邑国、暹罗湾的扶南国、马来半岛的斤陀利国(吉打)、斯里兰卡的师子国、南印度的婆皇(帕拉瓦),甚至中印度的迦毗黎国,都曾互通使节,沿着汉代以来的海上丝绸之路,维持着中国和这些国家的文化联系,将中华文明输送到这些地区。

梁代的世界地图未超过刘宋。由于亚洲北部草原帝国的兴衰和北魏政权的分裂,随着柔然的衰亡,西魏无力控制流沙以西地区。于是,在大同(535—545)中,高昌王麴子坚也派使者向梁武帝萧衍献蒲陶、良马、氍毹。尤其值得注意的是,在柔然、哒哒相继就衰之时,中大通二年(530),波斯的使者居然也来到建康,《梁书》说是献佛牙,可能是来自海上。那时波斯早已成为一个海上强国,在和阿克苏姆王国以及希米雅尔人的竞争中,控制了阿拉伯海的海上贸易,垄断了波斯湾和印度西海岸的贸易,远到斯里兰卡,都有商船往来。同一年派使者到建康的扶南、丹丹都是泰国湾附近的海国,扶南是中南半岛的一个大国,信仰印度教神祇,从5世纪以后也扶持佛教,与中国南朝交流佛学。扶南东部的港口城市奥-埃育,曾经是与印度和罗马世界进行海上交易的一大港口;扶南西部位于克拉地峡的海港有顿逊,是孟加拉湾与泰国湾之间海上贸易的一大通道。6世纪时波斯的使节因此也经南海来到了梁朝的都城建康。那时的波斯,早已是锦绣之国,《梁书》记载波斯人结婚,男女双方都着金线锦袍、师子锦裤、戴天冠。波斯和萧梁的通好,虽然为时不长,却反映了南北朝后期世界地图的变化,和南朝海外关系的新局面。

二、 通向拜占庭和罗马之路

(一) 中国和拂菻

草原民族和沙漠队商沟通着欧亚草原的文化交流,在罗马东方贸易就衰时,仍然维持着中国北方和罗马帝国的贸易线。三世纪初,三国曹魏继承东汉统治西域,在南北两道以外,增辟了新北道。这时南道通达大月氏;中道可抵安息,就是汉代的北道;新北道则由玉门关转向西北,通过横坑(今库鲁克山),经五船以东转西进至车师前部(哈拉和卓),然后转入天山北麓,通往乌孙、康居、奄蔡、岩国、柳国。奄蔡的北边和黑海北岸的萨尔马提人相邻,南边和高加索南部的亚美尼亚接壤,亚美尼亚在罗马帝国控制之下,北道进入奄蔡后便可渡黑海或越高加索山脉和罗马帝国相通,最后到达拜占庭。

拜占庭在罗马皇帝君士坦丁(306—337)执政期间,成为帝国的新都,号称新罗马,定名君士坦丁堡(今土耳其的伊斯坦布尔),拜占庭人通常以拂菻(首都)相称。这个新都比之罗马距中国要近得多,和东汉时以为罗马国都的埃及亚历山大里亚,对中国的距离大致相仿。新都一旦建成,消息便传遍中国南北。占据河西走廊的前凉政权,在313年张轨秉政时,受到西胡馈赠的金胡瓶二件,式样奇特,高与人齐,都是拂菻制作的拜占庭金器。这是拂菻一名第一次在中国崭露头角。

长江流域的东晋王朝在347年占领巴蜀以后,通过临夏山路,和张氏前凉政权接触,与拜占庭建立了正式的国家间交往,而被称作蒲林王国。在晋穆帝(345—361)时,拜占庭使者已经深入长江流域了。363年晋哀帝司马丕也向拜占庭派出使者,双方通过河西汉族政权,在丝绸贸易上达成协议,一时保证了通过草原路向拜占庭供应丝货。到370年凉州张氏和吐谷浑被迫服属前秦后,东晋王朝便无法通过河西和拜占庭来往了。在五世纪北魏政权国势鼎盛时期,拜占庭通过和波斯敌对的嚈哒,又和北中国建立了定期贸易关系。450年来自伯罗奔尼撒半岛的雅典(颂盾)使者向北魏太武帝拓跋焘献狮子,受到欢迎。这一次罗马队商的成功,促成了文成帝时期普岚国和嚈哒于456年一起遣使到平城,465年又有普岚国献宝剑,467年普岚和粟特、于阗等国一起派使者和北魏通好,走的是里海、锡尔河和于阗一道。普岚(Frōm)一名是波斯人对拜占庭人的称呼,经过中亚突厥语系民族的传译,f音便变成p音,成为Purum了。拜占庭的王宫和主教堂另有一名,叫Blachernae,7世纪编成的《北史》和《魏书》因此将拜占庭译作伏罗尼(一作婆罗捺)。这些译名都指君士坦丁堡。

北魏和拜占庭的经济和文化关系,分别通过南北二个方向进行。北方的草原路和南方的海路绕过萨珊波斯,通向黄河中游的蚕丝生产基地,中间也要经过其他民族的转手,草原路要通过康居(粟特)、嚈哒,海路要经过印度人和也门的希米雅尔人。

拜占庭皇帝查士丁一世(518—527)及其后继者查士丁尼(527—565),费尽心机恢复地中海沿岸的帝国旧疆,以求红海和印度之间商业的通畅,好通过也门取得中国的丝货。拜占庭通过基督教会获得阿克苏姆的支持,以便左右也门信奉犹太教的希米雅尔人,531年特派使者要求希米雅尔人疏通对印贸易,转运中国丝绸。由于波斯人的阻挠,卒使拜占庭支持下的阿克苏姆和以波斯人为后援的希米雅尔人进行剑拔弩张的战争。575年希米雅尔埃米尔祖亚兹终于将阿克苏姆势力逐出也门,波斯人又占了上风。拜占庭不得不努力从高加索、里海一线,由散布在中亚和乌拉尔河流域的西突厥各部手中购求中国丝绸。从北周北齐政权年年获取无数昂贵丝绸的西突厥,正好受到波斯人对中国丝绢的抵制,于是十分乐意和拜占庭通商。567年被西突厥派往君士坦丁堡推销丝绸的马尼克,便是一个康居富商。当568年使者归国时,拜占庭皇帝查士丁二世曾向西突厥使者出示拜占庭刚刚获得成功的养蚕缫丝技艺,使西突厥使者极感惊讶。拜占庭派遣了以西里西亚人柴马库斯为首的使团随同突厥使团回国。双方同意共同对付波斯,但西突厥没有能战胜波斯。西突厥和拜占庭之间曾有多次使节往返,将丝绸西运。中国的丝绸文化在五、六世纪,一如罗马东方贸易盛期的东汉时代,在亚洲、欧洲和非洲仍然成为推动国际局势的大杠杆,在亚、欧大陆之间的几个文明古国和商业民族中,导演了一幕又一幕耐人寻味的戏剧。

(二)养蚕和丝织的种籽

直到公元五世纪为止,中国的养蚕缫丝技艺曾是世界各国钦羡的一项关系国计民生的专利。饲养家蚕,在踞织机上织造丝帛的知识,在那时的中国,已有三千年以上的历史。长时期中这项技术秘密没有走出国门。原因在于从栽桑、养蚕到结茧、缫丝、纺织、染色,涉及农桑和手工技艺等一系列产业链,是并非在短时期就轻易能收到良好效益的事。佛教传入内地后,养蚕缫丝的技术也跟着西传,成为葱岭以东最早传导佛教的于阗在纺织工艺上的一大创新。东汉初期,于阗国王为了取得养蚕的奥秘,特意向东国求婚,东国原来禁止蚕种出境,关卡检查极严。于阗国王派密使转告东国公主,要求她在下嫁时将蚕种带出,好在于阗培育养蚕业,制作丝服。东国公主在下嫁时将蚕桑的种子藏在帽絮中,在出境时虽遍受搜索,而稽查人员不敢将帽子查验,于是蚕桑的种子在于阗便繁殖起来。于阗从一世纪时开始栽桑养蚕,初步建立了自己的丝织业。这东国一定是于阗以东的鄯善国了(今新疆若羌)。于阗本是佛教在葱岭以东的传导中心,现在又成了蚕桑在葱岭边境的培育基地,经过于阗的试验和高昌地区汉人的传导,葱岭以东的龟兹、疏勒在四、五世纪以后也都有了当地的丝织业,能织造华丽的锦缎了。

和疏勒、龟兹这些地方建立丝织业的同时,波斯也获得了养蚕丝织的技术。455—522年间,和北魏通好的波斯使节共有十次,455年波斯和疏勒的使者一起来到平城,466年波斯使者又和于阗使者一起抵达北魏首都。518年波斯和龟兹使节同行。他们的礼物中就有本国特色的波斯锦,其图案最突出的是外圈以联珠组合,圈内以对兽、对禽、对鸟为图像,使用的技法也是通经断纬的斜纹起花的织法。至迟在五世纪中叶,波斯已能织造锦绮绫纨了。

波斯丝织业的兴起,对于拜占庭重振丝织业是个莫大的刺激。一心要摆脱波斯对进口中国丝绢从中操纵的拜占庭,在552年得到二位印度僧侣的帮助,决意从赛林达(新疆)弄到蚕种。这些印度僧侣声称他们曾在赛林达居住多年,熟悉养蚕。查士丁尼(527—565)欣然同意,派他们重回赛林达,将蚕子和桑树带到拜占庭来,于是拜占庭也在博斯普罗斯海峡两岸开始养蚕栽桑,欧洲的土地上第一次开始繁殖中国家蚕,栽种桑树。六世纪的拜占庭便因此成为"人务蚕田"的农桑国家了。

(三)罗马和中国玻璃制造业

罗马玻璃在世界上独树一帜,产品运销各国,输往中国的也不在少数。汉代进口罗马玻璃大多经由印度,因此产品常和印度相混,名称也有琉璃、玉晶、夜光、水精等不同称谓。三世纪末的《广志》列举琉璃产地有大秦(罗马)、斯调(斯里兰卡)、黄支(印度康契普腊姆)和扶南(柬埔寨)等国,实际上是一条罗马玻璃从印度洋东运的海上运输线。印度科罗曼德古港阿里卡曼陀遗址经1937年至1948年间三次系统发掘,出土许多罗马陶器和玻璃制品,证实这里是一世纪《厄立特里海环航记》中的罗马转口贸易港波杜契。柬埔寨境内湄公河三角洲龙川的奥埃育村,在1944年也曾出土罗马皇帝庇乌士在152年所铸金布,和马可·奥理略(161—180)的金币一枚,伴随的出土物中有不少罗马玻璃和精细雕刻品,玻璃大多由罗马运去,或在当地由罗马工匠制作。这些沿着印度洋和南海埋藏的罗马器物,向人们指出了罗马输往中国的玻璃所经的路线,证实《广志》所言确实可信。

另一条从红海、阿拉伯海和中国新疆联系的玻璃运输线,则通过五河流域的塔克西拉古城和阿富汗喀布尔以北的古城柏格拉姆。帕格拉姆丰富的遗物中有许多玻璃制品,属于二世纪到三世纪初,由罗马世界运去。塔克西拉的玻璃制品有指环、手镯、器皿和烧珠,大多由罗马运去,玻璃珠有彩色、浅蓝色、釉彩等六种式样。在塔克西拉的锡尔卡普珠宝店废址中出土的392件用于制作玻璃珠的灰玻璃饼,表示这里在二世纪时已有玻璃作坊。罗马玻璃运到中国,也在同一时期。罗马玻璃珠和玻璃碗、玻璃瓶在新疆、洛阳、长沙、江苏邗江等地都有出土。广州南越王墓出土的玻璃板,极可能就是《厄里特立海环航记》中已经提到过的运销海外的罗马玻璃的半成品。283年由越南中部林邑国送往晋朝的水精醆,应该就是埃及出产的透明玻璃杯。这种制作精巧的玻璃杯的实物，在南京业已发现过二次，1970 年南京象山东晋豪门王氏七号墓中出土的二件直桶形白色透明玻璃杯，一整一残，腹部有七个椭圆纹饰，1972 年南京大学北园东晋墓又发现腹部刻有直瓣形花纹的白色透明玻璃杯残片，玻璃杯的形制、纹饰都属罗马玻璃。

和东晋罗马玻璃差不多同时，北燕政权也从柔然牧民手中获得珍贵的罗马玻璃器，1965 年辽宁北票北燕权贵冯素弗墓出土五件吹玻璃器，其中一件鱼形香水瓶和帕格拉姆出土的几乎并无两样。1948 年河北景县封氏墓群中的北魏祖氏墓出土的网纹玻璃杯，也是罗马输入品。

罗马玻璃传遍中国南北，特别对中国南方的玻璃制造起过巨大的推动作用。南方的广州和交州在三世纪和罗马往来较多，首先开始仿效埃及玻璃制造技术，使用罗马配方，制作造型新颖而质地亦属罗马玻璃的钠钙玻璃。炼丹家、化学家葛洪（290—370）曾介绍三、四世纪时交州、广州学习外国方法，用五种灰作原料，制造水晶碗。水晶碗也就是透明玻璃碗，这项技术本是中国所无。225 年三国孙吴时，从交州分为交、广二州，此后通过技术交换，原先已有制作伪金和制造玻璃技术的东南沿海地区，便开始用铚土、苏打、石灰、镁和氧化铝五种罗马在地中海沿岸玻璃制作中心同样可以取得的原料，仿照罗马式样制作精巧的玻璃碗。这样持续了大约一个世纪，这项技术随着罗马对华海上贸易的衰退中断了。广州玻璃工业的这一成就，使南方的玻璃制造业一度大大超过北方黄河流域的同行。水晶玻璃的制造虽然确曾在中国南方实现过，然而规模甚小，销路不广，所以很快就被人们遗忘了。

北魏太武帝（424—452）年间，在平城出现过五色玻璃，轰动一时。可见，高强度、质地细巧的玻璃，无论在北方还是南方，在三至五世纪期间都曾在技术上有过突破，导致这一变化的是来自罗马世界的工匠，或由拜占庭传授给喀布尔河流域的月氏技师。

三、佛教和求法运动

（一）西天佛国：朱士行到惠生的理想国

魏晋南北朝，随着社会动荡、战乱不息，佛教思想对于祸福无常的社会成为一种新的启迪，一种新的追求。佛教宣扬的超脱人间的极乐至善的净土，吸引着信徒西行求法，以求彻底地了解佛学底蕴，探索一个和中国不同的新天地。

最早西行求法的是三国曹魏河南许昌人朱士行。朱士行以俗姓通行，依照安息沙门昙谛译出的《四分律》中的《昙无德(法藏)羯磨》,登坛受戒,在中国开创出家和尚正式受戒。朱士行出家后讲习《道行经》,由于竺佛朔译本转译失真,佛经翻译都凭来华传译者的口诵,各本辞意天差地别,引起朱士行决意西行寻求梵本。260年朱士行到于阗,求得般若正品90章,60多万言,是印度西北方言的佉卢文译本,282年派人送往洛阳,由竺叔兰和无叉罗比丘合译,称《放光般若》。朱士行从此定居于阗。朱士行发起的求法运动,后继有人,西晋时世居敦煌的月氏人竺法护,曾追随印度沙门竺高座游历西域,去过月氏。在266—313年间致力于从梵本翻译佛经,生平共译佛经175部,以《光赞般若经》30卷最为著名,译经以宏达欣畅见长。从此以后,中国僧侣前往印度搜求梵本、校勘佛典的便代有名师。自三国开始,求法与译经相互并进,一直延续到北宋初期,前后历时八百年之久,其间经历了南北朝和初唐两个高潮。

南北朝时代的求法运动,以人数计,以刘宋时的70多人为最多,元魏和北齐、北周也有19人,二者合计,人数远胜东晋时西行求法的37人。而求法僧中富有创业精神的大师,则是东晋的法显和十六国时代的鸠摩罗什。

法显(约338—423年)是第一个历尽艰辛到达印度,到各地考察、学习佛教,获得大批佛教经律原本的汉僧,回国后弘扬小乘佛教和律学,是在求法运动中以百折不回的毅力,和刻苦研习的意志,具有创业精神的大师。为了确立中国急需的佛教教律,法显于399年从长安出发,到印度求法。412年返回到山东长广郡牢山(今山东崂山县东)。法显在印度抄写《摩诃僧祇律》《萨婆多众律》《弥沙塞律》,回国后在建康(今南京)译经。印度五部律藏,传入中国共有四部,法显已得其三。法显又和佛驮跋陀罗译出《方等般泥洹经》,宣扬"一切众生皆有佛性",促成了涅槃佛性学说在中国的兴起,在和魏晋玄学结合的般若学之后,对佛教的中国化起了推波助澜的作用。

大规模和系统地翻译介绍佛教学说和经籍,也是求法运动的一个必然产生的后果。佛典梵本需要求法僧亲赴印度,才能心诵笔记。精通梵汉和中亚语言的鸠摩罗什(344—431)因此在译经和宣教事业上都超越了他的前人,而有划时代的成就。鸠摩罗什,父亲是印度人,母亲是龟兹王妹,罗什生在龟兹(今新疆库车),7岁出家,9岁随母赴罽宾(今克什米尔),跟随盘头达多,受《杂藏》《中阿含》《长阿含》等小乘经典。12岁回到龟兹,跟随大乘学者须利耶苏摩,广习大乘要义,诵习《中论》《百论》,在克什米尔、印度等地研习12年后,重返龟兹。402年后秦主姚兴出兵凉洲,将鸠摩罗什迎到长安,奉为国师。12年中,他主持翻译佛教经律论典籍,多达400余卷。译作遍及小乘、大乘、密宗,佛经大规模译写的风气,自此而始。译经遍及各部各系,为隋唐佛教各宗派的创立,提供了理论依据,开辟了修道的门径。

东晋以来祈求往生弥勒净土，热衷弥陀净土（西方极乐世界）的思想在佛教和社会上逐渐流行，更推动着求法僧到印度实地巡礼，瞻仰佛教圣迹。516年北魏胡太后派使者宋云和沙门惠生前往乾陀罗礼佛，并兼有外交使命。518年宋云和沙门法力西出洛阳，惠生亦随同出使，到522年2月才回。宋云出使时曾带幡三千，锦香囊五百，并有国书。宋云、惠生到哌哒（今阿富汗昆都士），受到尊重，又到乌苌国（今巴基斯坦曼格洛尔），随后到乾陀罗国（今巴基斯坦塔克西拉）。回来时取得梵本佛教经律170部，全属大乘经典。

魏晋南北朝时代的中印文化交流，集中在以佛教为中心的诸如哲学、伦理、文学、美术、音乐、音韵、天算、医药民俗、翻译艺术等多学科的文化移植和相互仿效。和中国僧侣西行求法相呼应，西域各国特别是印度高僧的东来译经宣道，在东晋南北朝时代也十分活跃，彼此相辅相成，将亚洲两大古文明的交流、切磋推向一个高峰。

求法僧继承印度佛教大乘空宗思想，融和魏晋玄学创立了般若学，发扬了因果报应论，成为东晋南北朝的一股社会思潮。

求法僧主持译经，创立学派，常和来华印度僧侣合作。鸠摩罗什传扬大乘空宗，亦曾与印度佛陀耶舍合译《十住经》，又和卑摩罗叉合译《十诵律》。法显在建康道场寺和来华宣扬大乘有宗的印度佛驮跋陀罗共译《摩诃僧祇律》，都是译坛佳话。东晋佛学中心人物慧远（334—416年）在庐山东林寺主持译场，派弟子法净、法领到印度求经，又请佛驮跋陀罗和僧伽提婆译经，为中印合作在南方开展译经事业奠定了基础。

求法僧在印度抄写、记录梵本佛经，带回中国，也推动了印度僧侣将原先单凭口诵的经论，加以书目，以之携往中国传译。菩提流支带到中国的经论梵本接近千夹，真谛（拘那罗陀）从海上随带经论240夹，估计翻译出来相当于2万卷。那连提耶舍、达摩笈多等也都将梵本送到中国。于是梵本佛教经论在南北朝时代的流传，成为一时风气，对于正确传译、校勘旧译，提供了依据，促使佛典的研究中心逐渐转移到中华大地。

（二）佛典翻译和中国文学

东晋南北朝时代，印度大乘佛教经典逐渐写成定本，早先耳闻口诵造成的各本差异，也见诸于梵本文字，大规模系统的传译才成为文化界的需要。译文传导是否忠实，义理阐释是否得当，文体格调是否合适，语言表达是否流畅，成为佛典翻译事业的中心课题。精通梵汉语言和发掘佛教义理，是当时从事翻译的人士，无论华僧还是梵僧，一致认为必须共同认真对待的关键。十六国时代北方主持译经班子的鸠摩罗什，评论转梵为汉，"虽得大意，殊隔文体"。弄巧成拙，就好比"嚼饭与人"，不但失去原有的韵味，甚至还会令人作呕。因此鸠摩罗什在翻译中常删繁就简，更动序次，重在"意译"，以求达到信而又顺，避免早先翻译中"信而不顺"或"顺而不信"。和鸠摩罗什同时，主持庐山般若台译场的慧远，在文风日趋华靡的南方，也注重文采，在忠实于原本之外，还要兼顾到"质文有体"。因而这一时期的佛典翻译能超越汉魏旧译，又开启隋唐新风。

翻译的文学化，标志着东晋以来佛典翻译的成熟，翻译艺术的提高。翻译文学的形成，首先是翻译者以晓畅平易的白话文，表达佛典经文的思想内容和故事情节，同时也伴随着许多以文学形式宣扬教义的经典，陆续被译成汉语。鸠摩罗什的译文，侧重义理的表达，力求明白流畅，他主译的《维摩诘所说经》《妙法莲华经》（简称《法华经》），词意优美，流传后世，成为早期翻译文学的楷模。鸠摩罗什翻译《法华经》，兼顾梵汉文字特点，被慧观评为"曲从方言，而趣不乖本"。是一部深入浅出、弘丽瑰奇的佳译。由韵文和散文相结合的佛典，通过佛传、赞佛、譬喻等不同的表现形式宣扬佛教义理，以增添佛教的感染力，这些文学化的佛典在东晋以来，一一译成汉籍，大大丰富了佛教典籍，扩大了佛教的社会影响。《佛本行经》《普曜经》以长篇故事叙述释迦牟尼生平事迹。《华严经》《须赖经》是小说体作品。《维摩诘所说经》，以不同场景的小说表现维摩诘的辩才和说理，像三幕戏剧。这些作品的翻译在中国充实了佛教翻译文学的宝库。

辞章譬喻化，是佛典翻译影响中国文学的一大表现。佛典中采取寓言、故事，兼用寓言、譬喻宣扬佛法。《那先比丘经》（原名《弥兰陀王问经》）中那先比丘（又译龙军）说法，讲到"轮回"，使用以薪传火的比喻，讲"业力"，使用播种得果的比喻。南齐求那毗地译的《百喻经》（全称《百句譬喻经》），共列98个寓言，劝人信佛，全经文字简朴，故事生动，读来妙趣横生，而道理不言自明，许多人生哲学都蕴含其中，成为家喻户晓的作品，催发了后世中国寓言文学的诞生。

小说印度化，成为魏晋南北朝时期文学发展的重要特色。魏晋以前，小说只是街谈巷语、传闻逸事，为文人所不齿。晋代以来，佛教思想和印度故事流传民间，使小说的艺术构思和表现方法都以印度故事为蓝本。佛经中的鬼神思想直接推动着鬼神志怪小说的流行，晋干宝的《搜神记》问世以后，北齐颜之推《冤魂志》、梁吴均《续齐谐记》相继问世。宣传佛法无边、信佛修善的故事，自谢敷《光世音应验记》以后，更有宋刘义庆《宣验记》、齐王琰《冥祥记》等宣扬佛教灵验和因果报应的小说，成为唐代传奇小说的先导。

成语佛教化，是这一时期佛教思想和印度文学移植到中土的表现。在文学和日常语言中,使用的许多词汇都借自佛典,成为汉语的习惯语。世界、实际、觉悟、刹那、因缘、公案、众生、知识、唯心等字已融化在汉语中。五体投地、三生有幸、不二法门、生老病死、大千世界、唯我独尊、不可思议、皆大欢喜、表里不一、昙花一现等翻译佛典中使用的白话成语,成为一千多年来文人、作家、诗人和民间的流行语,这体现了佛教翻译文学的深入人心,来自印度这个智慧之国和寓言、童话世界的语言,如何丰富了中国的语言。

(三)佛教美术和中国艺坛

佛教初传中国,就引进了佛教美术。早期佛画、佛像都效法印度佛教美术。六朝时代,佛画开始成为画坛名家的题材。最早的佛像画家是东吴曹不兴,他依照到建康传教的康僧会带来的佛画,摹写佛画,极为成功。他的弟子卫协和大画家顾恺之,也是晋代画佛名家。东晋艺术家戴逵(卒于 396 年),兼长书画、雕刻、铸像、鼓琴,作品中有《五天罗汉图》,属于极富创造意象的佛画。他的木雕佛像更是名重一时,会稽山阴灵宝寺的木雕无量寿佛和胁侍菩萨,和建康瓦棺寺的五躯佛像,是他的不朽之作。瓦棺寺由于拥有戴逵的佛像,顾恺之的《维摩诘像》壁画,以及斯里兰卡所赠四尺二寸高的白玉佛像,号称三绝,雄踞全国佛教美术宝库。

南北朝时代佛教美术以建康、洛阳为中心,呈现蓬勃发展的景象。戴逵之子戴颙是当时画坛的大师,也是佛画名手。梁代印度僧侣迦佛陀、吉底俱、摩罗菩提,都擅长绘画,在当时艺坛别树一帜,虽然画技中外殊体,但下笔之妙,在洛阳和建康已为中国画家所叹服。当时张僧繇颇得其妙,在建康一乘寺门匾额,摹仿印度画法,绘上朱色和青绿色花纹,远望颇具凹凸立体感,一乘寺因此得了凹凸寺的美称。从此阴影晕染的画法在中国艺坛上便代有传人,在美术创作上开始进入一个崭新的时期。

四、 外侨和新宗教、新文明

(一)沙漠城镇和新宗教

东晋以来,北方民族成群结队移居内地,中亚各国沙漠队商络绎于途,沿着丝绸之路,开辟了他们的移民点,带来了新的文化、新的宗教,西域歌舞和工艺美术也在沿途撒下了种籽,开出了灿烂的花朵。

康国的移民在各国侨民中位居首位,十六国时代,素善经商和充当骑士的康国侨民散布在凉州(今甘肃武威)全境,纷纷武装自立,以金城(兰州)为聚居之处,接引康国移民,自西而东进入内地。洛阳出土康续、康枕、康达国,康武通墓志,都是西魏、北齐之际早就移居河南的康国人在唐代的后裔。唐朝将领康植,是出生灵州的康国人,世居河西;另一将领康磨伽,也是康国移民的后裔,北周时先祖接受勋爵,才定居河南。南方的康姓,也是康国贵族子弟的后代,大致在晋代由西北移居。梁代康绚,先祖出于康居,汉代充当侍子,定居河西,后代便以康为姓。晋时迁徙蓝田,刘宋时康穆率乡族三千余家南迁襄阳岘南,其孙康绚成为梁代功臣。南方康姓,或者都是康绚的同族。

　　酒泉康氏和姑臧(今甘肃武威)安氏,同是河西大姓。安氏先祖是安国(今乌兹别克布哈拉)人,也有的是安息国(今伊朗)人。唐代移居洛阳的安延、安神俨都是姑臧安氏的后人。《安延墓志》指出他是河西武威人,祖父安真健任后周大都督,父安失比,隋时任上仪同平南将军。《安神俨墓志》叙述安神俨是河南新安人,而先祖也是姑臧人士。西安出土的《安令节墓志》则说先世是安息国王子,入侍于汉,才定居武威姑臧,历后魏、周、隋,在长安、洛阳充任军职。

　　元魏迁都以后,各国侨民云集洛阳。六世纪初洛阳已成葱岭以西,直到大秦(拜占庭),百国千城、各方人士聚居的中心,外侨人数在万户以上。元魏宣武帝(500—515)时所建永明寺,聚集了各国沙门三千多人,连大秦国也有僧侣参加。这大秦僧侣当然并非佛教信徒,而是景教徒了。至于祆教僧侣,恐怕也大有人在。

　　祆教的传播,有赖于中亚和波斯移民。波斯人琐罗斯德在公元前六世纪初创教后,因崇火,拜占庭人称为拜火教。萨珊波斯(226—642)更以此教为国教,流布中亚各地。五世纪时高昌、焉耆也都相继信奉祆教,流入内地,也在这时,但当初信徒大致仅限于西域侨民和新疆少数民族。北魏灵太后(516—527)执政时,在嵩山之顶祭祀胡天神,祆教才一跃而成国教。灵太后在熙平(516—517)年间曾率随从数百人登临嵩山,废诸滛祀,独信胡天神,胡天神也即祆教所奉马兹达神。灵太后和肃宗曾在华林园设宴,大会群臣,王公以下各赋七言诗。灵太后诗中有"化光造物含气贞"一句,化光指马兹达神,亦即象征光明之神。

　　五世纪末、六世纪初祆教也流入幽州(今北京大兴)。499年,幽州王惠定自称明法皇帝,"明法"二字暗指马兹达神。514年,幽州沙门刘僧绍,自号净居国明法王,用意和王惠定相同。此教在河北地区的流传,也和北方草原民族的内迁难以分开,北方蕃族到唐初逐渐形成十二大姓,而以康国侨民最为强大,康、安、米、史等中亚国家大多信奉祆教,因此祆教早在五世纪末便在幽州民间流传,信徒也不限于外侨,而有许多汉族信徒了。

自北魏灵太后以后,胡天神的崇奉一如波斯、哦哒,成为北魏、北齐、北周时代的一大宗教。北周有拜胡天制,皇帝亲自参加仪式,完全恪遵祆教的礼仪。北齐后主高纬(565—576)是个醉心西域乐舞与习俗的君主,576年时公开崇奉胡天神,亲自击鼓蹈舞,于是首都邺城(今河南临漳西)的祆祠大为兴隆。中亚流行载歌载舞祭祀天神的祆教礼仪,也成为北齐,北周君主提倡的西域歌舞之一。

自祆教在中亚流行,景教和摩尼教便遭禁阻、排斥,信徒大多迁往中国和印度,粟特人在传播这二种新宗教中所起作用十分显著。粟特文的景教和摩尼教典籍仅见于葱岭以东的库车、吐鲁番、楼兰和敦煌,二种新宗教也沿着丝绸之路东传。前凉(301—376)张氏政权初期,在张轨之子张寔时代,初传河西的摩尼教以光明道、光明教的面目出现,在武威吸收了1 000多名信徒。《晋书》卷八六记述京兆人刘弘,迁居武威县80里外的天梯第五山,在山穴中燃灯悬镜,宣传光明,信徒中有许多是张寔的亲信。刘弘与张寔的部下阎沙、牙门赵仰密谋统治凉州,杀害张寔,张寔知情后便先下手杀了刘弘,而阎沙按原定方案行事,也杀了张寔。甘肃东部流行摩尼教,还见于《晋书》所记安定人侯子光的事迹。摩尼教残经《摩尼光佛教法仪略》和《化胡经》都成于300年左右,经中都说摩尼"飞入西那王界苏邻国中,示为太子,"安定(今甘肃泾川北)人侯子光便以佛太子自居,改名李子扬,自称从大秦国来,当王小秦国,到鄂县(今陕西鄠县)宣教,行使"妖术",而略有灵验。后来被镇西将军石广斩杀。传说子扬死时,颈无血,面色不变竟达十多日之久。凡此种种,都足显摩尼教在河西已经有了信徒。

五、六世纪时在徐州、临汾出现的服白衣、行妖术的肇事者,也是一些摩尼教的徒众。据《宋书》,450年左右,彭城(今江苏徐州)通往外地的水路,被"白贼"所断。《魏书》则记524年,五城郡(今山西临汾)山胡冯宜都、贺悦回成谋反,"以妖妄惑众",并自称帝号,服素衣,持白伞、白幡。

利用宗教,组织群众,起而反抗统治者的剥削和压迫,在五、六世纪之际,由于新传入内地的祆教和摩尼教,因而增添了新的宣传和组织的工具。

(二) 北方艺术中的外来风格

印度、伊朗艺术经过中亚各国的陶冶,在这一时期形成一股巨大的浪潮,涌向新疆南部和河西走廊,进入黄河中游的政治和文化中心。使中原艺坛呈现出绚丽多彩、千姿百态的繁荣盛世,出现了在亚洲范围内各民族文化相互争艳、群芳荟萃的景象。

美术　佛教艺术在大月氏贵霜王朝统治下的五河流域,以犍陀罗为中心,通过希腊风格和佛教美术相结合,出现了犍陀罗美术的黄金时代。三世纪起,犍陀罗美术传入天山以南的拜城、库车、焉耆各地,四世纪后,更进入河西、雁北,成为中国北方艺术中一朵盛开的奇葩。犍陀罗美术特有的灰泥雕塑，自罗马统治下的下埃及经海上传入，成为阿富汗北部昆都士附近和新疆境内就地取材，塑造泥像的主要材料。灰泥模型在塔克西拉(今巴基斯坦锡尔卡普和锡尔苏克)和帕格拉姆(今阿富汗喀布尔以北)都有出土，新疆于阗多莫科西北喀答里克、喀拉沙尔西南硕尔楚克也有同样的发现，彼此的形制十分相像。

比犍陀罗美术稍后，中印度笈多式佛教美术也在四世纪末以后进入中国内地，二种格式的佛教雕塑在五、六世纪的中国北方石窟艺术和佛教造像中起着主导的作用，龟兹(库车—拜城)、敦煌、天水、麦积山、大同云冈的石窟寺荟萃了早期佛教美术的精华。在各种题材和表现手法中，最引人注目的是，塔克西拉出土泥像中具有希腊风格的裸体母神和女神。四世纪到七世纪印度开凿的埃罗拉石窟和阿旃陀石窟中盛极一时的裸体艺术，左右着同一时期新疆佛教美术，古代属于龟兹境内的拜城东南57公里的克孜尔千佛洞中大量裸体图像，正是这种流风的表现。克孜尔千佛洞前后历经三四个世纪，在五、六世纪处于全盛时期，石窟寺中的绘画、拱顶、建筑、雕塑出于许多民族的艺匠，有来自吐火罗和印度的画师，也有萨珊王朝的伊朗艺术家和叙利亚的拜占庭画家，他们各显所长，精雕细琢，形成了在丝绸之路上多民族合作的文化宝库。这样的宝库，构筑了这一时期中国北方和亚洲各地极为绚丽多彩的文化交流的路径，它们竖立的丰碑足以使丝绸之路在文化艺术上永垂不朽。

乐舞　晋代以来，西域乐舞随着外侨的迁居内地，逐渐流行，得到了统治集团的称许，进入宫廷，成为主宰北方乐坛的强流。以印度乐舞为主体的西域乐舞传入内地的途径有三，一是由使者或侨民(包括传教僧侣)直接输入，二是佛教僧侣传入的佛曲，三是通过龟兹乐的提倡，北方乐坛进入革新的时代，从而使华夏音乐起了根本的变化。

四世纪以来，西域侨民拥向河西，印度乐舞便接踵而至。凉州张重华据地自立，天竺乐舞便通过"重四译"进献张氏，称为男伎，或者就是印度健舞。后天竺王子为传扬佛教，又传布印度乐舞和佛曲。北魏佛教隆盛，流行用梵呗歌诵佛曲，南齐竞陵文宣王萧子良，聚集名僧，开始根据梵音佛曲加以改译新编，出现中国自编的汉语佛教音乐。梁武帝萧衍更亲自制作歌词，使中国佛教音乐在南方发扬光大。

在北方，龟兹乐的流传，在六世纪达到极盛。383年吕光从凉州西征，引入龟兹乐，从此流传于北魏、北周、北齐宫廷。龟兹乐出自印度北宗音乐，以龟兹琵琶为主乐器，龟兹琵琶四弦曲项，传自伊朗，因此龟兹乐实是印度乐和伊朗乐的混合体。北魏曹婆罗门一家专长龟兹琵琶，来自中亚曹国(今乌兹别克撒马尔罕西北伽布特)。北齐文宣帝高洋(550—559年)宠幸曹婆罗门的孙子曹妙达，常亲自击胡鼓伴奏。北周武帝宇文邕(561—578)娶突厥皇后,皇后喜爱西域音乐,龟兹乐从此成为宫廷主乐,康国乐、安国乐也随之进入长安。随突厥皇后到长安的龟兹乐工苏袛婆以琵琶见长,传授印度北宗音乐的七调,隋代郑译据以定中国乐律。此后龟兹音乐便推陈出新,到隋初而有西龟兹、齐龟兹、土龟兹三部,华夏乐坛于是深受印度音乐的熏陶,中印音乐和伊朗音乐汇成一体,几难分解了。

五、 中外科学技术交流

(一) 天文、算术

印度天文历算随着佛典和传道者,流传中国。在宇宙起源问题上,中国早先有盖天、宣夜二种论调,后来又产生了浑天说。浑天说认为天地初如鸡卵,外环以水,魏晋时代成为一时新说。此说和印度婆罗门的金胎说不无联系,印度的安荼论,亦即宇宙形成的浑天说,启发了中国的天文学家对探寻宇宙形成,构思出一种新的学说。

印度算术在位值问题上有十进、百进、倍进、百百千进等说法。百进法、倍进法都在晋代传入中国。百进法见于《佛本行集经》,记述一百百千叫拘致(千万),百拘致叫阿由多(十亿),百阿由多称那由他(千亿),百那由他称波罗由他(万亿)。倍进法见于《大方广佛华严经》,一百洛叉为一俱胝,俱胝俱胝为一阿庾多,阿庾多阿庾多为一那由他,那由他那由他为一频波罗。倍进法推动了对多次方程式的演算,丰富了数学知识。在东汉徐岳《数术记遗》、北周甄鸾《五经算术》中,都有这些印度算术。

公元五世纪以后,中国数学对印度具有极大的影响,大部分印度数学从中国同行那里获得借鉴,推动印度数学专著陆续问世。三国时《孙子算经》中著名的"物不知数"问题,是数论上一次同余式组的计算,便是在印度最先获得国外声誉的。北魏《张邱建算经》中的不定方程"百鸡问题",也在这时传入印度。和张邱建同时代的《夏侯阳算经》,内中有求不等边四边形面积的公式($A = \dfrac{a+b}{2} \times \dfrac{c+d}{2}$),和希腊算法相同,极可能是通过波斯或拜占庭人士取得的。

(二) 甲骑具装

在军事装备方面,特别是鱼鳞甲和马铠的使用,汉初铁铠已受到伊朗的影响,开始在大型甲片的札甲之外,使用中、小型甲片连缀的鱼鳞甲。十六国时期,匈奴、鲜卑等民族进入中原地区以后,早在古波斯已经使用人马都披铠甲的重装骑兵,也大量出现在黄河流域,并推广到长江中下游。公元前2世纪,在幼发拉底河畔和罗马帝国邻接的杜拉·欧罗波发现的帕提亚图像中,一名头戴尖顶兜鍪、身披锁子甲的波斯骑士夹马向前作战,战马也是全身着铠,属于一种重装备的骑兵。这类重装骑兵在3世纪初也在黄河中游传播开来。萨珊波斯使用的环锁铠,也是新疆境内龟兹、焉耆等少数民族军队使用的铠甲,吕光征伐西域,见到当地军队的铠甲一如连锁,足以抵御弩箭。这种铠甲也是中亚各国,如康国常用的甲胄,到了唐代被改称锁子甲。

铠马的使用,初见于袁、曹官渡之战,袁绍和曹操的军队中都装备有少量马铠。四世纪时在北方战场上使用的铠马,常多达几万匹。辽东的地方割据政权在权力纷争中,一些失利的豪族便率领部众迁入高句丽境内,将重装骑兵——甲骑具装传入朝鲜半岛。1949年在朝鲜黄海北道安岳发现的冬寿墓,壁画中有晋代传统的甲骑具装图像。冬寿是前燕慕容仁的司马,在与慕容皝的战争中败亡后,在336年出亡高句丽,死于357年。408年入葬的平安南道德兴里壁画墓的甲骑具装和冬寿墓相仿,人披小型长方形甲片编缀的挂甲,马铠则是中原地区早期所具的形态,马面帘额部有三瓣花饰,并有护颊的圆形护板。高句丽军队由于辽东汉族豪右的迁入并接受高句丽封号,从五世纪起开始装备重装骑兵。

五世纪中叶以后,中国境内无论北朝还是南朝,马铠形制已由早期的斜倾额上的三瓣花饰和采用护颊的圆板,转入晚期形态的整套在马头上的面帘,改用向上竖立装缨的插管,而在朝鲜半岛使用的马铠仍属早期形态,平安南道的双楹冢和铠马冢等墓壁画中的马具装铠,是明显的例证。经由朝鲜半岛传入日本的铁甲和马铠,也都具有朝鲜半岛上使用甲骑具装的同样特点,传导的路线是十分明白的。

日本使用金属甲胄一开始便是铁甲,时间是四世纪初。弥生时代,日本通用木甲,并无金属甲胄,日本使用铁甲,一出现便是短甲,短甲代表了古坟时代铁铠甲的初级阶段,出现以后成为日本铠甲的主要类型。五世纪中叶以后,古坟随葬物中开始出现挂甲,并且逐渐取代短甲,成为铠甲的主要类型,同时突然出现成套的马具和马铠。挂甲的出现代表了古坟时代铁甲发展的第二阶段。无论短甲还是挂甲,都传自中国大陆。日本古坟时代早期由小型甲片编缀的铁甲和兜鍪,是接受汉代同类型铁铠和编缀技术的产物。日本在引进这类铁铠以后,发展了自己独特的铁甲制造工艺。汉代铁铠的发展表现出甲片由大型向中型乃至小型演进,编缀方法由固定编缀为主转向活动编缀为主,而日本短甲的发展恰恰相反,甲片由小型向中型乃至大型演进,组合方法由皮索固定编缀为主转向铆合整体固定为主。到了五世纪中叶,由于日本和刘宋往来密切,接受册封,因而引进重装骑兵的装备和良种战马,摹仿高句丽着手组建重装骑兵部队。

1958 年日本和歌山市大谷古坟出土了一具铁制马具装铠,还有鞍、辔和镫等全套马具,以及铁胄、短甲、铁制刀、剑、矛和箭镞。马面帘保存完整,面帘用铁版制成,颊部左右各有半圆形护板,额部竖有三片上缘半圆形的铁质花饰,中间一片背部且铆有一个坚立的直鼻,可以插缨。马面帘形制和吉林集安三室冢壁画中高句丽甲骑具装相同。大谷古坟属于屡次参与入侵朝鲜的豪族纪氏,马具装和兵器、甲胄都明显接受大陆文化,仿照朝鲜半岛流行的式样,它的时代和日本在 463 年从百济引进鞍部坚贵,专门制作马具、甲胄,完全吻合。

古坟时代日本发掘的墓葬中,另一座轰动日本学术界的古坟,是 1985 年奈良县立橿原考古学研究所在奈良生驹郡斑鸠町发掘的藤之木古坟,这座古坟规模极大,保存完好。墓中出土一批马具,制作精良,已非五世纪时直接由渡来人制作或从大陆输入的制品,而是综合中国马具特色,在北魏流行式样下精工制作的产物。藤之木古坟出土马具,有鎏金铜制鞍桥包片、镫、镳、杏叶、节约、云珠、带扣和饰件。

藤之木古坟的鞍桥大致和中国五世纪中叶吉林集安的禹山下 41 号墓出土鞍桥相仿,藤之木古坟的马镫和中国五世纪初辽宁北票西官营子北燕冯素弗墓的同类出土物接近,同属圆角三角形镫环。藤之木古坟的时代,要比上述中国墓葬晚一二个世纪,属于六世纪下半叶的初期,在佛教东渡之后,推古改革以前。日本的甲骑具装在那时仍未离开北魏初期的流行式样。

马镫是中国对骑马文化的一项重大贡献。早先在安息图画中见到过骑士使用的三角形脚扣,只挂在鞍的左侧,仅供上马时用,骑士上马后都不将脚踏入扣中。后来在东汉时期,中国新疆西北部原来乌孙国的领地,开始出现早期的马镫,是用铜、铁制作。上个世纪在新疆特克斯县东 57 公里的塔翁布拉克村的大型乌孙墓葬中,出土了铜制的圆环形乌镫,和铁制的圆环形马镫,马镫的底部均有向外突出的踏板,可供驾马的人上下或御马,时间约在公元一世纪左右。中国黄河中游地区在 4 世纪初也出现了举挂在左侧的单镫,最早的实物是安阳孝民屯 154 号西晋墓出土的一件单镫,还有长沙一座 302 年墓骑马俑鞍下的单镫。这种单镫多用木芯外包鎏金铜皮。不久,在 4 世纪的黄河和长江流域就出现了马鞍两侧都有的双镫,骑士上马后,可以将脚踏入镫中,在马上作战,便可以左右奔突;充分发挥武器的作战潜能,因此迅速在战场上得到推广。日本得到这种马镫的装备,也在同一时期。欧洲最早的马镫要到 6 世纪匈牙利的遗址中才见到,但此后好几个世纪在西方战场上仍很少见到马镫的使用,因为欧洲的骑兵无论在规模、装备与战术使用上,与东方的骑兵还无法相提并论。

(三)制陶技术

晋代移居大同江流域的中国移民,将制陶技术传入朝鲜半岛。平壤附近高句丽国都故址土城里及邻近地方,发现数以千计的砖椁和木椁古坟,和朝鲜三国时期流行石坟和土坟具有不同的文化面貌。这些古坟中大多有壁画,笔法胜过汉墓壁画,具有六朝艺术的风格,画中妇妇服饰都属晋代和南朝式样。引人注目的是古坟中许多砖瓦纹饰,也是汉魏六朝格调。墓中发现的文字砖共有十多种,有些有年代可考,起自182年,止于404年,从东汉光和五年到东晋元兴三年。其中多数为东晋年号,有泰宁五年(327)、建元三年(345)、永和八年(352)、元兴三年(404)。五世纪出土的壁画墓中,尽管墓主往往接受高句丽的官职,使用高句丽年号,壁画内容仍保持汉晋传统。平安南道药水里壁画墓、德兴里壁画墓是典型例证。德兴里壁画墓有汉字墨书铭记,并使用好太王纪年,永乐十八年(408),墓主既有晋代官职,又接受高句丽所封"国小大兄",壁画服饰亦具晋代传统。这些砖墓都出自中国陶工之手。

百济故都(忠清南道公州及扶余城)的古墓,以及散布全境的寺院和宝塔遗址,都曾发现形制和南京出土南朝古瓦相同的瓦当。新罗首都庆州古墓中发现的陶器,无论烧制技术和波纹装饰,和1928年南京出土南朝瓦器,1929年大同出土北魏缶罋残件并无两样。中国陶工和制陶技术左右朝鲜陶业,于此可见一斑。

463年日本雄略天皇派吉备弟君从百济移植陶部,制造出灰质硬陶,和原来由土师部制作的红褐色瓦器完全不同,称为陶器,以别于瓦器的土师器。陶器,便成为日用器皿的餐具,而土师器则仅仅用于祭祀丧葬等仪式中,完全退出日常生活。

汉代以来,中国陶器流传东南亚各地。东晋南朝时期,越南北部陶器和中原陶器完全一样,出土陶器种类,以甍、壶、鼎、甑、罐、灶、碗、杯、盘、匙、烛台、香炉为常见,色泽有赤、灰、白、黄等,并出土有釉陶。当地陶工在汉人传授技术以后,也学会了制作各种精粗陶器。由海外移民和商人携往马来半岛、苏门答腊、爪哇等地的陶器中,就有越南制造的产品在内。

中国陶器和制陶技术在三世纪以后也曾是非洲东部流行的技术和式样。东苏丹境内的麦洛埃,是库施民族的古老文明中心,当地陶业采用传统的手制技术,雕刻纹饰可以追溯到公元前二千年,到公元前三世纪渐趋成熟。出土的陶器,大都和埃及二十五朝及以后各朝相仿,但也有不少式样完全和埃及不同,由当地独创的产品。这些非埃及式样的产品中,就有受到汉晋陶器式样影响,在当地烧造的。汉代敞口、敛颈、鼓腹陶罐,曾见于1973年河北定县发掘的40号墓,墓主推测是西汉中山怀王刘修,出土陶罐式样,后来西传非洲,成为麦洛埃陶器的重要图式,时间大约不早于公元100年阿杜利使者的来华,传导者可能是伊朗陶工,也可能是由三世纪到达那里的中国帆船带去。这种式样的陶罐以后随着麦洛埃陶器的南传,流布东非和中非,在赞比亚的邓布韦(Dambwa)有成批发现,也见于津巴布韦出土的格可曼尔(Gokomere)陶器。同一类型唇口、鼓腹、颈部有装饰纹样的陶器,在津巴布韦的利奥波特小丘遗址发现的,和麦洛埃式样最为相近,而且在赞比亚维多利亚瀑布西北150公里的马契里(machili),以及津巴布韦境内一些铁器时代遗址中也有类似的发现。马契里出土物约当二、三世纪,津巴布韦出土的属于四世纪以前。这种陶罐的母型来自中国,见于1982年山西朔县西汉前期墓中。中国陶器曾以它特具的魅力和制造技术的精湛,流传海外,在东汉、两晋时代的非洲沿海地区找到它的新的天地,从而在非洲的陶业史上占有一席之地。

(四)园艺作物

中国的果树名目繁多,许多果子在汉代已名扬世界。桃(*Amygdalus persica*)和杏(*Prunus armeniaca*)经由伊朗、亚美尼亚,在一世纪时移植于罗马,普林尼称桃子是波斯苹果,杏子是亚美尼亚树。在罗马人加里安(131—201)的著作《关于减肥的养生之道》中,指出罗马人常吃的一种苹果是亚美尼亚苹果,也就是中国的杏子。

中国也从越南、印度和伊朗引进各种园艺作物。三国时,士燮从交趾常年向孙权进献蕉邪、荔枝、龙眼等异果,也向魏文帝年年进贡龙眼。魏吴普《神农草木经》记龙眼"生南海山谷",在广东已普遍栽培。原产几内亚属薯蓣科的白薯(*Dioscorea rotundata*),在中国古称甘藷,俗称山藷,和明清时引入的旋花科甘薯不同,三、四世纪已在南方交州、广州栽培。《南方草木状》记述甘藷最早,说海南岛人最初不种庄稼,只种甘藷,秋熟收获,蒸晒后切成米粒,加以储藏,充作食粮,称薯粮。后来传入福建、湖南。十一世纪时甘藷成为广东的主要粮食作物。

东晋南北朝时期在内地引种的瓜果蔬菜和经济作物中,最值得注意的是胡豆和黄蓝。胡豆,在古代大多指豌豆(Pisum sativum),又称青小豆、麻累、虎沙,三世纪时崔豹《古今注》著录最早。十六国时代,石勒避讳,不准使用胡豆一名,改称国豆,在黄河中游已经普遍栽种,以供食用。另一种经济作物黄蓝(*Carthamus tinctorius*),又叫红蓝花、红花,是原产埃塞俄比亚,最初仅见于东北非洲和印度次大陆的化妆和印染原料。中国黄蓝从中亚引种,公元前二世纪西北地区早有栽培,张华《博物志》以为黄蓝花种是张骞从中亚带回来的。匈奴妇女用黄蓝作化妆品燕支,燕支出自匈奴语 Önge,原意是"颜色"、"花粉",后来内地汉人也同样用以装饰面容,称为燕支粉。二、三世纪时由于黄蓝所染颜色介于赤白之间,天然具有红蓝色泽,比起汉代的重绛颜色黯暗,色泽鲜艳,于是径称红蓝,又名红花。红花传入不久,就被名医张仲景代替茜根,用治通经、活血、祛瘀,功效在茜根之上。同时在缣帛染料中,红花也开始和作为染草红主要来源的茜草相竞争,由于它价廉物美,在三、四世纪后逐渐推广。三世纪的黄河中游已有栽培红花的记录,五世纪更拓展到黄河下游。红花作为上等红色染料,自三、四世纪起,直到近代化学染料兴起,在长达一千多年的历史中,始终雄霸染场,成为园艺栽培和染料工业史上的一个重要角色。

六、 东进的移民与佛教

(一) 邪马台国和亶洲

三世纪是日本弥生文化和古坟文化交替时期,弥生文化在三世纪中叶结束,三世纪下半叶,日本西部地区进入古坟文化时代。影响这个历史性的文化交替阶段的因素,像弥生文化的开始一样,来自中国大陆。前方后圆的古坟在畿内的出现,伴随着大量铜镜和铁器的随葬品,显示出畿内的大和政权已经形成,从此开始了以大和政权为中心统一日本列岛的过程,到四世纪下半叶统一基本告成,这一时期,日本不断从朝鲜半岛东南部的弁辰获得铁矿和铁制工具、兵器,交结百济,通过朝鲜半岛继续吸收大陆先进文化。同时日本也和中国大陆发展直接的交通,派遣使者,先后和曹魏、东晋、刘宋、南齐、肖梁政权建立邦交,获得册封,交流文化,以壮大国力。

238 年以后的八九年中,倭女王卑弥呼曾向曹魏派出四次使节,魏使也在 240 年、247 年由带方郡航海到达卑弥呼的都城邪马台国,随带的礼品,在 240 年的一次计有,绀地句文锦三匹、细斑华罽五张、白绢 50 匹、金八两、五尺刀二口、铜镜百枚、真珠、铅丹各 50 斤,并有诏书和册封卑弥呼的金印紫绶。魏封卑弥呼为亲魏倭王。这时,以畿内大和为国都的卑弥呼,首次向魏献赠的礼品仅只男生口 4 人、女生口 6 人、斑布二匹二丈。据日本学者内藤湖南考订,《三国志·魏志·倭人传》记下了魏使从带方郡渡海经对马海峡到达北九州博多湾,并进入濑户内海到达周防的佐婆郡王、祖神社,再走 10 天水路,30 天陆路,到达大和朝廷所在邪马台的路程和见闻,成为日本历史上第一篇真实的信史。大阪黄金冢古坟出土的魏景初三年(239)铭文三角缘神兽镜,成了这次使节的最好的见证。

在魏使抵达大和朝廷以前,中国南方的孙吴,早就希望和日本建立直接交通,以求得双方的正常往来。东汉末年,来自日本沿海的人士常常飘海到达长江以南浙闽沿海,引起孙权在 231 年派遣卫温、诸葛直率领甲士万人,从临海章安出发,航海探寻夷洲、亶洲。经过一年海上航行,只找到夷洲(今台湾),而未抵达亶州(日本)。这是一次试图从琉球群岛一线北航日本九州的航路探测,由于条件没有成熟,终归失败了。尽管大规模出航没有成功,但九州和江浙沿海的民间船只却常有来往,为探测中日交通的南线展现了曙光。

(二) 汉族移民和日本丝绸文化的肇始

240 年魏使到达日本女王国时,至少北九州已知养蚕、缉绩缣绵。日本使者靠着从中国引进提花、印染等丝织技工,制造了第一批丝织品,在 243 年日本使者抵达洛阳向魏帝进献的礼物中,已有倭锦、绛青缣、绵衣、帛布,表示在丝绸文化上,日本已初步学有成效。但日本丝织技术还很低下,仍靠从口里含茧抽丝,产量极少。汉人成批移居以后,日本的丝织业才大有起色。

应神天皇(390—429)时①,大批汉人从朝鲜半岛移居日本。214 年有自称秦始皇后裔的弓月君(融通王)率领的秦人移民,后来 289 年,有自称汉灵帝后裔的阿知使主,从带方郡率领 17 县中国人定居日本飞鸟的桧前,为汉人移民的祖先。连同早先已移居朝鲜半岛后来又迁入日本列岛的秦人后裔,秦人、汉人移民的总数,《古语拾遗》估计各有万人以上。到钦明天皇元年(540),秦人的户数是 7 053户。许多日本姓氏都是中国移民的后代。直到八世纪,大和国高市郡的居民几乎是清一色的汉人,其他部族不过十之一二。仁德天皇(313—369)曾把这些汉人分置各郡,从事养蚕织丝。他们织绸有功,足以温暖肌肤,被赐姓波多(Hata)公,亦即"秦"姓。冈山县津山市月轮古坟中出土 313 年的平纹绢 80 多种,质地较厚,与缣相当,考古学家估计是用无扣织机织成,比以前初级的织机效率提高了五六倍。从蚕种的改良来看,这时的丝纤度比以前出土的提高 25%,已非《日本书记》所载199 年时秦始皇后裔功满王引入的山东三眠系蚕种,可能是优良的江南四眠系蚕种。从此,日本的丝织业开创了一个新局面。

到了雄略天皇(457—479 年)时代,努力吸收中国移民和中国文化,形成又一

---

① 日本国君称"天皇",是仿自唐高宗被尊作天皇,起于 7 世纪。日本天皇的历史从应神天皇起才有谱系可循,但应神天皇到雄略天皇(457—479)以前各代天皇的实际在位年代,仍无法证实。《日本书记·应神记》所记应神天皇的年代不确,应神天皇的实际年代。据《三国史记》百济王阿花(392—397)年代比对,应是 390—429 年,比《日本书记》所记要后推二运,即 120 年。

个高潮。来自中国北方的新汉人和中国南方的吴人，相继进入日本。五世纪初百济吞并带方郡，463年雄略天皇听说技艺高超的带方郡汉人，还有很多留在百济，便派吉备臣弟君到百济，要求对方献出这些汉人，于是陶部高贵、鞍部坚贵、画部因斯罗我、锦部定安那锦、译部印安那等一大批具有专门手艺和懂得日本语的部族移居日本，分居在桃原、下桃原、真神原等地。衣缝部或称锦部，从事生产高级的丝织品，为宫廷、贵族提供华贵的服装。这批人被称作"新汉人"，比以前到达日本的秦人、汉人要晚几个世纪。"新"字，日文训读"今来"，是5世纪才移入；而且这些人极可能与以前到达的中国移民来自华北不同，是从南朝统治下的中国渡海前往。日本的织锦工艺才得以更上一层楼。

471年雄略天皇把分散在各地的秦人等92部18 670人，赐以"秦酒公"的封号，鼓励他们从事养蚕织丝。这些中国移民果然不负众望，织出的绢匹缣帛交纳库藏，堆积如山，于是得到赐姓"太秦公"的荣幸，陆续被分置到适于蚕桑的国县，日本的蚕桑丝织才在各地逐渐普及。

雄略天皇又派遣使者，直接和南朝交通引进丝织技术和新产品。江南织锦在刘宋以后逐渐发展，刘裕灭姚秦，迁关中锦工到江南，成立锦署，此后江南广陵（今扬州）和北方定州、四川成都便成为中国高级织物的三大中心。雄略天皇在464年、468年二次派身狭村主青到吴国，引进纺织和缝衣工匠。464年的一次，将吴国的名贵丝织品鹅毛二羽（二鹅）带回九州的筑紫。470年正月，使团和吴国使者一同在住吉津登岸，送来"手末才伎"（绝技）的汉织、吴织、衣缝兄媛、弟媛，被安置在大和松隈野，于是这里有了新的名称"吴原"。衣缝兄媛，奉三大轮神，弟媛开业为汉衣缝部。汉织、吴织代表了中国北方和南方不同的机织工艺和纺织风格，各自传习技艺。在日本荟萃了中国南北纺织技师，传授吴服的缝纫技艺，吴服（即和服）于是流传至今，成为日本的民族服装。在日语中"吴"字读作Kure，意思是"日落国"、"西国"，和日本自称"日出国"、"东国"相对。雄略天皇从扬州、南京移入的汉织、吴织、衣缝；后来成为飞鸟衣缝部、伊势衣缝的先祖，开创了畿内和伊势的纺织和服装业，对日本纺织、印染、缝纫技术贡献极大。飞鸟、伊势连同河内、桃原的锦部，都是这一时期给日本手工艺注入新工艺的新汉人。在中国使用的凸版印花技术也在那时传入了日本。原先日本列岛居民服饰简陋，即使在最先受到中国文化熏陶的北九州筑紫的居民，穿的也只是把整幅布用线连缀而成的衣服，或者在一幅布的中间开一个口，以便从头套下穿在身上。自从大陆移民成批迁入大和、飞鸟，丝织业和麻、葛等纺织业也都有了提高。秦氏的主要居地集中在京都盆地，近江（今滋贺县）的今爱智郡，摄津（今大阪市）的今丰多郡。他们从事养蚕、纺织、水利建设和土木工程。日本民间信仰的三大神社（贺茂、稻荷、松尾），相传是歌颂秦氏对农业和水利的建设而设置。

大和地方的汉人由于织造绫锦，名满日本，获得了"绫人"（Ayabito）的称号。他们的先祖最初移居在大和高市郡的桧隈村，到 8 世纪已遍布畿内广大地区，甚至散播到播磨（今兵库县）、肥前（今佐贺县）、美浓（今岐阜县）、借中（今冈山县）、甲斐（今山梨县）、借前（今冈山县）、伊势（今三重县）、三河（今爱智县）、丹波（今京都府）。到 540 年钦明天皇时，秦人总数约有四五万人，加上西文、东汉两大系统的侨人，以及"新汉人"，总数大约已有十万人。这些人被奉作"手末才伎"，各有高级的专业技能，他们是日本最有才艺的技术人员，他们居住的地方当然也成了日本的手工业中心。《吉备郡史》因此对大和有汉人的国，山城实际是秦国的说法。日本人民对这些来自中国大陆的纺织和衣缝工匠的劳绩，长久难以忘怀，现在日本寿命寺所藏古画中还保留着中国古代纺织女工的画像。她们和日本纺织业关系之深切，已成为中日两国人民友谊的象征。

（三）佛教的东渡

中日文化交流不限于物质文化从中国源源输往日本，还表现在文教、礼俗上对当地社会和居民的潜移默化。

日本的文字取自汉字。240 年魏使归国时，卑弥呼为表示答谢，曾使魏使带回表文，表文应该是日本第一次正式使用汉文的记录。汉字正式传入日本宫廷，是在应神天皇时，百济的阿直歧到日本担任皇子菟道稚郎子的教师，授以汉文。百济在近肖古王（346—375 年）期间，大量使用汉文，以汉文修撰百济国史《书记》。旧传在应神天皇时代大致是在 405 年到日本的百济博士王仁，献《论语》十卷，《千字文》一卷，汉字和儒家经典正式传到日本，结束了日本无文字的历史。此后日本和南朝通使，所用表文都由日本历史上的"渡来人"（大陆移民）起草。日本正式修撰史书是丰御食炊屋姬（推古）天皇二十八年（620 年），这部史书不久便失传了，在隅田八幡出土的画像镜铭文、江田船山古墓出土的大刀嵌银铭文上，可以见到 503 年制造的工艺品中，它们是使用汉字的实物。

中国儒学和佛教东渡，是中国精神文化东传的一脉二支。六世纪以后，百济成为中国儒学和佛教东渡日本的重要津梁。百济五经博士段杨尔等到日本传扬儒学，使日本对中国儒学具备了初步的知识。同一时期，百济加紧了和中国南朝的学术和技艺的交流。534 年、541 年梁朝应百济的请求，派遣《毛诗》博士和医工画师前往，又传授《涅槃》等佛教经义，并派礼博士传授儒家学说和典章礼仪。538 年佛教由百济传入日本，佛教逐渐成为苏我氏、大伴氏等崇佛氏族的氏教。钦明天皇十三年（552 年）冬十月，百济圣明王遣使向天皇赠送金铜释迦佛一尊，并有汉文经论和幡盖,汉文佛典正式进入日本。百济佛像表现出的犍陀罗风和司马达所传佛像风格迥异,使钦明天皇十分感叹,认为"相貌端严,见所未见。"这时日本自造的佛像限于木雕。568年钡明天皇使用茅淳海流入樟木雕造佛像二尊,可说是日本就地塑造佛像的开始。

佛教由印度通过中国传入日本,具有多种途径。《扶桑略记》第三引延历寺《僧禅岑记》叙述继体天皇即位十六年(522年),汉人司马达在这年春二月入朝,接着便在大和国高市郡坂田原,安置本尊(佛像),皈依礼拜。司马达本是梁代雕塑名家,他移居日本的政治中心大和国高市郡后,为苏我马子所重,努力创造佛教艺术,成为日本佛教雕刻史上的鼻祖,创造了具有中印度风的鞍作派雕塑。他的儿子多须奈、孙子止利(鞍作鸟)都是日本佛教艺术名家,成为推古朝艺坛上大放异彩的人物。

司马达到日本后,在苏我马子支持下,成为案部村主,从事木雕、木筑。苏我马子遣司马达到各地寻求佛教信徒,在播磨国(今兵库县)找到了高句丽还俗僧惠便,他的女儿岛便拜惠便为师,修道出家。这说明在此以前,日本并非全无佛教信徒,尽管这些信徒不一定都是日本人。高句丽僧惠便当然是精通汉语的,因而成为司马岛理想的佛师。

(四)百炼钢传承下的日本刀

日本军刀在16世纪由于锋利和坚韧而蜚声世界,然而最初向日本传导炼制刀剑工艺的,正是来自大陆的铁工技师,日本制刀工艺之所以能后来居上,实在得益于大陆的百炼钢技艺。日本刀的工艺出自东汉时代的佩刀制造技艺。东汉时代由于北方骑兵队伍迅速扩大,适合劈砍的环柄长刀在战场上使用起来,比之长剑更能发挥战士的武艺,所以西汉以来文武百官必须佩剑的制度,也跟着变成佩刀。佩刀装饰华丽不下于剑,通常经过块炼渗碳钢多层迭打技术处理。到公元2世纪下半叶更出现了百炼钢,当时陈琳写作《武库赋》,甚至对铠甲也用上了"百炼精刚"的美称,在许慎《说文解字》支部中写作"漱,辟漱铁也"。"辟"是"叠"的意思,"漱"字是今天的"炼",汉代工官通常写作"涑",是用精铁折叠反复锻打。这个字原本用于铜的熔铸,可以多到十炼,而铁刀铁剑的涑,是指折叠锻打。1993年初,陕西兴平县七里镇北一处小学后院,发现了东汉中期一座墓主地位在"三公"(司徒、司马、司空)的古墓。墓中有一把向下斜插的铁剑,被坍塌的墓土压成弯曲的弓,发掘时将剑身上的坍土加以清除,铁剑突然反弹,恢复成原来的垂直形状,致使目击者十分惊讶。这把长1.1米的剑,木质的剑柄业已朽坏,剑身表面锈蚀,但剑首、剑刃依然如故,剑被压弯一千多年后,仍能反弹恢复原状,表明此剑是百炼钢剑,韧性强,锻造技术高,证实了古诗中"何意百炼钢,化为绕指柔",是确有其事。

百炼钢的同类产品已经发现的有,1947年在山东临沂苍山出土的一把汉安帝永初六年(112)制造的错金环首刀,和1978年徐州铜山县发现的建初二年(77)的五十炼剑。永初刀是一柄长111.5厘米的错金环首刀,刀脊的厚度与刀身的宽度是1比3。刀身有错金的火焰纹,还有18个错金隶书铭文:

永初六年五月丙午造卅涑大刀吉羊(祥)宜子孙

经金相鉴定,在100倍显微镜下观察到的断面的层数是31层,是将块炼铁反复加热、多次折叠锻打渗碳而成的精炼钢。坯件折叠锻打后的层数和涑数基本一致,表明涑就是炒钢锻造后折叠锻打的层数,层数是刀中硅酸盐夹杂物的分层,卅涑即是三十炼,大刀的刃部经过淬火,就可以保持利器应有的韧性。

建初剑是一柄五十炼剑。剑身有铭文:

建初二年蜀郡西工官王愔造五十涑

在建初剑断面上观察到的高低碳层相间的分层,接近60层,古代以六进十,已是名符其实的百炼钢剑。百炼钢必须反复锻打,直至不减斤两方可罢手,所以实际锻造一定超越垒层。

百炼钢的工艺本来要求钢铁刀剑通过加热锻打,使钢的组织致密,成分均匀,夹杂物减少,令制造的刀剑在脱碳过程中,最终达到保持适度的含碳量为止,从建初五十涑剑的观察,可以知道含碳量各层在0.4%至0.7%左右。在实际工艺流程中,凡超过十炼的刀剑,都可用百炼钢相称。西汉末业已发明的炒钢,以生铁为原料,在炒钢炉中用热处理加工技术,将铸件的含碳量减少到一定程度,再趁热锻打成型,比起炔炼渗碳钢可以大大节省渗碳的繁复工序,并避免从块炼铁夹杂大共晶杂质,使钢质刀剑的锻打加工越加趋于合理,有利于生产者以较简便的工序制造高质量的产品。这些技术成就,使百炼钢最终在公元2世纪导致了工效更高的灌钢法的发明。

百炼钢技术是由大陆移居日本的汉人带去。《日本书纪》称神功皇后摄政5年,日本的葛城袭津彦率军侵入新罗,进驻蹈鞴津,攻克草罗城后班师回国,"是时俘人等,今桑原、佐糜、高宫、忍海凡四邑汉人等之始祖也"。日军进驻的蹈鞴津是冶炼金属的手工业集镇,蹈鞴就是脚踏的皮风箱,用在冶金、制陶必须的炉窑升温。擅长这些技艺的汉人受新罗和日本争夺,被迫迁居东瀛,世代为日本的冶铁炼钢、烧窑工匠,百炼钢技术在大约 4 世纪的时候进入了大和的畿内。

百炼钢刀的实物在日本见到,是奈良县天理市东大寺山一座 4 世纪后期的古坟中出土的一柄钢刀,上面有错金铭文 24 字,其中 4 个字已漫漶难见。发掘者梅原末治在《奈良县栎本东大寺山古坟出土的汉中平纪年的铁刀》(日本《考古学杂志》48 卷 2 号,1962 年)中报导了这一发现。刀上有铭文:

中平口[年],五月丙午,造作[支]刀,百练清刚。上应星宿,[下][辟][不][祥]。

中平(184—189 年)是汉灵帝年号。支刀的"支"字,仅见下半截"又"字,"下辟不祥"四字仅见二、三两字,右半已泐。"支刀"过去以为是"支刀",变得不可理解。支,意思是小击,用来称呼短柄武器。"上应星宿,下辟不祥"是东汉晚期至东吴时期铁镜常用的商业术语。洛阳烧沟 1037 号汉墓出土的建宁三年(170)朱书陶罐和同时出土的二面铁镜,已有这类铭文。孙吴太平元年(256)五月丙午镜铭"吾作明镜,百涷正铜。上应星宿,下辟不祥",也有同类铭文。3 世纪孙吴铜镜生产极多,使用很广,中平支刀采用的这些吉祥词语,一定和长江流域的铜镜铸造有联系。加上支刀错金工艺讲究,书法的钝朴出于铸工之手,推测是移居新罗或日本的吴郡工匠所作。这类错金工艺的百炼钢刀成了古坟时期贵族佩用的利器,世代珍藏,直至随葬入墓,经后世发掘,再与世人相见。

百炼钢刀的制造技艺,连同它的错金银镌刻铭文的格式,也由汉人传给三韩地区居住的部民和日本部民。百炼钢的"涷"字,在朝鲜半岛和日本古坟时期的刀剑铭文中,都写作"练"字,规格一如中平支刀。日本石上神宫(奈良县天理市布留町)收藏的百济七枝刀,刀身两侧各有三枚勾刀,形同树枝,表铭作:"泰和四年(369)五月十六日丙午正阳,造百练刚七支刀,生辟百兵,宜供供王侯王"。据传七枝刀是公元 372 年百济使者久氏向日皇所献,并有七子镜一面,久成日本传国重宝。日本古刀上有"百练"铭文的钢刀,还有在埼玉县行田市稻荷山古坟出土的错金铭文钢剑,大约造于 471 年,结尾称:"吾左治天下,令作此百练利刀"。(末永雅雄:《〈增补〉日本上代的武器》,木耳社,1981 年)自四、五世纪以来,在日本世代充代杖刀人的,大致都是汉人的后裔,他们开创了日本钢铁刀剑的铸造,并使技艺与日俱进,精益求精。

11 世纪日本钢刀反销中国沿海,因精巧而贵到百金。著名文士欧阳修(1007—1072)从四明(浙江宁波)商人得到一枚日本宝刀,特作乐府一首,题名

《日本刀歌》,将日本刀比作元久失传的昆吾切玉刀,"鱼皮装贴香木鞘,黄白闲杂鍮与铜。百金传入好事手,佩服可以禳妖凶"。赞扬其传人的先民是东渡的徐福。南宋遗民郑思肖《心史大义》也指认"倭刀极利"。日本《正传寺文书》中录东严慧安的原文,有"蒙古人云,日本弓箭、兵仗武具,超胜他国"。从此在元明时代,日本刀便源源不绝从海上运到宁波港,数量十分可观。

七、 美洲航路的发现

(一) 慧深所见扶桑国

美洲的奥尔梅克文化中既然包含有一些中国因素,印第安人的人类学鉴定表明,他们是蒙古人种的一个支系,他们的祖先大约是在公元前 1.2 万年,通过白令海峡的冰面步行或航海到达阿拉斯加,再南下进入气候比较温暖的中美洲的。此后我们就别无所知了。

一直到公元前 5 世纪,忽然有人从扶桑国到了中国,引起了人们的注意。636年编修的《梁书》,在卷五四中称,当时人都不知道有扶桑国,在普通(520—526年)间,有一个道人自称从扶桑国到达南京,才讲述了他的一段经历。这个扶桑国的位置,从倭国算起,在 3 万多里之外,先要到倭国东北 7 000 多里的文身国,那里的人多文身,过着丰衣足食的生活,有屋宇,没有城郭。从文身国往东 5 000 多里,可到大汉国,风俗和文身国差不多,语言却不一样。然后再往东,经 2 万里,和中国在同一道纬度上,就到了扶桑国。

据查考,齐永元元年(499 年)时,扶桑国的沙门慧深到了荆州,介绍了经过倭国前往扶桑国的路程,以及扶桑国的国情。那地方由于多扶桑木,所以称扶桑国。

> 扶桑叶似桐,而初生如笋,国人食之,实如梨而赤;绩其皮为布以为衣,亦以为绵。作板屋,无城郭。有文字,以扶桑皮为纸。无兵甲,不攻战。其国法,有南北狱。若犯轻者入南狱,重罪者入北狱,有赦则赦南狱,不赦北狱。

扶桑国的国王叫乙祁。崇拜神像,朝夕拜奠。牲畜有牛、马、鹿,车有牛车、马车、鹿车。又说:"有桑梨,经年不坏。多蒲桃。其地无铁有铜,不贵金银。市无租估。"扶桑国本无佛教,自从宋大明二年(458 年),罽宾国(克什米尔)有五名比丘到达后,传播佛法、经像,"教令出家,风俗遂改"。

根据 5—6 世纪在北太平洋上来往人员的报道,这个扶桑国的位置是远在日本中部的大和国以东很远的地方。从大和的倭国出发,先要经过在它东北的文身国(库页岛),然后往东是因纽特人居住的大汉国(堪察加半岛),再向东去,便是一段长途航行。到这时原本顺着北太平洋的黑潮一直向东北方向的航行,到了鄂霍次克海便只好靠寒流航行,经阿留申群岛再归入北太平洋暖流,顺着加利福尼亚寒流沿美洲西海岸南下,一直到达加利福尼亚湾沿海的中美古国扶桑国。扶桑国看来就在墨西哥的北部地区。这个地方富有金银,知道冶铜,有经年不坏的桑梨(薯类),而且多蒲桃。在 10 世纪这里便因野生的葡萄而被斯堪的纳维亚的商人称作文兰(Vinland)了,到西班牙人登上这片新大陆时,却没有见到过葡萄。所以 5 世纪时扶桑国的蒲桃,有可能是马铃薯的土语发音,西班牙语中的马铃薯patata,是从印第安语中借用的。

扶桑木是扶桑国人的粮食来源,据说"初生如笋","实如梨而赤"。初生如笋,是玉米的形态,但和"实如梨而赤"凑不到一起,这里的"梨"恐怕是"曑"的讹刊,《尔雅·释木》有山曑、虎曑,都是蔓生植物中的豆子,和红玉米的籽粒形态相似。玉米是玛雅文明居民的主要口粮。至于说它的木皮可以织布,可以为绵,大概又是指另外一种植物大陆棉(美洲棉)了,中国古代向来将麻、棉称作木皮,以为可以织成布,做成衣服。至于扶桑人使用的马车,一定是当地人用作驮畜的骆马,因为马匹是欧洲移民初次输往美洲大陆后才有。

回国报告扶桑国国情的慧深,是宋文帝(424—453 年)时高僧慧基的高足,在慧皎《高僧传》卷九中可以见到,慧深回国时年纪一定有六七十岁了,在 520—526年间有人从扶桑国靠了北赤道流,从中美洲横渡太平洋,才完成这一次伟大的航行。在这些人中,只有慧深是唯一留下了姓名的高僧,说慧深是横渡太平洋,而且有去有回古今留下姓名的第一人,应该是符合这段历史记载的。

(二) 中国人首先"发现新大陆"

慧深的事迹比西班牙人哥伦布在 1492 年到达加勒比海早 1 000 年,他和哥伦布一样,也是到达了目的地又回国向当局报告经过的。但哥伦布当初渡过的是大西洋,航程不足 5 000 海里,慧深横越的是太平洋,走一趟至少也得 12 000 海里,两者相比,差距太大。慧深比哥伦布早了 1 000 年从中国去美洲传扬佛教,开创了环球航行实现以前,佛教,也是所有宗教文明,到最遥远的地方去传播文明信息的先例。这个记录,要到 1809 年英国伦敦布道会的牧师马礼逊取道美洲到达广州传教,才被刷新。

最早提出中国佛教僧侣慧深在 5 世纪抵达墨西哥的扶桑国,是一位法国东方学家约瑟夫·德·基尼(Joseph de Guignes),他在 1761 年发表《中国人沿美洲海岸航行及居住亚洲极东部的几个民族研究》(《法兰西金石学院报告》,专刊第28卷,503—525页),他根据的文献是元代马端临《文献通考》中引用《梁书》的材料。扶桑国到8世纪以后被当作日本,但5世纪时候的扶桑国,离开日本往东,还要走许多海路才能抵达。1885年有个叫文宁(Edward P. Vining)的学者在纽约出版了一部700页的专著,叫《无名的哥伦布:慧深与阿富汗佛教僧侣在5世纪发与的考证》,竭力主张扶桑国在墨西哥,以为扶桑木就是美洲最有特色的植物龙舌兰。中国学者陈志良、朱谦之在1940—1941年也发表了论著探讨这一问题。朱谦之在《扶桑国考证》(商务印书馆,1941年)中支持扶桑国在美洲。他们认为无论是罽宾国五个比丘还是慧深,他们都是从中国东部沿海出发,向东航行,最终才到达美洲,时间之早,又远在哥伦布之前1 000年,所以应该说是中国人最先发现了新大陆。

玉米本来是美洲原生植物,在15世纪以前世界上几乎还没有其他地方知道播种这一庄稼,只有阿拉伯地理学家伊德里西提到过,非洲黑人种过一种蜀黍(高粱),也是黑色的籽粒。但是《梁书》中的扶桑木,难道不能是中国人最早知道的玉米吗? 有材料证明,中国云南在15世纪中叶就栽培玉米了,当时玉米叫玉麦。兰茂(1397—1476)的《滇南本草》,已有玉麦须(玉米雌蕊花丝)入药,可以"宽肠下气"的文字。后来,1555年河南《巩县志》、1560年甘肃《平凉府志》,都有了玉麦或番麦的记载。玉米的引种是否是阿拉伯在15世纪初有船去过美洲,或郑和下西洋期间曾有宝船传导过玉米,也是个值得研究的问题。

八、 隋朝统一全国,重振东亚文明雄风

公元581年,时任北周重臣的杨坚推翻了北周政权,建立了隋朝,随后在589年灭了南方的陈朝,统一全国。隋王朝建立之初,重新竖立起一统王朝的雄风,为强化中央集权机制,废去了北周按照《周礼》建置六官的制度,确立三省六部的职官制度。当时地方行政实施的州、郡、县三级,由于长期处于南北分裂状态,十分混乱,全国的州已近三百,郡有六百多,县约有1 700之多,设官尤多,有三官并立的设置,财政无从支撑,民不聊生。589年全国统一成州、县二级,废法已有401年历史的州、郡、县三级制,推行一系列新政。不久,由于各项暴政和兵戎战乱,各地豪族和农民起而反抗,又一次出现了像秦始皇统一全国后的局势,建立未久的新王朝便遭遇了覆舟之祸,只得让位于新兴的大唐政权了。

(一) 隋和西域各国的关系

隋朝在581年建立以后,决定向陷于分崩离析的突厥汗国发动进攻。583年突厥分裂成东西两部,584年沙钵略可汗臣服于隋,同年西突厥达头可汗率领部众到隋朝进贡。

隋朝在589年灭了江南的陈朝,统一全国,结束了270年来南北分裂的局面。消息通过突厥、铁勒各部的传递,迅速传到拜占庭。拜占庭史家西摩喀塔的《莫利斯帝纪》,叙述拜占庭皇帝莫利斯(582—602)在位时,在大汗国(中国)发生了巨大的变化,原先以大河(长江)为界的南北二国,由北方的黑衣国渡过大河,占领了南方的红衣国,建立了大一统的帝国。亚洲北部形势的这一变化,为开创隋唐时代中西交通的空前繁荣,提供了条件。

604年隋炀帝杨广即位的当年,立即派韦节、杜行满等人出使西域,又派裴矩到张掖,专门掌管和西域各国的交往和商业往来。当时西域各地有君长的,共有44国,30多个国家都派使者出入内地。609年隋军击败吐谷浑,吐谷浑故地归并于隋,隋分置西海、河源、鄯善、且末四郡。这一年,杨广因出征吐谷浑抵达河西,到燕支山时,高昌王麹伯雅、焉耆王龙宾骑支、龟兹王白苏尼咥、于阗王尉迟氏、疏勒王阿弥厥,伊吾吐屯设,以及康国、石国、史国等27国的国王,或亲身或派使者前来朝贺,杨广为了夸耀隋朝的富丽,令佩金玉,焚香奏乐。又使武威、张掖士女盛装艳服,参加节庆,致使车马阻塞于道,周围达数十里。

611年西突厥泥㩻处罗可汗被射匮可汗击败,不得已迁入内地。原先得到隋朝支持的射匮可汗,不久便尽占西突厥故地。615年射匮可汗派侄儿率诸部首领到长安朝贺。同年到达长安的使节,有龟兹、疏勒、于阗等葱岭以东的君长所派使团,并有葱岭以西阿富汗境内的吐火罗(昆都士)、帆延(巴米安)、中亚的安国(布哈拉)、何国(屈霜你迦)、穆国(木鹿)、曹国(劫布咀那)、沛汗(费尔干那)等国的代表团,以及新罗、靺鞨的使者。这一年也是日本第三次遣隋使归国的一年。

隋朝为了接待西域的使者,处理日益繁忙的涉外事务,615年特地在敦煌设置了西域校尉,加以管辖。负责对外事务的裴矩,根据典籍和采访材料,著有《西域图记》,原书虽已佚失,但序文尚存,总结西域交通,起自敦煌,至于西海,共有三道,而各有襟带。

北道经伊吾,走蒲类海(巴里坤湖)、铁勒部、突厥可汗廷,渡北流河水,到拂菻国(拜占庭)。中道经高昌、龟兹,出葱岭,经中亚细亚到波斯湾。南道经鄯善、于阗,出葱岭,转入五河流域,进入阿拉伯海。

隋代伊吾路成为北道咽喉,高昌路成为中道枢纽,魏晋时期经过罗布泊楼兰故址的中道已不复存在,南道仍以鄯善为纽带。

伊吾路的通畅,使隋代玉门关东移到敦煌以东的双塔堡(陶保廉《辛卯侍行记》卷五汉玉门阳关路),隋时属瓜州常乐县。因高昌路被流沙侵袭,行人常途迷道失,6世纪起才有伊吾路的开辟。北道伊吾路走天山以北,通向黑海的草原路。它的路径是,自玉门关西北经星星峡到伊吾(今哈密西南),通过天山北麓,经巴里坤,过吉木萨尔、玛纳斯、石河子,到达突厥可汗廷弓月城(伊宁市东北吐鲁番圩子大小金城故址),再渡伊犁河,向西越过中亚细亚草原,到达黑海之滨的拜占庭。这条草原路自伊吾以西,全在突厥汗国控制之下,成为突厥和拜占庭、波斯交易丝绢和商货的通道。

中道高昌路沿天山南麓,通往伊朗高原,顺沙漠边缘的绿洲抵达波斯湾。中间经龟兹(库车)、疏勒(喀什噶尔),出葱岭后遍历中亚细亚的沛汗(费尔干那)、苏对沙那(乌腊提尤别)、康国(撒马尔罕)、曹国(伊什特汗)、何国(阿克塔什)、小安国(克美尼赫附近卡尔干)、安国(布哈拉)、穆国(马里),西抵波斯都城宿利(塞琉西亚)城,沿底格里斯河、幼发拉底河南下波斯湾,是中国和西亚交通的干道。

南道鄯善路沿塔里木盆地南缘,经阿富汗进入印度河流域,抵达南亚次大陆西部各港。这条路经于阗(和阗)、塔什库尔干攀越葱岭,西出护密(瓦罕),由吐火罗(昆都士)南越兴都库什山,到帆延(巴米安)、漕国(喀布尔),通过开伯尔山口进入旁遮普,然后沿印度河南下,或走东南到坎贝湾的古港巴里格柴(巴罗达),抵达阿拉伯海。这条路不但是汉代以来中印交通的干道,也是东汉至隋唐,中国和埃及以及阿拉伯国家进行海上贸易的重要通道。

隋代通过这些交通线,吸收了中亚各国和萨珊波斯文化。萨珊波斯的艺术直到七八世纪仍然在库车、吐鲁番等地流传。克孜尔千佛洞中部分作品属于8世纪,16剑带洞壁画是7世纪作品,还有属于七八世纪的库木吐拉骑士洞壁画,画技都浸渗了萨珊波斯的格调,组成了龟兹艺术的基本特色。吐鲁番附近哈拉和卓摩尼教寺院壁画,用白描线画,色调以白为主,人物也都富有萨珊风格,成为六七世纪高昌艺术中的珍品。

六七世纪出现在拜城克孜尔千佛洞藻井的菱形鳞状壁画,和同一时期在西北地区风行一时的联珠纹鸟兽图案,显示了萨珊艺术之中国的生命力。联珠纹样表现在双线圆轮的外缘,圆轮中间则以对兽对鸟对禽作为装饰。这种图样在五世纪时已由伊朗进入中亚细亚,到6世纪出现在拜城克孜尔千佛洞壁画中,二者的中间环节是乌兹别克华拉赫沙遗址中的壁画。在吐鲁番织锦工艺中,联珠纹样也在六、七世纪中成为流行的式样。在6世纪末到7世纪初,属于隋代一些织锦中,如阿斯塔那18号墓在1964年出土的联珠牵驼纹锦的联珠圈内,织有汉字"胡王",

明显属于外销产品。在阿斯塔那出有高昌延昌二十七年(587)文书的墓中,还见到大红底、显黄色联珠团花图案的联珠小花锦。联珠图案已在河西、新疆成为工艺、美术、生活用品中的一种固定的款式。隋代吐鲁番阿斯塔那墓出土的织锦,在工艺上开始采用波斯锦使用的二枚经斜纹织法,一直保持到8世纪中叶盛唐时期。隋和初唐时期,波斯风格的新花纹、新织法在新疆已逐渐代替经畦纹织法,联珠对兽纹更成为主导市场的式样。阿斯塔那显庆二年(657)墓出土的骑士纹锦,和日本东天寺正仓院所藏狩猎狮子纹锦、碧地狩猎纹锦、四天王锦的风格相同,足见这类织物不但行销中亚、西亚,而且也通过内地东流日本。

(二) 日本遣隋使和飞鸟文化

隋朝建立后不久,日本在提倡佛教的圣德太子辅政期间,在推古天皇元年(593)开始了延续到710年的飞鸟时代,展开了以积极吸收中国文化为核心的推古改革。推古女皇的即位,意味着崇佛派在和排佛派斗争中赢得了胜利。562年日本在朝鲜半岛南部设置的任那府被新罗灭亡,加深了原任"大连"的大伴氏联合外戚苏我氏,与继任"大连"的物部氏和中臣氏的斗争,成为崇信以佛教为代表的新文化的崇佛派和反对吸收外来文化的排佛派的政治斗争。斗争以排佛派的物部守屋、中臣胜海在587年被杀告终,592年崇峻天皇也被杀害。崇佛派胜利后,由苏我氏拥立他的外甥女御食炊屋姬登上推古女皇(593—628)的宝座,并以厩户王子(圣德太子)为摄政,展开了以佛教作为超越各地贵族豪门崇奉的氏神,统一贵族思想的信仰,确立中央集权,以提高王权的推古改革。

佛教在594年被定为国教。从此依托于佛教的大陆先进文化,诸如宗教哲理、伦理道德、医药、天文、美术、工艺、建筑,便得以在日本各地广泛流传,积极推广。圣德太子为了推广佛教,主持兴建了许多富丽堂皇的寺院,佛教美术首次在日本得到弘扬,使日本原先比较幼稚的艺术,在高句丽、百济工匠和渡来人的传授、营建下,迅速得到提高,出现了日本美术史上第一批熔建筑、雕塑、绘画等技艺于一炉的艺术建筑。如果说飞鸟文化就是佛教文化,那么推古女皇时代便是佛教美术的空前盛世。从593年在摄津兴建四天王寺起,推古一代共营建佛寺46所,著名的有四天王寺、法隆寺、法兴寺、菩提寺、妙安寺、定林寺,大多分布在畿内的大和。参与这些佛寺的建筑和绘画、塑像的都是来自百济、高丽和中国的艺人,还有渡来人的后裔。所绘佛像、制作雕像大多体现出北魏、北齐风格,著名的渡来人司马达的孙子鞍作鸟止利在法兴寺金堂所作丈六释迦像,同一作者为法隆寺金堂所作释迦三尊像,都与北魏大同云岗佛像式样相近,间接受到中印度笈多式影响,所作佛像面相狭长,神情柔和,衣褶呈左右对称的线纹展开,背景作火焰宝珠,衣褶截面多作直角。这种作风,在日本美术史上称作止利佛师派,流传后世。鞍作鸟止利所造丈六释迦像,迭经修补,俗称飞鸟大佛。

在佛教建筑中享有盛名的法隆寺,经过10多年的营建,完成于607。西院中门、金堂、五重塔、步廊的前半部,虽经后代修葺、重建,尚存推古原样。金堂系建于二重石坛上的二层佛殿,下层五间四面(侧面梁架称面),上层四间二面,采用云斗、云形肘木、卍字栏杆,都属推古式样,色调秀丽,深受魏、周、隋代中国北方佛教建筑的熏陶,成为日本古建中的一大杰出。

推古改革更重要的是积极吸收中国文化,在政治、法律等制度上按照中国大一统王朝的建置,确立日本的政体建设。积极复兴佛教,在全国范围内提倡兴建寺院、设置佛像的隋朝,对于处在以提倡佛教为特征具有高度文化的东亚文化圈之外的日本,是个最具吸引力的对象。努力从事改革以提高日本文化和国民素质的圣德太子,不能满足于介手渡来人,从朝鲜半岛一星半点地输入大陆文化,于是有遣隋使的派遣。600年的一次,据《隋书》记载,倭王姓阿毎,号阿辈鸡弥(御食炊屋姬的讹读)派使者到长安朝觐,但这次遣使不见于日本史书,大约并非来自飞鸟。607年7月,圣德太子派大礼小野妹子和通事(翻译)鞍作福利到隋朝,此后更有第二次、第三次遣隋使,加上600年的一次,前后共有四次。614年6月犬上御田锹、矢田部造的出使,是最后一次。

小野妹子到达隋都长安以后,得到隋炀帝的允诺,派文林郎裴世清率领一个13人的使团,和小野妹子一起经由百济,在608年4月到达九州筑紫,受到大和朝廷派出的特使导引,航抵难波(今大阪西)之后,再到飞鸟,圣德太子设仪仗、鸣鼓角迎接。同年9月,裴世清回国,日本再次派小野妹子为大使,仍由鞍作福利任通事,出使长安。这次使团中增加了留学生4人,学问僧4人。614年的遣隋使团中,也有学问僧5人随行。这些属于第一批派遣来华学习的日本留学生和学问僧,人数虽仅十三名,但多属渡来人,具有较高的汉学修养,熟悉中国文化,留学的时间又多长达二三十年,当他们归国时正值隋灭而唐兴,其中最早搭乘新罗使船返归日本的倭汉直福因和新汉人广齐(惠齐),已是623年(唐朝建立以后),最晚归国的是640年时的高向玄理和南渊清安。他们中的一些人大多成为大化革新中的重要人物,对传导中国文化和典章制度起到了举足轻重的作用。

遣隋使的到中国观光,对于正在整饬纲纪、制定法规,加强王权的大和朝廷,获得了足供仿效的蓝图。在第一次遣隋使归国后,圣德太子便在603年,按照儒家的规范,以冠位定官阶,分德、仁、礼、信、义、智六阶,每阶各分大小,共十二阶。604年元月正式采用中国的历法。在604年颁布的宪法十七条中,根据儒家和佛教思想,明确提出"上下和睦"(第一条),"以礼为本"(第四条),"以君为天,以臣为地"(第三条),规定"笃敬三宝"(第二条),建立"国无二君,民无二主,率土兆民,以王为主"(第十二条)的王室绝对权威,以削弱贵族割据势力,确立天皇至高无上的地位。因此推古改革是接受中国大陆文化以后的产物,这一改革揭开了以后300年中日本直接派遣人员到中国,广泛吸收和移植中国文化的序幕,体现了日本国决心将本国的文明纳入以中国为中心的东亚文明圈的决策。同时也使日本文化在一个与前不同的更高层次的台阶上,和中国文化建立更为密切的联系,走出了具有划时代意义的一步。

(三)林邑、赤土和印度文化

隋代在炀帝杨广登位期间,曾竭力要造成一个各国来朝的繁荣景象,但和印度各国却始终没有建立正式的邦交关系。印度的移民和文化的渗透在东南亚各地正与日俱增,印度文化和佛教僧侣也常从海上和南中国取得联系。在隋代东南亚各国中,越南北部属隋领土,越南中部林邑是个印度化的国家,605年,杨广派刘方率大军从海陆二路进兵,占领林邑国家,林邑王范梵志(商菩跋摩)逃亡海外。隋在林邑设置三州:荡州,后改为比景郡;农州,后改为海阴郡;冲州,后改为林邑郡;每郡下统四县。隋军北返后,范梵志另建国家,多次派使者和隋通好。史称林邑多奇宝,通过海外贸易,隋代从林邑和印度洋、南海各国交换货物。

隋时通过林邑,获得梵文佛典564夹,1 350多部,此外,并有昆仑书(占婆文)典籍,多梨树叶抄写的巴利文或梵文,这些印度文化的典籍运到长安,被专门收藏在番经馆,由精通梵文、主持译事的沙门彦琮披览,并编制目录。这些佛典原本的收藏,无疑丰富了番经馆的藏书,推进了译经的校勘。彦琮著有《众经目录》,林邑典籍也是隋代佛典文库中的一份宝贵遗产。

隋代东南亚的一个大国是赤土。赤土在刘宋时称斤陁利,或作千陀利、千陁利。455年,斤陁利国王释婆罗那怜陁派使者竺留陁笈多进赠金银宝器。梁代称千陁利,503年国王瞿昙修跋陁罗得知中国弘扬佛教,派画工到建康(今南京)进赠玉盘等物,图画梁武帝的容貌。斤陁利原文是泰米尔语中的Kadaram,梵文中的Kadaha,在苏门答腊岛东部,这是一个传扬佛教的南印度移民建立的国家。佛教僧侣在南朝时期多有从南方海路进入广州、南京的,印度佛教美术因此也伴随着流传中国东南沿海。

梁代的千陁利国,"在南海洲上",风俗和林邑、扶南大致相仿,出产槟榔冠于各国。隋代的赤土,也在南海中,居民属于扶南的"别种",多系感染印度文化的马来人。赤土富有金银,王室礼仪与宫廷陈设以金器、金饰为重,金矿开采归王国所有,是一个地方数千里的大国,东滨泰国湾,西临马六甲海峡,扼东西海上交通的咽喉。王姓瞿昙氏，名利富多塞，是印度移民统治的国家。在大业四年（608）隋使常骏、王君政出使赤土时，赤土已不仅信奉佛教，而尤其崇信婆罗门教了。该年10月，常骏一行乘东北风，自广州启航，经泰国湾而南，抵达赤土国都僧祇城（今印度尼西亚苏门答腊的巨港）。常骏使团在到达赤土边境的鸡笼岛（今新加坡以南的来本岛，《郑和航海图》称凉伞屿）时，赤土国王派婆罗门鸠摩罗率领30艘船组成的仪仗队导引，受到隆重款待。常骏所带礼物也多达5 000段，以中国丝绸相赠。早先赤土使者在该年3月到长安进谒炀帝，要求双方互通有无，对常骏的出使尤感荣幸。常骏出国前后，609年2月，610年6月，赤土又两次派使者到长安，对中国的文化表现出巨大的热忱。常骏在赤土进谒国王时，接受奏天竺乐的欢迎仪式，当地婆罗门大方丈热情地向常骏宣称："现在我们都是大中国人，不再算是赤土国了。"常骏的使命还不仅到赤土为止，更在于通过赤土，联结加里曼丹西部的罗刹。赤土的重要在于它的地位处于西联苏门答腊西部的婆罗娑，东通加里曼丹的婆罗剌（罗刹）的冲要，连结着南海、爪哇海、马六甲海峡和孟加拉湾的航路，辖境北起马来半岛南部，东至巽他海峡，西抵马六甲海峡，因盛产黄金，连希腊人都称这里是黄金国，唐代于是经称这里是"金洲"。

隋代赤土是中国从南方输入印度文化的一个重要的连接点。常骏返国时，赤土国王派王子那邪迦随团访问，所带礼物有金芙蓉冠、龙脑香，并有以金函封存的金铸多罗叶所作表文。使团在交趾（越南北部）上岸，到进谒炀帝时已是610年的春天。那邪迦在中国一路考察、观光，停留时间极长，而赤土使者在常骏往返赤土期间，也一再出入长安，双方文化交流极盛，隋代天竺乐在中国流传，当是赤土充当了媒介。

第七章
世界三大宗教文明与东西方文化融通

一、 世界三大宗教文明的形成

　　唐代(618—907年)的中国文明处于高峰时期,和西亚、地中海沿岸兴起的以伊斯兰教为标志的阿拉伯文明,以欧洲为中心的基督教文明一起,形成世界三大文明鼎足而立的局面。那时的世界,是繁荣的东方,落后的西方,兴旺发达的东方与进入中世纪后陷于黑暗停滞时期的欧洲社会,形成强烈的反差。自公元前一千纪世界上先后出现犹太教、琐罗亚斯德教和婆罗门教以后,随着民族动迁和社会的演进,宗教信仰在人类文明进程中也先后出现了重大的变化:犹太教逐渐让位给新兴的基督教,琐罗亚斯德教终于被伊斯兰教替代,变化最大的是婆罗门教和佛教。因反对婆罗门教主张的梵天创造世界、倡导杀牲祭祀、推行四大种姓的等级歧视而创立的佛教,最后走出印度,成了东亚地区最大的宗教;婆罗门教则蜕化成了印度教,在印度和邻近的东南亚地区拥有广大的信徒。由儒、佛、道三教合流的唐文化,盛行大乘佛教,带动了东北亚和东南亚各地佛教走向昌盛,使佛教走出了诞生它的家乡,转向以中国为中心继续发扬光大。

　　唐朝是个版图广袤的国家,在7世纪中叶极盛时期,东起日本海,西至里海、锡斯坦,都在帝国势力范围以内。唐和边远地区的文化交流具有多民族和跨类型的国际性,草原文化、海洋文化、采集文化、农业文化、半农半牧文化和商贸文化交相织,各式各样的语言、宗教、技艺和习俗交汇成一幅幅色调鲜艳、布局瑰丽的图画,像走马灯似地出现在这一历史时期,使唐代文明成为荟萃亚洲文明精华的结晶,使唐代文明成为亚洲的阿拉伯文明、印度文明和东亚文明三大文明体系的传动中心,具备了走向世界的新的魅力。

(一) 欧洲基督教的分化

　　欧洲基督教的前身是犹太教。犹太教是一种一神教,信奉神耶和华(Jehovah),以为耶和华开创了天地和人间,是人类的"主"(Adonai),以"阿多奈"称呼耶和华。在《旧约》中，这个神原名Jahweh，后来才转读成了耶和华。不同于希腊罗马的多神教，犹太教为一神教创造了一个理论体系，《旧约全书》这部宗教经典就是它的结晶。这是古埃及的太阳神教所未能实现的。犹太教的一神信仰是排斥多神教的，认定耶和华指使犹太人走出两河流域到了迦南，又领导沦为奴隶的犹太人在公元前13世纪离开埃及，重返迦南地。这次由摩西根据耶和华的神谕作出的决定，产生了"摩西十诫"，耶和华宣称："除了我以外，你们不得再有其他的神。"规定了6天劳作做你的一切工作，但第7天是耶和华所赐的安息日；孝敬父母，好使你在神所赐的土地上长久生息下去；不可杀人，不可奸淫，不可作伪证陷害他人。不可贪恋别人的房屋、妻子、奴仆、牛马等一切所有（《旧约·出埃及记》第20章，《申命记》第10章）。犹太民族为摆脱苦难，免受其他民族的压迫与奴役，而流迁各地，由于对独立而有安定的生活产生的渴望，使他们奉耶和华为唯一的神，产生了犹太教的宗教信仰。

犹太民族本来是上帝的选民，但一千多年的历史却使这个民族一直生活在动迁与苦难之中，在亚历山大帝国和继起的托勒密王朝时期，犹太民族备受苦辛；罗马帝国占领了利凡特和巴勒斯坦以后，奴役再次降临到犹太人头上，于是在犹太教内部产生了一个新的教派基督教。基督教的信仰集中在他们要成为反对罗马人的压迫而奋起的弥赛亚（Messiah）。弥赛亚在希伯来文中原来的意思是犹太教祭司与先知的即位仪式上，在头部接受涂抹膏油，表示受到了上帝的赐予。耶稣率领一批信徒到北方巡游时，他的弟子彼得首先声称耶稣就是弥赛亚。弥赛亚代表了当时反对罗马的民族压迫政策而组织起来的奋锐党人的政治主张。于是罗马当局将耶稣钉死在十字架上。基督所受苦难，却使基督教的信仰更深入人心。信徒们坚信上帝是圣父、圣子、圣灵三位一体；耶稣死后复活、升天，并再次降临人世间，对人类进行最后的审判；圣灵使人知道悔罪与成圣。这使基督不仅成了犹太教徒的共同信仰，犹太教也由于基督的信仰而扩大成了各民族的共同宗教，因而走向了世界，将世人都视作了救赎的对象。按照基督教的教义，上帝因以色列人犯下的罪，中止了旧约，指派基督降临人世，由圣女玛利亚生下基督，立下了新约。公元2世纪后期，四福音书最后形成基督教的经典《新约全书》。《旧约》与《新约》合辑成一部66卷的《圣经》（*The Bible*），作为基督教的经典，广泛流传于世。直到这时，罗马帝国并未停止过对基督教的迫害。但是基督教已经形成一股狂热的宗教信仰，在地中海东部地区变为深受大众信赖的普世的宗教了。到公元3世纪，基督教终于被罗马帝国确立为国教，加以推广。

基督教在庞大的罗马帝国中，因民族、语言的不同，逐渐出现了以希腊语为主

（包括希伯来语）的东方派，和以拉丁语为主的西方派。315 年起，以罗马教皇为首的西方派，和以君士坦丁堡大教长为首的东方派正式决裂，各自独立，仅保持着名义上的统一。西方属于罗马公教（Catholicism），亦即加特力教。东方称作希腊正教（Orthodox Church），以正统派自居，属于君士坦丁堡大教长管辖。395 年罗马帝国正式分成东西两部，基督教教会也随之形成东部和西部的对立。然而尽管文化背景不同，罗马的政治观念和基督教的信仰，却是三大因素中无论在东方还是西方仍然都是共同的。即使在东方，也就是被后人称作拜占庭帝国的地区，也始终使用罗马帝国的名义作为统治的徽号。东方的教会以君士坦丁堡为中心，自称正教，以示正统，所以称东正教。东正教承认自 325 年以来举行的 7 次世界性基督教主教会议形成的决议，但并不认可罗马教皇作为世界基督教教会首脑的地位，仅承认他具有罗马主教与西部教会牧首的职权。东正教有自己的教规和仪式，主教以外，普通神职人员可以结婚，在仪式上用发酵的饼，信徒可以享受上帝所赐的饼和葡萄酒；天主教则通常在仪式中使用没有发酵的饼，教徒可以领饼，但不能喝葡萄酒。15 世纪以后，东正教教会的中心转到了俄罗斯。天主教则在新大陆和世界各地发展成信徒最多的宗教。

（二）伊斯兰教的兴起

　　伊斯兰教是阿拉伯人穆罕默德（571—632 年）在麦加创立的一神教，这宗教认安拉是唯一的神。在穆罕默德创教以前，安拉（allāh，上帝）这个名称在公元前 5 世纪的列哈彦铭文里就有了。在伊斯兰教兴起前，麦加人已认安拉是造物主，是最高的养育者，是古莱氏人的部族神灵。麦加是在荒凉的希贾兹地方的一个城市，在公元 2 世纪托勒密《地理志》中叫麦科拉巴（Macoraba），是沙巴语中的"圣地"（Makuraba）。

　　伊斯兰教徒以《古兰经》为他们的经典，反对崇拜偶像，不设立教阶组织，没有中央教廷。伊斯兰教的基本原理可分宗教信仰、宗教义务与善行三大项。宗教信仰中最首要的是"除真主外，别无神灵"；其次，确认穆罕默德是真主的使者；《古兰经》是真主的语言。宗教义务，集中在伊斯兰教的五大纲领：信仰的表白，礼拜（每日向克尔白礼拜五次），施舍，斋戒（以莱麦丹月为斋月），朝觐。朝觐规定，每个穆斯林，平生必须到麦加朝觐，在指定时间里集体访问麦加叫大朝（哈只），平时访问，叫小朝（欧木赖）。

　　穆罕默德创建的伊斯兰教，在亚非地区成为广泛传播的又一大宗教。从公元 7 世纪起，形成了世界三大宗教文明并存的格局。

（三）成为佛教文明中心的中国佛教

公元前 6 世纪印度迦毗罗卫国(今尼泊尔南部)净饭王的儿子释迦牟尼创立了佛教。释迦牟尼,姓乔答摩,名悉达多。得道后,称佛陀(梵文 Buddha,觉者),简称佛。佛陀创教,旨在助人解脱人间疾苦,解脱的方法,根据他自身的实践,不在享乐,不在苦行,在取中道,在寻求沉思、学习、行动中树立正常的生活。为此建立僧伽制度,实行有组织的修行生活。也有在家修持的信徒,称居士。妇女出家,则有女尼。信徒中有很多是从婆罗门教转化过来,有名的弟子就有五百人,称五百罗汉。

佛教反对婆罗门教的天神创造宇宙说,主张四个种姓的平等,不以种姓、出身、职业决定业报轮回,强调人格的教化和自我完善,修善行、建功德可以在下世获得因果报应,主张"善有善报,恶有恶报"。公元前 3 世纪,印度在孔雀王朝的阿育王统治下,统一了北印度,佛教成为国教,得到弘扬,在亚洲各地迅速传扬开来。公元前 180 年后,印度各地小国林立,佛教由盛转衰,原始佛教分成了元老派的上座部,和体现众多僧侣主张的大众部,出现了根本性的分化。两大部又分成许多分部,共有二十部,称部派佛教。到公元 1 世纪,大众部衍化成大乘佛教(Mahāyāna),以为佛陀是超人间、超自然的存在,是离情绝欲、神通广大的神,创造新的仪式,对释迦牟尼顶礼膜拜;以为大乘佛教能普度众生,运载无量众生渡过生死大河到达菩提涅槃的彼岸,成就佛果。主要经典有《般若经》《法华经》《华严经》《维摩诘所说经》。小乘佛教(Hinayāna)以自身是佛教的正统,称上座部,推崇释迦牟尼是历史上具有崇高品格、富有智慧、精神纯洁的人,一般人修道学佛,不是成佛,只能趋向佛果的阿罗汉,排除人间烦恼、生命轮回。主要经典是《四阿含经》。

大乘佛教在公元 2 世纪以后,又分化成中观学派(空宗)和瑜伽行派(有宗)两大派别。大乘中观学派以《大品般若经》为主要经典,主要论师龙树原信婆罗门教,后创立大乘中观学派,传遍南、北印度,著有《中论》《大智度论》等名著。瑜伽行派是 5 世纪北印度人无着、世亲所创,两人原本出身小乘说一切有部,后来改入大乘,以《瑜伽师地论》为主要经典,无着《摄大乘论》,世亲著有《二十唯识论》《三十唯识论》等论著。

佛教在中国各地流行,是在公元 1 世纪以后。4 世纪以后,由河西走廊一路进入内地。公元 439 年,北魏太武帝建都平城(山西大同),开凿云冈石窟寺,大兴佛教,以北魏君王的形象雕刻释迦立像,佛教便与当代的统治者合而为一,石窟寺作为帝王的家庙,变成了具有难以摧毁性质的宣教所,给以后兴起的北齐、北周和隋唐时代的君王指出了弘扬大乘佛教的主旨所在。

到公元7世纪，隋朝统一全国，提倡佛教，在各地兴建寺庙和舍利塔，铸造佛像，将大乘佛教作为结束南北分裂的精神工具。于是佛教经过隋唐两朝，在全国继续大兴石窟寺，并且先后形成八大宗派。隋代有天台宗、三论宗；唐代有唯识宗、华严宗、律宗、净土宗、密宗和禅宗。智颛在浙江天台山首创天台宗，又称法华宗，推崇《法华经》，主张调和北方侧重禅定、南方偏信义理，南北佛教在长时期中形成的不同风格。到唐武宗会昌灭佛后衰落。三论宗，推崇大乘空宗，由《中论》《百论》《十二门论》三论得名，创教者吉藏出生金陵，先祖安息人，隋时住长安日严寺，完成三论注疏，以《三论玄义》开创三论宗，由高丽、日本弟子传入高丽、日本，是奈良时代日本流行的宗派。

唐代佛教六宗，先后在长安等地建立本寺，弘扬本宗。

玄奘（596—664年）创立法相唯识宗，以《解深密经》《成唯识论》《瑜伽师地论》为经典。他本人曾在印度王舍城那烂陀寺开讲《唯识抉择论》，为调和大乘中观学派和瑜伽行派两大派系的争论，用梵文写了《会宗论》三千颂，博得印度僧众高度赞许。在曲女城无遮大会上，玄奘受大乘、小乘佛教徒推崇，尊他为"大乘天""解脱天"。回国时带回大、小乘佛典657部，在长安慈恩寺组织译场，19年中译出瑜伽学、阿毗达摩学、般若学的大批经论，有小乘要典《大毗婆沙》二百卷、瑜伽学要籍《瑜伽师地论》一百卷和中观学派的根本经典《大般若经》六百卷等印度佛学盛期的要籍，通称新译，将那烂陀寺盛期佛学理论悉数介绍到了中国。玄奘的学识传给了窥基，崇奉印度大乘有宗，著作极多，推动了法相唯识宗的创立。但此宗理论繁琐，到8世纪中叶便告衰退了。

律宗，是佛教传持戒律的宗派，佛教经、律、论三藏，律藏是根据佛祖时定出的"五戒""十戒"，对佛教徒定出的行为规范。南北朝时，南朝有十诵律师，北朝有四分律师。到道宣（596—667年）在陕西终南山创立戒坛，制定佛教仪制，才有南山律宗。道宣原本专事小乘四分律的弘扬，后来参加玄奘译场，又用大乘教义阐释四分律，主张心识戒体论。他分戒为止持（"诸恶莫作"），比丘二百五十戒、比丘尼三百八十四戒；作持（"诸善奉行"），有受戒、说戒、衣食坐卧诸戒。他有受法弟子千人，后来在唐中宗时，使奉持《十诵律》的江淮地区改奉南山《四分律》，南北律宗渐趋一统。

净土宗，专修往生阿弥陀佛净土法门，奉行《无量寿经》《观无量寿佛经》《阿弥陀经》和世亲《往生论》。唐初善导（613—681年）到长安光明寺传教，阐释理论，组织宗仪、行仪，正式成立净土宗。该宗强调只要信愿具足，一心念佛，口称佛名，专念"南无阿弥陀佛"名号，临命终时就可往生净土，因此受善导教化的人极多，有的诵《阿弥陀经》至五十万遍，念佛日课一万声至十万声。

密宗,又称真言宗,由那烂陀寺僧善无畏(637—735 年)在 716 年到长安传承,被唐玄宗尊为国师,开内道场。善无畏以传承印度密教胎藏界密法的《大日经》(《大毗卢遮那成佛神变加持经》)传扬,以为众生修持密法,达到身密、语密、意密三密相应,就可"即身成佛"。720 年金刚智和他的弟子不空又传入《金刚顶经》,三人都是印度人,称"开元三大士",住长安大兴善寺,在中国创立密宗。长安东南的青龙寺僧惠果(死于 805 年),为密宗的中国传人,任代宗、德宗、顺宗三朝国师,他的日本弟子空法回国创立东密、台密。密宗以佛祖的"真言"为最高真理,但真言不可直言,于是有了许多隐语,又称秘密号,仪轨十分神秘,须由导师(阿阇梨)传授,有"护摩"的拜火仪式,和男女双修的欢喜佛。密宗是 7 世纪佛教部分派别与婆罗门教-印度教结合后产生的佛教流派,故称密教。

华严宗,创立者法藏(643—712 年),先祖康居人,本人生在长安,崇奉《华严经》,参与《华严经》的新译,为武后讲新华严经,武则天赐号法藏为"贤首"。唐中宗为他造五所华严大寺。他曾给睿宗授菩萨戒,做了皇帝的门师。华严宗发挥"法界缘起"的旨趣,否定现世,引导信徒追求彼岸世界,为此又造出"四法界",将天国安排在现世之中,拉近人世间与天国之间的距离,吸收中国的天人合一、体用无间思想,使信徒可以"六相圆融"的观法,达到"圆融无碍"的最高境界。会昌灭佛后,逐渐衰败。

禅宗,主张以禅定为佛教全部修习的目的。禅宗推 6 世纪到中国传教的南印度人菩提达摩为初祖,到唐代,因北方神秀主张渐悟、南方慧能主张顿悟,形成北宗和南宗。五祖弘忍在 700 名弟子中选中了慧能(638—713 年),秘密传授法衣,命他南下隐居,伺机出来传教。慧能一派主张顿悟,以为人本有心性(佛性),彻见心性,就能成佛,因此不立文字,不重禅定,迎合世俗信仰,推重《金刚经》,与神秀一系信奉《楞伽经》、主张渐悟相反。禅宗中的南宗为佛教的中国化撒下了种籽,后来在南方极其流行,10 世纪后分成五宗,到南宋时,比较流行的是临济宗和曹洞宗。

原本在印度靠口诵相传和在贝叶上缮写的佛教典籍,到唐代大多有了译本和梵夹的收藏。僧智在 730 年编成的《开元释教录》,共收典籍 1 076 部,5 048 卷,其中在唐代译成中文的占了一半。

唐代佛教寺院遍布各地城市和丛林。虽有会昌灭佛,亦难挫其锋。佛教艺术继续作为主流艺术弘扬光大。佛本生故事以净土变、涅槃变、地狱变、维摩变的连环图像登上佛寺画壁和石窟壁龛。在 8 世纪中叶创造了"吴家样",被宋代文坛巨擘苏东坡奉为画坛至圣的吴道子笔下,线描与晕染的画艺已经浑为一体,将人物画和风景画推进到超凡入胜的境地。饶有兴味的是,罗马时装中交叠展开的衣褛,在500年之后,经过印度的犍陀罗,再一次经历五六百年,在675年竣工的洛阳龙门奉先寺卢舍那大佛像的身上,居然依旧具有宁谧动人的魅力。在历时千年之后,罗马时尚衣饰才将这一向东传递的进程,走到尽头。令人惊讶的是,这中间所费的路程却足有两个5000千米之遥,竟是一次经过千年以上的万里长征。

随着佛教在母国的衰亡,中国成了世界佛教文明的传承中心。

二、 大唐帝国的政体

(一) 大唐盛世的国疆与政区

隋末群雄并起,617年,出身关陇贵族集团的李渊在太原起兵,10个月后便攻占了长安。618年三月,隋炀帝杨广在江都被杀,李渊便登基做皇帝,定国号为唐,建都长安。

在唐朝立国过程中屡建奇功的是李渊的次子李世民,曾被册封为"天策上将",后来封秦王。李世民在王位继任斗争中,及时识破了立作太子的李建成的阴谋,发动"玄武门之变",取得了胜利。不久,李渊退位,李世民登上帝位,以公元627年为贞观元年,他在位的23年(627—649年)中,励精图强,史称"贞观之治",为大唐帝国奠定了基业。贞观之治刚开始时,全国人口总数已从隋朝的890万户下降到不足300万户,许多城市荒废,经济凋敝。隋朝曾对人口进行严密的普查,隋大业五年(609年)公布的户口数达到8 907 546户,46 019 956口。经过隋末十年动乱,大量人口逃亡、隐匿,后来才逐年恢复。到玄宗天宝十三年(754年)方有9 069 154户,总人口始终没有超过5 400万。原因是有些人口都被官民隐匿,好逃避兵役和税赋。到建中初(780年),总户数再度下降到310万户,终唐一代从此回升无力。

善于纳谏、任贤的李世民,在贞观年间通过一系列改革,将赋役制度中的租和调减轻,全面实施以交纳布、绢代役的庸法,使租庸调的赋役制度出现了新面貌,给以后在780年实施的两税法奠定了基础。建成了一个生产得到恢复、社会日益安宁、国力十分充沛、威名因此远扬的强国。629年唐朝一举灭了东突厥,将颉利可汗擒拿到长安。630年各国君主纷至长安朝贺,尊李世民为"天可汗",从此唐的北边数十年没有大的战事。天可汗从此成了周边民族对唐朝皇帝的最高称号。在唐朝担任五品以上高级官员中就有许多边远地区的民族,其中突厥人有100多人,鲜卑族的长孙无忌、宇文融当到宰相,任统帅的有铁勒人契苾何力、仆固怀恩、契丹人李光弼、突骑施人哥舒翰、中亚的李抱玉和李抱真、高句丽的高仙芝。唐以宗室女下嫁各民族首领,更有利于将大唐文明直接输送到了遍及半个亚洲的地区。

唐朝采取中央集权的政治制度。中央官职最高的是由太师、太傅、太保组成的"三师",还有太尉、司徒、司空组成的"三公",都是位居一品而不置属僚的高位重臣。议政则以尚书、门下、中书三省机关为相府,由尚书令、侍中、中书令共议国政,行使宰相的职权,另有秘书、殿中、内侍三省,合称六省。高宗永徽以后,担任宰相的,则是有"同中书门下平章事"或"同中书门下三品"的官员,这些人官职低,易于摆布,"同中书""平章事"成了皇帝的特许状,有此头衔才可进入政事堂议政。与汉代不同,唐代宰相没有兼职,不设专门的办事机构,一切大事均由政事堂召开的宰相联席会议决定。最初,宰相通常在门下省议事,称作政事堂。683年政事堂移到中书省,由中书令起草公文。723年,政事堂改称中书门下,政事堂印改成中书门下印,大印盖上,才可正式颁发。

中央行政管理制度,以尚书六部九寺五监作为中央政府的办事机构。尚书省,长官尚书令,下有左仆射、右仆射;左仆射管吏、户、礼三部,右仆射管兵、刑、工三部。唐朝六部与隋朝不同,以吏部为先,其余各部的次序,到武后光宅元年定为吏、户、礼、兵、刑、工,官职从一品到三品不等。从此以后,这样的排列一直沿用到清代。唐朝每部分设四个司,共计二十四个司。各司其职,均有定制。

地方行政实施府、州、县三级制。唐代地方行政本有州、县二级,州是废郡而设。府是军府,指都督府。自东汉末,公元194年出现都督兼刺史以后,历经魏晋南北朝,在混战时期,军政、民政已浑然不分了,原本相当于军区司令的都督常常是地方行政的最高长官,无论郡县、还是州县的地方建置,实际只处于军事长官的管辖之下。贞观元年,唐太宗对军事体制进行调整,根据山川形势分天下为十道,道设大将一名,称大总管,后来改称大都督。政府分道配置兵将,有道直接管辖的地方军(都督府兵、州兵),以及边防军,边防军中大的称军,小的称守捉,按城、镇、戍、关编制;有时,道还领有中央管的折冲府,拥有从各地征调来的常备军府兵。府兵和地方军、边防军一起组成统一的国家武装部队。后来从河东道析出平卢、范阳,安西道析出北庭、安西,共计十二道:关内、范阳、平卢、河西、北庭、安西、陇右、河南、剑南、江南、岭南,由十二个大军区分掌全国军政,但中央政令仍可直接发到州一级地方行政。十道原为监察地方官政绩而立,并未正式列作一级地方行政。自有十道,便替代了《尚书·禹贡》中作为自然区域的九州岛,流传到后世了。天宝元年(742年)全国共有十五道:京畿、关内、都畿、河南、河北、河东、淮南、江南东、江南西、山南东、山南西、陇右、黔中、剑南以及岭南道。人口密度达到每平方千米三十人以上的有京畿地区(京畿、都畿)、河北、河南和包有江苏、安徽、江西的江南东道(梁方仲编:《中国历代户口、田地、田赋统计》,114页),分别属于黄河中下游和长江中下游经济发达地区。在全国设立的都督府,分大、中、小三等,有官署驻州,形成府、州、县三级行政区域。据贞观十三年(639年)魏王李泰的《括地志》,全国有313州,可见一道辖地之大,各区经济生活的活跃。唐代正好处于气候温暖时期,适宜农牧生产。中国的气候在西周以前的2 000年中处于温暖期,自公元前1000年以后气候逐渐转冷,先后出现了每次长达数百年的四次寒流:公元前1000年到前850年是第1次,黄河、长江出现二次封冻,汉水二次冰冻;第2次在公元1—6世纪,淮河在225年首次结冰;第三次寒潮发生在1000—1200年,1111年太湖结冰;第四次寒潮发生在1400年以后,一直延长到20世纪,其间1650—1700年,汉水五次冰冻,太湖、淮河四次结冰,洞庭湖三次结冰,1670年长江几乎封冻。大唐和元的建国都在温暖时期。

国土本部的十个道,按经济区可分成北方经济区和南方经济区:北方经济区包有京畿、都畿、河南、河北、河东道,古称中原;南方经济区包有江南道、淮南道、山南道、剑南道、岭南道。关中区和山东、山西的农业生产已经难于满足本地区日益增长的人口和消费的需要,要从江南道运进粮食。北方经济区还担负着牧业生产的巨大需求。唐代前期在北方的陇右、陕北地区设立多个牧监,发展官办牧场,麟德(664—665年)时有马706 000匹,开元时有马440 000匹。以原州(固原)为中心的秦、渭、会、蓝诸州的监牧区,东西约600里,南北约400里。在山西北部还设立内外厩都司,管理楼烦等三监,满足国家对马匹的需求。

南方经济区则是江南道和淮南道的专属经济区,相当于长江中下游地区。这一地区的人口密度和工农业产值呈现出逐年上升的态势,到8世纪中叶以后,已经超越北方经济区。隋炀帝时开凿的通济渠和永济渠,总长2 000多千米,分别在605年和608年开通,从此以洛阳为枢纽,将北起涿州,南至杭州的南北交通联成一片,海河、黄河、淮河、长江、钱塘江因此可以联网。南方经济区的稻米生产由于开发了小麦的种植,实行稻麦轮作复种制,使南方粮食生产多样化,旱地得到利用,适应了北方人口南移的粮食需求,解决了南粮北运的运输功能,每年北运的稻谷,由唐初的220万石,增加到玄宗时的300万石,最盛时有700万石,开启了以后历代南漕北运的先河,在洛阳附近建成许多大粮仓,洛阳含嘉仓、巩县洛口仓有数以千计的地窖,每窖可容5 000—8 000石。此外,盐田、茶园、桑麻、甘蔗等经济作物的开发,也都是南方经济区和长江流域各地拔得头筹,进入了全国的前沿。盐田主产区有两淮、两浙、福建、两广,只有长芦一处在北方。茶园、甘蔗产区全在南方。桑麻遍南北,但主产地在江南。

手工业中的纺织业,7世纪末国家拥有的绫锦巧匠就有600人,民间作坊更多，到天宝以后，技工转向南方，淮南、浙江、江西的丝织业逐渐胜过北方的河南，到 10 世纪完全取得了优势。棉织业更是南方的传统产业。南方不但在造纸、印刷、造船、制瓷等行业独占鳌头，就连采矿冶铁、冶银、炼铜，开采铅锡、水银、丹砂、石炭（煤）、火井（天然气），也是南强北弱。唐代自 621 年铸造全国统一的铜币"开元通宝"以后，铜币流至境外，不敷使用，北方资源渐枯，于是在南方探矿冶铜。北方则有陕西和玉门的石油，称石脂水（一称"去斤水"）。北方的强项是陶瓷和酿酒：瓷业有南青北白的地域特色，在数量上则青瓷已远胜白瓷；酿酒业在引进采用无曲发酵法酿造葡萄酒以后，使北方的酒业大放异彩。入唐以来，北方工业的强势随着技术人才的南移和技艺的扩散，正在逐步转向南方，已成必然之势。

全国十大城市，长安、洛阳，以两京列于榜首。长安宫城宏伟，市有东西。东市名都会，有货财 220 行，商行数万，四周满布邸店，西市名利人，商场一如东市。洛阳是东都，共有东、南、北三市，商场有 120 行，3 000 多肆。两京多权贵、名人、外国使节和商旅，节庆更显风光，尽展中华都城华彩。其次是享有"扬一益二"之名的扬州和益州：扬州商业通中西，盛况堪媲京师；益州则以风景人物秀丽、管弦歌舞、百工技巧取胜，为南方都市之最。排名第五的是集海外瑰宝珍奇于一地的海港城市广州。其次才是一方"雄郡"的江南东道首府苏州，与大运河终端的杭州。最后三名，大约要推控南北交通要道的荆州、洪州与西部地区重镇岐州（凤翔）了，这些城市拥有的人口都有 20 万—30 万户之多，称得上是通都大邑了。

唐代人口最高的年份是天宝十四年（755 年），《通典》卷七记这一年有课户 5 349 280，不课户 3 565 501；课口 8 208 321，不课口 44 700 988；不课口占到总人口的 84%，总人口始终没有超过 5 400 万，平均每户的人数是 7 口。城乡人口对比有可能超过 6∶4 达到 7∶3，较大的城市往往是中心城区与近郊邻接，所以城市经济繁荣。课税的对象主要是农工商三类，城市中的贵族、官吏和士以及依附于他们的奴婢属于不课户，由占总户数不足半数的农工商户承担了国家的赋税，当时的记录已指明有些人口被官民隐匿，好逃避兵役和税赋。城市户口比之农业户口更易隐漏，原因在于流动性大，门宦势力牵扶，而农业计口授田，后来变成摊丁入地，隐匿不利于授田。

唐代法令规定皇族、官员和五品以上官员的祖父、兄弟，"职事、勋官三品以上，有封事者若县男父子，国子、太学、四门学生，俊士，孝子、顺孙、义夫、节妇同籍者，皆免课税"。还有"老男及废疾、笃疾，寡妻妾、部曲、客女、奴婢"，属于不课。还有一条是："主户内有课口者为课户"（《新唐书·食货志》）。依据唐律有关条文，等于在暗示不课户可以设法瞒报或隐藏课口。安史之乱以后，均田制崩溃，德宗建中初（780 年），确定地税和户税，实行两税法，收税以资产为宗，不像以前以丁身为本,资产多的多收税,资产低的少收税,以缗钱定税,纳税时却多配绫绢,吃亏的当然还是税户。这时的总户数下降到 310 万户,但两税的收入,据《通典》,已高达 3 000 万贯,比以前翻了两番,更有国家专管的盐利、酒茶榷和舶脚(海外贸易税)等杂税纳入国库。户数多少对国库的充盈已经不足为据了。

唐代地方行政实施府、州、县三级制。隋唐以前,地方行政本有州、县二级,府是军府,指都督府。自东汉末,公元 194 年出现都督兼刺史以后,历经魏晋南北朝,在混战时期,军政、民政已浑然不分。原本相当于军区司令的都督常常是地方行政的最高长官;无论郡县、还是州县的地方建置,实际只处于军事长官的管辖之下。贞观元年,唐太宗对军事体制进行调整,分天下为十道,道设大将一名,称大总管,后来改称大都督。政府分道配置兵将,有道直接管辖的地方军(都督府兵、州兵),以及边防军,边防军中大的称军,小的称守捉,按城、镇、戍、关编制;有时,道还领有中央管的折冲府,拥有从各地征调来的常备军府兵。府兵和地方军、边防军一起组成统一的国家武装部队。后来从河东道析出平卢、范阳,安西道析出北庭、安西,共计十二道:关内、范阳、平卢、河西、北庭、安西、陇右、河南、剑南、江南、岭南,由十二个大军区分掌全国军政。天宝元年(742 年)共有十五道:京畿、关内、都畿、河南、河北、河东、淮南、江南东、江南西、山南东、山南西、陇右、黔中、剑南以及岭南道。人口密度达到每平方千米三十人以上的有京畿地区、河北、河南和江南东道(梁方仲编:《中国历代户口、田地、田赋统计》,114 页),分别属于黄河中下游和长江中下游经济发达地区。在全国设立的都督府,分大、中、小三等,有官署驻州,形成府、州、县三级行政区域。

唐代地方行政以州、县为主,州按户数分上、中、下三等,上州四万户,下州三万户以上,三万户以下为下州。开元时设三都府,京都称京兆府,东都称河南府,陪都称太原府。全国各地设州,共三百五十八州,比汉代的郡多出二倍多。州长官刺史,是地方最高行政长官。玄宗时全国有县一千五百七十三个,多于汉代的县。县依户数多少分上、中、中下、下四等,以四千户以上为上县,设县令(或县丞)管辖,官吏编制五十二名。县以下基层有乡、里、保(邻),四家为邻,五家为保;百户为里,设里正一人,由富户或六品以下勋官担任;五里为乡,设耆老一人。五百户以上的市镇设坊,置坊正;城郭外设村,置村正。

唐代的国疆在南北两面大致和西汉中期相仿,东部和西部则有很大的拓展。

640 年,唐军将高昌收入版图之内,以后在北部、西部、南部等处国疆日扩,在地旷人稀的边区,先后设置了安西、安北、安东、安南、北庭(后析成濛池、昆陵)六大都护府,大都护由亲王遥领,具体事务由驻守当地的副大都护主持。安史之乱后,由于节度使权力进一步扩大,藩镇割据的局面出现,最后在 10 世纪,形成五代十国。

唐帝国的国疆在高宗总章二年（669年）达到鼎盛，东抵海，东北到额尔古纳河，北达贝加尔湖和安加拉河，西临里海，南至中南半岛东部，广袤1 200万平方千米，是直到7世纪为止，世界上辖境最大的帝国。

（二）大兴学校，更新儒家教育

经过数百年的战争和朝代更迭，黄河流域的文明中心遭到严重的破坏，人群流徙无常，食不果腹，无从谈及入学念书。到隋唐统一全国，才有兴学的需要。隋初，有国子学、太子学、四门学，又首创书学、算学和律学等中央官学，称"六学"；又通过科考，放宽选拔人才进入仕途的路子。

唐代统治集团决意要改变南北分裂时期在多民族统治下形成的，多种宗教并峙、多种风俗习惯相互渗透，以致佛、道、儒三教并立又相互排斥的社会风貌，

尤其反对隋朝崇佛弃儒的主导思想。隋文帝由于年幼时受到佛教徒尼姑智仙养育，做了皇帝后，表示"我兴由佛法"，因此大兴佛法，奉行以佛兴国的政策。唐朝建立后，鉴于民间多借口信佛逃税脱役，出现了废除佛教的呼声。唐高祖李渊因尊重道教祖师李耳，与居国的李氏王朝同姓，在武德七年（624年）下诏，将三教次序定作"今可老先，次孔，末后释宗"（《集古今释道论衡》卷三）。第一次将佛教拉到道、儒之下，从此揭开了道佛之争。太史令傅奕则从利国利民的角度，多次提出"废佛"的主张。

唐太宗登位的第二年（628年），明确宣布要弘扬国家不可无一日的"周孔之教"，大兴儒学。他本人表示道教的神仙事本虚无，佛教的因果报应之未验属于虚术，但考虑到社会上流行道佛，因此，尊重道教，有利于推动敦本系、尊祖宗之风。佛教劝人行善，有益于治化，可以安定人心，改善民俗，稳定社会秩序，从而否定了"废佛"的建议，在贞观十一年（647年）确立了三教并奖的国策。正式宣布"自今已后，斋供行立至于讲论，道士女冠可在僧尼之前"（《法琳别传》卷中）。将三教次序定为儒、道、佛；在唐代前期道佛之争中将赢家判给了道教。此后，三教合流成为有唐一代的主流思潮，贯穿在三百年中，虽然发生过"会昌灭佛"之举，但三教并修已成文士、学者的共识，反佛者虽代有传人，但佛教在中国民间借助它极富表现力的各种传导方式，具有了无比的威力，已经取得了它作为世界佛教中心的无与伦比的地位，在东亚文明中扮演了重要的角色。

在坚持三教并重的国策下，唐朝倾举国之力全力以赴地提倡儒学，突出了儒家的地位。这就需要重整儒学的旗鼓，从经学的整理入手，给儒学重新释放光芒的机遇。教育事业要到唐代才真正获得重大的进展。唐初正式规定，取三品以上子孙入国子，取五品以上子孙入太学，取七品以上子孙入四门学。地方也设官学，

郡、县设立的学校分上、中、下三等，招收生员，从"吏民子弟"中选取入学的人员。学校从州县扩大到乡，"各令置学"。贞观年间恢复了有些已经停办的"六学"，在中央设置弘文馆和崇贤宫（676年改崇文馆），形成"六学二馆"的中央官学体系。国子监学生达到八千人，其中有日本、新罗等国的留学生，盛况空前。629年又下令诸州置医学，培养医护人员。

在这个重振儒家的运动中起过承先启后作用的，有在603年考中秀才的王通（580—607年）、605年举明经的孔颖达（574—648年）。他们两人是高举儒家旗帜，期望吸收佛道思想，摆脱汉魏经学和六朝玄学的传统，更新儒家理念，达到三教合一的代表人物。

王通讲学十多年，著有《续六经》（又称《王氏六经》）八十卷，《十二策》，以及由门人整理的讲义《文中子中说》。友人房玄龄、魏征、李靖、陈叔达、杜如晦均曾从学。他主张"当仁不让"，培养有德的人才当政；君臣都要坚守中道，循仁义礼智信"五常"办事，便可得"中道"，使天下太平；儒学经过改革，对佛道两家兼容并包，亦可达成"三教可一"的局面。

另一个接过王通思想在贞观年间指导了这项改革的是河北衡水人孔颖达，他早年向经学大师刘卓学习经典，是一位经历了从乡村教师一直升到国子祭酒的大儒，不仅主攻儒家经学，而且是位兼通史学、文学和天文历法的博学之士，对《礼记》《春秋》和《易》经的研究贡献尤多。他特别推崇战国时代根据日常社会生活编纂的《礼记》，认为《礼记》是"三礼"中最博杂有用的礼制经典，推行"建国君民、教学为先"的优先发展教学事业作为基本的国策，以为要建成一个具有"美俗"的社会，"非学不可"（《礼记正义·学记第十八》）。竭力主张按照儒学中的忠君、尽孝、正己、利民的训条，促成君臣黎民去努力实现"修身、齐家、治国、平天下"的政治理念。

唐太宗刚登位，便下令在弘文殿收藏四部书二十多万卷，开设弘文馆，聘了杜如晦、房玄龄、虞世南、姚思廉、苏敬、薛牧、陆德明、孔颖达、许敬宗等十八人为学士，开班讲解经义，评论朝政。下一年，决定撤销周公祠，尊孔子为先圣，颜回为先师，向全国征招儒士当学官，明确学生通一经以上的，就可任命为官吏，宣示了政府尊重儒家经典、大兴文教的国策。647年更下令将左丘明、卜子夏以来的历代经学家二十二人配享孔子庙庭。鉴于儒学门派众多，章句繁杂，唐太宗决定由国子祭酒孔颖达领衔编撰《五经正义》一百八十卷，先由颜师古（581—645年）考定五部经典的用字，确定《五经定本》，然后由孔颖达主持作疏证，统一经文、经义、注疏，规范经典的解释；在唐高宗永徽四年（653年）完成后，颁布全国，作为各级学校的标准教材，科举考试也以此作为标准答案。

经学在汉代本来已有今文、古文之争,《五经正义》以古文经为主,但已采用了当时经学研究的最新成果,尤其注重对当前社会的指导作用。每种经典先选定一种注本的义疏作底本:《尚书》注取伪孔安国的传;《诗经》用毛亨的传、郑玄的笺,疏证据刘焯、刘炫的义疏;《周易》用王弼注,义疏未确定何家;《礼记》取郑玄注,疏证据皇侃的义疏;《左传》用杜预注,义疏据刘炫的义疏。孔颖达的疏证采用"疏不破注"的办法,只对选定的注释进行阐发、证明和补充,通常不予订正,所以保存了历代经学大师的研究思路和成果。《五经正义》是一部到7世纪为止,经学研究的集其大成的著作,因此一直流传到20世纪科举结束,是后世出现《十三经注疏》以前国学最基本的读本。

这部大书一出,使学界茅塞顿开,对科举中的三礼、三传、学究、明经诸科的应试者尤其切合有用。先后出现了颜师古在秘书省订正五经文字时所作的《字样》(今佚)、颜元孙《干禄字书》、唐玄宗《开元文字音义》、唐玄度《新加九经字样》等一批经学读物和文字学、音韵学参考书。唐玄宗领衔编撰的《大唐六典》规定,教学和科考重点科目是五经,并且要求兼习《论语》和《孝经》。唐制正经有九部,《礼记》《左传》是大经,《毛诗》《周礼》《仪礼》是中经,《周易》《尚书》《公羊》《穀梁》是小经。9世纪中叶发布的开成石经增加到了十二经。

太宗、高宗以后,学校时有兴废,到唐玄宗(713—755年)时又大办学校,兴起教育事业的一次热潮。719年玄宗下令,又州县学生中具有文辞史学的优等生进入四门学为俊士;并且明确规定,民间可以设立私学,或在州县学校寄读受业,广开教育之门。725年,中央设有集贤书院,以五品以上为学士,六品以下为直学士,贺知章、张说等文学名士均当上学士。738年(开元十六年)下令天下在乡里设立学校,使教育普及到乡村。750年(天宝九年)在国子监中增设广文馆,以郑虔为博士,指导专门修习进士志业的学生。

安史之乱(755—763年)后,代宗停罢贡举,学校关门。后来才逐渐恢复,但再也无法追及开元之盛了。到宪宗元和二年(807年)重定国子生员名额,共650名,比之开元年间的2 000多人已经少了许多。此后两京国子学,往往靠各级官员捐款才能办学。

和儒家教育同时并进的还有诗文教育,唐太宗在648年发布的《帝范·崇文》中宣称:"礼乐之兴,以儒为本。宏风导俗,莫尚于文,敷教训人,莫善于学。因文而隆道,假学以光身。"将文学教学提升为移风易俗、传播儒学、强化道德修养,不可或缺的辅助教育。因此公家要求学习梁昭明太子萧统编集前代诗文辞赋的《文选》三十卷,按儒家观点在唐初分类编集的《艺文类聚》一百卷,以及在唐代中期摘六经诸子百家的《初学记》,这三部集经史子集大成的简明读本,适应了中唐以来以文学为主要科目的进士科考试的需要，先后出现了唐显宗时李善的《文选注》60卷，和在唐玄宗开元时由吕延济等五人合注的《五臣注文选》，宋代将以上两种本子合成《六臣注文选》，流传极广，对后代的文学教育起过重大的作用。

安史之乱、随后吐蕃侵占两京，将大唐盛世的辉煌推入万劫不回的谷底，出现了儒学衰败、诗文盛行，学子尽情游历山川，乐于交友、标新立异，怠于尊师重道、困守旧学之势。相反，佛道两家却能深入民间，用译经、俗讲、佛画、施善、师徒相传等多种方法，取得更多的信徒。促使热衷儒学教育的韩愈（768—824年）起而与柳宗元一同发起古文运动，主张"文以载道"，"尊师从道"，对儒学教育与科考提出了与时俱进的要求。韩愈官至国子祭酒、吏部侍郎、京兆尹，后被贬官潮州。他力主"古文"为"古道"服务，古文要"传古道"，古文要"出气"，古文要"出奇"，出奇是针对文坛上出现了变文、传奇与词的新文体，因此呼吁古文也要有新貌。韩愈接过汉儒董仲舒的"性三品说"，以为上品、中品的人都可过渡到中庸之道，只有下品的人恣情纵欲，违背圣道。后来在宋代被理学家衍化为"存天理，灭人欲"的学说，导儒入佛。韩愈还有一篇《师说》，论述师生之间的辩证关系，要求新时期下的儒师应具有"传道、授业、解惑"的能力，依靠"教学相长"，师生相互取长补短。对学生而言，则必须尊师，因为人并不是天生就有知识，对求学，必须打破门第观念，"无贵无贱，无长无少，道之所存，师之所存"。《师说》对求学、传学关系论述十分精辟，不失为一篇阐述师道的名作。

受古文运动推动，唐文宗（826—840年）有意复兴儒家教育，在太和（827—835年）年间将《论语》《孝经》《尔雅》列入经典。开成二年（837年）将九经文字刻石，在长安国子监立石展示，称《唐开成石经》，经文增加到十二种。九经中的后三种，文字浅显，言简意明，有利于宣扬儒家的基本思想，对经文的普及走出了十分重要的一步。

五代十国时期（907—960年），各国仍继续致力于推行儒家教育，印刷术逐渐用于印刷儒学读物和翻刻佛经，使儒佛两家有了进一步的融合。

（三）推进科考下的职官制度

隋朝建立以后，面临旧有的九品中正制弊端重重，日趋衰败，乡里的察举和少数学校的生员，已无法适应新王朝选所需人才进入新的官僚体制。因此创建了科举制度，期望从有识之士中选拔人才进入仕途，建设一支精干而又清廉的官员队伍。必须放宽选才的标准和路子，从过去单纯的偏重品德，转向注重学行、文才，要求德才兼备。科举制产生在隋炀帝大业二年（606年）正式设置进士科，考试时务试策，同时辅以过去齐梁时已有的"孝廉试经，秀才试策"，正式废除了地方上的贡举。

唐代在选拔人才方面,亦采取科举制度,更扩大了规模,制订了详细的法规。唐代任用官吏,按《唐六典》规定,礼部主考以选士,吏部选士以任官,天下贡士经过礼部考试及第的,仅取得资格证书;须再经吏部考试,六品以下,按体貌、言词、书法、判词四条标准,计资量劳拟定官职。五品以上官,按政绩和人事制度考核后,上报中书省,由皇帝制定。

唐代任用官吏,必须先获出身,有了出身,才能叙散官阶,有阶无职的称散官,有阶有职,才称职事官。唐代官分九品,每品有正从,共九品十八级,自正四品以下,每级又分上下,总共三十等。任命官员,文职归吏部,武职归兵部。

唐代选任官员,有门荫和科举两条途径。门荫是靠父祖官位得官,这一制度始于汉代,到唐代而达到详备。《唐会要·用荫》规定三品以上大官可以荫及曾孙,五品以上荫孙。得到荫庇的孙子的品阶降荫子一等,曾孙又降孙一等。靠门荫升任宰相的有数十人,褚遂良、姚崇和李吉甫、李德裕父子属于以政绩蜚声之列。科举制度,则从生员一途广开仕途,补充了人才的选拔,保证了世家大族不致在政权中的地位出现恶性膨胀。在拓宽教育对象的基础上,通过考试制度广举生员,进入仕途。

唐代科举有常科和制科之别。常科设秀才、明经、进士、明法、明书、明算六科,前三种相当于经学、文学和政治学科的考试;后三种属于法律(律令)、文字、算学三门专业考试,及第后从事专业工作,很少有担任高级官员的。应考的人数不多。在前三种考试中,以秀才为最高等的考试,应考者必须精通经史,掌握经世治国的方略,唐初具备这类应考条件的人很少,到651年就停考了。受过教育的生员和读书人主要投考的是明经和进士两科。常科中还有武则天长安二年(702年)创设的武科,由兵部主持具体事宜。目的在选拔下级军官,科考及第的由兵部授予武官或武散官。

明经主考两部儒家经典,通二经的要选一大一小,或者二部中经,还须兼习《论语》《孝经》。唐初按经的章疏试策,举子往往只背章疏,680年的考试增加了名为"贴经"的填充题,仍然难改举子死记硬背、不解义理的恶习,开元时虽有加试口问大义和时务策的措施,仍难纠此风。进士在初期试时务策五道,看重文章词藻,680年也加试贴经,实行试贴经、试杂文、试对策的三场考试,中间停停办办,所试杂文起先是应考者熟悉的箴、表、铭、赋,天宝(742—756年)时专取诗、赋,使进士科成了文学取士的专科。直到贞元(785—805年)间此风才罢,名门子弟因多通晓当代礼法和时政,通读诸子百家,擅长策论,大多投考进士,使科考重新回到以"策问"是否切合时政为取士的标准。从此进士科成为仕子进阶升官的热门学科,雄踞各科之首,一直到后世,历数代而不衰。

常科的应试者有来自国子监统属的六门两馆的生徒,还有在州县报名,经逐级考试合格,由州府举送到尚书省参加常科考试的,称乡贡。及第者在春季张榜公布,称金榜。第一名状元列在最前,称榜头。应进士科的举子称进士,民间以秀才相呼。明经、进士的及第者,只是取得了获得官职的资格,是否任用,还要经过吏部的关试,才能取得候选官职的资质。进士及第通常授官从九品下阶。

制举由皇帝临时决定,选取特殊人才,开科的名目繁多。《唐会要·制举》卷七六列举,从658年到828年,共举办过78科次。制举属于特科,应举者可以无身份也无官职的,而且可以连续应举。玄宗登位后,允许应举者不需要官员推荐,就可以自举,于是普通士子也可以不拘一格地报考制举了。有依靠进献文章、著述,经有关部门考试,也与制举同例。制举及第,起家比进士高一至二阶,原本无出身和官职的,可授从九品上阶或中阶的县尉,或正九品下阶太子校书,原有官职的,可以进阶授官,成绩优良的,升迁极快,连续参加,接连登科的,无需数年,可以升至五品高官。

科举取士给唐王朝提供了大批擅于经世致用、治国理政的官吏,在8世纪开始凸显出官僚体制发生了前所未有的结构性变化。从唐初到7世纪末的政府官吏中,担任高级(五品以上)职务的大多依靠门荫、推荐或地方的贡举。从唐太宗到唐玄宗二十二年(734年)的100年中,担任高官特别是升为宰相而出身明经、进士和制科的,在高宗时约占1/3,武则天称帝时约占1/2,到734年时占到2/3;此后经过变化,到9世纪,再度出现回升,科举出身的在高级官员中重新占了多数。在各级地方官吏中,科举出身的更是成千上万,这就从根本上扫除了九品中正制下门阀制度把持官场的格局,使文武官员成了以礼乐、诗书、春秋起家的读书人的天下,为后世长达千余年的"读书做官"的风气开了先河。唐代以后,经过五代十国、辽金与北宋、南宋、元、明、清几代,其间唯有元代停罢科举,将汉人排除在官僚体制之外,导致元代虽有强大的军事力量,而国祚仅一百年便告灭亡;清代虽由满洲权贵统治,然而依然凭借科举网罗人才,对汉人开放进入文职官员的路径,协助治国理政,使清代一如汉人主政的朝代一样,得享三百年的寿命。元之祸在于废科举,清之福在于办科举,两者相比,形成明显的反差。

科举将魏晋以来文人高谈玄学,不务世事的隐逸之风,转变成务实和积极进取的时代风气。唐代文人从开国初的由群雄并起达成一统天下的时代气息中,形成了发奋图强的精神和普济天下的政治热情。许多人都是少小离家,浪迹天下,广交友朋,或入幕从军,从马上立功,或苦读多年,投考进士,期成白衣公卿,实现大济苍生的政治理念。他们往往是儒士,但又向慕道家飘逸不羁、情怀山林田园的人间仙风,难忘佛徒超脱自我普济众生的说教。唐代文坛巅峰人物,先有盛唐诗人李白(701—762年),后有中唐新乐府派的开创者白居易(772—846年),两人都是曾任京官,而不得其志的大诗人。李白,生在中亚,幼时随父迁居四川江油。42岁时被玄宗召到长安,做了文学侍臣,自称"酒中仙";三年后,自请云游天下,后来进入永王刘璘幕府,起兵失败后因连祸遭流放,最后困死安徽当涂。白居易,字乐天,陕西渭南人。贞元时,29岁中进士,应制举时作有《策林》75篇,808年起任三年左拾遗,代皇帝制诏,用诗歌"开讽谏之道"。815年他因得罪权贵,被贬作地方官,在江州、杭州、苏州当官,留下许多胜迹;后任刑部尚书。一生诗作现存3 000首,高居唐诗榜首。他将自己诗作分成讽喻、闲适、感伤和杂律四类,最得意的是讽喻诗《新乐府》50首、《秦中吟》10首,写京城赏牡丹,有"一丛深色花,十户中人赋"的警句。《长恨歌》《琵琶行》等长篇更是千古名作。白诗情真义切,意气风发,"野火烧不尽,春风吹又生"之句值得千古传诵。比之诗仙的李白,白居易的讽喻诗,可从凄苦中见悲愤,抒情诗能在委婉中现真趣,称得上真正的人间"诗人",因此在当代便得享"家喻户晓"之乐。白居易主张:"文章合为时而著,歌诗合为时而作"。(《白居易集》卷四五《与元九书》)白诗当时已有《白乐天诗集》(《白氏长庆集》)刻印,且流行日本、暹罗诸国,中外闻名,影响一代文风至大!尽管唐文宗(827—840年)曾诏告天下,将"裴旻剑舞""李白歌诗"与"张旭草书"定作唐代"三绝",但他的断代仅止于天宝,白氏文名及成就绝不在李白之下。比之放荡不羁、又好痴心妄想的李白,论艺、论才、论情,白居易都胜出李白,是当之无愧的中华诗坛第一人!

科举造就了唐诗。唐代文学昌盛,宋代在987年编成的《文华英苑》,是接续《昭明文选》之作,起自梁末,止于唐末,入选作家2 200多人,共收各家诗文23 000多篇,分成38大类,共计1 000卷,其中占多数的是唐人作品。宋真宗时编《唐文萃》、清代编《全唐诗》、《全唐文》都曾从中取材。《文苑英华》所采多为古本,李贺、柳宗元、白居易、李商隐、罗隐等名家几乎包罗无遗。清代编《全唐诗》所录作品有48 900多首,在2 200多名唐诗作者中,涌现出了初唐四杰、山水田园诗派、边塞诗派、新乐府诗派等不同风格的诗派,形成了包罗古体诗(五言、七言、七言歌行)、近体诗(五言、七言律诗、绝句、排律)、乐府诗(古乐府、新乐府),五言、七言律诗是唐代新创的格律严谨、音韵协调的诗体。先后产生了扬名世界的李白、杜甫、白居易等大诗人,结束于抒情诗人李商隐(813—858年)和创立花间词派的温庭筠(812—870年)。唐诗因科举而成一代文学典范。不但得益于盛唐以诗文取士,而是公卿子弟自有许多超出一般仕子的优越条件,以致9世纪以来公卿子弟及第的人数在登榜名额中的比例迅速上升,一般举子赴京赶考,除了真才实学,也不得不设法请托关系,向有关人物投呈书函和写作的诗文,称作求知己,实际是先去打招呼,叫行卷;如若一次未成,还得再投,叫温卷,现在保存的唐诗中有一些便是当年落第者的作品。所以唐诗之多,造成洛阳纸贵,信非虚言。唐诗与宋词、元曲为此后三代文学盛典的开山之祖,科举之功,实不可没。

科举促进了私家撰写通史和记实当代见闻的历史笔记的增多。科考中有大量的历史事实与可以作为前车之鉴的社会经验成为必备的基础知识,所以举子常常通览古今。玄宗时有文士萧颖士效法《春秋》,将汉代至隋代的历史,按编年体写了100篇传记,是以后陆续出现的编年体通史中的头一部作品,为玄宗时许嵩的《建康实录》、9世纪陈鸿的《大统纪》(10卷)、姚康《统史》(300卷,851年)提供了样本,可惜这些书,除了《建康实录》,都没有传下去。以历史编写体裁而言,在传统的纪传体、编年体、传记体之外,在盛唐和晚唐新产生了"典制"和"历史笔记"两种新的历史体裁,前者有多达200卷的《通典》(801年)传世;后者自8世纪下半叶起,多根据私家历史,以事为经记下涉及全社会方方面面的历史事实,开创了足以补正史之不足的"历史笔记"。中国第一部史学评论著作刘知幾的《史通·杂述》中,列有偏记小说10项,其中"小录""逸事""琐言""别传""杂记"相当于历史笔记,有不下20种的唐人写唐事的传真型历史小品,到今天还能见到;其中最著名的有《酉阳杂俎》《朝野金载》《唐国史补》《因话录》《云溪友议》《封氏闻见记》,以及五代人写的《唐摭言》《开元天宝遗事》《北梦琐言》。这些历史笔记到宋代司马光修《资治通鉴》时成了考订史实的重要依据。自唐以后,历代都有大量的当代人记当代事的可信记录存留至今,形成中国史学的一笔不可或缺的精神财富。

科举推动了保存古籍的类书的编集。类书是中国特有的将古籍中各科知识加以分类编纂的资料汇编,具有检索功能,是一种保存和快速阅读古籍的辞书。最早的类书有222年曹魏编集的《皇览》,后来采用纸张抄写,便有了各种供皇家图书馆编纂的新的类书,其中以南朝梁武帝萧衍时的《华林遍略》700卷最重要,隋炀帝开科举,以《华林遍略》为底本编集了《长洲玉镜》400卷,后来虞世南任秘书郎,集经史百家的记事编成《北堂书钞》173卷,是保存到现在的最早而又重要的一部类书。清代将它与《艺文类聚》《册府元龟》《太平御览》一起列作"四大类书"。其后的《艺文类聚》100卷,是624年由欧阳询等人奉敕编集,分成46部,727个子目,在体例上开创了在"事"与"文"合编分类的办法,以事为目,再列文章,保存了大量词章名篇,这一体例后来被宋代《事文类聚》、明代《永乐大典》、清代《古今图书集成》等大部头的类书所效法。唐人所编类书,还有唐玄宗命徐坚编的《初学记》30卷,13世纪有刻本的《白孔六帖》60卷问世,至今有传本。《太平御览》1 000卷,虽是983年成书,但引书1 689种,多半已经失传,因此十分珍贵。《册府元龟》1 000卷,由宋真宗授命王钦若、杨亿编修,1013年成书,分31部,1 104门,罗列历代人物事迹,所以原名《历史君臣事迹》,是一部史事汇编的大书。唐代的历史、唐人的事迹在这些大书中占了重要的地位,保存史料尤其功不可没。

科举引发了规范文字、审音辨韵的学术研究。隋唐时代正是汉字由隶入楷的重要时期,汉字因书写方式变化而亟须加以规范和普及。开风气之先的是颜师古审定五经文字的基础上推出了《字样》,试图将南方与北方的字体加以统一。颜师古的四代从孙颜元孙为科举的应试者编成了《干禄字书》,最适合考试必须用规范的正字而不得用俗字的规定,所以此书成了求取功名利禄的科考必备用书。他在书序中将异体字分成俗、通、正三体,按当时习惯,各有不同的使用范围。俗字最简,多用于日常的籍账、文案、券契、药方;通字久已沿用于公文中的表、奏、笺、启、尺牍、判状;正字有来历,最合适著述、文章、对策、碑碣。《干禄字书》由他的一位在湖州当官的侄子鲁国公颜真卿用真书书写刻石,在774年宣示于众,流传至今。音韵学的建立要归功于隋朝河北临漳人陆法言的划时代著作《切韵》,参考书兼顾南北语音,为的是要解决当时韵书中出现的由于各种土风导致的足以使人"递相非笑"的矛盾。《切韵》问世后,奠定了音韵学的基础,原书早已佚失,敦煌卷子中有残片,全书按平上去入四声分成5卷(平声因字多,析成2卷)。后来出现了各种订正补缺的本子,最重要的是孙愐的《唐韵》,仅有天宝十年(751年)残本发现,共分204个韵部,比《切韵》的193个韵部又有增加。晚唐的印刷品中就有《唐韵》5卷、《玉篇》30卷。唐代的音韵学研究接受了梵语语音的声母系统,由僧守温参照汉魏以来的上系反切字,创造了30个字母,为以后的等韵研究创造了条件,到宋代形成了以36个字母彰显后世的拼音字母,引导汉字走上拼音之路。

科举培育了印刷文化。印刷工艺的诞生吹响了从中世纪展开的新工艺运动的号角。从6世纪末由复印技术发展而来的木板雕印工艺,经过印刷符咒、星占、历书、公文,逐渐走上印刷诗文集和经籍的康庄大道,充当了这项具有创新意义的文化运动的牵头人是制举出身的白居易。到10世纪由于刻印了五经、九经、道德经和大藏经,完成了卷帙浩大的儒佛道三教经典,展开了划时代的印刷文明时代,引领世界进入第二次文化大革命。这一革命上承公元前3000年由冶金、城市和文字起源为标志的第一次文化大革命,往后则接续18世纪末在英国首先开始的工业革命,引发了第三次文化大革命,意义之大诚属空前!此后,活字印刷、彩色印刷全由中国人包揽,欧洲拥有印刷业要到15世纪末,而中国则在面积与欧洲相仿的东亚文明中心稳妥地完成了这一革命,完全得益于科举制下对文教队伍的建设,加快了知识的传递和普及,得以保存了任何国家也无法与之匹敌的古籍和典藏。催发这场变革的是兴学校、办科举、推广印刷工艺的大唐帝国,这三者一环接一环,以最文明的方式在极为广袤的地域中,历经千年实现了它的目标。

三、 礼法并治下的唐律

在801年完成了《通典》200卷的杜佑在自序中说,"行教化在乎设职官","职官设,然后兴礼乐焉,教化堕,然后用刑罚焉"。礼乐制度是稳定社会秩序所必须,为维护社会的安定,也必须依靠刑律,礼刑合治,才会出现社会的安定和繁荣。

唐太宗十分重视制定仪礼,由长孙无忌、房玄龄、魏征编修《大唐仪礼》130篇,分吉、宾、军、嘉、凶、国恤六部,习称《贞观礼》。高宗时有新的补充,删去国恤,成《显庆礼》130卷,存五礼,以两部礼典并行。玄宗时鉴于五礼仪注到颇有不同,有必要加以统一,由萧嵩、王仲丘等撰成《大唐开元礼》150卷。于是典章制度大备,在新的时代背景下,更新了维护封建宗法等级的"威仪三千"的制度,重振封建社会中"贵贱之异""尊卑之殊"的风俗有了遵循的法度。三部礼仪虽已不存,但有《通典》可以通晓唐代仪礼。与礼制的确立同时,官修谱牒也与时俱进,配合得天衣无缝。

唐太宗时高士廉等撰《氏族志》100卷,高宗时孔志约等撰《姓氏录》200卷,玄宗时柳冲、陆蒙先、徐坚、刘知几等撰《姓族系录》200卷,是盛唐时三部官修的全国姓氏总谱。以后在代宗时修《皇室永泰谱》,文宗时修续谱,又修《皇唐玉牒》110卷。宪宗(806—820年)时林宝撰《元和姓纂》10卷,后来林宝在文宗时李衢和林宝撰《皇唐玉牒》。传世的只有《元和姓纂》。宋代《通志》的作者郑樵在《氏族略》中评述谱牒对门阀政治的重要:"自隋唐而上,官有簿状,家有谱系。官之选举必由于簿状;家之婚姻,必由于谱系。"因此形成"人尚谱系之学,家藏谱系之书"。后世的宗祠就专司其事。唐代兴起,往昔范阳九族、雁门九姓已成过眼烟云,起而代之的有清河、博陵的二崔,范阳的卢氏,陇西赵郡二李七姓,荥阳的郑氏,太原的王氏,河东的裴氏、薛氏,乐安的孙氏,都是名门大族。谱牒的作用正好在分尊卑、别士庶,维护等级社会中的两极使之得免错什门楣、混淆血统。上述崔、卢、李、郑、王诸名门望族,自持族望,不与族望不当的通婚,往往自幼通婚名族。高宗时禁止这几族自相婚娶,只得照办,于是他们提出,要通婚,必须多出财礼"卖婚"。庶民多通用一夫一妻制,但帝王、贵族之家多一夫多妻,唐制对官员媵、妾有规定,事实上承认了一夫多妻的合法性。《旧唐书·职官制》《新唐书·

职官制》对官员媵、妾数量有规定,凡亲王、孺人二人,媵十人。嗣王、郡王及一品媵十人,二品媵八人,三品及国公媵六人,四品媵四人,五品媵三人,降品外皆为妾。散官三品以上皆置媵,其数与以上各等相同。《新唐书·车服制》规定,五品以上,媵降妻一等,六品以上,妾降妻一等。这是对官员所定的特殊婚姻制度。

唐人对两性关系持开放态度、贞节观念淡薄是人所熟知,婚前私结情侣,女子婚前失贞、有夫之妇另觅情侣、离婚改嫁,在社会上已视为通例。敦煌文书中有唐人放妻书样文,都是双方情趣不合而协议离婚,秀才杨志坚家贫,妻王氏请求离婚,州官颜真卿准其离婚。离异或寡后改嫁,不受社会谴责。男女婚配首选门当户对,其次,则女子爱慕风流才子和钱财;男子则贪图女子容色和家财。贫家女难嫁是唐代的一大社会问题。所以《通典》对男女婚姻的年几,采取折中的办法,引证郑玄(《周礼》《榖梁春秋》《逸礼·本命》),男必三十而娶,女必十五乃嫁;又据王肃(《孔子家语》《服经》),男子十六可娶,女十四可嫁;以为"三十、二十言其极耳"。提出折中的办法是,男子16—30岁、女子14—20岁是最合适的婚期。

建立在封建宗法关系上的礼制既立,必由法统。隋唐以前经历长期的乱世,统治集团多用峻法酷刑治政。隋文帝曾废除北周苛惨之法施行宽平的法制,颁布《开皇律》,重视法治,虽王公贵戚犯法,也能依国法定罪。因此社会上一度出现了"各安其业,强无凌弱,众不暴寡"的稳定局面。后来隋炀帝施行暴政,盗贼蜂起,他更以严刑峻法、甲兵威武加以对付,于是天下大乱,卒至亡国。

唐初依据隋代《开皇律》制定《武德律》,在李渊武德七年(624年)正式颁布实施。《唐六典》说《武德律》从篇目到刑名之制,大致与《开皇律》类同,现已失传。这部法典将隋律的烦峻之法删去53条格,总数为500条。贞观年间,按照李世民宣布的"礼刑并行,立法宽简稳定"的精神,费时十年重订律令,到贞观十一年(637年)颁布《贞观律》,总共12篇500条。又编修"令"27卷,1546条;删去了武德以来大部分敕令,作为"格",编成18卷700条;将尚书省、诸寺、十六卫等部门的条规编成34卷,组成以"律、令、格、式"为模式的法律体系。唐高宗登位后,由太尉长孙无忌、司空李绩主持,依据《武德律》《贞观律》,用一年时间编成《永徽律》12卷,《永徽令》30卷,《永徽留本司行格》18卷,《永徽散颁天下格》7卷,《永徽式》14卷,《式本》9卷,从《贞观律》的69卷扩充到90卷。《永徽律》构成了唐代完整的法律体系,将立法与行政法规合而为一,成为立法与执法的依据。唐高宗以为:"律令格式,天下通规。"

唐代的律法观念沿袭古人传统,以律为先,但唐代的"律"并非现代法学观念中的基本法,而只是刑律的汇总,相当于《刑法大全》。现在传下来的《唐律疏议》正是《永徽律疏》在开元二十五年(737年)颁行的版本,共12篇,30卷,502条。

此书是明法科举子的标准读物，也是断定人是否已经犯法的法律依据，律疏中明白宣告："德礼为政教之本，刑罚为政教之用，犹昏晓阳秋相须而行者也。"说的是，凡是违背德礼制度的，必须以刑罚去重新规范他的行为。"礼刑并用"是李世民将儒、法两家各执一端的主张和学说加以糅合，并对汉代以来以礼统刑、以刑执礼治理社会的历史进程加以系统的总结之后，正式宣布，两者不可偏废、必须相辅而行，才能相得益彰，他在《薄葬诏》中宣告"失礼之禁，著在刑书"，最终点明了刑是对违背礼制的行为必不可少的禁令，决定以此作为制订贞观律的基本法则。后来的永徽律也继承了这一精神。801年完成了《通典》200卷的杜佑在自序中说过，"行教化在乎设职官"，"职官设，然后兴礼乐焉，教化堕，然后用刑罚焉"。要用礼乐制度严明等级、稳定社会秩序，也要依靠刑律才能维护社会稳定，礼法并用，是实施文武之道在于一张一弛的缺一不可的左右手。

唐代法律以律、令、格、式作为天下通规，另有皇帝颁发的敕、官府采现行的令、式编成的《唐六典》，以及各种办案的"例"；其中的敕、典、例是执法的参照文件。

唐代法律对于侵犯封建王朝皇权、族权，危害社会秩序的行为，统统归于犯罪，可以法办。在各种犯罪行为中，尤以"十恶"最为严重。《唐律疏议·名例律》有十恶条疏：谋反、谋大逆、谋叛、恶逆、不道、大不敬、不孝、不睦、不义、内乱十项。举凡不忠、不孝、不义、不道，均得列罪处制，规定得十分具体，归入《唐律》各条篇目。十恶处于各种犯罪行为之首，规定不得进入常赦所特许的议、请、减、赎等法律上的优惠待遇，即使身为贵族、官僚，也是如此。十恶的列名保证了皇权和以纲常名教为表征的族权的不受侵犯，立下了十恶不赦的法理原则，从此"十恶不赦"流传民间，成了封建宗法社会中犯罪学的基石。唐律将皇帝之下的臣民划成官与民两大类，官按品级分等，民则有良民、贱民之分，各有不同的法律地位，彼此绝无共通之处。身份的不同决定了同一行为的有罪与非罪，所负的刑事责任也因此千差万别。纲常名教，本来以名分、亲疏、尊卑、长幼区分，有些对常人并不算是犯罪的行为，却可以因涉及纲常名教而成犯罪，如祖父母、父母在，供养有阙；居父母丧，身自嫁娶作乐；闻祖父母、父母丧，匿不举哀；诈称祖父母、父母死；闻夫丧匿不举哀，作乐改嫁；祖父母、父母被囚，嫁娶作乐、冒荣居官、子孙詈祖父母、父母等行为，都可被视作犯了十恶之罪。妻妾詈夫，奴婢、部曲詈主，则属重罪，轻的服徒刑，重的处死。说明了唐代正是以违礼的行为作为违法来处置的，虽说是尊重名教，以礼治国，实则是以法治国，以"出礼则入刑"，执行法律条例，是以礼通法，以法治国。

法治的对象是犯法的人，人的身份因等级、良贱、亲疏区别，有悬殊的差异。

皇族、权贵、官员属于特殊阶级。唐律因此对特殊人物采取了"八议"的办法,用亲、故、贤、能、功、贵、勤、宾八种等级的特别处理(特权)办法,来对待他们的犯罪案件。议亲,用于皇亲国戚;议故,皇帝故旧;议贤,贤人君子;议能,有大才者;议功,功勋卓著者;议贵,职事官三品以上,散官二品以上与爵一品的大贵族大官僚;议勤,有突出贡献者;议宾,指前朝皇室后代被定为国宾的北周宇文氏、隋杨氏。以上八类人若犯死罪,上报后裁决,普通死罪可降为流罪,流罪以下自然减刑一等。但是犯十恶罪的,就不在其中。次于议的,有减、有赎。官员犯罪,可以官品抵当服刑,视犯私罪、犯公罪,分别执行刑罚。

民分良、贱。良人是普通百姓,按职业,称作"天下之四人"。法律上规定:"凡习学文武者为士,肆力耕桑为农,巧作器用者为工,屠沽兴贩者为商。工商之家不得预于士,食禄之人不得夺下人之利。"在民法中规定了士是上等人,农工商是下等人,工商业者地位最低,不得做官。贱民分官贱民与私贱民。官贱民有官奴婢、官户、工乐户、杂户、太常音声人;私贱民有奴婢、部曲、客女、随身(临时雇佣工,期满复为良人);奴婢身份最低,在法律上处于"畜产",毫无人的权利(《旧唐书·职官志·户部》)。

唐律的令,是有关国家行政体制的各项法令,有官员的建置、官秩、俸禄、选举、考课,祭祀礼仪、户口、田制、赋役、仓库、厩牧、关市等各部门的管理条规,《唐六典·尚书刑部》记令 27 篇,30 卷,共 1 546 条,今辑佚有 715 条,成《唐大诏令集》,相当于唐令的 320 条(仁井田升:《唐令拾遗》,附《日唐两令对照表》)。唐代的格,是政府监管条例,按照皇帝的诏敕修正律令的不足。格是按尚书省 24 个部门编集,有存在中央的"留司格"和颁行全国州县的"散颁格"。唐代的式,是政府各部门发布的行政法规的施行细则,包括各种专业实施的国家标准。"格"和"式"都已散佚,敦煌文书中只有《水部式》《唐职官令》残件。

唐律规定的刑罚,已注意到以 16 岁到 69 岁为法定刑事责任年龄,区分故意与过失、划分公罪与私罪、合伙犯罪区分首与从、屡犯加重刑罚、数罪并罚、犯罪未见专条可以比附类推、自首原罪、同居相隐不为罪、涉外事务采用相当于现代属人法和属法院地法的立法原则,确立了立法的根本来原则,为后世作为依据。其中关于居住在中国的不同国的外国人相犯、或外国人同中国人相犯,均以《唐律》处置的办法,开启了国际私法的立法,比 1756 年的《巴伐利亚民法典》的公布早了1 000 年(《中华文明史》,第 5 卷,100—103 页)。

《唐律》将刑罚按轻重不同,列为五种 20 等:

笞刑,是最轻的刑罚。《唐律疏议·笞刑疏》解释,笞,是"击",又训"耻",属于耻辱刑,以示惩戒。汉代用竹打腿、臀,唐代用两股荆条交结成"楚"击臀,决笞分打腿、臀。刑分五等，有笞十、二十、三十、四十、五十的区别。

杖刑，是次轻的刑罚。决罚犯人用常行杖（去节的竹杖），无论初讯、决杖，都是背、腿、臀分受。刑分五等，有杖六十、七十、八十、七十、一百的区别。

徒刑，是重于杖刑的刑罚。徒是奴，《唐律疏议》解释，是将犯人加以"奴辱"，在一段时间内剥夺犯人的人身自由，强制其服劳役的刑罚。在京师的，男犯押送将作监劳作，女犯押送少府监缝作；在地方上的，男犯供当地官役、修理城隍、仓库、公廨杂使；《唐六典·尚书刑部》规定，女犯也留当州缝作及配舂。犯人须戴钳或盘枷服役。刑分五等，有一年、一年半、两年、两年半、三年的区别。

流刑，是重于杖刑、仅次于死刑的重刑。是将犯人流放到边远地区在一段时间内服劳役，期满后非经大赦、特赦不得迁回原籍的重刑。犯人亦须戴钳或盘枷服役。刑分三等，有流三千里、流两千里、流一千里的区别，三流都是服役一年。唐初曾对一些死刑犯宽改为斩右趾，唐太宗废除了这一刑罚，改为"加役流三千里，居作二年"，作为死刑的减刑。

死刑，古代称大辟，是剥夺犯人生命的极刑，有斩、绞二种刑罚。唐代一改自古以来采用的种种残酷的生命刑，如油烹、凌迟（千刀万剐）、车裂（五马分尸）等酷刑，本着"以轻代重，化死为生"的精神，继承了隋初已经废除的死刑中的枭首、轘身，以及流刑、徒刑均加鞭、笞的刑制，统一了封建社会的刑律体制，为以后各朝的刑制框定了范式，一直流传到清代。

唐代虽在事实上并未能杜绝各种酷刑的使用，和巧立罪名加以陷害事件的出现，而且在武则天秉政、宰相李林甫擅权期间，屡屡出现大狱和酷吏横行，但唐代立法和执法均有明文规定，即令奸诈能够一时得逞，也难逃历史的最终审判。

永徽律成为后世列朝列代制定令条格式的依据和蓝本，清代学者将唐明律合编成书，作为中国古代法律全书的样本，加以保存。唐代法律的影响，东至日本、朝鲜半岛、琉球，南抵安南，北至契丹、蒙古。说唐律是东亚文明的基本法，符合东亚法制的历史进程。

日本的遣隋使、遣唐使成员在留学期间传抄了唐代的典籍，归国以后翻译了这些文献。其中的高向玄理在608年到达长安，滞留到640年才回日本，僧旻在中国留学25年，后来和大和长岗、吉备真备一起在天智天皇（662—671年）时，奉命根据《贞观令》，参考《贞观格式》《道僧格》等唐律，在668年编成《近江令》22卷。天武天皇时，按照《永徽律》，在682年完成了改订工作。文武天皇（697—707年）时，又以《天武律令》为底本，采纳唐代武后垂拱元年完成的《垂拱格式》，编成《大宝律令》11卷。元正天皇（715—723年）时，藤原不比等人奉命根据《大宝律令》，在718年编成《养老律令》，计律10卷，20篇，令10卷，30篇，在718年颁布。

经辑佚,流传至今的只有《养老律令》,总共 20 卷,其他律令均已不存。至于格、式,后来也陆续编成《弘仁格式》《贞观格式》《延喜格》《延喜式》,现在仅存《延喜式》50 卷。

日本的官制完全仿照唐令,《养老令》规定中央设神祇官和太政官,神祇官司祭祀,太政官总理行政。太政官的长官太政大臣是根据《尚书·周官》的太师、太傅、太保(三公)设置,光孝天皇时博士善渊在奏议中引用《唐令》称,太政大臣相当于唐朝的右三师、右三公的职位(《三代实录》卷四五)。大政大臣下设左大臣、右大臣,左大臣下有大纳言、左辨官,左辨官管中部、式部、治部、民部四部,右辨官管兵部、刑部、大藏、宫内四省。建置几乎全仿唐制,只是名称有些不同,多已口语化。日本又仿照唐代的御史台设弹正台,行使纠察弹劾职权。

日本刑律学制、兵制、田制、币制,无不取自唐制,只是稍作改动。刑律只是在《大宝令》中将"十恶"改成"八虐"。

日本的学制到 718 年颁布《养老令》才完备,规定由太学寮设太学头,置博士、助教,教授经学。以《九经》为教材,定《孝经》《论语》为必修,七经为选修,按卷帙多少分成大、中、小三种,以《礼记》《左传》为大经,《毛诗》《周礼》《仪礼》为中经,《周易》《尚书》为小经,比唐制少《公羊》《穀梁》二经。平安时代太学扩充到明经、纪传、明法、算四道,总称四道儒。要到 798 年才仿照唐朝《开元令》将《公羊》《穀梁》列入九经。《养老令》规定太学特设音博士二人,传授正确的汉音朗读九经。遣唐使聘了汉人袁俊卿赴日,纠正太学吴音的舛讹。唐代开元以后,由重明经转向诗文,诗文比较读经切合实用,当时日本公文用汉文学子多由明经转重诗文,日本才废纪传道,改设文章道,设文章博士,地位高于明经博士。9 世纪以来,四道博士渐成世袭的家学,明经道由清原、中原二家世代相传,清原传《左传》,中原传《礼记》,拘泥于家传的读法与注释,致官学陷于呆板,一时有私学的兴起,和气广世的弘文院、藤原冬嗣的劝学院、空海的综艺种智院等出现。进入幕府时代后,清原、中原亦依附幕府,又有足利义兼创办足利学校,明经学家以官学向武士贵族讲经,足利学校以五山为中心,向僧侣授经,都用汉唐注疏。

日本元明天皇(708—714 年)时,得到和铜,始采币制,"和铜"出于《国语·周语》:"财用不乏,民以和同。"于是改年号为"和铜",仿照唐武德四年开铸的"开元通宝"铜币,在 708 年铸造"和同开珎"("珎"是"寶"的简体字)铜币。但日本经济还未形成一定规模,民间并不喜用铜币,因此当局在四年后又颁布"蓄钱叙位法",鼓励民间储蓄,提升政治地位。

日本原称倭国,改称日本出于武后。《史记·夏本纪》"岛夷卉服",唐代张守节《史记正义》引《括地志》:"倭国,武皇后改曰日本。"不久,日本开始仿照长安京营建新都奈良,元明天皇和铜三年(710年)正式定都奈良,开始了全面模仿唐风的奈良时代(710—794年)。历经七位天皇,元明(女)、元正(女)、圣武、孝谦(女)、淳仁、称德(女)、光仁,其中四位是女天皇。中日史家已经指出,这也是由于武则天在中国称帝,开了女后做皇帝的先例。

日本的地方行政也采用中国郡县制,削去了原本由望族世袭的藩国。但施行的结果,引发了幕府挟持天皇的幕府政治,从1192年起展开了由镰仓幕府、室町幕府、到江户幕府的武家政治,长达700年之久。地方藩户仍然是一方之霸,无法像唐朝一样建立起一个大一统的中央集权政府。论者以为武家政治虽得到简政,却未见得能达到廉政的旨意。

唐代的朝鲜半岛由新罗完成了一统大业,真德王(649年)进行政治改革,全面推行唐式文明,开始采用中国年号。新罗贵族称姓,是将古代六个部落改成李、崔、孙、郑、裴、薛六姓(《三国史记》第一),完全仿自唐姓。到景德王(742—765年),完成各项制度的建设,中央设执事省,由长官侍中总理大政,模仿唐朝下设六部,位和府(吏部)、仓郡(户部)、礼部、兵部、左右理方府(刑部)、例作府(工部)六部,顺序也和唐式一样。又仿唐的内侍省,设内省;仿唐的御史台,设司正府。地方行政分州郡县三级,也和唐朝一样,神文王五年(685)将全国划成九州。景德王时将州郡县的名称完全统一成唐式,沙伐州改尚州,歃良州改良州,菁州改康州,汉山州改汉州,首若州改朔州,河西州改溟州,熊川州改态州,完山州改全州,武珍州改武州。州郡县的长官是都督、太守、县令。最盛时全国有9州,117郡,293县。学制也仿唐,682年在礼部下设国学,747年改为太学监,讲授儒学和算学,课程都照唐制,《论语》《孝经》是必修,《周易》《尚书》《毛诗》《左传》《文选》是选修,算学以中国《九章》《六章》作教材,招收15—30岁的学子,学习9年。为改变以前只以弓箭试科的办法提拔官员,元圣王在788年特设读书出身科,以中国的六艺为标准,选送读书三品的人出身。但因新罗向来以世袭官职为重,所以科举对选官并未起多大作用。王氏高丽在光宗九年(958年)正式开科取士,有制述、明经、杂科,其中便有算学科,目的在培养财务人员。仁宗时式目都监仿照唐制在国子监设六学,有算学博士教授算学,从八品以上的子弟和庶人(平民)中招收学生。后来李朝也设算科,置算学博士二人,从两班和常人之间的中人阶级中选取生员,课程都属实用账目之类。

越南的丁部领在968年称皇帝,起宫殿、制明仪、置百官、立社稷。970年定年号为太平。都是仿照唐宋二朝。李朝建立后,官制才齐备,现在能见到的有李太尊明道元年(1042年)颁布的《刑书》3卷和陈朝(1225—1400年)陈太尊建中六年(1230年)制定的《国朝通例》20卷中的《国朝刑律》,就和《唐律》类似,潘辉注

《历朝宪章类志》卷三三《刑律志》以为李陈刑法"当初校定律格,想亦遵用唐宋之制,但其宽严之间,时加斟酌"。大略文武各有九品,设三太、三少与太尉、少尉、内外行殿都知事、检校平章事,作为文武大臣。中央并有部尚书、左右参知、左右谏议、中书侍郎、尚书省员外郎、翰林学士、承直承信诸郎;地方则有知府、判府、知州。武班有都统、总管、左右金吾、上将、诸卫将军、武卫、火头,是内职;外职有诸路镇寨、官兵镇守(《越史通鉴纲目》卷三,李仁宗广佑五年条)。到 11 世纪中叶才初具规模。

四、唐代礼俗与节令

(一)五味与食疗

中国的饮食文化,由汉入唐,以主粮划分,已经形成黄淮地区以面食为主,南方长江、粤江流域以米食为主,在农牧界线以北则以牛羊肉为主的三分局面。各地菜肴大多取决于不同地域的物产,所以南方与北方的基本口味就有差异,张华《博物志》指出:"东南之人食水产,西北之人食陆畜。"形成的习俗是:"食水产者,龟蛤螺蚌以为珍味,不觉其腥臊也。食陆畜者,狸兔鼠雀以为珍味,不觉其膻也。"于是由于口味的不同,有了烹调方式的差异。到战国时代,由于各地文明程度的不断提升,饮食文化发展得尤为精微。到汉代,儒家与道家各立门户,形成宗教,加上印度佛教东传,进入隋唐,天下一统,三教并存,主宰了中国社会的精神世界,从根本上指导着人们的生活习俗。

汉代皇室权贵崇尚奢华,又好神仙之说,道教因此应运而生。道教尊崇黄老思想,主张修炼内丹、外丹,凭他们的化学知识,追求长生不老之药。唐代皇帝在儒佛道三教中特崇道教,是由于道教的教主老子姓李名耳,李唐皇室尊为同姓始祖,用来神化李姓皇族,社会上有各种传说流传,骗得百姓信服。三教排列,在唐太宗时已是儒、道、佛。玄宗时大兴道教,编集 5 700 卷的《开元道藏》。此后各代皇帝都信道教,武宗更是崇道灭佛,追求法箓炼丹、飞天升仙之说。尽管丹药并不那么灵验,常常"其说不验",有不少皇帝反而提前了离世之年。

统治集团对富贵生活的追求,前朝后代也多类似。衣食住行之中,尤以饮食为先。在唐代以前,由周入汉,曾是一个历史的高峰,可以借助汉代的出土实物,描述一下汉代的贵族生活,也许会有助于举一反三。

汉代的贵族生活,考古发现可提供好多实例。湖南长沙出土女尸一具的马王堆 1 号轪侯墓尤为难得,是座 2 000 多年前的西汉墓葬,出土的数千件物品,大多完好,同时还有312枚竹简记录随葬品名称和数量,主要有漆器、陶器、竹木器、乐器、丝织品。竹木简有半数记的是食品,可分成肉食类肴馔、调料、饮料、主食、小食等。竹简记录的饮食品共有150种,各种分装食品的容器均经密封,并标有小木牌,以示品种,因此后世的人可以按名对物,就像墓主早在等待有朝一日终会从见天日。墓中各项食物共分七类:

肉食类肴馔。羹二十四鼎,盛五种羹;大羹九鼎,是原味淡羹,食材有牛、羊、豕、狗、鹿、凫、雉、鸡。白羹七鼎,是米粉调肉羹,有牛白羹、鹿肉鲍鱼笋白羹、鹿肉芋白羹、小菽鹿肋白羹、鸡瓠菜白羹、鲫白羹(鱼肉羹)、鲜鳜藕鲍白羹。巾羹三鼎,是将肉切成长条,有狗巾羹、雁巾羹、鲫藕巾羹(鱼肉藕合成)。逢羹三鼎,逢是煮麦,分别以牛、羊、豕作主料。苦羹二鼎,以苦菜调牛肉、羊肉。

鱼肤一笥,鲜鱼晒干的鱼干。并有成串的鲤、鲫以及杂鱼的鱼干。

脯腊五笥,腌腊干肉,有牛脯、鹿脯、胃脯、羊腊、兔腊。

炙八品,烤肉,主料有牛、狗、豕、鹿、牛肋、牛乘、狗肝、鸡。

濯五种,是涮肉(火锅),主料有牛肚、脾、肺以及豚、鸡。

胉四品,用文火,有牛、羊、鹿、鱼。

火腿八种,用牛、羊、狗、豕的前后腿。

熬十一品,列入周代八珍,是精制的腊肉,以野禽为主料,有豚、兔、鹄、鹤、凫、雁、雉、鹧鸪、鹌鹑、鸡、雀。以上肴馔按烹饪方法可分十七类,计七十多款。

调料。按制作法的不同,计九类十九种,可分脂、鲶(鱼子酱)、酱(黄豆面粉酱)、饧(糖浆)、豉(豆瓣酱)、醢(肉酱)、盐、菹(泡菜)、蓄类,五味中有咸、甜、酸、苦,而少辣味。以咸酱为主,是北方人的口味。酸辣羹本来是战国时代吴国厨师制作的名菜,楚国特地从吴国请来名厨烹调,在郢都哄传一时。但到汉代,好像长江中游地区,辣味仍未流行。

饮料。有酒四种:白酒(烧酒)、温酒(反复精酿的香酒)、肋酒(滤糟清酒)、米酒(醪糟)。至少温酒和米酒都是南方的产品。

主食。饭和粥,用米、麦、粟煮成。并有粮食和酒曲盛放在麻袋中。

小食。是点心,有糗糒(干粮)七种,枣糒、蜜糒、芋荸糒、白糒、稻蜜糒、稻糒、黄糒(黄米糒),并有粔籹一笥,用蜜和米面煎炒;(部)(斗)(油煎饼)一笥。

果品。有枣、梨、楉李、梅、笋、元梅、杨梅等。

种子。有冬葵、藕、葱、大麻、五谷。

这里展示了世界上最早最丰盛的食品实物,从主食到点心、干粮、饮料、菜肴、调料,一应俱全。菜单口味偏重咸酸,兼有甜味,代表了南方楚越口味的咸甜参半。马王堆3号墓也是轪侯家墓,随葬食品有38个竹笥,动物食料有13种,香料有花椒、肉桂、高良姜、香茅草等，果品有枣、橙、梨、柿、梅、橄榄、仁念、菱角、小豆等。这样的菜单已经胜过《招魂》中的筵席了。

这份世界上最早也最丰盛的食品单，显示了贵族生活的最基本部分在西汉已经如此豪华，是份适合南北口味的饮食指南。到了唐代，运河贯通南北，长江流域的食材已可适时地北运，给当时的食品市场提供了方便。北方口味本来以咸酸为主，南方则在唐代已在注重对甜味的开发。

从唐代起，南方人逐渐偏重甜酸辛，而以淡味为本。长江上游的蜀地好辛香，中下游的吴楚喜甜酸，南方口味渐以吴楚为主流。早先甜料主要来自饴（麦芽糖）和蜂蜜，北方并有甘草，南方则有甘蔗、诸蔗，西南地区产桃榔（又名糖树、砂糖椰子，花汁成砂糖，心材出桃榔粉）。后来甘草充作药物，甜料主要靠取自甘蔗、诸蔗的柘浆。公元1世纪广东出产的沙饧、石蜜（砂糖和冰糖）已是当时的美食（张衡：《七辩》）。

南方的泡菜是以乳酸菌发酵制成，有甜酸和咸酸之别，后代具咸酸辣味的四川泡菜出于秦代咸阳，当地已有泡菜坛出土。唐代利用南方生产的甘蔗，改进了制糖工艺，在四川生产了品质胜过印度的优质冰糖，于是对云南和岭南的甘蔗生产提出了新的要求。五味中的苦味在唐代已经逐渐淡出，由香味取而代之。香味接近辛辣，《诗·唐风》有花椒（木本香料），《山海经》中的秦椒，据说是草本辣椒，南方产桂（肉桂），也是木本香料。姜、桂能刺激味觉，产生鲜味，并能暖胃防腐；花椒能去风防腐，花椒、芥末能泡醋，制成椒酱、芥酱；葱、韭、蒜、荞等香菜，以及在唐代以前已经传入中原的胡荽，都是制作香菜的原料。

按照中医的药理，《内经·六节藏象论》以为，"天食人以五气，地食人以五味"。五气指臊、焦、香、腥、腐。"五气入鼻，藏于心肺，上使五色修明，音声能彰。五味入口，藏于肠胃，味有所藏，以养五气。气和而生，津液相成，神乃自生。"五味各有所入，不可偏重。《内经·生气通天论篇》以为，五味不可偏重，过酸伤脾，过咸伤心骨，过甘伤心肾，过苦伤脾胃，过辛伤筋脉。味本天成，但人又以之变本加厉，出于美味的需要，以香味香气替代苦味，合乎情理。《内经·藏气法时论篇》阐明了五谷、五畜、五果、五菜中所合成的五味，对人体五脏的保健性能：

肝色青，宜食甘，粳米、牛肉、枣、葵。

心色赤，宜食酸，小豆、犬肉、李、韭。

肺色白，宜食苦，麦子、羊肉、杏、薤。

脾色黄，宜食咸，大豆、豕肉、栗、藿。

肾色黑，宜食辛，黄黍、鸡肉、桃、葱。

自《内经》以后，医学和药学大有进展，到唐代，在京兆华原（今陕西耀县）产生了有"药王"之称的名医孙思邈（581—682 年）。孙思邈早年体弱多病，才发奋学医，饱读儒道佛三教典籍，终成一代神医。他早年总结前代医学成就，编成《备急千金要方》30 卷，晚年以自己的医学实践著《千金翼方》30 卷，两部书合在一起，在 7 世纪完成了第一部临床医学百科全书，时间之早，篇幅之大，价值之高，胜出了同时代的拜占庭和阿拉伯医学。晚唐的印刷品中有《新集备急灸经》或即孙思邈的著作。《千金方》第 26 卷专论食疗，成单本《千金食治》。他提倡饮食要节俭，不能贪味、多餐过饱。列举果实 29 种，菜蔬 58 种，谷米 27 种，动物和乳品 40 种，主张常食大枣、鸡头实（芡实）、樱桃，苋菜实、苦菜、苜蓿、蕹、白蒿、茗叶、苍耳子、竹笋；薏仁、胡麻（芝麻）、白麻子、饴、大麦，石蜜、乌贼鱼；可以益气多力，耐老延年。

《孙真人摄养论》一卷，专论一年十二个月要根据气候变化，调剂饮食才能有利健康。《孙真人卫生歌》列出卫生三戒，"卫生切要知三戒，大怒大欲并大醉"。要求大家注意适当调节性生活，避免酒醉。提出五味要根据季节加以调整，"春月少酸宜食甘，冬月宜苦不宜咸。夏要增辛减却苦，秋辛可省便加酸"。他总结出："夜饱损一日之寿，夜醉损一月之寿，一妾损一年之寿。""热食伤骨，冷食伤肺。""食勿大言，大饱则血脉闭。"

孙思邈认为无病要注意调节饮食，有病应先用食疗，不愈则用药疗。道理在药物各有偏性，会使人脏气不平，食物却能排邪气、安脏腑、悦神爽志，滋补气血。良医应是能以食治病的医生。

孙思邈发展了《内经》五脏所喜、所宜、所养的学说，配制了"五脏所宜食法""五味所配法""五脏病五味对治法"，对照谷米、果实、菜蔬、鸟兽四类食品的性能，制作药物配伍和禁忌。他的学生孟诜，有《食疗本草》，录有食疗方剂 227 个，近世有辑佚本。孙、孟二人为后世食疗学、营养学奠定了基础。

（二）面目一新的酒菜花果

唐人好饮酒，开始从新疆传入葡萄酒。640 年，唐朝收服高昌（吐鲁番），将马乳葡萄引入长安禁苑，用当地酿酒法，制成八种葡萄酒，"芳辛酷烈，味兼醍醐，既颁赐群臣，京中始识其味"（《册府元龟》卷九七〇），引得内地民间也种植葡萄。这八种葡萄酒中有烈性的烧酒，是内地人没有饮过的，641 年以后在长安宫中酿成，是内地首次，这种酒属于秘制。后来只有山西太原才有（白居易《寄献北都留守裴令》诗注），恐怕是由于当过范阳节度使的安禄山的来头。还有低温的葡萄酒，更有名的是西凉葡萄酒，唐诗中有"葡萄美酒夜光杯"，杨贵妃饮过这种酒，大约不是高温烧酒。《太真外传》有太真持玻璨七宝杯,酌凉州所献葡萄酒的记事。烧酒要到 13 世纪才在中国各地普遍推广,称"阿剌吉",这个词在波斯语、阿拉伯语中是用蒸馏法提取酒精,中译叫酒露或重酿酒。蒙古文《格萨尔王传》中就有八种用阿剌吉法造的酒,最名贵的是用葡萄酿造的烧酒,元代称作"法酒",意思是正宗的波斯酒、西洋酒(当时波斯湾属于"西洋"地区)。唐太宗的御制酒是正宗的波斯酒。天宝时有沙门昙霄用扦插法在本寺培植葡萄成功,北方再掀大种葡萄之风。

唐代还有波斯的果子酒,列入天下名酒,名三勒浆,由庵摩勒(余甘子)、毗梨勒、诃梨勒(诃子)三种波斯果子制成。李肇《国史补》卷下说三勒浆是"类酒,法出波斯"。造酒的地点是长安,一定是当时长安的波斯侨民所传。后来,在 805年,唐顺宗时有伊朗南部乌弋山离国送到长安宫中的龙膏酒,召处士伊祈玄进宫尝酒,这酒"黑如纯漆,饮之令人神爽"。以"龙膏"起名,也是音义双佳的例子:"龙"在汉语中代表最高的品位,又符合《酉阳杂俎》所说,葡萄有黄、白、黑三种,波斯葡萄大的如鸡卵,有"龙珠"之称;膏是音译 gul,指蔷薇露,是添加蔷薇露的葡萄酒,属于蜜酒。宋元时代,径称蔷薇露,列入宫廷用酒。9 世纪时韩愈的侄子韩湘子有道术,"解造逡巡酒,能开顷刻花"(宋人刘斧:《青琐高议》卷九),是说能用速成法酿酒,这种酒可能就是用蒸馏法酿造的葡萄酒,也就是宫中才有的龙膏酒之类的高品位的异国名酒。

南方有椰子酒。椰树,3 世纪郭义恭《广志》已有记载,南方有蜜炙椰肉,说是"肉可糖煎寄远,作果甚佳",可以做成蜜饯。椰是马来语 nyior 的音译。古时闽广等华南地方早就用蜜饯法制作干果。南印度用椰树花汁加蜜糖制酒,叫椰花酒,极有名。爪哇也有这种酒。《扶南传》记泰国南部的顿逊国在二、三世纪就有这种椰花酒,用它的花汁放在盆中几天,便能"成好酒,极美,醉人。"(《北堂书钞》卷一四八·酒六十)。唐代广州、交州、云南都有椰子树,可用来做椰子饭、熬油、酿酒,有烧酒。

槟榔酒,槟榔树是东南亚棕榈科常绿乔木,海南岛在汉代已栽植。交州产的槟榔形小味甘,叫鸡心槟榔;广州产的形大味涩,叫大腹子。春季采软槟榔,极可口;夏秋季采后晒干成米槟榔,可制槟榔酒。

唐人饮酒,按古礼,君子三爵而止,唐代在高宗时出台成套"酒令"佐饮,活跃饮酒情趣,由胜者罚负者饮酒,方法有筹令、雅令、骰令、通令四类。筹令,以拨筹方式,按筹上写的《论语》辞句所取规则定胜负;雅令,有对诗、联句、拆字、回环、连环、藏头等式样;骰令,掷骰子,用于初筵,元明时代以其不登大雅之堂而渐废;通令,属游戏性质,可以传花、抛球、划拳,划拳一直流传至今。

唐代食材比前代更加丰富,由域外引进的蔬菜新品种有菠菜、甜菜(莙荙菜)、胡芹(水芹)、胡苋(白苋)、莴苣,以及莳萝、丁香、胡椒、白豆蔻等调味品,还有石榴、无花果、罗望子、西瓜、椰子、波罗蜜、庵摩勒、巴旦杏、红毛丹、椰枣等果子。

先说蔬菜。菠菜,蓼科草本,有甜味,富含铁质,原产伊朗高原,970年由尼泊尔使者带到长安,叫波棱菜,还有酢菜、浑提葱(香葱),都是前所未闻。"波棱"译自印度摩揭陀国都城波咤厘子城,现在叫巴特那。唐人《北户录》《嘉话录》都提到过。从此菠菜在中国南北方都种上了,北方以秋冬栽培、冬播春收为主,南方秋冬春都可栽植。《修齐直指》提出一块地种谷子、小麦外,两年可收三次的菠菜、白萝卜。

甜菜,也是蓼科草本,古称莙荙菜,译自中古波斯语gundar,根大菜、甜菜、糖萝卜是后起的名字,叶和糖渣可作饲料,多种在北方内蒙古、山东。

胡芹,原产于埃塞俄比亚,伞形科草本,中国南方称芹菜。《名医别录》说水芹就是芹菜,生"南海池泽",以广东出产最多。《尔雅》以芹为楚葵,郭注:"今水中芹。"葵是"百草之王",原是北方的蔬菜,作为水芹,自然是南方主要蔬菜,云梦之芹是《吕氏春秋·本味》中的"菜之美者"。湖北蕲州因产芹得名,是从地中海传来的旱芹,又称荻芹、白芹、药芹,战国时代由狄族传入的旱芹先在北方种植,所以称荻芹。647年尼泊尔使者带到长安的,是从印度来的"状如芹而味香"的水芹,现在叫香芹、香药芹。

苋,原产赤道非洲,苋科草本。胡苋和白苋,品种不同,但从《本草经》以来,名称上一直有混淆:通常说的苋是人苋,别名苋菜,《本草经》叫苋实(*Amarantus tricolor*),早在南方沿海栽植;白苋(细苋)是南方沿海野生(陈焕镛:《海南植物志》,1964年,405页);生在长江下游三角洲的是紫苋,现在习称芝麻苋;还有赤苋、五色苋。宋代《图经本草》列出苋有六种,其中马齿苋(马苋)是搞错,其他品种是南北皆有,而以南方为主产地。

莴苣(*Lactuca sativa*)原产地中海东部,陶穀《清异录》说是"呙国使者来汉,隋人求得菜种,酬之甚厚,因名千金菜,今莴苣也"。彭乘《墨客挥犀》说法相同。过去美国东方学家劳费尔不相信11世纪出版的书中的这个呙国,其实是在阿富汗和五河流域建国的贵霜(小月氏,Kusan)王朝受萨珊波斯王科斯老讨伐,国势衰败,尼泊尔使者将这种生菜传入长安,索金甚高,因此有千金菜之称。7世纪陈藏器《本草拾遗》正式称莴苣又名生菜,是很早被中国南方广泛应用的冷拌菜,食用方便。10世纪以来,《本草拾遗》说是"今菜中惟此自初生便堪生啖",因此"四方皆有"。

调味品中,最重要的是胡椒(*Piper nigrum*)的输入。胡椒,是胡椒科多年生藤本,球形浆果。未成熟果,实干后果皮皱缩色黑,称黑胡椒;成熟果实脱皮后色白,称白胡椒。原产南印度、马来群岛等热带亚洲地区,果实碾碎后成粉末,2 000 年前罗马已从印度进口这一著名调味品。中国古籍最早记的是波斯语 pilpil,汉语译作荜茇(*Piper longum*),俗称长胡椒,虽然同属胡椒科,但与胡椒不同。3 世纪徐衷《南方记》以为胡椒生南方诸国,但据同时的嵇含《南方草木状》(一说是 5 世纪以后作品),荜茇即蒟酱,"蒟酱,荜茇也。生于蕃国者,大而紫,谓之荜茇。生于番禺者,小而青,谓之蒟也。可以调食,故谓之酱焉。交趾、九真人家多种,蔓生"。这种蒟酱在公元前 3 世纪初楚将庄蹻入滇时,在云贵高原的贵州西部便有,后来传入广东,缅甸南部的马来波斯也产荜茇(唐代苏恭:《唐本草》)。胡椒一名是《后汉书·天竺传》卷一一八最早,这书是 5 世纪以后才补上,所以中国人食用上等的胡椒,不会早于 6 世纪。《酉阳杂俎》卷一八记载"胡椒出摩揭陀国,呼为昧履支(marica)。其苗蔓生,极柔弱,叶长寸半,有细条与叶齐,条上结子,两两相对。其叶晨开暮合,合则裹其子于叶中,形似汉椒,至辛辣,六月采。今人作胡盘肉食皆用之。"唐代学西亚人吃牛羊肉或禽肉都用胡椒,多半从陆路运往长安,所以要经摩揭陀,费用很高。李珣《海药本草》有记录。12 世纪后胡椒才从爪哇、印度等地经海路运进南方。

其他调味香料有莳萝(*Anethum graveelens*)、丁香(*Syzygium aromaticum*)、白豆蔻(*Amomum cardamomum*),肉豆蔻(*Myristica fragrans*)。莳萝又名土茴香,伞形科草本,原产欧洲南部和黑海南岸。此名译自中古波斯语 zira。别名枯茗,也取自波斯语 kamūn,果实可提芳香油,亦作健脾开胃药。波斯产的黄色,性烈;波斯湾北岸克尔曼产的色黑,中世纪阿拉伯药物学家阿布·曼苏尔认为最好。李珣《海药本草》引《广州记》,有莳萝,至少 6 世纪交州、广州都有栽培了。《本草纲目》讹以此物为小茴香。

丁香,桃金娘科常绿乔木,原产马鲁古群岛五马洲,春季开淡紫色花,7 月结果,花蕾的干制品叫丁子香,果实称母丁香。花蕾如鸡舌,因此最初称鸡舌香。应劭《汉官仪》中的鸡舌香,记载最早。"能辟口气,郎官咀以奏事"(《诸蕃志》)。《唐本草》。说树分雌雄,泰国南部的昆仑国和当时属于中国的越南北部地区在 7 世纪都产丁香,据《海药本草》,9 世纪以后海南岛也有栽植。原本全靠进口的丁香油,因此也就不再那么名贵了。

白豆蔻原产印度、泰国、越南,属姜科多年生常绿草本,秋季结实,可作调味料,种子入药,能化湿、行气、和胃。另有一种草豆蔻(*A.costatum*),又称草果,也属姜科多年生草本,种子可入药或制蜜饯。中国古书上的豆蔻,多指白豆蔻或草蔻,译自巴利语白豆蔻(takkola)，音译"多骨"。《图经本草》称 10 世纪后广州、宜州也多种白豆蔻，但品质不及泰国产品。另一种肉豆蔻，是肉豆蔻科常绿乔木，也产在泰国，球果的假种皮和仁是上等调味品，中医用作药物。

唐代的水果由于物流加快而增多。在汉代已经传到中国的涂林安石榴，是从西亚引进的安石榴科落叶灌木或小乔木，早先只在皇家上林苑中才有，后来在汉中、南阳繁殖。"安石榴"是波斯语 anar，到中国后，有个兼有音义的译名"若榴"，象征多子多孙、幸福吉祥。这层意思取自希腊、波斯神话中的丰收女神手执满盆石榴，到中国以后，就有了"榴开百子"的典故，被向以多子多孙、荣宗耀祖为齐家治国方略的汉人视作了国标，流于民间。石榴四季都能扦插，五月开花，云南开远石榴唐代已有名，"子大皮薄如藤纸，味绝于洛中"(《酉阳杂俎》)。还有波斯的四季榴也是这个时候在云贵高原落了户，于是夏季、秋季都有石榴了。

无花果，味甘甜，是原产西亚的桑科落叶灌木或小乔木，地中海沿岸崖岩至今有野生的丛林，绿色浆果中包藏着花和果，人们讹以为无花而果，古波斯和吕地亚的国王以此为美食。9 世纪阿拉伯商人苏莱曼在广州见到过盆栽的无花果，无花果在广东是早有栽培了。唐朝的皇室也享用这一美食。《酉阳杂俎》说无花果果实红色，亦名阿驿，是波斯语 anjir 的音译，他又说拂菻(拜占庭)称底[弥]，是希伯来语 tene，阿拉美语 tine，也就是现在英语常用人名"蒂娜"的词源，意思是"甜蜜"。无花果从地中海运到中国很不容易，果酱还好运一些，每当结果时，只有南方水多的地方不断滴灌，才能培育出大如瓯的果子(《群芳谱·果谱》)。

罗望子，原生热带非洲和苏丹的豆科常绿乔木，茎干高 25 米，产荚果罗望子，有酸味，日久成暗黑色，像枣子，传入南印度后，泰米尔人用果肉制咖喱粉，花拌咖喱作蔬菜。波斯语、阿拉伯语都叫印度枣，汉语"罗望"就是阿语中的"来自印度"(ul-Hind)的意思，它的树皮和叶子都可药用。唐代经中南半岛传到中国云南、两广，大约南方已有咖喱米饭了。南宋周去非《岭外代答》将它列入南果百子之首。

西瓜是葫芦科甜瓜，赤道非洲发现过原生种，从海上就漂到广西了。1980 年在北部湾发掘到罗泊湾一号西汉墓，见到公元前 2 世纪的西瓜子。9 世纪起西瓜又从中亚传到新疆地区，从此北方人以为西瓜是在那时才传到河北平原的。

巴旦杏，蔷薇科落叶乔木，原产伊朗高原，《酉阳杂俎》卷十八说波斯叫婆淡树，巴旦杏别名波淡，借用波斯语"杏仁"(badam)，又名偏桃，"核中仁甘甜"，味胜核桃肉。唐代从新疆、甘肃传入长安，西北地区便种上这树了；当时广州是从苏门答腊的詹卑(占卑)引种(《北户录》)。

6—7 世纪一些原产东南亚和印度的瓜果、花卉都在云贵高原和岭南落户，因此中国南方可以吃到许多新鲜的瓜果蔬菜，如椰子、波罗蜜(波罗树、木波罗)、庵摩勒（余甘子）、红毛丹（《本草拾遗》称韶子）、山竹（《齐民要术》称多南子，又作都念子，马来语"莽吉柿"大小如苹果，皮黑肉白）、椰枣（《本草拾遗》波斯枣别名"夫漏"，出自埃及科普特语；有海枣、千年枣、万年枣等名称）。

中国原是许多栽培花卉和观赏树木的发源地，杜鹃、报春、龙胆这三种中国天然名花，遍布东部沿海和西南高原山地，人工栽培的名花有荷花（莲花）、牡丹、菊花、月季、蔷薇、玫瑰、山茶、紫薇、玉兰、芍药、兰花、栀子花、桂花、梅花、杏花等多种。也有许多外国的名花陆续在中国落了户，在两千来年中，跟着岁月翻转也成了中国本地的产品。唐代以前引进的外国名花，有原产印度的茉莉花（摩夷花）、拜占庭的耶悉茗花（素馨花）、原产非洲热带的指甲花（散沫花）。唐代引进的名种花，有原产地中海的水仙、郁金香、天竺桂和睡莲，原产西亚的番栀子（唐以后与栀子花混称）。

中国原本是个花卉大国。春季有报春花、兰花、玉兰、桃花、海棠、杏花、月季、郁金香、素馨花；夏季有荷花、牡丹、芍药、玫瑰、蔷薇、紫薇、凤仙花、珙桐、茉莉花、指甲花、夜香花；秋季有桂花、菊花、秋海棠、秋葵（鸡冠花）、芙蓉花、月季、杜鹃；冬季有山茶、梅花、蜡梅、水仙。一年四季都有各色名花蕊放。

杜鹃花，是杜鹃花科杜鹃花属半常绿或落叶灌木，春夏两季开花，花冠喇叭形，2—6朵，簇生枝端。长江以南都有野生，四川、云南、西藏、湖北、江西、浙江最多。杜鹃花别名映山红、山石榴、山丹花，红踯躅。唐代浙东的杜鹃已经移栽到洛阳和日本，白居易在《山石榴寄元九》诗赞杜鹃："花中此物是西施，芙蓉芍药是嫫母。""花中西施"从此成了杜鹃的雅号。全世界杜鹃属品种800多个，中国就有650个，滇西和西藏间的横断山脉，在海拔2 500—4 000米的高山常见一丛千朵的杜鹃，灿若丹锦，覆山盖野，被公认为杜鹃的起源和分布中心。云南腾冲山区一株杜鹃树王，是杜鹃中的巨型种大树杜鹃（*Rhododen giganteum*），径围26米，树高25米。印度尼西亚和菲律宾的杜鹃都是华人移入。19世纪以来杜鹃已被移栽到欧洲和美国。

荷花，原产于中国，是睡莲科莲属多年生宿根水生花卉，别名之多，在百花中罕见，有水芙蓉、芙蕖花、莲花、菡萏、玉环、六月春、花君子等，在5月至8月间开花。莲属植物在被子植物兴旺前的一亿三千多万年前，已在北半球许多水域生长。1975年浙江余姚河姆渡遗址中发现过莲的花粉化石，距今有7000年之久。辽宁省新金县普兰店一带泥炭层中，在1923年、1951年曾多次出土千年以上的古莲子，经培育，居然发芽成长，成单瓣淡蔷薇粉红色花瓣，花朵直径达26厘米左右，生命力极强。《诗·陈风》已见"彼泽之陂，有蒲与荷"。《尔雅》释荷："荷，芙蕖（注：别名芙蓉，江东呼荷）。其茎茄，其叶蕸，其本蔤，其华菡萏，其实莲，其根藕,其子薏。"对荷的各个部分各有定名,均可食用,栽培历史在 3 000 年以上。公元前 473 年,吴王夫差在苏州城外灵岩山为西施修建浣花池,是最早修筑的荷花池。莲花在古波斯是琐罗阿斯德教崇奉的香花,也是印度佛教寺院中的名花。晋代庐山东林寺有白莲。唐代白居易特地从苏州将白莲引入洛阳,唐玄宗长安宫中太液池有千叶白莲,当时又有了从地中海引种的睡莲(Numphaea tetragona Georgi.)。佛教寺院多有荷花池,采用"瓦盆别种分列水底"的塘栽、盆栽技术的结合,将园林水景植物配置向前演进到此后私家园林中常见的大面积水生观赏花卉,使荷花的品种有单瓣、多瓣、重台、千瓣等多种花型,花色有深红、粉红、淡绿、白色或复色。中国独有的千瓣型尤为珍贵,花心有二心、三心、四心或五心。由于莲出淤泥而不染,才有"花君子"的美名,十分切合禅宗的超脱尘世、立地成佛的说教。

月季花,是原产中国的蔷薇科蔷薇属低矮落叶灌木,由 15 种蔷薇属植物反复杂交而成,茎与叶均有刺。园艺上变种极多,靠扦插、压条或嫁接繁殖。夏季开深红色花,变种开黄花或白花,花常数朵同生,偶而有单生的。花容秀美、色彩艳丽、芳香馥郁的月季,因"花亘四时,月一披季"(宋人宋祁:《益部方物略记》)而得名月季,别名则有长春花、月月红、胜春、瘦客。月季的原生种是同属的蔷薇、玫瑰,都是中国原产,三花同称"蔷薇园三杰",所以明代的《广群芳谱》将月季归之"蔷薇之类"。"玫瑰"一名,最先写作"玟瑰",有出土文物可证,在战国时代原来是古埃及绿宝石(emerald)名称的音译,后来转写成玫瑰花的花名。蔷薇、玫瑰在汉代尚难分辨,汉武帝的乐游园中有玫瑰(《西京杂记》),是野生的玫瑰,《贾氏说林》记同汉武帝与丽娟看花,有"蔷薇始开"的话,可见玫瑰作为花名是在东汉以后。宋代苏东坡赞月季:"花落花开无间断,春来春去不相关;牡丹最贵惟春晚,芍药虽繁只夏初;惟有此花开不厌,一年常占四时春。"月季花原有深红至淡红色,变种有黄白色,花芳香,花期漫长,几乎自农历 4 月至 10 月不断,蜀地的月季 12 月就开花,从此四季不绝。而且月季花四时朝暮,花、蕊、叶皆不同,宋徽宗最懂得其中色彩变化的奥妙,特地奖赏了宫廷画院在宫中以月季画壁的画师。逐月一开,四时长春,花容娇艳,香味浓郁,使宋人杨万里十分感慨:"只道花无十日红,此花无日不春风。""一枝才谢一株妍。"(宋朱淑真《长春花》) 继牡丹之后,月季自 10 世纪以来在长江沿岸可说尽占花国风采,人称"花中皇后"。宋元间由海上随华船送往斯里兰卡和印度,18 世纪末,"中国黄月季"等四个月季品种经印度传入英法两国,从此交接成一万多个新品种,有称"切花月季"的,或径称"玫瑰""多花蔷薇""黄河"等等,不一而足。

牡丹,毛茛科芍药属落叶小灌木,初夏开红、白或紫色花,有"谷雨三朝看牡丹"的俗谚。原产中国黄河中上游,根皮药用,叫丹皮。汉代以后,牡丹、芍药混称,有"洛阳牡丹,扬州芍药"的说法。北齐画家杨子华有牡丹图。隋炀帝将牡丹选入他的西苑,易州进20箱牡丹,有飞来红、天外红、一拂黄、颤风娇等美名。牡丹雍容华贵,花大色艳,兼有色、香、韵三者之美,唐高宗召群臣宴赏双头牡丹,唐玄宗在兴庆池东沉香亭与杨贵妃夜赏牡丹,请李白作诗,诗人以牡丹喻贵妃,成清平调词《云想衣裳花想容》《一枝红艳露凝香》《名花倾国两相欢》三章。花匠宋单父被召到骊山,培育了色样各不相同的牡丹花万本,有的一天中从朝至夜可从深红变深绿、深黄,再转粉白色,因此受到千金奖赏。唐元和中,长安兴唐寺有一片牡丹花丛,在春天开出2 100朵花,色泽有正晕、倒晕、浅红、浅紫、深紫、黄、白、檀诸色,有的面径七八寸,蔚为奇观。穆宗长庆时宫中有千叶牡丹。文宗(826—840年)时中书舍人李中封以咏牡丹诗"国色朝酣酒,天香夜染衣"获第一,于是牡丹在唐代以国色成一代名花之王,又名富贵花,象征富贵吉祥、繁荣幸福,喻作"国色天香"。洛阳牡丹从此誉满天下。晚清以牡丹为国花,现在还是国花。

栀子花,茜草科常绿灌木,原产于中国南方长江流域。花六瓣,夏初开纯白色花,香味浓烈。果实压榨后有黄色液汁,可以染黄,别名栀子黄、白蟾花。公元前2世纪已大量栽植,供染料。江浙一带,农历四月下旬开始开花,花期一个月,枯黄后香气不减。泰国南部的顿逊国(克拉地峡附近)在汉代就有一种香花叫致祭花,是那里早有栀子花的证明。10世纪以后,这里的致祭花和印度产的香花簷蔔花晾干后一起运到中国,便被佛寺当成了一种印度产的开金色小花的香花簷,称作番栀子。

菊花,是中国原产的菊科多年生草本。秋季开花,有黄菊和白菊,中医用作散风、清热药。周代已栽植,品种极多,《离骚》记秋菊落英可食,汉代相信久服菊花可以轻身延年,有了黍米酿成的菊花酒。菊花酒经一年后,到来年九月九日重阳节开饮,成一时风俗。晋代以来,士大夫园圃盛行栽菊,白居易诗有"满园花菊郁金黄,中有孤丛色似霜"。宋代有五月菊,王象晋《群芳谱》列出菊花有275品,现在一年四季都有菊花,菊花茶、菊花菜都很有名。12世纪日本曾以菊花为国徽。17世纪下半叶荷兰人从西爪哇华人手中将菊花种苗带到欧洲栽植。1748年法国传教士汤执中把北京地区的翠菊寄到巴黎,栽植在御花园中,开出了多种色泽的菊花。

山茶花,又名山茶、茶花,山茶科山茶属下220种观赏花木总称山茶,山茶花与用作饮料的茶是同属山茶属的常绿灌木或乔木,原产中国南方。花朵大如杯盏,花姿娇艳,花大形胜,有牡丹之姿,7世纪以来受人工栽培。《酉阳杂俎》续集称:"山茶似海石榴,出桂州,蜀地亦有。山茶花叶似茶树,高者丈余,花大盈寸,色如绯,十二月开。"当时已有桂山茶、蜀山茶(又名川茶花)、滇山茶(产腾冲,又名大茶花)、南山茶(岭南山茶)、江南山茶等名种,温州产深红、浅红、紫红山茶,在7世纪已移植到日本。后来更有变种的茶梅。宋代出现白山茶,玉茗茶是一种黄心绿萼白瓣山茶,又叫玉茶,是白山茶中的上品,南宋临安(杭州)已有;还有多心茶,花色或红或白,明代因此培育出千叶红、千叶白的新种。杭州东南钱塘江畔(今余杭县)有东西马塍,"土细宜花",12世纪以来的名花多出在这里。广西山茶开黄花,近年发现的金花茶,列入国家一级保护植物。山茶虽然耐寒,但不适合北方的土壤,花期甚长,自冬至到清明,愈开愈盛,次第开放,历时百日。滇山茶适合水插瓶中,十多天不变色;是木本花卉中具有牡丹的娇艳,又有松柏之骨,可以"戴雪而荣"的草木中的神仙(清代李渔:《闲情偶寄》)。

(三)茶饮成风

唐代茶艺大进,茶的药理作用得到阐发。作为饮品,茶与酒常常同时出现在饭桌上。茶原产云贵高原的澜沧江流域,《神农本草经》说神农尝百草,遇到七十二毒,得茶而解。已知茶有解毒的药性。《尚书·顾命》中有"诧",据说就是茶。《神农食经》以为"茶茗久服,令人有力、悦志"。汉代以来,认识到茶有提神、舒气、消食、遣困、解热的作用,开始在日常生活中出现茶饮。

《尔雅》称荼,是茶的本字,各地品种不同,名称有异,郭璞以为"早取为荼,晚取为茗"。东汉许慎《说文解字》以茗为嫩芽,出于早取。茶性寒,是败火的最佳饮料,还能去烦闷、舒关节、长精神。西南地区边民早有以茶作菜和饮茶的习俗。西汉时在成都有文学家王褒作《僮约》,规定僮仆要承担买茶、煮茶的杂役,市上有人工制作的散茶、饼、团茶出售。茶饮最先在长江流域进入城市生活,到两晋时以茶果代宴饮,渐成高层人士提倡清淡之风的待客之礼。张君举《食檄》说,有客来,品上几口浮有白沫的好茶,三杯之后,再下甘蔗、木瓜、元李、杨梅等五味和葵汤。南北朝分立,南朝在军事实力上处于下风,社会上好以茶果为礼品。南齐武帝萧颐遗诏中就曾关照,灵座不祭牲,但设饼果、茶饮、干饭、酒脯而已。茶饮与饼果从此成为后世的茶点,沿袭至今。

生活在8世纪下半叶的竟陵(湖北天门)人陆羽,后来隐居浙西苕溪,毕生研究茶事,撰《茶经》三卷,广为流传。陆羽引领饮茶之风,时人尊为茶圣,茶肆奉为茶神,茶饮也成为日本的社会风俗。《茶经》列举全国有四十二州产茶,淮河以南各地均产茶,北起山南的安康、淮南的光山,南至云贵、闽广,遍布现在十六省。唐人喝茶都是用茶末制作的饼团茶。所以《茶经》以野生茶为上品,园圃栽茶为次品。野生茶以向阳山坡林荫下生长的紫茶为上,色绿的为次;叶片反卷的为上,平舒的为次。采茶,最好在农历二至四月之间,赶在早晨露水干时采摘,天雨或晴而有云不能采。制茶,要先用炭,再用火力强的木柴,将茶用杵舂换捣,趁热放入纸包中,待冷后再取出碾末。可按制法分成粗茶、散茶、末茶、饼茶四类。经过煎、焙、舂之后的茶,放入瓶、缶(收口瓦器)中储藏。煮茶,用山水(矿泉水)上,江水中,井水下;因此讲究品评天下的泉水。唐人张文新《煎茶水记》列出当时公认的适宜烹茶的美泉二十处,其中有无锡惠山石泉水、苏州虎丘石泉水,还有源出太湖的吴淞江水。陆羽对煮茶有"三沸"之说,尚嫌粗略,当时的苏廙《仙芽传》有鉴于汤是"茶之司命",提出了"作汤十六法",开启了品茶者的茶道。大众化的茶饮,有灌上沸水浸泡的庵茶;也可用葱、姜、枣、橘皮、茱萸、薄荷等调料,充分煮沸成茶汤。陆羽以为这样称不上饮茶之道,但深受大众喜爱。饮茶,大凡煮水一升,可分五碗,第一碗趁热饮最好,三碗以后便味淡了。鲜香味美的茶只有头三碗,茶汤色淡黄,香气最好。味甘的是槚,不甘而苦的是荈,入口苦、咽后甘的是茶。茶道之妙,在于制茶的功夫、煮茶的汤法、饮茶的传法。陆羽以为鲜香之茶一炉最好三碗,五人以上共饮,便以这三碗传饮,至今在产茶胜地福建仍然保有此风。到宋代,茶更被列入开门七件事(柴、米、油、盐、酱、醋、茶)中,饮茶成为中国人的国风。

唐代有贡茶,出自湖州顾渚,品名紫笋,每年清明要运送京都,专供皇帝品味新茶。宋代贡茶仍名紫笋,产地改为福建建溪的北苑茶,后来有研膏、腊面、京铤诸名。政府专门派员前往督造团茶,送京后,还出口到高丽。

8世纪以来茶饮的风气已由淮河推进到黄河流域,城市和驿站、码头到处都有茶肆、茶店和茶摊。大众化的茶汤和果茶在人口密集地区是最好的解渴剂,茶肆逐渐成了会客、交友的常设地点,胜过了酒肆。诗人往往以茶醒酒,而僧人则并不讲究茶道,无需名茶。《旧唐书·宣宗纪》记849年洛阳的地方官将一名130岁的长寿僧送到长安,进谒宣宗,宣宗问他为什么会长寿。他回答说,他从小贫贱,从不服药,只是嗜茶,云游四方,只求有茶,有时一连喝上百碗,也不以为过。宣宗于是赐他名茶五十斤,住进保寿寺,将僧人饮茶处赐名"茶寮"。城市坊间有了茶肆,驿馆、码头有茶店、茶摊。亲友间有以茶会替代酒宴,以茶会友、以文会友渐成社会风气。比之以酒宴会友自然要简约得多,只需略备茶点、干果便可尽兴了。

(四)饮食文化的高峰期

唐代已由早先的宫廷与家庭饮食转入城市经济的轨道。有别于先前以淡味真味为至味、以尚淡为知味的古代饮食观,唐宋时代开始进入美食时代、讲究美食,不但在于追求美味、美色、美名,还要美其器、善其具、乐其声。于是出现了悦目与风雅的肴菜,采用了高足的桌椅进食;社会上饮茶成风,瓷器成为时尚的饮食器,会宴要随伴歌舞伎乐。饮食文化因此进入了高峰时期。

唐人进食的工具特点是还未脱离古代旧习,《礼记·曲礼上》规定:"羹之有菜者用梜,其无菜者不用梜。"古字是"木"旁加"夹",就是筷子。《曲礼》还说"饭黍毋以箸"。吃饭、吃粥不用筷子。所以考古所见筷子都很纤细,用来捞羹中菜,而羹是加火煮以后,连釜一起供上饭桌的。敦煌石窟寺473窟唐代宴饮图,画的是一件长桌,一边是四个男子,对面五个女子,桌上依次排了五盘大菜,各人面前都有一副筷子(箸)和匙(匕)。但它们的功用,正好和现在饭桌上使用的相反,匙是捞羹汤的,筷子则兼有挟菜和吃饭的功能,所以唐宋以后,筷子不得不变粗壮一些了。这是因为13世纪以来中国人的菜谱起了很大的变化,肉食增多是一个最主要的因素,特别是应对大块的带骨的牛羊猪和鸡鸭肉,必须加强筷子的功能所致。

唐人做菜,不但要味美,还讲究形象可爱。唐人善做面食,用槐叶冷淘,在夏季可以做出味美、碧鲜的凉面,有杜甫的《槐叶冷淘》诗为证。点心有笼上牢丸(蒸饼、烧卖)、汤中牢丸(汤饼、水饺)、煮饼、蝎饼、凡当饼、胡麻饼、五色饼,以及萧家馄饨、韩约的樱桃毕罗、良翰的驴騣、驼峰炙等名家制作的精品。

唐代已经有人能制作成套花色面点,韦巨源《烧尾宴食单》就有"素蒸音声部"的蓬莱仙人七十名。信佛的人士更喜欢素食荤做,用面粉和蒟蒻染色,做羊臛、脍炙之属,在长安、成都是通行的食风,后世的佛寺都有传承。唐代寒食节必备雕鸡子,将鸡蛋刻成人脸,竞相评比。当时已有组合风景拼盘,比丘尼梵正仿王维辋川别业二十景用鲊、臛、鲈脍、脯、盐酱瓜蔬,做成可供二十人食用的"辋川图小样",人各一景,将观赏与食品合成一体(《清异录》)。吴越地区更流行一种花色拼盘"玲珑牡丹鲊",用鱼片斗成牡丹,腌制发酵,如红牡丹,放入透明容器会宴。

工艺菜不但重在色泽与形象,而且也贵在有一个风雅的名称,多以食料、菜味、色彩、质地、形象或烹法起名,如荷叶包鸡、五香肉、樱桃肉、酥鱼、金玉羹、肉露团、琥珀肉、粉蒸肉等等。唐代长安街坊铺子的菜单,有《清异录》中的"张手美家",可以代表市民上菜馆所可享受的菜肴:有油画明、六一菜、涅槃兜、宜盘;千里行厨、冬凌粥、辣鸡馂、萱草;指天馂馅、如意图、玩月羹、米锦。看了菜单,仍难一目了然。后世菜馆里的菜单仍然是有难易之别,各有所取:大凡等级愈高,菜名偏雅;等级较低,常可一听便懂。

唐代在众多的胡食中有了在中国大放异彩的清真菜。开元以来,伊斯兰风味菜成了富贵人家的日常菜肴,8世纪以来,"贵人御馔,尽供胡食"(《旧唐书·舆服志》）。毕罗、烧饼、胡饼、搭纳，在中原和南方的广州都是风味小吃，而且各地都可添加佐料，配以蒜油、肉馅，使面饼更加美味可口。这类西餐馆在长安、洛阳、太原、广州、河西各地尤其普及。

唐代的进食环境和设施有很大的改进。有一个与前代显著的不同，即高足椅的推广。高足椅是唐代改善饮食方式的富有时代特色的产物。在这以前，原本席地而坐的汉人传统，逐渐固从西亚传来、高度与人的坐姿适合的桌椅而被放弃。中原地方在 6 世纪有了束腰圆凳、方凳、胡床和椅子。靠背椅在敦煌 285 窟 6 世纪西魏的壁画上可以见到，当时还有人坐在胡床上，双足下垂到了地上。洛阳龙门石窟中坐在圆凳上的佛像，有一条腿也下垂到地上。唐代的官员或有身价的人都坐到了凳子或椅子上，双足下垂成了标准的坐姿，不用盘膝而坐了，但在 7 世纪，两种坐姿还处于交替状态。敦煌 473 窟唐代宴饮壁画上有长方形餐桌，宴饮者分三面围桌而坐，每面三人，坐在一张长凳上；桌上中间一列放七只大盘，右边一列八只大碗，左边一列十只碟子，左右各有十只茶酒盅，贴身还横放着成双的筷子。参与会宴的男子坐姿不一，有盘膝的，也有垂一足的。桌前空处有会宴者也是三面围坐，坐姿不一。传世的《宫乐图》，列坐女乐都用方凳（杌），是因演乐的需要。1955 年西安发掘了玄宗时宦官高力士的兄长高元珪墓，壁画中的墓主端坐椅上，双足垂地。从此民间也都群起仿效。当时的椅子或凳子似乎都是矮脚的，并没有达到一定的高度。到 10 世纪，高足桌椅已经在社会上流行，品种也一应俱全了。南唐画家顾闳中的传世名作《韩熙载夜宴图》中，主人和嘉宾分坐大床和靠椅上，聆听女子弹琵琶。有长桌和小桌，摆满菜肴点心，是会宴而仍是分餐的形制。自唐代开始采用高足的木制家具，预示一项新兴的家具业将便未来的中国室内陈设出现全新的格局，进一步显示城市生活既不同于农业社会中的乡村，更与游牧社会全无雷同之处，定居生活的安逸舒适，与周边民族的用毛席踞地而坐的风俗大异其趣。对于城市生活的这一新内容的开发，使得中国对于木材的供应提出了一项史无前例的要求，促使中国的植被地理面临一个规模十分宏大、效应无比深远的变化。就唐代而言，不过起步而已。

再次，唐代饮食器的一个时代特色，是瓷器替代漆器和瓦器成为重要的饮食器皿。瓷器不吸水的特性，使它具有天然的防腐性能，客观上提高了饮食卫生水平，促使人类的生活方式向前跨出了豪迈的一大步。瓷器在中国市民饮食文化中首先普及，标志着中国在中世纪文明世界中取得了领先的地位；瓷器作为一种最合适的饮食用具取得的强大的生命力，使它一直流传至今，尚未止息。

瓷器，尤其是南方以越窑为主的瓷窑大量生产的青瓷，在唐代是城市生活中的日常用品。常见的有盘、碗、杯、盅、碟、瓶、壶等饭具、茶具和酒器。北方邢窑的白瓷、褐瓷少于南方瓷窑产品。陆羽从品茶出发,以为越瓷、岳瓷色青,益茶,茶色白红。邢瓷白,茶色红;寿州瓷黄,茶色紫;洪州瓷褐,茶色黑;都不宜烹茶。越窑青瓷在9世纪烧成秘色瓷,使制瓷工艺臻于顶峰。吴地诗人陆龟蒙有《秘色瓷器》的诗:"九秋风露越窑开,夺得千峰翠色来。"这类天青色美丽釉彩的瓷器专供门寺地宫遗址中出土越窑青瓷花口碗、花口盘、葵口碗等十三件秘色瓷,同时出土的《监送真身使随真身供养道具及金银宝器衣物账中》记有"瓷秘色碗七口""瓷秘色盘子、碟子共六枚",数字与实物相合,于是秘色瓷始与今人相见。有关新式窑具匣钵、垫饼、支具,也在2015—2017年在浙江慈溪桥头镇上林湖中部的后司岙窑址的发掘中出土。烧造3个世纪之久的秘色瓷于是有了超过百件的存世物。2017年5月故宫博物院斋宫举行了名为"秘色重光"的展览,有187件(组)文物展出。

金银器、玻璃杯、碗和玉制的食器,是只有上层集团才能享有的稀有之物。当时金银器工艺达到极高的水平,有镂金、泥金、戗金等14种工艺,出土文物可以见到非常精美的各种款式的金银器具。1970年西安南郊何家村发掘到盛唐时窖藏的200多件金银制作的碗、杯、盘、壶、炉、锅、熏球等器物;1987年在陕西扶风法门寺塔地宫出土中唐时皇室专用的高品位金银器,有宝函、熏炉、鎏金银龟盒、金银花十二环锡杖、银盆,以及全套金银烹茶用金具,有鎏金壶门座茶碾子、银锅轴、鎏金仙人架鹤纹茶罗子、三足架银盐台等数十件贵重茶器,极具皇家气派,实属稀世之珍。使用中国自制的铅钡玻璃杯,自然更为葡萄酒、蔷薇露等名贵饮品增添了风情雅致。展示美器美食原是富贵人家的门风,出翠釜、水晶盘在上层集团中是争奇斗胜的工具,"金樽清酒斗十千,玉盘珍羞直万钱"(李白《行路难》)。说的正是唐代贵族生活中常见的宴饮场景,奢靡的程度比之古罗马已有过而无不及。宴饮也往往成了献宝炫富的良机。

唐代饮食文化的又一个时代特色,是会宴常常伴有乐舞与伎艺。唐代宫廷筵宴,一定有阵容强大的歌舞演出,《唐六典》卷一四记大燕会设十部伎:一曰燕乐伎,有庆云乐之舞、破阵乐之舞、承天乐之舞,曲目多至上百,演出规模可大可小;二曰清乐伎;三曰西凉伎;四曰龟兹伎;五曰高丽伎;六曰天竺伎;七曰安国伎;八曰疏勒伎;九曰高昌伎;十曰康国伎。在曲目众多、场面宏大的国家乐舞演出之后,便有各种西域风情的乐舞演出,规模自然不如前二部的舞乐,但也各有风采,大多属于胡舞、胡乐,将亚洲地区的音乐舞蹈汇聚于东亚文明中心的长安一地。其中以龟兹乐和康国乐最受欢迎,成为流行乐舞。健舞(男舞,胡腾舞、胡旋舞)、软舞(女舞,胡旋舞)两大舞种尽出其中。骠国乐也别开生面为诗人元稹和白居易颂扬。

唐代曾将宫廷乐舞按演出场合分成坐部伎和立部伎,坐部伎在室内厅堂演出人数在3—12人之间;立部伎在露天演出,人数在64—180人之间。立部伎八部大曲,以贞观时的《秦王破阵乐》、开元时的《霓裳羽衣舞》、贞元时的《南诏奉圣乐》为最,常演不衰,声名远扬印度、中亚、泰国、日本等国。《破阵乐》(军舞)与《庆善乐》《上元乐》合称唐代三大舞,都是对国运歌功颂德的乐舞,其中只有《太平乐》(又称《五方狮子舞》),是新疆的胡人表演戏狮;新疆吐鲁番阿斯塔那古墓出土唐代舞狮俑,与现代南方各地流行的狮子舞几乎完全一样,狮子由两个人合成,可以直立,形姿生动。《教坊记》所列大曲有46部,还未齐全。8世纪中叶以后,立部伎只好解散,变成了演舞双剑、跳七丸、嬲巨索、掉长竿的杂会节目了。

各地民间会宴也有伴舞,软舞中的柘枝舞流行在长江流域,从上游的四川、中游的湖南到江浙地区均有演出者。各地民间更有投壶、博戏等娱乐活动,不一而足。洛阳在三月初三有妓乐者,用钱结成龙为帘,称"钱龙宴",周围撒几寸厚的真珠,由妓女去剥珠,得到双数(偶数)的获胜,要用双珠宴劳主公(见《妆楼记》)。坊间流行饮食伴奏音乐、曲子,随兴起舞;富贵人家可以在节庆期间举办曲艺、舞蹈演出,在唐代已成风气,开后世民间在婚庆、生日时办"堂会"的先河。

8世纪以来,奢靡之风盛行,只举《酉阳杂俎》记安禄山受玄宗的恩赐就可知道都是与宴饮相关的器物与伴乐:

> 安禄山恩宠莫比,锡赍无数。其所赐品目有,桑落酒,阔尾羊羊,窟里马酪,音声人两部,野猪鲊,鲫鱼并脍手刀子,余甘煎,辽泽野鸡,五末汤,金石凌汤一剂及药童昔贤子就宅煎,蒸梨,金平脱犀头匙箸,金银平脱隔馄饨盘,金花狮子瓶,平脱着足叠子,金大脑盘,银平脱破觚,八角花鸟屏风,白檀香床,绿白平细背席绣鹅宅毡,八斗金镀银酒瓮,平脱食台盘,油画食藏。

帝皇的恩宠本在换取臣子的忠诚,但安禄山这个胡子却贪上了玄宗的宝座,反倒害得大唐江山鸡犬不宁了。

唐代皇帝也贪图臣下回报,进士出京、大臣初迁,都时行献食,称作"烧尾"。

唐人封演《封氏闻见录·烧尾》说唐太宗曾向朱子奢问询烧尾的事,回答是:"新羊入群,乃为诸羊所触,不相亲附,火烧其尾则定。"烧尾是得到提拔的人应献的回礼。中了进士之后,五、六月间要掏腰包在曲江亭宴请皇上和有关官员,不过此宴,不得出京。宋人陶谷《清异录》记下韦巨源官拜尚书令,上献烧尾食,清单保存在他家,有"烧尾宴食单",其中奇异的就有五十八种,都是宫廷宴会之外贵胄豪门宴席上具有三美俱全(美味、美色、美名)的佳肴:

单笼金乳酥（酥油饼），曼陀样夹饼（卵圆形烤馅饼），巨胜奴（黑芝麻酥油饼），贵妃红（红色重味酥饼），婆罗门轻高面（印度笼蒸饼），御黄王母饭（浇盖肴馔的黄米饭），七返膏（七卷团花蒸糕），金铃炙（铃形酥油烤饼），光明虾炙（油煎鲜虾），通花软牛肠（牛肉香肠拌羊排），生进二十四气馄饨（二十四种花色馅料馄饨），生进鸭花汤饼（鸭花形面疙瘩），同心生结脯（将肉糜打成同心结风干的肉脯），见风消（糯米粉皮煿熟当风晾干，再油炸），冷蟾儿羹（冷食蛤蜊肉羹），唐安（炎）（四川唐安县产数饼合成的拼花饼），金银夹花平截（蟹肉蟹黄包），火焰盏口（追）（火焰形盏口蒸糕），水晶龙凤糕（红枣米糕），双拌方破饼（拼成方块的双色饼），玉露团（印花米粉团子），汉宫棋（成双钱形的棋子面），长生粥（拌有花生米的粥），天花（毕）（罗）（波斯葱油肉馅饼），赐绯含香粽子（蜜汁赤豆粽子），甜雪（蜜汁淋烤的脆皮甜点），八方寒食饼（八角形面饼），素蒸音声部（按宫廷乐舞女子蒸出花色面点），白龙臛（鳜鱼片羹），金粟平（追）（鱼子糕），凤凰胎（炖鱼胰脏与鸡卵黄），羊皮花丝（拌一尺长的羊肚丝），逡巡酱（鱼肉酱和羊肉酱），乳酿鱼（奶酪腌全鱼），丁子香淋脍（淋丁香油的鱼脍），葱腊鸡（笼蒸鸡腹纳葱腊的全鸡），吴兴边带鲊（吴兴原缸腌制鱼鲊），西江料（西江粉蒸猪肉），红羊枝杖（烤全羊），升平炙（烤羊舌、鹿舌最多三百枚，拌合），八仙盘（剔骨鹅八只），雪婴儿（去皮青蛙涂精豆粉煎成锅贴），仙人脔（乳汁炖鸡块），小天酥（鸡肉和鹿肉拌米粉油煎），分装蒸腊熊（蒸熊肉干），卯羹（兔肉羹），清凉臛碎（狸猫肉凉羹），箸头春（切成小块的油煎鹌鹑肉），暖寒花酿驴蒸（烂蒸糟驴肉），水炼犊（清炖小牛肉），五生盘（羊猪牛熊鹿五牲拼肉冷盆），格食（羊肉羊肠拌豆粉煎炒），过门香（薄切各料涮沸油急炸），红罗钉（网油煎血块），缠花云梦肉（云梦肘花卷缠好后，入酱汁煮熟，切片凉食），遍地锦装鳖（羊脂和鸭蛋清炖甲鱼），蕃体间缕宝相肝（装成宝相花形的猪肝拼盆，最高七层），汤浴绣丸（浇汁大肉丸，今称红烧狮子头）。

烧尾献食在天宝（742—756 年）间，也成了皇室公主向君主献媚的送礼，进献时队伍塞满通衢大街，为接礼，专设了一个检校进食使的官，"水陆珍羞数千盘之费，盖中人十家之产"（《明皇杂录》）。一次烧尾抵得上中产阶层十户的家财。足见进献者的财富与平民百姓的收入的差异已经何止千万倍！当时的平常百姓家，却天天吃的是"三白"，以白盐、萝卜、白饭度日，只得以"瓦盎盛蚕蛹，沙锅煮麦人"（陆游《埭西小聚》）充美食了。天宝之盛，终究成了唐朝国运的一大拐点，一直指引着李氏天下走向不归之路。

唐代后期，特别是 9 世纪以来，随着城市商业化程度的提高，餐饮业向专业化和规模化迅速发展。长安城就有许多专业的饮食和小吃店应市，颁政坊有馄饨店，长兴坊有（毕）（罗）店，辅兴坊有胡饼店，长乐坊有稠酒店，永昌坊有茶馆，阊阖门外的"张手美家"食店,专供时令小吃,花样跟随节令翻新,轮流供应风味饮食,寒食节有冬令粥,中秋节推出玩月羹,腊日有萱草面,花样繁多,四季生意兴隆。大城市中的餐饮业不但能办"烧尾宴"之类的高档菜肴,而且规模和效率也越来越高。《国史补》讲过一件事,唐僖宗(873—888年)召吴凑快赴京兆尹上任,他只得求助于长安专办"礼席"的饮食店,一面催马通知客人到府邸赴宴,果然,等宾客临门,家中"已列筵席"、"礼席"已由店家办齐,等客上门了。这类饮食店,随时都能办好三五百人的筵席,并且送货上门。这真是十分的时尚了。此风在十大城市中也应是适时之举。到了宋代,无论汴京(开封),还是临安(杭州),办喜庆筵席、公私宴会,上门服务,已成家常便饭了。

(五) 唐代市井风俗

唐代中原地区离开汉人与胡戎杂居的时代并不远,城市中商业繁荣,各方人士交往密切,胡风胡服在社会上习以为常。唐代社会的一大特点是,妇女较少受礼教束缚,也常是社交界富有活力的参与者。贵族妇女更大多知书达理,从小接受诗书礼乐教育,官员及市民家庭女子也多学习音律丝竹,懂得事人之道,能写会算,善于女红烹饪。妇女下棋是普及各地的娱乐活动,女子也好骑马出行,参与节日盛会。

唐代初无宫禁,宫廷女官可以交结外臣,骑马戎装出行也是常事。女子参与朝政,武则天是最突出的例子,她最初代高宗理政,渐渐地独揽大权。684年先后立过两个儿子为帝,又废掉。690年武后称帝,革唐为周,到705年中宗上台,才复唐国号。于是女性参政,成一代风气,先有中宗韦皇后,后有肃宗张皇后。玄宗宠妃杨玉环更是风流才女,能歌善舞,最解圣上意旨,种下安史之乱的祸因。

唐初,宫女骑马,都采用西北地区流行的遮面巾,叫幂篱,高宗时宫女改用帷帽,在藤编笠帽上再装一圈丝网,不乘车,坐担子。到武则天时,宫人从驾,都是胡帽乘马(上海博物馆藏吐鲁番出土唐三彩骑马女俑),甚至男装驰骋。

男装用幞头,起自北周。隋代百官原来服黄纹绫袍、戴乌纱帽、着靴,后来常服用折上巾代乌纱帽、用靴代履,采用戎冠、胡履;唐太宗叫百官戴进德冠,在幞头(折上巾)上加上四条带子,可以前额二角系大带,后脑二角系小带,材料可硬可软。男服圆领、右衽、窄袖的袍(有衬里)、衫(无衬里),贞观中加上有镶边的襕袍、襕衫、缺袴衫,规定"士服短褐,庶人以白"。平民穿白布衣,所以有"布衣"之称。规定官员三品以上服紫,五品以下服绯,六品七品服绿,八品九品服青,带上鍮石,"妇人从夫色"。668年正式下令,只有天子才能穿黄袍,其他人都不准穿黄袍。后来到宋代,"黄袍加身",赵匡胤就贵为天子了。

唐代宫女流行短襦长裙的服装。唐初宫中将袖子减去，称"半臂"，成为一种合领、对襟、短袖的长衣，穿在袍衫之外，通常裙长及胸，半袒胸部，胸前结带。又有"披帛"，将纱罗披在肩上，绕于双臂。民间也起而效法，半臂因而成为常服。盛唐时变成男女都喜欢的流行式，皇帝也以半臂颁赐臣下，地方贡品中有"半臂锦"、"蛮锦"专供制作半臂。妇女多喜在肩上披帛，绕在双臂上。流行短襦长裙，半袒胸部，裙腰齐胸。裙长有规定，不过五幅，曳地不过三寸，但各地常都超标，敦煌民俗，用布一匹，作百褶裙。单色裙，裙色有红、绿、黄、紫多种。红裙是流行色，用茜草染成，艳如石榴，称石榴裙；唐代新增郁金香染黄，为时尚色，杨玉环爱好以假鬓为首饰，穿郁金香染的黄色裙，于是宫中和门宦之家群尚黄裙。间色裙色彩更多，也很流行，一色称一破，规定间色不得超过十二破，浑色衣不过六破。

妇女发式很多，层出不穷。唐代以前幼童不分男女，束发于顶，梳成左右两个小髻；及长，男的合成一髻，女的仍是双髻，叫"丫髻""丫头"表示未成婚；如梳成双鬟，就叫"丫环"，也是未婚。唐代则是未婚女子，不论年纪，都梳丫鬟，到老仍然如此。只有已婚女子才梳发髻。元和（806—820 年）末妇人流行圆鬟椎髻，不设鬟饰，不施脂粉，只以乌膏注唇。唐末，京都妇女，流行以两鬓抱面的发式，状如椎髻，叫"抛家髻"，是后期最流行的发式。唐代妇女化妆超越前代，用红蓝花和牛髓、猪胰做成香膏胭脂，在面靥上涂胭脂，也可用金箔、珠翠粘贴成图案，称"花靥"，在晚唐、五代最流行。有的贴得满脸都是，成大花脸。在僖、昭（873—904 年）时，画眉点唇各逞其长，眉有细眉、长眉、粗眉之分，点唇有石榴娇、嫩吴香、露珠儿等式样，以樱桃小口为最美。唐代男女穿鞋，大小相差无几，称履，女鞋更重花饰，呈凤头上翘，1966 年新疆吐鲁番阿斯塔那墓地出土过翘头丝履，绚丽多彩，也有翘头麻鞋。宫中妇女通常衣青碧缬，平头小花草履、彩帛缦成履，和吴越高头草履。又有线靴，取其轻便，在开元末，主妇反而喜着线靴，侍儿着履。天宝末，"小头鞋履窄衣裳"（白居易《上阳白发人歌》），成了时尚，这风气却来自南方吴越之地。

有唐一代奉行的多民族文化的开放与交流政策，顺应了比较丰足的物质生活和男女处于较为平等地位的社会风俗习气，"女为胡妇学胡妆"成了唐代社会风貌的写照。窄袖紧身、翻领左衽的胡服与高耸的胡帽，原本出自波斯和中亚地区，随后流行中国西部地区，直至进入中原，在大一统的天下，以狂风疾浪之势成为时代潮流，最终冲垮了已有千年之久受周礼束缚的本土礼教，培育了男子对女性要求丰健、颀长、白皙为人体美的审美观，与女性追求化妆的时尚观念不断更新相呼应，随之出现了礼教也须更新的变革。

唐代岁时节日对社会生活所起的作用,胜过以往,主要表现在城市经济和文化活动的波及圈已经由京都和中原地区扩散到长江流域和西部地区;同时节日活动的功能也开始从以往的巫术、祓禊、禳灾、祭鬼神的灵异活动,转向更多人文色彩的娱乐活动,渐渐地变娱神显灵为娱人的娱乐。

到唐代,三元八节已经大定。三元是元日起始到上元、中元(七月十五日)、下元(十月十五日),是道教定下的传统节日,为宫廷与万民共庆的大节,元日与上元都在农历正月,中元则在七月。《岁华纪丽》以元日是"八节之端,三元之始"。正月初一,是大年初一,春节的第一天。6世纪初的《荆楚岁时记》说,这一天,"长幼悉正衣冠以次拜贺"。要进椒柏酒,饮桃汤:进屠苏酒,胶牙饧,下五辛盘:进敷淤散,服却鬼丸,各进一鸡子。送的礼是药酒和药物,目的在预防疾病。唐代仍有这风气,"三杯蓝尾酒(椒花酒——引者),一楪胶牙饧"(白居易《元日对酒》)。五辛盘原本是春节前立春就要送的,取五辛(大蒜、小蒜、韭菜、芸苔、胡荽)以辟疠气。孙思邈认为是令人开五脏,去伏热。与前代不同的是,唐代在元日开始为度吉利,讨口彩,用盘盛柏一枝,柿橘各一枚,擘破分食,叫"一岁百事吉"(《琐碎录》)。或用柿饼、荔枝、圆眼(龙眼)、栗子、熟枣装成"百事大吉盒儿"送人。长安先做榜样,从初一到初五,吃水点心,南方吃汤团(汤圆),北方吃元宵,唐代称粉团。后来用糯米做成圆子,以糖为臛,这习俗一直传到现在,南方在春节和元宵节都流行吃圆子。

董勋《答问礼俗说》将六畜和人的生日,按岁时排列,"正月一日为鸡,二日为狗,三日为猪,四日为羊,五日为牛,六日为马,七日为人。"(《荆楚岁时记》引)。这一连七天,由六畜到人,定为生日,表示一户人家六畜和人丁兴旺,随后八日是地日,九日是天日,取"九九归元"的意思。大约在汉代以后就有这一习俗。晋人《述征记》说,人日,这一天北人在庭中食煎饼,俗称"薰天",以此沟通天人关系。这一习俗一直传到唐宋以后,在唐代人日也是岁时节物。南方,在人日这天,以七种菜羹和米粉同食,《荆楚岁时记》已有记载。唐代长安特色点心店张手美家在这天特供"六一菜",也是这种起自南方的菜羹美食。

8世纪以来,京都长安对元宵节视作盛典,宫中缚山棚,架灯楼,十五、十六日在安福门外作二十丈高的灯轮,用锦绮珠玉装饰,动用宫女上千,衣罗绮锦绣,一件花冠、巾帔要花费万钱;打扮一名女伎,要三百贯;还召集长安、万年两地的少女少妇几千,在灯轮、火树下踏歌三日夜,欢乐的场景,是前所未有,预感到大唐的复兴已经到来。皇帝观灯,阅月未止。玄宗时,一座灯楼,往往广达20间,高150尺,上面挂着珠玉金银穗,叮当作响,上元夜点灯,百里皆见。月夜踏歌本是民间男女在春季流行的交谊、相亲的集体舞,在西部地区和乡镇中特别流行,经京师提倡，于是各地纷起效法，以上元为灯节，让世界变得更光亮，成了盛唐的风气。后来在晚唐也传了下来，彰显了君民普天同庆的欢庆气息，"上元"成了人们追求光明的节日。京都的士女，往往在正月半以后乘车骑马，出去郊游，在园圃或郊外搭个帐篷，过起了"探春之筵"的野营生活（《开元天宝遗事》）。

中和节。进入二月，农事开始，百谷待种，民间有"献生子"的活动，以青囊盛百谷瓜果种相赠，李泌在德宗贞元五年（789 年）提出以二月朔为中和节，二月一日有迎富贵果子的活动，卖太阳糕以祭日，祈求五谷丰登、人丁兴旺。《燕京岁时记》说是二月二日的太阳糕是用米面团成小饼，五枚一层，上面有一寸的小鸡。江南地区将二月初二定作百花节，是由于百花在南方比北方开得早，都是为迎春而设的节日。春季是百花次第盛开的时节，古人将农历十二月小寒至春三月谷雨的八个节气总共一百二十日，按五日为一候，划分成二十四候，认每候有一花的风信相应，候至风来，应信花开，称二十四番花信风：冬十二月小寒，有梅花、山茶、水仙三候，大寒有瑞香、兰花、山矾三候；春正月立春，有迎春、樱桃、望春三候，雨水有菜花、杏花、李花三候；二月惊蛰有桃花、棠棣、蔷薇三候，春分有海棠、梨花、木兰三候；三月清明有桐花、麦花、柳花三候，谷雨有牡丹、酴醾、楝花三候。以苏州为中心的江南地区在二月正是桃花季节，棠棣、蔷薇等名花亦相继蕊放，以之定为百花节。

三月有上巳节。在北方，这节定在三月初三，宋人高承《事物纪原》以为上巳节是周公营建洛阳时禊饮于水滨而定，在以水洁身后，借流水饮酒。这一天，人们多出门赏春，在江渚池沼间，作流杯曲水之饮（《荆楚岁时记》）。到郊外用酒食作野餐，赏惜春天的到来。长安仕女和平民都涌向城东南的曲江池去春游。曲江池原本来是汉武帝的苑囿，唐代将它扩建，周边达到 10 多千米，池旁柳树成荫，百花盛开，西头有慈恩寺和皇帝赐宴的杏园；南边有皇家观赏景色的紫云楼和彩霞亭。玄宗在 730 年特意下令百官在春月可以旬休，放十天长假，选胜游乐，从宰相到员外郎，设十二筵，各赐钱五千缗，既有美食，又拿奖金，"百官尽欢"。到了上巳节，更是群臣同乐，普天同庆。皇帝率领宫嫔、百官及家属在曲江召开歌舞大会，准许僧道和士庶参与游园。皇室成员在紫云楼设宴，高官在亭台廊榭进食，翰林学士特许在彩舟上畅饮，平民百姓则在花丛草间自觅隙地消磨春光。长安的有些侠少，结帮骑着矮马，成双地在花树下游荡，背后就跟着端酒仆从，见到好去处，便驻马饮酒。也有富贵人家子弟，带着帐幕，在园圃中野营的。杜甫《丽人行》有"三月三日天气新，长安水边多丽人"之句，正是赞赏踏青的青春气息；下句"御厨络绎送八珍"，则指筵席的非同凡响了。民间时行踢球、拔河、打秋千、斗鸡，皇家热衷于打马球，闾巷因此亦好此道。野宴又常与贵族的狩猎活动相联，为狩猎特地从西亚引进了猎豹。猎豹是跑得最快的动物，北齐时已引进中原，当时的画家展子虔有《北齐后主幸晋阳宫图》，据元人郝经诗中的描写，画中有海青、猎豹，"马后猎豹金银铛，马前海青侧翅望"。呼鹰带犬之外还用上了必须要由波斯驯兽师专业训练才听使唤的猎豹。西安东郊出土唐开元十二年（724 年）金乡县主墓志铭和彩陶骑马带猎豹胡俑，生动地再现了这类唐代王室贵族狩猎场景。

三月节令，是先有上巳之乐，随后便有寒食、清明之苦。寒食、清明是古已有之，而上巳则是自唐而始，已寓有忆苦思甜的意味。清明与寒食，原本不同，寒食在仲春之末，清明前三日，必须停炊，预备熟食过节。据《周礼》，禁火习俗由来已久，最初或为防止季春发生林火。清明当季春之初，要改新火，断旧火。唐代将禁火食之俗延长到清明（三月七日），宫中尚食内园官小儿在殿前钻火，先得者赐绢三疋、金椀一口，这天早上要"断火起新烟"。到宋仁宗时长安民间有偷偷生火的，只好在密室中烹炮（《岁时杂记》）。宋代三大节，元日、寒日、冬至，寒食是其中一大节。唐宋时代寒食吃大麦粥，加上杏仁乳酪，洛阳人家装万花舆，煮杨花粥（《云仙杂记》）。后来各地又想出各种特色点心，加上豚肉、鸭蛋，外加荐饼取食，变成了花色糕饼。

清明是祭祖的节日，民间在此日上坟祭祀。唐朝在清明宴百官，吃冷餐，由御厨在廊下分发冷食，"殿前香骑逐飞球"。（张籍《寒食内宴到》）百官列队吃冷食，边吃边看打马球，这在当时已算是放下官架子，尝尝吃冷饭的味道，跟祭祖时请先祖"吃羹饭"有点近乎其事了，也就是《岁时杂记》中说的"清明节在寒食第三日，故节物乐事，皆为寒食所包。"清代江苏省城苏州的习俗是吃青团子、焐熟藕（藕孔塞白米），以其切"清明"之意，又合乎"寒食"的食物。

四月初八的浴佛节，是佛教节日，为纪念佛祖释迦牟尼诞生，要浴佛斋僧，唐代佛教中国化，深入民间，此节才成民间节日，一直流传至今。是一年中与盂兰盆节、腊八节并列的三大佛节中最早的节令。

端午，五月初五的端午节起源于长江流域，届时举行龙舟竞渡和吃粽子的风俗，历时已有二千多年。此风之起，传说是南方人为呼吁改革的楚大夫屈原（约公元前340—前278）自沉于汨罗江进行的纪念活动。吃糯米粽子要解索，与竞渡为救生的意义相同。屈原是中国第一位大诗人，是他生活的那个时代最有成就的文豪，唐代的节日粽子有百索粽子，"百索"形容多索，也可以是指致哀用的"白索"。《岁时杂记》说粽子名目繁多，有角粽（角黍）、锥粽、菱粽、秤锤粽、九子粽。九子粽是玄宗在端午节三殿宴群臣时所用，有"四时花竞巧，九子粽争新。方殿临华节，圆宫宴雅臣。"端午在盛唐时已视作仲夏花节，用以宴请赏花。华清宫杨贵妃的浴池"莲花汤"北侧有七圣殿，绕殿长满石榴（张泊《贾氏谈录》）。五月有"榴月"之称，娇艳的石榴花盛开，玫瑰、栀子花、蜀葵、石竹、雏菊、紫薇相继蕊放，正是香花的季节，中原还处于乍暖未热之时。民间在这个节日挂菖蒲于户扉，饮硃砂雄黄酒，以辟五毒，吃水团(白团、粉团)，做滴粉团，成五色人兽花果，或加麝香。也有吃干团的(《岁时杂记》)。

七月七日，是乞巧节，又称"七夕"。《物原》说是楚怀王初置七夕，这一天牛郎织女过鹊桥越银河得相会，又定作双星节、双莲节。玄宗与杨贵妃在七夕夜在华清池游宴赏月，向牵牛织女星求恩。宫中用锦结成高百尺的楼殿，上面可容数十人，设坐，以瓜果酒炙祭二星。女人在这一天乞巧求福，节物有汤饼、同心鲙、斫饼、煎饼、巧水、巧饼、巧果等。

七月十五日，道教定为中元节，道教的"三官"或"三元"指天官、地官、水官，中元是地官下界，考察人间善恶，民间举行祭拜仪式，又称鬼节。中国民间传说七月初一阎王放假，开鬼门关，放无祭的孤魂流鬼回到人间去觅食，三十关闭关门。民间素有给鬼魂"操度"消灾的习俗，佛教也定这一天为盂兰盆节，是梁武帝萧衍首创，从此这一天，佛教、道教和民间各种社团群起祭拜烧香，做法事，捐献财物，进行各种普度、结缘、放生、放河灯的活动。

中秋节，每年八月，古时有交友出游的活动。唐人在八月十五日花好月圆时赏月，寄托思亲怀友之情，在唐代屡见于诗文。"此夜若无月，一年虚过秋"(司空图《中秋》)。民间家家供圆形月饼、月果，饮桂花酒，月上供香之后，便阖家大嚼。中秋月饼，大的盈尺，上绘月宫蟾兔，称作团圆饼。

重阳，九月九日重阳登高，《物原》说齐景公定这天为登高节。《荆楚岁时记》说:"四民并藉野宴饮。"重九登高思亲，赏菊，并饮菊花酒、吃菊花糕，好被除不祥。唐代节物有茱萸酒、菊花糕。宫中要佩茱萸、食蓬饵、饮菊酒，令人长寿(《西京杂记》)。茱萸酒是采茎叶，杂黍米酿成，一年后重阳才开饮。糕与"高"谐音，种类很多，宋代以重九行国家大礼，宗祀明堂，糕上此泥象糁列糕上，称万象糕。宋代此节又被佛教利用，做出狮蛮糕，送女家，糕上插菊花，撒石榴子、栗黄，埋泥文殊菩萨骑狮，由蛮人牵。民间以此寓"求子"之意(《岁时杂记》)。

唐人重除夕。许多冬季的节日，人们可以消遣又消寒，最重要的是冬至。东汉《四民月令》以这一天为祭祀天地、祖宗，并以酒食谒贺君师耆老的节日，一如正日(元日)。唐代已有"亚岁"之说，释皎然有《冬至日陪裴端公使君清水堂集》，中有诗:"亚岁崇侍宴，华轩照绿波。"宋代以此为三大节之一，与春节相提并论，要吃冬至馄饨、百味团子。

腊月初八，有"腊八节"，是中国固有的节日，"秦惠文君十二年，初腊。"(《史记·秦本纪》)。是早在公元前326年就定下的节令。古代在这一天要田猎取兽祭先祖。《四民月令》说:"夏曰嘉平,殷曰清祀,周曰大腊,汉改为腊。"腊是田猎活动,属于国家大典。唐代有洛阳民间的造脂花馅(猪油块),吃萱草面(黄花菜面),佛寺则施腊八粥,为的是乔答摩·悉达多在菩提树下修道,十分饥饿,得到牧女的果粥,然后得悟正道,在这一天成佛,所以佛寺借此施粥。其实这是佛寺对信徒捐助财物的一种回报。

除夕以前,腊月二十四日,要祭灶,古已有之。有小年夜之称。是送灶神去上天,要他免说人间坏话。(《淮南万毕术》)到了年三十,为除夕。周处《风土记》说,除夕,大家相互送年礼,称"馈岁";邀请吃酒馔,称"别岁";长幼聚饮祝颂,称"分岁";通宵不寐,待新年,称"守岁"。古无守岁之说,守岁始于唐代。除夕夜晚,是分岁之时,家家都吃丰盛的年夜饭,俗呼合家欢,儿女终夜博戏玩耍。守岁是为迎新春。翌日开门大吉,跨进了又一年华,从此转入了新的一年。

唐代的这些节令,一直传至后世,元宵观灯、上巳踏青、端午赛舟、乞巧、中秋赏月、重九登高、除夕守岁,都是至今不衰,花样时有翻新。

唐代节令很快传入新罗、日本。新罗六姓是将六部改名,用唐代大姓,据研究,是在《元和姓纂》(801年)之后,直到被高句丽灭亡,民无氏有名。《新唐书·新罗传》说:"新罗王姓金,贵人姓朴,民无氏有名。"李重焕著《八域志》也认为:"新罗末通中国,始制姓氏,然仅士官与士族略有之,民庶则皆无。至高丽混一三韩,始仿中国,颁姓于八路,人皆有姓"。汉姓从此普及半岛,其中不少原先便是汉族移民的后裔。

高丽节令,有仲冬八关、二月燃灯两大国家祭典,此外有元日、上巳日、端午、百中(七月十五日)、秋夕(八月十五日)等节日,都是从中国传去。百中相当于中国的中元节,是道教的节日;秋夕是中国的中秋节。后来在李世宗六年(1424)又追加了一个九月九日的重阳节。

日本在中国隋唐时代传入许多中国的节令,《类聚国史·岁时部》卷七一——七六有记述。德川光圀《大日本史》卷三三五《礼乐》2 记这些节日是文武帝(697—707年)时制定:"文武帝定正月一日、七日、十六日,三月三日,五月五日,七月七日,十一月新尝,为节日,著于令(《令义解》)。后世更加正月十七日、七月二十五日、九月九日(《延喜式》)"。这些节日有的直接从中国搬去,有的稍减其名,元日为节日,早见于《大宝令》,后来嵯峨天皇弘仁(810—823年)时规定要饮屠苏酒辟邪气。三月三日禊饮是文武天皇五年(701)宴请群臣,定作了节日。端午是最早在推古天皇十九年(611年)就定下的节日,圣武天皇天平十九年(747年)规定这一天必须挂菖蒲鬘才能入宫,完全按唐宫礼仪办事,从此民间也家家插菖蒲。七月七日,文人多赋诗,奈良朝汉诗集《怀风藻》中录有七夕诗六首,日本最早的和歌集《万叶集》中也有七夕歌多首，提及七夕织女祭。九月九日重阳节，嵯峨天皇在843年这一天宴请百官，令文人赋秋风歌，从此定为菊花节。这些中国式样的节日也成了东瀛的节令。

五、 唐代的交通线

（一）安西—西域道

唐代对外交通四通八达，地理学家贾耽（730—805）在贞元年间（785—804）完成的《古今郡国县道四夷述》40卷中有详细的著录，后又另著《贞元十道录》4卷，又称《皇华四达记》，录有边州入四夷道路，保存在《新唐书·地理志》中，最重要的共有七道。其中营州入安东道，安西入西域道，组成丝绸之路的东西两端，东起朝鲜半岛的平壤，中经营州（今辽宁朝阳）、云中（今山西大同）、夏州（今陕西横山），西接丝路，到达新疆西州（今吐鲁番）后，便接上直通中亚细亚的大道，成为横贯亚洲北部的大动脉。

安西—西域道中的对外交通线，分成两道，一是交河至碎叶城一道，经行天山以北的北道；一是西州至怛逻斯城一道，经行天山以南的南道。北道是在隋代西域三道中的北道基础上新辟，南道是隋代西域三道中的中道的新发展。

南北二道分别起自吐鲁番哈拉和卓。一经天山北麓，越博格多山到北庭都护府城的庭州（吉木萨尔北20多里破城子堡），沿天山北麓西行、渡精河。越登努勒台山，经弓月城（伊宁市东北吐鲁番圩子），渡伊犁河至碎叶界，再西行千里到楚河边的碎叶城（今哈萨克斯坦托克玛克西南8公里的阿克·贝希姆废址），再向西南到塔拉斯河旁的怛逻斯城（今哈萨克斯坦塔拉斯河上的埃里·奥塔）。

一由天山南麓经库车、阿克苏，越过天山拔达岭（别迭里山口），沿热海（伊塞克湖）抵达楚河，然后经100里到碎叶城，再行240里到怛逻斯城。南北两道都经碎叶，通向怛逻斯城。

碎叶是初唐安西四镇之一，唐代最西的军事重镇，处于中亚细亚和天山南北路之间的交通要冲，和葱岭以东的疏勒、于阗分扼内地通往西域的北、中、南三道。碎叶城故址在20世纪50年代以后陆续发掘，阿克·贝希姆废址经原苏联科兹拉索夫率领的吉尔吉斯考古学和民族学综合考察队考察，有东西两城。西城兴起于5世纪，城垣共长2 200米，中间该有荒废。东城是玄奘在628年路过时见到城周六七里的碎叶城，城垣共长3 970米。679年在西突厥动乱中被王方翼克服后改建的碎叶，是早先已经存在的西城，所以改建工程在短短的5个月中便告完成。

王方翼改建的碎叶城,仿照长安城的设计,修成四面十二门,而城址依地势屈曲起伏,不甚规则。这座中国式的城市建成后,引起各方人士的围观,式样的新颖、布局的合理远胜旧城,因此获得各族人民的赞扬。从此碎叶城便成为中国文化在中亚地区的前哨。

碎叶城西南的怛逻斯是一座国际商业都市。西南经石国(塔什干)、康国(撒马尔罕)往南抵达阿姆河南岸的吐火罗(巴尔克),可以通往印度。由康国而西,经安国(布哈拉)进入伊朗高原,可以直达阿拔斯哈里发的首都巴格达。到了巴格达以后,丝绸之路便和阿拉伯世界的交通干线联结在一起。向西经过都盘国(今叙利亚巴尔米拉),往西北可以直通拜占庭帝国的首都君士坦丁堡。往西南有一条路可以到沙兰国(今巴勒斯坦耶路撒冷),从那里便踏上进入尼罗河三角洲的大道了。

(二) 安南—天竺道

唐代开辟的安南—天竺道,贯通亚洲南部,将中南半岛北部和中国云南、印度恒河流域联成一体。唐代安南都护府设在交趾(今越南河内附近),由此经太平、峰州(今越南山西),水陆兼行,溯红河而上,经古涌步(云南曼耗)到龙武州(云南建水)。然后出安南境,进入剑南道辖境。经曲江、通海、江川到柘东城(云南昆明),再往西便接上中印缅甸道。中印缅甸一道,北起四川成都,经会理、姚安而到羊苴咩城(云南大理),抵达永昌郡故址(云南保山北50里)后,渡怒江越高黎贡山到达腾冲附近的诸葛亮城,再分西路和西南路进入缅甸、印度。

西南路是唐代中印缅道的主要交通线。这条路经过伊洛瓦底江左的突旻城(缅甸太公城),到骠国旧都海陵,渡亲敦江越阿拉干山,通过印度东北阿萨密的迦摩缕波国,再到奔那伐檀那都城奔那那竭罗(今印度马哈斯坦)。

西路自诸葛城向西,到密支那附近的丽水城,渡过伊洛瓦底江,经孟拱到印度曼尼坡,越巴勒尔岭到迦摩缕波国境,再到奔那伐檀那,和西南路会合。然后沿恒河南岸,到达中印度政治、文化中心摩揭陀国(巴特那),才算到达行程终点。

唐代前期,安南—天竺道成为沟通中国东南沿海和印度的陆上交通要道。738年南诏建国以后,又成为南诏和东南亚以及印度贸易的干线,在好几个世纪中,主宰着云南地区的经济命脉,疏导了当地文化的发展。

(三) 广州—海夷道

唐代的海外交通自8世纪中叶以后,有了飞快的发展。在国际航业界的推动下,中国的远洋航业也有了长足的进步,中国从此逐渐发展成一个航海大国。唐代从广州启航的帆船航线直通波斯湾、亚丁湾和东北沿岸,海上交通开始成为不亚于陆上交通的另外一种交通途径。中国帆船和四邻各国往来频繁,远洋航线通达印度洋各国。

贾耽对中国帆船的航行路线和运营区域,作了具体的记录,不妨称为贾耽航程。贾耽记录的航程是中国帆船在七八世纪经营的印度洋航线的实况记录,是汉使黄支航程以后,最详备的航海日程,航线延伸远胜黄支航程,达到六七千海里。贾耽航程共分两段,前段起自广州,终止于波斯湾头巴士拉以南的乌剌(ubullah·奥波拉);后段起自坦桑尼亚北部沿海的三兰,同样终止于波斯湾的巴士拉。贾耽记录的航线自广州启程,出珠江三角洲的屯门山放洋,7天后抵达越南半岛外海的占不劳山(Pulau Cham,占婆岛),再沿越南东海岸的潘朗沿岸航行,14天后到达南海和泰国湾界界的军突弄山(Pulau Condore,马来语称南瓜岛,中文译作昆仑岛),19天后进入柔佛海峡东头,马来语称作"质"(Selat)的地方,到葛葛僧祇(孟语"狮子石",今新加坡附近),以后沿苏门答腊北岸航行,经尼科巴群岛,共计费时20天抵达斯里兰卡西北部的摩诃帝多港(今曼泰),从那里再经4天,可以转到南印度西海岸的来罗港(奎隆)。这是在同一个东北季风期间,从广州出发的船只所能抵达的最远的目的港了。实际航行共计43天。东北季风在南海和孟加拉湾海域,起自10月下旬,只有百日之久,商船沿途要进行交易,补给淡水和给养,到翌年2月便转入季风转换期了。到达南印度西海岸的船只可以在下一个季风期北上波斯湾,中间要停靠拔风日(巴里格柴)、提风日(第乌)等口岸,进入波斯湾后沿北岸航行。波斯湾北岸水深,不像南岸多礁石浅滩,适合中国船这样的大型海船行驶。最后到达幼发拉底河和底格里斯河汇合处的阿拉伯河口的乌剌,大船便无法行驶,只有靠小船驳货,溯流而上,抵达巴士拉港,再去阿拔斯哈里发的国都巴格达。奥波拉港,从3世纪兴起后,繁荣了几个世纪,到7世纪时,由于航道淤塞,海上贸易便转到了上游的巴士拉。贾耽记录的航线仍以奥波拉为必经的终点港之一,足见所录航线早在七世纪就已成为中国帆船的营运航线了。

贾耽航程中的三兰航线,用倒叙法记述从波斯湾另有一条通往东非的长途航线。三兰国在东非沿岸安全航行圈的南端。桑给巴尔岛的翁古贾是业经发掘的古港,附近大陆的萨达尼是东非内陆贸易的转口港所在,这里是阿拉伯人所称的索法拉国。由这里北航船只经阿拉伯香岸的席赫尔,沿半岛东航,也可抵达奥波拉,全程共计54日。三兰航线所以采取倒叙办法,是由于中国帆船参与东非航线,必然由印度西海岸出发,渡越阿曼湾或阿拉伯海进入东非海域的季风区,其间的距离约略与地中海东西两岸相当。东非海域向来与阿拉伯海岸有交往,7 世纪末一部分在政治斗争中失败的阿拉伯人开始移民东非,后来进入拉木群岛和蒙巴萨地区。在印度西海岸,每年 12 月开始刮东北风,翌年 3 月转入西南风。贾耽记录的三兰航线便是中国帆船抵达印度西海岸开航东非的记录,所以三兰国就是 7 世纪以来阿拉伯航海者所称道的索法拉国(Bilād as-Sufāla),其南境当时已到坦桑尼亚境内,以输出黄金、生铁、象牙和豹皮,吸引了印度洋各地海商前来交换商货。贾耽三兰航线显示了中国帆船所传导的中国文化的最大半径。

(四)对日交通和日本遣唐使

日本继遣隋使以后派出的遣唐使,从舒明天皇二年(630)开始,到宇多天皇宽平六年(894)第 19 次遣唐使在出发前停办为止,前后延续近 3 个世纪,几乎和唐朝的兴衰相终始,在日本历史上经历了飞鸟、奈良和平安前期三个时代。这三个时代正是日本全面汲取唐文化,推行大化革新,以扩展封建制度,在文化上蓬勃发展,迈步进入开始具有独创精神的日本民族文化的新时期。

19 次遣唐使中除去受命未行的第 13、第 14、第 19 次,和只到朝鲜半岛为止的第 6 次,实际到达唐朝的遣唐使是 15 次。历次遣唐使中,以文武天皇至孝谦天皇50 年间所派第 8 次(701—704)、第 9 次(716—718)、第 10 次(732—736)、第 11次(750—754),正当中唐盛世,是遣唐使的鼎盛时期。遣唐使的组织逐渐完备,规模由初期的一二艘船,扩大到 4 艘船,大使、副使之下,并有判官、录事各 4 人,都从精通经史、熟悉中国的官员中选拔,是日本的中国通。随从人员中包括领航员、造船技工、译语、医师、阴阳师、画师、锻工、铸工、水手长、水手等专职人员,以及赴唐留学的学问僧和留学生。这时的遣唐使团人员已由最初的 250 人左右增加到500 人上下。元正天皇时的第 9 次遣唐使人数多达 557 人,圣武天皇时的第 10 次遣唐使,人数有 594 人。第 18 次遣唐使(838—840)是最末一次遣唐使,在仁明天皇时派出,人数达到 651 人。

遣唐使船到中国,通常采取传统的北线。使船从难波三津浦启航,也就是大阪市南区三津寺町出发,沿濑户内海西航,到达北九州的筑紫大津浦(今博多)停泊,从此便有南线、北线之别。北线在《日本书纪》中称为渤海道,经壹歧岛、对马岛,沿朝鲜半岛南部海岸西行,到达仁川附近后可以横渡黄海,到达山东半岛登州的文登登陆,或沿朝鲜半岛西岸北航辽东半岛,再渡过渤海湾到山东半岛的一角。这条路线安全稳妥,按照日本的造船水平,适合于这一路线航行。

南线由博多经九州西北的平户岛、值嘉岛,横渡东海,直航长江口进入扬州,或抵达明州(今宁波)。另一条南岛路,沿九州西海岸南下,经多祢(种子岛)、夜久(屋久岛)、奄美(大岛),转往西北的明州或长江口。进入中国的使团人员再由运河到达楚州(今江苏淮安),然后分赴开封、洛阳、长安。南线是中国帆船对日交通的主要航线。日本船只通航这条路线,由于航海技术和船只装备比较落后,要冒很大风险。从第 8 次遣唐使开始使用的南线,常常在往返途中失去航向,随风漂流,或遭沉没。第 10 次遣唐使在返国途中,第三舶就曾漂流到柬埔寨,第四舶中途遇难无法回到日本。第 11 次遣唐使在返国时,第一舶漂流到越南,大使藤原清河只得回到长安任职。光仁天皇宝龟九年(778 年)返日的遣唐使船,第一舶沉没,副使小野石根、唐使赵宝英死难,其余三舶随波逐流,才得返回九州。日本遣唐使船在后期所以常多采取南线,一是由于新罗的敌视日本使船,二是受到中国帆船自江浙沿海开航日本的影响。9 世纪后,南线行驶船只与日俱增,经营者都是中国帆船,或由中国人在九州附近岛屿建造和驾驶的船只。838 年后遣唐使虽然不再举办,而中日南线交通却大有凌驾北线之势,发展成宋代中日之间的主要通道,中日贸易和文化交流通过这条路线,促使中国东南文化和日本文化的关系日益密切。

(五) 唐代的对外窗口:敦煌和广州

　　唐代国际交往频繁,敦煌和广州,一北一南,各自担负着由陆道和海路联通国外、交流文化的窗口的作用。

　　汉代以来敦煌已成中外交通的门户、各族人士往来的道口。敦煌莫高窟、榆林西千佛洞曾是供养人礼佛的圣地,画师来自东西各方,有汉人、龟兹人、于阗人、印度人,出资修造佛窟的也有不少来自中亚各国和印度的人士。敦煌石室发现的各种文书、典籍、画本、织物,更是梵、汉、藏、回鹘、粟特等各种文字,中国、印度、伊朗等各种风格蔚为大观。

　　782 年河西地区被吐蕃占领,848 年敦煌人张议潮率领蕃汉各族人民起而收复失地,建立张氏政权,立即差遣押牙高进达奏报长安。敦煌佛教领袖洪䛊便在851 年受任京城内外临坛大德、河西都僧统,1900 年首次被发现的莫高窟藏经洞就是纪念洪䛊的影堂。大致在 1050 年左右封闭的藏经洞中,收藏的各类抄卷,向人们显示了唐代敦煌寺院也是宣扬佛教、传递通俗文学、翻译梵语文献、沟通科技信息的中心。敦煌的石窟,更以它的艺术光华展现出这里是中国最伟大、最壮丽的艺术宝库。藏经洞发现的卷子数达 4 万以上,有佛经、道书、占卜、月令、脉经、本草、算经、地志、铜人针灸图。许多俗讲文学的卷子通过敦煌,流传到今天,也足以使人们追溯当年河西或是仅次于长安的俗讲场所。中亚各国侨民,如康国、史国、何国、石国所传乐舞、歌咏,在敦煌受佛教文学和印度音乐的影响,流变为话本、变文,而俗文、白话诗也在敦煌成为商旅和过往人士喜闻乐见的说唱文学,随之传扬四方。敦煌卷子中的《汉译梵音仏(佛)经》,和《煞割令文书》,是敦煌僧俗翻译梵语、整理传导科技文献的典例。翻译印度煞割令(石蜜)的文书,大约是在647年唐太宗派王玄策出使印度,向摩揭陀国学习制作砂糖的前后,长安菩提寺僧侣8人和石蜜匠2人当时随使团到中印度学习,用扬州甘蔗制出了色味远胜印度的白砂糖,中国称为石蜜。敦煌煞割令文书(P3303)论述印度出三种甘蔗,熬取上等石蜜的方法,和种植甘蔗。敦煌人将石蜜译作"煞割令",而在唐代后期的《唐梵两语双对集》中首次出现石蜜,对音是"舍嘌迦啰"(śarkarā)。这个残卷告诉人们,在敦煌这样干旱沙地,尽管完全难以栽培甘蔗,但对取蔗、熬糖技术的钻研却显得孜孜不倦,可以推想翻译整理印度文献在敦煌佛教寺院中是一项值得注意的业务,内容则五花八门,包括科技在内。因此敦煌不仅是唐代宗教的一大圣迹所在,而且在文化上更具有全国各地难以相比的国际窗口的地位。

南方的广州是海外贸易的中心,是东南亚和印度、波斯、阿拉伯、斯里兰卡的船只常年出入的海港城市。长安朝廷常从广州收刮海外珍宝,广州刺史、都督、岭南节度使更率先敲剥,任意侵吞犀象珠玑,擅自经商。唐朝在广州设立市舶使专管海外朝贡和对外贸易,可能由684年广州都督路元睿擅自拘捕马来商人,被外商结怨怒杀路元睿,逃亡海外,促成唐朝在广州设立岭南市舶使,加强对外商和外贸的管理。元和(806—820年)以后,海外使节多经广州,于是改立押蕃舶使,仍设岭南,地位仅次于节度使,比市舶使属州设官员,大为提高。8世纪中叶,出入广州的外商海船极多,有婆罗门、波斯、昆仑等舶。763年广州市舶使吕太一起兵作乱后的10年中,广州外贸一度衰退。不久恢复旧观。792年后的40年中,外商都转往安南(红河三角洲)贸易,直到834年,文宗李昂发布"病愈德音",指令各口岸维持传统的舶脚、收市、进奉之外,不得重加税额。于是广州贸易重新振兴。阿拉伯商人苏莱曼·丹吉尔在750年到达广州时,看到的是商船云集、外国货物荟萃的繁华景象。到9世纪下半叶,广州外侨数达12万人以上。879年黄巢率起义军占领广州时,阿拉伯作家阿布·宰德·哈桑记述,被杀的伊斯兰教、犹太教、基督教、祆教徒有12万。这数字大约包括死亡、逃散和被杀的人民在内,涉及的民族则有阿拉伯人、犹太人、埃塞俄比亚人、波斯人、印度人、叙利亚人和马来人、柬埔寨人,更多的大约则是越南人。从此广州进入三度衰退,直至唐末,终未恢复。

广州是亚非各国海商聚居,各种类型的海洋文化交相争妍的南方城市。来自海外的棉布、珍珠、犀牙、珊瑚、香脂、香木、药物、玻璃,都在广州集散。广州成了全国最大的香料（包括香木和药物）进口港,广州也是全国最大的丝瓷输出港。阿拉伯商人苏莱曼·丹吉尔极度赞扬中国瓷器,他在广州初次接触,惊喜地看到这种光洁晶莹而内部几乎透明的瓷器,使这个来自玻璃之国的富商发现了一个海外新王国。中国的丝瓷文化和印度洋的香料文化,各以广州为聚会的交接点。在广州可以尝到具有阿拉伯风味的椰枣,欣赏来自印度的耶悉茗（茉莉花）,享用阿拉伯和索马里乳香制作的蜡烛,佩带印度科罗曼德的珍珠,采用沉香、檀香作薰香料,涂抹来自阿拉伯的蔷薇水和香脂香膏。来到广州的外国人,他们在这里品茶、享受中国烹饪文化,满载华瓷和绫罗缎匹而归。中国的纸文化也从广州流向印度尼西亚、印度、斯里兰卡和伊朗。取道广州去印度的中国求法僧,都从广州随带纸墨。义净归国,就曾在苏门答腊的占卑寄存经夹,自己在 689 年 7 月搭船回到广州,求取纸墨和抄手,然后重回该地。10 世纪初,阿拉伯地理学家伊斯塔克利列举波斯湾进口物资中有纸张。尽管这时撒马尔罕纸已经风行美索不达米亚和叙利亚,但中国纸仍以它质地优良而流行海外。唐代刚刚发明的雕版印刷术,印刷品大约也有从扬州、广州运往阿拉伯世界的。1879 年在埃及法雍出土的大批古纸中,有一些印刷品,最早的一件使用 8 世纪时的阿拉伯字体印刷《古兰经》,极可能是在中国由阿拉伯侨民监印,再经过海路运往埃及的。总之,广州和敦煌一样,也是中外文化交流的一个窗口。

（六）亚洲文明的中心：长安

　　唐代的长安城是一座人口众多、外侨聚居、建制宏伟的国际都市。数以万计的外国商旅、艺人、僧侣、武士和使节定居和出入长安,使长安成为一座繁华的大都市,亚洲学术文化交流的中心。在阿拉伯兴起后频频入侵中亚细亚、窥视兴都库什山以南地区的年代里,长安成为四邻国家使节出入求援的圣地。在 8 世纪下半叶吐蕃占领河西、陇右,切断中西交通时,这些使团的人数居然达到 4 000 人之多,多数已在长安娶妻、买田宅、开店,787 年他们被编入左右神策军,侍卫宫廷。拔汗那（费尔干那）、小勃律（克什米尔吉尔吉特）、吐火罗（阿富汗巴尔克）、护密（阿富汗瓦罕）的贵族相继入侍宫廷,充作宿卫,促进了中华礼仪和西域文明的交流。康兰庭（696—740 年）一家四代都是从撒马尔罕侨居长安宿卫的将军。波斯王储流寓长安,更为长安社会增添了逸闻。阿拉伯灭亡波斯后,波斯末王伊嗣俟三世（632—651 年）被杀,王子卑路斯逃奔吐火罗,因复国无望,673 年来到长安,授右武卫将军。卑路斯死后,其子泥涅斯在 679 年被唐朝送到碎叶,客居吐火罗 20 年,因部众离散,只得在 707 年重返长安,不久病死。各国访华使团中的学者和专门人才,常在长安和中国的官员、文人和僧侣交换所长,建立友谊。日本的遣唐使和新罗派遣的学问僧定期出入长安,更带回了中国文明和西域文明。长安的国学成为少数民族和邻近各国贵族子弟学习的场所,高丽、百济、新罗、日本以及吐蕃、高昌子弟进入国学的,有8000多人。各国入侍宫廷的宿卫人士和留学生成为中国和亚洲各国进行文化交流的骨干力量,他们向本国传扬中国的典章制度、文学、艺术和科学技术,也向中国输送本国的地理、政治和科学知识。日本的阿倍仲麻吕(晁衡)、吉备真备,新罗的崔致远,宁远(拔汗那)王子窦薛裕,是其中的杰出人物。

长安也是亚洲佛学的中心,各种宗教各显其长、各国僧侣造访的场所。玄奘、义净先后在长安主持译场,利用收藏宏富的梵夹原本,校勘、翻译佛教经论。印度、克什米尔、吐火罗、康国、何国的高僧参预传译佛经,康国法藏、南印度菩提流志、中印度地婆诃罗、南印度马赖耶拉的金刚智、中印度善无畏因此名扬中土。玄奘时的弘福寺、慈恩寺,义净时的大荐福寺,一度成为佛学研究中心。亚洲佛学中心已由中印度那烂陀寺,转到长安的著名佛寺。中唐以后,长安俗讲流行,宣扬佛教有新招。日僧圆仁在841年正月到长安,见到左、右街赍圣寺、保寿寺、菩提寺、景公寺、会昌寺、惠日寺、崇福寺等七寺同开俗讲,促使通俗文学大为流行。中亚侨民又带来了景教、祆教、摩尼教,长安城内于是也有大秦寺(景教)、波斯寺(祆教)、穆护寺(摩尼教),信徒也是中外俱有。

长安艺坛集亚洲艺术的大成,美术、音乐、舞蹈、说唱呈现百花争妍的繁荣景象,各国画家、乐工、舞伎聚集长安,各显所长。阎立本的列帝图,东传日本、西扬何国,成为临摹楷模。尉迟乙僧、吴道玄的壁画、人物,融通中西画技,流芳后世,日本京都东福寺还藏有吴道玄所作释迦、文殊、普贤画像。李真的真言五祖像亦东传日本,珍藏在京都护国寺。长安乐舞都由中亚乐师、舞伎分占,中亚曹、米两家世代相传,成为长安城内久享盛名的乐舞能手。琵琶名手曹保、曹善才、曹纲祖孙三代都是家传,后期曹触新、曹者素亦是曹国侨民。善弄婆罗门的有米国米嘉荣、米和父子,后期有米禾稼、米万槌。200年中相承不绝。康国的康昆仑、康酒,安国的安叱奴、安万善都是一代名家。唐代宫廷中的十部乐,高丽乐、天竺乐、安国乐、康国乐都名列其中,贞元以后有骠国乐。853年更有日本王子到长安以宝器、音乐相赠。长安城中流行各种异国风味的乐舞,健舞曲有来自里海的《阿辽》、拜占庭的《拂林》、石国《柘枝》《胡腾》、康国的《胡旋》、印度的《达磨支》。软舞曲有《兰陵王》《春莺啭》《苏和香》,大曲有《苏莫遮》《拔头》等传自西亚的假面舞。唐代长安的许多乐曲、乐器也经过日本遣唐使团移植日本,被奉为日本琵琶开山祖的藤原贞敏(807—867),就是在838年到达长安,向刘二郎学习琵琶,并和善于操琴弹筝的刘二郎的女儿结婚,夫妇双双回到日本,从此中国琵琶和琴、筝流传日本,名扬后世。

六、 伊斯兰世界与东亚文明

(一) 乌玛耶时期与唐朝的关系

7世纪中叶,阿拉伯帝国崛起于西亚。伊斯兰教的传播和帝国的扩张在不到半个世纪的时间中,使亚洲西部和非洲北部进入新的历史时期,这个新时期便是继承希腊文明和波斯文明而蒸蒸日上的阿拉伯文明勃兴时期。

地处亚洲东部的唐朝,和据有亚洲西部、地中海东部的阿拉伯哈里发帝国,各以波斯为邻接的地区,因此中国称呼哈里发帝国,也依照波斯人的习惯,跟从 Tāzī(中古波斯语 Tǎcik),译作大食,或大石、大寔、多氏。

阿拉伯和唐朝的关系,可以751年发生在中亚的怛逻斯战役为界线,分为前后两期。前期正当正统派哈里发(632—661年)和哈里发乌玛耶时期(661—750年),阿拉伯人向东扩展,波斯首当其冲,而波斯是和中国保持友好往来的邻国,所以两国首先在波斯问题上有了接触。在阿拉伯人侵逼下的萨珊波斯末王伊嗣俟(伊斯德吉勒三世,632—651年)曾经向唐太宗三次求援。637年波斯首都泰西封被阿拉伯人攻陷,639年伊嗣俟遣使入唐。641年阿拉伯军在你诃温德打败波斯10万大军,伊嗣俟东奔呼罗珊,萨珊波斯才告灭亡。647年、648年波斯使者接连到达长安。唐太宗没有采取实际行动给以支持。伊嗣俟的儿子卑路斯流亡吐火罗,654年、661年卑路斯再次期望唐朝发兵救援。662年唐才在疾陵城设波斯都督府,以波斯都督卑路斯为波斯王。不久,被阿拉伯兼并。673年后,卑路斯和儿子泥涅师流亡长安。当707年泥涅斯在长安病亡时,正是阿拉伯最有作为的将领哈查只任屈底波任呼罗珊总督,从705年起率领5万阿拉伯军大举东侵之时。唐对屈底波的侵入中亚,哈查只的侄儿卡西木进逼信德和旁遮普,虽未采取直接的抵御,但也利用葱岭以西各国的求援,和西突厥的支持,积极阻止阿拉伯和吐蕃联盟,消极地阻挡阿拉伯完全控制中亚。738年后,唐对中亚各国的控制一度加强,但为时极短。751年怛逻斯一战失败后,唐朝无心再和阿拉伯在中亚作正面的冲突,转而争取阿拉伯的支持,来和吐蕃作决死的斗争了。

651年8月波斯末王伊嗣俟被杀害的同年,阿拉伯使者初次来到长安,唐代档册中记述阿拉伯姓大食氏,名瞰密莫末腻。瞰密莫末腻(amīr al-mu' mmīn)是第二任哈里发欧麦尔(634—644年)的封号"信士们的长官",从此以后,哈里发都兼任最高军事统帅。阿拉伯和唐朝第一次通使是在贞观21年(647年),这一年有

19 国使节到长安,其中有一个叫乙利鼻的国家就是阿拉伯的音译,到 651 年使者便称作大食了。自 647 年起,直到 798 年最后一次使节到来,148 年中,进入长安的阿拉伯使节有 42 次之多,其中属于正统哈里发和乌玛耶朝的使节有 23 次,而在不到半个世纪的时间中,阿拔斯朝的使节便有 19 次。

(二)阿拔斯时期与唐朝的关系

752 年(天宝十一年)12 月,黑衣大食谢多诃密来到长安,这是 751 年代替乌玛耶朝新建立的阿拔斯朝(751—1258 年)第一次和中国建立外交关系。唐朝特意隆重地授以左金吾卫员外大将军的勋位。接着在 753 年的 3 月、4 月、7 月和 12 月,一年之中阿拔斯朝的使节竟出现了四次之多。以后又连续 5 年,年年都有使者入京。

阿拔斯朝建立后,阿拉伯帝国和唐朝的关系有了显著的改善,双方在政治和军事上开始相互配合,以对付吐蕃,在经济往来和文化交流方面,也有了前所未有的发展。唐朝官方档册上称阿拔斯朝叫黑衣大食,以别于过去乌玛耶朝的白衣大食。阿拔斯人在十叶派信徒、南方阿拉伯人的艾兹德部族和波斯农民的支持下,在呼罗珊首先举起先知穆罕默德的黑色军旗,展开了反对逊尼派乌玛耶人的战争。阿拔斯朝在库法建都之初,不但西班牙、北非、阿曼、信德都不承认新的哈里发,甚至呼罗珊也有属于北方阿拉伯人的台米本人的强烈反对。751 年在怛逻斯和高仙芝率领的安西联军作战的阿拉伯军队,都是和十叶派以及也门的艾兹德部族对立的穆斯林军队。由于安西联军中石国等中亚国家军队的倒戈,致使唐军失败,乌玛耶人获得了胜利。新兴的阿拔斯朝完成镇压乌玛耶王族之后,便立即派遣使者和唐朝重新缔结友好的联盟关系,开始了两国关系史上的新纪元。这一被阿拔斯人称颂为"新纪元"的时期虽以唐朝承认阿拉伯在中亚的统治开始,但在两大文明的交流史上,确实具有新纪元的景象。

阿拔斯朝新都巴格达的营建者曼苏尔(754—775 年),在 758 年踏勘底格里斯河畔的巴格达村,决意在这里建立新都时,首先想到的是和遥远的文明古国中国如何更加紧密的联系。他曾兴奋地预言:"这里是一处优良的营地。此外,这里有底格里斯河,可以把我们和老远的中国联系起来,可以把各种海产和美索不达米亚、亚美尼亚以及附近的粮食,运送给我们。这里有幼发拉底河,可以把叙利亚、腊卡和四周的物产,运送给我们。"(塔伯里《史记》卷 3,272 页)曼苏尔的愿望在 762 年巴格达建成后,很快便实现了。这个愿望是以两国在军事上合作,阿拉伯派军队参与 757 年从吐蕃手中夺回长安和洛阳的战争,和海上运输的空前繁荣、文化交流的无比兴旺为内涵,贯穿在以后一个多世纪中的。

（三）中国工艺与伊斯兰文明

自从海运兴起,中国帆船便常从广州开赴波斯湾,阿拉伯商船也活跃于同一航线。双方交换的物产极多。伊本·郭大贝《郡国道程志》介绍9世纪从中国沿海输出的货物有丝绸、宝剑、花缎、麝香、沉香、马鞍、陶瓷、芦荟、帆布、肉桂、高良姜。作于982年的波斯文《世界境域志》,称赞中国的居民是杰出的手艺人,制作的精巧令人惊叹不已。书中列举中国出产大量黄金、丝绢、绫锦、瓷器、肉桂、用制刀柄的牛角,并用"出产一切珍奇异物"来总括中国的物产。中国工艺和绘画的高超,给阿拉伯人留下极为深刻的印象。中国的造纸、冶金、绫锦和瓷器是这一时期,在阿拉伯世界广为流传,并给阿拉伯文化注入新的养料的四大工艺项目。

造纸和冶金技术进入阿拉伯世界,是在怛逻斯战役以后。唐朝和阿拔斯朝关系的改善,使得怛逻斯战役中的中国战俘受到特殊的优待,其中一些持有专长的中国技术人材便在阿拉伯各地定居,传授手艺。撒马尔罕和阿拔斯朝最初的都城库法,是这些中国工匠最早聚居的两大城市。中国的造纸工匠和冶金师在撒马尔罕协助阿拉伯人开办了造纸厂,还有制作武器和铁工具的工场。阿拉伯人塔明·本·巴赫在9世纪初的一篇东方旅行记中,援引在他以前和阿拉伯作家阿布尔·法德尔·瓦斯盖尔迪叙述怛逻斯战役中,"穆斯林缴获的战利品极为丰富,其中一些俘房的后裔,就是现在撒马尔罕制作上等纸张、各式武器和各种器具的人。"10世纪的伊本·哈克尔明白指出,纸是由怛逻斯战役中被俘的人员从中国传入撒马尔罕的,这些战俘归属阿拉伯将领齐亚德·伊本·沙里,其中有造纸匠。"这种手艺从此发展起来,制造的纸张不仅能供应本地的需要,而且也成了撒马尔罕人的大宗贸易品,因而满足了各国的需求,得以造福于人类。"

中国式的植物纤维纸在撒马尔罕制造以后,由于书写方便,成本低廉,又无早先使用的羊皮纸上的字迹易被涂抹、改写的弊端,便在阿拉伯帝国东部诸省流行起来。794年呼罗珊总督巴勒马克·法德尔·本·叶海亚在巴格达开办了另一家造纸厂,在哈里发哈仑·拉希德(786—809年)的首都就地制造撒马尔罕式纸张,巴勒马克·法德尔的弟弟贾法尔·本·叶海亚原是哈仑·拉希德的首相,以哈里发的名义下令,政府公文一律采用撒马尔罕纸,以代替羊皮纸,这种纸从此被称为贾法尔纸。9世纪以后,制造植物纤维纸的纸厂随着需要的增长,如雨后春笋一般,在阿拉伯半岛的蒂哈玛、也门,叙利亚的大马士革,梯比里斯,特里波利,哈马等地相继兴建。9世纪中叶巴士拉学者查希兹(776—868年)曾指出,当时撒马尔罕纸用于东方,埃及苇纸则用于西方。过了半个世纪,情况完全变了,9世纪末在生产苇纸的老家尼罗河三角洲,也建造了一座利用破布、树皮制造纸张的工场,苇纸便逐渐被植物纤维纸所替代。埃及法尤姆出土的12 500卷阿拉伯古文书，分属回历 2 世纪到 7 世纪，苇纸的比例从最初的 100%，到回历 4 世纪（913—1009）下降到 20%。11 世纪时，据波斯旅行家纳赛尔·伊·科斯老报导，开罗使用纸张已普遍到日常生活用品的包装，连卖菜和香料的小贩，都备有纸张，随卖随裹。用于书写的纸已完全代替了苇纸、羊皮纸和软皮手卷。

造纸术的扎根阿拉伯世界，带来了巴格达和开罗、大马士革繁荣昌盛的文化生活。大马士革纸在 11 世纪时名扬欧洲，在好几个世纪中成为欧洲纸张的主要供给来源。造纸术又从埃及传到摩洛哥，11 世纪时摩洛哥造出了纸张，不久又渡过直布罗陀海峡，传入科尔多瓦的乌玛耶王朝。欧洲的第一家造纸厂是穆拉比德人在 1086—1121 年间，穆拉比德和西班牙进行的三十年战争中，在萨迪瓦建造起来的。

高度发达的唐代丝织技术，给伊朗、伊拉克、叙利亚的阿拉伯丝织业添加了新的活力。在怛逻斯战役中被俘的杜环，曾游历西亚、东北非洲，他在库法亲眼见到许多中国技师在那里工作，分别从事绫绢机杼、金银匠、画匠。河东人乐隈、吕礼便是丝织能手。他们传授了精湛的丝织技艺，使阿拉伯的丝织业大有起色，织造锦缎（dībāj）、绣品的技艺迅速发展起来。库法生产的金丝头巾称库菲叶，流传至今，久享盛名。绣有金线的色缎本是中国的名产，一旦在大马士革立足，便名扬欧洲，径称"大马士克"了。塔瓦只、法萨和法里斯的许多城市，都以织造奢华的地毯、刺绣、锦缎和专赐功臣的荣誉袍服而自豪，产品称为绣袍（兑拉兹），上面绣着国王或哈里发的名字，这传统岂非和汉锦、隋锦的绣有文字一模一样？

唐代的三彩和青、白瓷在 9 世纪通过海运大批外销，阿拉伯世界是一个巨大的市场。瓷器和纸张一样，在哈仑·拉希德时代，被呼罗珊总督阿里·本·爱薛当作贡品，去孝敬哈里发。这位贪婪凶残的总督，搜刮了 2 000 件精美的日用瓷器，还有 20 件宫廷里见所未见的中国天子使用的碗、杯、盏之类的御器，献给哈仑·拉希德。更多的瓷器来自海上，在查希兹的《生财之道》一书中，列举从中国进口货中有多彩瓷器。这类瓷器，照塔里比（961—1038 年）和博学的比鲁尼（973—1049 年）评论，都以杏黄色的为上品，而以奶白色、浅色的为次。这种评论，实则是以釉下多彩的长沙铜官窑为第一，而以邢窑系白瓷、越窑系青瓷位居其次。越窑青瓷晶莹如玉，而产品特多，由海上运往印度、阿拉伯的尤多，运费较低，因而不以为贵。

伊朗、伊拉克出土的大批华瓷中，有唐三彩和唐代白瓷、青瓷的残件、残片。伴随这些出土物的还有当地陶工仿造三彩和华瓷的软瓷。这些地区是世界上最先接受中国彩陶和瓷器制造技术，加以仿造的。这种仿制大约在华瓷成批外销之初,便已开始,时间早到9世纪。伊朗东部的内沙普尔,中部的赖依、阿莫勒,都曾出土当地烧制的仿唐三彩的残陶片。伊朗西北部大不里士东南200公里的何格卡镇,发现过20件中古早期当地制作的彩陶碗,碗上纹饰类似唐三彩。赖依和德黑兰以南200公里的喀山是最早在9世纪开始烧造模仿邢窑白瓷的地方,当地陶工先在粗陶器上加施含氧化锡的不透明白釉,以掩盖深色的陶胚,结果呈色略现奶黄,胎骨质软易碎,属于釉陶。伊拉克的萨马腊古址,位于巴格达以北120公里处,曾是阿拔斯朝第8至第15位哈里发在836—892年间的新都,20世纪曾进行三次系统发掘,发现了唐三彩的碗、盘和中国的白瓷、青瓷片,许多瓷器碎片属于九、十世纪越窑系的产品。同时也出土了不少当地仿照唐式陶瓷的绿釉、黄褐釉和三彩型的软陶,仿造的中心,有人相信是在巴格达。

　　中国陶瓷在初销阿拉伯世界时,早已同时跨越红海和地中海,运销埃及。19世纪时上埃及已经出土中国古瓷,以玉璧底碗的青瓷为最早,时间约在八九世纪之际。1912年后开始对下埃及古都福斯塔特进行发掘,出土华瓷碎片约12 000片,最早的当然是唐三彩、黄褐釉、铜官窑彩瓷、白瓷和越窑系青瓷,同时还有早期的仿制品。埃及仿制华瓷仅略晚于巴格达。在短命的杜仑王朝(868—905年)时期已经开始,王朝开创者阿赫默德·本·杜仑是由萨马腊的突厥统帅贝叶巴克派到福斯塔特去统辖埃及,埃及瓷器最初大约是由萨马腊或巴格达的陶工传授手艺、指导烧造技术的,他们的产品当然在好几个世纪中,仍难和华瓷匹敌。

（四）阿拉伯炼丹家

　　中国在西汉时期发展起来的炼丹术,旨在寻求点石成金和炼制长生不老之药。唐代以铜、铁、锡、乾水银作伪金银,炼取丹药,追求具有超自然力量的药效,对于生活在波斯湾头的阿拉伯同行产生过相当的影响。许多在中国的波斯人在贩卖珠宝之外,也从事药金和香药的买卖,对于中国炼丹术的传导,是个有力的媒介。可以说,八九世纪阿拉伯炼丹术的繁荣,多半得之于中国同行的启发。

　　阿拉伯炼丹术的开创者,被认为是库法城的查比尔·伊本·哈扬。查比尔生活在8世纪中叶,据988年巴格达文具商伊本·阿布·雅卡布·纳丁的《科学书录》(或译《百科津逮》)介绍,查比尔的老家是东方的呼罗珊,他的著作仅只一种。而在以后的年代中,查比尔成为学问渊博、著作成林的一位超群的神秘人物,许多著作都归到他的名下。在纳丁编纂《科学书录》时,追述炼丹术的渊源已感十分困难,他说埃及人中有认为炼丹术发祥于埃及,又有人以为这种学问出于波斯人,更有人主张首先研究这门学问的是希腊人,或说源出于印度或中国。而从阿拉伯炼丹术的理论、目的和方法，都可以看出和中国炼丹术的关系。

查比尔和他的后继者孜孜不倦追求的是一种长生药"耶黎克色（al-iksīr）"，就是中国炼丹家的"金丹"。查比尔关于六种金属（金、银、铜、铁、铅、锡）生成的学说，既应用了古希腊的平衡说和希腊名医盖伦的药效说，又吸取了《淮南子·地形训》中的学说，以为各种金属都由硫和汞合成，比量配合是否平衡，是金属置换的核心。他关于汞（水银）的知识来自中国，他又使用中国最早运用的硝石，制备硝酸，加上盐酸三分或四分，成为"王水"，用来溶解黄金。

查比尔以后最著名的炼丹家拉齐（865—925 年），更明白声称有关锄石的知识来自中国，他称白铜为中国铜（xār-cini），并能使用硇砂（氯化铵）作药剂。他的著作《秘典》，在 12 世纪被意大利翻译家译成拉丁文，开启了欧洲炼丹术。十分引人注意的是，拉齐曾和来自中国的学者交结，《科学书录》根据拉齐的记述，说是有一个中国学者在回国以前一个月，访问了拉齐，要求他讲授古希腊名医盖伦的16 卷巨著的阿拉伯文本，拉齐在一番迟疑之后，答应了他的要求，发现这位学者用速记法记下了他的讲述，成功地带回到中国去。拉齐在巴格达学习、研究，这位中国学者一定是赶在季风期间搭船返航。这位中国学者，十分可能就是出生在中国的波斯人李珣或他的精通炼丹的弟弟李玹，李珣著有《海药本草》，长于研究海外的药物，李玹毕生从事炼丹，兼营香药，都和炼丹、医药结有不解之缘。

（五）阿拉伯香药

香料贸易在阿拉伯半岛具有悠久历史，隋唐时代，上自王公，下至富绅都有使用香料作熏香、化妆、净身、调料、涂料、照明的习俗，而香料大多自阿拉伯和东南亚各国运进。珠香、象犀、玳瑁成为南海贸易中大宗进口货物。天宝年间，海南岛万安州（万宁、陵水）大首领冯若芳每年靠抢劫路过这里的波斯船二三艘，作为本钱，贩卖奴婢，会客时常用进口的乳头香作灯烛，一次烧 100 多斤，还有苏枋木（苏木）堆积如山。宰相元载的宠姬薛瑶英，攻诗书，善歌舞，长得仙姿玉质，肌香体轻，据说是她的母亲赵娟在瑶英幼时啖香而致。

来自阿拉伯世界的香水、香脂，不但见于唐代上层社会，而且也充斥市场。法里斯的朱尔出产红蔷薇香水，大量出口，远销东方中国和西方的马格里布（北非）；沙普尔所产 10 种天下闻名的香油、香膏，以紫花地丁、睡莲、水仙、桃金娘、柠檬的花朵提炼，也曾进入中国。中国进口的许多阿拉伯香药，以乳香、没药、无食子（无石子）、阿月浑子、诃黎勒、安息香、金钱矾、密陀僧、炉甘石、阿魏等最著称。阿拉伯人最喜爱的蔷薇、紫花地丁、桃金娘、水仙、紫罗兰、素馨花（耶悉茗）和红花，也成为中国人所熟识的群芳谱中的异国花卉。

1970年长安西郊何家村唐代邠王府遗址,曾出土一批文物,其中在贮存药物的银盒中,有墨书上上乳("上等乳香),大粒光明砂、珊瑚、琥珀等海外进口货,还有密陀僧(黄色氧化铅)一块。可见,进口药物已在上层社会中普遍使用,而这些药物大多来自波斯湾和阿拉伯半岛。

唐代运到中国的波斯枣,现在称为椰枣,波斯名称叫窟莽,元代译作苦鲁麻(Khurma),意思就是"枣"。波斯枣是阿拉伯人的主食品。3世纪末从林邑(越南中部)初传中国,称作海枣。唐代药典中又记录了它的埃及柯普特语名称"无漏"(bunnu),陈藏器《本草拾遗》(713—741)中说无漏子就是波斯枣,生在波斯国,形状像枣子。唐代由于波斯人贩运和服用,便改称波斯枣了。9世纪时枣椰树已在中国南方移栽,在广东、广西生长了。椰枣不仅是药物、食品,枣椰树还是一种优良的船用木材。李珣《海药本草》记载的许多海药中,就有这种枣椰树。

七、唐和拜占庭及非洲

(一)唐和拜占庭

从7世纪中叶到8世纪中叶,唐和拜占庭的外交关系大多通过基督教会,与亚洲西部国际局势的演变交织在一起。双方的丝绸贸易和文化交流,则在长时期中通过北高加索和里海地区始终持续存在。

最早的一次拜占庭使节是在643年,唐代档册上说是拂菻王波多力遣使献赤玻璃、绿金精等珍贵礼品,唐太宗曾复书,并回赠绫绮。过去研究者认为波多力是基督教教皇狄奥多罗斯(Papas Theodorus,642—649年),但当时罗马教会处于东、西分裂状态,罗马教廷无权指挥拜占庭教会,"波多力"正是拜占庭大教长(Patriarch)的译音,大教长保罗二世(641—654年)在皇帝年幼,而阿拉伯军队到处披靡的危急情势下,只得在642年9月下令撤走埃及的驻军,向长安派出使节,无非是试图取得唐帝国的支援,对阿拉伯政权施加压力。但唐太宗对待拜占庭,如同波斯,同样难以在政治上、军事上有所动作。

667年拂菻王君士坦斯二世(641—668年)的使者再度抵达长安,带来了一种希腊名药底也伽。底也伽自公元前3世纪已被尼卡特用于治疗动物咬伤,具有奇效。经过彭多斯国王米士里达特(前132—前63年)的改进,成了一种万能解毒药,罗马博物学家普林尼(23—79年)所用配方多至600种,后又加入蛇胆、鸦片,外国传入的鸦片也以底也伽丸为最早。

进入8世纪以后,拜占庭使者多次到长安,最重要的是719年拜占庭不但通过吐火罗大首领献狮子、羚羊,同时又有大德僧(景教主教)到达中国。最后是742年5月,又有大德僧从拜占庭来到中国。这些活动都是781年在陕西建立《大秦景教流行中国碑》以前,景教在关中地区十分流行,玄宗(713—756年)、肃宗(756—762年)、代宗(763—779年)提倡景教的时期中展开,文化输出的色彩已远胜政治上的邦交。2006年5月在洛阳唐城建春门外出土的《大秦景教宣元至本经幢记》,是《大秦景教流行碑》(1625年出土)以后又一重要发现。这些来自拜占庭的僧侣和使节,传导了文物昌明的拜占庭的信息,使《旧唐书》能够绘声绘色地描述拜占庭的处境和首都的豪华。《旧唐书》叙述阿拉伯兴起以后,派大将军摩拽进攻拜占庭都城,拜占庭只好媾和,每年输送金帛,表示臣属于阿拉伯。这一段叙述比较简约,而内容大致是正确的。所述阿拉伯对拜占庭的进攻,都是乌玛耶哈里发时期三次对首都君士坦丁发起围攻。在哈里发穆阿威叶(661—680年)执政期间,669年和七年战争(674—680年)中曾多次发动攻击。对君士坦丁的第三次,也是最重大的一次围攻,是哈里发苏莱曼(715—717年)派遣他的弟弟麦斯莱麦在716年8月到717年9月进行的。新哈里发阿齐兹(717—720年)的上台和天灾人祸,使这场浩劫没有最后得逞,然而却引出了许多蜚声海外的传说,使中国人也都知道了。《旧唐书》中的大将军摩拽应是麦斯莱麦,而不是如有人以为的,是《旧唐书》误将穆阿威叶发动的战争加以误植的结果。《旧唐书》的缺陷是,没有将以后拜占庭屈辱求和的具体过程加以记录。阿拉伯军队最后一次围攻君士坦丁,是在782年哈里发麦海迪的儿子哈仑进驻斯库台里,拜占庭摄政爱利尼皇后被迫求和,答应每年向哈里发纳贡,从此阿拉伯军队才不再兵临君士坦丁城下。这就是《旧唐书》中以为拜占庭从此臣属于哈里发的依据。

拜占庭帝国在抵御阿拉伯人入侵的同时,没有能够取得和中国结成联盟,共同对付乌玛耶哈里发政权的预期目的。在帝国内部的精神生活领域中,同时经历了一场体现出亚洲文化特点的毁坏圣像运动与坚持呵护希腊宗教和文化精神的厮杀。自利奥三世(717—741年)这位毁坏圣像的皇帝起,君士坦丁堡大教长的教区管辖权却扩大到了巴尔干半岛的大部分和意大利南部地区,而在毁坏圣像派的拜占庭皇帝倒台后,君士坦丁堡大教长就被提高到了与罗马教皇同等的地位。到了爱利尼皇后摄政(797—802年)期间,拜占庭慑服于阿拔斯哈里发对拜占庭城的围攻,与阿拉伯人订立和约。但此后双方仍然战乱不断,而拜占庭与西部罗马世界的关系却因此而越来越疏远了。

中国和拜占庭,以及拜占庭东方的草原民族,在唐代有过广泛的丝绸贸易,这些贸易的中介商是分布在天山以北直至里海的铁勒民族,和从中国西迁的可萨突厥人。在铁勒民族分布区的阿兰人居住地,也有丝绸之路的遗迹。北高加索东部基斯洛沃德斯克附近的哈萨乌特墓葬，自1885年以来即有出土的古丝绢，1967年在这里出土了八九世纪的丝织品残片65件，产品多数属于粟特锦（布哈拉附近赞达尼奇村），并有波斯锦、拜占庭锦和唐绢。在哈萨乌特以西大拉巴河的支流巴勒卡发掘的莫赛瓦亚·巴勒卡墓葬，在同一时期出土的丝织品多达143件。据发掘者耶罗撒利姆斯卡娅判断，粟特产品约占一半以上，中国和拜占庭的大致各占1/5。经由草原牧民转递的丝绸，产品繁多，花色斑斓。巴勒卡墓葬中更出土中国绢画，上有在山间驰骋的骑士，是中国和伊朗都很流行的狩猎图。并有残存文字三行的汉文账册随墓出土，文书内容和吐鲁番文书、敦煌文书相近，提到以"文"计算的实物账。中国的汉语文书随着丝绸贸易也来到北高加索地区，成为迄今为止汉语文书流传最西的地方。

（二）杜环和唐代的非洲知识

唐代和非洲，通过海陆交通曾有较前开阔的交往。东非南方的三兰国是华船最远航程的目的港。索马里南部的黑人国殊奈，早在629年10月便有使者抵达长安。《唐会要》根据外交档案，介绍这个殊奈国属于昆仑民族，以远洋航程计算，离开交趾（越南北部）要三个月，习俗文字和印度相同。殊奈（Zunug）是波斯语"黑人"（桑给，Zang）的复数，在索马里南部有一个著名古港桑加亚，殊奈使者便从这里启程来到越南北部和广州，再被迎往长安。

唐代中国人亲访非洲的是杜环。杜环是第一个有名可指到达非洲的中国人。他是《通典》作者杜佑的族子，出身望族。在751年怛逻斯战役中被阿拉伯俘获后，送到库法，受到优待，使他得以周游西亚，并随着阿拉伯使团经过埃及、苏丹到过埃塞俄比亚的摩邻国。杜环在他写的《经行记》中着意描述他从耶路撒冷启程，经过埃及、努比亚到埃塞俄比亚的阿克苏姆王国的见闻。阿克苏姆人崇敬的三大神中，在天神、地神之外还有海神摩邻，杜环便管它叫摩邻国。在进入非洲后，杜环亲眼见到埃及、努比亚和埃塞俄比亚流行大秦法（基督教），埃及的国教和努比亚沿海的阿拉伯人则信大食法（伊斯兰教），而在尼罗河以东苏丹境内从事转口贸易的牧民贝贾人则崇奉寻寻法（原始拜物教）。杜环看到的摩邻国人是肤色黝黑、以椰枣为主食的厄立特里亚沿海居民。他在访问埃及时，印象最深的是当地基督教医生最善于治疗眼病和痢疾，许多病都能有预防的办法，而脑外科手术尤其惊人。当时阿拉伯医学中心在埃及和叙利亚，基督教徒的医生，主宰着阿拉伯医术，杜环称他们是大秦医生，是说他们秉承着拜占庭的医疗传统。

杜环最后返航的地方是埃塞俄比亚的马萨瓦港，他从那里回到波斯湾后，当年便搭船返回广州，那时是762年的夏天。

由于中国帆船和商人经常来到亚丁湾和索马里，所以在9世纪的《酉阳杂俎》中记下了当时亚丁湾南岸、索马里北部的拨拨力国（巴巴拉国）的牧民正面临伊斯兰化，当地出产的象牙和阿末香（龙涎香）是中国从那里进口的贵重货物。《酉阳杂俎》中的拨拨力民族是一些尚未阿拉伯化的奥罗莫族（盖拉族），他们构成了后来索马里民族的基本组成因子。这段史料提供了在10世纪逐渐形成的索马里民族兴起以前，北部沿海早已有奥罗莫牧民居住的史实。这些奥罗莫牧民中阿拉伯化的支系，在10世纪以后成了索马里人中的萨马勒族，《酉阳杂俎》给萨马勒族形成时期的历史提供了有价值的史料。同时也反映了当时中国和索马里交换商货的一个侧面。

八、 唐和印度

（一）中印文化使者玄奘

佛教传入中国以后，中印两国僧侣相互交往，宣扬佛教义理、翻译佛教经典不遗余力，以佛学为核心的印度学在中国得到传扬。隋唐以来中国佛教僧侣的梵文和印度学水平大有提高，因而不但能深入钻研梵本经籍，而且还能在总结前辈学说的基础上，取得新的成就。627年自长安出发赴印求法的玄奘，正是这样一位将中印文化的交流推向一个更高阶段的伟大的文化使者。

玄奘早年研讨佛学，在国内访求名师，鉴于流行的《摄论》、《地论》对法相学说难以一致，深感探求佛学底蕴，唯有前往印度。他出于仰慕那烂陀佛学宗匠戒贤的学说，一路历经苦辛，取道高昌、热海（伊塞克湖），渡阿姆河，经迦毕试（喀布尔附近）而入印度。唐代称为天竺。分北、西、中、东、南，合称五天竺。630年，玄奘抵达印度佛教最高学府摩揭陀国的那烂陀寺（佛陀伽耶东北），跟从住持戒贤研习大乘佛教瑜伽派的经典。玄奘在那烂陀寺学习五年，遍及各种典籍，又开始周游五印度。640年玄奘用梵文写成《会宗论》3 000颂，调和大乘佛学中瑜伽和中观两派。641年他参加了戒日王在曲女城（开脑季）召集的无遮大会，写出《制恶见论》1600颂，制服了反方对大乘佛教的各种异说。然后随带佛典和梵本，载誉回国。

玄奘以当时世界上佛学大师的身份，在长安弘福寺和慈恩寺组织大规模的译场，进行史无前例的译经工作，以忠实、正确的译文传导了印度自弥勒、无著、世亲以来直至阵那、护法、戒贤所定的佛学五科，将因明、对法（阿毗达摩）、戒律、中观、瑜伽五科的经论择要翻译成中文。着重介绍瑜伽系统的典籍，发扬瑜伽经义。

玄奘又以世亲《唯识三十论》为本，结合十大论师的著作，编著《成唯识论》，详述世亲以后瑜伽一系最后发展的唯识学说。玄奘所传唯识学说，开创了唯识宗，影响及于哲学界和思想界，在国外，则流传朝鲜、日本。

玄奘在印度和戒日王会面时，曾以本国的政治由于唐太宗李世民执政而日益清明，国势强盛相告，并介绍了中国乐曲《秦王破阵乐》。《秦王破阵乐》是首军乐，当时已流传西域，使中国的声威及于葱岭以西各国。戒日王因此在641年遣使者到长安。以后几年，由于中印藏道的开辟，为中印两国使节交往提供了捷径，于是戒日王的使者、摩揭陀国的使者也多次出入长安，李义表、王玄策也在643年抵达摩揭陀国。初唐时期，中印使节往还，从中搭桥的实是玄奘。

玄奘又在647年奉命将老子《道德经》翻汉为梵，应东印度迦摩缕波国童子王（鸠摩罗）的要求，将道教经典《道德经》和道士一起研究，译成梵文，在王玄策第二次出使印度时，送到了童子王手中。玄奘又应一些印度友人和他在那烂陀寺的同学之请，将马鸣的《大乘起信论》由汉译本还原成梵本，使这部早已在印度失传的大乘佛学的名著，重又出现在印度佛学界。

玄奘旅居西域17年，足迹遍历五印度75国，中亚各国的文字、风俗、信仰、民族、地理，玄奘也都了如指掌。645年正月，玄奘刚归国，唐太宗便在洛阳行辕召见了他，详细询问西域各国景况，玄奘的回答，使唐太宗十分满意，便请他将所见所闻加以笔录。翌年《大唐西域记》便问世了。这部书在现代引起了印度学家的重视，认为这是一部再现7世纪中亚和南亚各国历史的十分难得的文献，可以说是取之不尽的宝库。玄奘在《大唐西域记》运用他广博的知识、精细的观测和睿明的洞察力，刻画了他所见到的中亚细亚、阿富汗、巴基斯坦、孟加拉、印度各地的社会生活和宗教、艺术圣迹，同时还提到了斯里兰卡、中南半岛各国和波斯等国的历史。考古学家正是借助于玄奘的这部名著，才把王舍城的旧址、那烂陀寺的遗迹和鹿野苑的古刹重新发掘出来，展现在世人之前。

（二）王玄策的业绩

在贞观（627—649）、显庆（656—660）年间曾经三次出使印度的王玄策，是当时在中印两国的政治和文化舞台上叱咤风云的人物。643年王玄策第一次奉命出使印度时，当正使的是李义表，王玄策仅充副使。643年3月使团受命自长安出发，走的是新开通的吐蕃（西藏）、泥婆罗（尼泊尔）道。吐蕃、泥婆罗道在641年文成公主下嫁吐蕃三十二世赞普（国王）松赞干布时，才全线畅通。这条路在唐初中印交通中称为东道，比之沿塔里木盆地北缘经撒马尔罕越铁门进入吐火罗（阿富汗北部），再到印度的北道，或者沿塔里木盆地南缘经昆都士再到印度的中道,都要近便。李义表、王玄策使团取这一道,经过半年多时间,便在当年12月抵达中印度摩揭陀国首都巴特那。使团在印度逗留一年多,巡礼佛迹、交流佛教文化是使团的一项重大的活动。645年春使团在王舍城以北耆阇崛山瞻仰佛迹后,凿石为铭,留下铭刻。又在摩诃菩提寺(大觉寺)立碑,记下使团的活动和观感。使团受到戒日王的盛情款待。戒日王的使团不久也到唐朝首都长安。李义表并访问了东印度迦摩缕波国(阿萨密),童子王向李义表提出要宣扬道教,请求《道德经》的梵文译本。这部《道德经》的梵译本,经玄奘主译完成后,在王玄策第二次出使印度时,终于送到了童子王的手中。道教由云南进入阿萨密,同时又通过西藏、尼泊尔将老子学说正式传入阿萨密,以致阿萨密后来许多仪式竟有道教风气。

647年王玄策和蒋师仁共同出使印度,也取西藏、尼泊尔道。当使团在648年抵达印度时,由于戒日王已死,各地出现群雄割据的局面。摩揭陀北边的帝那优帝(今蒂尔赫特)王阿罗那顺抢劫使团财物。王玄策设法脱身,借得尼泊尔7 000多骑兵和吐蕃精兵1 200多名,奔向曲女城,在战斗中生俘阿罗那顺,凯旋而归。王玄策的行动得到东印度童子王的支持。童子王又请王玄策将地图和礼物带回长安,并要求派人送去老子像,以便供奉。

王玄策第三次奉命送佛袈裟到摩诃菩提寺,在660年9月到达目的地,并在摩诃菩提寺建立第二碑记。回国时走阿富汗,在迦毕试国(喀布尔以北)取得佛顶骨一片,带回长安在宫中供奉。王玄策又亲自根据摩诃菩提寺弥勒图像,在长安敬爱寺督工建立塑像。王玄策三次出使,在7世纪中叶中国和中印度、东印度、迦毕试、尼泊尔的国交和文化、宗教交流方面建立了特殊的功勋,大大发扬了唐朝的国威,同时亲手将《道德经》的第一个外文译本送到了阿萨密,又通过佛教的礼节,加深了作为中印两国国家信仰的宗教上的联系。印度高僧僧伽跋摩最后随王玄策第三次使团来到中国,更显示了王玄策身兼政治和文化双重使节的使命。

(三)印度天文学和瞿昙监

六、七世纪的印度天文学正处于欣欣向荣的阶段,印度和阿富汗的天文学家在七八世纪不断访问中国,来华传经。隋代已经译成中文的印度天文、历算著作计有《婆罗门舍仙人所说天文经》21卷,《婆罗门竭伽仙人天文说》30卷,《婆罗门天文》1卷,《摩登伽经说星图》1卷,《婆罗门阴阳算历》1卷,《婆罗门算法》3卷,《婆罗门算经》3卷。唐初编修新历常须参照印度历法,李淳风《麟德历》、僧一行《大衍历》都曾参考印度《九执历》,然而当时中国天文历算仍极高明,因此所订新历,都能独辟径路,保持着具有中国特色的新的成就。

唐初从 665 年颁行李淳风《麟德历》起，到 729 年颁布僧一行主持的《大衍历》，60 多年，中印历法互相参照，在唐代太史监互相比试，结局是《大衍历》经过天文观测试验，终于被认为正确率达到 70%—80%，而取胜于正确率才 10%—20% 的印度《九执历》。当时掌管天文历法的太史监，备有迦叶氏、瞿昙氏和拘摩罗等三家印度历。到 8 世纪中叶，"安史之乱"以后，迦叶氏、拘摩罗氏的印度历被废弃，使用瞿昙氏一家。瞿昙氏一家是世居长安的印度侨民，自瞿昙罗（瞿昙躔）开始，至瞿昙晏，一共四代，在 100 多年中断断续续出任太史局、司天台的负责官员。第一代瞿昙罗、第二代瞿昙悉达、第三代瞿昙谦（712—776 年），先后出任太史监、司天监的要职，因此司天台有人称之为瞿昙监。

瞿昙悉达在 712 年以后出任太史监，负责掌管天文测算。718 年奉命翻译印度《九执历》，和《麟德历》参照实行，718 年到 728 年又编集《开元占经》，征集许多古天文资料，保存了珍贵的古籍，至今得以流传。《九执历》根据七曜以外更增加龙首和龙尾两星而成，是天竺（印度）古历，足以参补使用。758 年太史监改名司天台，瞿昙谦调任司天台秋官正，765 年升任司天监。他参考《九执历》编制的历法，被称作瞿昙历，曾与国家颁布的《至德历》参照实行。

（四）印度医药和技术

印度艺术，包括绘画、雕塑、石窟艺术、乐舞、戏剧、杂技、幻术，在唐代前期如潮奔涌，进入中原和大江南北。印度的医药和一些与国计民生有关的技术，也是同一时期受到唐朝政府重视，引进的项目。

印度医学素称长寿吠陀，隋代译成中文的医书已有《龙树菩萨药方》四卷，《婆罗门诸仙药方》20 卷，《婆罗门药方》5 卷，《西域婆罗[门]仙人方》3 卷，《西域名医所集要方》4 卷，《耆婆所述仙人命论方》2 卷等多种，足见印度医药在中国的流行。

唐太宗李世民对于印度医药和技术追求不遗余力。笃信道术的李世民在服食金丹之外，也热衷于引进印度的长命药。李世民更希望能在中国研制一种新药，足以使人延年益寿。在 648 年王玄策第二次出使印度回国时，他不但押送阿罗那顺去见李世民，而且还有一名年已老迈的印度术士和他同到长安。李世民派兵部尚书崔敦礼监督，采集国内和克什米尔等地的异石怪药，以期印度术士有所成就。649 年李世民服了"天竺胡僧"长生之药，忽然暴卒。天竺胡僧便是印度术士，他所制药物引起高宗李治的怀疑，因此李治虽然派人到东印度迎来卢迦逸多，请他到印度访求长生之药，但终未服用这种进口药物。这时中印双方名医和丹家在长安和印度各地接触，交流彼此炼制秘药的经验，可惜并未取得重大的进展。

李世民又曾十分重视改进砂糖制法。印度和中亚的康国、石国都出产纯度较高的砂糖,称为石蜜。石蜜在唐初是这些国家的重要礼品。中国原来只能制作液体的饧和固体的饊,长江流域用甘蔗制砂糖虽然比较早,但成色不佳。北方则完全靠进口"西国石蜜",使用砂糖。647年摩揭陀国使者到长安夸耀印度砂糖之佳,引起李世民派人到印度去请石蜜匠,到扬州、越州,就地取甘蔗造糖,结果非常满意。在蔗糖中加上牛乳以后,取得的石蜜,无论色泽和甜味都超过了国外的制品。过了半个世纪,四川所产砂糖已凌驾于江东各地,足以和波斯石蜜相比,而胜过印度石蜜了。这是唐代在学习印度先进技术之后,不断提高、改进,才出现的新的成就。

九、 唐代东亚文明的繁荣

(一)唐和新罗佛教文化的交流

660年和668年,唐朝支持新罗,灭亡百济和高句丽。到735年,新罗统治了大同江以南的朝鲜半岛。唐和新罗关系密切,彼此使节往还频繁,文化上更亲如手足,出现了新的高峰。

新罗尊崇儒学,按照儒家经典培养和选拔人才。唐代国学招收留学生,高句丽和新罗是最早派遣官僚子弟入学的国家,640年新罗留学生到了长安。647年新罗派使节金春秋参观国学,亲自听讲。649年以后,新罗开始按照唐代典章制度改革官制、财经制度和教育系统,全面吸收唐文化,将国家制度纳入以唐朝政府为模式的轨道。政治制度方面,按照唐代尚书省设执事省,下设六部,地方设州郡县。经济制度方面,仿照唐代均田制实施丁田制和租庸调法。教育系统,在682年设立国学,讲授五经、三史,完全仿照唐代国学规模和设施,747年改称太学监,788年设立读书出身科,选拔官员,以儒家五经、三史作为考试课目,使儒家成为新罗王朝的统治思想,影响了以后数百年的朝鲜历史。

新罗在650年起使用唐代年号,采用唐历。又在学校和社会上广泛使用汉文、汉字。647年新罗建成了观测天象的瞻星台。675年新罗人德福到长安学习李淳风的麟德历后回到新罗,从这一年起,新罗便开始颁行麟德历。新罗宪德王(810—826年)时,改行唐穆宗(821—824年)颁布的宣明历,一直沿用到高丽王朝创始以后,使用了100多年。新罗在通用汉文、汉字以后,开始使用汉字的音义标记朝鲜语,创造了"吏读"。"吏读"是新罗学者薛聪、强首等人在692年完成的一种朝鲜语解读法,是汉字和朝鲜语最早的结合。"吏读"的使用,为以后朝鲜创造自己的文字谚文,开了先河。

新罗吸收唐代文学成效卓著，双方由于没有文字的阻隔，因此学习十分方便。686年新罗使节赴唐求取文集，武则天欣意以诗文50卷相赠。张鹭的诗文，新罗、日本使者一到，必以金宝相购。白居易的诗篇，更是名闻遐迩，新罗商人也争相收求，带回国向国相出售，每篇可易一金。和唐代文学一样，新罗文学也以散文、诗歌为主，散文以强首、金大问最著名，汉诗则以崔致远最杰出。新罗在统一三国以前，使节出入长安，为求唐朝的支持，国书多辞意恳切、文藻瑰丽，大多出自强首之手。新罗文武王金春秋对强首的文章在外交上招致唐和新罗的结盟，常赞不绝口。金大问是唐代留学生，归国后所作汉文《花郎世记》《汉山记》《乐本》，成为汉文散文中的杰作。崔致远在885年离唐归国，成为众望所归的重臣和文豪，所作今体赋501首，五言七言今体诗100首，杂诗30首，《桂苑笔耕集》20卷，使汉文学在新罗大放异彩。

新罗乐器三竹、三弦，都仿唐而作。三竹有大笒、中笒、小笒三种竹笛，仿自唐代的笛。三弦有玄琴、加耶琴、琵琶。玄琴与唐的七弦琴相似。加那琴是6世纪加耶国乐师按中国的筝而制作，加耶灭亡，于勒携琴移居新罗，受到新罗王的重视，从此传习有人。琵琶，略似龟兹琵琶，而体制略小。另有拍板、大鼓，大多从中国传去，而经过改造，推陈出新。隋代杨坚所设七部乐中既有高丽乐，列入乐府的并有百济乐、新罗乐。唐代太宗时的十部乐中也有高丽乐，来自朝鲜半岛的乐师和歌舞家客居长安的，为数不少。

新罗统一三国以后，中国流行的部派佛学和道教也流入朝鲜。佛教以律宗、涅槃宗、华严宗、法性宗、法相宗和禅宗为最著。律宗开山祖慈藏，636年率门生10人赴唐，643年迎回藏经一部，任大国统，开创律宗。华严宗开创人入唐高僧义湘，在671年回国后，受到新罗王的重视，号称海东华严初祖。后由胜诠创建葛项寺，宣扬该宗。禅宗流行新罗，和唐一样也分南禅、北禅。南禅开山祖道义在784年入唐，从学智藏，821年归国后，创设南禅，弟子800人，盛极一时。北禅由神行（信行）入唐从学志空，归国后开宗。后期禅宗分立九山（迦智、实相、桐里、阇崛、凤林、狮子、圣住、曦阳、须弥）。新罗佛教因称五教九山。佛教自新罗时期以后，在朝鲜半岛传习有人，十分兴盛，自此以后，朝鲜便成为佛教国家了。道教初盛于高句丽灭亡以前，再兴于玄宗以后。738年唐玄宗选拔能演经义的儒学大师邢璹出使新罗，邢璹将老子《道德经》赠送新罗国王。道教开始在半岛兴起，新罗留学生金可纪等亦曾传习道教，9世纪时新罗也出现了儒、佛、道三教并行的局面。

佛教在新罗的兴盛，促使中国新发明的雕版印刷迅速传入新罗。1966年10月在新罗首都庆州佛国寺释迦塔内，发现由12幅纸粘成的雕版印刷品《无垢净光大陀罗尼经》卷，经鉴定，印刷于704—751年间。经卷用了四个武则天的制字

（证、地、授、初），制字在 684—704 年武则天统治时期使用，《无垢净光大陀罗尼经》由吐火罗的弥陀山译成于 704 年，704 年弥陀山在译作完成后便回国了，因此庆州印刷品的 1200 年以前的印刷品，是世界上现存最早的雕版印刷品之一。印刷品的尺幅和 10 世纪时在吴越国佛塔中发现的经卷，大致相近，可以知道，新罗印刷物的真正来源地是中国早期的印刷中心长江下游三角洲。

新罗医学传自中国，《日本书纪》卷 13《允恭纪》称 414 年日本派人到新罗求良医，将天皇的病治愈了。692 年新罗僧从唐返国，新罗立即设置医博士，用中国医书《素问》《本草》《难经》《针经》《脉经》《甲乙经》《明堂经》教授学生，正式培养本国的医学人才，教材都从中国传去，自此以后，中国医学在半岛便代有传人了。

新罗时代的工艺富有唐朝的风格，铜器制作尤其精巧，漆器、金器、丝织品，无论纹饰、形制都和唐代制品相近。庆州古墓形制，从石柱、石兽、石人和出土文物的工艺技巧，都深染唐代风格，俨然是唐代文化的再版。

（二）唐代的新罗侨民

唐初征伐高丽，曾有大批战俘和居民移居中国内地。八九世纪以来唐和新罗贸易繁荣，官方贸易在 8 世纪极为频繁，各种金属工艺品、高级袍服、绫锦、茶和书籍从中国运往朝鲜半岛，新罗使节常以金、银、人参、毛皮相赠。民间贸易在 8 世纪下半叶到 9 世纪也屡禁而不止，新罗的铜、铁、金、银以及奴婢不断进入中国沿海。新罗人侨居中国的很多。9 世纪中日本僧侣圆仁入唐，见到扬州江都、楚州山阳（淮安）、泗州涟水、密州诸城、登州的牟平、文登，都有新罗人成批居住。新罗人所住的街巷称新罗坊，安置的旅店叫新罗馆。唐朝为接待新罗的使节和商人，在山东、江苏沿海各州、县，多设有"勾当新罗所"，有专事翻译的通事。9 世纪初曾在中国任职，又是新罗富商，后来归国负责镇守新罗西海岸的张保皋，曾在山东文登赤山村创建法华院佛寺，有新罗常住僧 30 多人，用新罗话、新罗仪式诵经礼佛。新罗船只沿海驶行，从密州到楚州，或北上营州，沿中国海岸经商，载运木炭，兼载客商。日本使节、僧侣、商人出入中国，在八九世纪之际，常通过新罗船往返，日本来华船只也多有雇用新罗水手的，每船往往有 5 至 7 人。

在新罗侨民中，对于交流文化起过重大作用的是留唐学生。821 年新罗学生金云卿首次在唐应试进士登第，从此到 907 年唐亡，新罗学生登宾贡科的共有 58 人。及第的人，有的先在唐任为官吏，以后回国，有的登榜后归国任职。声名最大的是被尊为汉文学鼻祖的崔致远。崔致远生于 857 年，12 岁入唐求学，18 岁（874 年）成进士，880 年任淮南节度副使高骈的高级幕僚，掌管文书。崔致远在唐任职多年,与许多文人结交,写诗唱和,其中有张乔、顾云、罗隐、吴峦、郑畋等。885年崔致远归国,挚友顾云赠诗相别,高度赞赏他才华出众,名震中华:"十二乘船渡海来,文章感动中华国。十八横行战国苑,一箭射破金门策"。

赴唐求法的新罗僧侣,在华探究佛学,与文人、学者交游,加入国际佛学交流的行列中。卓有成就的是圆测、慧超和金地藏。

圆测(613—696年),本是新罗王族子弟,627年入唐,先后从法常、僧辨学《成实》、《毗昙》诸论。玄奘归国,他又跟从学习《瑜伽师地论》、《成唯识论》。后召为西明寺大德,疏解佛经。唐高宗后期和武则天初期被选入译经馆,先后参加印度僧侣地婆诃罗、菩提流志等的译经班子。一生著译甚多,精通六国语言,成为玄奘著名子弟之一,卒后与玄奘著名弟子窥基同葬玄奘墓塔两侧。

慧超(705—787年),723年入唐求法,跟从印度僧金刚智,后从海上赴印,遍游五印度,又到伊朗、伊拉克、叙利亚。727年经中亚回到长安,780年赴五台山乾元菩提寺研究密教经典。著有《往五天竺国传》,残本在1908年发现于敦煌莫高窟藏经洞。

金地藏(630—728年),本名金乔觉,出身新罗王族,653年入唐,削发后号地藏比丘。后在安徽青阳九华山化城寺为住持。诗人李白漫游九华山时,见到地藏,两人以出世之见交谈,极为相得。在圆寂前召众诀别,跏趺坐化,置于瓮中,肉身3年不坏,信徒为之建塔。人称金地藏。化城寺是九华山开山寺院,后来九华山香火旺盛,成为中国佛教四大名山之一,传说地藏菩萨转世之地,事迹实出于金地藏的苦修。

(三) 日本遣唐学生、僧侣和大化革新

日本的遣唐使在前后15次中,除了政治、外交上的需要而特遣的几次以外,主要目的和使命是吸收和引进唐文化。唐代的中国,法制完备、经济繁荣、文化昌盛,遣唐使船在中国收求大批物资,同时通过朝献交换礼品,而作为输入唐文化的一条主要途径,尤其重要的是来回迎送成批的留学生和学问僧。文武天皇(697—707年)以前,7次遣唐使船都取北线,经过新罗入唐,因此留学生和学问僧往来中国都搭乘走北线的新罗船或遣唐使舶,游学的地方也限于华北。自文武天皇时起,由于遣唐使船大多采取南线,仁明天皇(834—850年)以后遣唐使停办,中日之间往来都靠走南线的唐舶,留学生和学问僧游学的地方也扩大到中国东南沿海和华中各地了。

日本派遣的留学生都是经过挑选的贵族子弟和僧侣,人数最初不过二三十人,文武朝以后增加到七八十人,还有随从的医师、乐师、画师等人,对于移植唐文

化,起到了举足轻重的作用。在平安朝(781—1185年)以前,日本留学生的学习期限一般长达一二十年,进入平安朝以后,学习期限通常不过一二年,出现了还学生、还学僧(或称请益生、请益僧),这些学生多半在专业领域已有很高的造诣,对于汉学也很有根基,只需学习一二年,解决一些高深的疑难,便学成归国了。最澄入唐,带领学过汉语的弟子义真同行,作为译语,圆珍到中国,带着当过圆仁的行者,在中国生活过10多年的丁雄万作译语,语言不通的困难便顺利解决了。

入唐的日本留学生都经过外交途径,获得唐朝给予的各种优待,支给衣粮,供应食宿,安排他们进入官办的三学(国子、太学、四门)学习。回国时,留学生和学问僧带回日本的物品中,最主要的是各种书籍、文集、经卷、佛画、佛像、佛具。流入日本的唐代典籍,为数极为可观,总计有1 800多部,1.8万多卷,图书门类广及经、史、子、集,对唐文化的移植无疑是一项宝贵的财富。归国的留学生通常在政府中担任要职,用他们留学时摄取的知识,为推动日本社会的进步而效力。留唐学生中名扬中国的是朝衡(阿倍仲麻吕)和吉备真备。朝衡(708—770年)在717年随第9次遣唐使到长安,在太学受学,卒业后留在长安。753年升任秘书监,与王维、包佶等著名文人交结,后任镇南都护,终生事唐未归。和朝衡同时到长安留学的吉备真备(696—775年),在唐学习17年,知识广博,探究儒学经史,律令、历学、兵事、建筑,无所不通。734年归国,带回《唐礼》《太衍历经》《乐书要录》和射甲箭、方响、铜律管、测影铁尺。归国后为皇太子讲授《礼记》《汉书》,传授唐代律令和历法。后又任大宰大贰等要职,使用唐代兵法,删订律令,后来升任右大臣。吉备真备又创造片假名,制订和文楷书字母,开创日本文字。成为留唐学生归国后功勋卓著的代表人物。

揭开日本输入唐文化序幕的大化革新,正是在一批由唐归国的知识分子推动下展开的。608年随遣隋使留学长安的南渊请安、高向玄理、僧旻等8名留学生和学问僧,都是汉人或新汉人的后裔,他们对汉语有根基,留学时侨居中国二三十年,亲眼看见唐初各项法制和政府仪规渐臻完善。他们在学习儒学和佛学的同时,认识到唐文化的高度发达,经历了"贞观之治"典章制度日益整肃的时期,归国以后,成为改革派的中坚分子。为645年大化革新提供思想和理论依据的南渊请安,于640年归国,在改革前夕,革新派的核心人物中大兄皇子和中臣镰足曾向他请教周公、孔子之学和隋唐法式。高向玄理和僧旻在新政实施时出任国博士,在大化革新中建树极多。新政权发布的诏书和律令,都具有中国儒家的模式,以忠君思想作为整饬纲纪的宗旨。

大化革新是推古改革的继续和深化。圣德太子(574—622年)未能实现他主持的全部计划便在622年去世,豪门苏我氏的独裁使得新政难以有新的进展。中大兄皇子和中臣镰足、仓山田麻吕三人，在天极天皇四年（645年）6月12日策划的宫廷政变中杀死了苏我氏父子，推倒了阻碍改革进行的反对派势力，第二天由孝德天皇继位，以中大兄皇子为太子，废除了大臣、大连制，设立左大臣、右大臣、内大臣，由留唐归国的僧旻和高向玄理出任国博士，作为最高顾问，建立年号，取名大化元年（645年），决心推行改革，将都城从飞鸟迁到难波（大坂），方便吸纳唐文化，646年正月孝德天皇正式颁布《改新诏》，推行唐式政治体制，建立中央集权制度。大化革新在政府组织、土地、赋税、教育、兵制等方面推行的新政，基本上都以唐代的典章制度为楷模，按照日本加强皇权、发展生产的具体要求加以变通；以制定各项实际措施。大化革新期间的大和朝廷，仿照唐朝三省六部制，设立二官八省制。二官是神祇官（掌宫中祭祀和全国神社）和太政官（掌全国政治）。太政官下设八省，中务省（中书省）、式部省（吏部）、治部省（礼部）、民部省、大藏省（二省分治户部）、兵部省、刑部省、宫内省（殿中、内侍省）。另置弹正台（御史台）、五卫府（禁卫军）。地方分国（国司）、郡（郡司）、里（里长）三级。土地制度，按唐朝均田制，实施班田制。赋税制度，废除贡税制，实行租、庸、调制。教育制度，在中央设大学寮，内设明经、纪传、明法、算道等四科，地方上设国学。学习课程多为儒家经典，《孝经》《论语》列入必读课目。兵制，废除氏姓贵族武装，实行征兵制，正丁三人征一，服役期四年，也与唐初府兵制相似。

自大化革新开始，日本才有仿照唐朝的年号。到文武天皇大宝元年（701年），按《唐律疏义》颁布的《大宝律令》出台，改革进行得十分顺利，养老二年（718年）更有《养老律令》的修订，将改革完全法典化了。

唐文化的移植还表现在都市规划和社会生活的各个方面。日本在大化革新后建立了一套中央集权的机构，并仿照长安的布局营建首都，将宫城安置在城的北部，南部分置官衙及东市、西市，以贯穿南北的中轴线两侧布置街坊建筑，先后建成平城京（奈良）和平安京（京都），开创了奈良文化（710—794年）和平安前期文化（794—896年）全面仿效唐风的鼎盛时代。唐风文化时代，日本的遣唐官员、工匠、留学生、学问僧和各种专门人才，将唐代的服装、烹饪、住宅装饰和建筑式样，以及佛教美术和节庆风俗都一一引进日本，在本州西部和九州北部逐渐流行起来。茶在8世纪时也传入日本，起初仅供药用。到815年由于嵯峨天皇的提倡，在畿内、近江、丹波、播磨等地开始栽茶，从此饮茶之风便在上层社会和寺院中流传下来。中国例行的节日，如正月元旦饮屠苏酒（药酒），四月初八的灌佛，五月五日端午，挂菖蒲、饮雄黄酒，九月九日饮菊花酒，除夕驱鬼，也从奈良时代起渐成日本的民间节庆。

唐代佛教六宗，三论、成实、法相、俱舍、华严、律宗，在奈良时代先后通过朝鲜半岛和中日僧人的交往,传入日本,通称奈良六宗,而以三论和法相两宗最为昌盛。三论宗在625年由高丽僧慧灌传入日本,慧灌是隋僧吉藏的弟子,由他东渡日本,成为日本三论宗的始祖。玄奘的弟子道昭归国后,传习法相宗。三论宗、法相宗名师辈出,三论宗的智藏、道慈,法相宗的智通、智达、智凤、智鸾、玄昉都是入唐求法的一代名僧。

平安时代的佛教,出现了由唐传入的天台宗、真言宗。天台宗由804年赴唐到天台山随道邃学习的最澄(767—822年),在805年归国后于比睿山创立。日本的天台宗混有密宗、禅宗和戒律,一如中国的天台宗。和最澄同时入唐的空海(774—835年),在长安青龙寺从惠果传习密宗,806年归国后,在日本纪伊高野山建金刚峰寺,开创真言宗。密教佛画在9世纪时出现在京都神护寺等寺院中,日本佛教美术从此由显教转入密教。

日本的佛教自奈良时代起,便有"镇护国家",为国家法令服务的职能。奈良时代在首都建成的东大寺和各地的国分寺、国分尼寺,便具有政教结合的国家统制佛教的色彩。

(四) 鉴真东瀛传律、传艺

754年农历正月,唐代律宗大师鉴真(688—763年)和他的弟子思托、法进、昙静、义静、法载一行搭乘第11次遣唐使船到达日本,实现了他多年来赴日传戒的心愿。鉴真东渡,前后费时十二载。742年日僧荣睿、普照到扬州大明寺,恳请鉴真到日本传律授戒,以巩固日本的佛教,鉴真随即应允。自此以后,经过五次航海,荣睿、普照和思托等人随同鉴真出生入死,鉴真因此双目失明,最后才在754年第六次东渡时得达目的地。

鉴真经第11次遣唐副使吉备真备迎往奈良后,受到孝谦女皇赋予授戒传律的大权。754年,在东大寺修筑戒坛,鉴真亲自为太上皇、皇太后、皇太子授菩萨戒,并为沙弥澄修等440多人授戒。755年东大寺戒坛院落成。不久又在东大寺内兴建唐禅院,按照唐代建筑式样修造,由鉴真主持僧侣的修道。鉴真赴日,改变了有僧无法,盛行自度、私度的日本佛教现状,从此日本僧尼必须经过东大寺戒坛院和它所属下寺受戒,方能取得度牒,具有正式的资格,享受豁免课役的特权。鉴真被尊为大和上。在淳仁天皇(758—764)继位后,鉴真的权力虽然小了,但他仍继续传扬戒律,在759年建成了"唐律招提",称为唐招提寺,从东大寺移居这里,从此唐招提寺发展成日本律宗的总本寺。

淳仁天皇时代,东大寺戒坛院和下野药师寺、筑紫观音寺,成为日本的三大戒坛。鉴真弟子法进更著有《东大寺授戒方轨》等律宗经疏规则,鉴真和他门徒的传授戒律,使日本律仪逐渐严整,世代相传,遍及全国。鉴真在东大寺校过一切经,在唐招提寺不但讲解四分律,而且还有天台宗的章疏,如《摩诃止观》《法华玄义》等,使天台宗在日本初播种苗。

鉴真和他东渡的弟子也是建筑、美术的能手,并精通药理。唐招提寺按唐氏建筑,金堂单层七间四面,内部用金柱一周,单檐四注顶,正面一间开放,下置石坛,式样为其他时代所无。寺内佛像、彩画具庄严、厚重、瑰丽的风格,在佛像雕塑上用干漆夹纻法,自成一派,后世称为唐招提寺派。金堂主像丈六金色卢舍那佛坐像,用竹笼作成,外包布涂漆,达13层,是思托、义静、昙静合作的杰作。左胁侍药师像、右胁侍千手观音像,成于如宝、法力之手。鉴真由唐带来的不空羂索像特安置在羂索堂,另一由鉴真带来的赤旃檀文殊像安置在文殊堂中。卢舍那佛像被日本推许为天平时代末期最伟大最巧妙的雕像,殆非过誉。

日本医学借鉴中国,562年(日本钦明天皇二十三年),流寓高句丽的吴人知聪带了医书到日本传习医学。608年日本派药师惠日跟随小野妹子入隋。大化革新后,仿唐太医署设立典药寮,设置医博士、针博、按摩博士、药园师传扬医学。鉴真一行到达日本后,孝谦天皇检查各地医博士,往往医术不精,下令医生必须精通《大素》《甲乙》《脉经》《本草》,针生必须熟知《素问》《针经》《明堂》《脉经》,对日本的医疗事业进行了一次全国性的考察。鉴真善辨药物,双目失明的鉴真曾将淳仁天皇命令鉴别真伪的药物,一一以鼻别之,全无错失。鉴真所进药物治好了光明皇太后的病。这两件事传遍了日本。鉴真一生为人治病,日本曾传有《鉴真上人秘方》一卷。鉴真收了许多日本学生习医,较有名的是韩广足。唐代苏敬《新修本草》,到787年正式成为日本的法定药典。

鉴真带到日本的王右军行书、丝绣佛画,对日本书法、刺绣也起了推动作用。

(五) 白居易和日本白体诗

唐代重视诗赋文章,科举取士中不可或缺的一项是五、七言诗。唐代典籍流入日本,其中不少是文集,随着唐文化的输入,日本上层社会也以传习汉字汉文为必备的文化修养。弘文天皇在672年开始吟汉诗,提倡汉文学,到751年出现了第一部汉诗集《怀风藻》,共收64家120首诗,包括了奈良时代汉诗的精华。平安时代更由天皇敕命编集《凌云集》《文华秀丽集》《经国集》三部汉诗集,网罗了平安时代在初唐、盛唐、中唐著名诗人影响下,日本汉体诗人所作的五言、七言、律诗和绝句。汉文学在9世纪已成为日本文坛上的主要潮流,而汉诗又是汉文学的主体。

9世纪风靡日本文坛的唐代诗人是白居易。白居易的诗通俗易懂,被誉为妇孺皆知,诗的感情真挚,具有在心理上产生"移情作用"的效果,诗的内容十分广泛,涉及社会风土人情,因而白诗在白氏生前早已流传新罗、日本,在国外的声誉不在本国之下。被称为平安三笔之一的嵯峨天皇(809—823),就喜吟诵白诗,仿作白诗。他曾和文臣小野篁讨论新得到的《白氏文集》中题名《春江》的诗,嵯峨天皇自称新作诗句:"闭阁唯闻朝暮鼓,上楼遥望往来船"。召小野篁欣赏,小野篁提出,"遥"字改"空"最美。嵯峨天皇大惊,说道,这本是白乐天的诗句,故意试你,原本是"空"字。赞扬小野篁的诗情和白乐天相同。这件事透露出白居易的诗早已在贵族朝臣中流传,小野篁无疑是熟读白诗的一人。后来在第 18 次遣唐使出发时,小野篁被仁明天皇任命为副使,正是由于他精通汉文学而深孚众望。小野篁本人就是一个白体诗的作者,他在西山离宫曾奉嵯峨天皇之命作诗:"紫尘嫩厥人拳手,碧玉寒芦锥脱囊"。因此得宠于天皇,进为宰相,而这诗实出白诗:"蕨嫩人拳手,芦寒锥脱囊",加以演化而成。

　　10 世纪初的醍醐天皇(897—930),也是一个平生爱恋《白氏文集》70 卷的著名人物。此后六七百年中,白居易文集始终成为日本从中国输入的书籍中数量十分可观的图书。白体诗在平安中、后期成为流行的诗体,生活在九、十世纪之际的汉文学家菅原道真便是其中的佼佼者。他作的《路遇白头翁》、《寒早》,便是在诗意和诗体上模仿白居易《新丰折臂翁》和《春深》的佳作。直到江户时代,白居易一直被当作诗仙,京都一乘寺有"诗仙堂"专供白居易。

(六)日本文字的诞生

　　一直到公元 734 年,留唐学生吉备真备第一次返还日本,日本人长期只有自己的语言,而无可以书写的文字。日本最早流传的汉字,要迟到东汉以后。汉光武帝在公元 57 年给北九州的一个小国封了金印,1784 年在筑前国志贺岛叶崎(今福冈县志贺町)有人挖地,得到了这颗有蛇纽刻着"汉委奴国王"五个阴刻篆字的金印。公元 239 年曹魏明帝把另一颗刻有"亲魏倭王"的紫绶金印赐给了邪马台女王卑弥呼。还有在那时流入日本的铜镜、大刀、铜钱,也有汉字的铭记。筑前丝岛郡小富士村海边遗址中发现过王莽时期货泉;1951 年大阪府泉北郡信太村出土三角缘四神四兽镜,上有铭文"景初三年陈国作铭之保子宜孙";和歌山县伊都郡隅田八幡宫藏古镜铭文。熊本县玉名郡江田町古坟出土反正天皇(5 世纪初)的铭文,是用汉字拼写的日本语,业已音训并用,一定是汉族移民对借用汉字拼写和语的一种尝试。这时正好是王仁带着《论语》到日本的时候。随着汉人移民的增多和文化典籍开始传入,汉字、汉文开始在日本列岛上有了更多的识字者。当时两国来往国书,在日本方面,不用说都是由精通汉语汉字的移民草拟成文的。

早期到日本讲解儒家经典的是百济国的五经博士。513年（继体天皇七年）百济派五经博士段杨尔到日本，三年后派汉人高安茂去替代段杨尔。6世纪中叶，百济又派易博士、历博士、医博士等到日本。552年（钦明天皇十三年）、577年（敏达天皇六年），百济先后派人送佛像、幡盖、经论到日本，于是汉文的典籍开始传入日本，昭明太子编集的《文选》大约在日本派出遣隋使船以后，便在日本开始流传了。

日本的文字，留下来最古老的是民歌和颂辞。民歌收录在《古事记》与《日本书记》二部史书中，总共有180多首，形式非常自由。颂辞是祈神祝愿的文字，收录在《延喜式》第八卷中。这是日本最古老的诗文了。

自从日本与隋朝、唐朝通使以后，上流社会掀起了写作汉诗汉文的热潮，文章流行六朝骈俪体，诗歌模仿文选体古诗，后来收入751年编集的汉文诗集《怀风藻》中，自近江朝到奈良朝末共收诗120首，作者计64人，多数是五言诗，七言诗仅得7首。712年（元明天皇和铜五年），日本决定编集历史，由安万侣编成三卷《古事记》，叙述上古开天辟地至推古女皇（628年）间的日本历史。当时由稗田阿礼口授，但日本尚无文字，只好兼用汉文与借用汉字作音标表述和文的两种办法，于是成了一种最古老的半文半白的汉语记录的历史故事。720年安万侣与纪清人、三宅藤麻吕等人一起奉命编修《日本书纪》，完全用汉文写成，体裁仿效《史记》《汉书》等正史，是日本第一部官修的国史。汉文学在这时逐渐成为上流社会通行的文学语言，但汉文汉字仍难以充分表达日本语言的底蕴，有必要借用汉字注释、训解日语的音读。

奈良朝最流行的诗歌还是和歌，作者上自天皇，下至平民，社会上流行宴饮和诗，于是在8世纪末出现了一部用汉字注音的和歌集《万叶集》20卷，这部诗集的编者是中纳言（官阶）大伴家持，编入集中的有5世纪中叶至光仁天皇（782年）为止，三个多世纪中的和歌4 536首。按类型，分成短歌（每首三十一音）、长歌（每首五十五音）和旋头歌（每首三十八音）三类，最多的是短歌，最少的是旋头歌。集中的作者计有男子561人，女子70人。最受推崇的作者柿本人麻吕与山部赤人，并称歌圣。集中用来表音的汉字，被称作"万叶假名"，"假名"的本意是"借字"，万叶假名于是被日本人采用作了日本文字，开始流行起来。由于这种假名采用了许多不相同的符号表示同一个声音，容易发生误会，因此出现了简化笔画而用于注读日语的注音符号。在出现片假名之后，又产生了平假名。

片假名是简化汉字的偏旁或字头，使笔画更少，是种简化的表音文字，有51个音，去除重复的音，共48个字母。例如：

首行，ア（阿）イ（衣）ウ（乌）エ（哀）オ（屋）

第二行,カ(卡)キ(克衣)ク(苛)ケ(开)コ(哭)

……

平假名是对汉字草书加以简化而产生的表音文字,也是对万叶假名的进一步简化。首行字母可以写作ア(あ)イ(い)ウ(う)エ(え)オ(お),第二行字母可以写作カ(か)キ(き)ク(く)ケ(け)コ(こ)等等。

自从日本使用假名,文学便有了飞速的发展。但大量使用汉字仍是日文的最大的特色。

后世的日本人往往将片假名归于留唐学生吉备真备的创造,吉备真备曾两次到长安。他在长安留学(717—733年)期间,五经、三史、法律、算术、历法、兵法、音韵、籀篆都曾注意探究,回国时带回许多书籍、兵器、工具,后来又任第11次遣唐使副使,到754年返归日本。后人将平假名归功于留唐学问僧空海(774—835年)的倡议。空海是长安密宗(真言宗)第七代嗣法惠果的弟子,806年回到日本后,在高野山建立金刚峰寺,开创真言宗,谥号弘法大师。回国时带回许多佛经、法器、佛像和诗文字帖。著有诗文集《性灵集》和修辞学论著《文镜秘府论》,是位以行草见长的书法家。片假名、平假名原本是日本知识界共同的创造,当初称假名是“女文字”,为妇女所热心采用,早期文学杰作,如紫式部的长篇小说《源氏物语》、清少纳言的随笔集《枕草字》都出于女子之手。而吉备真备与空海两人成为这项事业的推广者、发扬者,也应该是不用违言的。

十、 中印文化交替影响下的东南亚各国

(一) 安南、环王

唐代越南北部属安南都护府辖境,越南中部林邑在隋灭后复国,武德六年(623)二月,林邑王范梵志遣使入贡,此后上层集团日益接受印度文化,常和真腊(柬埔寨)的使者同时赴唐。653年林邑王范头利死后,王位落入逃亡真腊的范头利姑子诸葛地的手中,更国号环王,和唐保持着通贡关系。

唐代越南已普遍养蚕栽桑,四五世纪时越南中部的日南郡已有一岁八蚕。越南产丝,在唐代规定“安南以丝”代租、调。金、银、丹砂、象齿在唐代后期以前,一直被当作通货,代替铜钱,在越南流通,黄金、象齿、犀角、沉香、豆蔻都是越南特产的贡品。爱州九真郡的贡物中有纱、绝,武安州武曲郡贡物中有朝霞布,都显出当地纺织业的具有南方特色。

唐代陶瓷在越南广泛使用,广安、北宁、清化等地都有出土,以越窑、汝窑为

多。越南北有龙编(红河口),南有乜景(或作北景,在顺化东南灵江口)两大海港,阿拉伯地理学家伊本·郭大贝在9世纪中叶曾将龙编列作晚唐时期中国沿海线四大海港之一,龙编的重要出口货之一便是瓷器。这里是唐代外销瓷最南边的一大窗口。

唐代越南士人受汉文化熏陶,参加科举、入仕作官的不少。8世纪的姜公辅,父子兄弟三人都中了唐朝的进士。姜公辅更以文学著称于世,任翰林学士,所作《白云照春海赋》,为唐代杰作。唐在越南的历任官员,以王福畴、马总推行儒学,最为得力。著名文人王勃的父亲王福畴为交趾令,王勃在675年为千里探亲,溺死南海。王福畴大开文教,受到士民的推崇,后世为立祠堂,称王夫子祠。马总在810年由虔州刺史调任安南都护、本管经略使,推广儒家教育,成为众望所归的人物。于是汉文化在越南又深入了一步。

越南佛学也从中国传入,中国的文士常和越南高僧唱和。沈佺期客居越南,有《九真山净居寺谒无碍上人》诗,贾岛有《送安南惟鉴法师》诗,都是一时名篇。

(二) 真腊

隋唐时代的真腊,原是扶南境内建国于湄南河和湄公河下游的一个印度化的国家。四、五世纪之交,扶南历史上发生重大变革,来自印度的婆罗门侨陈如(Kaundinya)率领移民来到马来半岛,受到扶南人的拥戴,建立侨陈如王朝,采用天竺法,一切典章制度都按印度格式,开始建立一个印度化的王朝。扶南盛行婆罗门教,到王朝晚期,进入五世纪下半叶后,小乘佛教才在当地获得立足之地。侨陈如的后裔阇耶跋摩曾遣使和齐、梁王朝通好,503年阇那跋摩的使者抵达建康(南京),送来珊瑚佛像和方物,谒见梁武帝,被封为安南将军、扶南王。此后在梁武帝时,扶南使者又有7次来华,最后一次在539年,使者称扶南有佛发,长1丈2尺,于是笃信佛教的梁武帝又派沙门释云宝随使者到扶南迎定。扶南的高僧曼陀罗在503年带着许多梵本来到建康。著名的扶南高僧僧伽婆罗(僧铠),誉满海南,精通数国语言,在506年到了中国,梁武帝请他在建康寿光殿、华林园、正观寺、占云馆、扶南馆五处传译经论,17年中先后译成《阿育王经》等11部佛典。梁武帝曾亲聆法坛,笔受译文,十分尊重。

到了550年左右,扶南的属邦真腊崛起,质多斯那统一了全国,改称真腊,占有柬埔寨、越南南部和泰国东部,隋唐时代成为中南半岛一个大国。唐代真腊一称吉蔑(高棉),由孟一高棉族建立起新的国家,风俗习惯都已印度化,是一个信奉湿婆教的国家。扶南乐具有南宗印度音乐的特色,早在243年,扶南王范旃遣使献乐人于吴帝孙权。隋炀帝征服林邑,又从林邑得到扶南乐工和扶南乐器,用天竺乐转谱扶南乐。隋代宫廷中在七部伎外,也杂用扶南伎等异国乐舞。唐代扶南乐仍然保留,用二人对舞,服朝霞衣,穿赤皮鞋。乐器有羯鼓、都昙鼓、毛员鼓、箫、笛、筚篥、铜钹、贝,已经杂用印度、伊朗、中国乐器,成为一种经过改编的具有印度风的乐舞。

(三) 骠国

缅甸在3世纪后就有骠国(瀑国)之名,统辖伊洛瓦底江中下游地方。在云南接受佛教以后,印度移民也早进入缅甸。唐代史籍记载骠国古称朱波,居民叫徒里拙,徒里拙出自泰鲁古民族。僧人玄奘、义净都提到伊洛瓦底江中下游有国名室利差呾罗,室利差呾罗就是骠国古都卑谬的梵名。室利差呾罗的居民大约以泰鲁古的印度人为主,因而有徒里拙(突罗差呾罗)的中译名。

缅甸的北部向来是中印交通的必经之地,缅甸南部沿海也是中印沿岸航路通过的地方。唐代骠国东接真腊,西接东天竺,东南堕和罗(泰国古曼谷湾西岸至缅甸丹那沙林地区),南面靠海,北边是南诏地。自从南诏兴起于云南西部,754年南诏阁罗凤战败唐军后,南诏势力便逐步控制了伊洛瓦底江上游的寻传族居地,以及骠国东北的掸邦。9世纪樊绰《蛮书》(又称《云南志》)指出,有两条大道从滇西通往缅甸、泰国。一条从永昌(云南保山以北)到卑谬需经75日的陆路,由腾冲而西,再顺伊洛瓦底江南下到卑谬。另一路由大理南下,经银生城(景东)至大银孔(泰国华富里),然后到曼谷湾的海外贸易中心佛统。

南诏通过这些交通线和缅甸交换的货物有氍毹、缯帛、江猪(海豚)、琉璃罂(玻璃瓶)、琥珀、光珠(宝石)、瑟瑟(绿宝石)、海贝。南诏以出口缯帛(丝织品)为硬通货,骠国则用来自印度和泰国湾的海贝替代货币,在国际市场上彼此流通。

8世纪中骠国将古曼谷湾北面的朱江国(哥罗舍分)、东岸的参半(阇婆)、西岸的堕和罗三个国家全都划入它的属国之内,于是骠国的国境竟由早先的"东西二千里、南北三千五百里",拓展成"长三千里,广五千里,东北袤长"的国家,是中南半岛上唯一的大国了。

8世纪末南诏在剑南节度使韦皋的交结下,重新与唐和好,794年南诏首领异牟寻和唐在点苍山会盟,发兵袭击吐蕃。不久异牟寻向韦皋进南诏乐舞,骠国王雍羌乘南诏和唐和好,进骠国乐。802年雍羌派王子舒难陀率领使团到达成都,韦皋将骠国乐稍加整理,非常欣赏骠国的舞姿和乐器不同凡响,叫画工画下来,将使团送到长安,在德宗李适宫中正式表演。骠国乐有八音,金、贝、丝、竹、匏、革、牙、角,使用的弦乐器有大匏琴、小匏琴、龙首琵琶、凤首箜篌等,传入的乐曲有《佛印》、《禅定》等佛教音乐,和《孔雀王》、《甘蔗王》、《赞娑罗花》等印度化的缅甸乐曲。骠国乐以其独特的表演,在玄宗以后的唐朝宫廷音乐中别树一帜,而骠国王雍羌通过献乐表示他要求和唐朝结好的愿望。德宗封舒难陀太仆卿,授雍羌太常卿,以表心迹。翰林学士白居易曾代为起草敕诏,对于骠国乐的精彩表演,写了一首长诗《骠国乐》,来抒发诗人的胸怀,用"玉螺一吹椎髻耸,铜鼓一击文身踊。珠缨炫转星宿摇,花鬘斗薮龙蛇动",来描绘缅甸演员的舞伎。

808 年南诏王自称骠信(骠国王),加强了对骠国的控制。832 年南诏强令骠国民 3 000 人东迁,安置在柘东(昆明)。这些缅甸人便安居云南,并在 858 年奉献金佛一尊,成为藏传佛教的信徒。藏传佛教与 9 世纪起流行在上缅甸的阿梨教颇有联系,而道教也曾在同一时期自云南通过上缅甸进入阿萨密。中、印两大文化通过各自的边地民族,在缅甸境内相互交汇,在非常复杂的情势下表现出渗透和融合的凝聚力。

(四) 堕和罗

6 世纪中叶,真腊崛起后,扶南王室被迫南迁到古曼谷湾的西岸,泰国中部从此进入后扶南时期。堕和罗是后扶南时期才出现在泰国湾西部的国家,又称独和罗,领土北起古曼谷湾北端的泰国素攀府南部,与朱江国(哥罗舍分)接界,东边隔古曼谷湾与真腊的属国参半相邻,西边伸向德林达依海岸,南部领土和洛坤南面的盘盘国(pak-phanang)接界。堕和罗因此控制了中南半岛中部古曼谷湾的水陆通道。

据泰文史料,堕和罗立国于 590 年,初名纳空猜西。在它的西北,有南迁后扶南王室所建的陀洹国(Duawwa),在孟语和泰语中,"陀洹"的意思是桥梁、孔道,据有曼谷湾交通的十字路口,地方虽小,却拥有乌通等五六座极具经济活力的滨海城市。大约在公元 600 年,建设了它的新都那弗那城("新都"),靠着堕和罗的庇护,继续与真腊对抗了一二个世纪。7 世纪中叶以后,陀洹和西海岸中的昙林(德林达依)正式成为堕和罗的两个属国。堕和罗的都城佛统(Nakhon Pathom),旁邻古曼谷湾西岸,始建于公元 7 世纪,经发掘,有古佛庙,出土大量佛教文物,规模在泰国居全国之冠。堕和罗的梵文名称 Dwara,又称作堕罗钵底(Dvarapati),意思是"水口国",据有水路交通的枢纽,横贯半岛的陆路也在这里通过,北面同样有大路直通南诏龙尾城(云南大理城)。起自广州的陆路经 100 天就可到佛统,若走水路,90 天便可以了。

与今天的曼谷湾相比,古曼谷湾向北延展 100 多千米,深入到红统和华富里(Lop Buri)。那时的阿约他耶(大城)还只是古曼谷湾北部的一个小岛,四周是海。阿约他耶古城近年出土公元 937 年的乍纳刹补(Chanasapur)碑,上面记载了自 6 世纪以来的乍纳刹补的王系,证明这里是乍纳刹补王国的土地,在《新唐书》中译作参半国,是陆真腊的属国,早在 625 年就和唐朝通使了。后来《蛮书》译作阇婆,是"参半"的别译,并非爪哇岛。参半国的西南隔着古曼谷湾和堕和罗相邻。

堕和罗是泰国湾西岸的重要国家,在贞观年间,638—649 年间,曾四次向唐派出使节通好。在唐朝建立后的武德(618—626 年)、贞观(627—649 年)时期,已经迁都那弗那城的扶南,也仍向唐朝派过使节,就是在湄南河下游古曼谷湾头立足的陀洹国派出的使节,甚至在 651 年(唐高宗永徽二年),仍有陀洹使节入唐的记录。但是西迁的扶南在真腊与朱江国联姻后,不断受到这两个国家的攻击,它的北面和东面时时处于战争状态,历经百年之久,最终只好依附堕和罗,成为它的属国。王朝的世系先后经历耨陀洹、真陀洹、乾陀洹三次转换,因此历史上出现了这些不同的名称。而朱江国在 660 年向唐朝派过一次使节后,再没有与唐朝有过官方的联系,就沦为骠国的附庸了。这样,骠国的东境便直接和陆真腊接境,西接东天竺,东南堕和罗,南属海,北南诏(《新唐书·骠国传》)。此后不久,堕和罗也沦为骠国的属国。南诏国在 9 世纪向南方扩张,战胜了骠国和弥臣国。接着南诏又和陆真腊(泰国中东部)、女王国(泰国西北部)、堕和罗(泰国西南部)发生冲突,然而都以宣告失利而毫无进展。

(五)诃陵、佛逝

7 世纪以来,佛教在印度尼西亚的苏门答腊和爪哇兴起,随着印度佛教在 7 世纪中叶笈多王朝崩溃后出现的衰败,大乘佛教逐渐在苏门答腊和爪哇建立了新的传教中心。印度尼西亚的一些古国和唐朝的交往,双方僧侣的交流学识,也有了新的发展。

最先和唐朝通使的是中爪哇的诃陵。诃陵是由印度羯陵伽王子在 4 世纪末率领 2 万名移民建立的印度化国家。出产玳瑁、黄白金、犀、象,号称南海最富之国。640 年诃陵使者到长安,唐太宗予以隆重接待。4 年之后,644 年波斯国与苏门答腊的摩罗游使者一起到达长安。摩罗游就是义净赴印求法侨居过的末罗瑜,在今占卑。这个马来人建立的国家和中国通好,表明马六甲海峡的东西航路业已通畅,中国和印度,以及正在向南海地区扩展航业的波斯、阿拉伯的海上交通已全面开放。

7 世纪下半叶在苏门答腊巨港兴起的室利佛逝,信奉大乘佛教,成为东南亚佛学研究的中心。义净(635—713 年)赴印,取道海上,671 年 11 月从广州启航,不到 20 天,便到了佛逝(巨港),在那里停留 6 个月,学习印度的梵文。后来得到国王资助,送往末罗瑜国,滞留二个月后,又转往羯荼(马来西亚的吉打),再前往印度,一路上乘的都是佛逝国王名下的船。10年以后,义净又一度回到佛逝。689年7月为了在佛逝继续研究佛学,从事翻译和写作《南海寄归内法传》、《大唐西域求法高僧传》,他又重返广州收求纸墨,征得助手贞固,在11月回到佛逝,直到695年才返归洛阳。他带回国的梵本近400部,还有金刚座佛像和舍利300粒。他的《南海寄归内法传》是研究唐代东南亚各国历史、民族、地理、文化的重要著作,已被译成英文和法文。

义净在他的旅行过程中,发现南海各国和南印度各地都能诵读梵经,于是竭力提倡身为"天府神州"的中国人研究佛学也一定要熟读梵本。他自己编写《梵语千字文》,倡导编写外语读本,可说是中国第一部外文字典。

义净的《大唐西域求法高僧传》收录到过诃陵、佛逝等国的中国高僧,数达15人。664年会宁律师曾到诃陵往访学识广博的多闻僧若那跋陀罗,停留三年,和若那跋陀罗共译《阿芨摩》经中如来涅槃一段。大津在佛逝停留多年,精通梵文和昆仑语(古马来语)。无行禅师到巨港后,受到国王"四事供养,王对呈心"的优厚待遇,然厄再转往印度。

室利佛逝的使者在670年以后到742年间,多次来到中国。最重要的有两次。开元十二年(724年)七月,室利佛逝使者俱摩罗带来侏儒四人,僧祗女2人,杂乐人一部和五色鹦鹉。唐朝回赠绢百匹,授国王尸利陀罗跋摩为左威卫大将军。室利佛逝取得唐朝支持,将势力一度扩展到爪哇。开元二十九年腊月(742年1月),王子到中国,由宰相设宴于曲江,册封国王刘腾末恭为宾义王,授左金吾卫人将军。

742年以后山帝王朝统治了爪哇,爪哇的诃陵在大历(766—779年)中曾三次遣使,元和、大和、直到咸通(860—874年),使者不绝。诃陵使者早在813年献僧祗奴四名,咸通年间又献女乐。爪哇的舞女在长安演出,一定是一种富有印度风而又有爪哇特色的大型歌舞。

诃陵或佛逝所进的僧祗女、僧祗奴,来自东非,今译"桑给",在波斯语中专称东非黑人。非洲黑人善歌能舞,先后在长安宫廷中献艺,从中搭桥铺路的是七八世纪以来成群漂洋过海来到印度洋西岸的苏门答腊和爪哇船只。

第八章
跨进中国的航海世纪

　　唐代末年藩镇林立,进入了五代十国时期。960 年混战时期结束后,在黄河中游的汴梁(开封)建立起新的统一王朝宋朝。但宋朝的国土面积与盛唐相比,只相当于它的三分之一,中国北方有新兴的辽国起而争雄,西部地区有西夏、回鹘和哈拉汗,西南地区则有大理国。丝绸之路的陆上贸易随着政治形势的波动,有了新的变数。这时贯通南北货运的大运河开通,激活了长江下游和东南沿海地区的经济生活,使原先人口稀少、出行多靠舟楫的南方地区,将目光进一步转向海外,推动了中国走进大航海的历史时期。1125 年,在东北兴起的女真族完颜氏灭了辽国,建立了金国(1115—1234 年)在中国北方的统治。1127 年,受到中国北方金国势力逼迫的宋朝宗室,迁都江南的临安(杭州),进入南宋时期(1127—1279 年),凭借淮河和长江天险以自保,国疆缩到 230 万平方公里,致使中国再度陷入南北分裂的态势,进一步提升了海洋外交对国运的意义。先后在 12 世纪开辟了自广州启航,中间经过苏门答腊岛西端的亚齐等候下一回的季风,直接开赴阿拉伯半岛南部港口的麻离拔航线,和通过巽他海峡,往西直航东非肯尼亚的基卢普—格迪地方的俞卢和地的长程航线,将一次性远航的目的港扩大到 6 000 公里以上,对中世纪远洋船业起到了里程碑的作用。从全球意识出发,宋代航海事业的日臻发达,也正是对地中海航海国家积极开展印度洋贸易作出的一种呼应,凸显了仰赖罗盘导航的中国远洋航业对世界航业发展的重大贡献。

一、 宋代的海洋外交

(一) 高丽

　　高丽是金城太守的后裔王建在公元 918 年初建立的新王朝。新王朝迅速灭亡了新罗和后百济,在 936 年统一朝鲜半岛,结束了后三国分立的局面,一直维持到 1392 年。

　　王建立国以后,高丽与后唐、后晋建立了外交关系,并改用后唐、后晋纪元。

王建的儿子光宗王昭(950—975)继位后,与后周、北宋的关系更加紧密,双方互相交换有关民生和国防的大量物资,高丽以铜斤、名马换取后周的绢帛,共同对付新兴的契丹。960年赵匡胤建立北宋王朝,光宗曾五次派使者到中国,赠送良马、兵器。赵匡胤也两次遣使前往高丽通好,双方通过"朝贡""回赐"的方式互相馈赠货物发展官方贸易。这种官方贸易,在整个北宋时期,共进行87次。据《宋史》和《高丽史》统计,北宋向高丽派出的使节有24次,计:宋太祖朝2次,太宗朝8次,神宗朝6次,哲宗朝2次,徽宗朝5次,钦宗朝1次。高丽向北宋派出的使节有63次,计:高丽光宗朝5次,景宗朝5次,成宗朝8次,穆宗朝2次,显宗朝10次,文宗朝6次,宣宗朝4次,肃宗朝5次,睿宗朝16次,仁宗朝2次。

高丽官方贸易输往中国的物品,种类繁多,最贵重的是供皇帝和皇室成员穿戴的丝绣品和饰物,如御衣、黄襕衫、金腰带、销金红罗夹复红便服,价值昂贵的金、银、铜器,以及数量极大的丝织品(金花法丝、纹罗、色绫)和苧布,精工制作的兵器(刀、剑、驿角漆弓、漆甲、火箭)和马具,高丽特产的人参、貂皮、松子、香油等。其中人参每次多达4斤,松子在2 000斤以上,香油在200斤以上。此外还有干果、马匹和著名的松烟墨、大纸(百硾纸、鹅青纸)、毛笔、折扇等。

北宋官方与高丽贸易,输出的物品大于输入的物品。在1079年禁令取消以前,对高丽的贡品,通常要由市舶司估价,然后回送,以"万缣"为最高额。禁令取消以后,为鼓励高丽使节来宋贸易,便不再估价,而以"万缣"作为定数,因而回赐的礼物大大超过朝贡的数值。北宋向高丽输出的物品,以高档的丝织礼服最为重要,此外有川锦、花纱、缕、罗、白绢等精工纺织的衣料。瓷器和珍贵药材是仅次于丝织品的重要项目。乐器、书籍、漆器、铁器、铜币、金银器、茶、酒、糖、蜡烛、象牙、玳瑁、沉香等有关民用、工艺和文化生活的各类物资,输往高丽的数量也极为可观。1078年,宋使安焘前往高丽,随带的礼品在100种以上,总件数达6 000件,包括供国王及贵族穿戴的服饰,金花银器2 000两,杂色川锦100匹,花纱500匹,白绢2 000匹,龙凤茶10斤,杏仁煮法酒10瓶,龙凤烛10对和各类精巧的工艺品。

宋与高丽的民间贸易也很繁荣。据《高丽史》《高丽史节要》等书记载,前往高丽的北宋商人,共计103次,3 169名。出产在东南亚的香药、犀象,也由宋船转运到高丽。高丽政府十分重视宋商的到来,在京都开京(开城)建立专门接待宋商的客馆,有清州馆、忠州馆、四店馆、利宾馆等多处。许多华商就此定居高丽,甚至接受官职。开城有华人数百,大多是乘商船前来的福建人,高丽政府根据他们的专长,就地安排职务。宋仁宗天圣(1023—1031年)前后,宋与高丽的外交联系曾几度中断。为了防止商人到高丽后与辽国联系,北宋政府禁止海商前往高丽、新罗和山东的登州、莱州。1079年，北宋和高丽商定了联合抗辽的政策后，海禁重开。宋朝曾多次通过商人黄慎、洪万来、傅旋、简平等人，疏通与高丽的关系，促进国交的恢复。

天圣年以前，高丽来华船只多由山东登州（今蓬莱县、烟台市）入境，宋朝使船也由芝罘（今烟台市）开赴朝鲜礼成江口的瓮津，再由陆路经海州、白州到达开京。1074年后，为了避免辽国的干扰，高丽使船改从浙东明州（今宁波市）停泊，从此明州成为宋和高丽之间最大的贸易港。明州特建高丽使行馆，俗称东藩驿馆，专门接待高丽使节和商人。宋船去高丽，也多由明州启航，抵达朝鲜黑山岛后，再北上海州西南的瓮津。

（二）日本

公元10世纪，日本结束了唐风文化时期，逐步走上以民族风格为特色的国风文化时期。日本政府于公元894年决定，停派遣唐使，严格限制与中国的往来。在五代和两宋时期，中日两国始终没有建立国交。尽管明州与日本大宰府（筑前的博多，今福冈市东南大宰府町）常有牒文往来，宋朝仍试图借助海商沟通双方邦交，日本政府则以民族自尊，始终不愿以国书答复，仅准许少数僧侣到中国巡礼、求法，作为日中文化交流的唯一纽带。中国商船则在日本平安中、后期（858—1185）不断开赴日本，将中国的各种商货和书籍运往日本，并搭载两国僧侣。进入日本的宋船一般载客六七十人。大多从两浙路明州，横越东海到达肥前的值嘉岛，再到筑前的博多。到11世纪后半叶，更有深入日本海，进入越前的敦贺的。日本《小右记》第一次记录宋人到达日本是在978年。日僧奝然在986年搭宋商郑仁德的船返国后，又派他的弟子嘉因搭同一条船到中国，向宋太宗献礼。此后，明州、台州、福州商船相继赴日。1072年后三条天皇曾亲自观赏宋商送来的礼物。这一年，日僧成寻带领弟子赖缘、快宗等七人，乘宋商孙忠的船到明州，神宗曾在延和殿接见。次年，赖缘等五人搭原船返回日本，神宗特地请他们带去御笔书信一封，以及金泥《法华经》和锦二十匹。由于神宗文书中有"回赐日本国"的字句，日本政府为此议论了三年，到1078年才托随同日僧返国担任通事（翻译）的宋僧仲回带去大宰府的牒文。因为牒文非官方使节送来，礼物丝200匹、水银5000两，又不合国交规范，宋朝政府只允许在明州作为贸易货物处理。

1167年平清盛执政，任大宰大贰之后，转而采取鼓励日宋贸易的政策，甚至在摄津的福原别墅中招待宋商。1173年，正式由明州商船将平清盛的复牒和礼品带到中国。镰仓幕府（1185—1333）建立后，仍然执行与中国往来的方针。宋船到达日本的次数更加频繁。日本商船也在12世纪末开始航行中国。由于日船竞相来华，1254年，日本幕府规定，每年驶宋船只以五艘为限，超过此数者不准建造。宋代输入的日本货日趋增多，杉木、罗木、金子、砂金、珠子、药珠、水银、鹿茸、茯苓、硫黄、螺头、合覃等，都是名重一时的贸易物。工艺品的细巧，尤为宋人赞叹。铜器的精致已胜过中国。以错金为栏格或花纹的五色笺也为中国所不及。日本精工制作的刀、新近创制的折扇，被称为莳绘的泥金画漆，都是一时之珍。

欧阳修在得到精巧的日本宝刀后，曾特地作一首乐府诗《日本刀歌》："宝刀近出日本国，越贾得之沧海东。"诗中称赞日本是土壤沃饶风俗好，士人往往工词藻，器玩皆精好的国家。日本的折扇，最初由奝然送给宋太宗，有蝙蝠扇二柄。中国自古只有羽扇、团扇，从此始有折扇，或称聚头扇，因从日本传来，故又称倭扇。熙宁末年，开封相国寺已有出售日本国扇的，用鸦青纸折叠，琴漆柄，有淡粉画平远山水。日本莳绘（泥金漆）在9世纪已经出现，奝然送给宋太宗的礼物中有金银莳绘诸笪。1172年日本法皇赠给宋朝的礼品中也有内装砂金一百两的莳绘提箱一只，内装彩革三十张的莳绘柜一个。日本的工艺美术入宋后，历经元、明、清而名闻中国。

（三）交趾、占城

唐末，越南人吴权据爱州（清化）自立，并于938年击败统治当地的南汉军队，939年正式称王。从此越南便脱离中国而独立。吴权死后，境内十二使君割地自立。968年，丁部领重新统一越南北部，建立大瞿越国。丁部领向宋朝遣使纳贡，970年宋朝正式承认越南独立，封丁部领为交趾郡王。宋朝先以交趾称呼越南，到1174年改称安南。宋与先后统治越南北部的丁朝（968—981）、丁氏部将黎桓建立的前黎朝（981—1009）、李公蕴开创的李朝（1010—1225）、陈日煚代立的陈朝（1225—1440），一直保持着外交和文化上的联系。独立后的越南各王朝的典章制度大多仍然仿效中国，首都升龙（今河内）成为全国的政治和文化中心。黎朝时，全国分十道，由武官治理。李朝时仿照宋制，分全国为二十四路，由文官知府掌管。选拔人才采用科举制度，以诗、赋、经义作为考试课目。

陈朝的建立者陈日煚，原名谢升卿，本是福州长乐人，年少时避居宋与交趾接壤处的邕州永平寨，后来成为李朝国相的女婿。国相的女儿被立为女主后，又让国于陈日煚。陈朝和宋朝共同抵御元朝的侵略，对流亡的宋人，予以妥善安置。1274年，三十艘宋船避居于葛罗源，陈朝政府将这批流民安置在升龙的街媂坊。1279年，元灭宋，残余宋军大多逃亡交趾，陈仲微避居越南，他死后，陈圣宗特作七律哀诗追挽，末句有："回天力量随流水，流水滩头共不平。"感情之深，已超越国界。1285年4月，元军南侵，越南军队在昭文王陈日煚指挥下，穿着宋军戎装上战场,元军以为有宋军作后援,大为震惊。越军士气旺盛,在咸子关一战获胜,阻止了元军的入侵。

越南中部的占婆,宋代称占城,位于中国和爪哇、苏门答腊、阿拉伯通航的必经之地,过境的外国商船往来频繁。自960年北宋建国后,占城便不时遣使与宋通好。占城时时受其北方的交趾侵扰,所以常请宋朝从中调停,或期待联合对付前黎朝和李朝的欺凌。占城进献给宋的礼品,大都是南海特产,如犀牙、龙脑、香药、翠羽、玳瑁、山得鸡等,期待宋朝回赐器币、甲仗、良马。1015年宋朝送给占城使节的礼物便是枪、旗、弓、弩、器、甲、马等。此外,宋曾多次根据占城的要求,给以戎器、鞍马,为占城提供军事装备。这对于原先只有标枪、旁牌、竹弦弓,缺乏翎箭的占城,起到了改善军事技术、提高作战能力的作用。占城素习象战,1071年在与真腊作战时,双方都以象出阵,胜负难决。当时正好有吉阳军(今海南崖县)的军官漂流到占城,建议用骑战,并教导占城军队使用弓弩骑射,占城由此知道使用骑兵。

占城以生产象牙、笺香、沉香、速香、黄蜡、乌楠木、白藤、吉贝、花布、丝绫布、白氍毹、孔雀、犀角、红鹦鹉等物著称。宋朝商船前往贸易者,以龙脑、麝香、檀香、草席、凉伞、绢扇、漆器、瓷器、铅、锡、酒、糖等物,最受欢迎。这些商货或由华商出航时带去,或在远航归帆时经销占城,这对于活跃占城的经济生活,具有很大意义。占城流民常有举族迁往广州和海南岛的,一次往往有二三百人。南宋末年,沈敬之、陈宜中为了挽救宋朝免于覆亡,曾到占城活动,两国关系之密切,于此可见一斑。

(四)真腊

宋代时,真腊国势正盛,是一个统治越南南圻、柬埔寨、泰国的大国。东境和占城毗连,西境和蒲甘接壤,南部占有克拉地峡,与三佛齐属国加罗希(泰国柴亚)邻接。1074年后,真腊时与占城交兵。1190年,真腊兵攻陷佛誓城,俘虏占城王阇耶因陀罗跋摩。1203—1220年,真腊正式吞并占城。1220年,真腊军退出占城,两国百年之战才告平息。真腊与北宋通好,仅116年(宋徽宗政和元年)和1120年(宣和二年)两次。第一次,真腊使节一行14人,到达汴京进觐,宋朝赐以朝服。第二次,宋朝对真腊王封官,与占城同等。南宋时期,双方民间贸易有新的发展。真腊和它的属国真里富(泰国尖竹汶)的商船常到泉州贸易,真里富商人甚至远到明州(宁波)经商。1195年那里有位侨居于明州的真里富大商去世,因无后裔继承产业,有的官吏主张依据旧例,将巨万遗产没收,明州知州赵伯圭不同意,决定将这名外籍客商备棺入殓,并派同国人护送回国。次年,真里富王派使者来致谢,并表示要根据中国的仁政,废本地贵族死后籍没财产的规定。使者又通报明州,商人的家属,已将转交的产业,尽数捐造三座佛塔,上面刻着赵伯圭的像,以资纪念。赵伯圭是宋太祖的儿子燕王赵德昭的六世孙,因此真里富对赵伯圭的敬意,也是对宋宗室的感恩。1200年真里富的使者,向宋赠送大象、象牙、犀角、土布,宋向真里富回赐红绯罗绢一千匹,绯缣绢二百匹,还有瓦器(陶瓷器)。

(五)麻逸

菲律宾约在公元前800年新石器时代后期,就接受了华南文化,来自华南和越南的移民在吕宋岛北部输入了梯田文化。相当于汉唐间的菲律宾铁器时代,又从中国大陆传入瓮葬文化。唐宋以来,中国商船屡次通航。菲律宾民多洛岛上的麻逸国(摩逸国),第一次在971年和三佛齐等国船只到广州、杭州、明州贸易。982年,麻逸国商船又带着当地特产,到广州交易。南宋时期,菲律宾各地来华船只逐渐增多,麻逸的属国三屿(布桑加岛,卡拉棉岛、巴拉望岛)、蒲里噜(波利略群岛)、白蒲延(巴布延群岛)的船只也来到泉州。带去的货物有黄蜡、吉贝、真珠、玳瑁、药槟榔、于达布。中国商船常到的口岸是麻逸、三屿、蒲里噜。麻逸是宋船常去的地方,船到后,商人向当地酋长赠送最喜爱的白伞,让当地商人将船货(瓷器、货金、铁鼎、乌铅、五色琉璃珠、铁针)用竹筏捆载而去,到各地贩卖,然后将所得付给华商,要到八、九月才交易完毕,那时西南季风已快结束。开往麻逸的船只归期最晚,原因就在于都要经麻逸商人到他们统属的三屿、蒲里噜、白蒲延、里银东(仁牙因地区)、流新(吕宋)、里汉(卢邦岛)去销货与运货的缘故。

(六)渤泥

渤泥在加里曼丹西岸,都城在文莱万年港。用当地船速计算,离阇婆(爪哇)45日程,去三佛齐(苏门答腊)40日程,距占城和麻逸各30日程。西汉陶器已成批在文莱出土,足见中国人远航文莱,时间之早。但直到唐代,前往加里曼丹的,多取道沿马来半岛南下,然后东至坤甸的航线。宋代渤泥开辟了绕过南沙群岛北上占城、广州的西线,和经过菲律宾的巴拉望、民多洛北上泉州的东线,货途大为畅通。渤泥国王的服色略仿中国,热衷于中国饮食。华商一到,往往几个月用中国酒菜款待国王及眷属,然后再由国王和左右大人看货,议定价格。贵族妇女也喜用中国花锦、销金色帛作为衣料。文字则采用爪哇文。977年渤泥王向打派三名使者奉表献礼,表文不用中国纸,写在一种经过加工、又滑又薄色泽微绿的木皮上,长数尺,阔一寸多。表文中提到商人蒲卢歇驾船到爪哇,浮往渤泥沿海。渤泥借此机会由蒲卢歇导航,到广州,要求和宋年年通贡,并望宋诏令占城,凡风吹渤泥船到占城,应即放行。由于季风流对航行的约束,渤泥和广州的往来受到占城的制约。南宋时代,渤泥也和泉州通航。所需假锦、建阳锦、五色绢、五色茸、漆碗碟、青瓷器,都仰给于中国。日用装饰品如牙臂环、胭脂、琉璃珠、琉璃瓶,以及白锡、乌铅也从中国运去。

(七) 三佛齐、阇婆、蒲端

唐代的室利佛逝,宋代改译三佛齐,是从爪哇名称 Sambhoja 音译的。三佛齐领土包括有苏门答腊岛和附近各岛,控制着马六甲海峡两岸和林加海峡,地位的重要使它成为东西方贸易的海上要冲。从爪哇北上中国或由阿拉伯,南印度东去广州,三佛齐是必经之地。印度洋东部和南海的东西南北交通都被三佛齐操纵,从事海上贸易的船只,必须在三佛齐停靠。三佛齐国都在 1031 年左右曾由巴邻旁(巨港)迁至占卑,从此占卑便成了中国和阿拉伯商船必须停靠的口岸。从占卑到广州,海路顺风只需 20 天。由泉州南航,要经过 30 多天才能到达三佛齐所属的凌牙门(新加坡),三分之一的商货必须在这里交纳,才能过境。三佛齐在航道咽喉地区埋有铁索,用机器操纵,管理出入海舶,凡是远洋帆船经过马六甲海峡和林加海峡,而不在三佛齐口岸停泊的,必然受到残酷的袭击。因此,犀象、珠玑、香药等海上珍货全都集中到了三佛齐。

《诸蕃志》(1225 年)著录的三佛齐物产,有玳瑁、脑子(龙脑)、沉香、速暂香、粗熟香、降真香、丁香、檀香、豆蔻。更多的货物都从印度和阿拉伯各国运去,集中在这里,和中国交换,有真珠、乳香、蔷薇水、栀子花、腽肭脐、没药、芦荟、阿魏、木香、苏合油、象牙、珊瑚树、猫儿晴、琥珀、番布(棉布)、番剑等。被称为"番商"的中国的海外贸易商,用金银、瓷器、锦绫、缬绢、糖、铁、酒、米、大黄、樟脑等物进行交易。

三佛齐在商业上既是印度洋和南中国海最大的转口贸易国,又和中国往返极为便利,因此双方邦交极为密切。自 904 年,唐末天祐元年起,到 1178 年三佛齐使者最后一次来华,向中国派出使者共 26 次。在 960—1008 年三佛齐国势强盛期间,曾和北宋通好 14 次,几乎是每三年有一次。971 年三佛齐使者李何末的礼品有水晶和火油,火油是阿拉伯的产品,苏门答腊的亚齐也有出产。三年后,使者礼品更加丰富,有象牙、乳香,蔷薇水、万岁枣(椰枣)、褊桃(巴旦杏)、白砂糖、水晶指环、琉璃瓶、珊瑚树,大多从阿拉伯各国运来,三佛齐在国际海上贸易中的商业地位有增无已。975 年,宋朝开始以冠带、器币相赠,双方国交有进一步的发展。三佛齐本国虽用梵文,但也通用中国文字,国书便用汉字书写。

990—992 年间，阇婆（爪哇）入侵三佛齐。990 年三佛齐使者自汴梁经广州回国，因国内战祸蔓延，留住广州，992 年出海又未成功，要求宋朝协助调整三佛齐和阇婆的关系，招致这一年阇婆使者乘建溪商船来到明州定海县。1003 年（咸平六年）三佛齐王思离咮啰无尼佛麻调华遣使二人要求为宋真宗建佛寺祝寿请赐钟，获准赐名承天万寿寺，并赐钟。1007 年爪哇王被三佛齐支持下的反对者战败，都城被毁，本人自杀。三佛齐在平息国内战乱中，始终受到宋朝的支持，因此1008 年（大中祥符元年），三佛齐王思离麻啰皮派使者三人来华，得到跟随真宗上泰山、在朝觐坛陪位的特殊优待。

由于印度洋海上势力的变化，三佛齐引起了新兴的印度注辇王朝（朱罗）的敌视，至少在对华关系上，注辇和三佛齐在 11 世纪上半叶发生了冲突。在三佛齐国势鼎盛时期，注辇王罗阇陀罗一世在 1025 年入侵，三佛齐都城被占，马来半岛、苏门答腊一时都成注辇属地。1017 年三佛齐的使者曾带着真珠、象牙、梵夹经、昆仑奴到汴梁，印度佛教经籍仍继续传入中国，善舞的班图黑人也跟着到了汴梁。相隔十年以后，三佛齐王室离叠华的使者才在 1028 年重新赴华，标志着三佛齐业已恢复了自立，于是宋朝特别赠以浑金带，胜过了旧例间金涂银带的回礼。1077 年（熙宁十年）大首领地华伽啰使华，被封为保顺慕化大将军，引起元丰年间（1078—1085）使者又一再来华。宋对三佛齐常"优赐遣归"，当时三佛齐只使用块银作货币，十分羡慕中国铜币，于是宋在 1079 年甚至破例赐钱 64 000 缗，银10 500 两，将禁止输出的铜币公开赠予三佛齐。

南宋时期由于阿拉伯商船已很少到达三佛齐，三佛齐对外贸易大部分为宋船所垄断，因此三佛齐使船极少，到 1178 年，三佛齐使者便改在泉州停泊，免赴杭州进谒了。

和三佛齐相邻的阇婆，是爪哇古称，得名于阿拉伯语的 Zabaj，是仅次于大食的经济发达国家。在 12 世纪时，大食、阇婆和三佛齐被目为最富盛的三大国。当地物产富饶，产稻、麻、粟、豆。煮海为盐。出金银、象牙、犀角、真珠、龙脑、玳瑁、檀香、茴香、丁香、豆蔻、荜澄茄、降真香、花簟、番剑、胡椒、槟榔、硫黄、红花、苏木。又精蚕织，有杂色绣丝、吉贝、绫布。中国商船到那里用来换货的，有夹杂金银、金银器皿、五色缬绢、阜绫、川芎、白芷、朱砂、绿矾、白矾、鹏砂、砒霜、漆器、铁鼎、青白瓷器。爪哇胡椒特多，价格便宜，商舶常违禁运铜钱前往交易。

13 世纪初，阇婆的主要都会是北岸的莆家龙（北加浪岸）。从泉州到爪哇，都在冬季乘东北风南下，三十多天便可到达，从那里到苏门答腊的占卑不过十天。992 年 12 月，阇婆王穆罗茶遣使者陀谌等三人搭建溪舶商毛旭的船，到明州定海，阇婆使者便是由毛旭导引而来。当时正好阇婆入侵三佛齐取胜，使者被赐以丰厚的金币,并得到了他们所要求的良马戎具。此后,直到 1109 年才有使者赴宋,宋以给予交趾的礼节相待。12 世纪,南宋海外贸易大有起色,阇婆也受到南宋政府重视。1129 年(建炎三年)特以南郊恩制对阇婆国主授以怀远军节度、阇婆国王,食邑二千四百户,实封一千户。1132 年(绍兴二年),又加食邑五百户,实封二百户,给予优惠待遇,加强了两国的联系。

蒲端,是介于三佛齐、阇婆之间的一个小国,但地位重要,是 10 世纪时辟通的占城—麻逸—蒲端航线的终端。这条航线一通,爪哇西部地区与中南半岛东部有了直达航线,与中国南方的海上交通就方便得多了。《宋会要》蕃四之六一论述:"占城东去麻逸国二日程,蒲端国七日程。北至广州二日程,东北至两浙一月程"(《宋史·外国传》卷四八九同)。蒲端,在咸平(998—1003 年)、景德(1004—1007 年)年间数次派使节到中国。1011 年更要求按照占城使者的规定从宋取得鞍勒马、大神旗各二,但宋朝以为蒲端不如占城,仅赐杂采小旗五。薄端在 1004 年曾和大食、三佛齐使节一起参与汴京上元节观灯,1011 年又和勿巡(阿曼的苏哈尔)、蒲婆众国(索马里的麻加迪沙)、大食使者陀婆罗同赴中国,是爪哇西部海港万丹(Bantam)初见于史册。元代译作八都马,是出产胡椒"亚于阇婆"的地方,又称下港,印度尼西亚语称作 Bandar Dibawah,因这里处于印度洋季风以东,属于"风下"而得名。

(八) 马来半岛各国

马来半岛东岸三国和宋曾有繁忙的民间贸易,并有官方使节往来。自北而南,这三国是丹流眉(洛坤)、凌牙斯加(北大年)和佛来安(哥打巴鲁),当时都是三佛齐的属国。

丹流眉在《诸蕃志》中又称单马令,是洛坤的古名。丹流眉是单马令国王的尊号,单马令则是洛坤的梵名。单马令有比较发展的城市生活,用木栅作为城墙,高二丈多,可以防守。马来半岛北部货物多在这里输出,有黄蜡、降真香、速香、乌楠木、脑子(龙脑)、象牙、犀角。宋商到那里运去绢伞、雨伞、荷池、缬绢、酒、米、盐、糖、瓷器、盆钵等,并用金银盘、盂作为交易,这些日用品也都是华船在泰国湾各地和马六甲海峡两岸销售的货物。金银器又常被单马令国作为贡礼送到三佛齐去。1011 年曾有使者到汴梁。

凌牙斯加,是古代狼牙修国的遗名。南宋时使用凌牙斯加一名。出产象牙、犀角、速暂香、生香、脑子(龙脑)。华船运去的货色有缬绢、瓷器、酒、米等。

佛来安,又作佛罗安。"佛来"译出巴鲁,而以哥打译"安"。佛来安又是华人意译的名称。据说那里有飞来佛二尊,一有六臂,一有四臂,可以使风阻挡敌船入境。佛殿有铜瓦、金饰、每年6月望日,当佛生日时,举行盛大的导迎仪式,华商也参与节庆活动。金、银、瓷、铁、漆器、酒、米、糖、麦,都靠华船运去。

(九) 蒲甘

宋代的缅甸由阿奴律陀(1044—1077年)统一全国,建立了以蒲甘为首都的蒲甘王朝,所以宋代称为蒲甘国。蒲甘和云南段氏的大理国关系密切,从云南可以经由蒲甘前往南印度东岸的注辇(朱罗),也可通印度阿萨密和恒河平原。蒲甘和宋兼通海陆两道,海道自安达曼海或泰国湾通广州、泉州,陆道经大理东通宋朝广西的邕州。

蒲甘崇信佛教。阿奴律奴得知大理国供有一枚佛牙,便亲自率领他的儿子江喜佗和水陆大军前往大理,受到大理国王的厚待。佛牙虽未取得,但从此蒲甘和大理便建立了国交。阿奴律奴回国时将大理国王赠送的碧玉佛像供奉在蒲甘王宫中,后来成为历代国王顶礼膜拜的圣像。蒲甘第一次遣使和宋通好是1106年,这时阿奴律陀的儿子江喜佗(1084—1112年)南征北战,已建立起一个东和真腊、西和天竺接壤,国土广袤的国家。宋朝对这个中南半岛的泱泱大国,待之以大食、交趾等国的礼节,诏书用白背金绫花纸,以锦绢夹襆缄封,装在间金镀匣中,以示郑重。这次使者是走的海路。南宋时蒲甘王阿隆悉都第二次派使者,随同大理使者一起从陆路到邕州。《东原录》记这次蒲甘使者进表两匣,一匣缅文,一匣中文,并有金银书《金刚经》3卷、金书《大威德经》3卷。

缅甸从大理传入马术,经过一个多世纪,到13世纪初,马匹已经很多,但多"不鞍而骑",仍然不讲究使用鞍马。在蒲甘数以千计的佛塔中,由于中国佛教的影响,兴建于11世纪的悉塔那佛塔和瑞珊陶佛塔中,出现了从中国传去的弥勒佛像。在瑞喜宫佛塔和瑞陶辛佛塔前左右对立颈上饰有悬铃的石狮,更是富有中国佛庙装饰风格。蒲甘佛塔寺庙中的辐射拱门和多层飞檐楼阁,可以见出吸收中国建筑的痕迹。蒲甘后期的绘画也受到宋代的影响,优波离戒坛中的壁画,是明显的例子。蒲甘国并且有诸葛武侯庙。在蒲甘出土的古物中,有中文碑铭、铜鼓(缅人称蛙鼓)和中国铜佛。两国在佛教文化和手工技艺方面,曾有过广泛的交流。

(十) 天竺、注辇

天竺,又称身毒、婆罗门,宋代通常指称北印度。宋初佛教在唐代会昌灭佛后再度振兴,佛僧西行求法都由政府资助派遣。宋初求法僧数度赴印,和印度的佛教文化进行交流。最早的求法僧是道圆,他在印度居住六年以后,取道于阗回国,印度使者和他一起在 965 年来到汴梁。此后,印度高僧来华的也不绝于道。

宋代规模最大的一次求法活动,是行勤等 157 人奉命到印度。僧团在 966 年出发,开封天寿院僧侣继业也随同前往,到 976 年归寺后写下行记。银行记载述,僧团经灵武,沿河西走廊出疏勒,越雪山到迦湿弥罗国(克什米尔),继至曲女城(开脑季)、摩竭陀国,在汉寺寄宿。那时在摩竭陀国那烂陀寺附近百里以内,共有汉寺三所,一所即行勤、继业所住,一所叫伽湿弥罗汉寺,另一所叫支那西寺,三所汉寺以支那西寺最古。数百年来中国僧侣在那里进修,中印佛教界关系的密切,于此可见。继业归国时以所得梵文贝叶经和佛舍利进献宋太宗赵光义,自己在晚年归隐四川峨眉。

982 年,益州(成都)僧光远从印度回国,带回国王的表文,由乌底耶那僧施护翻译。施护并且向宋朝介绍了由中印度摩揭陀国向西南通向下信德达波尔,和通向南印度的路程,这些贯穿印度次大陆的海陆通道,使许多中国商人和求法僧可以比较方便地奔赴印度各地。983 年,僧法遇从印度取经回国,路过三佛齐,天竺僧弥摩罗失黎语不多令愿意随同到中国译经,受到欢迎。后来法遇得到政府支持又去印度,对沿路所经各国,三佛齐国王、古罗(泰国塔库巴)国主、柯兰(印度奎隆)国主、西天(印度古查拉特)王子都有国书相通,广州和巴邻旁、塔库巴、奎隆、苏拉特之间,通过海上交通已联成一线,求法僧也遵循海道前往印度。天圣(1023—1031 年)后三度赴印的怀问,在中印度摩伽陀国菩提伽耶先后为真宗及皇后、仁宗在金刚座旁建塔,共三座。最后在 1039 年 5 月和得济、永定等人回国,向仁宗赵祯进献佛舍利、贝叶梵经、念珠、西天碑十九本,被封为显教大师。此后因西夏兴起于西,陆路不通,自 3 世纪朱士行开创以来,历经 800 年的求法运动才告结束。

南印度东海岸的注辇,在北宋时期也和中国有过国交。注辇梵名朱罗,中文称注辇是从阿拉伯文 Culiyan 译出。9 世纪初注辇复兴,11 世纪初罗茶罗乍(985—1012)在位时,有广东舶商到注辇,于是注辇决定派使者娑里三文从水路到中国,由于三文是沿孟加拉湾遁岸航行,竟历时 1 150 天才到广州。局限于孟加拉湾沿岸航行的印度船,受到三佛齐对马六甲海峡的控制,对华贸易很难有所发展。所以三文经实地航行考察,在 1016 年随带宋真宗国书和厚礼回国后,便引起罗阇陀罗一世(1013—1042 年)的注意,积极在孟加拉湾扩张势力,入侵下缅甸、马来半岛和苏门答腊。1017 年后,三佛齐使者和中国的联系中断了 11 年之久,而注辇却在1020、1033 年都有使者来华。1033 年的使者蒲押陀离在下一年回国时,被封为金紫光禄大夫、怀化将军。1077 年的使者有 27 人,进觐时用真珠、龙脑撒殿,受到宋朝的优礼相待,除对来使各赠衣服、器币,又对国王回赠钱 81 800 缗、银 52 000 两。

宋代华船到注辇的，都通过南印度西海岸的奎隆直达航线，先到故临（奎隆），再换船向东沿岸航行。间或也有从孟加拉湾北上，经缅甸沿印度东海岸南下的，这条路既费时又不安全。

南宋政局动荡，促使东南沿海商民移居东南亚和南印度。泰纳《锡兰史》，据古史记载，1266 年锡兰王（斯里兰卡王）军队中有中国人服役。1267 年中国人曾在印度东海岸纳加八丹西北 2 公里立砖塔一座，六七十年后游历海外各地的汪大渊，在《岛夷志略》中记下了他亲眼见到的高数丈的土砖甃塔、上面用石刻中文写着："咸淳三年八月毕工。"就是 1267 年有中国人移居到那里，建塔纪念。16 世纪初葡萄牙人加斯普·巴尔比在那里见到过的支那大塔，大约就是这座中国式塔。到 1859 年这座塔才完全颓废。15 世纪波斯史家阿布笃·拉札克还提到科泽科特的居民，素有"华人之裔"（Chini Bachagan）之称。华人在这里居住、经商的历史是十分悠久的。

（十一）大食

大食，号称最富的国家。周去非《岭外代答》（1178 年）说，大食，是总名，有国千余。列举的大国有五，是具有代表性的阿拉伯半岛的麻嘉（麦加）、美索不达米亚的白达（巴格达）、印度河和喀布尔河流域的吉慈尼（伽色尼）、北非的眉路骨惇（马拉喀什）和尼罗河流域的勿斯离（埃及和利比亚的巴尔卡）。赵汝适的《诸蕃志》（1225 年）中大食属国有 24 国，包括阿拉伯统治下的阿拉伯半岛、两河流域、伊朗、阿富汗、中亚、叙利亚、埃及、北非、红海西岸、亚丁湾南岸，以及索马里南部的广大伊斯兰教徒居住区或移民地。12 世纪末，埃及艾优卜朝（1169—1250 年）苏丹已成阿拉伯国家的实际首脑，所以《诸蕃志》把埃及首都开罗的阿拉伯语蜜徐篱（Misr）作为大食的国都。

大食各国物产丰富，产物有真珠、象牙、犀角、乳香、龙涎、木香、丁香、肉豆蔻、安息香、芦荟、没药、血竭、阿魏、腽肭脐、鹏砂、琉璃（玻璃）、玻璃（宝石）、车渠、珊瑚树、猫儿睛、栀子花、蔷薇水、没石子、黄蜡、织金软锦、驼毛布、兜罗绵、异缎等。首都开罗更是一片繁华景象，苏丹宫室的壮丽，市街的宽阔，商务的兴旺，都是举世罕见。

北宋初，大食使者从海道到广州，966 年僧行勤游西域，向巴格达的阿拔斯哈里发递交国书，968 年 2 月，大食使者首次向宋朝通好，此后商船便往来不已。大食使节也有从亚丁湾、红海来到中国的。974 年埃及法蒂玛哈里发派的使者不啰海（亚伯拉罕）是最早的一次，993 年 3 月，副酋长李亚勿到汴梁（开封），船长蒲希密留住广州，声称他是广州蕃长招募的阿拉伯海商。这些海商大多以阿拉伯半岛和亚丁湾附近各地为主，李亚勿就是非洲阿法尔酋长国的副酋长，蒲希密是也门的希米雅尔船长,他们来自亚丁湾著名的海港泽拉。自 1000 年起,埃及杜姆亚特的陀婆离船长多次到中国。宋代将杜姆亚特译作陀婆离。1008 年(大中祥符元年)10 月真宗泰山封禅,陀婆离船长再度来华,上泰山参加盛典,领受了宋朝对国主的回赠礼物,可说是中国皇帝赵恒(998—1022 年)和埃及法蒂玛哈里发哈基姆(996—1021 年)正式订立国交之年。中世纪中国和埃及的通使,正是从宋代开始的。在熙宁(1068—1077 年)元年(1078—1085 年)年间,从圣地麦加派出的使节,先后在 1071 年、1081 年两次前往中国,使节由吉达(古称层檀国)港启程来华,前往广州,1081 年的使者还在 1083 年正月前往汴梁(开封),参予了元宵节的盛典,彰显出宋朝和伊斯兰世界的紧密联系。

大食来华进行朝贡贸易的使者,宋初也有从陆上经沙州(甘肃敦煌),通过西夏国境到渭州(甘肃平凉)的。后来宋、夏关系紧张,此路才断。1023 年 9 月有所谓“沙州大食”入贡,宋朝决定使者一定要从海路经广州到汴梁,此后中国和阿拉伯各国的通道都仰赖于海道了。

广州聚居的阿拉伯商人很多,有外商担任蕃长,加以管理。熙宁(1068—1077 年)中,长期居住广州的大食使者阿曼富商辛押陀罗,掌管广州蕃长司公事,家资达数百万缗。使者、商人常常一身二任。和中国常年打交道的大多是阿曼、哈达拉毛、埃及的商人和贵族,甚至还有东非肯尼亚的阿拉伯侨商。宋代将这些地方都称为大食的部属,部属名称虽不一样,但都有大食的国名。其中最突出的大食麻罗拔国,或写作麻啰拔、麻离拔,是在阿拉伯半岛南部的马赫拉,滨临卡马尔湾的香料贸易港佐法尔,这佐法尔后来成为马赫拉以东现在阿曼境内的一个地区名称。从这里有陆路向西经过八十多天的路程可到伊斯兰世界的圣地麦加。向东有径航苏门答腊岛北端亚齐,再转广州的直达航线,中间无须在南印度西海岸的马拉巴停靠。马拉巴在《诸蕃志》卷上南毗条中写作麻哩抹,和阿拉伯的麻罗拔分得一清二楚。麻罗拔原是阿拉伯语“阿拉伯的马赫拉”(大食马赫拉)的音译。自 1140 年左右开始,马赫拉的佐法尔港便和中国的广州有定期班船开航,来去船只都是中国帆船。这就是有名的麻罗拔航线,也是当时世界上开辟的最长的直达航线,航线一通,往返一次虽说相距很远,但连等候季风的时间计算在内,也不出二年就行了。因此,中国和阿拉伯世界的联系大为改善了。

(十二) 俞卢和地

在宋朝熙宁、元丰(1068—1085 年)年负责接待来华使节的官员庞元英,写过《文昌杂录》一书,卷一记下了这些使节,其中有多国来自印度洋西部地区,在大食使者之外,更有一些是由阿拉伯人、波斯人在东非沿海建立的移民地和贸易站派往中国的,庞元英将他们列入南方十五国中。"其十五曰俞卢和地,在海南"。当年中国对印度洋还没有专门的称谓,被看作是南海的延伸,俞卢和地是在南海南部的一个国家。阿拉伯地理书将索马里东部、肯尼亚、坦桑尼亚的东非海域称作桑给海,记述了苏门答腊和爪哇的船民由于航行方便和双方语言相通,自6世纪以来经常和东非各地进行商品交换,中国商船也就跟着进入了东非海域,引发了这些地方派出使节到中国来。1073年俞卢和地派蒲罗诜(Abu-l-Hasan)乘船前往中国,这条船一定就是中国帆船,他们到了广州以后,北上汴梁(开封),在12月16日抵京进献乳香等物。中国政府按照广州牌价,付给使者钱2 900贯,另外回赠2 000两银子,表示慰谢。所以这是一种官方的买卖关系,使节都会享受政府给予的公费补贴。

阿拉伯地理学家伊德里西在1154年为西西里国王写了一本《旅游证闻》的书,介绍世界各地有人居住的地方的风土人情,是本极为有名的世界知识手册。他讲述了10世纪以来中国帆船经常到沿海进行贸易的盛况,许多中国帆船去过索马里、肯尼亚沿岸的城镇,甚至远到坦噶尼喀的桑给巴尔岛,也有中国人建立的贸易站。据《文昌杂录》记述,来自俞卢和地等处的大食使者,都是"目深体黑"的桑给人。桑给人是波斯语、阿拉伯语对非洲黑人的称呼。俞卢和地又被称作南海大食,是由于他们来自阿拉伯人在斯瓦希里海岸建立的移民点。11世纪末,南海大食向中国派出的使节要经过爪哇,不走马六甲海峡,所以庞元英将当时译称"阇婆"的爪哇定位在"大食之北",因为人们已经发现巽他海峡以北的海域正是东北季风的生成区,从南海向南行驶的船只可以在东北季风期顺风顺水迅速到达大科摩罗岛(马达加斯加岛),航速极快。

一百多年后,《诸蕃志》明白记述了从爪哇启程,"南至海三日程,泛海三月至大食国",这段话,现在见到的刊本说是:"泛海五日至大食国",或"泛海三月至大食国"。三个月的航行正好在通过巽他海峡前往阿拉伯各国的同一个东北季风期间。在10世纪到达马来半岛箇罗的阿拉伯船,常常返程取道桑给海岸,组成阿拉伯半岛-马来半岛-肯尼亚沿岸的三角贸易线。根据印度洋海流考察,取道爪哇南航最终抵达的大陆正好是东非沿岸各地,而不是阿拉伯半岛,这里的居民也信奉伊斯兰教,所以到元代就出现了名叫"南海回回"的国家。这就是14世纪初迪曼斯基所说的,从中国沿海的钱塘江口(Khamdān),赤道以北13°和东经174°的地点,"再往南,我们就会遇到大科摩罗岛(K. omor, K. omr)的岸边"。(费琅将Khamdān改成Khumdān是大错,见费琅辑注《阿拉伯人波斯人突厥人东方文献辑注》,耿昇、穆根来中译,中华书局,2001,413页。)科摩罗岛因为早有马来人移民,被马克里西(1365—1442年)称作马来岛(费琅书,521页)。这是一条从东边有人居住的地方可以最远到达西边有人居住处的最长的航线。

南海大食国到底在哪里？可以从俞卢和地的国名得知。《宋史·西域传》以为大食诸国多至上千，前面都可冠以大食字样，大食俞卢和地不过是其中之一。俞罗和地既在海南，可以对应的地名，唯有印度洋南边肯尼亚北部海港城市基卢普（Kilepwa）和它附近的格迪（Gedi Kilimani）。基卢普建在米达港湾的一座小岛上，离海极近。格迪在它北面 3 公里的地方，遗址离海 6.4 公里，往东北 16 公里则是马林迪（Malindi），曾是桑给王的都城。马林迪的海港城市正是格迪，基卢普则是它的外港。伊本·赛义德（1274—1286 年）将摩加迪沙称作伊斯兰城，因为那里的居民多是伊斯兰教徒，他们过着像埃及人一样的农耕生活。又说：在第五地段桑给人的十分著名的城市中，可以见到一座马林迪城，位于东经 81°30′，南纬 2°50′ 的地方。城市坐落在一大港湾山，有一条从科摩罗山（月亮山）倾泻而下的大河在那里流入大海。港湾周边还有许多桑给人的居住区，南部则是科摩罗人居住的地方（费瑯书，356 页）。这里正是中国人所称的南海大食国了。

格迪在当地原住民盖拉语中的意思是"名贵的城市"，后来普科莫部落称作"山丘上的名城"，成了格迪·基利马尼。20 世纪在这里发掘到的遗址，极为丰富。格迪遗址有 1954 年发掘的大清真寺，1960 年找到了有 1399 年前后铭文的墓葬，1963 年见到深埋地下的宫室，出土了越州余姚窑、龙泉窑、景德镇青白瓷、宋元白瓷，大量佛山青瓷，14—16 世纪的青花瓷，元代的釉里红和许多釉陶，延续时间之长，产品之多，在东非出土华瓷的地方中，都属佼佼者。基卢普也出土许多五彩釉陶和华瓷残片。从出土华瓷推测，两处遗址存在的年代都远在发掘者坎克曼认为的 12 世纪或 13 世纪之前。附近拉木群岛也出土瓷器，据 2011 年前往肯尼亚协助鉴定的中国专家认定，有 2 件是早到南宋的景德镇窑青白瓷。

对照俞卢和地国名在中国档册中出现之早，完全可以确定格迪和基卢普早到 11 世纪便和中国有了使节往来，双方建立了正常的海上贸易关系，是肯尼亚沿海极为重要的对华贸易口岸。进一步证实了中国帆船在开辟麻罗拨航线以前，便和肯尼亚沿岸来往密切。这条通过异他海峡在广州和肯尼亚之间辟通的航线，远在葡萄牙人取道好望角直航爪哇海以前 500 年，就由中国帆船实现，已经是难以否定的历史事实。

（十三）拂菻

11 世纪塞尔柱突厥人代替花剌子模崛起于中亚，1040 年在丹丹坎战役中大败伽色尼苏丹马苏德，将伽色尼人赶出呼罗珊地区，奠定了塞尔柱王朝的基础。游牧的塞尔柱人，逐渐散布在阿拔斯哈里发帝国东部各行省，1055 年在巴格达建立了一个苏丹政权,使哈里发政权变成了附庸。鲁木(小亚细亚)的塞尔柱人成了这个家族的一个主要的分支。在马里克沙(1072—1092)统治时期,塞尔柱王朝发展成一个从中亚到地中海东部的大国。11世纪末,哈拉汗国的西部王朝也成为塞尔柱突厥的附庸。塞尔柱突厥王朝通过哈拉汗国向北宋王朝派遣过使节。

和中国初次通使的拂菻国,就是这个塞尔柱王朝。1081年10月,塞尔柱王灭力伊灵改撒(malik-i-Rum Kaisar)派大首领你厮都令厮孟判到汴梁献鞍马、刀剑、真珠。灭力伊灵正是1084年前建都尼西亚的鲁木国主。你厮都令厮孟判即拉丁语中的景教大主教,是突厥人派遣的景教僧侣。从使者的描述可以知道,这拂菻国气候寒冷,土屋无瓦。王服红黄衣,用金线织丝布缠头,贵族官吏都缠头跨马。物产有金、银、珠、胡锦、牛、羊、马、独峰驼、梨、杏、千年枣、巴揽、粟、麦。用葡萄酿酒。乐器有箜篌、胡琴、小筚篥、偏鼓。完全是鲁木的塞尔柱突厥王朝统治区的景象。拂菻国东南到灭力沙,语言和灭力沙相同。和拂菻东南接壤的灭力沙,是塞尔柱突厥将领马里克沙统治下的叙利亚和亚美尼亚。1091年4月和12月,拂菻国的使者曾二次到达中国。宋神宗特馈赠帛二百匹、银瓶、袭衣、金束带。使者到汴梁的路程,是由大食(伊拉克、伊朗)、于阗、回纥、青唐(青海湖)抵达熙州(甘肃狄道),绕过西夏统治下的河西走廊。马里克沙死后,塞尔柱突厥的使者再也没有出现了。

二、 宋代海外贸易的兴旺

(一) 宋代的海港

宋代奖励海外贸易,海外贸易比之唐代有进一步的发展。南宋以后,市舶之利对国家财政收入尤其显得重要。在宋代,南起琼州,北至密州的广大沿海地区,都有政府专设的市舶机构,先后在各个时期中管理海外贸易和商船的进出。广州、泉州、明州(宁波)成为宋代对外贸易的三大海港。广州外侨最多,有来华经商,一住几年的。有专供外人聚居的"蕃坊"。宋代商船出海,也有一去几年的,称"住蕃"。中外人士的广泛交往,使得宋代中国和亚、非各国的文化交流,可以在一个海运畅通的背景下,具有比之过去任何时代都更为广阔的地理上的辐射区域。

宋代中国和亚、非各国经济上的交流,最具有代表性的是丝、瓷的输出和香药的进口。在中国的出口货中,从宋初开始,便是以金、银、缗钱、铅、锡、杂色帛和瓷器为主。丝帛和瓷器的出口,香料、药材的输入,多半仰赖中国帆船的运输,它们曾频繁地出入于北起高丽、日本,南至苏门答腊、爪哇,西抵印度、阿拉伯、东非的许多口岸。从 11 世纪中叶到 12 世纪,由广州或泉州到印度洋西部地区,一般有两种走法。最快的一条是麻离拔航线(广州—佐法尔港航线)每年 11 月或 12 月乘东北风出发,40 天后到达苏门答腊的亚齐,住到翌年,仍乘东北风,经 60 天长途航行,到达马赫拉的卡马尔湾的古港佐法尔。华船从那里取得波斯湾、亚丁湾、红海、北非和东非的货物,然后在西南季风期返航,6、7 月间可返广州,8、9 月间可回泉州。另一种走法,出发时间相仿,同样在亚齐过冬,然后赶在东北风季节,约 30 天到达南印度马拉巴的贸易大港奎隆,宋代称故临。中国远洋帆船大多到奎隆住冬,候下年西南季风返航。往返一次,至少在 18 个月以上。由于波斯湾商业在 12 世纪中叶以后渐告衰落,中国远洋帆船便不再北上阿曼湾和波斯湾,而以奎隆和佐法尔作为印度洋西部地区的主要目的港了。前往这些地区的中国帆船,往返一次不足二年,航程、营运周期和航速都超过了阿拉伯船。至于每条船的货运董,就更胜过阿拉伯船了。出没在东海、南海和印度洋的中国帆船,担当了将中国的丝、瓷文化和金属制品向广大的海外世界传递的重任。

宋代政府确定进口香药、宝货由政府专卖,976 年在京师成立榷易院,后称榷货务,下有香药库,专门保管外国贡物和市舶香药、宝石。南宋时榷货务下有寄椿库,保管香药、匹帛的发卖。政府对进货中的高档货有特别的规定,982 年规定的禁榷物有珠贝、玳瑁、犀象、镔铁、鼊皮、珊瑚、玛瑙、乳香八种,后来增加紫矿、输石,总共十种。其他香药,计三十七种,准许在官市之外,民间可以自由买卖。

宋初对待进口货,只以优劣区分,后因涉及税率和运输的货物有轻重、大小之别,进一步分成细色、粗色。细色,容量轻而价昂;粗色,容量重大而价贱。细色货,税率较高,真珠、龙脑属于这类,十分抽一分。粗色货,税率略低,玳瑁、苏木属于这类,政府抽取的份额比较多,十分抽三分。由公家规定的官市称作"和买",是按政府确定的价格收购,官市以外,剩下的商货,商人可以经手交易。细色货中属抽介和禁榷物的,其中一部分由市舶司征收和收买后,作为上供,介送京师,分纲发运。陆路以三千斤,水路以一万斤为一纲。政府须负担运输费用。另外一部分细色货和粗色货,通过官市,出售给商家。991 年,随着进口货增多,广州市舶司除收购禁榷物外,其他货物,只选取精良的,以一半充官市,粗劣的货物,由商家发售,政府不再干预。大致抽介和官市占到全部货物的一半。市舶司用来收买舶货的官本,以钱、帛为主,有金、银、缗钱、铅、锡、杂色帛、瓷器,也就是中国对外贸易中的出口货。南宋时代,进口货大幅度上升,多数货物都得就地出售,只有数量很大的乳香仍属例外。

宋代最繁荣的海港有广州、泉州、明州和杭州。北宋时期(960—1126 年),国际贸易港仍以广州为主,泉州也开始列入重要海港。南宋时期(1127—1279 年),

泉州在海外贸易中所占的比重急剧增长,1166年由于福建、广南路市舶司"物货浩瀚",两浙路市舶司已无设置的必要,此后,泉州港的商务迅猛上升,到12世纪末,泉州已和广州并列,成为全国最重要的两大对外贸易港。

广州,在971年南汉政权被宋平定后,便以广州知州兼任提举市舶使,掌管蕃货和海舶的征榷、贸易。此后,对外贸易一直由市舶司掌管,从抽介中得到的收入,在991年时,约50万多斤、条、株、颗。后来进口货不断增多,以皇祐(1049—1053年)年间为例,每年收入的实物有53万有余。一直到1132年,广东市舶司仍以"收课入倍于他路"而感到自傲。广州也是宋代外国侨民最集中的城市,尤以占城、阿拉伯、波斯穆斯林最多。1136年,政府在广州奉真观置来远驿,此地在子城的西址药洲(石洲),外国人聚居的"蕃坊"就在附近。南宋岳珂记述蕃坊又称蕃巷,或称夷落、蕃落,13世纪时,广州城内已是外国侨民和当地居民杂处。最富有的蒲姓(Abu)侨民,原本是阿拉伯人,后来成为占城的贵族,移居广州。蕃坊有蕃长一人专管蕃坊公事,多数是客居中国的阿拉伯纲首(船长),经推荐后,由中国皇帝任命,成为中国官员,"中袍履笏",一如华人。侨商的子弟原本在当地学校就读,后来人数增多,在大观、政和(1107—1117年)年间只好专设蕃学,负责外侨子弟的教育。元丰年间张师正《倦游录》(《皇宋类苑》卷77)说,广州的这些外侨至今称中国叫"唐家",称中国话叫"唐言"。据《元丰九域志》广州户主64796,当地居民约30万,客78465人,约占总人口的五分之一,以客商为主,蕃商尤多,常一住数年。很多侨商在广州成为富豪,阿曼人辛押陀罗,在广州当蕃长,居住了几十年,家资数百万缗,是最有名的一人了。

泉州是仅次于广州的贸易港,11世纪中叶广州市舶司对客商过于侵刻,又加广源州依智高率众侵扰广州,城外蕃汉数万家受害,对外贸易一度中衰,外商中得改往泉州泊舟,泉州因此杂货山积,1087年政府正式在泉州设置福建路市舶司。但在北宋时期,泉州市舶司的经营规模大致和两浙市舶司相仿,所以这二处市舶司的归并转运司,甚或一度裁撤,都大同小异。北宋时期,泉州港的地位不但去广州甚远,甚至也还不如两浙路的杭州、明州。南宋初,泉州的对外贸易才大有起色。1128年,宋朝依旧恢复了上年一度归并转运司的两浙、福建路提举市舶司,还下令"给度牒师号一十万贯会福建路,十万贯付两浙路,专充市舶本钱"(《宋会要》职官四四之一二)。此后,经多次调整,到1142年,泉州才恢复到由专官任提举,1144年10月,在欢送外商出境时,泉州市舶司获准取得与广州市舶司同等的地位,可以用公款三百贯文,举办宴会,慰劳外商(《宋会要》职官四四之二四)。此后,南宋政府一直保持着这一规格,鼓励外商到泉州卸货,以便就近向进口香药、珠宝、犀牙等高档货的最大销售中心杭州运送。同时,宋代皇室的南北宗正司都已南迁福州、泉州,许多士大夫为避战乱也相继迁入福建,极大地刺激了当地对进口货的消费,杭州的海商多就近到泉州转返进口宝货,业经抽解的胡椒、降真香、缩砂、豆蔻和藿香等物,常由杭州商人运往临安府市舶务住卖。到了 13 世纪,杭州的海商便只到台、温、福、泉买卖,不再去七州洋了。《萍洲可谈》卷 2 说:"若有出洋,即从泉州港口至岱屿门,便可放洋过海,泛往外国。"1974 年夏在泉州湾后渚港出土的一艘宋代海舶,采用了双重板、三重板工艺和鱼鳞式搭接技术,有多个水密隔舱,复原后的船长 30.0 米、甲板宽 10.5 米、型深 5.0 米、吃水 3.75 米、排水量 454 吨、方形系数 0.44。长宽比仅 2.857。给 13 世纪中国航行在印度洋海域的船只提供了实例。从出土船牌可知,这是以南印度下里(哑哩)为目的港的海船,运载的货物有香料、药材、瓷器等物。

泉州有许多外商居住,北宋时外商多居住在城南郊外,1009 年时建立的清净寺南临通进街,北边靠北宋时期的护城河,穆斯林都住在城外。到了南宋,1133 年在南城外筑翼城,泉州城南门从通淮街向南移到晋江边,许多侨民从此杂处民间,居住在南门城内了。宋元时期称"泉南"的南门一带就是外国人居住地。由于民夷杂居引起的法律纠纷因此增多,成为地方官处理政务的一大难题。

泉州的外侨向以波斯人居多,称作"舶獠",以西拉夫人颇占势力。1131 年纳只卜·穆兹喜鲁丁从西拉夫乘船到泉州,在泉州城南创建清净寺,吴鉴《清净寺记》将西拉夫译作撒那威。12 世纪泉州的西拉夫商人,富有的程度仅次于广州蒲姓阿拉伯人。印度南毗国商人时罗巴、智力干父子一起住在泉南,也是南宋时著名富豪。南蕃回回(南印度穆斯林)佛莲,在 13 世纪拥有海舶 80 艘,1293 年死后,留下财物无数,仅珍珠一项就有 130 石。泉州的波斯穆斯林商人,由于财力雄厚,从 1132 年起,常被政府征用船只服役,当时规定面阔一丈二尺以上的海船,三年中必须为公家服役一年,所以有些外国海船也被征调,参与了 1163 年的宋金采石之战。1163 年泉州晋江知县接到派造战船的公事,由于侨商出钱,县民得免分摊。泉州外商甚至凭借他们雄厚的财力,捐资修复城墙。1211 年(嘉定四年)泉州郡守邹应龙借助侨商捐款,得到政府准许,大修州城(明代阳思谦《泉州府志》卷 4)。泉州得到外商的财力支持,出现"泉仰贾胡"而兴旺的局面。外侨在泉州成了当地政治、经济生活中一股巨大的社会力量。

12 世纪中叶,正当南宋初期,据李心传《建炎以来朝野杂记·市舶司本息》(甲集卷 15),广州和泉州两路市舶司从抽分与和买二项中,每年取得息钱二百万缗,比北宋中期的 50 万—60 万缗已增加了 3—4 倍。这时广州市舶的岁入大约在 150 万缗以上。泉州市舶在 1128—1134 年的 7 年中,总共收入 98 万缗,到绍兴末年,也已增加了 3—4 倍;到 12 世纪末便超过了广州,跃居全国最大的海港了。

杭州，隋朝始建，治钱唐，唐宋仍称杭州。989年宋朝在杭州设立两浙市舶司，开放贸易。999年确定杭州、明州（定海）各置市舶司；以后在两浙路的温州、秀州华亭、江阴军增置市舶务。1166年两浙提举市舶司因货物稀少被裁撤。1190年禁止商船进出澉浦，杭州市舶务因此被废。1195年政府不准商船停泊江阴、温州和秀州，两浙路舶务只剩下明州一处。明州在1194年升庆元府，是宋代沿海最重要的造船基地，能建造世界上绝无仅有的万斛船。南宋政府规定中国商船前往高丽，以及高丽、日本等外国商船到中国，都只能由庆元（明州）进出。元代的市舶司仍限在泉州、明州二处。

杭州的市舶务原先设在城东保安门外，在今候潮门和望江门之间，外商到杭州在这里验券。后来有新市舶务，在艮山门内梅家桥北，专受舶纲（官运）。据《乾道临安志》卷一，候潮门里设有都亭驿，办理货易手续。南宋政府规定泉州舶货纲运杭州限期三月，而广州到杭州则限期六月，因此杭州的进口货逐渐都变成由泉州运去。

阿拉伯商人很熟悉杭州，9世纪以来就有了记载。在伊本·郭大贝的《道里郡国志》（848年）中，首次提到杭州（Kāncū），是在"中国的边远地带，和杭州遥遥相对的山国新罗（Sīlā），分裂成几个国家，国中产金"。这里把杭州与新罗（朝鲜半岛和日本列岛的总称）作为隔海相对的地方。

杭州要到1129年才升作临安府，所以要推迟到伊本·赛义德才开始用"杭府"（Kanfū）这样的新名词。此名与广府（Khānfū）的拼法不同，明显不是一地。雅库比在880年写成《阿拔斯人史》，对广州用了Khānfū（广府）和Khānk.ū（广州）两种称呼（费瑯辑注：《阿拉伯波斯突厥人东方文献辑注》，原版1913—1914，耿昇、穆根来中译，中华书局，1989，2001，67页注3）。广州因是唐代的都督府而早有"广府"之称。法国学者费瑯（Gabriel Ferrand）将雅库比的Khānkū当作广州，是对的，但没有必要改作"广府"（Khānfū）。他将阿布尔·法拉吉的Bagrāz当成Khān Kūn，改作Khānfū（费瑯书，418页），是错的，因为Khān Kūn应读作"汉京"的对音，是指汴梁。费瑯将伊本·卡尔顿的Khānkū和雅库比的Khānkū混为一谈（费瑯书，515页），当作Khānfū的讹写，也是不对的。

中国东南沿海在9—10世纪对外贸易盛况空前，先后出现吴越、闽和南汉独立政权，形成五代十国的政治形势，杭州因此享名海外。伊斯兰国家对中国也相应地产生了"秦"（中国）和"马秦"（大中国）之分。第一次明白记录杭州城的是阿布·莱罕·比鲁尼（973—1048年）。比鲁尼著作浩富，他转述了波斯人将地球各地分成七个气候区的资料，在为加兹尼王朝的马苏德所作的《马苏德天文表》中有Khāndjū（费瑯书，683页）。《阿布·菲达地理志》（2卷2册，423页）引述

《马苏德天文表》，杭州位于东经162°，北纬14°的地方，另据《经纬度书》，则位于东经162°，北纬13°的地方。阿布·菲达说："此地位于第一气候区内，处在中国边界，滨临一条大江"。《马苏德天文表》原文说："杭州同样也是中国的门户之一，横跨在一条大江上"。比鲁尼的另一本著作《星相学书》讲到第一气候区，"起始在中国以东的地方，经过杭州（Khāndjū）和广府（Khānfū），这两城都是中国的门户。来自海洋的船只要沿这些门户所在的江河溯流而上"（费琅书，683页）。在10世纪，杭州的海运业足以与广州相并列。

在阿拉伯地理书中提到杭州和它周边地区最多的，是生在西班牙格拉纳达附近的伊本·赛义德（1214—1286年）。他是首先对黄河和长江都作过描述的阿拉伯地理学家。伊本·赛义德在写到第三气候区第九地段时称："在第四气候区边界上，还有中国的首都大金（Tadja）（指金国的都城汴梁——引者），中国人的大王就住在那里。黄河（Khumdan河）从它城北的大山一泻而下。黄河是中国最大的河流之一"（费琅书，389页，参见387页）。又说："蛮子城（金国的中京，今北京市——引者）是秦阿秦的首都。""蛮子城的经度是东经176°30′，纬度是北纬26°"（费琅书，390页）。伊本·赛义德根据中国北方记事，将金国中京称作"秦阿秦"地区的中心城市，足见此名应该译作"中国本部"（"腹里"）或"中原王朝"，"秦阿秦"与广州无涉，十分明白。

和杭州有关的是长江（Khumdan江）。伊本·赛义德论述第一气候区第十地段时说："长江是世界上最长和水量最丰富的江河之一，在中国再没有比它更长和更宽的江河了。此江发源于将汉人和突厥人作为分水岭的大山区，正好在第三和第四气候区的分界处。……它的流程长达3 000古里左右，沿江有许多城市。位于此江沿岸的中国著名城市有杭府（Kanfū）（费琅改作Kancū，费琅书383页，中译本讹作甘州——引者），位置在东经169°，北纬11°的地方"。这是伊本·赛义德唯一的一次，将杭州称作"杭府"。他认为，在东亚边缘，"被大陆包围的海中"，最远有人居住的地方是新罗群岛，再往东，便无人居住了，已经到了东经180°的地方。14世纪的迪曼斯基干脆明确讲，中国东部经度最高，属于"秦阿秦"南部和长江口，"这一地区占地从76°—180°之间，有104°之大"。并说："占婆海面对秦阿秦和钱塘江"（费琅书，416，417页）。

阿布·赛义德的记事取自不同的时期，时间跨度达到4个世纪，所以他订出的几个中国海港城市的经纬度，有前后不同的经纬度，"杭府"一名的出现，是他收集到的最新资料，位置在：杭府（Kanfū）169°E，11°N；泉州（Zitūn）154°E，17°03′N。但是完全无法在同一张地图上将这些地名正确地标示出来，这是直到16世纪，中世纪地图测绘所始终未曾求实的一大公案。但值得注意的是，伊本·赛义德第一次订正了"杭州"的对音,将"杭"字对作 kan(读如 han),而不是对作 Khan,Khān,这就对上了当地的方言,再也不会和"广州"相混了。

(二)丝绸的海外市场

宋代丝织业保持着向上发展的势头,丝绸织造技术推陈出新,海外市场随着航运业的繁荣有了比之过去更为广阔的拓展。宋代丝绸外销,是在世界上生产丝织物的国家和地区逐渐增多、花色品种越趋繁富的情况下进行的,宋代丝绸必须在保持传统信誉的同时,谋求生产更多与其他丝绸生产国相比具有一定的优势的产品。宋初,绫、锦、绢、帛便以朝贡贸易的回赐方式,通过海陆通道输往国外。更多的在海外市场受欢迎的产品,则是由民间贸易进行的。

宋代丝绸的外销,按地区大致可分四个类型。第一种类型,是朝鲜、越南等在政治上和文化上与中国具有密切关系的东亚地区。而且素来大量输入中国丝绸的国家。从中国运去的丝织物既有绫、锦、绮、绡、罗、绢各类产品,也包括最高级的供帝王和贵族穿着的法服。如赠给高丽的,有国王袍服、紫花罗夹公服、浅色花罗汗衫、红色绣夹三襜、红花背装红罗夹复、靴、腰带等精工制作的织物。赠给交趾的也有国王袍服、紫袍,成百匹的绢帛。1174 年宋孝宗赵昚给李天祚进封安南国王,赠以国信礼物,有宽衣一对、金带一条、银匣盛细衣着一百匹、马二匹、金花银器二百两、衣着一百匹等大批礼物。1194 年宋光宗赵惇赠给李龙翰的礼物中,也有宽衣一对、金带一条、衣着一百匹、细衣着一百匹等高级的丝织物。通过民间贸易,中国沿海生产的五色缬绢在高丽十分流行。高丽不善蚕桑,丝线、织纴都从中国的山东、闽、浙运去,在高丽加工成各种丝织物后,又向中国回销。高丽绢、毛丝布、绵绸等产品在 12、13 世纪通行中国。越南中部的占城,无丝蚕,但能出产丝绞布、吉贝锦,原料也从中国进口。

第二种类型,是通过西夏转销给中亚各地的绢帛。宋在 1044 年后,每年赐予西夏的绮、绢达到 15 万匹,双方并有榷场公开交易。这些流入西夏的绢匹,成了西夏与回鹘人、突厥人交易的资本。

第三种类型,是通过西北地区的队商,和宋直接交易,使中国丝绢运销亚洲中、西部。这些队商以于阗、龟兹所遣使节出入最多。在 961—1124 年间,于阗通贡,计 38 次。在 962—1096 年间,龟兹通贡,计 24 次。于阗队商和大食(巴格达)、拂菻(1084 年后迁都小亚细亚科尼埃)一线相通,于阗贡物中的乳香、木香、象牙、水银,都是阿拉伯、叙利亚、小亚细亚产物。于阗还向宋运进产于拜占庭和塞尔柱突厥的"西锦",产于中亚和印度的"胡锦"。宋则向于阗、龟兹输出缯帛、高档的晕锦、盘毬云锦。

第四种类型,是通过中国帆船运销亚洲各地和东非沿岸的国家。这些国家分布在北起日本,南至东南亚和印度洋各地。其中也有一些国家是丝绸的生产国,如生产丝蚕、大量制造薄致可爱的织绢的日本;亦务蚕织,有薄绢、丝绞的阇婆(爪哇);出产丝布的注辇(朱罗);以金缕织成闻名的天竺(巴特那);被称为花锦的织金软锦,则是许多阿拉伯国家的特产。尽管如此,宋代生产的各种绢伞、绢扇、缬绢、白绢、假锦、建阳锦、锦绫、皂绫、五色绢,丝帛,仍在这些地区拥有广大的市场和崇高的信誉。《诸蕃志》从泉州对外贸易的角度出发,记录经过它出口的丝绸在朝鲜、越南以外,更远销到柬埔寨、菲律宾、马来西亚、印度尼西亚、斯里兰卡、印度等地。在加里曼丹西南的苏吉丹,五色缬绢曾被当作王室侍卫队的礼帽使用。印度东海岸的朱罗妇女,则以锦衣作为订婚的信物赠给男方。宋代丝绸在海外已被用作各阶层的衣料、日用品,普遍到老幼皆知的地步。从泉州输出的缎子运销阿拉伯世界,宋代泉州因出口大量彩缎,有彩缎城之称,阿拉伯语就把缎子叫zaytūni(彩缎),传到意大利叫 zetani,再转成法文和英文中的 satin。

在西班牙的格拉纳达人伊本·赛义德(1214—1274 年)给托勒密《地理志》所作补注的稿本中,他将流贯中国中部的"长江"译作"khumdan",说流经许多城市,最著名的城市是"杭府"(Kanfū),位于东经 169°E,北纬 11°N 的地方。杭州是"丝绸之都",南宋政府将它升作临安府,在这里定都。大运河自杭州贯通中国南北,在杭州以北的苏州(宋代称"平江府")也是一座生产绸缎的名城,民谚:"上有天堂、下有苏杭"已经誉满海外。

(三) 海上陶瓷之路

航海业的发展刺激了中国东南沿海的青瓷和青白瓷的生产,促使最适合于水路运输的瓷器从 8 世纪末开始,列入外销的大宗货物,展开了长达 1 000 年之久的外销瓷的繁荣时期。瓷器的外销和四通八达的海上运输路线,成了一对孪生的姊妹,通过中国帆船的营运圈,将北起朝鲜、日本,向西一直伸展到阿拉伯半岛和东非沿海的广大海区中的许多国家连成一片。唐代中期以后,随着华瓷的大量外销,和陆上的丝绸之路相并列,又出现了海上的陶瓷之路。日本学者三上次男将由东海通往西亚的海路称为陶瓷之路。陶瓷之路起自中国沿海的扬州、明州和广州,东通日本;向西跨越印度洋,一直到达坦桑尼亚的基尔瓦和埃及的亚历山大里亚,并且进入地中海。

色泽晶莹、纹饰绚丽的中国瓷器一经出现在世界市场上,立即受到各国人民的喜爱。9、10 世纪风行世界的外销瓷中名列榜首的是长沙铜官窑,长沙窑首创釉下彩绘,具有釉下褐、绿两彩,突破了青瓷的单一青色,各种彩色纹样大量涌现。

它的产品由甬江输往日本、朝鲜、琉球、菲律宾,并由珠江运向印度尼西亚、斯里兰卡、巴基斯坦、伊朗、伊拉克。伊朗的海港西拉夫、内陆城市内沙布尔,伊拉克的萨马腊都有出土物。在埃及古都福斯塔特遗址中,据日本小山富士夫的鉴定,也有铜官窑瓷片。在11世纪上半叶,阿拉伯学者几乎一致认为,长沙铜官窑所产的杏黄色瓷器在华瓷中品质最佳。死于1038年的波斯作家塔利比,和长期侨居印度的伽色尼学者比鲁尼(973—1050年),异口同声地认为:"杏黄色瓷器最佳:胎薄、色净、声脆;奶白色次之;各种浅色的又次之"。在外销瓷中,至少在阿拉伯穆斯林世界中,白瓷、青瓷、青白瓷的品位还在铜官窑产品之下。

青瓷在外销瓷中长期占有重要地位,不但数量庞大,而且品类俱全,瓶、罐、碗、碟、杯、盘、执壶、盏托、军持,无所不有。宋代外销瓷以越窑系、龙泉窑系青瓷为主。越窑青瓷历史悠久,9、10世纪进入外销盛期,到11世纪末告终。代替越窑产品的是龙泉窑青瓷,产品最初依照越窑和婺窑、瓯窑。在12世纪下半叶形成以梅子青、粉青釉为特点的龙泉青瓷,销路扶摇直上,直到15世纪,连续4个世纪,在外销瓷中独占鳌头。龙泉窑系青瓷又称处瓷,运销国家紧追越窑产品,遍布亚洲和非洲东半部。

日本有40个县市出土宋瓷,分布在本州、九州、四国沿海和内地。越窑瓷片在日本出土为数不多,而从12世纪起,龙泉青瓷占有较大的比重,茶碗尤其畅销。福冈县大宰府遗址、筑紫野市大门遗址都有宋瓷发现。冲绳县本岛中部各遗址出土龙泉窑系青瓷、龙泉窑、同安窑青瓷(珠光青瓷)为数不少。

朝鲜,越窑、定窑、汝窑和景德镇清白瓷都有广阔的销路。龙泉瓷在13世纪以后曾大量运往朝鲜。出土宋瓷有耀州窑、景德镇青白瓷。

柬埔寨的古都吴哥宫殿遗址已见晚宋和元代瓷器。

菲律宾的出土瓷器上起宋代,下迄元明,数量多,而且器物完整,在东南亚国家中首屈一指。出土的宋瓷有越窑系刻花青瓷,龙泉窑刻花五管瓶、梅瓶,福建泉州、德化的刻画花青白瓷、青白褐斑瓷,以及福建地区的黑瓷。

马来西亚,东马来西亚的沙捞越河三角洲,曾在圣土邦及其邻近地区出土大景宋、元、明瓷器。宋瓷有来自福建德化、泉州、广东潮安、广州西村窑的青白瓷,福建、浙江沿海瓷窑的青瓷,黑瓷以建窑产品最多。西马来西亚的吉打、霹雳的瓜拉塞林辛、马六甲,都出土过龙泉青瓷。

文莱,和沙捞越毗邻,首府附近的吉都·柯达巴曾发现过12世纪至16世纪的华瓷。出土宋瓷有广东、福建各窑的青白瓷,南方磁州窑系黑色或深褐色瓷,以及龙泉窑系青瓷。

印度尼西亚的苏门答腊、东爪哇、西里伯斯、马鲁古北部都发现过龙泉青瓷,景德镇和德化窑青白瓷为数尤多。1998年在勿里洞岛海域发现9世纪时沉没的唐船，出土五彩瓷就有5万多件，还发现了铭文"室·历七年"（832年）的青花瓷碗，堪称稀世瑰宝。

印度东海岸的阿里卡曼陀(本地治里以南3公里)遗址出土有9—10世纪越窑瓷器，还有龙泉青瓷小壶一件，以及青白瓷片。在钱德拉维利遗址出土过龙泉瓷片。

斯里兰卡南部凯格拉以南10公里的达迪伽摩窣堵婆塔中，出土过10世纪前后的越窑系青瓷钵多件。雅巴佛巴发现的龙泉青瓷属于12世纪。

巴基斯坦出土唐宋古瓷的遗址有三处。一处在卡拉奇以东64公里的巴博，是13世纪荒废的古港遗址，附近山丘出土瓷片随处可见，发现物有9世纪越窑三耳水注，长沙铜官窑青黄釉褐绿彩绘碗。宋瓷标本较多，有宋初越窑划花、广东青白瓷浮雕莲瓣纹，13世纪龙泉窑青瓷片。发掘品在卡拉奇国立博物馆有专题陈列。另一处在布拉明纳巴，位于海得拉巴东北80公里处（已毁于1020年大地震），出土物属于11世纪上半叶以前，有9世纪越窑、铜官窑和宋初邢窑白瓷。第三处在莫克兰，曾获得10世纪青白瓷碎片。

伊朗出土的华瓷极为丰富。东北的内沙布尔，中部的赖依、南部沿海古遗址尤其重要。东部古城内沙布尔经多次发掘，出土物有9—13世纪唐、宋瓷器，包括唐万年壶一件，唐邢窑白瓷壶一件，晚唐越窑瓷罐一件，并有福建德化窑、广东窑白瓷钵、碗残件，青白瓷、青瓷碎片。唐末宋初绿釉陶器残片也有出土。赖依的出土物有晚唐越窑内侧划花钵残片、唐邢窑蝴蝶纹贴花白瓷厘，唐白瓷鱼形杯，以及北宋越窑青瓷，南宋、元初龙泉青瓷残片。北宋磁州窑钵由巴黎吉美博物馆收藏。南部沿海的沙利-达奎纳遗址，发现过9—10世纪越窑青瓷，10世纪的青瓷、青白瓷。古港蒂兹以北的卡拉-查姆希特，出土有许多北宋官窑散冰纹白瓷片和晚唐越窑青瓷。西拉夫是近年来出土华瓷的重要遗址，出土物有大量铜官窑瓷器，越窑青瓷、邢窑白瓷和龙泉青瓷残片。

伊拉克的巴格达东南的阿比达、巴格达以北120公里的萨马腊，都曾出土大批晚唐至北宋前期的越窑青瓷和白瓷。阿比达出土的9—10世纪的褐色越窑瓷和南方各窑白瓷，由东京出光美术馆收藏。巴格达阿拉伯博物馆收藏的萨马腊出土物有9—10世纪的越窑青瓷，该馆还藏有直到13世纪的龙泉青瓷、青白瓷和白瓷。瓦西特出土的南宋龙泉钵被保管在阿拔斯宫博物馆中。

叙利亚的哈马城出土有龙泉青瓷。

黎巴嫩地中海沿岸的巴勒贝克发现过宋代莲瓣纹龙泉钵残片。

阿曼首都苏哈尔的旧市街遗址也出土过宋代青瓷。

埃及古都福斯塔特，出土过9世纪越窑玉璧底碗，还有五代、北宋鄞县窑和慈溪上林湖窑生产的莲瓣撇圈足浅腹碗和刻纹双凤盘。在 1966 年出土的 60 万片陶瓷残片中,中国陶瓷就有 10106 片,其中唐、五代越窑占 637 片,龙泉窑占 964 片。还有福建建窑、广东阳江广窑烧造的青瓷,景德镇青白瓷,德化等南方各窑的白瓷,以及北方定窑系白瓷。南宋龙泉瓷和景德镇青白瓷在开罗近郊也有发现。

苏丹境内沿着红海的古港艾特伯(今哈拉伊卜附近),自 10 世纪开港以来,便进口华瓷。已发现唐末宋初越窑系青瓷,宋代青瓷出土极多,尤以南宋和元代青瓷数量最大。

在东非沿岸,宋代以后的华瓷也已遍布各地。索马里南部摩加迪沙出土的华瓷,以宋、元青瓷为最早,数量之大,居东非第一。肯尼亚出土青瓷最早的可上溯到 8 世纪末,古港格迪发现的华瓷,仅次于摩加迪沙。坦桑尼亚各地,在 30 处遗址中出土了数达 400 件的中国瓷器。桑给巴尔岛对岸的通戈尼,以及奔巴岛,都出土过宋瓷。基尔瓦自 1958 年开始发掘以来,已见到过越窑青瓷及龙泉窑制品。大量的则是元、明两代的华瓷。

自宋代以来,特别是南宋时期开始,华瓷销行世界各地,为许多民族增添了新的生活用品,输送了新的艺术图样,华瓷逐渐成为亚、非人民生活中不可或缺的日用品、艺术品、装饰品、纪念物和祭祀物。

(四)宋代五大进口货物

香药　宋代从海上输入的外国物产,名目繁多,五花八门,《宋会要》《诸蕃志》《云麓漫钞》都有记述。大致可分香药、犀牙、珠宝、玻璃、毛皮、织物、食品、竹木、铜铁、矿物等十类,其中以香药品种既多,而且数量之大,在各类进口货中一直独占鳌头,所以宋代海外贸易,也是名副其实的香药进口贸易。

香药贸易的规模由小到大,先后经历了太平兴国(976—983 年)、治平(1064—1067 年)和绍兴(1131—1162 年)三个具有代表意义的时期。982 年闰 12 月,宋政府确定的禁榷物八种中,就有乳香、珠贝、犀牙等项,通行药物 13 种中,香料占了半数。当时进口的香药已有乳香、木香、龙脑、沉香、檀香、丁香、皮桂、胡椒、豆蔻花,白豆蔻、芦荟、荜拨、草豆蔻、桂心苗、没药、煎香、安息香、黄熟香、降真香等,共 19 种。

南宋时期进口货大幅度增长,1141 年 11 月批准就地交易的货物已达 336 项,大大超过规定发送杭州的货物。连乳香这种制造军器的军用物资,也不必悉数纲运杭州了。336 项进口货中,各种香料、香脂便有 117 项,占总数三分之一以上,占有突出的地位。宋代进口诸香,主要有乳香、龙脑、没药、金颜香、安息香、沉香、降真香、檀香、丁香、木香、肉豆蔻、白豆蔻、胡椒、芦荟、龙涎等 15 种。

乳香（*Boswellia Carteri*，*Boswellia freereana*）在各种名香的输入中始终名列前茅，可供药用、制烛、薰香和供军用，消费量极为可观。主产于阿拉伯香岸、佐法尔和索马里。

龙脑（*Dryobalano Psaromatica*），又称脑子。主产地为加里曼丹和苏门答腊北部西岸的宾窣（班卒儿）。

沉香（*Aquilaria baillonu*）一称沉水香，或称沉速香，马来语称伽蓝木、奇楠木，俗称奇楠香。宋代将将沉香产地分上下岸，以真腊（柬埔寨、泰国）为上，其次占城（越南中部），称上岸；大食（阿拉伯）、三佛齐（苏门答腊）、阇婆（爪哇）称下岸。

檀香，有黄、白、紫之分。白檀（*Santaium album*）尤其精良，出南毗（南印度东海岸）、佛罗安（马来亚哥打·巴鲁），底勿（印度尼西亚帝汶岛）和三佛齐（苏门答腊）。紫檀（*Pterocarpus Santalinus*）又称赤檀、红檀，多出马来半岛，南海、印度洋各地均有。黄檀，简称檀（*Dalbergia hupeana*），出南海各地，《诸蕃志》说产在层拔（肯尼亚和坦桑尼亚北部）。雅库特《地理辞典》（1224 年）所举索马里摩加迪沙的四大出口货中，首为檀木，次列龙涎、象牙和玳瑁。

犀象 犀象或称犀牙，指犀角、象牙。在香药以外的进口货中，犀象占有显著的地位。中世纪的中国是象牙、犀角的重要消费国。象牙用来制作皇室、贵族、官僚和富豪使用的车辂、笏、带、牙雕、牙箱和餐具。唐代皇帝所乘五辂中有象辂，宋代皇帝仍有这项用途。少府监下特设文思院，掌造金银、犀玉、工巧之物，象牙的进口量因此大增。《诸蕃志》列举象牙产地 14 处，遍布于中南半岛、马来半岛、苏门答腊、爪哇、南印度东海岸、阿拉伯半岛、索马里北部巴巴拉，以及东非沿海。象牙质量以大食诸国为上，真腊、占城二国下。大食诸国的象牙以麻啰抹（索马里的贝纳迪尔海岸）最多，麻加迪沙是贝纳迪尔的主要城市和象牙输出港。非洲公象、母象都有大牙，最重的可达 75 公斤，端直洁白，纹理细密，价格便宜。而东南亚的象牙则仅二三十斤，色微红，又有牙尖，因此非洲象牙不但是阿拉伯船东航的一项重要货色，也是开赴印度洋的华船所追求的主要商品。非洲象牙在北宋时大多由红海中的吉达（当时叫层檀国）或亚丁湾南岸的译拉港（当时叫霞勿檀国）运华，南宋时便改由摩加迪沙外运，那时阿拉伯船多将象牙运往苏门答腊和马来半岛的日啰亭，在那里和中国船换货。

犀角常选有粟文的作腰带、胯，或制杯盘器皿，有解毒作用。供药用的，宋代有药犀的专名。印度犀、爪哇犀只有一角，非洲犀则有双角。13 世纪时索马里北部巴巴拉地区以产十多斤重的大犀角闻名，在当时是首屈一指的名牌货。

珠宝 真珠、宝石大多来自阿拉伯和印度各地。《诸蕃志》说真珠出在大食国的海岛上，又出在西难（斯里兰卡）和苏门答腊东岸的甘巴。伊德里西《旅游证闻》特别注意到波斯湾中采珠场多达 300 处,采珠的人都住在巴林岛上。这些真珠都从记施(卡伊斯岛)和阿曼外销,所以《诸蕃志》都将这两处当作真珠产地。印度东海岸的朱罗素产真珠,产珠地在沙里八丹和班年一加异勒。朱罗使者来华进京,用真珠盛盘中,散在皇座前,名叫"撒殿",一次用真珠数千。此外,宋代真珠也来自菲律宾、日本和层檀(阿拉伯的吉达港)。

宋代进口宝石,品类极多,有各色刚玉、蓝晶石、青金石等。以猫儿睛最贵,莹洁明透如猫儿眼,亦称猫睛石,出在斯里兰卡,印度马拉巴海岸的奎隆、柯枝以及奥里萨。

木材 日本的松板、杉板、罗板在闽、浙沿海使用极广,通称倭板、倭枋。《诸蕃志》说日本盛产杉木、罗木,长可达十五丈,径四尺多,当地人解成枋板,运到泉州。明州(宁波)也是大量输入日本松板、杉板、罗板的口岸。南宋时代日本木材大量运入,倭板、硫黄成为日本对华贸易的两大项目。日本木材纹理细密,坚固壮硕,常作为上等木材使用。宋高宗用日本罗木在临安(杭州)建翠寒堂。1195 年竣工的明州太白名山千佛阁,也是以日本良材作为主要构件建造。

乌樠木,是一种黑色有纹理的良材,"樠"字借自吉蔑语,又从马来语译作乌梨木。宋代进口的乌樠木,多来自越南中部的占城和南部富教的民多朗。

宋代大量进口用途甚广的苏木,又称苏枋,借自马来语 Sěpang。越南以南南海各地都产苏木,去皮晒干,色泽红赤,用染徘紫,价廉物美,足以替代红花。苏本又可入药。除优质的海南苏木外,进口货分大苏木、小苏木、蕃苏木、舶上苏木、枝条苏木、苏木脚。宋代苏木主要从真腊(泰国、柬埔寨)进口,元代仍然如此。

棉布 宋代进口棉布总称蕃布,或作番布。古称木棉为古贝、吉贝,起自孟一高棉语 Kupah。《诸蕃志》将吉贝树(草棉)所织棉布分成四类,最坚厚的称兜罗棉,其次称番布,再次称木棉,又次叫吉布。1141 年户部审定就地出卖的进口货单中有吉贝布、木棉、小布、大布、蕃青班布、白熟布、白细布、青花番布、吉贝花布、吉贝纱、粗黑小布、单青蕃棋盘小布、蕃头布等,除一部分产于广东、广西、海南外,多数从海外运进。

三、 东亚地区文明的互动

(一) 北宋日僧入华巡礼

宋代与日本并无国交,10 世纪时日本严禁私人出国,只有少数僧侣被准许到中国巡礼佛迹,因此,他们成了北宋时期中日文化交流的一条重要渠道。入华日僧在北宋时知名的有 20 人,尤以奝然、寂昭和成寻三人,最为有名。

奝然是最早赴宋的日本僧侣。奝然出身贵族世家的藤原氏,幼年入东大寺当僧侣,学习三论宗和真言宗。他来华的目的,不是求法,而是为修行。983 年 8 月,搭宋商陈仁爽、徐仁满的船来到浙江台州(临海)。先到天台山国清寺,巡礼智者大师真身堂。不久被准许进京朝觐。不通华言的奝然以书扎的办法来回答宋太宗的询问,介绍了日本万世一系的天皇制度,国王以王为姓,没有王朝更替,文臣武官都是世袭官职。宋太宗听后大为感叹,很想也建立一种旷古未有的稳定的社会秩序。其实,奝然所言不过是对藤原氏专政(858—1067 年)下日本社会的一种杂有私见的报导,不料居然在宋太宗的心中引起国祚天长地久的共鸣。奝然在宋四年,先后参观了汴京的大小寺院,并在 984 年获准到五台山朝拜普贤菩萨的圣迹,实现了多年梦寐以求的朝圣心愿。随同奝然来华的有他的弟子成算、祚一、嘉因等六人。成算是奝然的随从僧,还到过洛阳龙门,他在汴京时和奝然一起住太平兴国寺,向中印度那烂陀寺三藏法天学习悉昙梵书。奝然向宋太宗进献的书籍中,最重要的是反映日本国情的《王年代纪》和《职员令》。《王年代纪》记录了日本 64 代天皇的简史,其中并有许多遣唐学生和学问僧的事迹。它的内容曾被杨亿引用在《太宗实录》中。《职员令》是现已失传的大宝元年(701)编纂的《大宝令》11 卷中的一篇,专记二官八省以及中央和地方的官制。《纪》《令》构成了中国最早收藏的日本文献。

1003 年,日本名僧源信僧都的弟子寂照继奝然之后,率领弟子七人从肥前启航前往明州。1004 年到达汴京,进谒宋真宗,被赐予圆通大师的称号。再到天台山,向知礼请教源信委托他提出的天台宗的疑难问题 27 条。此后寂照应苏州人三司使丁谓的邀请,住进苏州吴门寺,1034 年死于杭州清凉山麓。寂昭的弟子念救也曾在天台山大慈寺居住,1015 年大慈寺重建时,他曾回国募款,得到左大臣藤原道长等的支持,当年又从京都回到四明(宁波)。

在后三条天皇时,大云寺僧成寻率领弟子赖缘、扶宗等七人,在 1072 年前往四明,朝拜天台山、五台山的圣迹,得到宋神宗的接见。他的弟子赖缘在下年回国时,带去了宋神宗的御笔书信和礼物。成寻却从此留住中国,1081 年死在开宝寺。他的《参天台五台山记》,堪与入唐僧圆仁的《入唐求法巡礼行记》相辉映。

到北宋巡礼的日僧为中日图书的交换,作出了贡献,奝然曾得到开宝本《大藏经》一部和宋太宗赐给的新译经 286 卷,回国后一起收藏在京都法成寺。以后的一百年中,法成寺成为全日本收藏佛典最宏富的地方。元正天皇时,日僧玄防从唐朝带回的《开元大藏经》5048 卷是抄本,比之奝然所得开元以后续出的译经,不仅数量少,而且版本差。因此法成寺藏经曾在平安后期,被石山寺、法隆寺、兴圣寺等各大寺院作为蓝本传抄。法成寺由于拥有新版藏经，一时成为全日本佛教经典的研究中心。寂照、成寻也曾通过他们归国的弟子带回大批佛经。1073年，居住在太平兴国寺的成寻曾将获准得到显圣寺印经院刊刻的新译经278卷，连同《景德传灯录》33卷、《天竺字源》7卷等，共计413卷册，寄回日本。

奝然还将佛教艺术中的珍品带回日本。其中现存京都嵯峨清凉寺的印度式栴檀释迦像，曾被唐招提寺、西大寺、极乐寺等著名寺院加以模刻。现藏清凉寺的十六罗汉画，也是奝然传入，是罗汉画输入日本的先驱。

中国散佚的书籍，有一些在日本还保存着，入宋日僧常把这些逸书作为人情相赠。奝然献给宋太宗的礼物中，便有《越王孝经新义》第15卷和《孝经郑氏注》1卷，都是用金缕红罗褾水晶轴装成的卷子，在中国久已失传的孤本。继奝然之后来宋的寂照，也随身带着《大方止观》和《方等三昧行法》两部中国佚失的佛经，杭州天竺寺僧遵式发现后，便借来刻印，并且写了序文，叙述原委。天台宗始祖智者大师一些失传的著作，也是靠佛学界的交换著作，在10世纪末重新回到中国。

（二）南宋禅宗东渡

日本平安后期（10世纪）以来，盛行私家庄园，班田制逐渐崩溃，直接经营庄园土地的武士阶级中的中上层，在社会经济和政治生活中日益占据支配地位。为主子效劳，随时要求出生入死而又没有文化的武士，需要一种新的简明易行的宗教，以寄托精神，获取慰藉。1192年，东国武士集团的源赖朝正式建立的镰仓幕府（1192—1338年），在掌握政权后，急于获得全国的教权，以摆脱旧时佛教各派受京都朝廷势力羁绊的局面，处心积虑要在镰仓建立新的佛教势力，以与京畿的佛教相抗衡。因此，过去代表贵族利益，以研究经典和祈祷法令在京畿建有许多著名佛寺的天台宗、真言宗，已不再适应以幕府将军、武士为主体的私家势力的需要。一些在教义和修行方法上比较简易的新宗教相继诞生，天台宗僧源空（1133—1212年）创立的净土宗，日莲（1222—1282年）创立的日莲宗，从宋朝传入的禅宗（临济宗、曹洞宗），对后世都有重大影响。特别是禅宗的东传日本，中日两国禅僧的相互交往，构成了13世纪日本佛教变革时期的重大事件。

禅宗东渡，是镰仓新佛教的一个重要内容。在唐代，日僧道昭、最澄和圆仁都曾到中国参拜禅僧，学习禅法，但禅宗在日本始终未能成为独立的宗派。南宋时代，禅宗在中国已进入全盛时期，江南五山十刹得到政府提倡，全成禅寺。荣西是日本禅宗的开山祖。1169年他第一次到明州，参拜天台山和阿育王山，带回天台宗的新章疏和茶籽。1187—1191年，荣西第二次到明州，向天台山万年寺的虚庵怀敞学禅，怀敞移居天童山后，他随往继承法统，被宋孝宗封为千光法师。回国后将禅宗临济宗传扬日本,著《兴禅护国论》,开始脱离天台宗,提倡修禅护国,主张"死生一如",又"不立文字",切合武士口味,得到幕府的支持。荣西在博多修建圣福寺,在镰仓开创寿福寺,在京都创建建仁寺,给当时正期待着变革的日本佛教以强烈的刺激,在日本兴起了一股向慕禅宗的风气。此后,中日禅僧相互交往,在宋末五十年间尤其频繁。

继临济宗的东渡,荣西的弟子道元在 1223—1227 年到明州天童,得到长翁如净的曹洞宗正统,回国后在越前创立永平寺,弟子相继入宋。荣西的法孙圆尔辨圆在 1235—1241 年到明州、临安学禅,在临安径山继承无准师范的法统。回国后在筑前开创崇福、承天二寺,接受关白藤原道家的皈依。又在京都东山开创东福寺,他带回的大批中国文化典籍藏在京都普门院书库中,所作《三教典籍目录》,是一部不可多得的文化名著。

圆尔辨圆在开创京都东福寺的同时,于 1246 年来到日本的阳山兰溪道隆,成了镰仓禅宗道场的开创者。1248 年 12 月,兰溪道隆应幕府执政北条时赖的邀请,在镰仓粟船常乐寺开讲禅学。接着,热衷于建立新的佛教中心的北条时赖,花费五年功夫,在巨福山兴建建长寺,1253 年竣工后,让道隆当了开山祖。1255 年又铸大钟,道隆在钟铭上署名"建长禅寺住持宋沙门道隆",从此日本才有独立的禅寺,不再和天台、真言寺庙相混。禅宗在幕府保护之下,不再受天台、真言宗的排斥,道隆东渡,为日本禅宗奠定了基础。道隆的学说,终于感化了北条时赖,1256年北条时赖在建长寺的山上另筑最明寺,供自己居住,请道隆剃度为僧,并把执政的职位让给北条长时。北条时赖又请访日的福圣寺僧兀庵普宁继道隆之后,主持建长寺。1262 年 10 月,北条时赖终于达到大彻大悟的境界,得到普宁的认可。此后,执政北条时宗特地请明州天童山的无学祖元主持镰仓建长寺。1282 年,镰仓圆觉寺建成后,祖元成为开山祖。北条时宗等许多镰仓武士都跟从祖元学禅,1281 年,元兵大举进攻博多时,祖元鼓励镰仓武士发扬勇猛精神,北条时宗居然临难不惧,继续修禅不止。禅宗在日本镰仓扎根,使得武士道增添了视死如归,死生本一的精神。

禅宗在日本的建筑、工艺和社会习俗等方面都产生了深远的影响,宋文化由此输入日本,在建筑上,输入了天竺式和唐式两种式样。天竺式是日僧重源在中国工人陈和卿协助下,在源赖朝重修东大寺大殿时输入,是流行在明州阿育王山的一种式样。唐式,由荣西开始,到兰溪道隆兴修建长寺、禅兴寺(最明寺改建),无学祖元开创圆觉寺,才确立纯粹宋式的禅寺规模。因此唐式又称禅宗式,和过去日本的"和式"迥然不同,将大门、三门、佛殿、法堂置于一直线上,左右通过回廊连结僧堂、宿舍、浴室等建筑。圆觉寺舍利殿是它的代表作。后来禅寺迭兴,唐式建筑便遍布日本各地。

中日技术人才通过禅僧的往来，在陶瓷、丝织工艺中创造了濑户烧、博多织这样著名的技艺。曾从道元在 1223 年到中国的加藤四郎左卫门景正，在尾张的濑户开窑，传授宋代造窑技术，获得了濑户烧的美名。跟从圆尔辨圆入宋的弥三，学习了广东绸和花缎的技术，在博多开创了博多织。

荣西到中国后，曾就医学习，并将茶种带回日本，著作《吃茶养生记》二卷，模仿宋朝，提倡种茶、喝茶，借以保健，重振饮茶之风。肥前、山城又重新植茶。山城的栂尾成了镰仓时代日本第一产茶地。喝茶先在禅僧中通行，后来又普及到民间，成为日本的茶文化。

（三）日本宋学的兴起

以程朱理学为主的宋学，吸收了佛教禅宗的精髓，禅僧因此也对儒学兴趣日增。13 世纪以来，中日禅僧交往日广，儒学典籍流入日本的也日益增多。1211 年从中国返回日本的俊芿，随带大批佛典，还有儒道书籍，30 年后，日本出现了第一部复刻宋版朱熹的《论语集注》。1235—1241 年入宋的日僧圆尔辨园（1201—1280 年），带回的典籍中便有许多朱熹的著作：朱晦庵《大学》、朱晦庵《大学或问》、朱晦庵《中庸或问》《论语精义》《孟子精义》《论语直解》《集注孟子》。1257 年，圆尔辨园又曾在最明殿寺为幕府执政北条时赖开讲《大明录》，开日本禅林讲授宋学之风。1275 年又向龟山法皇介绍三教旨趣，最后编定《三教典籍目录》，为传播宋学立下汗马功劳。

日本宋学的传播，最初以著作刊印的是禅僧的《语录》。由于来日禅僧常兼通儒佛，因此在禅僧《语录》中，自然会出现许多涉及宋学的议论。1246 年从明州天童山启程访日的禅僧兰溪道隆，成为幕府建长寺的开山祖，在日本确立了禅寺的地位。利用禅宗道场，阐发宋学，和执政北条时赖建立了深情厚谊，刊有《大觉禅师误录》。1260 年抵日的兀庵普宁刊有《兀庵禅师语录》。1269 年抵日的大休正念编有《佛源禅师语录》。1279 年旅日的无学祖无留有《佛光国师语录》。1299 年来到日本的普陀山高僧一山一宁，是奉元成宗之命派遣到日本的第一位元僧，抵日后在京都、镰仓广开道场，定居 20 年，传世的有《一山国师语录》。

一山一宁学识渊博，熟谙经史百家，他在圆觉寺讲解宋学，培养出日本最早钻研宋学的虎关师炼、义堂周信、中岩圆月等兼通禅儒的禅僧，促使日本宋学研究初具规模，开始步入专门著作的途径。14 世纪上半叶虎关师炼的《济北集》20 卷，首开宋学研究的端倪，文集最后 2 卷论述宋学。稍后有义堂周信的《空华日工集》50 卷、中岩圆月的《中正子》。

日本宋学正式得到传扬,并进入研究时期,开始于玄惠法印以中国传入的新注讲授"四书"。玄惠法印以一名禅僧,富有文学素养,诸熟《资治通鉴》,尊崇程朱理学,被后醍醐天皇(1318—1339年)召入宫廷讲解朱子学,《大日本史》称他首倡程朱之说。日本京畿地区至此才有系统讲解宋学的讲席。玄惠法印的学生日野资朝,深得后醍醐天皇的赏识,常与他切磋遣字,通宵达旦,以为始逢知己。玄惠法印讲授的宋学在14世纪蔚然成风,禅林或世俗专讲宋学的代有传人,菅原公时、梦岩祖应、义堂周信都以程朱新义讲授"四书"与《尚书》。

(四)王氏高丽与宋文化

高丽的政治和礼乐制度都仿自唐宋。

高丽初期官制承袭新罗,并参照唐制,中央设三省(内议、广评、内奉)、六尚书(选官、兵官、民官、刑官、礼官、工官)、九寺;地方置道、州、府、县。高丽成宗王治(982—997年)按唐宋制度,重新酌定,中央设省、部、台、院、寺、司、馆、局。三省,即内史门下省(统辖百僚庶务)、尚书都省(统率百官)、三司省(总管钱谷出纳)。下设六部(吏、兵、户、刑、礼、工)。仿照宋朝新设的枢密院,改名中枢院(掌管宿卫军机)。更设御史台(管纠察弹劾)、国子监(儒学教育)、礼宾司,大理寺、典医寺、艺文馆。

币制,高丽向来以实物交易,或用重一斤的银瓶交易,996年王治仿照中国边区使用铁钱,始铸铁钱。1097年肃宗时铸铜钱,有"三韩通宝"、"东国通宝"、"东国重宝"、"海东通宝"、"海东重宝"等。

科举,958年光宗王昭采用后周使臣双翼的建议,仿照唐制,开始科举取士,初设进士、明经兼医卜。后设制述、明经二科,制述就是唐代进士,试策论、诗文;明经试帖经墨义;并有医、卜、地理、律、书、算等杂科。1084年起规定进士三年一试,以《三礼》《三传》为考试内容。

学制,992年高丽在中央设国子监,仿唐制设国子学、太学、四门学、律学、书学、算学。高丽仁宗(1123—1146年)时,国子学、太学、四门学都设有博士助教,学生规定各学均为300人。

礼乐制度,高丽礼制,是后周使臣薛文遇在956年时制定。宋、辽屡次赐给高丽王冕服舆辂,决定了高丽统治阶级舆服式样。高丽初年,采用宋初和岘乐。宋熙宁年间,高丽文宗王徽向宋请去乐工传授宋仁宗赵祯新定雅乐。宋元祐、政和、宣和年间,高丽又请去大晟乐和燕乐。宋向高丽派去乐工、乐谱。高丽朝野流行的燕乐,就是自宋传入,称为唐乐。

宋与高丽的文化交流,十分广泛。

佛教,高丽自太祖王建起就笃信佛教,佛教因此盛行。光宗时更从名僧中选拔国师、王师,作为王室顾问。并在太学中专设僧科,对考试合格的授以法阶。高丽政府又屡次派使者向宋请佛经、佛僧,派僧侣入宋求法,并提倡雕印佛经。

971 年(开宝四年),成都开雕佛藏,共 5000 多卷,到 983 年完成。高丽立即派僧如可赴宋请《大藏经》,989 年宋太宗允准了这一请求。991 年高丽使者又来请佛藏,宋再次满足对方的要求。1022 年高丽为求佛藏,特备中布 2000 端,作为笔墨费,宋真宗免费赠送高丽一部佛藏。前后共计三部《宋藏》,流入高丽。高丽政府又以高价委托宋商徐戬在杭州雕印《夹注华严经》,1087 年印成后送往高丽。

北宋高僧宝印、惠珍、省聪到高丽传经,受到国王召见。高丽僧侣谛观、圆应、义天、坦然、继常、颖流等先后赴宋求法。归国时都带去大批中国书籍和器物。义天是高丽王王徽的第四子,对佛教贡献尤大。1085 年,义天搭福州人林宁的商船到登州板桥镇,后被宋哲宗召到汴京。他在宋拜见的高僧有五十多名,他曾向净源学华严经,跟从谏学天台宗,从慧琳学唯识宗,从元照学律宗。归国后于 1097 年在京都创建国清寺,正式成立天台宗。朝鲜佛教在他提倡下,从过去教禅分争转为教禅合作,由新罗时期的五教九山,转到高丽的五教、两宗(天台宗与曹溪宗)。

高丽文学原分国文学(吏读)和汉文学。由于提倡科举,汉文学在光宗(950—975 年)、显宗(1010—1031 年)以后,人才辈出,词赋和四六骈体散文,秾纤富丽,臻于极盛,非后世所能及。汉文学家如郑知常、崔承老、崔冲、朴寅亮、金富轼,都是一时名家。郑知常的《送友人》被称为千古绝响,"大同江水何时尽,别泪年年添作波",成为传世名篇。出使宋朝的朴寅亮、金觐,和宋代文士交游,二人的诗文,被宋人刊成《小华集》行世。

北宋派往高丽的使者,也以高丽文化极高,而注意遴选文士,张洎、宋球、王云、吴栻、徐兢都是一时大家。1123 年出使高丽的徐兢既精诗文书画,又长于音律,曾与高丽文人尹彦北、金富轼兄弟、金仁揆等广为结交。回国后写成《宣和奉使高丽图经》,是研究高丽的传世名作。1081 年出使高丽的宋球著有《高丽事纪》。1103 年出使高丽的吴栻、王云,分别著有《鸡林记》《鸡林志》。许多研究高丽的著作出自宋代使者之手,如《海东三国通录》,《高丽志》和《高丽行程录》《鸡林类事》等,对促进中朝两国的了解和人民的情谊,起过重要的作用。

宋与高丽曾广泛交换书籍。宋初统治者曾一度禁止书籍流出国外,但对高丽却特别优惠,1022 年前多次允准高丽请求,将佛藏、九经、四史(《史记》、《汉书》、《后汉书》、《三国志》)、《晋书》、诸子、《圣惠方》,以及阴阳二宅书相赠。后来,又将经国治世的巨编《太平御览》《文苑英华》《册府元龟》和《北史》送给高丽,或准许使臣购买。宋商也常将印本书籍销往高丽。唐代李、杜、白三家诗和柳、苏文章为高丽文人所熟知。

许多在中国早已散佚的书籍,在高丽却还保存完好,故宋代也通过使节搜求佚书珍本。1080年,宋派医官马世安到高丽,回国时带来已佚失的《东观汉记》。1091年,宋向高丽提出百篇书目,要求补缺。高丽向宋送来的《黄帝鍼经》、京氏《周易占》等书,都是皇家藏书所缺。后来高丽又进足本《说苑》,补足了宋本所缺的《反质》一卷。

宋代医学为高丽朝廷所重视,打破了高丽疾病用巫咒不服药的旧俗。11世纪中叶,宋医江朝东,马兴安等相继到高丽行医。1078年,高丽文宗王徽生病,请求医药,次年,宋派王舜封带着医生去诊治。自高丽肃宗王俣向宋求医,宋派去两名医生,并在高丽留住二年,1103年又有牟介、吕丙、陈尔猷、范之才等四名医官到高丽传授医术,高丽从此才有医药流传。1118年,宋医官杨宗立、杜舜举、成湘、陈宗仁、蓝苗等应聘到高丽,传授医术两年。同时,精于医术的北宋进士慎修和他的儿子慎安之供职高丽,促进了高丽医药事业的发展,培养了一大批高丽医生,政府也正式设立药局,建立医官制度。

高丽的丝织和染缬工艺,在大批中国工匠移居当地后,进步极快。10世纪末,高丽已能生产金银线罽锦袍褥等供皇室贵族服用的高档丝服。高丽向辽定期输送的贡品中有金纱罗、紫花锦纻、白绵纻等。文罗、花绫、紧丝、锦罽,早成高丽名产。到12世纪初,染缬技艺更突飞猛进,红、紫二色尤其精妙。南宋御府书画装裱用的白鹭绫和花绫,就是高丽产品。

11世纪末,高丽西南部已开始仿造越窑青瓷,在器形、纹饰上又受到中国北方汝窑、定窑的影响。后来又按走窑和景德镇窑,制作白瓷。不久,发明了镶嵌、堆白两种技艺,制造出中国所没有的翡翠色云鹤青器,足以与越州古秘色、汝州新窑器相埒。宋元间有人以为高丽秘色可以和监书、端砚、蜀锦、定瓷、西马、辽鞍并论,属天下第一。

高丽的纸墨久享盛名。百硾纸,缜密而莹,最为著称,被宋人譬作蜀中冷金。另一种松烟墨,也是遐迩闻名,用老松烟和麋鹿胶做成。苏轼说不下于南唐李廷珪墨。宋代造墨名家潘谷采用高丽输入的煤(松烟)制烟墨,贯绝古今。苏轼、叶梦得都喜欢用高丽墨和中国墨掺和使用,以为最佳。

(五)越南的文化革新

宋代中越文化进一步交流,中国传统文化对独立后的越南仍有深远的影响,同时新兴的越南文化也以它自己的创造发明,为中国所重视。

中国的教育和科举制度在独立后的越南继续施行。汉文在以后好几个世纪中,仍然是越南唯一的文字。1075年李仁宗开始以明经、博学二科考试儒学。1185年李高宗又遴选儒、佛、道三家人才,授以三教出身。陈朝开科取士,奖励汉学,人才济济。阮贤以十三岁中状元,黎文休十八岁中榜眼,邓摩罗十四岁中探花,足见儒家教育成为当时文人追求的目标。从李朝到陈朝(1010—1413年)的400年中,汉文著作的重要典籍有李太宗《刑书》,陈太宗《国朝通礼》《刑律》《建中常礼》,陈仁宗《中兴实录》,黎文休仿照《史记》所作《大越史记》(1272年),朱文贞《四书说约》等。陈朝太宗、圣宗、英宗、艺宗和陈国遂、陈光启、范师孟、胡尊鹜、韩诠等人的文集,更是传世名作。

汉语和越语在发音上有差别,在文法上,越语也使用中国古代的倒装词,把形容词放在名词之后。越语与中国南方的闽、粤语相近,与中国北方通行的汉语差别却很大,因此,越语既要用汉字表达,就必须北方化。为了普及文化,越南在13、14世纪产生了自己的文字"字喃"。"字喃"意思就是"南字",用来和汉语通行区的"北字"相区别。1209年,在永富省安朗地区树立的一块报恩碑上,出现了最早的字喃。这种字喃和汉字一样都是方块字,有的借用汉字,有的则是按照汉字中形声、假借、会意等方法新造的方块字。像"道德"、"风俗"等字,则干脆用汉字书写,照汉音读法。字喃的诞生,适合于不识汉字不懂汉语的一般老百姓使用,它本身就是汉字汉音和越音越义的结合,使越南人学汉文更为方便。13世纪陈仁宗时的韩诠,是最早使用字喃作诗赋的,经他创导后,出现了国音诗。后人干脆称作"韩律"。此后黎季犛曾将《尚书·无逸篇》译成字喃,用来教陈顺宗。黎圣宗、阮秉谦、阮有整等都曾大力提倡字喃,并用于公文和通俗文学。至于著书立说、科举应试则仍用汉文。

越南的城市布局、宫室、佛庙建筑等,与中国也有千丝万缕的联系。1010年(李太祖顺天元年)因故都华闾营建过于仓促,遂下令以大罗城为基础另营新都,并大兴佛庙。此时的河内城仅有东、西两市,后来扩建为36坊。1230年,又继承前代布局,将京城划成左右两区,扩充到61坊。和唐宋京都俨然一式。1057年,李圣宗更在河内寿昌县仙市村建造十二层的报天塔,该塔和琼林佛、普明鼎、龟田钟一起,合称越南历史上有名的四器,属于国宝。

中医、中药在越南独立后逐渐流行。进入越南的宋人多以卖药为业。李太祖尤其提倡医药,李神宗、李高宗患病后,都因服用中国汤药,得以康复。陈朝更将中医列入政府机构。1261年,还正式通过书算考试,选拔太医。此后越南医学大有起色。

宋代丝织技艺也流传越南,李朝宫女很快学会了纺织锦绮。1040年2月,李太宗决定将内府所藏宋锦分赐群臣,表示可以不再用进口的宋锦。

宋瓷远销越南的数量很大,在广安、北宁、清化等地都出土过北宋景德镇窑、磁州窑瓷器。13世纪越南开始向中国学习制瓷技艺,越南初期制造的乳白、绿色和棕色的单色瓷器,具有明显的宋瓷风格。

以高产耐旱而闻名的占城稻,早在宋初就已在闽、广种植。1012年,由于江南干旱,又推广到江淮、两浙地区,这就是现在闽、广的粘米。这是越南培植的良种,在中国南方推广的一个实例。

四、 中国三大发明在海外

中国的印刷术、火药和航海罗盘等三大发明,都在宋代传扬海外。罗盘导航技术的应用和雕版、活字印刷技术的推广,尤其引人注目。

（一）航海罗盘

中国指南针用于航海,最初是用水浮法。北宋科学家沈括曾收藏有指南、指北的各种磁针。沈括的亲戚朱或在《萍洲可谈》中首次明确提到,元符(1098—1100年)年间,出入广州的中国海外贸易船使用指南针,在阴晦的日子里导航。英国科学史家李约瑟因此推测,大约10世纪中国人已掌握磁针导航技术。磁针导航,使航海者可以根据针路,绘制实用的航海地图,大大提高了远洋航行中的安全系数和船只的续航能力,使中国的航海业进入一个繁荣昌盛的新时期。越来越清楚的事实是,中国的海员早在1070年左右,就利用航海罗盘开辟了始自爪哇经三个月的远洋航行就可直赴东非肯尼亚的俞卢和地海港的"南海大食"航线;此后又在1130年前开辟了由广州直发阿拉伯佐法尔港的直达航线,这两条跨度极长,在当时世界航业史上数一数二的远洋航线,路程都在6000公里左右(按帆船航线计算),是空前的远洋航路。

中国的这项导航技术,迅速被阿拉伯、波斯的同行所传导。阿拉伯语、波斯语中表示罗经方位(通常使用四十八分向法)的Khann,就是闽南话中罗针所示方向的"针"字。12、13世纪,中国帆船是南海和印度洋间海上贸易最活跃的参加者,穆斯林商船使用的罗盘,无疑是从中国传去的。航海罗盘的使用,从一开始便具有很大的经济意义,它能使船只不分昼夜阴晴,遵循一定的航道,如期到达目的港。

西欧民族出于在地中海和东方商业上竞争的需要,也很快接受了航海罗盘技术。在中国以外,有关罗盘的材料,不是首先在波斯语和阿拉伯语中发现的,而是出自英国和法国人士的描述。英国亚历山大·内卡姆在1195年完成的《论物质的本性》一书,第一次在欧洲论述了浮针导航技术。他提到的航海指南针,也是用于阴沉的白天或黑暗的夜间,以分辨航向。办法是:使用磁化的铁或钢针,穿进麦管,浮在水面,用来指示北方。与沈括略有不同的是,它靠横贯和积贯灯芯草来取得浮力。由此可见,十字军运动期间,欧洲人在利凡特和红海地区由阿拉伯人传导的航海罗盘,和中国一样,也是采取水浮法的磁针。继内卡姆之后,法国乔奥·普罗旺斯在 1205 年左右,詹姆士·维特里在 1219 年,都说到过东方这种富有实用价值的新发明的罗盘。

穆斯林文献中出现磁性的指南鱼,是在 1228—1235 年间,波斯人穆罕默德·奥菲编集的《故事大全》中。此后不久,欧洲的彼得(Peter the Stranger)详细地描述了罗盘的技术构造,这是一种三十二分向法的水罗经。由于这一记录,欧洲,首先是在意大利,当时一定已在着手制造罗盘了。欧洲商船最先使用罗盘导航的是意大利萨勒诺湾的阿玛尔菲水手。后来竟有一则传闻,说是阿玛尔菲的法拉维·乔治(Flavio-Gioja)在 1302 年发明了罗盘。法拉维·乔治可能是欧洲首先倡导自制罗盘的人,但是在此之前,地中海上使用的罗盘大概都来自阿拉伯商船。此后200 年中,罗盘成为航海者的命根子,当瓦斯加·达·伽马在 1495 年率领一支由四艘船组成的葡萄牙舰队,奉命前往印度时,他对罗盘特别注意,要求严守秘密,也不许外人使用他们的航海地图。他根据罗盘表示的方位,参照意大利和阿拉伯人的旧图和迪亚士的航海记录,绘制了新的航海地图,实现了远航印度的壮举。

由于航海罗盘的使用,和根据罗经所示方位不断更新的航海地图的出现,周航世界逐渐成为一项能够实现的事业。可以毫不夸张地说,是航海罗盘指引着欧洲的船只去环航全球,从而迎来了地理大发现的时代。

(二) 造纸与印刷术

纸和印刷术是一对孪生兄弟。

纸在地中海地区的广泛应用,是埃及在 10 世纪设立了纸厂以后,传统生产苇纸的埃及从此就改变了造纸业的大方向,改造植物纤维纸了。在圣·多明各发现的一份 10 世纪时的纸写文书,被认作欧洲最早出现的纸张样本,它是用长纤维的亚麻破布施加淀粉造成,纸质厚重,一如阿拉伯纸。自从 10 世纪末从埃及派出的海船多次到达中国,法蒂玛政权和北宋正式逢交以后,相信中国纸也从海上运到了埃及,这使地中海世界不再是阿拉伯褴褛纸的天下,而有了新的供给来源。1190 年西西里国王罗吉尔一世用阿拉伯文和拉丁文颁发了一道写在色纸上的法令,是欧洲现存最早的有纪年的纸本文书。还有一部分 1154 年的纸本文书保存在热那亚档案馆里,供应地是阿拉伯纸厂。直到 1189 年在西班牙北部比利牛斯山北麓的赫洛尔才有了欧洲第一家造纸厂,但操作工都是穆斯林。1276年前意大利出现蒙第法诺(Montefano)纸厂不久,也是在1276年西班牙才有了欧洲第一家由基督教徒操作的纸厂。蒙第法诺制造的纸适用欧洲传统式样的鹅毛管蘸墨汁的书写方式,于是便在意大利推广起来,先后开办了波洛那、帕多瓦、热那亚纸厂,造出的纸也比得上大马士革纸了。欧洲各国都需要意大利的纸,用来印纸牌和圣像。

邻近意大利的南德城市科隆、美因茨,在1320年都有了当地的造纸厂。不久,1348年法国在特鲁瓦(Troyes)附近有了一家纸厂,1354年以后的30年中,先后在埃松(Essonnes)、圣·皮埃尔(S.Pierre)、圣·克卢(S.Cloud)也有了纸厂。还有法国中部奥维涅省的安贝尔镇的几家纸厂。据说他们的先祖让·蒙戈尔费埃(Jean Montgolfier)早在200年前就知道造纸了,他在第二次十字军时被土耳其虏去,在造纸厂里做工,1157年逃回法国后将手艺传给了他的子孙,于是到14世纪安贝尔也成了一个纸业中心。

中国发明雕版印刷术以后,佛教经咒等印刷物迅速流入朝鲜、日本。11世纪起,印刷术便在这些国家生根发芽了。

高丽在显宗王询时,开始根据宋《升宝藏》和《契丹藏》(《辽藏》)刻印大藏经,历德宗、靖宗、文宗朝,自1011年起到1082年才告完成。全藏5924卷,规模之大,堪与宋、辽相比。接着义天根据他多方搜求的四千多卷各种版本,在自己所住兴王寺设教藏都监刊印,在1090—1101年刻成《义天续藏》。所刻佛经上有辽寿昌、大安年号,"高丽国大兴王寺奉宣雕造"、"海东传教沙门义天校勘"字样。但《续藏》多已散佚,只存几卷。在11世纪,高丽还刻印了许多中国史书、儒书和医书。1042年,《两汉书》、《唐书》相继刻成。三年后,秘书省又刊刻儒书《礼记正义》70本、《毛诗正义》40本。1056年以后,各种经、史、子、诸家文集、医卜、地理、律算书籍陆续刊印,仅1058年就由忠州刻印《黄帝八十一难》、《伤寒论》、《本草格要》、《张仲景五脏论》等99板。大大推动了高丽的文化、科学事业。

到了13世纪,高丽又创制铸的金属活字。1234年,崔怡用铜活字印成《详定礼文》50卷,初印28本。不久,又印成《南明证道歌》。这二种世界上最早的铜活字本,仅比毕昇的泥活字晚200年,而比欧洲谷腾堡的活字早220年。此后,朝鲜印刷业突飞猛进,书籍大多使用精良的铜活字印刷。

日本自己刻书的时间,略晚于朝鲜。由于大藏经等佛教典籍的流传,促使日本由寺庙发起印书,初期所印全是佛经,日本印书大都由僧、尼和善男信女捐资,以为可以立功德、消灾延寿,普渡众生。于是各种佛经、禅僧语录、僧史、僧传,都相继刊刻。从12世纪起,便有春日板、高野板、五山板等名称。佛教寺院成为宋版图书的收藏和翻印中心。圆尔辨圆从宋归国时带回的大批宋版典籍就存放在京都普门院,他的弟子俊显、湛照等人在普门院建立了印版屋,从事印刷。日本禅宗寺庙多仿照宋代禅寺,藏有各种俗书,寺庙也据此刻印。1247年(宝治元年),陌巷子据宋婺州本翻刻《论语集注》10卷,算得上是日本第一次刊刻儒家经书。后来沙门素庆又纠工刻印《古文尚书孔氏传》,无非也是仿照宋代禅寺刻印《韩苏集》的先例。

宋僧赴日,对于促进就地刻经,产生了很大影响。宋僧兀庵普宁住在镰仓建长寺时,已由弟子景用刊印《兀庵禅师语录》,时在1265年普宁回国以前。其次有宋僧大休正念在寿福寺亲自刊印《断际禅师传心法要》和《佛源禅师语录》,前者在1283年据1236年的宋刻本翻印,后者则在1284年开工雕刻。1284年,宋僧了一书写十多卷《法华三大部》,并加注疏,移居日本的宋人卢四郎也参加书板的书写。

元明时代,中国刻字工移居日本的更多。日本早期刻书,不论佛经、儒书、医书、韵书、课本,都是中国人的作品,而且使用中文,宋人参加刻板十分方便,由于读法不同,有时需刻上训点、和点(倭点)。到1321年,才初次出现附有平假名的《黑谷上人语灯录》。二十多年后,在中国僧侣梵僊主持下,又出现了片假名的《梦中问答集》,目的是希望佛教能在更多的日本僧俗和妇女中流传。但直到17世纪前,和语印版,仍寥若晨星,大量的是翻刻宋元印本。

目前所见越南历史上最早的印刷品,是陈朝元丰年间(1251—1258)木印的户口帖子。直到13世纪末,才开始刊印各种佛教典籍和公文格式,那时已是元代了。

朝鲜、日本、越南都是通用汉字、阅读中国书籍,与中国同属一个文化系统的国家,因此流传中国印本书籍极早。在阿拉伯世界,印刷术长期限于印刷《古兰经》的部分经文,可能是用于婚葬仪式。1880年在埃及法雍出土的十万件苇纸、羊皮纸和植物纤维纸中,曾发现了五十件分属10—14世纪的阿拉伯文印刷品。其中最早的一件出土于乌什缪南,大致属于公元900年,印刷的内容是《古兰经》第三十四章一到六节。较多的印刷品属于12世纪到1350年间,约在宋元之际,当是通过中亚和西亚的美厥人传去的。在8世纪创建西班牙科尔多瓦王朝的乌玛耶王室,也是较早使用印刷术的。在阿拉伯世界,印刷术还被用来印刷受到普遍欢迎的纸牌,纸牌也就是宋代流行在长江南北的叶子格。蒙古西征以后,纸牌连同它的印制技术,都传入了西亚和地中海东部,包括利凡特和埃及在内,对印刷术进入欧洲起了传递作用。埃及在印刷术西传史上只起了一个跳板的作用,丰硕的果实却结在威尼斯和纽伦堡。1391年纽伦堡开办了纸厂,不久就开始雕版印刷了。那时已经是14、15世纪了。

第九章
欧洲将目光转向东方世界

一、　迅速拓展的世界

（一）从十字军东征到蒙古西征

元代领土空前广袤，是当时世界上屈指可数的大国。元朝统治下的中国，出现了亚、非、欧三大洲人员频频来往、东西方文化广泛接触的繁荣景象。自从蒙古人崛起于13世纪，先后经过成吉思汗、拔都、旭烈兀三次发动西征，将东起鄂霍次克海、西至多瑙河的多民族居住地区连成一体。幅员辽阔、民族众多的蒙古帝国，通过四通八达的驿站，和伸向南海、印度洋的远洋航线，使世界上许多不同宗教信仰、不同文化和习俗的民族，自太平洋直到大西洋，从此有了广泛的交往。文明世界中的东方与西方经过巨大的冲突之后，开始有了新的融合，这次文明的激荡实在是欧洲航海家发现新大陆以前，人类历史上展开的前所未有的文化输送和传导。

这场文明的激荡起自1096年展开的十字军东征。人类要缩短彼此的距离，在古代世界中只有依靠骑马文化：在亚洲，人们依赖马匹进行长途运输，凭借骑兵在战术上的优势去战胜敌人，在11世纪以前早已达到了很高的水平；而在欧洲，要到11世纪英伦三岛的黑斯丁一战，才真正开始学会用骑兵去攻击敌人，并取得决定性的胜利。那时欧洲的骑士才真正学会了使用马镫，站在马镫上挥舞长矛发动进攻。到12世纪时骑兵装备了高鞍桥，才可以坐在马背上作战。中世纪的欧洲人是先有了马镫，才知道必须要有高鞍桥的装备，方可充分发挥马上作战的优势。就是这些刚刚学会上马作战的欧洲骑士，不久就被罗马教皇驱使着，为解决教会中的异端力量，将矛头指向占领圣地的穆斯林，并乘机到拜占庭去劫掠，组成了一批又一批的十字军，打着保卫圣地的旗号，到耶路撒冷去抢掠东方的财宝了。这场十字军运动从1096年起，到1291年十字军在大陆上失去最后的要塞为止，长达两个世纪。1096年十字军从他们集结的君士坦丁堡出发，攻破了塞尔柱土耳其苏丹的首都尼西亚，建立了由包德温当国王的第一个拉丁王国，继而在1099

年7月攻下圣城。基督教军队在小亚细亚和叙利亚、利凡特建立起一个个基督教国家。遭到攻击的穆斯林起而抵抗，于是在基督教军队与穆斯林军队之间，先后发生了八次之多的激烈冲突。

此后，在蒙古草原上发生的巨变，将东方与西方的冲突继续推向前去。1206年铁木真被推选为蒙古大汗，当上了成吉思汗。成吉思汗统一了蒙古各部族以后，与突厥人建立的中亚大国花拉子模汗国发生冲突。1218—1223年间，成吉思汗亲自率领骑兵，装备了弩炮、火箭和飞火枪等攻城武器，进行西征，灭了花拉子模，讨伐了钦察和斡罗思，征服了康里。成吉思汗将诸弟分封为"东道诸王"，统治蒙古本部，将诸子分封为"西道诸王"，先后出现了窝阔台、察合台和钦察、伊儿四大汗国。

成吉思汗死后，他的长子术赤的次子钦察汗拔都和速不台率领二十五万大军，在1235—1242年进行第二次西征，攻克了钦察，征服了俄罗斯，继而击败波兰、讨伐匈牙利。蒙古骑兵势如破竹，一直攻到奥德河以西的累格尼察，歼灭了三万名波兰、德国重装骑士组成的联军，占领了匈牙利的布达佩斯。1241年罗马教皇出来号召，在匈牙利组织十字军抵抗入侵的蒙古军。1253—1260年间，由成吉思汗的四子拖雷的第六子旭烈兀率领的大军，进行第三次西征，破了暗杀集团的堡垒木剌夷，灭亡了巴格达的阿拔斯哈里发，夺取了叙利亚。受蒙古西征的驱赶，许多突厥人、库迪斯坦人浪迹西亚，甚至到埃及去创建新政权。地中海东部地区在厮杀声中变得动荡不安，昔日平静的庄园变成了战场，东西方之间的商贸与金融活动却因此受到刺激而迅猛增长。十字军将东方的新鲜事物带回了他们的家乡，甘蔗、糖果、丝绸衣料、美观的头巾、披风、蔷薇露、香水，连同花园，一起进入了欧洲人的家庭。

罗马教皇亚历山大四世（1254—1261年）向欧洲各国派出使者，号召抵抗匈牙利和叙利亚的蒙古人，重组十字军。1260年9月，马木鲁克苏丹古突兹指挥的穆斯林军队在阿因·扎卢特挡住了蒙古人的进攻，才使中东局势重归稳定。欧洲基督教徒、中东伊斯兰教徒与蒙古人成为当时世界上三股强大的政治力量。中亚和中东一些强大的伊斯兰国家被蒙古人消灭，自然对欧洲基督徒骑士团有利，于是在欧洲掀起了一股向东方寻找约翰长老国的风，他们以为是约翰长老帮助欧洲人消灭了他们的对手，因为蒙古汗国中有一些景教徒受到大汗的重用。欧洲人想出了利用这一股力量去阻止蒙古军的西进，罗马教皇英诺森四世在1245年4月派意大利方济各会修士柏朗·嘉宾出使哈拉和林。接着又派多明我会修士到美索不达米亚的蒙古军驻地。正在塞浦路斯进行十字军征讨的法王路易九世闻讯后，派法国多明我会修士安德鲁·朗久木前往哈拉和林，得知鞑靼（指蒙古国）境内有许多基督的信徒,甚至认为拔都的儿子撒尔塔就是其中的一个。这一信息传到法国后,法国方济各会修士鲁布卢克便奉命在 1253 年从君士坦丁堡奔赴和林。但是这些欧洲的使节都未能达到他们的出使目的,西方世界的教皇要想凌驾于东方的蒙古国之上,指挥他的臣民,注定是要以失败告终的。使者的使命没有完成,但他们得到了许多东方的实际知识,开阔了欧洲人的眼界。柏朗·嘉宾将他的出使见闻写成《蒙古史》,鲁布卢克也留下一部《鲁布卢克游记》。这两部书是欧洲人最早对东方世界的报道,是在马可·波罗东游以前,西方人士对东亚地区最有价值的见闻录了。

(二)世界三大文明的实地见闻

　　1221 年成吉思汗西征时,追踪他的足迹前往阿富汗进谒的长春真人丘处机,由他的弟子李志常写出了《长春真人西游记》,记录了沿途的见闻,考察了从华北到中亚的文化风貌。随同成吉思汗西征的耶律楚材,是个能诗善文、博通历算的契丹人,在 1220 年 5 月跟着大军进驻撒马尔罕,在那里运用撒马尔罕天文台的仪器装备,研究天文历法,引进了回历中朴素的地球经度概念,研究了穆斯林的星历,编制了中国天文史上第一部麻答把历(伊斯兰历)。他的《西游录》是部记述详赡的历史文献。1259—1263 年奉命出使伊朗觐见旭烈兀的刘郁,将见闻笔录成《西使记》。《西使记》追述 1257 年旭烈兀大军攻占巴格达,灭亡阿拔斯哈里发帝国,特别提出哈里发的后妃都是汉人。当时的汉人泛指中国北方汉人和契丹人、女真人,还杂有党项和汉人的河西人。他们移居西域的历史甚早,当辽朝的后裔耶律大石率部西迁,1131 年在中亚克美尼赫正式建立西辽以后,中国北方居民便开始成批移居锡尔河和阿姆河间肥沃的河中地。一部分汉人且进入哈里发的都城巴格达,对传导中国文化作出了重要贡献。

　　1221 年到达撒马尔罕的丘处机,描述了蒙古军西征以后撒马尔罕城市和近郊的巨变。他说,撒马尔罕早先有十万多户居民,经过战争,只剩下四分之一的人口,多属回纥(维吾尔)人,田园不能自立,种植庄稼和瓜果蔬菜,多要仰赖汉人和契丹人、河西人。撒马尔罕城素以发达的手工业著称,丝织业、造纸业、陶瓷业都是汉人工匠所经营。汉族手工业工匠在中亚各大城市中人数众多,占有十分重要的地位。成吉思汗大军攻占撒马尔罕后,曾将三万工匠分赏他的宗王和将领,其中三千户被迁往荨麻林(河北万全洗马林堡),后来成立的荨麻林纳失失局,就是靠了这批由中亚移居的织工。蒙古三次西征,引起欧亚民族大规模的迁徙和流动,蒙古统治者凭借军事上的统治,迫使大批被征服者迁徙到东方。这些移民中有许多各有专长的工匠,有被遣送充当力役的平民,也有携带家眷举族投靠蒙古军的上层贵族,还有许多是自愿投奔蒙古军和经营商业,到中国追求新的财源的各族人士。元代对这些移居和出入中国的西方民族,总称西域人,被列入色目人等。其中人数最多的是原先居住在葱岭以西、黑海以东的回回人,他们中的一些人往往由于具有优秀的文化、专门的技艺和杰出的武功,被蒙古统治者加以重用。1229年继任汗位的窝阔台的都城哈拉和林(蒙古乌兰巴托附近),就是一座各族人士聚居的国际都市,在那里不但有维吾尔人、回回人、波斯人,而且还有俄罗斯人、阿速人、匈牙利人、弗来曼人,和来自法国的歌手、金银匠,以及英国译员。

忽必烈开创元朝,和西北三藩的窝阔台、钦察、伊儿汗国保持着宗藩关系,来自欧洲和西亚的使节、商旅络绎不绝。忽必烈建设的大都(北京),更是一座世界上少有的伟大都会,壮丽、繁华仅有伊斯兰世界的开罗、希腊正教的君士坦丁堡可与之相比。世界各地具有各种身份和职业的人士,都乐意到大都去追求他们的事业和财富。欧洲最伟大的旅行家马可·波罗(1254—1324)也在1275年5月抵达中国,在忽必烈的宫廷和中国各地度过了他一生中最美好的17年。这位来自罗马教皇故土的基督教徒,从欧洲文化的角度考察了中国文化,在他的《东方见闻录》中,对中国的繁荣与富强作了毫不矫饰的报导,并以无比的热情加以颂扬。另一位来自伊斯兰世界的穆斯林法官伊本·白图泰(1303—1377),在1325年6月20日由他的故乡摩洛哥的丹吉尔出发,前往麦加朝觐,由此展开了他在以后30年中遍历亚洲、非洲和欧洲比利牛斯半岛的旅行生涯。他在1333年到达印度德里,被苏丹穆罕默德·沙留住宫廷,充任德里马立克教派总法官。1342年伊本·白图泰奉命率领使团前往中国,答谢元顺帝在上年派往德里的使节。使团在中途遭遇海事,伊本·白图泰和苏丹失去联系,多年之后,才辗转经由爪哇来到泉州,北上大都。伊本·白图泰在中国逗留的时间不足一年,他在1345年6月抵达泉州,去过广州,随即经由福州、建宁、取道仙霞岭,抵达江山后,前往杭州,然后沿运河北上大都,在那里居住一个半月。再由原路返回泉州,1346年5月在泉州搭船返归印度。伊本·白图泰在1355年12月完成的游记《异域奇闻揽胜》(通称《伊本·白图泰游记》)中,盛赞中国地广物饶,丝绸、瓷器、金银器十分出色。新发明的燃煤尤其引起他的极大兴趣。他认为中国人比世界上其他民族有更高超的技巧和艺术才华,并说,这已经为世界公认,见于许多人著作之中。中国的航运业发达,法制严明,城市生活极为发达,都使这位见多识广、走遍亚洲、非洲和许多富庶国度的旅行家,感到中国文化的高超,长久以来和伊斯兰世界交往频繁的中华文明,确实是一种优秀的文化。在欧洲、非洲的旅行家先后涉足中国之际,中国的海外贸易家汪大渊也在1328年以后的12年中,游历海外,远抵大西洋滨,对世界各国的经济和文化作了细致周详的考察,写出了流传后世的《岛夷志略》。

随着蒙古势力伸向黑海、地中海和深入欧洲,在元代,中国冲出了亚洲,与欧洲、非洲进行了广泛的文化接触和交流。元朝通过伊儿汗国,为中国和欧洲的文化交流,特别是向欧洲输送先进的中国文化,推动欧洲最后挣脱黑暗的中世纪桎梏,步入近代,构筑了一座壮丽的桥梁。世界上三大文化,中国的佛教文化,亚洲和非洲的伊斯兰文化,欧洲的基督教文化,在元代,初次通过信徒的往访,进行了实地的考察,为不同文化体系的比较和评估作出了贡献。

(三) 汪大渊考察的海外文明

元代繁荣的海外交通,催送着中国培育了自己周游列国的航海家和游历家。南昌人汪大渊正是从泉州这个享有世界声誉的海港启程,二次周游亚非国家,考察了三大洲的商务和文化。1309 年出生在江西南昌的汪大渊,从 1328 年冬开始,在泉州登舟启动他第一次远洋航行,考察西太平洋、南海和印度洋贸易,到 1339 年 7 月重返泉州,中间在 1332 年秋到 1334 年有过短暂的休整,在 12 年中前后两次出航,考察了东起班达海、西至大西洋和坦桑尼亚的海上贸易,和所到国家的山川、土俗和物产,其结晶是有 100 条记事的《岛夷志略》。1349 年,汪大渊亲自执笔写成的《岛夷志略》正式刊行,留下了他生活的那个时代旧大陆各国人民交相往来、沟通文化的生动场景。

《岛夷志略》是一部内容丰富、通晓国际事务的手册,也是第一个环航亚非大陆及其周围岛屿的中国人的记录。汪大渊足迹既广,而且观察周详,可以说,他所见到的世界,并不比他同时代的伊斯兰大游历家伊本·白图泰经历的小多少,比之 1316 年从君士坦丁堡开始旅行,到过印度、中国,最后在 1331 年在家乡终老的意大利基督徒旅行家鄂多力克,则更为广泛。

汪大渊生活的时代,正是中国东南沿海居民成批移居海外,投身于繁荣的印度洋国际贸易的时代。1279 年元朝统一中国,在政府的高压政策下,许多东南沿海居民或被贩卖为奴,流落海外,或因战事而移居他乡,更有驾舟出海经商,因而致富的商人活跃于南海和印度洋各地。元朝政府公文对这些地方统称"忻都"和"回回"。"忻都"是印度次大陆,"回回"范围更广,包括孟加拉湾以西的波斯湾、阿拉伯半岛、地中海沿岸的非洲国家,以及穆斯林移民从海上成批迁居的东非海岸。元朝政府最初试用官本贸易将这种贸易控制在政府名下,对私人商业资本和人口的外流颁发过各种禁令,但仍难以阻挡蓬勃发展的印度洋航行业。从 1323 年,元使再度抵达开罗后,中国便和马木鲁克取得协议,正式开放海外贸易,听任私商驾船自由出国贸易。于是汪大渊也在这一浪潮推动下,既搭乘本国的大帆船遨游了东南亚、印度和波斯湾、阿拉伯海各地,同时也借助阿拉伯和波斯船,考察了红海、地中海和东非的国际贸易。

14世纪有两股新的动力推进着印度洋航业的发展,首先是埃及作为伊斯兰国家的中流砥柱,在盖拉温(1279—1290)和纳赛尔(1299—1308,1311—1340)秉政下,积极开放红海贸易,鼓励海外商业活动,沟通了印度和南欧商业城市之间的经济往来,卡拉米(Kārami)商人得到政府的特惠照顾,成为新兴的穆斯林商业社团的骨干,活跃在印度洋和地中海各地,使通过苏伊士湾的红海航路以欣欣向荣之势去迎战具有悠久传统的波斯湾与利凡特之间的运输活力。其次,是波斯湾政局动荡,统治波斯的蒙古王公无可挽回地面临着改宗伊斯兰教的巨大改革,波斯湾上的商业掠夺和移民正在与日俱增,推动着大批波斯、阿曼和也门的商人和移民拥向富蕴黄金、象牙和铜块等具有硬通货价值资源的东非沿岸,他们的最终目标是追求莫桑比克境内索法拉的黄金、象牙和内地的黑人奴隶,因此发展了像摩加迪沙、马林迪、蒙巴萨和基尔瓦·基西瓦尼这样的海上贸易中心和港口城市。这股浪潮同样吸引着以汪大渊为代表的中国海外贸易商和航业界人士,促使汪大渊从巴士拉和阿曼结束第一次航行返国以后,更有以非洲之行为特色的第二次远航。

汪大渊作为信奉佛教的中国的文化使者,出入于印度洋和地中海的文明世界,见到了异国的都会、海港,和繁忙的商务往来。他赞扬埃及马木鲁克王朝,是个国境广袤18 000多里的大国,在西洋各国中名列榜首,那里国家强盛,居民勤奋,生活宽裕。马木鲁克的外交活动和商业势力足以使它成为亚非欧三大洲经济的中心,基督教文化、伊斯兰文化和东方的印度、中国文化交汇的关节。汪大渊到过的第二个大国,是伊儿汗国的港口布什尔,他见到这个海港城市,民居紧接如鱼鳞,和阿拉伯海岸联属,是个地方五千余里的大国。中国的五色缎、云南叶金、白银、铁器,和从阿拉伯运去的毡毯、香料都是深受欢迎的紧俏货。

汪大渊对穆斯林的圣地麦加,使用信徒们习称的"天堂"。那里有克尔白礼拜寺,年年有信徒从世界各地拥向那里去朝觐,中国云南的穆斯林也由缅甸海路前往。那里风俗好善,气候温暖,所产的马尤其有名。汪大渊在亚洲访问的国家,有号称"富贵真腊"、首都吴哥金塔林立的柬埔寨,还有誉作"太平阇婆"、奉行印度教和大乘佛教的爪哇,以及常年丰饶、素称乐土的非洲尼罗河三角洲。汪大渊在他出国周游的过程中,广泛接触的有印度教文化、伊斯兰教文化,还有各地的土著文化,而中国的文化通过丝瓷的行销和许多生活用品和新发明的输送,已由东南亚、印度洋波及地中海,为16世纪中国和欧洲文化的直接交流起了推波助澜的作用。《岛夷志略》中对中国丝瓷文化在世界范围内作了精细的考察,也为世界上其他具有深远魅力的文化留下了珍贵的记录,这使汪大渊得以跻身于当时世界伟大旅行家之列。

二、 元代中国社会的变迁

（一）激荡变化中的中国社会

中国自宋代建立,便处于五大块的境地,黄河流域有女真贵族统治下的大金国(1115—1234 年),黄河以南先有北宋(960—1127 年),后有南宋(1127—1279年),西北有回纥,西南有吐蕃、大理国,汉族文明的国疆已由北宋时的 315 万平方千米,退缩到南宋时的不足 230 万平方千米。由于不堪游牧民族的强暴统治,北方人口大量南迁,虽然南宋政权的人口并未锐减,但国力未能与时递进,无从应对北方游牧民族一轮未息一轮又起的威迫,自 12 世纪以来,早已处于回天无力状态。蒙古人却逼着南宋政权一起攻打金国,1227 年先灭了西夏,接着在 1234 年吞并金国,随后伺机从中国西部南下,进军四川、云南,包抄南宋。这时,蒙古帝国从1253 年由拖雷的第六子旭烈兀率领的第三次西征尚未结束,在中国战场上却出现了重大的变局,帝国的第四任大汗拖雷的长子蒙哥汗在四川对宋作战中中箭身亡,蒙哥的二弟忽必烈(1260—1294 年)和留守和林的幼弟阿里不哥为争夺汗位,在 1260 年两人各自召集人马,登上汗位,进行殊死斗争。1264 年阿里不哥战败投降,忽必烈最终控制了漠北地区,并对南宋政权继续进行讨伐,1271 年正式建国大元,1272 年将他的都城由开平(上都)迁到大都(今北京),1276 年攻占宋都临安(今杭州),最后在 1279 年灭了退守崖山的南宋王朝。

蒙古本无文字,成吉思汗命畏兀儿人塔塔统阿教他的儿子用畏兀儿字母书写蒙古语,才算有了文字。忽必烈将西藏萨迦人八思巴封作国师,用藏文字母创制蒙古字,制成 41 个字母,创制了拼音的音素文字,称作"蒙古字",在 1269 年颁诏正式推广这种文字,作为元朝的国字。

忽必烈在登上汗位以前,奉命治理蒙古人统治下的漠南汉地军政事务,采用金国的《泰和律》治理。建立元朝以后,忽必烈表示要"遵行汉法",仿照汉政权的国家体制,建立国号、定都汉地,确立中央集权的封建专制统治,实施重农政策,执行尊孔崇儒的文教方针,朝着维系汉族居住地区社会安定的方向走去,但仍然难以平息从东征西讨中获得了大块国土、玉帛、人口,并迷恋于奴隶社会的蒙古贵族对汉地统治的这种特殊的政治设施的反感,窝阔台、察合台两大汗国就曾以"违背祖宗旧俗"为由,对忽必烈采取兵戎相见的干预。所以忽必烈只得在《即位诏》中打着"文治"的旗号安抚汉地居民和文士,又不忘推行蒙古贵族的强权统治,宣称为适应形势必得对旧制作些变化。在《中统建元诏》中,他将蒙古大汗奉为"列圣",而将唐宋以来的封建制度称作"前代之定制",决意要将游牧民族的奴隶制和农业社会的封建制糅合到一起,成为"稽列圣之洪规,讲前代之定制"(《元史·世祖纪》卷四)。期待在高压政策下将双方强合为一体,但这是注定要在中国很快遭到世人唾弃的一个永无成功希望的政治方案。

忽必烈和他麾下的一批汉人幕僚,如刘秉忠(1216—1274年)、许衡(1209—1281年)等只得在保留和不涉及蒙古族权贵利益的前提下,逐步建立和健全了国家机构和职官制度,在中央设中书省总政务,枢密院统军务,御史台掌监察;地方上设立十道宣抚司,统揽日常军民政务;后来又将仿照金国在各地设立的行尚书省,并入决策机构的中书省,地方上也跟着改称行中书省,但当初还不是地方一级行政机构,只是中央政府在地方上的派出机构。与唐宋不同,元代开始进入行省时代,1276年行中书省正式成为地方一级行政机构,但它最突出的职能仍然是军事性质的,所以以后仍时见由于军事行动而临时设置的诸多行中书省。到成宗(1295—1307年)时,将宋、金八十五路之地并成八省,全国分成十一行省,行省制度才正式定型。行省的划分,是按军事设施划分,便于采取军事行动,并非依据自然条件。京畿设中书省,称都省、腹里,直属中央,辖境相当现在河北、山西、山东、内蒙古一部分、河南的北部(黄河以北),共二十九路、八州之地。各地共设十个行中书省:

(1)辽阳行省:省会同名,当今辽宁、吉林、黑龙江三省,朝鲜半岛北部及黑龙江以北、乌苏里江以东的俄国远东地区。包有金之四路,直抵堪察加半岛和高丽北部。

(2)陕西行省:省会奉元(治咸宁,今西安),约当今陕西;包有金之四路、宋之利州路一半。始合汉中与关中为一省。

(3)河南江北行省:当今黄河以南的河南、长江以北的湖北、安徽、江苏三省;包有金、宋四路半之地;湖北的北部归入河南。

(4)江浙行省:当今江南、皖南、浙江、福建以及江西部分地区;包有宋之江东、浙东、浙西、福建路。

(5)江西行省:当今江西、广东大部分地区;包有宋之二路。广东、广西合而为一,以一半划归江西,一半归湖广。

(6)湖广行省:当今湖南、贵州、广西大部分地区、湖北南部、广东北部。

(7)四川行省:包有宋四川路,原属四川的雅州、黎州划归陕西。当今四川大部以及陕西、湖南部分地区。

(8)云南行省:当今云南省、四川和广西部分地区,以及泰国、缅甸两国北部。

(9)甘肃行省:省会甘州,包有宁夏、甘肃省大部,以及内蒙古一部分。

（10）岭北行省：蒙古本部及漠北诸部，当今蒙古国、中国内蒙古、新疆两自治区的一部分，以及俄罗斯的西伯利亚地区。

行省以外的吐蕃，划归宣政院管辖；畏兀儿地区，归大都护府统领。全国国土划分成13块，国疆总面积达到1 330万平方千米以上，还不包括朝鲜半岛在内。元朝是中国历史上国疆最为广袤的一个王朝。元朝的总人口，到14世纪中叶有1 300万户，约6 000万人，最高时估计不止此数。据1291年统计，南方（长江流域）与北方（内郡）的比例大致是5∶7∶1，南方人口已是北方的5倍以上，其中江浙行省约有600万户，占了全国总户数的45%。人口密度最高的是江浙行省和江西行省，分别达到每平方千米91人和43人。

中书省和行中书省下辖路、府、州、县，也有下辖路、府（州）、县三级行政区或下辖州、县二级行政区的，但府可以辖州，州不能辖府，所以元代地方行政也可视作省、路（府、州）、县的三级行政制度。1293年，全国路、府、州、县共2 038个，官府大小2 733处，官员16 425人。14世纪以来，官员的数目便远远超过这一数字了。县以下的基层行政组织，有坊里制（宋、金都已有建制）和社制，在农村中有乡、都组织和城镇中的隅、坊组织。农村中通常以乡统都，或乡、都只设其一，通称为里。城镇中也是以隅统坊，或隅、坊只设其一。从中选出里正、主首，或隅正、坊正，属于当役，目的在对人民加以管制。

元朝统治集团虽然在名义上保持着大汗的称号，而将先后出现的三大汗国，称作西北三藩，但在政治、军事制度和宗教体制上更多地保留了蒙古奴隶社会的旧法旧俗，如库里台议事制度、怯薛制度、札鲁忽赤制度、达鲁花赤制度、投下制度和帝师制度，这些蒙古的制度制约着元朝的军政、司法和宗教大权的行使。

占领了中国本部的元统治集团，虽然出于维持儒、佛、道三教并容的国俗，不得不在表面上尊孔崇儒，到1307年甚至将孔子封作"大成至圣文宣王"，在各地恢复孔庙，但是始终维护着蒙古贵族通过武力征服，从人数比他们多到近百倍的被统治者手里攫取到的永无止境的特权，而且从根本上推倒了中华文明的传统，竭力推行在中国历史上从未出现过的，以汉族为少数民族从而实施的种族歧视政策。元代的统治者在法律上规定将它的统治区中的民族划分为四个等级：居第一的是蒙古人；第二等的是色目人，指西夏、回回族、以及西域各民族；第三等是汉人，指灭宋以前已归蒙古统治的汉族、契丹族、女真族等中国北方民族；第四等是南人，包括原本属于南宋统治地区的汉族以及南方各地的少数民族。

在元代，朱元璋总结蒙古统治者"悉以胡俗变易中国之制，士庶咸辫发椎髻，深檐胡帽，衣服则为胯褶窄袖及辫线腰褶，妇女衣窄袖短衣，不服裙裳，无复中国衣冠之旧"（《明太祖实录》卷二十六）。汉人和南人既无蒙古人和色目人所能享受的政治权利,连人身权利也无从获得。大批汉人和南人在战争中被蒙古人掠为"驱口",形同牲畜,沦为官府和蒙古权贵的奴隶。法律规定,他们"与钱物同",完全丧失人身权利;法律并且确认,奴隶的子孙也世代是奴隶,他们的生命全由主人决定。元代对犯罪者规定,没收家赀,其妻子没为官奴婢,即使是官人,也不得赦免,所以沦落为奴的人越来越多。其人一旦为奴,并且祸及家门,主人奸奴妻女,不坐罪;奴婢、驱口若对主人怨骂、伤害,或奸主妻女,或向官控告主人,都是死罪。法律还规定,汉人若出于自卫殴打或杀伤蒙古人、色目人,也要处以死刑,并照赔烧埋银。对处于社会上一、二两等的蒙古人和色目人来说,汉人和南人无疑是他们可以肆意凌辱和奴役的对象。法律上还规定,蒙古人若是打了汉人,汉人不得还手,只能提出见证人,告官候审。蒙古习俗的"收继婚制",尤其为汉人所不齿,这一婚俗规定:父死,子妻庶母;兄死,弟妻诸嫂;伯叔死,侄子同样妻伯叔之妻。这种父死"不行三年之丧,又收继庶母、叔嫂、兄嫂"的风俗,一直通行到元朝的末代皇帝顺帝(1333—1367 年)时,才有人敢于提出要加以改革,此时许多汉族妇女早就成了奴隶制的牺牲品了。妇女在家庭中没有经济权,《元典章》记中统五年(1264 年)记圣旨:"若母寡子幼,其母不得非理典卖田宅人口,放贱为良。若有,须令典卖者经所属陈告,勘当得实,方许交易。"丈夫对妻子有生杀之权,见于法典,《元史·刑法志》规定丈夫逼死妻子,可以"不坐",不必起诉定罪。《元典章》还以法律条文定下,丈夫可以受财将妻子转嫁他人;或"卖休买休";或令妻妾为娼,接客觅钱;或将妻妾典与别人为妻,索取租金。妇女也会因丈夫久贫而出走,妇女改嫁也不足为奇,在北方,闾巷细民会"纵其女之好恶,拣择贵贱,就舍贫富,妄生巧计,频求更嫁,不以为耻"(《元典章》至元十二年户部呈文)。在江南,"夫亡不嫁者,绝无有也"(《元典章》卷四二)。这是迫于生计,以致儒风全无了。连动以衣冠自炫的"世之名门巨族",也因此顾不得门第等级,无法顾及"从一而终"的儒风,到 14 世纪,往往也是夫骨未寒,而求匹之心已定(《辍耕录》卷一八)。以致元武宗(1308—1311 年)也一度出来发出"命妇不得改嫁"的圣旨。但社会上的穷人为着活命,无法遵守旧规;蒙古人、色目人尤以求财为一代风气,横行天下,蛊惑了人心;社会上出现的义夫节妇,大都是巨商盛族,"多系富强之家规避门役,廉访司亦不从公核实,以至泛滥"(《元典章》卷三三)。世风已被"一切都是为了钱"所腐蚀,元杂剧《老生儿》《东堂老》《来生债》都有刻画至深的表述。

　　1325 年奉命到陕西各地巡视的西台御史李昌在平凉府、静州、会州等地,见到西番僧佩金字圆符,络绎道途,用的马上百,馆舍容不了,借宿民舍,竟把男人赶走,奸污妇女。奉元一路,从正月到七月,往返的 185 次,用马 840 多匹,比诸王和行省办公用的还多出六七成,以致"驿户无所控诉,台察莫得罪何"。圆符本来是国家用于边防警报的,李昌要求更正僧人给驿法,并命台宪得以纠察,结果被行省压下不报(《元史·释老传》卷二〇二)。元代皇帝却只管派人到海外去收购珠宝首饰,1327年御史辛钧只得冒死进言:"西商鬻宝,动以数十万锭,今水旱民贫,请节其费"(《元史·泰定帝纪》卷三〇)。

元代想出办法发行纸钞以替代、减少铜钱和银两的铸造和流通。忽必烈时在1260年先后发行过以丝为本的"通行交钞"和以银为本的"中统元宝钞"("中统钞"),中统钞面值分十文、二十文至一贯、二贯共十等,以钞一贯当银一两,五十贯当一锭。1287年又发行"至元通行宝钞"("至元钞"),面值自五文至二贯分十一等,至元钞一贯当中统钞五贯,二贯当白银一两,赤金一钱,中统钞贬至原值的1/5。由于岁入不足,纸钞不断贬值,1309年武宗时发行至大银钞,至大钞一两当至元钞五贯、白银一两、赤金一钱,中统钞贬至原值的1/25。1311年武宗死后至大钞被废,仍通行至元钞与中统钞。最后,在1350年又有新版中统钞,背面印"至正印造元宝交钞",一贯当至元钞二贯,当铜钱一千文。至元钞又贬值一半。

以钞代钱本是顺应金融发展的必然举措,元代在世界上运用印刷术作了开创性的运用,此举也成了政府弥补财政赤字的弊政。终元一代,纸钞不断贬值,造成政府对处于奴隶等级的汉人和南人生活和生产无休止的剥削。

元代佃户的身份,与宋代相比,实际已降低到驱口的地位,不仅地主奴役佃户,而且地客男也被奴役,如有女子,"便为婢使,或为妻妾"(《元典章·刑部十九·禁典雇》)。等于全家为奴,永无翻身之望。元朝还严禁汉人持有兵器、弓矢,禁止汉人习武、打猎,生产、制作可以充作武器的农具和家用器械;汉人不能私养、私用马匹,违者没官。江南地区反元情绪昂奋,长期陷于宵禁状态,屋内不许点灯、不许闭户,汉人、南人被禁止聚会、赛神赛社,节日不得"立集聚众买卖"。整个社会处于倒退状态,对汉人南人来说,他们原来世代生息的地方,已经一变而成人间地狱了。

元代官府全由蒙古人和色目人霸持,从中央到地方,所有要职都受他们掌控,最高可以升任丞相,而汉人在100年中担任丞相的仅四人,诚属装点门面。

元朝的权贵,上自宗室、宰相,下至地方官吏、寺院僧侣,全都热衷经商,从成吉思汗时已由色目人采取放高利贷的方式,与蒙古贵族合伙经商,称"斡脱"(ortaq),原意是"合伙",双方合作进行草原上的长途运输。元人对斡脱的解释是:"斡脱,谓转运官钱,散本求利之名也"(徐元瑞《习吏幼学指南》,118页,浙江古籍出版社,1988年)由蒙古王公拆银给色目人,"或贷之民而衍其息,或市百货而谋迁"(彭大雅、徐霆:《黑鞑事略》)。获利后双方按比例分成,贵族占有大头。斡脱是色目人专业商人,政府特许成立"斡脱户",拥有经商的特许状,"诸斡脱户,见赍圣旨、诸王令旨随处做买卖之人"(《通制条格》卷二)。忽必烈时设有斡脱总管府,由斡脱总管府发给"海蕃"(持有海外贸易特许状者)的官本利息是8厘,比一般轻3/4(姚燧《牧庵集·高昌忠惠王神道碑铭》卷一三)。这些有特殊身份的回回商人往往横行天下,大发其财。1308年中书省臣奏:"回回商人持玺书,佩虎符,乘驿马,名求珍异,既而以一豹上献,复求赏赐,似此甚众。臣等议:虎符,国之信器,驿马,使臣所需,今以畀诸商人,诚非所宜,乞一概追之。"算是准许了。(《元史·武宗本纪》卷二二)斡脱总管府到1281年升为泉府司。斡脱凭其取得的特权,"一锭之本,展转十年后,便是一千零二十四锭"(《黑鞑事略》),这一本万利的买卖称作"羊羔儿息"。一锭银相当白银25两,据《经世大典》,打造一艘普通的海舶的工本费不过100锭,到海外去做买卖,又可获取成倍的厚利,风险再大也有人去做。斡脱集团在中国各地放贷取利,海陆兼营,无孔不入,大发横财。1323年以前的海外贸易,多数时段掌控在官本船制度下,大发其财的是蒙古和色目人的权贵和斡脱集团,阿拉伯血统的蒲寿庚家族,以及依附元政府官至平章政事的朱清、张瑄,福建安抚使兼两浙市舶总监的杨发,都是亦官亦商、富冠一方的地方权贵和豪绅。所以,仁宗在大德七年(1303)籍没朱清、张瑄家财时,同时宣布他们经营海外贸易的商船还未返回的,到时一律籍没(《元史·仁宗纪》卷二一)。

忽必烈时权臣阿合马、张惠,凭借相权,"为商贾,以网罗天下大利"(《元史·阿合马传》卷二〇五)。商人出身的权臣桑哥私家所藏珍宝,就有内府之半。当时蒙古人、色目人的僧侣、教徒原本可以免税、免役,也多包庇私人出国经商,"多是夹带俗人过番买卖,影射避免抽分"(至元三十年《市舶则法》)。权豪富户更是经营海外贸易的主角,与市舶司争利。尽管法律规定:"凡权势之家,皆不得用己钱入蕃为贾,犯者罪之,仍籍其家产之半"(《元史·食货志》卷九四)。官商一体化的海外贸易,采取贱进贵卖的办法,造成的结果是"商者益众,中国物轻,蕃货反重"(《元史·铁木迭儿传》卷二〇五)。收利的是私商,遭殃的是国内的生产者和消费者。自南宋末年以来到元代中期,东南沿海私商经营海外贸易一直受到排挤和打压,无法抬头。但官本贸易的腐败和实施钞法招致的通货膨胀,使得官本贸易难以持久,在上层集团的内部矛盾中不断打滚转圈,所以英宗至治三年(1323年)只得正式宣布,从今以后,"听海商贸易,归征其税"(《元史·食货志》卷九四)。全面开放私人对外贸易。

元朝铨选官员,主要有官员承荫制度、怯薛入官、吏员出职和科举入官四种。承荫制度是成宗时规定:品官子孙承荫以一人为限,正、从一品官员之子可以承荫正、从五品官;正、从二品官员之子可以承荫正、从六品官;以下依例递减,正、从五品官员之子可以承荫正、从九品官,六、七品官员之子只能承荫不入流品的吏职。

元代选官,最重要的是怯薛入官。元朝取士用人,最重"根脚"(社会出身),怯薛是大汗的亲军,都是蒙古贵族和色目人中的贵族子弟,大多世袭,具有"大根脚",人数在万人左右。怯薛集团既可从外部干预朝政,而且还可直接供职省、院、台等中央机构,参与大政的决策,所以当时,供职元廷的朱德润说:"凡入官者,首以宿卫近侍"(《存复斋集》卷四)。元代选官人数最多的是依靠吏员出职,吏员本来是各级政府中的执勤人员,重要的就有负责处理公文案牍的令史、司吏、书吏、必阇赤、负责翻译的译史、通事以及传令、知印、发送保管文件的10种吏员。他们可以通过三年一试的定期考核决定升迁,逐级升官。汉人也可从中升职。这种吏员为元政府提供了足够的官员,起到了科举所不能产生的种族效应,而科举不过是元朝后一个50年中所作的补选官员的一种权宜之计。从1313年起,总共开科16次,录取人员只有1 200多人,仅占当时文职官员总数的4%略多一点,所以常说元代停罢科举。元代虽有"儒户"的设置,1276年正式实施儒户可以蠲免差役的命令,但是各地并未推行,1313年更明令,儒户的差泛杂役,"与民一体均当"(《元典章》卷三一)。儒户反而"混为编氓",或成刀笔胥吏,或成官僚仆役,或以伎巧成工匠商贾(《元史·选举志》)。所以读书人在元代往往是以穷困出名的人士,因此落入"九儒十丐"的地位,并非空穴来风。

元朝的汉化政策不但无法在蒙古人和色目人中推行,而且反而要汉人屈从蒙古旧俗,因此元代修订法律、期待引进唐宋法律条文的举措屡屡遭到搁置。大德四年(1300年)修成《大德律令》,但元老大臣意见不一,无法正式颁行。到英宗(1321—1323年)时修订《大元通制》,共2 539条,颁行天下,有了完整的法典。英宗时还完成了建国以来的诏令、条画、格例的编纂,分10类,373目,成《大元圣政国朝典章》,世称《元典章》。顺帝至正六年(1346年)颁布《至正条格》共2 909条。不久,长江流域的江州、云南、湖广先后出现叛乱;1341年后,灾害频盛,黄河暴溢,灾民之数高达500万以上;接着爆发了以白莲教教徒为首的元末农民大起义,最终葬送了元王朝。出身贫苦年少时当过和尚的朱元璋,投奔了起义队伍红巾军,率领一帮人马吞并群雄,在1368年登上皇帝的宝座,建立了又一个汉人秉政的大明王朝。

(二)道教的全盛时期

道教作为中国本土的宗教,受到唐宋统治集团的扶持。道教素来注重修炼外丹,以为成仙之极,但始终未得验证。宋徽宗尤其提倡道教,达到痴迷的程度,宠信道士王灵素,1116年诣玉清和阳宫,将昊天上帝的名号与玉皇上帝的名号合成一体,1117年在上清宝箓宫召集道士2 000人,册自己为"教主道君皇帝",信自己是昊天上帝的元子,在世的唯一天神,刻成《政和道藏》5481卷,追求神仙生活,困竭民力,加速了北宋的灭亡。1126年金兵将徽宗、钦宗俘往北方,造成"靖康之耻"。道教的内丹引入养生导引的方术,在11世纪有了新的发展。好道术的儒士天台人张伯端(987—1082年),高唱"三教归一",以为三教同归性命之学,讲求养生吐纳的保健功法,著成《悟真篇》,指出内丹的原料不应追求"凡砂及水银",而是自身中的精气神。从此以后,道教修仙理论开始专主内丹,将外丹黄白视作旁门邪道,提倡心意,保养肾精,依照自然,内丹既成,身体生理机能生变,导致健康长寿。南宋理学大师周敦颐、邵雍、朱熹都追慕静坐,修炼内丹。张伯端(改名张用诚)去世后,四传至白玉蟾(1194—1229年)始有教团和靖庵,内丹和雷法并行,形成金丹南宗一派,被12世纪的全真道奉为南五祖。

处于乱世的中国北方,道教为适应时势,进行变革,产生了全真道、真大道教、太一教,尤以全真道势力最大。全真道的创始人王喆(1113—1170年),从1167年离开终南山到山东、河北等地传教,收了马钰(1123—1183年)、谭处端(1123—1185年)、刘处玄(1147—1203年)、丘处机(1148—1227年)等七大弟子,都是出身豪富有文才的儒士,他们在关中、河北、河南、山东修道,以清节苦行、仗义行善、轻财济急,博得众多的信徒。金国虽禁而不绝,只得加以利用,以稳定民心。五祖长春真人丘处机创立龙门派,因他在陕西宝鸡东南龙门山潜修七年,龙门派是全真七真中最负盛名的一派,在山东、河北一带的民众中尤其富有威望。他主张"修性超生",宣称他的丹功是"三分命术,七分性学"(《长春祖师语录》),要求修炼者去声色,屏滋味,修道应出家,达到"一念无生元宝即自由,心头无物即仙佛"。他传道的目的在济世真行,所以叫各地信徒立观度人,使全真道成为灾民可以依扶的组织。全真道不立文字,修炼旨在达到心头无物,与佛教禅宗同归,所以全真道也高唱三教合一。但元朝统治者信仰的佛教是喇嘛教,旨近密宗,所以佛道二教在元代仍难以合一。

1219年,金国与南宋先后派人到山东栖霞去召丘处机,丘并未应诏。这一年,成吉思汗派近臣札八儿召丘处机前往,丘处机认为可借蒙古人推行全真教义,早日平息战事,遂以七十三岁的高龄,在1220年率弟子赵道坚、尹志平、李志常等十八人北上,经燕京赶到宣德州(今宣化),接到成吉思汗邀他西行的诏令,于是继续西行,诗中云:"不辞岭北三千里,仍念山东二百州。"行前,先向大汗上表,劝以止杀。行万里,经绝域,翻野狐岭,穿过沙漠,沿克鲁伦河西行,越过阿尔泰山,渡伊犁河,受断粮与兵燹之苦,翻越雪山,到达成吉思汗在阿姆河的驻地。李志常(1193—1265年)有《长春真人西游记》记下沿途见闻,表示全真道有志于劝说大汗弭兵救民的决心。丘处机向成吉思汗进说:"欲一天下者,必在乎不嗜杀人。及问为治之方,则对以敬天爱民为本;问长生久视之道,则千以清心寡欲为要"(《元史·释老传》)。成吉思汗采纳了丘处机的劝导,以为天赐仙翁相助,开启心志,表示发布了"已许不杀掠"的告示。命近侍将真人的言词记录,传示诸子。大汗对丘处机称"仙翁",赐虎符、玺书。一天雷震,成吉思汗向真人咨询,丘处机说,雷震是天威,人之罪莫大于不孝,不孝是逆天,所以天发威警告,听说境内都有不孝的人,要求大汗以天威之说训导民众。成吉思汗接受了这番劝告。丘处机回到燕京,正好蒙古兵蹂躏中原,被杀被俘的民众不计其数,丘处机借成吉思汗的威名,发动教徒持度牒(特许状)救死济困,使得一批人免了杀头,或解奴为良,有二三万之多。全真道的功德得到了各地民众的赞扬。

成吉思汗将丘处机所住的天长观改名长春宫,他在世时全真道达到极盛,成吉思汗命他掌管天下道教,下诏免去道院和道士的一切赋税差役,在燕京建立"平等""长春"等八会,在各地大建宫观,数以万计的人成了道教的信徒,连丘处机本人也得意地夸称:"千年以来,道门开辟,未有如今日之盛"!(《北游语录》卷一)他的著作有《大丹直指》《摄生消息论》等。1227年丘处机去世后,葬在长春宫处顺堂,就是现在北京的白云观。全真道在他掌教时,迎来了道教的春天。到1271年元朝正式建立,不过100年,在北起大漠,南到江淮的地区,到处都有道教的香火,形成了"虽十庐之邑,必有香火一席之奉"(《清虚宫重显子返真碑铭》)。清代乾隆帝给白云观丘祖殿题联,用了22个字:"万古长生不用餐霞求秘诀,一言止杀始知济世有奇功。"全真道靠真心诚意救世济民,成了万古长生的神仙之道。

从此以后,大约每年都在丘真人仙逝之日会有纪念活动。因为直到明代,每年正月十九日,相传是丘真人在白云观成道的纪念日,称作"燕九节",这一天是僧道群集的节日,民间也以这一天视同节日,要上白云观去烧香。明代的皇帝和勋戚显贵也要前往观中,并期望能得丹道和长生不老的奥秘。

丘处机以后,全真道掌教有尹志平、李志常、张志敬、王志坦、祁志诚等,多出任玄教大宗师。地位远在太一教和真大道教之上。张志敬,少时以李志常为师,掌教后,改变了过去不立文字的传统,讲论经典,去世后,远方道俗奉香祭奠的填街塞巷,数月不散。全真道元时传入江南,以武当山为活动中心,以往张伯端一系内丹派徒众归入门下,成全真教南宗。最有名的内丹大家李纯道,著有《全真集玄秘要》《中和集》等。以为"禅宗、理学与全真,教立三门接后人",认儒家的太极、佛教的圆觉、道教的金丹,是名三而实一。

《长春真人西游记》原本流传不广,清乾隆六十年(1295年),著名学者钱大昕在苏州城内道教玄妙观见到此书后,欣然作跋,被收入"皇朝藩属舆地丛书""连筠簃丛书",徐松、丁谦作了研究,丁谦有《长春真人西游记地理考证》,游记被俄、英学者译成英、法、俄等文字。成为研究蒙古史的必读书。

丘处机的弟子莱州掖城人宋披云,曾随长春西行,长春以藏经大事相托,他在平阳玄都观设立机构,完成重刻道藏 7800 多卷的工程,取名《玄都道藏》。但《老子化胡经》等伪妄经文先后遭元宪宗、元世祖时禁毁。1324 年后,僧、道常出现蓄妻,或伤人逞欲事件,太一教、真大道教到元末逐渐湮灭,全真教的教誉也大不如前了。

三、 元与亚非国家的通使和文化交流

(一) 杨庭璧出使马八儿、俱蓝

元代继承宋代开拓的远洋航业,积极发展印度洋航业。元朝建国以后,忽必烈很重视和海外各国缔结盟约,1268 年海都叛据中亚以后,从海上和伊儿汗取得联系就更显其重要了。维吾尔人亦黑迷失出使南印度马拉巴的二次活动,可算是元朝在印度洋展开广泛的外交活动的前奏。亦黑迷失在 1272 年奉使海外八罗孛国,首先抵达马拉巴。八罗孛是元初"马拉巴"国的蒙古语译音。马拉巴国被马可·波罗称作马里八儿国,故址在科泽科特以北 26 公里处,元代又从阿拉伯语各译作梵答剌亦纳。波斯地理学家迪曼希基指出,那里的居民多数是犹太教徒、印度教徒和穆斯林,基督教徒只是少数,可见当地和西亚、利凡特、埃及都有商业联系,是南印度最重要的国际都会。1274 年亦黑迷失和八罗孛的使者一起回国,双方正式建交,开展官方贸易,亦黑迷失受到金虎符的嘉奖。1275 年亦黑迷失再度被派往八罗孛国,征得国师和名药。1272 年 10 月,同时有元朝使者到扮卜(旁遮普)、忻都(信德),或者就是办黑迷失使团所派。1276 年 12 月,元兵攻占泉州后,决定由中书省左丞唆都派使者十起,分头奔赴海外各国,南印度东部科罗曼德海岸的马八儿国首先和元朝通好。马八儿国都城马杜赖,外港加异勒,是马纳尔湾西岸繁荣的贸易港,和阿拉伯世界有频繁的贸易关系。

1279 年 12 月,忽必烈为了打通和伊儿汗国都大不里士的海上交通线,决定和马拉巴海岸的大国俱蓝(奎隆)建交,派广东招讨司达鲁花赤杨庭璧出使俱蓝。1280 年 3 月,元使抵达目的地,国主必纳的复书,表示来年遣使通贡。这年 10 月,元朝授哈撒儿海牙充任俱蓝国宣慰使,和杨庭璧再次出使。由于途中遇风乏粮,改从马八儿上岸,指望通过马八儿,经陆道前往俱蓝,而当时马八儿正对俱蓝备战,使团只得折回。第三次派往俱蓝的使团,由杨庭璧一人率领,在 1282 年 2 月到达俱蓝,受到国主的优礼相待,3 月便派使臣到中国。在俱蓝的基督教大主教、伊斯兰教谢克都表示愿和中国开展贸易关系。杨庭璧又到过肯尼亚的马兰丹(马林迪),并去过帕特岛上阿曼移民建立的那旺国,返国时经过苏门答腊北岸的苏木都剌国,苏木都剌立即派使者二人,随同杨庭璧赴京。

到了1286年,印度洋各国由于杨庭璧二次到俱蓝活动,先后和元朝建立了国交,互通贸易和信息。这一年向元遣使通好的有十个国家:印度的马八儿,须门那(孟买以北索帕拉)、僧急里(科达古罗)、来来(古查拉特),肯尼亚的马兰丹、那旺,苏门答腊的南无力(亚齐)、苏木都剌,马来亚的丁呵儿(丁加奴)、急兰亦𫟼(吉兰丹)。这些国家分布在马来半岛、苏门答腊,印度和东非,它们和元朝的建交,显示印度洋各国和元朝的友好关系在这时进入了一个高潮,元代中国和西方各国的海上交通已经畅通无阻。

(二)元与麻喏巴歇的关系

元初,爪哇的政治正在经历一场改朝换代的巨变。1222年立国的杜马班王国(辛哥萨利王朝),在末王葛达纳加拉(1268—1292)时,将势力伸向苏门答腊、加里曼丹和马来半岛,马六甲海峡全被爪哇所控,元朝和爪哇的矛盾便逐渐扩大了。1292年元孟琪遭葛达纳加拉无理黥面(刺字),才使忽必烈决心派史弼、亦黑迷失、高兴率军二万、统舟千艘,从泉州出征爪哇。大军进至占城(今越南中部),便派使者降服苏门答腊北岸诸国,使1286年完全落入杜马班王国之手的苏门答腊重新置于元朝的卵翼之下。1293年1月,远征军开赴卡里马塔海峡,在吉利门(卡里马塔岛)、构栏山(格兰岛)驻军,伐木造小船,准备登陆。当时葛达纳加拉早被谏义里藩侯(葛朗主)查亚卡旺杀死,葛达纳加拉的女婿罗登·必阇耶被迫臣服,在马都拉太守威腊腊查帮助下,据守东爪哇的麻喏巴歇,等候元军到来,以便复国。《爪哇诸王志》提到,威腊腊查出主意,托商船寄信,请鞑靼(元朝)出兵爪哇,相助罗登·必阇耶击灭葛朗主建立的答哈王国。

元军兵分二路,在中爪哇的八节涧(北加浪岸)会师,并和麻喏巴歇的罗登·必阇耶取得联系,获得葛朗国地图和山川、户口档册。葛朗主查亚卡旺兵分三路,杀至麻喏八歇,元军得到罗登·必阇耶告急,在3月15日,分三路进攻谏义里,和查亚卡旺的十万大军在答哈展开激战。元军和罗登·必阇耶的联军展开了保卫麻喏巴歇的战斗,在3月19日三战三捷,取得大胜。查亚卡旺只得开城投降。查亚卡旺和他的儿子全成俘虏,元军取查亚卡旺妻子官属百余人,和金宝番布值54万多两,还有地图、户籍,准备班师返国。罗登·必阇耶却背信弃义,在元军撤退时沿途加以袭击,史弼率军掩护大军还国,且战且行走了300里,才在4月24日登舟返国。在战斗中,查亚专旺父子被杀,元军死亡的有三千多人。得到的只是查亚卡旺妻子和官属百多人,还有图籍和金宝。忽必烈鉴于史弼和亦黑迷失不听高兴规劝,对罗登·必阇耶毫无防备,以致损兵折将,将二人剥夺官职并籍没财产。月儿鲁曾向忽必烈求情,要求豁免史弼,奏疏中称史弼率 5 000 人渡 25 万里,到达近代未尝到过的国家,故意将 2 万兵员减为 5 000 人,由此透露了史弼大军班师,仅有 2 000 人,实际损失在 18 000 人,许多福建、江西士卒乘机逃亡,或流落爪哇各地,他们当是最早成批移居印度尼西亚的中国人。1293 年元军撤走后,印度尼西亚历史上最强盛的麻喏巴歇帝国(1293—1478)正式宣告成立。1297 年起,麻喏巴歇的使者前往中国。直到 1363 年,先后 8 次遣使,双方贸易往来维持不衰。

元军入侵爪哇,使用了铁火炮、火镞、火铳、毒火罐等火器,使爪哇第一次接触到威力强大的火器。罗登·必阇耶的士兵在元军撤走时夺取了一部分火器,并迅速学会了制造火药、火器,促使麻喏巴歇国势大为增强,统一了整个印度尼西亚。第一批在爪哇制造火器的工匠正是那些流寓爪哇的元军士卒。

元军在爪哇沿海和内河使用过的各种大小船只和航海罗盘,也被印度尼西亚人所仿造。印度尼西亚根据中国帆船制作的海船,有艍、艨舡、柴尼、塞纳、大舸,前三种都是元代远洋帆船,后二种适合于沿海和内河行驶。14 世纪以来,印度尼西亚的马来人,爪哇人和武吉斯人,在航海中逐渐使用中国罗盘,促成了麻喏巴歇的商业趋于繁荣。

(三) 元与缅甸

元代开始使用"缅"的名称。

元代缅甸北部是云南行中书省的一部分,中缅关系极为密切,双方人员来往、文化交流十分频繁。忽必烈统治时期,元缅发生五次战争。第一次在 1277 年,由缅军攻袭干崖引起,以后元军多次征讨,深入伊洛瓦底江上游,1287 年灭蒲甘王朝,设立缅中行省,1288 年缅中行省正式归属驻守大理的云南王节制。元军征缅,前后 20 多年,1284 年的一次,动员的军队有 7 万人。屯驻的兵士,都错居民间,连万夫、千夫、百夫长也都如此,并无公廨,缅北华裔血统的人数因此有所增长。元成宗秉政后,缅王大权旁落,掸邦藩侯阿散哥也成了富庶的叫栖(今皎克西)境内木连城的土官,和他的二个弟弟挟持了缅王,在 1299 年杀缅王,华人在缅甸的也有百多人同遭杀害。自 1300 年元军 12 000 人进入缅甸,包围木连城时,木连城守军以土炮迎击。这些土炮无疑是过去元军所遗留或协助制造。缅甸历史上首次使用火器,还是入缅元军传导的结果。

1301 年,当木连城行将陷落时,阿散哥也兄弟三人以黄金 800 两、银 2 200 两贿赂统率元军的云南参知政事高庆,促使元军撤退。高庆乘机退兵,率领元军协助当地人民兴修叫栖水利工程,挖掘顶兑运河。工程对解除旱灾、保收保种起了重要作用,至今还是当地的经济命脉。元军撤走退回云南,掸族首领三兄弟中的幼弟僧哥速在庆功会上,即席赋诗歌唱,歌词说:"华人来自山隘,怒号呀怒号;箭矢密如暴雨,奔腾呀奔腾。"这首歌词至今还是脍炙人口的缅文诗赋,被列入《缅甸文选》之中。

此后,缅甸尽管内争不已,但对元朝仍保持着使节关系,缅甸使者赴元共有13次,元朝使者前往缅甸的也有6次。两国的外交关系和民间贸易在长时期中,保证了维系双方的经济和文化交流。中国的历法、星相、干支纪年、节气、五行、七曜、十二生肖都在缅甸北部流行。

缅甸语中对中国人的称呼"德卢"或"德尤",也是在忽必烈时期开始传入缅甸使用。1285年元军攻陷太公城,连克12城,缅都蒲甘深受威胁,缅王派高僧信第达巴茂克出使大都议和,信第达巴茂克凭借他在佛教界的崇高威望和外交才能,说服了虔信佛教的忽必烈中止进军蒲甘。信第达巴茂克归国后,受到缅王嘉奖,他在修建吉祥塔时特立《信第达巴茂克碑铭》,记述他出使中国的经过,碑文中以"德卢"称呼中国,现代缅文书写体中转为"德尤"。"德卢"即是蒙古语"达鲁噶"(达鲁花赤)的音译,意为民政长官,象征缅甸从属于元朝。

下缅甸各地,在莫塔马建国的掸族,和孟族占领下的勃固,都是中国帆船常来常去的海港城市。中国丝、瓷、金银和铜铁是当地人民最喜爱的货物。元朝的中统钞在那里也可以使用,和当地流通的银钱、贝子(海贝)的兑换比例是,中统钞10两,可折2钱8分,重的银钱1个,合贝子11 520。当地产米,稻米价格低贱,银钱1个可买46箩米,通计73斗6升,足供二人一年的口粮。14世纪上半叶,到那里经商的华人,因此常常十去九不还,就地定居了。下缅甸流通的贝子,也在元代传入云南,计算海贝,同样采用四四五进位,以一为"庄",四庄为"手",四手为"苗",五苗为"索"。

缅甸沿海由于华人的移居,和缅人通婚,开始了缅甸华侨历史,华人的生活习惯、风俗礼仪、手工和园艺都深入缅甸社会,形成缅文中许多词汇,如筷子、豆腐、油炸桧(油条)、荔枝、唐肛(帆船)、舢板,大多使用闽南话拼写。足见华人移民和中国文化对缅甸影响之深了。

(四)周达观真腊见闻

真腊是中国东南近邻,也是重要的贸易对象国。元代又称甘不昔、干不察、甘孛智,今译柬埔寨。1281年10月,元朝曾派使者到甘不昔国去,要求往来。1282

年12月,真腊国使速鲁蛮还被元朝派往占城去,顺道便归国了。

1295年6月,元成宗又派使者到真腊,温州永嘉人周达观随使团出国,记下了一次《元史》并未录笔的出使,将见闻写成《真腊风土记》一书。周达观在真腊几近一年。1296年2月离开明州(宁波),中途遇逆风,到7月才进入真腊属境的真蒲(越南头顿),从此过昆仑洋,由湄公河入海许多分支中的第四港(越南美荻)溯流而上,半个月后在查南(柬埔寨磅清扬)换小船,继续航行,渡过淡洋(柬埔寨洞里萨湖),由于傍(暹粒河注入洞里萨湖的河口),经50天路程,抵达真腊首都吴哥。使团在1297年6月回舟,8月12日抵达明州。

周达观出访真腊时,正是吴哥王朝繁荣兴旺之时,目睹吴哥石构建筑的壮丽,百塔林立,华侨有百塔洲之称。

周达观见到的吴哥城,称吴哥通(大吴哥),建成于阇耶跋摩七世(1181—1218)时期。城周20里,有5座城门。城外护城河上架有通衢大桥,两旁竖立石神27对,手执阇干上的九头蛇。城中央有金塔,寝宫中也有金塔,并有金桥、金狮,故有富贵真腊之称。最高的巴普昂铜塔巍然矗立,令人生畏。吴哥城南的吴哥寺,周达观称鲁班墓,比喻它成于鬼斧神工,和爪哇的婆罗婆陀,同为中世纪东南亚最壮丽的石构庙堂。在周达观巡访后不久,古迹湮没,荒废于杂草丛林之中。靠了周达观游记被译成法文,19世纪统治柬埔寨的法国人才按图索骥,加以探寻。1863年博物学家亨利·莫霍寻访吴哥,翌年游记发表,方使千年古迹重为世人所知,久已沉睡的吴哥才得从地下重又苏醒。

周达观对真腊的城郭、宫室、服饰、生产、器用、属郡一一加以记述。当地的主要贸易对象是中国,中国金银,色轻缣帛最受欢迎,其他则如真州锡镴、温州漆盘、泉州、处州青瓷,以及水银、纸扎、焰硝、檀香、麝香、麻布、雨伞、铜盘、铁锅等日常用品和药物,无不仰给于中国。中国水手由于当地生活水准低,米粮易求,妇女易得,经商容易获利,因此,移居的越来越多。在东南亚各国中,真腊与缅甸、爪哇、苏门答腊可并称为四大侨居地。华人的生活习惯也随着在柬埔寨生根,家禽中的鹅,便是当时从中国移植的。

(五)中泰关系的新纪元

1238年泰族领袖坤邦克郎在泰国北部建立的素可泰王国,推翻了高棉人的统治。素可泰是湄南河上游永河旁的这个独立王国的首都,元代称作暹国。南方高棉族统治的国家,中国历史上称作罗斛国,1350年兴起了阿瑜陀王朝(1350—1767),又称大城王朝,1378年素可泰王国也并入阿瑜陀王朝,于是有暹罗的国名。

1293 年到 1300 年,元朝三次派使节前往素可泰,彼此展开了友好的官方关系。素可泰王国也不断派使者到大都,前后共有 12 次。1300 年素可泰王敢木丁亲率使团到达大都,元朝以盛礼相待。素可泰使用了中国传统文化的干支纪年,和广西南部壮泰语系民族、云南西双版纳傣族使用干支纪年、纪日,完全一样。他们称干支叫傣日,意思是傣族的日子。素可泰人和清莱的兰那泰人,借用古汉语称干支,十个天干中,子寅卯辰巳未申戌亥的读音和汉语一样;十二个地支中,甲己庚癸的读音也和汉语相同。素可泰碑铭中称,干支是傣族人的传统历法,它们来自中国,历史非常悠久。泰国人在元代已开始用中国儒名称呼姓名。

湄南河流域的华富里是罗斛的都城,罗斛与中国自宋以来有使节往还。1289年到 1299 年间,罗斛与元通使五次。

中国的棉布在泰国是热门货,泰国南方喜欢花印布,暹国则输入青布。叻丕地区的罗卫爱用金花的狗迹绢。当地通用的货币贝子,也有由中国船运去的。硝珠、水银、铜铁器大量运往暹国,金、锡、青瓷销往罗斛。当地出产的罗斛香、苏木、犀角、象牙、翠羽、黄蜡,是中国帆船采购的大宗货物。

(六)元与东非国家的通使

1282 年阿耽出使马木鲁克以后,元朝的海外关系有了新的起色。一年之后,1283 年 9 月,就有来自埃塞俄比亚的古答奴国委托商人阿畏等向中国表示希望通商。埃塞俄比亚新兴的所罗门王朝的中心阿姆哈拉,在它以西有个冈达拉,是每年两次队商顺着尼罗河和开罗来往的必经之地,中文译作古答奴。从此元朝和这个信奉基督教的古国埃塞俄比亚保持着来往。1291 年 9 月,元朝派特使到南印度的俱蓝、马八儿和埃塞俄比亚的于马都。出使马八儿和于马都是礼部侍郎别铁木儿、亦列失金和陕西脱西。于马都是元使首次正式访问的阿姆哈拉。13 世纪下半叶,基督教会崇奉的圣者塔克拉·海马诺特(1215—1313 年),领导教会支持叶海诺·阿姆拉克(1270—1285 年)推翻了阿高人建立的扎格维王朝,恢复了古代所罗门世系的王朝,海马诺特的声名远扬,成了埃塞俄比亚重建所罗门光荣的象征,中国译称于马都。叶海诺·阿姆拉克的孙子阿姆达·齐荣(1314—1344 年)继位后,埃塞俄比亚处于和平昌盛的时期,他的使者在 1328 年到达中国,被称作雅济国。此时埃塞俄比亚吞并了阿瓦什河流域的伊法特穆斯林政权,可以从泽拉港和中国通商了。

东非印度洋沿岸国家和元朝正式往来,是从 1285 年马答国使者到大都觐见忽必烈开始的。这一年马答和速木都剌(苏门答腊北部)二国使者联袂而来。马答是索马里最大的海港城市摩加迪沙最早的中译名,阿拉伯语读作 makdashau,斯瓦希里语常念成 mogedaxo，中文名字省译作马答。这地方在《马可·波罗游记》中也有记载，就是早先被误读的中国派往马达加斯加的使者，马可·波罗的主要手稿将这个字拼作 mogelasio，取自斯瓦希里语的 maɣadicho，正是摩加迪沙。中国使者便是 1282 年第二次抵达俱蓝的杨庭璧，不久又有马答使者的回访，使者或者也是乘的中国船，那时中国船已有从南印度开赴东非的。摩加迪沙的居民是纯正的阿拉伯人，又极欢迎外国商船前往交易，13 世纪上半叶，已成为东非沿海的一座大城和最大的转口贸易港，而且由于它和埃及在文化和贸易上的密切联系，因而也成了中国和埃及之间在印度洋上有数的几个环节之一。

摩加迪沙通使后的一年，1286 年 9 月，肯尼亚的马兰丹（马林迪）和帕特岛的那旺使者，随着印度、苏门答腊的使团一起来到中国。马林迪王国是肯尼亚的政治和经济中心，移民来自伊拉克的库法。

1300 年东非一巴萨和北非丹吉尔的使者也从海上来到中国。蒙巴萨使者在元代档册中称作蘸八（桑给巴尔），来自桑给海岸（包括索马里南部、肯尼亚、坦噶尼喀沿岸）的蒙巴萨，使节和爪哇、暹国等国使节一起到北京谒见元成宗铁木耳。同上北京的还有摩洛哥吊吉而（丹吉尔）的使者，使节来自非洲的马林王朝，由统治了北非的阿布·雅各布·纳赛尔（1286—1306）派遣。这些使节的来访，可能都是先由中国航海商到过那里，才引起这些非洲国家和元朝建交的活动。来使大都取道马尔代夫群岛，由这一条中国帆船经营的新航线，分别从亚丁或摩加迪沙横渡印度洋。中国帆船也随使者回国，远航非洲。《经世大典·站赤》记有 1301 年元使答术丁前往马合答束（摩加迪沙），征取狮豹等物；同年又派爱祖丁等使四起，正式代表 35 名，前往刁吉儿（丹吉尔），取豹子稀奇之物，来去需时 3 年。进入 14 世纪以来，中国和阿拉伯国家、非洲各地的海上交通更加活跃，特别是 1323 年元朝正式开放海外贸易以后，中国商船参与了亚丁—马拉巴—基尔瓦三角贸易，中国和这些地区的经济和文化联系更大大加强了。

（七）元与高丽

元初，高丽王室和元朝统治者联姻，忽必烈以公主嫁给高丽王世子，后来登位称忠烈王，成为忽必烈的驸马王。忠烈王在位 43 年，前后 14 次随带人员出入大都（北京）。忠烈王的儿子王璋，长期居住大都，1308 年即位为忠宣王，1313 年就将王位让给次子王焘（忠肃王），自己仍然移居大都，1314 年在大都筑万卷堂，派博士柳衍到江南购书 10 800 卷，充实堂中。当时高丽又得到元仁宗将宋朝秘阁的藏书赠给高丽，共 4 371 册，17 000 卷，对双方的文化交流起了很大作用。忠宣王在万卷堂中常与元代著名学者阎复、姚燧、赵孟頫、虞集等切磋经史文学。从臣白颐正在大都专门学习程朱理学,白颐正是高丽首传程朱学说的安珦的弟子,学成归国后,又传授给李齐贤、朴忠佐。1315年,蜚声文坛、年仅28岁的李齐贤,被忠宣王召到大都,与姚燧、赵孟頫等结识。李齐贤曾游历河北、河南、山西、陕西、四川、江浙等地,1320年并到吐蕃(西藏)去探望被英宗流放的忠宣王,1341年才回到高丽。李齐贤在高丽官居要职,推崇程朱理学,使理学在高丽勃兴。李又将赵孟頫真迹在高丽流传,使高丽书法由欧阳询书体转为赵体。李齐贤创作大量汉文诗词,深受李白、杜甫和苏轼的影响,他的诗文对朝鲜文学所起的推动作用,可于李朝诗人金泽荣称他"为朝鲜三千年之第一大家"中见出。

元和高丽的佛教界交往甚密,1300年起,元曾多次以重金购买义天的续藏经,又在1309年、1338年、1340年派使者到高丽请佛经纸。高丽后期宫室、佛寺建筑多请元代工匠修建,塔的式样也受元代喇嘛塔的影响,扶苏山敬天寺的大理石多宝塔,是喇嘛塔,由晋宁君姜融招募中国工匠修建。

中国的棉花在元代已遍布南北,元末更传入高丽。高丽使臣文益渐在1363年到大都,参加了德兴君集团,不久事败,文益渐在回国途中从棉田中摘取了十多枚棉实带走。1364年回到故乡晋州,交给他的舅舅郑天益种植,只有一枚成活,当年收获棉实一百多枚。此后年年繁育,到1367年在乡里推广。这时刚好有一胡僧弘愿路过天益家,天益向他请教棉纺技术,弘愿又帮他制作工具,天益家里的婢女便织出了第一匹棉布。于是邻里相传,遍于全国。1375年高丽王任文益渐为典仪注簿,到1398年去世时,年已70。

(八) 元与越南

元和越南陈朝(1225—1400年),先后发生三次战争,元军在1257年、1285年和1287年—1288年三次攻入陈朝国都,不久即行退出。事后双方仍信使往还,恢复了正式的国交。陈朝的对外贸易港口云屯,当地人都靠商贩为业,饮食衣服,都从中国运去,"服用习北俗"。

1288年陈圣宗派陈克用向元求取《大藏经》,1295年《大藏经》全部运到留天府(今南定),用雕版复制副本,开始大规模使用印刷术刊行书籍。1299年又下令印刷佛教法事道场新文,连同政府公文格式,颁布全国。印刷事业从此在越南扎了根。1232年陈朝开太学生科试,将以前三库之试提高到考进士,从此儒学大兴,著名的"越儒宗"朱安,所著《四出说约》成为陈朝最杰出的儒学著作。

陈朝建立后,中医中药有了发展。除专为王室治病的太医外,还通过考试遴选医生,建立广济署,为民治病。中国人在越南行医,尤其受到尊重。陈朝绍丰(1279—1285年)年间,元兵南侵,军医邹孙被俘,留在越南,专为王室贵族治病,颇见成效,受赏致富。邹孙的儿子邹庚,继承父业,尤精针灸,被人称为邹神医。

1225 年被陈朝一获的元二歌手李元吉长期定居越南,开创了传戏。李元吉广采当地民间故事,成功人的戏剧,带领出一班人马。演出时,演员穿绸披缎,操琴起舞,情节感人,使观众悲欢不能自主,从此越南人便和戏剧结上了不解之缘。

四、 元帝国和钦察汗国

(一) 钦察汗国和中国文化

1242 年夏,统率蒙古军西征的拔都接到窝阔台汗去世的噩耗后,集结军队,班师回国,在他的占领区建立了钦察汗国,选定伏尔加河下游的塞利特伦诺依镇作为他的都城萨莱。因为拔都所驻的穹帐使用金顶,俄罗斯人便称为金帐汗国。萨莱离哈拉和林数万里,驿骑用急行办法,也要二百多天路程。钦察汗国辖境广大,包括俄罗斯各侯国、伏尔加河流域的保加利亚、波洛伏齐人草原(钦察草原)、北高加索、花剌子模和西伯利亚南部。四万蒙古人控制了东起额尔齐斯河,西到匈牙利、波兰边境的广大汗国。钦察汗拔都,治国有方,被称为赛因汗(好皇帝),又称金帐汗。拔都将他的长兄鄂尔达的分地封在锡尔河以北,穹帐用白色,称白帐汗。拔都的弟弟昔班封在鄂尔达牧地以北,西至于乌拉尔河,穹帐用蓝色,称蓝帐汗。

金帐汗在伯勒克(1257—1266 年)统治时,容许居民自由信仰伊斯兰教和基督教,伯勒克自己成了第一个皈依伊斯兰教的金帐汗。由于窝阔台嫡孙海都和察合台孙子都哇的作乱,1266 年后,中亚交通时断时续。1304 年叛居中亚的察八儿和都哇向元成宗求和,察八儿也派使者到钦察汗国,欧洲人从此又可通过钦察汗前往中国北方了。

14 世纪欧洲商人和使节与大都(北京)之间的交通,大多取道钦察汗国。裴哥罗梯在《诸国记》(1340 年)这部著作中,记述意大利商人从热那亚或威尼斯出发,先走海道到克里米亚半岛的卡发,又渡亚速海到塔那港登岸,然后由当地的库曼(波洛伏齐)人或精通库曼语的人作向导,前往萨莱,再经水路渡过里海,到萨拉康科,再走陆路,经乌尔鞬赤到讹答拉,再进入新疆境内的阿力麻里(霍城以西破城子)和甘州(张掖),到开封后,可以南下杭州,或北上汗八里(北京)。

居住在钦察草原的波洛伏齐人,被欧洲人称为库曼人。库曼人的祖先库莫奚,来自河北东北部和内蒙古,12 世纪初逐渐西迁,元代便成了主宰钦察草原的库曼人。库曼人居住的钦察草原,在蒙古人统治时期是中国和欧洲进行贸易和文化交流的必经之地。在萨莱以北,沿着伏尔加河,在莫斯科以东的尼基尼·诺夫哥罗德(下诺夫哥罗德),是另一个来自中国北方和蒙古草原的队商贸易的集散地,他们可以在那里和欧洲汉撒同盟各城市的贸易商互换商货,传递信息。尼基尼·诺夫哥罗德成了当时中欧与远东维系贸易、输送文化的枢纽,它是横贯俄罗斯的中西交通大道中,处于北线的一个商业城市,其地位仅次于南线的萨莱或卡发。至今诺夫哥罗德还有一个区,就叫契丹区,保留着当年来自中国北方的契丹人居住、活动的名称。

俄罗斯人对来自东方的异族统治者称为鞑靼。金帐汗国统治时期,契丹文化像一股洪流,从中亚细亚涌入伏尔加河和钦察草原。罗斯贵族、农奴主采用东方的服饰和武器,产生了俄语中的靴、束腰带、长衫、圆帽等借词。像鞑靼武士一样,桦皮弓和弯刀也都成了罗斯武士的装备,又从鞑靼人那里学会了铁火罐等使用火药的足以引起燃烧和爆炸的新式火器。

辽、金以来流行在北方的金锦,在元代继续织造,大量流入钦察汗国。金锦在库曼语中叫 nac,是从波斯语借来,也经过意大利商人运往欧洲。俄语中的金锦,和波兰语、法语中的同一个词,都从阿拉伯化了的波斯语"锦袍"(金织服)借来。很多工匠,不是从中亚移居欧洲,便是从中国北方迁去。中国工匠在钦察汗国定居后,也带去了铸造铜镜的手艺,这些手艺后来又传给了他们在那里的同行。在伯勒克萨莱出土过一些有汉字铭文的铜镜,是从中国运去的。还有一些镌有阿拉伯字铭文的铜镜,在钦察汗国的城市发现,是当地铸造的,不妨推测,那是由中国工匠传授的。

元代的驿传制度在钦察汗国生根的结果,将钦察草原和伏尔加河划入了蒙古帝国的交通网。饮茶的习惯,也由中亚的回鹘人,经过蒙古人传到了俄罗斯。俄语中的茶也和中国北方的发音相同,但形成社会习惯,却要晚到 17 世纪了。元代普遍使用的定盘珠、走盘珠,在宋元之际已开始称算盘,元代已和筹算并用,成为一种重要的演算工具,这种方便的算盘在 13、14 世纪时由欧洲商人从中国带回他们的家乡,从此中国式算盘便在欧洲安了家。算盘在东汉时代已经发明,上面一珠当五,下面四珠各当一,这种算盘和古罗马的十珠算盘不同。1985 年在意大利一座公元 1 世纪的墓葬中找到的一件 13 厘米长的袖珍算盘,也是一件一共九柱,分成上下档的算盘,上档一珠,下档四珠,极有可能是最早西传的中国算盘。元代中国和欧洲的商业往来极盛,威尼斯、热那亚商人出入中国各地的人数不少,他们又将中国算盘第二次传入欧洲。俄国人承认他们使用的珠算源出中国,14 世纪时波兰人也使用算盘。法国银行有一种欧洲式算盘是从中国算盘直接演变而成。

俄罗斯人在蒙古帝国统治期间,是最早学会雕版印刷的欧洲人。1245 年罗马教皇使者柏朗·嘉宾取道基辅到达哈剌和林,提到贵由汗的国玺是由一个叫科斯莫斯的俄国人所刻。几年之后,在 1253 年从法国经过拔都的驻地前往哈拉和林的卢白鲁克,特别注意到俄罗斯采用了印有颜色加有印戳的皮币或革币,代替金银流通各地,它们是最早模仿在中国通行的纸币。后来元代使用的交钞,也在俄罗斯的土地上出现,对于雕版印刷是个极好的启示。曾在莫斯科充当驻外使节的保罗·约维,在他写的《世俗史》(1550 年)中,曾推测"早在葡萄牙人到达印度以前,塞人和莫斯科人已经把这种可以无限的促进学问的样本传给我们了"。他所说的塞人便是那些居住在新疆和中亚的畏兀儿人,畏兀儿人精通印刷,并且在 13 世纪制作了世界上第一批木活字,有些人在元朝担任主计和文书,对于推广印刷文化举足轻重。14 世纪在欧洲接受印刷文化的历史上是个转折点,意大利和东欧都是传播这一伟大的中国发明的途径,在东欧这条传动线上,俄罗斯处于东方的畏兀儿、西方的日耳曼之间,是不可缺少的重要一环。

(二)元代的钦察人

元代外族移居内地的极多,波斯人、阿拉伯人、中亚畏兀儿人以外,钦察人是人数众多,而且势力极大的入籍外人。

钦察人在色目人中地位极高,钦察贵族常和孛儿只斤氏联姻。钦察人勋臣普化的孙女,驸马脱里忽思的女儿嫁给成宗,册为卜鲁罕皇后,后被武宗所废。钦察权臣燕帖木儿多娶宗室女,又将女儿嫁给顺帝,封为答纳失里皇后。钦察卫士人数众多,在元朝军队中占有重要地位,入籍的有钦察、阿速、斡罗思、康里等部人员。

钦察卫士早在成吉思汗时已见征用。成吉思汗西征,速不台集合蔑儿乞、乃蛮,克烈、杭斤、钦察部千户,成立一支军队。钦察军队在元世祖时列入宿卫军,1286 年立钦察卫,有行军千户 19 所,屯田 3 所,调集 1512 名卫士在清州等地屯田。中亚安定以后,钦察人到元朝服役的增多,1308 年设四千户所,1322 年改立左钦察卫、右钦察卫,属大都督府。1328 年文宗创立龙翊卫,统属左钦察卫唐吉失等九千户,钦察卫总人数已接近万户。所辖三处屯田共计 656 顷。在居庸关所立的隆镇卫,1311 年升格为隆镇上万户府,也有钦察卫士和阿速卫士 。

钦察名将有土土哈、苦彻拔都儿、完者都、伯帖木儿、昔都儿、乞台等。

土土哈(1238—1298 年)是钦察国主班都察的儿子。六世祖本是武平北折连川按答罕山部族,从中国北方迁入乌拉尔山,成为钦察国主。拔都西征,班都察归降蒙古,后来率领钦察人百名跟随忽必烈,从征大理和南宋。1260 年班都察父子在平定阿里不哥叛乱中立功,土土哈承袭父职,充宿卫。海都叛乱时,土土哈率领骁骑千人追击脱脱木、失烈吉有功，忽必烈在 1278 年才命令散居各地和隶属诸王的钦察人，都改隶土土哈，每户给钞 2 000 贯，选作禁卫军。1285 年土土哈升任镇国上将军、枢密院副使。下一年钦察亲军卫正式成立，都指挥使由土土哈兼任。1287 年哈剌鲁万户府成立，海都属下投奔元朝和散处安西诸王部下的钦察人、康里人都归土土哈统领。1289 年土土哈跟从皇孙晋王北征，后又率军进取吉尔吉斯，屡建功勋，升任上柱国、同知枢密院事、钦察亲军都指挥使。土土哈第三子床兀儿，以勇武著称，屡次和都哇作战，后又战胜察合台后王也先不花，受到武宗、仁宗的宠幸，任平章政事、知枢密院事、钦察亲军都指挥使、左卫亲军都指挥使。床兀儿的儿子燕帖木儿任右丞相，撒敦任左丞相。燕帖木儿权位尤高，曾统领钦察军，拥立文宗有功，授答剌罕、太师、左丞相、太平王，成为文宗时权位最高的重臣。燕帖木儿前后娶宗室女 40 人，以泰定帝也孙铁木儿皇后不八罕为夫人。女儿嫁给顺帝脱欢帖木儿，立为答纳失里皇后。燕帖木儿死后，元顺帝戮诛他的后代，答纳失里后的哥哥唐其势以谋逆罪处死，皇后因袒护她弟弟塔剌海，贬逐出宫，被丞相伯颜毒死在开平民舍。

钦察将领中，《元史》有传的还有参加过讨平金、宋战役的苦彻拔都儿，任江浙等处行中书省平章政事的完者都。从征南方，任广威将军、炮手军匠万户府达鲁花赤的昔都儿，是个掌管火炮制造的将领。

阿速军队在元代也是重要的宿卫军。1272 年正式成立阿速拔都达鲁花赤，招集阿速正军 3 000 多人，又选阿速揭只揭了温怯薛丹军 700 人，随从忽必烈车驾，宿卫城禁。1286 年由于阿速军南攻镇巢时伤亡太多，以镇巢 700 户编入阿速军，总共达到 1 万户，隶属前后二卫。1309 年又改编成左、右卫阿速亲军都指挥使司，以后又将部分阿速卫士编入隆镇卫，守卫大都。1328 年成立威武阿速卫亲军都指挥使司。

阿速将领大多是拔都西征和蒙哥平定钦察各部时，投奔蒙古军的。有国主昂和思拔都儿父子、也烈拔都儿父子、阿儿思兰、拔都儿兄弟三人、福得来赐父子、丹鲁达某父子和别吉八父子。

阿速国主昂和思在拔都西征时归附蒙古军，赐名拔都儿（"壮士"），佩虎符为万户。蒙哥汗南侵四川，昂和思选阿速军千人和长子阿答赤从征，后来阿答赤充宿卫。昂和思在回国途中被杀害，妻子外麻思便接替他领兵守国，后传次子按法普。阿答赤在忽必烈时从征江南，死在战场上。阿答赤的儿子伯答儿任定远大将军、后卫都指挥使，兼右阿速卫都指挥使，在西北战场上屡建功勋。儿子斡罗思在 1328 年任阿速卫都指挥使。

也烈拔都儿跟随昂和思到中国，在太宗窝阔台时充宿卫。后从征四川，虎口抉舌,壮勇无比,蒙哥汗十分宠幸,特成立阿速军,由他统领,本人在江南阵亡。他的一个儿子玉哇失,在平定乃颜叛乱时亲擒乃颜。玉哇失的儿子亦乞里歹、孙子拜住都继续统领阿速军。

阿速城主阿儿思兰,在蒙哥西征时归附,由他专领阿速人,分成二部,一部随军征战,一部原地镇守。阿儿思兰的两个儿子都战死疆场,后裔都服军役。阿速人拔都儿兄弟三人,原跟随蒙哥。忽必烈赏识拔都儿,命他统领阿速军一千,侍卫左右,兼领阿速军。福得来赐和口儿吉父子二人,都随蒙哥到中国,口儿吉曾领阿速军从征海都,1308 年任左卫阿速亲军都指挥使,他的儿子的迷的儿继续统率左卫阿速军。月鲁达某和儿子失剌拔都儿都立有军功,失剌拔都儿的儿子那海产在 1309 年统率右卫阿速军。

俄罗斯人,元代译称斡罗思,早在 1295 年就有投奔元朝的,但被遣送回国。1330 年 2 月在枢密院下正式成立宣忠扈卫亲军都万户府(正三品),统率斡罗思军士,在大都北郊立营,领有民田 430 多顷。翌年,改称宣武斡罗思扈卫亲军都指挥使司,从左钦察卫撒敦和察合台后王章吉陆续调出斡罗思人几百名。1332 年由燕铁木儿名下调集的斡罗思人就有 2 500 人之多,有些是从察合台诸王所得战俘征发。顺帝时,这些斡罗思人也有充怯薛丹、各爱马禁卫军的。

俄罗斯人捏古剌,在蒙哥汗时和也里牙(伏尔加河)、阿速 30 人归附蒙古军,从名字可以知道是个基督教徒,曾从征四川钓鱼山,讨伐李璮。儿子阿塔赤,在忽必烈时参加围攻襄阳,继下江南,北征乃颜。阿塔赤的儿子教化,1328 年升为拱卫直都指挥使。教化的儿子者燕不花,先后侍奉仁宗、英宗、文宗,统率阿速军,1328 年升为兵部尚书、大司农丞,是个已经蒙古化的阿速将领。

康里人,古代称丁零、高车,元代移居中国的很多。成吉思汗时已有也里里白和伯牙兀氏爱伯投奔。也里里白曾南征到洛阳,占有唐代大诗人白乐天故居,作为家业。儿子也在蒙古军中服役。爱伯的儿子也速觩儿,曾参加远征日本之役,1285 年镇守泰州,抽征民丁共万人,由他任钦察亲军指挥使统领。

康里王族依附蒙古的有曲律、牙牙和他们的后代。曲律母亲苫灭古麻里氏在 1244 年投奔和林。曲律和牙牙都跟从蒙哥汗入四川。曲律无后裔。牙牙生有六子,阿沙不花(1263—1309 年)通阿拉伯语、蒙古语,先得忽必烈赏识。忽必烈赐给他土田、奴隶,居住兴和郡天城。武宗即位后,阿沙不花升中书右丞相、知枢密院事,兼广武(康里)侍卫亲军都指挥使,封康国公。弟弟脱脱(1272—1327 年)任中书左丞相,被称为是个"知无不言,言无不行"的贤相,封为康国王,称康国脱脱。脱脱的儿子都是国子学诸生,华化极深,铁木儿塔识在顺帝时任中书右丞,弟弟达识帖木儿亦任中书右承,后为江浙行省左丞相,负责招降张士诚,最后被张士诚拘捕,自杀。

康里名将有艾貌拔都父子、明安父子、明里帖木儿父子。艾貌拔都最初从速不台出征日本,1286年起充任钦察亲军都指挥使。明安、帖哥台三代掌握中卫军、贵赤军兵权。明安在1283年任中卫亲军都指挥使,1285年成立贵赤亲军都指挥使司,不久也由明安任都指挥使,他的儿子相继担任二军要职。明里帖木儿祖孙三代世居显官。明里帖木儿祖父哈失伯要在成吉思汗时投靠蒙古王室。明里帖木儿和他儿子斡罗思先后在云南王府供职,武宗执政后,明里帖木儿升任中书左丞,领武卫亲军都指挥使,又任四川行省平章政事。斡罗思儿子庆童,屡任上都留守,江西、河南、江浙三省平章政事。元末,明军围攻大都,庆童以中书左丞辅助淮王帖木儿不花监国,1368年8月2日城破被杀。

康里将领掌管的宿卫军,先后有中卫、钦察卫、贵赤卫、武卫和康礼卫。康礼卫成立最晚,1310年始定康礼军籍,将诸王阿只吉、火郎撒所领探马赤军中的康里人,重新整编入籍,康里属籍不明的,加以剔除。康里卫士在元朝,是仅次于钦察卫士的宿卫军。

康里人接受中国文化最深的有不忽木父子和秃忽鲁。不忽木世代是康里部头目,祖父海蓝伯和成吉思汗同时从属克烈王汗。王汗被歼,海蓝伯逃亡,十个儿子都被成吉思汗俘获,最小的一个燕真,由庄圣皇后(忽必烈生母别吉太后)抚育成人。仲子不忽木(1255—1300年)受学于国子祭酒许衡,得忽必烈宠幸,官居吏部尚书、平章政事,侍奉左右。不忽木能日记数千言,熟悉中国历代帝王统系。成宗时国家大事多采纳不忽木的主张,是一个主张推广儒学,又善词曲的康里学者,文名与维吾尔词家贯云石相并。不忽木的儿子回回(1283—1333年)、巎巎(1295—1345年)都出身于国子学,回回在文宗时任中书右丞,巎巎官至礼部尚书、翰林学士,生平提倡儒学,是康里人中的儒学家、著名书法家,善于正行草书,以得晋人笔意,单牍片纸,为时人所争藏。兄弟两人,都是当时名臣,而又精通汉学,号称双璧。秃忽鲁,是康里亦纳的曾孙,从小侍奉忽必烈,和不忽木同时在许衡门下就学,成宗时任江浙右丞、枢密副使,为人和不忽木相似。

五、 元帝国和伊儿汗国

(一)伊儿汗国和中国文化

伊儿汗的奠基老是统率蒙古大军第三次西征的旭烈兀。伊儿汗的封号是元世祖忽必烈所封,意思是大汗的藩属。伊儿汗自旭烈兀汗起,和元朝始终保持着友善的关系。1264年忽必烈平定阿里不哥的分裂活动后,旭烈兀立即确认忽必烈的人汗地位,自称伊儿汗。伊儿汗和钦察汗、察合台汗一样,也成为足以自主一方的汗国。元代总称这三大汗国为西北三藩。

伊儿汗阿八哈(1265—1282年)在1265年即位,从他开始,历任伊儿汗必须受元朝册命。1270年10月,忽必烈派专使到察合秃河畔阿八哈的行营,阿八哈才正式举行登基大典,接受来自大都的诏旨、冠服。阿八哈的儿子阿鲁浑(1284—1291)在内战中取胜,继任汗位,1286年4月,当忽必烈的册命到达时,阿鲁浑第二次登上汗位,举行例行的仪式,接受元帝国颁给阿鲁浑的方形汉字篆书"辅国安民之宝"的国玺。阿鲁浑在1289年致法兰西国王腓力四世的信上,便盖过这枚大印。盖喀图汗(1292—1295)执政时,曾在财政上模仿中国,发行纸钞。1294年9月12日在首都大不里士正式发行,纸币完全仿照元代至元宝钞,上面也有汉文"钞"字,四周纹饰照样刻印,并有阿拉伯文的颁发年份693年,和盖喀图的喇嘛教名亦朵真·朵儿只("大宝金刚")。纸币在大不里士第一次使用雕版印刷法大量刊印,面值从半个迪尔汉到10个第纳尔不等。各重要省城也设立宝钞局,发行和兑换宝钞。开始一星期,由于金银被禁止流通,明令拒绝纸钞的立即处死,人们勉强接受了纸钞。但用纸钞却换不了多少东西,大不里士城居民纷纷出走,城市因此荒废了。贸易和征收关税被迫停止。于是纸币无法流通,只得重新使用硬币。纸币虽然在伊儿汗境内发行失败,但这件事,正足以显示中国的政治、经济制度对伊儿汗国是效法的榜样,也是在中国境外,世界上第一次印刷钞票。

伊儿汗国最有建树的合赞汗(1295—1304),仍然使用元朝颁发的汉文国玺,同时决心奉什叶派伊斯兰教为国教,加速蒙古政权和穆斯林文化的融化,又注意联络欧洲基督教国家。他的继任汗位和改宗伊斯兰教,都得到元成宗的支持。合赞汗精明强干而又博学,能通八国文字,汉文、阿拉伯文、波斯文以外,还通维吾尔文、拉丁文、法文和印地文。合赞汗得到宰相拉施德丁的辅佐,仿照忽必烈的治国,在国内推行一系列改革,以改善政治生活和社会经济。这些措施,涉及法制的健全、公共设施的改善、国库管理的强化、整顿贸易和借贷制度、加强社会治安、统一度量衡。对于日益纷乱的驿传制度,也仿照忽必烈在1269年和1270年的改革,加以严格的整顿。当时后妃、贵族和各级将领、官吏滥派使者,使者乘驿使用银质或铜质牌子,牌子的名称也从辽、金和元朝借用,在圆牌上刻有"官牌"字样,可以免费通行各地。由于往来驿使过多,随带扈从更人数可观,沿途骚扰。合赞汗对驿站加强了监督,专门营建了旅店,规定使臣必须持有金牌方可乘驿,其他过境旅客,都须缴纳费用,并依次乘用马匹,严禁因私事派遣驿使。这使全国的交通和治安,都在一个新的基础上得到了改善,而这些办法,大都取之于元朝。

在中国和伊儿汗国之间进行的文化交流,起过重大作用的有三个人,一个是出身蒙古贵族,在 1285 年后定居大不里士的元朝重臣孛罗;一个是原籍拂菻(欧洲、小亚细亚、利凡特)的基督徒爱薛;还有一个是合赞汗的宠臣、学识渊博的拉施德丁。

　　孛罗(约 1246—1313 年)出身蒙古朵儿边部,自幼由忽必烈一手培养,曾担任枢密副使,一度兼任中书省丞相,故称孛罗丞相。1283 年孛罗和爱薛奉命出使伊朗,由海路到达霍尔木兹,1284 年冬,在伊朗西北部阿儿兰(今阿塞拜疆境内)的撒莱·满速里牙觐见阿鲁浑汗。孛罗从此定居伊朗,先后襄助阿鲁浑、盖喀图、贝杜、合赞、合尔班答治国,深得合赞汗信任,任命他统率万人御林军。他曾向盖喀图汗提供元朝发行纸钞的详情,并向合赞汗和拉施德丁提供了无数蒙古部族谱系和元朝的政治制度及历史知识,促成拉施德丁在 1301—1307 年间完成了当时第一部世界史《史集》。拉施德丁在《史集》序言中,承认他在编写中,曾向中国、印度、畏兀儿、钦察等族的学者和显贵请教,感谢"特别要请教的是统率伊朗、土兰军旅的大埃米尔、各国的长者孛罗丞相。"孛罗的晚年侨居伊朗,足以成为中伊文化史上的一段佳话。

　　和孛罗一起在 1283 年出使伊朗的爱薛,担任副使,充当通译。爱薛(1226—1308 年)精通阿拉伯语、波斯语,定宗贵由(1246—1248 年)后已到中国,在宫廷任职,擅长天文、医学。1263 年起从他专管西域星历、医药二司,后来又创立京师医药院,用阿拉伯医药治疗色目人。先后在 1265—1267、1270—1273、1283—1286 年三次出访伊朗,在马拉格这个距离大不里士不远的科学城,参与波斯学者纳速剌丁·杜西主持的国际科学协作,共同编制《伊儿汗天文表》(1272 年)。他曾在马拉格代表中国学者作了《中国历法》的专题讲座,和纳速剌丁·杜西、叙利亚科学家阿布尔·法拉杰共同编写过欧几里得、托勒密的著作选编,对于沟通中西历法、数学有过重要的贡献。据陈垣考证,爱薛一名阿实克岱,这个名字和马拉格的天文学家阿布·舍克尔十分相像,应该是一个人。爱薛对于宣扬阿拉伯天文学、推动元朝改订新历,立过汗马功劳。1274 年,在爱薛出使归国的下一年,元朝便正式将回回、汉儿两处司天台合并,1275 年开始筹备改历。郭守敬在 1281 年正式完成颁行全国的《授时历》,具有许多吸收先进的回回历的特点。郭守敬在新历中开辟了通向希腊、阿拉伯天文历算中传统的球面三角学的道路,并且吸收回回历五星纬度计算周密的优点,作有《五星细行考》50 卷。郭守敬在恒星观测方面开始编制星表,也受到撒马尔罕和马拉格这些伊斯兰世界中的著名天文台同一研究的感染和启发。他在秘书监中可以参考的回回历,有 1272 年刚完成的《伊儿汗天文表》的阿拉伯文本,在《元祕书监志》中被译作《积尺诸家历》。郭守敬在 1276 年以后改革和设计的十三架天文仪器,不但总数和马拉格天文台相仿,而且功用也大多类同,其中简仪尤其有名,它的功用和马拉格的黄赤道转换仪相同,而运用简便,因称简仪。马拉格天文台的这些仪器早在13世纪60年代便已安置使用,经过来往于中国和伊朗的许多同行的介绍和研究,例如1267年呈《万年历》的伊朗天文学家札马鲁丁,以及可马刺丁,促成了郭守敬在天文仪器上的创新。在这些人物中,爱薛是最突出的一个。爱薛子孙多人,承袭家学,继续掌管崇福司(管理基督教事务)、司天台、广惠司(伊斯兰医药)。

合赞汗的侍医拉施德丁(1247—1318年),在1298年和萨埃丁共同辅政,治国有方。拉施德丁精通伊斯兰教义、哲学、医学、农艺,熟悉波斯、阿拉伯、蒙古、突厥等多种语言。他奉命编著的《史集》,包括蒙古世系、中国元朝、伊儿汗、钦察汗以及非洲国家的历史,是迄今为止流传最早的一部世界史。该书第一卷蒙古史部分,完全得力于孛罗的口述,使拉施德丁获得了许多关于蒙古诸汗和南宋以及元朝历史的丰富而又确实的材料。这部书在1310—1315年间抄写完成,书中插图画风,纯出中国画家之手。在他担任合赞汗和合尔班答汗首相的近20年中,伊儿汗国和元朝的联系进一步得到了加强,文化交流更有蓬勃的发展。拉施德丁非常熟悉中国的典章制度和科学文化,由于旭烈兀以来,在伊朗有随侍的中国医生,中国医学著作成为伊朗医学的重要参考文献。拉施德丁在1313年主编了一部中国医学百科辞典,题名《伊儿汗的中国科学宝鉴》,详细论述了中医的脉学、解剖学、胚胎学、妇科学、药物学等多种科目。这部波斯文巨著介绍了晋代名医王叔和(265—317)的《脉经》,又从中国医书中采录了三幅中国医学图片。一幅图画出八卦,将它划分二十四等分,来和昼夜相配,显出患者体温的升降,可称是研究人体生理机能的生物钟的图解。第二幅图,画出心脏、横膈膜、肝脏、肾脏,对内加以解剖。第三幅图画出手掌和腕部,在于显示脉理的诊断。这部书在1939年又译成土耳其文,在伊斯坦布尔出版,是部至今仍在流传的中医巨著。

(二) 元代的伊朗人、阿拉伯人

元代对中亚和西亚的穆斯林,总称回回,其中既有维吾尔人,也有散居各地的伊朗人、阿拉伯人和突厥人。他们属于色目人,宋元之际举家内迁的人数十分可观,而以江南最为集中。穆斯林侨民散居在新疆、甘肃、陕西、山西、河北和云南,东南沿海城市也到处都有信奉伊斯兰教的色目人,尤以杭州、泉州、扬州、广州、庆元(宁波)等通商口岸最为集中。杭州的奥斯曼家族、泉州的蒲氏家族都是阿拉伯移民中的望族。扬州的普哈丁,是在南宋咸淳(1265—1274年)年间传教的穆斯林,为伊斯兰教祖穆罕默德的16世孙,死后葬在扬州东关外,墓院俗称回回堂,又名巴巴窑,迄今仍是扬州伊斯兰文化的象征。

元代的泉州已跃居中国第一大港,在13世纪末,发展成足以和欧、亚、非航运咽喉的埃及亚历山大里亚港并驾齐驱的世界最大海港之一。泉州城居住着许多来自波斯湾、阿拉伯和东南亚的阿拉伯人、伊朗人。阿拉伯富商蒲寿庚和阿拉伯人赛典赤·瞻思丁的后裔艾卜伯克·乌马儿（伯颜平章），先后专擅泉州对外贸易长达一个世纪。蒲寿庚和他的哥哥蒲寿崴都是接受中国文化、精通汉语的阿拉伯人，祖先东迁占城，后来又成广州、泉州的富豪。蒲寿崴善诗，作有《心泉学诗稿》六卷、《心泉诗余》一卷，曾指使寿庚背宋拥元，晚年隐居泉州法石山中，自称处士。1245 年，蒲寿庚兄弟协助宋军击退侵扰的海盗，得宋朝信任，独揽对外贸易的大权。1276 年 12 月，元军前锋进至泉州，元将董文炳首先争取素主市舶在福建沿海势力最大的蒲寿庚的归降，被授以闽广大都督兵马招讨使的要职。元朝利用蒲氏控制的海上力量，把泉州作为和残存的南宋政权决战的基地，并以泉州为中心，积极组织海外贸易。1278 年后蒲氏利用职权，向印度和占城等国派出使者，引起忽必烈的不满，对蒲氏在海外经商和进行外交活动加以限制，但蒲寿庚仍不失为负责泉州对外贸易的一个最富有声望的人物，1297 年成为设在泉州的平海省的平章政事，以致富贵冠绝一时。继蒲氏之后，艾卜伯克·乌马儿（伯颜平章）也曾任泉州提举市舶司使，负责泉州对外贸易。他的儿子赛典赤杜安沙，死于1302 年，墓碑已在泉州东南隅城墙发现，此人还是泉州城南陈棣乡丁氏的一世祖。泉州法石的郭德广也是阿拉伯人，原居杭州富阳，迁至泉州后，后裔散处晋江法石、惠安白奇等地，是白奇郭姓伊斯兰教徒的始祖，他的子孙现已上万。元末泉州发生十年内乱，起因是信奉逊尼派的阿拉伯人蒲氏家族，和尊崇什叶派的伊朗驻军互相倾轧。原来驻屯扬州、湖州的戍军，多数是伊朗人，进入泉州后，在伊朗开泽龙人卜鲁罕丁、大不里士人舍立甫丁等商界领袖支持下，在 1357 年由万户赛甫丁、阿迷里丁发动军事叛乱，控制泉州。后来叛军进逼福州，骚扰兴化，1362 年掌管泉州市舶的蒲氏家族女婿那兀纳，又和阿迷里丁冲突，阿迷里丁被杀，最后伊斯兰教徒千户金吉勾结旨在独霸福建的陈友定，生擒那兀纳，乱事才告平息。

在云南政绩斐然的赛典赤·瞻思丁（1211—1279 年），也是具有阿拉伯血统的布哈拉人，被称为穆罕默德的后裔。瞻思丁的先祖所非尔在 1070 年已迁入中国西北，成吉思汗西征，瞻思丁在河西率千骑归附，随从作战，1274 年任云南行省平章政事，封咸阳王。瞻思丁在云南提倡儒家教育，推广中国文化，传播伊斯兰教，鼓励种植杭私杭桑麻，为民推崇。他的后裔曾掌管泉州市舶司，六世孙郑和更是明代鼎鼎大名的航海家和外交家。

阿拉伯人瞻思（1278—1351 年），是元代数一数二的儒家学者。窝阔台汗时，瞻思的祖父东迁真定，父亲斡直已接受汉文化。瞻思自幼在翰林学士承旨王思廉门下受学，是元好问的再传弟子。他当过地方官，能主持公道。最后供职秘书监。

一生勤于著述,学识广博,经学、天文、地理、历史、音乐、数学、水利都有著述。著作有《四书阙疑》、《老庄精诣》、《重订河防通议》等,并有《文集》30卷。赡思又能沟通中外文化,所著《西国图经》、《西域异人传》,多属外国历史、地理,是一位精通法学和科学的学者。

六、 元帝国与地中海世界

(一) 阿耽出使法里郎与阿鲁乾伯国

1250年埃及建立了由突厥奴隶军建立的伯海里朝(1250—1390年),新王朝就以"奴隶"为名,称马木鲁克(Mamluke)王朝。信奉伊斯兰教的马木鲁克,地跨亚非二洲,占有叙利亚、利凡特、希贾兹和埃及。1260年旭烈兀统率的蒙古军攻占大马士革,马木鲁克苏丹古突兹统率穆斯林军队在耶路撒冷以北阿因·札卢特平原阻挡了蒙古军的去路,乘胜克服大马士革。此后40年中,马木鲁克既要驱迫那些在利凡特曾和蒙古军联盟的法兰克人,又面临蒙古军的时刻准备西侵,因此在处理中东国际事务中,不得不注意联络与伊儿汗不睦的金帐汗,通过拜占庭打通黑海航路,同时也很早便注意和中国的蒙古大汗取得直接的联系,以改善马木鲁克和伊儿汗的关系。拜占庭不得不与周边的三大强国周旋,使自己免遭侵掠。

1262年派使者到达上都开平的发郎使者,就来自欧洲,使者说他在1259年便经过地中海和黑海向中国进发了,又介绍他的国家是在回纥极西边,亦即在小亚细亚的突厥人以西,并说那里的特点是"常昼不夜"。常昼不夜的地方是远到北纬60°以北才有的自然景观,拜占庭因为和钦察汗国联盟,且都属于东正教教会,所以夸称自己的国土之广,可以远抵北极圈。拜占庭皇帝米哈伊尔八世帕雷奥列格(1259—1282年)只得以和亲政策来改善他与两个蒙古汗国的关系。值得注意的是,这个国家使者来华,必须渡过地中海和黑海,所以更有可能来自反对拜占庭而受到罗马教皇支持的神圣罗马帝国。帝国的北疆到达波罗的海,南面辖有意大利半岛北部,与诺曼人王国接界,海上王国威尼斯和热那亚都在帝国统辖之下。但在1250—1273年间,帝国实际处在分裂状态,意大利因此得以与德国各君主相抗争,所以这大有可能,是由教皇亚历山大四世(1254—1261年)指定下由教皇指定由罗马派到开平的一个使团。因为罗马对于拜占庭争夺东西方教会的统一权一直耿耿于怀,从来不想放弃实现这一大计的大好时光,而这时的拜占庭在尼西亚帝国和希腊西部敌对势力的攻击下,正在陷入灭顶之灾的危急关头。1257年4月,旭烈兀在向哈马丹进军途中,接见从阿塞拜疆折回的拜住,向他训示:"你应当去把直到西海之滨的国土从发郎人和武克伯后裔手中夺过来。"这里的发郎人也明指欧洲人（拉施特《史集》第 3 卷，中译本 46 页）。忽必烈隆重接待了发郎使者，赐给使者许多金帛。这次通史，使忽必烈决意要和地中海东部的马木鲁克人建立外交关系，进一步协调这一地区与蒙古汗国的关系。

1281 年伊儿汗阿八哈（1265—1282）的大军在希姆斯遭到马木鲁克人的痛击，不久阿八哈去世。元朝在 1282 年冬 10 月，便派阿耽出使意大利和埃及，元代称这二地是法里郎和阿鲁乾伯国。元使所到法里郎，是欧洲国家，接着便到埃及阿鲁乾伯国。

法里郎，过去以为与法郎、法朗都是同名异译，但这个词若与意大利北部一个最早兴起的自由城邦费拉拉（Ferrara）一对照，便显得再贴切不过了。在横贯意大利北部的大河波河兴起的费拉拉，是意大利半岛上最早走上商业资本主义的地区之一。它和威尼察（Venizia）大区关系密切，濒临波河支流波迪沃拉诺河，东北离威尼斯不过 92 千米，现在属于艾米利亚—罗马涅大区，是波河三角洲的农业和手工业中心，初建于 6—7 世纪。元使所到的法里郎，一定不是拜占庭。在拜占庭建立了为时最久的最后一个王朝帕雷奥列格朝的米哈伊尔八世，依靠塞尔柱突厥人和库曼人雇佣兵，恢复了君士坦丁堡的统治，一时免于灭亡，但这时的帝国已沦落成一个受强国觊觎的小国。原先属于帝国的希腊南部大多被法兰克人占领，塞萨利、伊庇鲁斯等地区落入安茹利王朝的势力，海上航路完全被意大利城市所控制。到米哈伊尔八世的继承者安德鲁尼库斯二世（1282—1328 年）上台，撇开了威尼斯，完全听任热那亚把持海军，同时让海关关税的大部分被意大利航海城邦所侵吞。原本在国际贸易中享有很高信誉的诺米司马金币，由于贬值，被人谑称伊帕皮伦（Hyperpyron），而从 1265 年制造的热那亚金币，则赢得了新的声誉。1284 年威尼斯也发行金币。

元使抵达费拉拉时，原先只在波河右岸建市的费拉拉，已开始向左岸扩展，兴建了新的兼具罗马式和哥特式的宗座圣殿和主教座堂（Bacilica Cattedrale di San-Giorgio），展开新城的建设。到达此地的元使一定与费拉拉市政当局交流过城市规划的知识，对于供水和排水的工程和建筑群体的构筑进行磋商，将元代首都大都（北京）和上都（开平）的总体规划加以披露，所以此后费拉拉的新城建设便成了教宗的热门话题，以为这是体现新时代"理想城市"的楷模。这种新颖的城市，既要体现行政、防御和生产的功能，又要兼顾信仰、居住与集会的需要，使城市的功能臻于和谐的完美境地。元使的到来，在威尼斯曾留下一段传说，据说有一块大石，就是当年元使坐过的地方。

这时威尼斯人已控制了爱琴海南部地区，热那亚人在阿奇帕拉湾北部、马尔马拉海和黑海建立了制海权。元使本着维护地中海地区现状的政略,到达波河,斡旋于威尼斯和热那亚两大地中海海上共和国之间,使之赢得了10年的和平,并且开通了经过黑海直抵大都的海陆联运网。元朝和各藩国的驿站,以最先进的快捷方式联通了亚欧两大洲的万水千山,实现了史无前例的中国和欧洲的海陆联运。

阿耽在访问意大利以后,接下来前往埃及进行国事访问。

阿鲁乾伯是马木鲁克苏丹盖拉温(1279—1290),"伯国"指伯海里(Bahri)系的马木鲁克(1250—1390)的年官和苏丹,盖拉温也是其中的一人,阿鲁乾伯国是盖拉温·伯海里的音译。中国使者在历史上第一次正式访问开罗。盖拉温是马木鲁克杰出的君主,在希姆斯战役后,他加强了和金帐汗、拜占庭皇帝、热那亚、法兰西、卡斯提尔、西西里等国国王原有的友谊,锡兰(斯里兰卡)和中国的使者也相继来到开罗。盖拉温原希望在叙利亚维持现状,并积极鼓励印度洋航业,发展对印度和中国的香料贸易,这些主张和拥有实力雄厚的航运业的中国商人,得到政府发放贷款的"斡脱"穆斯林,以及资金充足的埃及卡拉米商人的利益十分符合。此后的发展,对中国和马木鲁克之间印度洋航运的沟通,起了十分重大的作用。在纳塞尔(1293—1340)统治时期,中国使者第二次到开罗访问。1304年后,中亚陆路畅通无阻,纳赛尔和皈依伊斯兰教的伊儿汗合尔班答(1304—1316)一直保持着和平的环境。直到1321年,由于察合台汗国的分裂,中亚陆上交通重告阻塞,才使海上交通更加显得重要。1322年马木鲁克隶属下的希贾兹派使者到中国,促成了下一年元政府全面开放海禁。1323年中国使者到开罗向纳赛尔·穆罕默德献礼。元使自大都(北京)到开罗,行程约有一万公里,维系了中国和伊斯兰世界政治、文化中心之间的官方联系。此后,中国和马木鲁克的商业和文化关系便进入了一个高潮时期。通过马木鲁克,中国和东北非洲的埃塞俄比亚、北非的摩洛哥都建立了正式的国交。

(二)元与马木鲁克的文化交流

马木鲁克统治下的埃及和叙利亚风行中国瓷器,开罗和大马士革都有出售瓷器的店铺。开罗近郊福斯塔特遗址中,发现过元代龙泉青瓷、白瓷、青白瓷和早期的青花瓷器,也有广东各窑烧造的褐釉瓷。在埃及大量行销的华瓷,是埃及瓷业的范本。埃及尽管已经仿照宋瓷,在11世纪以后制作出日益精美的青瓷、青白瓷,但华瓷仍是穆斯林瓷工从中吸取养料、丰富艺术构思的泉源。埃及瓷器的一大特色,是在器皿中央的纹饰中用阿拉伯文写上瓷工的名字。

在伊朗流行的中国丝绸花样,也经过商业的渠道,被马木鲁克的丝织业所吸收。埃及的丝织物在蒙古人统治伊朗时期,也盛行织造中国龙、凤、麒麟、牡丹、芍药等图样。

埃及的医学和化学界早就注意中国医药的高度成就。出生安达卢西亚的阿拉伯世界最著名的本草学家伊本·贝塔尔（1197—1248），1224年后到埃及，供职于艾优卜苏丹卜米勒的宫廷，任首席本草学家，1248年死在大马士革。他在《医方汇编》这部名著中，著录的中国药物有肉桂、芒果、秋葵、薄荷和硝古。硝这个名词被写作"巴鲁得"（bārūd）是北非公众通用的名词，或称"焰硝花"，埃及老医生叫作"中国雪"，意思是洁白的墙碱。焰硝花是13世纪时侨居临安（杭州）、泉州、广州的摩洛哥、埃及穆斯林，对中国南方流行的焰硝、花火的借词。埃及在接受中国火药这一划时代发明中，处在伊斯兰国家的最前列。马木鲁克王朝成立后，积极研制火药，在《马术和军械》这本1285年后十年间完成的著作中，就在契丹花的处方，并有契丹花轮。这本书的作者哈桑·拉曼还使用了"达瓦"这个名词来称呼管形火器马达发的混合发射药。他说，达瓦的配方是，巴鲁得10份，木炭2份，硫1.5份。这份配方和中国火药的配方如出一辙，毫无两样。连"达瓦"这个词原来的意思是"药，草药"，也和中国习惯以"药"来称火药完全一样，它是对中国火药最早意译的一个名词。

金属管形火器的制造是中国北方的创举，13世纪下半叶，元朝建立后，从宋、金人的手中接过这项发明，开始用铜制造由单兵手持使用的手铳，称作"火铳"。1970年在黑龙江阿城县半拉城子出土的34厘米长的铜铳，重3.55公斤，是1287年平定乃颜叛乱时用的火器，为后世手铳的鼻祖。另一支在1989年在内蒙古锡林郭勒盟浑善达克沙地南部的元代上都遗址出土的碗口铳，长了4.7厘米，重6.21公斤，上有大德二年（1298）铸的铭文，尾部有尾轴装置，是现存世界上最早的铜火铳，它的出现，开创了火炮的历史，首先受到阿拉伯国家的采纳和仿效，不久，就被英、法等欧洲国家所摹仿。

14世纪伯海里马木鲁克，确已仿照中国火器，制造了名叫马达发（现代阿拉伯语"火器"）和马卡拉的二种火器。马达发仿自元代的铜铳，最早大约在13世纪末已开始使用，是用一个木制短筒，内装火药，然后安上铁栓，在筒口装上一支箭，点燃火药后，由铁栓推动铁箭进入射程。马卡拉是一种使用弹药的焰硝炮，至少在1340年乌玛里的著作中已提到了。马卡拉这种火器，在布尔杰朝（1382—1517年）马木鲁克时期发展成火枪。在火器的传导过程中，马木鲁克是通向欧洲的一座最重要的桥头堡。

马木鲁克的科学著作曾被元代秘书监作为重要藏书加以保存。这些著作有公元2世纪埃及的希腊天文学家托雷美《行星体系萃编》，死于1253年的开罗宝石商希哈卜丁·帖法希的《宝石审美》，还有经过埃及传入中国的13世纪最杰出的阿拉伯数学家阿里·马拉喀什(摩洛哥马技喀什人)人的名著《始终归元论》。这些著作是元代政府所能参考的最好的天文历算和宝石鉴赏手册。

埃及的制糖技术为改进华南的炼糖工艺作出了贡献。12世纪以来,南方沿海从阿拉伯和印度进口白砂糖。元初福建各地自制蔗糖的日益增多,永春产糖极多,常供应大都。于是元政府请了开罗的技师,就地指导,引进埃及制糖技艺,获得了熬取上等白糖的经验,使得南方产蔗区足以生产出大量优质的白糖。

十三四世纪风行伊斯兰世界的突厥王朝的建筑艺术,也被引入中国东南沿海。著名的泉州清净寺(坐落于通淮街)在1311年曾由设拉子的鲁克伯哈只捐资加以扩建,新建的寺门采用狭长尖拱,连同甬道的建筑式样,都和同一时期马木鲁克的建筑风格相仿,尤其是开罗的宰因丁·尤素甫玛德拉萨陵、毕斯坦的谢克白牙济德圣殿完全一样,是当时流行的马木鲁克建筑风格。

(三) 元与罗马教廷

基督教在中国北方由于民族变迁,到10世纪一度中断。12世纪在阿尔泰山附近的克烈部和内蒙古河套以北的汪古部,是信奉脱里教派的景教部族。稍后蒙古草原上的乃蛮和蔑里乞也有了景教的信徒。蒙古孛儿只斤统一漠北诸部以后,和克烈部联姻,也信奉景教,信徒中有后妃、贵戚、将相大臣。元朝建立以后,景教在全国各地成为时行的宗教之一。中国西部地区直到大同、北京都有了景教的教区。元朝根据蒙古人称基督教徒Arcoun,译作也里可温,以为基督教徒都是"奉信福音者",或"有福分者"。

1282年元使阿耽出访意大利北部城邦后,开始与罗马教廷有了交往。此后有一名意大利哈利人孟高维诺(John de Montecorvino, 1247—1328年),成为欧洲基督教教会派往东方传教的重要人物,使中国的基督教能够正式与欧洲教廷发生直接的关系。孟高维诺是方济各会教士,1272年被拜占庭皇帝米哈伊尔派往教廷,试图使罗马、希腊两大教派重归统一,但没有进展。方济各会会长柏施道曾邀请蒙古使臣出席1275年里昂的宗教大会,1279年孟高维诺奉派到大不里士主持教务。1289年孟高维诺受伊儿汗阿鲁浑派往罗马教廷,教廷听说基督教在东方已被容许传教,教皇尼古拉四世产生了在中国开教的念头,1289年派孟高维诺带了教皇致忽必烈的国书,取道波斯讨来思,经海路到印度后再北上汗八里(大都、北京),那时已是1293年了。大汗没有皈依基督教,但容许他传教,孟高维诺为大汗的驸马高唐王阔里吉思施洗,教名乔治,是最高级别的基督教徒了。1299年在元成宗支持下,终于在北京建造了正宗的基督教教堂,信徒一时多达3万人,但受聂斯脱里教派的离间,到1305年,信徒下降到6 000人,信教的多数是蒙古人、阿兰人。这一年在宫门外不远处又建立了一座可容200人的教堂。元成宗对孟高维诺以教皇特使相待,希望欧洲增派传教士,到中国来开展教务。

1307年罗马教皇克莱孟五世(1305—1314年)在获知孟高维诺的信函后,决定成立汗八里总主教区,以孟高维诺为总主教,统辖契丹(华北)和蛮子(华南)各处主教,并派方济各会主教7人从海道来华。到达中国的三名主教哲拉德、裴莱格林和安德鲁在1308年抵达大都,然后相继在泉州主持教务,泉州成为南方传播基督教的主教驻地,哲拉德和裴莱格林先后在泉去世。1311年教皇克莱孟五世又向中国派出三位方济各会主教,但只有彼得(Peter of Florence)一人到达北京襄助孟高维诺。安德鲁在1322年7月接替裴莱格林到泉州主持主教务,1336年率元使团返回意大利。

在安德鲁开教泉州期间,意大利方济各会会士鄂多立克(Odoric de Pordenone,1265—1331年)在1316年由君士坦丁堡开始他周游世界的旅程,经过大不里士、霍尔木兹,在1321年到了印度西部地区,然后去了斯里兰卡、苏门答腊、爪哇、占城,到了广州,又走海路去泉州、福州,取道仙霞岭到了杭州,沿运河经扬州直奔大都,那时已经1325年了,在大都他有三年时间协助孟高维诺,曾进谒泰定帝。在孟高维诺去世的1328年,鄂多立克启程返国招募传教士东来。返国途中,他从甘肃往西,再经阿富汗到大不里士,返回君士坦丁堡。后来有人笔录他的见闻,写成一本《鄂多力克东游录》,他的名声因此列入了可与马可·波罗、伊本·白图泰相提并论的中世纪伟大游历家的行列中。

亚威尼翁教廷在得知孟高维诺去世以后,派巴黎大学神学院教授尼古拉斯任汗八里总主教,在1333年9月以后前往汗八里,但此后便音讯全无。钦察汗国阿兰人福定、香山等元朝掌管阿速卫的武士,因信奉基督教,上书教皇,请派主教来华。于是元朝派泉州主教法兰克人安德鲁、日耳曼那梭人威廉、契丹阿兰人拖盖率领一个16人代表团,在1338年抵达亚威尼翁教廷,谒见教皇本尼狄克特十二世(1334—1342年)。

教廷接到元顺帝(1333—1368年)的专书以后,派尼古拉·波纳、约翰·马黎诺里(Giovanni de Marignolli)等4人率使团前往汗八里。他们取道黑海,经萨雷、乌尔鞬赤、阿力麻里、哈密,在1342年8月抵达大都时,只有马黎诺里是领衔人物,受到隆重欢迎。使团献上一匹拂郎(佛郎、法郎)天马,天马长一丈一尺三寸,高六尺四寸,昂首高达八尺三寸,全身漆黑、后二蹄雪白,引得朝臣庆贺,以为祥瑞。马黎诺里向元顺帝递交教皇的复书以后,在北京留任四年,所有费用全由政府负担。他在大都曾和犹太教徒进行论辩,发扬基督教教义。北京当时有大主教堂一所,另有教堂数处,泉州也有3所教堂。1346年,马黎诺里一路南下,沿途见闻令他兴奋不已,他表示大汗拥有的城市就有3万之多,非亲见难以相信。这一年马黎诺里由泉州泛海回国,在斯里兰卡遇上盗匪,所有珍宝均被劫掠一空。后来浪迹霍尔木兹、巴格达、耶路撒冷,经塞浦路斯岛,在1353年抵达亚威尼翁,向教皇克莱孟六世(1342—1352年)呈递元顺帝国书。国书表示元朝尊重基督教,教民遵行教皇意志,要求教廷派主教到中国继续宣教。马黎诺里在1354年随从日耳曼皇帝查理四世,写成《波希米亚史》,书中附有他本人在东方游历的见闻录,1768年书稿在布拉格发现后,方才公布于世。游记描述中亚地区基督教与伊斯兰教不断发生纷争,而伊斯兰教多半处于优势,使罗马教廷的势力难以远播。

　　1362年教皇又任命一位北京大主教,但没有抵达目的地。这一年第五任泉州主教彼得在支持明军的势力攻占泉州时遭杀害,泉州主教区因此沦入空位。元朝在1368年覆亡后,多数外籍人士被驱逐出境,方济各会传教士因此绝迹。教皇曾将萨雷大主教调往北京,但实际无法执行。1370年任命巴黎大学神学院教授方济各会修士威廉(William of Prato)为北京大主教,但后来下落不明。1371年方济各·波蒂(Francisco di Podio)受命为特使,带着一个12人的使团前往中国;1426年教皇又任命一位主教到中国,但都未能赴任。最后一位大主教在1475年派出后,被土耳其人关押了7年,在1483年释放后,不久死在意大利。直到1490年,北京大主教的空名才正式撤除,但实际是1346年马黎诺里归国后,北京大主教一职便后继无人,基督教已从大明帝国连同撤回漠北的蒙古人一起,撤离了中国的大地。在陆路受阻海运未畅的当时,教廷和北京的新政权一直难以发生任何关系,只有等到16世纪耶稣会的成立,东方传教才有了新的机遇。

七、 风靡亚非欧三大洲的中国丝绸和瓷器

　　元代和亚、非、欧三洲都有频繁的交通,陆上驿路和队商贸易四通八达,海上航线纵横交错。南印度和中国之间的海上交通已全被中国远洋帆船操纵,中国帆船甚至远航亚丁湾、波斯湾和东非沿岸,而阿拉伯帆船在十三四世纪时至多只能到达苏门答腊岛。行驶在印度洋上的中国大帆船常有三帆以至十帆,可役使4人,辟有四层甲板,内有房舱、官舱和货舱。摩洛哥旅行家伊本·白图泰在印度科泽科特见到的中国船设备完善,船体宏大,依照大小分成"船"(艟)、"柴"(柴水船)和"舸"(八橹船),这和元代规定每艘大船,可带柴水船、八橹船各一,完全符合。绢帛、锦绮、陶瓷、铜铁、铅锡、花银、印花布、苎布、葛布,都是这些中国帆船远

销国外的货物,白砂糖和茶叶的外销大约开始成为外销货物。

元代的泉州由于全国经济重心转到长江下游,一跃而成为对外贸易的中心。泉州具备和长江中、下游就近交通的优越条件,泉州的造船、采矿、制瓷、纺织等行业在13世纪飞速发展,距离江浙一带丝业、瓷业的产地又近,泉州港通过东南的法石,由晋江入海,是良好的避风停泊港,所以十三四世纪时成了番货、远物、异宝、奇玩集散的中心。多次到过泉州的威尼斯人马可·波罗,称许泉州是世界最大良港之一。1345年,来自伊斯兰世界的大旅行家伊本·白图泰在泉州登岸,看到千帆竞发,外商云集,贸易的兴旺,港口的壮丽,不禁脱口赞扬,"即使称作世界最大港,也不算过分。"海上丝绸之路在元代由泉州伸向世界各地,东通日本、高丽,西接东南亚,通过印度洋直指地中海世界。元代的丝绸外销和瓷器的输出合成一股中华文明的洪流,蔚为壮观,而海上丝瓷之路尤其活跃。这股洪流构成了向世界三大洲输送中国文化的动脉,同时也是中国从世界各地吸取养料以哺育成长、壮大自身的静脉。

元代丝绸外销大都通过泉州运出,花式品种繁富,以五色绢、红绢、五色缎、苏杭五色缎、青缎、建宁锦、花锦、青丝布、红丝布销路最广。缎子是13世纪以来代表丝织工艺达到顶峰时的最新产品,在海内外享有盛誉,产品集中在江浙一带和福建的沿海城市。亚洲各国中,菲律宾进口红绢、锦,印度尼西亚行销色绢、青缎、五色缎、水绫丝布、红丝布、青丝布、绸绢,柬埔寨输入龙缎、建宁锦、丝布,泰国进口狗迹绢,青缎,马来西亚流行色绢、小红绢,新加坡销售青缎,缅甸热衷于南北丝、丝布、草余缎、丹山锦、山红绢,孟加拉运销南北丝、五色绢缎、白缨,印度各地风行南丝、五色绢、青缎、五色缎、五色绸缎、白丝,亚丁素好青缎、苏杭色缎,沙特阿拉伯也输入色缎。唐锦、唐绫、金襕、金纱是风行日本的名牌货,大多由往来博多(福冈)和庆元(宁波)的中日船只运去。西锦、彩绫和各种高级丝织物,是元朝统治者通过外交途径赠给高丽统治者的厚礼。非洲各国沿着地中海、红海和印度洋,凡能通航的地方,也多风行中国丝绸,尽管在这些地方有印度、阿拉伯和伊朗织物的竞争,但苏杭五色缎也能以它细腻华丽的风格感染非洲人,行销肯尼亚的马林迪和坦桑尼亚的基尔瓦·基西瓦尼。在坦桑尼亚市场上出现的中国丝绸,有苏杭五色缎、南北丝和泉州出产绸绢,肯尼亚有五色缎、细绢,索马里有五色缎,埃及有锦缎、五色绸缎,摩洛哥有五色缎。中国绸缎在地中海流通,这对于在1147年才学会丝织技术的西西里人,和此后不久才拥有自己的丝织行业的佛罗伦斯、威尼斯共和国,是一种极富诱惑力的东方货。

元代生产的高级丝织品,通过官方馈赠大量流入钦察汗国、伊儿汗国。元朝使者曾带着大批厚礼到达开罗,向马木鲁克苏丹纳赛尔·穆罕默德·伊本·加洛

（1293—1340）献礼，其中有七百匹织有苏丹尊号的花锦。1341年元顺帝的使者到达德里，向苏丹阿布·木札希德·穆罕默德赠送男女奴隶一百名，花缎五百匹，其中百匹产自泉州，另有百匹来自杭州。苏、杭、泉三州所产绸缎已名满天下。

元代瓷器通过海运外销，达到前所未有的规模。外销瓷中以龙泉系青瓷数量最多，运销地域最广，其次是景德镇和福建、广东各窑制造的青白瓷、白瓷，还有建阳、吉州的黑瓷。汪大渊出国，见到华瓷在国外的销售，以青瓷、青白瓷、处州瓷和青白花瓷器相别，并有埕（酒瓷）、瓮、坛、垒、罐等陶器。青白花瓷器是元代初露头角而又具有广阔前景的新产品，已发现窑址的有景德镇湖田窑，主要器型有罐、瓶、执壶、碗、高足杯、军持，菲律宾、马来西亚、印度尼西亚、印度、叙利亚和日本，都有青花瓷出土。

华瓷的输出在元代已越来越超越丝绸，成为中华文明的象征。

华瓷的实用功能，使它在许多还未能仿造同类产品的国家和地区，特别是东南亚各国和北起亚丁湾南至坦桑尼亚的非洲沿海，逐渐替代原先各种简陋的器具，成为当地居民生活中不可或缺的餐具、饮器、储水器、贮藏器和容器。13世纪上半叶起，基尔瓦开始大量进口华瓷，元瓷已见于坦桑尼亚的曼菲伊、潘加尼和马加莫约以南的卡奥莱古墓中，卡奥莱出土的褐色瓷碗，施有墨绿釉和水绿釉。外销瓷碗有青碗、花碗、粗碗，占这类日用器皿中的多数，在元代已是缅甸、印度尼西亚、泰国、越南、马来西亚、亚丁、索马里、肯尼亚、坦桑尼亚等国家居民的常用餐具。许多深埋水底的中国沉船，证实了华瓷当年被运往销售国的盛况。1978年以来泰国湾附近多次发现宋元之际的沉船，湄南河入海处的水域被泰国人称为海底陶瓷博物馆，附近居民经常在这里打捞瓷器，出水的瓷器多半是元明清三代的制品。朝鲜木浦市新安海底在1976年发现元代晚期沉船，到1984年为止，打捞的陶瓷片共20 664件，龙泉青瓷、景德镇青白瓷占了绝大多数，吉州窑、赣州窑、磁州窑产品最少，这艘来自庆元（宁波）的元船，是通行丝绸之路东线的文化使船，它的发现，可以使人们追忆当年的情景。

华瓷的祭祀用途，使它能在菲律宾、北加里曼丹等地的居民中，当作伊斯兰教徒常用水壶的军持，或充作招唤鬼神的工具。陶瓷瓮既可供陪嫁的妆奁，也可作圣瓮节祈祷的对象，甚至用作殡葬的殓具。

华瓷的装饰效应，使它作为特殊的陈设进入许多富豪居室，也成为东非肯尼亚沿海清真寺门楼的装潢。现在土耳其伊斯坦布尔东南的塞拉里奥宫，收藏着13世纪以来的华瓷8 000件，其中元代青花瓷器80件，有盖罐、葫芦瓶等，许多都属大型装饰瓷。这些瓷器是迄今为止世界上仅存的元代青花器400件中的珍品，有些大约是1514年作为战利品，由奥斯曼苏丹从大不里士取去。

华瓷的工艺和艺术风格，拓展了许多亚非国家人士的审美情操和艺术天地，使得一些仿造瓷器的国家，如泰国、伊朗和埃及不断地加以翻新、仿制。1238 年成立的泰国素可泰王朝，和中国首传友谊的是瓷器。1300 年暹国国王腊马坎亨（敢木丁）到大都（北京），回国时请去了一批中国北方的陶瓷技工，于是仿照磁州窑的瓷器便在首都素可泰诞生了。这种瓷器和只有几十年历史的早先暹人和吉蔑人烧造的瓷器不同，是种胎质坚厚，在黄釉下还刻有棕褐色线纹的缸瓷。素可泰以北 80 公里的宋加洛，在 14 世纪中叶发现瓷土后，又请来一批中国陶工，在宋加洛烧出了仿龙泉青瓷的划花、多彩瓷器。瓷器的制造成了中泰友谊的结晶。在元青花的影响下，越南烧出了釉里蓝的仿青花器。在伊朗，中国瓷器的装饰手法也是当地瓷窑产品的重要纹样。在埃及，由仿制青瓷到进入青花瓷的制造，也都和瓷器的母国相似。

八、 中国文明在欧洲的曙光

（一）造纸与制瓷

威尼斯商人的后代马可·波罗（1254—1324），在 1275 年到达忽必烈的上都开平，居住中国 17 年。1295 年，马可·波罗在回到故乡威尼斯后口述的《东方见闻录》，被人们辗转传抄，称为《马可·波罗游记》。马可·波罗在游记中报道了元朝统治下这个丝瓷之国的生气勃勃的景象，赞扬这个领土辽阔、繁荣富强的国家有着惊人的财宝和出众的新发明。马可·波罗记录了大汗使用雕版印刷纸钞，颁发全国。那时欧洲人还不知道印刷是怎么一回事，只有科尔多瓦的阿拉伯人才使用过这种来自中国的复印技术。1276 年，意大利的蒙第法诺才开办了第一家基督教徒制造纸张的工厂。马可·波罗又报道了中国北方使用煤块作为燃料，还有极其精美的瓷器，他自己回国时曾带去八角形的瓷瓮，还有德化窑青白釉小瓶，迄今留存于世，可能是意大利人最早见到的华瓷了。1289 年罗马教皇派遣孟高维诺出使中国，在大都开教，中国和基督教世界正式建立了联系。意大利传教士和商人来华的日益增多，对中国的报导也逐渐成为意大利社会的热门话题，并逐渐证实了马可·波罗亲眼所见的并非子虚乌有。但直到那时，欧洲尚不知中国是造纸、印刷、制瓷和航海罗盘的母国，他们往往以为那是阿拉伯人、波斯人首创的发明。

（二）化学与火器

欧洲人从战争中学会使用火药、火器，是在受到马木鲁克人和阿拉伯人的攻击之后。1290年阿卡之役，马木鲁克人使用抛石机发射火球、火瓶和火罐，最后从法兰克人手中夺取了欧洲人在亚洲大陆的最后一处城堡。1325年西班牙卡斯提尔反抗阿拉伯人的统治，巴沙城在阿拉伯人发射火球攻袭后，受到重创。欧洲使用火器的最早记录，见于1304年意大利北部的伦巴地，1315年佛罗伦斯也有相似的记载。英国、法国也相继使用火瓶、火罐。1326年英王爱德华三世的加冕辞档卷上，画着一个安放在桌子上的瓶形火炮，瓶口插着一支枪，显然是马木鲁克人的一种马达发的仿制品。1338年，英、法交战时，法国人在卢昂使用了由一磅硝、半磅活硫磺当火药的铁罐，相当于金人的震天雷。此后，在欧洲战场上进入了使用管形火器的时代。1342年到1346年间，在围攻加来之役中、在克莱西和海纳邦的战争中，都使用了铁制的火炮，发射石弹或铅弹。英国使用火炮借助于摩洛哥军队。1342年摩洛哥人在保卫阿耳黑西拉斯战役中，使用火炮对付葡萄牙国阿方索十世的军队，英国德比伯爵和索尔兹伯里伯爵参加了这次战役，从摩洛哥人那里学会了使用火炮。3年以后，在1345年的克莱西战役中，英国人初次使用火炮对抗法军，火炮在欧洲战场上便迅速传开了。至少在1364年，意大利也已使用发射金属弹的筒形火炮了。欧洲在使用火器方面，一开始便采用铁制铳身的发射管，但铁铳容易爆裂。14世纪中叶，正当元末明初在中国战场上大量使用单兵手持的铜手铳和安在架上发射的碗口铳时，欧洲也迅速采用了这种新颖的管形火器，使欧亚大陆进入了使用热兵器的时代。

（三）地图、山水画

中国式网格地图的绘制和航海罗盘的使用，促使欧洲在13世纪末向绘制精密的实用航海地图大大迈进了一步。中国的制图学在11世纪居于世界的最前列，证据是河北宣化在1974—1993年发掘的9座辽墓中，在一座年代为1093年的张匡正墓中，发现了描绘在墓顶木板上的彩色世界地图。在这幅举世罕见的地图中，亚洲大陆处于图的正中，欧洲被缩小，非洲照例被绘成一个上宽下窄向东南角弯去的大陆，而在中国大陆的东南则出现了一个伸向澳洲的半岛，在图的右上角则是与亚洲大陆连成一片的北美大陆，北美大陆的下方则是呈狭长的带形的南美洲。这幅地图所包含的地理知识已远远超出了西方世界由伊德里西（1099—1166）绘出的仅有欧、亚、非三洲的地图。稍后，由伊朗天文学家纳速拉丁·杜西在1331年手绘的地图，也和伊德里西的地图相差无几。元代地图学家朱思本（1273—1333）在《舆图》中，据说绘出过三大洲的地图，但原图已佚。同时代的僧清濬（1328—1392）在1360年也绘过一幅世界地图《广轮疆理图》，后来在明初大约参加了1389年绘成的《大明混一图》的绘制，该图是一幅绢本彩绘世界地图，第一次将非洲画成一个上宽下窄的三角形,显示出元代中国帆船确已通过对印度洋西部地区的探测,完成了对非洲地图的绘制。

中国地图当时采用网格投影显示经纬度,这种网格式地图,经过伊朗的传递,曾引起欧洲地理学家的兴趣,意大利的马里努·萨努图在1306年他的巴勒斯坦地图上,使用了经纬线交叉的网格画法。大约在1280年以后,代替中世纪欧洲传统的T—O寰字图的体系,绘有交叉的罗盘方位线和矩形网格的实用航海图开始大量地出现在欧洲地图学界。由于它的实用功能,对于正在开拓海外世界的地中海基督教国家起了不可估量的作用。

在元代,最后的一股从中国推向欧洲的文化潮在方兴未艾的油画中留下它的踪迹。锡耶纳画派的画家西蒙尼·马尔蒂尼创作的壁画中,吸取了中国山水画的布局。他在1328年为锡耶纳市政厅会议室所作壁画《基多里西奥·达·福格利安诺》中,把这位将军置于画幅中央,山寨城堡和营幕帐阵分置两旁,营垒布置吸取了宋代以来建筑描绘中的写实手法所侧重的鸟瞰式界画的形式,栅栏成波状展开,旌旗营帐在山间半隐半现,类似于宋元以来中国版画艺术中的表现手法,而在西蒙尼·马尔蒂尼以前,在欧洲绘画中很难找到相仿的实例。在同一作者的其他作品中,意大利权贵所穿的中国绸缎也被表现得淋漓尽致。

(四)活字印刷

中国不但是雕版印刷的诞生地,而且早在公元11世纪已经发明了胶泥活字印刷,发明者是一个平民毕昇,在1041—1048年间用胶泥刻字,一个字一件,刻成后火烧使之坚硬,用铁板一块,上面铺上松脂蜡和纸灰之类,以铁范排满一板,就火炀之,药刚开始熔解,用一平板按上,就印出成一板了。应用时分二块铁板排印,一块用毕,另一块又排满了可以印刷,如果一次印数百千本,就完全显出它效益之高了。这副活字后来交给沈括家保存,但没有推广。据沈括《梦溪笔谈》,毕氏还试用过木活字,由于"木理有疏密,沾水则高低不平,兼与药相粘",没有试验成功。但有个叫杨古的在北方仿照毕氏有过活板印书。13世纪更发明了锡活字印刷,当时有人试验铸造锡活字印版,但毛病出在"上板字样难于使墨,率多印坏,所以不能久行"。这是元人王祯在他的名著《农书》(1302年成书,1313年修订)后附《造活字印书法》中记下的事。王祯本人在安徽旌德县任县尹(1295—1300年)期间,发明了木活字,在二年中由刻工刻成木活字3万多枚,又发明了旋转式活字板韵轮,作为贮字发排时使用的字盘,在1298年用来印刷6万多字的《大德旌德县志》,不到一个月就印刷成100部书,这部书于是成了世界上最早的木活字印本书。

后来朝鲜在15世纪推广铜活字印书,1508年江苏常州创行铅活字,15—16

世纪在江南(南京、苏州、无锡、常州)、浙江和福建(建宁、建阳)盛行活字印刷,使活字印刷成为一种重要的印刷技术。

欧洲人初次知道中国拥有印刷技术,是从宋元以来发行的纸币开始。窝阔台在 1236 年发行过地方性纸钞,元朝在 1260 年发行"中统元宝交钞",1287 年又颁发"至元通行宝钞",在全国流通,是以银为本位的纸钞。所以到过蒙古的鲁布卢克,以及后来的马可波罗、鄂多力克都有使用纸币印刷的报导。但欧洲人直接接触到的中国印刷品却是纸牌。纸牌在 10 世纪就由中国人发明了,最初叫金叶了格,或叶格,13 世纪在杭州有专门出售纸牌的铺子。在 13—14 世纪的杭州侨民中,有一些是从埃及、摩洛哥、威尼斯到那里做买卖的商人,威尼斯商人也直接将纸牌和中国印本书籍带回威尼斯。所以纸牌在 1377 年便传到德国、西班牙了,1379 年意大利维特波也有了纸牌。维特波人柯维卢苏(Covelluzo)在 15 世纪根据他先祖的记事,认为纸牌在 1379 年传入维特波,同一年卢森堡的勃拉邦大公若恩的账簿上有纸牌。1392 年巴黎宫廷中也有了绘画的纸牌,不久就有了印刷品,纸牌在工人中间也成了流行的牌戏。雕版印刷在欧洲最初就是用来印纸牌和圣像,到 15 世纪便在市面上泛滥了。现在可以见到的印有日期的圣像是 1423 年纽伦堡的圣克里斯多夫像,这一年正是罗马发动销毁纸牌的一年。1441 年威尼斯市政会议为保证本地印刷业和图画师的生计,下令禁止纸牌和图像印刷品进口,当时纽伦堡和威尼斯已经大量印刷这类图片。雕版印刷对使用拼音文字的欧洲人来说,当时似乎只能印刷图片,还犯不着去印刷文字。

中国人发明的活字印刷,经过杭州的维吾尔人的介绍,很快就传到了中国西部地区。1908 年法国的伯希和在敦煌千佛洞中捡到过几百个维吾尔文的木刻活字,都是一个个单词,据考证都是 1300 年左右的遗物,这是使用拼音文字的民族最早对新发明的活字印刷所进行的文明传递,从此活字印刷便和雕版印刷同步,开始了向全世界展开的征途。1585 年卡斯提尔人奥斯丁会修士门多萨(Mendoza)在罗马出版《中华大帝国史》,指出印刷术"肯定是经罗斯和莫斯科公国传到了德意志,从陆道一路传过来。还有一些从阿拉伯本土(Arabia Felix——指也门)来的商人可能带来一些中国书,于是历史上称为发明家的约翰·谷腾堡(Johannes Gutenberg,1397—1468 年),就在这些书的基础上作出了他的发明"。门多萨讲的那些从海路带到意大利的中国书,有雕版的,也有活字的。他认为德国人约翰·谷腾堡虽然早在 1458 年完成了印刷术的发明,并且传给了意大利,可是中国人却有证据证明印刷术是首先从他们的国家中产生的,谷腾堡不过是在欧洲首先试验这项发明时首先获得成功的一个。还有一个传说,是谷腾堡的妻子出身威尼斯的康塔林尼(Contarini)家族,这个家族见到过从中国带去的雕版印刷书籍,因此发明了活字印刷。

最早见到中国印本书籍并开始从事活字印刷的欧洲人是威尼斯人和荷兰人。生在威尼斯北郊费尔特雷的潘菲洛·卡斯塔尔迪(Pamfilio Castaldi de Feltre,1398—1490年),据说见到过中国印刷书籍,后来钻研活字印刷,在1426年印过一些像中国书一样的一面印字、另一面不印字折在里面的折页,据说还保留在费尔特雷镇的档案馆内。荷兰人柯斯特·哈兰姆(Laurens Coster von Haarlem,1370—1443年)据说在1423年就用木活字印刷,后来又用铅、锡活字,在1430年用活字印过一本宗教小册子,但印刷不清。威尼斯发现过1450年左右雕印的小册子,从用墨到印刷方法都和中国雕版书籍相仿,油墨用烟炱胶水溶解而成,印刷时先用纸覆在阳刻的木版上,再用刷子蘸墨在纸上印刷。

谷腾堡改进了印刷的程序,在1450年制造了一台活字印刷机,以铅、锑、锡合金按拼音文字制作活字。后来又造了一台新的印刷机,在1453年印出了谷腾堡《圣经》,是一部用拉丁字母拼排的,称作《四十二行本谷腾堡圣经》,用纸或小牛皮印在对开的大本上,共有1 200多面,分装两册。当时共印纸本180部,皮本30部。现存完整的这种四十二行本《圣经》,还有32部。稍后又印了三十二行本的《圣经》。这些排字工分散到欧洲各地去印刷,欧洲各国都有了德国排字工匠创立的印刷所,印刷宗教宣传品。到1500年,这种"摇篮本"(incunabula)的书在50年中大约印了三万部,意大利、法国、荷兰、匈牙利、比利时、西班牙、英国、葡萄牙、丹麦、瑞典都有了印刷所。马丁·路德(Martin Luther)在16世纪揭开宗教改革的帷幕,全靠了《圣经》的普及,改革所需散发的传单、小册子也靠了活字印刷,很快就在各地传遍了。

欧洲印刷术的技术灵感,全是从中国引发的。印刷事业的普及,将欧洲从中世纪的黑暗中拯救出来,使得欧洲开始进入一个文化普及、宗教改革的新世纪,从此欧洲的学术不再是隶属于天主教教会下的经院哲学的产物,在航海罗盘的运用,火药、火炮的使用下,靠着文字的传递,科学技术开始进一步获得解放,推动文明社会滚滚向前。英国弗朗西斯·培根(Francis Bacon,1561—1626年)指出,印刷术、火药和罗盘,"这三种发明改变了整个世界事物的面貌和状态,随后印刷术在文学,火药在战争,罗盘在航海事业中又产生了无数的变化。历史上没有哪一个帝国、宗教或显赫人物,能比这三大发明对人类的事物有更大的影响力了。我们现在已很清楚,这些发明全都来自中国"。这三大发明都是在一二百年内很快传到欧洲,并且立即产生了巨大的社会效应,引起了世界性巨变的发明,至于丝绢、瓷器、造纸那些同样伟大的发明,则早已有了千百年的历史,所以培根只提了中国的这三大发明。

下编 新 潮

第十章
明帝国与三大洋联通后的文明大潮

　　明代,是一个由汉民族驱走了蒙古统治者以后建立的一统王朝,国疆达到960万平方千米。1407 年,明朝分别在南京和北京设立南北直隶,宣德(1426—1435 年)年间,全国共设两直隶(习称两京)和十三布政使司(省),边远地区并有都司管辖,从此这一行政区划一直延续到王朝结束。

　　明初在洪武十四年(1381)编制的户籍人口有 59 873 305 人,以后的统计,由于脱漏而失实,一直低于这一数字,直到嘉靖四十一年(1562 年)才高达 63 654 248 人。明朝政府提倡军屯、商屯和移民屯田,推广农牧业的多种经营,大力修治水利工程,缓解了人口增长对土地的压力,促使农业生产和城市经济获得空前的繁荣。

　　明代继承元代,维持着海陆两个方向的国际联系。新兴的帖木儿帝国在沟通东西方交通上,起着划一横贯亚洲大陆商队贸易的作用,这种作用直到 16 世纪奥斯曼帝国向利凡特、叙利亚和北非进行的扩张而告终。同样,在中国和亚非国家,特别是和阿拉伯世界的陆上贸易方面,具有至关重要的意义。中国的东南沿海,自从明代开始,由于来自日本倭寇的侵扰,进入了一个需要时刻考虑海疆安全的历史时期。这使海禁和开禁在明代社会经济和对外关系上,具有了不同于宋元时代所曾执行的海禁和弛禁的新的时代特点,从而使有明一代在海外贸易体制上的官私斗争趋于尖锐化。随着西方国家在东方进入殖民占领和开展掠夺式贸易,明代对海外贸易的限制,恰好从相反的方向导致中国的海外移民运动进入一个高潮,为东南亚华侨社会的开创提供了社会依据。通过海路进行的文化输出,在传统的中国文化圈中具有的作用,较之过去任何时期都更明确,更宽广,在海岛日本,尤其明显。

　　15 世纪以来,欧洲已经进入文艺复兴时期,以个性解放为主旨的人文科学早已冲破中世纪愚昧的牢笼。稍后,自然科学也展开了向实验科学进军,这些信息通过天主教传教士开始传入中国。中国进入了和西方世界相互了解、相互探索的历史时期。

一、 明代政治体制与社会

（一）君主极权的政治体制

明代的开国皇帝朱元璋（1328—1398 年），出身濠州钟离（今安徽凤阳）的贫苦农家。1352 年投奔红巾军，起兵反元。1356 年攻占南京后，改名应天，以这里为基地，讨伐元军和各地的割据势力。1368 年明军攻占大都（北京），元顺帝逃奔漠北，明军继续与各地的元军作战，到 1387 年收复辽东，完成统一大业，前后征战 36 年，战事才告平息。

朱元璋亲自经历了元末纲纪废弛的乱世，决心恢复唐制，以重典治国，使"事权归于朝廷"，招致法外用刑。身为皇帝的朱元璋尤其不信任辅政的丞相，制造舆论，以为秦、汉、唐、宋、元各朝，由于丞相专权乱政，招致国家灭亡，所以建国之初，便逐步限制丞相的职权。1380 年以左丞相胡惟庸谋反为由，诛杀胡党及功臣 15 000 多人，废除了中书省，撤销了已经有 1 600 年历史的丞相的职位，由皇帝一人独揽军政大权，直接管辖吏、兵、礼、户、工、刑六部，六部尚书直接对皇帝负责，减少了中间环节，中央和地方的奏章直达皇帝，臣下当面上奏取旨。可是不到两年，作为人主的朱元璋便产生了"以一身统御天下，不可无辅臣"的想法，于是仿照宋朝从翰林院文翰机构调选官员，充以殿阁大学士的头衔，奉旨起草诏谕，供皇帝咨询，但"不得平章国事"，只是充当皇帝的秘书；并且规定今后子孙不得设置丞相。到成祖继位，由翰林院抽调官员到文渊阁入值，正式称内阁，参与机要事务。但只称"辅臣"，首席大学士称"首辅"。内阁大学士虽无丞相之名，却行使"票拟批答"的实权，有明一代，靠了内阁制，实行了明代独特的君主集权的政治体制，但朱元璋亲手制定的严禁内官（宦官）干政和臣下结成奸党的根本大政，都是《唐律》所未见，却始终未能在朱元璋之后切实执行，反而愈演愈烈，卒至成为明代中后期政坛的心腹之患。

朱元璋以重典治国，整饬元末以来出现的乱世，但缺少法律依据，急切需要制订根本法，传之后代，好稳固王朝的基石。他在洪武元年（1368 年），命儒臣四人，会同刑官，每日给他宣讲《唐律》20 条，为制定《大明律》作准备，期望恢复唐宋以来以成律断狱的传统。1373 年 2 月完成了按照唐律篇目编成的《大明律》30 卷，共有 606 条，正式颁行天下。以后由于社会一时难以安定下来，徇私灭公、触犯刑法的事件屡禁屡犯，又觉得对《大明律》有继续修订补充的必要，在 1385—1387 年间，朱元璋亲自采辑官民过犯的案例，先后编成《御制大诰》74 条、《御制大诰续编》87条、《御制大诰三编》43条和《大诰武臣》32条,编集"官民过犯"案例156件,再三表明中央重典治国、重典治吏的意志,列出了《三诰》中凌迟、枭示、种诛的几千件,弃市以下上万案例,以示警诫。但《大诰》也宣示了法外用刑,以例破律的案例。朱元璋要求"户户有此一本",用以威慑公众。洪武三十一年(1398年)更将《大诰》三编颁于学宫,作为国子监学和科举考试的内容,一直贯彻到乡里,由塾师讲解大诰,农村节日有专人宣讲。

洪武二十二年(1389年)皇太孙、刑部先后提出修订明律73条。1395年九月特颁布《皇明祖训》,作为国家的基本法,与以后的君臣约法:"我朝罢丞相,设五府、六部、都察院、通政司、大理寺等衙门,分成天下事务,彼此抗衡,不敢相压,事皆朝廷总之,所以稳定,以后嗣君俱不许立丞相,臣下敢有奏请设立者,文武群臣即时劾奏,处以极刑"(《明太祖实录》卷二三九)。中央由六部九卿直接向"政皆独断"的皇帝一人负责,从中央到地方,实行军、政、司法三权鼎分,尽管这三权首脑的官阶不同,但只要能彼此牵制,皇帝对传承家业便觉可以安心了。

洪武三十年(1397年)朱元璋选定《钦定律诰》147条,作为《大明律》460条的附件,正式颁行天下,《大明律》最后定稿。朱元璋下诏:"子孙守之,群臣有稍议更改,即坐以变乱祖制之罪"(《明史·刑法志》)。

后世对这一祖宗之法不敢轻易改动,但《大诰》常与《大明律》不符,同一罪行,往往有三四例之多,随事更张的逐渐增多,不利于统一执法。经过成祖永乐帝以后,仁、宣两朝对《大诰》已废除不用。到孝宗弘治十三年(1490年)才有《弘治问刑条例》279条的颁布,从法制上纠正了百年来以例代律、以例破律的弊端,重新回到《大明律》的轨道上来。此后嘉靖三十年(1551年)出台的《嘉靖问刑条例》,以及万历年间费时10年完成的《万历问刑条例》,都起到了及时纠正徇私损公、制裁流民、务袪苛纵、辅律而行、"以协情法之中"(皇太孙建文帝朱允炆语)的作用。为使行政法律规范,弘治十五年(1502年)编成《大明会典》180卷,正德六年(1511年)正式颁布。嘉靖重修未颁。万历十五年(1587年),由张居正领衔完成《万历重修会典》228卷,增加的事例到1585年为止。会典仿照《唐六典》体例,以六部官制为纲,按宗人府、六部(吏、礼、兵、工、户、刑)、都察院、六科、各寺、府、监、司的次序,分述行政机构职权和事例,冠服、仪礼等项附有插图,形成具有一定规模的行政法律体系。

明代废除了元代按照种族区划社会构成人员的法制,实施"人户以籍为定"的传统律法,军、民、灶、医、卜、工、乐各色人户,都以原报户籍为定,私自脱籍与逃军、逃匠、逃灶同样处罚。明代法律将社会构成人员分成官吏、士、农、工、商、平民六类。此外还有依附于家主的奴婢,以及法律认定的贱民:广东疍户、山西乐户、浙江绍兴惰民、江西宁国世仆、徽州伴当。民户按《户役律》规定,16 岁为成丁,开始服役,到 60 岁免役。

明代中央机关在六部以外,还有都察院、大理寺、通政司九个部门,称九卿,都直接对皇帝负责。"内阁"只是一个"知制诰"的翰林院官员参与的办事机构,永乐时先有三殿(中极、武英、文华)和文渊、东阁二阁,后增加建极殿,成四殿二阁,各设大学士,都是进士出身,官秩最高初时只是正六品,后来升至正五品。大学士只能参与机务,无权决策。"听命于皇帝",是内阁成员必须遵循的最高原则。1426 年,仁宗以九卿中的杨荣、杨士奇、杨溥兼职大学士,才提高了内阁的地位。宣德、正统以来,内阁可以置官属,但仍然只能代皇帝票拟批答、起草诏令,降敕批疏(皇帝的"批红")的权利是归司礼监掌管,由内监执行。三杨谢世,皇帝往往不问国事,宦官代为"批红",代传圣旨,刘瑾、汪直先后擅权,纲纪失常,造成东南地区私自下海经商的商民勾结倭寇侵扰边海,直至明末,倭患延续长达一个多世纪之久。与以往古史相比,虽然明代北疆守住了长城一线,但海防失控,使这个在海洋时代产生的新帝国,难以应对海防与开放海疆如何协调的新形势。16 世纪中叶以后的 50 多年中,大学士夏言、严嵩、张居正相继入阁为首辅,总揽政务,一度重振相权,是内阁鼎盛时期。张居正(1525—1582 年)一死,神宗三十年不理朝政,在全国财赋重地江南地区实施的"按乡论田加耗"、取消官田民田科则差别、化赋役于一体的改革,又生波折。《明史·职官》将内阁置于六部之前,其实并不符合独张皇权的集权政治统制下的政治体制。

明代的地方行政共分 15 块,京畿设南北二直隶,地方上设立 13 个行省,宣德(1426—1435)时全国分设 13 布政司:(1)南直隶,称南京,辖今江苏、安徽二省;(2)北直隶,称北京,1408 年废北京布政使司,北平直隶北京,称京师;(3)山东;(4)浙江;(5)福建;(6)广东;(7)广西;(8)山西;(9)河南;(10)江西;(11)湖广;(12)陕西;(13)四川;(14)贵州;(15)云南。以上合称 15 省。(1)—(7)地区属于人口密度最高的沿海地区,其次是(8)—(11)地区,再次是(12)—(15)地区。地方行政建置实施省—府(州)—县三级制,在经济发达地区实施省—府—州—县四级制(南直隶),有些地区划成省—州—县三级制。州分直隶州(直属于省)和府属州两个等级。

朱元璋为强化皇权推行的改革,采取军民分治的原则,1376 年,首先从地方机构的全面改革中展开,确立都指挥使司作为地方平时最高军事领导机构,在全国十三省设都指挥使司,以都指挥使为长官,副职为都指挥同知两人,佥事四人。都指挥使司与所在省布政使司、按察使司互不相属,全称"三司",分别统属于中央的中书省。都指挥使司统辖本区的卫、所官兵。1380 年中央机构大改革,在废除中书省的同时，撤销了大都督府，将军权一分为五，设立中、左、右、前、后五军都督府，五军都督府均设左、右两名都督，由皇帝任命；都督府与兵部直接对皇帝负责。从洪武到永乐，五军都督的管辖区，由中军都督府管：中都留守司、河南都司和南直都司；左军都督府管：浙江、山东、辽东都司；右军都督府管：陕西、四川、云南、贵州、广西都司；前军都督府管：湖广、福建、江西、广东都司和行都司、留守司；后军都督府管：大宁、万全、山西都司、行都司、北直驻军。

明代共设二十一个都司和行都司，管理全国各地行政事宜。其中有十三个与布政使司同名、同治的都司，还有五个行都司：陕西（治甘州卫，今张掖）、四川（治建昌卫，今西昌）、湖广（治郧阳府郧县）、福建（治建宁府，今建瓯）、山西（治大同府），以及北直隶的万全、大宁都司，属山东的辽东都司。此外，并有三个羁縻都司：奴儿干、乌斯藏、朵甘都司。所以明代直属北京的国疆，已包有现在新疆的大部分和西藏、青海地区，以及东北黑龙江直至鄂霍次克海的奴儿干都司。国土总面积与今不相上下，达到950万平方千米以上。

都司下辖常备军的卫所制的军队。军队的来源主要靠征兵制"垛集"，由民户每三户出一丁，称"正军"，作为世袭的军户。卫所的军额由世袭军户按正军计算编成常备军。以五千六百人作为一卫，设指挥使；每卫统辖五个千户所，每千户一千一百二十人；下辖十个百户所，每百户一百一十二人；每百户辖两总旗，每旗各五十人，总旗辖十小旗，每旗十人。死亡、老病或年满六十岁，均由后代亲属替代。全国卫所军分京军和地方卫所军两大系统，以京军为主力军，由中央直接掌控。京军中有二十六卫属皇帝护卫亲军，是禁卫军。从洪武到宣德的七十年中，上百万军队的饷粮依靠九十万顷军屯，做到自给，占到全国耕地的十分之一。宣德以后，土地兼并加快，战祸频发，军丁失额日增，军屯制度因此败坏。政府转而采用募兵制，最早是在正统二年（1437年），开始招募民间武装组织入伍。嘉靖时为征剿倭寇，不断招募新军，最有名的是戚继光的"戚家军"和俞大猷的"俞家军"。为补充军队的失额，弘治七年（1494年）还实行过在民间征兵的佥民壮法，以里（一百十户为一里）作为征兵单位，七百里以上的州县，每里佥兵两人，500里的佥三人，三百里的佥四人，一百里以下的佥五人，战时发给粮饷，听调出征。隆庆（1567—1572年）时，张居正在京畿征兵，准许不愿应征可以纳银，由官府另行招募，仍然归到募兵制。16世纪以来，由于边防（包括海防）危机日益严重，政府只能依靠募兵制来维护国防了。

明代任用官吏，采取四个步骤：学校、科目、荐举、铨选。明初急需天下贤才，起初通过科举选拔人才，但中举者不能满足当局的需求。洪武六年（1373年）停罢三年一次的科举，通过有司荐举招募天下贤才到京师，授以守、令，担任州、县二级官员，数达几千人。洪武十五年（1382年）恢复科举，同时通过荐举，继续充实中央机关的高级官员。科举分文、武二科，三年一次，乡试（省试）在八月初九，会试（京试）在二月初九，每次接连三天考试三场。科举定式颁布后，考试内容以朱熹《四书章句集注》作为新儒学的权威教材，文体开始采用策论，废除唐宋以来的明经、诗赋、帖经等科目。策论试题用四书中语句，称"经义"。文体对偶，起于宋代，"其文略仿宋经义，然代古人语气为之，体用排偶，谓之八股，通谓之制义。"（《明史·选举志》卷七〇）

科举三场考试内容规定，初场试《四书》义四道，经义四通。"四书"主考朱子《集传》，《易》主程《传》、朱子《本义》，《书》主蔡氏《传》及古注疏，《诗》主朱子《集传》，《春秋》主《左氏》、《公羊》、《榖梁》三传及胡安国、张洽《传》，《礼记》主古注疏。永乐时，颁《四书五经大全》，不用注疏。后来《春秋》亦不用张洽《传》，《礼记》只用陈皓《集说》。二场试论一道，判五道，诏、诰、表、内科一道。三场试经史时务策五道。三场考试最重首场七篇制义，不再像明初重实才实德，采用《四书五经大全》撤换了传统的注疏，以理学代替了经学，使明代的学校教育全由程朱理学掌控。到宪宗成化（1465—1487年）时创设"八股"文格式，但求辞藻华丽，逐段对偶，不容作者发表针对现实的策论，只需按经义制义，以后，科举便盛行八股文了。1487年会试，试题"乐天者保天下"，起先三句，讲"乐天"四股，中间接过四句，再讲"保天下"四股；又收四句，再作大结。作法是，每四股之中，一反一正，一虚一实，一浅一深，试题本两对，文亦两大对，谓之两扇立，每扇之中，各有四股（见顾炎武《日知录·试文格式》卷一六）。写法既有定式，应试者"依经按传"，涉及国家之事，准照但许前朝、不及本朝的原则，只求照本宣科。由于四书的试题不过几十个，所以应试者往往请人猜题，预先备卷，到时应试，侥幸猜中，便得入仕途了。

明代乡试分直隶和各省举行，乡试及格称举人，武科称武举人。会试由礼部主持，举人进京会试。会试中式的有资格参加殿试，分一、二、三甲定榜。一甲三人，称状元、榜眼、探花，赐进士及第。二甲若干人，赐进士出身。三甲若干人，赐同进士出身。文武两科的进士、举人都可入仕为官。进士可入选京官六部主事、中书、行人、评事、博士，外官知州、推官、知县。外官推官、知县、学官由举人、贡生选任。科举录取名额按照实际需要而定，乡试举人多数当地方官，名额呈逐年增多的趋势，嘉靖（1522—1566年）以来，录取人数越来越多，缙绅大夫十九其人，出身科贡的人要想通过铨选得到升迁的机会很少，有"罔论贤否，第循资格"的说法，只有排队等候了。会试进士多当京官，名额有限，为防止当官的利用乡土观念在官场中结党营私，明初规定南人北官，北人南官，科举入仕的现职官不准在当地担任官职。

明初科举会试录取名额本无定数,但明初30年科举取士例多南人,洪武三十年(1397年)科考,朱元璋亲自阅卷,一次定进士61人全是北人,因此永乐以后,已经考虑会试必须先照顾地区定额分配。洪熙元年(1425年)确定取士名额,南人十六,北人十四。宣德、正统间,经反复验证,以百人为率,分南、北、中三卷。南卷地域包括应天、苏、松诸府,浙江、江西、福建、湖广、广东;北卷地域包括顺天、山东、山西、河南、陕西;中卷地域包括四川、广西、云南、贵州,以及凤阳、庐州二府,滁、徐、和三州(以上二府三州均在今安徽中部)。规定南取五十五名,北取三十五名,中取十名。这样的名额分配,与实际考绩、人口密度、教育体制并不十分符合,而具有了地域代表性质,尤其突出了朱元璋的家乡地区在仕途中所占的特殊地位,是宗法社会中上层集团"家天下"的集中表现,最终必然会将明代的科举拽向僵化的"八股文"的道路,因而与唐代科举形成诗词独步古今的盛况,完全不可同日而语了。

明代选官除了科举,还有铨选和捐纳。铨选要有人推荐,推荐不当,推荐人也要受罚。大学士、吏部尚书、各部侍郎以及督抚出缺,多用"廷推"决定,由皇帝当面赅准。太常卿以下官员多由"部推"任命。对官职的升降多根据业绩的考课,分"京察"和"外察","京察"专对京官,每六年一次,四品以上官员,采取"自呈"、"上裁"的办法,由本人述职,上级审定;五品以下官员分致仕(退休)、降调、闲住为民,登记后上报处理。"外察"专对外官,州县按月报府,经府考核后按年报布政司,积三年,由巡抚、按察使审核后,造册具报,根据"八法"(一贪、二酷、三浮躁、四不及、五老、六病、七疲、八不谨)处理。内外官满三年为一考,六年再考,九年通考,每完成一考,称考满,考满成绩分上等(称职)、中等(平常)、下等(不称职),最后决定升降。

明代文武官员的冠服有朝服、祭服、公服和常服之分。洪武二十六年(1393年)规定,一品七梁冠,二品六梁冠,三品五梁冠,四品四梁冠,五品三梁冠,六品、七品二梁冠,八品、九品一梁冠。公服穿盘领右衽袍,材料用纻丝,或纱罗绢。一品至四品,绯袍;五品至七品,青袍;八品、九品,绿袍。常服(办公时用)在1391年规定,用补子分品级,公、侯、伯、驸马用绣麒麟、白泽;文官一品用仙鹤,二品用锦鸡,三品用孔雀,四品用云雁,五品用白鹇,六品用鹭鸶,七品用鸂(涑),八品用黄鹂,九品用鹌鹑,杂职用练鹊。所以当时人称"服色以补为别"(《五杂俎》卷一二)。

明代的监察制度十分严密,网络密布,左右牵掣。在司法制度上,更集中表现出君主集权政治的根本腐败,正好发轫于无可制约的皇权自身执行的特务政治。司法本属刑部职责,明初并有锦衣卫的建置。锦衣卫原来是亲军上十二卫之一,职司卤簿。朱元璋将当时犯重罪逮往京师的，收于锦衣卫狱中断案。锦衣卫从此以兵兼刑，赋予巡察缉捕，专治归皇帝亲自审理的"诏狱"的大权。洪武十五年（1382年）将这一事权下放到锦衣卫属下的北镇抚司管理，案成，可以专达皇帝。明成祖恢复了锦衣卫的这一特权，迁都北京后，1420年另外设立"东厂"，宪宗成化十三年（1477年）设立"西厂"，到处刺探"大政小事，方言巷语，悉探以闻"，派到地方上的宦官常常会扩大事态，朝报夕传，到处搜捕，延祸多人，株连灭族。宦官掌握了特务部队，结党营私，横行天下。英宗（1436—1449年）9岁登基，宦官王振独揽军政大权；此后，宪宗（1465—1487年）时有汪直，武宗（1506—1521年）时有刘瑾，神宗（1573—1620年）时有冯保，熹宗（1621—1627年）时有魏宗贤，都是宦官擅权，六部只是听命办事的机构。

这一时段中，唯有张居正辅佐10岁的神宗，在十年中力挽大局，堂堂正正地完成了一番改革，延长了明代的国祚。张居正采取的措施有：对官吏实施考成法；在全国清丈田地，使登记在册的田亩由洪武末年的850余万顷，增加了700余万顷，使全国纳税田地比1502年净增300余万顷；对州县的赋役，将各种固定的和临时的征派，并作一条，一律摊丁入亩，量地计丁，按亩征银，各地丁、地摊派比例可因地制宜，有的以田为主、丁为辅，有的以丁为主、田为辅，有的丁田对半，称"一条鞭法"，在1581年在全国推行。改革又注意通过紧缩财政开支和靡费的敕赏，以期减少国用。他任用李成梁镇守辽东，戚继光驻防蓟门；先后用王崇古、方逢时与蒙古互开贡市，开放边疆贸易；命潘季驯治理黄河。这些举措一定程度上达到了安定边防、治理环境、改善民生的目的；但只有一时之效，难以救腐朽的明廷于海寇、边患、苛政之中。

明代对官吏有严格的考核制度，但中后期官场弊端丛生，积重难返。明初立三大府，中书、都督、御史，朱元璋以此为"朝廷纲纪尽系于此，而台察之任尤清要"，洪武初仿照唐宋旧制，设御史台，到1382年，扩大监察机构的事权，将御史台改作都察院，设左、右都御史，都察院不但掌握监察权，也握有重大案件的司法权，战时御史还出任监军，或被皇帝授命对指定事项巡视纠察。御史的人选，照例"宜用有学识通达治体者"，须进士、举人出身，经考选、试职，才能正式录用。御史犯罪，加重三等，有赃从重，而官秩不过正七品。明代监察机构在都察院之外，还有六科给事中，负责监督六部官员，职责有审核六部向皇帝的奏章，不当时有权驳回；登记奉旨执行之事，以备查核；纠举御史；形成六科给事中与都察院相互监督，最终由皇帝独揽大权。洪武二十六年（1393年）制定了都察院的机关法规《宪纲总例》，明确了职掌范围。正统四年（1439年）制定了《纠劾官邪规定》，对都察院的职责归成四个方面：（1）文武大臣构党为非，擅作威福，紊乱朝政，但有见闻，不避权贵,具奏弹劾;(2)百官有司,才不胜任,肆贪坏法,随即纠劾;(3)在外有司,扰害善良,贪赃枉法,民人受害,体访得实,具奏提问;(4)学术不正之徒,上书陈言变乱成宪,或才德无可称述而挺身体自拔者,随即纠劾,以戒奔竞(《大明会典·都察院》)。同年完成了十五部分监察法规,计有:宪纲总例,督抚建置,各道分隶,纠劾官邪,考复百官,急缺选用,奏请点差,出巡事宜,照刷文卷,回道考察,问拟刑名,追问公事,审录罪囚,监礼纠议,抚按通例等。并制定了通政使司典章总例五条十一款,事例六条;六科给事中总例三十六条,各科事例一百三十七条。总例规定职权范围,事例列述工作细则。巡抚、总督都是明代始创官职。巡抚,洪武时已有,到宣德成为定制,巡抚的巡视地区也有了定制。总督(或称总制)在景泰年间始设,到成化时成为定职,兼管地区的行政、民政、军事。

明代以吏治严峻著称,对政府官员实行低薪制。职官俸禄分九品十八级,分别支给米、钞、布、盐、香等物,官吏俸薄,待遇普遍偏低。中期以后,米珠薪桂,七品知县以米折钞,月俸不过值银二两。官场上则结党营私,舞弊成风。官员退休的年龄,呈逐年下降的趋势。1368年规定官员七十致仕;1491年改成五十五岁以上告老官员,冠带致仕;未及五十五岁,冠带闲住;统一规定的是六十五岁以上官员,不再铨选任用;退休官员不得留住京师和住所地,身为相国也无法例外;退休官员可以享受田地或俸禄,但为数极微。到万历三十年(1602年),出现了"两京缺尚书三、侍郎十、科道九十四,天下缺巡抚三、布按监使六十六、知府十五"(《明史·田大益传》)的局面。官员缺额几乎达到五分之一。

政府却一意孤行,横政暴敛。神宗万历皇帝几十年不理朝政,章奏堆放山积,听任"留中"。自万历二十年(1592年)以后,为加强北方边防,展开了耗银1 000万两的"万历三大征"。万历二十四年初,坤宁、乾清两宫毁于大火,无钱修复,遂以开矿为由,20多年中分派宦官在两京十三省出任矿监、税使,到全国各地开征矿税、商税,以至"矿不必穴,而税不必商"。(《明史》卷二三七)迫得城市中的中、小商人、手工业者和贫民在16—17世纪之际发起市民运动(民变),抵制征税。万历时已经开征"辽饷",崇祯时更大征"剿饷""练饷",合成三大饷,民众难以承受。要求改革的仕子于是在官场落马后,只得借助以文会友,开书院讲学为名,讽喻朝政。先后以顾宪成(1550—1612年)为首在无锡成立东林书院(1594年),以张溥(1602—1641年)为首在苏州成立复社(1629年),起而与朝廷中的奸党抗争了40多年,直到明朝覆亡。

(二)长江经济带主导海洋贸易发展

明代是一个海上运输大发展的时代,前期有郑和率领宝船队七次下西洋,试探环绕非洲航路的盛举;后期则与欧洲国家海上势力和商人的东来相呼应,开始搭上环球航行的航班。

明代的总人口,没有确切的统计,如以万历三十年(1602年)为基准,有56 305 050人,还没有达到洪武十四年(1381年)的6 000万人。耕地面积更呈现直线上升的走势,由洪武二十四年(1391年)的3 874 746顷,到万历三十年(1602年)达到11 618 948顷,增长两倍。人口数实际上,大约在16世纪后半叶已经突破1亿人。推算人均耕地面积约为10亩以上;当时南方水稻的亩产平均数是二石,江浙地区亩产一般是三四石,有的地方高达七八石(120斤为一石)。而现在13亿人口的中国,人均耕地面积不足1.7亩,亩产量可以提高到800公斤,已经提高了数十倍了。明代由于边远地区,特别是东北的辽东、云南、广西和长城以北沿边地区的垦植,以及福建、广东、江西、浙江、湖北、四川等地山区的开发,使中华大地的植被面貌因此大为改观。这些地区的开发,增加了民居、水利工程和交通路线,促使深山老林成为可以运输货物的通道。三吴水利的整治、黄浦江成为太湖的主要泄洪道,以及长江三角洲海塘的成片连接,是作为全国财赋重地的江南地区(明代称"南直隶"或"南京")两大基本建设工程。三吴水利,疏浚了吴淞江,改变了东江的走向,使太湖洪峰通过黄浦江经上海入海,在它北面的吴淞江成了它的支流,改称苏州河。长江三角洲海塘工程,将起自常熟向东沿长江南岸经太仓转向松江、海盐、杭州,直抵宁波镇海的海塘逐步修缮,得到连接;到明末,浙江海盐、平湖段的海塘完成了由土塘改成阶梯形石塘的工程。这项工程改善了江南运河的生态环境,有利于沟通京杭大运河南段的正常运营和改善长江下游河网化地区日益繁忙的货物流通。

洪武年间停办了由长江口到北方的海上漕运,对1291年全线贯通的元代大运河加以疏浚和维护。考古发现唐代扬州港的运河宽仅31米,由于镇扬河段北岸线的淤积与大运河的淤浅,促成了明代长江北岸的瓜州成为"甲于扬郡"的港口。明代用增高堤防、修闸治河,隆庆(1567—1672年)时淮河与长江间的运河面高出宝应、高邮城数尺,成了"地上河",维持着由南往北漕运的大动脉。大运河和长江运输带交叉成十字形的国内水陆联运网络,牵引着作为全国经济中心的江南地区和永乐以来京畿重地之间的商业运作。

明代继承元代完成了对农业进行的结构性的调整,一是对南北方粮食作物品种播种面积的调整,二是在全国推广棉花的种植,发展棉纺织业。

全国的粮食作物,原本是北方多种粟、黍(小米)、麦、豆、高粱,南方以水稻为主;后来高粱由陕甘一带向南传入四川,《齐民要术》称作蜀黍,列入西南地区的外来食物。11世纪以后,粟、麦、黍、黄豆也进入长江流域各地加以栽植。12世纪由于南方人口迅速增长,开始实行夏稻冬麦轮作,使一些地区由一年一熟变成一年两熟,南方的旱地因此得到开发。从一年轮作发展成多年轮作,同时提高了间作、套作技术。江南地区普遍推广双季稻,福建、广东甚至有一年三熟的稻。有些地区用麦、豆、高粱或稻、麦、豆倒茬,实现两年三熟,明人宋应星的《天工开物》(1637年南昌刻本)在16世纪末估算,小麦在北方居民口粮中已和黍、稷(黏性的叫秫)、稻、粱平分秋色。在江淮地区以南,小麦还只占1/12。江南水稻除了和麦子(大、小麦)轮作,也常和豌豆、蚕豆、油菜等粮油作物轮作。北方则用大、小麦和粟、黍、豆、玉米轮作。玉米产量高,适合山间坡地生长,大约最早从云南传入,兰茂(1397—1476年)《滇南本草》中叫玉麦,16世纪中叶湖北《襄城县志》、河南《巩县志》最早有记录,北方称番麦。经半个多世纪,已推广到南北直隶、浙江、福建、广东、广西、云南、贵州、山东、河南、陕西等地,成了足以救急的新的粮食。

明代还实现了全国种棉花。1368年,政府就规定有田5—10亩,要栽种桑、麻、棉各半亩,10亩以上的要加倍种植,种桑麻4年始征税。1394年下令多种棉花,一律免税。原本在福建武夷山以南生长的一年生木本海绵是由东南亚引进的棉种,由于经不起长江以北的寒冷,10世纪以后,只能在长江以南的中下游播种。1295年以后,有了新的转机。有一个名叫黄道婆的松江乌泥泾人,早年曾流落崖州,学会了黎族妇女的植棉知识和棉织技术,重回故里,在松江推广了棉花种植和纺织技术,发明了脚踏缫车,32锭水转大纺车,导引中国的棉纺织技术进入世界领先地位。用纺出的40支纱可以"织成被、带、帨,其上折枝、团凤、棋局、字样,粲然若写"(《南村辍耕录》)。1313年定稿的王祯《农书》对棉纺技术最早作了叙述,到明代刻过三次,都由《永乐大典》加以传写。棉花的栽培技术因此首先在江南地区腾飞。从此以后,江南大量植棉,桑麻并进,长江中下游地区跨进了棉业时期,因此成为棉纺织业的中心,显得生机蓬勃,一直传给了19世纪开埠后的上海。西北地区的草棉也在13世纪由甘肃进入陕西,一路东传河北、山东,与辽东会合,谱写了棉花在全国开花的历史年代。从此农家无分南北,桑棉并重,丝织、棉纺同举,丝、棉衣被天下,北方人再不愁御寒无方了。

长江经济带在明代由下游到上游,开始进入全线联通的商业化运作时代。全长6 300多千米的长江,一半在宜宾以上,不能通航,称金沙江;宜宾到宜昌1 030千米属于上游,称川江;宜昌到汉口705千米为中游,汉口以下1 125千米为下游。明代中期以前,交通最繁盛的地段集中在下游。宣德时为征收商品流通税,在全国设立三十三个钞关,长江沿线就有十五个,上游三个:成都、泸州、重庆;中游两个:荆州、武昌;下游十个:扬州、镇江、仪征、江宁、常州、苏州、松江、嘉兴、杭州、湖州。明代中期以后,太湖商业运营区又新增了西边的芜湖和东边的宁波两个商业城市。

明代南北交通的大动脉,起自北京,经荆州跨越长江,逾大庾岭经北江抵达广州,通往南海以外世界各国。自大庾岭辟通,从北京便可南下江宁,经长江,下赣江,通庾岭,转行浈水,走北江顺流南下,直抵广州。经由庾岭的红梅关到广州五羊驿、怀远驿的路程共计1 150里,中经"浈江,多滩无石,上难下易,船大无虑"(明人程宇春《士商览要》卷一,第36条,1626年刻本)。这条路最有利于从景德镇向广州运送瓷器。明代在赣江沿线设立南昌、清江、临江、吉安四个钞关,饶州、赣州、景德镇因此发展成具有一定规模的商业城市。比之陆运,水路运费既低,又多便利,岭南地区与长江中下游的交通从此活跃起来。东南沿海地区与长江中游之间因此联成一大经济网络。这条南北干线与长江经济带交织成一大十字形,与大运河形成A字形交汇,重要的工商业城市,十有八九都分布在这一网络之中。明代十大城市,有北京、南京、苏州、杭州、扬州、济南、太原、成都,还有广州、福州两大海港城市。

泉州作为海港城市的历史,到洪武二十五年(1392年)以后不久,便转让给福州了,明代中后期,自1567年起,更有漳州月港兴起。明初,泉州作为对琉球开展朝贡贸易的港口,一度设立市舶司,1392年朱元璋对琉球国王"赐闽人三十六姓善操舟者"到琉球,协助进行朝贡贸易的事务。此后琉球的使船就由这些熟悉航路的人员导航到闽江口的长乐等口岸出入,不再前往泉州了。从泉州到日本的航路,实际都从"河口"(闽江口)出入。

有明一代,海寇与海禁、海商与开放,成为东南沿海地区人口增长与经济发展在很长时期中相互制约的一大社会问题。浙江、福建、广东三省渔业资源丰富,居民多借助沿海与海外贸易为生,但自明初发生倭寇,就有了与以往历史不同的海禁,海禁因海防而产生,海禁到片板不许下海,使沿海居民无以为生,对外交通阻隔。永乐、宣德年间以官本贸易开展海外贸易,推动了商品流通与就业,再度回到13—14世纪之际元代前期实施官本贸易的模式,其实是与民争利,因此难免中途夭折。此后便有只准外商在规定的关口入境,不准华人出海的各种禁令,"闽广大家正利官府之禁,为私占之地"。形成三省中此省下禁,则余省获益,受损最重的是福建。当时人评说,"今广东市舶,公家尚收其羡以助饷。若闽中海禁日严,而滨海势豪全以通番致素封"(沈德符《野获编》卷一二)。福建田少人多,南部福、兴、泉、漳可耕地尤其缺少,沿海居民多靠出海为生,到16世纪葡萄牙海商东来,1541年葡船漂到种子岛,从此有了葡日通商关系,倭患便变性成葡、倭之外寇与中国沿海以里甲老人制度为基层的宗族社会结成的航业联盟,合谋在官府封海政策下各自求取自身的利益。福建沿海的宗族,特别是漳、泉、福宁渔民"多谙水道,操舟善斗",漳州诏安有梅岭,龙溪有海沧、月港;泉州晋江有安海;福宁有桐山;都是私人贸易的营地。为了抗倭防倭,明代中叶以后,民间组织了自卫组织,进一步强化了宗族制度的合法地位。海上私人贸易从成化、弘治之际开始,到嘉靖(1522—1566年)间,沿海据点由漳、泉一带向北拓展到浙江定海的舟山群岛,双屿港、大茅港也成了私人贸易的据点。

据郑舜功《日本一鉴》,浙江私商与日本进行海上贸易,起因于1526年闽商邓獠越狱到双屿与日本人进行贸易;1540年许一(松)、许二(楠)、许三(栋)、许四(梓)串通佛郎机人到双屿、大茅等港交易,开启了与葡萄牙人的贸易。许一的同伙徽州歙县人王直在1545年到日本博多津招商,引外商到双屿交易。许氏兄弟又到大泥(马来半岛北大年)、满剌加(马六甲)经商,引葡人到双屿、大茅。许一、许三死后,许二、许四以及王直都先后往来暹罗、日本,并勾结日本浪人寇掠中国沿海。

因此继洪武之后,嘉靖后期倭寇再起,发展成朝廷难以管制的社会问题。为私人贸易牵头的是"豪右之家",他们"私造巨舟,接济器械,相倚为利"(《明世宗实录》卷一八九,嘉靖十五年十一月)。起而成为周旋于朝廷、走私集团与海寇之间的第四种力量,或者说,是将走私活动提升到了据有陆基的武装集团,从而使中国沿海地区正常的贸易需求与合法性受到极大的挑战。地方当局因积弊日深,逐渐从主流社会退而沦为被孤立、受蒙蔽的一方。1547年提督浙闽海防、力主剿寇的朱纨(1494—1550年)因此得罪势家,在1549年被革职按问,便是一例。

福建海澄的月港自正德(1506—1521年)以来,便打造遮洋大船,往来暹罗、马六甲擅自经营"利有十倍"的海外贸易了。嘉靖八年(1529年)七月提督两广侍郎林富上奏要求开放贸易,十月世宗下谕:"广东察番舶,例许通市者,毋得禁绝。漳州则驱之,毋得停舶"(《明世宗实录》卷一〇六)。广州仍许通贡船入境,下令福建坚持闭关,但实际结果却是"法不能止"。外国船照样在海上交易,福船也越造越大,直赴外洋。沿海一带居民干脆"皆沿海而居,负海而因,繁聚反侧,沧染骄咨,绥之则宁家,急之则下海,尾大不掉之势也"(朱纨《甓余杂集》卷五)。这些仰赖宗族聚居的世族在沿海到处都有接济的地点,最突出的是漳、泉地区,沿海聚居点常会达到万户之数。"漳、泉多倚著姓宦族主之。方其番舡之泊近效也,张挂族号,人亦不可谁何";"甚至有借其关文,明贴封条,役官夫以送出境"(郑若曾《筹海图编》卷四,福建事宜)。缉捕者常无功,而反受其累。

1548年以后继陈东、徐海之后成为最有实力的浙东私商首领王直,就以双屿为据点,往来日本肥前和浙江、暹罗经商。他曾多次呼吁朝廷开放海上贸易,1555年王直上疏称:"我本非为乱,因俞总兵图我,拘我家属,遂绝归路"(《倭变事略》)。朝廷在嘉靖二十六年到二十八年(1547—1549年)对闽、浙沿海的私人贸易据点进行围剿,取得一定成果,但随之而来的是王直等海寇仍然盘踞舟山群岛进行交易,由双屿转往烈港和日本平户。官府却因经费不足,难以为继。参与平寇的官兵因缺粮而劫掠,一些人投奔王直,反倒壮大了王直的势力,自称净海王。日本浪人多数来自萨摩、肥后、长门三州,每年借助清明后到五月、重阳后到十月的东北风南下,明代海防部队因此以三、四、五月为大汛,九、十月为小汛(张燮《东西洋考》卷六)。1552年,王直、陈东一伙导引倭寇猖狂进犯太仓、上海、嘉善,1554年部分倭寇竟北窜日照、赣榆,攻入南陵、溧水,转掠上虞、高埠,到苏州才被击溃;有些倭寇则被明朝官兵驱逐之后,转往了暹罗大城、北大年和菲律宾等地充当雇佣兵。王直的同乡、时任浙江总督的俞大猷,奉命以谈判为名,在1557年诱捕王直,到1559年江浙战乱平息,才在1560年初将王直处死。

朝廷对这些海寇采取招抚的办法,也互有得失,失在使他们因此获得喘息的时机,能够亦盗亦商、时寇时官地随机应变,玩转官府。漳州海寇吴平在1564年杀倭受抚,之后,不久却洗劫了广东海丰、南澳;嘉靖年间由海寇转为公开经商的潮州人林道乾,1578年劫掠了到琼崖运米的福建船,掳走男妇200人,继续流窜于台湾、菲律宾、婆罗洲等地。1567年在海上追捕曾一本,政府明令开月港为对外贸易港;下一年,曾一本率众攻打广州城,其势甚炽。后来闽广两省合剿,到1569年6月,曾一本在莲澳海战中被擒杀,余党由督府发免死票,"悉令归农",(苏愚《三省备边图记》,书目文献出版社,1988年,902页)嘉靖、隆庆年间蔓延20多年的海寇第一波才暂告平息。万历八年(1580年)政府才决定裁革名存实亡的浙江市舶司、福建市舶司。

万历后期海寇第二波再起,万历四十年(1612年),福建打听到日本派兵3 000到琉球,福建即刻实施海禁,获礼部准许(《神宗实录》卷四九七)。到天启、崇祯间,海寇再度猖狂,先后三波,东南三省海防难以松弛。林道乾、曾一本、钟斌、李魁奇先后被明朝以招抚和借力打力的策略所平,林凤也因部属二澳主马志善、七澳主李成率部众1 712人、海船53艘接受招抚,自己遁迹海外。势力最强的要数泉州人郑芝龙。郑芝龙少年时投入李旦、颜思齐门下成为海寇,1628年受明朝招抚,李魁奇因此与之对立,郑芝龙被明朝利用剿灭海寇,八年中平定了李魁奇、杨六、杨七、钟斌、李香的海寇集团,因此擢升总兵,独霸东南海上。从此海寇变成官兵。后来郑芝龙传位给儿子郑成功,以厦门为基地,经营私商贸易,分山海两路,设金、木、水、火、土和仁、义、礼、智、信商行,和京师、苏州、杭州、山东等地经营财货,海路通日本、南洋,以丝、油、米等货转运外地,从海外运进胡椒、苏木、象牙等货。1656年郑氏集团封锁了台湾海峡,两年后荷兰人只得屈服。1662年强占台湾的荷兰人被驱走,郑成功被沿海居民称作"国姓爷",台湾重归祖国。

到清兵入关,攻占南方,明朝将东南三省的海上贸易经营权问题,作为前代留下的一份遗产交给了清朝去处置,着实使这个骑马民族的皇室,像它的前朝一样困扰了一个半世纪以上,依然未能在农业社会的架构中,为逐步实现向商品经济转型,找到正确解读的密码。

(三)四大城市群的兴起

随着商品经济的迅速发展,明代中叶以后,在全国范围内逐渐形成四大城市群体:长江下游城市群、长江中游城市群、长江上游成都盆地城市群,以及黄河中游城市群。

长江下游城市群,集中在南直隶(相当江苏、安徽两省)和浙江省,重要城市有南京、芜湖、扬州、淮安、泰州、通州(南通)、镇江、常州、苏州、松江、嘉兴、湖州、杭州、绍兴、宁波、台州等。这里拥有全国最重要的丝织、棉织、陶瓷、造纸、印刷、手工艺、造船、冶金、制盐、酿酒、养蚕、渔业、养殖业基地。

南京应天府是南直隶的中心城市,这里有名列前茅的丝织业,官办的金陵织造局,又是明初至16世纪全国的造船中心,建有直属工部和兵部的四大造船厂:城南新江口的快船厂,天宁洲江济马船厂,城西的黄船厂、龙江船厂。郑和下西洋的宝船多数由快船厂建造,给船队提供海船,装载名牌货运销印度洋各地。制造的海船有宝船、马船、快船、平船、漕船,河船有黄船(供御用),数字十分巨大。从这里还发射过世界上最早的多级火箭。依照火药燃烧向后喷射气体的反作用力进行发射的火箭,见于明初《火龙经》,是14世纪中叶明代开国时的重大发明,有单级和多级火箭两类,多级火箭成就尤为重大,射程可达500步,有"火龙出水"和"飞空砂筒"二种。"火龙出水"用5尺长毛竹制成的龙形多级火箭,用于水战,可飞水面2—3里(《武备志》卷一三三);"飞空砂筒"用薄竹片制成,连身共长7尺,径1.5寸,将两个方向颠倒的药筒一同缚在前端,飞出的药筒筒口向后,上面再接一个长7寸、径7分内装燃烧药和特制毒细砂的药筒,飞回的药筒筒口向前三个药筒用引信接好,以"竹榴子"发射,射向敌船船帆,毒砂便会落入人眼,使对方失去战斗力;引信点着第三个药筒后飞回(《武备志》卷一二九)。这些用于水战的神奇武器将中国超前地带向了火箭时代。

江南城市带所产湖丝、苏缎、杭锦、苏绣、苏式家具、宜兴紫砂、松江棉布、越州竹纸,都是时代名品。官府丝织业以南京、苏州、杭州三地为重,"大都东南之利,莫大于罗绮绢纻,而以三吴为最"(张翰:《松窗梦语》卷四)。丝织品年产量在百万匹以上,独占鳌头的是江南地区。提花机发明了"两梭轻,一梭重,空出稀路者,名叫秋罗"的新技术,能生产高端产品。民间织机以苏、松、杭、嘉、湖地区最盛,机户遍布全境,不分城乡。徐光启《农政全书》卷三一说:"东南之机,三吴、越、闽最夥,取给于湖蚕;西北之机,潞最工,取给于阆茧。"有名的湖州蚕丝成为江南丝织业的原料供应地,可以就近运销给机户,减少了生产成本。后来湖丝更远销海外了。

新兴的集工商业于一体的市镇的出现,是明代的一种社会现象,在各地都有,农业的集约式商品化生产促进了市镇的兴起,为适应手工业生产需要的农业商品化生产模式,也是在江南地区数量最多,最为密集。有人估算,江南农村已有三分之二的农户转入集镇,"大抵以十分百姓言之,已六七分去农"(《四友斋丛说摘抄》第三)。苏州的机户在3万家以上。大量农业人口集中到邻近的集镇,从事手工业生产。正德(1506—1521年)时苏州一府的市镇就多达73个,到清代乾隆年间增加到100个;松江府在正德时有44个市镇,松江和太仓州的棉织业市镇有40多个,它们管辖的棉花田占到全部耕地面积的60%以上。湖州府在万历时所属市镇也有20多个。苏州的盛泽镇、湖州的南浔、乌镇,人口在明末都已达到万户之数(万历《湖州府志》卷三),丝绸牙行也有成百上千家之多。北方的商业集团都不远千里赶到浙东,购求罗、绮、缯、帛(《松窗梦语》卷四)。松江的棉布销到了纺织棉布已有二三千年历史的福建、广东,明代后期松江生产的标布更大量销往华北和西北边境地区,17世纪的产品有精线绫、三棱布、漆布、方巾、剪绒毯、丝经纬纱的云布、丝绵混纺的绒布,品质都在印度棉布之上。松江金山县朱泾镇有居民数千户,集散棉布,枫泾镇集中了数百家布号,染坊、踹坊一应俱全;嘉兴新泾镇、松江朱家角镇在明末都已经成为京省标客往来的巨镇,因此名扬全国。那时西北地区栽植的棉花是草棉(非洲棉),而松江采用的是一年生木本棉,品质高于西北栽种的棉花,从那些地方赶到松江采购棉布的,成交额一次就有几万两白银,多的甚至达到数十万两。

在长江下游地区,苏州、杭州是屈指可数的江南名城,与京师、佛山一同列入全国"四聚"之中。苏州罗城还是春秋时期吴王阖闾所筑,周47里(范成大《吴郡志·城郭》卷三),公元前514年建成,城龄已有2 500多年。苏州拥有中国最早的城市地图,即宋代绍定二年(1229年)刻石的《平江图》(原石存苏州碑刻博物馆)。杭州城是五代吴越王钱镠在893年所筑,城周70里(周淙《乾道临安志·城社》卷二)。两城在12世纪都被西西里王国的阿拉伯地理学家伊德里西写入《地理志》,马可·波罗是最早到过这两座城市的欧洲旅行家。后来阿拉伯和突厥地志也有提到,但对这两个城市与长江之间所处方位却有误会的地方。苏州在明清两代是中国最大的手工艺制造中心,现在分成24个门类的手工艺产品,苏州拥有

22个门类,也就是说,除了一两种需要开矿冶炼的工业,在苏州,都能以它所具有的生产能力找到它的产品。宋锦、缂丝、罗缎、色绢都以苏州工艺为极品。丝织与印刷也是杭州的著名工艺。两城在明代的人口都在一二十万户以上,接近百万之数。是名副其实的全国经济中心地区。"上有天堂,下有苏杭"的俗谚,由于各方人士的广泛交往,尤其是中国和作为阿拉伯文明中心的埃及建立了国交,从11世纪起已经在地中海世界流传,所以到明清时代,这两大城市的名声已只有京师可以与它们相并列了。皖南地区以歙县为中心的徽商,在明代中后期活跃在长江中下游一带,用他们的商业资本支持了这一地区日益商品化的生产方式的成长,他们的足迹遍及闽广,在各地设立会馆,向工商业主放贷资金,支持了工农业生产,促进了资金和货物的流通,显示了金融界在沟通生产部门和商品流通之间不可或缺的杠杆作用。徽商在致富后都在故乡修建宅第、祠堂,南方明代豪宅保存至今的多在江南、安徽南部(皖南)以及江西景德镇附近。这些明宅都是二层楼房,早已突破明初规定的"庶民庐舍不过三间五架,不许用斗拱、饰彩色"的规定,外面围以高墙,山墙筑成阶梯形的马头山墙;通常以三合院或四合院组成,大门开在正中,厢房做成走廊连通,天井上用石板铺砌,梁架多穿斗式,采用雕刻华丽的月梁和彩画装饰。江、浙豪宅多有三四进,都以封闭式院落组合而成,有的分成几路,附有私家园林,叠石开池,架平面的曲桥,遍植花木,融自然景色于家居宅园之中,自成天地。遍布南京、无锡、扬州、苏州、杭州、绍兴、嘉兴的江南园林,从此走出国门,进入东瀛,享名欧陆。

长江中游城市群,处在鄱阳湖和洞庭湖两大淡水湖泊间。宋代以后,这一带气候转向寒冷期,长江中游区继续呈现碟形下沉,湖面进一步河汉化、扩大化。鄱阳湖是中国目前最大的淡水湖泊,原本有人居住,公元前201年(汉高祖六年)到公元421年(刘宋永初二年)在现在鄱阳湖中心的四山设置鄡阳县,遗址业经考古发现。周围有彭泽、鄱阳、海昏等县,所辖土地部分在鄱阳湖中。后来江北的彭蠡湖(晋代称官亭湖)向南拓展到现在星子县南的婴子口,原本是赣江入湖的地方,由于泥沙淤积,赣江由南昌经吴城注入现在鄱阳湖的北部,使鄡阳地区由沼泽成了湖泊。10—12世纪彭蠡湖向鄱阳(今波阳)方向拓展,使它有了鄱阳湖的名称。明清时代这里形成汊湖,赣江、抚河与信江口淤泥层积,湖面逐渐缩小。

洞庭湖也是地质时代以来处于沉降的地区。汉代湘、资、沅、澧四水直接流入长江,洞庭湖地区处于沼泽状态,未置郡县。长江中游上起枝江下迄城陵矶的一段称荆江,全长约400千米,以藕池口为界,以上称上荆江,以下称下荆江。上荆江在6世纪出现了江陵城南的北江分汊河道,迫使沮水入江位置逐渐西移,云梦泽到宋代已完全消失,万历时沮水改到江陵东南注入长江,形成今天江陵以西荆江的走势。下荆江到 6 世纪在河口形成许多穴口和汊流,出现长江分流,沙洲发育,在洞庭湖区东北部淤积成青草湖,四水入湖已有《水经注》可证。唐宋时代洞庭湖进一步拓展成周围八百里的湖区。元明以后,荆江统一河床形成,迅速淤高。19 世纪中叶处于顶点,达到地跨四府一州九邑之境,面积约 6 000 平方千米,是现在湖面的两倍以上。江陵原本是长江中游南北交通枢纽,由于荆江分洪,河道变迁,曲道多到八曲,灾害频发,逐渐失去昔日重要地位,枢纽随之东移,而有武昌、汉口的崛起。

明代长江中游城市群分布在江西省和湖广省,主要城市有荆州、武昌、九江、潭州、景德镇、信州、吉州、饶州、宜春。明代武昌府是湖广布政司治所,早先属鄂州,13 世纪时已有 10 万家之众(戴复古:《石屏集》卷一)。其他城市的规模相对来说,都不如长江下游的城市,多以生产日常用品、纸张和开采、冶炼银、铜、铁、铅、锌等金属著称。明初在江西进贤、新喻、分宜各设铁冶所,在吉州(吉安)设铁冶所 2 个,冶炼钢铁。1395 年以后撤销了官营的铁冶所,开放给民间经营,于是冶炼业便活跃起来了。在 17 世纪中叶已使用活塞式木风箱炼铁,比欧洲早了 100 多年。还使用了先进的焦炭炼钢。

在南朝已开始造瓷的饶州浮梁县昌南镇,到北宋真宗景德(1004—1007 年)间为宫廷造瓷,以釉胎洁白致密、釉色纯净晶莹,誉作"饶玉",被准许产品上标识"景德",从此以"景德镇"名闻天下。明代景德镇不断开拓新品,烧造彩瓷和各种颜色瓷,宣德时御窑增加到 58 座,年产量可达 10 万件以上,嘉靖以后民窑也承造"御限"(宫廷定额)瓷器和高级细瓷,一坯功力要过手 72 道程序。17 世纪欧洲天主教传教士到这里探求制瓷秘诀以后,"瓷都"之名便盛传全球了。

长江上游的城市群集中在四川盆地的成都、泸州、重庆、梓州(三台)、剑州等地,以成都为中心。成都是古都,又是工商业中心。赵抃《古今记》说,成都一年中每月有一集市,正月灯市,二月花市,三月蚕市,四月锦市,五月扇市,六月香市,七月宝市,八月桂市,九月药市,十月酒市,十一月梅市,十二月桃符市。以春、秋季的蚕市、药市最为盛大,各类商品云集,成交量十分可观。邸店业因此兴发,到处设有货栈,促使物流畅通。

成都城市群丝织、棉、麻纺织业实力雄厚,制盐、造纸、印刷、蜀绣、川扇名满天下,享誉东亚。四川和江南一样,也是明代最早使用木活字印书的地区。宋代成都平原"地狭而腴,民勤耕作,无寸土之旷,岁三四收",是农业生产在 2 000 多年来长期能够与时并进、长期保持稳产高产的主要农业生产基地。四川盆地是最早在汉晋时代便使用天然气输气煮盐的地方,但办法一直到明代还比较简易,要到 19 世纪初临邛、富顺的盐井发明一种叫坑盆的火井盖盆,才完善起来。川江段水运在明代后期也由于移民对四川的开发,促使大量棉、糖和粮食沿嘉陵江、沱江、岷江等支流,汇集到宜宾、泸州、重庆集散。18世纪中叶乾隆时为开发云南铜矿,疏通了金沙江底淤泥,开通1300多里航道,联结了云南与四川的水运,使西南地区与五岭以南粤江之间进行水陆联运得到改善,凸显了长江经济带对推动华南经济的重要性。

北方黄河中游、汾水、漳水流域的城市群。这一地区以黄河南岸的洛阳和开封为底线,北面以太原为顶尖,形成一个三角形的北方城市群。洛阳和开封是唐宋古都,到明代已经衰败。这一地区在13世纪中叶流失了数以百万计的人口,14世纪中叶再遭兵燹,直到永乐年间才进入经济复苏。太原是北方一大交通与物流枢纽,山西布政司驻地,设有钞关和税监司。明代印刷业集中在东南三省,刻书之多超过以前各代,而且两京十三省无不刻书,太原也是其中的一处。北京有九龙壁,太原也有九龙壁,是1392年在朱元璋第十三子代王朱桂府邸前所立照壁,用黄、蓝、绿三色釉彩砖烧制而成,为山西法花工艺的代表作,保存完好。山西的漆器家具,也是著名的民间漆艺,有剔红、剔黑、剔彩等多种。黄河中游城市群分布在太原的南面。

处在这一城市群西部的平阳(临汾),是冶铁、冶银中心。中国在14世纪制造的管形火炮多数是铜炮,明代制造的火炮有50多种,山西省博物馆藏有3尊铁炮,通长100厘米,口径21厘米,炮口有三行铭文:"大明洪武十年已季月吉日平阳卫造。"该炮是目前所见中国最早(1377年)的铁炮。平阳很可能正是中国最早制造铁炮的地方。此外,还有宣德元年十一月(1426年)制造的铁炮。平阳在元代已经是可以和大都齐名的北方刻书中心,南方的刻书中心则是杭州和建宁(今建瓯),所以也是北方印刷文化的中心。这一城市群西部黄河以南的城市有洛阳,洛阳是河南府所在,洛阳纸在唐代已是北方名产,到明代仍是一个造纸和地区性的印刷中心。位于洛阳东南的汝州,和开封形成南部地区的另一个三角形,北宋时以烧造宫廷用瓷汝窑著称于世,明代将汝窑列在宋代五大名窑(汝、官、哥、定、钧)之首,经调查,御窑窑址在宝丰县清凉寺附近。特点是满釉支烧,三支钉痕,香灰胎,天青釉,冰裂纹,润如玉。宋代属汝州,因称汝窑。南宋顾文荐《负暄杂录》记汝窑始于哲宗元祐元年(1086年),止于徽宗(1126年)。影响极大,明代已有按照它的釉色、釉质加以仿造的。

这一地区的东部,城市比较集中。在黄河以南的,有以烧造汝窑瓷闻名的汝州,商业城市开封。黄河以北有泽州、潞州(长治)、磁州。泽州产煤、铁,无烟煤品质之高,尤为难得。潞州在明初有铁冶所,又是北方的纺织中心,丝织品十分有名,但蚕丝是从闾中运去。磁州是北方最负盛名的瓷都,原本烧造单色瓷,自明代成化时官窑烧成彩瓷,于是各地的单色瓷,如北方烧造白底黑花瓷的磁州,浙江制造青瓷的龙泉,只得另谋出路,磁州窑就是北方最早生产青花瓷的地方。明代两京和晋南、山东、河南等地区盛行用陶胎烧造法华三彩,因通常用于庙宇祭祀用具而称作法华。最初是在元代由烧制琉璃发展而成,采用壁画中的立粉技术在陶胎上圈出凸线轮廓,以铅作助熔剂,再填入铜、钴、锰等色料烧造。山西法华在明代后期大盛,釉色有法黄、法蓝、法翠、法紫等多种。景德镇用瓷胎也烧造法蓝、法翠,据《南窑笔记》是从山东琉璃窑传去。

明代山西商人足迹之广,可比南方的徽商,谢肇淛《五杂俎》卷四评论明代中后期商业资本的发达,"富室之称雄者,江南则推新安(徽州),江北则推山右"。北方是西商(晋商)的天下。沈孝思《晋录》说山西平阳、泽州、潞州的"豪商大贾甲天下,非数十万不称富"。晋商常年外出经商,致富归里造住宅、建祠堂,光宗耀祖,用砖筑,楼房有高三四层的,筑有望楼,往往雕梁画栋。晋城、襄汾地区多有明中叶以后的明宅留存,多数为万历以来的建筑。

明代农业生产由于大田作物的推广,经济作物播种面积迅速扩大,加速了农产品产销运作机制的周转。素称鱼米之乡的江南地区多种桑、棉,扩大油料作物的生产,以致粮食需从安徽、江西运去。原本缺粮的福建,因多种甘蔗、茶、麻,一旦海禁,便有断粮之苦,所以从东南亚引入红薯、土豆等作为救荒本草,推广种植。江西、湖广成为稻米的主要供应地。北方的河南、山东从 16 世纪以来成为新兴的棉业基地,但碍于无法解决棉纱的湿度,只能将棉花运到江南纺织,江南生产的优质棉布则大量北运。山陕商人不远千里赶到松江购进棉布。由政府专卖的盐、茶多在南方,明中期以后,政府对课征以后多余部分,向商人开放,成为大宗商品。隆庆以后,北方茶马贸易逐渐向民间开放,宣府张家口、大同三堡(守口堡、得胜堡、新平堡)、山西水泉营等一批马市开放,刺激了山西的商业资本,使得信贷业有很大的发展,到处设立票号,更多地流行改钱为银的转账方式,日常生活用品、用具日益进入商品渠道,加快了资本从土地转向商业领域的进程。

明代形成的四个城市群,彻底改变了数千年以来政治和经济重心在黄河流域的格局,宣告了长江经济带替代日益沙化的黄河流域成为商品经济的主要产区,以南方沿海地区为代表的海洋经济将会开拓成经济发展的新的源头的必然趋势。城市群的出现,标志着商品经济发展已进入到区域性流通的良性循环的前沿,是人口迅速增长、商品流通规模拓展到一定程度后,赋役制度也随之转为货币化以后,对人地关系、生态环境和供需平衡提出的新的课题。明代末年,身居大学士的徐光启(1562—1633 年)已察觉到"生人之率,大抵三十年而加一倍。自非有大兵革,则不得减"(《农政全书》卷四,1639 年刊行)。这是在马尔萨斯之前一个世纪,由中国人文学者提出的人口理论。社会的稳定,自有其自然的因素,也有其政治的因素,还有人文因素,它们之间能否相互协调,应该是最值得重视的问题。

明代的人口已经突破1亿,达到1.5亿左右,有人说是已经超过2亿,恐怕不足为据。明代中后期商品化生产的整体水平胜过了以往的历史年代,也远远超越了与它同时代的其他帝国所具有的国际市场的规模,例如印度的莫卧儿帝国、地中海的奥斯曼帝国,比之大明帝国,它们所拥有的市场,相对而言要小了许多。所以明朝政府有条件在国内市场上提升中产阶层的社会地位,在东中部地区进一步缩小贫富差距。然而由于东南沿海地区出现的海寇和海外贸易官私体制之争所引发的政策的摇摆不定,在16世纪进入环球贸易时代以来,政府已经无力应对国际市场对中国扩大贸易规模的要求,作出合理的抉择。像中国这样的国家,是当时西班牙政坛上,一些叫嚷不顺从他们的要求便意欲加以消灭的对象,然而直到17世纪和18世纪,来自欧洲的殖民主义者又始终未能实现他们对之试图进行的蛇吞象的梦想。因为当时的中国确已拥有一个规模并不输于西班牙帝国的商品市场。

二、 处在海洋文明新潮下的东亚文明

(一) 新形势下的朝鲜

朝鲜高丽王朝在1392年被大将李成桂推翻,建立李朝(1392—1910),取消高丽名称,以朝鲜为国号,都城由开城迁到汉阳(今首尔)。在李朝建立以前,中国已由明代元。李成桂制订了与明王朝友善的邦交政策,积极输入明文化,努力发展睦邻关系。明廷也竭诚支持朝鲜,加强了和这个友好邻邦的联系。两国交往亲密无间,在明代的外交关系史上,没有第二个国家可与相比。明代对边境进出货物规定必须晋严加检查,但对朝鲜使团所带货物,特许免予查验,出入听便。双方在邻接地区紧密合作,朝鲜多次协助中国安置辽沈一带流民,配合中国剿灭流窜在海上的倭寇。明王朝建国之初,对于和中国同样遭到倭寇侵扰的高丽,即深表同情,1374年立即答允了向高丽支援军器、火药、硫磺的请求。为了对付入侵的倭寇,善于制造军器的崔茂宣多次向来自江南的客商打听制造火药的方法。1373年他找到粗知焰硝制作法的中国商人李元,学会了制造火药、火器。1377年高丽政府采纳了他的建议,设立火㷁都监,炼取焰硝,正式由国家制造火药。崔茂宣任火㷁都监的提调官,将过去已有的炮机、铳筒加以改进,制造了火箭、火筒、火㷁、火炮、大将军、二将军、三将军、六花石炮、信炮、铁翎箭、皮翎箭、蒺藜炮、铁弹子、

穿山五龙箭、流火、走火、触天火等17种新式火器,用来装备战舰,在1380年一举击败了入侵镇浦口的500艘倭舰。1378年4月,朝鲜历史上第一次出现的火㷣放射军,成了新型的技术兵种。1445年,这支部队更扩大到2 200人,改称铳箭卫。与此同时,也加强了装备新式火器的水军的建设。在1592—1598年中朝联合抗击日本入侵朝鲜半岛的战争中,中朝军队都曾使用各种火器共同对付敌人。为了对付侵略者,明王朝和李朝在火器的研制和使用方面,双方配合更加密切了。

1592年日本关白丰臣秀吉对朝鲜发动侵略战争,统兵30万在釜山登陆,并有水军九千名配合接应。疏于战备、内部派系纷争的朝鲜,在军事上处处失利,节节败退。昏庸的宣祖李昖由开城转往平壤,不久逃奔鸭绿江边的义洲。应朝鲜之请,明廷先后派军支援,协同朝鲜抗击入侵日军。经略宋回昌入朝后,总兵官李如松奋勇作战,接连克服平壤、开城,日军被迫退出汉城,中朝联军收复了3大都城。1597年战火再起,明以邢玠任总督,杨镐、麻贵等率军支援朝鲜,取得稷山之捷。1598年秋,明军分4路入朝,陆路由董一元、麻贵、刘綎各率一军,水路由陈璘配合李舜臣统率的朝鲜水军协同作战,将日军逐出半岛。中朝关系从此进入了一个新的时期。

有明一代,中朝两国进行了广泛的文化交流,双方在政治制度、经济生活、文化风貌等方面更趋于同一化。

1370年明太祖向高丽遣使,颁布科举程式,承认高丽、安南、占城的知识分子参加本国乡试的,可以到京师会试,优先录取。李朝建立后,依然实行科举制度,以"四书"、"五经"、《通鉴》以上各史为基本读物,应试时必须写作表章古赋,汉文学成为朝鲜文士学习的范本。明王朝向朝鲜提供的图书数量可观,朝鲜使者、商人到中国后,以采购图书为己任,凡旧典、新书、稗官小说,都备有书目,不惜重金买回本国,以致许多珍本、罕见书籍反为朝鲜收藏。李朝印刷文化特别发达,成宗李娎(1470—1494年)时,不但中央大量印刷诸子百家书籍,广泛流传,而且下令各地开刊书册,经、史、子、集之外,如《三国演义》也加以翻印。许多朝鲜著作也在这时陆续印成,成宗二年(1471年)完成了《经国大典》6卷的刻印,这部政治纲领性质的大典,是参照《唐六典》等中国法典、朱子家礼编成的,朝鲜立国规模、典章制度到这时才算大备。同时刻印的还有《高丽史》《三国史记》《东医宝鉴》和崔致远以下各家诗文集。

李朝印刷文化的最大成就是大量使用铜活字,使印刷书籍既快又好。中国发明的活字印刷术,首先在朝鲜流传开来。1376年朝鲜用木活字印了《通鉴纲目》,1395年又用木活字印出附有吏读(朝鲜音)注解的《大明律》100多册,颁发各地。太宗李芳远(1401—1418)时创制铜活字多套,从此便用铜活字印刷。铜活字原称铸字,最早在 1234 年至 1241 年间,晋阳侯崔怡用金属铸字印成《古今详定礼文》50 卷,共 28 本(今仅存李奎报代崔怡所写的序言)。这是到目前为止,可以确认的世界上第一次使用金属活字印刷的记录,早于德国谷登堡 200 多年。15 世纪末朝鲜学者成伣所记铸字法,和明代文彭《印史》所记铸铜印法相同,朝鲜使用铜活字,大量推广以铜活字为主的金属活字印刷。

太宗李芳远为了解决日益增长的图书供应,提高印刷的速度和质量,决定由政府主持,铸造铜活字排版,以改变仰赖向中国购买书籍的局面。1403 年 2 月设立铸字所后,由李稷主持,按照《诗》《书》《左传》作为字本,几个月就铸成几十万字。这种字称为癸未字。李芳远的儿子世宗李祹(1419—1450 年)时,科学家李葳(1375—1451 年)受命改进排版技术,先后造出了极为精美的庚子字(1421 年)、甲寅字(1434 年)。甲寅字以《孝顺事实》《论语》作为字本,不足部分由李琛书写,字体如晋代卫夫人,也称卫夫人字,有字 20 多万,分大、小两种,是历次铜字中字体最为优美的,被称为“朝鲜万世之宝”,每天可印 40 多纸,甚至达到了日印 100 纸的高水平。以后朝鲜印书多用铜、铁活字。朝鲜铸造金属活字在 15 世纪有 11 次,在 16 世纪有 3 次,字体大多根据中国印本书做字样铸造。大批铜活字在 1592 年日军侵入朝鲜半岛后被劫走,于是日本也开始用铜活字印书。现存朝鲜铜活字印本有 1409 年《十一家注孙子》6 卷,1434 年《大学衍义》,1437 年《历代将鉴博议》,1446 年《中庸章句或问》,都比谷登堡印刷 42 行本《圣经》要早。中国在 15 世纪末也学习朝鲜铜字,铸铜活字,但朝鲜印本由于纸墨精良,始终远胜于明代无锡的华氏活字本。

朝鲜又是世界上第一个采用铅印的国家。世宗铸造甲寅字以后的第二年,1436 年又命世祖李琛书写《通鉴纲目》大字,书名《思政殿训义》烧铸铅字,正文用特大号的铅字,小注用甲寅大字,铅字铜字混合排印,在印刷史上冠绝古今。朝鲜铅字不久也传入中国沿海地区。明代陆深在 1505—1508 年间写成的《金台纪闻》中说,当时毗陵(江苏常州)不但和无锡一样用铜活字,而且创作铅活字。这种始行于弘治(1488—1505 年)的铅活字,印本极少,仅见于记载,至今尚未见有存本。

朝鲜自古至李朝末年,正式通用的文字一直是汉文。世宗李祹为了推进民族语言,在 1433 年特地设立谚文局,由郑麟趾、申叔舟,成三问等集贤殿的学者,仿照明初编写的《洪武正韵》,创制了训民正音。在 1446 年秋,印出了名为《训民正音》的韵书,造了 28 个字母的谚文,成为今日朝鲜的文字。谚文仿照《洪武正韵》中的声母、元音和辅音,分成初声、中声和终声。为了制订新的文字,集贤殿学士成三问、申叔舟奉命 13 次前往辽东,向谪居在那里的明代翰林学士黄瓒请教音韵和发音的表记。现在的朝鲜通用的字母共有 25 个,它的诞生正是明代中朝文化交流的硕果。

　　大兴儒学，成为新兴的李朝配合政治上正名分、严等级的改革，在思想领域实行一元化的相应措施，从李朝开始，儒家哲学替代佛教，被士大夫当作李朝的建国理念，以"儒教"相称。李朝一反高丽时期的重武轻文、崇佛抑儒，推崇儒学，排斥佛教。程朱理学在14世纪初传入高丽后，到李朝而有理气之争。16世纪上半叶，徐敬德(1489—1546年)首先对朱熹的理气二元论提出反对意见，以为"气外无理"，主张"气一元论"，成为朝鲜理学主气论的先驱。此后，李珥(1536—1584年)继承其说，认为万化之生，"其然者气也，其所以然者理也"，为主气派张扬光大。李彦迪(1491—1553年)、李滉(字退溪，1501—1570年)则发扬了朱熹的理气二元论。李彦迪以为理气不可分，但"有理而后有气"，开朝鲜朱子学主理派之先。李滉也认为天地之间有理有气，但"理在事先"，"理为气之帅，气为理之卒"，成为主理派的集大成者。

　　李退溪在继承发展朱熹理学思想的基础上，对佛教和陆王心学进行了批评。但又有所吸取，并顺应本国历史的需要，创建了别具特色的"退溪学"，为后来李朝实学的兴起提供了思想条件。李退溪在他的理学思想体系中，建构了一个涵括宇宙本体和万物生成以及人性与道德精神等方面的整体设计，由"天道"及于"人道"，组成一个完整的天人之学的思想体系，其理论思维，在当时世界上是先进的。尤为重要的是，李退溪在"天道"范畴的理气观，肯定了"理"和"太极"自身的能动性，在理气关系的剖析上，他也以其缜密而辩证特色的理论思维弥补了朱学理本论中的不够严密之处。李退溪的理气观、心性论、道德论、教育论、政治论构成了一个完整的理学体系。李滉学说宏富，有"朝鲜朱子"之称。李滉、李珥的理气之争，推动了朝鲜的性理学，同时在世宗主持的集贤殿里，将朱子学作为李朝的统治理念加以探讨，提出了许多适合朝鲜国情的新的见解。李滉的继承者有柳成龙、金诚一、郑述等，称岭南学派。李珥的继承者有金长生、郑晔等，称畿湖学派。在李朝，程朱理学左右了一代学风，一变早先以词章、训诂为主的迂腐学风，转入崇尚经、史。儒学作为各阶层伦理道德教育的准则，被推广到各级学堂，直至太学成均馆。以"仁孝"为根本的五伦(君臣、父子、夫妇、长幼、朋友)，成为人与人之间伦理道德的基本规范，在全国普遍推广。

　　李朝文士特别多，汉文学十分繁荣。汉诗汉文，初学宋代的苏东坡、黄庭坚，与高丽朝崇四六句不同，李朝诗人好短律。后又一度学唐，转而采掇唐宋，李白、杜甫、王维、高适、孟浩然、韩愈、柳宗元、欧阳修、苏东坡、陆游都成了李朝文士尊崇的人物和文学的借鉴对象。像中国传说中的那样，申钦以为李白是仙，"集中所藏，无一可疵"(《象村集》)。郑澈的谚文诗歌《关东别曲》，刻划金刚山景色，赞赏关东八景,苏轼、陶渊明、李白都列名诗中,被朝鲜文人誉作可与李白《蜀道难》、《望庐山瀑布》相媲美的佳作。郑澈更以李白《将进酒》为题材,写作《劝酒歌》。诗人金笠、女诗人黄真伊等都有过仿李的诗篇,受李白感召极深。

明代中朝两国使者也多文人学士,彼此交往,酬答唱和,友情极深。景泰(1450—1456)年间,倪谦出使朝鲜,到达京都汉城,朝鲜名士申叔舟、成三问等争相请他赴宴,邀他作诗。申叔舟与倪谦交往尤密,经常商讨汉字音韵,倪谦为之一一释疑。倪谦归国,有《送叔舟诗》言别。天顺时张宁、弘治时董越、嘉靖时唐皋、隆庆时许国、万历时黄洪宪等到朝鲜出使;和朝鲜文士均有同样的唱酬应对,属和诗章,常连篇累牍,传为一时佳话。董越在朝鲜,与馆伴许琮结有厚谊,许琮有《浮碧楼送别明使》一首,颇有唐人风格,末句"眼前多少景,惆怅客将归",韵味深长。董越后来为许琮诗集作序,称道他的诗"音律谐畅,萧然出尘"。1488 年王敞使朝,许琮也有《安兴道中次王黄门韵》诗相和。1598 年随陈璘援朝大军开赴汉城的文人吴明济,曾和朝鲜文人广泛交往,与著名的朝鲜诗人许筠交下了肝胆相照的深情厚谊。翌年再次赴朝,搜罗新罗以来 100 多位诗人的作品,编成《朝鲜诗选》,为中国人编选的第一部朝鲜汉诗集。明将赵都司在赴汉城以后,眼见统治者的昏庸侈靡,朝鲜人民的困苦悲凄,写出了高吭激情的诗句:"清香旨酒千人血,细切珍羞万姓膏。烛泪落时人泪落,歌声高处怨声高。"对处于水深火热之中的朝鲜人民表达了极其真挚的情感。后来在朝鲜名剧《春香传》中,将这首诗改动了几个字,成为:"金樽美酒千人血,玉盘佳肴百姓膏。烛泪落时民泪落,歌声高处怨声高。"无论从两国人士的交谊,还是两国的文学交流上说,这首诗都是水乳交融的佳作。

(二) 越南与大明文化

明王朝建立以后,立即和安南(越南)互派使者。1400 年陈朝被大臣黎季犛篡夺,陈氏后裔陈太平向明求援,1407 年明成祖派张辅率军征讨,生俘黎季犛,明在安南设立交趾布政司加以治理,自 1407 年以后的 21 年,安南归入明的版图。1428 年黎利率领安南军民独立,建立黎朝(1428—1789),定都升龙(河内),史称后黎。后黎朝和明王朝通过朝贡关系始终保持着紧密的联系。从洪武元年到崇祯十年(1368—1637 年)间,越南向明王朝派出的使节共有 79 次。永乐、宣德年间,郑和七下西洋,宝船队每次必到越南中部占城的新州(归仁)。官方的朝贡贸易以外,民间贸易也很活跃。中越的经济、文化交流频繁,关系密切。越南的风俗文章、字样书写、衣裳制度、科举学校、官制刑律、礼乐朝仪,都仿照明代典章规范制订。越南又常派生员到明代国子监学习,博采各种典籍成批运回。永乐年间,张辅先后 3 次招募交阯布政司所属各地人才,将 16000 多名越南子弟送往南京。这些人才中有擅长研制新式火器的黎季犛的儿子黎澄(又名胡元澄)。1406 年后负责营建北京紫禁城(宫城)和皇城的总设计师阮安,便是在南京留学的越南人,为中国的建筑文化作出了贡献。

越南自古通用汉字、汉语。越语中保存的中国语词或借自中国的词汇,占到一半。越南人称汉字为儒字,是读书人使用的字,又称为“我们的字”(chuta)。越语和中国南方福建、广东通行的闽、粤语相近,和中国北方通用的汉语差别很大,越语要用汉字表达出来,要进一步北方化。于是在 13、14 世纪,越南仿照汉字结构,创造了方块象声文字“字喃”,“字喃”的意思就是南字,越南人自称南人,把中国人称为北人,越南字也成了南字,字喃用汉字表音表义,可以说是汉字的异体字。字喃中的“一”,越南音读作“没”,字喃也写作“没”,是用汉字表音。字喃中的“𠇮”,意思是“一百”,是用汉字表义。14 世纪时,在文学创作中已开始使用这种新的文字,到 17、18 世纪才盛行起来。陈朝仁宗时的韩诠,用喃字写诗,创立国音诗。阮士固等人继起发扬在后。黎季犛也曾译《尚书·无逸》,用字喃教导陈顺宗。但字喃始终不能代替汉字,有文化的人士都熟谙汉字、汉文,用来进科取士、著书立说。

后黎朝的君主都酷好中国文学,黎圣宗黎灏(1460—1497 年),在 1495 年发起诗会,召集全国文人到京。圣宗自称骚坛元帅,用汉文写诗 9 篇,题名《琼苑九歌》,臣下唱和的有东阁大学士申仁忠等 28 人,命名为“骚坛二十八宿”。他又善书,在越南历史上,他的文才,犹如日本平安时代的嵯峨天皇(786—842 年)。自后汉体诗文更盛极一时。随着后黎势力的南进,越南南部在 16、17 世纪也开始重视汉学,越南南方的阮居贞、阮登盛、吴世璘,就是由于精通中国经籍和文学,被尊为博识之士。

越南烧造瓷器在后黎朝后进一步发展,所造瓷器无论色泽、花纹都较丰富,渐趋成熟。这时期的越南古窑多集中在北部,北宁是著名的陶瓷产地,据说该地主要陶窑是从老街迁入的中国陶工在 1465 年创建的。北宁瓷器也受到江西瓷窑的影响。自 15 世纪中叶起已转销国外。《越南通鉴纲目》称,1437 年黎太宗已将色绢、瓷碗送给暹罗贡使。越南造瓷有青瓷和各种单色瓷,还有乳色和棕色的二色瓷,以及钴兰器、珐琅蓝瓷等。釉下蓝彩瓷器出品众多,所用钴料,过去认为大约从中东输入,恐怕也不乏来自云南、江西的钴料。

后黎朝又仿照明代,设立官医制度 在太医院外,更设立民间医疗机构济生堂,1403 年负责济生堂的阮大能,是个针灸名家。这种官医制度一直维持到阮朝末年。

（三）日本遣明船和勘合贸易

1368 年朱元璋起兵推翻了元朝，在应天（江苏南京）建立了明朝，遂即向日本九州征西府的怀良亲王派出了使者。怀良亲王是后醍醐天皇（1318—1338 年）的皇子，出任征西大将军，在九州成立征西府。当时日本处在南北朝时期（1336—1392 年），怀良亲王属于大觉寺统的南朝长庆天皇（1368—1372 年）皇室成员，和持明院统的北朝后光岩天皇（1352—1370 年）分属不同谱系。怀良亲王在消除误解后，直到 1371 年才派僧人祖来出使中国，明朝在南京第一次接待了日本使者。

朱元璋为了对付骚扰沿海的倭寇，急于了解日本国情，联络日本政府制定对策。他向南京天界寺的日本留学僧椿庭海寿探询，获得有关日本的知识。他同样也向祖来了解，知道和日本打交道，只有通过受到尊崇的佛教僧侣，而且天皇是住在京都的。于是在 1373 年派出了嘉兴天宁寺的住持仲猷祖阐和南京瓦官寺的住持无逸克勤，从明州（宁波）直接到了京都，在那里停留了两个月。京都的持明天皇后圆融（1371—1381 年）在幕府将军足利义铨的挟持下，接待了明使，明使第一次和幕府建立外交关系。京都五山僧侣义堂周信和善于诗文的无逸克勤之间，也修订了文字之交。此后，这些佛教僧侣在明朝和日本的外交和贸易往来中担任了重要角色，他们同时也为弘扬佛教、沟通文化充当了桥梁。

1367 年抵达南京，居住在中国达十年之久的五山高僧绝海中津和汝霖良佐，受到朱元璋的召见。绝海中津是梦窗疎石的弟子，曾参谒杭州中天竺的季潭、道场寺的清远、灵隐寺的良用、宁波天童寺的了道等长老。和绝海中津一起西渡的汝霖良佐是春屋妙葩的法嗣，曾在苏州承天寺掌管文翰，在南京钟山和五山长老一起校印大藏经。他能诗善文，翰林学士宋景濂十分赞赏他的文章，为他题写跋文。1376 年春，朱元璋在宫中的英武楼接见了这两位日本高僧，向他们询问日本事情，朱元璋特别感兴趣的是熊野古祠所留的徐福东渡的传说。朱元璋请绝海中津就徐福追求海上三神山的故事赋诗，绝海中津做了一首《应制三山》：

> 熊野峰前徐福祠，满山药草雨余肥。
> 只今海上波涛稳，万里好风须早归。

朱元璋也趁兴和韵，成《明太祖御作赐和一首》：

> 熊野峰高血食祠，松根虎珀亦应肥。
> 昔年徐福求仙药，直到如今竟不归。

这两首诗都辑入了绝海中津的诗集《蕉坚稿》。《蕉坚稿》被中日两国诗僧奉为深得晋唐诗体、全无日东语言气习的佳作。尊崇徐福为日本司农耕神的传说虽然由来已久，但将这传说正式列入文献的，是在不久前才由北畠亲房《神皇正统记》（1339 年）采录。北畠亲房是支持南朝的主要人物，南朝的吉野朝廷以正统自居，和足利氏支持的北朝抗衡，追认徐福是他们的祖先，便将中日两国联系到一起来了。元朝在 1274 年和 1281 年两次派大军东征日本，虽以失败告终，但也使日本陷于经济困境，许多汉人和因东征而被迫流落日本的汉军，也希望两国重归和好，反对北方蒙古人的统治便成了这些人士的共同愿望，他们找到了徐福其人其事，作为寻根意识的寄托。纪伊国熊野浦的徐福祠正好出现在 14 世纪初，成了往来中、日之间的船民和文化人士追祭先祖、祈年求福的场所。

室町幕府的三代将军足利义满（1358—1408 年），在 1378 年（长庆天皇天授四年）将幕府自京都二条高仓迁到室町殿，正式开创室町幕府，到 1392 年南北朝分裂局面告终，国内重新统一，幕府的统治逐步稳固。1401 年从中国返回的筑紫商人肥富某，劝说义满和中国进行贸易来改善经济，解决财源的枯竭，义满在当年禀告天皇，派肥富某和祖阿为正、副使者前往南京。1402 年使团返日时，明惠帝按照朱元璋在 1373 年派遣的赴日使团，指派禅僧道彝天伦和教僧一庵一如率领使团，在 8 月抵达兵库。义满亲自到兵库迎接使团，顺便观摩明朝海舶，将使团迎到京都法住寺安住。明惠帝在国书中对足利义满称作"日本国王源道义"，颁示大统历，赐锦绮二十匹。道彝天伦和一庵一如在京都逗留 6 个月，《不二遗稿》和《卧云日件录》中有他们和五山僧侣唱和、交流佛学的活动记录。到次年春自兵库启程返国，足利义满派了天龙寺的坚中圭密率领使团赴明，当 1403 年十月，日本使团抵达南京时，新近鼎革的明成祖朱棣已经准备派使团赴日，通告他的登基。大明使者左通政赵居任、行人张洪在 1404 年分乘五艘海船出发，伴送圭密归国。五月三日三艘明船到达兵库，足利义满像前次一样亲到兵库参观、迎接。明朝使团向义满馈赠龟纽金印和冠服，同样以日本国王源道义相称。双方约定，明朝颁发永乐年号的本字勘合一百道和日字勘合底簿，为防止倭寇混入，双方实行官方勘合贸易，规定日本十年一贡，人限二百，船限二艘，并且不得携带武器。

1404 年七月，明使从兵库归国时，日本派明室梵亮率领使团到达南京，进行第一次勘合贸易。足利义满积极配合，捉拿由对马、壹岐前往大陆骚扰的日本浪人，双方对开展勘合贸易一开始便放宽了原本规定的限额，在热烈和友善中展开国交。因此在永乐年间进行的第一期勘合贸易，从永乐二年到永乐八年（日本应永十一——十七年，1404—1410 年）间，一共进行了 6 次之多，使用勘合共 38 道，平均每次派遣勘合贸易船 6—7 艘。足利义满在 1408 年 5 月去世后，明朝派周全渝率领使团赴日吊唁,带去朱棣亲撰的国书和祭文。新任幕府将军足利义持(1386—1428年)在1410年4月派使者赴明答谢,进行第六次勘合贸易。到1411年二月,明使王进到达兵库后,足利义持因不满明朝对日本国君以国王相待,以为足利义满接受明朝册封有失名分,拒绝使团进入京都,致使第一期勘合贸易陷入僵局。明朝为改善两国关系,制止倭寇的侵扰,虽多次派使节联络,但一直未见好转。

1428年足利义持死后,足利义满的另一个儿子足利义教(1394—1441年)在1429年从僧侣还俗出任将军,重新执行与明朝开展勘合贸易的国策,在1432年(明宣德七年,日本永亨四年)决定派遣龙室道渊率领使团,随带永乐勘合由兵库启程前往中国。次年回国时,带回新的宣德勘合一百道和底簿,由此展开了第二期勘合贸易。足利义教时期一共派出三次贸易船。

接下来,足利义教的第二个儿子义政(1435—1490年),在1443年以9岁的儿童被扶上八代将军的大位,在长达半个世纪中,由幕府组织了第四次到第七次的勘合贸易。先后在1453年(明景泰四年,日本享德二年)、1468年(明成化四年,日本应仁二年)、1476年(明成化十二年,日本文明八年)和1483年(明成化十九年,日本文明十五年),派出过由多艘贸易船组成的船队,分别自筑紫、五岛或堺港出发,到宁波进行勘合贸易。其中第四次遣明船,要算是规模最大的一次了。总共有船10号,除5号岛津氏船未能成行,实际到达中国的有9艘船,其中1号、3号、9号船是天龙寺所派,2号、10号船是伊势法乐社派出,4号船是九州探题所派,6号船主是大友氏,7号船主是大内氏,8号船主是大和多武峰。这些船最后在1453年三月离开五岛,四月到达宁波,九月,使团抵达北京。义政时期其他三次勘合贸易,每次都是3艘船。第六次勘合贸易是幕府、寺院(相国寺)与大名(大内氏)船混合组成,各占1艘。第七次是幕府船2艘,另有朝廷船1艘。

自第八次起,勘合贸易几乎全由细川氏和大内氏分占。这次贸易船共6艘,1493年三月由堺港出发,1号、2号、4号船是细川氏所派,5号、6号船是大内氏所派,只有3号船是幕府船。1511年到达宁波的第九次勘合贸易船,共4号船,大内氏、细川氏各派2艘,其中4号细川氏船在1510年到达宁波。1523年四月抵达宁波的第十次勘合贸易,3艘船全由大内氏独占,只有4号船是细川氏委托鸾冈瑞佐和宋素卿率领。第十一次贸易船(1539年到达宁波),3艘船都是大内氏所派。最后在1548年(明嘉靖二十七年,日本天文十七年)3月到达宁波的第十二次勘合贸易船,4艘全由大内氏经管。

第一期勘合贸易的进行,在日本方面全由幕府组织,每次从兵库启航,经濑户内海,在博多停泊,然后经五岛,直航宁波,这条路可称北岛路。出发的时间通常在七、八月间,在秋季的东北季风期横越东海。贸易以进献方物为主,国王附搭品和使臣自进物为数不大,明朝也派遣使船赴日,接应日本使船。日本贸易船运到中国的有马匹、刀剑、硫磺、屏风、扇、薄样(细棉纸)、铠。明使带去的物品有花银、铜钱、锦绮、绹丝、纱罗、床上用品、茶壶、红雕漆器、剔红等。1407年(明永乐五年,日本应永十四年)到达京都的明使,带了明成祖朱棣的敕书和开列颁赐物的别幅(附件),现仍保存在京都相国寺,开列的礼物有花银一千两计四十锭、铜钱一万五千贯、锦一十匹、绹丝五十匹、罗三十匹、纱二十匹、彩绢三百匹、玉仙人手一个合香靶、褥子五床、被子二床、大红绒绣梧桐叶绹丝枕头一个、青纱锁金凉帐一顶、桃红花绫暖幔子一顶、大红圆线绦一条、大红线系腰小圆绦二条、皂绿系腰小圆二条、大红线穿中绦一副、黄铜茶瓶二个、黄铜铫四个、剔红尺盘二十个、剔红香盒三十个、果子四篓。

永乐勘合贸易规模不如宣德勘合贸易,日本的经济力量和造船业都处在一个初级阶段,幕府对各地大名和寺院尚拥有凌驾一切的控制权。到宣德、正德勘合贸易进行期间,这种贸易成了日本单方面的海外贸易,中国并无使船开赴日本,双方只在宁波进行交易。但贸易的规模由于日本追求高额利润而获得了大幅度的扩充,幕府船在海外贸易中只占极小的份额,在总数超过50艘的贸易船中,幕府船仅有七八艘,占重要地位的多是寺院船和大名船。自第九次(1511年到达宁波)起,幕府不再派船,所有船只全由大内氏和细川氏分占。自足利义政时期以来,幕府已无力经办朝贡物品,幕府常转托天龙寺或博多商人经办有关物品,幕府在第五次勘合贸易(1468年5月到达宁波)中,竭力经营的是"公家贸易品目",大批刀枪、铜、金、硫磺、扇、砚都归入这一项目下。五山僧侣、武士和京都、兵库、博多的商人,都出资承包货物的采办和运输,这种经营方式由于各地大名在应仁之乱和战国割据的年头,为广开财源转向海外寻求高额利润,成为普遍的模式。这些贸易船照例采取北岛路驶往宁波,但在应仁之乱期间,第五次勘合贸易船在1469年从宁波返国时,为躲避属于西阵的大内氏的劫掠,采取了南岛路,经九州南部返回土佐冲,结果船货仍然遭到大内氏的抢夺,成化勘合也落到了大内氏的手里。第六次勘合贸易船在1476年改由细川氏守卫的堺港筹备,出发时仍走北岛路,返国时改走南岛路。第七次勘合贸易船因为没有大内氏参加,1483年便由堺港首次取道南岛路开赴宁波,返航时仍走北岛路。采取南岛路,可以免去许多经办货物和等候季风的不必要的稽留,所以第九次勘合贸易进行期间,细川氏派入籍明人宋素卿率领四号船,往返都走南岛路,使交易进行得十分顺利。当下一次,细川氏仍然采取这样的办法,派出四号船时,却在宁波遭到了大内氏所派的正使宗设谦道的诘难,以致发生了双方厮杀的争贡事件,致使细川氏船货俱没。南岛路在中日交通上不愧是一条便利的捷径,然而沿路所经非商货集中的经济发达区,因此在商业上仍难取得重大的进展。1551年依附山名氏的大内氏被灭,勘合贸易才正式停止。

通过勘合贸易,大批丝货、锦绣、棉布、药材、瓷器、书画运到日本,支持了当地的丝业、棉业生产和日常生活用品的需求,对战后日本经济的复苏起到了至关重要的作用。明人郑若曾《筹海图编》卷二列举最受日本人欢迎的中国货,有"丝(所以为织绢纴之用也,盖彼国自有成式花样,朝会宴享必自织而后用之,中国丝纴但充裹衣而已。若番舶不通,则无丝可织,每百斤值银五六十两取去者,其价十倍),丝棉(常因匮乏,每百斤价银至二百两),布(用常服,无棉花之故也),绵䌷(染彼国花样,作正衣服之用)。锦绣(优人剧戏用之,衣服不用),红线(编之以缀盔甲,以束腰腹,以为刀带、书带、画带之用,常因匮乏,每百斤值银七十两)。水银(镀铜器之用),针,铁链(悬茶壶之用,倭俗客至,饮酒之后啜茶,啜已即以茶壶悬之,不许着物,极以茶为重故也),铁锅,磁器。古文钱,古名画,古名学,古书。药材,氆毯,马皆氆(王家用青,官府用红),粉,小食萝,漆器(文几、古砚、盒三者,其最尚也),醋。日本社会需求之离不开中国,于此可见一斑。

明朝对入境进行贸易的日本使团要负责接待,护送他们进入北京,一切费用都由政府开支,因此中国方面负担十分沉重,日本的大名、商人对这种利润极高的买卖当然是情有独钟了,成千上万贯的铜钱由此从大陆流入了日本。中日两国在那时使用着同一的货币,双方在一个共同的市场中协同交易,在经济上、文化交流上,室町时代的日本和明朝都处在一个唇齿相依、和衷共济的时期,从中得到好处的多半是日方的大名和商人。

(四)室町幕府与东山文化

推动日明勘合贸易,以此作为日本谋求进步和发展的国策的,是二个幕府的有力人物,三代将军足利义满和八代将军足利义政。

足利义满是位热衷移植明文化、积极主张发展日明关系、开放日本的中坚人物。室町时代迎来了中日文化交流的高潮,不能不说是起始于义满的倡导。足利义满在1367年,当他10岁时出任三代将军,到51岁去世,执政四十年。分裂日本57年之久的南北朝,在他执政时期终于结束,1392年,日本又重归统一。足利义满集中全国能工巧匠,费时二年在京都室町建立的宫殿,在1378年3月落成,从此成为公家(武士)的驻地,周围颇多花木,因有"花的御所"(花殿)的美称。足利义满热心提倡禅法,1383年营建了相国寺,又亲自顾问建造幕府宫室,仿照明代江南园林临池建园,营造堂轩,移植造园艺术。1392年北朝后小松天皇

（1382—1411年）继承大统,下一年足利义满将管领一职由细川赖元的手中移交给斯波义将。当时36岁的足利义满已倦于战乱,以文学和音乐的爱好者身份,着手在北山营建规模宏大的山庄,开创北山文化。

北山在室町殿的西北,位于现在京都市北区金阁寺町,属于临济宗相国寺派北山鹿苑寺。镰仓初期,这里原是西园寺公经的北山山庄,1394年12月,义满正式剃发,皈依佛门,将将军一职让给他的嫡子九岁的义持。亲自擘画北山山庄,作为自己修禅和读书、娱乐、居住之所。1397年(应永四年)四月十六日,义满的新居北山殿举行落成大典,一时宾客盈门,内大臣九条教嗣、左大臣洞院公定、右大臣万里小路嗣房、幕府管领斯波义将率领重臣,盛装参加庆典,武士、僧侣云集北山,举目尽是金襕、袈裟。义满和新将军义持、他的另一个儿子义嗣亲临现场,在初夏的绿茵中观赏这座金碧辉煌、耸高三层的结构。号称金阁的北山殿,背靠衣笠山,面临幽静的山石池水,一派江浙水乡木构建筑和庭园气息。

金阁共分三层,是"寝殿造"和"书院造"的混合建筑。第一层称法水院,正梁四间,桁行五间,临水一侧有小廊回绕,是义满议事的客殿和坐禅的处所。第二层,宽广与第一层相同,称潮音阁,四周有肘木连续支撑,以避免立面的单调,是义满游宴的场所,吟诗奏乐、主宾宴饮都在这里举行。第三层面积较小,仿照明代江南楼阁,四周也有虎廊,可以观览湖光山色,称究竟顶,是四方形的三间,每面中央有唐式方门,左右辅以拱形花头窗,勾栏也采用唐式。屋顶用宝形造,露盘上迄立青铜凤凰。室内装饰尤其华丽,柱、壁、斗拱、天井(天花板)、床,全用金涂漆绘,一切工艺流程,全由义满按图施行,化去的金箔达一万枚,都是纯金炼制,这些黄金都从全国各地开掘的金矿中调来,来自北陆、九州、坂东的工匠为金阁的建成费尽心机,竭尽其能。

义满的北山殿,在当时日本宫室和寺院中,名列榜首,包括舍利殿、护摩堂、忏法堂、紫宸殿、天镜阁、泉殿、会所、看雪亭、拱花楼等多数殿宇、楼亭,建制宏大,引起了畿内各大寺院和神社的不满。40岁的义满在金阁建成后,感到有了最后的归宿,已然踌躇满志。1399年,诸国的兵变随着展开,大内义弘带兵占据堺港,理由便是义满的奢侈和失政。1401年足利义满决心加强和中国的关系,依靠中国摆脱困境。足利义满的金阁(北山殿),从此成了接待中国和朝鲜使者举行盛典的场所。按照义满的遗嘱,他的北山第在他死后,由相国寺的开山梦窗疎石住持,改称临济宗的鹿苑寺,后世才以金阁寺相呼。义满死后葬在等持院,谥号鹿苑院殿道义,就是明朝所称的日本国王源道义。金阁寺的建筑大多毁于应仁之乱,惟有舍利殿(金阁)长存于世,1950年被寺僧放火烧毁,五年后又重建了这座著名的佛寺和古宫,至今可以供人凭吊和追怀当年日明国交的盛世。

1433 年，年方 9 岁的足利义政开始了长达 48 年的将军生涯。这位足利幕府的八代将军，一心追慕他的祖父足利义满的业绩，在 1473 年（文明五年）十二月正式引退，把将军一职让给他的独子义尚，自己移居小河的新邸，着手在室町殿东郊的东山营建山庄。围绕着东山山庄的营建，追求恬淡闲适、超脱尘世的生活风尚也在上流社会中风靡一时，因此有东山文化之称。

　　1482 年（文明十二年）二月，东山净土寺山将军别邸破土动工。1483 年六月，东求堂、观音殿相继建成，义政从此移居东山，直到 1490 年去世。庄园由义政亲自派工督造，鹿园布置由善阿弥和他的儿子小四郎孙子又四郎负责规划。东求堂前的山石池水，仿照金阁前的七宝池，如同在北山那样，着意在东山营建另一个净土乐园。当年殿舍林立，颇具山石泉壑之美，现今只存下被称为银阁的观音殿和东求堂二处在日本文化史上极为罕见的建筑了。

　　银阁类似金阁，但银阁仅二层，按"宝形造"营建。下层潮音阁是书院式，上层心空殿是佛堂式，内外用银箔贴押，周围松风石涛，景色优美。东求堂是单层的"入母屋造"，建筑在临水的低木桩架构之上，是义政修禅的处所。内部"同仁斋"，收藏义政爱好的汉籍，额名选自唐代古文运动的领袖韩愈的文章，取古今圣贤一视同仁的意思。义政又爱好天目茶碗，特布置茶室，是四叠半茶室的起源。义政极其推崇禅僧村田珠光（1422—1502 年）倡导的侘茶，曾亲书"珠光菴主"四字条幅相赠。由于他的提倡，茶汤逐渐由书院（殿中）茶礼向禅院茶礼过渡，成为普遍的习俗。

　　足利义政是明文化的热烈追求者。他像义满、义教一样，酷好收藏印鉴，最近《杂华室印》中录有许多义政的藏品。他的东山山庄成为一座搜罗宏富的博物馆，来自中国的舶来品，包括书画、刻书、佛典、文集、道具、工艺品，都在这东瀛的文化中心备受珍重。中国传统的水墨画在义政的鼓励下，走进了御画院，并成了佛寺、茶室中必不可少的供奉物。

　　足利义政又热衷于枯山水的室内陈设，中国江南园林的山石、庭树和池塘、林泉的天然胜景。善阿弥（1386—1482 年）是义政最赏识的庭园建筑师，他一手设计了奈良兴福寺大乘院的庭园，素有"泉石名手"的雅号。一时庭园构筑此起彼伏，山水河原者就是出身于下层的庭园建筑师。龙安寺的庭园中，现在还能看到星罗棋布、参差不齐的枯山水的遗迹，给人以恬淡、洒脱、清闲的美感。

　　室町时代的文学被称为中衰时期，但连歌的盛行，是这一时期颇具时代特色的新兴文学。连歌与各地寺社的祭礼、佛会是孪生兄弟，上流社会和僧侣举行祭会，与会者唱诗和韵，多取连歌形式。连歌不像和歌那样必须恪守理法，而是采用中国联句的诗体，取其灵巧机智，即兴作成。由一人先咏上句，他人对连下句。连歌起源极早,筑波(茨城县)、甲斐(山梨县)的神社,早在传说时代就有问答式的连歌。在平安时代的和歌《万叶集》中,有一句连歌(短连歌)。后来连歌模仿中国的诗赋,内容更加丰富,意趣越发深长,12世纪中叶的藤原清辅,是一位锁连歌(长连歌)的创作者。13世纪初,顺德天皇建保(1213—1218年)前后,在宫廷和贵族中出现了长达百句的百韵连歌。13、14世纪以来,连歌逐渐由上流社会进入民间,京都、大和各地的寺社每当举行祭会,用赌物的办法点取连歌,以连歌来斗智、赌博输赢,使连歌在民间和僧侣中流行起来,出现了各派宗师中创作连歌的专业作家。这些专业作家被称作地下连歌师,在各种节庆、庙会中十分活跃。连歌在田乐、猿乐等民间舞蹈中开始具有说唱文学逗人笑乐的作用。这种风气和中国民间节庆中的赛诗会十分类似,13世纪下半叶到14世纪时,地下连歌在公开场合下参加评判,给以奖励,具有文艺悬赏的性质,这使平民、贵族和公家(武士)都有参加的机会,地下(无心)连歌和堂上(有心)连歌相互交流。到14世纪下半叶,堂上连歌的权威摄政关白二条良基和地下连歌的栋梁救济合力协作,在应安(1371—1374年)间制订了连歌的规则《应安新式》,编选了全国性的连歌集《菟玖波集》二十卷。到饭尾宗祇(1421—1502年)一出,连歌便完全成熟了。饭尾宗祇生在近江(滋贺县),在相国寺修业,30岁前后开始潜心于和歌、连歌的创作与研究。他的连歌追迹前辈宗砌(高山时重)和纪伊(和歌山县)的心敬僧都,和歌崇仰飞鸟井雅亲(荣雅)一条兼良。饭尾忠祇是连歌的集大成者,他创作的连歌具有高雅的情趣,使连歌脱离了低级趣味,他的功绩在使连歌具有和歌的意境,而又富于谐谑与奔放的格调。当时的连歌师和艺能家一样,都受地方豪族大名的扶持,饭尾宗祇被大内、朝仓、上杉等大名招聘,到各地举办连歌会,讲习《古今和歌集》《源氏物语》等古典和歌,编选了新的连歌集《新撰菟玖波集》,各地的伎乐师、文化人士和贵族都争相购求。最后,饭尾忠祇在战国时期终老于箱根的汤本。

室町时代由田乐、猿乐发展起来的能乐,得到了幕府将军的爱好。能乐以《伊势物语》《源氏物语》《平氏物语》等故事传说为题材,戴着假面,配合音乐、舞蹈、诗歌、对白演出。能乐的词谱叫谣曲,深受元曲的启发。能乐早先受隋唐散乐的影响,13世纪以来更以元曲为范本。18世纪日本的汉学大师荻生徂徕(1668—1728年)就曾指出:"能乐是仿照元代杂剧而作,由东渡的元僧传授,也有本国人自己创作的。"能乐在大和地区有四个流派,坂户、外山、结崎、圆满井,合称大和四座。结崎(奈良县川西村)座的创立者观阿弥(1333—1384年)生在伊贺(三重县),原名观世三郎清次,他的儿子世阿弥(1363—1443年),原名三郎元清,父子二人是能乐中观世流的主要人物。观阿弥早年演出猿乐,后来创办冈崎座。1372年在京都醍醐寺演出能乐,声名大振。1374年观阿弥在京都熊野演出,足利义满见到了少年英俊、多才多艺的世阿弥,惊呼为"鬼夜叉"。从此,世阿弥便受到义满的庇护,得和关白二条良基交流乐艺。世阿弥不但演技卓绝,而且自己能作词、作曲,他的《花传书》,迄今仅有《风姿花传》的残本。生平所作剧目极多,都系后世传习的杰作。70岁后被幕府将军义持、义教所贬,流放佐渡。在义满的北山别邸金阁,为迎接后小松天皇,也曾演出过猿乐能,这使能乐受到了皇室的赞赏。足利义政也喜爱能乐,他宠幸世阿弥的外甥元重,赐"音阿弥"的法号。观世流的中坚人物,自义满至义政,便是观—世—音三阿弥。

室町时代在民间流行的狂言,原是在演出能乐时的一种幕间滑稽戏,都是短剧,题材十分广泛。与谣曲的庄严、真挚相反,狂言以诙谐、喜谑为长,与中国皮影戏、傀儡戏的题材相仿,与苏中郎参军戏有相似的风趣。

室町时代,自足利义满到足利义政,明文化成为日本文化吸取外来养分的一股洪流,明人的生活习惯、饮食起居、文化素养、审美观念都是日本上流社会足资仿效的蓝本。在民间,说唱文学、歌舞、工艺制造等各方面,中国的影响也是不容忽视的重要源泉。

(五) 日本的朱子学与汉籍和训

14世纪日本宋学的兴起,推动了汉文化研究的发展。早先日本学者按照中国人读音阅读中国典籍,使中国文化的学习和研究,长期以来,局限于只有具备扎实的中国语言文字修养的学者才能胜任。要通读原著,必须克服汉字读音的困难,为适应汉文化的广泛传播,在日本学术界和佛教界推广朱子学的新注,在15世纪初出现了汉籍和训。汉籍和训是对汉文原著,按照每一汉字的原意,标注日本假名,使汉文程度不高或不识汉文的日本人,也能领会原著。汉籍和训虽早在平安时代已见端倪,正式形成却始自歧阳方秀的《四书和训》,而后经过近一个世纪,到桂庵玄树使用桂庵标点才真正确立。

元末避乱迁往日本的中国刻工,使日本的印刷文化扶摇直上。其中以福建莆田俞良甫和江南陈孟荣二人所刻最精,字书、韵书、诗集、文选、小学课本无所不有,渡日后参与京都五山禅僧刻书,刻本字体隽秀,传本极多,刻工代有传人,对繁荣汉文学助力极大。室町幕府与明朝进行勘合贸易,需要汉学人才,而足利所设学校,使用的儒学经典,仍然是在中国早已废弃的旧注。于是禅僧歧阳方秀在开讲四书时,采用新注,益以和训,使日本的汉学研究面目为之一新。

歧阳方秀(1363—1424年),号不工道人,早年受学于梦岩祖应,已由禅入儒。1386年后更跟从南禅寺的硕学高僧义堂周信,专修程朱理学。后来成为东福寺的首座,在15世纪初开讲宋学,教本就是从中国运去的《四书集注》和《诗经蔡传》。他为了推广新注,适合在丛林说禅时为多数人接受,运用土俗世话编写和训。此后五山禅僧宣扬儒学,都以歧阳方秀根据朱子新注而编集的和训为准。歧阳方秀的高足桂庵玄树,曾入明6年,游学苏州、杭州一带,向硕学名师请教朱子学,回国后到萨摩(鹿儿岛)开创桂树院,宣讲宋学。又在宣讲宋学的东福寺、建仁寺、南禅寺等居住,对发扬朱子学说建有殊勋。1481年和1492年桂庵玄树曾二次翻印《大学章句》,后者成于延德四年,称延德版大学,是当前日本保存的宋学复刻著作最早的本子,定为日本国宝。桂庵玄树又致力于改进和训,在1501年将所著《家法和点》付印,1502年又刊布《和刻四书新注》,开创桂庵标点,将早先的汉文直读变为适合初学者通读的汉文译读。朱子新注从此通行日本,而汉籍和训也开始定型化。和训的译读法有力地推动了汉文化的普及,汉学研究也由于宋学著作付梓的日见增多,而成为独立的学术。

歧阳方秀的弟子云章一庆(1386—1463),素喜程朱理学,所著《理气性情图》、《一性五性例儒图》是已知研究宋学理气之争最早的专门著作,但已不可获见。他在最后5年中讲授《百丈清规》的讲义,由他的学生桃溪瑞仙整理,题名《百丈清规云桃抄》,尚有1509年抄本。云章一庆的弟弟一条兼良(1402—1481)著有《四书童子训》,是以自己的理解对《四书集注》所作的讲义。宋学专门著作在15世纪末至16世纪上半叶,相继问世,标志着宋学已经深入日本学术界,成为占统治地位的思想。日本宋学在15世纪下半叶逐渐形成京师朱子学派(歧阳方秀为代表)、萨南学派(桂庵玄树为代表)、海南学派(南村梅轩为代表)和博士公卿派(清原业忠、一条兼良为代表)等四大学派。

江户幕府的创立者德川家康尤其推崇儒学,在1593年召见大儒藤原惺窝,藤原惺窝宣扬朱子和汉唐儒学,所著"四书"、"五经"训点本,流传极广。他的弟子林罗山(1583—1657)是江户时代(1603—1868)的文教宗师,笃信朱子学说,为江户时代官学奠定基础。于是朱子学说在日本,如同在明代一样,享有崇高的地位。明代创立的阳明学也因中江藤树(1608—1648)的身体力行,得以在日本弘扬光大。

(六) 明人的日本趣味与寄语和歌

明代中日国交甚盛,双方人士往还,诗情画谊传递,表现在中国文学中也出现了不少日本题材的作品。明代开国文臣宋濂(1310—1381)创作的《日东曲》十首,首次系统地描述了日本的风物人情。原作第一首和第十首遥相呼应,点出了中日两国历史文物的共同之处,赞扬了中日联谊与文化的息息相通。

第一首:伊水西流曲似环,宫阙远映龟龙山。六十六州王一姓,千年犹效汉衣冠。第十首:中土图书尽购刊,一时文物故斑斑。只因读者多颠倒,莫使遗文在不删。

宋濂的《日东曲》开创了歌吟异国风情的诗作,在传说的光华和诗意的构筑下,迈向一个前所未有的高冈。

明末出现了以丰臣秀吉征讨朝鲜失败的故事为内容的小说和戏剧。万历年间(1573—1620)的传奇《斩蛟记》和天启年间(1621—1627)的戏剧《莲囊记》是这方面的代表作。《斩蛟记》充满着道术的变异,《莲囊记》则以惩恶扬善为主题。

《莲囊记》描述杭州青年徐嘉与少女文娉互相爱恋。徐嘉与沈惟敬不和,日本丰臣秀吉发动朝鲜战争后,沈惟敬由于精通日语,充当通译,往见关白秀吉,将文娉肖像进献,又说服兵部尚书石星,以文娉作为中日和议的条件送往秀吉处。后来徐嘉成为明军统帅,入朝与日军作战。文娉的仆人向徐嘉告急,徐嘉挥师出击,驱逐秀吉,逮捕沈惟敬,救出文娉。全剧结局,沈惟敬因欺诈军令判斩,徐嘉因功封靖海侯,和文娉完婚。

明代诗文戏曲中出现的日本题材,反映了明人日本趣味的一个方面,更多的则是日本的文化输出和社会习俗在东海彼岸所激起的反响。

日本刀素以锋利著称,明人称为倭刀。倭刀背宽不足二分,架在手指上,却不会倾倒,锤法有百炼精纯的美名,明代冶炼业始终未能得传秘法。日本刀又有能卷起成圆尺的,用时施张,类似现代钢卷尺。制作精良的日本刀剑,运到中国可以大大赢利。日本大刀原价800到1 000文,一到中国,可以5 000文的高价出售,因此日本商人私自扩大销售额,宣德(1426—1435)以后的30年中,日本刀运进中国的每次竟从3 000多把增加到30 000多把。

日本的鸟嘴铳也曾使一度在中国失传的葡萄牙式样的火铳,重新得以仿造。1541年日本(九州大分)从葡萄牙人那里传入鸟嘴铳,这种火铳长约3尺,用铁管装火药,不用引信,只需扳动扣机逼苧麻点火,就可发射铅弹。鸟嘴铳的上端装有双重瞄准器的臬,射击时命中率极高。嘉靖年间倭寇侵扰内地,中国从被俘者手中得到这种火铳,加以仿造,在全国使用。

日本的折扇早已传入中国,永乐时这种聚头扇开始流行起来。后来进口日多,皇帝用来赐给臣下,内府又加以仿造。精者以泥金面、乌竹骨制造,扇面又涂以书画,用时展开,携带方便,比之早先使用的团扇、羽扇既灵巧又雅致。折叠扇一名就从明代流传下来。同时又有软屏(围屏)从日本不断输入中国,为富贵家庭所喜用。

明代困于倭寇侵扰沿海地区,中日贸易又十分频繁,促使明人认真研究日本国情,出现了多种有关日本的专门著作。嘉靖年间有薛俊《日本考略》、郑若曾

《日本图纂》，万历年间有侯继高《日本风土记》、李言恭、郝杰《日本考》（以上两书内容相同）、郑舜功《日本一鉴》、宋应昌《经略复国要编》等。这些书都介绍了日本字母和语音。在《日本考》以前，火源洁《日本馆译语》（已佚）、《日本考略》、《筹海图编》等书中，都有寄语一栏，收录日本词语和它的译音，《日本考》则第一次介绍了 48 个日本字母，并列出了平假名（草书）的读法和读音。《日本考》所列日本语汇达 1 186 个，后来《日本一鉴》仿照这种体例，列出的日本词语更增加到 3 401 个，成为当时比较完备的汉日对译语汇手册。

《日本考》卷三歌谣类、卷五山歌类，分别辑入日本社会上流行的和歌 51 首，其中选自《古今和歌集》的便有 8 首。每歌用歌辞、呼音、读法、释音、切意加以汇编，"切意"就是和歌的汉译。译出的和歌大都富有江浙民歌的韵味。由《日本考》开端的日汉对译和歌，为日本文学的汉译起了筚路蓝缕之功。

（七）水墨画家雪舟的江浙山水情结

日本的绘画自唐宋到元明，向来受到中国绘画的哺育。雪舟等杨（1420—1506 年）是日本宋元水墨画派的巨匠，后世以画圣相称，尊他为唐样绘画的宗师。雪舟为发扬水墨画艺，开创日本水墨画派，贡献了毕生的精力。他卓越的绘画才能，由于吸收了宋元绘画的风格和技法，达到了登峰造极的地步。

雪舟，俗姓小田，名等杨。日本应永十七年（1420 年）生在备中小田乡（冈山县总社市赤浜）武士小田氏的家中。他从小当禅僧，42 岁以后才在图画上署名雪舟。晚年隐居山口保寿寺云谷轩，以云谷轩为号。其他别号有备溪斋、米元山主、渔樵斋、扶桑、紫阳、杨智客，通常以雪舟相称。

雪舟小时候在井山宝福寺当和尚，常因热衷绘画，忘记了诵读佛教经卷。虽然他的师父多次训诫，要他专心修道，摒绝绘画，但他终难入耳。有一次，师父将他绑在佛堂的庭柱上，传说他的泪水滴在地上，他就用足指沾了泪水画成一只老鼠，形态十分逼真，感动了他的师僧，知道他极具天赋，破例允许他学画。当时日本寺院中传习艺术成为风气，幕府提倡禅学，寺院成为张扬艺术的天地，画僧因此应运而生。

雪舟十一二岁时，被父亲送到京都相国寺。京都是五山禅寺所在，文化气息十分浓厚，雪舟有机会学画，由此展开他的艺术生命。雪舟在相国寺从德行高超的洪德禅师春林周藤为师，他很看重雪舟，对培养雪舟的人格和画艺起过重大的作用。在相国寺担任主计和管理职务的画僧天章周文，是负有盛名的画家和雕塑家，他继承如拙的水墨画技巧，将它传给了雪舟。雪舟在相国寺得到周文的指导，随从学艺，并观摩到寺中收藏的许多宋元名画，从此奠定了雪舟为绘画而奋斗终身的艺术生涯。

　　周文是15世纪日本方兴未艾的水墨画的传导者。14世纪以来，宋元水墨画随着中国禅僧的东渡和日本禅僧的入华，开始有佛像和描绘宗师的肖像画、人物画流入日本。到14世纪末，宋元风格的水墨风景画已在日本的寺院或私家宅园中被用作屏风、障子的图画，南宋院体画中的水墨画派大师，如马远、夏珪的山水范本，常被合成一幅长卷，陈设室内，自右至左描绘春夏秋冬的四季图，成了给室内装饰增添雍容华贵气息不可或缺的画品。从15世纪开始，禅宗的大寺院，以京都、镰仓为中心，得到幕府将军和各地守护大名的支持，成了传导中国文化的大本营。寺院倡导茶道，僧侣用中文（汉语）诗歌唱和，彼此题写诗文。融诗、书、画于一体的立轴有了"诗画轴"的名称，作为室内陈设，在各地流行。这类"诗画轴"都用小尺度的画幅解剖天地，以工细的界画去表现景物，将南宋画院中发扬的北派画风移植到日本。中国山水画在元代以前，都用绢素作底本，常用湿笔，所谓"水晕墨章"，表现出元气淋漓。到14世纪江南太湖地区出现元末四大家，常熟黄公望、吴兴王蒙、嘉兴吴镇、无锡倪云林的时代，山水纯用纸本，山石树木多用干笔皴擦、淡墨渲染，淡墨画、浓墨破的画法得到高度提炼。于是在日本也产生了水墨画家，作为先驱的是吉山明兆（1352—1431年）和如拙。明兆是东福寺的画僧，留下的作品有佛画、彩色绘像和水墨风景。如拙，亦作如雪，原是明人，日本应永（1394—1411年）间渡海到九州，后来到京都跟从明兆学画，成为画学妙手，山水、人物、花鸟，无所不工，山水以马远、夏珪、牧溪、颜辉、玉磵为宗师。马远、夏珪是北画巨匠，牧溪、玉磵等画家却已感染到11世纪文人画的笔墨气韵，所以日本水墨画虽以北画为正宗，也对干笔皴擦、淡墨渲染的南画早有感染了。后世确认如拙是日本水墨画派的创始人，他的画技传给了周文。周文在1423—1424年到朝鲜写生旅行期间，接触到当地流行的宋元水墨画作品。宋画一反唐画的华丽，发挥文人的淡雅之趣。周文回国后应幕府之请，主持公家画所。他的画作善于用笔，画面以浅墨淡彩烘托，将景色中的空间效果表现得淋漓尽致。他创作了许多挂轴和屏风画，将宋元水墨画技法引入日本画坛，引发日本画风进入新一轮变革。

　　雪舟画技出自周文，尊崇周文是他绘画之师。发自中国水墨画的艺术感受，使他感悟到要开创具有日本民族情调的水墨画，必须亲往它的发祥地去访求名师益友，进一步领略中国南派山水画奥妙所在的自然风光，究寻画艺的本源，方能百尺竿头更上一层。1463年以前，他已经离开相国寺。1464年，45岁的雪舟应周防国大内政弘的邀请，到本州最西部的山口定居。当年的周防国就是今天的山口县，在大内氏管辖下，也定期跟着幕府船派船前往中国宁波，将山口发展成对华贸易的门户，日益成为一处重要的文化中心。雪舟在云谷庵居住，结草庵专事绘画，这里就是山口县山口市的天花。"云谷"本是朱熹的住处,雪舟推崇中国文化,以云谷等杨自称。

1467 年正值日本东西分裂、持续十年之久的应仁之乱爆发,雪舟搭上了第二期勘合贸易第五次遣明使团的 3 号船,作为从僧,随正使天与清启从博多启航,同年五月,抵达宁波。幕府船的出发港原本是兵库,从第四次勘合贸易起,经办勘合贸易的天龙寺便让博多商人筹备船只和方物,由博多启航了。应仁乱发,大内氏支持山名持丰参加关西军,与幕府将军足利义持和细川氏为另一方的关东军抗争,勘合贸易船就改从博多出发了。日本使团抵达宁波后,照例要到北京向明帝进献方物,在会同馆进行私人交易。由宁波乘船溯甬江,取道余姚、绍兴、肖山到杭州;再经大运河,由嘉兴、苏州到镇江,渡过长江,经扬州、淮安、彭城、沛县、济宁,过黄河到达天津、通州,然后登岸,进入北京。

48 岁的雪舟和他的弟子秋月一同到了大陆,沿途欣赏江南秀色。浙江是明初盛极一时的浙派山水画的故乡,雪舟在宁波天童山游历,留下极深的印象。到了北京以后,向宣德画院的李在学习画技,向张有声请教南派绘画。雪舟到中国的那年是明宪宗成化四年(1468 年),恰逢中国画院兴盛时期。明代提倡画学,恢复了元代废弃的宋代画院,向全国征集画师,封赠官衔,优加秩禄,在京师重启画院。宪宗以前的宣宗(1426—1435 年)朱瞻基设有宣德画院,自号长春真人,长于书画,山水、人物、花鸟、草虫,无所不能。画院中高手云集,倪端、商熹、戴进、李在、谢环、石锐、周文靖、周鼎父子,各有所长;无论山水、人物、花果、翎毛、神像、走兽,都有冠绝一时的名家。宪宗(1465—1487 年)朱见深酷爱绘画,肖像画尤其得心应手。成化画院,有吴伟、林时詹、许伯明、张乾、沈政等画家。宪宗以后孝宗(1488—1505 年)朱祐樘亦善画,神像尤得形似。弘治画院,拥有吕纪、吕文英、王谔、锺礼、林良、林郊、张玘等名家。

画院中的山水画派,向以李唐、刘松年的青绿山水和马远、夏珪的水墨山水为鳌头。雪舟向李在学习的马远、夏珪一派山水,也是日本水墨画所宗的一派。福建莆田人李在与钱塘人戴进同时,以山水任弘智殿待诏,他的山水画风中豪放的宗马远、夏珪,画风细润的师承郭熙,画风兼善南画、北画,而以北派为主,并且擅长人物。雪舟向之学习的张有声,深受浙派绘画感染。雪舟又曾私淑元初画家高克恭(1248—1310 年),临摹他的笔法。高克恭字彦敬,号房山,先世出自中亚,山水初学北宋米芾父子,后来改宗董源、李成墨法,是与赵孟頫齐名的元初画坛中别创一格的人物。元画以简率为特色,高克恭在元初首先起来一反南宋院体画的细腻,采用简率画法,具有复古的意味。高克恭以南画笔法写林峦烟雨,造诣极高,所作夜山图、秋山暮霭图,元人多有题咏,作品传世较多,为世人所重,东瀛日本因此也传其名。自赵、高以来，元代画家开始多用干笔，画风趋于浑厚，对雪舟晚年画风影响极大。

雪舟的中国之旅，对他烙印最深的是浙派山水。浙派代表人物戴进（1388—1462年），字文进，号玉泉山人，浙江钱塘人，山水宗郭熙、李唐、马远、夏珪，临摹精博，境界深远，妙处自发，画风一变南宋的浑厚沉郁，自成苍劲挺拔之体，引领一代画艺，弟子众多，被奉为当世楷模，推作明代院画第一人。据说雪舟上北京，意在求一名师而不得，只好找到浙派画家张有声习艺。这名师舍戴进无人堪当。戴进在宣德年间被召入画院，遭同行嫉妒。一天，仁智殿进画，戴进绘秋江独钓图，垂钓者身穿红袍，画本以红色最难，戴进独得古法。画院中谢环评论此画佳甚，但太鄙野，理由是红色是品官服色，用作钓鱼，不合礼法，戴进以此开罪宣宗。溜归故里后，晚境清贫。雪舟到中国时，戴进已经去世多年，一代大师没有见到这位将来要刮目相待的日本后生。

尽管雪舟寻访名师的愿望未能如愿以偿，但他在旅行中领略到大陆的真山真水，大大触发了他的画兴。中国的山川，南北迥异，形成画派的不同，华夏世界的湖光山色与日本差别很大，引导着这位日本的画僧去进一步揭示大自然的奥秘，在画艺上登堂入室。雪舟在北京居住一段时间后，开始南游江浙，来到宁波四明山天童寺当和尚，研究禅学，继续作画，一边临摹宋元真迹，有机会见到马远、夏珪、梁楷、牧溪、玉硐、高克恭、黄公望等前辈的杰作，一边施展他的才华，创作师法自然的水墨山水画。雪舟通过旅行，饱览江南秀色、北国风光，已不能满足于仅仅师法中国名家的笔墨，领悟到水墨画技法的真正底蕴，在善于突破章法去表现变幻无穷的景色。江浙山林使他在画学上澈然领悟，"师在于我，不在于他"。这是在画技已经成熟的雪舟心目中，真正体会到的一条真理。从此雪舟便纵情遨游名山大川，浏览江南秀丽景色，以勤奋的画笔记下各地风光和民间风情。他创作的山水长卷，分春、夏、秋、冬四季景色，富有江浙水乡、林壑山石的韵味。在他的四季山水图中，可以见出马远、夏珪的气势和戴进浙派山水的笔法。雪舟的禅学根底和高超的画艺，使他获得了"天童第一座"的法号。

明宪宗鉴于雪舟的名声，敕令他进入宫廷。《天开图画阁记》中说："大明国北京礼部院中堂的壁上，尚书姚公曾请雪舟作壁画。"姚公是礼部尚书姚夔，他高度赞赏雪舟的艺术成就，曾对雪舟说："现在外国重译入贡多到三十余国，未见善画如你的。本部掌管科举考试，选拔名士，都登此堂，当及时告诉诸人，这壁画是日本上人杨雪舟的妙笔。外国尚有此等绝妙好手，你们就应更加勉励才是。"画成之后，姚夔请铁冠道人詹僖题赞画上，这画代表着雪舟艺术成就的一个高峰，是中日画艺交流的结晶。

1470 年,在明朝游学两三年之后,51 岁的雪舟回到日本。为避开正在漫延的应仁、文明年代的战火,雪舟在九州各地辗转流徙,得到大伴氏的庇护,在丰后的大分建筑了"天开图画阁"的画室,潜心作画。这时他创作的秋、冬二幅山水图,在北画的山水表现手法上已逐渐采用干笔,苍劲中显示一股奔放的力量。画幅仍保持他原来的艺术特色,但构图已非他的宗师如拙、周文那种谨细、孤放的小品,走向气势磅礴、雄伟豪放。足以见出雪舟经历了在中国写景所萌生的艺术境界后,已经超越了当时日本水墨画的成就,在马远、夏珪和浙派山水的技法上,有了他自己的创新,宣告了新派水墨画的诞生。秋冬山水图之所以被日本列入国宝,正是由于他已逐渐摆脱院体画的拘谨,汲取了元代浙派山水画的精萃,展现了日本山水画新的起点。

天开图画阁是雪舟在日本画坛开宗立派的根据地。庭园布置都由画家一手擘画,前有台阶,正面是一色日本式格窗的平屋,在山丘林木环抱下,面对一池清水、点点垂柳、疏落的山岩、叉杂的野草,融合着自然和画家的心境与画风的清淡素雅。1476 年,他的挚友僧人梅坞良心造访大分时,表示:"在这城中,不论贵族、平民,都异口同声地称赏雪舟的艺术,设法求取他的作品。画家本人,在他那四周景色迷人的画室里,孜孜不倦地描绘着他内心的世界,同时还经常和在他画室阳台前展开的大自然进行交谈。"这段话刻画了作为画坛高僧的雪舟,他的画艺和他的人格的一致。雪舟就居住在这样的画室中研究绘画,将画艺传授给仰慕他的学者。百年来传扬日本的宋元水墨画,由于他的发扬光大、技法的精熟,进入了全盛时期。驰骋在创作道路上的他,没有忘记从写生中汲取新的养料,为了要再现日本的山川景色,创建富有民族色彩的水墨画派,在 1481—1484 年间,他走遍了全国,甚至到了遥远的北方,最后回到周防的山口镇,在大内政弘的别庄常荣寺内,营建了具有山川秀色的天开图画阁的新楼。新画室前临心字形水池,池中以山石点缀,池旁洒落着修饰齐整的灌木丛。画家在这里整理他的写生画稿,绘出了高山深谷、气宇万千的春景、夏景、秋景、冬景图,笔法的细腻、构图的浑厚,使日本绘画面目一新,雪舟的名声因此传遍了日本。这套四季图成为石见显贵毛利家族的藏品,已历有年数。

雪舟晚年正当战国时代的乱世。他隐居山口云谷轩的画室,谢绝了幕府将军足利义政邀请他去主持御用绘所,推荐年青的狩野正信(1434—1530 年)去替代,理由是:"金殿上的绘画,僧人并不合适,狩野正信正当青年,是一位优秀的画家。"狩野正信由于雪舟的推让,以一名世俗画家得以进入御用绘所从事水墨画的创作,而在此以前,水墨画一直是由禅僧所独占。狩野正信曾向周文的弟子天翁宗湛(1413—1481 年)学画,开创了煊赫几代的狩野画派,使源自唐画的"大和绘"

重振雄风。

雪舟在他艺术生涯最后的十多年中,仍专志于运用他的画笔,将自己的胸怀托付给故国的江山。步入古稀以后的雪舟,与他早年仰慕北画,偏重笔力雄劲不同,更着意于用墨的细密。1495年,76岁的雪舟,在他的弟子圆觉寺画僧如水宗渊随他学画多年、将回镰仓时,赠给他一幅水墨写意山水画,表示他和这位高足的师友之情,这画就是用宋代画家玉碉精心创造的破墨画法画出的"破墨山水画"。画家用简练的笔法以水墨晕染远山近树,具有中国南方景色的诗意,再次向他的弟子展示他超越尘世的高洁的情感与人品。画幅上端,雪舟亲自写了一篇218字的题记,回顾了他在中国寻访名师、锤炼画艺、摹写自然的艰辛历程,就是"雪舟破墨山水自赞"。

晚年的雪舟受益田氏邀请,迁居石见国,住在益田的大喜庵里,直到去世。他在暮年,更着力于结构宏伟、气势雄健的巨幅水墨画的创作。1496年他绘成十分感人的巨幅禅画"惠可断臂",以简朴的工笔勾勒了面壁的达摩和托着断臂去求见的惠可。这故事描绘中国南北朝时渡海来华的天竺香至王的三子达摩,到了嵩山少林寺,在石室中面壁坐禅九年,修成禅宗东土的始祖。洛阳人惠可,本信老庄、孔孟,慕名前来求教,达摩不予理睬。这天下雪,惠可站在岩洞外雪地里,积雪高到膝盖,这样过了一夜,到早晨,达摩才问他来意,惠可据实以告,达摩仍然不肯指教。惠可拔出佩刀斩断自己左臂,拿了断臂去见达摩,达摩这才感动,将佛法一一指点。后来,达摩更将衣钵相传,惠可成了禅宗东土第二代祖师。雪舟用这幅构图罕见的画卷,表现了得悟禅法的艰难与牺牲精神。

雪舟最后的杰作,也是使他名扬千古的不朽之作,是他82—83岁时游历日本海滨天桥海岬后,完成的长卷"天之桥立图"。图卷宽0.894米,长1.688米。雪舟从对景写实中,革新了日本的绘画,从画面空间上,以鸟瞰图的立体写生法显示景色的深度、广度和高度,将空间距离和视学效果巧妙地加以融会、调和。远近法的透视画到了雪舟晚年,由于他笔墨的圆熟,达到了登峰造极的地步。画卷像又一幅优美的《富春山居图》,以他独有的淡雅的设色作一字长卷式展开,远山近水,峰峦起伏,山中有水,水中有山,不但画家本人出入于自然景色之中,且这意趣也传达给了后来的读画者。图中树木、房舍、山峦,设色与笔法,富有元人意趣,远树全用干笔擦点,使人想起黄公望的富春山居图。图上的19处注记,更使图卷的写实与画家的思绪融而为一,成相寺、国分寺一一列入长卷,山顶绝壑的成相寺已在1507年焚毁,全凭画家凝聚的画笔得以流传后世了。图卷由京都国立博物馆收藏,列作国宝。图卷总结了画家毕生所追求的写实画风,与兼长北画、南画笔墨所达到的艺术成就。山水画之富有日本抒情风韵,到天之桥立图问世,可谓已臻其极顶。

日本永正三年八月八日,享年87岁的雪舟,在大喜庵的画室里面,最后离别乱世,结束了他的艺术家的一生。

雪舟的水墨画,一反大和绘的灿烂缤纷、金碧辉煌,无论山水、人物、禽鸟,都以一色的水墨或淡彩作画,黑色包含红、黄、蓝三原色,自有其圆满的和色,足以使水墨画蕴含着素朴的美感。雪舟的水墨画,笔法遒劲,山水、人物最擅长粗笔作画,信手挥毫,一气呵成,如同书法,赵孟頫有"石如飞白木如籀"的说法,以为书画同源,绘画书法本一家,否则愈工愈远。绘画的要旨不但在于形胜,荷兰画家伦勃朗(1607—1669年)和雪舟对比,以为雪舟运用毛笔的功力足以使人惊奇。"他会猛然使画笔奔放,似乎无意于形成物象,然而一切都十分逼真,就像魔术表现一样。"他的泼墨、破墨画法相比大和绘多以工笔勾勒完全不同,在15世纪日本画坛上属于异军突起,别开生面。

通过身体力行,雪舟的画将浙派山水画技法引入日本画坛,使双方水墨画有了共同的格调。狩野派临摹的雪舟遗画中,便有不少浙派风韵的画幅。他的"水晕墨章"的破墨画法,也得自大陆。北画李唐、马远、夏珪一派,本来用笔方硬,皴染交叠而少点苔;南画董源、巨然、江贯道一派,原先用笔圆柔,先皴后染而多点苔。雪舟通过毕生努力,由北画笔法渐渐进入南画殿堂,已经曲尽水墨画的奥秘。雪舟的写实手法,也起始于他的大陆之旅,而从画中求意趣的画格,少从宋人的讲究理法,也得处元代的南派绘画。归国以后,他不忘遨游山川,以自然为师,抒发民族和个人的情怀,求得自成一家的画艺。雪舟十分珍惜他的中国之旅,他从学画入手,在情感上和中国连成一片。他的得意之作常署名"天童第一座"。67岁(1486年)所作四季山水图卷,卷高40厘米,用17张纸连续绘成,卷末题字:"文明十八年嘉平日天童第一座雪舟叟等扬六十七岁笔受。"76岁(1495年)为他的弟子如水宗渊所作破墨山水图,落款是:"四明天童第一座老境七十六翁雪舟书。"惠可断臂图成于1496年,旁题:"四明天童第一座雪舟行年七十七岁谨图之。"这些晚年的力作,表明了雪舟作画的灵感,常常来自大陆。日本虽是他的家乡,而中国四明天童寺更是他禅学与画艺的故土。

雪舟是远离京都在西部从事创作的水墨画家,同时在东部的文化中心镰仓有雪舟的弟子宗渊从事水墨画。不久以后,东北部地区也出现了一个自称是雪舟精神的继承者的雪村(1504—1589年)。在雪舟之后,足利时代末期,独占京都绘所的是将中国画和日本传统绘画融合为一的狩野派,画派的创始者狩野正信曾向周文的弟子宗湛学画,也曾从雪舟的作品中得到许多启示,后来他从岳父土佐光信手中继承了主持幕府绘所的职位,开创了以色彩绚丽著称的狩野派,直到安土、桃山时代,他的子孙仍然以画艺称雄于幕府。

传习雪舟画艺的墨溪,他的弟子曾我蛇足创立了曾我派,以强劲的粗笔画传习宋元水墨画技。在安土、桃山时代,画艺足以与狩野永德媲美的长谷川等伯(1539—1610年),最初在日本北部能登地方习画,后来学习雪舟的水墨技法,定居京都,自称"雪舟艺术的第五代传人",以研习雪舟为己任,追崇宋代画家牧溪,在京都禅寺的障子和屏风上留有他的许多墨画。他的儿子们自创长谷川画派,在装饰艺术上和狩野派互争雄长。另一位在桃山时代追迹宋元画风的海北友松(1533—1615年),在京都东福寺当禅僧,曾从狩野元信学画,在水墨画中也自创一派,称海北派。这些水墨画派即使在狩野派极盛的16世纪,仍然发挥着宋元画派的特长,以水墨画抚摹先辈的技艺,创作富有日本风韵的装饰画艺。

(八)陈元赟和日本文化

明末往来于宁波和长崎之间的许多中国人,后来侨居日本,以教授汉语、传导稗史小说,发扬中国医术、书法,在日本文化界产生了深远的影响。在这些长期侨居日本的中国人中,以陈元赟和朱舜水,享名最盛,贡献最大

今日以柔道闻名于世的日本,它的开山祖师就是余杭人陈元赟(1587—1672)。陈元赟屡次应科举都未录取,27岁时到河南登封少林寺,学习武术和制陶。1619年东渡日本长崎,患病疗养期间,一边学习日语,一边以传授书法维持生计。后来在京都、山口、名古屋等地居住。1621年,以浙直地方总兵官单凤翔为首的明王朝代表团到日本与幕府谈判平息倭寇问题,请他同往京都。陈元赟靠他的文才结识了日本的汉学家林道春、户田花屋、汉诗人石川丈山,得到了他们的称许,就此获得了名声。明王朝赴日使团回国时,陈元赟仍然留在日本,先后被长门藩(山口县)、尾张藩(名古屋)的藩主聘用。

1625年陈元赟寄寓江户(东京),翌年在西久保国昌寺以少林武术教授寺僧圭佐、久圆等人。正好有武术家福野七郎史卫门、矶贝次郎左卫门、三浦与次右卫门3人借住寺中,也跟着元赟学习,掌握了少林武术的奥秘。陈元赟传授的少林拳有"当身"、"杀活",以拳头或足尖猛击对方要害,足以致命。3人苦练少林武术,到各地传授,不断研究、提高,形成了日本的柔道。如今已列入国际比赛项目。

陈元赟的多才多艺,得到了幕府将军德川家康第9子德川义直的爱慕。德川义直从小修治儒学,在尾张(名古屋)广搜典籍,倡导儒神合一的藩学,在1638年聘陈元赟为儒官,充顾问,当时元赟已经52岁,从此终生定居尾张。

陈元赟在日本传扬朱子学和老庄哲学。1662年他受尾张藩主加藤明友的委托,用日语训点《朱子家训》,通行于武士阶层的子弟,成为启蒙读本。他又笃信

老庄,具有出世思想,推重明末陶望龄、袁宏道一类文人弃官入山、云游求仙的行为。在去世的前一年,他以84岁的高龄著成《老子通考》,训点刊行,书以河上公注为主,吸收唐玄宗、苏辙、林希逸诸家注解,完成了他毕生向往的对老子学说的理解和推广。

出国以前,陈元赟已酷好公安派诗文。东渡后,又以《袁中郎集》介绍给京都名僧元政。元政为日莲宗诗僧,所作汉诗和歌,传诵一时。陈元赟与之祖唱和,留下许多书札和诗稿,集成《元元唱和集》(1663年刊刻)。

陈元赟的书法在日本享有盛名。他写有篆隶千字文,而行草楷书尤其出类拔萃,颇有赵孟頫书风。日本书家渡边梅峰、佐佐木志津摩都随从相学,代有传人。

精于茶道的陈元赟,也擅长制作茶食。名古屋的茶食中有一种"板元赟",就是由元赟东传的手艺,至今流传不绝。在日本,陈元赟又以改良陶瓷技法著称,在名古屋使用濑户土,输入中国黄釉,在瓷胎上作青白色彩画。他主持的官窑"御庭烧"制作出各式茶具和工艺陶瓷,人称"元赟烧"。

(九)朱舜水和水户学派

明末由于救亡运动失败而赴日的人士中,对日本的精神文明留下深远影响的是浙江余姚人朱舜水(1600—1682年)。朱舜水名之瑜,舜水是他的大号。他出生的一年,正好是德川家康统一日本的年代。朱舜水曾6次流亡日本,目的是借助日本兵力,挥师北伐。最后在1659年,眼见复明宏图终难实现,决心移居日本。此后便在日本度过了他一生中最后的23个春秋。

60岁的朱舜水定居长崎,得到他的学生安东省庵的资助,才使生活得以安定。安东省庵在筑后柳川当儒官,跟从舜水学习儒家礼仪与学说,两人从此成为莫逆之交,舜水称为"知己"。朱舜水在长崎居住的6年中,为许多流亡的华人向当地行政长官镇巡说情,获得定居的权利。1665年水户藩主德川光圀(同国)专聘朱舜水去辅政,以老师相待。朱舜水的学说在水户得到张扬,他成为德川光圀政治和教育的最高顾问。朱舜水从此定居江户(东京),直到1682年4月17日去世。

德川光圀是幕府将军德川家康的孙子,和三代将军德川家光是堂兄弟。他在水户遇事都向朱舜水请教,朱舜水总以儒家礼教和历史训故加以劝导,光圀醉心儒学,也能言听计从。朱舜水在水户传授中国礼教,率领学员练习祭孔的礼节,写成《诸侯五庙图说》《学宫图说》。又移植了中国式庭园楼阁建筑,德川光圀在营建他的邸苑后乐园时,参照了朱舜水的意见,建成了这一座江户时代有名的回游式筑山泉水园,将明代流行的文人园林引入日本。今日在东京市中心文京区,还能约略见到它的遗址。

自从朱舜水传学水户，水户汉学便由专讲格物穷理的朱子学转入知行合一的阳明学。他的言行促成了德川光圀奉行"尊王攘夷"的政策，废除了殉葬和繁琐的祭礼，仿照儒家和禅宗制定了新的礼仪制度。德川光圀又按照朱舜水的治学方法，成立彰考馆，任命舜水的弟子安积澹泊为修史总裁，到1720年编成《大日本史》246卷。这部书的纲目由朱舜水拟定，笔法学朱熹《资治通鉴纲目》，用天皇的年号和权力作为政治事件和评价历史人物的准则，求合儒家的"大义名分"，后来成为明治维新、王政复古的理论根据。朱舜水的学说在日本代有传人，他的后半生为日本的水户学派奠定了基础。

（十）中国美术与日本黄檗文化

明代末年天启、崇祯年间，日本长崎先后由东渡的明僧兴建兴福寺（俗称南京寺）、福济寺（俗称漳州寺）、崇福寺（俗称福州寺），组成有名的长崎唐三寺，为中国江浙、福建商人议事、庇护、联络的场所。1623年东明山建成兴福寺，由僧真圆当开山；漳州、福州船主起而效法，1628年漳州船主请当年东渡的觉海当了分紫山、福济寺的开山；翌年，1629年（宽永六年），福州航海商在高野平乡圣寿山开创崇福寺，由擅长书画的明僧超然出面建寺。不到十年，唐三寺便在1570年才开港的长崎兴旺起来。

唐三寺实际上还是海神庙，三寺都设有妈祖堂，供奉海神天后林默，所有佛像、神像都要送往寺中供奉。早先兴福寺在每年三月二十三日祭祀妈祖，后来祭典由三寺轮流，在三月、七月、九月的二十三日主持祭祀仪式，这一天，也是长崎人最热闹的节日。

唐三寺在长崎，是明末东渡佛僧弘扬禅宗临济法门的据点，为妈祖文化最北的基地，也是17世纪日本的中国文化中心。唐三寺住持由中国僧侣充任，如当地选拔无人，就请准幕府，向中国东南沿海邀请名山高僧来日主持，一百多年中，许多德行、学问超群的名僧渡海赴日，中国画坛风行的诗书画三绝也由此传习日本美术界，人数之多胜过以往，在日本确立了"南画"的水墨画派。

杭州（浙江仁和）人逸然性融，俗姓李，工于书画，尤其擅长人物、佛像，1645年（正保二年）到长崎住兴福寺，正逢上年察福寺开山超然去世。逸然在长崎，使他名声远扬的是书法和画技。明清之际，中国美术在日本弘扬，从他开始展现出一片新气象。后来林罗山、俞立德、心越兴俦都带着书画印谱东渡，双方人士语言的阻隔迅速解除，通过艺术交流，互递心声。日本人跟随逸然学画的不乏其人，渡边秀石、河村若芝都卓然成家，使浙江画派越海东传，后继有人。

逸然后来当上了兴福寺三世住持，1652年得到德川幕府的许可，派古石、自怒二名僧侣到福建黄檗山邀请隐元隆琦到日本弘扬临济佛法。隐元在明清鼎革之际慨然允诺，随带弟子多人，离开了曾有南明政权抗击清军的福建，梯航而东。日本禅宗因此重新有了中兴的势头，中国传统的书艺、墨画连同塑像、医术也在东邻大放异彩。

隐元隆琦（1592—1673年）在渡海出国以前，已是黄檗山万福寺的住持，德行、学问威震东南。黄檗山万福寺在福建省福清县西二十里，因山多黄檗林而得名。自789年蒲田正干得禅宗六祖慧能的法示，在黄檗山结庵后，几经兴衰。到了明代，洪武时重建法堂大雄宝殿，面目一新，嘉靖中毁于倭寇。万历四十二年（1614年）兴寿获准，改名万福寺，自北京奉大藏经和敕书帑金归寺，在圆悟密云、费隐通容和隐元隆琦相继主持下，临济风得到发扬。隐元本是福清县灵得里人，父亲林田在隐元幼年外出不归。20岁时隐元以寻父为名，游历豫章（南昌）、南京，抵达宁波、绍兴、舟山，到普陀山投奔潮音洞主出家。1620年，29岁的隐元，在黄檗山从鉴源禅师剃度为僧。此后他潜心修禅，历访漳州、杭州、绍兴、嘉兴等地名山大寺。在海盐金粟寺，隐元跟随临济宗三十四传密云禅师，精研佛理。后来圆悟密云在1630年三月到八月在黄檗山主持半载，密云的高足费隐通容在1633年十月入山，开堂将近三年，黄檗山的法席便由隐元继任。隐元自1637年（崇祯十年）到黄檗，广置田园，兴建殿宇，苦心经营17年，名公巨卿、善男信女慕名就学的十分众多，黄檗山寺一跃而成东南一大名刹。

1653年十一月，隐元在接到超然的第四次邀请书后，毅然决定启程，前往长崎。1654年夏六月，63岁的隐元率领弟子多人，在七月五日到达长崎。当年在兴福寺宣讲，下年又移到崇福寺。他的德行、学问一下子震动了日本的佛学界，日本曹洞宗的铁心、独本，临济宗的独照、铁牛、铁眼、潮音等学问僧都到长崎投奔他的门下。逸然退职，隐元继任兴福寺四代。日本禅林久仰隐元的盛名，京都妙心寺派的临济僧早已传诵他的《黄檗语录》，听说隐元来日，龙溪、秃翁、竺音等竭力促成隐元移居京都。妙心派高僧龙溪是摄津富田普门寺的住持，在他们筹划下，取得京都所司代板仓重宗的内援，再经大老酒井忠胜、老中松平信纲首肯，在1655年九月，将隐元经海路接到摄津，住在普门寺。隔了三年，1658年（万治元年，清顺治十五年）九月，在妙心派僧人的协助下，护送隐元到江户进谒德川四代将军家纲，受到隆重的接待。当时称名巨第一的大佬酒井忠胜，曾约他到长安寺请教，晚年终至削发为僧。各地官员前来拜见隐元，晤谈之后都引作知音，恨相见之晚。下一年，幕府决定准许隐元在山城宇治创建寺院，寺名仍照黄檗山万福寺，决心在日本振兴黄檗宗。1661年（宽文元年，清顺治十八年）秋，寺名黄檗禅林，德高望重的隐元当然是日本黄檗宗的开山祖师了。八月二十九日他正式到宇治主持院务,此刻正值七旬高龄。

比隐元长五岁,早35年到日本的陈元赟,在日本交结甚广,也曾对龙溪宗潜上幕府为隐元创建山寺出过力,有诗赠龙溪。他曾向诗友日僧元政借阅隐元在中国出版的《云涛集》,元政是他在1659年相识的忘年交。他先从诗文中认识隐元。1658年隐元受德川家纲将军和后西太上皇的礼遇去江户,陈元赟出于友善和礼貌,在品川迎送隐元。当时任隐元书记的杭州人独立(戴曼公),善诗书,曾和陈元赟应对交往,是和陈元赟交结密切志同道合的"中华诸法友"中的一人。

杭州戴笠(1596—1672年)字曼公,年轻时在杭州向龚廷贤学医,后来参加吴江惊隐诗社。1653年三月到达长崎,蒙长崎奉行特许定居。下一年隐元赴日,戴曼公便皈依门下,剃发为僧,法名性易,字独立。后来当上隐元书记,随行到江户,受老中松平信纲的推崇。他书法善篆隶,又有诗名,精通医术,使他在长崎被视为神医。他先后追随隐元7年,晚年仍定居长崎,出入兴福、福济、广寿寺。1665年隐元的弟子即非如一东渡日本,开山丰后国广寿寺。戴曼公也从宇治去丰后,辅助即非任文书,从此以九州为他的家乡,隔年到黄檗山探望隐元。死后也归葬黄檗山万福寺。

隐元赴日,随行弟子有大眉性善、慧林性机、独湛性莹、独吼性狮、南源性派、独言、良演、恒修、无上、惟一、喝禅。在隐元之后,追随到日本的弟子有木庵性瑫、即非如一。

泉州人木庵性瑫在1665年(明历元年)到日本,住长崎福济寺。福州人即非,在国内已有盛名,在福清黄檗山继承隐元、慧门法统,1657年渡海后住长崎崇福寺,和木庵并称二甘露门,彼此难分上下。后来即非接受九州小仓的小笠原氏邀请,开创广寿山福聚寺,黄檗宗在九州也有了宗寺。对发扬黄檗宗出力更大的是木庵。隐元在宇治开山后,受太上法皇(后西天皇,1654—1662年)召见,请他讲解黄檗要旨,京都官员常预问法会。1665年隐元退休,住在松隐堂,由弟子木庵继承法席,成为黄檗山万福寺二世祖。木庵在这一年到江户进谒将军德川家纲,为发展山寺,请将军支援。将军赐给他"山林田园"的朱印,在黄檗山大兴殿堂。木庵又到江户白金创建紫云山瑞圣寺,在关东建立了黄檗宗的基业,一生共创寺院十所,对黄檗宗在日本得到脚踏实地的传续和发扬贡献极大。

隐元的另外两个弟子,福州人慧林性机,曾住长崎崇福寺、摄津佛日寺,继承黄檗山万福寺法席,是三世祖。莆田人独湛性莹开创了远江的宝林寺、上野的国瑞寺,后来当上万福寺的四世祖。

木庵、即非、慧林、独湛,都能独当一面,发扬黄檗宗门,使临济宗在日本重整旗鼓、遍地开花,他们堪称隐元的四大弟子。

1661 年适逢隐元七十寿辰,福州黄檗山慧门法师特地派遣高泉性潡梯航东渡,前来庆贺。到日本后,以异国为家乡,应加贺前田氏聘请,住在献珠寺。后来在宇治开创佛国寺,由灵元上皇赐给寺额。继承黄檗山五世后,得灵元上皇的皈依,常到宫中说法,又到江户进谒将军德川家纲,著述极多,《扶桑禅林僧宝传》是整理日本禅宗历史的佳作。高泉来到日本,居住 34 年,在 1695 年(元禄八年)去世。他在黄檗宗的传播中有承前启后、继往开来的作用,称中兴黄檗名僧是恰如其分。

隐元移居日本,历时 20 年。1673 年(延宝元年,清康熙十二年)三月患病,后西法皇在四月二日降诏问候,封为大光普照国师。后一天,隐元写下偈语后,便坐化了,享年 82 岁。他的肉身塔建在黄檗山万松冈下。1917 年日本政府纪念隐元的功绩,追谥真空大师。隐元的家乡福清黄檗山,由弟子从东瀛请得齿发,在寺中建立松隐堂,安置齿发塔,加以供奉,这离开隐元出国已经 263 年了。

当年隐元搭乘郑成功的船离开故土,曾以诗相赠,诗题《赠郑国公诗》:

> 南国忠贞士,威名彻古今,
> 三朝天子佐,一片故人心。
> 世变勋犹在,道存志可钦,
> 虽然沧海隔,万里有知音。

隐元对故乡与祖国的依恋之情,流于笔下。三百年后回故乡,业绩遍于东亚。

日本禅宗的振兴,完全得力于隐元和他的弟子的拓荒。镰仓时代,禅僧兰溪道隆、兀庵普宁、无学祖元、一山一宁先后留日,以临济宗风鼓动日本国民精神,振奋武士的逆流勇进的意志。进入江户时代后,临济宗依扶于日本贵族,成了文字禅;曹洞宗虽有较多的信徒,有平民禅的称呼,但人才庸碌,道风不振。隐元语录早为日本禅林熟悉,隐元初到长崎,曹洞宗的铁心、临济的独照、铁牛等人都来从学,京都妙心派的尤溪,尤其振奋,将隐元迎到妙心寺说法,并力促他进谒德川家纲将军。隐元学问、道德冠群,在他治理下,丛林纪纲为之一新。禅宗本来不立文字,而隐元为了弘扬本宗,著述宏富,语录质实,自称:"我无惊人句,一向只平常。"由平实中显空灵,自质朴中示彻悟。在福清已有《黄檗语录》二卷,《龙泉语录》二卷,《弘戒法仪》二卷,《黄檗山志》八卷。东渡后,新作屡出,最著名的有《普照国师广录》三十卷,《黄檗和尚扶桑语录》十八卷,并有《示众语檗》二十卷,《黄檗清规》一卷。隐元传法有术,宇治黄檗山开创后,黄檗宗才在日本禅林中独占鳌头。隐元之后继承法席的十二世，都是华人，木庵、慧林、独湛是他的入室弟子，高泉、千呆、悦山、悦峰、灵源、旭如、独文、呆堂，都是他的法孙。五代高泉性潋是木庵的再传弟子，六代千呆性安是即非的高足，七代悦山道宗为木庵弟子，八代悦峰道章出于独湛性莹门下，九代灵源派是千呆性安的弟子。法统继承到十二代呆堂，在 1724 年(清雍正二年)受幕府的旨意，向中国招聘隐元嫡孙德学兼优的前往长崎。1726 年，福州船、宁波船带着幕府向福州黄檗山和杭州灵隐、福严两寺的书信回国，然因无合适人才愿意前去日本而作罢。黄檗本山自此便没有再渡海而东的了。呆堂的法席由笠庵净印继承，笠庵的继承者是一个日本人龙统元栋，从他开始，黄檗山十四世就由日本僧传承法统。此后，只有十五世、十八世大鹏正鲲、二十世伯珣照浩、二十一世大成照汉是中国僧侣，多数都由日本僧主持。宇治黄檗山，禅刹林立，气势胜过福清黄檗，是京都名胜，住持已传到第五十七世。日本的黄檗宗，今日已有寺庙五百多所，信徒超过十万。

黄檗禅僧对日本的建筑、雕塑输入了明式格调。1637 年到长崎兴福寺的默子如定，留日 20 年，在长崎酒屋町到磨屋町之间建造砖头的眼镜桥，是一种拱券桥。它的工巧，使长崎人大开眼界，从此日本才有拱桥。长崎的唐三寺都由华人督工，按照明代式样建造。后来宇治黄檗山建万福寺，各地陆续修建黄檗宗寺，都是纯粹中国规制。长崎崇福寺自 1629 年草创，1632 年各项佛堂完工，在唐三寺中修建最晚，工程也最宏壮。《长崎志》称，崇福寺三门是在中国雕镂，再运到日本装修。黄檗僧人用明式建筑和造园手法在日本三岛实地造寺院，这种式样以典丽朴实见长，以鲜艳的色泽和雕梁画栋取胜，对江户初期日趋卑俗、缺少独创的日本佛寺建筑是种刺激。崇福寺的建筑平面虽因山垫地形，未见十分规则，但它因地制宜，精工督造，主要建筑大雄宝殿、开山堂、三门、第一峰门、观音堂、钟楼的建造，均匠心独造，在江户初期别具一格。黄檗宗的总本寺是宇治万福寺，平面布局按明代佛寺严格规制，和日本佛寺的分散与广场式立面不同。1661 年寺院初辟，仅有总门、西方丈、执事寮等建筑。下一年，幕府大佬酒井忠胜献金建筑法堂，落成时举行祝国开堂仪式，黄檗宗从此才能和临济宗、曹洞宗相提并论。此后，禅堂、东方丈、竹林精舍相继开筑。这座寺院主要殿宇左右对称，呈直线展开，总门顺次是放生池、三门、天王殿、大雄宝殿、法堂、威德殿，前后排列。天王殿左右有回廊连接大雄宝殿，中间有钟楼与经楼、伽蓝堂与祖师堂、斋堂与禅堂隔庭相对。三门、天王殿、佛殿(大雄宝殿)都气势雄浑，佛殿、法堂全是重层飞檐，一派浙闽建筑韵味。当时日本神社建筑也有仿照明清式样的，最明显的例子是加贺藩主在金龙山营建祖庙，由黄檗五世高泉性潋督工，完全采用唐式。

当时日本佛像雕塑由于长崎唐三寺和黄檗宗寺院的兴建，大受华风熏染。各寺佛像都出自中国雕工之手，在日本美术史上自成一派。长崎福济寺佛像由渡日华人方三官、林高龙、吴真君雕造。方三官是漳州人，《长崎夜话草》以为他所造福济寺法堂本尊观音仪容端丽，与众不同。福济寺其他佛堂塑像由林高龙、吴真君在1633年（明正天皇宽永五年）建造。方三官最早去日本，称作唐风佛工的祖师。泉州人范道生（字石甫）更是唐风佛像高手，他在1661年（宽文元年）应隐元邀请到日本，自己笃信佛道，致力雕塑，将弥勒化身的布袋和尚介绍到日本，所造观音大士、十八罗汉、韦驮天、弥勒、祖师伽蓝像，独具匠心。长崎唐三寺、宇治万福寺中所有雕塑，如罗汉像、布袋和尚像、关帝像、韦驮天像，一反江户时代拘守旧样，以嵌砌珠玉炫耀公众的雕塑作风，代以豪放、生动的中国式雕像。流风所被，各地时有起而效法的。福冈千眼寺的达摩像、关帝像，是1675年（灵元天皇延宝三年）沙门龙洞所造，也有华风。江户本所五百罗汉寺的本尊释迦三尊和五百罗汉，是东山天皇元禄（1688—1703年）间铁眼的法嗣松云手雕，也是仿效黄檗宗风的杰作。若芝的喜左卫门善于熔冶金铜佛像，世称"若芝镡"，他的技艺也来自黄檗僧人。泥塑木雕、金铜熔铸，都是黄檗僧徒的拿手技艺，一旦在日本传扬，给日本佛教美术增添了新的流派和表现手法。

隐元对印刷事业极为重视。宇治黄檗山创建万福寺时，不忘雕版印刷，隐元著述都在这里镌刻。佛画、佛印最合于深入民众，黄檗各寺也注意印刷折佛，有"观音图""地藏图""阿弥陀像""十罗刹""不动明王""北辰妙见菩萨""五百罗汉""宗祖隐元"诸像，印数极多。通俗宣传读物和图说，各地黄檗寺院都相互翻印传递。黄檗山狮子林院印施"劝修作福念佛图说"，就有异本七种，图画最便于在识字不多的民众中流传，所以黄檗僧侣极注意运用这种印刷的办法。崇福寺所藏"准提观音像"，上题"琼浦范道生印施"，是佛教美术家范道生刻板、印刷、散发的佛教宣传画。隐元的法孙铁眼道光，曾在长崎和摄津的普门寺师事隐元，后来成为隐元法嗣木庵性瑫的弟子。他在1667年得到隐元从中国带去的方册本《万历大藏经》，在京都的二条设置印经房雕版，负责刊印7 334卷的黄檗版大藏，到1678年（延宝六年）刻成，费时九载。大藏经版寄放在隐元的大弟子大眉性善晚年隐退后所住的东林庵内。这部铁眼版《大藏经》得到民间募款刻印，广行天下，而宽永寺天海仰赖德川将军刻印的《一切经》，却印数不多，流传甚少，两者形成强烈的反差。

中国书画经黄檗僧人媒介，在日本传习有人，而且卓然成家，对日本现实主义画派的形成也是一个有力的因素。

隐元和他的弟子曾随带大批中国名人书画东渡，此后，来自浙江、福建的僧侣也多以书画充实黄檗寺院；宇治黄檗山既是收藏颇丰的明清书画美术馆，又兼中国书画的交流中心。比隐元还要早,逸然将这种水墨画技传授给长崎和京都的日本画家,为后来发扬中国画奠定基石。22岁时曾跟从名师写生的隐元,在日本也作过不少画,是以人物画像为主的黄檗画派一代宗师。禅宗传承,在法衣、法器外,并有宗师画像,所以人物画以逼真为宗旨,与临济、曹洞的画像偏重简率、粗放不同,黄檗画风仿效北宋院体刻画工细的风格,又吸收了江南晕渲的肖像画笔法,侧重写真。这时采用阴影明暗、远近深浅的西洋画法跟着天主教传教士到了长崎,在那里设立教会艺术学校,在北九州的有马,以及臼杵、府内、安土等地神学院中,也都有绘画课程,西洋画在东海两岸都有了传习所。中国的水墨画连同西洋画技,正好在这种历史大潮流推动下,被日本一些崇尚传统的画家所接受。隐元和化林、独湛、高泉、大鹏、卓峰都是善画能手,日本画家喜多宗云、喜多元规尤其是从学的佼佼者。喜多元规是宗云的儿子,黄檗僧铁牛(木庵弟子)的门人,他的画法参透西洋画法,以水墨作画,在元禄年间创立喜多派,专作黄檗僧肖像画,称为大师。与黄檗僧交往密切的画家有陈贤、王振鹏、陆包山、陈浩、陈法祖、杨津、李一和赵珣。受到黄檗画派影响的日本画家有狩野探幽一门、海北友雪、伊藤若冲等,都曾参与檗门问禅。狩野安信的画深受高泉的称赞:"毫头三昧得真传,淡林浓描总自然。一旦点开双法眼,顿成天下画中仙。"在日本开南画宗风的池大雅,也曾受杲堂和尚教诲,探索黄檗画艺。

隐元、木庵、即非、独立、高泉等都精书法。即非以书法著称,最长草书。独立工篆隶,曾传长洲王履吉书法,有《佩文斋书谱》传世。有近代唐式书法第一人之称的北岛雪山,曾向独立学书。长崎人高天漪(深见玄岱),因传授他的书法而出名。独立的篆刻,也传给了高天漪。北岛雪山的弟子细井广泽以唐式书家见称,也曾向千呆、高泉等学习印刻。黄檗十五世大鹏正鲲并且著有《印章篆说》的专书,刊印流传。曹洞僧心越兴俦带去的清人陈策所编《韵府古篆汇选》,元禄(1688—1703年)间曾在日本翻刻,对篆刻的流行起了推动作用。

东渡禅僧都精通医术,尤其是独立,青年时代在杭州从云林龚廷贤学医。龚廷贤曾任职太医院,著述甚多,独立是他晚年的入室弟子。独立在日本行医,尤精痘科,他的痘科医术,也都得之于龚廷贤。独立的医术传给了池田正直、高天漪、北山道长等日本人。池田正直是独立的高足,所传的医术有"生理病理图"七种,医书六部九卷。《痘科键》最著名,池田正直因此获得名声,日本痘科由此便代有传人。宽政(1789—1800年)间,幕府任命池田正直的孙子瑞先担任幕府医官,始设痘科,痘科才独立成为专科。其他渡日僧侣如化林、澄一、心越,也都以医术传授日人,化林传医于北山道长,澄一的门人有石原学鲁、国立贞、今井宏济,石原学鲁也曾向心越学医。

隐元隆琦来到日本后,随着日本黄檗道场的开张,九州、中部、关东等许多地方都兴寺立宗,有了黄檗殿宇。木庵在江户白金创建的瑞圣寺,是关东黄檗宗的本山,由他主持的关东道场,门生众多,高足林立,有"木门三杰""木门十哲"等称号,各辟寺院。独湛在中部地区上野主持国瑞寺。千呆在山阴鸟取开创龙峰山兴善寺。九州的小仓有福聚寺,肥前有龙津寺,长崎在三寺之外,更有黄檗山末寺的圣福寺,与三寺合称长崎唐四寺。江户时代,黄檗寺院已遍布在除北部地区以外的全日本,黄檗僧侣一律遵循隐元的师规,用汉语颂经,主持法会与修禅方式全用明代仪轨,平时讲话也用汉语,对江户时代十分注意吸收中国文化的日本学术界钻研中国语言、音韵,社会上流行汉语起到了推波助澜、筚路蓝缕之功。黄檗宗的传扬,使中国文化的影响不断扩大,对日本"唐语学"的发展是个有力的因素,稍后形成的汉学萱园学派就竭力主张"汉语直读",扬弃早先流行的"和文训读"的学派,他们与黄檗僧侣之间常常过从甚密,直接请教。

萱园学派的先驱甲府藩主柳泽吉保(1658—1714 年),曾向黄檗宗八世杭州高僧悦峰道章当面聆听教导。1708 年(宝永五年)幕府将军德川家纲召见了悦峰道章。二月,柳泽吉保喜不自胜地请悦峰下榻他在驹笼的别墅六义园,当面请教。当年由田中省吾笔录的谈话记录,十分生动地记下柳泽吉保与悦峰之间,深厚的情谊与谦和的谈话。这份记录迄今犹存宇治万福寺。当时柳泽吉保已决心皈依黄檗。四月,悦峰回万福寺,柳泽吉保有《送悦老和尚》诗相赠:

> 泉石五旬兴,红花作绿荫。
> 四眸将告别,谁识此时心。

1709 年,柳泽吉保果然退隐,在六义园开法筵,并创立永庆寺,完全皈依檗山佛门。

黄檗僧侣在日本仍然保持着中国的生活方式,他们在日本开辟了传导中国风土习俗的居住点。隐元和他的弟子都是广开田园、谋求生活自给的能手。他们以自己的劳动改善生活,不但使寺院得以自立,而且还能救贫济厄,在灾荒饥馑的年头,使周围民众得益匪浅。他的法子法孙也都效法隐元,在生产、救济事业上下功夫。铁牛道机在下总,督工开垦椿湖,从 1668 年到 1689 年竣工,历时二十二载。木庵弟子铁眼道光募集资金刊刻大藏,第一次因大阪洪水,所集资金都用于救灾;第二次募集的资金,又因近畿饥荒,全用在赈济上了;到第三次才最终募款,刻成大藏。隐元东渡时,带到日本的新种植物很多,传到今天的有"隐元豆"(四季豆)、"隐元莲"、"隐元菜"(菘)、"隐元豇豆"等。黄檗僧侣日常所用唐式点心,胡麻豆腐、隐元豆腐、黄檗馒头，逐渐在社会上推广，"捣豆豉"就是万福寺的名产。江户白金瑞圣寺前角的唐豆腐干，称江户异味，也是开山木庵 传入。用中国方式主客共同围桌而坐，进食净素烹饪，中国叫"素斋"，日语叫"普茶料理"，也在各地流传，发源地就是宇治万福寺前的白云庵。寺前并有素朴的黄檗陶瓷茶具出售，至今不衰。

自隐元开山宇治，历时一百多年，由黄檗僧众传承而推广到日本各地的黄檗文化对传扬中国文化所起的影响，远远胜过了在它以前的东山文化。室町初期，由五山禅僧传导，经幕府提倡的东山文化，是一种由日本贵族、武士和僧侣所反馈的中国文化，它开创于前，而在日本发扬中国文化的，却是江户时代由中国僧侣直接开拓，亲自在三岛民众中扎根的黄檗文化，由此产生的反响和震荡也理应巨大得多。

（十一）东皋禅师与日本琴学中兴

中国古代将十弦以上的琴分作大琴、中琴，《礼记·明堂位》把大琴、大瑟、中琴、小瑟称作虞、夏、商、周四代的乐器，作为礼乐制度的表征，列入六艺之中。日本《河海抄》以为中国古琴在允恭天皇（412—453 年）、天武天皇（673—685 年）时进入宫廷习传，允恭天皇两次遣使刘宋，从中国引进古琴，从此在日本生根。日本的和琴仿照高句丽的玄琴，只有六弦，而玄琴则由晋人赠予的七弦琴和瑟改制。《隋书》称倭国乐有五弦琴、笛，五弦琴是早期流传日本的一种古琴。双雁足、七弦、十三徽的中国古琴，大致是在晋代逐步定型，到唐代才传入日本上京。极其珍贵的古琴谱《碣石调幽兰谱》，是在古琴还未出现减字谱以前，由唐人传抄 589 年陈朝祯明三年丘明所传，1871 年归日本京都上京区的西贺茂之神光院珍藏，1912 年被日本定为国宝。后来被上海的书商收入《古逸丛书》，引发了中国琴家杨时百去解读幽兰古指法。

东京博物院藏有"开元十二年岁在甲子五月五日于九龙县造"铭文的中国古琴，是 724 年的遗物，为善制蛇蚹琴著称的雷威的作品。同类遗物，还有奈良正仓院藏金银平文琴，在《东大寺献物账》中记着，天平胜宝八年（756 年）六月二十一日作为圣武天皇的遗物银平文琴献给东大寺，后在嵯峨天皇弘仁八年（817 年）改装成长 114.2 厘米的金银平文琴，有铭文"司兵韦家造此琴"，和雷琴一样，也由中国传入。唐代诗人张籍有《宫词》，描绘用进口的紫檀木作琴身的古琴演奏效应的高妙，"黄金捍拨紫檀槽，统索初张调更高"。

与雷琴同样的七弦琴，有 1971 年在山东邹县明太祖第十子鲁荒王朱檀墓出土的一台琴身黑漆、背刻篆书"天风海涛"的桐木琴，龙池内墨书"大唐雷威亲

（凿）"字样。日本琴学出中国，证据分明。最早的琴家，一定来自大陆的移民，后来传习有人，便有了日本本土的琴师。传说唐代到日本去传习琴艺的，是在日本称作琵琶开山祖师的藤原贞敏（807—867年）的中国妻子。藤原在838年到达中国，从琵琶名手刘二郎学艺。刘二郎的女儿善操琴，又能弹筝，嫁给了藤原，随夫去了日本，在日本传授琴法和筝法，使琴艺走出宫廷，在日本民间也可传习琴艺，正是9世纪中叶才有的事。

9世纪是日本琴艺发达时期，日本第一代本土的琴家关雄，得到文德天皇（850—857年）的宠幸，在仁寿三年（853年）特赐给他秘传的琴谱，他的琴艺或者正是出自藤原贞敏夫人的门下。其后官居从五位下行的文室麻吕，更以琴艺冠绝一时，死在清和天皇贞观六年（864年），是天皇提拔的琴家。古琴此后在宫廷代有传人，直到承平天庆（931—945年）乱起，武士出身的平、源二氏崛起，随着天皇权力的式微，琴艺也后继无人。直到17世纪东皋禅师东渡，才有日本琴学的中兴。

15世纪以来，古琴技艺在中国复兴，到17世纪，古琴的作曲方法、音律运用、弹奏技巧日益规范，古琴彰显成一门独特的乐艺。而此时中国沿海地区兵连祸结，清兵破关入京，导致明代学者和义士东渡。受他们宣扬国故鼓动，日本的皇室和一些学子重新致力于古学的复兴，于是作为礼乐之本的古琴再度浮出水面，成为日本琴学中兴的先驱。后水尾天皇（1611—1628年）雅好明人琴学，特将秘藏琴谱和《琴手法》赐给京伶（狛）氏，命他传习。《琴手法》据说是根据陈仲儒《琴用指法》、隋冯智辨《琴用手名法》、唐赵雅利《弹琴右手法》三种古琴书辑录，三种琴书在中国本土早已散佚，特别是《琴用手名法》还是一种经改进的减字谱法，不再是文字谱，写法像梵字，难能可贵。当时流亡日本的中国学者因此似鱼得水，成为日本琴学中兴的先驱。到达日本的万宗，以琴收受学生，开创佐藤茂斋一派琴学。朱舜水到日本，也将琴学传授给他的得意门生安东省庵（1620—1700年），他带去的益王琴和琴书、琴谱都给了安东省庵，被安东家后辈世代珍藏。然而日本琴学复兴的中流砥柱却是东皋禅师心越（1639—1695年）。明末清初，朱舜水在东瀛提倡礼义，东皋心越在日本传授琴艺，得到水户藩主支持，古代礼乐文明再传东邻，有了中兴之势。

东皋禅师俗姓蒋，名兴俦，初名兆隐，字心越。东皋、鹫峰野樵、又越道人，都是他的别号。1639年，明崇祯十二年，心越出生在浙江浦阳县。8岁到苏州报恩寺当禅僧，13岁在江浙访求名师，1688年到皋亭山向阔堂禅师学禅。1671年以后，住杭州西湖永福寺，当主持。1674年三藩兴兵反清，台湾郑经举兵进攻东南沿海。1676年八月，东皋毅然接受长崎三大禅寺中的兴福寺主持澄一的邀请，登上商船，离别杭州，前往日本。1677年（清康熙十六年，日本延宝五年）正月十三日，39岁的东皋抵达长崎，从此再未回国，像朱舜水一样，做一名流落他国的明遗民了。初到长崎的东皋住在东明山兴福寺的东明精舍，自述《东渡述志》，末尾有这样的词句：

> 故国经年别，他乡又值春。惟闻枝上乌，啼傍未归人。色举日已久，天籁却相宜。片帆初挂处，拭目见长崎。东明堪卓锡，高卧且随时。将谓无知己，逢缘定有期。八紘多胜境，四海萃幽奇。漱石消尘累，恬澹乐希夷。

"将谓无知己"是由于东皋奉曹洞宗，而当时不论中、日，信禅的都崇尚临济宗，自隐元东渡，在山城宇治工山，临济支派的黄檗便盛极一时。邀请东皋到长崎的澄一，也是临济高僧。当时幕府下令锁国，不准华人定居，东皋赴日，通译为免长崎奉行留难，托称东皋是黄檗僧侣。等到东皋见到澄一，澄一要求以师徒相称，便于从中庇护，东皋也就尊黄檗高僧澄一为师。东皋精通佛理，又善书画，授习古琴，日本曹洞高僧鳌山、龙蟠、心光多和东皋交往，引起临济、黄檗宗一些僧侣铁牛、昙瑞、兆溪等人的不满，向宇治黄檗山主木庵性瑫（1611—1684年）告发。虽木庵从中调解，但长崎黄檗僧人却不放过东皋。东皋不愿改宗临济，水户藩主德川光圀奏请幕府准许东皋去水户，但未获准。东皋在1679年年底前往山城，翌年到黄檗山万福寺亲谒木庵，又到京都、大阪，居住大阪曹洞宗月光院，五月十一日搭船返回长崎。昙瑞向长崎奉行告发东皋来日，假称黄檗僧侣招摇撞骗。长崎当局下令禁止东皋活动，七月四日起关进幽室，直到下年七月，德川光圀亲自禀告幕府将军，才获准释放，随即移居江户（今东京）小石川别墅。

东皋赴日，在佛学上是继承曹洞，受到山城、大阪、美浓等地曹洞日僧的拥戴，期望东皋复兴曹洞宗派。东皋20岁时曾到江南建昌府寿昌寺谒见曹洞宗觉浪道盛，他在1680年写的《日本来由两宗明辨》中，也声明自己是觉浪和尚派。觉浪的法祖无明慧经是日本曹洞宗寿昌派的开山祖，源自中华。德川光圀曾在1676年出资重修水户古刹天德寺，请日本曹洞僧月坡主持，后来月坡隐居，德川光圀才请东皋开山天德寺。

日僧月坡对继承他法席的东皋视同知音，在《初会心越禅师》诗中，开首便说："新丰曲断已千年，且喜道兄来续弦。"早在1678年德川光圀已有意延请东皋主持，派水户儒臣今井弘济到长崎东明山，请东皋去水户。1681年正式将此事上奏幕府，幕府以水户不能同时居住二名中国人为由，加以拒绝。1682年朱舜水在水户去世。1683年4月，东皋才获准移居水户，并游览水户以南的鹿岛神宫诸名胜。1691 年 5 月天德寺修竣,东皋迁居寺内,改寺名为寿昌山祇园寺,宣告日本曹洞宗寿昌派的诞生。下一年 10 月,得到幕府核准,在水户西北的祇园寺正式举行开山典礼,由德川光圀亲自主持大典,参加的文武官员和诸山法师,多达千人。祇园寺中收藏有东皋的手稿《花木集》一册诗稿,却未记年月。1694 年春天,康熙三十三年、日本元禄七年,东皋的气喘病转剧,一度在江户长泉寺以及塔泽汤泉治病,后回祇园寺,在 9 月 30 日圆寂。9 月 28 日,他面对入山探视的德川光圀,澹然一笑,说道:"还乡时至,期不可逾。德音亲耳,临行已无憾。何忘今日之谊"。他一再将死期看作还乡的时刻。他的诗文,不论在长崎、唐津,还是在水户,念念不忘的是他的故国。

1677 年他初抵日本时,在《除夜》一首中写道:

> 此地唐津不是唐,唐津昔日把名扬。
> 唐山唐水非唐境,唐树唐云非唐郡。
> 唐月唐日同唐突,唐时唐节光阴速。
> 唐津除夜今宵延,明日唐津又一年。

1689 年,东皋在《中秋夜》诗中,又重怀人丁殷富的故国:

> 蝉窟凤飘桂子馨,人间亿兆孰能亲。
> 长天万里清光漫,此夜殊怀望欲频。

他在京都,还是想念东吴。《洛阳寓意》一首,共八句:

> 京洛阳春卉木苏,攀崖逐浪转皇都。
> 云深山时无人迹,水浅溪桥有鸟呼。
> 乡信不随雁南渡,鱼书望断隔东吴。
> 帝城千载明文瑞,今幸重来宿草庐。

此刻家乡也经历了易帜之痛,男子全都髡首挖辫,不堪回首了。他在流亡日本期间,足以欣慰的是,仍可以明人自居。水户祇园寺藏《东皋自刻印谱集》中,有一方阳文"游明子",另有一方刻有"大明方外一人",表明他是明朝的游子,是一名大明和尚。1686 年,他兴匆匆地赶到长崎,去迎接他的家兄蒋尚卿和乞师日本图谋反清复明的义士张斐(字非文)并有诗赋相赠,表明他与张斐"须臾把袂还分手,难系珠怀两片心"。

东皋定居日本 20 年,朱舜水浪迹日本 23 载,两人有 5 年同在一国,但东皋始终被禁止移居水户,因此两人无从相见。两人先后备受德川光圀尊重,一在儒学,一在佛法,而东皋擅长诗画琴艺,茨城县立历史馆现在陈列的东皋墨画"芦叶达摩图",共有六幅之多。他有墨兰赠他的弟子人见鹤山,人见鹤山也尊重他是挚居日本的大明志士,有《谢东皋禅师墨兰》诗:

境养兰花宜暖土,毫端挥露暗香浮。

中原今有北风冷,移种东方一百州。

这首诗借助东皋墨兰,譬喻禅师为避中原清王朝而移居东瀛。至死仍有还乡之志的东皋正是以佛法中的圆寂作为寻求西方净土的归宿,借以表示实现他西还故土的夙愿。东皋肉身火葬在寿昌山佛座峰立塔。德川光圀亲书铭文:"寿昌开山心大和尚之塔"。这位自题"落魄岩阿愚且痴,那堪东渡作人师"的寿昌高僧的逝去,引起了与闻的日本人士的痛惜!

东皋的名声传扬至今,极其重要的是他的琴艺,代有传人。东皋抵日以后,就学习日语,时常写作和歌(日本诗)、俳句(日本绝句),又传习琴学。学者人见鹤山(1620—1688 年)、杉浦琴川、安积澹泊、今井弘济都曾亲聆教诲,诗文、书画时相指点,七弦琴艺全由东皋教授。安积澹泊、人见鹤山先曾从学于朱舜水,年来与东皋交谊极深。东皋带去的琴,或由东振收藏的琴有六七床。"万壑松",由东皋弟子杉浦琴川收藏。"存古",成化十二年八月李大用所(凿),由东皋授予人见鹤山,人见鹤山授予杉浦琴川,再传小野田东川,天明(1781—1788 年)间罹于火。"云和天籁",嘉靖甲子年制,印有"衡华",归了人见鹤山。又有"素玉"琴,人见友元藏,弘化(1844—1845 年)中归高松藩人清兵卫。"虞舜"琴,桐制,铭文"虞舜"小篆,由水户黄门公藏。"大雅"琴,茨城县祇园寺藏。

东皋琴学出自严澂(字天池),万历(1573—1620 年)时太守,是一代琴宗,声名传扬虞山(今江苏常熟),后世广陵派、虞山派都推崇他的琴艺,著有《松弦馆琴谱》二册,1614 年刊印,国内曾广泛流传,东皋带到日本的琴谱中也有此谱,茨城县祇园寺有收藏。东皋指法受庄臻凤(字蝶庵)校正,庄臻凤有《琴学心声谐谱》(1664 年刊),是东皋传到日本的一种琴谱。东皋传授古琴音乐,一时风靡日本三岛,但生前并未刻谱,去世后,才有后人陆续传抄、付梓,最早的一种《东皋琴谱》,是宝永(1709—1710 年)间杉浦琴川编的 5 卷本,收有 57 曲,抄本,业已散佚。

东皋的声名在琴学,自他东渡传艺,日本琴学才进入勃兴阶段,他因此尊为近代日本琴学发轫者,并无不妥。日本琴师在18世纪已有数百人,多数是东皋门弟子的后人。东皋的入室弟子是人见鹤山和杉浦琴川,琴川的琴艺传给了小野田东川(1684—1763年),弟子多达百人,成为200多年来日本琴学的渊源。

人见鹤山,名节,又名友元,字宜卿,号竹洞,又称道设、余庆,日本山城人。业医,曾是将军侍医,又当儒官,后任水户彰考馆馆员。他早期从学朱舜水,是东皋早期门人中深习古琴的一人。他的弟子有人见桃源、再传弟子甲州屋七兵卫等。

杉浦琴川,名正职,字惟天,琴川是他的大号。任幕府儒官,从东皋学琴,1708年辑有《东皋琴谱》3卷,虽未刊刻,却是东皋琴谱最早流传的一本。他的弟子有新丰禅师和小野田东川,都搞通传习有人。古琴中兴,实际得力于琴川师徒。

铃木兰园(1741—1790年),名龙,字子云。早年向名医浅田图南(1706—1782年)学汉医,后来从新丰禅师学琴,是东皋三传弟子。明和辛卯(1771年)刊印《东皋琴谱》1卷,自序谱由新丰禅师在宽文(1663—1672年)中所传,共收15曲,有《沧浪歌》《寄隐者》《南风歌》《阳关曲》等,在日本已是珍本,北京图书馆也藏有一本。兰园又著《律吕辨说》(1772年刊)。《琴学启蒙》有钞本流传,由荷兰琴学家高罗佩收藏。铃木兰园又曾仿法源寺开元唐琴,(凿)琴"玄响"。他在《东皋琴谱序》中引证《礼记·曲礼下》:"大夫无故不撤悬,士无故不悬。"宣称:"盖我古昔礼乐之隆,八音之器,诸般皆备,而琴最盛行,为士君子常御之器。"他以琴为知音,确认了中日文化的同出一源。

小野田东川(1684—1763年),名国光,字延宾。先在杉浦田东川家当茶僮,并向琴川学琴,琴艺极高,常给德川吉宗将军操琴。晚年正式开门授琴,有设乐纯如、多纪蓝溪、幸田子泉、杉浦梅岳、昙空等五大弟子。门生弟子号称百人,开200年来日本琴学的长河。

儿玉空空(1734—1811年),名慎,字黙甫,后更名慎谷慎,通称善太郎。江户(东京)人。当儒官,向幸田子泉学琴,是东皋四传弟子。儿玉空空博学多才,兼长鼓琴,从学弟子上百,宽政、文化(1789—1816年)年间,与弟子新乐闲叟在江户牛(入)区安养寺创立琴社,结集琴学同仁,传扬中华琴艺。著名弟子山本德甫、新乐闲叟、篠本竹堂、岡岛兰甫、杉本樗园都是琴社中坚。山本德甫编有《琴谱》稿本(1828年)。

新乐闲叟,名定,字子固,号爱闲堂。早年为武士,后专攻文学,爱好琴学,曾历访东皋旧居,搜集琴学资料。在函馆得古木(凿)琴,带往北方择捉岛。1807年俄舰攻袭该岛,琴丢失,1811年在大阪失而复得。1789年在他师父儿玉空空倡导下,仿司马相如真率会结琴社,由新乐闲叟手订《安养寺琴会约》,共立5款,以立宗旨和条规:

一、会之人。同社人也。若不速客、不甚俗者弗妨。

二、会之期。一月一举，或二举。惟以假日，风雨不更期。已集酉散，不卜其夜，失期者不到者并不罚。

三、会之地。牛门外安养精舍也。若有故，则换之，必以佛院若别业，盖已避人家杂沓也。

四、会之具。一茶一果，琴二张，几二坐。若当日颇有力者，别拱酒核点心。等不复妨。

五、会之事。弹琴之余，赋诗诵书，作字描书，或唱词曲弄丝竹，从各所好。但众人相会，语言易哗，或谈经史论文章，固自佳，说鬼毁俗，又无不可。特不许说云路谈市井耳。

浦上玉堂（1745—1820 年），字君辅，号穆斋，京都人。山水画自成一家。向多纪蓝溪学琴，是东皋四传弟子，与儿玉空空约略同时。他在京都收藏了明儒顾天宿（字元昭）的古琴，康熙初被长崎译官刘益贤购得，琴名"灵和"，有"玉堂清韵"的印章，浦上便以玉堂作为他的号，自称玉堂琴士。宽正三年（1791 年），鉴于蓝溪所传琴曲都是华音，听者不理解、不感动，不足为教，改成《青柳》《樱人》《伊势海》等日本流行歌曲编成琴曲，刊行《玉堂藏书琴谱》1 卷，收辑 15 首琴曲。这本琴谱具有日本民族风格，推陈出新，在古琴传习中别出一格。

雪堂（1782—1842 年），号痴山、鸟海。是羽愿专寺僧，到长崎学琴，后来师事多纪蓝溪的弟子中村太翁。1821 年后住大阪，以教书和授琴为生。他的弟子有井上竹逸、妻鹿友樵（1826—1896 年）。井上竹逸自 1846 年以来有《随见笔录》辑录琴学的材料，有关新乐闲叟的片断提供了东皋琴学系谱的脉络。

今泉雄作（1850—1931 年），字无碍。曾向井上竹逸、妻鹿友樵学琴。其人博学多艺，1877 年留学法国巴黎，在吉美东方艺格博物馆工作 6 年，1884 年返日，供职文部省，后任东京大仓集古馆馆长，热心搜罗史料，抄录琴谱 20 多种，庋藏极富，成为当代最后一个享有盛名的琴家。

东皋琴派的最后一名琴家小（火田）松云，名治良，是琴家小（火田）松坡之子，晚年居住上津岛。1958 年中国古琴家查阜西访日，特地走访小（火田）的居处，聆听他所弹明代杨抡传播《渔樵问答》。之后不久，在 1959 年去世。现在坂田进一、新仓凉子等仍在日本传习古琴，使古琴不失为中日两国共同的传统乐艺。

（十二）《剪灯新话》和日本翻案小说

明初，江南摆脱了蒙古统治集团的欺压，市民阶层随着商品经济的发展逐渐抬头，他们需要一种富有刺激而又寓有人情味的文学，于是整理民间传说加以再创作的传奇作品应运而生。《剪灯新话》和随后刊出的《剪灯余话》,所以不胫而走,代表了一部分知识分子冲破传统儒学的束缚,投身于光怪陆离的社会生活,祈求获得美好前程的心愿。

《剪灯新话》原本叫《剪灯录》,作者浙江钱塘人瞿佑(1341—1427年),字宗古,号存斋,是个少年显露才华,善于作诗论史,而官运不通的下层知识分子,曾因诗得祸,被谪戍保安十年。他擅长"编辑古今怪奇之事",在洪武十一年(1378年)写成《剪灯录》40卷。《剪灯录》由于书中故事情节新奇怪异,文词富有华采,流传日广。尤其因为得到了李祯这样的高官的赏识,大为走红。

李祯(1376—1452年),字昌祺,是江西庐陵人,永乐二年(1404)进士,后来晋升礼部郎中、广西左、右布政使。李祯本爱诗文,对志怪传奇尤为偏爱,一读《剪灯录》便爱不释手,而且萌发了效仿的念头,在公余之暇,刻意搜求,更着力于创作、改编,久而集成20篇,取名《剪灯余话》,以别于《剪灯录》,仍以脍炙人口的《还魂记》作为压台之作。那时正好是永乐十八年(1420年)光景。

《剪灯录》问世以后,最初流传的大约都是传抄本,后来被人压缩成一种4卷本的《剪灯新话》,每卷5篇,又加附录2篇,总共22篇。几年之后,瞿佑在永乐十九年(1421)亲自为这一种称作《新话》的节刻本作了跋文。瞿佑在跋文中说,四川蒲江尹胡子昂在永乐年间得到了4卷《剪灯新话》,十分兴奋,骑马赶到保安,去见瞿佑,请他亲自校阅,从此4卷本就成了通行本。通行本中的故事,都是瞿佑根据民间传闻的奇谈怪论,加以敷衍而成,所讲故事全系烟粉、灵怪之类,充满着幻想和潜意识的心理活动。这个本子流传朝鲜、日本,得到保存。今天所见的《剪灯新话》正是经过瞿佑亲自删定的本子。

4卷本《剪灯新话》行世时,新编的《剪灯余话》也由自称"晚生"的张光启出资刊刻,目的在广事流传,满足"江湖好事者"的阅读需求。《剪灯余话》外加附录1篇,保存完整,篇数虽和《剪灯新话》不相上下,然而李祯却平白无故地加上许多诗词、集句,任凭记忆和想像,给传奇故事添枝生叶,字数因此比《剪灯新话》增加了一倍。《剪灯新话》和《剪灯余话》顺应市民阶层的求知需要,不但使"市井轻浮之徒争相诵习",甚至也冲击了经生儒士,使他们舍弃正业不讲,日夜记忆这些怪诞的故事,作为谈论的话题,表露出年轻人追求男女情爱、渴望获得财富和地位的迫切心理。采用跨越生死界限的手法描绘青年男女追求纯朴的爱情,鞭挞了战乱年代和门第观念下世俗的惨无人道,对于维护儒学的礼教和道貌岸然的封建制度进行毫不留情的抨击,由此引起的轩然大波,触犯了统治集团的既得利益,使得他们的中坚分子大为惶恐。在英宗正统七年(1442年)2月,国子监时勉首先提出,必须严加禁阻,由礼部行文,对假托怪异之事的《剪灯新话》之类的通俗小说禁止流通,除了销毁已印书籍,还要拘捕印卖和收藏这类书籍的人。《剪灯新话》和《剪灯余话》从此被打入冷宫,民间只得偷偷刊印,夹带推销。到了清代,这类怪异小说和《水浒传》《西厢记》等宣扬叛逆思想的书一起列入禁书。乾隆时,《剪灯新话》和《剪灯余话》已经没有完整的本子了。这两部通俗小说却在日本找到了它们的市场,迎合了日本市民阶层对男女情爱所持的开放态度,深受公众欢迎,并且对于江户时代初期80年间盛行的假名草子的文学创作,起到了推波助澜的作用。

日本的读书界早就注意到明代流行的通俗小说,15世纪时,日本的五山禅僧和汉学家从出入中日港口的商人和僧侣那里,得知《剪灯新话》和《剪灯余话》。《剪灯新话》中有一篇《鉴湖夜泛记》,写织女神请处士成令言替她澄清民间所传牛郎、织女相配的故事。京都五山禅僧周麟(1440—1518年)在《翰林葫芦集》卷3有一首《读鉴湖夜泛记》的诗:

> 银河刺上鉴湖舟,
> 月落天孙窃夜游。
> 只恐虚名满人口,
> 牛郎今有辟阳侯。

据日本学者泽田瑞穗考订,这首诗写成在明成化十八年,日本文明十四年(1482年)。日本的学术界在那时已经从佛学、经学与文学进而注意到通俗小说、荒诞故事。庆长年间(1596—1614年)日本从朝鲜获得铜活字,大量书籍都用活字排印,先前在朝鲜流行的《剪灯新话》也有了日本的活字印本。接着在元和年间(1615—1631年),《剪灯余话》也在日本有了活字本。朝鲜学者尹春年为了使知识界熟读《剪灯新话》,特意撰写《剪灯新话句解》,日本出版界在庆安元年(1648年)翻印了这本朝鲜出版物,方便了日本读者阅读这本书。同一年,日本又校订了庆长活字本,重刻《剪灯新话》。元禄年间(1688—1703年)《剪灯余话》也再次刊印。1917年董康将庆长本和元和本《剪灯新话》《剪灯余话》翻刻,使得在国内早已淡出人们视野的这两本曾经名重一时的通俗小说重归家乡。

江户时代(1603—1867年)日本文学极其繁荣。德川幕府致力于发展日清关系,印刷术和海外贸易步入一个富有魅力的新时期,使城市中的商人(町人)势力抬头,激励了小说、戏曲、乐舞、诗歌的创作,对外国文学、特别是对中国传统文化的引进,因此比之以前显得更加活跃。表现在16世纪中叶产生了笔记小说"假名草子"的文学思潮之后,到17世纪中期跟着出现了描写浮世(现世)的"浮世草子"这样的文学创作运动。这类草子文学大多借鉴明代通俗文学,以翻案小说的形式进入日本文坛。翻案小说是日本古小说的一种类型,它取材于中国小说,摘取中国小说的情节和故事,将它换上日本的背景和人名,改写成日本故事。

假名草子的诞生,是天文年间(1532—1555年)流行的一部《奇异杂谈》开的头。1692年(清康熙三十一年、日本元禄五年)日本出版的《广益书籍目录》上,录有《奇异杂谈》5卷,后来在京都出版的该书改名《奇异怪谈集》,是一种6卷36篇的本子,现在已只剩31篇了。据推测,作者是武士中村丰前守的儿子,他曾游历各地,热衷搜罗奇谈怪论,对日本文学有过一定影响。作者在这本书中所要收录的是"唐土、本朝怪异之说",对当时的日本人来说,就是一部中外怪诞故事汇编。在序文中,中村氏表明他曾从最近随船渡来的《剪灯新话》中取得故事的梗概,加以编译。作者试图将明人的传奇作品引入日本的和文文学,由此展开了江户时代初期以中国小说为蓝本,加以改编的一大批假名草子风行一时的局面。明代通俗小说引起日本文坛注意,立下头功的正是这部名叫《奇异杂谈》的书。

《奇异杂谈》收录了《剪灯新话》中3篇小说的译文,译者为了适应日本读者,尽量将原作标题改得更加醒目,好使读者立即领会故事的妙处所在,卷一《金凤钗记》被改题《姐姐的魂借妹妹的躯体以成婚》;卷二《牡丹灯记》翻译后取名《女人死后诱男人入棺同死》;卷三《申阳洞记》则有了一个章回小说的篇名:《误入申阳洞,娶三女为妻享尽荣华富贵》。中村氏按照日本读者的欣赏习惯,对原文作了必要的删节和改写,译者虽然没有在文词上作多大修饰,但由于译文更加简洁明畅,使日本读者非常容易接受这一篇篇发生在大陆上的中国故事。

《牡丹灯记》的原文,一开始这样叙述:

> 方氏之据浙东也,每岁元夕,于明州张灯五夜,倾城士女,皆得纵观。至正庚子之岁,有乔生者,居镇明岭下,初丧其偶,鳏居无聊,不复出游,但倚门伫立而已。十五夜三更尽,游人渐稀,见一丫环,挑双头牡丹灯笼前导,一美人随后,约年十七八,红裙翠袖,婷婷袅袅,迤逦投西而去。

中村氏的译文经过改写,保留了原来的面貌,词句更加简练:

> 元朝至正年间,明州镇明岭下有乔生者,丧妻闲居。正月十五夜,众人外出,提灯而游。惟乔生一人,倚门伫立。时至夜半,路人渐稀,唯明月映辉。见一丫环女童,挑双头牡丹灯在先,后随一窈窕美女,西行而去。

译者力求保存原作面貌,为增加异国读者的"可读性"而略予润色,添加了"唯明月映辉"的词句;对中国的元宵节则用一条注文,和日本的盂兰会类比,使日本读者轻易就领略了这种场景的情怀。注文说:"在中国,正月十五日夜晚,家家户户都在门口挂上灯笼,尽情玩个通宵,如同日本的盂兰会。这一天是三元下降的日子,即一年三次的天帝降临,记录人间善恶的一次。正月十五日称上元,这一夜叫元宵,也称元夕"。元宵是东亚民族熟悉的节日,这样一介绍就使日本读者在浏览这篇故事时觉得更加真切动人了。

《金凤钗记》的故事开启了后来专门编造借尸还魂故事的风气,日译改成"姐姐的魂魄借妹妹的躯体以成婚",无疑在日本读者中增加了它的新奇感。这篇小说写一对男女生死相恋,崔兴哥和吴兴娘从小被父母指配为婚,金凤钗是当初订婚的信物。后来兴哥跟随父亲到他乡游宦,兴娘忧戚成疾,死后,金凤钗从兴娘手中转入妹妹庆娘之手。兴哥归里后与庆娘相爱,相约私奔。一年后回到乡里,才知兴娘魂附庆娘体,以了却夙愿,与兴哥完婚。这一件以幻想的故事寄托生死恋情的表现手法,不但在大陆引起了许多文士的共鸣,而且也深受日本文坛的注意,起而效法,改编成日本故事。江户时代假名草子创作大师浅井了意的二部得意的代表作:《御伽婢子》和《狗张子》,就是取材于《剪灯新话》和《剪灯余话》的翻案文学作品。

江户时代的日本作家也在中国古代传奇中找材料,改编成翻案小说。这一风气发端于16世纪末的《李娃物语》1卷。它的祖本是唐代白行简的《李娃传》。1651年(日本庆安四年)出现了根据宋代桂万荣公案编译的《棠阴比事》。1663年(日本宽文三年),根据《开元天宝遗事》和《长恨歌》编译的《杨贵妃物语》问世。到1666年(日本宽文六年)浅井了意完成《御伽婢子》13卷,加以刊刻,翻案小说从此开始摆脱过去编译中国原本小说、拘泥于再现原作的形态和表现手法,开辟了用日本民族的美学观点和社会心理习俗嫁接中国故事的新路子,出现了完全日本化的翻案小说。

《御伽婢子》13卷,共67篇,全以瞿佑《剪灯新话》、李昌祺《剪灯余话》编写,还整理了日本民间流传的怪谈奇话。《狗张子》,是《御伽婢子》的续篇,在1691年浅井了意去世后,1692年(元禄五年)刊刻成书,内容和《御伽婢子》一样,专收奇闻异谈,共45篇,大都根据《剪灯余话》。两部作品都以《剪灯新话》和《剪灯余话》为素材进行改写。

《御伽婢子》中有18篇是《剪灯新话》的翻案,占全书将近三分之一。《剪灯新话》原本20篇,经浅井了意再创作,18篇成了日本小说。从题目到故事,《御伽婢子》和《剪灯新话》通过浅井了意完全融成了一体。下面是二书篇名的对照:

	《御伽婢子》		《剪灯新话》
卷1	龙宫的上栋	卷1	水宫庆会录
	黄金百两	卷1	三山福地志
卷2	红色绶带	卷1	金凤钗记
	十津川的仙境	卷2	天台访隐录
卷3	牡丹灯笼	卷2	牡丹灯记
	鬼谷行	卷4	太虚习法传
卷4	入地狱再生记	卷2	令狐生冥梦录
	梦中姻缘	卷2	渭塘奇遇记
卷5	幽灵评诸将	卷4	龙堂灵会录
卷6	游女宫木野	卷3	爱卿传
卷7	菅谷九右卫门	卷1	华亭逢故人记
卷8	歌为媒	卷1	联芳楼记
	责杀妖孽	卷3	永州野庙记
卷9	金阁寺幽灵成婚	卷3	滕穆醉游聚景园记
卷10	了仙贫穷	卷4	修文舍人传
卷11	再生姻缘	卷4	绿衣人传
	隐里	卷3	申阳洞记
卷12	幽灵上书	卷3	翠翠传

由《御伽婢子》代表的翻案小说，首先必将标题改得更能提示故事的内容，如《剪灯新话》中的《太虚习法传》改成《鬼谷行》，《渭塘奇遇记》题作《梦中姻缘》，《永州野庙记》换成《责杀妖孽》，《翠翠传》易题《幽灵上书》。

更重要的是，在铺陈故事的过程中，作者已将人名、地名和发生的年代全部日本化，使中国故事的情节一变而成日本故事。《剪灯新话》中的《天台访隐录》，原是讲述浙江天台人徐逸进天台山采药，误入宋人隐居处所；经过浅井了意翻案成《十津川的仙境》，天台山宋人隐居处成了十津川的仙境，和泉堺人长次在十津川采药，无意中闯入"仙境"，"仙境"的景象则和天台山宋人隐居处所相仿。《剪灯余话》中的《武平灵怪录》，到《狗张子》中被改成《盐田平九郎遇怪记》，原作叙述项家兴亡，经过翻案，改成武田家，兴衰历史也大致类似。《御伽婢子》中的《龙宫的上栋》是《剪灯新话》里《水宫庆会录》的翻版，叙述元末至正甲申（1334年）潮州士人余善文被海神广利王请去题文庆贺，浅井了意把至正年号改成日本年号永正（1504—1521年），以真上阿祇奈君代替主人公余善文。

最能体现浅井了意式样翻案小说的是，在艺术手法和审美观上表现出来的民族化气息。《龙宫的上栋》中海神派去迎接余善文的大红船,原来是由黄龙双双挟扶而行,翻案后成了一匹在水中飞驰的骏马。余善文本来是应招替灵德殿上栋题辞,题辞被删去,另拟一篇意思迥异的新作。余善文《水中庆会诗二十韵》、美女所歌《凌波曲》、女童唱《采莲曲》,都用和歌替代,通篇富有日本文学气息,难以使读者一窥便洞悉祖本所在。有些故事的情节经过改动,变得具有训戒的意义,用来配合日本的道德习俗。《歌为媒》的原本《联芳楼记》,描写男女私情,将姐妹二人同嫁郑生一人;经过改写,成一女与男主人公相爱,最终结为夫妻;整个故事的结构和层次,改得很少。

《牡丹灯记》是一篇叙述人鬼恋情而为世所不容的故事,对日本文坛在 300 年中始终影响很大。原本中的男主人公乔生、女主人公符丽卿(女髑髅)、丫环金莲,是日本作家多次以之进行再创作的素材。三个幽灵在原本末尾被铁观道人率金甲神兵捉拿归案,乔生、符女与丫环各有供词,最终被判入九幽之狱。浅井了意将男主人公改称荻原新之丞,在翻案原作之后,结尾只是用了“荻原氏家供《法华经》,幽灵便不再出现”的几个字,来附会信佛的日本民族心理。文中写男女主人公的对话,更使用了日本文学特有的三十一音对唱,引入了和文中描写男女情缘的传统手法。这使浅井了意的翻案小说与《奇异杂谈》乃至假名草子大不相同,具有了继承日本物语文学特色的一种创作。

18 世纪下半叶,当读本小说冲破浮世草子而在日本崭露头角的时候,上田秋成(1734—1809 年)创作了被誉作初期读本小说范本的《今古怪谈·雨月物语》5卷。这位江户后期的著名小说家在安永五年(1776 年)刊行了包括《白峰》《破茅屋的一夜》等 9 篇小说的《雨月物语》,其中一部分也借鉴了中国的传奇小说和白话小说,特别是《剪灯新话》。上田秋成在写作《破茅屋的一夜》《佛法僧》和《吉备津的钟》等三篇小说时,根据《剪灯新话》的提示,编撰了自己创作的读本小说。这三篇小说既不是《奇异杂谈》式的翻译,也并非如《御伽婢子》那样的翻案,而是在创作的意识和架构中留下了瞿佑所传授和赋予的印迹。

上田秋成在编撰怪诞故事时,受到瞿佑的启迪,在思想倾向和故事情节上都有相似之处。《破茅屋的一夜》脱胎于《爱卿传》。

《爱卿传》描写战乱年代,交通阻塞,罗爱卿与夫失散,最后困死乡里,只得在死后从阴间回到人世,与重归故里的丈夫团圆。《破茅屋的一夜》同样写的经过战乱,胜四郎回乡,与妻子亡灵相会,充溢着对深受战争苦难死于非命的下层人物的同情与哀憧。在这些怪诞故事中,上田秋成传承了瞿佑的创作愿望与动机,表白了作者对现实社会的控诉与怨恨,以一种无可奈何的心情去安排亡灵与生者的团聚。在《佛法僧》中,上田秋成沿用《龙堂灵会录》的故事框架,写几个幽灵在惠林寺相聚,品评战国(1477—1591)武士的短长。《吉备津的钟》,套用《牡丹灯记》中符丽卿的幽灵将受到道士劝阻不与她相会的乔生拉进棺材同死的情节,写薄情的正太郎受到妻子矶良的亡灵报复,终于和出奔的爱妾袖同遭灭顶之灾。在写作技巧上,上田秋成比之早他300多年的瞿佑已经有了很大的进步。他将瞿佑那种平铺直写的技巧提高到具有心理效果的意象,使得故事的发展更加扣人心弦。《破茅屋的一夜》一开始便写胜四郎在半夜的荒村破屋里遇到了年老色衰的妻子,醒来后才发觉自己置身荒村,早非当年家居的情景。然后才追踪打听,得知妻子业已亡故。《吉备津的钟》虽然像《牡丹灯记》一样描写亡灵复仇,将矶良的幽灵去惩罚正太郎和袖,但一切都在冥冥中不期而然地进行着,直到正太郎在哀悼袖的冢墓中,才真正见到了奄奄一息的矶良的鬼魂。正太郎最后被矶良掐死的情景,也不像《牡丹灯记》中那样乔生被符丽卿拉进棺材了事,而是通过彦六听到门外的惨叫,举灯寻找正太郎,却只见血从门楣上直注地下,而在屋檐上挂着一个男人的发髻。

由《牡丹灯记》流传下来的亡灵复仇故事,原本在于刻画男女情恨的缠绵,后来在中日两国的文坛上成为小说创作中一个千古盛传的命题。它的出现,使《剪灯新话》和《剪灯余话》得以世代流传。冈本绮堂根据瞿佑原本改写了同名的《牡丹灯记》。后来《柳发新话》《钱汤新话》《浮世风吕》等故事的问世,也都显示了《剪灯新话》和《剪灯余话》在东邻继续传诵不绝、余音袅袅。

三、 中国帆船探测好望角航路

(一) 郑和宝船队开创的大航海时代

明初,自永乐皇帝朱棣于永乐元年(1403年)改消极的海禁为积极的管制后,随即在浙江、福建、广东设立了市舶提举司,鼓励各国与明廷发展官方关系,并向安南、爪哇、西洋琐里、苏门答腊、暹罗、印度等国派出使者。

这时陆上交通由于帖木儿帝国的崛起受到阻碍,南海一带则因海盗出没使正常的海外贸易陷于停顿,于是加强海外关系成为大明帝国维持经济运转、获得生机的主要决策,中国海船从此深入到波斯湾、红海各地,甚至沿着东非海岸一直进入了大西洋海域。

朱棣提出了海外各国和中国"共享太平之福"的政治目标,决意以富厚的国库为后盾,积极开展官方贸易,联络海外各国,以之纳入一个以中国为主体的海外关系网。于是,派遣郑和7次率领庞大的宝船队到海外去打通印度洋航路,出使西洋。

郑和下西洋期间,明王朝先后对满剌加、苏门答剌、锡兰、柯枝、古里封王赐印,马来半岛、南洋群岛和印度洋东部地区都处在明廷的政治控制之下,足以对这些国家的对外政策直接施加影响。1405年,满剌加酋长拜里迷苏剌、苏门答剌酋长宰奴里阿必丁、古里酋长沙米的派使者来华,明廷一一封为国王,赐给印诰彩币,此后便和中国建立了正常的关系。朱棣又派尹庆在满剌加立镇国山碑铭,表示两国牢固的国交。满剌加适当马六甲海峡要冲,和旧港南北对峙,在中国扶持下,满剌加王国摆脱了暹罗的侵扰,一跃而成为和爪哇麻喏巴歇王朝在海峡抗衡的力量。中国在当地设立排栅城垣,建立完备的仓库,号称宝船的"外府",扼住了印度洋的大门。

作为西洋大国的古里,在印度洋各国中最为重要。1406年初郑和首次统率宝船抵达古里,正式向国王颁发诰命银印,起建碑庭,碑文中赞扬两国"民物咸若,熙皞同风",希望能永垂万世。1409年,郑和以虔诚的佛教徒的身份在锡兰立供施碑,该碑现存斯里兰卡科伦坡博物馆,用汉文、泰米尔文和波斯文3种文字刻写。印度马拉巴海岸的重要海港柯枝,也是宝船出没的地方,1417年,郑和第5次出航,奉命封柯枝国王可亦里印诰,并有朱棣亲制碑文,竖在该国的镇国山。

郑和宝船队带着丰厚的礼品和受人欢迎的货物,奔赴印度洋各地。宝船回国,各国使节也随船联袂来华,回赠礼物,就便交易商货,彼此沟通技艺。在印度科钦(明代柯枝),居民中至今还流传着一些中国的传说。当地渔民捕鱼的网被叫作中国网,相传是郑和下西洋时,中国水手教会的。科钦的一些建筑风格,也具有中国的传统形式,是从中国传去的。英国马礼逊《外国史略》记下一则传说,以为爪哇改信伊斯兰教,是从1405年郑和第一次下西洋时传入。明廷颁发给亚非国家的历本,有王历和民历二种,都有注记,上自国家大事,下至民间习俗,多达62条,国家庆典、社会风俗、节令、礼仪由此流传海外。中文碑铭在封有镇国之山的国家,也是中华文明在国外的象征。东南亚各地的三宝洞、三保井、三保墩和三宝庙,都是对郑、王(景弘)两人的纪念,他们的事迹至今铭刻人心。爪哇流传农历六月三十日是郑和在三宝垅登岸的日子,当地有三宝公庙,供奉郑和。苏门答腊巨港也有三宝庙。泰国曼谷有三宝公庙,并有三宝宫、三宝禅寺。马六甲有三宝城、三宝山。逢年过节,当地居民都举行抬像盛会。郑和在这些国家已成为中华文明的象征、中华民族的灵魂。郑和精神,是海外华人和具有华裔血统的东南亚人民对于勤劳坚毅具有探索精神的中华民族优良传统的凝聚和结晶。

郑和及其同时代的中国使者奔赴亚非国家,迎来了许多国家国王和使节纷纷来华观摩中华文明,亲睹中华的富强繁荣。1411年7月,随同第3次下西洋的宝船队来华的有古里、爪哇等国的使节,满剌加国王拜里迷苏剌亲自率领妻子陪臣540多人到南京,使两国的文化交流空前活跃起来。在此以前,1408年8月,渤泥(文莱)国王麻那惹加那乃率领妻、子、弟妹等亲戚、陪臣,一共150多人来到南京,受到朱棣接见,不久病故南京,年仅28岁。生前以得见中华为幸,死后葬在南京德胜门外石子岗。1417年8月,菲律宾的苏禄国东王、西王和峒王率领部众来华造访,东王巴都葛·叭哈剌在归国途中病逝德州,就地茔葬。1413年后,由宝船队和中国使节传送的和平外交的振波传到了许多遥远的国家,各国使节来华访问的更加频繁。侯显二度出使孟加拉,和孟加拉使节经太仓到南京,显示了经过孟加拉北上西藏的交通业已开放。1415年9月非洲各国中最远的基尔瓦苏丹国,由于第4次下西洋船队曾向南深入到基尔瓦·基西瓦尼和莫桑比克的莫桑比克港和索法拉港,随即派遣使者来到南京,这就是麻林国(基尔瓦马赫迪里朝)的使节。到了11月,麻林国的第二个使团再度奔赴南京,进献珍贵的麒麟(长颈鹿)。麒麟,向被中国视作祥瑞的异兽,自从1414年孟加拉苏丹首先向中国赠送麒麟,这种仅产在索马里和埃塞俄比亚的珍稀动物,连年被阿拉伯国家作为厚礼相赠,1419年又有亚丁使者的进献,最后在1433年天方国(麦加)又进麒麟。明初留下的外国使者贡麒麟的图像有二三幅,画中的长颈鹿惟妙惟肖,真切动人,文人学士所作歌功颂德的瑞应麒麟诗,据传内阁所藏也有16册之多。

郑和率领的第五、第六次宝船队,在朱棣定都北京以后出航,尤其隆重。第五次宝船奉命伴送科泽科特、摩加迪沙、基尔瓦等19国使节回国,第六次宝船队是为护送科泽科特、霍尔木兹、斯里兰卡等16国使团归国。于是在1419年9月,有霍尔木兹送来狮子、金钱豹、西马,亚丁馈赠麒麟、长角马哈兽,摩加迪沙进花福鹿(斑马)和狮子,布腊瓦献千里骆驼和驼鸡(驼鸟),爪哇、科泽科特由亲贵护送糜里羔兽(印度羚羊)来华。亚非各国和中国的亲善与经济合作,可谓盛况空前。

地中海与黑海诸国,也在永乐年间和中国通好。米昔儿(埃及)在1407年派使节来华,不久,地中海中的岛国沙哈鲁(热那亚查卡里亚家族)派出一个77人的使团,和中国发展贸易关系。崛起于小亚细亚的奥斯曼土耳其人,明代译作阿速,也遣使112人来到中国,那里向来和撒马尔罕、麦加等伊斯兰国家通商,有许多来自这些国家的侨民,他们传递了来自中国的信息,促使地中海滨的伊斯兰国家和中国纷纷建交,频频交往。中国的丝织品和瓷器,由于威尼斯和热那亚商人的媒介,经过地中海东部地区的亚历山大港和伊斯坦布尔运到了欧洲。埃及马木鲁克苏丹阿布拉菲达·哈马特在1461年曾一次向威尼斯总督马利·皮埃罗赠送20件珍贵的华瓷,其中就有价值连城的青花瓷的碗和盘子,这只是无数通过埃及运进欧洲的中国货中的一个例子。

运销世界的中国商品除传统的绫锦、纱罗色绢、色缎和青瓷以外,还有新兴的青花、釉里红瓷器,成了最走红的名牌货。龙泉青瓷盘碗、各色烧珠、麝香、大黄、肉桂、铁鼎、铁铫、铜器,更是老少皆宜、有口皆碑的热门货。作为各种贡品和交易物运到中国的有香、药、珍宝、五金、布类、食品、颜料、木料,其中香料、药物、苏木和棉布占了极大多数。日本的涂金装彩屏风、暹罗的乌木、旧港的米脑、孟加拉的馂金琉璃器和糖霜、锡兰的宝石、索马里的龙涎香、豹皮、象牙,麦加的金珀、亚丁的雅姑石、猫睛石尤其名闻遐迩。南印度出产的各色上等棉布,如槀泥布、红八者蓝布、沙马打里布、西洋布(红番布)、白苾布、条纹布(撒哈刺),更是大量进口的货色,盛况如中国丝绸的输出。

(二)《郑和航海图》上的非洲针路

郑和航海留下一张海图,标明船队到过的地点和针路,原名《自宝船厂开船从龙江关出水直抵外国诸番图》,保存在明代茅元仪主修的《武备志》中,通称《郑和航海图》,采用一体展开的长卷,用中国传统的毛笔墨画成图。地图上的地名总共有500多个,其中属于国外的地名就近200处,可以就所在的海域分成五个地区:东南亚区,南亚次大陆区,波斯湾地区,阿拉伯海和红海地区,印度洋南部和非洲东部地区;这五大海区,都是中国帆船在15世纪以前就已有船通航的地方。所不同的是,14世纪末15世纪初,这些地区由于马六甲海峡以东政治局势不稳,海盗出没无常,走私贸易盛行;在占城沿海,有海寇张汝厚、林福自称元帅,劫掠海上;广东人陈祖义占据苏门答腊的旧港,在海上打劫过往船只,连西洋各国的使节都被扣留,所以无法进行正常的贸易。在郑和率领大批船队扫清航道后,才有可能促使从长江口的刘家港经过泉州直通南印度科泽科德的印度洋贸易网,重新营运起来。南印度的卡利科特(科泽科德),又称西洋国,简称西洋,郑和七下西洋,因此每次必到西洋国,这里是北起霍尔木兹南面到桑给巴尔岛之间印度洋西部地区航运和贸易的中心。郑和下西洋,从1405年起,动用了大量的人员、舰船、物资和财力,到1433年船队归国,但最后人员中还有迟至英宗时代才返回的,《明英宗实录》卷一六九记录了太监洪保率领的一艘有300人的船从西洋国启航后,遇风漂流,展转流徙,经过18年才回国,只有府军卫卒赵旺等三人了。

印度洋地区和中国之间在长达30年的时段中,彼此在仰赖经济关系加强的同时,也确立了盟约关系,特别是明朝与满剌加(马六甲)、锡兰山(斯里兰卡)、柯枝(柯钦)、古里(科泽科德)等国,通过封山、竖立镇国碑、颁发历书,将中国和这些地区建立了一种超出通常的国交之上的特惠待遇,确立了最惠国待遇,大大促进了中国在这些地区的政治与经济势力。郑和时代的印度洋贸易已将非洲沿海提升到第四类地区,次于东南亚、马拉巴海岸和霍尔木兹海峡,非洲贸易的重要已超过阿拉伯地区,将阿拉伯船在非洲对华贸易中的中介作用减少到 最低程度,在1453 年土耳其人攻占君士坦丁堡以前的将近半个世纪内,重新构筑起一个具有中华特色的印度洋贸易网。

元代中国帆船经常到达的最远港口是桑给巴尔岛,但在郑和时代,中国帆船在印度洋上已开辟了至少 6 条航线,所到海域也比元代华船的营运区更加广大,在《郑和航海图》上都能找到这些航线的踪迹。《郑和航海图》上标出的非洲航线,从图中的非洲部分可以看到,实际上是分成上下两截的,上半部分是麻林地以北海域,列有现在已能识读的 14 个地名,是从最北的"哈甫泥"开始,向南延伸到"麻林地"的那部分。令人费解的是,14 个地名被分割成前后两排,每排地名的前后都有作为岸线标记的线条,使人乍一看去,非洲大陆似乎成了一个半岛。其实这一部分地名的安排是按照海上航线不同的停泊港制定的,在第二排地名以西靠近地图底部的边线,是用来显示非洲最大的河流尼罗河走向的一条线。

第一排有 5 个地名,由北而南是:黑尔(Eyl)—卜剌哇(Brawa)—慢八撒(蒙巴萨,Mombasa)—门肥赤(符贝奇,Vumba Kuu)—麻林地(麻林国)。最后一个地名麻林地,有一个柱形标记,表示由此向南便是麻林国(Bilād al-Mahādila)的地面,属于马赫迪里苏丹统治下的本土了。这类柱墓是以基尔瓦·基西瓦尼为中心的苏丹国所特有,传说是下西洋的中国船员所建,后来成为当地的习俗。第一排实际地名只有 4 个,重要的停泊港有 3 处:卜剌哇、蒙巴萨、符贝奇。

第二排有 9 个地名,由北而南是:哈甫泥(Hafuni)—木儿立哈必儿(贝拉港)—剌思那呵(阿苏德角)—抹儿干别(梅雷格港)—木骨都束(摩加迪沙,Mogadaxo, Mogadasho)—木鲁旺(梅尔卡)—起(芥)儿(格迪—基利马尼,Gedi Kilimani)—者即剌哈则(应更正为"贝"——引者)剌(奔巴岛,jazirat Kanbalu)—葛答干(蒙巴萨西南,旧址,Kilindini-Tuaka)。重要的停泊港有 4 处:摩加迪沙、格迪、奔巴岛、葛答干。

十分明显,蒙巴萨、符贝奇与摩加迪沙、奔巴岛分别处在不同的两条航线上,通常到蒙巴萨、符贝奇的中国船,就不会去摩加迪沙、格迪,这大致是第四次下西洋船队业已执行的通航路线,以后在第五次、第六次下西洋期间,也都成了船队运作的惯例,目的在尽量适应不同地区不同的物流需求。在这一部分属于索马里和肯尼亚沿海的航路,可以按照远近分别由苏门答腊北端的帽山(韦岛,pulau We)、锡兰山(斯里兰卡的皮林格)或南印度的小葛兰(今奎隆)三个方向向西开航抵达目的地,起航点距目的港越远,越有利于贸易的进行、货物的周转。东非沿海的季风航行,可分四个地区,(1)格迪以北是强风区,(2)格迪向南到桑给巴尔岛是次级季风区,(3)桑给巴尔岛向南至基尔瓦岛是弱风区,(4)德尔加杜角以南属于无季风区。所以东非贸易,通常限于桑给巴尔岛以北的地区,从北方南下的阿拉伯商船轻易不会越过桑给巴尔岛,否则他们就会难以在下一个季风航行季节内返航。只有大型航船才会进入坦桑尼亚和莫桑比克海域。

中国帆船到底在15世纪有没有进入坦桑尼亚沿海呢?以往只能根据《明太宗实录》《明史》和1459年弗拉毛罗地图上二处注记作一些推测,实际上,在《郑和航海图》上就有明确的提示,只可惜直到目前为止,由于通行的解释把这些坦桑尼亚和莫桑比克以东海域的岛屿和图上标出的航路都归作了苏门答腊岛西海岸的岛屿,致使《郑和航海图》中最为关键的材料,经历600年仍未能得到正确的解释。《航海图》的最后一部分,画出了由苏门答腊岛北端的帽山(韦岛)、龙涎屿(龙多岛)的航路向南转向虎尾礁西的无名岛屿以后,往右边东南方向一直伸向凉伞屿、南傅山等一系列岛屿,直到靠近苏门答腊岛中部甘巴港南岸的白沙岛。从虎尾礁到白沙,图上总共列出10处有名字或注记的岛礁。在这些岛礁的下方,明明绘有一条表示大陆的岸线向东南方向伸去,到石城山以后便因贴近图卷的下部边缘而消失了。这条岸线对于我们识别这些介于苏门答腊岛和非洲大陆之间的岛礁的正确位置,可谓关键之至。

《郑和航海图》以高度浓缩的缩尺比例将苏门答腊岛的帽山岛与靠近东非大陆的虎尾礁用多条航线表示了两者之间的距离。虎尾礁,照当年下西洋的队伍中有许多江浙人的口音念出来是"虎尼礁",相当于斯瓦希里语中翁古贾(Unguja)岛中的"古贾",略去了开唇音"翁",就是阿拉伯人的桑给巴尔。该岛左边一个无名岛是通巴图岛。航路从通巴图岛向北转,可以衔接肯尼亚境内的符贝奇。10处岛礁中最重要的石城山,是基尔瓦·基西瓦尼,这里为抵御大陆异族的入侵,开凿河道,切断陆路,基尔瓦才成了一个岛屿。这里是设拉子王室的首都,已发掘了胡苏尼宫、大清真寺和仓库,都是14世纪前后的建筑。《航海图》上的岸线顺着石城山转向右方,便消失在图的底边了。

此后地图上出现的大傅山,可以和德尔加杜角相当,对上它北面鲁伍马河口的纳穆伊兰加(Namuyilanga),然后经过一个小岛沉礁(马特莫岛或伊博岛),到了一个大岛金屿,只有莫桑比克岛可以相当,据《伊本·白图泰游记》,这里曾是14世纪时的"索法拉国",著名的黄金转运港,译作金屿是最合适不过了。在《明太宗实录》中,这里是宝船曾经三次往访的比剌(Biki,Bique,常被讹读成Bila,Bira——引者),和孙剌(Sufala,索法拉港)一起被明朝列作"去中华绝远"的国家。

从金屿往东,全是外海航行了。首先见到的是双屿,《航海图》上画有南北二个相对的岛,北面一个印有"屿"字的岛是大科摩罗岛,南面一个印有"屿"字的岛是莫埃利岛,二岛处在莫桑比克岛正东的航线上。往东有九屿,是南纬 9°—10°、东经 46°—51°间包括阿尔达布拉群岛、科斯莫莱多群岛、法夸尔群岛等岛礁的总称,今属塞舌尔。这些地方相当于毛罗地图中的绿色群岛。最后的一个岛是白沙,它的北面是溜山洋,这里是马尔代夫正南 400 千米的查戈斯群岛,以出产海龟闻名,在手抄本《针位编》中被杨敏称作乌龟洋,有迪戈加西亚等 5 个环礁岛屿和小岛组成,多黑人居民。处于基尔瓦到巽他海峡航线的中途,《航海图》将它画在靠近苏门答腊岛中部的岸线附近,此后直到巽他海峡,地图上就不再有岛屿了,这也完全符合印度洋东部地区外洋航线的实际走向,因为远洋航线是决不会取道拍岸浪十分汹涌、致使航行困难重重的苏门答腊岛西海岸的,进一步证实了《航海图》上这一连串的岛屿,其实并非苏门答腊岛西海岸的岛屿,而是通向非洲沿海的远洋航线经过的岛屿。

第四次下西洋的宝船确已在 1414 年前后闯过桑给巴尔海区,越过德尔加杜角进入莫桑比克岛和南纬 20°12′的索法拉港,《航海图》在这一次航海结束的 1415 年,业已绘制完毕,图上标出了从桑给巴尔岛直至莫桑比克岛的东非沿海岛屿与地名。船队在那时已经走通了由莫桑比克岛直航巽他海峡,再北上泉州,返回长江口刘家港的远洋航路,航程足足有 12 000 海里,完全可以和瓦斯科·达·伽马自直布罗陀取道好望角,在 1498 年到达卡利卡特所经历的旅程相提并论,而且还早了八十多年。郑和宝船对印度洋所进行的环海航行,是他的前人所未曾经历过的,属于航海史上的创举。自地中海出发的欧洲船只,取道好望角直航巽他海峡,再北上广州的航线,迟到 17 世纪才正式辟通;尽管中国帆船早到 12 世纪就取道巽他海峡到桑给巴尔去赶集了,然而在荷兰人之前,还从未有过绕过好望角直航巽他海峡的航行,欧洲人始终不了解,走在他们前头的,却是比他们早了 200 年的郑和船队。而且就在那时,郑和的船队已在着手探测印度洋以外的,对人类来说还非常陌生的大西洋了。

(三) 探测大西洋

在中世纪的地图上,人们原先能看到的非洲大陆南端,是往东弯向苏门答腊岛的一连串海岛,后来在北京故宫的档案中第一次发现了一幅绢本的世界地图,上面绘出的非洲大陆的南端竟是正确的倒三角形,德国汉学家福克司(Walter Fuchs)因此在 1946 年写了一篇有名的论文:《朱思本的大元舆地图》(The "Mongol Atlas" of China by Chu Ssu-pan),发表在北平的《辅仁学志》上,引起了学术界的关注。福克司推测最早正确绘出非洲地图的是元代的朱思本,朱思本当年绘过地图,后来明代的罗洪先将此图加以修订,扩大成一幅世界地图,称作《广舆图》,福克司以为是朱思本绘出了非洲地图，只是一种没有得到证实的推测。

半个世纪以后，设在北京的中国第一历史档案馆在收藏的1 000多万件档案中发现了在明初洪武二十二年（1389年）绘在绢本上的彩色地图《大明混一图》，1995年文物出版社出版《中国古代地图集·明代》时刊出了这一地图，发表了汪前进等三人写的《绢本彩绘大明混一图研究》。证实了在郑和率领船队下西洋以前，中国人已具备了关于非洲大陆的准确知识，尽管它的渊源尚不清楚，但中国人至少在15世纪以前，比之欧洲人，确已有了更多的非洲知识。这张地图的复制件在2002年11月12日于开普敦举行的"南非国民议会千年项目地图展"上展出时，引起了轰动，以致不少人认为，应就欧洲人"发现好望角"的历史重新加以评估。

1457年威尼斯的穆拉诺岛圣米格尔修道院的教士毛罗（Fra Mauro）接受葡萄牙国王阿丰索五世的资助，绘制世界地图，到1459年地图完成，正本送往里斯本后遗失，副本一直保存在威尼斯，后来收入《圣塔伦子爵地图集》（1849年）、尤素甫·卡米勒《非洲和埃及地图集》第4卷第4册中。《毛罗地图》在非洲南端附近绘有二艘与西方式样不同的帆船（Concho），还有两处注记，有文字说明。其中之一是对中国帆船的说明：

在这一海域航行的中国帆船有四根桅杆，数目是可以增减的，并有40到60间客舱。它只有一面柁，不用指南针，由一名舟师站在船的高处，手持牵星板指挥航行。

Concho是对中国帆船（junco）的专用名词，这个名词来自汉语的"船"，1331年的鄂多力克拼作zuncum，1346年到过中国的伊本·白图泰写作gonk，1348年意大利人马黎诺利用了junkos，相当于马来—爪哇语中的jung，ajung，jong，到16世纪，罗明坚、利玛窦编《葡汉辞典》，他们用giunco对"船"字。总之，这种船是中国船，中国帆船也用牵星板，尤其在印度洋南部航行中，几乎看不到北极星，有时连北斗七星也见不全，只好使用牵星板对华盖星去推算船只的航行位置。

另一处注记写在迪布角旁（即在马达加斯加岛北端旁）：

约在1420年，来自印度的一艘中国帆船（junco）横越印度洋，通过男、女岛，绕过迪布角，取道绿色群岛和黑水洋，向西和西南方向连续航行了40天，但见水天一色，别无他物。据随员估算，约行2 000海里。此后情况不妙，该船便在70天后回转迪布角。海员登岸求食，见大鹏卵，一如鼓腹的双耳罐。……

在毛罗绘制的地图上,男岛(Mangla)和女岛(Nebila)画在桑给巴尔岛以南,附近有一大岛叫马哈尔(Mahal),画在男、女岛以北,恰好是马尔代夫群岛中的马累岛,《郑和航海图》中叫官屿溜,是溜山(马尔代夫)洋中的大岛。航船通过的绿色群岛,在桑给巴尔岛以南的塞舌耳群岛、科斯莫莱多群岛和阿尔达布拉群岛一线。迪布角位于马达加斯加岛北部。绕过迪布角西南航行,便可发现莫桑比克海峡,那里常年有向南的强劲海流直抵厄加勒斯角。这艘中国帆船返航时经过的黑水洋或称黑暗海,指莫桑比克海峡南部,特别是南回归线以南厄加勒斯暖流通过的洋区。从马尔代夫南航的这艘船原本一直是顺风航行,此后一段时间,即航船在进入厄加勒斯角海区时,受到来自大西洋和南极的寒流干扰,情况起了变化,又航行了30天,他们的航行止于风暴角(好望角)海域,由于寒流的袭击,掉头返航,回转到迪布角,这样推算的航程,在70天中总共向南航行了3 000海里以上,已经进到好望角海区。前段40天航行,估算2 000海里,平均日航数不过50海里,这段东非沿海航行可细分成两段,前段自溜山洋到莫桑比克海峡北部,日航数可达60—70海里;后段自莫桑比克海峡南部南纬32°左右,因无季风,南航船只依靠暖流推动,日航数约为25—30海里,行程600海里,要花20天。当船只驶过大鱼河口进入阿尔戈阿湾以西海峡后,受到本格拉寒流的影响,情况开始不妙,此后30天航行,即使只行驶600海里,也足以进入并越过好望角海域了。

毛罗地图上的另一处注记,提出在索法拉角和绿色群岛的外海,也就是在马达加斯加岛以东的海域,也有中国帆船先是西南向航行,然后向西越过厄加勒斯角,同样对大西洋进行了探索,往返航程4 000海里。这一定是在上一次探索之后又一次更加大胆的环航印度洋试图进入大西洋的壮举。很可能就是《针位篇》中提到的由杨敏率领的船队,在1425年返航途中在乌龟洋遭遇赤道风暴袭击的那一次,李约瑟将这次航行标在马达加斯加岛以东的海域,航向先西南再向西。估计这一次越过了厄加勒斯角,到达好望角附近。连同1420年的一次,两次航行都绕过马达加斯加东西两岸。

迟至1425年,中国帆船已多次进行过在那时堪称航行极限的12 000海里的航程。在欧洲,葡萄牙王子亨利还刚刚想到要去探测近在他们身边的大西洋。直到1470年,葡萄牙人才明白非洲西海岸到比夫拉湾以后便向南继续伸展到十分遥远的地方。1487年迪亚士刚刚奉命南航,在他还未转回里斯本之前,葡王约翰二世第二次派人走陆路到印度去搜集有关的情报,派出了能说阿拉伯语的科维尔汉和佩瓦,要他们查明胡椒、肉桂以及经伊斯兰国家运到威尼斯的各种香料的产地,还有一项任务是打听能否通过非洲南端航行到印度,收集有关航海资料。二人出发时带着罗德里戈和莫塞斯专门为此绘制的地图,因为罗、莫二人发现印度洋地区的人多多少少在传送着由海路通往葡萄牙西部的消息,所以通知了科维尔汉。看来就是后来毛罗绘到地图上的二次 junco 的信息了。因为阿拉伯的远航船只是不会直接进入莫桑比克岛以南的海域的,否则它们那些容积较小的船只,在强劲的海流侵袭下便无法北返了。科维尔汉和佩瓦在 1487 年 5 月离开里斯本,经亚历山大到亚丁,二人分手后,佩瓦中途遇害,科维尔汉一人到了卡利卡特和果阿,再搭船到索法拉港。随后去了开罗,给葡萄牙使者送去一份报告,指明"沿着几内亚湾继续南航的船只,必定可以绕过非洲南端。他们一旦进入东边的海洋(指莫桑比克海峡——引者)后,必须打听索法拉和月亮岛(指马达加斯加岛——引者)"。

索法拉和月亮岛,正是郑和麾下的船队不止一次去过的地方,直到 1425 年为止出没印度洋南部地区的中国宝船,在这一海域的航行曾经起过开历史先河的作用,应该是没有多大疑窦的。迪亚士之所以能够从北向南通过风暴角,一定是在 1425 年以后直到他南航之前,还有过其他船只不止一次经过风暴角北上大西洋的航行经验在起作用,所以在 60 多年以后,还能被科维尔汉打听到有关的信息。后来发生的这一切,只是 1420 年宝船探险活动的继续而已。第一次从东方闯过好望角的,说不定就是洪保属下的船只呢。

四、 明和伊斯兰世界的交往

(一) 明和伊斯兰文明

明初中亚察合台后王的领地分成东、西二部,东部称为别失八里,西部则有帖木儿帝国崛起在后,帖木儿(1336—1405)号"古拉干",意思是君主的女婿,明代才以"驸马帖木儿"相称。雄心勃勃的帖木儿致力于重建蒙古帝国的扩张计划,1380 年起入侵伊儿汗国,1390 年后将钦察汗国收入版图,1402 年帖木儿的大军直指小亚细亚的安哥拉,击败了奥斯曼苏丹白牙济德的几十万军队,生俘苏丹。于是帖木儿引军东归撒马尔罕,帝国声威臻于极盛。西班牙卡斯提尔国王的使者克拉维约、埃及苏丹纳速剌丁·菲莱西的公使曼加里·布哈伊相继东来,和帖木儿帝国通好。帖木儿和明王朝早先在 1387 年开始的官方贸易,以贡马为主,明朝以宝钞偿付,10 年之后发展到每年输马上千匹。帖木儿对明廷限制中亚回民的自由贸易,极感不满,以致 1395 年傅安率领土卒 1 500 人出使撒马尔罕,结果却遭扣留。1404 年帖木儿决意东征,中途病死。帖木儿的孙子哈里将中亚队商贸易重行开放,明使傅安、陈德文相继回国。1409 年撒马尔罕正式派遣使者来华。此后,撒马尔罕的哈里被帖木儿第 4 子沙鲁赫所废,沙鲁赫以阿富汗的哈烈(赫拉特)为大本营发号施令,哈烈使者自 1409 年起便不断到中国通好。明使白阿儿忻台在 1408 年后出使中亚,最远到达波斯湾西岸的失剌思(设拉子),于是撒马尔罕、哈烈、失剌思的使者在 1413 年来到南京,通过吐鲁番、撒马尔罕,直至失剌思的队商贸易,从此全面开放,各国中以哈烈使节处在一种特殊的地位,彩币、瓷器成为中国和这些国家交换马匹的大宗货物。

永乐以后,撒马尔罕、哈烈使者继续出入北京。1431 年伊朗亦思弗罕(伊斯法罕)和讨来思(大不里士)使节到达中国,1432 年和 1433 年明使李贵随带大批文绮、罗锦出使哈烈,最远到了讨来思。这种队商贸易在伊朗境内,分成南北两线,南线至于设拉子,北线通往大不里士。16 世纪初金帐汗国南部的乌兹别克人先后在阿姆河以北建立了希瓦国和布哈拉国,两个信奉逊尼派的汗国。他们以阿姆河作为与波斯萨法维王朝的界河。布哈拉的阿布都拉汗集结了中亚的逊尼派进攻波斯。波斯王塔希马斯普一世(1524—1575)必须在对付西陲奥斯曼土耳其人入侵的同时,不断抵御乌兹别克汗的攻袭,双方争夺的焦点落在重要的商场城市赫拉特,并且设法谋求联合奥斯曼人以壮大自身的力量。此后直到 16 世纪中叶,来自天方(麦加)和鲁迷(伊斯坦布尔)的队商,和伊朗、撒马尔罕的队商相联,发展成北京—吐鲁番—撒马尔罕—麦加—伊斯坦布尔通道,这条线联结了整个亚洲大陆。走一趟往往七八年以上,在亚洲的东头到西端之间维系着一种间歇性的远程贸易。由于明王朝对绢马贸易加以鼓励,撒马尔罕、麦加的队商大为活跃。1456 年礼官规定撒马尔罕所进阿鲁骨马每匹彩缎四表里、绢八匹。达达马不分等等,每匹纻丝一匹、绢八匹、折纱绢一匹。1524 年来自马尔马拉海的奥斯曼队商,向明世宗进献狮子二头、西(犀)牛一头,和它同来的有失剌思和它邻近 32 部贡马的使团。1524—1554 年间,奥斯曼队商五次到北京,历史上称作鲁迷使团。此时奥斯曼正是苏莱曼一世(1522—1566)当政,势力伸向埃及、北非,建立了一个地跨亚、欧、非三大洲的帝国,作为伊斯兰世界的雄主,也把官方贸易的路线推向了东亚的中国。

明代花色繁富的锦缎、纱罗在伊斯兰世界享有崇高的声誉。1436 年(正统元年),[①]布尔杰马木鲁克苏丹阿失剌福(1422—1438)派使者到北京。明朝对苏丹回赠的礼品有,彩币 10 表里,纱、罗各 3 匹,白镺丝布、白将乐布各 5 匹,洗白布 20 匹。对苏丹的妻室和使臣分别馈赠礼物。这些在元明之际流入地中海的高级丝织品,迄今可以在伦敦的维多利亚和阿尔伯特博物馆中见到。波斯史家阿布笃·

---

① 《明史》卷三三二误作"正统六年","六"是"元"字的刊误。

拉查克在《沙鲁赫史》中记载,1417年陈诚率领的使团到达哈烈,礼物中有花绫、文锦、瓷器。在产品众多的波斯锦的故乡伊朗,中国绫罗缎绢,仍然不愧为珍稀的紧俏货。

华瓷是明代具有世界市场的传统产品,发色明艳、幽靓雅洁的青花瓷,在永乐、宣德年间已成一代奇葩,行销旧大陆,而以伊斯兰世界尤其适宜。明初,马来半岛、苏门答腊和爪哇都已改宗伊斯兰教,郑和下西洋,大量采办瓷器,瓷器的器型、功能尽量适应各地的传统习惯。运往印度尼西亚、马来西亚的有大批适合穆斯林使用的军持,畅销西亚和非洲阿拉伯国家的,有许多具有中东风格的大盘、高足杯、鸡心碗、葵口碗。永乐、宣德年间外销瓷式样特多,双耳扁瓶、双耳折方瓶、天球瓶和盘座、有梁执壶、八角烛台是当时创新之作,造型都仿自伊朗陶瓷。永乐年间烧制的青花盘座,上下两端敞口成喇叭形,瘦腰中空,用于承放花盆、水罐,是叙利亚、伊拉克流行的式样,最早起源于公元前1400年利凡特使用的青铜托座。永乐、宣德时期,景德镇烧造的青花瓷上已开始使用回文(阿拉伯文、波斯文)和梵文作为装饰图案,正德年间设计的"回器",更在盘、碗、笔山、炉、盒、深腹罐上采用阿拉伯文、波斯文铭文。伊斯兰繁缛的缠枝图样和变幻无穷的几何形纹饰,更成外销青花瓷不可或缺的装饰,流风所被,同一时期各地民窑所造青花瓷也竞成风尚。

12世纪以后,中东陶瓷烧制的各种色泽的釉上彩,催发了洪武釉上红彩、宣德青花红彩,发展成釉下青花和釉上彩结合的成化斗彩瓷器。在瓷器上绘制人物、典故,则是明代向伊斯兰文明输送的一种艺术手法,拓展了伊斯兰工艺美术描绘人物故事的视野。

明代烧造青花瓷的呈色剂钴蓝,大多依赖从伊斯兰世界进口的原料。这种钴锰混合物在宣德年间叫作无名异,后来又被称作苏麻离青(误作苏泥渤青),是永乐、宣德制造青花瓷的上等色料,因来自索马里而得名,苏麻离青即是索马里青。这种青料含锰量低、含铁量高,发色明艳、色性稳定,和国产青料不同。正德后期和嘉靖官窑采用的回青,同样来自伊朗和东非,尤以产在索马里的佛头青为最佳。郑和宝船队所以开辟苏门答腊—索马里直达航线,进口上等青料应该也是重要的贸易目标。

15世纪以来,青花瓷、青白瓷已代替青瓷,成为外销瓷的主流。明代青花瓷大量运销亚、非、欧、美各地,海运路线通往亚、非各地,陆上更有骆驼队商输往中亚和西亚。伊朗的阿德比尔神庙和土耳其伊斯坦布尔东南的塞拉里奥宫(现称托普卡皮·萨莱伊博物馆)是收藏华瓷的精粹之所。位于伊朗古都大不里土以东阿德比尔镇的阿德比尔神庙,是为纪念1502年统一伊朗的萨法维朝先祖而立。阿巴斯王(1587—1628)在1611年将珍贵的中国陶瓷1 600多件献给神庙,其中华瓷1 162件,辟有专室收藏,现归德黑兰考古博物馆珍藏的仍有805件。藏品中以元青花瓷37件,明青花瓷581件,明代五彩瓷23件,最为世所瞩目。土耳其的塞拉里奥宫收藏宋、元、明、清瓷器8 000件,明代的青花瓷在2 500件以上,另有明代青瓷上千件,在数量上,明瓷只略次于清瓷。

在红海、亚丁湾和东非沿海的考古发掘中,明瓷是不可或缺的常见出土物。从14世纪到16世纪,由中国运去的白瓷、青瓷、酱釉和青花瓷,在1963年完成东非海岸的系统发掘和调查时,已有了十分可观的收获。1963年在南非德兰士凯海岸的4处居民点,特别在圣·约翰附近和姆西卡巴,都发现了15世纪到16世纪初期,相当于明代初期和中期的青花瓷片。索马里的摩格迪沙大量使用青花白瓷,已被出土物所证实。肯尼亚的格迪在15世纪正处于黄金时代,出土青花瓷碗直至15世纪末,一直处于显著地位,说明了当地居民普遍乐于采用。当地发现的祭红瓶,被发掘者坎克曼认为是中国宝船队赠送的礼品。在坦噶尼喀的基尔瓦·基西瓦尼,亦即明代历史上有名的麻林苏丹国的首都,出土的明瓷足以说明,在姆里马地区华瓷已经压倒了伊斯兰陶瓷。

伊斯兰国家也热衷于仿造精美的华瓷。埃及在15世纪为试制青花瓷,投入了一定的人力和物力。伊朗的阿巴斯王,由于酷爱明瓷,曾到中国招聘了数以百计的瓷工,连同家属迁往伊斯法罕,在16世纪末烧造青花瓷和各种陶器。至今伊朗语中仍把瓷器称为"支尼",意思是中国货。伊朗的烧瓷技术不久传入叙利亚,使那里的瓷业有了新的发展。伊朗制瓷借鉴明瓷,达到可以乱真的地步。1669年后到过伊朗的法国人约翰·恰甸记下了一则轶闻:1666年荷兰公司的代表赫伯特·特·拉雷斯送给萨法维王的礼物中,有五六十件中国明瓷,伊朗国王审视以后,以讥嘲的口吻反问荷兰使者,"这是什么?"原来荷兰人的这些"明瓷",其实是伊朗的制品。

明代伊朗绘画风格受到中国画风熏陶,明初业已盛行的工笔人物和勾勒派的花鸟画技直接移植到伊朗画坛,明式工艺美术中的云龙凤鹤纹饰也是同时代伊朗绘画和工艺美术中常见图样。在一幅17世纪初的人物肖像画中,脸庞酷肖中国女性的妇女身披织有金凤的袄子,绯色袍服有明式的鱼形云(俗称鱼妆)。15世纪描绘伊朗民间爱情故事霍斯罗与希玲的画卷上,背景布局和格调都是中国画风,人物则是伊朗服饰,华人面庞,俨然是一幅中伊合璧的图画。

皮影戏是从中国输送到伊斯兰国家的民间戏剧艺术。12世纪以来,中国东南沿海流行皮影戏,由此传入印度、埃及和伊朗。埃及皮影戏大约是12、13世纪成批移居尼罗河的突厥武士带去,表演的都是民间生活题材,以诙谐、讥嘲见长。

1517 年奥斯曼苏丹赛里木占领开罗后,带了一个皮影戏班子回到君士坦丁堡,供太子苏莱曼娱乐,于是 16 世纪皮影戏就在土耳其流行起来。土耳其皮影戏的主角叫黑眼(卡拉古兹),故事的内容大都取自阿拉伯故事集《一千零一夜》。这种皮影戏在 16 世纪已经传入希腊和北非。18 世纪时,法国人又从土耳其人那里学会了演皮影戏,称"中国影戏"。

火器自从 13 世纪传入伊斯兰国家后,14 世纪时已在地中海世界大显身手。1336 年,印度历史上第一次使用火器。这种新式火器是崛起在德干高原的伊斯兰国家巴玛尼王国用来反对它的印度教邻邦维查耶纳伽王国的,他们的火器来自阿拉伯国家。15 世纪在伊萨克(1414—1429)时期,曾任上埃及总督的阿尔敦布格移居埃塞俄比亚,开始制造火枪。16 世纪反对埃塞俄比亚基督教君主的穆斯林英雄格兰,在 1527—1543 年发动战争,从土耳其人那里取得 200 枝以上的火绳枪,又装备了铜制火炮,和小型的铁炮,得到了巴斯拉的阿拉伯人和印度技师的帮助。16 世纪时建立在军事统治基础上的土耳其奥斯曼帝国,在它的军队中大量使用各式火器,包括远程火炮,最后击溃了马木鲁克军队,使这个长达 267 年的王朝在 1517 年寿终正寝。当时伊斯兰国家中,土耳其由于拥有新式火器而成了头号强国。在制造火器方面,仅次于土耳其的是摩洛哥,地中海世界从此名副其实地成了一个火药库。

明代有许多中国人前往麦加朝觐,随同宝船队 4 次下西洋的马欢,在《瀛涯胜览》中记下了 1430 年到麦加参见克尔白(恺阿白,天房)的详情,每年 12 月 10 日,各地前往礼拜的穆斯林,回去时都将堂内所罩纻丝割取一块,作为到过麦加朝觐的验证。马欢留下了伊斯兰圣地的第一篇游记,这一篇文字比元代汪大渊《岛夷志略》中天堂条的内容远为翔实。

(二) 地中海西部的鲁密国和日落国

鲁密国和日落国,都是明代永乐年间和中国有过使节往来的地中海西部伊斯兰国家。

鲁密国派遣的使节在 1423 年 2 月到达北京。《明太宗实录》卷二五六记述这次使节是肉速回回派遣,肉速回回是由于这一王朝的开创者穆罕默德·伊本·优素福(Muhammad ibn Yūsuf, 1232—1273 年)得名,1212 年统治北非和伊比利亚半岛的穆瓦希德王朝被卡斯提尔、阿拉贡、法兰西、葡萄牙组织的基督教联军击溃,摩尔人一部分退出了半岛,只守住半岛的东南部。1232 年优素福以格拉纳达为首都建立了一个穆斯林的奈斯尔王朝(1232—1492 年),是摩尔人在伊比利亚的最后一个王朝。这个王朝只得向卡斯提尔称臣纳贡。格拉纳达有建在山岗上的著名的红宫,是王朝的开创者穆罕默德一世在1248年后建造的一座建筑物,在14世纪中经过扩建,成为西班牙建筑的杰作,格拉纳达也被比喻作大马士革。摩尔人称西班牙人叫鲁密人(Rumi),因此明代中叶的典籍也以"鲁密"国称"肉速回回",但与阿拉伯人称奥斯曼为"鲁迷",并非一个地方。卡斯提尔和帖木儿政权曾有使节往还,1423年到达北京的格拉纳达使节,一定是由于风闻郑和多次下西洋而去了中国。从此,西班牙一定开始注意到中国帆船在印度洋上的活动了。日落国是明朝与之通好的一个北非国家。

北非沿海久已存在着通向尼日尔河流域黄金产区的沙漠商路,这些商路在地中海西部的重要出海口有摩洛哥的丹吉尔、突尼斯的突尼斯、利比亚的的黎波里。13世纪起,黄金国马里到开罗之间,更多了一条捷径,自开罗经过奥季拉绿洲向霍加尔和费赞进发,可直通尼日尔河中游的加奥,这使开罗和西非的联系更加畅通,促使西非的穆斯林或经开罗,或通过达尔富尔的商路去红海西岸的港口艾特伯(今哈拉伊卜),前往麦加去朝圣。日落国使节因此可以通过这两条商路由吉达港转往中国。

麦加和中国南部的海上交通,从13世纪以来有增无已。汪大渊在访问麦加国以后,已经指明:"云南有路可通,一年之上,可至其地;西洋亦有路可通。名为天堂"。这是说,云南有陆路通往伊洛瓦底江三角洲,然后走海路去麦加,同时从西洋国科泽科特也有海上定期航班可通麦加。麦加和埃及、尼弗札瓦、古达米斯的商路相通,有捷径通到尼日尔河河套,去塔菲拉勒和廷巴克图的队商也比前更加活跃,朝圣热几乎席卷了北部半个非洲,朝圣者从麦加带回了印度和中国的讯息。在郑和下西洋期间,这样的讯息很快传到了北非,《明史》卷332中就记下了一则日落国使者来华的事迹:

> 日落国,永乐(1403—1424年)中来贡。弘治元年(1488年),其王亦思罕答儿·鲁密·帖里牙(Iskandar al-Amīr T.arābalus al-Gharb)复贡。使臣奏求纻丝、夏布、瓷器,诏皆予之。

这件事原本出自《明孝宗实录》卷一四,弘治元年五月庚辰:

> 赐迤西地面锁鲁檀马哈木阿民·斡子伯王琵琶、银壶、金碗各一事,迤西阿黑麻曲儿干王、迤西日落国亦思刊答儿鲁密帖里牙王纻丝、磁器、夏布等物;从其请也。

日落国的使者早在永乐年间就到过中国,但在《明太宗实录》中没有记录,《大明会典》则根本未见这个日落国。何乔远《名山藏·王享记三》卷一〇七(《续修四库全书》第427册,上海古籍出版社,682页)只说是:"日落国永乐中朝贡。"张天复《皇舆考》卷一二(《四库全书存目丛书》,史部166册,齐鲁书社,1996年,455页)列举永乐中来朝的16国中有鲁密,有日落,同样不明年月。现有的史料无法解决永乐年间日落国使节来华的具体年代,更没有具体记事。重要的是弘治元年日落国有了第二次使节,这一年与日落国同来北京的还有中亚二个伊斯兰国家的使节,一个是乌兹别克(幹子伯)王苏丹马哈木·埃米尔(Sultan Muhammud el-Amir)的使节,另一个是撒马尔罕的统治者苏丹阿合马·米儿咱(Sultan Ahmud Mirza)的使节。帖木儿朝不赛因汗在1469年去世后,他的王位就由早先已被任命为河中地区长官的长子阿合马继任,住在撒马尔罕,他的几个弟弟纷纷独占一方,相互攻袭。这时帖木儿王朝早已衰败,蒙兀儿人和乌兹别克人、哈萨克人活跃在河中地区的政治舞台上,参与河中地区的王位继承战争。塔什干的统治者苏丹马哈木是在1487年蒙兀儿羽奴思汗死后,刚继承王位,与撒马尔罕政权不合,在风云突变之际,彼此都需要取得明王朝的支持,因此各有使节派往北京。

至于日落国的使节,那是很远的一个伊斯兰国家派遣。这个国家的首脑亦思罕答儿·鲁密·帖里牙是继七八十年前那次使节之后,又一次和明朝通使。日落国向来不明白在什么地方,以致常有人会把这个国家和阿拉伯人传说中西方盛产黄金的茶弼沙国混而为一。西非尼日尔河盛产金砂的茶弼沙,确有一条商路直通的黎波里,将黄金输送到地中海国家,但从来也没有人把的黎波里当成那个神秘而遥远的茶弼沙国。然而"帖里牙"这个名字却正确地讲明了它的所在位置,帖里牙是"西方的的黎波里"的音译,这个名称是专门用来和地中海东部利凡特的另一个的黎波里相区别的,所以"日落国"不过是明代的档册中对阿拉伯文"马格里布"的一个意译名称,"马格里布"是阿拉伯对北非沿海自利比亚以西地区的一个地理名称,所以元代汪大渊访问这一地区时,曾说这里就是早先被称作"西域"的地方。明朝的通译干脆就把这个直到大西洋为止的阿拉伯世界西部地区,形象化地译作"日落国"了。尽管"日落国"其实只是这一地区中只占极少地方的一个国家,这个国家的首领是个埃米尔,出现"鲁密"的译音只是由于Iskandar与"埃米尔"连读的结果,容易使人与鲁密国连到一起,于是问题变得更加复杂起来。其实"帖里牙"已作为国名,表述了这一使节的出发地点。

明朝的官员也不是完全不明白,"日落国"其实不只是一个小小的帖里牙,所有地中海西部地区的国家,都可列入"日落诸国"的范围。1533年(嘉靖十二年)天方、哈烈、吐鲁番使节入贡,称王的竟有百余人,礼官夏言、枢臣王宪等指出,西域称王的原来只有吐鲁番、天方、撒马尔罕。"如日落诸国,称名虽多,朝贡绝少。"(《明史·哈烈传》卷三三二)这里所称的"日落诸国",大致来源于元代佛(林)国使者到北京后,宣称他们国境之大包有"日没之处",实际相当于地中海西部地区。

元代朱德润有《异域说》(《存复斋文集》卷五)一文,记述至正丁亥(1347年)冬,他本人客寓京口乾元宫的宝俭斋,有昆陵监郡岳忽难、平阳同知散竺台偕来访。据基督徒岳忽难(Yuhannan)相告,"自言在延祐(1314—1320年)间,忝宿卫近侍。时有佛(林)国使来朝,备言其域当日没之处"。当时在安德罗尼库斯二世(Andronicus Ⅱ,1282—1328年)统治时期的拜占庭,中央集权体制受到王室内部分裂势力的冲击,进一步削弱,面临帝国的领土四分五裂,实际上已龟缩到只是爱琴海北部的一个小国了,保加利亚和正在崛起的塞尔维亚夺走了巴尔干半岛的大部分土地,意大利城市共和国继续控制海上航道,希腊和塞萨利都处在以法国和那波利王国为主的法兰克人的控制下;在帝国东部,对奥斯曼人和拉丁人同样敌视的塞尔柱人,却因此而逐渐和拜占庭人取得了谅解。西方反对拜占庭的势力组成了一股反拜占庭联合阵线,1307年教皇克莱孟五世(1305—1314年)宣布开除拜占庭皇帝教籍,加泰隆军团乘机进入了塞萨利,然而这批雇佣军又和法兰克人发生冲突,最后消灭了在底比斯和雅典已有一个世纪之久的法兰克人势力,成立加泰隆公国,统治了雅典70多年。岳忽难提到的佛(林)使者,可能来自雅典,受亚威尼翁教皇约翰二十二世(1316—1334年)委派,向北京的元仁宗通报西方的国情,详细介绍了"其国当日没之处",阐明了地中海西部地区欧洲的政治形势。"日没之处"的含义无非是"地中海西部地区",在欧洲人眼里,是指爱琴海以西的欧洲,在阿拉伯人和柏柏尔人眼里,是指锡尔特湾以西的马格里布,大致相当于东经25°E以西的地中海西部地区。元顺帝至元二年(1336年)致亚威尼翁教皇本尼狄克十二世(1334—1342年)的国书称,"咨尔西方日没处,七海之外,法兰克基督教徒之主,罗马教皇",国书中要求教皇在使臣归国时,"为朕购求西方良马,以及日没处之珍宝",要取得欧洲的良马和各种珍稀的产品。到了16世纪的明代,对地中海西部各国,便改口叫"日落诸国"了,意思是"日落之处各国",这个"国家"(民族)用的是多数,不只是某一个国家,原因是从永乐朝已有这一地区的一个国家向北京派过使节,当时便对它取名"日落国"了,根据的是阿拉伯语的"马格里布",因为使者说他们是马格里布国家。后来这个国家又有了第二次使节来华,宣称其国叫帖里牙,于是真相大白。但这不等于说,地中海西部地区就只有这个国家与明朝有使节关系,因为其他的国家仍用的是他们的国名或统治者家族的名号,例如"肉速回回"或鲁迷,就是属于同一地区的另外一些国家。

五、南洋华侨和文化移植

明代前期励行官方贸易,但渠道狭窄,货流不畅。宝船贸易停办以后,东南沿海各地私人经营的海外贸易逐渐活跃起来,葡萄牙、西班牙、荷兰等西方殖民国家开辟东方航线,在亚洲各地寻找殖民据点和贸易枢纽,更需要中国的农副产品和手工业品,进一步刺激了浙、闽和广东的民间海外贸易。致使新兴的贸易港逐渐凌驾于传统的官方贸易港之上。

漳州东南 50 里的月港(今龙海县海澄),是明代后期新兴海港中最为突出的一处。月港原是龙溪县八、九都的一个渔村,由景泰(1450—1456 年)年间从事民间走私贸易,经过半个世纪,在弘治时发展成商贾咸集的"小苏杭"。葡萄牙势力占领马六甲后,形势为之一变。1517 年葡舰初抵广州,1521 年广东海道官兵将葡萄牙人驱逐出境,正式断绝了和安南、马六甲的官方贸易。于是葡萄牙和马来亚的船只都直接开往月港。月港和它附近的浯屿,私自与欧洲商船交易。由月港启航的双桅海船通航于暹罗、马六甲、彭亨、吕宋和日本、琉球,商务之盛,在 1548 年已位居全国榜首。浙江、广东海商通常在漳州、泉州造船备货,然后由月港开赴日本、琉球和东南亚各地。

1566 年月港正式设立海澄县。翌年,隆庆元年,明廷决定开放海禁,在月港设立"洋市",正式准许私人贸易船开往东洋和西洋。此后半个世纪,月港一跃而成全国对外贸易的中心。海澄县的对外贸易额连年上升,到 16 世纪末,已比过去增加了 10 倍,获得的利润每年达到数十万。从月港输出的货物,有丝绸、布匹、瓷器、茶叶、沙糖、纸张、果品、铁器,甚至耕畜和日常生活用品。湖州生丝、景德镇瓷器、漳洲纱绢绒缎、苏杭色缎、海澄金线,更是风行海外,远销欧美的名牌货。月港的舶税从开禁初的 3 000 多两,到 1613 年达到 35 000 两,占该年福建税银 60 000 两的 2/3。每年从月港开赴东洋和西洋的海船,多达百艘以上,至少也有六七十艘,每船搭载人数总有几百,每年出洋经商或移居南洋的人数至少在二三万人以上。

来自月港和其他港口的中国帆船,在 16、17 世纪之交,一直是日本长崎的主要贸易对象。1639 年日本宣布锁国令以后,葡萄牙船被禁止开往日本,只有中国和荷兰的商船获准继续出入长崎。由月港和澳门开往吕宋的船只,在东南亚对外贸易中占有重要地位。中国帆船还在苏门答腊、爪哇、加里曼丹、暹罗、彭亨的对外贸易中,具有举足轻重的作用。东南亚各地出产的米谷、胡椒、棉花、玳瑁、香药、蜂蜡,全靠定期开航的中国帆船前往收购。每年适时而至的中国商船,担负着运送适合当地居民日常生活需求物和生产工具的供应,而且出售价格之低,使那些指望到东方来获取暴利的西班牙、荷兰的商船和殖民统治者难以理解。菲律宾的西班牙总督德·维拉在向西班牙国王菲立普的报告中竟说出了这样的话:"他们(指中国人——引者)的售价这样便宜,以致我们只能认为,若非他们的国家生产这些货物不需花费劳力,便是弄到这些东西不用本钱。"在印度尼西亚各地,中国帆船带去的铅钱成为当地周转货物的流通手段。这个千岛之国常用当地的土产换取中国帆船随带的铅钱、银钱,等到荷、英等国商船到来,再用铅钱、银钱购取他们运去的货物。荷、英商船常用压价的方法从贴水中攫取高额利润。

盘踞菲律宾和爪哇的西班牙、荷兰殖民势力将深受东南亚各地人民欢迎的中国海商和华人视作眼中钉,迫使中国的海外贸易商和海外华人奋起自卫。1593年潘和五率领的海上起义,首开纪录。接着在1603年,吕宋华人又被迫与西班牙殖民势力进行抗争。1622年,荷兰殖民者占据澎湖,被驱赶以后,又在1624年盘踞台湾,在漳泉沿海大肆劫掠,企图破坏月港的海外贸易。1622年,沿海军民击退了进犯厦门和圭屿的荷军,1624年收复了澎湖。1634年海澄军民进军浯屿,挫败了进攻厦门、窥伺月港的荷兰侵略军,才使月港免遭蹂躏。在虎视眈眈的西方殖民势力的觊觎下,月港也从那时不可避免地走向了衰落。

16世纪在海禁与反海禁斗争中形成的南洋移民潮,每年都有成千上万的福建、广东移民进入南洋各地。菲律宾的吕宋,印度尼西亚的巨港(旧港)、万丹、苏鲁马益、杜板,暹罗,马来西亚的马六甲、北大年、吉兰丹,上缅甸的江头城(杰沙)、下缅甸的勃固,加里曼丹西部和美洛居(马鲁古群岛),都有成批华人聚居地,出现了近代东南亚的华侨社会。

各地华侨社区的形成,华人在东南亚贸易中的重要地位,促使语言的通解成为迫切需要。1407年明王朝正式设立四夷馆,先后成立鞑靼馆、回回馆等10馆,南洋各地的真腊、爪哇、满剌加(马六甲)附于回回馆。另有缅甸馆、西天馆、八百馆、暹罗馆,由中外教师任教。入馆学习的称译字生,从事翻译杂字、译写来文、回答敕谕。译字生的课本称《华夷译语》,德国柏林藏本共24编,缅甸、暹罗、回回(阿拉伯)、马来语都有华语对照。云南的昆明也设有缅字馆,培养汉人通译。1549年由通事杨林编写的《满剌加国译语》,收入马来语482个词语,是最早一部马来语汉语字典。

暹罗在东南亚各国中和明代关系极为密切。阿瑜陀王朝向中国派出的使者有112次之多,平均两年一次。明代前期,中暹之间朝贡贸易极盛,明代后期,双方民间贸易兴旺。暹罗航运业的建立,自始就和中国船民结下不解之缘,从船只的设计到驾驶技术,中国的影响十分明显。参加了郑和宝船队到暹罗访问的中国水手,有一些后来成为阿瑜陀王朝海军的骨干。在特莱罗克王(1448—1488)的法令中,阿瑜陀海军袭用了中国人通用的头衔和职位,是由华人建立的一支舰队。至少在1636年,根据荷兰东印度公司的记录,由华侨驾驶的暹罗船只已经加入对日本的贸易,行驶在长崎和暹罗湾各地。

马来半岛的马六甲是16世纪东南亚最繁荣的国际市场,当地有许多泰米尔人、马来人,也有华人。马六甲早先使用斗形锡块作为货币,使用不便。后来仿照中国铜钱,制成较小的锡钱。16世纪末马六甲衰落后,便有亚齐、占碑、旧港和万丹代兴。旧港的华人林朝曦在那里操纵市场,充任海关长。西爪哇万丹王国的首都万丹,聚集着来自亚洲各地的商人。华人住在城外西郊用土墙围集的居住区,欧洲人称作唐人街,邻近有荷兰、葡萄牙的商馆。17世纪初万丹华人约有三四千人,等候每年一月到来的中国帆船,大量收购胡椒和香料。华人开设的店铺出售各色生丝、绸缎、瓷器、漆箱、色纸、金裱的书籍、眼镜、刀、扇、唐伞、硫黄。1619年荷兰人占领雅加达后,将它改建巴达维亚城,数以千计的华人从万丹迁居该地。原籍福建同安的苏鸣岗当上了第一任头领,称甲必丹。华人随即使用水力传动的榨糖机,开办新式的蔗糖厂,提高了爪哇白糖的品质和产量。华人又用曲和醛母酿造美酒,使酿酒业大有进展。移居万丹王国的华人每年随带铅钱前往换货,当地人叫Caxas,也就是"铅钱"的音译。这种中间有方孔可用绳子串连的铅钱通行于全爪哇,和铜币一样,在造币技术上对同期爪哇铸造的铜币和锡币影响极深。从地下发掘所得的爪哇古钱,在形制上大致和华币相仿,也是圆形方孔钱,只是图案不同。爪哇铸币所用的铜,来自中国和日本。

在菲律宾各地,中国帆船每年定期开赴贸易的船只,自16世纪70年代。已由每年三五艘增加到10多艘。马六甲的衰落,西班牙殖民势力自1565年后在宿务、吕宋的扩张,刺激了中国帆船和商人转向吕宋。成批移居马尼拉的华人,被限制居住在城东的"涧内",那里有巨大的丝绸市场。马尼拉的华人居住区迅速扩大,1571年时华人仅有150人,1590年时至少已有7 000人,到1602年便增加到30 000人。中国帆船包揽了菲律宾各地的生活需求品,每年开往马尼拉的华船越来越多,1607年开往马尼拉的42艘帆船中,中国船占39艘。在1637年有50艘中国船进港,占了总数57艘的大多数。这些中国船给菲律宾运去了丝绸、米谷、面粉、水果、金属、陶瓷、硫黄、水银、香料,甚至牛、马等力畜。马尼拉仰赖华人移民而成为一个热闹的城市,西班牙人把涧内称为"巴连"市场。1590年西班牙派往菲律宾的首任天主教大主教沙拉萨,在他写给国王的报告中说:住在"巴连"内的华人有裁缝、修鞋匠、面包师、蜡烛匠、糖果商、药剂师、画师、银匠,住在"巴连"

外的有渔民、果农、织工、砖瓦匠、泥水匠、木工、铁匠。"巴连"每天都供应猪肉、鸡、鸭、鱼、蛋、牛肉、蔬菜和中国食品。中国工匠制造的产品不但工巧胜过西班牙，而且价格低廉。当地居民对深入各岛的华人零售商，尤其因为买卖公平、供应对口、服务周到而热忱欢迎。中国的园艺、手工技术成为开发菲律宾不可或缺的宝贵财富。1593年华人龚容在马尼拉开办了第一家印刷厂，印刷了菲律宾第一部书《基督教教义》。并刻过《无极天主正教真传实录》的中文书籍。龚容又使用过活字印刷机，是将中华印刷文化引入菲律宾的第一人。

拉丁美洲印第安人的农作物，在16世纪陆续移栽菲律宾。热心耕作的华人又把它们引入家乡。番薯和烟草是最引人注意的2种作物。广东、海南早有薯蓣、甘薯，万历年间又有番薯引入福建。《金薯传习录》叙述番薯在吕宋称朱薯，野生于山地间。但不准华人移栽。1593年福建长乐人陈振龙私自将薯蔓运回福州，在福州南台纱帽池试种获得成功，引起农人移栽。他向福建巡抚金学曾报告，番薯有六益、八利。下一年大旱，金学曾下令各县种薯自济，从此全省种植番薯。300年后，福州乌石山建立了先薯祠，纪念陈氏的功迹。另种经济作物烟草，在1560年由美洲传到菲律宾，万历年间引入福建，称吕宋烟。据西班牙语汉译淡芭菇（淡巴菰），此名源出印第安语。1605年葡萄牙人从南洋带烟到日本长崎，从此日本人也沾上烟习，明末已由日本传入朝鲜、东北，清军也有吸烟的。天启（1621—1627）中，明王朝为了对付满族（女真），调广东兵北上，为了御寒而吸烟。1639年曾规定吃烟者死，后因洪承畴出面要求，终于开禁。崇祯末，长江以南的嘉兴也普遍种烟，仅仅10年，老壮童稚、甚至妇女，都沾上了吸烟的习惯。

六、 中国和走向世界的欧洲

（一）来自地中海的阿速与沙哈鲁使节

永乐年间，地中海国家的使节也千里迢迢前往中国，沿途给养受到明政府的供给。其中有属于地中海东部爱琴海两岸的阿速和沙哈鲁。

《明史》卷332记阿速：

> 阿速，近天方、撒马儿罕，幅员甚广。城倚山面川，川南流入海，有鱼盐之利。土宜耕牧。……物产富，寒暄适节。人无饥寒，夜鲜寇盗，雅称乐土。永乐十七年，其酋牙忽沙遣使贡物及方物，宴赉如制。以地远不能常贡。天顺七年，命都指挥白全等使其国，竟不复再贡。

《咸宾录》（1591年）只说："阿速，西海中为稍大国也。永乐中遣使百十二人朝贡。其地多撒马儿罕、天方诸国人。……物产无奇。"

阿速在元代本是阿速海旁的一个部族。明代的阿速，已不是过去的阿速，而是奥斯曼土耳其人在爱琴海东西两岸建立的奥斯曼王朝。奥斯曼人发源在蒙古草原，后来在中亚与伊朗各部族混居，并迁徙到小亚细亚，取代并同化了他们同族的塞尔柱克人，由奥斯曼（1299—1326年）建立起奥斯曼王朝。从此奥斯曼人成了本已下降为一个小国的拜占庭最可怕的敌人。拜占庭皇帝约翰五世（1341—1391年）统治的初期，奥斯曼各部族在1359年首次大举迁徙到君士坦丁堡城外，色雷斯地区亦接连被奥斯曼人攻占，穆拉德一世苏丹（1362—1389年）干脆在1365年定居亚得里亚堡，这使奥斯曼人在欧洲也建立了牢固的根据地，原有的居民则被大批迁往小亚细亚，苏丹的将领在欧洲得到了大批土地作为犒赏。约翰五世向阿威尼翁教皇和匈牙利国王求援的打算先后落空。在不到20年中，拜占庭和保加利亚、马其顿都沦为土耳其人的附属国。拜占庭的海上交通线都被热那亚人和威尼斯人在爱琴海沿海占领的岛屿所控制，拜占庭因此沦落为这两个航海国家的债务国，但这两个航海共和国因争夺在马尔马拉海口的特奈多斯岛而发生战争，致使双方都被搞得精疲力竭，无法再控制拜占庭的王位继承权。这时，拜占庭帝国已只剩下一座君士坦丁堡的城市了。

奥斯曼苏丹巴耶扎德（1389—1402年）统率奥斯曼军队打败了保加利亚，一直侵入到雅典和莫利亚专制君主国的领地。但撒马尔罕的帖木儿统率的蒙古军在1402年攻占了巴格达，随即直奔安卡拉，一举击溃了巴耶扎德的军队，巴耶扎德作为战俘被押送到中亚处死。幸亏帖木儿大军在1403年春撤出了小亚细亚地区，接下来巴耶扎德的长子苏莱曼与他的弟弟穆萨展开王位继承战，穆萨因拜占庭支持苏莱曼开始围攻君士坦丁堡，苏莱曼被穆萨击败，但最后的胜利者却是受到拜占庭和塞尔维亚支持的穆罕默德一世（1402—1421年），他在1413年击溃穆萨，当上了奥斯曼帝国的苏丹。1419年遣使来华的牙忽沙，可能是穆罕默德属下在叙利亚和亚美尼亚地区的一位部族首领，那里接近麦加，在麦加—撒马尔罕队商贸易通道的附近，因此也参与了刚刚迁都北京的大明王朝的庆典，而自称为阿速。后来天顺七年（1463年）明朝派白全通使，已在奥斯曼吞灭拜占庭以后10年，当政的奥斯曼苏丹穆罕默德二世（1451—1481年）并没有向中国派过使节。

阿速以西的海岛国家沙哈鲁，也是借用了中亚哈烈国沙哈鲁政权的译名。《咸宾录》的记载中，以为这里早先是隋代的投和国，因此有一大段文字是误录。最后说："物产甚多，交易海中诸国。西域贾胡辄以廉价得奇货去沙哈鲁，人不识也"。《明史》则称：

沙哈鲁,在阿速西海岛中。永乐中遣七十七人来贡,日给酒馔果饵,异于他国。其地山川环抱,饶畜产。人性朴直,耻斗好佛。王及臣僚处城中,庶人悉处城外。海产奇物,西域贾人以轻直市之,其国人不能识。

这其实是说热那亚人做惯了大生意,货源充裕,欢迎远方来客成批成交,即使开价比市价便宜许多,也不在乎,只要买卖成功便行。显然这是热那亚针对它的商业对手威尼斯的一种商战的策略。当时地中海贸易竞争的激烈,已隐现于字里行间了。

沙哈鲁既在阿速以西海岛中,而沙哈鲁的译名正好和统治热那亚的查卡里亚(Zaccaria)家族符合,此国的特点是海外贸易特盛,在局势动荡之际,常常以低价在国际市场上抛售,藉以吸引各地商人前去交易。当时拜占庭皇帝曼纽埃尔二世(1391—1425年)得到奥斯曼苏丹的扶持,一直和苏丹保持着友谊关系,因此曼纽埃尔二世在1414年去了希腊,1415年巡访了伯罗奔尼撒半岛,指派他的长子约翰到达莫利亚,指挥拜占庭军队成功地征讨了阿切亚拉丁人的战争,使森图里奥尼·查卡里亚君主丧失了大部分领土,只是靠了威尼斯的干预,才使他的权力没有完全垮台。到达中国的沙哈鲁使节是个77人的代表团,大约是在1416年才成行,正当拜占庭人和奥斯曼人处于短暂的友善关系阶段。沙哈鲁使团到达中国,是永乐年间仅有的一次欧洲的基督教国家与中国进行外事往来,其他几次使节虽也有来自地中海世界的,但都属伊斯兰国家,中国并未与拉丁国家打过交道。沙哈鲁使节可能曾经希望中国能在地中海政治关系中,加大它所能起到的外交力度,适当阻止奥斯曼人在巴尔干半岛的扩张意向。

奥斯曼苏丹穆罕默德一世去世后,由他的儿子穆拉德二世(1421—1451年)继位,奥斯曼与拜占庭之间短暂的和平结束了,拜占庭由于策划一次反对穆拉德二世的政变失败,穆拉德二世转而攻击拜占庭,在1422年7月围攻君士坦丁堡,只因他的小弟弟穆斯塔法出来争夺王位,才撤出了围城的军队。但1423年春季,奥斯曼人重新侵入希腊南部地区,整个莫利亚地区遭到蹂躏,拜占庭只得在1424年同意重新恢复向苏丹缴纳贡品,将安卡拉战役后夺取的几个城市交还给奥斯曼人。

(二)中葡通使与澳门开放对欧贸易

葡萄牙人达·伽马的船队抵达印度马拉巴海岸后,从此可以绕过奥斯曼帝国控制的红海、地中海航路,实现他们到东方寻求香料、黄金的梦了。葡萄牙人仰赖坚船利炮扫荡了印度洋西部地区固有的商业势力,设置了印度总督,来拓展他们在海外的新领地。1510年葡萄牙第二任印度总督蒙沙·德·阿尔布奎克派兵占领印度的果阿（又译卧亚），将这块新土地作为葡萄牙人在印度洋地区殖民的首府和贸易中心。葡萄牙人探明了香料贸易的重要通道在马六甲之后，在1511年攻占了马六甲，马六甲在中国历史上称满剌加，满剌加国王被迫流亡到宾坦岛，派使者向北京求取援助。随后，葡萄牙人乘势东进，北上澳门、长崎，开辟他们心向往之的黄金国贸易线。

马六甲总督阿尔布奎克派出的先遣队在1514年夏抵达中国广东的澳门，船长阿尔瓦雷斯（Jorge Alvares）第一次进入广东海域的屯门，用他们取自香料群岛的香料换取中国的绸缎、瓷器等名牌货，获取了丰厚的利润。屯门原本是珠江口东部的一处小湾道，与大陆相连，习称屯门澳，澳门的外语名称 Macau（门澳）就是这样得来。从这里登岸往广州，先要经过南头的水师寨（海防巡检站），才能进入广州。后来的研究者往往将这个屯门澳当作了屯门岛，然而在明代，实际并不存在这样的一个屯门岛。

葡萄牙人自从到达广州开展贸易后，才得知中国工业的先进。葡萄牙印度总督在1517年派了曾经当过阿丰索王子药剂师的皮莱士（Thomé Pires）为使臣，由费尔南·佩雷斯·德·安德拉特（Fernao Peres de Andrade）船长率领一支8艘船的舰队，在8月15日进入上川岛，要求开展大规模的贸易。明朝政府才初次知道这个被阿拉伯人和国际海商称作"佛郎机"的葡萄牙国家。据顾应祥《静虚斋惜阴录》记述，葡萄牙使节进贡的方物有珊瑚树、片脑、各色梭幅（棉布）、金盔甲、玻璃，以及撒哈剌（毛褐、毛绒）、三刃剑一口，和一种可以弯曲的钢剑。

北京政府因为查不到这个国家有通贡的前例，只准他们在广州就地按价收购这批洋货，命令他们返国。但入籍葡萄牙的马六甲译员火者亚三，靠了贿通广东市舶使大太监宁诚，在屯门修筑砖石房屋和碉堡，打算强行驻留。火者亚三原本是江西浮梁人杨三，葡萄牙人派他以火者亚三为名，擅自冒充马六甲使臣，到了北京，贿通内臣江彬，进见正德皇帝，要求准许通商。根据葡萄牙史料，其他的葡萄牙人，在1520年初才离开广东北上，5月到达南京后，遇上满剌加国的王子也到了南京，向正在那里巡视的正德皇帝，诉说葡人强占马六甲、侵吞他们国土的行为。于是正德皇帝拒绝接见这批自称佛郎机的使团人员。皮莱士和安德拉特只得返回广州，满载商货回到果阿，到1520年7月才抵达里斯本。于是中国的一大批瓷器、绸缎才在大西洋旁的这个小国出现，受到欧洲各国上层社会的刮目相待。在这支船队回到里斯本以前，新任印度总督迪奥戈·洛佩斯·德·塞奎拉，原本要派安东尼·柯赫亚（Antonie Correia）到广东去接应费尔南·安德拉特，这一使命却被费尔南·安德拉特莽撞的兄弟西芒·德·安德拉特抢了去，他到了广州，才得知原本的使团并未正式到达北京。他们这一伙人便在广东沿海的屯门、葵涌等处胡作非为,占据海岛,杀人抢船,阻止各国外商进入中国,并拐卖人口,引起民愤。1521年嘉靖皇帝登位后,钱宁因谋反罪遭弹劾,火者亚三被押往广东,驱逐出境;其他葡萄牙人亦只得返国。

1522年葡王命令柯丁汉(de Mello Coutinho)率领6艘船强行进入珠江口,被中国军民击退。1523年葡人又武力侵入广东新安县西草湾,失败后,向北窜入漳州月港、厦门浯屿、浙江舟山的双屿等地开辟埠头,并以福建沿海为枢纽,开辟直通日本九州长崎的海路,引发了以后倭寇勾结中国东南沿海的奸民对中国南部的侵掠活动。葡萄牙试图用炮舰打开中国的大门,与之通商,由于他们的侵掠行为,充满了火药味,激起民愤,得不到北京政府的支持,陷入僵局。葡萄牙人由于利益所在,意欲将中国东南沿海变成在他们操控下的独占贸易,然而实际进展却不像他们在印度洋西部地区那样顺利,要经过半个世纪之久,葡萄牙才在西起肯尼亚的蒙巴萨、印度的果阿、中经马六甲和澳门,往东一直伸展到日本长崎的广大海域,逐渐建立起他们的贸易霸权。

1549年福建的走马溪一役,葡人最终被逐出闽浙沿海,闽浙两省联袂实行海禁,以杜绝外患。葡人打算在中国沿海就近建立联结长崎和马尼拉的海上贸易基地的计划落了空,只得重新将目光转向广东。到1553年,这一愿望由于葡人索扎和广东海道副使汪柏达成的一项口头协议,取得了结果。汪柏要求葡萄牙人不暴露他们的"佛郎机"身份,同意以"十分抽二"的税率进行贸易,便可通商,并进入广州城交易。而葡人却始终只承认"十分抽一"的税率,并以"抽盘抗拒"相要挟,买通汪柏,往往在珠江口外的伶仃洋上进行走私贸易。从1553年起,更借口"暂借地晾晒",在澳门搭庐建屋暂住了。于是各个小岛上的贸易点逐渐集中到了濠镜澳(澳门)一地,形成聚落。经过此时已升任广东布政使的汪柏及时向北京进贡久已稀缺的龙涎香,并安抚葡萄牙人不再以武力侵扰中国沿海地区取得的政绩,1557年起,明政府便不再追究葡人入侵广东的事务,葡萄牙史料才将这一年作为中国当局默认澳门归属葡萄牙的依据。此后,澳门便成了葡萄牙从中国领土上割去的块肉。直到1999年,澳门才正式重归祖国怀抱。从那时起,中国成了澳门—里斯本远洋航线的起讫点。在环球航行时代,澳门是最早参与大西洋贸易的中国港口。中国从此和大西洋国家建立了航程极长的贸易伙伴。

(三) 天主教开教中华:从利玛窦来华到卜弥格出使罗马

1492年西班牙人哥伦布的船队到达加勒比海,宣称他发现了预定探险的目的地日本国。不久,西班牙人的罗马教皇亚历山大六世就敦促西班牙与葡萄牙,这两个正在探测新大陆的殖民国家,在1494年6月缔结达特西拉斯条约,在大西洋亚速尔群岛以西的洋面上沿子午线方向划出一条分界线,作为两国分割世界的界线,指定此线以东的土地归葡萄牙,此线以西的土地归西班牙。从此一个完整的世界,被人为地一分为二,展开了欧洲国家分割世界的热潮。

罗马的天主教教廷以世界的主宰者自居,指使其属下的教会向各个国家,特别是东方国家去传教,将西方基督教文明输进东方。

于是在中国,继北魏、隋唐景教,元代也里可温教的传布,明末又有罗马天主教的宣扬。天主教在华传教,首先以葡萄牙人强占的澳门作为据点,1562年葡籍教士皮莱士和戴西拉定居澳门,耶稣会士卡纳罗任澳门首任主教。通过天主教强迫华人归化葡萄牙,改成葡萄牙姓名,按葡萄牙方式生活。接着耶稣会又选派范礼安、罗明坚、巴范济、利玛窦4名意大利会士进入广东传教。罗明坚、利玛窦二人分别在1579年7月和1582年8月抵达澳门。1582年12月,罗明坚进入肇庆,是第一个到达中国本部的传教士。罗明坚首先用中文写作天主教教理的《天主圣教实录》,1588年回国退居萨拉诺。给天主教在华传教奠定基础,并为明末清初中西文化交流开创了新局面,使中国得以接受欧洲近代科学的是意大利马塞莱塔人利玛窦(1552—1610年)。

利玛窦在澳门、肇庆学习中文一二年便能熟读中国经籍。但利玛窦初到肇庆传教,却以西僧自居,一身穿着都是佛僧打扮,但又不按佛教礼仪行事,因此不能在社会上立足。以后利玛窦和士大夫以及各级官僚相处既久,了解儒家学说和儒生在中国思想界和社会上所具有的特殊地位,1589年在韶州便毅然改穿儒服,以一个孔门信徒的身份出现在知识界和官宦之中。由于他精通四书五经,谈吐间又注意尊重孔孟,调和天主教与儒家学说,于是博得了士大夫的信任和好感。

利玛窦在中国开创的传教路线是以调和孔学与天主教义为基本特征。他以为儒家不是宗教,而是一个学派,儒家并无偶像崇拜,儒家的"天"或"上帝"等于天主教中的"天主",中国人尊孔祭祖,是对孔子表示敬意,子孙对死老的追慕纪念,并非宗教礼仪。利玛窦对儒家思想和中国社会习俗的这些看法,后来得到意人闵明我、卫匡国、葡人徐日升等人的支持,成为贯穿17世纪的耶稣会在华传教的准则,因而在上层阶层和知识界中得到了一批足以称为柱石、骨干的天主教信徒,使天主教在华传教大有进展。

利玛窦的传教,以介绍西方的新发明、新成就作为诱导。他在肇庆、韶州、南京、北京等地,都曾以展览方式向各界人士展示西方的自鸣钟、望远镜、日晷、三棱镜、浑天仪、五大洲挂图、西文图书。他又自制浑天仪,地球仪、日晷分送各级官吏。利玛窦曾多次绘制和刻印《山海舆地图》《坤舆万国全图》等五大洲地图。利玛窦在他的中国合作者帮助下,完成了用中文写作的介绍西方宗教、伦理、天文、数学、测量、透视学的著作 19 种。地圆学说、欧几里得几何学、笔算、西历、拉丁字母译注汉语、西方宗教画、西琴,都是利玛窦首先向中国学术界灌输的新鲜事物。利玛窦和他的中国合作者徐光启、李之藻,开创了中国天文历算史上的新阶段。利玛窦输入的西学,启发了徐光启、李之藻去努力展开学习西方科学知识的运动。

明末南明政权的末代皇帝桂王朱由榔在信奉天主教的司礼监太监庞天寿劝导下,也在宫中设堂,供奉耶稣。皇太后烈纳和庞天寿曾向罗马教廷遣使,担任使者的是波兰耶稣会士卜弥格。卜弥格本是波兰国王西格斯蒙的首席侍医,1650年 11 月奉命自肇庆出发,取道印度、伊朗、士麦那,抵达威尼斯,随行的中国教徒秦安德,是明代第一次抵达意大利的中国信徒。1655 年 12 月 18 日,罗马教皇亚历山大七世接见了卜弥格。1656 年卜弥格从里斯本启程返华,到达安南时,永历帝已出亡缅甸,卜弥格也在 1659 年病死于广西百色。卜弥格在罗马,曾参与客居罗马的普鲁士耶稣会士安塔纳西·基尔契编著《中国图志》,其中经卜弥格全文译出的唐代《大秦景教流行中国碑》,是当时译成拉丁文的最长的中文。该书在 1667 年在阿姆斯特丹出版后,不久即被译成法文、德文。卜弥格又注意介绍和研究中医,在 1658 年编写成《中国脉理医鉴》(拉丁文),正式出版已在 1686 年。这本书曾译成法文、意大利文,引起欧洲对中医中药的学习。卜弥格所作《中国特产植物》、《中国特产动物》,也成为欧洲第一批汉学著作中的力作。

16 世纪的葡萄牙,将传教与商业相提并论,对欧洲人印象最深的,则是由葡萄牙大帆船卡拉克从远东贩运到大西洋的明瓷。瓦斯伽·达·伽马和阿尔曼达为了开辟东方市场,获取特许,都曾以华瓷博取葡王曼纽埃尔一世(1469—1521)的欢心。曼纽埃尔一世开创了欧洲贵族在中国定制纹章瓷,专供外销的先例。现存里斯本科特斯陈列馆中的一件青花执壶,便有曼纽埃尔一世的纹章。正德、嘉靖(1506—1566)年间,专为欧洲国家特殊定货而烧造的华贵瓷器,迄今在意大利那不勒斯、土耳其伊斯坦布尔和美国纽约大都会博物馆等一些艺术博物馆中,作为珍品收藏着。从 17 世纪起,荷兰船队加入了东方贸易,和葡萄牙展开激烈的竞争,它们对中国帆船和葡萄牙帆船公开抢劫。1604 年荷兰人将满载瓷器驶返里斯本的葡萄牙大帆船圣·卡特林号洗劫一空,把所得华瓷在阿姆斯特丹拍卖,引起西欧的轰动,当时仅在使用木雕餐具和少数银制用具的西欧王室贵族,震惊于整套华丽的餐具和饮器,争相购买,连法王亨利四世、英王詹姆斯一世也出面购置,以示阔绰。于是中国的外销瓷便以"卡拉克瓷"的新名字,在欧洲风行起来。

欧洲的工匠也想方设法学习制瓷。最先作为试验而获得成功的是意大利半岛上的能工巧匠。1470年阿拉伯蓝瓷被威尼斯炼金术士安东尼奥试造成功,制成的瓷器脆薄、半透明,是种软瓷。接着佛罗伦萨在1580年设厂制造蓝花软瓷,不久因亏损而无法维持。1627年灵巧的比萨瓷工仿制阿拉伯蓝色软质青花瓷碗,后来又从舶来品直接仿造中国青花器。荷兰的德尔夫特到1634年从意大利引进软瓷的烧造,接着法国也跃跃欲试,1673年在卢昂首先起步,福建的白瓷一时成了范模。但在17世纪。高岭土尚未发现,欧洲制造的瓷器都只是软瓷,远远落在瓷器的母国中国的后面,和他们的阿拉伯、伊朗同行都难以相比。

(四)卫匡国编制中国地图、报道中国现状

明代天主教来华传教,有耶稣会、多明各会、方济各会、奥斯丁会的传教士,以耶稣会士人数最多,文化程度也最高,他们很多人精通天文、地理和数学。法国学者狄岱在《上天的使命,入华耶稣会士业绩》(1994,巴黎)中统计,1552—1800年间,入华传教的耶稣会士有920人,主要来自葡萄牙、意大利、法国和西班牙的拉丁国家和操日耳曼语的德国、荷兰、奥地利等国家,只有极少数来自东欧和爱尔兰等国。(耿昇:《中法文化交流史》,云南人民出版社,2013,99页)直到17世纪末,在中国的传教士多以葡萄牙语为官方语言,同时也精通拉丁语,到中国后又学会了汉语。来华的传教士,按国籍分,最多的是葡萄牙人,其次才是意大利人和法国人。迟至1664年成立法国东印度公司以后,法国才开始派舰船前往广州。所以在明代来华传教的多半是葡萄牙和意大利传教士。耶稣会士卫匡国,是在利玛窦去世后到达中国,向欧洲报道中国现状有过突出贡献的又一位意大利传教士。

卫匡国(Martinus Martini,1614—1661年)原本是日耳曼人,出生在意大利北部的特伦托,1632年10月进入罗马的初修院,学过数学。1640年他和同伴21人乘葡萄牙船到果阿,然后独个儿在1643年搭船到杭州,开始传教。此后他去过北京,游历了直到长城为止的北方诸省,实地测绘地图。1650年他出任司库,派往罗马教廷,经福建去了巴达维亚,搭上荷兰船,在大西洋遭逆风吹至爱尔兰,1653年8月31日到了挪威的卑尔根,再转到阿姆斯特丹和安特卫普。在那里,他将全部资料(包括中文图书和他的测算草图)交给了正在策划编集各大洲地图的荷兰制图家约尼·布劳(Johannes Blaeu),请他编制《中国新地图》(《Novus atlas Sinensis》)。1655年地图集分成2册在阿姆斯特丹出版,共有地图17幅,计总图1幅,分图13幅(两直隶加13布政使),附日本图1幅。这本地图册使欧洲人第一次获得了详尽而正确的中国地图,因此大开眼界。地图集采用分幅衔接的办法,使地图的出版朝着更加精细化的方向发展,而这一切都起始于对中国这样一个疆域几乎与欧洲不相上下的国家,采取了将分幅地图装订成册的新理念,推动着制图技

术开始摆脱传统尺幅的制约,向大幅挂图告别的便捷化时期。来自中国的公开印刷出版地图集的做法,对于地图的编制、流传和普及在 17 世纪起着里程碑的作用。

直到这时,欧洲人绘制的地图对印度以东的地理知识一直有许多疑窦,以致画出的地图都将马来半岛和苏门答腊岛连成一体,在泰国湾以东又出现了一连串的半岛。葡萄牙人虽然已经远航日本,西班牙人也占领了菲律宾,但他们都无法绘制出可靠的中国东南沿海诸省的地图。卫匡国的地图在荷兰出版后,安特卫普和维也纳立即相继推出各种文字的版本,通行欧洲。

卫匡国的地图采用了最新的投影法,校正了各地的经纬线。他参照了当时在中国能够搜集到的蒙古文和汉文资料,后来带到欧洲的这类图书有 50 种,其中一定有江西吉水人罗洪先(1504—1564 年)的《广舆图》在内。这本图册是罗洪先见过元代朱思本《舆地图》以后,对照天下图籍加以校勘,并且按照原图画方改编成许多分图,再集而成册的地图集。罗洪先是世界上绘制并印刷地图集的创始人。他在嘉靖八年(1529 年)荣获进士第一名,花了十多年才完成了《广舆图》,在明代已有嘉靖四十年(1561 年)、嘉靖四十五年(1566 年)、万历七年(1579 年)等版本。现在北京图书馆还藏有万历刊本,南京图书馆有嘉靖刊本。北京和南京在明代称两京,卫匡国都先后去过,必然搜集到这本地图册。此外,崇祯年间,还出版过陈组绶编著的《皇明职方地图》3 卷,对《广舆图》作过进一步的补充。这些成批出版的地理典籍,被他带到了欧洲,经过欧洲地图学者校正与改绘,比之以前能够见到的任何中国地图,便更令人耳目一新了。

卫匡国在 1655 年被召到罗马,向教廷报告礼仪问题,对在华传教能否顺利关系十分重大。1656 年他到达里斯本后,接到了教皇亚历山大七世关于礼仪问题的诏谕。1657 年 4 月 4 日,他再次乘船前往中国,中途被海盗劫持,同伴 17 人,有 12 人遇难。1659 年 6 月 11 日他才到达杭州,开始建造新的教堂。翌年便去世了。

卫匡国不但在欧洲首次促成了一本史无前例的中国地图集的出版,普及了中国的地理知识,而且他又是一位首先注意研究中国历史的耶稣会士。他写有两部中国史,一部是 1658 年由慕尼黑出版的《中国古代史》,从上古写到基督诞生,在冯秉正的《中国史》(1777—1783 年,12 卷,巴黎)出版以前,这是欧洲文字中第一部中国古史。他写的《鞑靼战记》则是他经历的中国当代史,记述大清国的建立过程,1654 年首次在安特卫普、科隆和罗马出版,1655 年在阿姆斯特丹问世。1655 年此书作为《中国新地图》的附录,博得了更多的阅读者。书中描写的崇祯帝、吴三桂和陈圆圆的风流韵事因此传遍欧洲,到 18 世纪德、法诸国的文士将这一段富有传奇色彩的东方题材,编成脍炙人口的英雄与美人故事,成了希腊、罗马神话传说和基督教宗教观统治下的欧洲文坛中,一枝独秀的奇葩。

卫匡国的《中国新地图》犹如利玛窦在中国传递欧洲版的国际知识,向欧洲人注入了中国知识,80 年后杜赫德神父在巴黎编著 4 卷本《中华帝国志》,在地理部分仍未超越卫匡国的地图。利玛窦打破了中国人天圆地方的旧观念,使一批人最早接受了哥白尼的日心说原理,利玛窦去世后,罗马教廷却唆使宗教裁判所烧死了相信哥白尼学说的勃鲁诺,将欧洲继续推入愚昧与黑暗之中。在 17 世纪的东方与西方之间,这岂不是十分耐人寻味的一场世界观的大博弈吗!

七、 通向美洲的太平洋丝绸之路

(一) 漳州、马尼拉、墨西哥帆船贸易线

1494 年西班牙和葡萄牙缔结的达特西拉斯条约,将世界划分为东、西二半球,西班牙从美洲向太平洋扩展殖民势力,葡萄牙则由非洲向东建立商业根据地。1529 年西、葡双方签订塞拉科萨条约,对子午线作了新的协调,双方的势力扩展,最后在中国东南沿海相会。葡萄牙在 1557 年窃据澳门,西班牙自 1565 年后逐步侵占菲律宾诸岛。太平洋航路的开辟是由西班牙殖民者开始的。1564 年 11 月,米格尔·洛佩斯·德·黎牙石比从墨西哥的纳维达德港率领舰队西航,翌年 2 月,到达菲律宾的宿务岛。1565 年 6 月,西班牙的圣巴布罗号从菲律宾返回墨西哥,于是横渡太平洋的航路宣告成功。从墨西哥西航,通常在 2 月底和 3 月间,中经关岛,利用北赤道流,到达菲律宾,需时 3 月。返程船只每年 6 月由马尼拉湾甲米地启程,必须绕道北太平洋,进入北纬 40°—42° 水域后,利用黑潮,到达北美海岸后再沿加利福尼亚南下,花费的时间约五六个月左右。

1571 年西班牙人开始营建马尼拉城,从这一年起,本来定时从漳州月港开航吕宋的中国船便和马尼拉的西班牙人开始直接交易商货。到 1576 年这项贸易便稳定下来了。西班牙人从中国商人那里获得大批生丝和绸缎、瓷器、安息香、麝香、肉食、水果、金属制品和各种货物,售价之低令人吃惊。于是西班牙人在马尼拉就地打造的大帆船满载这些中国货驶向墨西哥西岸的阿卡普尔科。漳州月港—马尼拉—阿卡普尔科的贸易线从此诞生。这条万里之遥的创纪录的航线,被称为马尼拉帆船(Manila Galleon)贸易线,它每年装载的货物中,数量最多、价值最高、货色最吸引人的是生丝和丝织品。中国的湖丝每 100 觔,原价 100 两,到马尼拉可获利一倍。马尼拉帆船从 1571 年开始,到 1815 年终止,除了少数年份装货

有变,绝大部分年份中都以装载丝货为主,因此被阿卡普尔科所属的新西班牙人称为中国船,因为它们装的货色主要来自中国。这些中国丝货,有精致的罗纱、广东绉纱、号称"春天"的广东绣花绸、天鹅绒、线缎、优质花缎、丝毛混纺物、嵌有金银线的浮花锦缎、丝单被、手帕、台布、揩嘴布、袜子、斗篷、裙子,以及天鹅绒女上衣、长袍、晨服、供教堂育婴堂用的法衣,名目繁多,品质粗细都有,既有精工制作的华丽丝服,也有价格低廉适合普通人穿着的产品。马尼拉帆船贸易吸引了成千上万的中国人到马尼拉经商、定居,就地制作各种销往太平洋彼岸的商货。1603年马尼拉的华人已增加到 3 万人。马尼拉帆船贸易也使终点港阿卡普尔科从一个仅有 250 户人家的荒僻小镇,扩展到三四千人的城镇。西班牙在美洲的两大总督辖区,新西班牙和秘鲁总督区,都将视线集中到了每年定期开到阿卡普尔科的大帆船身上。定期市集随着这些使新西班牙人充满希望的帆船的到来,就地展开,当地的印第安人、黑人、混血儿和西班牙人,和从菲律宾、中国来到这里的亚洲人,还有印度水手和非洲的卡菲尔商人都欢聚一堂,一时可以猛增到 12 000 人。秘鲁总督区由于被禁止派船参与马尼拉帆船贸易,也定期到阿卡普尔科收购中国货。17 世纪上半叶,每艘马尼拉帆船运到美洲的丝货总在三四百箱左右,在 1636年有的船甚至装载了 1 000 箱、1 200 箱丝绸。这些丝绸运到了墨西哥城,也成为秘鲁首府利马大商店里的压台货。有些中国货更通过墨西哥东岸的韦拉克鲁斯远销西班牙的塞维尔,将漳州发运的货物通过墨西哥运到了卡斯提尔。

(二) 中国风尚初渡美洲

从 16 世纪 70 年代开展的马尼拉帆船贸易,是商业资本主义时代的一种殖民特权的贸易,贸易的特许证被限制在居住菲律宾的西班牙人手中。在菲律宾和新西班牙的阿卡普尔科之间航行的大帆船,载重量被规定为 300 吨,每年行驶二艘,向墨西哥出口总值不得超过 25 万比索,回程进口货不超过 50 万比索。但在 1614年前,已经有 1 000 吨,甚至 2 000 吨的船只被使用在这条航线上,大帆船运载货物的总值也不得不逐步放宽,1776 年分别放宽到 75 万比索和 150 万比索。1683年中国开放海禁。由月港和澳门驶往马尼拉的中国帆船有增无已,更刺激了马尼拉帆船贸易。17 世纪以降,华商已经抵达墨西哥,他们被新西班牙人称为运银者。因为马尼拉帆船贸易实际上是丝银贸易,去货以丝绸为主,回程运走大量银币。这些由西班牙、墨西哥或秘鲁铸造的银元,旧称"番银",又叫本洋。墨西哥银元俗称鹰洋。据估计,从 18 世纪到 19 世纪 30 年代,至少有 5 亿鹰洋流入中国,在沿海各省流通。1697 年,阿卡普尔科组成了该市自卫民团,计 3 个连队,其中 1个连队即是由进入墨西哥的华商及其后裔所组成。因之,阿卡普尔科有"唐人城"之称。1700年前后,在秘鲁总督区首府利马的繁华商业区,华商业已站住脚跟,和法国、意大利、德国、英国、印度商人开设的店铺同样兴旺。

新西班牙总督的首府墨西哥城,在16世纪已经出现华人定居的唐人街。华人大约是墨西哥城养蚕织丝最早的传导者。1541年墨西哥生产的蚕丝已达15 000磅,而且质量胜过西班牙格拉纳达的生丝。后来由于殖民经济的片面发展,致使养蚕业一落千丈,只得依靠从中国进口大量生丝,才使墨西哥城、普埃布拉和安特奎拉等地的丝织业在1637年重整旗鼓,可以说是中国的生丝养活了在这些工场里劳动的14 000名织工。由于进口中国丝绸价格的低廉,17世纪初,在墨西哥或秘鲁,连最贫穷的黑人、黑白混血儿、华印混血儿,以及大批印第安人和各种血统的混血儿都能穿上中国衣料,印第安人的教堂也大量使用中国丝绸加以装潢。那时的拉丁美洲,真成了中国丝绸无所不在的市场,而这一切都来自太平洋的丝绸之路。

华瓷和中国折扇、羽扇、绢扇、画屏、漆器、梳子、壁纸、镂花硬木家具,组成美洲殖民地上流社会家庭生活中不可缺少的中国情调。中国的轿子和轿式马车,中国纸牌、风筝、鞭炮、礼花在18世纪一起进入了美洲各大城市。中国工艺美术无论技艺和风格,都在美洲大陆随之传扬。墨西哥普韦布拉城在18世纪末仿造中国瓷器,投入这一产业的有46家制瓷工场。巴西的花园中出现了仿照中国的亭台和尖塔。东方式的屋顶也成了巴西一些建筑的新风尚。中国的茶树、柑桔、樱桃等果树和经济作物,在美洲陆续移植。葡萄牙王室迁往巴西后,1812年从中国引进茶树,傅云龙《游历巴西图经》说是湖北人到那里引种成功。当时从澳门招了一批中国技工到里约热内卢近郊植物园中传授栽茶技术,有华工20多人,茶在巴西圣保罗州和米纳斯吉拉斯州一度有发展。墨西哥、危地马拉、牙买加岛、阿根廷、秘鲁、巴拉圭等地也在19世纪末种植茶树,但未有多大进展。

八、 折扇的环球风行:从中国、日本到美洲、欧洲

古代中国使用扇子,首先起于气候炎热又多竹篾、蒲葵的南方。照《世本》的说法,周武王的时候才开始有箑,后来又称(箑),这些字都从"竹"从"羽",使用的材料不是竹子便是禽羽,最初一定源自南方民间,后来才进入中原王朝的宫廷。汉代以来,习惯称作扇子,有竹扇、羽扇、葵扇(蒲葵扇)、骨扇、雉尾扇、纸扇,都以制作材料命名,又有团扇、掌扇、五明扇、折叠扇,是以形制得名。汉代团扇,团团似明月,在竹、木或骨制的团形框架中,用纨素为面,下有执柄。小巧的团扇,也可

随男子的宽衣大袍而出入怀袖，这在汉成帝时班婕妤的《怨歌行》中已有记叙。使用比较方便，可以随身携带的是折扇。南北朝分裂后，在南齐，有官员使用腰扇，是可以插入腰带的折扇，最初一定是用骨片或竹片制作而成。后来传入朝鲜半岛和日本，有白松扇、蝙蝠扇、聚头扇、撒扇、叠扇等称呼，将折扇的特点一一列出，使人一目了然。折扇在明代催发了文人画扇，与商业发达的城市文明相结合，组成中国社会风尚的一大特色，但最初尝试用纸制作折扇的是日本，由日本输入中国以后，经中国人加以改进，才流行起来，并且风传全球。

日本是较早推广折扇的地区之一。日本学者森克己在《日宋交流诸问题》中考定，最初在日本出现的折扇叫蝙蝠扇。死于1000年的清少纳言的《枕草子》，第19段追忆《可留恋的往事旧物》中，就有蝙蝠扇。蝙蝠扇的扇面和蝙蝠的两翼相似，呈弧形展开，上宽下窄，下部将裸露的扇骨连成一片，可展可折，折起后，上部仍呈弧形，类似中国的扫把，因此可以纳入方寸之中，便于随身携带。蝙蝠扇是因扇面的形制得名；折扇则是根据这种扇的性能而言，是经中国制作这种新颖的纸扇后所使用的名称。

日本折扇最初在中国露面，是在宋代端拱元年（988年）。这一年，曾经进谒宋太宗向他介绍过日本国情的日僧奝然，派了弟子嘉因和宋僧祈乾到汴梁（开封），向太宗进献的礼物中，有金银蒔绘笪一盒，内装桧扇二十把，蝙蝠扇二把。桧扇是团扇的一种，以日本出产的桧木制作框柄得名。蝙蝠扇却是前所未闻的折扇，由日本创制。中国的五明扇、团扇大约在日本向中国派遣唐使船的年代中，便进入日本宫廷和上流社会，见于日本的古画。同时日本工匠又运用从中国学得的造纸工艺，造出了形似蝙蝠的折扇。

日本学者塚田大峰《随意录》卷二论述折扇的起源，从语原上找出了折扇的来历，他说："日语称折扇加波保利，是蝙蝠的意思，正是由于它的形似而得名。异邦素来并无折扇，现在有了，是仿效我国制作而成。"这段话可以和明代嘉靖年间奉派到日本，对日本事情极有见地的郑舜功的说法加以对照。郑舜功在《日本一鉴·穷河话海》卷二"器用附土产"中，追述蝙蝠扇的来头，他说："倭初无扇，因见蝙蝠之形，始作扇，称蝙蝠扇。宋端拱间曾进此"。端拱年间（988—989年）送到开封的蝙蝠扇，是这种形制非同凡响的日本折扇初次在中国露面，此后，这种扇子便不断运进中国内地。说日本人采用"蝙蝠之形始作扇，称蝙蝠扇"，只是日本人自己找出来的一种假托，真正的灵感是日本人采用了唐人写经或刻经中使用了可以均匀地左右连续折叠起来成为长方形的折纸，再模仿梵荚装书籍的办法，在折叠纸的前后分别粘接两块硬纸板或木板，保护封面和封底，宋代以来将这种书籍装帧的形式称作经折装书。敦煌遗书中已有唐人写经采用这种办法，到五代和宋代便采用这种办法雕刻《大藏经》，因此流传日本。足见日本人发明蝙蝠扇是出于缩微型的经折装书，不失为得风气之先。另外一个因素是，中国古代的羽扇有扇骨可以折叠的，也凑合了日本人对蝙蝠扇扇骨的制作。南齐时的腰扇则失去了传承之线，无从跟进。

宋代的江少虞在《皇朝类苑·风俗杂志》中，记着一件他亲自见到在汴梁（开封）出售日本扇的事。他在熙宁（1068—1077年）末年游览相国寺，见到有卖日本国扇的，琴漆柄，扇面用鸦青纸，上面以淡粉画平远山水，有渔人披蓑衣乘小舟垂钓，天边隐约有流云、飞鸟。作者十分赞赏它的画艺，说是："说明书思深远，笔势精细，中国之善画者，或不能也"。说的是，当时中国工匠还没有这样作画的。扇的装帧很特别，像饼摞为旋风扇，仍是最古老的蝙蝠扇式样。所谓日本扇，就是用鸦青纸作扇面，绘以山水，并将扇骨集束的折扇。苏东坡的弟弟苏辙（1039—1112年）也使用过日本扇，《栾城集》中有一首《杨主簿日本扇》，诗中说："扇从日本来，风非日本风"。又说："但执日本扇，风来自无穷"。这种扇妙在可以折叠，藏在怀中袖内，使用时又十分文雅，因此得获僧俗文士的爱好。

日本扇不但在11—12世纪业已行销中国，作为一种工艺品，在市场上出售，而且也向朝鲜半岛大量抛售。宣和五年（1123年）出使高丽的徐兢，是个书画家，他在那本出使记《宣和奉使高丽图经》中，特地注意到有金银画饰的画折扇，以金银作底，又画上山林、人马、女子，从所画人物的衣物上推测，不是高丽人所作，而是日本货。差不多同时的郭若虚在《图画见闻志》中也说，高丽使者每次到中国，多随带折叠扇作为私人交易物，在中国可以卖个好价钱。这种扇用鸦青纸作扇面，画有山水、人物、花木、莲荷、水禽、鞍马、临水的金砂滩，或者用银泥装饰成云气、月色，极其可爱，称为倭扇，是因为"本出于倭国也"。

倭扇在12世纪是一种由日本运销高丽的工艺品，高丽使者又将这些日本货运到中国来销售，所以中国名都大城里的日本扇渐渐多了起来。但因海路时畅时阻，到达内地的折扇数量有限，显得十分珍贵，为人所秘惜。

北宋时代名声最大的折扇还不是倭扇，而是高丽白松扇。北宋末年，黄庭坚、苏轼、邓椿等文人都有诗赞赏高丽白松扇，白松扇是高丽模仿日本扇制造的折扇。元丰七年（1084年）钱穆父出使高丽，带折扇回国，赠送黄庭坚、张丰（文潜）。《黄山谷诗集》中收有《黄庭坚次韵钱穆父赠松扇》《戏和文潜谢穆父松扇》；苏轼也有《和张丰高丽扇》的诗。47岁的苏轼见到了白松扇大为赞叹，他说的"高丽白松扇，展之广尺余，合之止两指"，一时传为美谈，更被明代学者陆深、郎瑛所称引，是一种用北方所产白松作扇骨的精工折扇，论品质还在11世纪的倭扇之上。但白松扇的扇面是纸作，抑或用纨素，却不得而知。只知道当时常见的折扇是用琴光竹作柄,面上染鹅青海绿,描画士女、花木、水禽,十分工巧。《画继·杂说》中讲到高丽白松扇,还有南宋东南沿海仿造的用琴光竹做柄的纸面折叠扇,它的蓝本是进口的日本扇。《画继》介绍:"东坡谓高丽白松,理直而疏,折以为扇,如蜀中织棕榈心,盖水柳也。又有用纸箱而以琴光竹为柄,如市井中所制折叠扇者,但精致非中国所及,展之广尺三四,合之止两指许。"这时制作折扇的,已有日本、高丽和中国三个国家,但中国产品还落在后头,处于起步阶段,尚未取得令人瞩目的成就。

日本折扇本来是种纸质扇,还有以绢制扇面的折扇,或许是最早的仿制品。明代中叶学者陆深在《春风堂随笔》中提到,他自己收藏的北宋杨妹子画的折扇面,是绢制的,可能是宋人的仿制品,但也只是孤证一例。因为将绢面粘在竹制扇骨上再加以折叠,是极易损坏,不堪久用的。陆深还说,他见到南宋以来诗词中,咏聚头扇的很多,是由于13世纪折扇已开始在沿海地区流行起来,中国人觉得这类折扇精巧胜过当时中国使用的纨扇、羽扇、蒲扇,而形制不像蝙蝠,工艺特色在于聚头,所以一旦仿制,便习称聚头扇了。宋室南渡后,临安(杭州)市上开设了折扇铺,经销和仿制折扇。吴自牧《梦粱录·铺席》条中说,13世纪的杭州有周家折揲铺,是当时中国南方最大的折扇制作与经销商。这个"折揲"就是杭州话念出的"折扇"。

宋代折扇现已难见实物,只是在漆画中还可得见一二。1978年江苏武进县林前出土13世纪初南宋墓葬中,曾出土一件戗金花卉人物奁,是件十分精美的十二棱莲瓣形戗金漆器。盖面画有一幅夏季仕女图,共有仕女三人,为二主一仆。二位女主人衣着华丽,外穿花罗直领对襟衫,长裙曳地。一人执团扇,一人持折扇,展开呈三角弧形,扇面有列的图案式花卉,可以见到几根疏落的扇心骨。二位女主人挽臂而行,右侧一女仆手捧长颈瓶相侍。盖面内有"温州新河金念五郎上牢"十字。同墓出土漆器、铜镜、两宋铜钱,年代最晚的是嘉泰(1201—1204年)通宝。四件精美戗金、剔犀、戗金间犀皮漆器都属温州制作。画面上看到的折扇是来自日本、或仿自日本新颖的折叠扇,生动地给后人留下了一幅13世纪初中国东南沿海的风俗画。

13世纪的江浙沿海,由于和高丽、日本通商,在城市中已开始使用折扇,但在北方人眼里,这是件不登大雅之堂的怪事。明人张燮《东西洋考》引《两山墨谈》说,中国宋前只用团扇,元初东南使者用聚头扇,北方人见了大不以为然,加以讥笑。到了明代,永乐年间和日本实行勘合贸易,日本刀剑和折扇大量生产,因制作精良而夸耀中国,"一刀一扇"成了日本对华输出的重要商货。为对付海寇的侵扰,主张实行海禁的明代官员却另有看法,认为,一旦严行禁止对日贸易,对中国未必能造成多大的损害。《虔台筹倭》中的海禁派将日本看作只是个"一刀一扇"的国家，认为没有这些舶来品，中国经济完全不会因此而感到有什么不足。因为日本刀虽有其独到之处，但中国却要为此付出国用已感不足的大量铜钱。至于折扇，那时中国东南沿海和四川都已能批量生产，可以满足国内市场的需求了。

明初，日本折扇跟着中国城市的供应商也直呼"扇子"了。日本使节将扇子作为礼品进献明帝。1401年（日本应永八年）肥富、祖阿首次出使明朝，随带的方物中有扇子百柄。1403年（日本应永十年）坚中圭密出使中国，礼品中大刀和扇子都是一百把。这一年正好是明成祖朱棣在南京登位的永乐元年。成祖见到日本折扇，卷舒自如，认为可以推广，命令内府工匠如式仿制，并将折扇赐给臣下，以示提倡。于是贵族、官僚都以使用折扇为时尚，即使在北京也是如此，从此折扇在南北各地不胫而走。后来日本扇经常运到，制作的方法也不再是内府的秘传，逐渐遍及国内各地。明代的工艺水平对于制作这种使用方便兼有书画和竹刻艺术的折扇，足以胜任，而且日益精进，有明一代，折扇因此作为一项新兴的手工艺登上历史舞台。日本幕府将军足利义教秉政时对中国进行过三次勘合贸易，输入中国的扇子有2 200把，值钱440贯。这些日本扇大致分成二等，有300文一把的，也有200文一把的，常常被商贩拿到中国灯市上出售，成了节日特别展销的商品。1453年到达中国参加勘合贸易的等持寺僧咲云瑞诉，就将一把日本扇换得《翰墨全书》一部，这是将日本扇当作工艺品看待的一个例子。当时仿自日本的高丽扇继续向中国输出，但价钱要低得多，《敝帚轩剩语补遗》列举高丽扇在中国的售价，还不到日本扇的十分之一。

销路最广的当然还是中国各地自制的折扇，尤以内府制造的折扇在工艺上占有特出的地位。现藏北京故宫博物院的一把大折扇，是1949年10月13日在故宫养心殿南库发现，后经修复，确认扇面画是宣宗朱瞻基的手笔。这柄折扇共15骨，两边各有一大骨，中间13根小骨。扇骨长82厘米，两边的大骨上宽0.8，下宽1.4厘米，是上头略小，方顶；下头稍大，圆底。扇子合起来就像一根竹竿劈成两半，轴小部分不算骨子就成直径4.8厘米的圆球。露在外面的骨子，全以湘妃竹皮包镶。扇面高59.5厘米，宽152厘米，原物是明代早期装潢，大约由侍从替帝后执扇，否则便纯粹用作装饰了。折扇两面都是纸本设色人物画，一面画柳荫赏花，有主仆二人；另一面画松下读书，也是一主一仆，衣纹线条劲健。两面画上都有"武英殿宝"朱文方印和"乾隆御览之宝"朱文椭圆印。"松下读书图"有"宣德二年春日武英殿御笔"款，作画者正是朱瞻基（1426—1435年）。扇画成于1427年，是现存最早的折扇之一。较早的书画扇面，现在只剩下由沈周（1427—1509年）画和吴宽（1435—1504年）书的，但已揭裱成推蓬式册页扇面。精工制作的折扇工艺,因宣德大折扇的保存,才能向世人展现它的奇巧,已经是青胜于蓝的大宝了。

民间使用销路最广的,当然是中国各地自制的折扇。杭扇、川扇、歙扇、弋扇、靴扇、潘扇、黄扇、方扇、青阳扇、溧阳歌扇、金陵仰氏扇、丰润画扇、武侠夹砂扇等等,有的以地名扇,有的以制扇者称,有的以扇形相呼,品名繁多,各有特色,制扇业因此出现百花争艳的景象。沈德符《万历野获篇》将聚骨扇的制作地区加以排比,认为吴制第一,其次是川扇,享誉全国的是江南与成都盆地所产折扇。这时折扇的正式名称是"聚骨扇",制作工艺已比以前的"聚头扇"有了很大的提升。

吴扇产在太湖流域的苏州及其附近地区。吴扇的形制是对中国式样的折扇作出的定格产品,与现代中国折扇一致,而与日本式样有所不同,是对日本折扇的改进。吴扇将聚头部分设计成微尖而经磨光的式样,尾部呈长方形齐整,由上下两块竹板略作下弯夹紧扇面,使纸质扇面的牢度大为增强,全扇呈一棒式,便于随身携带,而略显弧形,这样便兼得实用与典雅。扇骨可以刻出各种纹样,在方寸之中,将诗、书、画、雕融于一体,折扇的艺术价值因此随之获得提升。明代太湖地区是全国财赋重地,经济繁荣,交通发达,苏州本是一座古城,文人学者官绅荟萃之地,扇业制作兴旺,市民尤为偏爱折扇,有专为男士所用和专供仕女使用的。称作吴扇的折扇,扇面、扇骨、扇坠都系精工制作,在明代开风气之先,到清代仍然在国内名列前茅。

吴扇中讲究的是金扇,金扇摹仿日本扇,一时十分流行。相传日本折扇使用泥金面、乌竹骨,明代学者郎瑛在《七修类藁》卷四五中特别指出,日本折扇古称戗金,没有泥金,有贴金,而无描金、洒金。日本制扇使用的戗金、贴金起自漆画,泥金、洒金工艺是苏州制扇工匠借鉴日本折扇制作后,加以创新的金箔工艺。16世纪中日两国金箔工艺有过交流,正德(1506—1521年)时专门派人赴日考察该类工艺,后来又将泥金、洒金技艺传给日本工匠,促成了安土、桃山时代(1574—1602年)日本金箔工艺开始运用泥金、洒金技艺。明代最著名的乌骨泥金扇就出在苏州,用金箔作底,再施加彩色,具有金碧辉煌的效果,自15世纪起已称名国内。明代中叶折扇实物,近年在苏州市及江西南城都有出土,可以见到当年书画泥金折扇。1973年苏州洞庭东山明代许志问墓出土泥金折扇,是文徵明(1469—1559年)书画的乌木扇。墓主许志问,字裕甫(1546—1610年),与苏州人大官僚申时行结识,同墓也出土申时行手书行书混金竹骨折扇。这二柄折扇都富有艺术价值。文徵明的书画传世极多,其中书画扇面占有相当数量。出土的文徵明书画扇,乌木扇骨,12股,长31厘米,扇面泥金,高20.3厘米,宽55厘米,虽在尸水中浸泡300多年,仍未失去光泽。扇面,一面画雨景山水,右下角钤"文徵明印"白文和"徵仲父"朱文两个方图章。画面采用文氏少见的二米画法。另一面行书七律《夏日睡起》，款署"徵明"，成于 1526 年 57 岁辞官自京回苏州以后。(《文物》1977 年 3 期)另一柄申时行手书行书折扇，竹骨 13 股方端混金面，长 28 厘米，扇面高 15.2 厘米，宽 43.5 厘米，行书五律《兴福寺》《石公山》诗两首，写的都是苏州近郊山野名迹，另一面无画。申时行是万历前期首辅，官到吏部尚书、中极殿大学士，同墓出土的墓志也是申时行撰。申时行在 1591 年 9 月辞官回里，墓主死于 1610 年，扇面行书是在这一段时间中写的。泥金扇既是 16 世纪江南市民豪绅热衷之物，有钱人家在吴门画派独执东南画坛牛耳之际，也以有无"文画"作为雅俗之分，"文扇"便成了洞庭山的一名从未中举的地主士绅的珍藏品，和申扇一起视作瑰宝，死后陪葬墓中。这类行草书扇的艺术，是明代独创，不见于前代。明代折扇画艺成就之大，足以和宋代纨扇画艺媲美，堪称明代文人画兴旺时期托秀的奇葩。集诗、书、画、雕于一的折扇艺术，更是以苏州为中心的吴门画派和制扇业的划时代成就。

泥金、贴金扇画实物还见于上海发掘的墓葬中。直到 1992 年才正式披露的上海宝山顾村万历年间朱守成夫妇合葬墓，早在 1966 年已经发现，在朱守城及两具女棺中，出土泥金面折扇 8 把，漆骨贴金扇面折扇 15 把，数量之多，实属少见。泥金扇面有 4 把是书画扇，一面墨绘山水、花鸟、鱼虫，一面题诗，因长期受污水浸蚀，书画均已剥损，隐约可以见到一把有钤"周·琳"联珠印的行书，一把有落款严纳、翟钟玉的书法(《文物》1992 年 5 期，图版陆之一)；一把落款"包山陆治"的梅石；另一把有钤联珠"叔·平"朱文印和楷书苏轼《超然台记》。另外 4 把洒金扇面(《文物》1992 年 5 期，图版陆之 2)，以大致不等的三角形、扇形、菱形图案作装饰，其中一把与江西南城益宣王朱翊钶墓出土的几乎完全相同，只是中间的一大块洒金，在益宣王墓的出土物中却加工成了一组图案。这种扇的制作地点，毫无疑问是在苏州，或在墓主原籍的苏州府嘉定县。

上海宝山明墓出土的石地券，表明死者杨氏殁于万历九年(1581 年)，泥金扇都属万历时制作。若说泥金扇出于对日本同类折扇的仿作，那末另一类集书、画、漆、印、雕于一扇的漆骨贴金扇面，则纯属苏州制扇工匠的创制，充分发扬了中国江南民间工艺的优秀传统。漆艺本来起于中国南方，到明代更制作了漆骨贴金扇，比之日本折扇胜出多多。这类折扇有的在扇骨中部以菱形、缠枝花刻镂艺术图案，下部涂黑漆，再蘸金绘上山水、人物、花鸟，使这类漆画具有强烈的装饰效果。其中一把在花边之下两面书写泥金蝇头小楷《前出师表》，落款"吴舜卿真金巧扇"，制作之精，若非高手，无以致之。上海宝山出土的一套精工制作的文具，和 23 把用紫檀木、鸡舌木(鸡翅木)、棕竹、漆竹为扇骨的折扇，式样美观，各不相同。

扇骨有 14,18,20,22,23 根不等,最长的 37 厘米,最短的 29.6 厘米,扇面高 15.4—19 厘米,设计之妙,制作之巧,足以展示 16 世纪后期明代吴扇工艺达到的水准之高。

明代泥金笺纸折扇,现在可以见到的,还有扬州博物馆所藏小说《西游记》作者吴承恩(1500—1582)行书七律扇面。扇面业经揭裱,长 55.5 厘米,高 20.4 厘米。题款:"甲午秋宿金山寺,射阳承恩为沫湖先生书"。下钤"射阳居士"方印。原诗是:"春天月落江鼋出,绀殿鸡鸣海日升。风过下方闻笑语,自惊身在白云层"。这首诗与作者《金山寺》诗题旨相似。吴承恩墨迹罕见,传世泥金扇面是一件难得之作。另有江苏江阴县长泾 1965 年出土正德(1506—1521 年)年间的洒金纸扇,是一件剪纸艺术折扇,别具一格。(《文物》1979 年 3 期,95 页图一)这柄竹骨折扇共 18 根,高 27.3 厘米,阔 1.3 厘米。扇面涂柿汁,呈棕色,共三层裱糊,第一层裱丝绵纸,第二层粘贴剪纸艺术,第三层再覆上丝绵纸。剪纸图案由阴刻和阳刻二部分合成,阳刻部分高 8.5 厘米,上宽 28.5 厘米,下宽 15 厘米,呈扇形展开。中间"梅鹊报春图"是阴刻。上下有卐字形和缠枝纹,左右是龟背纹和缠枝纹。剪纸利用光阴效果,平时隐没在素色的扇面中,用于遮阳时,在阳光直射之下,剪纸图案便清晰可见,与周边素色相并出现强烈反差,形成扇中有扇。扇面图案是江南民间喜见乐闻的春梅喜鹊,取"吉祥如意"的口彩。这种折扇在取风的功能之外,尚有步行、出门时遮阳之用。

折扇在江南不但民间喜用,流风所被,也及于皇室权贵。江西南城县北 20 公里的女冠山游家巷,是明益恭王世子的坟茔所在,有益恭王世子益昭王朱载增、益宣王朱益鈏、益敬王朱常涊、益定王朱由本墓。墓葬均经发掘,其中益宣王朱翊鈏(1537—1603 年)和他的元妃李氏、继妃孙氏的墓中,出土陪葬的折扇 4 把。(《文物》1982 年 8 期,图版伍之一,朱墓折扇,三,李妃墓折扇)朱翊鈏尸体头部陪葬物中有一柄竹骨、绵纸、上边沿用絇装裱的描金折扇,扇顶面高 31 厘米,宽 55 厘米,两面都是黑底描金彩绘祥云双龙戏珠纹。主骨透雕双龙戏珠图,主骨、扇骨都通体描金。扇主骨上端内侧一面墨书"价二十五",几字,大约是银 25 两。李妃墓也有竹骨素绵纸折扇一把,制作较粗,竹骨涂金,扇面中心有贺形描金图案,外有祥云纹。孙妃墓出土竹骨折扇二把,有绵纸黑底描金画,扇面和朱翊鈏墓出土折扇大小相同,扇骨涂金,一把是龙戏珠纹(同朱翊鈏墓),一把是凤穿云纹。这类显示皇室权贵的高档折扇属于巧匠特制,但在全国仅见于江西益定王世子墓中,山东朱氏皇室墓亦未见折扇。江西皇室使用泥金折扇,是由苏杭流风所致,时间在 16 世纪。

吴中折扇最讲究的还不在扇面,而在扇骨。成化、弘治(1465—1505 年)间,多以紫檀、象牙、乌木精工制作,16世纪以来,相当明中叶后,更以棕竹、毛竹、湘妃竹、樱桃红竹制作,以为时尚。扇价之贵,多半取决于扇骨,早期名手有马勋、马福、刘新晖等人,每把价值数铢;16世纪时沈少栖、柳玉台制作的扇子,每把值银半两至一两。柳玉台以白竹为骨,厚薄轻重无丝毫差异,光滑照人,价虽高而供不应求。和沈、柳同时的蒋苏台,更被认作绝技人称"蒋骨",每把值银三四两,还得排队争购。吴制扇坠精美绝伦,又便于挂衣佩带,甚至有加用香料泡制,以避暑热汗渍的,逐渐成为南方城市中市民在夏秋两季社交时不可或缺的备用物。

吴扇自明清到民国,骨形、扇形名目繁多,据说有三四百种,可适用于不同对象、地区、气候和用途,产品分销海外。工艺之精,不厌其烦,连微小的扇头钉盖,甚至也烫出各种花纹,引人入胜。扇面多以素面为主,画面为次。素面有金面、洒金面、格显金面、瓷青、珊瑚面等,白色素面也有仿古、发笺、绢面等不同陈式。素面折扇自16世纪以来更是文人画家驰骋书画技艺一块雅俗共赏的园地。18世纪画家尹孚九、沈铨(字南蘋)赴日传艺,促进了日本的文人画与写生画,扇画艺术在日本才与文人画家相结合,继而推动了东邻的扇画艺术。吴扇的兴旺,是由于环球贸易兴起后,中国东南沿海商贸随之繁荣所致,所以它的运销范围也就扩大到了三大洋。

吴扇的制作地点并不限于苏州一府,随着扇面制造和竹刻艺术的发展,南京的制扇业也与日俱进。南京扇中有"三面扇",左右都可开扇,三面暗藏所画肖像,阳光一照便可隐现。有以各色漏空纱作扇面,便于隔扇窥人,则是专供妇女使用的。明代竹刻艺术的两大流派:金陵派的浅刻法和嘉定三朱(朱松邻、朱小松、朱三松祖孙三代)的深刻法,对于吴扇工艺的登峰造极又是极为有力的刺激,使扇骨的刻镂在技法上日益完善。

16世纪以来,吴扇以外,只有川扇称佳。川扇亦称蜀扇,明代四川用于进贡的川扇要一万多把,每柄扇的价格可贵到黄金一两。川扇精雅、华灿,多为富人、艳女所有,普通平民无法享用。

折扇之进入中国社会,在戏剧中使用折扇作为道具,都受过日本的影响。日本的能乐、歌舞伎,在戏剧进程中都使用折扇。清初孔尚任的名剧《桃花扇》,就是以一把折扇反映南明政权的兴亡,主角是真人真事的侯方域(1618—1654年)与李香君。川剧、汉剧、徽剧、京剧等古装戏中,演员借折扇以增强戏剧效应,称"扇子功"。在江南,相声、杂技、评弹和民间舞蹈中,折扇已和演员的演出难分难舍,成为一种不可或缺的艺术手段了。

折扇是日本文化的一个表征。江户时代日本市民阶层少不了折扇,无论出行、会客、观剧,手执一扇是男女老少共同的习俗。日本折扇大多素面,大阪市立博物馆藏描绘近松门左卫门的歌舞伎名作的"浪华曾根崎图屏风"中有少年男子所执折扇，素底中间作一轮红日。浮世绘版画的始创者菱川师宣（1618—1694年），所作描绘江户社会风俗、花街柳巷风流韵事的图画中，折扇更是少男少女常用的流行物。江户三座之一的中村座是最古的剧场，相传出自菱川师宣手笔的"中村座内外图屏风"（《日本の历史》，第12册，92—93页，1982年印刷），场景宏大，舞台呈三曲式展开，观剧者可以从不同角度观摩演出，台前大众座，观众择地而坐，周围包厢供贵族富豪赏座，可以自由晤谈、博弈，几时中所见折扇，有白素面贴金、泥金云彩等多种，老年贵妇有执纨扇的，青年贵妇有执绫绢裱糊团扇的。可见折扇流行而团扇仍在上层社会中享有风雅之名。折扇与团扇几乎已到了平分秋色的地步。东海两岸在使用扇子的流俗上，双方信息交换之快，实在非同寻常。

在17世纪日本的浮世绘和当时各类人物画像中，出现在不同生活场景的折扇，共有三种：一种扇面向外呈弧形展开，起源最早，古代的蝙蝠扇就是这一种，都是武士、僧侣所习用，起自镰仓时代，直至江户时代仍在使用，是古风之遗。一种是扇骨居中，扇面在左右折叠成长方形，形成扇面叠出，扇骨如棒，上大下小；这种折扇富有日本民族形式，与同时代中国式的折扇在工艺制作上不同，格式迥异，为日本的学者、文人与武士所喜爱。边歌、俳句、歌舞伎、净琉璃（民谣）的作者，大多使用这种扇。日本的歌舞伎中有细腰杖鼓，以手拍鼓，"舞者以扇为节杖有折腰垂手诸态"。（《日本杂事》第十五，《小方壶斋舆地丛钞》二十帙）山鹿派军事学的创始者山鹿素行（1622—1685年）、歌舞伎的创作者近松门左卫门（1653—1724年）、净琉璃义太夫节的创导者义太夫（1651—1714年）、六代将军德川家宣的政治顾问新井白石（1657—1725年），都爱用这种聚头扇。

最后一种折扇，形制完全与明代吴扇相似，扇骨在外，自上至下通体成片，上宽下窄，上部略向内倾，常见于江户时代幕府将军和汉学家、科学家的画像中。五代将军德川纲吉（1646—1709年）、八代将军德川吉宗（1684—1751年）都是使用这种新式折扇的高层人物。纲吉还是一位擅长水墨画的行家，传世品中有他一帧墨绘虎和竹的扇面，足见他是个中国书画和画扇的爱好者。（《日本の历史》，第12册，24页上左，五代将军纲吉绘虎扇面，晓教育图书株式会社，1975年初版，1982年第21次印刷）四代将军德川家纲（1641—1680年）从11岁出任将军，就热衷儒学，由老中柳泽吉保介绍汉学家荻生徂徕（1666—1728年）给他讲解朱子学。荻生徂徕也喜用吴扇，读书桌面常手执一扇。家纲曾聘用汉学家林凤冈（1644—1732年）主编《本朝通鉴》，加以刊行。纲吉继任将军后，在东京都文京区祭孔的汤岛圣堂附设昌平坂学问所，由林凤冈主持。林凤冈和木下顺庵都是亲传朱舜水学说的儒学者。东京艺术大学藏有一幅林凤冈讲学的彩色长卷，画面宽广，图中主讲人坐地面向学生,对着托架上所持讲义认真开讲,右手持扇,仪容端庄。29名学生端坐聆听,其中有施扇昂首听讲的,扇面上画有兰草,也是中国式的书画扇。以书画引入折扇是中国独创,中国式书画扇到17世纪在日本走俏,意味着中国折扇经过15—16世纪对它的性能进行创造性的提升,在艺术上的成功,已胜出了它的实用性,雄踞东亚折扇艺坛榜首,这一事实,最终获得了始创地日本公众的确认,作为代表当时日本折扇业中的新风尚,在东瀛占领了它的市场,并且将中日艺术融化成了一体。

元禄(1688—1703年)、享保(1716—1734年)文化盛世,也是日本汉学勃兴、中日文化交流步入高峰的时期,武士通常是一刀一扇,文士则手不离扇。书画艺术成为沟通中日学艺和美术的通途。幕末尊王攘夷派的志士清河八郎(1830—1863年)是江户神田塾的创导者。1852年,23岁的清河曾跟从幕府昌平【黄】的学者安积艮斋学习二年,1854年进入昌平【黄】,对经学、诗文无所不通,书法更妙,有《书法一家言抄》,是尊王攘夷派的一位理论家与实践家。1863年他参加了200名浪士组织的倒幕运动,他的绝笔是在参加暗杀人运动的当天,用草书写在一把扇面上的。明清书画扇作为中国文人画艺坛的一块园地,走出了装饰画与民间画的框架,进入了更为深邃的艺术殿堂,流风所被,书画扇艺同样在日本受到各个阶层的欢迎,在东邻生根发芽,开花结果。

折扇在明代的流行,使中日双方在扇子的名称上也互相融合起来。折扇,日本和名"末广"(Suehiro),是由于折扇末端宽广。随着扇业的发展和中国式折扇的风行,日本在接受汉语名称以后,也跟着中国江南的习惯,叫作"扇子"。这个词就是日语"扇形"(ゼンケイ)的衍化,显然是在16世纪大批吴扇流通东海,并返销日本以后,在语言中发生的共振。"扇形"从此变成折扇扇面的代称,而和团扇、纨扇、葵扇绝无关系。"扇形角"这一名词进入现代几何学的译名,正是在1604年利玛窦和徐光启合译欧几里得《几何原本》前9卷之后,中国与日本都先后借用"扇形"一词表述圆周截面的时候,当然并非出于偶然了。

日本折扇对吴扇、温州赭红戏画扇的产生,都具有借鉴的意义。吴扇在制作纸面、绢面扇面和竹骨、木骨折扇之后,更创造了扇骨纯用东南亚特产的檀香木精制的檀香扇。檀香木气味芬芳,在盛夏季节具有清心醒脑、清暑解热的功效。扇骨经精心刻镂,美观大方,扇面上方也可裱装绢面,绘画人物、花鸟,或在扇骨上烫画。檀香扇多供妇女使用,配上流苏,小巧玲珑的扇子更觉优雅温馨。20世纪20年代,这种檀香扇首先在苏州张多记作坊问世,起初式样类同一般折扇,不久就以刻镂钟鼎、甲骨文字、博古、花鸟图案著称于世,行销各国,成了中外妇女流行的一种装饰和随带之物。不到10年,杭州经销扇子的商号王星记,便对准了国外市场上热销的几种用绢面而小巧的日本女扇，委托苏州制扇业用檀香木加工生产，扇面图画都取杭州西湖风景，扇子式样也以"玉带""西泠""双峰"等胜景定名。王星记在上海设有商号，经营苏杭扇业，独具特色，产品名闻中外。当代的吴扇有展开可达1米以上的，甚至还造出了长3米，展开可达5.8米大扇。或者以纸为面，或取纨绢，也有以竹编而成的，绘上山水、花鸟后，装饰效果特佳。

13世纪以来，中国东南沿海首先开始仿制日本折扇，加以推广，到15世纪创制成新颖的吴扇和川扇，引领中国式折扇成为东亚折扇的主力军，延续至今。使泥金、描金、洒金和扇骨工艺、书画艺术在折扇制作中精益求精，经文人、画家的创导，由明入清，折扇在相当于日本安土、桃山和江户时代，已呈青出于蓝而胜于蓝的格局。书画扇在文人画推动下，深入市民阶层，构成500年来中国绘画艺术的一大特色，具有十分宽广的社会基础。

16世纪西班牙开展马尼拉帆船贸易后，折扇经墨西哥输入西班牙，在欧陆西端又找到了实验室的温床，在拉丁美洲的上流社会中成为流行物，继而落脚西班牙王室被响板舞（cabaret）舞女持作道具，响板舞现称多明戈，舞者在拇指上套上圆夹板（castagnetta），足上系小铜钵，藏在鞋跟空处，舞时姿势矫健婀娜，或如电掣风闪，引申则如狂飙急骤，手中的折扇更为之增添几多风情韵致，堪称绝妙。折扇成了伊比里亚热门的新鲜事物后，卒至在18世纪进入法国宫廷，享誉欧洲。在东亚，折扇的执持，本来以男士为主，进入西方社会后，却一变而成王室权贵仕女的宠物，为宫廷舞会助兴必备之物。折扇之在东方和西方，各异其趣，又各得其趣，演变之大，非同寻常。

第十一章
清代前期西学的吸纳与欧洲的中国文化热

一、 清初政治形势与督抚合一的行政建置

　　清朝是一个在中国东北地区的女真族后裔建立的王朝。女真起于唐代的靺鞨,曾建立过渤海国。公元10世纪后靺鞨改称女真。明初,女真分成建州女真、海西女真、野人女真三部。建州女真分布在牡丹江、绥芬河和长白山一带,最为进步;海西女真分布在松花江流域,野人女真居住在黑龙江至库页岛之间。明代在这些地方设立近400个卫所加以治理。建州女真在明代成为满族的直系祖先。满族的努尔哈赤(1559—1626年)在明朝任建州左卫都指挥使,1616年(明万历四十四年)努尔哈赤称汗,建立大金国,史称后金。1618年后金公开反明,与明军发生军事冲突。1626年宁远之战,努尔哈赤战败,退居沈阳。努尔哈赤的第八子皇太极继位后,臣服了蒙古各部,统一了东北各地,1636年改国号为大清,建立清朝,皇太极当了皇帝,女真族居地改称满洲。

　　1644年(明崇祯十七年)4月25日,李自成率领的农民军攻占北京,终结了明朝政权。山海关总兵吴三桂接引清军入关,在北京,将年仅6岁的福临·爱新觉罗(1638—1661)推上帝位。由努尔哈赤第十四子多尔衮(1612—1650年)辅政,指挥大军,消灭明军,统治中国,建立大清王朝中央政权;将入关以前由八旗旗主、四贝勒(亲王)议政的军事民主制度,逐步过渡到由皇帝亲政的皇权主宰下的封建制度。

　　明末清初东南沿海民间海外贸易极为活跃。此时,中国帆船的三角贸易(福建月港—南洋—日本长崎)的贸易中心,逐渐由漳州月港转向厦门。在这一地区出没的中国商船,在数量上远远超过西方殖民国家的船只。17世纪上半叶,福建泉州石井人郑芝龙以台湾为据点,借助武力从事海外贸易,由他统率的武装航运集团,曾在崇祯年间称雄海上。1642年荷兰人霸占台湾后,郑芝龙的儿子郑成功(1624—1662年)竭力扶持南明政权,在1646年与接受清朝招安的郑芝龙决裂,以厦门、金龙为基地,开展反清复明的斗争,挫败荷兰军队,1662年2月1日收复

了台湾。郑成功实行"通洋裕国、以商养兵"的方针,组织船队在日本和东南亚各地从事贸易活动。船队出入于东京(越南北部红河三角洲)、广南(越南岘港)、暹罗(曼谷湾)、马尼拉(菲律宾)、柔佛(马来西亚)、北大年(泰国西南部)、噶喇吧(爪哇雅加达)和日本长崎。厦门一跃而成远洋贸易的一大港口。商业贸易在环球贸易兴起以后,成为东亚文明融入海外新世界的重要载体之一。与以往稍有不同的是,物质文明的交流像通畅的脉络一样,正以一种前所未有的劲头与速度在广阔的海洋上展开,它已经不是政府的海禁所能阻拦的了。

占领大陆的清政府曾下令迁海,实行海禁。1683 年清军攻占台湾,海禁便随之撤销,海外贸易也从此恢复。虽然在 1717 年,又曾一度禁止中国商船开往南洋吕宋(菲律宾)、噶喇吧(爪哇雅加达),但安南、日本不在禁止之列。而且华人前往南洋已成传统,沿海经济与海外息息相通,因此十年之后(1727),禁令也就撤销了。西方国家,包括荷兰、英国、法国、丹麦、瑞典在内,后来还有美国,相继来华通商。广州、厦门、澳门成了欧洲商船经常出入的港口。舟山、福州也是这些国家船只光临的地方。它们是中国最早向欧洲国家开放信息的窗口,在东西方文化交流中具有十分重要的地位。

清代的政治制度保留了许多八旗制度下游牧民族的政制,以此维护满洲和蒙古王公贵族的特权。但入主关内以后,为适应高度发达的农业和手工业社会,不得不秉承明代的传统,尊崇孔子,建立以封建王权为主体的政治制度,并适时地进行各项改革,以防止前代发生的外戚擅权、宦官横行、朋党作乱、士民结社等弊政。1645 年 8 月,清政府下薙发令,强迫汉族衣冠服饰改为满族式样,意在将汉族变为满族。广大汉族不惜抛头颅,不愿薙发垂辫,江阴、嘉定两县人民抗争尤烈,遭到清军屠城,20 万汉人因此丧生。此后,清军到一地便执行薙发令,将几亿汉民男儿个个变成光额拽辫的怪模样,使西洋人以为中国人自古以来就是如此有别于白人的这副模样。清代对汉族仕子推行笼络的策略,奉行科举制,对汉人开放仕途,以稳定社会秩序。

清代中央官制,虽注意到任用汉族官员,中央设有六部(吏、礼、户、兵、刑、工部)、五寺(大理寺、太常寺、太仆寺、光禄寺、鸿胪寺)、三院(理藩院、翰林院、太医院)、二监(国子监、钦天监)、三府(宗人府、内务府、詹事府),但掌握大叔的都属满员。以六部论,正副长官每部有 6 人,每人直接对皇帝负责,满、汉各半,主权多归满人。雍正(1723—1735)时设军机处,总揽军政大权,成为皇帝之下的办公厅,不受监察机构监察;还规定科道官员实行"密折言事",直接上书皇帝,专折专议政事。

在地方上实行"督抚合一"制度。明代在嘉靖以后,普遍推行总督和巡抚制,管治地方上的布政使、都察使、按察使,但督抚都为应时设置,不与行省直接挂钩。清代在内地与边省都实行督、抚制,督、抚正式成为地方长官、一省之长。顺治十八年(1661年),南明政权覆灭,全国实行一省一督制,15省共置15总督。康熙四年(1665年)实行一省一抚制,调整督抚辖区,建立新省。1667年分江南省为江苏、安徽;陕西省为陕西、甘肃;湖广省为湖南、湖北;全国共设18省。清代的省长是巡抚。光绪时行省扩建到22个,新建了新疆(1884年)、台湾(1885年),东北置奉天、吉林、黑龙江三省(1907年)和东三省总督。光绪年间,将总督所在的省裁去巡抚,计:

1. 有督有抚的7省:直隶、四川、甘肃、福建、湖北、广东、云南。

2. 有抚无督的10省:河南、山东、山西、浙江、湖南、广西、贵州、安徽、江西、陕西。

3. 有督无抚的一省,是江苏。

1911年清朝覆亡时,全国有21省,9个总督,15名巡抚。西藏、蒙古归理藩院管治。国疆达1280万平方公里。

清朝前期,沙俄在穷兵黩武的彼得一世(1682—1725年)统治下,将它的军事势力伸向黑龙江。中俄双方在1689年缔结的尼布楚条约,暂时遏制了沙俄继续南下侵略黑龙江流域的野心。此后沙俄的扩张矛头便转向中国的西北和北部地区,扶持叛乱的准噶尔部对中国西部地区侵犯和骚扰。清政府为巩固在西北部地区的统治,花费巨大的精力,直到1757年才最后平定了准噶尔部叛乱。此后,英国和法国在东方的侵略魔爪也伸向了中国的西南边疆,西南也开始动荡起来,文明也总是从动荡处开始交流。

鸦片战争以前的清朝,早已被西方国家叩开大门,中国在不知不觉中逐渐被纳入了世界市场。尽管那些到中国来贸易的商人不满于必须在指定的口岸、通过中国人开设的洋行进行合法的交易方式,尽管那些进入中国内地甚至获准出入宫禁的天主教传教士,也以中国始终没有变成个天主教国家而深以为憾,但中国却在西方文化的冲击下发生了重要变化,其中最主要的一点是,中国的知识分子从传教士那里学习、接受了西方的科学文化,来适应新形势下的时代要求与文明进步。

然而,交流总是双向的,中国文化也因传教士和商人们回母国宣传而在欧洲更广为人知。中国的丝瓷文化在17世纪的欧洲只能说是初开帷幕,但到了18世纪,终于因洛可可运动的风行,在艺术上激起了新的热潮。而在思想、文化领域,法国的启蒙思想家和重农学派的经济学家,更将中国的君主政体和东方式的专制政治作为理想的模式加以追求,于是在西方掀起了一股持续了半个世纪以上的中国文化热,将这个正在日益老朽的东方古国蒙上了一圈美好和壮丽的光环,使中国的文化远远越出传统的东亚文化圈,进入了有史以来最为外国人称颂的光荣的时代。中华文明进一步为世界所瞩目!

二、 康熙帝和西方文明

(一) 西洋新历和西方传教士

1622 年出生德国的耶稣会教士汤若望(1592—1666 年)来华传教,后来至北京参与由徐光启主持的新历修订工作。清军进驻北京后,摄政王多尔衮准许汤若望居住内城,编订顺治二年(1645 年)的历书,新历奉命定名《时宪历》,印本封面上刻有"依西洋新法"字样。汤若望在 1645 年 8 月就任钦天监监正,推行西洋新历。顺治帝亲政后,汤若望受到特殊的宠幸,顺治帝对他以"麻法"相尊,"麻法"在满语中为"尊敬的父亲",晋爵为光禄大夫。汤若望利用出入宫禁之便,传扬天主教,建立新教堂(南堂)。顺治帝死后,年方 8 岁的康熙帝玄烨(1662—1722 年)继位,在辅政大臣鳌拜的支持下,原来供职钦天监的杨光先便以《辟邪论》,《不得已》等文字非难天主教的传教活动,指控汤若望等教士是借改革历法为名,而在十三省遍布党羽,行邪说惑众图谋造反之实。除诬陷之外,还蛮横地说:"宁可使中夏无好历法,不可使中夏有西洋人。"1664 年杨光先发难的反天主教、反历法改革运动达到顶峰,汤若望和比利时传教士南怀仁、意大利传教士利类思、葡萄牙传教士安文思四人相继入狱,新历被废。杨光先坐上了钦天监监正的位子,却不懂历法,推算往往错误。在钦天监教案期间,各省督抚也拘捕教士,历法却陷于极度混乱之中。

1669 年亲政的康熙帝,革去庸碌无能、顽固守旧的杨光先职务,任命南怀仁为钦天监监副、主持新历的推行和天文仪器的改铸。被拘禁的传教士先后获释,教务重新得以正常开展。南怀仁采用欧洲天文学制度和仪器结构,设计、监造了六件大型铜制仪器:天体仪、黄道经纬仪、赤道经纬仪、地平经仪、象限仪、纪限仪,并于 1674 年全部完成。从 1674 年起的三年内,南怀仁又帮助清政府监造西洋铁炮 120 门,1680 年又造神武炮 320 门,更铸威力巨大的神威炮 240 门,用以装备清军,为康熙平定三藩之乱立了大功。

历法改革的成就,西洋大炮的功效,吸引着康熙帝多方注意西方科学的进展,在日理万机之余,亲自学习和了解西方科学知识。在南怀仁的举荐下,精通天文历算的传教士奥地利人恩理格、意大利人闵明我、葡萄牙人徐日昇在 1673 年从各地调到北京,轮流给康熙帝讲解天文、数学和乐理知识,他们成了向康熙帝传授西方科学知识的第一批教师。

（二）康熙帝和法王路易十四

当康熙帝支持南怀仁改建北京观象台时，正是法王路易十四（1661—1715年）在1667年大力建设巴黎天文台之际，自意大利来到法国的天文学家喀西尼（1625—1712年），被路易十四聘为首任巴黎天文台台长。热衷于海外殖民的路易十四，见到西方传教士在中国宫廷中得心应手，认为这是一个以传教为名向中国进行国情调查、并施加法国政治影响的大好时机，于是在1685年决定派遣数学教授、耶稣会士洪若翰率领其他五名传教士前往中国。路易十四通过他的大臣科尔贝，要求教士们留心到各处考察，俾使法国的科学艺术更加完善。洪若翰一行中途在暹罗停留，塔夏就留在暹罗传教，其余五人继续东行，于1687年抵宁波。1688年，经徐日昇向康熙帝推荐，洪若翰、白晋、张诚、李明、刘应五名学有专长的法国耶稣会教士，都应召到了北京。洪若翰、刘应向康熙帝进呈观察天体用的双秒摆时钟、水平仪等仪器，后来又陆续从各地寄往北京附有测高望远镜的四分象限仪、半径仪和精密分度的罗盘，引起好学的康熙注意和兴趣，并提出各种问题。洪、刘二人根据玄烨的提问准备图表仔细讲解，并向康熙介绍喀西尼和法国数学家德拉伊尔（1640—1718年）发明的两种判断日蚀和月蚀的新方法，进一步催发了康熙帝的学习热忱。洪若翰随后转往南京传教，不久归国。刘应和李明也相继离开北京。白晋、张诚继续留在宫中，他们二人和葡萄牙教士徐日昇、比利时教士安多一道向康熙帝讲解天文、几何、算学和仪器的使用。四人成了康熙帝的第二批洋教师。

追随康熙帝的传教士都能用满语讲授西方科学。白晋、张诚花了七八个月，学会了满语对话，用来讲解欧几里得几何学，使康熙帝的夙愿得以实现。他孜孜不倦地学习，听课、复习、绘图、提问，一切都进行得十分认真。张诚奉命编写满文的《实用几何学》和《几何学纲要》，安多则奉命用汉文写作一本包含欧洲和中国著作中最有趣的算术和几何运算纲要，供康熙帝时刻学习、研究。张诚的著作后来被译成汉文，以满、汉两种文字在1690年正式付梓。这些著作的出版，加速了欧洲的科学在中国知识阶层中的推广。

康熙帝对来自法国的天文仪器，因它的精巧而赞赏不已。白晋曾将路易十四的王子梅纳公爵（1670—1736年）送给法国传教团的一具精密的半径仪，赠送给康熙帝，又将法兰西科学院学者发明、制造的二件可以用来预测几个世纪中的日蚀和月蚀、以及每天行星的不同位置的仪器进呈皇帝。这些仪器被康熙帝视作宝贵的财富和智慧的象征。半径仪常在他出行时由专人背负相随；法兰西科学院制作的二架天体仪则被安置在皇座的左右两侧，当作了国宝。康熙帝对西方科学仪器的爱好和学习欧洲科学的热忱，像旋风一样感染了他的王子和宫内外的臣僚，上自北京，下至各省督抚，为了讨好皇帝，都刻意搜求西方"敬器"。

在北京的法国教士还为康熙编写过哲学教本。白晋曾奉命根据法兰西学院院士杜阿梅的《古今哲学》，写作《古今敬天鉴》。后来在康熙患重病期间，又为他编写了二十篇有关各种疾病的医药著作，并着手建立实验室试制新药。制药的蓝本是法国皇家实验室主任埃拉主编的药典，并着实用银制的器皿制造了许多丸、散、膏、丹。1693 年 5 月，康熙帝患疟疾，服用了洪若翰从海外带来的特效药金鸡纳霜（后称奎宁），便告痊愈。从此康熙帝便在臣僚中推广西药。

更加重要的是，由于外国使节和传教士带着大量物品相继来华。使康熙帝看到了欧洲各国，特别是法国的各种艺术品，同时也通过教士的介绍，了解到法国科学、艺术和风俗、习惯，教士们向他渲染路易十四在巴黎建立的一些富丽堂皇的科学、艺术研究院，以及法王为繁荣科学、艺术作出卓越贡献的人制订的奖励办法。康熙帝在了解这些情况后，也在内府设置了专门的机房，仿照欧洲的设计，制造各种新奇的作品。张诚作为外交谈判的通译，和徐日昇一起参加了中俄尼布楚的谈判。张诚的外交才能和测绘精密的全国地图的建议，更促使康熙帝要求法国增派传教士来华，以期和西方的大国建立更为宽广和持久的联系。1693 年，白晋按照康熙帝的旨意，回到法国，向路易十四转达康熙帝的要求，希望法国续派专门人才来华。

1698 年白晋重返中国时，和他同来的有十名法国耶稣会传教士，其中巴多明、雷孝思抵达澳门后，旋即被召到北京。他们都先学习满、汉文字，然后各显所长。巴多明原是一名工程和军事学家，受过科学训练，又颇有音乐素养，善吹长笛和军号，深受康熙帝的宠幸。他曾先后将欧洲科学名著十多种译成满文，向康熙帝讲解，人体生理和解剖学的课程便是其中之一。早先白晋已用满文译出了《人体血液循环剖析和但尼斯的新发现》（1690 年）一书的前八卷，巴多明在五年中抽空续译了第九卷，书中附有精美的插图。该书有多种抄本流传。英国医生威廉·哈维在 17 世纪上半叶关于人体血液循环的发现经法国科学家的介绍，在 18 世纪初得以在北京宫廷中传播，这是中国最早接受的近代实验生理学的信息。

1701 年洪若翰再度来华，同行的有 8 名耶稣会士。法国传教团的人员因此大增。久已有志于测绘全国地图的康熙帝，在法国传教士的鼓动下，于 1708 年起用白晋、雷孝思、杜德美等十名教士负责，从测绘万里长城开始，经十年时间，于1718 年完成了《皇舆全览图》，不言而喻，这是一项意义重大的工程。其中费隐、雷孝思、杜德美三人出力极多。然而费隐在测绘过程中已将许多草图私自传往法国，这些草图被法国外交部归入档案。图中对中国边疆特别注意，各图在中文名称外,更有注上俄文的,足见法国教士之所以鼎力而行,却是为法国和俄国的利益服务的。

三、 18 世纪的中西文明观

(一) 莱布尼兹的中西观

天主教传教士自利玛窦以后,往返于欧洲和中国之间,为中国传统文化传播和植根于希腊罗马文化的欧洲社会架设了沟通的桥梁,东方文明古国的优秀文化通过他们而展现在正将注意力投向整个世界的欧洲人面前。第一个认识到中国文化对西方社会的发展具有理性意义的,是德国极为博学的哲学家莱布尼兹(1646—1716 年)。1699 年,莱布尼兹曾为创建柏林科学院而奔走,他期待着通过柏林科学院,引进中国的艺术和科学,打开中国的门户,使中国文化和欧洲文化互相交流。他也曾往返于圣彼得堡科学院和柏林之间,充任彼得一世的顾问,上书彼得一世,建议在莫斯科设立沟通中国文化的机构,在欧亚大陆的北部开辟中西文化交流的通道。

莱布尼兹从青年时代便注意研讨中国文化,德国基尔契的《中国图志》(拉丁文本)、比利时柏应理在巴黎编印的《中国哲学家孔子》(拉丁文本),都是莱布尼兹的案头用书。1689 年莱布尼兹游历罗马时结识了由中国奉命出使俄国的闵明我,双方建立了通信联系,并从闵明我处了解到中国的现状。他在 1697 年出版的《中国近况》一书中,认为自然法则是从属于理性的普遍法则,而在中国古代儒家哲学的自然神学中也是持此认识。莱布尼兹从中国传统的仁君统治和大一统思想那里找到了他所信奉的基督教义中对神的信仰,把他祈求建立欧洲和平秩序的大同思想和中国的政治道德联系起来,作为理想加以追求。他对中国文明十分赞赏,在该书的序言中,对集合在旧大陆东西两端的最伟大的文化,欧洲和中国的文化作了简洁的比较,他认为"就生活上不可或缺的技能与经验科学而论,双方都不相上下,各有所长。"欧洲较之中国优越之处,在思维和思辨的科学,因为逻辑学、形而上学是欧洲固有的领域,作为抽象物质的数学也更熟练。但一转到实践哲学,即生活、伦理、政治实践,欧洲人便难以和中国人相抗衡了。莱布尼兹说:"中国人能够竭尽所能地相互团结,以实现公共的安全和人类的秩序"。他又说:"如果理性是一付清凉的解毒剂,那么中国人就是最先获得这付药剂的民族"。莱布尼兹认为对待四分五裂的德国,和陷于道德沦丧难以自拔之境的欧洲,最好的办法是请中国派遣人员,前来欧洲教导关于自然神学的目的和实践。一如欧洲为了纠正中国信赖仁君政治可以导致对法律的任意解释而派基督教传教团前去一样。

莱布尼兹和白晋的通信增长了他对中国科学的研究,他不但在1699年再版《中国近况》时以拉丁文译出了白晋的《康熙帝传》,而且还从白晋在1703名寄赠的宋儒《伏羲六十四挂次序图》中,发现了和他在1678年提出的二进制数学完全一致的计算原理。在他于1714年发表的《单子论》中,莱布尼兹又吸收了老子、孔子关于"道"的观念。莱布尼兹和神圣罗马帝国、法国的社会名流和入华的耶稣会士频繁的通讯,探讨中国文明的弱点和长处。据1990年在法兰克福出版的《莱布尼兹中国书简集》,从1689年到1714年,这类书简共有71封之多。东方和西方两大文明在莱布尼兹手里第一次拉近了彼此的距离。

(二)欧洲探索中国文化、科学

欧洲对中华帝国的政治、经济、宗教、文化和生活方式产生兴趣,是出于商业和传教的需要。由于罗马教廷希望将中国纳入教区,从文化层面上改变中华帝国的性质,于是要探索和了解中国的文化、科学。第一批在中国和欧洲之间沟通文化信息的传教士是由利玛窦、罗明坚领头的。利玛窦写过《中国札记》,1615年在奥格斯堡以拉丁文刊印。但在欧洲首先形成波澜的,是在十六世纪中叶两次来华的意大利传教士卫匡国(1614—1661年)在欧洲各国展开的宣传活动。

卫匡国是意大利北部特兰托人,曾在罗马受到阿塔纳西·基尔契神父的指导。他于1643年到达澳门后,在浙江兰溪、杭州等地传教。48岁时殁于杭州。1650年卫匡国调任中国区耶稣会驻罗马代办,负责向教廷陈说有关传教的中国礼仪问题。1653年8月到1656年1月,卫匡国在欧洲期间,先后访问了挪威、荷兰、德国、比利时、意大利、法国、奥地利、西班牙、葡萄牙等国,向各国学术界介绍中国的文化、历史和地理。1654年他用拉丁文写作的中国当代史《鞑靼战纪》同时在荷兰的阿姆斯特丹、德国的科隆、比利时的盎凡尔斯出版,不久意大利文,德文译本出版,荷兰文、法文、英文译本也相继问世。同年《中国耶稣会士纪略》在罗马发行,德国奥格斯堡出版了他的《新世界图》和《中华帝国图》。第二年阿姆斯特丹出版大型对开本《中国新地图集》,这是本图文并茂的中国地理志,直到19世纪末仍是欧洲最完备的中国地理著作。1658年《中国历史概要》(第一部,叙述人类起源到西汉末年)在慕尼黑出版,1692年巴黎发行了法译本。

和卫匡国同时的卜弥格向欧洲介绍了中国医药。与卫匡国第二次来华时同行的南怀仁,殷铎泽继续进行卫匡国致力的事业,著书立说。这时,有关中国文字、文法的著作和经典的译本也相继在欧洲刊出。1684年西班牙教士华罗编著了《官话简易读法》;1685年德国门采尔所编《拉丁文、中文字汇手册》是出版较早的字典。1687年，巴黎以拉丁文初次刊印的《论语》《大学》《中庸》，采用的是殷铎泽、鲁日满的译本，并加注释，题名为《中国哲学家孔子》。法国入华耶稣会士柏应理在奉康熙帝之命归国时，刊布了此书，并写了长序。试图从古代中国人对他们民族的缔造者伏羲氏的祭祀，证明中国人自古就承认上帝的存在，来达到耶稣会士保护他们在中国传教区的利益，调和巴黎和北京主宰传教的主教们的分歧。欧洲的基督教徒却因为在早于基督教好几个世纪的孔夫子的学说中，发现了与基督教格言相符的伦理观而大为震惊。18世纪以来。对五经的翻译与研究，是在中国的法国传教士努力钻研的对象，对《易经》《书经》尤其着力，然而正式印刷出版的不多。1728年刘应以拉丁文写成的《易经概说》，到1770年法国东方学家德·基尼在巴黎刊印宋君荣的《书经》译本时才附在书后，同时刊出。宋君荣的译稿虽早在1739年便已寄往巴黎，但直到作者去世后12年才得以付印。

洛可可运动和启蒙运动期间，在法国掀起的中国文化热，客观上要求将中国的经籍、文学、史学、哲学、军事学、生物学、医学、天文学、经济学、政治学系统地加以翻译、介绍。法国的汉学由于尼古拉·佛莱烈（1688—1749年）和博尔蒙（1683—1745年）的倡导，也在18世纪30年代正式诞生。佛莱烈是法国金石文学院院士，热衷于中国的历史，他编有《中文文法》一书，附有汉语辞汇，但未出版。而博尔蒙因把法国传教士马若瑟（1666—1735年）在广州著成的《中文札记》纂辑成《中国文典》（于1742年发表）而闻名，法国汉学家大多师出其门下，此后近200年中，法国汉学研究在欧洲各国中始终遥遥领先。

1735年由担任巴黎皇室顾问的耶稣会士杜赫德主编的四卷本《中华帝国志》出版，立刻风行欧洲，被誉作中国百科全书。许多中国原著的法译文被直接辑入书中，成了法国百科全书派启蒙学者和欧洲中国热人士的知识的宝库。这部书给予欧洲深广的裨益，开启了一代新知识的视野，其意义远远超过了基督教的《圣经》传入中国。洋洋四卷的第一卷，是各省地理和历代编年史；第二卷研究政治、经籍、教育；第三卷辑录宗教、道德、医药、博物、文学；第四卷则是满洲、蒙古、西藏和朝鲜的汇编。书出不久，英、德译本相继问世。短短几年中，就出现了三种法文本，两种英文译本。第一卷和第四卷中发表的耶稣会士在中国实测的地图，在欧洲起到了震聋发聩的作用，成就之大，远在1723年出版的《亚洲地图》之上，成了全书的扛鼎之作。对中国纪年的采用，也使大部分在北京的耶稣会士倾向于使用对上帝开创宇宙时间较长的七十子希腊文《圣经》，而嫌比采用简短的纪年的拉丁文《圣经》，杜赫德在他编集的著作中则试图对二者加以协调，藉以缓解北京和罗马之间的礼仪之争。当时欧洲社会对待此书视同新知识辞典，显示出欧洲对中国文化的热切关注。

法国耶稣会士从中国收集了有关天文、地理、自然科学，医学、政治经济和社会现状的情报。为路易十四和路易十五的内阁效劳。有18世纪法国最大汉学家之称的宋君荣（1689—1759年）。原籍是法国西南部的朗格多克，1723年到达中国，在北京居住37年之久。他在图卢兹和巴黎发表了许多关于中国科学和文学的论文，他最重要的著作是1732年由苏淘业在巴黎刊印的《中国天文学简史》和《中国天文学》（论文集），还有在他死后于1783年刊印的《中国天文学史》，他收集的大量资料迄今还保存在巴黎天文台。1739年他在巴黎出版了根据中文史料写成的《成吉思汗和蒙古史》。1747年他被选为圣彼得堡科学院院士，后来又成为法国科学院通讯院士、伦敦皇家科学院院士。另一名法国耶稣会士殷弘绪（1662—1741年）曾收集景德镇制瓷技术资料，在1717年将高岭土标本寄回法国。他写作的有关瓷业的论文，促进了法国制瓷技术的发展。传教士中对植物最有研究的是汤执中（1706—1757年），他是植物学家徐西欧的学生，来华后为圣彼得堡科学院和伦敦皇家科学院采集植物标本。他在中国收集的72种植物图片保存在巴黎的徐西欧科学图书馆。1748年汤执中收集北京地区植物260种标本，托队商运往莫斯科。他曾研究柞蚕和漆，将中国翠菊引种于巴黎，加以改良。韩国英（1727—1780年）也多方注意研究中国的动植物，他在1780年寄到巴黎的中国植物标本，迄今还存在自然历史博物院。韩国英研究过野蚕、香榛、木棉、草棉、竹、荷、秋海棠、茉莉、菱、牡丹、橡、栗、香菌、哈密干葡萄、杏、艾等多种资源。巴多明具有丰富的科学知识，是担任钦天监监正的唯一的法国人。他曾向法国科学院寄去阿胶、三七、冬虫夏草、当归的标本和资料。自1723年起，他向法国金石文学院、法国科学院、圣彼得堡科学院不断报告中国医药的研究成果。引起法国科学界的极大关注。他对中国医学的评价，认为治疗效果显著，然学理探讨不足，儒家思想束缚了人体解剖学的开展，以致医药研究深受阻挠。

（三）中国历史纪年启发欧洲人重新思考人类的起源

到17世纪为止，信奉基督教的欧洲人只知道按照《旧约·创世记》，认定宇宙无始无终，人类是上帝在一天之中创造出来，先有男人亚当，后有女人夏娃，他们偷吃禁果后，被逐出天国，生了该隐与亚伯两个儿子，开始繁衍人类。到诺亚遇到洪水，上帝只留了8个人，使之幸免于难。进入中国传教的耶稣会士，最初无从得知中国的悠久历史，只晓得中国人是偶像崇拜者，是一个理性主义、唯灵论和无神论的民族。要到1650年前，才有门多萨（《中华大帝国史》）、金尼阁（《基督教远征中国史》）、曾德昭（《中华帝国通志》）等人在他们写作的中国史论中，记下了中华文明的古老，甚至早到公元前2600年，比诺亚方舟时代还早上300年，因此难免对中国古史的真实持怀疑的态度。像门多萨和曾德昭这样,他们一致认为中国人在历史纪年的时间问题上犯了很大的错误,因为中国人居然将帝尧诞生的时间算得比诺亚洪水还早12年,但是他们却相信,此后的历史是完全可以信赖的并未间断过的记录。

由于中国古史也有传说的性质,与希伯来古经中的亚当、夏娃有相似的源头,所以直到1650年,中国历史纪年的古老并未引起欧洲基督教徒的反对。然而年代学作为一门新兴学问,要摆脱神学的羁束,在欧洲所遇到的困难,却要比之在中国这个持唯灵论和自然神论观点的国家中,更加严峻得多。1543年哥白尼在《天体运行论》中叙述的地球自转说,要到1616年方才被教会加以禁止,乔尔丹·布鲁诺却因宣传这一学说被判作异教徒受到了被焚烧的极刑。到了1655年,一个名叫拉·佩雷尔(La Peyrère)的不信基督教创世说的人,却在那时发疯似地发表了《亚当之前人类说》,冒着被教会焚烧的危险,试图重新诠释《圣经》,对上帝创造人类的说法提出挑战。拉·佩雷尔受到布鲁诺启发,认为《圣经》对人类起源的解释,只适合于缔造这一宗教的犹太民族,引用了不同于希伯来体系的卡勒底、埃及和中华民族的历史,来为自己的见解辩白,因为这些民族诉说的历史并不起源于犹太人信奉的上帝。拉·佩雷尔的主张遭到了主流社会的抨击,显得孤掌难鸣,而他本人只得退而承认"创世历史本身是可以与其他历史相吻合的",试图对两者加以协调。因此拉·佩雷尔一度在安特卫普遭受监禁之后,便得到开释,允准到罗马去悔过。但自由化潮流却随着文艺复兴的高涨向各地推波助澜,逐渐成为奠基于原罪思想上的基督教与承认异教徒智慧的对立物,在欧洲进一步回荡起来。拉·佩雷尔对《圣经》的大胆责难,是使《圣经》贬低为一部犹太民族史,不再是像教廷所宣传的那样,适合于各民族的世界通史。世界所具有的神奇的古老性,开始在欧洲有了一大批信徒。

将中华民族古老的历史详情无遗地介绍给欧洲知识界的是卫匡国。1658年,他在慕尼黑出版了作为中国通史第一部的《中国远古史》(拉丁文),将他从汉籍中辑录的中国编年史,撰写成册。他叙述中国古史,也从伏羲氏开始,往下一直延续到基督生活时的中国汉代,在每一个帝王下都有一节文字记事,并且第一次出示了中国人用于纪年的甲子纪年法,这种纪年法由10个天干与12个地支(生肖)配合组成,以60年为一周期,是在东亚地区流行的纪年法,它的正确性可以由日月蚀加以验证,具有很高明的天文学依据。卫匡国计算中国历史,可以追溯到公元前2952年,这比希伯来文献确定诺亚洪水的时间要早600年。卫匡国根据中国历史上的洪水记录,将诺亚洪水确定在公元前第3个千纪。他相信中国历史的可靠,但避开了去对照《圣经》中规定的年代学框架。和他同时代的阿姆斯特丹东方学家格里士（Golius），曾和卫匡国合作，查验过1650年在荷兰出版的兀鲁伯写的《历史纪年》，他本人写下一部论述中国甲子纪年的论著，推崇中国对天文学所作的巨大贡献，这部书推动了后来终于被欧洲同行公认的中国甲子纪年正确可靠的见解。欧洲的耶稣会士里奇奥利（Riccioli）神父立即接受了卫匡国的中国历史纪年，并参照北京耶稣会士熊三拔对帝尧时代天文观察的研究，大胆地发表了《经过修正的纪年和结论》（1669年）确认了中国在世界历史纪年中应有的地位。

稍后，柏应理从北京回到欧洲，在1686年出版《中国君主政体纪年表》一书，下一年刊印《中国哲学家孔子》时，再次将这本书列入附录，一同刊出。柏应理在纪年表中力图阐明，在中国历史上，首先经历了一个神话时代，随后才产生了真实历史时代。但他提出一个假设，在诺亚洪水正好200年以后，中国人便由诺亚或他的一个后裔带领，到中国定居了。柏应理进一步推想，在中国人的传说中，保留了有关世界形成的第一个人诞生的记忆，但也产生了混乱，致使他们将无法追寻的洪荒以前的传说归入神话时代，进而产生了对真实历史的断代，这就是诺亚和他的后裔移居中国以后的时代，从此中国的历史也就连贯起来了。所以柏应理将中国的第一个皇帝伏羲定在诺亚以后正是他使中国人从此得到了《圣经》中上帝的知识。与卫匡国不同，柏应理在《中国哲学家孔子》所写的序言中，极力解释中国古人心目中的"天"，不是指物质的苍穹，而是指来自西方思想的真正的上帝。柏应理靠了他发明的中国人是诺亚后裔移民的理论，在欧洲没有遭到责难，而且正好和对中国不同宗教信仰进行过研究的拉·塔利埃（Le Tellier）神父在《为中国的新基督徒辩护》中证明的中国人排除了迷信的论说相呼应。柏应理试图证明，中国的皇帝（天子）自古以来只崇拜一尊非物质的神祇，而不像欧洲传闻的那样，中国人是偶像崇拜者。他使用的中国历史纪年后来成了在中国宣教的耶稣会士奉为楷模的准则。

继拉·佩雷尔之后，对推动中国历史纪年起过重要作用的是伊撒克·伏修斯（Isaac Vossius）。他在欧洲各国之间奔走多年，出入宫廷，多方查阅拉丁文和希腊文稿本，先后发表《形形色色的自由评论者》和《论世界的寿命》（1659年）两部著作，十分赞赏中国的历史、艺术、科学、城市和国土。他在《论世界的寿命》中，认定中国人有一部可以上溯到4500年前的持续历史，而且可由文物、古迹和编年史加以证实。他相信，"中国人拥有一些比摩西本人更加古老的文学家。"因而他可以顺理成章地认可七十子译注的希腊文《圣经》。按照七十子注释家的推算，伏羲在位76年，诺亚已经去世，时在洪水之后350年。伏修斯在多方研究各民族的古史以后，明智地认为诺亚遇到的洪水并非世界性的洪灾，而只局限在叙利亚和美索不达米亚的周边地区。伏修斯的难能可贵在于，首先认识到中国历史对人们了解世界史起着重要的作用,所以他的眼光已经从《圣经》转向了世俗历史。

在半个多世纪中,中国古史的长短与真实性,往往被不信教的人,或采用拉丁文本(这是犹太人极力主张的)抑或接纳七十子希腊文本《圣经》者列作争论的对象,直到1740年后伏尔泰开始写作他那部令人耳目为之一新的世界史《风俗论》,首先重视的就是古老而又连贯得起来的中国文明,同时也是由于中国古史从未受到宗教思想的羁束而可以任意捏造,因此被伏尔泰选中了列在人类发展史中所有民族之首。

值得一提的是,入华耶稣会士,如柏应理、巴多明、冯秉正、宋君荣、雷孝思对中国历史所作的许多研究,成功地为欧洲汉学的开创奠定了基础,而起点却是由卫匡国在不经意中开启的,并没有受多少宗教意识的干扰,因为他坚信中国历史上没有指"上帝"的词,中国人原本是一个持无神论观点的民族。在他之后的一些欧洲哲学家,如法国的培尔(Bayle)、马莱伯朗士(Malebranche)、金石美文科学院的佛莱烈、德国哲学家莱布尼兹,全都或多或少地相信这一点,但和北京耶稣会士的观点大相径庭。北京的耶稣会士总是设法将中国古史塞进《圣经》规定的年代去计算,在巴黎和罗马同样引起了不同教派人士的攻击。从卫匡国到柏应理、杜赫德,中国古史分别从公元前2952年的伏羲,压缩到黄帝执政的公元前2697年、帝尧在位的公元前2357年。到了1730年,由于冯秉正、宋君荣的研究,将伏羲执政的年代定在公元前2500年,发现中国的历史纪年无论怎样安排,也难以吻合拉丁文译本或七十子译本《圣经》的年代框架。他们两人和巴黎的佛莱烈通过书札往来,交换彼此的见解,致使将中国历史当作信史来研究的佛莱烈在1739年陷入困境,因为撒马利亚文手稿和七十子译本《圣经》的一些手稿,将人类的分散和民族的起源定在公元前2822年,其他的手稿则定在公元前2942年,冯秉正和宋君荣研究伏羲执政,开始在公元前2450年以前,要比诸民族分散的历史晚500年。佛莱烈在1733年11月作过《论中国年代纪的古老性和可靠性》的专题演讲,后来在1739年2月20日再次在金石和美文科学院作过同一题材的讨论,佛莱烈终于明白了实在无法解释一个民族怎样以塞纳尔平原一直迁移到中国的困难,也难以确定在洪荒之后短短的几个世纪,他们会形成一个人数众多的民族的事实,不得不怀疑到《圣经》所提供的年代学的权威性。在那样的时刻,欧洲知识界已经无法回避必须超脱基督教神学,另写一部符合世界各民族历史实际的论著的迫切的需要,这一任务最终落到了自由思想的领军人物伏尔泰身上,是最自然不过的了。伏尔泰在他的《世界史》的开头就声明,中国纪年由于它的古老而不能与《圣经》纪年相吻合,宣告了《圣经》的纪年不能成为远远超过它的世俗民族纪年的标准。他相信中国历史纪年的真实可信,胜过了《圣经》。

（四）樊守义和文艺复兴发祥地的考察

文艺复兴使西欧摆脱中世纪传统的桎梏，迅速走上实验科学和艺术繁荣的大道。天主教会也开始在中国物色人员，资送意大利留学。广东香山岙人郑玛诺是赴意大利学习的第一个。郑玛诺 1654 年前往罗马，精通拉丁语、神学与文学。1671 年回国后居住北京，1675 年以 38 岁的壮年去世。留学意大利而留下专著的首先是樊守义（1682—1753 年）。出生于山西平阳的樊守义在 1707 年奉命和教士艾逊爵一同乘船赴欧，1709 年 2 月由葡萄牙抵达意大利热那亚的属地科西嘉岛，然后由热那亚前往罗马，到 1718 年留学已 10 年。1719 年春经里斯本归国，1720 年 6 月 13 日抵达广州。留学期间，他曾进谒教皇格勒门第十一世（1700—1721 年），归国时受到葡萄牙王赏赐金币一百枚的荣幸。返国的当年，康熙帝在热河召见了他，详细探询欧洲国情，了解教廷和有关礼仪之争的教义的规定。对于康熙帝最终就礼仪问题作出符令中国国情的决策，提供了重要的材料。该年年底罗马教皇的特使嘉乐来华，康熙帝多次接见，对于礼仪问题早已胸有成竹了。樊守义在归国后，应各方的要求，就他在欧洲的见闻写出了 5 000 字的《身见录》。这篇文字之对于中国人，如同《马可·波罗游记》之对于欧洲人一样，具有开拓性的启迪意义。

樊守仪留下的见闻录，第一次以中国人的身份描述他在文艺复兴发祥地的观感。他曾游历意大利的罗马、热那亚、里窝那、比萨、锡耶纳、那不勒斯、佛罗伦萨、波伦亚、米兰、维切利、都灵等名城。从东方的中国踏上天主教圣地的樊守义，以虔诚的宗教热忱和高尚的艺术鉴赏力赞扬了意大利工艺、美术的富丽，介绍了意大利社会教育事业和城市风貌。千姿百态的意大利文化名城，一处一处非常生动地展现在他的笔下。他说罗马是一座欧洲物货交汇、人文荟萃的庄丽都市，并描述了贵族家庭室内绣锻饰墙、金花镶凳，以及华美无比的车马鞍帏。他参观过斗兽场和圣彼得大教堂，并有眼福饱览了当时依然保存着各种殿宇的罗马公所遗址。罗马街头上到处可见的喷泉，罗马近郊弗拉斯加迪、第伏里所有的变幻无穷的水泉，是樊守义所着力描绘的西方都会和庭园特色，这对于乾隆时代清宫倡建西式喷泉，似乎不无影响。樊守义对梵蒂冈教皇城最注意的，是收罗宏富、万国史籍汇聚一处的图书馆。梵蒂冈是西方基督教世界的文化中心，樊守义作为第一个踏上文艺复兴故乡的中国人，十分敏锐地业已意识到了。

樊守义去过文艺复兴的发祥地佛罗伦萨，认为庄丽和罗马约略相仿。瞩目所及，宫殿、露台、堂殿、学宫、修道会院应有尽有，不愧为欧洲文化、科学、艺术荟萃之所。他在都灵，见到那里的宫室房屋，都属同一式样，穷人居室也和大富相同，因而认为那里人们贫富悬殊不大。樊守义的意大利之行，亲身体会了文艺复兴以后意大利文化、教育和科学的成就，在实地考察的基础上初次比较了中西文化的异同。

（五）欧洲启蒙运动思想家的中国观

17世纪的法国处在专制主义的统治之下，只容许一个国王、一种信仰、一种制度。18世纪初在法国初揭帷幕的启蒙运动，竖起了理性主义的大旗，发动了对腐朽的天主教会和专制政体的反抗和斗争，掀起了空前的思想解放运动。从东方传人的中国文化正好为这一运动提供了战斗武器。由狄德罗主持出版的百科全书，虽迟至1751年才得以出版第一卷，但启蒙运动的思想家早已集结一起，这些人被称为百科全书派。他们中间的伏尔泰和孟德斯鸠，最早对中国的文化和政治制度作出了各自的判断。他们所认识的中国来自耶稣会士关于中国的报导，特别重要的是自1702年开始在巴黎以法文出版的《耶稣会士书简集》（第一卷定名《中国和东印度耶稣会士书简集》），以后逐年出版，到1776年总共印出了34卷。

孟德斯鸠（1689—1755年）从《耶稣会士书简集》中摘取了教士们揭露的阴暗面：饥荒、溺婴、高利贷、神鬼迷信。他读过为彼得一世效劳的瑞典人郎喀写的《中国游记》。朗喀敌视中国。孟德斯鸠还和从中国回到罗马的耶稣会士傅圣泽交谈过。他逐步从早期认为中国的专制制度受到法律、传统和习俗的制约，具有合理和合法的性质，转而断定"中国是一个专制国家，构成它的基础的是权力的威慑"。孟德斯鸠在《论法的精神》（1748年）中，把世界划分为三种政体：以"道德"为原则的共和制，以荣誉为原则的君主制，和以威慑为原则的专制制。中国属于后者。在专制国家里一切安定国家的措施，都出于限制暴虐、防范动乱的目的，无助于改变专制政体的性质。孟德斯鸠的观点代表了法国和欧洲一部分人士对中国社会和中国文化的看法。伏尔泰批评了孟德斯鸠的这种论断。他希望能避免以往简单肤浅的争论，他写道："过去一个世纪中我们对中国了解不足，伏秀斯一味赞美中国，夸大其词。他的对手、仇视文人的雷纳杜认为不值一驳，甚至恶语中伤中国人。我们理应竭力避免走上这样的极端。"

伏尔泰（1694—1778年）是中国文化的热诚颂扬者。他不但像许多法国进步的思想家如彼埃尔·贝尔、孟德斯鸠、狄德罗、卢梭一样，承认各民族文化都具有独特的价值，而且他在《哲学辞典》中赞扬中国是"举世最优美、最古老、最广大、人口最多和治理最好的国家"。他认为中国的历史记载最最真实可靠，而且起源之早远远胜过了《圣经》中上帝创世的年代。他在流传极广的《论各民族的风俗和精神》（1756年）一书中，将中国列在第一位，用来贬低教会所持有的那种西方基督教文化是世界上唯一先进文化的观点，他在《百科全书》中的"历史"条下，针对冯秉正《中国通史》中描绘中国文化几千年未变的观点，以热情洋溢的文字称许："中国人胜过世界上所有民族的地方，正是它的法律、风俗、语言在四千多年中基本上承袭未变。中国几乎发明了所有的技艺。"

更加重要的是,伏尔泰在中国的传统文化中找到了一以贯之的理性宗教的楷模。他在儒家学说中首先看到了与基督教神学完全不同的自然神论,和体现在孔子"己所不欲,勿施于人"的原则下的道德规范和行为准则。认为这显示中国人在精神文明上具有超越时代的优越性,使自然科学领域虽然相对显得进步的欧洲人,望尘莫及。伏尔泰也在中国的君主统治制度中,找到了他认为最理想的君主制。他根据传教士的报导,称许中国奉行的是开明君主制。在和路易十四时代的法国专制统治作了对比之后,于是中国的君主统治成了伏尔泰一意追求的立宪君主制的范本,认为它体现了法律和理性对君主权力的节制,因而使中国人成了"地球上无论在道德或治理方面最好的民族"。

伏尔泰把中国文化当作最合乎理性的文化来加以颂扬和追求,以之鞭笞欧洲的基督教文化和法国的专制政体。他的著作提到中国的地方很多,他的案头有孔子像,中国文化在他的手里是对欧洲文化的一根鞭子、一面镜子。他热情洋溢、措词锐利的言论,助长了十八世纪法国的中国热,引导了许多法、德思想家和政治家将中国文化作为一种与欧洲文化绝然不同,而又最值得效尤的先进文化去对待。

(六) 中国君主政治在西方的鼓吹

18世纪60年代百科全书派和重农学派在欧洲思想界继续高举道德政治的旗帜。热烈追求中国式的君主政治。重农学派的创始人法朗索瓦·魁奈(1694—1774年)在1767年发表的《中国的专制制度》,赢得了不少读者。他在序言中明确表示中国的政治是合乎自然法则的专制政治。他在书中用整整七章介绍中国文化,第八章举出24项理由,要求欧洲国家向中国学习。他认为中国"虽然在抽象思维方面没有进步,在自然法则上却达到了最高的成就"。因为中国的法律正是以自然律为依据而制订的,因此魁奈确信,无论从物质或道德方面而论,都是十分有益于人类的。在路易十五时代,法国由于执行重商主义政策而陷于经济萎缩、国库空虚,魁奈根据中国的君主政治,提出以农为本的思想,认定只有农业,而不是商业资本或货币,才能使社会增加财富,重振自然秩序。当1755年魁奈充任路易十五的侍医后,在第二年他便向路易十五建议,效法中国雍正皇帝(1723—1735年)为祈求来年五谷丰登,每年春节亲扶犁柄开耕,也在巴黎每年举行庆祝春耕开始的庆典。魁奈由于笃信孔子学说,处处以中国为榜样,被称为"欧洲的孔夫子"。

魁奈的理论得到杜尔哥、米拉波、杜邦、莱梅西埃的支持。杜尔哥(1727—1781年)主张实行有法制保障的开明君主制度,高度颂扬了中国实现自然秩序的做法。认为这种"自然秩序"是基于个人对自身利益的要求,在个人自由发展的基础上形成的社会活动的结果。1774年路易十六继位,杜尔哥进入内阁,进行改革,但到 1776 年 5 月就被免职。在 1763—1780 年间担任路易十五和路易十六国务大臣的贝尔坦也十分向慕中国,他希望通过在法国留学的二位中国学生高类思和杨德望,从中国取得技术资料。高类思和杨德望在 1764 年回国时,早已结识二人的杜尔哥曾委托二人代他调查农业经济和工艺制造方面的 52 个问题,由他拟订了份调查大纲,后来高、杨二人回到北京,仍然和贝尔坦保持着联系。

百科全书派的重要人物霍尔巴哈在鼓吹中国君主政治上,也是不遗余力的健将。霍尔巴哈(1723—1789 年)曾发表《自然体系》和《社会体系》,他在 1776 年路易十六继位时便出版《德治或以道德为基础的政府》一书,以中国开明君主制度的道德政治为蓝图,将重振社会秩序的希望寄托于新上台的法王。早在《社会体系》中,霍尔巴哈已宣称:"欧洲政府必须以中国为楷模"。因为中国是政治与伦理道德相结合的唯一实例。他在《德治》中重申:"唯有政治与道德相结合,才能改善风俗",最重要的是要有一位懂得自己修身有德行的君主,才能通过权力实现社会道德。霍尔巴哈的《德治》正是对杜尔哥的改革提供理论基础。

四、 洛可可时期的中西艺术和文学

（一）华瓷展现的艺术天地

欧洲在华瓷的购藏和使用方面,长期处于世界边缘,当中国在 16 世纪向东南亚和阿拉伯国家倾销青花瓷时,传统的青瓷和青白瓷在欧洲还被珍如拱璧,英国在伊丽莎白女王(1558—1603 年)时才开始收藏瓷器,她的大臣威廉·塞西尔,将仅有的几件中国青花瓷器配上银座,加以珍藏。法王路易十四命宰相马札兰创办中国公司,进口瓷器,华瓷才在大西洋滨渐见增加,并最终形成追求华瓷的潮流。17 世纪意大利、荷兰、法国相继仿造华瓷,但制出的只是软质釉瓷,17 世纪下半叶,荷兰的代尔夫特和法国的纳韦尔均以生产釉陶摹仿东方风格的图样而著称。大批瓷器特别是用于饮食文化的餐具和饮器,仍然仰赖于华瓷的输入。意大利文、葡萄牙文中的瓷器 Porcellana,是由一种海底动物 Porcella 演化而来。这种动物具有又白又滑的外壳,俗称乳猪(porcella),后来意大利人、葡萄牙人见到中国瓷器也是又白又光滑,使用"乳猪"来称呼华瓷。17 世纪英国开始进口瓷器,他们只知这是中国的特产,便以 China 通称瓷器。1715 年英国在广州设立商馆,1728 年法国也在广州开办商馆。此后,华瓷成为这些国家船只运输的大宗货物,英语对广州出口的瓷器径以"中国货"(Chinaware)相称。法语中的"中国货"(Chinoiserie)也往往是指瓷器,同时也有"中国风味"的意思。正是由于欧洲从路易十四

（1661—1715年）以来卷起了一股追求华瓷的热浪，这股热浪最后在艺术上酝酿成一种和巴洛克式样迥异的风格，使欧洲进入了洛可可艺术的时代。

洛可可风格的艺术以生动、轻情、纤细、自然为特色，摆脱了路易十四时代盛行的巴洛克式样的华丽和形式化的倾向，着意于以粉红和蓝色为基调的轻淡浅色而没有明显色界的装饰手法，纹饰以卷曲的漩涡和巧妙变幻、奔放飘逸为题旨。它和表现在瓷器和丝绸、漆画、刺绣、珐琅、玉雕、竹刻上的中国艺术里那种崇尚超脱、幽雅、纯朴和纤巧的风格相一致。洛可可式的艺术风格从1690年后抬头，到路易十五（1715—1774年）时代盛极一时。

洛可可（Rococo）来自法文贝雕（rocaille），这个词就像意大利文、葡萄牙文中以一种白而光滑的贝类动物来表示瓷器一样。一开始便显示了它和中国畅销世界的以青花白底为主色调的瓷器工艺品的微妙关系。18世纪欧洲仿造华瓷获得了成功，德国的萨克逊选侯奥古斯特是个热衷于瓷业生产，希望由此致富的君主，在他推动下，萨克逊首先发现瓷土。他通过贵族齐尔豪斯和从柏林到他那里藏身的约翰·腓特烈·包吉尔（1682—1719年）合作，从1703年开始，试制瓷器，1709年包吉尔制成了无釉的硬瓷和上釉的瓷器。欧洲瓷业从此便在德国展开它的序幕。1710年包吉尔在德累土登以西的迈森办起瓷厂，生产彩瓷。1713年迈森瓷器公开出售，名噪一时。包吉尔虽在1719年去世，而迈森瓷器越发精美，器形、图样全部模仿华瓷，而博采中国漆器、铜器、银器、珐琅器之所长，花卉、人物、鸟兽匠心仿照；又用中国金彩绘制人物，称为金色华人。中国的龙纹也出现在迈森瓷器上，具有了欧洲风格。迈森瓷业在七年战争（1756—1763年）中因普鲁士占领萨克逊，成了普鲁士国王腓特烈二世还债的抵押品，腓特烈二世买下了瓷厂，改建成王家瓷厂，一直办到今天。

继迈森之后，奥地利在1719年也办起维也纳瓷厂，并以迈森瓷器为蓝本，制造餐具。半个世纪后，扩建为皇家瓷厂，还成立美术学校，专门设计和绘饰瓷器。法国自1673年经路易十四特许，由波特拉特在卢昂仿照华瓷制造软瓷，直到1768年在里摩日发现瓷土，塞夫勒瓷厂才造出硬质瓷器。荷兰在1764年也在韦斯普制造出硬瓷，工人多来自德累土登，产品也仿照德累土登，具有中国风格。英国制造瓷器起步甚晚，1750年斯特拉福的鲍瓷厂和谢尔锡瓷厂生产的软瓷，要算最早的瓷器。鲍厂模仿中国青瓷，又仿福建白瓷图样，斗鸡、飞鸟、人物、芍药全成英国瓷器上的图样。

法国能够造瓷，得力于法国耶稣会士殷弘绪在1717年将中国造瓷的坯料高岭土和白墩子土的样本和工艺知识寄到法国，后来找到瓷土，历时半个世纪才成功。德国的包吉尔本来只是个屡遭失败的炼金术士，为何一举就能找到造瓷的坯料,此举隐藏的秘密必然来自德国来华传教士的配合。德国慕尼黑人庞嘉宾（Gaspard Castner，1665—1709年）是个值得注意的人物。庞嘉宾1700年到广东传教,1702年和曾在上海、南昌等地传教的尼德兰耶稣会士卫方济（Francis Noël，1651—1729年）一同赴罗马。后来庞嘉宾到北京出任钦天监监正。原本就有日本情结但没有如愿派往日本的卫方济,精通汉字,后来被康熙帝派往罗马,从此他滞留欧洲没有再到中国,五年中他曾在布拉格大学任教,布拉格和萨克逊是近邻,包吉尔突然宣称他发明了火石器和白瓷,一定与卫方济颇有因缘。萨克逊选帝侯奥古斯特得知迈森造出瓷器,特地造了一座日本宫,收藏日本陶瓷、漆器和迈森瓷器,从中透露了和卫方济一样的日本情结,这应该就是包吉尔造瓷的真正秘密所在!

18世纪英国、法国、荷兰、丹麦、瑞典,都先后通过广州商行向景德镇订造中国款式的瓷器。越来越多的订货则是由订货的公司提出货样,按照对方需要的式样和图案,使用西洋画法和画本烧成彩色瓷器。这种瓷器称为洋彩。景德镇还为英、法、荷、德、瑞典等国制作了根据私人特殊订货、烧有家族纹饰的纹章瓷,即在中国的山水、花鸟、人物图样外,带有西方的甲胄纹章和人物图像。中国瓷器制作中的"洋彩"将中西艺术融合一体,创造了一种西洋画技和西洋题材的瓷器艺术;欧洲早期仿造华瓷时也汲取中国题材和画艺。可见,在东方和西方瓷器发展过程中,共同的推进了洛可可艺术运动。

（二）茶文化和欧洲社会

欧洲人第一次根据亲身体验谈到中国人饮茶习俗的,是1575年到过福建泉州传教的马丁·德·赫拉达。他注意到中国人的饮料是茶,饮时还加上糖渍的蜜饯。这种茶饮来香甜可口。1653年,在日本和中国传教的葡萄牙教士亚历山大·德·罗德斯刊印了《中国和东方各国旅行和传教志》,书中对茶的饮用、产地、性能、功效,都有比较精辟的议论,他特别指出茶能安神、健胃、通肾。他到过日本和福建,知道茶的原产地是中国。早期的天主传教士对茶文化的认识,相当一部分来自日本的茶道。后来这些教士出入广东、福建、江南各地,向欧洲传递了闽、广一带对"茶"的读音。后来转成英语中的Tea。华茶输入欧洲最早是福建武夷岩茶。1607年,荷兰东印度公司首先从澳门运输茶叶销往欧洲。1610年荷兰阿姆斯特丹首开饮茶风气。1636年在巴黎逐渐推广,1650年传入伦敦,1659年传入莫斯科,茶叶逐渐在这些欧洲都会中成为一大饮料。

17世纪是茶和咖啡在世界范围内展开竞争的年代,咖啡早先已成阿拉伯国家的大众饮料,茶叶则由中国、日本、越南推向东南亚,并且跨越地中海,到了大西洋沿岸的欧洲国家。18世纪20年代以后,茶叶从广州源源不绝地运往英伦三岛。

茶树在 1735 年前曾在荷兰移栽成活。英国东印度公司为运输茶叶造成的贸易逆差,使英国每年都要向中国支付大量白银。直到 18 世纪,英国始终是中国茶叶的最大主顾,整个英国饮茶成风。英国人讲究饮茶的礼仪,对煮茶的方法、饮器和茶点、茶会,都由模仿中国而逐渐变成英国的社会习俗。茶文化悄悄地进入了英国、法国和荷兰社会之后,又流向德国和俄国。英国名人塞缪尔·彼比斯(1633—1703 年)在他的日记中,特地记下 1666 年 9 月 25 日是他第一次喝茶的日子。喝茶在那时的英国可算是一件别开生面的大事,就像 1592 年英国截获葡萄牙"圣母"号船才见到许多东方珍宝和瓷器一样。法王路易十四首先在 1670 年为蒙旦斯旁夫人在凡尔赛宫建瓷厅,专供品茶休息,瓷厅仿照南京琉璃塔,开中国风格建筑之先声,此后德国、荷兰、丹麦、卢森堡、西班牙宫廷中相继效法,为举行茶会而建筑中国风格的客厅,用瓷器和漆艺装饰茶厅。

18 世纪在英、法等国向中国的瓷器订货单中,占多数的是茶具和餐具。茶杯、茶壶、茶叶罐、糖缸、果盘、面团缸等用于茶会、茶点的瓷器占了相当可观的部分。1700 年荷兰东印度公司的订货单中,列有大口茶壶、茶盘、茶叶罐、糖缸。1738 年法国东印度公司的订单有青花杯、五彩杯、糖缸、茶壶、果盘、深肚碗、面团缸。在西欧,五彩瓷比青花瓷销路更广。茶文化远涉重洋,为层出不穷、年年翻新的华瓷外销打开了销路,也传递了中国文化其他方面的信息。

(三) 英华庭园和装饰艺术中的中国风

欧洲艺术中的罗科科运动,由装饰艺术推向建筑和园林,在德国和英国,这种影响比之运动中心的法国还要明显。

德国的马克斯·埃曼纽尔在 1719 年设计建造了一座中国式的塔院,使用了洛可可风格的蓝白色作装潢,坐落在慕尼黑的尼姆芬堡公园中。此后在德国恩斯巴赫、科洛腾堡、费尔尼茨、波茨坦、卡塞尔等地都有洛可可式宫殿的建筑,荷兰海特·罗、法国香德庐也是这类中国风格建筑洒落的地方。科隆大主教克莱门斯·奥古斯特专门从慕尼黑招聘建筑师吉拉德,请他到科隆建造罗科科式样的宫室,坐落在德累士登东南、易北河畔的费尔尼茨宫,在十八世纪三十年代增建新宫时也采用中国式大屋顶,和在一侧延伸的凉亭,一时有中国哥特式建筑之称。

英国艺坛对中国庭园素以迎合自然、追求飘逸、恬静为旨趣的造园艺术,尤其向往。英国威廉·邓波尔爵士(1628—1699 年)在 1685 年《论埃皮克鲁园》的论文中,首先对路易十四时代凡尔赛宫崇尚对称、讲究划一的法国式造园艺术发难,指出依靠一定的比例、讲究对称、强调一致的规则方式造园的刻板,赞扬中国庭园布置的和谐、自然和动人。文论家约瑟夫·爱狄生(1672—1719 年)和诗人亚历山大·蒲伯(1688—1744年)，在18世纪初效法中国庭园来布置景色，措置一反欧洲习俗，务求韵致自然，仪态天成，使游人有身处山野之感。爱狄生在1712年《旁观者》414期著文，讥嘲欧式园林，讲究整齐划一，说不上是艺术，是中国人最不以为然的。他表示："只有像中国人那样匠心独运，摆脱整齐刻板，构思巧妙，才能称得上是艺术"，爱狄生在造园艺术上的准则，完全是中国式的。但他从没到过中国。侨居中国、而且以一个艺术家的眼光去实地考察和参与建造中国庭园的是法国画家王致诚(1702—1768年)。王致诚在1743年11月1日给法国达索的长信中，论述了圆明园在造园艺术上的高度成就，称赞它是万园之园，人间的天堂。在园里，"人工的河流不像我们那样安排得对称均匀，而布置得如此自然，仿佛流过田野一样，沿岸两旁镶嵌凹凸的块石，自然而无雕啄"。经过王致诚精辟的论述，中国园林所特具的疏落幽雅的美景，对欧洲造园艺术产生了很大的影响。中国式的钟楼、石桥、假山、亭榭相继出现在德国、荷兰、瑞士，流风所及，连法国也难以抵敌。

在英国移植中国庭园而能另辟蹊径的是威廉·查布斯。查布斯早年到过广州，热衷于研究中国建筑及装潢陈设。担任英王建筑师后，再度赴华，他的杰作是1750年后为肯特公爵在伦敦西郊营建的丘园(现已改为植物园)。丘园以红墙、黑瓦和中国式九层宝塔醒人耳目，塔旁并有亭阁式的孔子楼，用图画绘出孔子生平事迹，稍远有柳塘、石桥，一切都富有中国庭园气息。1763年查布斯将丘园设计图汇编付印，1772年更出版《东方造园艺术》，从理论上将中国庭园加以概括。于是欧洲的造园艺术在美学与艺术理论上都起了重大的变化。首先风从的是德国。德国卡塞尔选候在1773年派遣造园专家西克尔到英国，学习中国庭园建筑。回国后，1781年在威廉高地湖南面的卫森斯坦因，仿照江南水乡，修造平房，名为木兰村。附近山旁溪流称作吴江。俨然一派江南水乡风光。所建塔和魔桥，迄今尚存。俄国、匈牙利、瑞士也相继出现这类经英国转嫁的中国庭园，英国人最初称那些以塔、亭为主景的中国园林叫中国哥特式。传到法国，又得了英华庭园的称呼，以为是中英合璧的庭园。

18世纪欧洲的中国风潮，由服用中国饮料——茶叶开始。到追求华瓷和效法中国图样的丝绸、中国风尚的庭园建筑和室内陈设，直至出门乘轿成风，从生活到艺术，自工艺到技术，乃至思想领域，无不浸透着对中国文化的渴求和期望。

室内的陈设从壁纸到家具，皆以中国式样为时髦。中国壁纸通高12尺，阔4尺，图案早先以花鸟为主，后期也有山水、人物、采茶、制瓷，17世纪晚期成批装箱运往欧洲。英王威廉(1689—1702年)玛利(1689—1694年)首好中国壁纸。1700年在法国出现挂纸，以手绘图案见称。随即有中英混合式、中法混合式壁纸的仿造。1680 年后英国家具业开始打造中国漆制家具,著名家具设计师汤姆·齐本达尔在 1700 年引进福建檀木椅,后来又制造竹节家具和屏风,整整影响了一个世纪,被称为齐本达尔时代。和齐本达尔同时代的达哥利,为普鲁士宫廷开设了规模宏大的工场,设计和制作具有中国风格的漆绘家具,在当时名望一时。他的学生苏纳尔到萨克森选侯宫廷中工作,制作了十分精美的细木工漆家具。西欧各国的宫室中出现一批华彩夺目用中国漆板装饰的中国屋。法国的马丁一家也是仿造漆制家具的能手,有青胜于蓝之誉。路易十五的情妇蓬巴杜夫人的全部家具,都出于罗伯特·马丁之手。1752 年她居住的蓓拉孚宫曾采办大批漆画。罗伯特·马丁也曾应聘为普鲁士腓特烈二世制作家具。蓬巴杜夫人是一个崇尚中国的领头人,她以服穿饰有中国花鸟图样的绸裙为荣,又在宫中亲自喂养过从中国运去的金鱼,由于她的倡导,饲养金鱼便在巴黎、维也纳流传,后来在全欧成为附庸风雅的社会风气。中国式绢制的折叠扇,更是法国宫廷舞会中贵族妇女常年必备的饰品,它们一出现于法国便取代了 16、17 世纪时流行的羽毛扇。

法国从十六世纪下半叶开始织造丝绸,但图案都是仿照中国式样。中国风味的绘画不但有法国著名画家华托(1684—1721 年)、蒲契(1703—1770 年)和英国山水画家柯仁(?—1794 年)等在画坛上加以宣扬,而且更多的是表现在舞台布景、道具、演员服装、广告和书籍的插图中。18 世纪法国从土耳其人或埃及人那里引入皮影戏,1774 年法郎索瓦——多明尼·赛拉芬在凡尔赛第一次开设影戏院,为王室演出,称为"中国影戏"。1781 年戏院迁到巴黎大宫,首先公演的剧本是《断桥》。在路易十四倡导下,还掀起了一股乘轿风,各级官员出行分别乘坐色泽不同的轿子,这种轿子用手抬,不用肩扛。后来传入德国。从 18 世纪第一年开始,乘轿热便风行德国各地。科隆大主教克莱门斯·奥古斯特赴各地巡视,更是无轿不行。1727 年在维也纳举行了一次按照等级排列先后的轿列出巡大典:神圣罗马帝国皇帝查理六世(奥王查理二世 1711—1740 年)乘着最豪华的轿子,走在前列,后面依次是宫廷和枢密院各大臣的轿子,场面极为壮观。当时法律还规定病人、奴仆、犹太人不得乘轿。法国最先在路易十五时代将轿子加上双轮,后来又演变成法式马车。

五、 乾隆帝和西方文明

(一) 乾隆宫廷中的西洋技艺

18 世纪的欧洲王公贵族从中国图画中得知中国的庭园建筑后,便热诚地着手加以仿造。中国的皇帝到了乾隆帝弘历（1736—1795年），从来华的意大利和法国传教士那里看到了一些西洋建筑的图画后，也决意仿照营建西洋宫苑。法国的凡尔赛宫在1660年开始营建，历时一个世纪而告成。1711年俄京彼得堡的夏宫、1747年普鲁士腓特烈二世的波茨坦无愁宫，皆是效法凡尔赛宫室、林泉的结构。1747年乾隆帝鉴于西洋喷泉设计的诡奇，萌发了在圆明园东北隅长春园内修造西洋楼的念头。随后决定：由郎世宁、王致诚、艾启蒙等如意馆画师负责建筑设计，蒋友仁督造水法（喷泉），汤执中主持庭园绿化。工程前后历经13年，到1760年竣工。园区中心的远瀛观，和它前面的大水法构成了全园的主体建筑。西侧的海晏堂就是为安装西洋水法机械设备而建造的宏伟宫室，堂前布置水池，两侧左右配置铜铸喷水动物共12只，象征地支12属生肖，每隔一个时辰（二小时）依次按时喷水，到正午时，十二生肖同时喷水，蔚为壮观。这是将西式宫苑中喷泉的机械装置和中国艺术巧妙配合，而在中国获得成功的一个绝妙的例子。

长春园西式宫苑工程的主持者，是意大利佛罗伦萨人郎世宁（1688—1766）。郎世宁在来华前，在热那亚的修道院中作画。画艺私淑耶稣会士著名画家安德烈·波卓（1642—1709年）。1715年8月来华，11月进京，住在东堂，后来进入海甸如意馆，在宫中作画。雍正、乾隆间，他三次招收油画子弟，培养了16名满族和汉族宫廷油画家。他在乾隆时用中国画具作画，熔中西画技于一炉。他来华时，带来了一批意大利的艺术典籍，凭借他对西洋画技和建筑术的精湛知识，将意大利文艺复兴以来达到了登峰造极的艺术成就传入了中国艺坛。波卓的《绘画与建筑透视学》曾被他当作教本，在北京宫廷中传授。他与江西陶政总监年希尧在雍正年间合编的《视学》，主要的材料就取自波卓的原著。长春园营建宫室、喷泉，都由郎世宁按巴洛克后期式样擘画，又因王致诚的参与而引入法国风格，更因郎世宁的同乡、佛罗伦萨建筑师利博明直接擘画修筑，使得后期巴洛克风格中已经抬头的纤巧隽秀的罗科科格调益趋于明朗化。加上郎世宁刻意引入中国的装饰艺术，增添了中国式屋顶、雕饰，以致美国建筑师E.邓比在1926年所著《圆明园》中干脆将西洋楼称为罗科科式：法国乔治·索里·德·莫莱在《中国艺术史》（1928）中也有同样的看法。圆明园东的长春园是中西艺术家在世界造园史上，共同合作而开出的艳丽花朵，长春园西洋房是在北京形成的东方罗科科式建筑群。遗憾的是，如此独一无二的美丽宫苑，却被入侵北京的英法联军在1860年10月烧个精光。

（二）英使马卡尔尼和西洋科学仪器实展

19世纪末陷于对华贸易逆差困境中的英国，期望利用它在印度的宗主权，改善中国对英国的贸易待遇,使鸦片贸易合法化,于是借向乾隆帝庆祝八十寿诞之机,在1792年9月26日派出了以特使马卡尔尼勋爵为首的代表团前往热河觐见乾隆帝。马卡尔尼持着英王乔治三世致乾隆帝的国书,乘坐备有64门大炮的"狮子"号大使坐舰,另有"印度斯坦"号舰带有价值1364镑的礼物随行,启程前往中国。使团在1793年8月抵达天津大沽口,进入北京后,又往热河向乾隆帝祝寿。9月17日在万树园参加了盛典。乾隆帝以"丰俭适中,不卑不亢"的原则接待了来使,并向英王回赠玉如意和一卷存放在漆匣中的亲笔翰墨;对大使也赠送了御书手卷和玉如意。乾隆帝向英王和使团准备的礼物,有名贵的瓷器、漆器、锦缎纱罗、玉器和茶叶、香药、干果等传统产品。英国使团向乾隆帝进赠的礼品中,以玻璃、钢铁、羊毛制品和棉布为主,并有许多工艺品,其中有法国的缂丝画14幅。

英方最引人注目的礼物,是各项天文仪器。代表团一到北京,从8月21日到25日。先安顿在圆明园。由代表团成员巴洛、机械学家丁尉狄、泰伯特、庇特比尔等在园中安装各项天文仪器。这些天文仪器全属当时英国制造的上等仪器,足以显示伽利略、牛顿的天体观念,属于一代精绝之作,马卡尔尼使团参观圆明园正大光明殿后,决意将所赠仪器一一安置殿中。在御座的左右,一置地球仪,一置浑天仪,又有折光镜数面自上悬挂于藻井,殿北安装行星仪一座,南面陈列佛列姆内的大自鸣钟、风雨表,以及弗拉苏的天体仪,德比郡瓷厂制造的各类瓶、罐、人像等。德比郡瓷厂由英国最早的谢尔锡厂和鲍厂合并扩建,1878年改称皇家德比瓷器公司,该公司的瓷瓶被中国人视为精品,而英国人亦以这类仿华瓷的产品为荣。两国瓷业的交流,通过马卡尔尼使团而进入了最高的层次。

在英使贡单上名列第一的行星仪,译作布蜡尼大利翁,就是显示日月星辰和地球运转的大型天体仪,俗称假天馆。和这座仪器相连的来复来柯督尔(Reglector),是反射望远镜,由英国著名天文学家威廉·赫哲尔(1738—1822年)制造,合成假天馆的全部装置。在英使贡单上名列第二的是被译作"坐钟"的弗拉苏七政仪,七政仪可以指示地球与日月星辰的运转关系,原设计者弗拉苏当时也作为随员,来到北京,指导安装工作。乾隆帝对天体仪视作头等礼品。1796年在"举千叟宴于皇极殿礼成联句用柏梁体自序"中特地提到的英使礼物,便是这件"测量天地日月度数名布蜡尼大利翁"的大型天体仪,这是中英文化交流中的一件盛事。

马卡尔尼的谈判虽不得要领,然而他却从中国之行获得了许多经济和技术情报。他根据英国东印度公司的指示,设法获得了中国养蚕和丝织业的技术资料,了解了江南棉花的印染和纺织情况。马卡尔尼通过各种途径取得了几种茶树和茶种,带回印度试种,为日后印度茶业的兴起布下了种子。他收集的一株桑树、蚕桑和丝绸资料,和柏子树、漆树标本,都送到了英国。使团中的两名园艺学家则通过对圆明园的考察,将中国花木和园景移植到了英国。

六、 进入转折时期的东亚文明

（一）华人移民和日本文化

清代前朝中日贸易往来频繁,每年从中国沿海江苏、浙江、福建、广东和安南的东京、广南、柬埔寨、暹罗、大泥（北大年）、爪哇噶喇吧（雅加达）定期开往日本长崎的中国船,长年不断,可以按照进港季节分成春船、夏船和秋船。从 1650 年到 1722 年。每年抵达长崎的唐（中国）船平均数为 50 艘,1688 年进港商船竟最高达到 190 艘之多。通过这些商船,中日双方政治、经济、文化、宗教信息的传递非常及时。日本的学术思想界、读书界和佛教界仍然不时受到来自大陆的文化潮的熏染。日本宋学在江户时代中期分化成两派,其一是以山鹿素行、荻生徂徕为代表的古学派,要求王政复古,达到革新的目的;另一派是以王阳明“知行合一”为中心思想的阳明学派,这一派代表了新兴市民阶级而提出维新变法的要求。清代乾隆、嘉庆年间考证学的风行,也波及东邻,在江户时期的最后 100 年中,考据学风盛行。江户时代(1603—1867)影响日本文化更大的因素,则是来自大陆的华人移民,这些移民有僧侣、学者、医生、画家等,他们在中日文化之间架起了一道道彩虹。

清代前期到日本的中国僧侣人数之多,超过以往。明末来日避乱和经商的中国人,在长崎先后兴建了兴福寺（南京寺）、福济寺（泉州寺）、崇福寺（福州寺）三座佛寺,合称唐三寺。唐三寺的住持都由中国僧侣担任,历年都得从中国请来。直到 1726 年为止。来日华僧在佛寺初建的 100 年中人数尤多。唐三寺逐渐成了传递文化与双方人士联络的场所,最著名的是 1654 年应邀赴日的高僧隐元隆琦(1592—1673),原是临济宗的分支黄檗宗的名僧,赴日前语录已传扬京都妙心寺。1659 年在山城宇治创建黄檗山万福寺,开创了日本黄檗宗,隐元长于书画,赴日时带去不少名人字画,黄檗山因此收藏了许多明清名人书画。与北宋以水墨画为主的北画不同,黄檗禅僧传扬了以王维为代表的挥洒自如、不拘一格的文人画（南画）风格,日本狩野探幽一门、海北友雪等为此都曾探问禅学,隐元的书法名重一时,与他的门人木庵、即非合称“黄檗三笔”。隐元弟子独立（戴笠,字曼公）长于医术,又精篆刻,从他学医的有池田正直、高天漪。池田正直博通医理,传习痘科特别有名,宽政年间(1789—1800)幕府医官开设痘科,就由池田正直的孙子瑞任负责。黄檗山又是日本印刷业的一个据点,隐元法孙铁眼道光在 1681 年刊行

6956 卷的大藏经,称黄檗版大藏经。其他佛学著作刊印的也不在少数。

在长崎居住的许多华人,经过幕府批准,加入日本籍,他们大都通晓中日语言,可任通事。很多人参于与对华贸易,对日本医术、书法和传授中国语言文学方面贡献尤大。精于小儿科的陈明德,本是浙江金华人,由于医术高明,长崎人不让他回国,于是入籍日本,改名颖川入德,子孙继承医业。北山道长原是唐通事马荣宇的儿子,后到大阪行医,博得声誉,著作有《北山医案》、《北山医话》等多种,将中医远播海外。王宁宇、朱子章都是一时名医,王宁宇的门人中有任幕府医官的。漳州人高寿觉的后裔高天漪(又名深见玄岱)以书法与林道荣并列,称黄檗二妙,高又当过幕府儒官,精通医学。长崎自江户前期起一直是学习汉语的中心,1716年更设立唐韵勤学会。刘一水的后代彭城宣义最为著名,他通晓方言俚俗。一时向他请教的人极多。由于华人移民各方面的影响,使得明清小说如《水浒传》、《剪灯新话》、《剪灯余话》、《红楼梦》、《金瓶梅》在日本读书界成为流行读物,并导致了文学界取材于中国文学的假名草子和翻案小说的产生。1663年刊印的《杨贵妃物语》,就以《开元天宝遗事》、《长恨歌传》为粉本。日本假名草子最具代表性的小说《御伽婢子》,是浅井了意创作,该小说即是取材于《剪灯新话》等明代传奇。长崎的汉语学者在学术上形成了长崎派,他们主张汉语直读,反对和训倒读。18世纪日本汉学中的萱园学派,以江户时代大儒荻生祖徕为核心,集结了儒学、文学、语学俊秀,树起古文辞学的旗帜,在语学上也是倡导汉音直读的。

(二) 本草学在日本

1596年,李时珍(1518—1592)的巨著《本草纲目》在他去世后正式出版。这一部总结了千百年来中华药学成就的宝库,立刻传到了东邻日本。日本杰出的学者林道春在1607年首先得到了一部1603年南昌翻刻的江西本,共40册,将它送给了江户的幕府将军德川家康。林道春将《本草纲目》加以摘编,注上和语训点,编成《多识篇》5卷,方便了日本人阅读,这本书本来早已完成,但是直到1631年才在京都刻成出版。这本书是日本最早研究李时珍学说的专书。《本草纲目》的其他抄本在日本也有流传。1637年京都出版了翻印本《本草纲目》,便使得该书比较易于购求了。

日本的药物学也分成京都学派和江户学派。京都学派走在前头,代表人物是稻生宣宜。他在讲授之余,校订和编印了两部书,并于1714年付印。一部是据江西本翻刻的《新校正本草纲目》,一部是用中文写的并收图443幅的《本草图卷》。稻生宣宜的学生松冈恕庵,再传弟子小野兰山都以《本草纲目》为教本,后来整理成书,经过小野兰山审订,在1803—1806年间以《本草纲目启蒙》的书名一共出了

48 卷。江户学派的贝原笃信研究本草学多年,1709 年在他 79 岁时发表了《大和本草》16 卷,在李时珍的药物基础上又加上 1 362 种日本药物,1715 年又相继出了两卷《诸品图》和两卷《附录》。20 卷本的《大和本草》开创了江户时代日本本草学的系统著述,将《本草纲目》的研究推向一个新阶段,出现了各种正讹、校订的本子,继续深入研究。《本草纲目》的节译本也在 1699 年由冈本为竹以《图画和语本草纲目》(又名《广益本草大全》)的书名,共 27 卷,分装 7 册出版。全译本直到 1934 年才以 15 巨册的规模,题名《头注国译本草纲目》,在东京问世。

(三) 中朝文学和文人学者的交谊

朝鲜李朝经常派遣使团出入北京,进行礼节性的访问。随访的一些文人、学者,目睹乾隆、嘉庆年间中国富强昌盛,一致认为朝鲜应吸收中国的先进技术,扩大同中国的交往,推行社会改革,兴办实学。由于北京在李朝都城汉城以北,因此主张仿效中国的学者被称为"北学"派。北学派中的洪大容(1731—1783)、朴趾源(1737—1805)、朴齐家(1750—1805)和 19 世纪上半叶实学家金正喜(1786—1856),在北京都和著名的文人、学者结下深厚友谊,使两国的文化交流通过具体人物有长足的进展。

18 世纪朝鲜著名科学家、实学家洪大容在 1765 年随使团到达北京,和著名学者严诚、潘庭筠、陆飞交往,谈论十分融洽。他们相互敬重,彼此学习,赠诗答辞,增进相互间的了解与友谊。后来严诚死于闽中,洪大容得知噩耗,写了"哀辞",托人转送,哀辞到达的一天,恰逢严诚去世二周年,时人十分感动,美称严洪友谊为生死之交。洪大容在出使中国期间记有《湛轩燕记》,返国后积极主张学习中国,成为北学派的先驱人物。

18 世纪杰出的实学家朴趾源也是一位倡导北学的朝鲜学者。1780 年 6 月,祝贺乾隆帝七十寿辰的朝鲜使团赴华,他随同堂见正使朴明源到了北京和热河,一路注意考察农、商、畜牧、建筑、路政、车船、采煤,回国后提出改革方案,主张仿制中国水车等农具,改善灌溉、施肥,加强交通设施。他在 13 年后将访华见闻写成《热河日记》26 卷,内容涉及天文、地理、政治、经济、科技、宗教、美术、戏剧、医药、语言、图书版本。朴趾源在承德太学馆,曾与王民皥等人连续几日探讨天文学理。朴趾源的高足朴齐家在 1778 年、1790 年、1801 年三年到北京,早在已具诗名,他与柳得恭、李德懋、李书九四人的诗集《中衍集》在朴齐家来华前已流传内地。在北京时,朴齐家与纪昀、阮元、孙星衍、钱东垣、黄丕烈、罗聘等学者、文人结交;回国后仍与纪昀、孙星衍有书札往来。他的访华观感写在《北学议内外二篇》中,诗文稿则有《贞蕤稿略》。

19 世纪上半叶朝鲜著名实学家金正喜,在 24 岁(1809 年)时,跟随父亲金鲁敬到中国,探访朴齐家、柳得恭故交,与长于书法、金石学的内阁学士翁方纲订为忘年交。翁方纲的少子翁树昆(字星原)与金正喜尤为交好,彼此探讨碑拓及考订金石文字,使金正喜能在金石学、考古学方面开拓研究天地,在书法艺术上也有新的建树。

明清时代的稗官文学对朝鲜小说的产生,有直接的影响。朝鲜小说《华容道实记》即取材于《三国演义》,《酒中奇仙李太白实记》脱胎于《今古奇观》第六回,《洪允成传》仿自《金瓶梅》,《玉楼梦》之受《红楼梦》、《洪吉童传》之受《水浒》的启发,都是十分明显的。

(四)越南顺化的建设和湄公河三角洲的开发

1677 年,后黎朝灭了割据北方的莫氏政权;重新统一全国。不久,又发生郑、阮集团的对抗,阮氏退据广南,自称广南王,建都顺化,史称旧阮,中国以广南相称。旧阮都城顺化,营建于 18、19 世纪。规模形式,遵照中国北京城的擘画,宫室堂宇,都脱胎于中国建筑,是一座著名的中越合璧的城市。阮朝的宫室、陵寝都与北京的皇室建筑具有相同类型的美。宫殿以砖瓦、大理石修筑,六角形的多层建筑仙姥儒庙和祖塔,仿佛都是北京建筑物的缩影,具有浓厚的中国都城的风味。在都城规划与建筑上,日本平城京(奈良)、平安京(京都),朝鲜汉城、越南河内和顺化,都体现了中国风格的共同特色。1802 年旧阮重新统一全国,定都顺化。清廷在 1803 年正式册封阮福映为越南国王,越南便成了直至今日仍在沿用的国号。

越南南方湄公河三角洲在 17 世纪尚属柬埔寨,明亡以后,中国移民迁居这里的人数很多。广东海康人莫玖(1655—1735 年)在 1671 年率领四百多人,乘坐战船,抵达柬埔寨的蛮衾地区,被国王匿秋(吉塔四世 1675—1701 年)任命为"屋牙"(港主),开发了河仙地区(早先被称为不毛之地)的银矿和农业,使河仙一跃而成各地船舶云集的港口,有了"小广州"的称号。1736 年莫玖死,长子莫天赐继续建设河仙、奖励海外贸易。莫玖在世时,以木为城、宫室、服饰都以明式为准,又建孔庙,提倡孔学,所建七社村,从暹罗湾的磅逊一直延伸到湄公河口,后来被越南统治者逐步吞并,柴末(河仙)、富国(富国岛)、迪石(沥架)、哥毛(白瓯)已成越南领地,其余三地仍为柬埔寨所辖。莫天赐奖励文学,聚集了很多来自福建等地的文人学者,其中,高知名度的有 18 人,时人有"十八英"之称。中越文人来往唱和。有《河仙十咏集》等名作为证。

1679 年来到美获(今定祥)的明将总兵杨彦迪、黄进,以及进驻盘辚(今边和)的明将陈上川、陈安平,带来 3 000 名士兵,战船 50 多艘,就地开矿、耕种,与日本、爪哇、中国通商,使嘉定一带也具有了中国文化的风貌。

七、 中国和俄国文明的接触

(一) 北京的俄国传道团

俄国向中国正式派遣使节,最早始于沙皇阿历克西(1645—1676年)。1655年阿历克西派费多罗·巴伊阔夫来到北京,带来他致顺治帝的文书,回国时有顺治帝的复文。1689年9月7日中俄双方在尼布楚签订了有关边界和通商问题的尼布楚条约,双方建立了正常的外交和贸易关系。条约签订以前,已有一些归降中国的俄罗斯人被编入北京的镶黄旗俄罗斯佐领,康熙帝允许俄罗斯人信奉其原来的东正教,在东直门内建立教堂一所,北京居民以"罗刹庙"相呼,后被称为俄罗斯"北馆"。1700年,根据彼得一世的指令,东正教开始向西伯利亚和中国派遣传教士,每次俄国商队赴华,都有传教士混迹其间。

1712年,俄国商队专员提出,北京俄国教士仅有一人,而且已经年迈,请求由俄国直接派遣教士加以接替。清政府批准了这一要求。这一年康熙帝派内阁中书兼侍读图理琛前往伏尔加河下游,探望由中国西陲远徙俄罗斯的土尔扈特汗阿玉奇。1715年图理琛回国时,俄国从西伯利亚的行政中心托波尔斯克派出了第一批东正教传教士,随同图理琛到达北京。这个传道团以修道院长伊拉里翁为首,共有十名神职人员,驻在北馆圣尼古拉教堂,正式开班传道,尼古拉教堂遂成为俄国在中国唯一的联络机构。1727年中俄恰克图界约签订,北京传道团由临时性机构变成常设性机构,规定每10年轮换一班。按照条约,1732年俄国在玉河桥西俄罗斯馆旁建立新的教堂,称为南馆。从此北京有了两个东正教教堂。传道团的成员每班在九至十二人之间,正式成员仅三四人,包括领班的修士大司祭(清代文书中称"达喇嘛")、司祭和神父,其余随班人员,都属奉派来华学习汉文、满文的学生。传道团每年向沙皇政府领取津贴,并受俄国外交部管辖,构成俄国萨纳特(枢密院)和清朝理藩院之间官方接触的正式渠道。从1715年建班到1860年改组正式设立公使馆,俄国驻北京传道团共换班十三次,派遣人员达155名。

北京的俄国传道团通过派员进入清廷设立的俄罗斯馆学习中国语文,了解历史、地理、资源、商务、经济、社会风习,收集情报、汇编资料,为俄国政府培养了一大批"中国通"的外交人员,和造诣颇深的汉学家。最初派到中国的随班人员伊拉利翁·罗索兴和阿历克西·列昂节夫,开拓了俄国的汉学研究。罗索兴回国后,在彼得堡俄国科学院教授汉语和满语。第三班随班学生列昂节夫在1742—

1762 年居住北京二十年,返国后,供职外交部,首先将《大学》(1780 年)和《中庸》(1784 年)译成俄文,并译有《四书解义》。列昂节夫和罗索兴都译过图理琛的《异域志》,并合译了《满洲八旗通志》。

有"俄国汉学之父"之称的雅金甫·俾丘林(1777—1853 年),曾担任第九班达喇嘛(1809—1821 年),他在中国期间,已将"四书"译成俄文,返国后任俄国科学院通讯院士,又将《三字经》(1829 年)译成俄文,编译了许多蒙古、西藏的历史、地理著作,并著有《北京志》、《中国国情与民俗》等书。在俾丘林以后,十二班(1840—1849 年)随班学员瓦西里·瓦西里耶夫(1818—1900 年),和十三班(1850—1859 年)随班学员斯卡奇科夫,都是精通汉学、著作极为广泛的中国通。斯卡奇科夫来华前受过天文学和农学教育,来华后专管俄罗斯馆观象台,收集水师、农业、人口、风俗等资料,1867 年调任天津总领事。竭力为沙俄侵华出谋划策。瓦西里·瓦西里耶夫以自己的见解研究中国的历史、宗教、文化、语言,开创了一个学派。瓦西里耶夫在 1851 年担任喀山大学中文满洲文学教授,后又任彼得堡大学东方系主任,1886 年成为俄国科学院院士。他比英国的翟理斯更早写出了《中国文学史》,许多俄国汉学家,师出他的门下。但他的著作在当时很少被人阅读,甚至没有机会付印。

(二)中俄文学的早期联系

18 世纪在西欧掀起的中国热逐步东移,俄国受到法、德等国的影响,俄京彼得堡的夏宫,在 70 年代至 80 年代,也陆续兴建了中国式样的蓝厅,在花园中造起了中国戏院、中国的桥和亭台楼阁,并一直保存到现在。

中国文学最早在俄国引起注意的,是根据伏尔泰改写的《中国孤儿》剧本,涅恰耶夫在 1788 年将它译成俄文出版,流传于俄国宫廷和上层社会中。诗人和剧作家苏马罗科夫在此以前,以德文翻译了《赵氏孤儿》,1759 年发表时题作《中国悲剧(孤儿)的说白》。喜剧作家冯维辛以德文译出了《大学》,诗人杰尔查文写了一些以中国为题材的诗,评论家诺维科夫则在他创办的《雄蜂》杂志上,发表了早期汉学家列昂节夫翻译的中国著作。19 世纪 20 至 30 年代德国出版的几部中国小说和诗歌,很快进入了俄国文坛。1827 年《玉娇梨》译成俄文,1833 年出版《好逑传》,并有一些诗歌译成俄文。诗人亚历山大·塞尔格维奇·普希金(1799—1837 年)早年在彼得堡沙皇村的皇村中学求学,已经接触到中国气息,写的诗歌中提到过中国,1823 年他在创作诗体小说《叶甫盖尼·奥涅金》中,提到主人公读过中国的书,知道中国有圣贤孔夫子。1828 年他结识了由中国回国的比丘林,这使他获得了许多中国的知识,比丘林曾以《三字经》译本相赠,诗人于是萌发了跟随传道团前往中国的念头,但没有能实现,俄国作家最早访华的是《奥勃洛摩夫》的作者冈察洛夫,他在1853年11月23日到达上海,正好小刀会起义,关闭城门,没有能进城。列夫·托尔斯泰(1828—1910年)在他漫长的一生中,接等了耶稣基督的教义、中国的孔学和老子哲学,阅读过欧洲出版的有关中国的作品三十二种,并帮助日本神学者小西增太郎翻译过老子的《道德经》,写过《论孔子的著作》等文章,从老子"无为而治"的思想引申出他的"非暴力主义"的抵抗邪恶的理论。直到19世纪末,俄国文学尚未被译成中文。1845年中俄两国有了交换图书之举。该年沙俄要求中国赠送佛教经典《丹珠尔经》,道光帝即以雍和宫藏本800多册相赠。不久,俄国政府托肄业换班生到北京,以357种俄文书籍回赠,涉及历史、地理、军事、科学、医药、语文、教义。据书目,其中有德尔日费英(杰尔查文)、喀拉马星(卡拉姆金)。柯里噜幅(克雷洛夫)、普氏(普希金)、格氏(果戈理)等文学家、诗人的文集。俄国文学之父普希金的著作初次被收藏在北京理藩院的书库中,但当时无人能读,只得束之高阁,年久散失殆尽。当时中国小说《红楼梦》却被传道团学员当作珍物带回了俄国,20世纪70年代,在苏联科学院东方研究所列宁格勒分所,发现了一部具有许多优点的《石头记》(即《红楼梦》)手抄本三十五册,这是1832年十一班随班学员帕维尔·库尔良德采夫因病返俄时带去的,现在出版的影印本就是以这部抄本为底本加以校订而成的。当时有一名学员科瓦尼科在《祖国纪事》1843年第一期上发表的《中国纪行》中,以"德明"的笔名译出了《石头记》头回的一些文字。他的《中国纪行》一共写了十篇,最值得重视的,大约正是这一届使团的学员业已注意到《石头记》在文学史上的卓绝的地位了。

八、 美国和中国文明的初会

(一) 中美关系的发端

英国统属的北美十三州,虽然在1776年7月4日通过了独立宣言,但直到1783年9月3日的凡尔赛和约,美国才正式承认美国独立,取消海上封锁。早期美国对中国的认识都来自欧洲。在欧洲掀起中国热时,北美殖民地最大城市费城的知识分子和法国人一样,倾向于从中国引进物产,以开发美国。1771年《美国哲学学会会刊》第一卷上,查尔斯·汤姆森发表了颇有代表性的言论,他说:"如果我们有幸引进中国的工业、技艺、进步的管理以及土特产,美国终会有朝一日成为中国那样人丁兴旺的国家"。他早已注意到中国产品对开发美国丝、棉、茶叶和瓷业的意义。当时北美十三州已从中国引种稻米、高粱和豌豆。美国人也学会了喝茶和使用成套瓷制茶具和餐具,1760 年北美殖民地进口的茶叶达到 20 万磅。坚实耐穿、质地柔软的南京土布也是北美市场上直到 19 世纪 30 年代美国机织棉布发展以前,非常时行的商货。但是美国却没有什么商货可以和中国交易。跟随英国航海家詹姆斯·柯克第三次太平洋探险(1776—1781 年)的一个美国海员约翰·黎亚德,曾到过广州,在他归国后发表的《柯克船长最后一次太平洋航海日志》中,透露了在西北海岸价值 6 便士的海獭皮。在广州可值 100 美元的信息。此后,人参和毛皮成了赴中国的美国商船二项可供抛售的大宗商货。

1784 年 2 月 22 日,第一艘以中国为目的港载重量为 360 吨的美国船"中国皇后"号离开纽约,在船长格林指挥下,取道南非好望角,通过巽他海峡,经过 188 天航行,在 8 月 28 日抵达广州的黄埔港。不久,这艘悬挂着中国人见所未见的星条旗的木帆船,带着大批茶叶、丝绸、瓷器、南京土布和各种杂货,取原路返回,在 1785 年 5 月 10 日回到纽约。此后,赛伦、普罗维登斯和波士顿的商船相继来到广州。中国的茶文化通过这些美国商船直接进入美国社会,中美贸易扶摇直上。1803 年美国对华贸易超过了英国,整个欧洲对华贸易的总额也比不上美中贸易。中国人难以区分美国人和英国人,但一开始便十分热诚地接待了来自大西洋西岸的美国客商,称之为花旗夷人。此后的 40 多年,直到美国人开始参与贩运鸦片之前,中国人一直对美国十分友善,美国对中国这个文明大国则长期保持着尊敬的态度,即使在鸦片战争以后,美国知识界也和美国政府转而对中国采取轻蔑的态度不同,依然对中华文明具有一定的好感。

(二)茶文化在合众国的流行

19 世纪上半叶,美国是华茶输出仅次于英国的主要国家之一。美国每年从中国运去茶叶数百万磅,1824—1825 年度,有 36 艘美国船到达广州,运去的茶叶突破 1 000 万磅,达到 10 178 972 磅;1836—1837 年度,驶抵广州的美国船有 42 艘,运走的茶叶高达 16 942 122 磅。这些茶叶多从皖南、江西、福建运到广州出口,美国人喜欢喝绿茶,红茶大约只占十分之一二。皖南、江西是绿茶主产区,福建武夷山是红茶主产区,上海开埠后,逐渐吸引了这些茶区向上海运茶转输国外,1853 年茶叶出口量突破 1 亿英磅,许多美国船驶往上海去运茶,上海和美国的联系因此加强了。

茶文化引发了瓷器在美国的运销,美国不能制造瓷器,从广州购买瓷器比从英国购进瓷器,不但具有价格上的可取性,而且美国商人可以在广州按照他们要求的式样和图像,订购各式各样的茶具、餐具、咖啡壶和缸,因此瓷器的运销有了合众国这样的一个新的主顾。

在美国商人专门订购的瓷器上，有一些是表现当地风光、医院、房舍的图像。费城的宾夕法尼亚州立医院，是所设备优良、医术高超的著名医院，英国画家帕金斯为它在 1800 年画有一幅素描，医院要求英国瓷器将此画刻在订购的器皿上，但英国无法进行，于是由中国同行在 1802 年刻绘在一批容量大的瓷碗上。

美国的纹章瓷也有它独特的格调，往往把州或城市的徽号绘在瓷器上。美国独立以后定制的纹章瓷，通常在美国国徽雄鹰的上方加上云彩和透过云层射出金色阳光，表示光明普照北美，这类图像在一些杯、盘、罐、碟上很常见，是民间喜闻乐见的题材。独立后的美国在法国的影响下，向广州定制过一批表现这个民主国家的气度和政治理念的重大事件的瓷器，将这些全景式的绘画印制在瓷盘、瓷杯和瓷罐上，其中有华盛顿骑马指挥人员作战的图像。

反映中美贸易、商业往来的题材，主要通过一些著名的商船的图像绘制在瓷盘上，除了第一艘赴华的美国商船"中国皇后号"，还有 1820 年广州瓷商根据美国水彩画提供的"撒冷友谊号"图像烧制的瓷盘子，这个直径 10 英寸的瓷盘，迄今保存在美国新泽西州州立博物馆中，在瓷盘中央刻有该船的名字。

还有一类在中国特制的瓷器，是美国船长将富商、船东和他们本人的肖像，作为货样，烧制在瓷器上，从 18 世纪后期到 19 世纪中期，这样人物肖像瓷器为数十分可观。乔治·华盛顿的形象，也是这类人物像题材的瓷器刻意追求的图像。

19 世纪在美国市场上，还有过一种名叫莫顿缸的大口径缸鬶，是像中国酒缸一样大小的缸胎陶瓷。它的直径有 21—35 英寸（53—80 厘米），高 10 英寸（25.4厘米），容量 8 加仑。用这种缸可以储藏净水、酒、柠檬汁，中国人还用它们腌菜、腌鱼，这对于到达广州的美国商人来说，既实用又新奇，而且价格低廉，于是莫顿缸也在北美市场上十分走俏。

第十二章
清代后期转向工业化的中华文明与日本的崛起

一、工业化与海洋文明的链接

（一）飞剪船与构建环球贸易体系

16世纪西班牙和英国的航海家探明南美洲南端沟通大西洋和太平洋的航路之后，英国、葡萄牙、法国、荷兰等欧洲国家仍在寻找经由美洲大陆北缘通向太平洋的"西北航路"，他们当时相信一定有这样一条更便捷的航路，可以使欧洲人通过寒冷的北方迅速进入太平洋。1620年以后，俄国的探险家也开始参与寒冷的极地冰海航行，从西向东展开了通往中国东北新航路的探险活动。直到18世纪，丹麦血统的俄国探险家维图斯·约纳松·白令（1681—1741年）二次航行，探明了白令海峡与北美洲阿拉斯加的航路，但浓雾阻碍白令看到后来以他的名字命名的海峡，因此当时他并未察觉有这样一条水道的存在。随后，英国探险家詹姆斯·库克（1728—1779年）在他的第三次（1776—1779年）也是最后一次太平洋科学考察中，穿越好望角后，经过夏威夷群岛北上白令海峡，几百年来欧洲人梦寐以求的西北航路，终于被宣告并不存在。从此，人们明确了一个观念：由大西洋向东西两方展开的环球航路，要么取道美洲南端的合恩角，要么跨越非洲的好望角，除此别无他道可循。

对争霸海洋怀有雄心的英国，先后打败了它的对手西班牙、荷兰，在18世纪经过七年战争（1756—1763年）战胜法国，和法国在地中海、美洲、印度、东南亚和太平洋诸岛展开角逐，取得了足以威慑五大洲的制海权。美国独立后，英国从1787年开始对澳大利亚进行移民，继续控制着西印度群岛中的牙买加、巴哈马、巴巴多斯、特立尼达和多巴哥，占有南美的圭亚那、福克兰群岛、西非洲的塞拉利昂、南非的开普敦、毛里求斯、塞舌尔以及红海南端的亚丁和丕林，印度洋上的锡兰（斯里兰卡）、马六甲和新加坡先后成了英国的殖民地。1840年英国更占领新西兰，1841年从中国手中夺取香港，继而对非洲进行蚕食鲸吞，从大西洋、印度洋、太平洋到地中海，到处都布满了英国的军港、要塞、货栈和商业据点。在19世纪,英国已成为名副其实的海上霸主,英国人因此自诩英国为日不落帝国。

1700 年,只有 600 万人口的英国,无论在国家财富和海运力量上,都还不如 300 万人口的荷兰,在工业制造上更远远落后于已有 2 000 万人口的法国。但是英国靠着从海外殖民地逐年掠夺的财富,凭着本国和其殖民地之间展开的贸易中不容他国插足的垄断地位,借助完善的金融体制和强劲的造船能力,建成了一支为世界各国所不及的庞大的海上运输船队;靠着从海外各地,特别是从印度、利凡特、西印度群岛和中国的贸易逆差中找到的好处,从 18 世纪最后的 30 年起,由最早以毛纺业起家的制造业国家,通过不断提高技术水平、改善贸易结构,最先走上了产业革命的道路。英国成功地通过它所建立的环球贸易体系,高调倡导自由贸易体制,在 19 世纪引领世界贸易进一步高涨,使在世界贸易总额中稳定地保持着 20% 的份额,确保其在世界贸易总额中位居第一的优势,后来更提高到占有一半的份额。1850 年英国船舶的总吨位达到 339.6 万吨,占到世界船舶吨位的 60% 以上。1870 年,是开始出现钢船的一年,英国的商船吨位更占到世界船舶总吨位的 1/3 以上,超过了荷兰、法国、美国、德国、俄国等国船舶吨位的总和。于是,进入自由贸易时代的世界贸易,几乎全由这个人口不过 2 500 万的工业国家所操纵了。

自从人类走上以蒸汽为动力的机械化道路之后,工业制造品和原材料的运输、农牧产品的越洋交易,促使这个环球贸易体系必须打破季风贸易的制约,拥有可以常年快速运转的海上运输队伍,可以顶逆风、抗恶浪;快速航行的飞剪船就此应运而生了。

飞剪船脱胎于一种小型的快帆船,最初在 1812 年的战争年代,由美国东部的海港城市巴的摩建造,名叫"巴尔的摩飞剪船"(Baltimore clippers),这种飞剪船仿照使用斜桁横帆的法国式小快船勒吉尔(lugger),多数载重在 200 吨以上,但式样各异,有挂横帆的,也有主桅挂纵帆、前桅使用横帆的双桅船,更有三桅的纵帆船。真正的飞剪船是 1832 年巴尔的摩的富商麦克金出资建造的安妮·麦克金号,船长 143 英尺,总重 493 吨。后来这条船辗转落入智利海商之手。英国人制造飞剪船要比美国晚一些,阿伯丁的造船厂在 1839 年制造的一艘三桅纵帆船苏格兰侍女号,是最早的一条船,仅有 150 吨,只在英格兰通航。到 1842 年阿伯丁的船商又造了另外三条飞剪船,当时英国就造了 4 条纵帆船。英商和美商很早便在对华贸易中使用了飞剪船,因为飞剪船给船舶经纪人带来很大的商机。英国在 1831 年就有阿姆斯特勋爵号等 3 条小型的三桅纵帆船从事鸦片走私贸易,将鸦片从印度偷运到福州、厦门、宁波等地,取得高额利润。此举使美商在纽约、东波士顿也纷纷打造三桅快船,投入对华贸易,贩运鸦片,换取丝、瓷、茶叶和棉布等名牌货,从此有了鸦片飞剪船,其中最大的一艘是 1839 年东波士顿制造的 650 顿的阿克巴号。纽约的造船家乔·格立弗斯(John W.Griffeths)在 1841 年正式公布了他设计的飞剪船模型,从此纽约的造船厂开始着力打造飞剪船,推动世界上航程最长的中美贸易。

飞剪船被使用在航程绕半个以上地球的中国和大西洋之间的贸易上,常常在南海上,顶着东北风北上,开往广州或香港。阿克巴号首次开航,从纽约到广州创造了 109 天的记录,突破了历来的航行周期。1843 年曼特福制造的保罗·琼斯号,从波士顿经好望角到香港,走了 111 天。指挥这条船的帕尔玛船长不断刷新记录,将美国东海岸出发的飞剪船开赴香港的航行时间压缩到 100 天以内。1844 年纽约的船舶设计师罗氏(A. A. Low)兄弟专为帕尔玛船长设计了一条 706 顿的浩官号(Houqua),用广州十三行的著名行东伍浩官作船名,在首航时,从纽约经爪哇头到香港,只用了 88 天。1850 年浩官号在麦肯西船长指挥下,创造了从上海到纽约,只消 88 天的新记录,成为中国和美国之间费时最短的一条航线。这条船在 1851 年创造的 24 小时航行记录是 328 英里。纽约制造的 890 顿的西维奇号,船首刻着张牙舞爪的中国龙,是当时纽约制造的最气派的飞剪船,这条船在 1846 年 12 月 23 日抗着西北风从纽约前往香港,历时 104 天。后来在 1848 年 3 月的另一次航行中,它创造了从广州到纽约只消 77 天的记录。

在飞剪船风行一时的年代,似乎已该退出历史舞台的中国帆船(junk),也展开了它的环球航行。1846 年有一艘名叫“耆英”(Keying)号的中国船,在英人凯莱(Captain Kellett)指挥下,带着 12 名英国人和 30 名中国人,从广州启航,越过开普敦,取道圣赫勒拿岛,抵达美国纽约。随后再度越过大西洋,在 1848 年到达英国格拉文森(Gravesend),充分展示了中国帆船所具有的远洋航行能力,被称作是第一艘到达欧洲的中国帆船(The Illustrated London News, Sept. 22, 1928)。其实早在这次航行 400 多年以前,郑和船队中的一些航船,就在欧洲人之前首先从遥远的东方西航,越过了好望角,进入大西洋了。但要到 1846 年,中国帆船才第一回环航大西洋,抵达美国和英国。

许多美国制造的飞剪船,都用来通航中国,载重量往往超过千吨。直到 1848 年美国西海岸加利福尼亚发现金矿,引起淘金热潮,这些从美国东海岸开航的飞剪船才开始绕道合恩角北上圣弗朗西斯科,后来华人称这里叫旧金山,好和 1851 年发现金矿的澳大利亚东部维多利亚的首府墨尔本管辖下的那些新金山相区别。从 19 世纪 50 年代起,波士顿的杜那尔德·麦凯造出了一系列够得上历史记录的飞剪船,运送淘金者前往淘金。这些加利福尼亚的移民船往往将航线向太平洋延伸,经过夏威夷群岛中的火奴鲁鲁(檀香山),和中国的上海相衔接。

澳大利亚东部金矿发现之后,英国、美国的移民船纷纷前往悉尼落脚,后来改在墨尔本靠岸。自从淘金潮兴起,取道好望角东航的移民船往往在返程时改走合恩角北上,往返一次,正好绕道地球一周。英国开辟了阿伯丁白星线和黑球线的长途航线,往返在墨尔本和阿伯丁之间,这些船将移民和生活必需品运去,从澳大利亚运回羊毛和黄金,因此这些飞剪船又被称作羊毛飞剪船。利物浦的詹姆斯·班恩斯公司,在1851年专为澳大利亚航线打造的第一条飞剪船是1 625吨的马可·波罗号,这条船跑得快、装得多,从启航到目的港只用68天,返程花了74天,环航地球一周的时间还不足6个月。于是黑球线声名大振,飞剪船的订单络绎不止,其中也有一些是铁壳的飞剪船。詹姆斯·班恩斯公司按照杜那尔德·麦凯的设计,在1854—1855年推出的4艘最快的飞剪船,都投放到了澳洲航线上,其中一艘1 769吨的闪电号(Lightning),时速高达18.5节,创造了当时刚刚出现的海轮都难以达到的速度。1852年在澳洲航线上,还出现了第一艘挂帆的轮船澳大利亚人号(2 000吨),它从普利茅斯起航,通过南非桌湾,花了89天航抵墨尔本。它告诉人们:绕过地球半圈已经完全不用百日之久了。1853年起,在这条维系大不列颠帝国生命的航线上,出现了装有铁螺旋的机帆船,他们将伦敦和墨尔本的距离压缩到史无前例的64天之内。

飞剪船创造了帆船时代最光辉的史迹,但是飞剪船注定了要被钢铁时代广泛使用的轮船所替代,尽管这种轮船最初驶行时,仍要带着帆船的一些固有的特点,例如在冒烟的烟囱旁边常常还有随风飞扬的布帆,而船体结构也是除了铁壳、铁板之外往往更多的仍是木帆船的体型,然而飞剪船终究要成为历史的陈迹。新兴的轮运业,在1856年克里米亚战争结束后,最先被看好的也是横渡大西洋的航线和维系英格兰与印度、香港以及澳洲的长途航线,光这几条航线就足以代表环球贸易体系最终形成时期的物流方向了。

(二) 涵盖世界的茶文化

原产中国云南、四川的茶(Camellia Sinensis)是山茶科一种常绿灌木,性喜排水良好的酸性土壤,气候温湿、年降水量1000毫米以上的长江流域和南中国12个省是主要的产茶区,长江以北的河南、陕西、甘肃3个省也出产茶叶,中国的茶区从7世纪起,大致便已和今天差不了多少了。

18世纪以来中国茶叶开始成为一种国际化的饮料,在亚洲、欧洲和北美大陆时兴起来。用作保健饮料的茶,含有多酚类、咖啡碱、蛋白质、氨基酸、芬香族化合物,以及十多种无机矿物营养元素。茶叶是从茶树采摘嫩芽和由芽下数起的两片或三片叶,经加工焙制而成。主要有全发酵(发酵程度80%以上)的红茶、半发酵

（发酵程度20%—70%）的乌龙茶和不发酵的绿茶。茶叶经过发酵，可以增强原有的果香或茶香，红茶中的甜香味都来自所含的醛类、醇类、酮类、脂类成分，因此具有浓烈、鲜爽的口感。

中国人用茶早先喜欢加上蜜饯和水果，但从16世纪起，除了福建、广东一些盛产干果的茶区，大部分中国人多喜欢喝清茶，以利消化，化解油脂。最初传到欧洲的也是这种用沸水冲泡的热红茶。但不久就有了奶茶。这种奶茶是广州的官吏在17世纪初为接待荷兰使节而设，在茶中加上牛奶，迎合了荷兰人喜喝牛奶的习惯。这种奶茶被带到荷兰后不久，英国的约克公爵夫人将这种在茶中加鲜奶、砂糖的饮法引进英国，深受妇女喜爱，于是产生了英式奶茶。英式奶茶添加了巧克力酱、蜂蜜、白兰地酒和肉桂粉，使原本有点苦涩的茶味变得十分香甜诱人。在气候寒冷的英国，人们用早餐时，这种热气腾腾香甜可口的奶茶从此十分走红。在19世纪时又有了伯爵奶茶，这种奶茶是维多利亚女皇时外交大臣葛莱伯爵出使中国，游历各红茶产区后，学会的一种有悠久传统的泡制红茶方法，办法是在红茶中加上佛手柑加以熏制，添加牛奶后，口感更为香美，不久便在欧洲上流社会中流行起来。20世纪初，英军进入西藏，将西藏的酥油茶传入英国，经过改良，加上朗姆酒，称作热奶油茶。还有一种皇家红茶，是在红茶中加上方糖，方糖在匙中先加上一点白兰地酒，将酒点燃后，浓烈的酒味与苦涩随之消失，产生一股独特的焦香味，使红茶的茶味更加香甜多变。

欧洲各国中，英国在18世纪到19世纪消费的茶叶最多。英国东印度公司自1725年取得茶叶专卖权以后，伦敦市场上随即出现掺假的茶叶。到1760年，绿茶掺假严重，信誉扫地，英国人便改喝价格便宜一半、品质正宗的红茶，福建出产的武夷茶因此可以从沿海输出，从此大量运销英伦三岛。数量次于武夷茶的是工夫茶、贡熙茶和小种茶、白毫茶。英国从中国运进茶叶，在1725年还只有100万磅，到1800年已多达3 000万磅，一个世纪中涨了几十倍。不但英国上流社会风行喝茶，连小镇、乡村和矿区都办起了茶室或茶馆，有些茶室就开在咖啡馆中，学着中国人以茶会友的风尚，将茶馆当作了交流信息、接洽事务的场所，泡茶、沏茶逐渐成为英国每个家庭熟知的日常习俗。英国人因午餐简约，晚餐要晚到20时，于是有人提出了供应午后茶和咖啡。1763年午后茶出现不久，倍特福公爵夫人安娜出面，将午后茶安排在17时，时间一到，人们便纷纷休息进茶和饼干。这办法一出，举国上下为之称好，从此便成了英国著名的生活习惯，传承到现在。英国人将福建人在茶中加蜜饯的习惯变成加上奶酪，因此奶茶成了英国式的大众饮料。19世纪初，一个英国普通家庭，每年至少要饮用15磅武夷茶，富裕家庭则要消费24磅贡熙茶，贡熙茶要算是价格最高档的茶叶了。

1813年英国议会废止了东印度公司对印贸易的特许权,但该公司的对华贸易特权仍维持到1833年才停止,因此在这段时间里,中国和印度之间走私贸易十分猖狂。茶叶大量输出英国,英国却只有铅、锡、棉花等物可以运到广州从事交易,其余部分英方只能以白银支付,于是英国人在孟加拉提倡种植鸦片运往中国,以抵销贸易逆差,而孟加拉人民因这种单一经济却饱受饥荒之苦;中国人则因鸦片走私贸易的猖狂,深受鸦片的毒害,到1800年,每年输入中国的鸦片已达2000箱之多,虽清政府屡下禁令,而鸦片走私获利之高使中外商人趋之若鹜。1821年以后每年运到广州的鸦片已有9700多箱;1835—1839年间,平均每年运到广东的鸦片更多达35 440箱以上。中英茶叶贸易于是一变而成鸦片贸易。英国政府靠着从1793年起征收12.5%的茶叶税大发其财,到1805年,英国更将茶税增至100%,每年因此增加的收益何止百万英镑,英国在1833年的茶税收入竟达到330万英镑,组成英国国库收入中占1/10的税收强项。茶叶贸易已不啻是英国政府的生命所系,更与鸦片贸易相辅相成,成为18世纪末到19世纪上半叶环球贸易中,令人刮目相看的一项大宗贸易了。

在环球贸易体系中充任主角的英国人,靠着在全球范围内贩卖茶叶获取高额利润,结果在西半球和东半球引发了两场大战。

在东半球发生的一场战争,被称作鸦片战争。1839年清政府派钦差大臣林则徐至广东查禁鸦片贸易,打击英美鸦片走私商,触怒英国政府,英国派舰队攻击中国东南沿海,中国无法抵御,在1842年被迫签订屈辱的《南京条约》,将香港割给英国,开放广州、宁波、上海等东南沿海5个口岸作为通商口岸。这场战争将一个古老的东方大国,经历了割地赔款之痛以后,纳入了大英帝国霸持下的世界贸易体系之中。

另一场战争是在1776年爆发的北美十三州的独立战争。北美大陆上的英国移民在18世纪每年要从英国运进20万磅茶叶,有22 000人的波士顿是人口仅次于费城的北美大城市,在那里经营茶叶的商人组织了茶党、茶队。北美大陆又是英国造船业的一支生力军,他们每年为英国打造大批远洋帆船,但这些船受到英国航海法令的限制,只能从英国转运中国茶叶,无法直接参与亚洲贸易,因此十三州人民不但不能喝到当年的新茶,还要为此付出高额的转运费和茶税。1773年茶叶税改成固定的商业税之后,波士顿市民便公开抵制东印度公司的贸易船,要求他们离开波士顿。双方谈判陷入僵局后,市民在12月16日晚上纷纷登上东印度公司船只,将价值18 000英镑的茶叶倒入大海,英国当局于是封锁港口,双方冲突一发而不可止。北美大陆人民在1776年7月4日宣布独立,在费城发表《独立宣言》,正式宣告一个自由独立的合众国的诞生。经过七年艰苦斗争,英国被迫承认了美国的独立,后来发展成西方世界数一数二的大国。

独立战争甫告结束,美国贸易船便开始投入对华贸易。在1805—1806年度,美国派到广州的贸易船运走了数达983万磅茶叶,到1818—1819年度更突破1000万磅,到了鸦片战争的前夕,美国在1837—1838年度运去的茶叶达到1694万磅,消费的茶叶已仅次于英国。美国贸易船主要运销绿茶,绿茶占到总数的80%,其中最多的是雨前茶和皮茶。美国本是中国的绿茶市场,但从19世纪60年代以后,日本的绿茶开始进入美国茶市。1880年,日本茶叶在美国茶市的数量上升到3368万磅,占到茶叶总额的46.68%,华茶在美国茶市的数量下降到3618万磅,只占到总额的50.25%。以后在美国茶市上发生的变化,更使华茶输出大受打击,美国逐渐从饮中国绿茶的国家转变为饮印度和中国红茶的国家。印度和斯里兰卡所产红茶在1930年,也像在世界其他茶叶市场上一样,占到了美国茶市的2/3,日本茶叶占了1/4,华茶则下降到仅占7.62%了。

世界三大饮料从18世纪到20世纪历尽了人间风云。18世纪是咖啡、可可和茶叶互争雄长、而华茶睥睨一世的时期,咖啡在亚洲西部、非洲沿海和西欧具有特别的魅力,可可则是拉丁美洲的传统饮料。19世纪上半叶,华茶继续走俏。19世纪下半叶,印度和斯里兰卡的红茶开始直线上升;日本的绿茶也进入了北美的市场;中国茶叶输出由盛转衰,但赢得了俄国-蒙古队商的青睐,使得一度下降的茶叶出口量有了一定的上升,但下降之势已经不可逆转。进入20世纪,印度和斯里兰卡的红茶在国际茶市上业已独占鳌头,华茶在国际上虽仍有一定的市场,但已难以恢复昔日盛况。咖啡作为一种新颖的饮料,加工技术突飞猛进、精益求精,在欧洲和美洲饮料市场上其势灼灼,比之茶叶,具有更加广泛的优势。在咖啡原产地的非洲和西亚,也同样拓展着它的市场需求,即使在传统茶饮国家的中国和日本,咖啡作为大众饮料的魅力也在与时俱进,影响之大,实非茶叶和可可这二种饮料可比。与此同时,茶叶的生产和销售也仍然通过新的需求,继续在谋求增长,生产茶叶的国家在亚洲和非洲有了新的拓展,已有50多个国家之多。茶叶加工的技术也在同步提高。三大饮料,茶叶的产量仍居世界前列,中国依然是东方式样的茶艺集大成的国家,中国人还是世界上茶叶的最大消费者。

(三) 从造船业启动中国的工业化

现代工业革命首先在欧洲展开,是由于欧洲一些国家最早热衷于改进海船的性能,使之可以适应不断扩大、遍及整个海洋世界的全球性殖民活动和贸易需求。18世纪中叶从英国开始,利用蒸汽作为动力的一场革命从此展开,聪明的发明家自然也会将注意力转向几千年中向来利用风力的航海事业。他们的先驱者是一个不走运的法国人丹尼斯·贝平(Denis Pepin, 1674—1743 年)。贝平是个新教徒,不容于天主教会,因此在德国和意大利奔波,致力于蒸汽机的发明。在 62 岁时他造出了一条有桨的蒸汽船,沿佛尔他河航行到哈诺乌城,再取道乌塞尔河,渡过英吉利海峡,到达伦敦,证明了这是一艘颇有实用价值的汽船。然而贝平发明的船却遭到了乌塞尔船工的反对,因为这样的船将会夺走他们的工作。贝平的蒸汽机被砸坏,当局没收了他的船。囊中空空的贝平,不得不流落伦敦,靠打工活命,最后困死异乡。

如果说贝平是个失败者,那么半个世纪后的富尔敦就不同了。富尔敦造了一条名叫诺梯洛斯的汽船,1803 年 8 月在法国塞纳河试航成功。随后他向拿破仑建议,建造这种汽船,好战胜法国的大敌英国,但拿破仑不相信这种船会有一个光明的前景。富尔敦只好渡洋到了美国,和曾经当过驻法公使的李文斯顿合作成立轮船公司,他造出的第一艘船格里蒙号,机器由伯明翰的波尔呑与瓦特公司制造,获准在纽约州境内通航。1807 年在纽约和阿尔巴尼间开通了定期航班。1818 年后,塞芬那号汽船以每小时 6 海里的时速,从塞芬那渡过大西洋,花了 25 天抵达利物浦,证实了用煤作燃料的海船,可以远涉重洋的能力。

1840 年发生在中英之间的第一次鸦片战争,使清政府在船坚炮利的英国舰队的进攻下打了败仗,领教到火炮的威力。从此这个东方的泱泱大国只得承受割地赔款、丧失主权的奇耻大辱,一次又一次地陷入被宰割、受压迫的深坑,而不能自拔。但当时侵入中国沿海的英国舰队仍然只是些仰赖风帆行驶的木帆船,三艘使用蒸汽的轮船仅用来通信联络。太平天国起义后,清政府为赶上时代潮流,先后在广州和安庆试造轮船。广州造船聘用洋人,费了不少资金却没有成功。安庆造船是在曾国藩创立的安庆内军械所中进行,由徐寿、华蘅芳等一批具有新式的数理知识的技术人员负责进行。徐寿制造的第一台蒸汽机模仿国外的往复式蒸汽机,气缸直径 1.7 米,转速每分钟 240 次。1862 年七月(农历)经过试验,获得成功,随后便制造船体及相关部件,在 1865 年造出了载重 25 吨的黄鹄号木壳轮船。这艘长达 55 尺的木船装备了一台高压单汽缸蒸汽机作轮机,螺旋桨采用明轮式样安装在船的前部,在长江中航行,顺水每小时可行 30 多千米,逆水航速 20 千米,是中国自行设计制造的火轮船。

此后,李鸿章率领淮军,用轮船顺长江东下,驻守上海,在上海创办兵工厂,用洋轮、洋炮装备早先仅有长枪、长矛和大刀的军队。1867 年设在上海南市的江南制造局,在制造新式枪炮的同时,向国外购置机器,修建船坞,开始制造木壳轮船。第一艘木壳轮船恬吉号在 1868 年 8 月下水,龙骨和船肋都用厚三寸多的坚木制造,俗称夹板船。恬吉号的汽炉和船壳都由本厂制造,机器采用国外制造。这艘长 185 尺、宽 27.2 尺、载重 600 吨的轮船造成后，第一次试航由铜沙进入大海，直航舟山，然后返航，经吴淞口到金陵（南京），时速达到下水 60 多千米，上水 36 千米。江南制造局一共造了 6 艘木壳明轮船，还制造了一艘主机马力 200 匹、排水量仅 300 吨的铁壳船金瓯号，开创了中国自制铁甲舰的历史。欧洲自 19 世纪 50 年代起已开始建造大型的铁壳船和装有铁螺旋桨的机帆船，将这些船投放到了伦敦和澳大利亚之间的远洋航线。江南制造局继续朝这个方向发展，起步还不算太晚，它建造了载重量达到 2 800 吨的 2 艘铁壳暗轮兵船海安号和驭远号。两艘船各自装有蒸汽机 2 台、锅炉 4 台，拥有 20 门大炮，1 800 匹马力，可配备兵员 500 人。除螺轮、曲拐外，船体各部件都由该厂自制，实现了造船、制炮初显成效。

和江南制造局成立同时，左宗棠在福州马尾办起了专门造船的福州船政局，聘请江汉关税司法国人日意格和克德碑负责一切工程技术和管理事宜，开设学堂，聘洋员教习英、法两国文字和算法、绘图、测量等课程。1866 年破土动工后，不到两年，全部厂房竣工，完成了年产 500 匹马力蒸汽机的轮机厂，以及由三座船台组成的造船厂，铁船槽能容纳龙骨 100 米、排水量达 1 500 吨的铁壳船。1868 年造出的第一艘货船叫万年青号，用木壳、暗轮、单缸往复式蒸汽机。此后，福州船政局以每年 3 艘船的速度，在合同期到 1874 年为止的 5 年半内，共造了 15 艘木壳兵轮，并通过求是艺堂局这所船政学堂，培训了中国第一批造船和航海的技术人才。

从 1875 年起，福州船政局才开始用铁木合构船体制造铁肋船。到 1880 年，一共造了 4 条铁肋船，装备了康邦卧式蒸汽机，但这类船的时速仅有 12 海里。1880 年以后，中国才自行设计制造 2 400 匹马力的快舰，开济号是其中的第一艘，载重量有 2 200 吨。1884 年中法战争期间，福建水师和福州船厂损失惨重，这使当局认识到一定要自行制造铁甲舰、后膛炮。1888 年造出来的龙威号，是仿照英国 80 年代初的双机钢甲兵船，共有 2 400 匹马力，排水量 2 100 吨，时速达到 45 海里，龙威号前后左右都配有可以三面施放的旋台式钢炮，前后还配有鱼雷炮，可以施放鱼雷，装上的电灯（探照灯）可以远程照射敌船，称得上是自行设计制造的钢船，但主机仍然依赖进口。

从江南制造局造铁壳船起步，30 年内中国主要靠向英、德等国购买铁甲舰和钢船，装备了一支曾在出访时令虎视眈眈的东邻着实震惊的北洋舰队，然而这支拥有 2 艘铁甲舰（排水量各有 7 335 吨）、8 艘巡洋舰、6 艘炮舰、13 艘鱼雷艇的现代海军，由于航速慢、舰炮的射程、射速和杀伤力度不如日本海军，舰队的行踪又全被日本间谍窃听，因而在 1895 年 1 月的中日甲午海战中惨遭全军覆没的厄运。

看来，中国要建立现代化的造船业，还有漫长的路要走。

二、 基督教传教士推动西潮进中国

(一) 传教与开埠

18世纪后期英国在努力改变进出口贸易结构的同时,根据圈地令使农场主大面积地占有土地,将农业推向集约化生产,成群的农民被迫放弃土地,进城做工。煤产量的成倍增长,刺激了对轮船运输、运河建设和蒸汽机的需要,棉织业的机械化进而带动了陶瓷生产、金属制造业从分散的工场向集中生产过渡,推动了工业化的进程。英国的海外殖民地正在不断壮大,虽然美国的独立使英国在北美失去了十三州,但英国还占有了加拿大和印度。作为英国国教的新教,也起而追逐耶稣会等罗马教宗属下的旧教组织在海外广事传教,纷纷派遣传教士到远方国家,去充当英国政府向海外拓展新领地、实现世界霸权并灌输西方文化精神的得力工具。英国的新教虽然反对罗马教廷的霸道,主张以《圣经》为信仰的依据,平信徒无须经过教会组织只要信仰耶稣,便可直接敬奉上帝,可仍然保存了许多教规,他们对内主张灵修,彼此以平等精神相处,对外注重社会服务,因此能在社会上赢得众多的信徒。公理会(Congregational Church)、浸礼会(Baptist Missionary Society)、圣公会(Holy Catholic Church,又称安立甘会,英国国教)、循道会(又译监理会,Methodist Episcopal Church)等宗教团体各自派遣差会,到中国传教。

最先到达中国广东传教的是公理会、圣公会属下的差会伦敦布道会(London Missionary Society),他们以新教的开拓精神,配合英国在世界各地的扩张,向海外非基督教国家传扬基督教和西方文化。第一个被伦敦布道会选中派往中国的传教士是英格兰人罗伯特·马礼逊(Robert Morrison,1782—1834年)。他在伦敦从一名中国青年那里学了中文,1807年1月在高斯坡神学院毕业后,取得牧师的资质,要求前往中国传教,然而东印度公司拒载神职人员,于是只能取道美国,搭乘美国商船,到澳门后,进入广州。当时清政府禁止基督教传教,马礼逊只能暗中靠美国商馆庇护,留心学习广东话,研读中文典籍。1809年他被英国东印度公司聘为中文翻译,从此才能以合法的身份在广州、澳门和马六甲等地开展传教活动。

马礼逊最初在广州用中文写过两本小册子宣扬救世福音,一本叫《神道论赎救世总说真本》(6页,1811年),另一本叫《问答浅注耶稣教法》(30页,1812年),都照中文印刷办法使用木刻雕版。但马礼逊觉得,为传播新教,最重要的工作是翻译《圣经》,好让信徒的信仰建立在最可靠的经典上。他在1808年开始翻译原本希腊文的《新约全书》,由广东高明人梁发帮他雕版,1813年全书译毕,在广州雕版。这是《圣经》中译本第一次排成书本,前此虽然有天主教传教士翻译过《新约》,但限于稿本,从未有中国人见过《圣经》。不久,马礼逊得到从伦敦到东方传教的米怜(William Milne, 1785—1822年)的帮助,转往马六甲继续翻译《圣经》。1819年11月,马礼逊完成了原本希伯来文的《旧约全书》的翻译,其中26卷由马礼逊担任,13卷由米怜译出,1823年在马六甲用木刻线装印成21册出版,中译本题名《神天新旧遗诏全书》,于是基督教的《圣经》第一次有了完整的中译本。在翻译过以万卷计数的佛教经典的中国,西方基督教世界的经典第一次译成中文出版,在东西方文化交流史上只能算是一个迟到的春天了。1824年马礼逊返国时,将这部中译《圣经》进呈英王乔治四世,受到嘉奖。和马六甲译经同时,在印度西兰坡(Serampore)传教的浸礼会马士曼(Joshua Marshman, 1768—1837年)也在翻译新旧约全书,在当地用木活字印成《新旧遗诏全书》出版。两种译本都用文言译本,后来教会人士称作深文理译本,简称二马译本。马礼逊在澳门去世后,伦敦教会传教士麦都思(Walter Henry Medhurst, 1796—1857年)重译《圣经》,1840年合成修订本《神天新旧遗诏全书》,开启了19世纪不断修订旧译,并出版半文半白的浅文理译本的《圣经》进程,进一步适应在民间传教的需要。

马礼逊在沟通中国与西方文化的交流上从事的第二项重要工作是编纂《华英字典》。第一编汉英对照的《字典》,在1815年用英国已经普遍使用的铅印技术在澳门排印出版;第二编《五车韵府》,用音标按英文字母编排;第三编《英汉字典》,用英文字母排列单字、词语和例句,1822年刻成,到1823年合成一部2 500页的大型字典,在中国信徒蔡高三兄弟协助下,中文铅印活字印刷第一次获得成功。1935年伦敦会传教士戴尔在马六甲分管印刷所,发明钢模冲制铜字,制成美观、实用的大小两种1 845个字模,供新加坡英华书院印刷中文书刊,中文印刷事业从此开始有了新的活力。马礼逊更运用西方语言学知识,整理与探研中国语言文法,先后编成《中文语法》(1815年)、《中文会话与断句》(1816年)、《广东省土话字汇》(1828年)等,一批给新教国家传教士学习中国语文和经典,掌握广东方言的手册,给向来不分句点、段落的中文书籍输入标点符号,使中文成为易读、易解的文字,启迪了以后中国典籍的重新整理与排印成册。他的这些工作,第一次沟通了中英两国的文化。后来更有麦都思在1832年编写《福建土话字汇》(1838年),戴尔编写《中文最常用三千字》(1834年)、《福建土话字汇》(1838年),郭实腊编集《厦门话标志》(1833年)以及《中文语法指南》(1842年)。

这时的英国已是中国最大的贸易伙伴,作为新兴的工业国家,正在迅速发展以蒸汽机为动力的现代机械化的工业和运输业,推行它的环球贸易体制,引领世界进入一个现代化的新世纪。这样的交流,与明末清初天主教传教士以外交官身份到中国来公开传教与输送西洋科学知识相比，已经不可同日而语，具有了划时代的意义。新教的传教注重取得公众的支持与信任，要求开展多方面的社会服务工作，将编写文字宣传材料、教育、医药、慈善、科学普及、传递社会信息等各项工作推向整个社会。由于新教在中国并无合法的传教地位，因此传教士最初更容易以推广社会工作为由在基层中贴近华人。尽管宗教信仰、文化背景与语言的差异十分巨大，但由于英语国家与广州已经长期构建的贸易关系，一旦双方有了共同的语言，传教便有了希望。马礼逊在1826年重返中国以后，便将希望寄托在他当初来华时曾打过交道的美国教友身上。1807年马礼逊因东印度公司商船拒载，不得不绕道美国，却受到了教友的欢迎，国务卿麦迪逊还亲自致函广州美国商馆，要求给予支持。美国各个差会受到马礼逊的鼓动，再加上美国商界对广州贸易所取得的优异业绩，美国人开始将传教的目光从加勒比海、非洲和中东转向中国，认为在中国传播福音，将会比上述地区更有前景。美国外方传道会派出了公理会裨治文（Elijah Coleman Bridgman，1801—1861年）和雅裨理（David Abeel，1804—1846年）到中国传教，两人搭乘美商同孚洋行老板奥里芬出资的商船，在1830年2月25日抵达广州。同一年，由鹿特丹荷兰传道会派到巴达维亚、曼谷传教的德籍传教士郭实腊（Karl F. A. Gutzlaff，1803—1851年），以礼贤会传教士身份到澳门、香港、广东各地传教，由于他谙熟广东、福建方言，受英国东印度公司聘为翻译，充当间谍，多次出入中国沿海，收集军事情报，后来在广东创立巴陵会的宗教社团。

从此以后，马礼逊在广东沿海的传教不再是孤军作战，有了美国与德国传教士的配合与支持。但传教士在中国沿海正式向欧洲列强开放之前，仍无合法的身份可以公开传播基督教。只有到中英鸦片战争以后，清政府与英国签订《南京条约》、与美国签订《望厦条约》、与法国签订《黄埔条约》之后，将香港割给英国，开放广州、福州、厦门、宁波和上海五个南方口岸通商之后，欧洲人才被准许在这些口岸传播宗教、开设学堂和医院，西方国家的传教士的活动中心才从马六甲、巴达维亚和新加坡转到中国东南沿海五个海港城市。

（二）国际知识与新闻的传媒

西方传教士在1842年前的活动中心是马来半岛的马六甲，这里从1795年以后就由英国占领，1826年马六甲与槟榔屿、新加坡合并成一个省，1811年马礼逊在马六甲开创中文印刷所，1821年麦都思在巴达维亚建立另一个中文印刷所。到1833年，马六甲共出了41种中文书刊，巴达维亚出了20种。1834年新加坡印刷所成立后，东南亚的中文书刊出版中心便转到了新加坡，到1842年，新加坡一地总共出了 42 种中文书刊。伟烈亚力在《基督教在华传教士回忆录》中列举 1842 年前传教士在南洋(东南亚)各地所出中文书刊共计 138 种,宗教内容的占 3/4,有关历史、地理、国际社会内容的占 1/4。最重要的有连续发行的综合性期刊《察世俗每月统记传》《天下新闻》《东西洋考每月统记传》,这种期刊在中文出版史上是全新的刊物,内容有趣,各科知识样样都有,一期一期不间断地出版,使人耳目为之一新。

《察世俗每月统记传》在 1815 年 8 月创刊于马六甲,主编者是米怜,署名"博爱者纂",是用木板雕印的月刊,每期 14 面,每面 224 字,到 1821 年停刊,共出 7 卷。最多时印到 1 000 份,免费分送给海外华人,也有流入广东参加科举考试的考场的。文字内容除了宗教问答,还有天文、地理、民情风俗的报导文字。第 7 卷的一篇文字,介绍花旗国(美国),称京城"瓦声顿",立国 45 年间,人口由 300 万增加到了 800 万,是美洲(亚默利加)最大的国家。

《天下新闻》也是一份月刊,1828—1829 年在马六甲出版,用铅字印刷,刊有宗教、新闻、科学知识和世界历史。

第三种刊物,是郭实腊在广州创办的《东西洋考每月统记传》,从 1833 年 8 月在广州出版起,不久就迁到新加坡,直到 1838 年 9 月停刊。内容在宗教之外,有更多的篇幅用来刊登世界各国的地理、民俗、历史、工艺、商贸、天文和评论文字,郭实腊作为主笔,写作了《古今万国纲鉴》(1838 年在新加坡有单行本,印成 20 册一部,配有精美的地图;1856 年宁波重印,计 226 页)、《万国地理全集》,开始系统地向中国人传扬欧洲的历史和国情。郭实腊并且以"爱汉者"的署名出版了《大英国统志》(1834 年)。在《东西洋考每月统记传》停办后,继续将他编写的政治经济学、商业贸易和金融知识的书籍——刊印,有《制国之用大略》(1939 年,新加坡)、《贸易通志》(1840 年,新加坡),运用中国的白话文,模仿稗官野史加以传述,是西方新闻记者采用中文转述的格调,与后来林琴南翻译西洋小说,有异曲同工之妙。

在中国五口通商以前,最重要的一种地理志,是裨治文编的《美理哥合省国志略》,1838 年在新加坡出版时,署名"高理文",全书共有 125 页。这是美国人写的一本美国手册,用 27 节分述疆域、早期历史、独立战争、居民、人口、自然风光、农业、工业、商业、政府、法律、宗教、文学、语言、风俗等知识,使这本书在正确与详实两方面都达到了一定的水准,在以后几十年中,一直是有关美国的最佳读物。裨治文本人对此书也是一再修订补充,不遗余力。1846 年此书在广州以《亚美理驾合众国志略》的书名改版,并附有地图。直到去世时,他又进行了校订,在上海分成两卷重印,1862 年出版时,作者已在上年去世了。这本书的体例,后来成为开埠以后中国知识分子研究与编集世界历史与地理的楷模,曾先后被梁廷枏、魏源、徐继畬征引与参考,对林则徐等一辈清政府机构中要求了解洋人国情振奋本国实力的朝廷要员,起到了振聋发聩的作用。

林则徐在1839年到达广州查办鸦片贸易时,命令幕僚翻译瑞士法学家瓦特尔的《各国律例》。英国东印度公司驻广州大班德庇时的《中国人》(1836年)被译成《华事夷言》。按英国慕瑞1834年出版的《地理全书》缩编成《四洲志》,曾广泛参考了各种中英文书籍和刊物。传教士到马六甲和中国后编写的各种交流国情、传递信息的文字,是一种十分重要的资料来源,这项工作由于有了兼通中文的西方传教士为推广福音而独立进行的宣传工作,给工业化进程中早期中国与西方国家的文化交流指明了源头的所在。

五口通商以后,传教士在各个口岸公开宣教,办理刊物、印刷宣传品由于可以在中国本土进行而比起以前要顺畅得多。传教士在上海出版的《中西通书》,类似香港的同类出版物,是较早发行的一种,属于年鉴性质,自1852年起每年一册,30多页,初刊名《华洋和合通书》,翌年改名《中西通书》。书中刊登中西日历对照、世界要闻、科学发明、天文知识。1854年就介绍了牛顿(奈端)万有引力学说。1863年以后改由天津、北京出版。

这时在香港出版了一种月刊《遐迩贯珍》,1853年9月由英华书院印刷发行,每期12页至24页,到1856年5月停办,共出33期,麦都思、理雅各先后主持该刊,具体工作由黄胜经办,主要偏重科学、时事新闻、地理、天文、医学、商务,也有宗教宣传文字。刊登过《英国政治制度》《英国贸易新例使国裕民饶论》《花旗国政治制度》等文字,每期印数3 000册,远销大陆各地,总督、巡抚、工商士庶把它当新闻纸阅览。类似的期刊,在上海有《六合丛谈》,由伟烈亚力主编,自1857年1月起,到1858年3月,共出15期,内容主要是科学知识,艾约瑟、韦廉臣、慕维廉都是撰稿人,艾约瑟热衷介绍希腊、罗马历史、文化,《百拉多传》(柏拉图)、《和马传》(荷马)都是最早刊登过的文字。蒋敦复也写过该撒(恺撒)的传记。该刊2卷2号还登过《黑陆独都传》(希罗多德)、《伯里尼传》(普林尼),以及《重学浅说》(有单行本14页,伟烈亚力口译,王韬笔述),都是介绍西方文化、科学的早期文字。

原本为传教而介绍西学,但传教士在中国沿海地区早已发现,中国民众对基督教并无多大兴趣,而对富有科学知识的西学则充满热情。在少有排外心理而更具文明意识的上海尤其明显。因此上海的传教士率先走上了推行西学而逐渐摆脱宗教羁束的路,原因就在于以上海为中心的中国东南沿海的公众,处在全国农业和手工业生产的中心地区,尤其欢迎有关现代科学、技术、西方文化知识的文字。美国传教士林乐知在 1868 年办《教会新报》(初名《中国教会新报》,1874 年 9 月后改名《万国公报》)周刊,为迎合读者的需求,因此不得不大量增加时事与最新科学技术的报导,将教务新闻压缩到只占 20%以下的篇幅。后来英国圣公会传教士傅兰雅(John Fryer, 1839—1928 年)在上海创办《格致汇编》的科学杂志,更以传播科学知识为宗旨,从 1876 年 2 月起,断断续续延续了 20 多年,到 1892 年冬终刊,一共出了 60 卷,每期售价 100 文,还令傅兰雅本人赔垫了数千金。但这份杂志确实将在上海或曾在上海工作过的英美传教士,和诚心为中国引进西洋科学的中方知识界人士凝聚到了一起。

(三)西医与洋学堂起着推动中国沿海城市与欧洲文明接轨的杠杆作用

在中华大地上最早的欧洲式样的医院,是 1569 年在澳门开设的圣拉斐尔医院,备有床位 70 张。这样的医院在中国过去是从未有过的,在中国向来是医生个人开门诊,或者在药店里坐堂,要么是上门看病。至于看病的方式、方法与用药,差别就更大了。澳门的医院在以后两三百年中对中国人看病并未产生什么影响。找西医看病的多半限于欧洲人。1770 年英国东印度公司派大班常驻广州后,便有随船医生到广州,英国外科大夫因而常驻澳门和广州。英国人早已觉察到中国的保健和医药不如西医药,1793 年到中国各地考察的马戛尔尼使团,在他们的报告中,坦率地说:"中国的保健情况非常落后,全国没有一所正式医科学校。"又说:"中国的医学向不分科,一个人既是内科医生,又是外科医生,同时还兼药剂师。中国的外科知识比其他科更落后。对肌肉生疽,或者骨折,可以施行开刀手术,在中国是闻所未闻的事。"中国的外科不如欧洲是事实,但他们最看不惯中国不许男医生治孕妇的病,不许男的当助产士。对中国民间和医学界普遍使用的土方和草药,更是全盘否定,说得一无是处,特别指出:"许多江湖医生利用医学的落后以及人民的无知和迷信,故弄玄虚制造一些所谓的秘方来赚钱。"使团对中医的总体评价是:"中国没有医学教授,也从没有,除非秘密地进行人体解剖。中国医书上固然也有一些人体构造图,不过其中错误百出,有时还注上一些主管身体各部的神秘名字来代替其正确的形状和部位"(以上均见斯当东著:《英使谒见乾隆纪实》,中译本,上海书店 1997 年版,499—500 页)。中西医术差异之大,在 18 世纪末,已经是十分明显的事实,中国人一时很难接受西方式样的医药。不但中国的中医尚未能正确认识到西医比中医具有更多的合理之处,而且中国的公众普遍不相信西医的医术,对擅长病理剖析、动用手术治疗的西医的功效心存疑惧。西医往往在玻璃瓶中用药水保存人的脏腑作为标本向公众展示,但效果适得其反,流言蜚语随之而起,民众对西医的恐惧亦因此而生。中西文化的碰撞首先在生命科学领域获得的是恰好相反的回响，所以西医在当初难有进展。

最先打开僵局的是治疗天花接种牛痘的技术。中医在18世纪采用人痘接种疫苗预防天花，取得很大的成效，这种办法传到欧洲后，英国医生琴纳从1796年起采用新的治疗方式，试用牛痘接种疫苗获得成功，以后逐渐在民间推广，由西班牙传到菲律宾，1805年英国医生皮尔逊（广东人称啤臣）到广东后，在澳门为菲婴接种牛痘，又到广州去传播，受益的有几千人。牛痘吸引了广东人邱熺（约1776—1851年）去学西医，他在澳门向皮尔逊学会了牛痘接种法，使原本单靠人痘接种的中医产生了一种新的医术，30年中邱熺在全国各地用牛痘接种了100万名儿童。皮尔逊写的《泰西种痘奇法》也由英人译成中文，印本流传各地。于是西医首先在广东各地名声大振。

马礼逊到广州以后，认为施诊布道开展免费医疗，是西人接近中国平民的有效办法，乘机可以传教，发展信徒。1827年后，马礼逊和郭雷枢等人曾在澳门合开了一家眼科医院。后来郭雷枢到广州设立诊所，治疗眼疾和各种疾病。1838年郭雷枢、裨治文发起成立了中华医药传道会，呼吁英美传教医生来华开办诊所和医院，传播福音。五口通商以后，在1843年—1847年间，五个口岸都有了为华人施医的教会医院，但通常是一个医院只有一名主治医师。在香港开业的夏吐哗是伦敦布道会的医生，他在下环湾仔山上开设了医院。这些医院都是免费施医，所以叫施医院（Free Healing Hospital）。在这些口岸城市中，广州是以后几十年中，西医最集中的城市，是中国开展西医教育事业最早、最有名的城市。

美国美部会医生伯驾（Peter Parker）、英国伦敦会医生合信（Benjamin Hobson，1816—1873年），和美国北方长老会医生嘉约翰（John Glasgow Kerr，1824—1901年），是早期来华传教、开办医院最著名的医生。

美国医生伯驾，出身农民子弟，1834年获医学博士后派往广州，不久到新加坡学习中文，1835年11月在广州新豆栏街开办诊所，习称新豆栏医局，不久易名"博济医局"（Hospital Universal Love），给这位受过专业训练并专心传教的医生正式树立了西医施医院的牌子。伯驾曾帮新上任的钦差林则徐医治疝气开过药方，又参与过林则徐幕僚翻译《各国律例》的校订。1846年他以新发明的乙醚麻醉法给中国病人施行手术，取得成功后，西方医学同行十分赞赏他"用手术刀辟开了中国"，但他的传教虽有早期基督教信徒梁发的帮助，吸引了许多人参加做弥撒，却要到1847年才有一名中国信徒愿意施洗入教。

1855年伯驾赴京出任美国驻华全权委员，广州的医院便交给了他的同事嘉约翰接办。早期传教医生论名声、论业绩，嘉约翰与英国医生合信起过重要作用。合信后期事业由广州、香港转到上海，嘉约翰则始终是广州西医的顶梁柱。

合信在 1839 年 12 月抵达澳门行医,1843 年迁居香港后,回到英国娶罗伯特·马礼逊的女儿续弦。1847 年再度来华,并相继在澳门、广州开办惠爱医馆,在他的中国助手帮助下,开始编写西洋科学书籍,注力于传播西洋各科医学专门知识,在广州出版。1849 年他出版了《天文略论》一本 25 页的小册子,书中不但比较早地介绍了哥白尼的太阳中心说,而且也报导了 1846 年才发现的聂段星(Neptune,海王星)。1851 年出版《全体新论》,向中国知识界详细介绍西洋解剖学的最新成就,一扫中国学术界在这一领域中的空白。两广总督叶名琛下令翻刻,广为传布,并将书中 8 幅人体解剖图张贴在总督衙门,盛况堪比明末利玛窦绘制五洲地图引起朝野轰动,从此人体生理和保健知识在中国正式迈开了步子。1855 年合信出版《博物新编》(132 页),全书 3 集,第一集论物理,分地气、热、水质、光、电气五篇;第二集收入《天文略论》;第三集《鸟兽略论》,分论动物;三集内容囊括天文、地理、物理、化学和生物学,对上海的新知识分子徐寿、华蘅芳研习西洋科学起到过发蒙的作用。所以同一年上海的教会印书馆墨海书馆立即将《全体新论》和《博物新编》加以重印推广。

1856 年第二次鸦片战争爆发,合信转到香港,1857 年 2 月为接替上海仁济医院的空缺医席,在上海行医二年,后来在 1859 年初返英,得到兼通中西医理的管茂才(字嗣复)的协助,完成了 194 页的《西医略论》(1857 年)、73 页的《妇婴新说》(1858 年)、117 页的《内科新说》(1858 年)三部医学名著,由仁济医馆刊刻发行,后来更汇集成《合信医书五种》,继续在上海印发。从此中文中才有了关于西医学理、诊治方法和药物的完整的著作,《内科新说》第一次介绍了常用的西药 27 种,另有中西通用药物 46 种,总共 73 种。合信还批评中医没有严格的考核制度,缺乏人体解剖知识。实际是与西方医学教育相比,此时中国尚未建立起正规的医学教育制度,也不设医院,只有私人诊所;中医传授仍靠师傅带徒弟,而且没有医师学历及资质的考核与升级办法。

广州传教医生嘉约翰,1847 年在费城杰弗逊医学院毕业后,奉派到中国,1854 年到达广州后,在惠济医局工作。后来回国深造,再度来华,1859 年在广州南郊创办博济医局,一直开办到 1949 年才结束,名声之大,足以和 1844 年英国传教医生(洛)魏林(1811—1896 年)在上海创办的仁济医院、北京协和医院(前身是 1861 年(洛)魏林创建的双旗杆施医院)齐名,他和北京的德贞医生都写过许多医学专科著作,嘉约翰在培养西医方面所做的工作,则比之合信与德贞均有过之而无不及。

嘉约翰毕生都奉献给了中华西医事业,直到 1901 年 8 月 10 日去世,始终是博济医院的院长和外科医师。经他诊治的门诊病人有 75 万人次,经过他动手术的病人达 49 000 多人,其中有 1 300 例属于绝症,经手术后效果良好。1866 年他得到留美学医归国的黄宽(1828—1879 年)的协助,在博济医院附设了一所南华医学校。黄宽是中国第一位正式接受西方医学教育的西医,1857 年获得英国爱丁堡大学博士学位后,由教会派到博济医院行医,医学校开办后,由嘉约翰和他担任教学,嘉约翰讲授药学、化学,黄宽讲授解剖学、生理学、外科学。这所医学校本来只收男生,1879 年首次招收 1 名女生入学,初次揭开了在中国培育女医生的历史。苏州、上海教会医院随后也都增设了医学校,开展医学教学,美国南长老会在1899 年开办了广东女子医学校(1905 年改名夏葛医学校),这些医学校进一步引发了 20 世纪各地成立教会大学时,相继开设医学院,招收中国男女学生学习西医的风气。

嘉约翰对推动西医的普及不遗余力,他不满足于早先已有的英文西医刊物,在 1868 年开始编印《广州新报》周刊,专门介绍西医、西药。1884 年更名为《西医新报》月刊,是全国唯一的一份中文印刷的西医刊物。1886 年中西医药传道会在上海发起成立"中华基督教博医会"(China Medical Missionary Association),选嘉约翰担任会长,在上海出版《博医会报》,1887 年先出英文版,1888 年又同时印发中文版。医学名词的编译在嘉约翰的推动下,逐渐合理化,规范化。19 世纪 70 年代以后,嘉约翰在林湘东、何瞭然等中文助手协助下,编译了许多重要的医学著作,有《割症余书》(7 卷,1871 年)、《花柳指迷》(1872 年)、《内科阐微全书》(1873年)、《西药略释》(1875 年)、翻译《化学初阶》(1871—1875 年)、《西医内科全书》(1882 年)、《炎症新论》、《皮肤新论》(1888 年)、《妇科精蕴图说》(1889 年)、《西药名目》(1899 年)等涉及西医各科和护理、药学的专书,总数有 34 种。《西医内科全书》16 卷是晚清最重要的西医内科著作,被学校和教会医院采用作教材和临床参考。如果说,合信的医学五种对西医的推广起过发蒙作用,那么嘉约翰编译的著作则是当时外籍医生在中国推行西医临床经验的总结和进一步的探究。

西医全由外籍医生担任的局面,到 19 世纪末开始有所变化,一些在教会医院中就读和工作的华人,逐渐有机会受教会资助,到美国或英国去深造,回国后继续为教会医院工作,因而使教会医院出现了一支留学归来的中国医生队伍。广东中山人黄宽是最早的一个。以后又出现了出国学习的女医生,最早的是宁波人金雅梅,在纽约医院女子医学院以第一名的优异成绩毕业,1888 年归国后在厦门、成都为教会医院工作,1902 年到天津出任北洋女医院(今水阁医院)首任院长。其他出国留学的女医生有吴敬英、康爱德等,回国后在福州、九江、南昌等地行医,这些女医生全都是最早放足的一批中国知识分子女性。

到 19 世纪末,尽管西医医院已随着传教医生的足迹,从沿海、沿江深入到内地各省,但与中医中药的普遍相比较,仍只是沧海一粟,难以和结帮成群的中医、方医、巫医相颉颃。然而西医由点到面的推广,终究引导就医者对中医与西医产生了对比性的认识,中医难以治愈的疾病,西医却往往有手到病除的效果,中医误诊的病人,西却往往有对症下药的好处。这使西医在沿海沿江城市的推广产生了社会信誉,所以到 1889 年,教会医院一下子由 1876 年的 16 处上升到 61 所,药房也有 44 处了。不过西医诊治的病人仍然有限,一个重要原因是,政府并未对医疗事业的推广给予支持,而教会施医院光靠教会的拨款和社会募捐,又难以迅速壮大自身的队伍。所以到 20 世纪初,多数施医院在取得了一定社会信任、提高了知名度以后,便逐渐走上了依靠社会人士的捐款,改成收费医院的新路子。

天津的教会医院首先得到了当地政府的承认,在中国的西医教学事业上跨出了最早的一步。由于直隶总督李鸿章的支持,1880 年伦敦会传教医生麦根西开设了一所"养病院",英文就叫"总督医院"(Viceroy's Hospital),这使教会诊所一变而成官办的医院。到下一年年底,养病院又正式开办官立的医学馆,招生学医,为北洋海军培养经过科学训练的西医。这比 1887 年伦敦会在香港创办五年制的西医书院,招收孙中山入学又早了几年。1888 年 4 月麦根西病逝后,政府正式接管医学馆,1894 年扩建成北洋医学堂。从此医学教育首先在天津被纳入了官办的各项事业之中,取得了与单纯追求工艺与数学的精巧,以达到船坚炮利的洋务相并列的新政、急政、大政的项目地位,而更重要的还是,推动了社会上对西医的认可,使西医终于在盛行中医药的中国有了立足之地,像鲜艳的生命之花绽放在古老的中华大地上。

传教士在中国开创的另一项文化事业是开办洋学堂。洋学堂在 19 世纪 80 年代由于洋务派官员的支持,在国内掀起了学校制度的改革,成为推动中国现代化事业中带有根本意义的一项举措,对培育具有现代科学知识和技能的现代人起到了决定性的作用。它的起点是诞生在马六甲的中文学校。

伦敦会传教士最初在马六甲布教时,马礼逊就设想要兴办一所免费中文学校,吸纳贫困子弟入学,作为宣传教义的对象。这所学校由教会和马礼逊私人捐资,得到英国政府、东印度公司协助,在 1818 年年底开学,命名为英华书院(The Anglo-Chinese College),课程涵盖中学、小学两部,以中文和英文进行教学,目的在教授中西文学和基督教教义。教员有欧籍(主要是英籍)和本地华人出任教习。招生对象,一类是欧美籍基督教会教友,还有获得欧洲大学资助的各色人等;另一类本地青年,无论是自费还是受教会或其他资助者,一经入学,不必强制接受基督教信仰或进行礼拜。英华书院是一所既宣传宗教,但与宗教学校不同,主要以讲授语言、文学为主,按学生水准分班开课、循序渐进的新式学校。这所学校采用英文书籍和马六甲印刷所出版的中文书刊,作为讲授世界历史、地理、天文、数学、商贸、中文、英文课程的教材。书院在以后20多年中增设了华人女童学校、妇女成人学校,这使英华书院与中国内地的私塾式书院完全不同,至于妇女入学更是内地学校几乎从未有过的事。马礼逊去世后,由马礼逊教育协会发起,1839年11月4日在澳门开设马礼逊学堂,由美国长老会传教士布朗(Samuel Robbins Brown,1810—1880年)担任学堂校长。1843年迁到香港后,一度成为香港最有名的学校,1847年布朗带着容闳、黄宽、黄胜三名中国学生返美,帮助他们继续在美国深造。马礼逊学堂虽然开办的时间很短,但培养出了中国最早的一批留学生,回国后成为推行西潮的先锋。马六甲的英华书院,则在1843年迁到香港后,改称英华神学院,到1856年就停办了。香港的校址改建成中央书院,后来改称皇仁书院。

五口通商以后,传教士进入这些口岸,首先是印刷宗教宣传品,其次就是招收小学生入学,吸纳贫苦子弟进入教会免费学校,接受西方式样的教育。传教士就地编写的一些西学小册子,也就充作了最早的一批课本,蒙克利为香港圣保罗书院编有《算法全书》(1852年,36页),罗存德在香港编过《千字文》(1857年),伟烈亚力在上海出版过《数学启蒙》(1853年),合信《博物新编》有广州版、上海版,都是这类教学用书。这些权充课本的书籍,起到过发蒙的作用,大多内容浅显,尚未形成系统的科学读物,版式亦一仍其旧,线装竖式,自右而左,上下行文,不用标点,数字使用中文一、二、三、四,尚未采用"+"(加)、"-"(减)符号。理雅各在香港为英华书院编写的《智环启蒙塾课初步》(1856年)倒是使人耳目一新,全书200课,共55页,上栏英文,下栏中文,1864年出过修订本,日本江户有《翻刻智环启蒙》通行日本各地,是教会学校的一种初级读物。

新式学校因为办学的是洋人,是洋人按照他们洋学堂的一套开设的,所以民间习称洋学堂,以别于原有的私塾和官办的官学。在鸦片战争后最初40年中,这批洋学堂大多规模小,学制没有规定,往往时办时辍,经费无着。洋学堂靠的是免费入学,但注重宗教宣传,讲授国文(中文),以识字、作文为主课,同时兼授算学、格致(物理、化学、天文)、博物(生物、矿物)和国际知识(世界地理),提倡体育,锻炼学生的体魄。虽然这类洋学堂用自然科学和国际知识拓展了中国学子的视野,又要以基督教的神学去替代儒家的说教,但是这些给学生带来新知识的课程,在盛行科举而洋务尚未普遍兴起前,并不能左右学生毕业后的前程;因此有近半个世纪之久,洋学堂只是作为国民教育事业的一棵新苗在节节高升,不断成长,远未取得决定性的进展。

在通商口岸最先开办教会学校的是宁波,1844年爱尔德赛(Mrs. Aldersay)女士受英国东方女子教育促进会委派到宁波开办女子学塾,称宁波女塾,开设国文、算术、缝纫、刺绣、英文和圣经课程。1845 年招到 15 名学生,已经是极为难得的记录。因为社会上对女子入学尤其不放心,所以开始办学,爱尔德赛便遭到谣言恶意中伤,但爱尔德赛的坚毅抵住了逆流,使这所全国最早的女学得以生存下去。到 1852 年有 40 名学生,直到 1857 年,爱尔德赛到澳大利亚去养病,女塾并入了长老会在宁波开办的女子学校。这在"女子无才便是德"、女子向来不上学的中国,是破天荒头一回。而这个开头,终于一直坚持下去,促使女子与男子一样可以受到新式的教育,可以放足,可以与男子一样讲究平等的地位,首先在婚姻与家庭的组合中,伸张女权,进而在社会上有了取得工作的权益,逐渐将妇女从封建压迫下解放出来,女医生、女护士、女教师成了知识妇女首选的职业。到 1860 年,沿海各个口岸共有教会女学 12 所。

1845 年美国长老会传教医生麦嘉缔(1820—1900 年)在宁波开办崇信义塾,开设中文、英文课程,1847 年长老会又在宁波另创女子学校,爱尔德赛开办的女塾后来并进学校。厦门开始办学,是 1845 年美国归正会开设的第一日校,1847 年归正会传教士打马字·马利亚在厦门开办女学,后称毓德女学堂。1847 年上海有了教会办的怀恩小学,1850 年有圣公会办的英华学塾,浸礼会碧架创办的女塾,1851 年公理会裨治文夫人(Eliza Gillette)开设了裨文女塾(后称上海市第九中学)。1860 年美国北方纽约长老会范约翰建造的清心书院,原是男校,1861 年又在大南门办女校,后来并成著名的清心中学。法国天主教会向以培养宗教人士为主要目标,他们将目光盯向上海,在上海办学,最早的是 1849 年年底,晁德莅在上海西郊徐家汇创办的徐汇公学,当初仅有学生 12 人。法国各女子修道会在上海先后开设的小学有圣若瑟学校(1847 年)、六童学校(1847 年)、圣鲁意学校(1850 年)、仿德小学(1852 年)、明德女校(1853 年,后改蓬莱中学)、徐汇女校,这使上海在全国创办女子学校方面,一如香港,走在了最前列。

到 1860 年时,天主教开办的学校吸纳的学生达到了 1 500 人,基督教成立的学校只拥有 600 名学生。这个比数,一直延续到 19 世纪末,天主教各差会开办的学校,无论在建校数目和培养的学生数,都在英美基督教会学校之上。到 19 世纪 80 年代,美国掀起了向海外宣教的热潮,发动了许多受过高等教育的美国青年去海外,以顺应美国在世界各地扩张权益导致的各项事业的人员需求,促使基督教在中国的传教事业有了成倍的增长。中国的教会学校也由小学向初级中学发展,沿海重要通商口岸陆续建立了高级中学,在北京、上海、登州、苏州、南京、杭州先后开办了一批包括初中、高中的完全中学。1885 年丁韪良在 1865 年开办的崇实馆基础上扩建的崇实中学,是全国第一所完全中学。其他各校自 1880 年以后先后向这一目标发展的,有上海约翰书院、登州文会馆、南京汇文女学、上海中西书院、苏州中西书院、福州鹤龄英华书院、杭州长老会书院、上海中西女塾等著名的教会中学。

到1914年第一次世界大战爆发时为止，基督教（英国、美国、德国）各差会所开办的学校，已在办学层次和教学设施等方面超过了天主教各差会所办的教会学校，拥有多所高等学校，而天主教办学层次低，仍以小学居多数，它办的学校分成吸收教外人士就读的普通学校和专收教徒子弟的教理学校，两类学校各占一半，教理学校的毕业生绝大多数仍被教会事业所吸纳，对社会的影响要小得多。基督教共有小学、中学和高等学校4 153所，容纳的学生达112 542名；天主教共办学8 034所，吸收的学生是132 850名。尽管在学校数和学生数两方面，天主教所办学校仍比基督教开办的学校要多，但基督教开办的学校，无论在办学层次、培养的人才、提供的社会效益与对社会的影响等诸多方面，取得的优势已经是十分清楚的事实。

（四）李善兰和传教士在上海合作译书，开启传播新知识的发动机

基督教教会为了传教，开动了现代化的印刷机去印发大量的图片，作为有效的传导方式，借以吸引公众去做礼拜，听弥撒。早期印刷品大多是祈祷文、赞美诗、养心神诗、教义说理、使徒言行录、洗礼规式、圣书要说、圣经释文、耶稣教略之类的宗教文字，再辅以天文、地理知识，好使中国公众了解欧洲和美洲国家的国情。西方科学知识的介绍是从1860年以后，为顺应教会学校开设小学高年级和中学课程需要的课本而陆续编译。传教士在各个口岸设置印刷所，上海与宁波属于最早的一批。

上海的印刷事业，从英国伦敦会教士麦都思到沪宣教开始。麦都思早年受过印刷专业训练。1823年创办巴达维亚印刷所以后，自编自印各种中文著作28种。1843年他经香港在12月中旬抵达上海，巴达维亚印刷所随即迁到上海，取名墨海书馆（London Missionary Society Press），1844年便开业了。下一年美国长老会在宁波也开办了印刷所，这印刷所是由于1844年移居澳门的美国传教士柯理的提议，从澳门迁到宁波的，1845年9月以华花圣经书房（The Chinese and American Holy Class Book Establishment）的名义正式开业。到1860年，这里一直是上海以外印刷量最大的教会印刷所。除了大批宗教印刷品以外，也印过几种介绍科学知识的书，最重要的一种是传教士祎理哲（R. Q. Way）编写的《地球说》（1848年，53页，1856年修订本《地球说略》，114页），有各国国旗图样，魏源《海国图志》据此书引了34处，后来传入日本，被采用作世界地理教科书。1860年12月华花圣经书房迁到上海东门，后来迁到北京路，由美国长老会传教士姜别利（1830—1886年）主

持。姜别利发明了电镀字模,按大小分成 1 号至 7 号字,当时称美华字,又叫仿宋字,后来大量制造这种省工又美观的铅字,被北京、上海等地的书局、报馆采用,并传到了日本。

墨海书馆在 1847 年 8 月得到精通中文的伦敦会传教士伟烈亚力(Alexander Wylie, 1815—1887 年)协助主管以后,不但麦都思从事翻译《圣经》新译本的工作有了得力助手,印刷《圣经》得以着力进行;而且伟烈亚力依靠他的博学,主编了《六合丛谈》,辟通了传播西学的途径。更重要的是,他和精通中西数理科学的李善兰合作翻译西方科学经典著作,使西学的介绍从此在中西人士合作下,首先从上海开始,走上了正规化的道路。自幼受到中国传统教育的海宁人李善兰(1814—1884 年),最专精的却是数学这门现代科学的基础学科,在高等数学造诣尤高,因此他对科举仕途不感兴趣,专与邻近地区爱好自然科学的知识分子戴煦、张福僖等结交。他所作《对数探原》,运用尖锥求积术确立了简易形式的积分学,1852 年伟烈亚力见到此书,认为他的成就与对数发明者英国数学家纳普尔相比,简直不相上下。1852 年 5 月李善兰从海宁来到上海,进入墨海书馆,受到伟烈亚力的欢迎,决定合作翻译深奥的数学和天文著作。当时翻译西书,都以西方传教士为主译,中国知识分子当助手,译与述分成二步走,合起来才能完成一本专业书的翻译。原因是西方传教士虽然懂得中文,但笔译有困难,中国助手诚然对译书的内容能理解,但还难以把握书中的精微,尤其是许多专业术语尚无前例可循,必须中西人士结合,才能使译事顺利进行。

李善兰在此后十多年中,与先后在墨海书馆工作过的传教士合作译书,使中国从此有了一批西方科学传世之作的中译本。李善兰首先与伟烈亚力合作翻译的是古希腊欧几里得的《几何原本》,原本 15 卷,明末利玛窦与徐光启费了 4 年时间,到 1607 年五月仅译出前 6 卷而作罢。李善兰根据英国人柏洛(Issac Barrow, 1630—1677 年)的英译本续译,同样花了 4 年时间,到 1856 年译毕,全书到 1859 年才正式印成《续几何原本》(401 页)面世。后来雕版毁于战火,李善兰亲自说服了两江总督曾国藩,由曾氏出资,将徐、利所译 6 卷与李、伟续译的 9 卷合成一书,在 1865 年刊印。

李善兰又与英国传教士艾约瑟合译胡威立(1795—1866 年)的《力学》(Mechanics)20 卷,凭着"朝译几何,暮译重学"的热忱,到 1865 年与《续几何原本》同时译毕,牛顿力学三大定律于是在中国有了科学的阐释。李善兰与艾约瑟后来又译出英人林德利(1766—1865 年)的《植物学》(1857 年),全书 101 页,附有 200 幅植物标本图,植物学这一学科由李善兰订名后,沿用到今,并且由日本求道馆在 1867 年翻刻,1875 年日本出版译本,不再用原先翻译的"植学",而改称"植物学"

了。李善兰与伟烈亚力还合译英国棣么甘（1806—1871年）的《代数学》13卷、美国罗密士（E.Loomis，1811—1889年）的《代微积拾级》18卷，二书在1859年出版后，历半个世纪之久，被新式学校用作中学数学教材。两人合译英国天文学会会长约翰·侯矢勒（John F. W. Herschel，1792—1871年）的《天文学大纲》（1859年），哥白尼学说因此在中国确立，1861年便有日译本出版。

由李善兰确立的数学名词，有几何学、代数学、解析几何、微积分等总共130多个，抛物线、微分、积分、函数、未知数、方程式等无数基本术语一直沿用至今，并流传到日本，为中国教育进入现代科学奠定了基础，创造性地为中国科学加入世界科学界行列开启了大门。1868年李善兰被调往京师同文馆任数学教习，在北京传习兼通中西科学的学生，培养更多的学子为即将迎来的现代科学的繁荣继续付出辛勤劳动。他在上海的译书工作已使他在引进现代科学、推动西方科学成就植根中土的道路上，走在了全国的前列，在上海首先掀起了新知识运动，为不久以后在江南制造总局下设立的翻译馆和基督教教会组织益智书会推进新式教育事业，起到了开路先锋的作用。

在19世纪70年代，基督教教会学校已发展到300多所，由于各差会办学都按本会的意旨，在教学秩序和课程设置、教材编印方面并无统一安排，教育水准因此参差不齐，基督教传教士在1877年5月上海召开的全国大会上，决定成立"学校及教科书委员会"（School and Text-Books Series Committee），协调教会学校的教育工作，由丁韪良任主席，中文名称定作"益智书会"。书会的工作主要是审定和编辑教科书，作为教材推动学校提高教学质量，使教学向规范化方向发展。教科书要求在宗教与科学结合的原则下，根据中国社会风俗，编辑学生和教习教可使用，教内与教外学校都可适应的课本。受聘为书会总编辑的傅兰雅（John Feyer，1839—1928年）却只同意编辑非宗教的教科书，书会同意他的意见之后，傅兰雅从1879年到1896年辞职去美国加州伯克莱定居为止，为编印、审订教科书投入了大量工作。列入教科书的书籍超过了100种，印刷3万多部，使普及西方科学知识收到了实效。1905年益智书会正式改名中国教育会（Educational Association of China），和1890年5月成立的中国教育会的英文名称完全统一起来。1915年中国教育会改组，取名中国基督教教育会（China Christian Education Association）。

益智书会审定的教科书，一部分是益智书会新编的，一部分是重印先前业已出版，经审定可以列入教科书的，包括江南制造局印刷、美华书馆发行的出版物，以及任海关总税务司署翻译的艾约瑟译自英国麦克米伦科学启蒙系列丛书的《格致启蒙十六种》（1886年总税务司署印）。到1890年为止，益智书会自编自印的图书已有80多种，其中由傅兰雅编译的科学教科书就有42种，傅兰雅编写的《格致须知》(3集24册)和《格物图说》(教学挂图40种)是其中的精品,适合中学教学使用,后来也被许多新式学校定作最合适的教材和教具,在中国知识界属于耳目一新之作,敦促了无数家长因此送子女去上学。

益智书局对于术语汉译的审订工作也作过积极的努力。由于传教士的汉语知识有限,他们的助手又因方言和专业知识水平不同,形成同一译名的许多异译,增加了对译本理解的难度,益智书会自1878年3月起,着手进行了调查,参照以前已经出版的合信编《医学英华字释》(1858年)、卢公明编《英华萃林韵府》,并根据傅兰雅在江南制造局翻译馆积累的术语译名36 000条重加厘订,先后由江南制造局印成《金石中西名目表》(简称《化学表》,1881年)、《西药大成药品中西名目表》(又称《西药表》,1887年)、《汽机中西名目表》(1890年)四种。在傅兰雅离任以后,术语译名工作继续进行,最后汇集成两部辞典:一是1901年出版的《协定化学名目》(狄考文编,上海),二是1904年汇集的《术语辞汇》(狄考文编,上海)。两部辞典反映了最新的科学术语,比江南制造局翻译馆的译书中使用的术语有了很大的进步。《术语辞汇》更可以算作中国第一部现代科学技术词典,属于简明百科辞汇,涉及门类多达50多类。

在19世纪末称得上基督教教会出版业台柱的是广学会。广学会的前身是1887年11月1日伦敦会的韦廉臣(1829—1890年)在上海创办的同文书会,英文名The Society for the Diffusion of Christian and General Knowledge among the Chinese,是一处向华人传播基督教和普及知识的宗教机构,发起人还有赫德、林乐知、慕维廉等外交官、传教士、医生和企业家,会长由赫德担任,韦廉臣是协理兼秘书,后来称总干事。1890年韦廉臣病故后,由李提摩太(Timothy Richard, 1845—1919年)继任,一直到1916年辞职为止,任职历25年之久。

李提摩太在1869年由英国浸礼会派遣来华传教,先后在山东、山西传教、赈灾。李鸿章向他指出,读书人并不相信基督教,只有受赈的灾民才奉教。这使李提摩太觉得传教必须有知识界的支持才能产生实益。1890年7月他到天津任《时报》主笔一年多,发表了200多篇社论,1895年集成《时事新论》一书。1891年10月,他出任上海同文书会总干事,1894年书会中文名称改成广学会(Christian Literature Society for China),向公众亮出了书会的宗旨在向中国推广西国之学,而这西国之学,在传教士眼里无非是基督教文明的同义词。李提摩太上任之后,开始将广学会的工作重点转向士绅和官员。在上海、苏州、广州等地开展有奖征文,将美国传教士林乐知主编的《万国公报》作为广学会的会刊。宣传维新变法,推动上层社会的改革思想,目的在将原本着重宣扬西方科学技术的洋务运动提升到效法欧洲议会政治的宣传活动上来。为配合这一行动纲领,加强出版宣扬欧洲各国经过革新走上富强之路的各种书籍,推动西学的传播从学习西艺拔高到效法西政。

李提摩太结交官绅,使他通过宣教达到推行新政的目的有了进展,收到了实效。李提摩太甚得李鸿章器重,他到天津任《时报》主笔是李鸿章推荐;他得到张之洞的赏识,张之洞希望他协助从政,资助他大笔经费,后来张氏出任湖广总督,照李提摩太的建议采用了许多新政,使中部地区得到开发。他结交的政府要员还有左宗棠、曾国荃、曾纪泽、翁同龢、孙家鼐,维新人士康有为、梁启超更曾与之策划变法。李提摩太参与了19世纪与20世纪之际许多国家大事的谋划,虽然历史的进程并未如他曾经设想的那样——得到实现,但他确是第一个利用庚子赔款在中国办学堂,并获得成功的人。义和团运动以后,他建议将山西分摊的赔款银50万两在山西开设学堂,讲授中西学问,这项建议得到了实现,李提摩太因此就任山西大学堂的第一任西学专斋总理,为此奔走于上海、太原之间。

广学会为推行西政出版了大量的书籍,分发给各省督抚以下地方要员,产生的影响极为广泛。广学会的许多重要书籍和时事评论都是先在《万国公报》上发表,随后汇集成书的。《万国公报》的前身是林乐知主编由美华书馆出版的《教会新报》,1874年9月出满300期后,改称《万国公报》,仍为周刊,中间一度停刊。1889年2月复刊后改为月刊,成为广学会会刊,仍由林乐知主编,到1907年年底结束。公报初印1 000份,后来因报导中日甲午战争,销量一增再增,从1896年到1900年他们出版的《中东战纪本末》初编、续编、三编,更赢得了广大的读者。1898年维新运动高涨时期,《万国公报》的印数竟高达38 400份,居全国各大刊物印数之冠。李提摩太的重要著作大多在公报上刊出,有专论财富生产和分配的《论生利分利之别》(1893年),宣传改革的《列国变通兴盛记》(1894年),改译1889年伦敦出版英国史家马恳西的《泰西新史揽要》(1894年),创议教民、养民、安民、新民的《新政策》(1895年)。《列国变通兴盛记》和《泰西新史揽要》对鼓动维新变法起到了轰动效应:前者着重论述俄国大彼得兴国和日本明治维新,被介绍给光绪帝披览,受到赞许;后者讲述19世纪英国和欧洲各国利用科学发明求取进步,宣扬了社会进化论,对渴求强国、富国的中国公民递送了真实的信息,报道了正在日新月异的世界,成了最畅销的热门书,初版就印3万部,但仍然难以满足各方需求,各地纷纷翻刻,虽禁而不止。张之洞在1893年初见部分译稿后,便大加赞赏,给广学会拨银1 000两以资助。到1903年,广学会出版各种书籍250部,收益竟高达25万银元,这已经是1895年出售书籍5 000元的50倍了,为当时中国出版界所罕见。广学会的许多书籍却是靠广泛捐赠赢得反响的,许多书刊因此进入了督署衙门,也深入到云南、四川的山村;广学会传教士对朝政的批评与建议成了维新派人士的语言；广学会出版的书籍有 129 种被试图推行新政的光绪帝订购；广学会出版的美国贝拉米的科幻小说《百年一觉》(1894 年)，就是康有为理想的未来世界。

三、 西学在论争中推进

(一) 文化价值观的变化：从西学中源到中体西用

1839 年 3 月林则徐奉派到广州查办鸦片走私贸易，林则徐针对时局，提出"师敌之长技以制敌"的对策，立即筹建了一支备有新式船炮的混合舰队。可是英国当局并不甘心贩运鸦片遭到的失败，于是中英之间爆发了鸦片战争，结果，不堪一击的清政府只得以屈辱的割地赔款认输。从此不平等条约便接二连三，直接威胁到大清帝国的生存与兴衰。林则徐在任职期间掀起了一个向西方国家学习新知识的运动，被其幕僚魏源写进《海国图志》，改成"师夷之长技以制夷"，奉为依据的仍是三千年来"夷夏有别"的那种以中土为本源的文明思潮。从此以后，对此信之、奉之者固不乏其人，然而反对者、责难者亦纷至沓来。在中西文明发生冲突之际，识事务者不得不认真地对两大文明作出辨源流、争本末的思考。

从 3 000 年前的"夷夏有别"，到 19 世纪的中国与五大洲之间的关系，尽管在时空领域已经放大了几十倍、几百倍，但是以西方国家(欧洲)为主体的世界体系与以华夏为主体的东方国家(东亚)之间，在两次鸦片战争期间的士大夫看来，仍然不过是当今的"夷夏有别"而已。到第二次鸦片战争中国被迫全面开放以后，清政府才改以"洋人"替代早先称呼欧洲人的"夷人"；称涉外事务为"洋务"，以替代早先的"夷务"。但在欧洲人看来，对他们最合适的称谓应该是"西人""西国"，"洋务"最好改称"西学"或"西化"。

在中国知识界，无论是主张引进西学的，还是反对学习西学的，几乎一致认为西学源出中学，19 世纪因此在西学流行的同时，中国知识分子对中西学术关系一直盛行西学中源的学说。最根本的一条是，中国是个有悠久历史的文明古国，中国的天文历算、农艺机巧都比欧洲要早，在历史上找到的根据是周末畴人子弟失官分散，复经秦火，中原典章缺佚，海外支流反得真传(见康熙帝主纂《数理精蕴》卷一《周髀经解》)。当东方与西方两大文明在战火中发生激烈冲突时，一方面是双方对比过于鲜明，另一方面是，落后挨打的中国却又从历史源头上找到了西学原本出自中国，这样一种足以使国人自慰的思想，仍然可以激活当前"夷夏有别"的尴尬局面，使之继续存在下去。于是人们从墨子那里找到了基督教教义的出典,在管子那里发现了最早主张地圆说的数据,从唐代僧一行那里体察到了火车发明的原理。当时有一个名叫王仁俊的人,为此从中国的经、史、子、集四类典籍中辑出了183个实例,证明西学源出中国。对于反对向西方学习先进科学技术的反对派来说,因此就找到了可以不学或不屑于学的依据。1867年恭亲王提出在京师同文馆中筹建天文算学馆,请洋教习开课,招募科甲正途官员学习天算、机器制造时,大学士倭仁便从"求制胜必求之忠信之人","求自强必谋之礼义之士"出发,对"今以诵习诗书者而奉夷人为师,其志行已可概见"为由一再反对。将诗书与术数相对立,是科举制度下培养出来的士大夫的通病,是造成科学在中国日益衰落的一大弊政。由林则徐倡导的新知识运动因此首先陷入了"教化"与"机巧",两者之间何者为本、何者为末的争论。

李鸿章、左宗棠等最早推行洋务的中流人物,都认为中、西各有其本末观,即便是末技,也不能让洋人独专。在19世纪中叶,李鸿章早就以为中国文物制度是本,西洋机器是末,追求自强之道在学外国利器,进口机器,"师其法而不必尽用其人"。即使这样,中国文物制度仍然远在外国之上,并不会动摇传统文化的根基。左宗棠以为"中国以义理为本,艺事为末;外国以艺事为重,义理为轻"。"谓我之长不如外国,藉外国导其先,可也;谓我之长不如外国,让外国擅其能,不可也。"(《左文襄公全集·奏稿卷一八》)

1861年在议论如何对待西学时,李鸿章的幕僚冯桂芬也主张坚持中国原来的纲纪,"以中国之伦常名教为原本,以诸国富强之术(指历算、格致及各种机器——引者)为末"(《校邠庐抗议·采西学议》卷下)。强调要学习的只是西方的技艺,与稍后明确的"中学为体、西学为用"思想有它的一致性。在郑观应看来,"以西学言之,格致、制造等学其本也,语言、文字其末也;合而言之,则中学其本也,西学其末也"(《盛世危言·西学》卷二)。代表的是中国士大夫的居高难下的心态,还远没有找到通达引进西学的门槛。

在19世纪80年代以前,几乎所有的中国人还不明白,西学自有其本末,对于西学的原本还全不了解。其中一批对西方科学成就极有兴致的中国知识分子,除李善兰外、徐寿(1818—1884年)、华蘅芳(1833—1902年)、徐建寅(1845—1901年)在上海先后和英国、美国传教士合作翻译西方科技书籍,取得了巨大的成就,将李善兰在上海发动的新知识运动继续进行下去。1865年李鸿章在上海成立江南制造总局,在造船、制炮的同时,抓了人才的培训和机械产品的研发,并在1868年5月根据徐寿、华蘅芳等人的建议成立了翻译馆,及时传译大批急需的机械制造以及声、光、化、电、医药的科学著作。第一批在1871年用木刻线装出版的有《汽机发轫》《汽机问答》《运规约指》《泰西采煤图说》。翻译馆聘请英国伦敦会的傅兰雅任提调兼口译,从1868年5月进馆到1896年去美国加州定居,傅兰雅与徐寿、徐建寅父子、华蘅芳、王德均、赵元益合作,总共译书79种,占了江南制造局出版书籍的1/3。这个翻译群体孜孜不倦地翻译实用技术书籍的同时,早就注意到声、光、化、电和地质、医药等学科的学术名著的介绍,对西方先进的科学做了十分扎实的媒介工作,是早期专注于钻研西方"末"技的介绍、为中国建设现代科学打下基础做出成绩的一个群体。他们并没有由于中西文化本末之争而让时光白白溜走,一直在扎实地建造科学的金字塔,期待着有朝一日中国也会走上富强之路。

这批很早就接受西方科学的人士后来又有机会去欧洲实地考察,对西方国家的政治体制、社会结构和道德观念有了实际见闻,于是开始对西学的"本末"有了初步的认识。1867年以后跟随理雅谷到英国和欧洲考察过的王韬,方始有了一种新的说法,他是以治民、储才等政法体制为本,而将枪炮、舟舰等实用技艺视之为末(《弢园文录外编·兴利》卷二)。1876年出使英法大使郭嵩焘到达英伦后,据他观察,"西洋立国自有本末"(《使西纪程》)。王、郭两位使者,一为文化使者,一为外交使者,先后以亲身见闻体认到西洋(欧洲)各国也并非像早先一般中国文士和官员认为的那样,认为西洋各国是并无礼教、政治可言,只凭利器、坚船攻击他国的国家。几位进步人士逐渐知道了欧洲国家的立宪体制、议会政治才是它们的本体;了解到仿效西方国家不能只限于建立船厂,制造枪炮,成立外语学校(同文馆),翻译西书,开设武备学堂、医学堂和各类新式学堂。到19世纪90年代,改革派要求开民智、立民权、设议院的呼声一浪高过一浪,反对派更起而攻击民权、民主不合中国纲常礼教,王仁俊评论民主的弊害有九,第九条就是"西国振兴,不系乎民主"(《实学评议》,《翼教丛编》卷三)。王先谦在《复岑中丞》书札中以为,西方民治,是由于民性尚公,中国民性自私,不宜行自治的政治(《虚受堂书札》卷二)。再往后,连推行洋务不遗余力的张之洞也为之坐立不安了,他抨击"近日风气,其赞羡西学者,自视中国朝政民风,无一是处",以此责问:"不知二千年以上,西国有何学,西国有何政?"(《劝学篇·外篇》益智第一)这时改革的要求已触及国家体制,涉及纲纪法律,于是身为总督大吏的张之洞挺身而出,著《劝学篇》以维护传统的体制,竖起"中体西用"论的大旗,去压制仿效西政的改革呼声。

"西学中源说"在19世纪所以能够得到张扬,是中国人初步认识到西学已经具有的进步性以后对传统文化的一种新认识,然而这种认识是十分肤浅而近于迂腐的。同一时期,在欧洲却由于受到考古新发现的启发,而引发了"中国人种西来说""彩陶文化西来说""中国文化西来说""腓尼基文化远播山东说"之类的多种学说,提出数千年前就已展开的地中海文明传播东亚的假设,不承认东亚文明具有可与地中海文明比肩而立的独特地位。当日本由于坚定地奉行"脱亚入欧"政策获得成效时,中国这才感到再也不能空谈"西学中源"以自慰,而弄出一个"中体西用论"来应对向中国席卷而来的西潮。

在张之洞的《劝学篇》正式出台以前,1895 年 4 月编者沈毓桂在《万国公报》上发表《匡时策》,对中学、西学的关系作进一步的阐释:"夫中西学问,本自互有得失,为华人计,宜从中学为体,西学为用。"中体西用,是调和中学与西学,使之各得其所,照沈毓桂的说法,是最适合中国人的一种办法,在工业化大潮冲击下,世界各国都在效法西学的长技,中国已经落后一步,因此挨打,但中华文明有几千年传统,一时难以全废,于是保存根本的体制与传统文化,而适当采用西方先进的科学技术,似乎最为合乎时宜。

沈毓桂以中学、西学的本末关系,化解成体用关系说,在同年 4 月得到后期洋务派领袖人物张之洞的体认,以为中学要保存、要加固,西学则出于时势的需要,不得不讲究、不得不引进。张之洞并没有将制度与技艺对立起来,看来他是了解西洋立国自有其本末的,因此不便将中国立国之本与西洋立国之本置于对立的地位。出于当时"旧学恶新学""新学轻旧学",彼此水火难融,所以他要对两者加以会通,期盼出现一个"中学为内学,西学为外学;中学治身心,西学应世事"(《劝学篇·外篇·会通》)的新局面。《劝学篇》中的体用观干脆以旧学、新学来区分,在《外篇·设学》中提出"旧学为体,新学为用",要求"新旧兼学"。明确规定四书五经、中国史事、政书、地图是旧学,西政、西艺、西史是新学,"旧学为体,新学为用"。宣称中学为旧学,西学为新学,西学的内涵从西艺扩大到西政、西史,承认学校、地理、度支、赋税、武备、律例、劝工、通商都属西政,西艺则有算学、绘学、矿学、医学、声学、光学、化学、电学。后人因此都以张之洞为"中体西用"说的主将。

张之洞的这些主张,更多地靠近了方兴未艾的维新派的主张。缘由之一,是这些改革的旨意有些直接来自广学会的李提摩太的擘画。所以连中法都要加以整顿,"整顿中法者,所以为治之具也;采用西法者,所以为富强之谋也"(《张文襄公全集·奏议》卷五三,《遵旨筹议变法谨拟整顿中法十二条折》)。前者在安内、求治,后者在强国、求富。将中学与西学的区别局限在学术与学科领域,果然放宽了引进西学的尺度,从西艺扩大到有学校、工商、法制在内的西政,是针对甚嚣尘上的变法自强的浪潮而推出的一种以退为进、以守为攻的策略,目的在保伦纪、圣道、心术,而筹划同样可以得法制、器械、工艺革新之利。张之洞采用了炫人耳目的障眼法,试图调和顽固的守旧派(保皇党)、业已走入穷途末路的洋务派,以及方兴未艾的维新派之间难以弥合的政治分歧。这已经注定这一理论在实践中定会陷入势难立足的僵局,而难逃覆灭的结局。

张之洞用"道法"关系解释"体用"关系,以为心术是"道",道与法的关系是:

"法者所以适变也,不必尽同;道者所以立本也,不可不一。"解释道本,就是作为中国传统文化根基的三纲四维;所以道者、本者,实际上无非建立在封建土地所有制和官僚等级制度纲纪基础上的"道"与"本"。中学与西学之难以相容,却是一个超越了"君主集权"与"公众议政"是否可以融成一体的政治体制与道路问题,殊非中学与西学是否可以相互结合、相互利用的问题。所以虽然"中体西用"被孙家鼐写进了京师大学堂的办学方针里,在梁启超代拟的京师大学堂章程中,也贯彻了这个中学为体、西学为用的理念,以为"二者相需,缺一不可",但是对于政治体制的改革来说,只能是一种使守旧派为之欢呼、洋务派为之得意的口号。而涉世未久、阅历未深并指望"托古改制"会获得成功的维新派,因此也在迷迷糊糊中跟着起步的口号,"中体西用"在后来中国的政治实践中,注定只能成为空中楼阁的一堆废纸。

从"西学中源"到"中体西用",折射出中国在传统文化受到西学新潮的冲击过程中,由"夷夏有别"观念逐渐融入西潮,在价值观上所具有的过渡性质;是根深蒂固的儒家文明在采取"中体西用"方式的转换前,竭力为辩解其生存的永久性而提供的理论武器;是注定一旦走上这条道路以后,最终陷入"体用合一"框架的历史命运,由此揭示的一种抗争与排解的努力。而在日本,同样的改革,早已在19世纪80年代,对东方式的君主集权制纳入欧洲模式的立宪集权政治制度作出体认,付之实施,并取得了成功。中国的执政者却是在革命党人已经组织起来,提出了"驱逐鞑虏,恢复中华"的奋斗目标的时候,才唆使一批像张之洞一类的后期洋务派汉族权贵抛出"中体西用"的法宝,试图从日本政界的实践中找到同样的归宿。然而由于国内民族矛盾之深,与积重难返的儒学礼教文明所造成的抵制西化势力之强,这样的努力,只能落得一个与大清朝同归于覆灭的历史命运。张之洞与大隈重信的不同,使得张之洞无法由专制政权的实权人物转变成为与他出身相同的资产阶级民权运动的鼓吹者,而只能以清王朝朝臣的身份与王朝沦于同样的结局。用张之洞的忠实幕僚辜鸿铭的心态来表述,就是清议派最终成了"孤家寡人",而难逃公众的裁决。

(二)天演论与民权思想的张扬

中日甲午之战,以中方北洋舰队的溃败告终,迎来的是又一场割地赔款的悲惨结局,对以自强求富的洋务运动不啻是当头棒喝。貌似新鲜的"中体西用"却难以从传统的儒家学说中找到变革的依据,于是一批紧跟文明大潮的有识之士,从西学那里找到了进化论作为革新的武器,要求变法,推动新潮。

进化论在19世纪译作天演论,虽然英国博物学家查理·达尔文(Charles

Robert Darwin，1809—1882年）早在1859年发表的《物种起源》中提出了这一生物进化的科学理论，但中国人提到这一学说，已经是19世纪80年代了。在上海办三等学堂的钟天纬在1889年春写过一篇《格致说》，第一次专门介绍达尔文的进化论，以及将进化学说引入人类社会的施本思（斯宾塞，Herbert Spencer，1820—1903年）的思想，指出近人译有《肄业要览》（译者是留美归国在圣约翰书院任教的上海人颜永京）一卷。他介绍达尔文（原译达文）《物种起源》中论万物分种类之根源，并论万物强存弱灭之理，大旨讲："凡植物动物之种类，时有变迁，并非缔造至今一成不变，其动植物之不合宜者，渐渐澌灭，其合宜者得以永存。此为天道自然之理。"这篇文章是应上海格致书院课艺在1889年春季特课，对李鸿章提出的西方格致学从亚里士多德、培根，到达尔文、斯宾塞之间演进过程的简略叙述；第一次点出了达尔文学说的精义"物竞天择、强存弱灭"。

第一个系统地介绍达尔文生物进化论的是福建侯官人严复（1854—1921年）。严复在1876年由福建船政学堂派往英国学习海军，1879年回国后，历任天津的北洋水师学堂总教习、总办。甲午战役后，中国从自强转入保国、保种的救亡运动，这时在天津办《直报》的严复，在该报发表《原强》一文，专门论述达尔文的学说，称述达尔文经20多年对采集的动植物化石标本进行研究之后，发表了《物种探源》（《物种原始》），奠定生物进化学说，致使"泰西之学术政教，一时斐变"。介绍书中有两篇是西洋家喻户晓之作，一篇叫物竞，另一篇叫天择。"物竞者，物争自存也；天择者，存其宜种也。"严复此时正在翻译英国生物学家赫胥黎的《天演论》（Evolution and Ethics，1894），原书称《进化论与伦理学》，出版才一年，就被严复选中，以为进化论的原理"优胜劣败"足以唤起陷入民族危机的国人负起"与天争胜"、救亡图存的时代使命。所以他在《原强》中已表示"动植如此，民人亦然。民人者，固动物之类也"，认为生物进化的学说对人类社会同样适用。其实赫胥黎的原意，是在阐述能够说明生物进化原理的进化论思想，如若将它搬作社会的演进却并不合适，但严复看中了此书解释进化论通俗易懂，可以向国人推荐。

1896年《天演论》译稿方脱稿，便被梁启超看到，立即加以宣扬。主张改革的新派人士先是从李提摩太译出的《泰西新史揽要》（蔡尔康述）中看到，西方国家在19世纪从一种几乎无以复加的夸张的野蛮、无知与兽性的状态，变成一个科学、启蒙和民主统治时代的历史进程（科林武德：《历史的观念》中对《泰西新史揽要》的评述），现在从《天演论》译稿中又看到了物竞天择的理论依据，正好给呼吁保种、保国、保教的中国舆论界找到了变法改革的良方，于是兴奋得四出奔走相告。1897年12月，严复在他主办的天津《国闻报》上将《天演论》连载三个月之后，知识界全被它采用的桐城派古文的格调所迷醉，连官僚士绅和守旧文士也都为之击节称快,为严译风格开创的新路子赞赏不已。1898 年木刻本出版后,《天演论》便风靡全国了。

严复《天演论》译本,以一种新颖而又晓达的编写风格,启动了翻译界的一代新风。早先必须由传教士主译,再找中国助手译述的间接翻译法,一到留学英国,精通中、英两国文字和学术的严复手里,就由一人而完成了兼有信、达、雅三种元质的转译。无论从表述的理念、写作的风格和文字的韵味,全都与旧译有了很大的不同,这使翻译从直译进入意译的阶段,使译作成为一种高格调的再创作。

严译《天演论》将导论分成 18 篇,正文分成 17 篇,加上标题,再按段加上译者按语,加以评论,指导中国读者吸纳西方最进步的科学思想和运用培根实验归纳法的科学论证方法。解释:"天择者,择于自然;虽择而莫之择,犹物竟之无所争,而实天下之至争也。斯宾塞尔曰:天择者,存其最宜者也;夫物既争存矣,而天又从其争之后而择之,一争一择,而变化之事出矣"(《天演论》,第 3 页)。同时代的马君武、周桂笙、伍光建起而翻译政法、历史、文学书籍,于是拉开了翻译史上的新篇章。马君武在 1902 年译出《达尔文天择篇》,由译书汇编社出版;同年还译出了《斯宾塞女权篇达尔文物竞篇合刻》,由少年新中国社出版。1903 年译书汇编社出版了马君武译的《弥勒约翰自由原理》,将约翰·穆勒的《自由原理》译出,阐释了人权与自由的关系,严复的译本则取名《群己权界论》,也在同年出版。但马译本的语言,显然比之严复的译本更加通俗易懂,于是西方社会学说的介绍又多了一批留日学子从中作筏,社会主义学说也通过这些能够阅读日文的中国学生,开始进入中国读书界的视野。

天演论学说与人权思想的传扬,给处在转折关头的中国思想界和政治界输进了新鲜的养分,给予了莫大的启迪。当过外交官的黄遵宪用《天演论》中"弱肉强食"的理论去剖析列强剥削、压迫弱国的祸害;康有为从中悟到了无论天道,还是人道,都是后来居上;孙中山以进化论提倡民主革命,是顺应自然,"以人事速其行,是谓革命",因此他并不像严复那样,以将社会进化限制在君主立宪的框架内为然,反而以为这是"不知文明之价值"。《天演论》的译本经过桐城派文人吴汝纶的删节,后来在上海等地作了中学课本,于是读书人都了解了"优胜劣败"的公式在国际政治上的意义,激励了何止一代的青年学子树立报国图强、以求民族自主的心迹和襟怀。天演论一旦与民权思想相依附,于是爆发了类似原子能的裂变效应,引发了中国翻天覆地的变化,不愿再在后脑拖上一根碍事的辫子的中国人,没有几年,便一呼百应地推翻了已近三百年的清王朝,进而将资产阶级的议会政治都视作已经迂腐的陈迹。高唱人人平等的民权思想则势如破竹,一发而不可遏制,把人们推向三权分立的民主政治,以致介绍天演论的始作俑者严复,也在日后感叹万分、唏嘘不已了。

(三) 科举制度的没落

进入 20 世纪,中国以文士推荐充任各级政府人员的科举制度,已经有了 1 300 多年的历史,无论从形式到内涵都无法适应正在变化中的现状了。推广新式学校、改革教育制度成了推行新政的当务之急。1901—1903 年,学制改革先后出台了壬寅学制和癸卯学制,清政府在举国沸腾的改革声浪推动下,不得不明令废除八股,改用策论应试,委任张百熙出任管学大臣,制定新学制,筹办京师大学堂。1902 年 8 月,主要按照法国和日本学制拟定的各级学校章程汇编成《钦定学堂章程》,将学制和教育行政制度划成一体管理,学生从蒙学堂起直到大学堂,施行 20 年教育一贯制。因公布年份壬寅,称壬寅学制。这一学制公布后并未执行,只是对公众谋求改革的情绪起了缓解作用。

经过张之洞修订,1903 年十一月二十六日章程以《奏定学堂章程》的名义正式公布实施,称癸卯学制,学制照搬日本 1900 年公布的学制,从初等小学堂(5 年)、高等小学堂(4 年)、中学堂(5 年,或中等实业学堂)、高等学堂及大学预科(分 3 科,3 年)、分科大学及大学选科(分 8 科,3—4 年),修业年限长达 21 年。学生在分科大学毕业后,可以进入通儒院(研究院),日本叫大学院,学习年限规定为 5 年。新学制确定总理学务大臣主管全国学政。1905 年学部正式成立,各省改设提学使司,管辖全省学务;厅、州、县成立劝学所,作为地方教育行政机构。仿照日本每一市、町、村设立一所寻常小学,各府、县设立一所寻常中学(初级中学),到清末总共建立了 3 万多所小学,500 所中学,以及京师大学堂、北洋大学堂、山西大学堂、浙江大学堂等几所高等学府。科举制度从 1904 年起正式废除,虽然以后清政府又巧立名目,给予那些得了西方国家学位归国的科学家以科考进士的身份,但科举制度作为一具无人理睬的僵尸,早已万劫不复了。

新式学堂成批开办,仅靠编译西洋课本已不能满足需求,特别是蒙学课本,早先采用的《三字经》《百家姓》《千字文》内容陈腐,学童虽能朗朗上口,但并不见理解文意。1895 年有浙江瑞安人陈虬(1851—1904 年)在他自办的利济学堂试用自编的教科书《利济教经》,仿照《三字经》三字一句,而内容分 36 门,介绍各种新知识,有蒙学、医道、生人、明伦、干支、时令、天文、地球、经学、史学、子学、文学、中学、西学、方术、职官、典制、机器、武备、时务、租界、教门、医统,既有新知识,又有传统文化的内容。1897 年上海南洋公洋设外院(即小学),师范生陈懋治、杜嗣程、沈叔逵三人开始编了《蒙学读本》《笔算教科书》《物算教科书》《本国初中地理》,用铅字印刷,但无图画,而文字不如《三字经》浅显易懂。1898 年在上海开办三等学堂(小学)的华亭钟天纬编了一套《读书乐》的教科书 12 册,分字义、歌谣、格言、格致、史略、文粹和词章。同一年,在无锡开办三等学堂的俞复、杜嗣程、吴敬恒每日编国文一课,经过五年编成一套《蒙学读本》,分七编。前三编讲眼前所见浅近事物,是初学名词,第四编专重德育,第五编重智育,采辑子部寓言故事,第六编注重作文修辞、达理,第七编选史汉诸子及唐宋名家论说,由上海文澜局石印。这套教科书仿照欧美课本,按循序渐进原则由浅入深编辑,文字生动有趣,讲的都是中国人身边的事,为国人所乐意采用,自编教科书便首先在沪杭宁地区流行起来。

新式教科书编印的转折点,起自 1901 年南洋公学出版朱树人仿英美教科书编辑的《蒙学课本》3 本,但没有图画配套。1902 年俞复在上海创办文明书局,重印《蒙学读本》七编,用楷书石印,配上图画,使人耳目一新,三年中重印 10 多版,在小学教育界中风行五六年。文明书局乘着学制改革的东风,推出多种编译的教科书,总称"科学全书",体现了中国人自编教科书宣传爱国自强的精神,也吸收了少数译自日本的教科书,门类极为广泛,受各方采纳,文明书局一跃而成当时发行教科书最完备的出版机构。

另一家靠了编辑教科书闻名的是商务印书馆。商务印书馆的创办人鲍咸昌三兄弟和高凤池原先都是美华书馆的排字工。1902 年该馆成立了编译所,由主持南洋公学译书院的张元济任所长,与蒋维乔、高凤谦等人合编教科书,借鉴日本 1904 年、1905 年教科书体例,编译成《最新初小国文教科书》10 册,仿英文读本,由拼音最少的字,逐步提升到 15 画为止。另外还编出格致、算术课本,取名"最新教科书"(分初小和高小两套),后来又编成"最新中学教科书",共出版初小教材 7 种,高小教材 9 种,中学教材 11 种,深受社会欢迎。新学制颁布后,学部提倡自编中小学堂教科书,上报后"一律颁发"。1906 年 7 月学部第一次审定初等小学教科书暂用书目 102 册,商务印书馆的"最新初等小学国文教科书"等 54 册、文明书局出版的"蒙学教科书"等 30 册被选作教学用书,占了书目中的约 4/5。同年学部图书局颁布编译教科书的编辑大意,就仿照两家教科书的体例。这些教科书,除国文以外,中等学校教学用书大多由英国、美国和日本的教科书编译而成。1912 年中华书局创立后,发行了"新中华教科书"。商务印书馆、文明书局、中华书局三家成了编辑教科书的巨子,指导着新学制下中、小学的健康成长。

四、 边疆危机下赴华探险的外国考察团

(一)受到列强觊觎的中国边疆:失地与租界

自从 1842 年中英《南京条约》将香港割让给了英国,此后俄国、英国、法国、日本等国对中国的周边地区进行蚕食鲸吞,使中国丧失了原先属于中国的数百万平

方千米的国土。

俄国在 19 世纪对中亚细亚进行侵略和吞并,浩罕汗国、布哈拉埃米尔和基瓦汗国相继被俄军占领,划入俄国的疆域。1858 年第二次鸦片战争后,俄国首先吞并了中国东北的大片土地。1858 年《中俄瑗珲条约》将黑龙江以北的土地割给了俄国。1860 年《中俄北京条约》,将乌苏里江以东的大片土地割归俄国所有,成为今日中国的东北疆界。

中国的西部边疆,受到俄国向中亚细亚扩张的直接威胁。1864 年 5 月俄军开始向中亚腹地大举进攻,占领奇姆肯特。这一年在俄国的威胁下,清政府被迫订立《中俄勘分西北界约记》,将巴尔喀什湖以东以南原属中国的 44 万多平方千米的土地割给了俄国。1871 年起,俄国入侵中国的伊犁地区,1881 年中俄签订《伊犁条约》,1882 年又订立《伊犁界约》,使中国在西北又丧失一大片土地。

西方列强在侵吞中国边疆的同时,首先在中国对外开放的口岸借口暂时借租界地供居住、设立码头、仓库,开辟租界,租界成为中国政府无法行使行政权益的"国中之国",专供外国冒险家进行各种非法活动的乐园和销金窟。各国在租界可以派军舰自由出入,派军队驻扎,更无须向中国政府纳税。在上海先后出现了英、法、美三国租界,不久英美租界合并,成立公共租界,法国仍维持它的法租界。在北方,一个天津经过八国联军的劫掠,在 1902 年以海河为界,在河西有了英、法、德、日四国租界,河东则有奥、意、俄、比四国租界,租界占有了这座口岸城市的精华,留下了那次八国联军对中国犯下的不可宽恕的侵掠行径的阴影。

(二)欧洲列强派考察团在中国搜集科学情报(1856—1914 年)

19 世纪初,紧连阿姆河、锡尔河流域和克什米尔的中国西北地区,成为英、俄两个西方强国相互角逐的场所。俄国多次派人进入新疆喀什噶尔和天山探查;英印政府也不断派员探测从克什米尔东部进入新疆的通道。这些考察团打着地理考察的旗号,擅自越境进入中国边疆,搜集各种人文、资源、民族、气象甚至军事情报。1856 年受俄国派遣,普鲁士探险家冯·施拉金韦特(Von Schlagintweit)三兄弟阿道尔夫、赫尔曼和罗伯特抵达克什米尔、拉达克之后,越过喀拉昆仑山进入新疆境内的叶尔羌、喀什噶尔。阿道尔夫死在喀什,其他二兄弟随后到天山继续考察,绘制了精确的地图,受到沙皇的嘉奖。随后英印政府测量队在 1860 年以后对克什米尔展开大规模地理测量,探查从列城到新疆和阗的路径,1868 年以后喀拉昆仑岭道逐渐成为新疆与印度之间的主要商路。1869 年和 1873 年,英印政府派福尔西斯(T.Douglas Forsyth)两次到喀什,去联络反叛清政府闹独立的阿古柏政权。俄国在 1859 年派瓦里冈诺夫上尉扮成浩罕商人,到喀什噶尔和天山南路各地侦察,1862年更派拉德洛夫率领探险队循伊犁河考察北疆。从此俄国的探险队连年出没在巴尔喀什湖以东以南的新疆境内。科尔巴男爵率领的一支队伍在1872年以后从托克马克抵达喀什,与阿古柏签订了商约。

为配合俄国对中亚和中国新疆的侵略计划,俄国陆军总参谋部在1870年拨出巨款,派普介凡尔斯基(1839—1888年)在15年中先后率领探险队,四次到中国蒙古、新疆、甘肃和青藏高原考察。普介凡尔斯基是现代最先到唐古拉山口探测昆仑山的探险家,但他未能进入西藏;因获得大量情报,享有特殊荣誉,被晋升为将军,甚至被称为19世纪最伟大的探险家。中国西部地区经过他的探测有了精确的地图,而清政府对此罔无所知,在以后的勘界工作中更莫名其妙地丢失了大片土地。

德国的李希霍芬(Ferdinand F.von Richthofen,1833—1905年)是首先对中国地理和地质进行综合考察的科学家。他曾两次来华调查、考察。1868年他受美国一家银行资助到中国上海,由英国人主持的上海商会委托他设计了7条考察路线,分赴15个省考察,对北起东北南部(当时称"满洲"),南至广东,东起江苏、浙江,西至陕西、甘肃、四川、贵州的广大地区调查资源、民俗、地貌、地质。李希霍芬回国后提出可夺取胶州湾作军港的建议,又第一次在1877年发表的著作《中国》第1卷中,从欧洲人的角度发现了古代曾有过一条"丝绸之路"横贯亚洲北部,充当过东西方文明交流的角色。"丝绸之路"后来成了研讨东西方文明关系的一门专门的学问,也可悲地引发了列强到中国大量劫运珍贵文物的风气。

在俄国的探险团频频出入北中国的同时,英印政府驻华使团成员荣赫鹏开始到中国东北三省进行调查。1887年回到北京后,追踪俄国彼夫卓夫探险队1878年的考察路线,取道张家口越过河套直奔阿尔泰山,自哈密经天山以南的阿克苏抵达喀什噶尔,然后越过喀拉昆仑山到达印度,走通了"北京—新疆—印度"一线。他将这次旅行称作"跨越大陆心脏"的旅行,1896年发表《大陆的心脏》一书,这时英国的探险家已成功地实现了从西藏和新疆分头探测中国北部地区的地理考察。剩下的工作大部分由在印度任拉合尔东方学院院长的英籍匈牙利人奥莱尔·斯坦因(Sir Mark Aurel Stein,1862—1943年)继续下去。斯坦因自1900年5月开始,奉英印政府之命进行第一次中亚考察,以后在1906年4月、1913年7月又进行了第二次、第三次中亚考察,在新疆和甘肃境内分别进行大规模的测绘和考古发掘,完成了数百幅精密的地图,直到1923年才在《中国土耳其斯坦和甘肃地图集》和1928年出版的《亚洲腹地》(Serindia)中加以披露,其中有一些完全是军用地图。

李希霍芬的学生瑞典人斯文·赫定(Sven Hein,1865—1952年)在他老师的影响下,从 1885 年到 1935 年的 50 年中,先后 7 次到中亚和中国西部地区进行地理考察,特别是在新疆、青海和西藏的考察中,建树尤大,一生著作极多,分别以瑞典文、德文和英文发表,被译成英文、法文等多种文字。《西藏探险记》(1904 年)、《中亚考察的科学报告》(斯德哥尔摩,1904—1907 年,6 卷 9 册,3 册地图)、《外喜马拉雅山》(1909 年)、《南藏》(斯德哥尔摩,1916—1922 年,8 卷),都是宏篇巨著。他对历次探险都有报道,讲演稿常勒成专书出版,《一个探险家自传》(1925 年,中译本名《亚洲腹地旅行记》或《我的探险生涯》)、《向喇嘛地进发》(1934 年)等书为世界公众所熟知,他本人被公认为 20 世纪最伟大的探险家。

五、 千年古物遭遇浩劫,流失海外

伴随着欧洲列强将战火延烧到东亚地区,象征着古老文明的中国文物因此遭到了空前的浩劫,从 1858 年爆发的第二次鸦片战争开始,一批批国宝级的文物从此流散到了欧洲。

1860 年 10 月 6 日晚,北京北郊著名的皇家花园圆明园被法军占领,法军统帅孟托邦将一批珍贵文物集中了起来。英军统帅格兰特一行在第二天中午才到达,从英军的记录中可以看到,法军已将这所东方名园洗劫过了。孟托邦的翻译官埃立松看到的实际情景是,法国人毫无章法,简直是随意行动;英国人则有条不紊,安排好了拿走。埃立松写道:"法国人堂而皇之地抢,而且都是单个行动。英国人比较有头脑,他们马上明白了该怎么个抢,而且做起来很在行,他们都是整班行动,有些人还拿着口袋,都有士官指挥。"孟托邦先派参谋部的康普农少校,将从圆明园获得的艺术品以法军的名义献给拿破仑三世皇帝,拿破仑三世除了给他大量荣誉以外,还准备给他一笔可观的年俸,因议会反对,只好作罢,但暗中同意从中国的赔款中为他提取 60 万法郎的巨款,作为奖励,此举直到 1872 年才被揭露出来(伯纳·勃立塞:《1860:圆明园浩劫》)。这次空前的浩劫使作为东方园林魁首的圆明园连同它的西洋建筑毁为灰烬,数以万计的珍贵文物和工艺品流散到了法国和英国,法国文豪维克多·雨果沉痛地指责为英法联军的强盗行径。后来德国的记者在 19 世纪末对长春园的欧式宫殿残迹拍摄了照片,而残存的遗物多有散失。经过多方搜集,一些文物才重归原地,直到 2012 年 11 月底,这批文物被送往柏林,作为"圆明园文化展"在柏林展出一个月,于是欧洲公众也能见到了这批曾在万里之外的东亚修建的大理石建筑。

英法联军在北京近郊的所作所为,给欧洲人到中国来盗运文物打开了缺口,他们开始将目光转向中国的边陲地区。

　　二千多年前在中国西部甘肃、新疆境内,曾经有过的丝绸之路,是当初东西方使节往还、商旅频繁出入的要道,世界几大文明在这里交汇,留下了丰富多彩的遗物。1896年1月,斯文·赫定在他第一次探险时,发现了和阗白玉河左岸的约特竿遗址,收集到佛像、十字架和拜占庭金币。比他的这一发现早几年,在欧洲学术界引起震动的是,1890年英国军官鲍威尔收罗到一些用西北印度通用的婆罗米字写在桦树皮上的梵文雅语(sanskrit)文书,带到伦敦后,请不列颠博物馆的霍恩勒考释,人们从这个"鲍威尔文书"中认识了婆罗米文书。不久1892年法国迪安·特·莱因考察团在和阗西南获得了用梵文俗语(prakrit)写的《法句经》佉卢文经卷。1895年俄国罗波罗夫斯基考察团在吐鲁番亦都护城古址取得了一些古写本,把它们带回了俄国。这些发现传遍了欧洲,使欧洲人明白了当时已经荒废的新疆境内的遗址,曾经有过令人注目的文明,值得作进一步的探查。

　　1899年斯文·赫定在他第二次中亚探险时,为进一步探查罗布泊南北迁移的钟摆运动,进入到罗布泊东部尚未有人探测的地区,试图弄清那里有没有河流与罗布泊相通。他意外地发现了一连三座作为望楼的土塔,并在有许多房舍和高塔的废墟中,捡到了上面刻有忍冬纹和卷草纹的木刻雕板和古钱。1900年年底考察队重新返回时,再次经过这里,开始对这一遗址进行发掘,找到了更多的遗物,有佉卢文书、毛布、丝织品、耳环、靴子、家具和陶片,才知道这里便是后来名震世界的汉代楼兰王国的一座重要的城市。

　　差不多同时,英国派了斯坦因到新疆去寻找两千年前古于阗国的遗址。斯坦因自1900年起,后来又在1906年、1913年,三次率领考察团从事地理考察,测绘地图,并进行田野考古,从沙海下发掘古代残留的遗物,取得了举世瞩目的成果。斯坦因在1900年到1901年发掘了和阗附近约特竿、拉瓦克、喀答里克、丹丹乌利克、尼雅、安德悦等废址,获得了许多古文书、钱币、泥塑、壁画、画版和木雕,证实了这是属于2—8世纪的遗物,驳正了不久前法国探险家迪安·德·莱因以为从那里的发现物全是罗马式或伊朗式雕刻,而没有佛教遗物的误解。从约特竿的窑制人像可见到汉族混血女子的头像;尼雅木牍的封印取自中国内地,出土的中文木简有公元269年的泰始五年年号,确证中国的影响直到那时仍还存在。安德悦的一座被沙埋的佛教寺院,出土了迄今所见最古的藏文佛经残卷。后来他第二次再到这里,找到了佉卢文木牍,证实了这里是玄奘指出的贵霜王朝时期有名的覩货逻故国。

　　斯坦因的第二次考察,得到不列颠博物院专项拨款资助,目的是要他将所得文物偷运到伦敦。1906年他在尼雅再次获得许多佉卢文书信、账册、杂记的木牍,装在小木箱中的丝棉毡混纺的毯子、绣花毛皮、铜印、木笔、漆器和希腊风格的雕刻木椅。他赶到楼兰,勘测几处遗址,确定 LA 遗址是楼兰国都,找到汉简、汉字文书和佉罗文木牍,第一次发现粟特文纸本文书一件,书写佉罗文的帛书,找到了一捆黄绢(缣素),以及具有希腊风的木构件。他在楼兰古址以南的米兰,发现藏文木牍和文书、古突厥语写本、锦缎、漆皮甲胄、木制器皿,挖掘到仿犍陀罗式的由伊朗风格的细柱构成的柱廊式建筑。最有名的男女天使,当初斯坦因以为是基督教的伊罗斯爱神,但后来同样的发现,可以说明这是祆教中代表日神和月神的有翼神。1908 年 8 月斯坦因将各种包括 12 种语言的文书和画卷 8 000 件捆载而去,运到列城。他在这一次考察中最大的收获,是在 1907 年 5 月诱骗敦煌石窟寺下寺的王道士打开了秘密的藏经洞,以区区 40 块马蹄银取走了 7 000 卷文书经卷,装成 24 箱,500 幅绘画、绣品等艺术品装成 5 箱,运往不列颠博物院,后来成了该馆的镇馆之宝。其实,敦煌千佛洞秘藏的文书画卷早在 1905 年前便已开始流入市场。1905 年 10 月俄国地质学家奥勃鲁契夫到敦煌以后,以少数劣质俄国商品,从王道士手中取走了一大批珍贵文书经卷,成为劫运敦煌文物的始作俑者。但这件事被秘而不宣有半个世纪之久,直到 1956 年此人去世后,将他的游记公布之后,才引起世人的注目。

1913 年 7 月以后,斯坦因在新疆的两年中,从楼兰、吐鲁番、焉耆的明屋和敦煌千佛洞又掠走了大批珍贵文书和古物,经他发现的魏晋公牍,解决了汉晋时期是中国最先以破麻布为原料造出了植物纤维纸;发现的许多种古文字的文书,经解读,对世人重新展现了古代丝路文明的真正价值所在。

德国的学术界在瑞典、英国之后,也闻风而动,起而追随。自德国汉堡东方学会从斯文·赫定和斯坦因手里获得了一批东方的文物后,柏林民俗博物馆立即派出东方部主任格伦威德尔奔赴新疆,1902—1903 年发掘了吐鲁番的亦都护城故址,首先获得帕提亚语书写的摩尼教古文书,将 46 箱文物运往柏林。1904 年到 1905 年柏林民俗博物馆得到德皇和军火商克鲁伯的资助,派勒·柯克率领普鲁士皇家考察队到吐鲁番。考察队一行在哈拉和卓发掘古城,由专门技师用切割法剥走壁画,当时古城还残存城楼 70 座,并有 70 多座拥有壁画的建筑物,有的是伊朗式,有的是由佛塔组成的印度式样。勒·柯克发现了有彩绘经卷和摩尼圣像的图像。在佛教、祆教、景教和摩尼教寺院中获得有 24 种语种的古文书和壁画、塑像、古钱和丝、麻织物,从物证得知,古城毁于 9 世纪中叶的战火。勒·柯克在哈密发掘以后,继续西行,1905 年 12 月与格伦威德尔率领的第三次德国考察队在喀什会合,到库车、拜城、焉耆考察石窟古寺,运走一大批塑像和古物。以后格伦威德尔又赶在斯坦因从敦煌到吐鲁番之前,先到吐鲁番胜金口发掘古物,取走伯克孜克里千佛洞中大批塑像和壁画。这些文物被分批劫往柏林,整个考察到1907年4月结束。

法国得知斯坦因从敦煌劫走大批古物以后,派出东方学家伯希和率领一支考察队,在1906年6月经俄国进入新疆,在喀什和库车进行古迹调查。1908年2月赶到敦煌,在那里停留了三个月,第一次对莫高窟进行编号、测量、摄影、记录各种题记,自南到北共编182个窟号,确定古迹延续的时间从5世纪到11世纪初,提出藏经洞在1036年西夏入侵时封闭。他用纹银500两作捐款,从王道士手中取走了剩余的经卷的1/3,总共5 000多卷10种文字的写本和经卷。被他取走的文物有23箱被秘密运往巴黎吉美博物馆和卢浮宫,只有一箱运到北京。巴黎格特纳书店出版了8大卷的《伯希和中亚考察团》(1914—1918年,巴黎),又刊印了照片集《敦煌石窟图录》(1920—1926年,巴黎),对了解当时石窟寺的风貌极具研究价值。1909年伯希和在北京公开发布了他在敦煌的发现,引起清政府学部(教育部)的注意,下令将敦煌石室遗书悉数运往北京,入库时尚存8 600多卷。王道士暗中藏匿的300多卷文书,在1912年卖给了日本大谷光瑞探险队的橘瑞超。斯坦因在1914年3月再度到敦煌时,又取走了剩下的570卷经卷,装了5箱,运往不列颠博物院。

敦煌的壁画,自伯希和用剥离法取走263号窟的前壁壁画以后,便先后有俄国和美国的文物专家到这里剥取大幅的壁画。俄国的谢尔盖·奥登堡在1914—1915年从敦煌取走了一大批5—11世纪的文书,也剥离了263窟北壁的壁画。1923年美国哈佛大学福格艺术博物馆东方部主任华尔纳和费城大学博物馆的杰尼到敦煌,用布和胶水黏剂,剥走壁画20多方,运往哈佛大学;还盗走了甘肃一批6—7世纪的塑像、拓本和散失的敦煌卷子。1925年华尔纳又纠合杰尼和普爱伦到敦煌盗运文物,但被当局察觉加以阻止,群众纷起反对,只好拍了些照片,作了些调查笔记,无法再从那里劫运文物出境了。

六、 日本率先在亚洲实现工业化

(一) 江户幕府的锁国政策

江户时代的日本处于最大的封建领主幕府的统治下,分布在全国各地的,是拥有各自军事组织和统治组织的半独立的200多个藩领。幕府和各藩的统治机构都是依照牢固的门第制和血统制构成,所以具有浓厚的因循守旧习气。日本独特的地理条件,也使得它在欧洲一些国家面向全球范围的扩张中,被认作处于远隔重洋的另一终端,而免遭侵占之苦。

从 16 世纪葡萄牙开始东进以后,便有船只和日本通商。1543 年一艘由暹罗开往宁波的葡萄牙船漂流到日本九州南部的种子岛,岛主向葡萄牙人购买了两支手铳献给萨摩藩主岛津贵久,此后,葡萄牙船便获准在平户和长崎通商了。16 世纪末,西班牙船也到长崎进行买卖。他们将洋铳、铁炮和中国的丝绸和南洋的香料运进日本,回程运去日本的金、银、漆器和工艺品。西洋枪炮的输入,改变了过去日本以骑兵为主、步兵为辅的战术,过渡到以装备枪炮的步兵为主,骑兵为辅,各地藩主("大名")于是在武士以外大量征用农民入伍,促使民兵在军事上日益显得重要起来。

天主教也随着商船传入了日本。耶稣会派了圣芳济(Francis Xavier)在 1549年率领传教团到日本九州南部的鹿儿岛,用武器和各种工艺品讨好各藩藩主,获得许可,在长崎、平户、山口、堺市等地设立教会,向陷入战乱中的贫苦大众宣传天主教,吸收入教。1579 年意大利耶稣会士在肥前的口津建立了第一所教会学校。不到 30 年,天主教已有教徒 30 万人,200 所教堂,59 名传教士。1587 年丰臣秀吉出征九州,见到长崎和平户全是西、葡两国人的势力,于是下令禁止天主教,驱逐外国传教士。而天主教仍然秘密流传。继葡、西两国之后,1581 年荷兰从西班牙统治下的获得独立,1595 年一支四艘船的荷兰船队由阿姆斯特丹启航到达日本,开始和日本通商。1602 年荷兰东印度公司成立后,通过建立在马来半岛北大年的荷兰商馆北上长崎的荷日贸易逐年增长。荷兰商船因帮助德川幕府进行的统一战争,获得幕府的信任,取得准予通商的特许证("御朱印状")。1609 年荷兰船员抵达平户,获准建立平户商馆,特许荷兰船可以在日本任何口岸停靠。1613 年英国东印度公司也派船到平户,要求准许通商。此后 30 年中,荷兰和英国对日本的贸易蒸蒸日上。幕府听从这两个新教国家的劝告,反对天主教传教。三代将军德川家光决心铲除天主教,在 1630 年宣布禁止天主教书籍流传和洋书输入。1634 年干脆禁止日本船出国,将居住在日本的西、葡两国人员集中到长崎港的出岛,致使不少天主教的日本信徒逃到长崎附近的岛原避难。天主教传教士乔装成明人,搭乘明船,潜入境内,帮助教友渡过难关。于是幕府在 1636 年封锁所有港口,将西、葡两国人员(包括混血儿)280 多人驱逐出境。1637 年岛原的天主教徒和天草岛的农民工 4 万多人发生反政府的暴动,到 1638 年 2 月被幕府军镇压下去。幕府在 1639 年 7 月 5 日颁布了锁国令:禁止西、葡两国船来航,日本人乘这两国船的处以斩首的极刑;匿居在内地的西、葡两国人,一律驱逐出境;宣布外国船只有中国和荷兰两国准许通商(英国已在 1623 年主动撤离日本市场)。对中国开放,是由于中国是礼仪之邦,中国是"圣学"的源头;对荷兰开放,是由于荷兰帮助幕府战胜了他的对手。这些外国船的贸易地点限于长崎港内的出岛一地。从此,这个锁国令一直执行到1854年才开禁。

可贵的是,靠了这个锁国令,日本才一直和欧洲保持着一线联系,可惜的是,这种联系却是不准日本人出国贸易的禁令,这就束缚了日本人自己的手脚。

这样,日本人的学问,照他们习惯的说法,便只有汉学、国学和兰学三个部门了。汉学是日本文化的根本,也是研究不断在演进中的中国社会的学问。国学是日本人接受了中国传统文化以后,由部分儒学家和佛学家专门研究日本的学问(和歌、语言、历史、神道)而产生,最初依附在儒、佛两家之下,在江户后期才独立成派,后来演变成神道教的宣传工具。唯有兰学要算是最年轻的学问,却是最注意欧洲的学问,在19世纪成了最进步、最先进的学问。

日本的国学由研究神代开国而引发。720年用汉语编纂的《日本书纪》与711年编成的《古事记》都有天照大神开国的传说,作为万世一系的天皇在两千多年前开国的依据。到了南北对立的南北朝时期,双方各以本朝为正统,对照中国春秋时代的尊王精神,南朝以尊重后醍醐天皇开创的南朝为正统,以北朝光严帝所传五帝称作僭伪。南朝名臣北畠亲房为此写了《神皇正统记》6卷,根据"神代开国"的传说,宣称日本是神国,天皇是万世一系,所以奉神道教为国教。这时国学尚未正式形成。江户前期,尊王论依附在朱子学的名分论下,靠了维护朝廷的尊严,以提高受命于朝廷而行使政权的幕府的威望。

到了江户中期水户学派修《大日本史》,更一反汉学家的"夷夏"说,反而以为隋代以前中国对日本记载的朝贡封爵事,是"古今所无";并且进一步将隋、唐、宋、元、明列入日本的藩属,以中国为日本的"藩夷"。古学派的山鹿素行(1622—1685年)原本是朱子学大师林罗山的弟子,壮年后主张孔学要复古,以古代经典为依据。他认为只有武士最合适修文武之德,他要建立的"圣学",是在君道、臣道之上建立起武士道,以维护社会秩序。他的思想和国学派的神代说不谋而合。他竟然不顾史实,以日本为"华"(夏),为"真正之中国"。他提出的理由是:"本朝为天照大神之苗裔,自神代至今日正统一系,始知知、仁、勇三德本朝远优于异朝(指中国——引者),日本方可称为真正之中国"(山鹿素行:《集配所随笔》)。山鹿素行又写了《中朝实录》,反复论证原来只有日本和中国配得上称"中国",但是现在中国已经比不上日本,中国只能称"外朝"了,唯有日本才可称"中朝"。显然山鹿素行所说的"中国",是将它当作"世界文明中心"的同义词的。为后来的国学派宣传神道教开了先河。

然而在历史上,日本并未对周边国家实施过奠基于"朝贡贸易"的"册封制度"。事实是,直到19世纪结束,日本也还没有成为世界上某个地区的中心。所以 17 世纪修成的《大日本史》中那种"以华为夷"的论调,只能是毫无根据的编造。日本建立统一国家不是以幕府,而是以天皇为中心,撰写了神代开国后"王室世代一系"的历史,这一主题思想正是由国学来维护的,日本史家那珂通世因此特地写了《支那正统论考》来加以驳正。

汉学在日本,素以儒学为中心,先后有朱子学、阳明学和古学三派。儒学历来受到当局尊重,江户幕府以朱子理学作为官学,教育官家子弟。幕府设有直属学校昌平坂学问所,在长崎、横滨、甲府有分校;各藩设有藩学,教育武士,全国共有300 多所藩学;其次有民众教育所,接受平民子弟入学。儒学在幕府和各藩设立的学校,以及学者开办的私塾,作为基本教育机构,在全日本得到普及。从幕府到各藩,各地都建有孔子庙,定期祭祀。阳明学是近江的中江藤树建立,到江户末期,这派的一些学者本着"知行合一"精神,起而领导农民反抗封建领主,或参加了倒幕斗争。古学派以追迹象孔、孟真意为本旨,多研究古汉语、古文辞,与现实脱节。

儒学主张"大义名分","尊王攘夷","以夏变夷"。"尊王攘夷"论在孝明天皇时期成为西南诸藩倒幕派要求实现"王政复古"的有力思想武器,在选择"公武合体"(朝廷和幕府协同),还是向天皇"奉还大政"组成统一国家的政体上,最终为明治维新铺平了道路。但此时的日本国门已经大开,再也无法走回头路了。

在日本,尊王而不能攘夷,犹如在中国一样,是历史的潮流、时代的趋势。

明治启蒙思想家福泽谕吉在批判儒学在当前日本开国进取的改革中已经失去作用时,对儒学的历史功绩有过公正的评述:"将我国人民从野蛮世界中拯救出来,而引导到今天这样的文明境界,不能不归功于佛教和儒学。尤其是近世以来儒学逐渐昌盛,排除了世俗神、佛的荒谬之说,扫除了人们的迷信,其功绩的确很大。从这方面来说,儒学也是相当有力的"(《文明论概略》,中译本,商务印书馆,1992 年,145—146 页)。

福泽谕吉坦率地承认,儒学可以使人走向文雅,"如果过去我国没有儒学,也不可能有今天"。但是他明确宣布儒学只在古时候有过贡献,"但今天已经不起作用了"(《文明论概略》,149 页)。他坚定地为引进洋学摇旗呐喊,认为当今只有西洋各国,才能称作文明国家。但他并没有认为西方国家已经尽善尽美,特意指出:"现在我们正处于混杂纷乱之中,必须把东方和西方的事物仔细比较一下,信其可信,疑其可疑,取其可取,舍其可舍。想来仰慕西洋文明,择其善者而效之是可以的,但如果不加辨别地轻信,就还不如不信"(《劝学篇》,商务印书馆,1996年,89 页)。

在福泽谕吉看来,引进西洋文明,对要求开国奋进的日本已经是当务之急,但他认为都必须有个通盘的考虑,不能盲目跟进。他把文明分成有形的外在的事物和无形的"内在的精神"两个方面,用中国的传统说法是,有形而上者,也有形而下者,总之,"有形也好,无形也好,不论求之于国外还是创造于国内,都不应有所轩轾。只是要看当时的情况,察其先后缓急,而不是全然否定"(《文明论概略》,14页)。

靠了兰学,日本才和欧洲的西方文明保持着联系,靠了全面引进洋学,日本才能在三四十年中便一跃而起,跻身于工业国家之列。而日本人的洋学或西学,一直到幕府末年,虽已有百年之久,但多着眼于医学和兵学,很少有人注意到政治、经济制度的层面。比较早的,有1789年(宽政元年)出版的一本名叫《泰西舆地图说》的地图集。地图的编者柃木昌纲在序言中说,是他根据兰书数十篇加以增删而成。这本书第一次向读者介绍了英国的议会,称它是"集国中诸官人议政之官署"。这是日本少数几处最早介绍欧洲政治制度文献中的一则,但称议会是"官署",将议员当作了官员,实际上表露了他对英国议会制度的无知与曲解。以后的一些著作,如林子平的《海国兵谈》(1792年),开始认识到日本并非"神国",也不是"中国"或"中朝",而只是世界各国中的一国,但对欧洲国家的政治制度也仍然罔无所知。对欧洲国家的既有君主,又有议会作为立法机关牵制君主的权力,尤其无法想象。例如1851年出版的《八纮通志》,仍然将欧洲国家议会的上院、下院称作"政廷""上政省""下政省",将议员译成"官员"。书中认为"王有生杀与夺之权",政廷虽有制律之权,所以仍然是"王居首位,上政省下政省次之",对于王权、政府、议会三者的关系难以分辨。

虽然司马江汉、高野长英等注意研究兰学的日本学者,已经提到西方社会的等级制度和人文学科,并在1832年由兰学者组织了尚齿会,作为研究欧洲社会、政治的专门机构,然而不久就受到当局的压制。幕府在1790年推行"宽政异学之禁",禁止朱子学以外各派学识的流行;1839年幕府拘捕了尚齿会成员渡边华山和高野长英,压制对幕府政治的批评,原因是在日本一向是禁止民间议论国家政治的。福泽谕吉到欧洲考察后,对比了日本和欧洲国家的社会风气,"例如政治上,在日本,称三人以上商议者为徒党,而政府的布告牌明确记载着徒党必生不法之事,受到最严厉的禁制。据说在英国,政党可以在青天白日之下争夺政权之授受"(《福泽全集·绪言》)。在1860年以后幕府开始派人出国留学和考察以前,即使是兰学的学者,他们的议论也只能局限在科学技术领域,不准侈谈西方的社会政治制度。

在这种情况下,日本虽然早就有了兰学,但其命运也像西学之在中国,长期限于被中国上层社会称作"末技"的层面,很难受到欧洲信息的鼓舞。而在18世纪末期的欧洲,正处于思想解放、经济活跃、政治逐渐走向开明的状态,提倡人权的思想家卢梭甚至认为:"不再有法兰西人、德意志人、西班牙人,甚至没有英格兰人,只有欧洲人。所有的人都有同样的品味、同样的热情和同样的生活方式。"尤其是普鲁士在自称"国家第一佣仆"的腓特烈二世(1740—1786年)的集权主义治理下,崛起成为中欧的强国,使得欧洲出现了新的国际格局。而在东亚,中国这个老大帝国,在同一时期,已被新兴的海上强国英国视作处在风雨飘摇中的一艘破船,遭到蔑视。远处东亚边缘的日本,更是远离热闹的欧洲,遗世独立。

所以魏源的《圣武记》(14卷)在1842年出版后,立即作为传递信息的快报,在1844年被华船运进长崎,传到日本。魏源在这本书中抨击了守旧派以"夷人"对待欧洲人,以致在处理外交事务中造成许多失误。对于处在殖民主义东进之路终端的日本,这本书起到了及时敲响警钟的作用。

魏源的另外一部巨著《海国图志》,虽然也在1842年付梓,却要迟到1854年才在日本流行起来。原因在于这类谈论欧洲政治与社会的书籍一经运到日本,就被幕府负责海防外交的官员扣封在库房中了。直到锁国令被美国炮舰打破,对这类谈论西洋事情的书籍也就可以流传了。《海国图志》在1847年第二次出版时,已由初版的50卷扩大到60卷本,到了1851年有3部运到日本,1852年有1部运进日本,但因书中大谈其涉及西方的"夷务",触犯天保禁止西学令,被扣在皇家文库、学问所等政府机构,禁止流通。1853年日美签订《神奈川条约》后,日本开禁,当年9月就有12部《海国图志》运到长崎,到年底,又有3部运到日本,其中有8部被准许流通,于是市面上立即出现了各种翻刻本和节译本。1854年一年之中,就出版了盐谷宕阴、箕作阮甫训点的《翻刊海国图志》(共2册),是筹海篇的日译本;正木笃译了《澳门月报和解》(即《夷情备采》),大槻祯译出《夷情备采》;在欧美各国分国志中,美国部分译者最多,有中山传右卫门翻刻的8卷6册本,有广濑达译的《亚美利加总记》等6卷6册本,有正木笃译的《美理哥国总记和解》(4册)、《墨利加洲沿革总记补辑和解》(1册),有皇国隐士译的《新国图志通解》(4册)、《西洋新墨志》(2册),正木笃还译了《英吉利国总记和解》(1册),大槻祯译了《俄罗斯总记》(1册)。1855年服部静远译出《海国图志训译》2册(炮台、火药、武器等部分),盐谷宕阴、箕作逢谷合作《翻刊海国图志鲁西亚洲部》(2册)、《翻刊海国图志普鲁社洲部》(1册)、《翻刊海国图志英吉利国部》(3册),大槻祯译了《海国图志法兰西总记》(2册),赖子春翻刻了《海国图志印度国部·附夷情备采》(3册)。短短两年,《海国图志》书中的精华已经有了日译本,对西方五强(英、法、普、俄、美)的历史、制度和国情,第一次在日本有了全面的论述,对欧洲的议会政治,尽管在论述中仍然有不尽不实之处,但对英国的议会政治开始有了明确的概念,如称上院为"管理各衙门事务,审理大讼"的律好司衙门,称下院为"甘文好司",议会译作"巴厘满衙门","国中有大事,王及官民俱至巴厘满衙门,公议乃行","设有用兵和战之事,虽国王裁夺,亦必由巴厘满议允",对议会有最终裁定权,作了明白的说明。《海国图志》由于编译了英国和欧洲学者、外交官关于国际公法、世界知识和政治体制的论述,对向日本传播新知识、新信息、新思想,起到了振聋发聩的作用。

曾经担任过福建巡抚的徐继畬,靠了他和英国外交官和美国传教士的交往,收集了美国出版的世界地图,在1848年出版了《瀛寰志略》这本含有文字说明的简明地图集,此书日后因其条例分明而成名闻日本和美国的一本百科手册。在徐继畬心目中西方国家的民主政治体制富有代表性的有二:一是英国的君主立宪制,后来这种国会议事制度被欧洲各国普遍采用;二是美国所代表的由总统负责的民主共和政体。他对美国"不设王侯之号""公器付之公论"的共和政体十分佩服,以为"创古今未有之局";对美国第一任总统华盛顿,由民众推举,不传子孙的做法,已经达到了中国古书上所说的"天下为公"的境地。他引述华盛顿的名言"得国而传子孙是私也",这在中国这个素以君主所言为天意的儒家思想统治下的国家,已经是大逆不道的言论。所以徐继畬以这本书开罪于他的政敌而弃官,而在期盼改革的日本思想界大为走红。《瀛寰志略》1861年经阿波藩士标点,得到广泛流传。

《圣武记》《海国图志》和《瀛寰志略》这样的三本书,作为日本的流行读物,推动了公众认清国际形势、要求跟上欧洲国家的政治潮流、完成国家的统一,进一步促成政治、经济和产业革命的大潮。

(二) 打开国门以后各藩呼吁引进议会政治制度

作为东亚大国的中国在两次鸦片战争中被欧洲的强国打败,惨遭割地赔款,对于日本是前车之鉴;而牵引日本进入现代化改革大潮的,则是与日本分处太平洋东西两端的美国。

中国在1841年第一次被海上强国大不列颠打败,被迫缔结了屈辱的不平等条约之后12年,美国海军少将培理(Perry)率领舰队进入东京湾的浦贺港,要求开港通商。幕府将军迫于中国先已向西方国家开放的形势,在1854年与美国签订了神奈川条约,同意开放下田、函馆两港,与美国通商。1855年,英国、俄国、荷兰同样要求与日本签约,幕府只得照办,并增开了长崎港与之通商。中国在第二次鸦片战争中再度失败后,日本受美国威胁,在1858年(孝明天皇安政五年)6月和美国签订了《安政条约》,开放长崎、函馆、神奈川、兵库(神户)、新潟5个港口以及江户、大阪两市为通商口岸,允许外国人贸易、居住、旅行,并享有领事裁判权等特权。此后十多个欧洲国家都和日本签订了同样的条约,招致了反对幕府擅权的京都贵族与低级武士的不满。他们抬出天皇,扯起"尊王攘夷"的大旗,发动倒幕运动,被幕府镇压,造成"安政大狱",被拘捕入狱的多数是阳明派的信徒。

幕府在1841曾主持"天保改革",以缓和国内矛盾。改革对平抑物价、奖励生产,并未产生多少实际效果,却促成了最先与西洋各国通商的西南各藩(长门、肥前、萨摩、土佐)的经济发展。这些地区的藩士通过官商合办"藩营工业",吸纳商业资本和高利贷资本,使之成为工业资本;同时设立"专卖制度",控制了物价波动。建立了一批具有西洋新式工业特点的棉织、毛织、火酒、硫酸、玻璃、制铁、农用器械、造船及军火工业,推动了这一地区的经济增长,逐渐胜过关东地区的经济实力。这些地区通晓洋务的下级武士、由地主和城市富商取得武士身份的资产阶级、利用农民和城市贫民暴动促使当地藩主进行"藩政改革",提升自身的实力,成为雄视一方的"雄藩",进而要求幕府进行必要的改革。

虽然这些雄藩在进行攘夷时遭到失败,但责任落到了幕府身上。1863年5月,主张尊王攘夷的长州藩,在马关炮台攻击美、法、荷三国商船,炮台被美国舰队捣毁,英国舰队进攻鹿儿岛,结果都由幕府赔款了事。尊王派与德川幕府各自在1864年寻求国际力量的支援,尊王派以英国为后盾,打着"公武合体"旗号的德川幕府则拉拢法国,借以增加抵御由京都转往长州藩的尊王派势力,但已成强弩之末。

建立在幕府领地和诸藩领地基础上的幕藩体制,兼有军事和行政组织功能。在士、农、工、商四类人中,作为统治阶级的武士也是按照血统和世袭制原则组成,上起幕府,下至各藩的统治机构,都靠严格的门第制度来维持。但各藩都是一个半独立的实体,因此在国内以大阪和江户为中心逐渐形成统一市场以后,一批以下级武士和城市富商为主体的社会人士,积极起而对应,主张开放对外贸易。福井藩主松平庆永向幕府提出:"富国乃强兵之本,希今后举振兴商业之策,开贸易之学,互通有无,据皇国自有之地利,以成为宇内第一之富饶"(《大日本古文书》,幕末外国关系文书之十八)。为适应涉外事务的需要,迫切要求打破门第制度,不拘一格选拔人才,实现自上而下的政治改革,在1857年后渐成各地领导层的共识。各藩在大阪设立"藏屋敷"(对外贸易代办处),出口各地的物产,并筹划资金。幕府在各地农民要求"改变世道"的暴力冲击地方统治机构后,大为震动,也不得不在各地藩主(大名)的压力下,寻求政治改革。

自1860年开始向美国派遣使团考察起,连续数年,幕府年年都有使节派到英国、法国、德国去实地观察西方国家的政治体制。但由于日本的国情和欧美国家的议会政治在体制上相去甚远,所以多数出国人员对西方的代议政治仍然印象模糊。越前藩藩主松平春岳在 1862 年向幕府提出的《虎豹变革备考》,算得上是一份要求模仿欧美议会政治,以之嫁接到日本,期盼召集朝廷、幕府、各藩和部分平民合议朝政的宣言书:

> 为商议天下公共之论,不能没有巴力门、高门士即上院、下院之举,满清和日本之制度,权柄由政府处掌,恣意赏罚黜陟。观西洋诸州之史,有巴力门、高门士,国中之政事交公共论议,使其赏罚黜陟。即使英王、法帝亦不得自由与夺。今皇朝制度也应一变,在京都创设巴力门,在江户置立高门士,此巴力门应由幕臣及诸侯组成,高门士乃诸藩有名之士也。
>
> 此外任诸侯之藩士为巴力门,高门士予百姓、町人或庶人,此也可为一法。
>
> 虽说是天子、将军,及至此公共之论,也不得动摇之。
>
> 朝廷将天下之政事委任于幕府,然幕府奉朝命,不变更古来之制度时,罪孽尤重,是以不可没有求天下公共之论的巴力门、高门士之举也。

1864 年随幕府使团到法国访问的池田筑后守,在向幕府的报告中总结出西方国家的政治制度是种"君民同权"的政治:"总之,西洋各国之风习和我国不同在于君民同权之政策,上下两议院之论不一致时,政府亦无制服之权,此间除向政府引证外,最要紧的在于询取国民之心"(《续再梦纪事》)。

松平春岳在 1860 年出任幕府的政事总裁后,追随老中安藤信正执行的公武合体策,试图在诸藩联盟基础上协调幕府和尊王攘夷派拥戴的天皇的关系,实现公武合体的机构改革,他的政见是幕府不能只是德川氏一家世袭所有,德川氏亦只是一藩,"天下之政道,以奉行睿敕,继之和大小诸侯谋议,全国一致,必无幕府之私政。此乃国是之首要"(《续再梦纪事》)。根据当时的形势,无论对内还是对外交涉,都有统一决策的必要;而实际上,德川幕府的各项政令,已无法统一执行,以致政局动荡。幕府的政令要"和大小诸侯谋议"产生,幕府的位子也要由各藩"谋议"产生,抛弃德川氏一族世袭的私有性质。但不久即因反对派的阻挠而下台。曾受他重用的横井小楠,是一位极力提倡仿照欧美富国强兵器械,并引进西方政治制度的思想家,但他和提出"东洋道德,西洋艺术(技艺)"的佐久间象山一样,始终未能跨越这种类似"中体西用"的模式。他在 1866 年向松平春岳陈述他的政治主张时表示,德川氏应辞职,降为一藩,建立皇国政府,设立议院,上院由公武(公卿和大名)组成,下院广举天下人材,先由四藩(雄藩)执政,其他由诸贤明中逐步选拔录用(《小南遗稿》)。他以尧舜禅让为大圣,以为"迂儒无知此理,以为圣人之病"。明确责备"血统论,此岂顺天理乎?"但当时日本尚无人会反对天皇的世袭制,因为那是出于"神授",非同人间的世袭可比。小楠的政治思想,实际上是和徐继畬一脉相承,赞成美国的共和制,"全国总统之权柄,让于贤而不传于子,废君臣之义,向以共和兵为本分"。

1866年的政治形势对幕府更加不利:原本支持幕府的法国,由于法、日两国之间开辟丝绢贸易没有达成协议而变得消极;关东和近畿各地的农民不断起而暴动,将军家茂因忧愤成疾,在7月病故,继位的将军庆喜只得收回了征讨长州藩的军事行动,幕府的威望因此空前低落,而主张王政复古的气势逐步高涨。萨摩藩一派的五代才助在这一年,最先起草了一份仿照德意志联邦实行诸侯联盟的意见书,设计了一个以德国为例、联合全国60多州的大名到京师上下两院议政的方案。1866年尚在幕府任职的福泽谕吉出版了轰动一时的《西洋事情》,书中提出政治有三种形态,一是立君,二是贵族会议,三是和政治。他举出立君政治有两类:一类是立君独裁,如露西亚、支那等国;另一类是虽国无二王,然有一定之国律,以抑制君权者称立君定律,现今欧罗巴诸国多用此制度。他本人表示立君定律(君主立宪制)最好,但也是逐步形成,目前日本还没有条件去实现。所以英国式的君主立宪政治,在日本成为一种值得日本人追求的政治理想在社会上传开了。

此后的日本,不论是主张保留幕府制度的一派,还是要求排除幕府、将大权回归朝廷的一派,双方在商议国事必须打破陈旧的传统、引进欧美已经实现的议会政治制度上,渐趋一致。只有这样,才能吸取更多不同阶层、不同身份的人参与议政,最后冲破封建主义政治模式的羁束,实现统一国家的任务。

1867年6月,坂本龙马和土佐藩的后藤象二郎起草"船中八策",共有八条。第一条"应使天下政权奉还朝廷"。第二条"应设上下议政局,万机决于公议,"肯定了"大政奉还朝廷"的总方针,成立议院制度。第三条,选拔有才的公卿、诸侯和各种人才作顾问,并赐以官爵。第四条,"应同外国交际,广采公议,新立至当规约",实现对外开放,但要签订相互平等的条约。在这个文件基础上,由萨摩、长州和艺州成立了三州联盟的《协议书》,向诸侯联盟跨出了第一步。1867年10月土佐藩正式提出大政奉还和召开国事会议时,将军德川庆喜立即向刚从荷兰学习国际公法回国的西周助询问有关英国议会制度的知识。西周助拟定了《关于列藩会议之上书》和《稿本附件议题草案》二则文件,而议会制度实际是参照以普鲁士为盟主的北德意志联邦的国家机构和制度。意见书根据日本国情,以为上院名额可由各藩另定,下院名额则一藩一人。

到了年底,孝明天皇去世,皇子睦仁继位为明治天皇(1867—1911 年),决定"王政复古"。幕军在京都南面的鸟羽、伏见被萨摩、长州联合组织的倒幕军打败。成立了由皇族总裁,公卿、雄藩藩主议定和雄藩藩士作参与的权力中枢,作为行使新政府权力的机构。

1868 年 2 月幕府将军德川庆喜在政府军压境时,被迫向天皇奉还大政,将军本人被幽禁在水户的宽永寺,江户幕府(1603—1867 年)的统治就此告终。1868 年 7 月,天皇决定迁都江户,改称东京,改元明治,旧都京都改称西京。

在西方新兴工业化国家向东方推进殖民化过程的 19 世纪,日本一方面固然由于它的这种远离殖民化中心非洲、南亚和东南亚甚远的部位,得免于遭受西方国家的打击。而更重要的是,日本在这场文明的挑战中,代替以往各藩分割的局面,建立了统一国家。自 1870 年以后,以"富国强兵"的精神进行全面的变革,从而成为现代化第二次浪潮中,唯一的一个逃脱了沦为第三世界的一个国家。

(三) 明治维新与民权运动的兴起

1868 年 3 月,明治天皇颁发 5 条誓言,公布了将誓词法律化的文件《政体书》,决心在开国进取思想指导下,实施新政,建立大一统的国家机构,顺应国际形势的发展,振兴日本的国运。随后各项法令陆续发布,明治维新的各项改革展开,将处于封建社会的日本推向资本主义社会。明治维新集中在官制、兵制、学制、工商制度、土地制度和身份制度等各项改革,期待效法欧美发达国家,特别是英国和德国,推动日本从各藩割据的政局走上"富国强兵"的资本主义道路。

一批最早接受了西方教育并到过欧洲和美国考察的知识界人士,顺应时势,成了推行新政、传播新思想的开路先锋。明治维新一开始便出现了一批主张"欧化主义"(后来被鲁迅称作"拿来主义")的人士,他们勇敢地扔掉了传统的包袱,试图一下子用西学加以替代。新上任的外务省大臣井上馨曾明白宣称要将日本国变成欧化的帝国,把日本人转变成欧化的人民,这就是有名的"脱亚入欧"论的来历。"脱亚入欧",说白了就是日本要摆脱落后的亚洲,挤进先进的欧洲国家的行列。这个目标,在日本发动了中日甲午战争、日俄战争和参与了第一次世界大战的 50 年间,得到了实现。

对自由民权思想在日本的流传起过发萌作用的是福泽谕吉(1834—1901 年)。曾在幕府任职的福泽谕吉,依靠他在海外生活的实际体验,写了《西洋事情》(1866 年)和《劝学篇》(1872 年),首先将法国的民权思想和英国的功利主义思想介绍给日本的民众,为日本跟上欧洲正在兴起的产业革命提供了思想准备。《西洋事情》在短短数年中,被翻印了 225 万册之多,几乎达到家喻户晓的地步。

倾向英国君主立宪政治的福泽谕吉,主张在经济上实行放任自由主义,在社会上实行自由平等、职业自由、宗教信仰自由,这些见解都在日本开风气之先。

英国自由主义思想急先锋约翰·穆勒的《自由论》(1871 年,中村正直译)、法国孟德斯鸠的《万法精理》(1875 年,何礼之译)、平等思想的创导者卢梭的《民约论》(1877 年,服部德译),也都在明治改革之初,便由一批出过国、具备西方语言知识的先知先觉的知识界人士翻译成了日文。这使 20 年前还在依靠从中国引进《海国图志》和李善兰与洋教士合译的西洋科学著作的日本知识分子,由于越过了依赖洋教士转译西洋书籍这一关,迅速成长为一支可以直接从西方文字中翻译各种专门知识给本国公众的知识大军,因而和中国的知识界相比,在和欧美国家进行知识沟通方面,日本至少节省了 30 年时间,成了后起之秀,跑到了中国的前面。

福泽谕吉和他的同志首先看出欧洲领先进入产业革命,是由于得到了新兴资产阶级的拥护,最根本的一条是确定了宪法。为宣扬欧洲的社会政治制度,他在1873 年组织了"明六社",推动民权思想深入民间,期望在日本开花结果。

在新政府推行废藩置县、实现统一国家、展开明治新政之后,加藤弘之在1870 年 7 月出版了《真政大意》一书,继福泽谕吉之后,对西方国家的政治体制作了系统的阐述,呼吁日本起而作进一步的改革。加藤弘之将国家和民众的关系概括成权利和义务两个方面,以为:"在现代的交往中,权利和义务两者都是不可或缺的。如若权利和义务并举,就会有真正的权利和义务;如若缺了一个,权利就不成其真正的权利了,义务也不能算作真正的义务了。"他对如何推进权利和义务的相互关系,所作的回答是:

> 首先第一重要的是制定宪法。宪法正是在政府和臣民之间,以及臣民相互之间,为调节彼此各项关系而制定的准则,以求得彼此互尽自身的本分,又尊重他人的权利,并确保各人自身的权利不受他人的伤害。总之,对权利和义务加以规范化,促使两者相互平等行使。

加藤弘之认为宪法才是规范君主的行动、保护民众权利的大法,不是专门由立法机关制定的宪法,还只能算是国君的私法。如若国君的权力过大,国君与民众之间的权利和义务便不能说相处得很好了。加藤弘之进一步论证了立法和司法应该独立于国君之外,应该由公选的代议士作为立法院的官员,由这批人根据天下的公论,决定废立宪法制度的事情。他指出只有实现了依法行政、立法、司法三权分立,才算建立了"立宪政体",其基础便是"人人平等","没有贵贱、尊卑、贫富、大小的差别","在宪法上都是同一的臣民,都享受同一的保护权"。在他看来,建立在立宪政体上的国家,才称得上是符合现代国家观念的国家。

加藤弘之在《国体新论》中,更针对歌颂神代开国的天皇制的"国学家"所持国家观念进行无情的批判,称当今日本的政体,是一种"鄙野"的政体。但是他和当政的木户孝允一样,认为在日本要实现欧洲式样的议会制度,时机尚未成熟。

明治维新之初,天皇还年幼,主持改革的是原先来自萨摩、长州、土佐和肥前四藩的官僚和京都的贵族。由于新政府实行征兵制,取消了武士阶级,由下级武士转变成的士族,生活尤成问题。在政府中任参议的西乡隆盛、板垣退助等人主张征伐朝鲜,岩苍具视、伊藤博文等人则持相反的意见,认为必先内治,才能出征。政府采纳了岩苍具视一派的观点,造成西乡隆盛、板垣退助等4名参议下野,大权落入萨摩、长州的的士族手中。当时各项大政的决策,全由宫廷、官僚、军队、警察自上而下组成的"集议院"决定,被称作"有司专制"政权。

自由民权运动的发动起自1875年1月。以下野的板垣退助为首的土佐士族上书左院,要求政府对承担纳税义务的人给以"纳税者的参政权",提出《设立民选议院建议书》,主张由民选代表监督政府。当时土佐立志社的士族人士认为只有他们在士、工、商、农四族中,"唯其稍有知识,粗具自主风尚",组织了爱国公党推动民权运动,因而有"士族的民权"之称。民六社成员中,在宫内省任四等出仕的加藤弘之和森有礼、西周对设立议院一事,认为为时尚早,起而反对;福泽谕吉、津田真道和西村茂树则赞成这一举措,认为可以付之实施。津田真道主张"无缙绅、华士族、文人、武夫、豪农、富商、穷苦书生、普通人之别,皆可选取作议员,唯以其见识足以可否国事为标准,而处以徒刑者除外"。赞成设置民选议院。西村茂树对引进西方制度是基于一种深思远虑的本末观,他在1874年已经表示过这样的见解:"夫政体乃本,工艺乃末,弃其本唯务其末,恐非得计也;然而今日要务在确立政体,欲确立政体必先兴民选议院。"作为民权运动起点的,便是要求成立民选议院。

1877年西乡隆盛发动的西南暴动失败后,政府为缓和国内矛盾,在9月,元老院议长有栖川宫炽成亲王下达了起草宪法的敕令,旨在"调剂君民之权,使其适中",所以要制定国宪。民权运动者看到武装反抗无法达到目标,开始扩大政党组织,改走政党政治的道路。爱国公党改称爱国社,在大阪设立总部,各地成立分社,与各地破产农民要求政府减租、减税,反对征兵制的斗争相呼应,继续发动民众,扩大维护自身权利、伸张正义的斗争。1880年,爱国社在大阪成立"国会期成同盟会",在4月提出了由植木枝盛(1879年发表《民权自由论》的作者)起草、得到二府22县87000人签名的"开设国会请愿书",指出1872年政府实施改革地税、发行地券(土地证),是关系到千家万户的大事,必须和全国人民共同商议,才能生效。上书主管立法的左院，要求政府从速召开国会，并在东京和全国各地组织集会、游行，掀起民权运动的高潮。

政府为应对高涨的民权运动，将 1880 年完成的宪法修改案，交付新设立的"国宪审查局"，而不付之实施。另由太政、左、右三大臣下令，由政府内位居次官级的实力派人物伊藤博文、井上馨、大隈重信各自起草了三份关于召开国会的宣言，其中一分由担任参议的萨摩藩士大隈重信起草的，不仅要开设议会，根据议会内的多数意见行施政治，而且要由议会内的多数党的首领出来组织内阁，实施政治。他一针见血地指出："立宪之政乃政党之政，政党之争乃由于主义。故其主义若保持国民之多数，其政党应得权柄，反之则失权柄，此即立宪之真政，又真理所在也"（《岩仓公实纪》）。大隈提出的这一主张，要求迅速实现英国式的政党政治的宪法，并在 1881 年年底加以公布，公开支持民权派迅速召开国会的主张。而伊藤氏和井上氏则支持逐步实现以君主为中心的宪法。双方在限制君主权力和维护皇族和公卿贵族权益上，分歧极大。

政府中以右大臣岩苍具视为代表，反对实施英国式的君主立宪制议会，采用普鲁士式的君主立宪政治，将大隈重信赶出政府。而民权运动其势锐不可当，对政府的冲击尤大，人民已觉悟起来，要求获得参政权，实现由国会决定赋税的全权。政府的去向受到全国民众的注目。

1881 年围绕北海道开拓使出售官方产业爆发的贪污案，要求从速建立民选议院监督政府的民权运动空前高涨起来。原本由萨摩、长州、土佐、肥前四藩的官僚和京都的一些贵族执掌的新政府，由于土佐的板垣退助和肥前的大隈重信相继下野，政府主政成员的代表性已经下降到了最低点。政府不得不在 1881 年 10 月 12 日以天皇的名义颁布大诏，宣布定期 10 年在 1890 年召开国会，实行宪政。于是为配合立宪政治的实施，政党组织正式出台。

1881 年 10 月，板垣以"国会期成同盟会"为核心，成立了自由党，吸收乡村地主、资本家、不平士族和自耕农入党，以法国的自由民权思想为党的指导思想，主张扩大人民自由，保障人民权利，增进社会福利，确定立宪政治。大隈重信联络犬养毅等人，在 1882 年 3 月成立改进党，党员多为城市资产阶级和知识分子，以英国的功利主义思想为党的指导思想，主张改革国内政治，发展国际贸易，促进地方自治，扩大民众的选举权。政府对两党的活动多方干扰，并以官员、国学者和汉学者为主成立了帝政党，推行拥护天皇、反对扩大选举权的种种活动，不久又改变策略，宣布自动解散。进而压迫其他政党退出政坛。1883 年坂垣退助受到暴徒袭击，被迫出国考察。1884 年由于政府施压，在 10 月，自由党只得宣告解散。随后，政府又压迫大隈重信退出改进党，从而瓦解了改进党。

政府随后在 1882 年 2 月派了伊藤博文为首的一行到德国考察,以权力的高度集中为范式的德国,作为日本准备立宪的榜样,转入了起草宪法的轨道。1884 年 5 月政府从颁布"华族令",保证华族(藩主、贵族)在国家中的政治地位开始,陆续展开各项改革。1885 年 12 月改正中央官制,改太政官制为内阁制,设立总理大臣总管全国政务,下设内务、外务、大藏、司法、文部、陆军、海军、农商务、递信九省,宫中另设宫内大臣。各省的大臣仍以萨摩和长州两藩出身的藩士为主。1888 年月 4 月设立枢密院,由伊藤博文出任议长。1889 年的年 1 月颁布地方政府组织法令,选举地方议会。

1889 年 2 月 11 日,日本颁布了作为帝国基本法的明治宪法(7 章 76 条)。拥有 4600 万人口的日本,按照年满 25 岁、在一定地方居住满 6 个月以上的男子,每年缴纳直接税 15 元才有选举权的规定,产生了符合资格的 450 365 名选民,由这些选民通过选举议员,成立地方议会。到 1890 年,在全国召开了由贵族院和众议院总共 800 多名议员组成的国会,推动日本走上宪政的道路,在日本确立了政党政治的政治体制。明治宪法规定日本帝国必须由万世一系的天皇来统治,对天皇的权力给以至高无上的权威。天皇有行使立法、裁可法律、召开国会、解散国会、发布代替法律的敕令、任命文武官吏并决定其薪俸、统率全国海陆军、对外宣战、媾和及缔结条约、宣布戒严、授予爵位等权力。这部宪法将俄国沙皇才有的特权赋予了天皇,所以有人称之为钦定宪法。宪法规定帝国议会由贵族院和众议院组成的两院制。贵族院按贵族院令以皇族、华族及敕任议员组成。众议院按选举法规定以公选议员组成。1890 年 1 月,自由党、改进党恢复了政党活动。7 月 1 日,首次大选。自由党在众议院中占 135 席,改进党在众议院中占 41 席。从此,日本的贵族、官僚与新兴资产阶级开始在相互争夺与妥协中,将资本主义国家的政党政治纳入了天皇制的范式之中,将天皇统治下的封建幕藩政治逐步转入欧洲式样的政党政治模式。

改进党一来改称进步党,1898 年进步党与自由党合组成宪政党,与政府对抗,在 6 月 30 日第一次出现了政党组阁的局面,仅 4 个月便垮台,以后出现了军人、藩士或贵族组阁。进步党另组宪政本党,退出了与自由党的联盟。自由党在 1900 年改组成政友会,出来组阁。宪政本党到 1910 年改组成国民党。1916 年 10 月,新成立了宪政会,成为第三个政党,出来争权。1924 年 6 月,宪政会的加藤高明代替贵族院的清浦奎吾起而组阁,从此以后,组阁人员就非政党提名莫属了。

(四)日本产业革命的成功

明治维新的目标是实现产业革命,提升国力,所以一开始便将人才和技术革新提高到前所未有的高度，派遣了一批又一批人员出国考察和留学；聘请欧洲的工程师和教师到日本，培养本国各项军事工业的技师和技工，开办各类工程技术学校以及陆军和海军的军工技术院校，迅速培养各项战略工业部门的专门人才；高度重视新式武器的研制，选择最先进的军工产品，作为仿制的蓝本，分别仿造了法国、德国、英国和荷兰的武器和设备；及时注意军事工业设备的更新，求得产品的领先地位；十分重视与发展战略性工业相配套的铁路、电讯等事业的建设，不准私人经营电报、电话事业。

维新政府为了尽快完成产业革命，在移植西方新兴产业时，首先采取大规模兴办官营"模范工厂"的办法，将一大批幕府时期开办的陆军工厂、海军工厂和官营制铁所等现成的工厂，收归国家直接经营；兴建了造船（横须贺造船所、小野滨造船所、长崎造船局、兵库造船局）、纺织（富冈制丝所、爱知纺织所、王子制绒所、千住制绒所）、玻璃（品子玻璃制造所）、酿酒（札幌葡萄酒酿造所、札幌麦酒制造所）的大型工厂和官营的矿山，规定金、银、煤、铁、铜矿由政府经营。政府所采取的官办民助政策，在一定程度上带动了私营工厂的兴起，为日本民营企业的兴起铺平了道路。但是这样的运作方式，不久就因官营企业缺少效率的致命弱点，国家出现财政拮据，而势难持续下去。

因此，政府在1881年对产业政策进行了战略性的变革，根据资本运作规律，将欧化政策进一步作了更切合国情的调整，并以天皇的名义宣告，放弃一切都请外国人、一切都用外国货、一切学习都出国的"外国万能主义"，实行务必使用本国人和本国货的"国产奖励政策"，要求各地根据实际情况，结合日本民族特点和社会需求，引进新的产业和技术。（高桥龟吉：《日本资本主义发达史》，日本评论社，1939，100—101，136页）政府殖产兴业的指导思想由初期施行全盘欧化的移植政策阶段，从此逐步转入"民营官助"和"国产奖励政策"的新轨道，日本的中小企业因此得到了扶助和发展。1885年政府机构调整后，新设农商务省，直接管理中小企业改造和建设事项，进一步促进了这类企业的成长。

日本政府对金融事业，也采取鼓励私营企业经营的方针，1882年颁布的《银行条例》，为鼓励私营银行经营金融事业，将国家银行的业务限制在经营外汇，规定营业期限为20年，期满取消。在这一方针指导下，早先仅有三井银行和横滨正金银行两家私营银行的金融界，到1893年已有私营银行545家，1896年有1 000家，1897年竟达到了1 867家，致使信贷事业空前繁荣起来，给工商企业的营运提供了充足的资金，逐步形成了以三井、三菱、住友、安田四大家族为主的垄断资本主义集团。垄断资本将银行资本和工业资本串连在一起，控制了全国的各种工矿企业，最终发展成日本的金融寡头。

和日本金融业的活跃形成对比的是,在对外商贸活动中起到杠杆作用的中国现代银行业,在19世纪尚处在襁褓时期。当时中国民间经营货币信用业务全靠票号和钱庄,票号主要经营地区间汇兑,集中在黄河流域和华北各省;钱庄多开设在长江流域和东南各省。直到19世纪末,由盛宣怀在上海发起的中国通商银行,才在1897年5月正式成立,银行的制度和管理办法完全仿照英国汇丰银行。中国的国家银行要到1905年才在北京开办,名叫户部银行,是官商合办性质,1908年改称大清银行。同年邮传部在北京开办交通银行,1912年后改组成中国银行。各省也同时办起了地方银行,或称官钱局、银钱号、银行、银号。民间资本开办的私营银行,以无锡人周延弼到日本考察以后,在1906年开设的上海信成银行为最早,浙江兴业银行(1907年)、上海四明银行(1908年)、殖业银行成立在后,开始投资于商贸、铁路、航运等业。与日本金融业的兴起相比,已经瞠乎其后。

日本政府在1884年发表的长达30卷的《兴业意见》中,明确了日本现有的两种工业:固有工业(中小工业)和机器工业(引进的大工业),是互相补充、不可或缺的关系,两者都应受到保护和奖励。日本的工业化道路指明了只有中小工业得到了新技术和设备改造,提高了机械化水平,才能最终建立起强大的现代工业体系。第一次世界大战结束以后,在日本的工业产值中,小工业占了39%,中等工业占了35%,大工业只占26%。(史泰因:《日本工业和对外贸易》,1935,伦敦,34—36页;中译本,1938年商务印书馆)日本工业化的成功,由人口结构在40年间的变化可以见出,1887年,在总人口中,居住在万人以上城市中的人口只占11%,1908年上升到25%,1925年已高达37%。

在日本实现产业革命的同一时期,就像西方国家通过对外进行殖民扩张,为资本主义扩大再生产积累资本提供充足的资金一样,日本为转移国内矛盾,对周邻国家不断发动战争,为填补它不断扩大的对资源的需求、财政的收支平衡,以及商品输出和资本输出铺路架桥,提供有利的条件。

日本为扩大它有限的国内市场,在新政实施之后便发动对外战争,在19世纪70年代开始侵略台湾地区和朝鲜,随后以赔偿损失为由,从中敲剥各项费用和权益。1879年,日本首先吞并了原先作为中国藩属的琉球王国,将它改成冲绳县。后来,又入侵中国的台湾。日本发动侵朝战争后,中国出兵帮助朝鲜抵制日本。日本为达到它吞并朝鲜的目的,从1892年起,积极备战,将矛头对准了中国。1894年8月1日,中国和日本的军队由于在朝鲜半岛发生冲突,双方正式宣战。日本通过召开临时国会,取得了1.5亿元的军费,派遣军队攻入中国的辽宁和山东,南下占领澎湖群岛,歼灭了中国的北洋舰队。在1895年4月签署的《马关条约》中,日本迫使中国承认朝鲜独立,割辽东半岛、台湾全岛和澎湖群岛给日本,并赔偿军费 2 亿两白银,开放沙市、重庆、苏州、杭州为商埠等,一系列特权。由于割让辽东半岛一事触犯了俄国的利益,俄国联合法国和德国出面干涉,改由中国向日本追加赔偿 3 000 万两白银了事。

中日甲午之战是这样的一场战争:一个刚崛起不到 30 年的东亚小国,居然在天皇制下,由于从本末到体用都仿效了欧洲(特别是德国和英国)的范式,居然一举打败了一个素称礼仪之邦的大国,歼灭了那支雄踞东亚的新式海军,霸占了东北亚的大片沃土膏壤。其教训之深切,对中国来说是空前的,再也不是守旧派对一败再败的鸦片战争所作的辩解能够遮人耳目的了。

这一战,中国要向日本赔偿 2 亿两白银。按照 1895 年日本的财政收入,2 亿两白银(约合 7.5 亿日元)相当于日本四年又两个月的财政收入(加藤佑三:《东亚近代史》,中国社会科学出版社,1992 年,100 页)。按 1896 年日本的国民收入 3.7 亿日元(财政收入为 1.87 亿日元)计算,2.3 亿两白银相当于日本两年的国民收入,算得上是一笔惊人的巨款了。日本将这笔钱一部分用来扩张军备和振兴工业,一部分存入伦敦银行,作为外汇储备,与实行金本位制的国家挂钩,成功地引进了一种新的金融制度,将日本的金融业与当时的头号强国英国紧密地联结起来。1901 年,日本由于参加了八国联军,在庚子赔款中连同本息分得 7 500 多万两白银,加上甲午战争中的赔款收入,总共从中国捞进的白银就高达 3 亿两以上。日本靠了敲剥中国,大发其战争财;中国则愈战愈贫,为此背上巨额债务,落到了只得东借西乞、债台高筑的一大穷国的地步。

1904 年的日俄战争,是两国为争夺东北亚的霸权而爆发。1898 年朝鲜在日本和俄国的共同保护下宣告独立,改国号为韩国。俄国与中国在 1898 年、1901 年通过签订密约,在中国的东北(1907 年清政府在这一地区成立了奉天、吉林、黑龙江三省和东三省总督)取得了修筑铁路、租赁旅大等一系列特权。日本依靠英国和美国,与得到法、德支持的俄国相对抗,在对马海峡歼灭了俄国的波罗的海舰队,在辽阳打败了 40 万俄国陆军,占领了奉天(沈阳)和俄国的库页岛。战争以俄国失败告终,而受害最大的是中国。经过美国总统出面调解,日本和俄国在 1905 年 8 月缔结和约,约定俄国不再干涉韩国事务;日本从俄国手中取得的权益,有旅顺、大连的租赁权,长春至大连的铁路和沿线的采矿权,割让北纬 50°以南的库页岛给日本,将俄属日本海、鄂霍次克海及白令海的捕鱼权让给日本。

日本通过这些新获得的权益,将俄国的势力逐出韩国和南满,占有了日本海以北的南部库页岛,对俄国的远东地区形成包围的架势。1910 年 8 月 29 日,日本天皇正式下令"合并"韩国,对韩国改称朝鲜,设立朝鲜总督府加以统治。

经过日俄战争后的日本侵略势力,推进到了中国内陆,在"满洲"设立了关东都督府,和由日本政府参股的半官半民性质的南满洲铁道株式会社("南满铁路公司",简称"满铁")两大机构,作为管理机构,统治这一大块帝国的新土地。南满铁路公司是由政府参股 50% 并直属于政府指挥的一个官营企业,既是以经济事业为招牌的国家垄断资本主义企业,又是一个以不断地扩大它的营利事业为目标的殖民机构。满铁不断扩大在铁路沿线的附属地和对物流的操纵,控制了南满的经济。直到 1928 年中国政府借助英国资本修建北宁铁路,"满铁"对东北地区的垄断地位才开始受到冲击。

第一次世界大战爆发后,日本又一次抓住有利时机,立即出兵山东,夺取德国在胶州湾的一切权益,并擅自占有了胶济铁路全线和它附近的矿区;同时在北太平洋配合英、法等国夺取了德国占有的马绍尔群岛战略要地,将日本的海上力量向东扩展到了向来属于欧洲列强的广大海域。1915 年月 1 月 18 日,日本更进一步向中国政府提出了要将中国沦为它的殖民地、保护国的"二十一条",遭到中国举国上下的反对与抗议。而日本在大战期间靠夺取欧洲列强在东亚的市场,大发其战争财,日本工业品的产值从 1914 年的 16.5 亿日元,到 1919 年上升到了 67.3 亿日元,足足增长了 3 倍还多。

1929 年起世界性的资本主义经济危机迫使白银跌价,致使"满铁"的出口下降,于是日本的关东厅对"满洲"的控制作了进一步的策划,"满铁"沿线的"附属地"成为日本关东军的作战基地,给举世震惊的"九一八事变"提供了从物质到情报、从人力到经济的各项支援。拥有 21 000 多名员工的"满铁",由于对事变有过功勋而被日本军方加以褒奖的就有 15 884 人(《满洲事变和满铁》,日文版,535页)。"满铁"对日本侵略中国所起作用,也就可以见出非同寻常了。在"九一八事变"发生的前一年,各国在中国东北地区的投资总额共计 2 428 699 000 日元,其中日本的投资额为 1 756 636 000 日元,占到 60% 以上;在日本的投资额中,由日本政府直接控制下的"满铁"便占到一半以上,这是日本在海外的投资十分不同于欧美资本主义在海外投资的地方。

七、 中国转向日本追赶西潮

19 世纪 50 年代日本借助《海国图志》以及在上海和香港等地的出版物,充实他们对欧美各国的知识,奋起改革;不到 40 年,中国却不得不对新兴的日本国刮目相待,研究他们何以能迅速崛起的经验了。

清末出任外交官的广东嘉应州人黄遵宪(1848—1905 年),为报导和研究日本的国势,费时 8 年,写作了《日本国志》40 卷。1877 年黄遵宪出任中国驻日使馆参赞,在日本工作 5 年,1879 年开始写作《日本国志》,1882—1885 年任驻美国旧金山总领事,归国后,在 1887 年才完成了这部著作。他写作此书,是由于日本古无志书,所以他按照《国统志》《邻交志》《地理志》《食货志》《兵志》《刑法志》《工艺志》等 12 个类目,参考 200 多种专著,写作了这本书,重点在报导明治以来实施的新政所取得的成就,指出根据他的体验,"乃信其政从西法,革故取新,卓然能自树立"。当时他已能从推行新政 20 年的进程中,看出日本成长为世界民族之林中一个卓有成就的独立国家了。

在这本志书中,他对于日本政治制度的改革,是按 1881 年冬天的情况记述,"其仿照西法、为旧制所无者,特加详焉"。他在书中一再强调,日本推行新政的成功,最根本的一条是"政从西法",有此一条,便纲举目张,可以富国强兵了。他在《国统志》中的记事,从古代一直写到 1878 年,说明日本在 1875 年"更设元老院以定立法之源,大审院以巩司法之权,又召集地方官,以通民情、图公益,渐建立宪政体"。这是从日本可以学到欧洲的立宪政治体制。他在《兵志》序中说:"各国深识之士,虑长治久安之局不可终恃,皆谓非练兵无以弭兵,非备战无以止战"。特别指出日本的军事直接效法欧洲列强,所以在短期内便有长足的进步。他说:"日本维新以来,颇汲汲于武事,而其兵制多取法于德,陆军则取法于佛(法国——引者),海军则取法于英,故详著之,观此亦可知欧洲用兵之大凡。"特别提到,从日本军队的编制、操练、装备,就可了解欧洲英、法、德三国的军事制度了。这是从日本可以学到欧洲的军事体制。他在《工艺志》中指出,现在欧美诸国崇尚工艺,其艺资于民生、物产、兵事、国用、日用,一切科学都可资工艺之用,"富国也以此,强兵也以此"。这是可以向欧美学习的百科技艺。他在《学术志·西学》中对新政培养人才,一针见血地指出,当权的诸公,大多是从外国学校归来的留学生,维新以后,更派使节到欧洲各国体验"事物之美,学术之精"。他更加明确提倡西学,1872 年下令废除私塾,兴建学校,在国内全面推广西方教育制度和教学科目,并且派遣大批公费和自费生到欧洲去留学,兴建各类文化设施,造成西学在国内蒸蒸日上的势头。这是可以从日本学到欧美的教育体制。

黄遵宪借日本的振兴,要求当局从国际大局出发,赶超日本,振兴中华。因为事实上,现在已经是:"彼西人以器用之巧,艺术之精,资以务财训农,资以通商惠工,资以练兵,遂得纵横倔强于四海之中,开下势所不敌者,往往理反为之屈。"他期望中国能起而与列强一争雄长,重振国势。

从 19 世纪 70 年代起,在香港和上海等地,早有王韬、郑观应等人起而要求召开议会、推行立宪政治。1879 年获得巴黎大学法学博士的马建忠(1844—1900

年），早在 1877 年就上书李鸿章，提倡改革学校、建立议院，以为"学校建而智士日多，议院立而下情可达"（《适可斋记言记行》）。从此以后，在百废待兴的局面下，兴学校和建议院便日益凸显为两项大政，而引人铭记在心了。

来华的西方传教士也跟着出来向当局呼吁，效法西方国家进行改革。在这些传教士中，德国的花之安（Ernest Faber, 1839—1899 年）和英国的李提摩太（1845—1919 年），是其中在社会上颇有影响的人士。花之安在 1865 年到中国，写了许多著作，《西国学校》（1873 年）、《德国学校论略》（1874 年）都是向中国介绍欧洲教育制度的书。后来在《万国公报》（1879 年 10 月—1883 年）上连载《自西徂东》，英文名 *Civilization, China and Christian*（《中国和基督教文明》），1884 年在香港出了中文本。他在书中比较中西风俗、文化，宣扬议会政治、科教兴国、普及教育，要求停止八股取士。这本书印了数万册，1898 年光绪帝为了推行新政，订阅了 129 种西学书，列在书目单上第一本的就是这本书！1898 年变法维新的一个重要人物李提摩太，他也编写了许多文字推动改革，1889 年广学会出版的《七国新学备要》是其中专门宣扬学制改革的一本书。后来又提出《中国四大政》（1892 年）和《新政策》（1895 年）都是着重要求改革学校制度、实行议会政治两大目标的。

清王朝所以不准引进欧洲的新学制，是由于实行新学制，必然要触及八股取士的科举制度，从根本上动摇作为一小撮清贵族统治下封建王朝支柱的礼教和等级制。所以直到 1900 年，一个偌大的中国，也只办了挂在"洋务"名义下的 30 多所洋务学堂，便别无进展了。1894 年以后，当局为阻挡教育改革所扯起的传统"礼教"这块堂皇的匾额，至少在一些大中城市中，已经难以蒙蔽人心了。所以张之洞赶快推出"中体西用"，劝大家就近到日本去留学。但反对民权、反对男女平权的张之洞，当然不可能要求政府对教育制度进行全面改革。1895 年，已经不耐烦的严复，便开始大声疾呼："今日中国不变法则必亡！"（《救亡决论》）他提出的变法，最重要的是废八股而大讲西学。梁启超比他进一步，更注意到兴女学的重要，他以为要男女平权，就要兴办女子学校，改变女子缠足的陋习，这样才能实现男女教育的平等。他还根据女学是否发达，来定一个国家是否强盛，以为女学最发达的是美国，所以美国最强，女学次于美国的英、法、德、日本，这些国家属于次强（《学校通议·论女学》）。

清末留日学生运动，就是在民族处于生死存亡关头时，掀起的一股颇为猛烈的浪潮。这股风发端于 1896 年中国驻日公使裕庚派人到上海、苏州（苏州是江苏省省会，上海属苏松太道管辖）招募 13 名学生赴日留学。日本政府见到此举有利于培植亲日的人才，掌控未来的中国社会，主动提出资助 200 名中国留学生到日本学习。日本方面自1898年起陆续开办了学习日语和基础课程的预备学校,成立了培养陆军士官生的成城学校清国留学生部,开设了中日合办的振武学校,以及各种警监和法政大学速成科。1900年八国联军攻占北京,清皇室出亡陕西,更激起了中国国民的爱国热情,广大青年学子为学习新知识,相继东渡求学。

留日学生的官费、自费生人数出现了逐年上升的趋势,1902年有600多人,1903年超过千人,达到1 300多人,1905年增长到8 600人的高峰。日俄战争以后,有些学生为抗议和出于经费中断原因而回国,但1909年仍有5 000名学生滞留在日本。清朝覆亡时留日学生总数已有5万人之多,其中70%是自费生,官费生只占30%,大部分学生只修完了高中(日本称"高等学校")课程,具有大专程度和本科生学历的只有千余人。但留日学生运动在清末社会上形成的一股求新学、新知的风气,在中华大地上不但盖过了政府所办的洋务学堂,也使英美新教国家和法国天主教所办的新式学堂所萌发的新学制、新课程失去了光华。因为留日学生不但实地学会了一种新鲜的外国语,而且实际地体验了一种原来与中国受同一文化培育的日本,现在经过维新政治的改革,已经相当欧化的社会风貌。在日本,已经成立了议会、实施了宪政的政治体制、装备了新式枪炮和舰队的陆军和海军、正在走向工业化的经济前景,以及基本上实现了小学普及教育、并且拥有现代化公共设施的都市生活,使得这批亲历其境的留学生具有了胜出在国内求学的学子的才智,他们从那里带回国的不但有校园乐歌、西洋美术、军事训练、科技知识,更重要的是在他们心目中冉冉升起了要求奋发图强、在自己的国家中实现大变革的意志。

在国内遭到封杀的外国书刊,使一些有志之士接受了各色各样的革命思潮,1899年横滨的留日学生创办了名为《开智录》的半月刊,以天赋人权为口号,比之国内刚刚流行的天演论思想,更加具有浓厚的人文科学色彩。后来更有《译书汇编》《游学译编》《湖北学生界》《江苏》《浙江潮》《云南》等多种具有革命色彩的刊物出版,各种编译所随之应运而生,西方社会思潮便如洪水猛兽通过中文译作流入大陆。留日学生杨廷栋用《路索民约论》的译名,从日译本翻译了法国卢梭的名著《社会契约论》,最初在1901年的《译书汇编》上刊载,后来该社出了单行本,之后,上海文明书局也出版了这本书。从20世纪开始,一支由留日学生为主的翻译队伍在国难声中迅速成长起来,将以往三四十年中由英美传教士与中方译员合作才能拼凑起来的译书界,在短短的十来年中,就来了个大变样。1896—1911年中,由日文翻译成中文的书籍就有1 100多种,这个数字远远超过了直到1911年为止,译自英国、美国和其他欧洲国家的书。

在这一大批由日文转译过来的书籍中,适合1902年中国实施新学制的教科书占了相当的分量,其他各科如哲学、人文科学、文学、自然科学、医学、应用技术的图书也是应有尽有,中国人译书,从此再也无需洋教士作媒了。西洋文学的翻译、科学方法的介绍,以及西方的社会思潮,如科学社会主义、自由民主主义、蒲鲁东的无政府主义(安那其主义)、俄国民粹主义,都是通过留日学子的翻译、宣传和鼓吹,在东京和上海架起了革命思潮的通道,才在中华大地上凝聚成一股要求迅速改变社会面貌的革命浪潮。

　　一些投身革命的留日学生,首先起而号召国人奋起推翻腐朽的清王朝,才能使中华民族重新立足于世界民族之林。湖南新化的陈天华(1875—1905 年),写了《猛回头》和《警世钟》,他向国人大声疾呼:列强已经将中国 18 省划入他们各国的势力范围之中,他努力说服他的同胞:"你道,现在的朝廷仍是满洲的吗? 多久是洋人的了! 列位若不信,请看近来朝廷所做的事,那一件不是奉洋人的号令?"他呼吁做官的、当兵的、世家贵族和读书人,都要舍钱、舍命起来与清王朝作最后的一搏。他自己在日俄战争以后,为抗议日清合作迫害留学生,投海殉国。年纪比陈天华还小的四川巴县人邹容(1885—1905 年),写了《革命军》,期盼革命军兴,中国才有翻身之日。宣称:"我中国欲脱离满洲人之束缚,不可不革命;我中国欲独立,不可不革命。"他写的《革命军》,畅销百万多册。他投身反清革命行动,被捕后惨死狱中。黄兴主持的华兴会在 1905 年与流亡海外的孙中山(兴中会)联合起来,1905 年在东京成立了革命组织同盟会,推进了推翻清王朝的革命运动。有许多热血青年,从日本回国后,参加反清革命,为国牺牲,1907 年光复会的徐锡麟在安庆起义失败被捕杀,女革命家秋瑾也因同谋在浙江绍兴被害。革命的声势却越来越大,不出三年,终于在各省爆发了全国性的起义,在 1912 年初,诞生了中华民国临时政府,迫使清政府垮台。

第十三章
19世纪以来海外华人与文明新潮

华人侨居海外的时间极早,但华人大规模成批迁居海外,在侨居国形成华人社会,则是在欧洲资本主义国家向东方进行殖民侵略之后才出现。16世纪以来,华人经营的海外贸易,已成为东南亚各国维护正常的经济生活所不可或缺的内容。与此同时,葡萄牙、西班牙、荷兰、英国等欧洲殖民国家相继在马六甲、菲律宾、爪哇、马鲁古群岛等地展开掠夺式的贸易活动,特别是1600年英国东印度公司获得特许状,1602年荷兰联合东印度公司成立以后,西方国家在东方的海外冒险便逐渐由商业掠夺转向了无限制的领土占有。到17世纪末,荷兰殖民者已通过占领海港和城市,控制了西起南非好望角,经过波斯、印度、锡兰(斯里兰卡)、马六甲和苏门答腊、爪哇、马鲁古群岛,向东直达日本长崎的东方航路,建立了一个以巴达维亚(雅加达)为中心的亚洲贸易大帝国。比荷兰人更早殖民东方的西班牙则牢牢地占领了菲律宾群岛。英国在1786年占有了马来半岛西岸的槟榔屿,1795年从荷兰人手里取得了马六甲,1819年更开辟了新加坡。所有这些地方的经济开发,商业繁荣,都离不开华人的经营和垦植。

直到18世纪,在东南亚贸易和航运业上都具有巨大活力,并以"诚挚"、"和蔼"博得当地居民称誉的华人,始终是西方殖民国家力求取得胡椒、大米、蔗糖和茶叶贸易独占权的一个重要的竞争对手。18世纪中叶,荷兰和英国的东印度公司逐渐控制了廉价攫取原料和供应各地商货的进出口岸,使原先华人在东南亚一直具有优势的航运业迅速衰退。即使在吕宋和爪哇,这些华人社会最集中的地区,华裔侨民和祖国的联系也日益转而仰赖西方国家的船只了。西方殖民当局在取得商业独占权,在经济上站住脚跟以后,对华裔侨民在政治上采取压制和排挤的态度。1740年荷兰殖民当局在巴达维亚制造惨绝人寰的红河事件,屠杀了1万以上的华人,并且加紧实施迫害华人的种种条例。统治菲律宾的西班牙殖民当局也在1755年下令驱逐所有华人出境。以后几年,禁令时出,到1788年才予撤销。

移居东南亚的华人,在西方殖民统治当局的压迫下,只得转向那些尚未被西方入侵者完全占领的地方,如印度尼西亚的外岛(加里曼岛、苏门答腊、西里伯斯),和处于混战中的马来亚各邦,以及独立的暹罗。贸易权的丧失,也使更多的定居华人转向种植经济和手工业。他们继续用自己辛勤的劳动,证明了他们对于当地经济生活的重要性。尽管殖民当局疑惧具有组织能力的华人是反对西方殖民统治的一大社会力量,然而他们始终难以排斥作为当地农业、手工业和商业支柱的华人,在其地区开发上所起的实际作用。当荷兰东印度公司在 1698 年被取消特许,1834 年英国东印度公司宣告裁撤,奴隶贸易在全球范围内被宣布列入禁止之列,于是代替欧洲列强施行的殖民地奴隶制度,而从中国沿海采取诱拐与绑架的办法,大规模劫运华工,就成了殖民地经济获得转机的重要条件,一个全球规模的向西方国家的殖民地输送契约华工的运动,在 19 世纪上半叶揭开了帷幕。鸦片战争后陷入半封建半殖民地的中国,面临手工业和农业经济的破产,出国谋生也成了走投无路的沿海人民寻求的出路。由此展开的被称为猪仔贸易的苦力贸易,向海外输送了成千上万的契约华工。在 1840 年到 1911 年清代后期流往海外的华人,估计至少在 200 万以上,很可能实际上达到 600 万以上,比 19 世纪前期高出七八倍以至 20 多倍。到 1874 年澳门葡萄牙当局被迫停止苦力贸易。仅在 1847—1874 年苦力贸易盛行期间,被西方人口贩子掠卖到东南亚、美洲、大洋洲等地的契约华工,估计数达 100 万以上,由此形成了东南亚、美洲、南非和澳大利亚的华人社会。定居这些地区的华人,通过他们以血汗和生命凝结的辛勤劳动,谱写了中华文明在海外广泛传播的历史篇章。

一、 清代后期东南亚华侨社会

(一) 西方殖民统治下的海外华人

定居菲律宾和印度尼西亚的华人,在长达 3 个世纪中,经历了殖民当局的种种压迫与限制,形成了在定居国的华侨社会。

菲律宾的华侨在 1603 年到 1762 年,遭到西班牙殖民者的五次大屠杀,遇害的华人数达 6 万人以上。驱逐华人的法令虽在 1788 年被废止,殖民当局对华人的排斥和限制却日益加紧展开。18 世纪末,菲律宾皇家公司成立,开始种植各种农作物以后,华人便成为主要的榨取对象。1804 年殖民政府宣布,只准从事农业耕种的华人留在群岛,并且不得离开耕作的地区。1828 年的王室指令更规定,华人向内地移居,只准从事农业生产。1850 年,殖民政府特别规定,只允许中国农业劳动者入境,一旦准许入境,每年得纳税 6 至 12 里尔。按照 1851 年 2 月 16 日的新法令,从事农业的华人,才得享受与当地居民同等待遇。但多数准许入境的中国侨民,只能视作"临时居留者",入境后三个月必须离开菲律宾。1886 年乘着世界经济恐慌，西班牙殖民当局制造了一次排华运动，并宣布禁止华人在各省永久居住，特别规定禁止华人在棉兰老定居。西班牙统治者采取措施，鼓励西班牙人移居棉兰老和巴拉望等岛屿，以期取代华人在当地经济生活中发挥的作用。西班牙驱逐华人、排挤华人的政策，由于当地华人的反抗，和菲律宾经济繁荣在很大程度上依赖于华人劳动力的客观事实，始终难以完全得逞。就在西班牙统治菲律宾的后期，根据1886年的统计，群岛华人估计达到近10万人。

荷兰东印度公司自17世纪以来，对印度尼西亚进行蚕食鲸吞，驱迫当地华侨到荷属殖民地充当奴隶劳动。1619年荷兰人占领雅加达，荷兰总督燕·彼得逊·昆将它改称巴达维亚，作为荷兰殖民统治的中心。燕·彼得逊·昆一开始便将"辛勤劳动，没有武装，不用害怕的"华人，看作足以使巴达维亚兴旺发达的忠实可靠的劳动者和建设者。荷兰人用海上劫掠华船，封锁万丹港的办法，驱迫华人成批迁往巴达维亚，甚至采用海上劫掠的手段，将福建、广东体格强健的中国人强迫运往巴达维亚、安汶和班达岛，以开发当地经济。巴达维亚的华侨从事种植大米、甘蔗、瓜菜，开设制糖和酿酒的作坊，经营商业，十分得心应手。东印度公司利用华侨在公司和爪哇人民之间充当中介商的角色，并通过部分华侨承包赋税、经营官办盐田，取得财政收入。18世纪中叶，巴达维亚的华人已增加到近8万人。殖民当局以发放入境许可证为名，从中敲诈勒索，华人中的富有者构成了对荷兰殖民利益的竞争力量，华人中的贫困失业者，又成为殖民当局借口维持治安需要加以压迫与遣送的对象，于是在1740年殖民者一手制造了屠杀华人的"红河事件"。

1740年7月25日，荷兰总督华尔康纳勒令所有中国贫民，不论有无居留许可证，凡无正当职业，一律加以拘捕，押送锡兰肉桂种植园，充当苦役。被强制送往锡兰的华人，受到虐待，甚至被投入海中。巴达维亚华人义愤填膺，奋起反抗。当郊区华人起义刚刚展开，荷兰殖民当局便在10月9日晚上对城内华人进行大屠杀，屠杀延续到10月14日，死难华侨达到万人之多。起义华侨在东郊望加寺作战，继而向中爪哇的三宝垄进军，沿途有许多信奉伊斯兰教的爪哇人投入反对荷兰侵略者的斗争。华侨武装斗争得到了东爪哇马打兰王国中抗战派的支持，一直坚持到1742年。

此后，许多华人转向加里曼丹，从事农业生产，收购胡椒和开发金矿。爪哇华人，作为荷兰人和爪哇人之间的中介商，他们的力量仍在继续增长。1796年，在东印度公司面临破产的前夕，公司所属8 536个村子中，承包给华人的有1 134个。在爪哇定居的华人，多数来自福建，他们对于保存爪哇的历史文物曾有过贡献。他们也能注意发扬本国的传统文化，收藏字画和古玩。在1900年巴达维亚中华会馆建立第一所新式学校以前,私塾教育仍是华侨社会中借以维护传统文化的唯一方式。1729 年在巴达维亚重建中国医院时,曾由华侨社会出资附设一所学校,供华人就读。1753 年荷兰当局曾选送一批儿童入学,以便学习汉语。但这所学校维持的时间并不很长。

19 世纪以来,荷兰殖民政府接管了东印度公司的财产和权利,对华商的限制政策也有增无已。1804 年公布的法令,禁止华侨直接向来自欧洲、美洲或非洲港口开来的船只采购货物,以限制华人的商业地位。1816 年规定在爪哇旅行必须申请旅行许可证,1835 年公布的居住区域条例,对于华侨的商业活动和自由选择职业,都做了极为苛酷的限制和禁阻。但在 1850 年,爪哇的华人还是达到了 15 万人。直到 1866 年,荷印政府实施的条例才对华人有所转变,此刻正是大批契约华工被输送到印度尼西亚的时代。

(二) 兰芳公司和西加里曼丹华侨社会

加里曼丹自 16 世纪已有大批华人定居,从事农业、商业,特别是胡椒的种植和收购。在 18 世纪最初 10 年中,华人以先进的技术在加里曼丹栽种胡椒,产量品种和质量都胜过了苏门答腊。直到 1748 年,马辰苏丹不顾荷兰殖民者的威逼,仍和华人保持着胡椒的贸易关系。定居的华人并且和劳仔(戴雅克人)通婚。

18 世纪末,由于欧洲殖民国家对东南亚加强了经济控制和搜刮,华侨经济已经奄奄一息,仅有西加里曼丹的华人,仰赖三发、孟吧哇和坤甸地区的金矿,用较先进的筛子勘测采金,逐渐拥有雄厚的经济实力。1760 年,华人在三发的拉腊采金,并逐渐向东扩展到蒙脱拉度和孟吧哇的东万律。大批华人的移居,并利用天地会的秘密结社,以村社经济组合形式的"公司"作为华人移民的组织形式,形成了西加里曼丹的华人社会。1776 年蒙脱拉度的华侨公司以大港公司为主,组成和顺总厅公司,就地开垦、采金、经商,发展制造业、牲畜饲养业和海岸渔业、海外贸易。1777 年,以嘉应州(广东梅县)罗芳伯为首的华人在东万律成立兰芳公司,辖有西加里曼丹加巴士河东西两岸包括戴燕在内的广大地区,成为全境最有势力的华侨公司。到 1822 年,和顺总厅公司(以大港公司为首)、兰芳公司和西敏纽斯(华侨称西宜宜)的三条沟公司,组成了 19 世纪西加里曼丹的三大华侨公司,这些华侨公司已不再是从当地王公、土酋手中承租矿权的企业,而是具有相对独立的,通常封建帮会形成的政经合一的区域组织。定居在金矿区的华侨约有 9 万,其中三发地区有 3 万,三发河南的纱拉哥有 2 万,蒙脱拉度的华侨有 4 万。他们在开采金矿之外,开发了原始森林地区,创办了畜牧和近海渔业,特别是水稻的成片种植,改变了当地的经济面貌。

随着荷兰殖民势力自 1816 年向外岛的扩展，西加里曼丹的华侨公司便成了荷兰殖民当局着急吞并的对象，华侨被迫起而进行抗荷斗争。1816 年从三发苏丹手中取得金矿开采权的荷兰侵略者，屡次派遣远征队到加里曼丹。以大港公司为首的和顺总厅公司，领导广大华侨对殖民侵略进行坚决的抗击，粉碎了坤甸和三发地区对华侨公司的封锁，开发了邦戞一带，栽种了成片的水稻。三条沟公司几乎放弃了金矿的开采，全力以赴地去种植水稻，以维护生存，使西加里曼丹成了全岛最雄厚的粮食基地。

荷兰殖民政府对实力最强的兰芳公司，则采取了收买内奸，分化瓦解的办法。1823 年兰芳大总制刘台二被巴达维亚殖民政府收买，公司向荷兰人缴纳人头税。1824 年东万律在刘台二改组下，将公司组织改成荷兰属制，公司负责人由大哥、二哥改成甲大、甲必丹。公司辖境逐步收缩，经济萧条。在殖民当局扶持下的兰芳公司，更成了镇压当地土著居民劳仔的工具。殖民者又利用刘寿山分化公司，坐收渔翁之利。1884 年避居坤甸新埠头的刘寿山一死，巴达维亚殖民政府立即派兵占领了东万律，吞并了兰芳公司。

和兰芳公司不同，大港公司自 1850 年即转入抗荷武装斗争。这一年大港公司按约要求荷兰归还邦戞附近所租土地，遭到荷兰殖民者背信弃义的拒绝后，华侨公司在郑洪任领导下发动了武装起义，一举攻克邦戞。经过几年斗争，1854 年 7 月，起义者退出蒙脱拉度，许多侨胞转往英国统治下的沙捞越。1850 年向沙捞越疏散的还有三条沟公司。

1880 年，加里曼丹华侨的抗荷斗争进入了最后阶段。从沙捞越潜回蒙脱拉度的华人，一度恢复了金矿的开采，1880 年再度组织队伍进行武装抗击，一直坚持到 1885 年才被镇压下去。1884 年东万律被荷兰雇佣军占领后，兰芳公司的多数成员，不愿看到公司被侵略者吞并，中由梁路义（梁露二）率众起义，多次击败荷军。至 1888 年，起义军终因饷械不济，全部牺牲，同时战死的还有参加义军的戴雅克人。西加里曼丹的华侨公司就此告终。

（三）19 世纪东南亚契约华工

19 世纪初拿破仑战争甫告结束。英、荷等欧洲殖民国家便加紧了对东南亚各殖民地的压榨和经济开发。荷兰殖民当局在印度尼西亚通过奴隶制度，向殖民经济提供廉价劳动力。1830 年荷兰总督范·登·波士在爪哇推行强迫种植制度，规定农民必须拨出五分之一的土地，种植政府指定的高价作物咖啡、甘蔗、靛青或茶、烟、胡椒、肉桂，作为土地税尽数向政府缴纳。强迫种植制使无数爪哇农民破产，濒于死亡的边缘，造成劳动力的缺乏。马来亚各地锡矿的开采，和种植经济的发展,同样迫切需要劳动力。于是向以勤恳耐劳著称,体格较当地居民强壮的华人,成了殖民当局掠取劳动力的主要对象。

直接来自中国的成批华工,最早在新加坡开埠不久,便已到达。1821年2月,第一艘自厦门装载华工的帆船抵达新加坡。使用欠费移民办法输入契约华工,至少在1823年已出现于新加坡了。新加坡和槟榔屿二地的兴旺,一开始便和契约华工的输送密切联系在一起,它们在19世纪是东南亚契约华工最大的转运码头。在19世纪30年代和40年代中,每年来到槟榔屿的新客约有三三千人。自1830年起,新加坡、马六甲到槟榔屿三地组成海峡殖民地,作为一个省从属于孟加拉。19世纪中叶以来,抵达马来亚和印度尼西亚的华人,绝大多数是劳动者,他们可以根据交付旅费的情况分成两种。一种是自由劳动者,通常自备旅费,称为现单新客,到达目的地后,有亲戚友人相助,可以自由选择职业,另一种是人数众多的契约劳动者,他们由派往各地贩运新客的客贩招募到客馆,由客栈主人或客贩与运送新客的船主或船舶经纪人安排船费的预付或暂欠,这些华人称为赊单新客,属于欠费移民。赊单新客所欠食宿旅费,待到达目的地找到雇主后,由客贩定期扣还。契约华工大多受拐骗或胁迫,进入客馆后,形同囚犯,在旅途中待遇奇酷,一如猪狗,因称猪仔,许多人因不堪虐待而丧生。客贩因途中超载、克扣费用而大发横财。猪仔一进客馆,便如同奴隶,按贸易方式处理,因称猪仔贸易。客馆别称猪仔馆,客贩俗呼猪仔贩,运送猪仔的不论是中国船还是欧洲商船,都有猪仔船之称。

猪仔的主要市场在福建的厦门、广东的汕头、海口、澳门、香港是运送契约华工的最大口岸。厦门、汕头、澳门、香港的客馆与新加坡、槟榔屿的客馆互通声息,勾结一起掠卖华工。1876年,仅汕头一地,就有客馆二三十家。声名狼藉的猪仔馆以澳门为数最多,1855年自美国学成归国的查阅,在澳门亲眼见到无数华工以辫发相连,结成一串。送进囚室,令目击者惨不忍睹。1857年英人进入广州以后,拐骗掳掠人口,捉至趸船,运往澳门、香港转输送东南亚,竟成一时风气,外国船只载运的契约华工常成群结队,名为过咕唖。"咕哩"一名起自印度语中的"雇工"(Kuli, coolie),后来成为英语中的"苦力"。充当苦力的契约华工,虽可期待契约期满,而获得自由,然雇主和殖民当局却可以利用各种手段,无限制地延长契约,因而归国无望,终生倍受殖民者的残酷剥削。

新加坡,在19世纪中叶,成为东南亚契约华工最大的转运中心。从中国诱拐来的猪仔,多在这里登岸,转送各地。苏门答腊输入的契约华工在1864年至1888年间,也都仰赖新加坡转运。新加坡众多的猪仔馆把持了猪仔贸易,每当移民船抵达新加坡,便有猪仔馆特派的小艇装载新客登岸,在海面当场拍卖。据1854年的实例,一名熟练的工匠(裁缝、铁匠、木匠)可售 10 元到 15 元,一名苦力可售 6 元到 10 元,虚弱有病的只能售价 3 元到 4 元。这些新客为支付已欠费用,必须为雇主服役 12 个月,在这期间雇主仅供给衣食和少数零用钱。期满以后,新客可以按月支薪,否则就到别处谋生。

槟榔屿,位于马来亚西北海中,1786 年英国占领该岛,1800 年又将对岸的威斯利在行政上加以合并。多数华工在这里受雇于甘蔗园和胡椒园中。在威斯利的甘蔗种植园中,华工常常挨打,饮食很坏,晚上睡觉还被锁起来,以防逃跑,没有医疗设备,疾病流行。在槟榔屿的胡椒园中劳动的华工,第一年每月工资 2 元,衣服一套;第二年,每月工资 3 元;第三年,雇主将种植园的一半,租给耕作者五年。该地甘蔗园华工,多数有病年。1877 年的法令更严禁华工脱离该地。

日里,都会棉兰,是苏门答腊东北部的一处烟草种植区。1863 年荷兰人在这里建立烟草园,1869 年正式成立日里烟草公司,大量吸收华工入园。华工一经入园,不准外出,虽父兄子弟也不得晤面。种烟工人日夜在坝上忙碌、食宿。幸而逃出虎口的工人,也必被警察抓回,或当场打死,或借故暗中杀死。华工得以期满回国的,寥若晨星。

邦加是苏门答腊东南的岛屿,它的东面是勿里洞岛,二岛均以产锡闻名。1816 年,荷兰殖民当局将二岛锡矿收归荷英政府所有。矿场华工大多来自香港、澳门、汕头,潮、汕农民尤占多数,矿场生活条件极差,劳动强度极大。邦加矿厂半在山洼,山水下流,形成锡海,华工天天在深水中淘洗矿泥。在勿里洞矿区,用人力将山岗锄为平地,再挖成三四十米深的锡湖,限定工人每日挑土方长 7 尺、宽 4 尺、深 3 尺的锡泥,不及完成的罚扣工钱。体力不支的工人常失足坠入湖中,造成伤亡。1852 年勿里洞的采矿权移交给勿里洞锡矿有限公司,随即在 1853 年到中国招募华工,由黄埔和香港运送 253 名契约华工前往矿区,于是矿业开采顿见起色,锡产量由 1861 年的 200 吨增加到 1878 年的 5 000 多吨。邦加锡矿,由于雇用华工,产量由 1850 年的 5 000 吨增加到 1890 年的 1 万吨。

不堪虐待的契约华工,起而与殖民统治者对抗的事情时有发生。其中,最大的几次,有 1876 年日里烟草园猪仔华工的暴动,当时,两人被杀,伤者 10 多人,结果暴动被镇压,被杀的华工在千人以上。荷印政府不得不对蛮横苛酷的劳工条例改订新例。1877 年新加坡猪仔,拒绝登船送往苏门答腊,群起骚动,英国殖民政府才有重订移民条例之举。1900 年邦加华工在三点会头目刘义率领下,在高木起义:捣毁东座锡矿公司,与官兵作战,人们称为"刘义战争"。荷兰殖民当局在舆论压迫下,不得不作些表面文章,但吃人的契约工人制度,在荷印政府统治下的印度尼西亚,仍未废止。

二、 在美洲的中国侨民

（一）拉丁美洲契约华工

19 世纪以来,采用预支旅费和食宿费用向拉丁美洲运送华工,最早的一批是 1806 年,英国曾二次向特里尼达运送总共 339 名的华工。1810 年,葡萄牙人为了在巴西试植茶树,也招募了几百名湖北茶农到里约热内卢植物园种茶,不久,这些中国茶农全部死亡。大规模成批劫掠契约华工前往拉丁美洲,开始于 19 世纪 40 年代以后,许多劳动者从厦门、澳门、香港直接被西方国家的船只强行输送到古巴、秘鲁和西印度诸岛。当时拥有广大国际市场的秘鲁甘蔗和棉花种植业,由于废除黑奴制度,严重缺乏劳动力,几乎陷于瘫痪,亟须输入华工。由于海地革命,成批奴隶劳动者被解放,使海地蔗糖生产一落千丈,因而国际上对古巴糖的需求日增一日,西班牙殖民当局为输入华工增加糖的生产,以满足出口需要,遂于 1847 年由古巴的开发委员会出面签署了从中国输入 600 名移民的合同。秘鲁的议会也在 1849 年 11 月 17 日通过了一项旨在招徕华工入境的移民法,为大规模进行苦力贸易提供了法律依据,因而被称为“华人法令”。于是大批契约华工被当作猪仔,从澳门、香港横渡太平洋,或取道印度洋、大西洋输往美洲。在半个世纪内,移入拉丁美洲的华人总数不下三四十万。由西方国家承运华工的苦力船,从香港启程,如在东北季风的 10 月到次年 3 月间开航,到古巴需时 147 天,到秘鲁要走 120 天;如在西南季风的 4 月到 9 月间开航,到古巴要花 168 天,到秘鲁仍是 120 天。到古巴的船要两次跨越赤道,在漫漫长途中,大多超载的苦力船,装载的华工在船长和工头的押送下,必须饱经渴死、闷死、打死、溺死、病死的风险,以致未到目的地已在中途丧生的比比皆是。自 1853 年到 1873 年,20 年中运往古巴的华工数达 132 435 人,其中 13% 在中途死亡。在 1860 年到 1863 年,运往秘鲁的 7 884 名华工中,中途死亡率高达 30.44%。由澳门驶往哈瓦那的美国船“弗里拉·泰姆普勒”号,1859 年 10 月 14 日在北纬 10°19′,东经 113°30′的海域触礁,船长和水手分乘两艘救生艇逃生,850 名华工则全部葬身海底。这只是无数悲惨例子中的一个。许多被掠卖的华人,不堪虐待,在途中起而反抗,他们或与船同归于尽,或幸而成功,驾船回国。但多数人则历尽艰辛,被押送到目的港。开赴秘鲁卡亚俄港的猪仔船,除了极少的例外,在航程中无不发生一次或多次暴动的。

被掠卖到拉丁美洲的华工,多数被投入到种植园的奴隶劳动中。历年运送到秘鲁的 10 万名华工,被雇佣于甘蔗园和棉花园的有 9 万。华工的辛勤劳动,给那些荒芜的种植园带来了生机和活力。在太平洋沿岸的帕蒂维尔卡谷地,华工占到总人口的61.4%。在阿乌亚卡马,华工所占比例更高达66.3%,以致有人认为这里竟像是亚洲的田野了。华工的成批种植甘蔗,使秘鲁的甘蔗产量由19世纪初独立伊始的5.6万金塔尔,在1875年达到了200万金塔尔。鸟粪层和后来归属智利的塔拉帕卡——阿塔卡马硝石矿,构成了秘鲁二大天然富源,华人一度曾是主要的生产者。秘鲁沿海岛屿丰厚的鸟粪层。是含氮量很高的优质肥料,19世纪50年代以来成为国际市场上的热门货。在国际资本对秘鲁鸟粪加紧霸占、狂取滥开之际,大批契约华工被驱迫到这些岛屿上,在极其恶劣的条件下,每名华工被强迫在酷热的气候下,一天要挖掘四五吨鸟粪。钦查岛鸟粪产量最多,华工被剥削的程度也最残酷。许多华工不堪忍受奴隶劳动而逃出警戒,跳崖自杀。钦查岛最初引进华丁4 000人以上,10年过后,残存的竟不过百人而已!秘鲁商人却因承包鸟粪的开采和输出而获取高额利润,逐渐形成一个实力强大的资产阶级。

华工也是修筑利马到中部山区铁路的生力军。这些铁路要穿越安第斯山区,有时施工地点设在海拔4 775米的高地上,大量华工就被使用于这种高难度的铁路修筑工程之中。1869年12月美国人恩里克·梅格斯与秘鲁签订了承建利马到奥罗亚铁路的合同,梅格斯决定引进在修筑美国中央太平洋铁路中成绩卓著的华工。1870年梅格斯从秘鲁政府取得使用8 000名华工的特许权后,立即开始修筑这段铁路。梅格斯还雇用了智利人和秘鲁人,但以华人为主,仅在施工线上劳动的华工就有5 000名。秘鲁人民对华工坚韧不拔的拓荒精神十分钦佩,赞扬他们是那个时代最出色的筑路工人。秘鲁华工为秘鲁的资本主义经济发展披荆斩棘,做出了极大的贡献,付出了巨大的牺牲。自1848年到1875年间,到达秘鲁的华工不下11万人,到1888年傅云龙写作《游历秘鲁图经》时,残留者已不足59 000人,而且陷于"存亡参半,甚至非癃即盲"的境地。在太平洋战争(1879—1884)中,华人又身受其害,遭殃的在1.5万人以上,1882年1月,智利军队攻占秘鲁首都利马,华人被杀的就有5 000人。

在古巴西部各省的甘蔗园和制糖厂中,大约有8万名华工,占了全部劳动力的四分之一。他们的劳动使古巴迅速跃居为世界主要产糖国家之一,蔗糖产量由1815年的42 000吨,到19世纪末增加到100万吨以上。华工精湛的制糖技术也使英属圭亚那、特立尼达、牙买加的糖产量大大增长。

华工还参加了巴拿马铁路的修筑和巴拿马运河的开凿。1850—1855年巴拿马铁路兴建时,1 000多名华工参加。1879—1889年法国公司开挖运河时,雇用了数千名华工。1904—1914年间美国在继续兴建运河中,400名华工参加了这一工程,几乎全部丧生。他们对拉丁美洲的经济开发和商业繁荣是贡献殊多,牺牲特大。

拉丁美洲的华人侨民在生产劳动和反压迫的战斗中,和当地的白人居民、黑人、印第安人结下深厚的友谊。在古巴独立战争(1868—1878,1895—1898)期间,许多参加过太平天国革命、熟知游击战争的华人投身革命战斗,为古巴的独立立下汗马功劳,受到了领导人何塞·马蒂的战友贡萨洛将军和许多独立战争的领导人的赞扬。二十世纪初,在墨西哥下加利福尼亚省的墨西卡利市"唐文""唐话"已成当地通用的语言文字。在秘鲁,大学和职业教育都受到了中国文化的熏陶,利马更在 1878 年开办了好几家中国剧院,通行中国医术。古巴哈瓦那的华侨创办中西学堂,供华人子弟学习西班牙文和法文,以及军事知识和自然科学。古巴华人创办的中文报纸有 3 家,最有影响的是 1909 年华商集资的《商报》,每日发行几千份。中医在古巴有极高的威信,当地流行的俗语中,对不治之症,就说是"中医也难治的病"。1847 年哈瓦那根据当年来到古巴的华工中的一名中医的口述,出版了《中国医生》一书。常常免费给穷人治病,而且医术极为高明的哈瓦那中医詹伯弼,是古巴人最熟知和最尊敬的中医。1910 年哈瓦那出现了由华人开设的第一家中药铺,给中医药大行于哈瓦那提供了方便。

(二) 华人和美国西部的开发

华人成批进入美国西部地区,是在 19 世纪 50 年代。1850 年美国华人仅有 758 名,到了 1860 年,中国人在美国侨居的已有 34 933 名。美国的飞剪船在那时几乎已包揽了从香港、澳门到美洲运输华工的航业,一艘飞剪船从香港到旧金山的航程,仅需 45 天。开发美国西部所需的大批廉价劳动力,就从中国沿海各地运去。1880 年美国华人总数已达 10 万人以上,许多人来自珠江三角洲,其中尤以四邑人,特别是台山人占多数。

1845 年美国吞并了得克萨斯,1846 年从英国获得西海岸的俄勒冈,通过墨西哥战争(1846—1848),美国又得到了加利福尼亚、新墨西哥、内华达等大片土地,使美国成为一个由大西洋向太平洋伸展的联邦国家。接着淘金的浪潮推动移民奔向美国西海岸。1848 年 1 月,在萨克拉门托东北 35 英里的科洛马,发现了在亚美利加河的激流里可以随意淘取的沙金,一股淘金热传遍了墨西哥、欧洲和中国,这使华人也跟随欧洲移民之后,来到了美国西部。

华工在加利福尼亚不但开采金矿,而且还开采银矿、石英矿、铜矿和煤矿,但所得报酬极为微薄。开采金矿的华工,受到 1852 年加州针对华人执行外籍矿工征税法的限制,华工只能收买美国采矿者废弃的采掘地,继续开采矿脚。他们用松树构筑一座座高达 200 码的截流侧式矿堰,使用了链式水泵,使工效远远超过美国的个体采矿者。在加州开矿的华人,到 1870 年已有 2 万人之多,占了加州全部矿工的三分之一。他们开采了落基山西南的纽哈司罗金矿、奥克兰金矿、阿尔梅顿的大水银矿、内华达州尼纳金银矿、达科他的金银矿、犹他州奥格登煤矿。这些华工常年在深井、深水中工作，有的甚至因此丧生，替美国资本家创造了无数的财富。

美国南北战争期间，在修筑横贯美洲大陆的铁路中，华工以艰苦卓绝的劳动，在西部地区筑路工程中建立了特殊的功勋。1862 年美国国会决定，由东西两端同时进行修筑横贯大陆的铁路，东线自奥马哈向西筑到奥格登，由联合太平洋公司承建。西线从萨克拉门托向东延伸，由中央太平洋公司承建。1863 年 1 月 8 日，中央太平洋铁路正式破土动工。公司依靠白种工人，在两年内才修建了不足50 英里的铁路。联合太平洋公司雇用爱尔兰移民和退伍军人，中央太平洋公司则雇用中国工人，以完成迎战风雪、穿越内华达山脉的艰巨工程。参加中央太平洋筑路工程的华工不下四五万人，因此丧生的总有万人之多。华工创造了一天铺设 10 英里 56 英尺铁路的历史纪录，这个纪录成为机械化铺轨技术出现以前的最高纪录。负责铁路修筑的工程师柯蒂斯因此称赞华工是"世界上最好的筑路工人"。1869 年 5 月 10 日，东西二线在普罗蒙特里正式接轨。华工在修筑铁路中默默地建立起来的丰碑，在 1964 年内华达纪念建州 100 周年时，正式竖立了永久性的纪念碑。碑上刻有中英两种文字的碑文，中文碑文铭刻着"华人先驱，功彰迹伟，开矿筑路，青史名垂"十六个字。华工还参加了从堪萨斯城到洛杉矶的铁路，从明尼苏达州的德卢斯直达俄勒冈州波特兰市的北太平洋铁路等，许多贯通美国西部的铁路工程。

1870 年，华工又接受低工资开垦加州萨克拉门托河与圣华金河流域满长蘸草的涝洼地。居住在加州的五万名华工。到 1877 年底，已经开垦出 500 多万英亩的涝洼地，使土地价格由开垦前的每英亩 1—3 美元上升到 20—100 美元。1876 年向美国国会提供的证词中，具有权威的估计，证实华工在修建铁路和整治涝洼地两个项目中，为加州创造的价值已达 28 970 万美元。

华侨在经营农场和果菜园中，带来了发展农业生产不可缺少的知识和技术。广东人陈芳将荔枝移植到檀香山。台山人刘金缵将 18 世纪从中国引进佛罗里达的橙子加以改进，称为刘橙（Lue Orange），1912 年佛罗里达因此有了一种全年都可销售的橙子。1911 年，美国果树栽培学会授予他怀尔德银质勋章，以表彰他的功绩。

许多华人还在加州的麻织厂、鞋厂、服装厂中工作。从事家务劳动和经营洗衣馆的华人，为数大约有 2 万人之多。

众多的华工为美国的经济发展，在美国从农业国转为工业国的过程中创造了极为可观的财富,但美国在 1873 年陷于严重的经济危机以后,开始将美国工人失业的原因归咎于外来移民,特别对于勤劳而不能受到本国政府保护的华工,采取了一系列的排华措施,加紧迫害华人。在 1882 年美国国会通过了排华的法案,停止华工入境,为期定为 20 年。此后排华法案便层出不穷,使美国华人陷于进退两难的困境,直到 1943 年美国才正式宣布废止排华的法令。

三、 在非洲的中国侨民

(一) 西印度洋诸岛的华人社会

1814 年英国在拿破仑战争后,取代法国占领毛里求斯岛,并继法国之后继续拓展甘蔗种植业。英国人很早便注意到在西印度洋岛屿上使用华工。1807 年英国宣布废止奴隶贸易后,英国驻槟榔屿长官罗伯特·通塞·法科尔主张向西印度洋殖民地引进中国农业工人,这一主张在 1810 年他被任命为毛里求斯英国总督后,得到了实现。有少数华人从东南亚被强制移居毛里求斯。1817 年彼拉到达该岛路易港时,提到那里有一个专门为安顿华人移民而设的"中国营"。1829 年,在法科尔总督影响下,一个种植园主从东南亚招募了 40 名华工,开始了毛里求斯招募契约华工的历史。但这批华工不堪虐待,纷纷逃离,未待期满,便被遣返原地。此后华工虽有输入该岛的,但每批人数不过 100 人到 300 人,当地甘蔗园中的主要劳动力是来自印度的契约劳工。1839 年印度中止向毛里求斯输送契约工人后,毛里求斯在 1840 年到 1843 年招募的契约华工,大约有 3 000 名。最多的一次是 1843 年,英国巴克莱兄弟公司和法国吉魁特公司委托槟榔屿和新加坡的英商,招来厦门 838 名华工。此后毛里求斯的华人,在 19 世纪一直停留在 3 000 人左右。原籍福建被称为阿鑫财神的陆财新,在 1874 年回国定居前,一直是当地华人公认的领袖。他将华人的生活习惯和信仰带到了毛里求斯岛,1842 年在拉沙辫建造了作为华人社会象征的关帝庙。

西印度洋诸岛中另一座有华人移民的留尼旺岛,1793 年,法国人将它改称留尼旺。1829 年留尼旺法国殖民当局签署了一项有关印度、中国劳工和其他亚洲自由民的法令。规定了招募契约工的具体条件。比较清楚的是,1844 年 9 月,第一批契约华工由法国船"苏佛昂"自从新加坡运入,人数是 53 名,这一年来自新加坡的华工总数是 70 人。1845 年,留尼旺派员到开埠不久的厦门,与英商德记洋行的康纳利联系招工,到 6 月,德记洋行将招到的 180 名契约华工搭法国船从厦门开往留尼旺。接着,1846 年又从厦门招去 200 名契约华工。两批华工共计 380

名,与雇主订有五年契约,每人每月工资仅银币4元。这二次招工,开创了从澳门以外的中国口岸直接向非洲输送华工的先例。此后,留尼旺的华工不但来自新加坡、槟榔屿,而且在广东、福建和上海等地招募工人。19世纪60至80年代由于英法签订协定,准许留尼旺种植园主在印度招工,故招募华工一度停止。到1882年印度招工停止后,这一年,留尼旺种植园主就在上海招募了2 001名华工。从福建招募的华工有3 000多人。最后一批华工是在1901年由法国商人魏池在福州附近各县诱骗的808名契约工,他们中不少人因受到非人的待遇而丧生。这些华工的家属在1902年闻讯后在福州掀起了抗议活动,要求清政府惩办诱拐华工出洋的主犯魏池,营救在留尼旺受难的华工。从此留尼旺就不再从中国招工了。

在西印度洋诸岛中,马达加斯加是最晚一个招募契约华工的地方。1896年法国宣布马达加斯加岛及其所属岛屿为法国殖民地。当时马岛人口每平方公里不足5人,而且土著居民霍瓦人对殖民者多持敌对态度,不愿充当劳工。招募华工成为法国殖民当局继留尼旺引入华工从事种植业成功之后,解决劳动力的切实可行的一个出路。华人输入马达加斯加岛比较具有一定规模的,计有三次。第一次在1896至1897年,法国殖民当局在印度支那法国总督协助下,在北部湾的芒街(今中国广西芒塞)招募3 003名契约华工。分四批到达马岛,他们在一年左右的时间,为修筑塔马塔夫——塔那那利佛公路而劳动。华工的发病率、死亡率极高,第四批华工的死亡率竟高达76%。剩下的华工坚决在期满后,返回中国。第二批契约华工从广东海丰出发;在1900年10月到达迭戈——苏瓦雷斯海军基地,从事修筑迭戈——苏瓦雷斯到安贝山之间15公里的公路。最后一批契约华工,为期三年,来自福州,共有764名,在1901年6月抵达塔马塔夫,投入了修筑塔马塔夫——塔那那利佛铁路,以及其他公共工程和农业劳动。三次招工,数近5 000人。除少数逃离工地、庄园外,大多期满返归原籍。毛里求斯、留尼旺则留下了较多的华人,他们和马达加斯加组成了西印度洋诸岛中的华人社会。

(二) 华工和南非的经济开发

19世纪下半叶,南非的金刚钻矿和金矿相继发现,这两大矿产成了南非的摇钱树。1889年德兰士瓦西南部的惠特瓦特史伦德(简称伦德)发现金矿,设立矿业会馆,从好望角和纳塔尔招募卡菲尔人(尼格罗人)劳工开采。经过1899—1902年英国和布尔人的战争,德兰士瓦金矿产量大为下降,在英布战争爆发前夕的1899年8月,伦德地区的110处金矿,拥有111 697名土著工人,钻机6 244架,到战争结束后的1903年7月,矿中仅有55 507名土著工人,使用的钻机只有3 724架。由于金矿开工不足,劳动力严重缺乏,使德兰士瓦财政赤字扶摇直上。

到1904年初,密尔纳就任南非总督时,德兰土瓦和奥伦治河殖民地的预算出现了70万镑的巨额赤字。密尔纳将希望寄托于从英国保守党政府获准制定法令,输入契约华工。1904年5月13日,中英双方在伦敦签订了"保工章程"十五款,法令对引进契约华工作了极其苛酷的规定。根据英国国会通过的法令,对进入南非的契约华工规定,一旦土著劳工或机械化足以替代华工,华工便须立即返国。华工限于采矿,从事非熟练劳动。同时还规定华工期满后不准从事商业活动,不准有任何财产,不准有导致个人资产以及不动产的行为。华工活动的场所也被限制在矿区以内,仅在特别许可之后才能准假48小时。

南非殖民当局根据《保工章程》,将华工的受雇期定为三年,招工事宜由矿业会馆的劳工进口办事处负责办理,1904年通过香港承运华工,一年以后,改由芝罘和秦皇岛二处港口承运华工出国。第一批华工共计600名,1904年7月2日开始在新柯曼矿工作。1905年,伦德金矿各矿全年平均雇佣的契约华工达到了39 952名。1907年1月,在金矿工作的华工人数最多,有53 856人。华工的工效极高,每天工作10小时以上,分早、晚两班,每周轮换进行。他们所得的报酬低于大著劳工和白人1906年1月至6月期间,按照业已提高的华工工资,华工平均每人所得为9.15磅,同一时期,土著劳工为13.18磅,白人为171.82磅,华工平均工资仅为白人的5%略多一点。华工所得极少,为金矿创造的财富则是大得惊人。1898年德兰土瓦的赤金产量是3823367两,到1904年还只生产3773517两,仍未达到战前水平。1905年华工进入金矿以后,当年金矿赤金产量上升到4 909 541两,1906年更增至5 792 823两,1907年达到6 450 740两。华工的到来,使德兰土瓦地方当局的财政情况大为好转,本来不得不乞助于英国议会财政补助的德兰土瓦财政当局,在1905年6月30日,金矿使用华工刚满一年,1904—1905年会计年度结束时,竟有了347 000镑的结余。华工的人数虽略低于土著劳工,但他们高强度的工作,熟练的劳动,使金矿获得的效益却是十分巨大的。使用华工最多的西马杰克金矿公司,是33座金矿中仰赖华工发迹的一座。公司董事会主席弗立克在1905年9月在第七届董事会上,正式宣布,这个公司在1904年10月到1905年6月,一共使用了4 492名华工,在华工到达以前的1904年8月,公司利润平均每月约12 000镑,到1905年8月,已增加到30 600镑。

德兰士瓦金矿的华工尽管为公司创造了巨额利润,使公司得以重整旗鼓,并解救了陷于危机中的约翰内斯堡政府,但当地的布尔人竭力反对这一竞争者的到来,也遭到1906年上台的英国自由党的攻讦,全部华工终于在1910年遭返回国,4月归抵烟台。清政府在非洲首次设立的外交机关,驻南非总领事刘玉麟,自1905年4月抵达约翰内斯堡开始办公,到1911年也离任归国述职。

德兰士瓦金矿的华工像在非洲各地根据契约劳动的华人一样,在他们的侨居地,带去了中国人的传统习俗和文化娱乐方式。金矿华工在节日常有盛会,春节期间,通常张灯结彩,表演京剧、高跷,举办赛会。有几处矿区更组成剧团,业余演出京剧。1906 年天津义合堂在夫蓝吃蓝捐资盖起戏楼,从上海订制上等的行头(戏装)。当时会唱戏的工人很多,甚至有名角来到金矿做工的。中国的轿子、滑竿、格箱也都在 19 世纪、20 世纪通行于南非。

四、 海外华人对马来半岛的贡献

(一) 锡矿的开采

在英国殖民统治时期,马来亚经济的开发,与锡的开采、橡胶树的种植难以分开,在 19 世纪与 20 世纪之交,锡和橡胶先后成为当地经济的两大支柱。华人在锡的冶炼、橡胶的生产中,都起着开创的作用,并且一直是不可或缺的力量。

在 19 世纪以前,华人已到马来亚开采锡矿。马来亚的锡矿分布在雪兰莪、霹雳、森美兰等土邦。雪兰莪的卢库锡矿在 1824 年被大量开采,华人矿工占了当地 1 000 居民中的五分之一,此后卢库锡矿划归森美兰土邦,50 年后,这里的华工增加到了 1 万人。森美兰的乌戎河一带,有一千名华工在 1828 年开矿,到 1874 年,那里的华人已有 1.5 万名了。雪兰莪的康庆锡矿,由广东嘉应州的客家人开采,产量也很可观。霹雳的锡矿,在 1824 年有 400 名以上的华工,到 1850 年左右,华工进入沿海的拿律,10 多年后,已增加到 2.5 万人。到 1874 年霹雳被英国吞并,那里的华工已有 4 万人了。

早先荒无人烟的许多地方,由于华工成群结队到来,开采锡矿,从而变得人丁兴旺,出现了一个个城镇。现在马来西亚联合邦的首都吉隆坡,在 1870 年以前,还只是一个荒僻的乡村。1858 年从这里开采的锡第一次运往外地,这是由 1857 年沿着巴生河逆流而上的 87 名中国锡矿工人组成的探矿队发现,并加以开采的。当初这批华工到达巴生河和甘巴河汇合的地方时,到处还是荒无人烟的林莽,后来竟成了吉隆坡的市中心。华人最初在名叫暗邦的地方开锡,那里后来成了吉隆坡的近郊。87 名吉隆坡的首批居民,在一个月后,大多丧生,只剩下了 18 人。他们原来是雪兰莪苏丹穆罕默德的侄子朱马哈和阿布杜拉派来的,二个王子向马六甲的中国商人借了 3 万元作资本,叫中国人去冒生死之险。首批开矿者失利之后,王子马上又雇了 150 名华工来接替。吉隆坡新矿出锡以后,吸引了卢库的中国商人丘秀和他的合伙者,来到船只卸货的地方,开设了当地第一家商店,修起了一条小路通向卸货的河岸,现在就是吉隆坡市中心的十字街。自1859年地图上开始出现吉隆坡这个名字起,丘秀和后来被当作"猪仔"送到这里的叶德来,相继担任甲必丹(头家),雪兰莪锡矿的产量便突飞猛进,1880年,雪兰莪锡矿已从60年前产锡不足200吨增长到4 000吨,吉隆坡由于华工骤增,成为一座热闹的城市。现在马来西亚的第二大都市怡保,也是在锡矿开采的基础上,由一片丛林变成一座现代化的都市的。

19世纪末,华工从中国像浪潮般进入马来联邦,1899年和1900年的两年中,来到这里的华工就有10万人。当时马来亚锡矿的经营和开采,还完全由中国人来进行。产锡量在1901年已达到46 700吨。1913年锡产量更达到51 400吨,这一年马来亚锡矿中使用的工人达到了最高峰,总数为225 000人,几乎全是华工。这使马来亚的人口结构起了巨大变化,华人所占比例继续上升。20世纪初英国资本才开始利用种种优越的特权,侵入马来亚的锡业,但英国资本在很长时期中仍未能对增加锡的产量起到多大的作用。英国殖民当局则依靠颁发特许证,征收租金、出口税而获得了大笔财政收入。马来亚锡的产量自有统计数字可查的1898年起,到1905年,占了全世界锡产量的一大半,以后这种比率虽然逐渐下降,但到第二次世界大战开始,它一直占到三分之一以上。到第一次世界大战爆发的1914年,马来亚锡的出口都在当地经济中位列第一,供应了世界突飞猛进的机械工业和交通运输业的需要,它的这些成就完全是由于华人资本和华裔工人的血汗劳动所致。

(二) 橡胶的种植

1915年,在马来亚经济中占主要地位的锡,已由橡胶起而替代,马来亚华人不但在橡胶的种植中倾注了许多心血,而且也是在马来亚试植橡胶、开辟胶园的创业者。

1877年英国将22株橡胶树苗引入马来亚,种在新加坡植物园和怡保、马六甲,获得成功。但在当时农业不景气的情况下,英国资本根本不去冒这个占地大、收获周期长、资金投入多、收益毫无把握的风险,差不多20年后,具有开拓精神的华人,才着手试种橡胶。最早提倡种植橡胶的华人是新加坡的林文庆,他在1894年组织联华橡胶种植有限公司,购置了新加坡杨厝港的4 000英亩土地。二年以后,马六甲华人陈齐贤得到林文庆的鼓励,在马六甲武吉另当开垦42英亩土地,从新加坡移进树苗,居然成功了。陈齐贤在1898年集资20万元,在马六甲武吉阿沙汉垦地5 000英亩,一半种木薯,一半种橡胶,共栽胶树50万株,建成了马来亚第一个商业性橡胶种植园,马来亚橡胶业于是开始迈出第一步。

继陈齐贤之后,马六甲、新加坡的华人资本家积极投入了千亩以上大胶园的开辟。柔佛胶园在1904年由陈齐贤开业,接着郑成快也在柔佛的纳美士开辟大胶园,又在附近丁郎创办泉兴山、泉成山二大橡胶园,陈齐贤、林文庆等合资开办了新加坡杨厝港橡胶园。1906年著名橡胶实业家陈嘉庚从陈齐贤那里获得橡胶树种,开辟了新加坡实里打淡水港的福山园。1910年新加坡中华总商会更组织橡胶种植公司,在华人中广泛宣传橡胶种植事业。于是在新加坡和马六甲华人的带动下,原来种植甘蜜、胡椒、甘蔗、咖啡等作物的华人小种植园,转而改种橡胶,出现了在马来亚小胶园普遍涌现的高潮。这些小胶园一般在25英亩到50英亩之间,最小的甚至不足一英亩。随着橡胶种植的兴旺,华人在新加坡和槟榔屿建立了橡胶原料加工企业(俗称生胶厂),还有数量不多的橡胶制品厂(俗称熟胶厂),以陈嘉庚制造厂和张永福平民橡胶厂的规模最大。

马来亚橡胶业的崛起,适应了西欧和美国方兴未艾的汽车和摩托车等制造业对轮胎的大量需求,出口量成倍增长。1905年马来亚橡胶首次输往欧洲时为数不足200吨,到1914年,橡胶产量已增加到4.8万吨,超过巴西,跃居世界之首。英国资本见到华人经营的橡胶业,前程无量,便继步而来,对华人经营的胶园以各种手段,设法攫为己有,陈齐贤创办的马六甲武吉阿沙汉胶园,就是在1905年适逢开割乳胶时,被英国马六甲橡胶种植公司所收买。此后,华人在大橡胶园中的地位便受到极大的威胁,华人经营的胶园,以在100英亩以下的小胶园最占优势,1000英亩以上的大胶园中,华人经营的只占很小的比例,大多落入英、荷等国的橡胶园主手中。

(三)华人文化的影响

1911年,当清政府覆亡的前夕,马来亚(包括马来亚联邦、马来亚属邦和海峡殖民地)华人总数已超过90万人。在当时侨居东南亚的600万华人中[①],居住在新加坡和马来亚的华人不仅在数量和比例上,而且在经济和文化上都成了马来亚社会生活中最重要的一个组成部分。马来亚华人在东南亚各国中,人数位居前列,在当地人口中占到三分之一以上。在往后的年代中,华人在总人口中所占比例有增无已,在当地出生的华人,所占百分比也呈上升的趋势。华人文化在马来亚社会生活中成为与马来文化可以颉颃的一大文化类型。

直到19世纪末,移居马来西亚的华人大多是男性,在19世纪中叶以前,他们

---

① 据1907年3月7日《外交报》第173期《华侨纪闻》统计,东南亚华侨有594万多人,美洲27万多人,俄国的亚细亚属境有3.7万人,澳洲3万人,日本、朝鲜2.8万人,非洲7000人。

多与巴塔克和巴厘女奴通婚，19世纪下半叶，与当地马来人通婚的逐渐增多，出现了土生华人（Peranakan）社会，男性土生华人称巴巴（Baba），女性土生华人称娘惹（Nyonva，或译娘团），他们创造了巴巴文化。马来西亚土生华人集中在马六甲、槟榔屿和新加坡，由于谋生和商业活动的需要，他们在使用马来语的语法和词汇中，吸收了大量汉语（以闽南方言为主），包括日常生活和商业用语，创造了巴巴马来语（或称华裔马来语）。并由口语发展为文字，在19世纪中叶出现了采用拉丁字母，融合了中国文化和马来文化而形成的土生华人文学。讲授华文、马来文的学校，和由土生华人主持的报刊、出版社在19世纪90年代的兴办，推动了马来西亚土生华人的文化事业，出现了土生华人文学。马来亚华文日报，以新加坡土生华人薛有礼在1880年创办的《叻报》为最早，1898年更有以鼓吹革命为宗旨的《天南新报》。主要报刊有宋旺相（1871—1941年）创办的《东星报》（1894年）、新加坡《土生华人新闻》（1894年）、《阳明报》（1908年）。出版社有宝华轩、金石斋等。19世纪80年代，一批土生华人作家依靠在报纸上连载小说，刊印他们擅长的马来民歌（四行诗），出现在当地的文坛上。他们又常常是中国小说的译者。陈明德、曾锦文（1851—1920年）、陈谦福（1862—1922年）等都是兼长创作和翻译的早期作家。经过土生华人翻译家的传译，中国的历史、神圣、武侠、公案、艳情小说陆续与马来西亚读者见面，《今古奇观》《三国演义》《水浒传》《封神演义》《东周列国志》《西游记》都可列入第一批译成马来文的作品中。《今古奇观》在1884年已被译成马来文。流传最广、影响最大的中国小说是：《三国演义》。这部小说在东南亚各国不断翻译、出版，在马来文中，最早的节译本出现在1888年，到1892—1890年曾锦文出版了新的全译本，加有很好的注释，并附有汉语成语表译注。马来语进步学者穆罕默德·萨勒·本·柏郎（1841—1915年）在1861年就学习中文，他曾向一位土生华人表示，他是中国小说的热心读者，尤其喜读《三国演义》，"因为它包含许多有价值的东西，书中的隐喻和寓言，即使是为王室效忠的高官也应洗耳恭听。"

巴巴文化在日常生活、服饰、饮食中都随处可见。最值得一提的是马来化的娘惹食谱，通常辛辣、多汁，采用柠檬汁、葱头、辣椒、酸橙和椰浆。娘惹糕点以美味可口的椰浆、香料制作，有塔兰糕、九层彩糕，土生华人最喜爱的菜肴有咖喱、蕉叶蒸鱼等。在医药方面，中医中药不但为华人所信赖，而且在居住于马来西亚的马来人、印度人中也有相当的威望。1886年译成英文的《马来亚医学大全》，开列的马来药方共有543项，引用中草药的很多。马来西亚民间常以中草药和马来草药合服，双方在医药上已逐渐混合为一了。华人的移民还从广东、福建带去了各种社会风习，闹元宵、舞狮、清明扫墓、赌博、妹仔（婢女）、秘密会党，由于华人和马来人的混居,在 19 世纪到 20 世纪初,这些华南的社会风气,也都随之进入了马来西亚,并且在当地的政治和社会生活中都引起了极为深远的影响。

五、 中华文明和东南亚各国

(一)印度支那三国的华人社会

越南、柬埔寨、老挝,通常被称为印度支那三国。19 世纪中叶,法国开始蚕食越南,到 1885 年完全确立了对北圻、中圻和南圻的统治。1863 年柬埔寨已纳入法国的势力范围。1893 年法国从暹罗的手中取得了对老挝的保护权。到 1904 年缔结法暹条约,暹罗放弃了它对老挝和巴塞所保有的一切主权,以及湄公河右岸琅勃拉邦王国部分地区的主权,完成了法国对印度支那的占领。

在 1874 年法国当局颁布的法令中,已经对华人移民作了种种限制和规定。1891 年 12 月 31 日在法国控制下的柬埔寨王室更发布命令,将华人分成广、福、潮、琼、客五帮,各设公所,由帮长主持,分帮治理。不在五帮以内的华人,一概以当地居民相视。1906 年 10 月 16 日,法国在越南也颁布"东亚华人居留律例",将南圻的华人分成五帮治理,在北圻、中圻则分成粤、闽、滇三帮治理,责成各帮公所征收人头税和各种税收。自从 1885 年法国违背《天津条约》,对印度支那华人采取苛酷的限制政策,致使许多在 1885 年前已经移居越南,或已与当地妇女结婚的华人,为避免苛捐杂税,便听任法国当局以当地公民处置,他们的后裔以明乡人自称,这使法国在 1910 年统计的越南华人总数只有 232 000 人。印度支那华人集中在越南南圻和柬埔寨。在 1884 年中法战争发生以前,北圻的华人约有 2.5 万人,南圻华人为 4 万人。到了 1889 年,南圻华人已有 5.7 万人,仅堤岸及其附近地区就集中了 1.6 万人,西贡有 7 000 人,朔庄有 5 000 人,茶荣为 4 000 人,嘉定、芹苴、北辽、美萩为 3 000 人,沙的、朱笃约有 1 500 人。1906 年南圻华人已有 2 万人。堤岸、美萩经营大米贸易、兴办碾米厂的多是华人。1778 年来自西贡东北边的一批华人,在西贡以西 5 公里的地方建立了堤岸这个居民点。到 19 世纪末,西贡—堤岸已是印度支那的贸易中心。南圻和柬埔寨的水上运输,几乎全部由华人所有的帆船和舢板所承运。堤岸是西贡米市大米加工出口的集中地,碾米厂除三家属法国所有,其余均属华商所有。在城市中,华人常常是裁缝、鞋匠和细木匠。堤岸华人经营的制造业有靴鞋、制烛、家禽、玻璃、织布,门类繁多。在北圻的芒街,华人建立了制陶业。在海防一带,华人从事机器和船只的修建。华人还控制着南圻的锯木厂和炼糖厂。在矿业中,由于法国人制订的法律,华人被关闭在大门之外。

在印度支那以米商著称的华人,也经营着棉花、蔗糖、调味品、丝、茶的贸易。华人糖厂集中在广义省,西贡的糖厂也很重要。华人掌握着各种调味品的商业,其中以桂皮和小豆蔻在印度支那出口货中最为重要。西贡、河内和金边都有中国人开的丝行,经销丝绸。茶的经销也由华人进行。在老挝的华商,有相当一部分是行商,以纺织品、盐、烟草向山区居民换取安息香、藤竹、柚木等物,在富散山,华商还采集野茶,烘焙后制成镇宁茶出售,在老挝人民中享有很高的声誉。在柬埔寨的华人还获得洞里萨湖的渔业开采权。

19 世纪的越南,即使在法国统治以后,强制推行拉丁化文字,在文化上仍然保持着和中国传统文化千丝万缕的关系,欧化教育一时还未能替代具有浓厚的中国色彩的民族文化。1802 年阮福映取得政权以后,继承王位的明命(1820—1840年)、绍治(1841—1847 年)、嗣德(1848—1882 年)三位皇帝,富有中国文学的修养,都有御制诗文集刊印。在他们倡导下,出现了一批以汉文写作的文人学者。1855 年刊印的《大南会典事例》96 册,1877 年付梓的《嗣德御制文集、诗集》68册,就是用从中国进口的木活字印刷的。越南近代民族解放运动的先驱潘佩珠,也是一位善用汉文写作诗文的大家,所作《越南亡国史》,梁启超为之润色,协助出版。

在中国拥有广大读者的明清小说,自 19 世纪以来,又受到了越南文人的重视,为之翻译传扬。在 19 世纪前期,这种翻译是将中国小说译成字喃,阮攸(1765—1820 年)和土生华人李文馥(1785—1849 年)是政府官员又是著名作家,他们都曾将中国小说传译、改编成字喃。在 19 世纪末到 20 世纪,随着拉丁化文字的推进,将更多的中国小说译成拉丁化的越南文,便在一个新的历史背景下进行得比以往更加出色了。第一批译文就是由潘继秉(1875—1921)等当过教师、殖民政府官员或商人的译者担任的。《二度梅》《封神演义》《水浒传》《三国演义》《西游记》都是在 20 世纪最初的 10 多年中译成越南文的。在亚洲流传极广的《三国演义》,直到 1907 年才出现第一个越南文译本,1909—1918 年,又出版了更加完整的本子,并不断的加以刊印,《水浒传》的越南文本出版于 1905—1910 年间,在1910—1911 年,《今古奇观》又成了越南读者的案头小说了。在越南几乎家喻户晓的女中英杰《钟无艳》,在 1909—1911 年译成越南文的,以后多次再版,成了越南民间世代相传的故事。

(二) 水乳交融的中泰文化

泰国在清代称暹罗,暹罗和清王朝保持着朝贡贸易关系,直到 1882 年才宣布中止这种官方贸易。18 世纪中叶,暹罗阿瑜陀耶王朝受到缅甸的侵略,福建人郑昭率领暹罗人民起而复国,建立了吞武里王朝(1767—1781 年)。1782 年郑昭的部将却克里被拥立为王,开创了却克里王朝,定都曼谷,又称曼谷王朝。从却克里王朝的建立到 1882 年的 100 年中,暹罗和中国之间的经济贸易往来和文化艺术的交流,都达到了前所未有的规模。却克里王朝的最初五代国王,从拉玛一世(1782—1809 年)到拉玛五世(1868—1910 年)都依靠华人发展泰国的经济,为泰国提供生产出口产品、维持贸易、装运和航业所需的人力,并且重用华人充当各级官员。在拉玛三世(1824—1851 年)时期,泰国西南部的万伦、那空是贪玛叻(洛坤)、宋卡,和东南部的庄他武里(尖竹汶)的府尹,都是华人。拉玛五世时期,在万伦、克拉、董里、曼谷的外港北榄,都曾有华人充当长官,甚至出任高级官员。他们对于泰国和广东之间的贸易和招徕移民,自然提供了许多方便,加之招募华工的雇主也差不多全是华人,于是为天灾人祸所困的潮州、广州和海南人便成批进入暹罗。来到暹罗的华人,可以免除为侨居国服劳役,自 19 世纪 80 年代起,只需每三年向当局缴纳四铢半的人头税,就可继续自由居住下去。和其他国家在暹罗的侨民相比,华人有自由旅行和居住在京城以外的权利,这就鼓励了华人移居泰国人口最为集中的北部地区,使这些华人很快和当地居民通婚而被同化成泰国公民。

泰国的法令一直将出生在泰国的华人后裔,视作泰人,对华人采取同化政策。这使许多泰国的公民具有华人的面貌、形体、性格、仪态和习俗,而不以华人自居。因此,在 19 世纪和 20 世纪初,对于暹罗的华人和华裔公民提供的各种人口数字,显得差距极大。曾任印度总督派驻暹罗和交趾支那(南圻)大使的克劳福,在 1821 年估计暹罗总人口为 279 万,其中暹罗人 126 万,寮族 84 万,华人 44 万。1820 年以后的 30 年中,每年搭船来到暹罗的广东、福建人,约在 2 000 人到 1.5 万人之间。1855 年以后,随着暹罗社会经济的发展,对劳动力的需求日增,促使用欠费制从中国招募华工的人数激增。到 1882 年更因汕头到曼谷之间开办定期客轮,欧洲各轮船公司加剧竞争,使入境华人进入高峰时期。在以后 10 年中,每年由厦门、汕头和海口抵达暹罗的华人达到了 1.6 万人左右。德·罗士尼在 1884 年估计暹罗总人口为 590 万,其中暹罗人 160 万人,华人已达到 150 万;在为数 40 万的曼谷居民中,华人有 20 万,暹罗人仅为 12 万。

居住在暹罗的华人分布全国各地,大多集中在城市和集镇中,在农村中的只占极少数,而且具有向商业发达地区集中的趋势。19 世纪初已有相当数量的华人在暹罗东南部、南部和西南部的海港和集镇附近定居,种植胡椒、烟叶、甘蔗、栳叶、棉花、蔬果和稻米。小型的胡椒种植园和栳叶种植园在 19 世纪初已经出现,后来又扩大到各种专业作物,开辟了暹罗出口的商品农业。种植园主大多是较早移居的华人及其与泰国妇女通婚后所生的后裔,招募的农业工人也越来越依赖华人侨民。潮州移民从事的胡椒种植,集中在尖竹汶和桐焱,以及南部亚海岸的董里、沙敦。华人经营的胡椒产量占了泰国的十分之九,产品由政府垄断,分销海外。另一项重要出口商品甘蔗,也是潮州移民在 18 世纪末,首先在类竹汶开创,10 年后,蔗糖成了泰国的主要出口商品,大甘蔗种植园都在北柳、佛统诸府。在世界市场的竞争下,暹罗的蔗糖业在 19 世纪 70 年代以后逐渐趋向衰退,华工由甘蔗田和炼糖厂成批转向碾米厂,到 1889 年蔗糖的出口便被迫中止了。胡椒的种植和出口则一直维持到 1910 年,为华人农业劳工提供了最稳定的就业机会。曼谷和其他城镇周围的菜园、栳叶、槟榔和养猪业,大多由华人经营,在 1910 年,仅曼谷一地每天就宰猪 300 头。

华人在暹罗工矿业中也是一股巨大的技术力量,暹罗西海岸的锡矿,在 19 世纪上半叶由于受到缅甸的干扰,恢复极慢,华工大多前往东海岸开采锡矿。到了拉玛四世(1852—1867 年)时期,锡矿才有飞速发展。在整个 19 世纪中,暹罗南部的锡矿业几乎完全被华人所垄断。普吉府的锡矿最丰,全由槟榔屿转送的福建华工开采,当局并提供资金以利进行。1884 年普吉府引进的华人已超过 4 万人,大多数都在矿区从事极为艰辛的劳动。

从 19 世纪初开始,南暹的福建人从事的手艺有制鞋、缝衣、木匠和铁匠。直到 19 世纪 30 年代,暹罗的造船业和远洋航业都由华人操纵。在造船、炼锡、冶铁三大手工业中,华人占了大多数。暹罗国王拥有的大造船厂,都由技艺高超的中国造船匠领导,指导暹罗工人工作。1850 年曼谷沿河干船坞连绵不断,暹罗人按照中国大帆船建造商船。直到 1855 年暹罗国土开始拥有本国仿照西方式样制造的汽轮,中国帆船才逐渐退出暹罗的航运业。1833 年出使暹罗的美国大使罗伯兹指出,帆船制造在曼谷为数不多的几项机械工艺中占有突出的地位,这些机械制造技艺几乎全由华人所把持。罗伯兹对于曼谷华人成批制造的铁锅、铁盆大为赞赏,认为它们胜过了从欧洲进口的生铁制作物。华人铁匠不但在城镇中从事冶炼业,而且还深入山区,为当地居民制造深受欢迎的农具和机械工具。

在暹罗的华人可以到各地自由旅居,这为善于经营商业的华人提供了十足的方便。泰人的性格不善于经商,而华人最擅长于通商和贸易,他们是暹罗工农业的经纪人、代理商和金融业者。暹罗是亚洲大米的重要出口国,但碾米(火砻)厂的 90%掌握在华人手里,它们是暹罗最大的企业。从稻谷的播种、收割到加工,都由华商经营,大米出口的四分之三则由新加坡、槟榔屿或香港的华商过手。华人经营的商业,不限于城市,也深入到农村和山区。从翻山涉水、串村走户的货郎担、乡村杂货铺到城市中的代理商、大商行,无处不有华人的存在。

中国的建筑工匠对曼谷王朝宫室苑囿的修建是一支不可或缺的有生力量。拉玛一世的宫殿和城墙，就是由中国工匠负责建造。皇宫坐落在龙城之中。龙城之外还有类似北京外城的城堡。泰国各省府所在地的一些大型建筑都受到中国建筑式样的影响。拉玛一世所建大宫"埃玛列维尼扎"，采用泰国佛寺形制，石料则很多来自中国。大厅中所列武将，高度为常人的两倍，具有很高的艺术价值，是由中国输出的石雕人像。四个宫门，各有一对由中国工匠制作的大石狮，门楼嵌有潮州工匠用彩瓷配制的龙凤图样。吞武里的越阿浓兰佛寺中，供有十八罗汉石像。在泰国中部的佛寺中，也常可见到中国式样的神像，和由中国石匠塑造的泰国女神、女像。大城府挽巴茵御苑，在阿瑜陀耶王朝时已成皇室御苑，到拉玛五世特请中国工匠大事扩建，主体建筑是一座红墙绿瓦的中国宫殿。天明殿正殿内的陈设，也都仿照中国风格，并悬持着蒙固王（拉玛四世）和朱拉隆功帝（拉玛五世）身穿中国龙袍、头戴花翎帽的巨幅画像。

中国的戏剧和文学早在泰国流传。中国的传奇故事和历史故事，随着华人的移居，流传各地。《三国演义》是泰国各界人士百读不厌的文学范本，泰国也是最早翻译这部小说的东南亚国家。1802年拉玛一世决定由本隆大臣译成泰文，同时译出的还有《西汉通俗演义》。后来拉玛二世又下令翻译《东周列国志》、《东汉通俗演义》和《封神演义》。《三国演义》由于泰国首先翻译，在东南亚引起广泛注意，开始以抄本流传，到1865年第一次在曼谷上了印刷机，发行量从此扶摇直上，100年中未曾衰败。1867年《水浒传》也有了泰文译本。在1802年至1910年间，被译成泰文的中国小说，多数是历史小说，这类小说对于泰国的文学界和史学界所起的影响最大，而已是一种深入民间、家喻户晓的文学读本。《三国演义》成了泰国作家创作的重要借鉴，它的文风被称为"三国文体"，泰国诗人顺吞蒲创作的长篇叙事诗《帕阿派玛尼》，就得益于《三国演义》等许多中国古典小说。许多泰国作家将这类小说中的一些精彩故事改编成舞剧或歌剧，在舞坛上长期流传，大显身手。

（三）缅甸的华商和华工

缅甸在19世纪逐渐被英国吞并。1824年和1852年的第一次、第二次英缅战争，使下缅甸的阿拉干、丹那沙林和勃固沦为印度总督统辖下的省区。1885年的第三次英缅战争，英军攻占了缅甸的王都曼德勒，灭亡了雍籍牙王朝。从1886年到1937年，缅甸成了印度帝国的一个省区，受印度总督的统属。

缅甸北部早有许多华人定居在八莫、实皆（或作实阶）、亚马耶布拉。八莫是中国商队定期集结的贸易重镇，在1835年当地拥有的1 500所房屋中，至少有

200所是华人所居。中国商队每年十二月和一月,从云南腾冲沿太平江来到八莫,他们运来的物品,据柯利顿在1839年所见,有钢、铁器、丝(生、熟都有)、宝石、金银线、花边、麝香、胡桃,毡毯、朱砂、上衣。因为孟拱或八莫居民的消费水平较低,这些货物多数被运往阿瓦销售。从缅甸掸邦输向中国的货物有棉花和象牙、皮革、鹿茸等山货。主要商品棉花的买卖全由华人经营、八莫城内有华商开设的棉花栈房,并有中国庙宇。阿瓦附近有华人的甘蔗园成批制造质量堪与古巴糖媲美的红糖。但自1854年棉花成为缅甸王室专利,加上英国人侵,云南回民起义,英国货源源输入伊洛瓦底江,使中缅陆上贸易在1894年前的30年间处于停顿状态。

进入缅甸的华人,在19世纪中叶,和陆路相比,以福建、广东为主的海路移民已渐占优势。1891年,缅甸境内华侨约有37 000人,其中来自海上的移民已占半数以上,他们由暹罗和马来亚北上,深入掸邦,甚至到达八莫。在缅甸遭受殖民统治期间,中缅边境实际上处于封锁状态,陆路移民因此为数不多。20世纪以来,缅甸华人迅速增加,到1911年已有122 834人。居住在缅甸首府仰光的华人,在20年中增加了一倍以上,达到16 055人,虽然仅占全市人口总数的5.5%,但在这个外侨人数超过本地人口的移民港中,华人已占到相当的比例。

华人在缅甸从事零售商业,缅甸农村中,每当出现华侨经营的商店,常常是该地将发展成集镇的兆头。华人在碾米、锯木业中有一定地位,但比之泰国、越南的华人在这些行业中的重要性则大不相似。在各种手工业中,裁缝、木工、铁工、金银匠、宝石雕琢业,均有许多华人工匠。曼德勒附近丝织中心亚马耶布拉,生产名贵的"仑德耶"绸缎,纺织技术正是从中国传入的。19世纪缅甸的裁缝大多是华人,所作男上衣类似中国旧时马褂,缅甸女子紧身上衣和筒裙,也多与中国傣族妇女相仿。缝纫用的剪刀和针,都从中国输入。缅甸的伞模仿中国式样,用竹制骨架,上面糊纸或彩绢,比中国伞更耐用。缅甸的漆器、金银首饰、绢扇、牙雕,无论制作手法和式样都与中国十分相似,彼此相互交流的印迹十分显明。中国黄金在缅甸通用,以有"足赤"印鉴的为最,也和中国一样,制作金箔贴在佛像和佛塔上。缅甸的中国铁匠,使用铁砧、大钦锤、长柄虎钳,制作车轮、车轴、铁锚、铁钩,特别有名。鼓风的风箱,不论木制或革囊,都由中国传入。近代流行在缅甸都市中的西式车辆和人力车,都是中国木工所造,缅文"人力车"一名就由中国引进。中国木工所使用的工具,特别是推刨也传给了缅甸同行。民间住宅中使用的百叶窗,可以通风、蔽日,适合当地气候,被缅人称为"德由格"(中国窗),就因它源自中国。

近代缅甸最宏大的工程建筑,受到中国的影响。缅甸最后的王都曼德勒,是座具有中国建筑格调的城市,华人称为瓦城。1857年缅甸迁都曼德勒,孟顿王聘用中国工程技术人员修筑都城,由旅缅滇侨尹蓉设计和督造。新城仿照四方形的中国式城市,每边长2公里,城墙用砖造,高7.9米,辟有城门四座,边门八座。城市中心是一座建筑风格与北京故宫相仿的宫城。宫廷花园被称为"中国花园"(缅语"德由午阴")。尹蓉又按照云南侨乡腾冲顺和乡中天寺宫殿,在缅京兴建迤西会馆(腾越会馆),后来又改称云南会馆,更给这座缅北大都会增添了中国气息。

(四) 菲律宾华人文化

华人对菲律宾的文化和国家经济,作出了很大的贡献。1851年2月16日,西班牙政府颁布的一项法令,取消了对华侨的入境限制,倡导华工进入种植园主的农田,从事契约劳动。期满以后的华工被准许从事贸易,如果继续从事农业劳动,本人和他的妻子、儿女被准予蠲免一切捐税。勤劳而富有同情心的华人,重新在菲律宾的社会生活中获得了声誉。在19世纪末,至少在一些有识见的西班牙人的眼里,"中国佬是菲律宾能够找到的最方便、最受欢迎和最有用的移民。他们驯服、守法、勤俭。"(胡安·缅卡林尼:《菲律宾的中国劳工问题》)华侨人数一度急激上升,1886年达到93 567人,1896年更增至10万人,在600万菲律宾人中占了相当的地位。1850年被限制居住在马尼拉地区和田米地省的华人,到1862年被获准可以移住全菲各地,许多华人和当地妇女通婚,生了中菲混血儿,他们的后裔就被归入当地居民中去了。19世纪,由于中菲混血儿人数的日益增多,形成了糅合中华文化和菲律宾各族土生人民文化于一炉的、别具一格的中菲混合文化。

华人的姓名成为今天许多菲律宾家庭的姓名,这些具有华人血统的菲律宾人大约占了总人口的10%以上,他们的姓名有许寰哥、杨戈、林观多、王彬、唐戈、林戈、黄、林、陈等。许多菲律宾显贵,像泰国一样,具有华人的血缘关系。中华文化通过中菲混血儿在菲律宾各地扩散,并且进一步改善了华人和当地社会经济的关系。由于中菲通婚,产生了精力充沛、勇于开拓的新一代,他们既具有菲律宾人(特别是吕宋人)的热情、乐观,又具有中国人勤劳、节俭和敢于冒险的坚毅精神。民族英雄何塞·黎塞尔便是最知名的一位,反对美国占领的菲律宾第一共和国总统埃米里奥·阿奎纳多、曼纽埃尔·林也是这一行列中的先驱者。以中菲混血儿为核心的菲律宾民族资产阶级,在19世纪中叶以后,由商业和高利贷业转向土地和种植园,在菲律宾独立战争中,起过重要的作用。

菲律宾语言,特别是泰干洛语中2%的词汇来自汉语中的闽南方言,如灯火、木屐、茶、米粉、嫩饼(春饼)、疲惫、朴素、淬火、铜、姑爷。近400个单词中有关食物和烹饪的约占20%,锻冶名词约占10%,还有许多涉及农业、用具、工具、商业、工业和娱乐的名词。菲律宾的语言也渗入了当地的华人语言,形成一种与福建、台湾、新加坡、雅加达使用的闽南语不同的菲式闽南方言,如称老板为"阿冒",支票为"齐计",称份额为"古沓",称肥皂叫"杀文",称帮助叫"都郎",再会叫"亚喽示"等。这种"菲华混合语"吸取了当地通用的方言和西班牙语、英语借词,据1984年5、6月份马尼拉《世界日报》所载,至少有171个词目。

中国戏剧也是菲律宾民间戏摩罗——摩罗剧和说唱剧的重要借鉴。中国的饮食,如馄饨、炒面等面食及杂碎、烧包、嫩饼、米线、烤乳猪等,成了菲律宾人爱吃的家常食谱。菲律宾人的家属观念、父母包办婚姻、节假日家人的团聚等习俗,都直接受到中华文化的感染。

(五) 印度尼西亚的中华文化

华人移居印度尼西亚的历史十分悠久,在18世纪末的巴达维亚(雅加达),已出现了一个土生华人集团,他们多操地方方言,饮食、服饰也都与爪哇人一般无二,世代与印度尼西亚人或土生华人通婚,信奉伊斯兰教,自称息览。这些息览人亦称巴达维亚人。是当地的原住民,但从他们的风俗习惯中却能找到中国文化的特色。对于爪哇人来说,他们从社交到生活起居,都是与当地人不尽相同的一个集团,吃饭用桌子,坐椅子,没有人席地盘膝而坐,这些风气后来也传给了巴达维亚的爪哇人,住在巴达维亚来自爪哇各地的居民,也被称为息览人。巴达维亚的华人,也和息览人杂居,双方关系最为密切。在19世纪,华人成批移居印度尼西亚各地,他们大多属于男性,普遍与当地妇女通婚,促使土生华人社会的人数日益增多。移居印度尼西亚的华人,从1860年的22万人,逐年上升,到1900年已有53.7万人,在当时3 000万印度尼西亚人中约占2%。在爪哇,华人所占人口比例要高得多,为此数的一倍。土生华人社会也存在于爪哇岛北部沿海的茂物、干冬圩、文登、南旺、查帕拉、杜板和锦石,同样在苏门答腊岛的巨港、南榜和巴眼亚比,在巴厘岛,龙目岛,苏拉威西岛的哈尔马赫拉和望加锡,也都有土生华人社会。

巴达维亚的土生华人在语言的使用中,非常自然地形成了一种华人讲的马来语,在19世纪中叶首先在巴达维亚成为通用的语言,称作"中华马来语"或汉化马来语。中华马来语是一种巴达维亚马来语,为当地通用的社交用语。在1945年印度尼西亚独立以后,形成统一的印度尼西亚语以前,中华马来语通用了整整一个世纪。19世纪70年代以后,印度尼西亚土生华人开始出版中华马来语报刊,将中国的宗教典籍、历史小说、古典小说、武侠小说翻译成中华马来语、爪哇语和望加锡语,并创作了大量中华马来语的小说、故事和诗歌。《大学》《中庸》《论语》《孟子》相继被译成马来语,在社会上流传。被称为"四大奇书"的《三国演义》《水浒传》《西游记》《封神演义》的译本不断问世。目前在马来—印度尼西亚语世界里能找到的最早的中国小说译本,是1859年爪哇文手抄本《薛仁贵征西》。早期翻译的中国文学作品都是爪哇文译本,多以抄本形式流传。直到1873年才有印刷的本子。在十九世纪后期,大部分中国小说都被译成中华马来语,爪哇语译本越来越少,1913年可能是最后的一本,此后在20世纪20、30年代,虽仍有少数爪哇文译本,但充其量,总共不过20部而已。然而在19世纪70年代以后的100年中,在印度尼西亚出现的马来语译本却有700多部,二者相比,就可知道中华马来语译本在印度尼西亚华裔文学中所占地位的重要了。在早期华裔文学家中从事翻译和创作的有李金福(1853—1912年)、杨天水、林和兴、施显龄、郭德怀、叶源和等。他们的作品遍及文学、宗教、历史、政治、地理,而以文学创作和翻译最为重要。他们翻译的中国古典小说、历史小说和武侠小说,不但指导了20世纪华裔文学的去向,而且也成了同一时期印度尼西亚翻译界的主流,无论在数量和流传的深广方面,都大大超过了西方文学的翻译,《三国演义》《水浒传》《陈三五娘》,都成了印度尼西亚人爱读爱讲的故事。李金福写作的马来语语法,1884年在巴达维亚出版,开创了马来语的语法研究,是第一帮马来语语法,它为中华马来语奠定了基础。

爪哇的音乐、舞蹈、戏剧都和中国文化结有不解之缘。著名的佳美兰音乐,在它漫长的形成过程中,吸收了中国音乐的乐器和乐律。爪哇佳美兰尤其富有中国乐气息,在东爪哇和中爪哇都有许多奏佳美兰音乐的土生华人,在雅加达早有受中国影响的民间音乐甘邦格罗蒙,正宗的甘帮格罗蒙音乐,演奏几十首唐山阿叔调的器乐曲,并演唱中文抒情诗,至今深受印度尼西亚人民喜爱,已成本地的民族音乐。同甘邦格罗蒙一起流传的,有至今已成雅加达传统剧种的莱侬戏。莱侬戏极富京剧气氛,在20世纪初开始流行于雅加达和附近地区,演奏唐山阿叔调,使用中国的胡琴等乐器,唱词以印度尼西亚民歌为主,演出的故事多是民间流传的富有侠义行为的民间英雄,对话、唱词都使用雅加达方言,为雅加达至今拥有最多的观众和最高演技的地方剧种。流行在雅加达和西爪哇文登地区的佐克舞,是当地华人根据中国舞蹈、音乐创作的舞蹈。这种舞蹈由甘邦格罗蒙和受葡萄牙音乐影响的克朗章乐曲伴奏,采取男女对舞,男舞蹈者一般是华人,陪舞的女性则一定是印度尼西亚女子,是一种吸收中国音乐而具有西方交谊舞的舞蹈,常用于盛大宴会或富裕的婚礼。

在印度尼西亚各地,中国食品如豆芽、豆腐、豆干、酱油、肉面、豆酱、萝卜、咸菜、粉丝、咸鸭蛋、茶叶已成为当地居民的大众食品,白菜、韭菜、荔枝、龙眼也是爪哇、苏门答腊居民爱吃的蔬果。有些中国食品已成为印度尼西亚名菜中不可缺少的成分,在"加多加多"这种大众化的凉拌菜中,豆芽、豆干、酱油等中国传统用料是不可或缺的重要拌料。中国的传统节日春节（阴历新年）、元宵节（正月十五夜节）、在19世纪和20世纪都是雅加达等地居民的狂欢节，端午节（阴历五月初五）的龙舟竞渡、吃粽子等风习，也是雅加达和许多爪哇滨海城市每年举行的盛会中不可缺少的环节，苏拉威西等地也有海滨竞舟的风习。东爪哇和中爪哇的"兽头舞"，则是中国舞狮风气的变种。印度尼西亚的这些民间的节日和喜庆活动，都深深地印上了中国民间风习的烙印。

第十四章
百年巨变：现代化浪潮推动下风云突变的中华文明

一、 20 世纪上半叶中国的留学运动

（一）修建人才培养的金字塔

中国在 19 世纪中叶为顺应在全世界各地铺开的工业化大潮，开始展开办洋务引进西方科学技术、创建机器工业的运动。当时人把这种新兴工业称作"洋务"运动，是由于这些新事物全非中国传统文化所固有，因此办机器工业是一种将西方的新技术嫁接到中国文化领域的行为，是借助工艺与技术上的替代与更新，来实现的一种文明的创举。它将从根本上摧毁旧的体制，引导各国勇往直前，去创造一个全新的世界，因此无论是对中国来说，还是对其他国家而言，都是一场史无前例的变革。

处在这一历史的转折时期，唯有持开放的态度，奉行改革的政策，才能追迹时代的脚步，赶上时代的潮流，这就完全不是 17 世纪以来传统意义上的西学东渐那样，局限于知识的交流、技艺的切磋可以比拟的了。工业革命是以贸易的发展，欧洲列强在亚洲、非洲和美洲殖民地的建立以及商业体系的产生为先导，并且受到这些因素的刺激而产生的。因此工业革命必然引起商业体制和生产体制的根本变革。中国最初迎合这一大潮，注意的只是工业与技术的嫁接，首先列入的仅仅是船坚炮利的军火工业与造船业，随后才逐步认识到生产领域的各个方面，引申到商贸体制与相关的政治体制的改革。要实现工艺与技术上的改革，最根本的一条是人才的培育，主办洋务的曾国藩最初以为要达到船坚炮利，只要请几个外国技师，花一两年时间仿造西洋船炮就可以了，办起来却耗资巨大、收效甚微。于是想到了只有派留学生直接出国到欧洲去取经。

留美学生出身的容闳（1828—1912 年）原是广东香山县南屏镇（今属珠海特区）的农家子弟，受马礼逊学校栽培，1854 年在美国耶鲁大学获得文学士学位，1852 年加入美国国籍，但他决心回国报效，成为切实受过西方教育，具有民主思想，决心在中国移植西方文化的第一人。容闳在 1854 年归国后，第一个设想选拔

12—14 岁的幼童,从小学起到美国去学习 15 年。第一期先派 120 人。这个建议得到江苏巡抚和两江总督的采纳,1871 年 9 月 15 日得到清政府的批准。留美学生学习的科目有舆图、算法、步天(天文)、测海、造船、制器(机械)等,直接与国防有关的学科。清政府委派陈兰彬与容闳任幼童出洋肄业局正副委员,管理这批留美学生,1872—1875 年间选拔了年龄在 10—15 岁之间的幼童,分四批赴美学习。1874 年设在哈德福的留学事务所正式落成,留学的实际事务主要由容闳担当了起来。120 名留美学生中广东人占 86 人,香山人就更多了。年龄最大的 16 岁,最小的仅 10 岁,最多的是 13—14 岁。1876 年美国举行百年国庆时,有 113 名学生前往费城参加庆典,受到美国总统的接见。但后来清政府中如陈兰彬等一批官员,担心这些具有新思想的留美学生不但无益于国家,"亦且有害于社会",成为颠覆清王朝的祸害,在 1881 年 6 月将留美学生全部召回了事。

幼童出国学习是 1855 年容闳向清政府提出的四点建议中的一条,但这种留学方式非一二十年之后才能略见功效,要解决人才训练的当务之急,唯有采取更加急切而又具有实效的办法。这办法来自福建船政局,船政局当初在 1869 年与税务司法人日意格签订了一个五年为期的协办条款,后来延长了半年,到 1874 年 8 月期满。为确保从业的华人能继续造船,福建船政大臣沈葆桢建议派遣福建船政学堂的学生分赴英、法两国学习驾驶和制造,期待提高自主开发能力。日本侵略台湾琅桥事件发生后,福建当局派员出国深造的计划一度搁置。总揽洋务大权的李鸿章在 1876 年 3 月,趁着德国都司李劢协回国,设法请他随戴花翎游击卞长胜、朱耀彩等 7 名军官,到德国军事学院培训水军和陆军军械技术,卞、朱二人因学业没有进展,很快就返国,其余 5 人在德国分别学了 3—5 年。这是中国最早派到欧洲的一批留学生。

福建船政局选派学员出国经李鸿章、沈葆桢合议后,决定派出 30 名学生到英、法两国。1877 年 5 月 11 日,在任监督的道员李凤苞、法人日意格率领下抵达伦敦,学习驾驶的海军学生刘步蟾、林泰曾等 12 人进入格林尼治官学。到达法国的有学习制造的魏瀚、郑清濂等 14 人,学习矿冶的罗臻禄等 4 人,学习的专业不但有军工项目,更有采矿、冶金和机械制造。1881 年首批出国人员归国,是中国第一批经过专业训练的采矿、冶金和机械工程人员。此后,1881 年 10 月福建船政局继续派员出国学习,1884 年 11 月又派了一批。当时像李鸿章等推行洋务的政府大员,已经觉察到直接派人到西厂观摩考索,终究难以了解制造技术上的细节,只能永远跟在西方国家的后面,听任外国技师的摆布。福建船政局在派员出国前不久才刚开始生产铁胁舰,首批出国人员归国后,就仿照法国 1885 年新发明的双机钢甲兵舰,在 1888 年 1 月造出了排水量 2 100 吨的平远号(又称威龙号)钢甲舰和一批穹甲快舰,此后钢甲舰便相继出厂。在19世纪80年代,福建船政局、直隶总督衙门、北洋水师学堂等机构选派了89名学员出国深造,归国后成为第一代的海军舰长、水师学堂总办,有的升任海军总长,有的成为官办企业的督办和工程师,从中产生了最早具有先进科学知识、直接受过西方工程技术教育的,中国新一代军事专家和技术专家。

中日甲午战争之后,清政府受到舆论的压力,不得不再次选派了一批留学生到欧美去深造,像张之洞等政府要员更提倡为了省钱、速效,派学生去日本留学,将留学事业引上歪路,致使工业化社会所急需的具有最新科学知识与技能的专业人才的培养,在受到少数满族贵族统治的有清一代,始终未能走出"中学为体"的怪圈,当局最不愿意放弃的便是作为官学已经有2 000年之久的儒学教育,甚至宁可为维持这一传统,而撤销留美计划。而日本在江户时期就以西学替代了儒学教育。到明治维新,便全面推广西方文明。原因在于:"所谓文明,本来是一个整体,并不能单独采用它的科学文明"。为了采用西方优良的军舰和武器,必须使构成它基础的经济活动得到顺利开展。"于这便同以追求利润为不道德的儒教伦理发生了矛盾,因此,要拥有军舰就不能不使该国的文化深受影响。"(吉田茂:《激荡的百年》,1967)关键并不在于严复驳斥"中体西用"说时所持理由:"故中学有中学之体用,西学有西学之体用,分之则并立,合之则两亡"(严复:《与外交报主人论教育书》,《严复集》第3册,第559页)。晚清的留学是在"中体西用"理念指导下,为"强中国、存中学"应对时势而采取的举措,与日本明治维新后积极派员到欧洲学习全盘西化的知识,用留学生主持推行新政,采取措施迅速提升本国经济活动的现状,形成了鲜明的对比。

(二)庚款引发留学美国的西潮

跨进20世纪,到第一次世界大战爆发的1914年,中国掀起了一个出国留学的高潮。在这个20世纪出现的第一次高潮中,前一阶段,1900—1906年处于留日学生高涨时期,出国留学主要选择了东邻日本,当局已看到了"出洋一年,胜读西书五年"的好处,甚至贪图急功近利,宣传"游学之国,西洋不如东洋"(张之洞《劝学·外篇》游学第一)。日本政府乘机提出资助200名中国学生到日本留学的计划,1900年后更公布各项法令,吸收留学生进入陆军、警监、法政等学校学习,招致留日学生连年递增,到1905年达到8 600人的高峰。此后因日俄战争爆发,部分留学生为抗议日本的侵华政策而归国,到清朝覆亡时,总计有5万名留日学生,其中自费生占到70%。大部分留学生只修完中学课程,大专生仅占3%。留日学生人数多,救亡心切,但层次偏低。1904年9月清政府颁发了游学西学简明章程,鼓励学子到欧洲各国和美国去留学。这样,就将留学运动引向第二个阶段,把学习西学的主流瞄准了欧洲。

积弱已久的清政府一边要向俄国、法国、英国、德国、意大利、比利时、奥地利、荷兰、西班牙、葡萄牙、瑞典、挪威和美国、日本这些《辛丑条约》的签字国,支付4.5亿两关银的巨额赔款,同时还要向《马关条约》的签约国日本支付大量赔款,财政支出已到捉襟见肘的地步。为支付庚子(1900年)赔款,规定以金本位的英镑为结算单位,而当时银价日跌、金价日涨,使赔款总额日日刷新,清政府只能靠借债还账,于是债台高筑,无法自拔。驻美公使梁诚在1904年12月乘机向美国交涉,要求退还高于本息的赔款"溢数"。英美基督教教会组织的中国教育会也及时向美国总统西奥多·罗斯福和国务院建议,要求美国能重视培育符合美国利益与美国持友善态度的中国知识分子。这一建议在美国国务卿罗特和驻华公使柔克义的支持下,获得了总统的批准。1908年5月25日,西奥多·罗斯福总统正式签署了部分退还庚款的法案。扣除本应赔偿的款项后,退还中国的本息总共为28 922 519.35美元,加上一笔备用金,总数约为3 000万美元。退款的时间规定从1909年1月1日起到1940年年底为止,每年以48万—123万美元不等的款项归还给中国政府。这笔退还的庚款余额被指定用于教育事业,其目的在美国伊利诺斯大学校长爱德蒙·詹姆士向总统递交的《备忘录》上表白得最为清晰:他看到了中国已面临一次像日本那样即将到来的工业革命,而要通过投资教育,对中国进行人才开发,培育出可以在未来使美国从精神上、知识上、商业上获得回报的中国留学生。以后的实际进展表明,用退还庚款余额来扩大美国在中国现代化进程中的影响,在以后的40年中确曾起到了推动西潮的作用。

1901年美国开始退还庚款余额以后,在北京正式开办游美学务处,下设游美肄业馆,负责遴选学生赴美留学。自1909至1911年清政府覆亡,通过考试一共选送180名20岁以下的男生派往美国。这批学生中有后来担任清华大学校长的梅贻琦,中国科学社创办人秉志,著名学者胡适、赵元任等人。1911年成立清华学堂作为留美预备部,继续遴选学生赴美,到1929年留美预备部结束,总共派送留学生1 279人,更通过庚款津贴资助留美自费生475人,加上其他转入人员,总共1 828人。1929年赴美留学生不再从清华毕业生中选送,改在全国公开招考,清华不再是一所公费留美预备学校,庚款资送的留美生于是遍布到了全国各地。

1924年美国第二次退还庚款余额,中美两国政府专门成立了中华教育文化基金会,负责管理庚款的有关事宜,简称中基会。中基会董事会由中国董事10人、美国董事5人组成,成员都是政府部门要员、教育文化界的权威人士。中基会使用美国退还的庚款目的在"促进中国教育及文化之事业",用这笔款项设立的专项基金,规定要在 20 年后,足以产生每年约有 50 万美元的收入,这样就能保证每年动用的基金不少于 50 万美元。中基会利用这笔款项,直接创建了一批学术交流、学术研究、图书收藏机构,其中有设在纽约的华美协进社,设在南京的科学教育顾问委员会、北平的国立北平图书馆、静生生物调查所、社会调查所。中基会还对文化事业给以资助,比较突出的有设在北平的专收精品古籍的东方文化事业委员会图书馆,以及 1930 年创建的旨在保留中国传统建筑的中国营造学社。中国营造学社出版的《中国营造学社汇刊》,自 1930 年起,到 1944 年复刊出版第 7 卷,总共发刊 7 卷 22 期,对保护文化遗产、促进与国际学术界成果交流起过重要作用。

中基会另一项工程,是扶持和培育学术界的精英。为扶持人才的培养,中基会制定了两项原则:一是使已有成绩的学者得到工作的机会,二是使有培养前途的青年得到造就的机会。针对前一项对象,自 1930 年起设置研究教授席,受聘者每年可获 5 000 元左右的补助从事科学研究,先后有地质学、动物学、化学、考古学等八九个席位。另有科学研究补助金,甲种金额最大,颁发给已取得成就的学者;乙种颁发给大学毕业后从事科学研究的青年学者;丙种金额最少,资助给不需大量经费的科学研究。1928—1934 年,共有 283 人受到补助金的资助,以生物科学人数最多,其次数理化学科,最少的是天文气象和地学。中基会还在一批大学中设立科学教席,给以资助,受益最多的是物理与化学,生物学、地质学、气象学、工程学则居其次。1943 年 1 月,中美两国签订新约,废止不平等条约,美国放弃庚子赔款权利,赔款从此正式终止。中基会依靠自身积存的基金,一直工作到 1949 年为止。

留美学生对中国的科学研究、学术进步作出了巨大的贡献,他们归国以后,往往成为学科带头人,在学术研究上成绩斐然。20 世纪最初 50 年中,留学生人数最多的留日学生(至 1936 年终止),大致是留美学生人数的 10 倍,但留美学生获得学士以上学位的人数占了第一位。许多高学历的专门人才,都产生在留美学生中间,与留日学生相比,留美学生获得博士学位的有 2 097 人,而留日学生获得博士学位的还不到 100 人。这些留美学生是西潮在中国的忠实的媒介,也是推进中国现代化的先锋与旗手,他们对中国的科学发展、社会进步,起到了承前启后、推陈出新的作用。

(三) 归国留学生组成了向现代化进军的主力

欧洲是工业革命的发源地,又是中国向西方国家引进西学的源头。在现代化进程中,走在前列的英、法等国,属于原发先进地区,是一些后发追赶型国家学习的榜样,自然有必要向这些国家派留学生去亲身体验、实地揣摩。但一直到清朝覆亡,向欧洲国家派遣的官费留学生,由于经费无着,致使欧洲吸纳的中国留学生在数量上一直难以和流向日本和美国的学生数相提并论。尽管这样,欧洲仍然是培养出中国第一代具有改革精神和先进科学知识人才的地方。

在一长串严格接受过欧洲国家高等教育的留学生名单上,排在前头的就有1857年获得英国爱丁堡大学医学博士学位的广东人黄宽。黄宽归国传习西医,是奉基督教教会之命,要他为传教事业服务。中国人自觉地要到欧洲去接受西方教育,那是进入20世纪以后才开始的一项新的事业。在这批最早留学欧洲各国的学生中,有为中国现代科学的成长和谋求国际科学与教育合作而奔走的一批地质学家,丁文江、李四光和翁文灏是其中的佼佼者。丁文江(1887—1936年)和李四光(1889—1971年)早年留学日本,后来先后转往英国深造。1911年夏季,清政府设置留学生考试,丁文江考取格致科进士,李四光获得工程科进士。1913年丁文江出任北京政府工商部地质研究所所长,是中国第一个地质学机构的负责人,后来成为中国现代科学事业杰出的组织者和活动家。李四光在1912年到英国伯明翰大学攻读地质学,1918年写成硕士论文,专论中国地层系统,1921年由英国《地质学杂志》(GM)分4期刊出,后来创立地质力学。翁文灏在1912年获得比利时鲁文大学地质学博士学位。1919年翁文灏在代理地质调查所所长期间,发表了图文并茂的《中国矿产志略》,1922年被推选为国际地质学会会长。他开创了地震学研究,致力于中国矿产资源的调查与开发,建树极多。

在人文科学和思想界,民族和民主的志士、绍兴山阴县人蔡元培(1868—1940年),是直到中年以后仍然醉心于法、德文化的早期留欧学子中的杰出人士。蔡元培曾是前清进士,在1892年录为二甲第三十四名,供职翰林院编修。早年参加光复会、同盟会的革命活动,反对清政府。为了向外国学习先进的思想和知识,从1898年起学日文,1899年学英文。1907年6月,孙宝琦奉使德国,一心向往赴欧留学的蔡元培,设法在驻德大使馆中谋得一个职位,到德国后开始学习德文,先在柏林,后来进入莱比锡文明史与世界史研究所,研究比较文化。辛亥革命后,蔡元培出任南京临时政府教育总长,1912年他和宋教仁、李石曾等发起社会改良会,提出以人道主义代替君权之专制,以科学知识代替神权之迷信。二次革命失败后,他在1913年9月移居法国,认识到中国与西方文化分道扬镳已有二千多年,一旦感到落后,便应仿照日本欧化,努力弥补差距,何况进入20世纪以后,即使精神文明,也日益仰赖科学手段,并非像晚清时期那样译几本书,便可算达到了借鉴的目的,而是每门学科,都可以有进一步研究的必要,才能达到学术独立的境地。蔡元培受到欧洲学术界启发后孕育的这些具有远见的新思维使他在工业化大潮中首先意识到,中国必须独立自主才能有所建树。他推崇法国奉行人道主义教育,决心要在中国推动科学和美术的进步。1916年6月在法国巴黎成立的华法教育会,推举蔡元培为中国会长,欧乐出任法国会长。1917年蔡元培出任北京大学校长后,坚持为创造一个自由的社会政治环境而奋斗着,促使大学成为实现"学术独立""思想自由"和"学术自由"的场所,只能算是实现这一目标的一个起点而已。1923年1月后,为抗议北京政府教育总长投靠军阀,他离开北平,旅居欧洲,并在1924年11月到德国汉堡大学报名入学。后来回国筹建荟萃一流科学人才的中央研究院。从1928年6月至1940年1月去世,中央研究院在他主持下,以科学救国思想为指导原则,为缔造自由和独立的现代科学全力以赴,努力扶持具备真才实学的各科专家主持各个研究所的研究工作,使得中央研究院虽然经费短缺,却能在短时期内取得一些足以引起国际科学同行瞩目的成绩。

中国学生赴欧留学,由于生活水平差异过大,费用昂贵,难有进展,要到1912年才开始有较多的变化。推动这股风气转变的,主要靠来自民间团体发起的勤工俭学风潮。1912年在北京有留法俭学会发起,同时在上海也有了留英俭学会的组织,不出数年,就使留欧学生由早先的几十人上升到了千余人。

1912年2月,同盟会中的一批会员在北京顺天高等学堂旧址开办留法预备学校。在留法俭学会的组织下,由在巴黎开设豆腐公司的李石曾倡导,通过留法预备学校,接引中国工人赴法工作,促使这批青年学子到法国投身于"勤于做工、俭于求学"的工读运动。1912—1913年间,先后招募了四批学生约100名,工人58名,前往法国的蒙塔纪城,他们一边学习法语和有关的基础知识,一边做工。法国巴黎豆腐公司成立了留法俭学会,负责安排工读学生的生活与学习事宜。1914年8月,一战爆发,有关勤工俭学的计划被迫中止。移居法国的蔡元培与李石曾组织了旅法学界西南维持会,将留法学生转到法国西南地区都鲁士。1916年法国当局由于急需劳工,到北京招募5 000名华工赴法,同时巴黎法国工部局和留法俭学会签订了代招华工的合约。蔡元培更在1916年6月和法方人员在巴黎成立华法教育会,派人到云南、广西等招工。这一年华法教育会招收的华工多达5 000人,其中云南的工读生占到了半数。1919—1921年间,华法教育会继续推动留法勤工俭学运动,其间向法国输送的留学生有1 548名。1922年初,留法俭学生大约有1 700人。但是法国的经济衰退,使勤工俭学运动只好中止。1926年起,一批学生由于生活补助无法兑现,只好返国。另一批学生由于德国生活费用较低转往德国,大多集中在柏林。后来这批学生回国,多数致力于各项社会改革,或投身革命事业,成为中国现代化进程中不可或缺的骨干力量。

二、"实业救国"思想引领企业管理改革

(一)"实业救国"思想与新企业的诞生

19世纪下半叶清政府靠着办洋务,兴办了一批官僚资本的机器工业。这类官商合办或官督商办的企业一开始就受到外资企业的排挤,而企业本身管理陈腐尤其显得突出,受长官意志、浮夸习气、裙带关系、贪污受贿成为风气的恶习,难免陷于效率低下、员工中饱私囊、财务铺张浪费的境地。上海的钟天纬曾向李鸿章提出过裁洋匠、节冗食、严考核、估材料四条企业改革的措施,但在当时都是难以实现的办法。清朝覆亡以后,政府采取了一系列鼓励民间资本投资兴办实业的措施,推动民族资本的增长。第一次世界大战爆发后,列强暂时退出中国市场,使中国民族工商业获得了一个短暂的发展机遇,有了赚钱的机会,纺织业和轮运业有了明显的增长,日用化工产品和食品加工业也逐渐有了起色。以1917年为例,中国轮船经营的货物有4 200万吨,英国轮船在中国经营的货物下降为3 357万吨,日本轮船运货量为2 450万吨。但战争甫告结束,列强便凭着它的经济实力卷土重来,利用经济强势和受不平等条约保护的各项特权,重新对活跃起来的民族工商业形成难以抵挡的胁迫和打击。仍以航业为例,1925年外轮在中国航业中的吨位占65%以上,中国轮船仅占34%稍多。从运费的收入而论,外轮占到总额54%,中国轮船只占总额46%。以后各年外轮上升,中国轮船所占份额逐年下降,1927年外轮吨位占到77%,中国轮船降至23%。运费收入,外轮占68%,中国轮船下降到32%。

中国的新兴企业不但外部环境极其恶劣,没有实力与列强一争雄长,关键的问题还在于传统势力盘根错节,企业内部建立在等级制和封建宗法关系上的家族管理体制,更成了企业改善管理、提高效益的绊脚石。北洋军阀曹锟的四弟曹健亭主持下的天津恒源纺织公司、上海聂氏家族开办的上海恒丰纱厂,由于创办者毫无经验,又不具备专业知识,全凭长官意志号令一切,家族可以任意挪用企业资金,形成家厂不分,宕账连年高升,致使企业陷于困境而不能自拔。企业界的绅商作风和官僚习气的盛行,在第一次世界大战期间民族资本由于外部环境改善获得的发展空间有所拓宽的情况下,使得自身管理制度的根本缺陷得以暴露,促使一部分具有开明思想的企业家认识到,从根本上要改变新式企业所面临的竞争与扩大再生产,必须彻底铲除企业本身残留的封建式管理体制,才能走出民族资本所面临的怪圈,使企业获得长足的进步。

留美学者有鉴于美国许多资本家都从办实业发家的实例,最先体会到企业的成败在于要有符合科学原则的管理体制,企业家必须体现出作为经济范畴人格化的直接载体,从经营中获利,从而使资本增殖,使扩大再生产得到实现。对实业救国抱有深切期望的一批留美学生,首先起而对新形势下兴办实业的成败作了评估。1916年10月中国留美学生会在哈佛大学举行第一届年会,在哈佛大学商业管理学院攻读硕士学位的杨铨(字杏佛)在大会上作了题为"中国之实业"的演讲,抨击实业救国虽经20年之久而并无起色。他的陈词慷慨激昂:"二十年来朝野呼号,莫不以实业为救亡之本;然漏卮日甚,外货充市,旧式之商品日蹙,而新式之实业旷焉无闻。"企业经营者对损耗之轻重心中无数,当局对实业失败的多寡亦缺少统计,致使实业的振兴久久未能实现。他在留美学生创办的《科学》杂志上呼吁,为了发展现代工业,必须建立本国的统计学,使统计学与社会学相结合,好切实解决社会问题。

上海的棉纱大王、曾在1909年以后留学美国的穆藕初(1876—1943年),针对封建式企业管理的致命弊端,曾痛加抨击,他说:"企业行政体系中的工头制往往使工人的利益操纵在封建把头的手里,具有人身依附的色彩,这不仅影响了工人的劳动积极性,而且极大地妨碍了企业经济效益的提高。又如,工厂管理机构臃肿,效益低下,一厂之设,尚未开张交易,而某部若干人,某科若干人,冠冕堂皇,与衙署相仲伯"(《中国实业失败之原因及补救方法》,《藕初五十自述·文录》上卷,商务印书馆,1926年)。当时工厂任用人员,往往凭借人际关系,不是考核有无经验与专业知识。任用最高职员靠的是势力,把持企业管理的往往是"社会名流";中下级职员的任用是凭情面,形成机构繁复,而办事反无有用之人;雇用工人则由工头说了算,对工人一味苛刻,以致生产效率低下。

上海经办棉纱业的荣氏(荣宗敬、荣德生)兄弟,属于由"绅商"向新一代"知识型"企业家过渡的人物。他们在和日本纱厂的竞争中,为提高生产效益,聘用了一批原先在日本纱厂参与管理的工程技术人员,作了一些管理改革;但不愿辞退工头、彻底改革工头制,以为"从来旧学为体、新学为用,最合事宜",仍然恪守张之洞奉行的那一套企业思想。企业总公司使用的账房,一种是采取新式簿记,另一种仍是中国旧式账簿,用竖式代码,新旧两式同时并存,反映出中国企业在新旧交替过程中,大部分地方曾经历的过渡。荣家早期企业管理分文场、武场两大系统:文场设双领班,职员不懂技术,也不能直接管理工人,工人归工头管;武场设总头脑,下属有头脑、值班、机工,总揽生产技术、原料和成品的质量检验。荣氏企业自1924年起,经十多年改进,逐步引进了新式的管理体制。办法有:(1)通过削减工头的权力或调换岗位,逐步淘汰;(2)在文场、武场中逐步增加受过专业技术教育和管理知识训练的新职员；（3）增设保全部、考工部、试验室等新的管理部门，统一了行政和技术部门的领导人员，在1937年大致实现了科学管理体制。

（二）借鉴与吸纳美国企业管理学说

早年当过学徒和职员，后来成为棉纺企业巨头的穆藕初，对于生产力低下、实业落后的现实深有体会，"管理无方"是原因之一。他在1909年到美国学习，先后在威斯康星大学、伊利诺斯大学、得克萨斯农业和机械学院攻读农学、棉纺织和企业管理学位，与美国企业科学管理法的创始人泰罗（Frederick Winslow Taylors 1856—1915年）相识，反复研讨过企业的科学管理问题，是泰罗的名著《科学管理法原理》（1913年出版）、泰罗的学生吉尔伯特的《标准动作》等企业管理著作的忠实读者。穆藕初在美国生活的几年，曾专门对塔夫脱农场这所规模巨大的农业托拉斯进行实地考察，认为农场的高效全在于管理得体，主要体现在八个方面：（1）场、厂建设因时制宜，计划严密；（2）用人得当，讲究科学，场、厂主管全系专门人材；（3）各部门"各司其事"，分工明确，互不侵越；（4）用人赏罚严明，和衷共济；（5）各部簿记分门别类，十分清晰；（6）各部门经济往来，都依市价核算，实行"连带贸易"；（7）助长事业（"辅助部门"）完备，电灯、自来水外，并设立医院、学堂、教堂、银行、邮电、客栈、杂货店等全套生活设施；（8）"学识充足"，备有最新、最精良的各种机器。穆藕初总结这一大企业是"以科学的知识，机警的头脑，敏捷的手段，整理全场事务"；总而言之，在先进的设备、完善的设施、实施经济核算的科学管理之下，那么，这个企业一定会获得成功。

穆藕初从美国回到上海后，着手按科学管理的要求开办棉纺厂，力争做到"除病图利"，标准全在"节省时间，节省精神，节省物质"。他对企业的改革，主要表现在加强质量管理，确立财务核算，转变人才管理等几个方面。第一，加强质量管理。在引进和消化美国先进机器设备的同时，注意搜罗市上棉纱品种，尽取其优点，他办的德大纱厂的出品，因此在上海各纱厂中名列榜首，1916年在北京商品陈列所举办的比赛中获得第一名。第二，确立财务核算。针对国内纱厂尚无统计核算制度，创制一套纱厂内部各车间、各部门的生产报表，实行复式记账法，后来被各纱厂普遍采用。第三，转变人才管理。在行政上开始由行政体系上原先的封建把头干扰和工头制的管理转向由工程师专业管理；他亲自以工程师身份指挥生产，排除一些大股东和封建把头的干扰，安插学有专长、确有管理经验的人到各部门管理生产。他明确宣布，组织工厂，人才优劣关系到事业成败，最为重要。企业需要的人才，一种是科学人才，一种是管理人才；"科学人才，为技术家，占制造上重要地位"，"管理人才，在事业管理上所占的地位，尤为重要，要具备健全之脑力,敏锐之眼光,与灵活之手腕,坚固之信用,雄厚之力量"(《学理的管理法自序》,《藕初五十自述·文录》上卷)。企业主管人员更应具有创新改革意识,针对当时社会上存在的压抑人才的许多不利因素,尤其认为必须加以革除。他自己经办的厚生纱厂采用新颖的管理机制,办得有声有色,成为后起办厂的企业家的楷模,许多从业者一定要先去参观,然后再着手擘画筹建。他与董东苏合作翻译泰罗的《科学管理法原理》,在1916年取名《工厂适用的学理的管理法》,由上海商务印书馆出版。之后因第一次世界大战期间穆氏经办的纱厂蒸蒸日上,科学管理法也逐渐受到实业界同仁的注意。到1930年时,《学理的管理法》一书销路也开始上升了。纺织业人士都承认,实施科学管理可以增加效能、减少耗损,使生产事业合理化。

(三)棉业改进推动纺织业振兴

纺织业振兴的源头,在于生产原料品质的改进和运销途径的改善,1897年务农总会在上海正式成立后,开始传递农学知识,为改造中国农业科学做准备。20世纪初,一批蚕桑、农林学堂陆续开办,自1902年起,沿海各省首先开设了省级农事试验场,推广西洋和日本的新种和技术,引种和培育的产品有美洲棉花(大陆棉)、美国豆类、美国和德国的大麦、日本旱稻、西洋蒲桃、日本瓜菜等。1912年以后,历届政府的农林主管部门陆续建立了各类实验基地,借鉴美国,推广良种,使用现代化技术改进农业生产。美国在1862年起各个州都开办了农学院,从1887年更规定农学院必须附设农业试验场,实施新的育种和耕作技术,到1914年普遍建立了农业推广站,全面推广各项新的试验成果,使美国经过三四十年,一跃而成世界上农业最先进的国家。美国的成功,使东亚农业大国的中国为之振奋。从1914年开始大规模改进农业生产,从美国购进大量美棉,小麦种苗,猪、羊的良种;从德国引种甜菜,以改善食糖的供应。

中国纱厂集中在上海,但上海和附近的江苏省都非主要产棉区,因此新兴工业迫切需要改良棉种、以期提高棉花产量。1914年穆藕初在上海创办植棉试验场,推广美棉,他的试验场是棉花试验中最早开办的一家。1917年穆藕初以华商纱厂联合会名义发起组织中华植棉改良社,要求社员开办植棉场,就近提倡植棉以图普及。郁屏翰出任社长,穆藕初当了书记。在浦东杨思桥镇设立植棉试验场,免费咨询事项,是中国第一所民办的棉作改良试验场。中华植棉改良社先后在南京、唐山、郑州等7个地方设立棉作试验场,以南京为总场,聘留美归国的过探先(1887—1929年)为场长,改良棉种,提高棉花的单产量。从1919年起的三年内,过探先与美国棉花专家顾克(C.F. Cook)博士合作进行"全国美棉品种试验",主办四省棉花育种工作,目的在适应第一次世界大战期间中国棉纺织发展以后,对优质棉供应的需求。这些美棉运到陕西、河南,向中部和西部地区推广种植,三年内,在黄河、长江流域26个不同地区引种,从中选育出脱字棉、爱字棉两种,作为最适合中国的优良品种。

农商部从1918年起将大规模推广美棉的重点放到主要产棉区的山东省,在临清东门外设立棉业试验场,推广美棉;每年将从美国引种的美棉分发到各县试种,以脱里司、金氏、隆斯太三种最多,大多能在山东顺利落户。

1921年过探先转入南京的东南大学农科,1922年上海华商纱厂联合会斥资2万元,成立棉作改良推广委员会,由过探先主持棉作改良与推广。设在江苏、安徽、河南、湖北四省的七所棉作试验场划归东南大学的试验场地,东南大学创办了植棉专修科。华商纱厂联合会原先与金陵大学合作的美棉驯化项目,跟着也转到东南大学农科。由棉作改良推广委员会主持的棉作改良,一面进行美棉驯化,一面改良中国棉种。美棉引种驯化有脱字棉、爱字棉,驯化后散发给农民播种。中棉改良的有改良江阴白籽棉、改良小白花棉、湖北孝感光子长绒棉,都是过探先主持下在1921年培育成的新棉种。1925年过探先从东南大学转入美国教会办的金陵大学,担任农林科首任中方科长(系主任),美方科长是他的同学芮思娄。过氏棉是他在金陵大学执教时培育出的新棉种,在1928年正式命名。过探先主持的棉作改良推广委员会又仿造美国农机,制成五齿中耕机、中棉播种机和美棉播种机。棉作改良先后在江苏(1922年)、河南(1924年)、湖北(1928年)、湖南(1930年)得到了推广。

1931年中央农业实验所成立后,用31种亚洲棉和大陆棉在长江流域和黄河中下游七省试验,1935年冯泽芳从中选出斯字棉4号作为黄河流域推广的新种,德字棉531号作为长江流域推广的新种,产量和纤维都胜过了以往的脱字棉和爱字棉。20世纪40年代从美国引进岱字棉,产量又有新的提高。棉花良种的驯化与推广,直接关系到棉纺业的盛衰,经过数十年的努力,原本种植亚洲棉(树棉)和非洲棉(草棉)的中国棉花产地,先后转变成大陆棉的天下。随着品种的优化,新的纤维长、产量高的棉种又替代了以往的品种,好适应不断增长的棉纺业的原料需求。

三、 新文化运动与中国文化的前景

(一) 文体改革与文学革命

19世纪末张之洞提出的"中体西用",并未能遮掩其顽固保守、维护儒家传统精神的真面目,而文学语言的改革,随着新式学堂的兴办,教科书的推广,各地报纸与杂志的发行,已经成为时代的新潮,走到了前面,维新派人士梁启超起而倡导文学革命,提出"诗界革命""小说界革命"与"戏剧改良",更起到了推波助澜的作用。文学语言的通俗化、大众化,往往是推行一种新思潮、新风尚的开路先锋。在19世纪,这种文字的口语化,是与西方传教士使用中国汉语和各地许多方言进行传教与开课同步进行的。最典型的例子,表现在《圣经》的翻译、各种英汉对照的语言词典的编印和宣传科学知识的著作。《圣经》最初的译本(马礼逊和马士曼的译本)是用的深文理译本,后来又出现了半文半白更适合传教的浅文理译本,而真正大众化、口语化的译本则属于官话译本和各地的方言译本。各地方言翻译的《圣经》版本特多,但《新约》《旧约》全部译出的只是吴语中的上海话、宁波话以及福州话、客家话、广州话。官话译本先后有南京官话、北京官话、汉口官话三种译本。1890年上海举行基督教大会,决定出版为各差会认同的和合本《圣经》,到1919年官话和合译本《新约全书》才在上海正式出版。据统计,1814—1950年,各种版本的《圣经》印刷了近3亿册,通过赠阅、捐助和传教活动,从城市一直深入到了边远的山村,这对于识字和普及文化知识,是一种波及面十分深广的推动。进入20世纪以来,随着学校在各地的兴起,顺应口语的语言文字改革的时机已经完全成熟了。

进入20世纪时外国小说的翻译,以及由此渐成风气的模仿欧式小说的白话小说的出现,推动着反映时代变迁的新文学的诞生。梁启超在上海租界办《时务报》(1896年8月—1898年8月)旬刊,译载了英国柯南道尔的福尔摩斯侦探案4篇,1898年他发表《译印政治小说序》,明确要借助译印外国政治小说推动改革运动。有人估计,晚清小说共约1 500种,其中用文言从西方和日本翻译过来的就有上千种。尽管文字的表达形式仍是文言,但是这文言小说已完全改变了传统的格式。自林纾与王寿昌合作译出《巴黎茶花女遗事》(法国小仲马著),1899年正式出版以后,这部情节委婉、文采斐然的法国社会小说便轰动一时,很快刊印了上万册之多。从此以后,西洋小说便在中国不胫而走,不管是描绘人情世故、诉说社会风情,还是侦探小说、科幻故事,都成了进过洋学堂、接受了新式教育的青年学子努力吸取养料、体味人生经验、提高文字素养的源泉。林纾本不识西方文字,全靠助手翻译,而他的译法或节译,或改译,翻译西洋小说,目的全在推广日趋没落的古文,而他本人又无法在古文学界生存,却使干枯的古文借助西洋小说,有了栩栩动人的人间真情。这与其说是得力于古文的感染,还不如说传达了蕴含在西洋小说自身中的文学魅力、艺术手法。

林纾以外,晚清翻译西洋小说的真正新星是上海人周桂笙、徐念慈和吴梼。

周桂笙,字新庵,最早发表的译作是上海清华书局排印的《新庵谐译》两卷,卷上节译阿拉伯文学名著《一千零一夜》,卷下选译《伊索寓言》等西洋寓言、童话和亚瑟王、罗宾汉故事,这几种都是教会学校小学高年级和初中学生必读的英文作品。周桂笙翻译的短篇小说有《新庵五种》《新庵九种》,长篇小说有翻译法国鲍德的《毒蛇圈》,用白话直译,初次刊登在《新小说》杂志上,1904年由上海广智书局出单行本。其他译作有《飞访木星》《海底沉珠》《含冤花》(英国培台尔著)、《福尔摩斯再生案》(英国高陶能著)等多种。

徐念慈,字彦士,别署东海觉我,1904年在精通法文的曾朴开办的小说林书店当编辑,开始用白话或半文半白的语言翻译英法当代小说,他翻译的小说大多并非文学名作但传译真切,能保持西洋小说原有风格。1907年发行的《小说林》,虽仅一年,但由于登载一批用白话文(现代文体)直译西洋小说的文字,与周桂笙一起开创了白话翻译欧洲小说的新路子。徐念慈专门翻译欧美流行杂志上刊载的风俗小说和侦探小说,译作有英国作家的《海外天》《黑行星》等多种,迎合了当时熟读公案和武侠小说的小市民心理,推动了侦探小说风靡沪上。在清末短短的十多年中发表的上千种翻译小说中,侦探小说竟占到了一半。

1903年,广智书局发行《新小说》,商务印书馆出版《绣像小说》(1903—1906年),使翻译小说有了自己的天地;接着有群学社的《月月小说》(1906—1908年),小说林书店刊行《小说林》(1907)。前后四家杂志,有清季四大小说杂志之称。寿命最长的《绣像小说》,一共出版72期,刊载的译作有文学名著,有英美流行小说、社会风情小说,对报道当今欧美社会动态、流行时尚可称及时。在英语教育日渐推广的沿海地区,中学生普遍对英语文学日益产生兴趣,必然也助长了翻译文学逐渐深入中国学子的心灵,这使许多学生对外国文学作品的阅读,成为提高知识层面的一种追求。总共36回的史威夫脱的《汗漫游》,1904年便登载在当年的《绣像小说》上。《绣像小说》刊出的许多翻译小说,又被编成单行本,商务印书馆专门出版了"新译说部丛书"分集发行,《天方夜谭》《华生包探案》等多种也曾风靡一时,足以与"林译小说丛书"相颉颃。周桂笙、徐念慈之外,吴梼是另外一位以翻译俄、德、英、日小说著称的翻译家,他的作品文学修养很高,先后译过俄国普希金、莱蒙托夫、契诃夫的作品,经他翻译的德国苏德曼《卖国奴》、美国马克·吐温《山家奇遇》,被收入《新译说部丛书》第一集。他在1906年用白话翻译了波兰爱国作家显克微支的《灯台卒》,很早就注意到了欧洲的弱小民族与东方的中国同样受尽列强宰割的痛楚。

白话文最初是在翻译西洋小说中获得成功,这类西洋小说突破了中国传统小说中章回体陈旧形式,刻画的人物通过心灵世界体现出栩栩如生的气息,故事的情节也和现实世界十分贴近，步步深入，扣人心弦。新的文体在文学创作领域中显示的新思想、新风尚与新的气息，推动着一批出国留学的新派文人尝试着去进行一场文学革命。当初提出这一行动的留美学生胡适（1892—1963年），却是在文学改良的口号下动议此举的。1917年1月，胡适在《新青年》杂志上发表了《文学改良刍议》，针对文学领域中的八股文风，提出八项改良主张：（一）须言之有物，（二）不模仿古人，（三）须讲文法，（四）不作无病之呻吟，（五）务去滥调套语，（六）不用典，（七）不讲对仗，（八）不避俗字俗语。胡适一心要革除八股文的套语、典故与空论，反对古文的复活，最根本的方法是从文体上开刀，不避俗字俗语。当时早已有人创作了以吴语为口语的方言文学，更有了许多半文半白的文学创作与宣传文字，胡适不过是顺水推舟，要使文学的面貌来个大变样。胡适推崇施耐庵、曹雪芹、吴趼人等小说家是文学正宗，因为他们使用口语写作；举出意大利的但丁，不用当时通用的文学传统语言拉丁文，改用本国的乡土俚语写作了《新生》和《神曲》三部曲，成为欧洲文艺复兴时期划时代的创作。胡适本人也开始用白话翻译西方的小说、诗歌，并且尝试着去写作诗体自由的白话诗。中国的旧体诗、词、曲、赋，无论形式与内容，都已不能顺应新的时代潮流，创造新体诗，运用和发展新体诗是白话文学创作者的共同愿望。在美国留学的胡适，1916年热衷于意象派诗人庞德（Ezra Pond，1885—1972年）创作"具体意象"的感召，与《意象派宣言》产生共鸣，于是也起而创作没有声调格律的白话诗，但是当时他们所能做到的，几乎只是将旧诗改成白话诗，因为旧诗的桎梏一时仍难完全从创作者的心灵上抹去，他们还没来得及去在情趣上开辟新的境界。1920年胡适出版了第一部新诗集《尝试集》，虽然他自己也承认并不成功，但这种白话诗的出现，以打破旧诗的格式，开启了将旧诗的平仄一扫而光，完全采用自由诗、长短句的形式，而使文坛为之震撼，呼唤着文学革命大潮的来临，推动着新文化运动向前迈进。

1918年由五四运动正式揭开序幕的新文化运动，其实早在三年前便已在孕育中逐渐成长起来。为五四运动进行舆论准备的《青年杂志》，在1915年9月的上海正式出版，到1916年9月出版第二卷第一期，改名《新青年》，重在一个"新"字，从此成了最受青年学子欢迎的流行刊物，一直发行到1926年。杂志主编是留日学生安徽怀宁人陈仲甫（字独秀，1879—1942年）。杂志在创刊号上刊出《敬告青年》的社论文章，要求青年起而建立自主、进步、进取、世界、实利和科学的文化；向中国展示了新文化运动的两面大旗：民主（德谟克拉西，Democracy）和科学（赛恩斯，Science），后来被新文化运动的拥护者称作德先生和赛先生。从日本留学归国的陈独秀借助当时日本思想界的民主思潮，接受了西方文化新潮，归国后提出了反对中国封建宗法社会的精神领袖孔子和他宣扬的儒教，摧毁一切主张复古和维护旧文化的守旧人士最后的精神支柱的行动纲领,陈独秀和吴虞成了打倒孔家店运动的主将。鲁迅的第一篇小说《狂人日记》,呼吁从吃人的社会里救救孩子,发表在《新青年》上,于是吴虞写了《吃人的礼教》,发动了对孔教的总攻。1917年1月,陈独秀受聘到蔡元培执掌的北京大学就任文科学长,《新青年》杂志也从上海迁到北京发行。

自胡适发表《文学改良刍议》后,陈独秀也在《新青年》上刊出了他的《文学革命论》,明确主张:推倒雕琢的、阿谀的贵族文学,建设平易的抒情的国民文学;推倒陈腐的、铺张的古典文学,建设新鲜的、立诚的写实文学;推倒迂晦的、艰涩的山林文学,建设明了的、通俗的社会文学。这一主张进一步提出了建设平民文学、国民文学的新文学,将民主与科学的精神实质纳入白话文学的体魄。于是新文学与白话文学从形式到内容都合成了一体,有了白话诗,有了旧戏的革新,产生了国语文学,推动了方言的统一和汉字的改革,倡导了汉字拼音运动,将中国三四千年来的传统文字逐渐纳入了用现代科技和人文思想装备起来的信息系统。

1918年席卷各大城市的五四运动,最初从教育界展开,进而推广到社会各界,是一场反对由几个列强操持的巴黎和会,不顾中国人民的意志,强迫中国政府将原先德国在山东半岛的权益转交给日本的政治运动。中国政府拒绝在巴黎和约上签字后,从此要求革新以自救的呼声响彻了中华大地。呼声之高、内涵之广、震撼之烈、目标之远大,应者之众多,都远远胜过清末"民智未开"时的启蒙运动。这场革新的浪潮策应了社会上日益高涨的实业救国、教育救国、科学救国的呼声,凸显了民众明白了唯有推动现代化,才足以跟上潮流,达到救亡图存的决心,而首先收效的则是一场以文学、视觉艺术、教育和新闻出版为主体的新文化运动。

(二) 构筑艺术浪潮的新天地(美术、舞台、音乐)

美术是照相术发明以前,人们描绘大自然和社会生活的主要手段,同时也是沟通心灵活动和表现审美情操的重要方式。中西画技、画风本来差异极大,但自18世纪以来受瓷文化的影响,无论在题材和技艺方面,双方都有了许多交相观摩和切磋的机会,有利于美术的中西融通。

中国传统的水墨画在19世纪进入了它的转型期,集中在最易接受西洋事物的上海。原本江南地区的画风素以苏州、扬州两地为盛,上海在开埠以前,受这两地画风的影响。开埠以后,工商业迅速发展,新的艺术市场逐渐形成,数以百计的江浙画家云集沪上,结成画社,"海上画派"逐渐成为主流画派。海上画派画技兼长中西,在人物、肖像、写意花鸟画等方面锐意革新,创造出清新活泼、富有写实景象的艺术新风。

前期海上画派,在文人画的传统趣味中兼容市民阶层的好尚,形成雅俗共赏的画风。笔墨技法,人物肖像画既传承明清陈洪绶、改琦、费丹旭的传统,又吸收民间绘画、西洋画中的表现手法;花鸟画上承明代陈淳、徐渭、八大山人和石涛,下接扬州八怪的艺术风格,提倡大写意水墨花鸟画与强烈的色彩对比。主要代表人物有浙江萧山人任熊(1820—1857年)和浙江山阴(绍兴)人任颐(1840—1895年)。任熊,字渭长,作品有人物画《大梅山馆诗意图册》,色彩运用新颖,创意大胆奇异;山水画《十万图册》《秋林共话图轴》,采用大写意画风,为该派后继画家所仿效。任颐,字伯年,在上海土山湾天主堂学过素描,画作代表前期海上画派最高成就。早年笔墨变幻,后期变为奔逸超脱,所作人物、肖像、花鸟无不精到,尤其提倡写生。肖像、花鸟都是勾勒、没骨兼用,中法中又见西艺。所画人物故事,大都以民间故事、历史故事中的风尘三侠、麻姑献寿、八仙过海、木兰从军为题材,有《风尘三侠图轴》(故宫博物院藏)三帧,风貌各不相同。具有丰姿绰约、温馨明快的独特风格。海上画派后期的台柱是浙江安吉人吴昌硕(1844—1927年),字俊卿,别号老缶、苦铁。早年精于诗、书、篆刻,30岁后才向任颐学画,感悟朱耷、李鱓诸家,多以梅竹、松石、荷菊、瓜果为题材。风格另辟蹊径,融诗、书、印、画于一炉,画作风行一时,以致"人人昌硕,家家缶老"。

西洋画技,清代初期已在北京宫廷中流传,但在民间开馆传艺的,要数上海土山湾画馆最早。1864年法国耶稣会在上海徐家汇土山湾孤儿院附设美术工场,图画间称土山湾画馆,由神父范佐廷(J.Ferrer)传授西洋画法,以宗教画为多。以后增设水彩、铅笔、擦笔(粉笔)、木炭、油画等门,其中有临摹欧洲名画的作品,有时还运往国外销售。刘德斋是该馆最早培养的宗教油画家。他的学生徐咏青则以水彩画知名。在广东,未曾出国而从事油画创作的,有关乔昌、关作霖。以上数人,属于开埠以后最先以西洋画出名的画家。

西洋绘画技巧的训练,是开埠以后,首先在教会学校中开设的图画课中传习,后来更在各地兴办的新式学堂中逐渐加以推广,傅兰雅为益智书会编有《图画初学》,先在他自费出版的《格致汇编》第5年(1890)各卷刊载,后有单行本问世。1897年上海开设中国女学堂,以为纺织和图画是女子所必学。1902年南京开办两江师范学堂、保定设立北洋师范学堂、1907年杭州成立浙江两级师范学堂,都开设了图画手工科,除了中国画,素描、水彩、油画、用器画、图案画,都请日本教师任教。当时西洋美术教师人才奇缺,本国的新式学堂还刚开始建立,小学、中学都需图画教员,一时难以满足需求。

19世纪末已经有人出国专学美术,广东鹤山人李铁夫(1869—1952年)是最早一名到欧美留学的画家。李铁夫的父亲在美国经商,1880年李铁夫到英国求学，1881年考进阿灵顿美术学校，在伦敦学画9年，20岁到美国，进纽约美术学院，专习油画、水彩，师从美国著名画家蔡斯和萨金斯。李铁夫本人擅长油画、水彩、雕塑。所作油画，一派欧风，画艺已炉火纯青。

此后，有了由当局选派出国学习西洋美术的专门人才，李叔同（1880—1942年）是最早的一人。1905年李叔同到日本东京上野国立美术专门学校，专攻绘画兼修音乐，着重对西洋画技的基础训练，油画师从黑田清辉，受到当时印象派艺术的熏陶。1910年毕业回国，到天津直隶模范工业学堂任图画教员，后来到上海主编《太平洋画报》《文美杂志》，出任浙江两级师范手工图画专修科、南京高等师范学校教授，1918年出家为僧，居杭州虎跑寺、净寺。后来更有人到西洋美术发源地的欧洲去学习的，李毅士、吴法鼎就是早期留学欧洲回国后从事美术教学的教师。李毅士，江苏武进人，1907年派到伦敦大学学物理学，后来改学油画，回国后在北京、上海、南京任教，人体画尤其出色。河南人吴法鼎，1911年被河南省选派法国学法律，后改学绘画，回国后在北京艺专、上海美专任教。上海人陈抱一，在1911年赴日，1916年回国后，创办中华艺术大学，主张从纯熟的写实技巧入手，开拓新的艺术理念。他的油画，受西方野兽派风格的影响，用色简洁，是现代中国油画界早期的代表人物。1919年，早先创办上海美术图画馆的江苏武进人刘海粟（1896—1994年），在中国的绘画教学中进行大胆的革新，采用男模特进行人体写生教学，1920年更采用了女模特作为写生的对象，在上海引起轩然大波，刘氏被人称为"艺术的叛徒"。

1918年上海成立中华女子美术学校，设有西洋画科、中国画科、工艺美术科，专门培育女性美术工艺人才。随后上海开设了6所女子美术学校，其中城东女子学校请了从日本归国的李叔同兼职，教授油画、水彩画。1918年在北方也开办了北平美术学校。1922年由留学法国的颜文梁（1893—1988年）为校长的苏州美术专科学校正式成立，这里成了年年举办的全国性的"美术画赛会"的大本营。从1919年起，除了8年抗战停止以外，"美术画赛会"一直办到1951年才终止。这一赛会引发了上海、北京、无锡、南京等地也先后开办同样的展览会，给繁荣新美术增添了活力。上海和它的近邻苏州，在现代中国美术教育中扮演了重要的角色。

中国的戏剧在进入20世纪以后，和美术一样，也面临着改革。在日本留学和侨居的旅日同盟会会员，受到日本"志士剧"（又称新派戏）利用法国话剧宣扬改革、提倡民主政治的启发，1904年9月在上海首先出版的戏剧杂志《二十世纪大舞台》，由陈佩忍、柳亚子执笔，设在《警钟日报》社中，鼓吹用戏剧改革恶俗，唤起国家思想，推动社会风潮，但出了二期，就被清政府查封了。中国人演出没有音乐伴奏的话剧,相对于传统的京剧皮黄戏、地方戏曲是新戏,因此称新剧。新剧最初是由上海教会学校的学生演出,他们采用曲词宾白演出八国联军进北京、江西教案之类富有政治色彩的西洋话剧形式的短剧。汪优游(1888—1937年)在1905年组织文友会,走出校门,采用时装,到社会上公演反映社会情景的时事新剧。新剧反对传统戏的不文明,反对封建迷信,宣传革新,社会上将这种新戏称作文明戏。汪优游、朱双云等人又发起开明演剧会,演出社会改良剧。但以艺术水准而论,还只能说是话剧中的活报剧。

真正的新剧运动,是1906年由留日学生在东京成立的春柳社演出西洋的剧本时才揭开序幕。春柳社由李叔同、曾孝谷、吴我尊等人,在1907年2月首次公演了仅有一幕的《茶花女》。到冬天更有欧阳予倩、马绛士加入剧社,他们仿效日本的新派戏排练剧目。由曾孝谷将林译《黑奴吁天录》改成五幕剧加以公演,这本戏歌颂了美国南北战争解放黑奴的正义要求,演出获得好评。接下来在1908年上演了用法国剧作家萨都的《托斯卡》改编成的《热血》,女主角歌唱家托斯卡的爱国热情感动了中国观众,有几十人因此投身于革命军的队伍。这一振波立即传送到了上海,由留日学生主张改革戏剧宣传革命的王钟声(约1874—1911年)和任天知等人在1907年成立春阳社,用《黑奴吁天录》作脚本,演员身穿西服,用锣鼓伴唱皮黄,并且在沪上首次采用灯光布景,深得观众欢迎,一连演了一个月,下一年又继续演出。

在清王朝覆亡的前夕,文明戏在江南已很流行,任天知邀请汪优游、陈大悲等人组织学生成立进化团,倡导"天知派新剧",用长篇说白,鼓动革命,在江南巡回演出。天津的南开学校在1909年组织了南开新剧团,上演了易卜生的《国民公敌》。新剧运动出现了南北呼应的局面,引发传统戏剧也起而改革剧目,更新舞台艺术效应。1908年在上海创办的新舞台,采用灯光布景和半月形旋转舞台,建成了中国现代最新式的舞台,演出以传统唱腔而有当前社会情节的革命新戏。用国外剧本改编的《黑籍冤魂》《波兰亡国惨事》《新茶花女》,宣扬社会改革、民族独立,使沪上舞台艺术波澜迭起,为戏剧的革新指明了方向。

五四新文化运动对戏剧的改革提出了更高的要求,傅斯年发表《戏剧改良各面观》,指出新剧必须立足于文学和美学的基础之上,一定要有"戏剧文学"。不同于旧剧的定型化的套路与新剧的政治宣传,新文学的创作者要求将新剧作为一种文学体裁,按照西洋话剧格式进行多种风格的创作。《新青年》《新潮》举起易卜生主义的旗号,胡适的《终生大事》郭沫若创作的《女神三部曲》《三个叛逆的女性》以及田汉的作品,还只是在剧本的创作上开了个头,而戏剧毕竟是要以舞台效果作为检验成败的标准的,因此西洋话剧要在中国立足,首先要在舞台艺术上具有强劲的感应力,这在传统戏剧已有高度成就的中国,并非一纸宣言便能否定了的。在上海,有艺术水准极高的昆曲、京戏与适合普通观众的文明戏;在北京,话剧也遇上了传统戏剧和时装新戏的挑战。1923年,陈大悲在北京联合国内外48个团体组成中华戏剧协社,推出注重艺术技巧的"爱美的戏剧",他编的《英雄与美人》剧本被各地学校剧团采用,废除了男扮女装的陈习,开始男女同台演出,才使话剧有了新的起色。在上海,中国第一个出国专学戏剧的洪深(1896—1955年)在1923年回国后,立即加入了上海戏剧协社,推出他根据美国新派剧作家奥尼尔《琼斯王》改编的《赵阎王》,大获成功。之后才有一系列西洋问题话剧《傀儡家庭》《群鬼》《华伦夫人之职业》的演出,1924年上演经过洪深改写的《少奶奶的扇子》(英国奥斯卡·王尔德原著)以后,才奠定了话剧在中国的地位。

在表现艺术领域中最能陶冶人的心灵与审美情操的是音乐,西洋音乐上承希腊,下启文艺复兴,到18世纪由于器乐的改进、歌剧的振兴与社交的需要,迎来了音乐创作的繁荣时期,西方学校从小学开始,普遍重视音乐与唱歌的基本训练。中国的西乐教育开始于开埠以后西方教会在沿海各地设立的主日学校、教会学校开设西洋音乐课程,宣传基督教的教会音乐,这些学校教授学生唱诗、祈祷,特别是一些女子学校,注意讲五线谱、弹琴、唱诗、唱歌,推广西洋音乐知识和宗教礼仪。到清末,出版的各种圣咏诗谱已达百种之多。1860年以后,上海的徐汇公学为优秀生设置了音乐、图画课,中西书院规定要学八年音乐课。1864年徐汇公学办了一支铜管乐队,后来发展成土山湾军乐队,是中国最早的一支民间军乐队。但19世纪在中国沿海流传的西洋音乐,除了圣咏,多半是一些流行歌曲、舞曲、军乐(进行曲)和沙龙音乐,西洋音乐的精华尚未被介绍过来,中国人学习西乐还处于起步阶段。

进入20世纪后,新兴学校如雨后春笋,采用五线谱和简谱谱写的校园歌曲,从1903年学制改革以后在沿海城市中迅速流行起来,一些学校因缺乏师资,只得聘请日本教师执教,传播乐曲的简谱记谱法也来自日本,最初的歌曲集也在日本印刷。早期几个留日学习音乐的学生沈心工、曾志(文)、李叔同、萧友梅,对推动校园乐歌运动功不可没。上海人沈心工(1870—1947年),1901年任南洋公学附小教师,1902年到日本,在日本与曾志(文)一起创办音乐讲习会,1903年回国后仍在南洋公学附小任教,1911年后任该校校长。1904—1907年出版《学校唱歌集》1—3集,是最早的音乐教科书,流传极广。1912年出版《重编学校唱歌集》6集,1913年编写《民国唱歌集》4集,都由他选曲配词,宣扬民主、爱国思想,鼓励青少年奋发图强,有《从军》《女子体操》《革命军》《缠足苦》,并有《黄河》等创作歌曲。曾志忞(1879—1929年),上海人,到日本后进了早稻田大学,1903年进东京音乐学校,1904年创办亚雅音乐会,编集《教育唱歌集》,推出《乐典教科书》,多选欧美、日本歌曲填词改编。1905年在东京组建国民音乐会,专研现代音乐,发表《音乐教育论》,主张普及音乐教育,特别强调中、小学音乐教育。他以切身体会,告诫学音乐的应"留学德法,勿去日本";立志排除反对推广西乐的思想,指出中国音乐必须改革,同时学习西洋的音乐技巧,为中国创造出将来可以与欧美并驾齐驱的"新音乐"。原来在1901年赴日学钢琴的萧友梅(1884—1940年),1912年考入莱比锡音乐学院,从日本转到德国学西乐作曲,目的在改变中国音乐教育的落后面貌。1920年回国后,在北京女子高等师范学校开办了音乐科,1922年创建北京大学音乐传习所,他运用西洋音乐原理创作的大批歌曲,开创了中国艺术歌曲的道路,出版了《今乐初集》(1922年)、《新歌初集》(1923年),1922年更由中外人士组成了一支有17名成员的管弦乐队,在五年内演出了几十场音乐会,给古老的故都首次注入了充满活力的现代音乐的新鲜血液。

(三)学制改革的立与破

　　1912年1月南京临时政府成立,蔡元培出任教育总长,颁布了一系列法令、法规,对几千年来的封建专制教育进行大刀阔斧的改革。下令改学堂为学校,初等小学可以男女同校,中学校为普通教育,停止文科、实科之分;尤其重要的是,提出五项方针——军国民教育、实利教育、道德教育、世界观教育、美育教育,替代清政府在1906年订立的忠君、尊孔、尚公、尚武、尚实五项教育宗旨。颁布了从6岁入学到24岁大学毕业的新学制,宣布了以德、智、体为基本内容的初小四年的国民教育,作为实施新教育的基准,为普及教育特地在教育部设立了社会教育司。新学制对实业教育和师范教育都制定了更高的标准,将最后阶段学制为5年的实业专门学校提高到高等专门教育,类似法国的职业教育;师范教育与日本的学制也十分相近,21岁高等师范毕业,相当于4年制大学的二年级。尽管后来的政治变迁难以使这一目标实现,但这样的改革方向符合中国奔向现代化的时代要求,给后继者指明了道路,是任何人难以阻挡的,因为它已给以后在20年代、50年代的历次学制改革成功地绘制了蓝图。

　　1917年以后,美国实验哲学和实验教育理论的建立者约翰·杜威(John Dewey, 1859—1952年)培养的中国留学生郭秉文、蒋梦麟、陶行知,为推进平民教育、生活教育和普及教育,已有意引进美国教育制度,他们在以江苏教育会为核心的全国教育联合会的历届年会上发动学制改革的讨论。1917年北京大学校长蔡元培发表《以美学代宗教》的演说,为中国在教会学校以外自主办学指明了办学方向,1921年更在《教育独立议》中明确表示:(1)大学中不必设神学科;(2)各学校中不得有宣传教义的课程，不得举行祈祷式；（3）以传教为业的人不必参与教育事业。将教会学校列入学制改革的重点对象，是当时全社会的共识。该年冬，在北京成立了中华教育改进社，由蔡元培、范源濂、郭秉文任董事，美国教育家孟禄、杜威任名誉董事，陶行知任总干事，请了孟禄、杜威一起讨论学制改革问题。1922年9月，教育部召开学制会议，完成各项议题的讨论后，在11月正式公布学校系统改革案，推行第三次学制改革。这一改革方案，重申1919年全国教育会联合会第五届年会上根据杜威的思想通过的"废除教育宗旨，宣布教育本义"的决定，明确教育目的在培养适应环境的人，反对任何外加的教育目的。宣布教育本义在发挥平民教育精神，注意生活教育，谋求个性的发展，使教育容易普及。体现出平民教育、民主教育的时代特色。措施中并且注意到吸取德国和美国办学的特点，为地方办学留有更多的余地。

新学制从美国引进六三三制的小学、中学教育，规定儿童6岁入学，18岁高中毕业后，可进入3—4年制的专门学校或4—6年制的大学，到大学院（2—4年）毕业为26岁。学校系统仿效美国，全部单轨，分成初等教育、中等教育和高等教育三个阶段。为完成学制的改革，必须将教会和外国人在中国开办的学校纳入统一管理的轨道，当时教会学校都受各差会直接支配，完全不受中国政府管束。北洋政府虽早在1917年颁发过《教会学校注册立案办法》，1925年又对《外人捐资设立学校请求认可办法》作出规定，但国内南北分立，即使民众呼声日高，要求收回教育主权，但教会始终未作回应。1926年收回教育权运动达到高潮，北京、天津、上海、武汉、广州、长沙、杭州、福州等地的青年学生相继成立"非基督教同盟"，有的进行集体退学。全国各地纷起成立收回教育权委员会，要求国家颁布注册条例，规定一切私人学校、教会学校须经中国政府批准，注册立案；要由中国人出任这类学校的董事长、校长，中籍和西籍教职员必须平等待遇；取消宗教必修课，禁止强迫学生参加宗教仪式；不准教会学校干涉学生集会、结社、言论、出版等自由。1926年10月南京政府成立后，由蔡元培主持的大学院立即公布了《私立学校规程》，将教会学校纳入私立学校；1928年2月更公布了新的《私立学校条例》，将教会学校作为私立学校的一种，规定受教育行政机关管理。操纵教会教育事业的中华基督教教育会迫于形势，在1927年年底才指令各地教职工会所属学校向政府注册立案。据统计，1926年的教会学校达到15 000所（其中天主教学校9 000所以上，基督教学校6 000所），学生数为80万名（其中天主教学校学生50万名，基督教学校学生30万名），从此逐年进行审核登记，纳入了中国国民教育体制。

这时的教会大学在中国自办的公立和私立大学中处于优势地位，特别是由英美基督教差会联合兴办的 20 多所大学,经过多年调整,逐渐归并到由美国基督教教会牵头成立的大学名下,在 1919 年由 14 所美国基督教教会大学组成了"中国基督教教会大学协会",而在 1921 年前,中国自办的大学(包括公立和私立)还不足 10 所,其中公立大学仅有北洋大学、北京大学、山西大学 3 所。教会大学在1912 年招收了数达 4 000 名的大学生,占了全国大学生总数的绝大多数,后来这个比例虽有下降,但到 1935 年仍有学生 6 400 多名,牌子最老的要数上海的圣约翰大学、苏州的东吴大学。天主教也办有 4 所大学,北平辅仁大学、上海震旦女子文理学院是美国天主教差会创办;法国耶稣会开办了上海震旦大学、天津工商学院。这些学校直到 1952 年第四次学制改革才被彻底改组,纳入新一轮的国民教育体制。

四、 科学与教育的国际合作

(一) 建立有自主权的国际科学协作

现代科学的进步必须要有一批专门的机构作为骨干,摸清国家资源尤其十分重要,1912 年以后,在北京成立的地质研究所和南京的中国科学社生物研究所,是其中最早的两个机构。

1912 年北京政府工商部设立了地质科,由先后留学日本和英国的丁文江(1887—1936 年)任科长。丁文江在 1913 年秋成立了地质研究所,聘请章鸿钊和京师大学堂地质教习德国地质学家梭尔格(F.Solgar)等任教,招收学生,学习期限为 3 年。丁文江在 1911 年从英国返国,他创办的地质研究所实际上是中国第一所培养地质人才的专门学校。1916 年秋,地质研究所首届毕业生共有 22 人,其中一些人进了仅有丁文江一人的地质调查所,从此,地质调查所开始到河北、山西、山东等省以及长江流域开展调查工作。丁文江将他个人以及地质调查所同人调查所得,用英文写出了第一篇论述中国矿产资源的文章《中国矿产资源》,刊载在1917 年 7 月在上海出版的《远东时报》上,用 4 000 字描述了中国的金属和非金属矿资源,煤、锡、铜、铁储量都是他本人调查所得。1912 年在比利时鲁文大学获得地质学博士学位的翁文灏(1889—1971 年),1913 年返国后,在地质研究所任教,1916 年转入地质调查所任矿产科长,致力于《地质汇报》《地质专报》的出版,使得中国地质学的进展能够与世界交流,1919 年 10 月,翁文灏的一部综论中国地质矿产的巨著《中国矿产志略》(270 页)在《地质专报》乙种第 1 号上发表,宣告了第一部系统论述中国矿产的著作的问世。1921 年由翁文灏和丁文江合著的《中国矿业纪要》出版,公布各省矿业及产量统计,并在以后 20 多年中年年刊出,指导着中国矿业的进展。

1922 年丁文江、翁文灏等地质调查所的成员发起成立中国地质学会,有北京的中外科学家 26 人参加了筹备工作。当时由中国科学家发起组织的自然科学研究会仅有 1909 年成立的中国地学会和 1915 年创立的中华医学会,地质学会是地学、医学以外与国际科学界有联系的自然科学的第一个学会。由丁文江出任第一届中国地质学会的主席,《中国地质学会会志》的主编,在他的策划、联络和奔走之下,促使地质科学、古生物学、人类学、地理学等多种学科为中外科学家共同坦诚合作、自由交流学术信息,创造了良好的环境,此后便有天文学会、生理学会、气象学会等各种学会相继成立,迎来了中国科学的春天。各学会出版的专门刊物大多用英文刊载专业论文、报导学术动态,便于和国际同行交换学术成果,促使在国际上常被欧美国家的科学家讥嘲为无科学的中国科学界,开始在世界上崭露头角。

中国地质学会在 1922 年开始用英文出版《中国地质学会会志》(*Bulletin of Geological Society of China*),《会志》上发表的研究论文,引起同行的注意,在国际上一直享有盛誉。在地质调查所的瑞典专家赫勒(T. G. Halle)指导下成长起来的周赞勋,后来到瑞典去深造,成为中国第一代的古植物学家。地质调查所从美国哥伦比亚大学请了瑞典血统的地质学家葛利普(Amadeus William Grabau,1870—1946 年)来华鉴定采集的古生物标本,从此在华执教 26 年。他创建了古生物研究室,1923 年开始用英文出版《中国古生物志》(*Paleontological Sinica*),上面有许多是葛利普和在中国服务的外国专家的作品,葛利普发表的《中国地层》《中国地层学上之问题》受到了国际上的重视。他晚年致力于《脉动说》的多卷本专著的编写,在他的精心培育下,中国出现了一批成绩斐然的地质学家和古生物学家,许杰、杨钟健、孙云铸、黄汲清、张文佑,全都师出于他的门下。在地质调查所工作的瑞典地质学家安特生(Johann Gunnar Andersson,1874—1960 年)、法国地质学家德日进(Pierre Teilhard de Chardin,1881—1955 年)等外国科学家分别从 1921 年、1923 年通过田野发掘,将新生代的古生物研究推向了新的高峰,给中国的田野考古事业揭开了帷幕。

1926 年翁文灏正式担任农商部地质调查所所长。这一年所内的奥地利古生物学家师丹斯基(Otto Zdansky)在北京南郊房山周口店龙骨山获得两颗人牙,请协和医学院解剖学系主任加拿大学者步达生(Black Davidson,1884—1934 年)研究,步达生曾师从英国人类学家伊利奥特·史密斯(Elliot Smith),他认为是类人猿的一枚下前臼齿和一枚上白齿,将白齿的主人定名为"中国猿人北京种"(Sinanthropus Pekinensis Black & Zdansky），成立了人科中的一个新科新种，后来通称"北京猿人"。步达生在《中国地质学会会志》第 5 卷 3—4 期（1926 年）上发表《亚洲第三纪人——周口店人之发现》，发布了这一重大发现的消息，并且预告周口店是中国猿人的故乡。翁文灏和前任所长丁文江得到美国洛克菲勒基金会资助，在地质调查所下成立新生代研究室，和洛氏基金会属下的协和医学院合作，在龙骨山进行大规模发掘。双方就标本的归属权和研究、发表的权益达成三点共识，规定所得一切标本属于中国政府，研究人类化石的权利属于洛氏基金会的代表或法定人，研究论文首次发表必须在中国出版的刊物上，外国刊物发表的限于评论、节略或结论性的论文。发掘从 1927 年 4 月正式开始，1928 年由步达生任新生代研究室主任，杨钟健任副主任，丁文江任研究指导，德日进为名誉顾问。发掘由杨钟健和瑞典学者布林主持，获得第一枚猿人头盖骨残件。1929 年 12 月 2 日，青年地质学者裴文中在周口店获得了一枚完整的猿人头盖骨，消息在 1930 年正式公布，《科学》14 卷 7 期作了报导，《中国地质学会会志》第 9 卷 1 期刊载了有关报告。步达生的研究报告在 1931 年出版，将周口店猿人正式定名为"中国猿人"，葛利普干脆称作"北京人"（Peking Man），后来在社会上流传。这一发现将中国文明的起源前推到 50 万年以前的旧石器时代，对当年流行的中国无古文明、中国人种由西方迁入的伪科学，无疑是当头的棒喝。北京猿人的发现，使新生代研究室在地层学、古人类学、古生物学、地文学和史前考古学等学术领域中一马当先，成为先锋，一跃而成举世瞩目的学术机构。步达生在 1931 年受到中国地质学会授予的葛利普金质奖章、中国科学社颁发的金质奖章的荣誉，并被英国皇家学会接纳为会员。步达生与他在中国的事业寸步不离，最后以五十岁的壮年，死在协和医学院解剖系的工作室中。

到 1937 年日本侵华战争爆发前夕，新生代研究室人员用中、英文发表的专论达到 158 种，每年以《新生代文库》的名目汇编成册，和国际学术界交流。步达生、德日进和杨钟健、裴文中用英文合著的《中国原人史要》（1933 年），成为一本名著，列入人类学、古生物学和史前考古学领域。周口店成了当时世界上古人类与第四纪哺乳动物，以及旧大陆陆相第四系对比的一处极为难得的基准遗址。在新生代研究室同人的努力下，使中国在人类学和古脊椎动物学领域的研究在世界上处于领先的地位。1944 年杨钟健到美国考察，试图恢复新生代研究室的工作，但进展迟缓，直到 1953 年才在中国科学院下设置了古脊椎动物研究室，1957 年扩建为古脊椎动物与古人类研究所，由杨钟健出任所长，历史上的新生代研究室于是步入了一个新的发展阶段。

另一个通过国际合作在研究工作中取得成绩的研究机构，是北平的静生生物调查所。1927 年前任教育总长、中基会干事长范源濂（字静生，1876—1927 年）去世，范氏生前是尚志学会会员，有志创办博物馆或标本馆，曾向学会捐赠 30 多万银圆，尚志学会为纪念范氏，将他捐款中的 15 万圆作为基金，创办一个以静生命名的生物研究所，委托中基会代为管理，并给以资助。1928 年 10 月，静生生物调查所（Fan Memorial Institute of Biology）正式成立，由中国科学社的秉志担任所长，注重北方动植物的调查。作为中美合办的科学研究机构，也是中基会所办事业之一。1929 年起用英文定期刊印《静生生物调查所汇报》（*Bulletin of the Fan Memorial Institute of Biology*），报导研究成果。1932 年 1 月，所长由胡先骕担任，采集的标本大幅度增长；对国外博物馆、植物园所藏中国植物标本开始拍摄照片；派出专人赴云南采集标本，展开了历时近 20 年的一项持续最久、收获最大的采集活动。静生生物所逐渐成为全国植物研究的中心，1933 年由胡先骕等人发起的中国植物学会成立，会址暂设在静生生物调查所内，会刊《中国植物学杂志》在 1934 年 3 月创刊。由该所动物学部主任秉志主编的《中国动物学会杂志》，也在 1934 年 8 月出版。这年 8 月，静生生物所与江西农业院合办的庐山植物园成立，从事纯植物学研究与应用植物学研究，1937 年植物园在庐山含鄱口占地有 4 500 亩。静生所的研究工作深受 1935 年起在荷兰出版的《植物学年鉴》的赞赏。静生生物所开始和英国皇家园艺学会合作采集云南植物后，采集工作因此大有起色。至此，研究所的植物研究已转向植物资源极为丰富的中国南方地区。1938 年静生所与云南省教育厅合办的云南农林植物研究所在昆明北郊成立；部分人员转到江西泰和继续开展工作；庐山植物园的部分人员撤退到丽江，成立丽江工作站。

静生生物调查所留在北平的动物标本 35 万多件，植物标本 22 万号，图书 10 多万卷，在太平洋战争爆发后全部被劫往日本东京。静生所的研究人员秦仁昌在 1940 年发表了世界上水龙骨科共有 32 科，可以归纳成四条进化线的方案，曾经震动世界植物学界。1948 年胡先骕与郑万钧在该所《汇报》新 1 卷 2 期刊出了《水杉新科及生存之水杉新种》，报道了过去只见于中生代下白垩纪的水杉化石，现在在四川万县首次发现了活化石。这一发现，使世界植物学界为之兴奋不已，传为美谈。水杉的种苗也寄到哈佛大学阿诺德树木园，在那里成长，一些国家也派人到中国来移栽苗木。这项发现成了静生生物调查所带给世界的福祉，因此成为该所特有的永久性的荣誉。

（二）中国瑞典西北科学考察团

外国学术团体在本国政府指使下，任意出入中国国境，借机攫取大量地理、地质资料和动植物资源，盗掘文物运往境外，已有百年之久，到 1927 年蔡元培出任南京政府中央研究院院长,开始对到中国来考察的外国学术团体和学者订立合约,规定考察不得超越学术范围,采集所得标本、化石须经中央研究院审理,裁定是否可以运往国外,并且要给中国留存一份。中央研究院有权派出人员随同外国学者考察,加以监护。前已三次到中国测绘精密地图、盗取大批文物的英国地理学家奥莱尔·斯坦因,在 1930—1931 年发起第四次中亚探险,最终遭到公众抗议,被政府制止。

中外协办的科学考察,规模最大、持续时间最长的,要算由中国和瑞典双方合办的西北科学考察团了。这次考察从 1927 年一直进行到 1935 年才告一段落。考察团的中心人物,是以前业已五次到中国西部地区考察的瑞典探险家斯文·赫定。组建一个由中外人士共同参加的考察团,是面临中国南北即将重新统一,在中国工作的中外科学家的共同心愿。在斯文·赫定的倡议下,不久就在北平组建成功一个由 28 名科学家组成的考察团,中方团长由徐旭生担任,斯文·赫定任瑞典团长。南京政府行政院核定的工作时间表是 1927 年 4 月至 1933 年 5 月 8 日。后来斯文·赫定一度返国,在 1934—1935 年又来中国工作了一段时间,才结束了考察。那年他已是 70 高龄了。

1927 年 5 月考察团从北平出发,经河套、宁夏直奔哈密、吐鲁番,到达乌鲁木齐。得知久旱的孔雀河在 7 年前重又畅流,塔里木河注入了断流的河床,罗布泊再度北移。其间斯文·赫定二度返国,往返于北平、上海、斯德哥尔摩、纽约之间,并多次举行学术讲演,1930 年发表的《罗布淖尔及最先发现喜马拉雅山最高峰问题》,只是其中的一次。考察团在他的策划下,不断有中外科学家参与考察。1930 年确定的考察目标有 5 项之多:塔里木盆地的测绘、甘肃及戈壁沙漠的考古调查、甘肃及戈壁沙漠的地质调查、川藏边境的动植物调查、热河和内蒙古的民族学调查。瑞典地质学家诺林、郝勒、气象学家哈丁、生物学家芬梅尔、考古学家贝格曼、阿尔纳、民族学家蒙特尔参加了调查,中国有地理学家陈宗器、地质学家袁复礼、考古学家黄文弼奔波在戈壁滩和天山南北各地。1934 年陈宗器随同斯文·赫定乘独木舟从库尔勒到罗布泊,沿途调查,发掘一批墓葬,陈宗器测绘了罗布泊,计算出总面积约 2 580 平方公里,以交替说补充赫定提出的罗布泊周期移动说。黄文弼在 1928—1934 年间在吐鲁番、罗布泊、焉耆、库车等地进行发掘,获得大批古文书、木简、漆器、铜器、丝麻织物残件。斯文·赫定将他的经历与感受写成许多扣人心弦的探险记,1931 年出了《长征记》,后来有《丝绸之路》(1938 年)、《游移之湖》(1940 年)和《马仲英逃亡记》。科学考察团的最终成果是一套 55 卷(集)的大型科学考察报告,难能可贵的是,其中凝聚了中国科学家第一次在自己国土的西北地区所进行的大规模实地考察的宝贵成果。

（三）中法科学与教育合作

20世纪中国和法国在科学与教育领域的合作，出力最大的是素来倾慕法国文化的蔡元培。法国天主教在中国创办第一所大学，是出于蔡元培与早期留法学者马相伯（1840—1939年）的倡议。马相伯在1850年进了上海伊纳爵公学（后称徐汇公学），学了法文、拉丁文、希腊文，1869年在法国获得神学博士学位后返国。当时在上海任中国教育会事务长的蔡元培，设想建立一所宣扬法语文化的大学，得到马相伯的支持，1903年由法国天主教出面在上海法租界创建了震旦大学院。马相伯出任第一任校长，为之募集资金、建造校舍、征集图书和标本，等于是中法双方合办性质，但学校大权却由法国耶稣会教士南从周一手操持之以恒。1905年2月，南从周要将头两班的英文裁去，由于关系到学生的出路，遭到学生的反对，掀起学潮。同年5月，部分学生取得马相伯的同意，在上海北郊江湾另外办起复旦公学，后来提升为国立复旦大学。

在巴黎大学专攻生物学的李煜瀛，曾在巴黎创办豆腐公司，蜚声一时。李煜瀛，字石曾，河北高阳人，是清军机大臣李鸿藻的第三个儿子，在推动中法文化交流方面曾经出过大力。1903年他进入蒙塔纪农校学习，毕业后转入巴斯德学院和巴黎大学。他对中国传统食品大豆进行研究，发现大豆含蛋白质最多，可以制作多种豆制品，与牛乳具有同样功效，又可制造假象牙，他用法文写了《大豆》一书，后来又出了中文版。1907年他发起成立远东生物学研究会，集合留法学生，建立实验室。1908年，他在巴黎办了豆精股份有限公司，用酸性作用的化学方法生产豆腐和豆油、豆饼、豆粉、豆浆等豆制品。第一次世界大战期间，法国粮食、牛乳奇缺，公司制品再度畅销。大战结束，法国也有公司生产大豆饼干、豆浆，办了10年的豆腐公司被迫停产。但中国的工艺第一次在欧洲使用机器生产传统产品，并积极参与国际交流，一度博得了好评。

中法两国合办大学获得成功的，有1920年在北京创建的中法大学。这所大学是在孔德学校的基础上逐步扩建而成。1917年12月，蔡元培被推举为中、法合办的孔德学校的校长，这一年，蔡元培曾提出在教育界要"以美育代宗教"的主张，这一主张正是法国实证主义哲学家孔德（August Comte，1798—1857年）及其追随者所奉行的原则，以后蔡元培又针对教会学校霸占中国教育界的现状，多次引用孔德，要求用注重科学精神，研究社会组织的主义，作为中国教育的宗旨，到1925年初，收回教育权运动达到高潮时，蔡元培被公众推作开一代风气之先的倡导者。这一年，中法大学建成了以法国著名学者命名的四大学院，一是文科的伏尔泰学院，二是生物学的拉马克学院，三是理化科的居里学院，四是哲学的孔德学院。大学的出版物有《中法教育界》，在1926—1930年共出45期。1931年11月到 1941 年,以《中法大学月刊》的名义,出了 11 卷 2 期。这所大学与上海的震旦大学不同,不与天主教有任何关系,完全由中法文化科学界人士合办,经常有法国知名人士来校讲学。优秀的毕业生可送往里昂中法大学或里昂大学继续深造。里昂中法大学是法国里昂教育界人士与中国留法人士在 1921 年创办的一所学校,1921 年 10 月在里昂的校舍建成,正式开学。担任校长的先后有吴稚辉、李石曾。1930 年以后,由于经费不足,学生人数减少到 60 人,以接纳北平中法大学和广州中山大学的一些毕业生为主要的学生来源。

中法科学研究领域的合作,有一个极为重要的机构,是成立于 1929 年的北平研究院。由李石曾出任院长的这一个研究院,是继 1927 年由蔡元培担任院长的中央研究院成立后,在中国北方建立的科学研究中心,也是当时全国规模最大的地方性综合研究机构。北平研究院从 1929 年成立后,到 1935 年 6 月,先后建成10 个部门,在各个研究部门下共设有研究所、研究会 14 处。研究院中最有特色的研究所是 1932 年成立的镭学研究所和药物研究所。这两个研究所都是北平研究院和北平中法大学合作建立的研究机构,镭学研究所的主任由物理学研究所主任严济慈兼职,药物研究所主任由赵承嘏担任,主任都是留学法国的科学家。北平研究院的研究所专任研究员中,留法学者占了相当比例,1935 年新建的海地人地研究会聘了法国地理学家邵可侣担任主任并兼干事。研究院并且聘请法国科学家朗之万(Paul Langevin)作为唯一的名誉研究员,研究院的 9 名外国特约研究员中,法籍人士占了 6 名,特出地反映了研究院与法国科学界关系的密切程度。

(四) 平民教育的推广

在 20 世纪 20 年代以后,为在贫穷落后的中国广大农村中推广平民教育而到处奔波的晏阳初,是 1893 年出生的四川人。1918 年他在美国耶鲁大学毕业后,参加了基督教青年会组织的为华工服务的工作队,前往法国战场,在工作中,他深感华工最需要的,是由于贫困而没有上学的机会,所以不认识字。于是他创办了华工识字班,编写了常用汉字《千字课本》,在华工中掀起了识字运动。使他立志要为祖国的平民获得受教育的机会,好发挥他们的聪明才智。1920 年,晏阳初获得普林斯顿大学历史学硕士学位后,立即回国,投身到平民教育和乡村建设运动中去,在中华基督教青年会全国协会的支持下,用一年多时间调研了 19 个省的平民教育状况,制定了实施平民教育的方案,先后在中部、沿海、南方和北方各地选了长沙、烟台、嘉兴等几个地方作试点,推动城市平民识字运动,宣传平民教育,各地反映强烈。1923 年在北京成立了中华平民教育总会,简称平教会,作为在全国开展这一运动的总机构。平教会决定在河北省保定地区二十个县开展乡村平民教育,晏阳初走访了许多乡村进行体验,认识到"乡村的精神和物质都是今日中国的主干,也是中国未来的基础",因此在乡村推行平民教育比较城市有更多的好处,从此以后,平民教育就由城市转向农村。

在以后的三年中,通过教农民识字、展开扫盲运动,晏阳初进一步了解到农民所受的各种痛苦,并非有了文化就可以解决,必须对整个农村进行改革,提升农村的经济活力,才能从根本上解决中国的农村问题。晏阳初决心以识字运动作为工作的基础,而将农村建设作为工作的目标,使农民的教育与农村的建设连环进行,改造农村,才能巩固中国的社会基础。他把目标扩大到作为社会生活的单元和行政区域单位的县,以县为单位,进行平民教育和乡村建设的研究和实验工作,总结经验,然后因地制宜地向其他各县推广,由县到一个省,推而广之,及于全国,以期达到改革中国社会的目标。平教会的同仁经过两年的选择—研究,在 1926 年决定以河北定县作为实验与研究的中心,自 1924 年到 1929 年这段时间中,在保定地区、京兆、清河和定县翟城村进行实验和社会调查,总结出:"识字教育仅是一种基本教育,其目的不再使民众识字,而在使其达到整个生活改造的目标。"指出平民教育的第二步工作就是农村建设,农民既然是大多数的民众,平教会的成员就应跟到那里。1929 年,晏阳初以身作则,举家迁往定县,随后,平教会机关与全体成员也迁到定县,开始转向实现第二阶段的目标——乡村建设。乡村建设运动的展开使一些文化界的知名人士认识到,晏阳初的平民教育确实指出了一条救国、建国的途径,于是他们放弃了城市生活,与农民生活在一起,去实现文化下乡。他们相信,走这样一条乡村建设的路子,甚至会对世界上其他国家农民生活的改善指明方向。

在定县进行的乡村建设实验,针对中国农民"愚、贫、弱、私"四大毛病,通过学校、社会、家庭三种教育方式,分别从文化、经济、卫生、政治四个方面进行建设工作的实验。文化建设,采取办报、办无线电广播、编辑图书,开展文艺活动、演戏、画图,提升农民的文化素养。经济建设,对农民的土法生产加以科学总结,对于动植物的品种加以改良,成立农民训练所,按农事安排课程,派教师进村教育,由表证员负责田间实际操作。对定县的工业加以改进,引进新技术与设备,以降低成本、增加收益。卫生建设,作了全面调查,按照县、镇、村三级行政建立医疗服务,村有卫生保健员,乡镇设保健站,县建保健中心。政治建设,由平教会与当地政府合作,进行县政建设,1932 年 12 月全国内政会议以后,县政改革成为乡村建设的核心问题,河北省在 1933 年成立了政治社会研究院,晏阳初担任了研究院主席,平教会的一些有工作经验的人员,也进入研究院负责各部门的工作。

平教会开展的工作,得到了太平洋关系学会和基督教青年会国际协会的支持。晏阳初曾出席太平洋关系学会在 1925 年 7 月于夏威夷举行的第一次会议，在会上作了题为"中国一支建设力量——平民教育"的报告，获得与会代表的赞扬，檀香山各界人士纷纷捐款支持中国的平民教育，促使平教会可以持续开展各项工作。基督教青年会国际协会总干事韦尔伯博士（Ray Lyman Wilbur）在 1926 年去日本参加太平洋科学会议时，顺道到中国参观了平民教育的实施情况，在 1927 年 7 月太平洋关系学会举行第二次会议时，以大会执行委员会主席的身份再度赞扬了中国平民教育运动的成就。1928 年晏阳初到美国接受母校耶鲁大学授予的博士学位，在美国多次发表演讲，为平教会募集资金，总共获得了 50 万美元的捐款；并且在美国友人帮助下，与小洛克菲勒（John Davision Rockefeller Jr.F.）夫妇会晤，取得美国美孚石油集团成洛克菲勒基金会关于捐款的承诺。洛克菲勒基金会的对华援助计划从此由注重医学、公共卫生和自然科学，同时也兼顾农村建设运动，使得 1929 年起展开的"定县实验"有了充足的经费准备，并使平教会极为困扰的人才问题有了解决的希望。洛克菲勒基金会在第一次世界大战以后，已更多地倾向于通过他们资助的社会研究，为政府正在进行的社会改革政策的制定提供依据，期盼在政府推行的改革政策治理下，实现"没有贫穷、没有战争"的社会。晏阳初在中国这样的一个农业大国积极推行的平民教育和农村建设运动，正好与这一基金会下在探索的社会目标不谋而合，因此定县试验取得了基金会的支持。1931 年洛氏基金会副总裁葛恩（S.M. Gunn），特意到中国进行为时 7 周的考察，自广州至沈阳一路参观学术机构、大学、医院、政府机构，对定县实验作了专访。他在给基金会提交的报告中指出，要解决中国的发展问题，必须以中国的机构为基础，做一些更加深入，并具有发展前途的事业。

葛恩在 1932 年 10 月到 1934 年 1 月第二次到中国进行考察，向基金会提出必须改变对华援助计划，要求向着晏阳初及其他乡村建设改革者所开拓的方向前进。这时定县实验已受到国内外的普遍注意，1933 年来自四川、广东、内蒙古、云南的各界人士到定县参观的有 3 000 人次，他们主动要求推广这一经验，在他们所在的地区加以实施。到中国深入考察的葛恩，鉴于中国的社会科学甚至比微弱的自然科学更弱，了解到中国许多海外留学生回国后学无所用或学非所用，因此建议洛氏基金会取消海外进修奖学金，转向协助中国建立若干高等研究中心，并且给予本地奖学金。他认为基金会的对华援助目标应转向一个能够"提高中国农村人口的教育、社会、经济水平的计划"。他在考察过程中发现各地的乡村建设缺乏相互间的合作，尤其缺乏受过专门培训的人员，因此提出了一个"华北计划"，由洛氏基金会协调并资助燕京大学、南开大学、金陵大学、协和医学院、平教会、华北工业协进会，要求这些机构发挥自身的特长，相互合作，共同推动乡村建设运动。1935 年 1 月，葛恩第三次来华考察后，洛氏基金会在该年 7 月开始，拨款 100 万美元，实施一个中国乡村建设三年实验计划，简称华北计划。1935 年中国的乡村建设运动进入了它的研究推广期，平教会得到了数目最大的经费资助，总共 15 万美元，设立了一个培训委员会，获得了基金会给予的教育、卫生、地方行政、农业、经济学等 37 个本地奖学金。定县成了中国乡村建设的中心实验室，从这里开始有计划、高水平地培训面向全国的乡村建设人才。

1936—1937 年是乡村建设运动取得大发展的一年。这一年在北平成立的华北乡村建设协进会，推举晏阳初为执行委员会主席，决定扩展合作机构，建立定县、济宁两个实验基地，将乡村建设与教学工作、专业人员的培育进一步有机地配合起来。各机构在协进会的统一安排下，作了明确的分工：（1）平教会负责连环的农村改造工作及平民文学；（2）清华大学负责工程；（3）南开大学负责经济与地方行政；（4）燕京大学负责教育与社会行政；（5）协和医学院负责社会卫生；（6）金陵大学农学院负责农业。协进会将 1936—1937 年的研究训练工作在两个实验基地作了分工，定县负责教育、社会卫生与农业；济宁负责经济、工程、社会行政与民政。在济宁成立的乡村建设研究院，直接培养研究生，第一批研究生在 1937 年毕业后，获得硕士学位，参加了乡村建设工作。这一年，还有 23 名本科生获得了学士学位，142 名受到专业培训的大学生，给乡建工作配备了专门人才。华北乡村建设协进会在成立后的第一个年头中，在人才培养工作中取得了充足的资金，共有洛氏基金会给予的 289 个奖学金，其中公共卫生有 106 人，农业 54 人，护理 32 人，农村教育 23 人，农村经济学和社会学 21 人。在协进会的协调下，来自各地优秀高校的学生得到专家的指导，可以充分地将他们业已在学校中接受的知识训练与乡村建设的实际工作结合起来，迅速产生成效。平教会更放眼南方广大的农村，亲手推广定县经验，在 1936 年夏将机构南迁到长沙，就近指导华中、华西地区的实验工作。平教会选定衡山为华中地区的实验县，开办衡山乡村师范学校。平教会更对四川全省进行社会调查，四川省政府在 1936 年 10 月成立了设计委员会，拟在全省推行，选定新都县为实验县。

1937 年 7 月日本发动侵华战争，但乡村建设运动在洛氏基金会的支持下，仍然继续进行，华北乡村建设协进会、平教会、南开大学、清华大学陆续迁往大西南。华北乡村建设协进会改名全国乡村建设协进会，与平教会继续合作进行乡村建设人才的培训计划，先迁至贵阳，后迁重庆。

晏阳初倡导的乡村建设运动受到时代的局限，尽管不能从根本上解决中国的农村与农业中存在的根本问题，但是中国的农村、农业与农民的问题，由于他的热诚和奔波，脚踏实地的调查研究，以及联络社会各界人士通过多学科的合作，有步骤地逐步推行的工作,引发了全社会的注意。乡村建设作为最值得令人注目的一大社会问题,在国际上也产生了巨大的反响,平教会从事的教育事业,培养了不少有用的人才,该会培养的很多学生为中国的建设事业作出了贡献。而作为这项事业的起步点的平民教育运动,是与晏阳初这个人分不开的。

(五) 医学教育的国际合作

医学教育的现代化,是在 20 世纪的最初 40 年间才逐步实现。在世纪初,随着教会大学相继开办,各大学设立医科,后来发展成一批医学院。基督教系统的教会大学首先开办医科的,是上海圣约翰大学医科,1906 年称医学院。天主教系统的教会大学最早开办医科的是上海震旦大学院,1909 年始设医科,1918 年第一届毕业生仅 3 人。数量较多的是由教会开办的入学程度要求较低的医学校,往往是在原有的医院基础上加以扩大,招收学生,定期培训。这些学校多半选择省城、海港城市开设,以满足社会上逐步扩大的对西医人才的需求。

在这些通过国际合作而先后开办的医科专门学校中,在学科建设和人才培养上最有建树的是北京协和医学院。协和医学院的前身是 1906 年由英国伦敦修道会(L.M.A.)发起,英国和美国各有三个差会参与创建的北京协和医学堂,后来改称协和医学校,在 1916 年 7 月得到美国洛克菲勒基金会的资助,逐步扩建而成。是中国北方一所独立于教会以外,由美国基金会支持的医科大学。1913 年洛克菲勒基金会一成立,便将目光投向提高中国的医学教育事业,在 1914 年和 1915 年两次派教育考察团到中国各地考察医学教育。1915 年夏,以柏特立(Wallace Buttrick)为团长的医学教育考察团,赞同在北京和上海各设一所医学院。针对中国医科学生预备教育不足,师资水平和教学设备差,并用中文进行教学,提出必须用英语教学,学生在入学前至少接受二年预科教育,课程包括物理、化学、生物、数学、英文和中文;并用高于教会医院、教会医学院的工薪,吸收有能力从事教学和科学研究的专职教师;同时开设护士学校,建成一所世界一流水平的医学院。洛氏基金会指令中华医学社自 1915 年 7 月 1 日起接办协和医学校,在纽约成立北京协和医学院董事会,1916 年 2 月,该校由纽约州立大学注册,获准向毕业生授予博士学位,开办费 100 万美元,首任校长由年轻的麦克莱恩(Franklin C.Mclean)担任,并兼任内科主任教授。中华医学社在 1921 年新校舍落成时决定,不再在上海另设新校,改为拨款资助与新校有可能进行合作的医学校和医院,作为近期可行的办法;远期目标在按国际上医学教育的一流水平,开办高标准的学校,培养可以领导医学研究的高级人才,同时向教会医师和中国医师提供短期进修的机会,以占领医学的制高点。为便于直接从国外吸取新知识、新技术,加强与国外科学技术界的联系,确定教学以英语为主,以促进医学的发展。1917 年 9 月作为新校的开始,招收了预科新生。中华医学社拨款资助圣约翰大学、福建协和大学、岭南大学、长沙雅礼大学,为给协和输送合格的医预科毕业生,到 1925 年由于医预科有了足够的生源,不再开办预科。1921 年 9 月,协和医学院正式开学,由胡恒德(Henry Spence Houghton,1880—1975 年)出任院长,学校确定的首要目标是培养中国医学界领袖,围绕着提高医学教学水平、开展研究工作、进行国际学术交流,开展的各项工作,在于"希望这一学校能以其示范作用,促进中国其他地方开办更多类似的学校"。这一目标,在 1928—1935 年由中华医学社代表顾临出任协和医学院院长期间,初步得到了实现。

协和医学院的外籍教员在 1922 年发起成立了第一个学术团体美国实验生物医学会北京分会,每季度举行两次学术活动,提出的论文由学会转交纽约美国《实验生物医学会专刊》(Proceedings of the Society for Experimental Biology and Medicine)发表。不久,在协和医学院工作的留美学者、一滴血测定血糖法的发明者吴宪(1893—1957 年),以及刘瑞恒等中国学者也相继成为该会会员。在华裔英籍生理学家林可胜和吴宪的倡导下,1926 年 2 月中外人士在协和医学院生理学科开会,宣告中国生理学会的成立,北京、上海、沈阳、香港的 17 名中外学者作为发起会员,推举林可胜筹划第一届年会。9 月 6 日,中国生理学会第一届年会在协和医学院召开,林可胜当选为理事会会长,伊博恩(B.E. Read)任书记兼会计,吴宪和香港大学的安尔(H.G. Earle)任理事。1927 年起由林可胜任主编的学术季刊《中国生理学杂志》(Chinese Journal of Physiology)正式出版,标志着中国的生理学研究中心直到 1937 年战争爆发,始终在协和医学院。这份杂志一直维持到1952 年改成中文版,更名《生理学报》,继续在北京出版。在 1927—1949 年间,有288 名中国学者、54 名外国学者在这份杂志上发表论文,集中了生理科学(包括生理、生化、营养、药理)最优秀的研究成果。协和医学院通过编辑出版这一杂志,起到了组织中国生理科学学者和推进生理科学发展的作用。协和医学院在中华文化教育基金会和中华医学社的支持下,为中华医学界培养了一流的医院管理人才、医学院教授和公共卫生事业的组织者和工作人员。1924—1943 年间,共有毕业生 313 名。其中有不少人成为中国现代医学的奠基人和妙手回春的医学高手。

据洛氏基金会调查,1913 年中国有 500 人受过西医的教育,中国共有医院244 所,外籍医生 446 名,外籍护士 112 名,中国的西医只有 94 名。第一次世界大战期间,英国和德国医生回国的很多,他们的位子逐年由中国籍医生替代。1916年中国籍西医有了自身的组织,在上海成立了中国医学会。到 1932 年,由英美教会主持的中华博医会(广州)才和中国医学会合并,全国的西医正式联合成同一的社会团体。这时在教会医院任职的外籍医生是 275 人，具有相应资格的中国籍医生上升到 400 人，中国籍护士增加到 700 人上下。这些中国籍西医和护士多半由国内新建的医学院校毕业，受过严格的医学训练，他们的成长，足以改变西医队伍的国籍结构，最终使西医成为中国现代医学的主力军。几所教会大学的医学院，如圣约翰大学、震旦大学、齐鲁大学、华西协合大学的医学院，先后进入中国知名的医学院行列。历史最久的华南医学院，在 1930 年并入广州岭南大学，成为该校的医学院。1924 年 9 月，美国圣公会、监理会、浸礼会三个差会联手，将苏州女子医学校扩建成上海基督教女子医学专门学校，1934 年立案登记，称上海女子医学院，是一所专收女生的医学院。数量更多的西医是在民国期间由国立大学或省立大学附设的医学院培养的，尤其从 1926 年青岛成立山东大学，附设医学院起，中国自办的许多大学都办有医学院，从中央大学（南京）、北京大学、武汉大学、浙江大学、中山大学（广州）、山西大学（太原）到云南大学（昆明），都将医学院的建设作为一项基本学科，加以培植，以期培育出更多的医学人才，输送到社会上去。

西方医学作为现代医学的代表，从伯驾来华传艺，到 1931 年协和医学院成立 10 周年时建成亚洲一流医院，中间足足经过了一个世纪。西方医学在这 100 年中，取得了突飞猛进的巨大成就，尤其在医外科、检测设备、药物化学合成、保健知识及设施、公共卫生事业等方面，更是业绩斐然，令人信服。这就推动了中医的改造，擦亮了中医的眼睛，感受到必须走中西结合的道路，才会找到新的出路。更重要的是，西医在中国城市中的推广，医院的增多，随之而来的医疗方式的彻底改变，无疑给中国人的社会生活注入了科学的精神，使之能与日常生活相融合，因而对于国民素质的提高、中国医学科学的走向现代化，都产生了不可估量的能量转化作用。

（六）新工艺运动与包豪斯设计理念的实践

19 世纪下半叶由工业革命引发的新工艺运动，逐渐由英国推向美国和欧洲大陆。1879 年托汤麦斯·爱迪生发明电灯以后，世界迅速进入电气化时代，给机械化生产带来灿烂的前景，使得由钢铁工业支撑的现代工业如虎添翼，将钢架结构建筑推向极峰，进一步催发了人们抛弃传统，追求设计理念的创新。这场新工艺运动到 20 世纪初，由于工业城市崛起，已经远远超脱了原先以装饰工艺为主色调的建筑造型与室内装潢的狭小空间，在建筑和城市规划领域引爆了表现派、未来派、风格派和结构派等多种前所未有的建筑流派的兴起。在 1926 年去世的西班牙加泰洛尼亚的建筑师安东尼·高迪（Antonio Gaudi），运用他倡导的曲线设计原则，毕生致力于打造具有诡异外形的邸宅和室内装潢，尽管受尽诋毁，但因他勇于冲破传统的审美观,终于站到了时代的前列。比利时的亨利·凡·德·费尔德（Herry van de Velde, 1863—1957年）从装饰艺术转向建筑,在巴黎倡导"没有装饰的形式"的设计思想,展览他设计的新颖商店,得到了"新艺术风格运动"的社会声誉。之后,他到德国慕尼黑和德累斯顿的手工艺工场中探索具有统一后的德意志民族风格的新工艺产品,得到萨克森-魏玛大公支持后,他在1906年创办了魏玛工艺美术学校,为适应工业化社会设计具有简洁明快的线条和适合多角度视野欣赏的新颖工艺美术产品培育人才,取得的业绩,蜚声社会。

当时英国公众对工业革命给人们带来的流水作业产生了反感,认为工业革命缺乏人性,只有手工艺才能回归慢节奏的人性;而德国的知识界却从工业革命的前景预见到工业化是社会进步的必由之路,足以强化相对滞后的德国快步赶上潮流,认识到真正的"人性"唯有提升公众的生活品质,而不是只顾少数人致富。德国建筑师霍尔曼·莫特修斯（Hermann Muthesius）将这种走在前头的英国经验带回到德国之后,在1907年,他和德国现代派建筑师、工业产品设计的先驱者彼得·贝伦斯（Peter Behrens, 1865—1940年）一同发起成立"德国制造同盟"（Werkbund）,由一批建筑师、设计师、艺术家和政要组成一个推进工业设计,使之规范化、标准化、批量化的经营集团。集团发表成立宣言,宣告:"要使艺术、工业与手工艺互相沟通,得用教育、宣传和对有关问题采取联合行动的方式,以期提高工业劳动的地位。"同盟与德国康采恩合伙,对产品的科学性与功能性作出统一的评比原则,从事工业产品的设计,推出符合标准的批量生产的产品。"同盟"的产品深受市场欢迎,激起了一股标准化工业热浪。

在第一次世界大战结束后经济萧条的年代中,参加过"德国制造同盟"的建筑师瓦尔特·格罗皮乌斯（Walter Gropius, 1883—1969年）和德维希·密斯·凡·德·罗（Ludwig Mies van de Rohe, 1886—1969年）接过同盟的衣钵,1919年4月,他们在魏玛共和国的故乡创办了"公立包豪斯学校"（Das Staatiches Bauhaus）。学校借助萨克森公爵美术学院和萨克森公爵应用艺术学院的资产,用Bauhaus为名,是将Hausbau（住房建筑）的名词加以倒置,由先前在彼得·贝伦斯事务所工作过的格罗皮乌斯担任学校的首任校长。格罗皮乌斯有鉴于"一切创造活动的最终目标在于建筑",奉行"艺术与技术的统一"的设计理念,按照适合工业社会的新方法,培育20世纪的新颖工业设计师和建筑师。格罗皮乌斯草拟了《包豪斯宣言》,起而号召:"建筑师、雕刻家和画家们,我们都必须转向手工艺。艺术家并非一种专门职业。艺术家和手工艺人之间没有本质区别。"明确"手艺的娴熟对于第一个艺术家来说都是必不可少的。这正是富有创造力的想象的源泉所在"。对包豪斯同仁来说,艺术、手工艺和新技术（工业技术）三大构成因素应该生来就是一致的,不断更新的工业技术,催发艺术设计也必须随之更新面貌。所以《宣言》亮出它的最终目标,在于重组反映这种全新的社会关系的"手工艺者行会",号召他的同仁为建立这一目标奋斗:"让我们建立起一个新的手工艺者行会,此中绝无工艺家与艺术家之间妄自尊大的门户之见、等级差别。让我们共同建造一幢可以融建筑、雕刻和绘画于一体的未来新大厦。有朝一日,这大厦会通过千百万人的双手直耸云霄,成为新的信念的明晰表征"(爱德华·卢西-史密斯:《世界工艺史》,朱淳译,浙江美术学院出版社,1992年,254页)。

包豪斯从瑞士、法国、英国、德国请了一流的设计师、建筑师、工业技术人员和工艺师来校工作。在学校里设置了制作彩色玻璃、制作棉毯,产品采用了包豪斯设计的抽象图样,但仍用手工制作。至于陶瓷与家具则用了新的工艺,各地的陶瓷工场成了采用包豪斯设计图纸的工场,其中也有柏林在18世纪创建的国家陶瓷工厂;最能代表包豪斯产品的金属家具也和陶瓷市场不相上下。1902年出生的建筑师马赛尔·布罗伊尔(Marcel Breuer),出身包豪斯,并在那里执教,他发明了钢管椅,后来成为设计国际式建筑的大师;包豪斯的创办人密斯·凡·德·罗伊也设计过钢管椅,并且是一名兼具古典式匀称和现代简洁风格的建筑师;他们设计的图纸风行全德,是包豪斯的顶级艺术家。包豪斯设计的建筑和日用产品都是大众化的价廉物美的实用产品,是只考虑用途和必要的结构,无须装饰和没有风格的产品,目的在使工业生产(技术、结构、材料)条件与社会条件(大众化需求和社会统筹)在设计中得到协调。

随着大工业生产的快速发展,格罗皮乌斯也决心针对全面工业化的发展势头,让包豪斯更加坚定地朝着强化设计的社会功能这个目标走去,使手工艺进一步工业化,使艺术与工业、设计与技术结合得更加完美,将包豪斯办成一个教育与生产标准化工业产品原型的学校。

1925年包豪斯迁至德绍,学校升级成一所设计学院。格罗皮乌斯设计了新校舍,后来成为国际式建筑的样本,推广到世界各地。受包豪斯改造社会的理想主义气氛的感召,学校的师生满怀热情地对科学基础理论、专业技术和形成交叉学科的各种知识进行探索,逐渐形成了以"艺术与技术的新统一"为核心的包豪斯设计理念,形成了重视功能、技术和经济因素的设计实践、创作方法和教学体系的现代派设计思想,创造了以"教学与生产实践相结合"为特色的包豪斯培训模式。

包豪斯致力于工业品的标准化、系列化和批量生产,各个工场积极承担工业项目,学生参与设计,并受到训练,作品一经采用,便可投入批量生产,列入标准化设计。学院的师生在实验性的工场中与企业合作,按照机械化的生产流程,以最经济的手段,制造大到住宅、小至杯盘的各类日用产品。包豪斯的同仁将工业设计视作新的工艺设计,将平面构成、立体构成、色彩构成三个领域的研究成果,纳入三大构成因素的工艺构架之中。他们的工作便是将三者联成一体,倾全力消除因体脑分工造成的"人性"与"反人性"的差别,并且试图以学校为微观世界,训练团队精神、宣扬体脑平等和社会主义思想,最后达到改造社会的目的。

格罗皮乌斯在1928年辞职后,由瑞士的汉斯·梅耶继任校长。思想激进的梅耶大力推广集体工人住宅,将艺术教育与社会教育结合起来,使办学方针更加注重功能性与政治性,最终将包豪斯走上政治化的道路,1930年梅耶被迫离任,由密斯·凡·德·罗伊接任包豪斯最后一任校长。学校在1932年迁到柏林一家废弃的厂房中,密斯将原有的教学工场分成建筑设计和室内设计,提升了建筑设计的核心地位,砍削了大部分艺术课程。1933年被纳粹政府下令关闭。之后,一批包豪斯的教员和学生转到欧洲各地和美国,使包豪斯的设计理念和教学方式得到更加广泛的传播。格罗皮乌斯和密斯·凡·德·罗等人在1937年到美国以后,包豪斯的建筑理念便以统一的设计理念和设计风格在欧美各国和其他地区发展起来,得到了"国际化风格"的美称。这类风格的建筑迅速征服美国公众,风靡全球,成了二战后为解决城市发展中高密度占有生存空间给出的建筑设计的主流风格。采用标准化设计的线体结构的摩天楼和玻璃幕墙由于具有"适用"的功能,至今在世界各地层出不穷。

包豪斯设计理念在中国的传播,最早局限在工艺美术和图像学领域。赴欧学习工艺设计的庞薰琹在德国期间,曾接触到包豪斯设计,一度萌生过创办"中国的包豪斯"的想法,但要到1956年在北京创办中央工艺美术学院,他和雷圭元一起出任副院长才初现端倪;以后又走过很长的一段路,要到1984年才建立工业设计系,由留学德国的柳冠中和留学日本的王明旨在这一年开始建系,正式培育现代工业设计人才,注意到艺术的实用性,立足设计,将艺术与工业联成一体。

留学法国学习雕塑的郑可,在20世纪20年代末和30年代初直接接触到了包豪斯。之后,结合他具有的中国手工艺技术,开始将现代工艺品设计的多元方法完整地引进亚洲的华人圈,对华人粤语圈的工业设计起到很大的推动作用;他运用立体造型、雕塑工艺结合包豪斯设计理念,对确立中国工艺品设计学科作出了重大的贡献。

格罗皮乌斯的第一个中国研究生黄作(炎),接受了导师关于"建筑的美在于简洁和适用"的设计思想,1941年学成归国,在上海圣约翰大学建筑系引入包豪斯设计教学体系,成为中国现代建筑教育的奠基人。1952年进入同济大学任教。密斯·凡·德·罗的中国学生是罗维东,回国后在同济大学实施的教学互动中开展组合画练习,注重对空间、材料问题的研究,他运用包豪斯理念与方法在1953年为同济大学建筑系设计的教学楼文远楼,是一座错层式钢筋混凝土框架结构建筑,被评为中国现代建筑设计的经典之作。

在西方世界,研究和推广包豪斯理念和教学模式至今仍是一门显学。

五、 20世纪上半叶西方文明世界对中国热的升温

(一) 发生在西方的东方文化运动

1898年年轻的光绪帝在广学会和一批主张变法自强的新进人士推动下,进行的新政,历经百日,便在慈禧太后为首的后党否决后宣告失败。当时英、法、德、俄等列强在中国划定的势力范围,遭到在山东起义的义和团的武力反抗,欧洲列强便以此为借口,组织了八国联军攻占了北京城,使北京再次受到蹂躏。

于是有一个早年留学英国、德国、法国,精通多种西方语言,1889年起在湖广总督张之洞衙门担任洋文案的中国人辜鸿铭(1857—1928年),开始用英文发表他痛斥列强侵略中国、抨击时政的文章,在《日本邮报》《字林西报》上先后刊出《尊王:中国人民对皇太后及其政府真实感情的陈述》等,一系列用颂扬东亚封建君主的王道去反对西方列强霸道的文章,试图将封建的"人治"社会描绘成处于"君子政治"治理下的王道乐土,最后结集成《总督衙门来书》(*Papers from a Viceroy's Yamen*, 1901, Shanghai)一书,中文的书名叫《尊王篇——一个中国人对义和团运动和欧洲文明的看法》。他在书中谴责欧洲列强对中国的武力干涉,驳斥德皇威廉二世在1895年虚拟的"黄祸论",在东西方文明对比中宣扬中国儒家道德哲学;促使西方有些关心东亚局势的人士对专求功利的欧美现代文明的缺陷进行反思,并指出了在他们繁荣的物质文明掩盖下潜在的社会危机。张之洞在1909年去世后,辜鸿铭写了《清流传》,英文书名叫《中国牛津运动》(*The Story of a Chinese Oxford Movement*, 1910, Shanghai),悲愤地承认张之洞、陈宝琛(光绪帝的老师)和他本人30年来抵制西化、固守儒家传统文化的努力,到眼下已成穷途末路,他本人成了孤家寡人。他承认了当年打着"中体西用"的旗号进行的,是一场旨在保卫孔教的文化保守主义运动,因此其结果与英国红衣主教为反对自由主义进行的牛津运动相仿佛。

辜鸿铭凭借他坚实的英文根底,花了10年时间将孔子的《论语》译成英文,取名 *The Discourses and Saying of Confucius*,在1898年正式付印,意在超越理雅各(James Legge 1814—1897年)的同一译本。译本在欧洲因它的解释周详而走红,

不久便引发了翟林奈(Lionel Giles)和苏慧廉(William Edward Soothill)的两个《论语》译本问世。辜鸿铭在1906年又推出他的《中庸》英译本,1908年收入著名的《东方智慧丛书》时,书名被改作 *The Conduct of Life or the Universal Order of Confucius*,在伦敦出版(1912年再版本,附有各大报刊的报导)。《中庸》和《尊王篇》都由辜鸿铭寄给俄国文豪、主张非暴力反抗的列翁·托尔斯泰读过,并且在1906年10月收到了托尔斯泰诚挚的回信,认为中国人从他们的政府以及外国人强加于他们身上的痛苦中解放出来,对处于这个过渡时代的一切民族的出路都具有指导意义。1905年12月,列翁·托尔斯泰在向中国旅法学者陈希同的信中表达了他对中国人民的期待,以为中国应该在这场伟大的变革中,站在东方各民族的前列,发挥巨大的作用。陈希同曾用法文写作了一系列介绍中国文化的专著,博得了法国文学家罗曼·罗兰等人的赞赏。托尔斯泰也读过他的著作,从中吸取东方文化的精华,并向民族学学者拉曼斯基表示了他对中国人的好感:"我总觉得中国人有值得欧洲人学习的地方,我非常敬仰中国人民的特性和他们的生活气质"(1909年9月致拉曼斯基的信)。由中国的礼义在长时期中形成的这个民族的道德素养,曾经一些欧洲的高层文化人士留有深刻的印象,但毋庸讳言,中国的传统文化到了20世纪,已经暴露出更多的与这个日新月异的时代完全脱节的缺陷,已经到了必须立即起而加以扬弃的时刻了。

辜鸿铭在反对功利主义和军国主义的同时,向西方人士宣扬了中国儒家的忠恕和义利思想,在欧洲大陆首先受到德国汉学家卫礼贤(Richard Wilhelm, 1873—1930年)的感动。卫礼贤在1897年到青岛传教,创办了礼贤书院,热衷于东西方文化的交流。在华前后25年,除了中间在1920—1922年回国一次,从未发展一名基督教徒,一直致力于向欧洲同胞宣扬孔子的学说,并以此感到无愧于他向往的事业而自豪。1911年,他首先选了《尊王篇》中的《文明与混乱》和《中国牛津运动》一书译成德文,取名《为中国反对欧洲观念而辩护评论集》,在德国出版,受到哥廷根大学新康德主义学者的推荐,列作哲学系学生的必读书,在德国广泛流传。德国学者班维茨在战前出版的名著《欧洲文化的危机》(*The Crisis in European Culture*)中,接受了《尊王篇》的观点,相信孔子的学说有利于在可靠和文明的原则上建立社会秩序。1912年德国哲学家凯塞林(Hermann Keyserling, 1880—1946年)到中国,与北京、青岛、上海的一些逊清遗老相见,以为辜氏智慧过人。他在上海所作的演说中表示,在中国见到了在欧洲无法见到的具有深厚德行的一些人士,深感中国文明的伟大在于将真理具体体现在人们的实际生活中。(凯塞林:《东方与西方以及彼此对共同真理的探索》,上海,中国国际研究所,1912年,27页)

第一次世界大战爆发后,辜鸿铭将他的新作集成《中国人民的精神》(*The*

Spirit of the Chinese People，1915 年，北京）出版，中文题作《春秋大义》，公开主张东方文明拯救西方社会,这使向来对以英国为代表的西方文明持批判态度的辜氏,在东西方文化的较量中,经受了在清流中遭到灭顶之灾以后,一时间似乎又有了重见天日的机会,以为中国文明足以导引欧洲文明重新回到与儒家文明可以相提并论的古希腊文明和浪漫主义思潮的年代中去。这个以东方救西方的医方开出之后,使得辜鸿铭的文化思想在东西方文化的较量中大放异彩。在英德争霸中最终吃了苦头的德国,因此对辜氏宣扬的东方文化特别感到亲切,实在是事出有因了。素来以东方学、印度学见长的德国文化界,光是 1916 年,便出现了《中国人民的精神》的两种德文译本,丹麦的文艺评论家、《19 世纪文学之主潮》的作者乔治·勃兰兑斯,就是见到了瑞典学者史文伯（Herald Svanberg）的德文译本《中国人民的精神及大战的出路》（1916）后,大有感触,才写出了论文《辜鸿铭论》（1917）。辜鸿铭在大战期间写的政论文章《民主与战争》《现代教育与战争》《孔教研究》等 11 篇文章,由德国纳尔逊教授译成德文,1920 年在莱比锡出版。1921年《中国牛津运动》的德文版重印,《尊王篇》的英文本,在 1923 年由北京出了新的版本。被派往中国的新教传教士卫礼贤,译出了辜鸿铭的反战论文集《中国对欧洲思想的抵抗》。

此刻的欧洲,却正在经历一场由于科学发达以后发生的战争所造成的空前浩劫所造成的灾祸,而难以自拔。如何重新评估欧洲文明的前程,已是面临绝境的欧洲各界人士最为关注的议题。德国学者施宾格勒（Oswald Spengler, 1880—1936 年）在大战刚刚结束时,在 1918 年 7 月发表了总名《西方的没落》的著作的第一卷《形式与实际》,1922 年出版了第二卷《世界历史透视》。他在书中,按照生物形态学观察人类文明的进程,表明他的兴衰理论,抛弃了以往黑格尔以研究理念的发展为主线的历史形态学式样的历史哲学,而代之以历史上人类文化先后产生的八大区域文化(埃及、印度、巴比伦、中国、总称"古典"的希腊罗马、伊斯兰、墨西哥和代表西方后期文化的"浮士德"),分别对之加以梳理,从而提出了与以往大相径庭的文化哲学。他根据他所设计的文化类型学,宣称自己的历史哲学是这一领域中的哥白尼发现,进入 20 世纪以来,世界上各种文化都已消亡或正在走向灭亡,只有西方文化仍有活力,但是也已进入文化没落消亡时期。他预言这一时期必会产生恺撒那样的大人物,建造起大一统的帝国,并告诉大家,德国文化大致相当于中国文化的战国时代的秦朝,或古典文化的罗马,他看到的前景是西方文化的没落和一个不可避免的大帝国的诞生,实际是在呼吁纳粹党的上台和征服欧洲,把他的势力伸向全世界。斯宾勒代表了一种在当时来自在大战中被打败的德国军国主义和不明真相的民众祈求复兴的心态。而另一些明智的德国人,却从辜鸿铭在《中国人民的精神》前言中宣传的拥有"良民宗教"而且尚未变质的真正的中国人那里，看到了可以使濒临破产的欧洲文明找到战后重建新文明的钥匙，这钥匙便是辜氏所称的"良民宗教"或被他称作文明的"人性类型"。辜鸿铭因宣扬反对霸权的儒家学说，而在大战爆发后的德国出现西方文明末日论得到了验证，受到一批在战后寻求出路和转机的文化界教育界人士的共鸣，而声名鹊起。在德国出现了辜鸿铭俱乐部、辜鸿铭研究会等等的社会团体，纳尔逊教授在1919年成立的"国际青年党"，更是一支热诚提倡以东方文化刺激西方文化恢复生机的队伍，他们期望运用东方伦理观中的"仁爱"和"义利"，作为进行战后重建家园的兴奋剂和养生丸，于是在德国出现了"几无一人不知孔子，更无一人不知辜鸿铭"的东方文化的热浪。

对这股热浪起过推波助澜作用的汉学家卫礼贤，前半生花在了体验中国劳苦大众的忠诚与善良的生活中，并致力于翻译中国的经典《论语》《道德经》《庄子》《孟子》《大学》《礼记》《吕氏春秋》和《易经》上。他翻译的《易经》，是在担任过京师大学堂总监的劳乃宣（1814—1921年）的指导下，经过10年的努力完成的，他一边将《易经》翻译成德文，一边写出了一批研究《易经》的论文，所以他译出的《易经》，在欧洲享有盛誉，并被转译成英文、法文、荷兰文、西班牙文、瑞典文和丹麦文，不断出版。

卫礼贤的后半生花在了向德国公众宣扬中国文化的永恒精神上，由于他真挚的劳绩，因此得到了西方知识界人士的认同。卫礼贤在1920年后一度回到德国，到1922年出任德国驻华公使馆的学术顾问，又受聘为北京大学德文教授，再到中国生活了一段时间，与蔡元培、胡适等新文化运动的健将交往。1923年他和罗振玉、王国维、辜鸿铭等人在北京组织"东方学社"，在学社的章程中宣称："近几十年，欧美人民因饱尝战争之苦，认识到在强权和枪杆之外还有一条通向真理之路，因而纷纷注重研究东方文化。本会以研究中华文物制度为己任，研究古代经籍和历史的关系，以洞悉国家和社会治乱之根源。"之后，卫礼贤在1924年年底回到德国，出任法兰克福大学新设的汉学教授，主持汉语和中国文化课程的讲授，并且在1925年11月正式成立了中国学院，担任了院长。目的要在德国建起"沟通东西方精神乎其神思想的桥梁的一座桥墩"。表示"从欧洲而言，它的作用在于帮助理解中国文化的永恒意义。"中国学院每年通过年会，邀请各国人士到会演讲，并举办中国工艺和美术场以及出版物的展览会。1926年的第一届年会请了胡适讲"中国的小说"，伯希和作"中国的戏剧"的报告。1928年举办了中国图书展览，参展的有欧美国家的31家图书馆和博物馆、近百家出版社和私人收藏家。学院出版的《中国学刊》（*Sinica*），研究中国的历史和文化，在欧洲享有很高的威望。

卫礼贤一生著作极多，仅有关中国文化的专著就有 10 多种，有《孔子在人类杰出代表中的地位》《中国人的生活智慧》《孔子与儒家》《东亚，中华文化圈的演变》《中华文明史》《中国哲学》《老子与道家》以及《中国精神》，《中国精神》(*The Soul of China*, 1928)凝聚了他毕生研究中国的智慧与体验，出版后立即被译成文和法文。他在《中国精神》一书中表白了他对与之接近过的中国平民，所充满的同情和爱护之心，认为："你只要能人道地对待他们，……那么，你就会发现，中国人乃是世界上最友善、最诚实、最可爱的人民。"

《中国精神》出版时，中国正好实现了南北统一，他在此书的序言中宣称："中国今天处在一系列将决定人类前途的世界性事变的中心。"他为了拥有 4 亿人口的中国已经接受"在现代欧洲处于统治地位的生活观"，进入了全新的发展状态而为之欢呼。他欣喜地发现他和中国人在过去 25 年中一起生活的时段中，见到了旧中国的崩溃，新生活从废墟中茁壮成长，而他最感到欣慰的是，面对逆境能够任劳任怨、自我牺牲、始终体现平和与宁静(Milde und Ruhe)的"中国精神"，虽然已经有了新的进展，却仍在新与旧之间起到了具有亲缘关系的联系。这一年，纽约重印了美国汉学家卫三畏的《中国简史》(E.T. Williams, *A Short History of China*, Harper, New York, 1928)，下一年，卫礼贤的《中华文明史》在纽约也出版了英译本(*A Short History of Chinese Civilization*, trs. by Joan Joshua, Viking Press, N.Y. 1929)。卫礼贤宣扬的"中国精神"于是漂洋过海，走遍了全世界，在各地产生了反响，从中获得了新的振奋人心的精神。德国作家汉塞(Hermann Hesse, 1877—1962 年)在第二次世界大战结束后，为纪念卫礼贤写的文章中坦率地承认："是卫礼贤翻译的中国经典，给我和其他许多人打开了一个新世界；如果没有这个世界，我们真不想再活下去了。"这就是充溢了真挚与仁爱的"中国精神"，对经历了两次大战浩劫的欧洲民众，在度过艰难的岁月中，所起到的催发人们任劳任怨、奋发图强的激励作用。

(二) 欧洲汉学研究的高潮

欧洲的汉学原本集中在英国和法国，早先在 19 世纪以传授汉语、研究古代文献和翻译古典文学为主。这是欧洲汉学经历的起步阶段。进入 20 世纪后，由于考古发现的日新月异，促使西方的汉学研究有了重大的突破，拓展到对中国文明的产生和发展进行全方位的探索，研究的视野因此大为拓展，出现了许多名著和佳作。由此欧洲汉学进入了它的第二阶段，也就是成熟的阶段。

20 世纪以来，随着中国社会发生的巨大变化，在古老的丝绸之路沿线，由西方地理学、考古学、民族学与文化史家引发的中国古文明的研究兴趣迅速增长起来,在欧洲和中国国内先后成为热门的话题。一些久为沙尘掩埋的石窟寺的发现,更使辉煌的中华古文明重新展现出它昔日的光华,成为国际学术界注目的对象,但一些重大的研究都要到战后才陆续公布于世。在第一次大战期间,法国东方学家伯希和将他编著的 8 卷本《伯希和中亚考察团》(Paul Pelliot, *Mission Pelliot en Asie centrale*, Geuthner, Paris, 1914—1918)正式付梓,战后,英人斯坦因分别在牛津和巴黎出版了 5 卷本的《新疆考古记》(Sir M.A. Stein, *Serindia*, Clarendon Press, Oxford, 1921, 中译本作《西域考古图记》,广西师范大学出版社刊印),伯希和完成了他 6 大本的《敦煌千佛洞》(P. Pelliot, Les Grottes de Touen-houang, Geuthner, Paris, 1914—1924)。这几部巨著收录了欧洲众多专家的精深研究,揭示了中国西部地区文明史上以往所未知或不清楚的篇章,推进了对中国的宗教、社会生活、艺术、民族和风俗的研究,从研究材料、科学方法对中国文史研究的传统产生了振聋发聩的作用,对于 1918 年在中国文化界开始对传统文化进行大改革的五四运动起到了积极的推动作用,在国际上,这些研究在客观上加深了对中国文明的了解,使西方世界对中国工艺和传统技艺的成就有了进一步的认识,在玉器、青铜器、陶瓷、美术和建筑等五个领域中都有重大的建树,从而促进了中国文明汇入世界文明洪流的进程,加强了东西方文明融合的力度。

伯希和继美国的劳费尔之后,对中国古代玉佩与礼制的关系作过探讨,出版了《中国古玉》(巴黎,1925)的专著。库普(A.J. Kopp, *Early Chinese Bronzes*, London, 1924)、叶芝(W.P. Yetts, *Chinese Bronzes*, London, 1925)、伏尔契(E.A. Voretzsch, *Altchinesische Bronzen*, Berlin, 1924),以及罗斯托夫采夫对汉代和汉代以前中国北方青铜器作过精彩的研究(M.I. Rostovtzeff, *Inlaid Bronze of the Han Dynasty*, Paris, 1927; *The Animal Style in South Russia and China*, Princeton Univ. Press, 1929);英国的宾扬专究中国壁画(L. Binyon, *Painting in the Far East*, 3rd edition, London, 1923; The G. Eumorfopoulos Collection, Early Chinese Fresco, London, 1927);以翻译唐诗成名的卫莱注重中国的水墨画(A. Waley, *Introduction to the Study of Chinese Painting*, New York, 1923)。此外,霍布生对中国陶瓷历史的整理(R.L. Hobson, *Chinese Pottery and Porcelain*, 2 vols. Cassell & Co. London, 1915; George Eumorfopoulos Collection, *Catalogue of the Chinese, Korean, and Persian Pottery and Porcelain*, 6 vols. Ernest Benn, London, 1925—1928; *The Latter Ceramic Wares of China*, Ernest Benn, London, 1925; *The Art of Chinese Pottery from the Han to the Ming*, Ernest Benn, London, 1923),德国波尔希曼着意于中国建筑(E. Boerschmann, *Chinesische Architektur*, 2 vols. Wasmuth, Berlin, 1925),费契尔致力于探究山水画(O. Fischer, *Chinesische Landschaftsmalerei*, Munich, 1921),这

些作品的出现,成就都在前人之上,刷新了欧洲学者对中国文明的研究,全是两次世界大战期间欧洲学术界注重和宣扬中国艺术的优秀成果。

对欧洲知识界了解中国美术史有特殊贡献的学者,却是一位瑞典专家喜龙仁,他原名西伦(Osvald Sirén, 1879—1966年),长期担任斯德哥尔摩大学教授,并在1900—1956年间多次到中国进行考察。喜龙仁早在1925年就出版过《中国雕塑》(*Chinese Sculpture, from the Vth to the XIVth Century*, Ernest Benn, London, 1925, 1970纽约哈克艺术书店重印,2卷本),书中所收文物都系精品,且多半有题记,体现了作者治学的功底,以后在伦敦、巴黎出版的8种著作,也都秉承了这一严谨的学风。其中有《北京故宫》(*The Imperial Palaces of Peking*, 3Vols., Paris, 1926)、《中国绘画史》(*Histoire de la Peinture Chinoise*, 2v. Paris, 1934—1935)、《中国庭园》(London, 1949)和4卷本的《中国古代艺术史》(*Histoire des arts anciens de la Chine*, Van Oest, Paris, 1929—1930),这些著作都成了传世的佳作。

瑞典的另一位汉学家高本汉(Bernhard Karlgren, 1889—1978年),由于他对汉语音韵学的突出贡献而举世闻名。高本汉在1910年到中国华北调查方言,历时三年,随后到巴黎师从沙畹,1915年用法文写作了《汉语音韵学研究》,在乌普萨拉大学获得博士学位,1919年增订成4卷本,从现代汉语方言音韵上推到初唐以前的古汉语发音,并对韩语、日语、越南语中的汉语词汇的发音进行比较研究。译成中文后,对中国学者李方桂、陆志韦、罗常培启发很大。他对上古汉语的音读也有建树,先后出版了《汉语解析词典》(巴黎,1923年)、《汉语中的音和义》(伦敦,1923年)、《语言学和古代中国》(莱比锡、巴黎、伦敦、剑桥,1926年)、《尚书》(1950年)、《左传注》(1969—1970年)、《礼记注》(1971年)等名著。他在30年代后担任斯德哥尔摩远东古物博物馆馆长、斯德哥尔摩大学东方考古学教授,对青铜器上的金文亦有研究。他在1949年完成了对《诗经》的研究,作了2 120条注释,是国外对这部共有305首中国古诗所作的最详尽无遗的研究,他的译文忠于原作,但缺少葛兰言的法译、韦理的英译那样的流畅典雅。所以三家翻译《诗经》,各有其长。

第二次世界大战前欧洲汉学研究的成就,为战后汉学研究向更高的层次提升准备了条件。在数以千计的各种汉学研究的著作中,这里只能简略地举出两部巨著,作为例子,加以报导。二战后由英国剑桥大学冈维尔和凯厄斯学院的李约瑟(Noel Joseph Needham, 1900—1995年)教授开创的中国科学史研究,以及由剑桥大学中文系崔瑞诗(Danis C. Twitchett, 1925—)教授主编的《中国通史》1—8卷凸显出来的对中国历史进行综合研究达到的成果,充分体现了欧洲汉学研究的规模和精细与广博的程度,使其能够在世界学术界中处于前沿的地位。其中之一,由李约瑟主编的《中国科学技术史》(*Science and Civilisation in China*),是他与许多中国学者长期合作研究的成果。自从1954年开始出版第1卷起,原计划要出版7卷34巨册(16开本),40年中出了15册,李约瑟便与世长辞了,留下的工作只好等待1983年设在剑桥大学的李约瑟研究所(Needham Research Institute)的20多名工作人员去继续完成。已经出版的这几卷,已是迄今为止,世界上有关一个民族的科学进程的最详尽无遗的研究了,仅从篇幅而论,就远在美国科学史家乔治·萨尔顿(George Sarton)的3卷本《科学史导论》(1927—1948年,华盛顿)、英国辛格(C. Singer)的《技术史》(1955—1979年,6卷,牛津)和法国塔顿(R. Taton)的4卷《科学通史》之上,将它称作"了解中华文明的百科全书",应该是十分恰当的了。难怪有人要将它奉作20世纪最伟大的著作之一。

剑桥大学的崔瑞诗后来与美国哈佛大学中国研究中心的费正清教授一起担纲,编纂总共15卷的《剑桥中国通史》,在21世纪到来时,完成了这又一部关于中国历史与文明的巨著。于是人们全可由这几部著作,对绵延了8 000年之久的中华文明获得极为丰厚的知识,并对全人类的文明进程和去向进行深刻的反思。

(三)中国文化在西方日益大众化

中国艺术在20世纪30年代的欧洲重新成为热门的话题,最终还取决于中国艺坛自身的努力,1930年在布鲁塞尔举办的比利时立国百年纪念万国博览会,给中国美术走出国门提供了一次机会。当时在巴黎学习油画的中国画家徐悲鸿在比利时使馆的帮助下,在布鲁塞尔首次举办了个人绘画展览会,给中国画家在国外举行画展开了先例,比利时皇后莅临参观,使展览博得了美誉。此后,这些画作又转到里昂大学展出,与法国公众见面。不久,德国的公众也有了观慕中国画作的机会,1931年上海美术专门学校校长刘海粟赴欧考察,在法兰克福学院讲演中国画学,并在当地美术馆和海德尔堡举办中国现代画展,使德国公众初次贴近到以水墨画见长的中国画风所体认的艺术世界,从此中国画的魅力传遍了全德。1933年5月,徐悲鸿得到法国教育部的支持,在巴黎波蒙博物馆组织了一次别开生面的中国美术展览会,展出了从欧洲各地收藏家借展的中国古画40多幅,由国内提供的宋元画品10多幅,以及现代画作200幅,展出的唐代画作《狂醉图》、元代名家赵孟頫的《双马》以及无数为欧洲观众首次见到的中国当代名家的作品,震动了欧洲的艺术之都,法国国立现代外国美术博物馆决定选购王一亭《达摩》、高奇峰《帆船》、张大千《荷花》、张聿光《翠鸟》等12幅,开辟专室陈列,从此中国画始在国际艺苑中心占有一席之地。这一次画展的成功,使得连续两年,在比、德、意、俄等总共五个欧洲国家,举办了多达七次的画展,在各大博物馆和大学中成立了四处中国现代美术陈列室。1935 年 1 月,在莫斯科更举行了中苏美术品交换典礼,并在中国首都南京成立了中苏文化协会,定期出版《中苏文化》杂志。同年 2 月,在伦敦有中国现代美术展览会,布拉格和华沙也相继举行了中国绘画展览,于是中国绘画的种子撒遍了欧洲大陆和英伦三岛。

使中国艺术在欧洲产生震荡效应的,是 1935 年在伦敦举办的中国艺术展览会。为筹划这次展出,1935 年 4 月,在上海举行了预展,展出了由北平故宫博物院、古物陈列所、北平图书馆、南京中央研究院等单位提供的 700 多件文物和珍本古书。展览会最后决定由中英两国合办,同时展出为数众多的国外藏品。1935 年 11 月 28 日展览会在伦敦皇家艺术学会柏林顿大厦正式开幕,展出一百天,到 1936 年 3 月 7 日才闭幕,参观者达到 420 048 人,人数之多,仅次于 1934 年在伦敦展出的意大利艺展。展出了国外 17 个国家公家和私人珍藏的中国古代文物,吸引了欧洲各地和中国留学生拥往伦敦参观,成为一时的盛举。

伦敦中国艺展共分 12 个陈列室展出,第 1 室展出商周青铜器和汉玉;第 2 室是国外收藏的中国古兵器、铜镜、陶瓷、壁画;第 3 室叫"明远堂",陈列皇家宝座,并有唐宋绘画,有马麟画作"暗香浮动"、李公麟的人物画以及唐代美女壁画;第 4 室专门陈列宋徽宗的书画;第 5 室陈列宋元名画,有"长江万里图"、大米、小米的画,元代管夫人画竹;第 6 第 7 室陈列宋、元、明三代名画,有宋人的"江分山水",陆包山的山水、崔子中的"桐阴博古"、吕纪的花鸟;第 7 室展出宋代马贲"百雁图",元人钱舜举的"虫豸",均精彩绝伦;同时陈列的有柴窑、汝窑、官窑、哥窑、定窑、均窑、龙泉窑、建窑等名窑的瓷器;第 8 室展出明瓷,有珐花三彩、孔雀绿、青花等品种;第 9 室有乾隆宝座,以及多数清代彩瓷;第 10 室展品有景泰珐琅器、宜兴紫砂陶,第 11 室陈列古月轩瓷和各式镂空瓷;第 12 室,展出一尊巨大的隋代大佛,并有出自河北八佛涯的唐三彩佛像。艺展的陈列品跨越了三千多年的时空,展示了从铜器、陶瓷、漆作、书画、印刷等多方面中国的工艺和美术的辉煌成就,震动了西欧。影响所及,中国色调和装饰工艺一度成为英吉利海峡两岸人们追求的时尚,由熊式一执导改编成英语的京剧《王宝川》,自 1934 年在伦敦公演以来,居然连演了两个年头,到 1936 年,熊氏又应邀赴纽约演出,于是中国艺术在大西洋两岸掀起了一股中国热浪。侨居纽约的林语堂在 1935 年推出他的英语著作《吾土与吾民》,正巧赶上这股热浪,一连印了数十万册,中国知识从此成了大西洋人士的热门话题。

对西方国家形成文化冲浪的是中国的舞台艺术,具有代表性的视觉艺术要算京剧。19 世纪以来,由徽剧、汉剧和昆曲等起源于长江中下游的剧种,进入北京,经过融合,使京剧在艺术上渐趋成熟,但观众限于宫廷与贵族。直到清朝末年,京剧在北京并未成为流行的戏剧。20世纪初,梅兰芳(1894—1961年)对濒临绝境的京剧进行革新,确立梅派剧艺,公开演出,于是京剧大放光华,出现了四大名旦,老生名角,在北京、天津、上海等大城市有了固定的演出剧场。

梅兰芳11岁正式登台演出青衣,他努力发掘优秀的音乐、舞蹈遗产,对京剧表演艺术勇创新路,自编自唱自演许多新戏,《天女散花》中的袯舞、《霸王别姬》中的剑舞、《西施》中的羽舞,融通中外,形成冠绝一时的古装新曲。1919年和1924年,风华正茂的梅兰芳先后率剧团赴日演出,轰动东京,日本艺坛群起仿效梅舞。后来梅兰芳到香港演出,当地欧美人士对梅派艺术赞叹不已,从此梅剧在北京成了美国公使、意大利公使和西方各国驻华使馆中文化参赞竭力推崇的表现艺术。美国公使克莱恩是梅剧的热心鼓吹者,决心为梅剧团出访美国铺平道路。当时梅兰芳和李石曾等为传承与发扬京剧艺术,在北平创办了中国戏曲学院,决意以学院的名义率领剧团,赴美国考察,进行巡回演出。剧团的这一举措,旨在发扬中国京剧艺术,以梅派的表现艺术征求西方人士的评论,以检验中国戏剧和其他民族的眼光;同时考察西方戏剧与中国戏剧中不同的地方,为以后中国戏剧界进行的改革多增添推进的力量。经过三年筹备,梅兰芳剧团一行24人在1930年1月18日在上海乘加拿大皇后号赴美,剧团以中国的国花梅花作为徽号,为沟通美国观众,特意由北京大学戏剧教授齐如山和梅兰芳合编了英文本的《中国戏剧之组织源流》,介绍梅氏生平和剧本;并有宣传中国戏剧的行头谱(服饰谱)、脸谱、乐器谱、宫灯谱、舞台图谱的《梅兰芳游美备演诸剧考》(英文本),公开散发,广为传导。梅兰芳在上海市市长的钱别会上特意表明,此次出访,主要目的在"冀中西戏剧之艺术,至少有接触交换之机会。"梅剧团横渡太平洋,给中西戏剧表现艺术的交流揭开了帷幕,是一件具有划时代意义的创举。

梅剧团抵达西雅图后乘火车前往纽约,2月14日赴华盛顿作首场演出,共演《嫦娥奔月》《青石山对刀》《千金一笑》三个剧目,副总统以下许多政府官员和政要观看了演出。2月18日起,剧团在纽约百老汇第49街戏院正式公演,连演两周,首场演出《汾河湾》《费宫人刺虎》二剧,受到观众热烈追捧,谢幕达十多次。梅兰芳和他的剧团从纽约、芝加哥、旧金山、洛杉矶、圣地亚哥到檀香山,一共演出72天,深受美国公众和各界人士的热爱。梅氏和一批戏剧家、电影明星、舞蹈家结下深情厚谊,哥伦比亚大学、芝加哥大学和旧金山大学请他讲解京剧艺术,洛杉矶波摩那学院和南加利福尼亚大学授予他文学博士学位,表彰他为沟通东西方文化立下的功绩。

最使美国公众震惊的是,原先在西方舞台艺术中各自独立的歌剧、舞剧和话剧,在中国的京剧中,通过乐队的演奏,将演员的说唱、舞艺和武艺("中国功夫")

配合得如此默契,以致达到的戏剧效果也是丝丝入扣,动人心弦。对于美国新兴的有声电影如何将说白、歌舞、武打融成一体,无疑提供了成功的先例,难怪好莱坞影业要为之倾倒了。不久,在美国兴起的工人活报剧,在希腊古典戏剧和莎士比亚剧本的独白之外,也借助了梅剧的表意动作,来加强戏剧的感染能力。由于梅派艺术在美国受到公众的热诚欢迎,从此中国京剧走出国门,成为东方表现艺术的代表,列入世界戏剧艺术之林。梅兰芳也因此在西方世界成了普通人熟知的中国名人。

梅派京剧在英语世界的成功,开启了以后熊式一在伦敦执导《王宝川》的连续演出。1935年在欧洲,更有苏联对外文化协会邀请梅氏赴欧公演。梅剧团共22人,于1935年2月22日自上海搭船前往海参崴,再转铁路,3月22日在莫斯科音乐厅向文化艺术界举行招待演出,梅氏演了《刺虎》和《汾河湾》二剧。在23日的正式公演上,梅氏再度演出了这两个剧目,然后到彼得堡向2 000名观众连演8天。4月13日剧团在莫斯科大剧院作告别演出,梅兰芳演出了《打渔杀家》和《虹霓关》二剧。整个行程,剧团上演剧目共十多种,梅氏本人演出了其中的6个剧目,在上述剧目外还有《宇宙锋》和《贵妃醉酒》二剧,并向艺坛同人表演了《红线盗盒》《西施》《麻姑献寿》等6种精彩的舞蹈,深受业界人士称许。最后的告别演出,梅氏谢幕达18次,开创了大剧院的历史记录。梅兰芳在莫斯科的演出,还产生了意外的收获。当时侨居在那里的德国戏剧家布莱希特正在思考,要在西方世界颇为流行的演员完全进入角色的演技之外,另辟蹊径,寻求一种获得"间离效果"的抽象表演手法,他对梅剧的《打渔杀家》中的表意手法大为欣赏,促使他在下一年写出了《论中国戏曲与间离效果》的著名论文,在西方推动了极富创意的导演手法,更进一步推动了东西方舞台艺术的协同与融合,而梅派艺术也因此达到了登峰造极的地步。

梅剧团在莫斯科举行告别演出后,本来巴黎艺术界已经表示希望剧团赴法演出,但由于包银没有着落,剧团便回国了。梅兰芳只身去了斯德哥尔摩,见到了以前曾在北京欣赏他演出的瑞典王储古斯达夫,当时已登位当上了国王。随后梅兰芳又去了巴黎,对这座西方艺术之都进行访问,完成他的环球旅行。尽管法国公众无缘亲见梅派京剧的演出,但梅兰芳已经到过法国。中国的京剧在大西洋东岸的成功,是通过一种在视觉艺术领域中极富创新意义的中西结合方式才取得的。熊式辉为此作了大胆的尝试,在伦敦推出了他编导的《王宝川》,将中国文化的这座地标性工程直接送到了在西方世界研究中国文明向来处在前列的英伦三岛,创下了锣鼓喧天的英语化京剧形成连年满座的盛况,吸引了英伦海峡两岸公众前往亲赏东方演艺之新,由此多少弥补了西欧国家公众未能亲睹梅剧演出的缺憾。

在 20 世纪,作为大众文化被吸纳到欧美西方世界生活圈中的中国饮食文化,是随着移居欧洲和美洲的华人日益增多而迅速扩展的一项新兴产业。按照进食方式而言,中国饮食是世界三大饮食文化(筷子、刀叉与手抓)中,最具东方特色,并拥有众多人口使用的饮食文化。富有中国特色的品酒、品茶更是饮食文化中不可或缺的内涵,起源于中国的茶文化被列入世界三大饮料之一,17 世纪以来也在欧美流行起来。中国饮食不但讲究选料、刀功、火工、调味,而且随着城市生活的进步,餐饮业逐渐成为最具活力的一项商业服务项目。自 16 世纪以来,由于气候温润的中国南方人口迅速增长,集镇越来越多,茶楼、饭店大多集中在市镇的河流旁边,选择交通方便、环境宜人的处所,营建园林建筑,打造幽雅清新的气氛。逢年过节或聚餐时通常盛行十人一桌的圆桌,在四方形的饭桌上套上一道圆台的桌面,既增加了聚餐的人数,又可以避开宾主、长幼之别,将聚会与餐饮合成一体,届时行酒令、对联语,为饭局助兴。

20 世纪以来,上海、广州、潮州、北京、天津、南京、杭州、福州等城市餐饮市场逐年扩大,移居东南亚、美国和澳大利亚的广东人在他们的移居地建立了服务性的商业,经营中式餐馆和茶楼是其中重要的项目,因而在这些地方首先流行粤菜。后来华人的侨居地更扩大到欧洲各地,山东人移居东北亚各国的增多以后,在这些地方便出现了经营鲁菜的饭馆。在 20 世纪 30 年代以后,在美国和欧洲各地陆续开设了以上海为中心发展起来的"和菜",以及经营福建菜、浙江菜和四川菜等属于中国不同地区菜肴的中国馆子。这些饭馆大多集中在海外华人聚居的唐人街,英文名称叫"华埠"(Chinatown)或"中国街""中国城"。在这些街上往往可以见到竖立在街口的中式牌坊,使用中文招牌、经营各类中国生产的商品和各地土特产的店铺,以及中药铺、理发店、洗衣铺、浴室、演艺场、茶楼、点心店、旅馆和华人学校、出版机构,甚或中国的庙宇。现在全世界有唐人街的城市有 80 多个,华人在 10 万人以上的城市也有 10 多个。

在西方最有名的中国街,是 1849 年建立在美国西海岸旧金山的圣弗朗西斯科(San Francisco),当年到加利福尼亚来赶淘金热潮的广东人称这里叫"三藩市"。最初这里被当地人叫做"小广东",1853 年在报纸上便以"唐人街"相称了。1878 年清政府在这里设立了领事馆,华人在这里开设了洗衣铺、杂货店、理发店、饭店、旅馆、中药铺、裁缝铺、粤剧院和华人报社。这座小镇在 1906 年毁于地震,随后又经过重建。现在这里已是一处有 15 平方千米大小、人口达到 20 万人的城市了。在这个城市建有关帝庙、天后庙、孔庙和孙中山的铜像。当地发行有 10 多种中文和中英文合刊的报纸。汉语电影在这里是当地文化生活的一个重要组成部分,1981 年在这里举办了全美第一次中国电影节。所以旧金山的中国城是海外华人最集中、侨居历史最长久、华人文化最强烈的社区。在美国排名第二的唐人街，是纽约的唐人街，1880年已有800多名华人在这里经营中餐、洗衣和百货业。到1940年已有4万多华人在这里定居。1960年中餐馆就有505家，经过营业提升，在1980年开设的中餐馆有150多家。中华会馆、世界佛教中心、中华佛教会都设在这里，所以走路不出三条街，便会见到中国庙宇。

在欧洲，以美食著称的巴黎，也是旅法华人最集中的城市，人数接近10万，有许多华人经营的中菜馆，有的在20世纪初便已开张。现在全法国的中餐馆在3000家以上。巴黎的华人半数居住在南部的第13区，在这里意大利广场周边的迪夫利大街和苏阿西大街，到处都有中文的招牌和霓虹灯广告。大型的中国餐馆多数装潢了中国式样的门面、彩色的宫灯、中文书法对联，在室内张挂中国绘画、雕塑，用来招徕顾客。在第13区的华人开设了几十家食品杂货店，从中可以买到中国的大蒜、豆腐、大白菜、大头菜和饺子、春卷等食品，以及漆筷和竹制的蒸笼等餐饮用品。这里的中华商场，供应各种中国出产的商品和印刷品，规模之大在欧洲也是数一数二，当地人因此把这里叫做中国城。

英国的唐人街要晚到20世纪50年代才出现，当时由香港新界迁入伦敦落户的几万户农民在这里经营餐饮和服务业，集中在西敏市。后来ICE集团招募天津商界在伦敦港区兰姆豪斯打造中国城，京菜（早先的鲁菜）、川菜和粤菜是英国最受欢迎的中式菜肴，餐馆总数达到6000家以上，是欧洲中式餐饮业绩中的后起之秀。

餐饮业在欧洲仅次于法国的意大利，也有中餐馆500多家。罗马拥有一座可供30万人居住的中国广场，总共有18条街，用的都是北京、上海、长江、黄河等中国地名。荷兰的华人约有10万，中餐馆却有2000家。德国、比利时、瑞典、瑞士、丹麦、西班牙也都有许多中餐馆。在澳大利亚的悉尼、墨尔本，也有华人区和中国园林。在俄国首都莫斯科也兴建了一座中国商场，开设了中国餐馆。

中华美食现在已经走遍世界各地，与欧洲人进餐注重牛肉、猪肉、鸡鸭等肉食和蛋类等高脂肪、高蛋白质不同，中国菜肴在选料、烹饪等方面，由于食物结构的合理所达到的各类指标，比之欧式菜肴对于人体健康所造成的各类"文明病"的增长，具有更多的优越性，因此适当调整食物的品类、改进食物的烹调方式和调味品的配制，已引起西方有关学科的注意，从而可以见出中国饮食的真正价值，不但在于追求美味可口与营养价值，最重要的还在于促进与提高人类的体质和进一步改善健康状况，以增强人类对于疾病的抵抗力，达到延年益寿的终极目标。

六、 经济全球化与中国推行现代化变革的智谋(1980—2016 年)

(一) 全球化引领世界经济高涨

第二次世界大战结束以后,世界经济逐渐复苏,并开始走向新一轮的增长。与以往不同的是,欧洲和北美在战时已经得到飞速发展的现代科技并没有就此放慢它的脚步,反而更加增添了力量,充分显示了现代科学技术进步对引领人类文明前进的重要。1946 年,世界第一台电子数字积分计算机(ENIAC)由埃克特和莫奇利用一万八千个真空电子管才制造成功,下一年体积要小得多的晶体管便在美国贝尔实验室诞生了,于是人类一下子从电气时代跨进了电子时代(1947—1972 年)。然而这个电子时代只经历了短短的二十多年,又被惊人的划时代的创举超越了。自从 1968 年有了第一批使用集成电路的计算机,接下来在 1973 年,人类首次把 10 000 个元件安排在一平方厘米的集成电路上,由此人类的智慧便如虎添翼,一举揭开了信息时代的帷幕。1977 年美国苹果电脑公司推出了彩色图像的个人电脑,同时计算机第一次实现了联网操作,1990 年在瑞士首先开通交互网络的全球网。这些高新技术的突破,使人类满怀信心地走上了知识经济的时代。利用科学技术进步推动集约化经济的发展,在一些发达国家的经济增长中所占的比重正在逐年提高,在 50 年代 ,科技因素所占比重已上升到 50% 左右,到 20 世纪末,这一比重在发达国家中更提高到 70%—80%,产品的科学技术含量或知识含量因此有了很大的提高。信息化社会开启了人类历史上一个崭新的文明形态,与过去不同,它不只限于传统的物质生产领域,而是在文化领域发生的深刻革命。这种文明建立在知识经济的基础上,运用信息技术在物质生产和非物质生产、教育和科学领域,以及人们的日常生活中普遍推广使用,形成全社会的信息网络和知识库,在全球经济一体化日益加强的同时,逐渐形成世界上多种文化共同生存和相互交融的新文化。

信息化和微电子技术的推广,直接导致了采用市场经济的资本主义积累方式发生了巨大的变革。法国持调整(regulation)派理论的经济学家专门就资本主义积累体制的变化,论述了作为现代化中心的欧洲和北美,以及边缘地区现代化的各种类型。他们以为战前资本主义的积累方式的特点,属于外延型积累体制,战后的积累体制转向内涵型积累体制;前期表现为福特主义积累体制,在第二次石油危机发生以后进入后期,发展成后福特主义积累体制。战前的积累体制表现在一直以工业革命时期机械技术与低薪劳动相结合,以生产线为基础的外延型的积累,由此生产出来的产品行销海外,以所得的利润再投资本国的机制产品工业,其中也利用了边缘地区农民的劳动,由此形成了边缘地区的殖民地化,出现了为交换工业品的单一农作物栽培经济,这种积累方式是以低薪劳动为杠杆,属于泰勒主义的积累方式。战后资本主义的积累方式发生了变化,以往外延型的积累方式已被内涵型的积累方式和后福特主义所取代。处在现代化中心部位的发达国家,在战后以丰富的国内市场为杠杆迅速发展,在60年代进入空前繁荣,建成福利国家。但到70年代初,经济繁荣由于资源的巨大浪费和由此造成的环境污染,以及第二次石油危机引发的萧条时期产生通货膨胀而遭遇挫折,泰勒主义已无法进一步提高生产率,于是有了后福特主义时期极其重要的技术转换,促使原先建筑在资源浪费型基础上的高科技开始向微电子技术转换,在发达国家中,日本的丰田和德国的克虏伯最先完成了这一技术转换。战后资本主义的内涵型积累方式是一种以丰富的国内市场为再生产的巨大推动力,以现代高新技术与高薪劳动相结合、大量生产与大量消费的生产线为基础的积累方式。微电子技术的推广,彻底改变了企业与企业之间的关系,使大企业可以打破以往国际分工的旧框框,灵活地通过技术转移、共同研究、合伙承包和战略同盟,实现国际分工的水平化。信息革命和微电子化的急速发展,在80年代的东亚,促进了日本的高新技术产业与周边地区和低工资劳动结合的加工输出工业的发展,引发了亚洲新兴经济群体和东盟国家经济的高速增长。新的水平化分工最终导致了超越国家、民族、政体、社会制度与意识形态分歧的多国地区的合作取得进展,形成了既与战前的帝国主义集团不同,也不同于冷战时期由美苏两个超级大国争霸下出现的各种区域性机构,而是由不同社会制度和不同经济水平的国家,根据地理和经贸合作需要组成的新的区域性经济体。

在经济全球化进程中,起主要作用的是跨国公司,战后美国已成为资本对外直接投资的主要经济实体,表现在单个的跨国公司的规模迅速扩大,拥有的资产总额往往达到数百亿美元以上。从20世纪60年代起,跨国公司的对外直接投资,与战前相比,投资方式已发生了重大的变化,由以往的寻求原料产地和消费市场,转化为在全球范围内寻求空间上最佳的生产地点和获益机会。自欧洲和日本继美国成为新兴产业基地以后,企业联合和合资企业日益增多,对外直接投资金额逐年增多,受资国所在加工型的离岸生产区也同时增多了。70年代起,特别是1973年石油危机席卷全球后,全球经济的发展模式遇到了资源耗损和环境保护的挑战,开始认识到地球的资源有限。同时跨国公司一旦涌入受资国的离岸生产中心,便会在一定程度上影响受资国的经济政策,而且随着资本、生产和劳动力的跨国转移,世界经济的相互依赖也与年俱增,跨国公司的举措最终必然导致出资国政府也直接参与到国际商贸事务中去;进入80年代以后,由于环境保护组织、消费者协会等多种国际机构的参与,进一步形成国际市场的多角色时代,同时增加了世界经济新的不确定性。这一时期的跨国公司总数已达到2万家,总资产约有4万亿美元,占到全球国民生产总值(GNP)的25%—30%,它们控制了国际商贸总量的75%,国际技术输出总量的80%。据邓宁的研究(J. Dunning, *Multinational Enterprises in a Global Economy*, 1993, Washington),这些跨国公司在国外的资产总量约为1.1万亿美元,其中300家拥有世界资本25%的大公司,占到全球直接投资(FDI)的70%,对全球经济起着举足轻重的作用。1970—1990年间,尤其是80年代后期以来,全球直接投资增长4倍多,其中90%来自美、英、日、德、法等10个发达国家及其所属的跨国公司。为应对多变的国际环境,跨国公司在90年代从结构上进行重组,加强了区域子公司的独立性和灵活性,促使许多新的国际商业团体得到了发展的机会。据联合国有关报告,到1998年,全世界的跨国公司发展到3.7万家,它们的海外子公司约有20万家,遍布在160个国家和地区。1995年全球跨国直接投资流量达到3 178亿美元,发达国家吸收外来直接投资的份额上升到了65%。信息时代的来临,促使人们的经济活动无论在广度还是深度、内容还是形式、微观还是宏观、时间还是空间,都发生了深刻的、根本性的变化,推动着人类经济活动的空间日益扩大,形成了生产的全球化、国际经济的一体化。

战后资本主义殖民体系的崩溃,亚洲、非洲、拉丁美洲民族通过民族解放运动,赢得了政治上的独立,但在经济上,仍处于工业化起步阶段,属于发展中国家,相对于核心地区的发达国家,这些发展中国家继续从属于边缘地带。截至20世纪80年代初,半数以上的发展中国家仍然依靠几种初级产品的生产和出口,仰赖外援和外债度日,往往容易陷入外债危机。唯有东亚的经济崛起,逐步形成了一个梯级发展序列。作为这一序列的顶级的日本,早在战前就实现了工业化,战后从美国引进技术、资金和管理体制之后,在60年代推行贸易自由化和资本自由化,迅速实现了经济起飞;工业化水平在70年代已逐渐赶上西方发达国家,经济总量排名仅次于美国;80年代大力发展新产业和第三产业,提高了日本商品的国际竞争力,扩大了贸易顺差。1985年达成市场协议后,日元急剧增值,零件、原材料的海外供应率提高,开始将生产基地转移到亚洲新兴工业化经济群和东盟各国。到90年代进一步提升产业结构,向全球化经济战略跟进,在世界经济不景气形势下,以内需为主导,转向扩大进口型经济,通过这些产业调整,维持了高速增长,迅速走向后工业化,完成了福利国家型发展过程,在长达40年中保持着世界第二经济大国的地位。

20 世纪 70 年代以后,亚洲先后有新加坡、中国香港、中国台湾和韩国这"四小龙"的崛起。首先在这些以前从属于资本主义殖民体系的地区,冲破了早先由发达国家一手造成的部门间、行业间的生产垂直分工,使得这种不合理的旧的国际分工开始局部地向水平分工转变。由跨国公司带领,推动这些已经独立的发展中国家和地区,尽快实现工业化,改变了对它们不利的旧的国际分工模式,亦即工业-西方、农业-东方的陈旧模式,逐步形成一种区域性经济圈:由区域内各国制定统一的发展战略,设立经济特区(自由贸易区和保税加工区),吸引外资和技术,促进贸易的自由化,形成局部地区性整合,在这一整合中充当主体角色的是地方政府,整个运作过程的主要承担者则是民间企业。因此这种发展体制既不同于亚洲以往为抵制西欧殖民主义而推行的国家主导型的发展体制,也有别于以个人为主在国家机构下开展的西欧型现代化体制,是东亚四小龙和东盟一些国家在探索现代化进程中行之有效的新模式。四小龙的成功经验震动了世界,现正在向工业化的成熟阶段和中等发达国家的水平迈进。

中国的经济在 20 世纪 80 年代也有了转机。之前,中国在前 30 年建立了独立的工业体系,但经济效益不高,技术水平低下。自 80 年代起,通过改革开放,从计划经济转向市场经济后,开始运用国际合作方式推动沿海地区实现工业化,首先在南方三省沿海设立经济特区,参与华南经济圈的国际运作,由此实现了这一地区产业的高速增长。自 1979 年至 2007 年,中国的国内生产总值(GDP)取得了年均实际增长 9.8% 的好成绩,30 年来,中国国内生产总值居世界的位次,由第 10 位上升到第 2 位。到 2009 年,中国经济已仅次于美国和日本,2010 年更超过日本,跃居世界第二经济实体,并且逐步推进了它和东盟国家的自由贸易体制。2012 年,中国的国内生产总值达到 8 万亿美元,超过日本 3.1 万亿美元。2014 年起,中国的国内生产总值保持着 10 万亿美元以上的记录。

中国沿海地区在经济发展中走在发展的前沿,处在最前列的是广东、江苏、山东,国内生产总值在 2015 年均已超过或达到 1 万亿美元;其次是浙江、河南,超过 5 000 亿美元;随后是四川、河北、湖北、湖南、辽宁、福建、上海等经济比较发达的省市,超过或接近 4 000 亿美元。总计以上这些地区的国内生产总值,占了全中国国内生产总值的 3/4。2013 年中国的国内生产总值达到 56.9 万亿元(约合 9.3 万亿美元),经过调整,年增长率虽下降到 7.7%,但中国仍能保持较高的增长速度,在 2014 年使国内生产总值突破 10 万亿美元的大关,向全世界展示了它作为一个制造业大国,在钢铁、水泥、煤炭、造船、机床制造、高速铁路、电子商务、国际贸易等项目上所取得的世界领先的成绩,并且正在积聚力量,将"一带一路"(陆上丝绸之路和海上丝绸之路)的建设作为串联世界经济的百年大计推向三大洋。近几年来,中国,作为一个发展中的大国,对进一步提升自身研发高新产品的能力充满自信,蓄势待发,对拉动世界经济走出低谷作出了重要的贡献。

进入 21 世纪以来,中国的经济发展正在逐步改变偏重沿海一带地区,出现了沿着长江和黄河向内地纵深发展的良好势头,加快了包括西南和西北地区在内的进一步开发中西部地区的步伐,开通了西气东输、西电东送的渠道,加强了这一地区的路网建设,促使这一地区的经济萌发了新的活力,由此形成了华北、东北、华东、华南、中原和西南、西北七大经济区。

中国西部的开发,促使中国与欧洲各国的经济与文化科技交流获得了新的契机。自 2013 年中国与德国合作,开通中欧铁路班列以来,中国各地和德国杜伊斯堡之间,每周开出数趟满载 40—50 个 40 尺的集装箱的班列,所取得的效果逐渐胜过了海上长途运输。到 2015 年,这类班列越开越多,穿越的路线越来越广,逐渐达到每日一列(40 车),一去一回。在 2017 年开出第 4 个 1 000 列之后,只用了三个月的时间,就进入了第 5 个 1 000 列,到 9 月,已开出 5 500 列,这是通过西、中、东三路并进的班列北线;今后还将开通在此线以南的中欧班列。中欧铁路联运的畅通,将中国和俄罗斯、波兰、德国、比利时、法国、英国、西班牙拉近了距离,使中国一跃而成欧盟最大的贸易伙伴。

自 2008 年 7 月发达国家陷入国际金融危机以来,这些国家的经济连年下滑,徘徊不前,中国经济却在持续高速增长下,取得了丰硕的成果,从 2015 年以来,成了推动世界经济上升的主力,对世界经济的贡献超过美国,占到了 30%以上,甚至达到了 38%。

自 2013 年以来,业已跃居世界货流最大国的中国,必须开辟更多更快的运输通道,才能最大限度地实现中国与世界各国货流的畅通。进一步开发中国西部地区,疏通中国对西部周边国家和欧洲、美洲国家的交流,关系到中国经济发展的前程,中国必须在现有的欧亚大陆桥以外,顺着古代的丝绸之路,建设新的欧亚大陆桥,才能进一步活跃沿线各国与中国的经济、贸易和人员来往。现有的欧亚陆桥都是 20 世纪才通车的路线,要经由北纬 45°的大门出境,向西爬高到北纬 50°的欧洲国家,才算到达终点。以往,苦于新疆境内,只有一条兰新铁路可以通过它的延伸线进入欧洲,而在进入欧洲以前首先要经过地跨欧亚两洲的俄罗斯国境。现在新疆地区的铁路正在形成网络,一旦将青藏铁路与南疆的和田接轨,内地和新疆之间便会出现横贯大陆可以继续向西出境的第二条大动脉,这一路线与现有经过新疆北部通向欧洲的路线(北道)相比,可以称作中道,通过中道,可以直接贯通中国与俄罗斯以外的其他欧洲国家间的商贸联系,进一步满足中国和欧盟国家双方之间日益增长的交往的需求。

新的欧亚大陆桥中道的建设,可以分成南线和北线两种走向;不论哪种走向,它们所具有的共同特点,都是在进入黑海地区以前,采取完全经由亚洲国家绕过黑海走进欧洲的路线。北线可以从新疆西部的喀什取道乌恰,穿越喀尔果山,经伊尔克什坦口岸出境,建设新线,通过吉尔吉斯斯坦的萨雷塔什和卡拉苏接轨,再沿原有铁路到乌兹别克斯坦的安集延,接通撒马尔罕的铁路。中间经过吉尔吉斯斯坦、乌兹别克斯坦、土库曼斯坦三个中亚国家,然后继续向西延伸,通过伊朗德黑兰后,再经土耳其进入欧洲,先后跨越保加利亚、塞尔维亚、匈牙利、奥地利、德国的国境,经斯特拉斯堡到达法国巴黎。这是一条大致沿着古代丝绸之路的伊朗北道通往欧洲的路线。持另一种走向的南线,可以由新疆的喀什和叶城取道红其拉甫达坂,在北纬37°附近出境,开辟新线,经过巴基斯坦,和扎黑丹的铁路接轨,进入伊朗,到达德黑兰,然后再经土耳其跨入欧洲。这是一条大致在古代丝绸之路伊朗南道偏东的地区联结土耳其的路线,所不同的是,现在的铁路绕开了阿富汗,取道印度河南下,转入扎黑丹以后,沿着库赫鲁德山脉的东侧,北上德黑兰。在巴基斯坦南部,这一路线的走向,与中国政府在2007年构想兴建的由中国西南地区的云南出境,经过缅甸、孟加拉国、印度、巴基斯坦到达伊朗和土耳其的南部地区大陆桥计划的后半部可以连接。中道的南线和北线相较,在境外要多走800千米左右路程,但从内地西运的货流,可以在北纬38°的叶城往南开辟新的铁路线出境,所以南线实际只比北线多走大约500多千米。在特殊情况下,南线的优点凸显在将中国与伊朗之间相隔的国家,由北线的三个减少到一个,若能排除其他不利因素,自然将更加有利于物流的营运。不过这样的铁路选线,必将面临在高海拔地区由于陡降所造成的技术挑战,此线在亚洲的合作国家将是中、巴、伊、土四国,加上欧洲六国,新的欧亚大陆桥有十个成员国参与就可以成立。

有关大陆桥中道的建设,在2014年有了新的进展。根据中国政府与巴基斯坦政府达成的协议,中国在取得濒临阿拉伯海的瓜达尔港的管理权之后,将对提升该港能力展开大规模建设,兴建自中国新疆直通瓜达尔的铁路线和输油管。取道大陆桥中道南线的建设,正好从中获得借力,加以推进。预计未来的十年,将会产生令人瞩目的进展,有助于推动中国政府业已提出的,和法国这样的欧盟国家建立长期稳定的战略伙伴关系的目标。2015年8月由中国政府倡议在苏州召开的中国东欧、中欧论坛,便是本着这一动议的有效举措中的一个。

对中国和地中海国家展开便捷的水陆联运交通线而言,巴基斯坦瓜达尔港的建设也将提供有力的支持作用。地中海国家的货物只要通过苏伊士运河,进入阿拉伯海以后,便可以在瓜达尔港上岸,由此进入中国新疆的叶尔羌,与喀什到和田的铁路接轨。就中国境内新疆的铁路建设而论,目前所缺的只是和田与青藏铁路的接轨,现已动工的格库铁路(青海格尔木—新疆库尔勒),对此举是有力的推动。此线一旦建成,并且修通此线与和田之间的联线,新疆便不会再是一个封闭的内陆,而是一块最接近印度洋西部地区的中国边区了。可以预见,这将极大地改变中国在这一地区的战略地位。

作为世界上最大发展中国家的中国,为自己定下的目标是,争取在21世纪30年代进入中等发达的工业国行列,初步实现它为13亿多人民设定的小康社会的目标。而作为世界上名列前茅的经济大国和军事强国,中国将在基础设施、制造业、贸易、金融和科技创新,以及地区安全和稳定等国际事务中,发挥更加重要的作用。

泰国、马来西亚、印度尼西亚等东盟国家,在经济全球化浪潮推进下,也各自通过调整产业发展战略,正在从初级产品生产转向劳动密集型产业,以实现初步工业化目标。有人将东亚地区的这一发展梯级比作以日本为首的雁形行列,是一支由美国和日本的双引擎作为动力源,引领"四小龙"和东亚新兴经济群体,进而带动东盟各国,甚而波及印度的队列。而中国经济的高速、稳步上升,正在迅速突破这一框架,成为东亚经济发展的火车头。

东亚经济的崛起,正好是顺应国际形势和不断调整自身产业机制的结果。原先发达国家为及时应对国际经济的变化在1975年发起组织的七国集团,后来接纳俄罗斯,扩大成八国集团国际论坛。1997年亚洲金融危机的爆发,促使国际社会进一步认识到,国际金融问题的解决,单纯依赖西方发达国家,已经有所不足,还需要有影响的正在日益壮大的发展中国家的参与,在1999年12月组建了二十国集团,在原先的八国以外,吸收了欧盟、中国、阿根廷、澳大利亚、巴西、印度、印度尼西亚、墨西哥、沙特阿拉伯、南非、韩国和土耳其作为这一机构的成员国。这个国际集团每年召开的领导人峰会,及时应对全球经济形势的变化,迅速作出相应的决策。当前这一机制,正在针对2008年7月以来由于美国的次贷危机而引发的国际金融危机,为改革当前的金融和监管制度定下原则,并制订相应的行动计划,确保自由市场原则,继续发挥它的有效作用。2014年3月,由于俄罗斯一手策划了乌克兰领土克里米亚自治共和国的独立,俄罗斯随即接纳了克里米亚加入俄罗斯联邦的要求,西方七国宣布拒绝出席预定6月在俄国索契举行的八国集团峰会,作出了暂停八国集团中俄罗斯席位的决定。今后国际经济的调控,将会更多地依靠二十国集团峰会引领世界经济进步。二十国集团的人口占全世界总人口的65%,二十国集团的GDP占到全世界GDP总量的85%—90%,贸易占到全世界贸易总量的74%,在调控世界经济与金融中举足轻重,是一个极具活力的国际机制。

（二）中华文明与变革的智谋

　　现代科学技术的飞速发展、跨国公司在国际商业竞争中举足轻重的作用，促使一门新学问——智谋学大受欢迎。引发这一世界性热潮的是，战后的日本在短短的二十年中，从一个千疮百孔的战败国，崛起成为一个经济大国的历史经验，不但创造了亚洲的经济奇迹，而且能够与时俱进，不断保持经济的强势，提升自身的综合国力。1973年的石油危机，曾一度使美国的经济意想不到地丧失了竞争的优势，而在美国先进的管理科学一手扶持下成长起来的日本，即使在石油完全仰赖进口的局面下，却只出现了一个很低的通货膨胀率，继续维持了生产的增长。这使美国的工商界从理性主义的传统中省悟到价值取向多元化和个性的极端发展，逐渐成了企业经济增长的主要障碍和形成生产低效率的主要动因；认识到深受中国传统文化熏陶的日本企业，在管理体制上由于运用得法，形成了具有激发企业职工热情和责任感使之演化为生产力的企业文化，在产品进入市场时，进而产生了需要全社会多边认同的商业文化。日本的商业文化引领企业在国际竞争中不断提升自身的实力，打入对方的市场，用不断更新的产品去赢得新的市场，于是成功不断涌现。有人将日本企业滚雪球式的成功，归之于日本社会推行《三国》热、《孙子》热、《菜根谭》热所致。

　　日本的企业界和管理界确曾热衷于这些中国文化典籍的宣扬，作为在商战中启迪谋士们用来策划和运作的典范，将商场视之为战场。日本的《三国》热将明人罗贯中根据史籍《三国志》演绎的小说《三国演义》读成人生训、处世方、成功法、组织学、领导术。继而又从更加古老的兵书《孙子兵法》中找到了著名的三十六计，作为现代企业经营的智慧库。20世纪50年代以后，随着禅学思想在西方国家的流传，禅学在西方思想界找到了与精神分析以及存在主义哲学相通的语言，实现了伦理的变化，于是日本的企业界又推出了一本久已在日本流传的禅宗劝世册子《菜根谭》。这是一本由明人洪应明撰写的语录体说禅册子，据天宁寺沙门清熔重校刻本共411条，此外尚有157条是此本所无，合计有568条（见王同策编《菜根谭注释》，浙江古籍出版社，1989年）。日本企业界推崇此书是足以"持身养性、待人接物、指点迷津"，改善人际关系的标准读物，用作企业管理、人事制度、扩大销售市场的必读教材。日本的工商界人士从这些被认作可以融通东西方文化的中国古籍中，试图寻求可以悟出管理现代高新产业、应对当前危机四伏的时势的法典，作为指导经营战略的准则，启发企业管理人员不断改善企业的经营，从商业文化中悟得适应变革的智谋。

　　《孙子兵法》这部2500年前的兵学圣典，由于它的谋略变化多端、妙计连生，尤其受到东西方有关人士的推崇，被当作制订军事战略和指导现代社会经济管理的重要准则,而风靡世界。《孙子兵法》的作者孙武在公元前6世纪春秋末期投奔吴国(都江苏苏州),负责军事,写作了讲究谋略的《孙子兵法十三篇》,共6 097个字,在由322句组成的文字中,以精炼而深刻的格言、哲言和箴言论述治理国家、指挥作战的智谋,是一部千古奇书。在唐代,这部书的抄本就传入了日本,734年由日本遣唐学生吉备真备归国时带到日本,从此被兵家和谋士奉为宝典,与孔孟相提并论。760年,奈良王朝派授刀舍人春日部三关、中卫舍人土师宿弥关城等6人到太宰府跟从吉备传习《孙子·九地》、《诸葛亮八阵》方面的知识。从此《孙子》就在日本传开了。日本征西将军怀良亲王在1381年致明太祖朱元璋的书信中,称崇中国"论文有孔孟道德之文章,论武有孙吴韬略之兵法"。江户时代历史学家赖山阳称孙子是兵圣,与儒圣的孔子并重。《孙子兵法》在18世纪出现在法国,它的第一个法文译本,是法国耶稣会会士钱德明从满文抄本译出,1772年在巴黎出版。拿破仑经过精读,在实战中运用了其中的一些要领。1922年,肖莱上校对这个译本划分专题,重新编订刊行。1910年,由汉学家莱昂尼尔·翟理士据中文译出的英译本出版后,在欧洲流行极广,同年出现了德文译本。日本在战后掀起了研究孙子的热潮,出版了近百部专著。1971年,日本东北大学中国哲学研究所编著了学术性很高的《孙子索引》。日本专门研究孙子的服部千数在1974年出版了《新编孙子兵法十三篇》,1987年他又《孙子兵法校解》问世。

战后首先将《孙子兵法》的原理和计策引进经济领域的是日本,日本的企业界将兵法经营作为企业生存与发展的两大柱石之一,把《孙子》作为经营管理的谋略教科书,用来轮训企业干部。企业家大桥武夫出版了多达10卷的《兵法经营论》等许多著作,运用实际的经营事例阐明兵法经营的基本原则、方法、诀窍和手段,论述了企业管理中的指挥与决策,计划与组织,情报与谋略的范畴,形成了有一定影响的兵法经营学派,在自办的企业中加以运作,使生产效率大大提高。《孙子兵法》进而成为日本一些跨国公司为拓展海外市场和加强产品竞争,制订谋略的源泉和依据。

美国是最近半个世纪中西方国家研究孙子的大本营,和对《易经》的研究一样,孙子兵法是备受美国各方人士关注的热点之一,研究孙子的学会、研究会或俱乐部多达上百。早在20世纪20年代,美国军事院校就将《孙子兵法》作为军事理论的重要著作列入课程,70年代后,美国的战略学家发现古往今来的军事学家只有克劳塞维茨可与孙子相比,然而克劳塞维茨的著作比孙子晚2 000年,而且有时代局限性,于是美国的著名军事院校都将此书列入战略学和军事学课程的必修课,美国国防大学更将《孙子》作为将军们主修战略学的第一课,先讲孙子,再讲克氏的《战争论》。孙子的教诲每每出现在尼克松、基辛格等政治家和战略家的著作中,曾经出任国防大学战略研究所所长的约翰·柯林斯在《大战略》(1973年)中,称赞孙子是古代第一个形成战略思想的伟大人物,认为迄今为止尚未有人对战略的相互关系有比他更加深刻的认识了。

1963年,由美国军事学家、退休将军格里菲斯使用宋本《十一家注孙子》和《武经七书》作为底本,采取字斟句酌的翻译,并在研究各种已有的译本以后,博采众长,成为一个最有权威的本子,受到西方军事院校和学术界的称许和纳,被联合国教科文组织列入《中国典籍丛书》,并转译成各国文字。继此之后,陶汉章的《孙子兵法概论》(1987年)在美国出版,列作80年代最畅销的军事理论书籍之一。孙子兵法的精华所在是后世民间盛传的三十六计,这三十六计在西方成为家喻户晓,已经晚到1988年了。这一年,由出生在瑞士日内瓦附近小村中的胜雅律写了一本名叫《智谋》的德文书,这书一出,大受欢迎,不到4个月就印了3版,报刊、电台、电视台群起选载,发表评论,加以追捧,各国都出了译本,中国在90年代也翻译了这本书,发行量达到20万册。胜雅律在1975年到北京大学历史系学习,当工农兵学员,他不满意西方汉学只研究儒家、道家和佛教,却不研究中国的智谋思想,于是自己动手去整理、介绍,将中国古已有之的智谋思想写得活灵活现,完全可以融入剧烈竞争的现代商业社会。

在形形色色的社会生活中,计谋的运用往往是解决问题、改变现状的方法或手段,三十六计是后人对自古以来历代谋略思想所作的一种通俗演绎,相传是一个叫檀公的人所辑。有人将三十六条妙计概括成一首五言诗,每计取一个字,依次成为:

> 金玉檀公策,借以擒劫贼,鱼蛇海间笑,羊虎桃桑隔,树暗走痴故,釜空苦远客,屋梁有美尸,击魏连伐虢。

这首诗除去"檀公策"三字,按次序列出了三十六计中的一计:

> 金蝉脱壳,抛砖引玉,借刀杀人,以逸待劳,擒贼擒王,趁火打劫,关门捉贼,混水摸鱼,打草惊蛇,瞒天过海,反间计,笑里藏刀,顺手牵羊,调虎离山,李代桃僵,指桑骂槐,隔岸观火,树上开花,暗度陈仓,走为上,假痴不癫,欲擒故纵,釜底抽薪,空城计,苦肉计,远交近攻,反客为主,上屋抽梯,偷梁换柱,无中生有,美人计,借尸还魂,声东击西,围魏救赵,连环计,假途伐虢。

这些妙计曾有助于人们在现实生活中认清形势、摆脱困境、转危为安,因此成为人尽皆知的典故,嵌入公众的生活之中,汇集成汉语的成语,在千百年中代代相传,作为起点和源头的正是《孙子兵法》。

《孙子兵法》现已译成英、法、德、俄、日、西班牙、希伯来等几十种文字,研究它的著作更多至数千,孙子最伟大的战略思想在"不战而屈人之兵",甚至预见了核武器的战略威慑作用,深受当今战略家的称许。《孙子兵法》与《三字经》《周易》《三国演义》《菜根谭》《红楼梦》《道德经》以及《唐诗》一起被列入世界流行的八大中华古籍之中,如若加上《论语》和《水浒》,便可合成代表中华文明的十大名典了。

中华文明在世界进入工业社会后,所起到的作用,过去由于历史的原因,曾经显得每况愈下。自从 20 世纪的最后 20 年中国采取措施,对世界经济大潮积极迎头赶上以后,社会面貌为之一新。作为世界各国交流经济和科学技术的一项重大的举措,中国在 2010 年举办了一届成功的世界博览会,向全世界展示了它进行经济建设的全部成就,以及未来的奋斗目标,博得了世界各国的喝彩。

世界博览会的举办已有一百多年的历史。

自从 1851 年在伦敦海德公园举办了以世界文化和工业科技为内容的万国工业博览会,展开了第一届世界博览会,世界博览会便成了走向现代化的世界各国相互了解和相互沟通的有效途径。以后定期在欧美各国举办的这类博览会,逐渐成为工业国家向全世界推广新产品和展示新技术极具魅力的办法。1915 年中华民国政府首次派团参加了在美国旧金山举行的巴拿马万国博览会,创下展品数量最多、展馆占地面积最大、获奖展品最多的"三最"记录,增进了西方世界对中国的了解。在经历了漫长的折腾之后,2010 年在上海,终于由中国主持举办了第 41届世界博览会,国际社会一致称赞这是一届成功、精彩、难忘的世界博览会。

上海世博会自 5 月 1 日开幕,到 10 月 31 日闭幕,在 184 天中首度将"城市"作为展品,以"城市,让生活更美好"为主题,向全世界推出城市最佳实践区和网上世博会,这两大世博会历史上的创举。上海世博会有 189 个国家、57 个国际组织参展,远远超过了 2 000 年德国汉诺威世博会保持的 177 个国家和国际组织参展的记录;入园参观者达到 7 308 万人次,刷新了 1990 年日本大阪举办的国际花卉博览会入园 6 421.877 0 万人次的世界纪录;由世博会排定的国家馆馆日和国际组织荣誉日的活动规模,以及文化演艺活动突破 2 万场次,均创造了历史新高。世博会上不少科技成果已经在上海生根发芽,新能源车、太阳能光伏一体化建筑、电子标签、LED(发光二极管)、准 4G 网络等高新技术在世博会上成功亮相,必将迅速推动这些技术的产业化,更好地融入城市生活。西班牙提供的马德里案例,德国汉堡展出的"被动房",伦敦推出的"零碳馆",法国罗阿大区的城市实践,向世界充分展示了通过低碳、节能、绿色、智能的途径,一定会使城市生活变得更美好。

尤其值得注意的是,上海世博会是在第三世界首次举办的世博会。透过博览会,中国向全世界展现了在这个国家处于沉沦的百年之后,以全新的面貌再度与世相会,决意走在世界前列的信心。可以预期,上海世博会的成功,一定会进一步扩大中国与世界的联系,更快更好地使中国融入世界,让世界更加了解中国,让世界经济更加充满活力。

20世纪以前的300年,曾经是大西洋文明充分展示它的魅力的时代。20世纪以来,世界文明中心由大西洋逐渐转向太平洋。美国在这一历史转折中扮演了主要角色;而它的完成,则有待于21世纪中华文明的重振雄风了。

(三) 2016年二十国集团杭州峰会为未来设计蓝图

自从二十国集团峰会(G20)创立以来,到2008年美国爆发金融危机,二十国集团临危受命,将世界经济送进了急诊室,加以抢救;经过8年努力,渡过难关,转入康复室,但是全球经济仍处于复苏缓慢和市场需求低迷,使得包括一些行业生产过剩在内的结构性问题更加严重,到2016年在中国杭州举办第11届G20峰会,对治理世界经济已到了必须开出中国药方走向"转型"的关键时刻,从危机应对机制向长效治理机制转型,从侧重短期政策向短中长期政策并重转型。2016年9月4日—5日召开的杭州峰会,因此也成了历史上最大规模的一次峰会,赴会的不但有19个成员国的领导人,并且有联合国、世界经济合作组织、世界货币基金组织、世界贸易组织、世界银行等8个国际组织的领导人,和7位包括东南亚联盟轮值主席国老挝、非洲联盟轮值主席国乍得等国在内作为嘉宾与会的国家元首,是一次20+8+7的盛会。会议在事前通过召开了包括农业、国家银行行长、财政、贸易等部的二十国部长会议,取得了多项共识,以构建创新、活力、联动、包容的世界经济为目标,发力"中国功夫",召开了杭州峰会。中美两国在峰会召开的前夕,向联合国秘书长潘基文递交了加入《巴黎协定》的签约,推动应对全球气候变化、营造创新生态环境。在9月5日发表的《杭州峰会公报》,公布了被称作"杭州共识"的三十多项推动世界经济强劲、可持续、平衡和包容增长的一揽子政策和措施。着力推动:

——发掘增长新动力,开辟新增长点,以创新和可持续的方式推动经济转型。

——创新经济理念和政策,财政、货币和结构性改革相互配合,经济、劳动、就业和社会政策保持一致,需求管理和供给侧改革并重,短期政策与中长期政策结合,经济社会发展与环境保护共进。

——建设开放型世界经济,反对保护主义,促进全球贸易和投资,加强多边贸易体制。确保企业(包括中小企业)都能从全球价值链中受益。推动包容和联动式发展,强化包容增长,确保经济增长的益处惠及所有人并最大程度释放发展中国家和低收入国家的增长潜力。

——实现抗风险的增长,建设有效的金融治理架构。加快各国在普惠金融领域的进度。

——营造创新生态系统,以科技创新为核心,构建更清洁的能源未来,确保可持续能源安全。

峰会核准《二十国集团创新增长蓝图》《二十国集团深化结构性改革议程》《二十国集团落实2030年可持续发展议程行动计划》《二十国集团迈向更稳定、更有韧性的国际金融架构的议程》《二十国集团全球贸易增长战略》《二十国集团全球投资指导原则》《二十国集团、经合组织关于基础设施和中小企业融资工具多元化政策指南文件》《二十国集团反腐败反逃追赃高级原则》等多项文件,作为今后行动纲领。

第十五章
东亚文明的世界性贡献

在东亚地区兴起的中华文明,对以往 3 000 年的世界文明曾经作出过重大贡献,引领和加速了人类文明的进程。这些贡献可以归结为以下十大项目。

一、 名扬千古的丝绸文化

纺织业在人类最早发明的各种手工艺中,是仅仅略晚于农业、陶业和建筑的一大工艺。在麻、棉、毛、丝四种纺织工艺中,丝纤维比起麻织物、毛织物、棉织物等短纤维要长得多,可以达到 500 米以上、1 000 米以下;丝纤维的抗张强度也很高,可达到每平方毫米 35 千克以上、44 千克以下,仅低于钢丝。蚕丝不容易扯断,要拉长到超过 20%时才会破裂。蚕丝这样的动物纤维所具有的优点,一旦被人类认识,便爆发出不可计算的能量,加速了人类文明的进程。

蚕丝最初都产自野生的蚕,所产丝纤维的性能要比家蚕差许多,把野蚕培养成家蚕,是 6 000 年前中国长江下游农家妇女对野蚕精心培育的一项重大发明,达到这样的成就,大概花了上千年才做到。1958 年,在长江三角洲的太湖南岸,属于浙江省湖州的一处名叫钱山漾的新石器时代良渚文化(公元前 3300—前 2200 年)的居住遗址中,出土了丝线一团、丝带一团和一片绢,两把和后世的丝帚相似的棕刷,还有已经碳化的麻织物和陶轮。遗址用碳 14 测定,经过树轮校正,为 5 288±135 年,离开现在已有 5 200 年了。出土的丝织物都是家蚕丝,残绢表面光滑,已经用热水除去丝胶,经过缫丝后纺织的绢,经纬密度达到每平方厘米 48 根。这就是 3 000 年古人称呼那些没有花纹的丝织品叫"帛"的原始实物了。帛是丝布,后来通称叫"绢"。湖州这个地方得天独厚,在那样早的时候,就掌握了养蚕、纺丝的知识和技艺,在全世界开创了丝绸文化,是最古老的丝绢之乡,直到19 世纪,还以出产"湖丝"享誉海外。

为了维护这项产业,农家都供奉蚕神,蚕神有各种称谓,但都是妇女。到了汉代,出现了一本叫《淮南王养蚕经》的专业著作,将栽桑、养蚕、缫丝、织帛这一系列改良蚕种、提高蚕丝产量和产品的业绩，都归到了黄帝的元妃西陵氏，说是西陵氏嫘祖的功绩。这项劳动过去一直由妇女担当，所以传说中社会地位最高的妇女西陵氏，成了养蚕、缫丝、织帛的发明家。

养蚕是为了缫丝、编织不同于麻类和毛类的衣料，因此在中华大地上，还有一些5000年前的古遗址中出土了有关蚕的雕刻品和实物。如黄河流域的河北正定南扬庄的文化层中，出土过一件陶蚕蛹；浙江余姚的河姆渡遗址有过一件牙雕的小盅，上面刻了四条爬动的蚕；在山西陶寺发现过半个茧子。在3500年前的商代，有了甲骨文，出现了许多以"丝"字作偏旁的字。那时的丝织物已经越来越精美，由于织法不同，品种越来越多，除了平纹组织，还有斜纹组织、平纹和斜纹的联合组织，还有绞纱组织，经二重和纬二重等复杂组织。织物有了繁复的花纹，显得华贵和富丽。公元前9世纪，丝织物的名称至少已有帛（绢）、缟、绡、纱、绨、罗、纨、縠、绫、绮、锦等十多种，其中的縠，是绉纱，河北藁城台西村出土的商代铜觚上就附有绉纱残片。1857年湖南长沙左家塘一座公元前4世纪末的古墓中，也有同类产品出现，然而在这次的发现物以前600多年，早在商代就已有了这样的产品了。

更加令人感叹的产品是绮和锦，两者都是有花纹的高端产品。绮是在平纹组织上加上斜纹组织，在斜纹的经线上织出隐现的花纹，又叫暗花绸。有一件商代的礼器青铜钺，现在由瑞典斯德哥尔摩的远东古物博物馆保存，上面留下了用绮包裹的残片，可以见出菱形花纹，是现在还能见到的最早的暗花绸了。最绚丽多彩的丝织物要推锦，它用多种彩色丝线交织而成，公元前9世纪，首先在黄河中下游地区研制成功，被当作最高级的礼品，制作华贵的衣料、室内的帷幕、和宫殿、庙宇内的挂幡，还可用来裁制垫褥。加上用各色丝线在绫和锦上绣出繁华的花饰，便产生了"锦上添花"的成语，借喻好到极点、无以复加了。这种3000年前的顶级工艺产品，在辽宁朝阳和陕西宝鸡的古墓中有出土，花纹由斜纹显出，极富立体感。长江中游的湖南、湖北也能制作各种花锦，常多龙凤图案，有五色、九色等多种色彩，长沙左家塘战国楚墓中出土过朱条暗花对龙对凤锦，以及深棕底、红黄色菱纹锦，都是2400年前能手的匠心之作。这些令人目迷神眩的丝织品，成了中国北方游牧民族从事转手贸易的抢手货，被运往亚洲各地，甚至远到欧洲和埃及，有时充作保值的硬通货，成为贵胄和富豪最可夸耀的财富。

公元前771年，不堪骑马民族骚扰的周平王，将他的都城从西边的镐京向东迁徙到了居"天地之中"、在黄河南岸洛水之阳的洛阳，建成了城周长达14千米的洛阳城，从此这里便成了四方交会的通都达市，直到公元前256年东周王朝灭亡，足足有500年以上。作为当时中国最著名的工艺产品丝绸的消费与交易中心，

"丝都"("帛都")的名声因此传遍了北方的草原和亚洲的西部地区,远方来客便以一访洛阳为荣,洛阳确也成了当时东亚最有名望的都会。由于中国蚕丝和丝织品(统称"丝布")远销亚洲各地,直到地中海滨,也都能见到这一独特无比、十分精美的手工艺产品。公元前4—5世纪,中国西边的文明中心波斯、印度,在文献中也有了中国丝帛的音译名称。古波斯语中的绫叫 barnū, barnūn,和"帛"字相通;绢叫 bālās;中古波斯语中绸缎叫 parnikān,都和丝帛有关。印度梵语中丝和绢最初都叫 patta,后来绢又称 netram,大约出自汉代使用的"縑";绫 称 pringa;绣品叫sūscikarma;都直接从汉语中借去。所以即使这些国家也生产各种野蚕丝,但是他们也都知道,那是和中国产的丝帛有天壤之别的不同产品。公元前6世纪,波斯帝国将它的版图拓展到黑海、爱琴海和地中海之后,增加了商货的流通,作为最时尚的尖端产品的中国丝绸,从此便享誉天下了。

19世纪欧洲的探险队、科学考察团纷纷进入中国西部地区考察以后,德国地理学家腓特烈·里希霍芬首先在1877年发表的巨著《中国》中提出一个在欧洲十分新鲜的命题:很早以前,从中国西部通往地中海方向,就有一条东西方文明国家交流各种特产和传播宗教的交通干线出现了,他将这条路称作"丝绸之路",因为丝绸曾是这一地区长期以来举世闻名的产品。令人惊讶的是,一个世纪以后,就在里希霍芬的家乡巴登-符腾堡州,有一处名叫荷米歇尔的地方,属于公元前6世纪中期的古墓中,出土了用中国的家蚕丝和当地的羊毛混纺的丝织物。后来在这一地区和希腊各地的考古发现,更进一步证实了在那样早的时候,丝绸之路就通达中欧和南欧各地了。因此,希腊和罗马帝国的使节,随后都曾专程访问洛阳,和中国中原王朝通使。

这一条从公元前6世纪—公元11世纪,一直十分兴旺发达的丝路,自中国的洛阳向西一直贯穿亚欧大陆,通达地中海南北两岸。人们习惯称作陆上丝绸之路,中间要穿越草原和森林,又称草原丝绸之路。最远到达欧洲多瑙河上游的谷地,沿地中海南岸则可以通达大西洋滨的海港城市丹吉尔,全程至少有15 000千米之遥。

草原丝绸之路从中国北部河套地区通过河西走廊,进入新疆天山山脉和塔里木盆地,分成三条主干道继续向西进发:

北线在哈密沿天山北麓向西,绕过里海北岸,经钦察草原,在黑海以北,沿多瑙河西进,直逼西欧和意大利半岛。

中线在吐鲁番沿天山南麓西进,向里海南岸进发,经伊朗高原,再分成南北两路。北路进入小亚细亚,到达欧洲的君士坦丁堡(今伊斯坦布尔),有名的拜占庭帝国将这里当作它的都城。南路经叙利亚通过利凡特,到达非洲的尼罗河三角洲,这里有著名的亚历山大里亚港,是地中海南岸,水陆运输的交会处,也是罗马帝国最大的商品吞吐港。

南线出敦煌后,沿塔克拉玛干沙漠南缘西进,经过和阗,在帕米尔高原东侧和葱岭进入印度河流域和恒河流域的各大都会,有马图拉、华氏城、瓦拉纳西等都会。

丝绸之路在文明世界的几大中心之间,构筑了畅通的道路和桥梁,接待了来自不同民族和地区的商旅和访问者,是人类最早开放的大动脉。远方的人们通过它取得了中国的丝货和各类奇特的商品,并把他们自身的特产加入到这条昼夜不息地运转的传送带中去,促使文明的车轮更加快速运转。

和陆上丝绸之路相呼应的还有海上丝绸之路。日本学者三杉隆敏(Misuki Takatoshi),出于他对中国外销瓷的爱好,周游世界,考察了各地出土华瓷的遗址和收藏华瓷的博物馆,在 1968 年出版了他写的《探寻海上丝绸之路——东西陶瓷交流史》(大阪,创元社),提出了"海上丝绸之路"的理念,得到了研究陶瓷考古的三上次男(Mikami Tsugio)的支持。此后继续刊印了《海上丝绸之路——中国瓷器的海上运输和青花瓷编年研究》(东京,恒文社,1977 年),与人合编了《海上丝绸之路事典》(东京,新潮社,1988 年)和增订本《海上丝绸调查辞典》(东京,芙蓉书房,2006 年)。他将公元 1—5 世纪作为海上丝绸之路的黎明时期,10 世纪以后进入发达时期,17 世纪作为转折时期的开始。而他和他的合作者研究的材料,却多半是中国的外销瓷在世界各地的出土和收藏情况。

从中国东部海域通往红海和地中海的海上丝绸之路的兴起,是由于罗马帝国向地中海东部地区的扩张所引发。而早在公元前 1 世纪,中国的丝织技术已经向西播及地中海东部在埃及托勒密王朝统治下的利凡特。罗马帝国占领这一地区后,贝鲁特、西顿、推罗的丝织工艺可能直接受到中国技工的指导,使用从中国运去的原料,对丝织品进行再加工,生产出适合本地上层人士使用的丝服和用品。中国早在公元前 4—5 世纪,已经拥有了多综多蹑的提花机和更加适合纺织纬锦的束综提花机,大约到公元 2—3 世纪,这类提花机才被西亚地区新兴的丝织同行从中国引进。使用这种织机,可以在交织综以外再加许多提综,一次能织经线5 000 根,可以纺织花色极多的绫和锦,波斯、拜占庭的丝织工业因此大有起色。后来拜占庭将丝织技术传给了希腊和埃及,伯罗奔尼撒半岛的丝织业逐渐茁壮成长,在中世纪成为拜占庭丝织业的顶梁柱。这可以算是中国丝织工艺向地中海传播掀起的第一轮波澜。

在中国以西的广大地区,直到 4 世纪,无论波斯还是拜占庭,都还不懂得如何生产蚕丝,他们甚至不了解蚕丝是怎样生成的,有人说是从树上长出,也有人以为是一种小虫生出。伊朗的民间传说，是两个萨珊波斯的使者到中国学会了养蚕缫丝，把蚕种放在竹筒中，带回国，用墨桑喂蚕，再缫丝纺织绫罗、绸绢，到5世纪更织出了后来十分著名的波斯锦。不用说，最初的一批丝织工匠一定也是从中国境内的高昌或龟兹（鸠兹）引进的，因为那里的织工也是擅长斜纹组织和纬线起花纺织技艺的能手。拜占庭为了摆脱不能生产蚕丝、受尽波斯人垄断丝绸贸易之苦，在552年以后不久，也设法由印度僧侣从新疆运出蚕种，依法育蚕，用桑叶喂蚕，然后缫丝纺织，效法中国的织金锻，织出了贵族最喜穿着的斯卡尔曼琴长袍。这是中国丝织技艺西传掀起的第二轮波澜。

从此中国的丝织品有了新的竞争者，然而中国的丝织业仍旧以它高额的产量和层出不穷的精美产品长期称雄于世。唐代的丝织业是一项产量大、技艺精、产值高，居工业生产强项的产业，在世界产业中处于高精尖的领先地位。唐代蚕丝的质量有很大提高，《新唐书·地理志》卷四一记述江南道苏州吴郡贡品有八蚕丝，一年可以八次繁殖，是国内所产蚕丝的极品。吴郡下辖七县（吴、长洲、昆山、常熟、华亭、嘉兴、海盐），包括太湖以东、北至长江、南抵杭州湾的苏、浙之地，是最古老的育蚕基地。“一年八育”的蚕是多化性蚕，茧量少，到宋代，这一类的蚕种，由于蜕化而被四眠系蚕种所淘汰。

唐代丝织产品有绵（丝绵）、绢、缯、纱、罗、絁（粗绸）、紬（绸）、縠、绮、锦和缂丝等名目，而产品的精细、花样的华丽、织法的繁复、印染的巧妙，都已胜过以往产品所达到的高峰。在唐代的丝织技艺上最突出的一项工艺，是束综提花技术的大量推广，使早先以纺织经锦为主的工艺，更多地转向可以纺织纬线起花的纬锦，使用数量更多的各色丝线。根据《唐六典》的记载，直属中央少府的染织署下总共设置了6处染作，在专事精练的白作以外，有练青（蓝）、绎（红）、黄、皂（黑）、紫五种色泽的作坊。染料的来源，由矿物转向广泛使用植物染料（茜草、红蓝花、紫草、苏木），使得植物染料色谱增多；印染的方法也在夹缬之外，大量使用绞缬和蜡缬。运用通经回纬织法的缂丝，起源于新疆境内毛织物的织法，到11世纪运用到丝织工艺中，纬丝的色泽通常要有上千种，甚或达到五六千种，足以将绘画作品移植到丝织品上；从此丝织品成为一项可与绘画相比的工艺品，进入了艺术的殿堂，后来在宋、元时期得到更大的发扬，流传迄今。日本奈良的东大寺正仓院中就保存有唐代缂丝的残件，新疆吐鲁番的阿斯塔那古墓在1973年也出土过唐代生产的几何绫纹缂丝带，它们要算是保存到现在最古的缂丝实物了。

宋代在蚕业生产上跨出的一大步，是靠了对养蚕技术的改进，在长江流域的蚕业生产基地育成了四眠蚕，并且加以推广，形成了北蚕都是三眠蚕，南方全是四眠蚕的蚕业生产格局。三眠蚕易养，抗病能力较强；四眠蚕的个头大，茧质优良，对促成蚕业的繁荣贡献良多。后来北方产的丝就叫北丝,南方产的丝叫南丝,两者都是世界上最优良的蚕丝。南宋时代为了提高蚕丝产量,每槌间用生地黄四两研汁,洒在桑叶上喂蚕,(庄季直:《鸡肋篇》上)这样饲养出来的蚕,吐丝量就比其他的蚕要多。这项发明,已被华南农学院在20世纪所作的验证性试验所证实。

宋代和北方的契丹都精于锦绣和缂丝,并有实物保存下来。北宋时以河北的定州为这项丝织业的中心,后来部分工匠被迁往辽国的都城。南宋时缂丝的中心转往江浙一带,摹仿书画,作成条幅或扇面,成为与绣品相提并论的艺术品,至今还有传世品流传。宋、元时代,福建的刺绣尤其有名。

宋代生产的锦、缎和纱罗,都是举世独步、足以称雄世界丝业舞台的创新之作。宋代生产的锦,在传统的蜀锦(产自四川)和织金锦之外,在苏州、杭州和湖州等江南地区的丝织作坊中研制成功了被称为"宋锦"的新品种。宋锦采用三枚斜纹底织法,经线分面经和底经两重,面经用本色生丝,底经用有色熟丝,纬用多色的练丝,织出纬三重起花的花锦,使织锦技艺大放异彩。

中国的丝织工艺作为亚洲和欧洲各地后起的丝织业的楷模,被各国的工匠所效法。阿拉伯人兴起后,在751年以后,一批中国的金银匠、陶瓷技师和纺织专家被移居到伊拉克的库发,其中就有擅长丝织工艺的山东人乐(隈)和吕礼,他们为建立伊斯兰的丝织工业、改革传统工艺立下过功劳。称作"库菲叶"的阿拉伯金丝头巾正是那时的新产品,而且流传到20世纪仍然受人喜爱。这一次由中国丝织技艺引起的波涛,是在前二轮的基础上进行的第三轮波澜了。这一回由地中海世界各地的伊斯兰国家领先在丝织技艺上大显神通,引发了基督教国家也跟着在丝织工业领域中跃跃欲试,在法兰克人的国土上建立起本国的丝织业来。在地中海西部地区,首先建立丝织工厂的是伊比利亚半岛的科尔多瓦王朝和摩尔人王朝。1147年西西里岛最先成为丝织业的新兴产地后,不断将最新的技术传入意大利半岛,不到半个世纪,这里的丝织业便挤垮了伯罗奔尼撒地区的丝织业。接下来,西班牙和摩洛哥的丝织业也大有起色,13世纪时阿尔梅里亚的丝织业十分繁荣,拥有800台丝织机,不比马拉喀什差多少。后来法国、英国也相继拥有了本国的丝织工业,但已晚到实现环球航行的时代了。

中国丝织品在14世纪时运销的情况,由一个南昌人汪大渊将他的海外见闻记录了下来。汪大渊在1339年以前花了10年功夫,到南海、印度洋和地中海南岸去调查海外贸易市场,写了《岛夷志略》一书,特别注意考察亚非各国直到地中海地区,几十个海港城市运销的中国商品,对蚕丝、丝织品和瓷器的销售,记录尤其详细。当时中国出产的南丝、北丝,最远已销往坦桑尼亚。苏州、杭州生产的五色缎更是伊斯兰国家的畅销货,一直输出到大西洋边的丹吉尔、印度洋南部非洲的基尔瓦·基西瓦尼,真称得上是风靡世界了。

中世纪的伊斯兰国家伊朗、叙利亚、埃及、摩洛哥都学会了生产各种纺绸、纱罗和绫锦,但中国仍能以高超的技艺不断开发新的产品,扩大生产的规模,在国际市场上保持着独特的声誉。16世纪末,西班牙开辟了横越太平洋的航线,将运到马尼拉的中国绸缎运往墨西哥的阿卡普尔科,再转往西班牙,实现了中国绸缎绕越地球的辉煌业绩。中国丝绸能够取得这样的成就,是和11世纪到17世纪之间,所经历的宋、元、明三个朝代,对于养蚕、织丝和印染三大领域的产业不断加以提升和拓新,无法分开的。

宋代丝织工艺的最高成就是花色繁富的罗与缎,汉锦、唐绫与宋罗,并为富有时代特色的丝织品。宋代在很早以前就有的四经绞花罗之后,发明了二经绞花罗和三经绞花罗。12世纪以来,更在先秦时代已有的平纹和斜纹组织之外,发明了缎纹组织,将缎纹和提花以及二重组织结合在一起织出的缎子,光亮、平整而柔软,成为织物组织学上三源的一个新起点,福建福州南宋黄昇墓(1243年)出土的六枚纹纬松竹梅提花缎,由甲乙纬起花,形成纬二重组织,创出了当时举世无双的新产品。(或有以为"唐代染织有彭、越二州的缎",见《世界美术全集·中国美术·魏晋至隋唐》,2004年,中国人民大学出版社,44页。然据《新唐书》卷四一江南道越州会稽郡,贡品中无缎;卷四二剑南道彭州濛阳郡产"段罗、交梭",而非"段、罗",段罗是四经绞花罗。)

中国丝织业对西方世界发起的第四轮冲击波,正是由缎子这种前无古人的新技术、新产品开创的。福建泉州港的兴起,顺应了新一轮的贸易平衡的需求,在大幅度从海外进口香药、犀牙、珠宝的同时,扩大这种华贵舒适的缎子的外销,无疑是可取之举,因此各色罗缎的生产飞速增长,是直接推动泉州港兴旺发达的十分有力的因素。各色罗缎的运销区由印度洋扩大到了地中海各地。泉州港由于输出这种在地中海享有大名的"色缎"("彩缎"),而被阿拉伯商人称作"Zeytūni",所以12世纪中叶两西西里王国的阿拉伯地理学家伊德里西在他的《地理志》中记载的中国城市,既有泉州,也知道有苏州。过去解释"Zeytūni"是泉州在五代留从效时曾遍栽刺桐树而得名,但是在阿拉伯文中,这个词正好是指各色彩缎,是极有代表性的中国名牌产品"色缎"的音译;意大利文也和此字类同,英文satin是由阿拉伯语或中古法语转去。

元代对亚洲西部流行的加金纺织工艺最感兴致,使用金线织出了加金或全用金线的锦(纳石失织金锦)和缎(金段子);印花工艺也大量使用染缬和印金,特别富有波斯风采,而中国式样的图案和工艺仍然不失为波斯丝织业的楷模,达到了影形不离的境地,使得两者难辨产地。

明代对丝织机械花机、缎机大加改革,织出了技艺精绝的双面绒、花绒、妆花缎和双层锦。双面绒,汉代已有,但明代生产的这类织物,技艺精绝,明代定陵出土的一件双面绒袍,绒毛高 7 毫米,绒袍背面有衬里,可以保温。花绒又称漳缎,传说最初产生在福建漳州,后来成为江南丝织中心的主要产品,是以平纹或缎纹为地,以经起绒构成的提花织物。妆花缎是以挖花为显花方式的重纬缎地多彩纹织物。双层锦采用表里换层的双层平纹提花组织,产品比宋锦和妆花缎更加细薄、柔软,图案繁密,设色淡雅。明代织金织物远胜元代的纳失失,在加金锦之外,更有金彩绒、织金妆花缎、织金妆花罗、织金妆花绢等产品。绫织物也胜过宋、元,织出了五枚经斜纹组织的新产品。

清代的锦缎大量生产,城市中经营丝织品的店铺通称"绸缎店"或"绸缎庄",用"绸"和"缎"来代表各种类型的丝织品。纺织缎子是技术最繁复的纺织工艺,仅织缎机的名目就有 100 多种,最精巧的织机,所用经线有 17 000 头。四川、江苏、浙江、山东以外,广东的丝织业也成了后起之秀,所产粤缎、粤纱都是名牌产品,但原料多用吴丝,织出的产品才能光华、不褪色,而臻于上乘。所以有"三吴"之称的太湖流域,仍是蚕丝最佳的供应地。清代著名的丝织品缎子,有苏缎、杭缎、宁缎,三者各有千秋;湖州的绉纱、绸子,江宁的云锦、绸子,也都是畅销海外的名牌货,直到 19 世纪依然在世界丝业市场上享有很高的地位。这些丝织品从工艺到纹饰,都在 17—18 世纪的法国、德国和英国起过时尚作用,给当时席卷欧洲的中国装潢和江南风情提供了样本。这只能算是中国丝织工艺第五次,也是最后的一次冲击世界市场了。

此后,中国的丝织业受到采用机械动力的国际丝织市场的压力,面临转型升级的大趋势,只有顺水推舟,才能继续生存下去。这时,由中国开创的丝织业已经走过了它长达 3 000 年的繁荣期,无论是它的产品,还是它的工艺,都在 3 000 年中经历了永无止境的翻新和提高,在手工艺领域中树立了极其光辉的形象,就像创造它的中华民族一样,延绵不绝,而代有创新。

二、 极具艺术情趣的瓷文化

瓷器的制造脱胎于陶业,由制陶转到烧制瓷器,需要经过很长的过渡阶段,制成品常似陶又如瓷,所以有时是"陶瓷"连称。陶器的制作在几个文明中心可以早到公元前一万年以前,中国也是很早就有了陶器,但却是唯一的一个后来进一步首先成为世界上最早制造出瓷器的国家。由陶器到造出瓷器,中国花了大约

1500—1600 年,算是很长的一段路程了,这是一个初创者所经历的路程。比起其他所有的国家和民族来说,恐怕还只能算是费时较短的一段历程。中国的学术界把这个由陶器到瓷器所经历的时段称作原始瓷器时期,也就是初级的瓷器;换句话说,中国的工匠为开发瓷器这一新的陶瓷品种,成批生产出真正符合瓷器的物理与化学性能标准的制品,所花费的研制时间,竟有 1500 多年之久!中国在公元 2 世纪进入了陶瓷并用时代,而在欧洲,要进入这一时代,已经迟到 18 世纪了,仍然是又一个 1600 年!

与瓷器相比,陶器只能算是一种初级产品。因为陶器的烧结温度一般在 1 100—1 200 ℃,最高也只能达到 1 280 ℃,而瓷器的烧结温度却高达 1 300 ℃ 以上。从制坯的原料而言,制陶只需用硬质黏土焙烧到一定温度,便可成功,而制造瓷器必须要找到含硅量高的瓷石或高岭土才行。中国长江下游的陶工早在商代早期,便开始用高岭土制造了印纹硬陶,此后便进入了制作原始瓷器的时期。原始瓷的陶坯属于瓷石、高岭土类型,制成品达到的含硅量比釉陶有明显的提高,通常在 71% 以上,有的高达 82%,可以烧造出硬度大、光泽好、透明度高的石灰釉。北方地区(河南、河北、山东、山西、陕西)烧造的原始瓷,有的是含铝较高的高铝白陶,而南方长江流域(江苏、浙江、福建、江西和安徽南部)则普遍制造的是印纹硬陶。

在浙江绍兴、萧山的窑址中,常常可以见到印纹硬陶与原始瓷同窑烧造的遗迹。由印纹硬陶到原始瓷,再成功烧造出青釉瓷和黑釉瓷,是浙江北部钱塘江流域一些古窑所最先走出的制瓷工艺之路。

浙江北部以德清为中心的东苕溪流域,是商周以来长达 1200 年中,窑址密集、生产规模大、绵延时间极长的原始瓷烧造地区。就生产时间、窑址规模、产品种类、产品质量和装烧工艺而言,都是全国首屈一指。德清窑址多达四五十处,最大的特点是从公元前 5 世纪起,这里是越国集中烧造以瓷代铜的礼乐器的瓷窑。2007—2008 年系统发掘了德清火烧山和亭子桥两处窑址。火烧山遗址可以列出西周晚期到春秋末期的年代序列,出土了制作精美的日用瓷(碗、盘、盂、小罐),而在春秋末期大量生产了仿照青铜礼器鼎、卣、簋、壶等体型大、胎釉结合良好、装饰复杂纹饰的黑釉产品。亭子桥战国时期遗址,出土大批仿青铜礼器的原始瓷,产品有鼎、卣、簋、豆、壶、罍、罐、瓿、盆、盘、三足盘、鉴、镂孔瓶、提梁壶、提梁盂、匜、钵,以及甬钟、句鑃等乐器,表明这里曾是越国王室和贵族烧造高级用瓷的窑址,为当年供应越国王室和上层贵族烧造生活与丧葬用瓷找到了源头。亭子桥窑址出土的产品,几乎全都可以在迄今为止发现的最大的越国墓葬无锡鸿山邱承墩越国大墓中见到(南京博物院等:《鸿山越墓》,文物出版社,2007 年),这些器物在浙江绍兴、杭州、余杭、长兴、安吉、海盐等地发现的越国贵族大型墓葬中,都有出土。德清窑到公元前306年楚国灭掉越国之后,像多数窑址一样停止了生产,随后,在江浙一带生产原始瓷的瓷窑在汉代开始恢复了生产。历史悠久的德清窑要到东汉时期才重新起步,烧造青釉和黑釉瓷器。

1978年由上海硅酸盐研究所鉴定的浙江瓷窑产品中,1件上虞小仙坛出土的越窑青釉印纹罍瓷片的含硅量超过75%,含铝17%以上,含铁则降低到1.64%,釉层分析得知,属于石灰釉,而烧成温度达到 $1\,310\pm20$ ℃,比早先烧成的釉陶、原始瓷都要高,世界上最早的瓷器就这样正式诞生了!

浙江的上虞和它附近的慈溪、宁波、德清以及永嘉都发现了东汉时期的瓷窑遗址,主要有半倒焰式的馒头窑和平焰式的龙窑两大类型。大部分窑烧出的瓷釉是青釉,也有黑褐色釉,(现在都叫黑釉),例如有名的德清窑就烧出了青釉和酱黄、酱黑釉瓷器,创烧了黑釉瓷,发明了化装土,后来化装土技术被南方和北方的各处瓷窑普遍采用。越窑青瓷从此运销全国,东汉时期河北、安徽、江苏、湖南、湖北各地的墓葬,也都有瓷器出土。公元2世纪瓷器已在浙江北部各瓷窑中成批生产,是一个完全可以确定无疑的事实。

6世纪时,隋代在北方烧出了白瓷,在全国形成南青、北白的瓷业生产格局。唐代饮茶习俗逐渐普遍,讲究瓷质茶具,促使瓷窑增多,瓷业飞速发展,从北方河北的邢窑开始,西边有四川的蜀窑,再顺长江而下,湖南、江西、安徽、江苏、浙江以及福建都有瓷窑。河南巩县窑生产的唐三彩、湖南长沙窑的釉下彩,还有郏县窑烧造的黑釉蓝斑等产品都畅销海外。新兴的伊斯兰国家虽然早已制作了釉陶,但是与华瓷相比,无论色彩和纹饰,都要略逊一筹。所以8世纪下半叶巴格达的哈里发哈仑·拉希德(786—809年)见到从伊朗东部千里迢迢运去的2 000件日用陶瓷时,着实为之惊心触目。大型的盘口壶、鸡首壶、蟠龙瓶、博山炉尤其雍容华贵。而唐代特有的三彩铅釉陶,题材广泛,有骑骆驼的乐工、骑马的宫女,色彩有深绿、翠绿、黄、红、蓝、赭、褐等,器物有乐俑、榻、柜以及多种造型,堪称当时造型艺术的一绝,长期被当作彩瓷流传各地,在西亚已经见到过地下的出土物。唐代还烧出了仿玻璃釉色彩条的绞胎瓷,以及仿照伊斯兰纹饰的釉下彩。釉下彩是780年到922年间由长沙铜官窑烧造的新产品,向来不见记载,1950年在铜官镇附近的山村发现了这一窑址,出土了许多仿制伊斯兰釉陶图样的瓷器。由于长沙铜官窑产品爱用杏黄色作底色,所以在10世纪,被有名的阿拉伯学者比鲁尼评作瓷器中的上品,具有胎薄、色净、声脆的特点;其次是奶白色的白瓷和各种浅色瓷。青瓷外销多以越窑为主,产品多日常用瓷,可以作为压舱物用唐代已能制造的水密隔舱船走海道成批运出,水运费用低、损耗小,价廉物美,越瓷外销一直继续到

11世纪为止，所以在国外被列入低价的浅色瓷。长沙窑釉下彩瓷比中东地区的彩釉陶器，不但外观美，而且性能高超，最受民众喜爱。华瓷因它的光洁、不吸水、多变的色彩和耐高温的特点，兼具釉陶和玻璃两类器皿的特长，在国际市场上，一下子就胜过了以发光彩绘釉陶著称的伊斯兰陶瓷、以及地中海世界生产的玻璃器。比之玻璃的容易破碎、不耐高温、不便运输，瓷器相对地具有更多的安全感，因此9—10世纪以来，华瓷在亚洲和地中海地区迅速抢占了伊斯兰世界的市场，成了日用器皿中公认的名牌货。

20世纪以来，考古工作者在亚洲和非洲许多国家的地下和水下，找到了深埋在那里多年的华瓷。在东起日本、韩国、菲律宾、印度尼西亚、泰国、马来西亚，直到斯里兰卡、印度、巴基斯坦、伊朗、伊拉克、巴林、叙利亚等亚洲国家，以及埃及、苏丹、索马里、肯尼亚、坦桑尼亚、莫桑比克等非洲国家都发现了久埋地下的中国瓷器和残片。1998年由德国人主持，在南海勿里洞岛海域发现一艘黑石号唐代沉船，仅彩瓷就有5万多件，其中3件青花瓷碗，更是稀世之珍，其中一件有"宝历七年"（实际是唐文宗太和六年，公元832年）湖南×草石渚村的题记，烧窑的是偏僻的山村，不明年号的更换。

由于历史的原因，在国外保存完整的华瓷最多的国家，要数伊朗、土耳其和菲律宾三国了。

从10世纪起，中国处于五代十国时期，各国君主注意开发瓷窑，将原来的一批民窑转为官窑，称作"秘色窑"，只许上供给王室享用，不准在市场上流通。而易碎的瓷器要运销各地，最合适的办法是水运，瓷器是大型船舶、特别是海船最理想的压舱物，所以瓷器的大量生产和外销，直接促成了中国海运事业的兴旺，将中国的海运推向了大航海的时代，形成了宋、元、明三代海运走向巅峰，引发了世界历史上的大航海时代的到来。

宋代制瓷工艺高度发达，胎质有白、黑、紫、灰的不同；上釉有单色、多色之分；纹饰有划花、刺花（绣花）、印花、嵌花、暗花之别；焙烧方式有仰烧、覆烧等区分，产品因此千姿百态，远胜前代。宋代六大名窑，汝窑与官窑并列，龙泉窑（哥窑、弟窑）、钧窑、定窑和景德镇窑，产品都属千古名瓷。官窑初设开封，后迁杭州，以烧青瓷为主，釉有开片如蟹爪，器有"紫口铁足"的特点。龙泉窑，在浙江东部龙泉县，土质与官窑相似，曾烧出举世闻名的薄胎厚釉青瓷器。产品自11世纪以来胜过越窑，直到14世纪，成为外销青瓷的主要窑系。产品有1991年和2003年在四川遂宁金鱼村南宋窖藏出土青釉莲瓣碗、青釉莲瓣杯、青釉折沿盘可见（《文物》2011年7期扉页）。

汝窑，本烧民瓷，11世纪先烧贡瓷，后40年专烧冰裂纹天青色瓷，上供宫廷，于是声名鹊起,1986年确认窑址在河南宝丰清凉寺村。汝窑与宋代通行的刻花、划花印花、彩绘瓷不同,以氧化铁含量适当、烧成温度(约1 250 ℃)和还原焰控制得当,使釉面滋润,釉色呈淡天青色,以此成青瓷之魁。南宋周辉《清波杂志》卷5记汝窑,"宫禁中烧,内有玛瑙末为油,唯供御拣退,方许出卖,近尤难得"。玛瑙主要成分与瓷釉的主要成分都是二氧化硅,引入后,釉的性质不致改变,但显贵重,而清凉寺窑址发掘时已见到当地有玛瑙矿石,石质坚硬,有红、黄、绿、白、蓝诸色。高丽曾对汝瓷有仿作。明代景德镇御窑对汝窑的釉色已有仿造,很少仿其器型。清代雍正、乾隆以来也是如此。

自五代柴窑烧造秘色瓷以来,北方王朝的君主已在追求就近烧造"南青"以供宫廷需求,到汝窑才成高峰。南宋叶寘《坦斋笔衡》说:"本朝以定州白瓷器有芒(器口无釉——引者),不堪用,遂命汝州造青瓷器,故河北唐、邓、耀州悉有之,汝窑为魁。"汝窑青瓷带动了唐、邓、耀州也起而烧造青瓷,实现北窑转青,打破了唐代以来的"南青北白",使青器北进,白瓷南流,其中以汝窑、景德镇诸窑为首的交流最为突出。

钧窑,在河南禹县附近,是北宋后期最盛的官窑,宋室南迁后,成金代和元代统治下的名窑。制品胎质浅灰,釉体厚实,釉色为浓淡不一的蓝色乳光釉和铜红釉,因瓷泥含铜铁,窑变后成天蓝、天青、月白、海棠红、玫瑰紫、青紫色,色彩斑斓,蔚为奇观,宋徽宗赞它:"神钧宝瓷,精妙绝品",民间有"钧瓷无对,窑变无双"、"入窑一色,出窑万彩"的说法。钧瓷质地坚厚,类同宝石,款式有花盆连渣斗、鼓钉洗、出戟尊、菱口花盆、尊式花盆、八方弦纹瓶,精品御供,禁止民间使用。1930年以后遗址发现后,首先流入英美等国,外国人疯抢残片,用作腰带、皮件装饰。定窑,在河北曲阳,烧白瓷,瓷色有白、黑、红,以红色为贵。近年汝窑洗、定窑大碗、钧窑八方瓶在国际市场上定价,接连突破亿元。宋钧精品存世奇少,宋钧直到清代中期,大多以其厚重,视作粗器,当作日用器,不被重视。艺术市场上,过去以为是宋钧的,现在多被定作明早期。

景德镇在饶州江西浮梁,原名昌南镇,4世纪后烧窑,到北宋景德(1004—1007年)间为宫廷烧制青白瓷,底写"景德年制"款,产品光华夺目,有"饶玉"之称,此后名声大振,到16世纪以后成为中国的瓷都。

景德镇历元、明、清三代,从烧造青白瓷起始,在14世纪成功地开发了以钴为着色剂的雾蓝和铜红两类高温釉下彩青花瓷(青白花瓷),运用了描金装饰手法,开发了瓷业的新品种。这种釉下彩青花瓷很快就替代了以往生产的青瓷、白瓷,一跃而成外销瓷的主流产品,雄霸世界瓷业市场达500年之久! 一举将瓷器的使用推广到了世界各个角落。景德镇在烧造这一新品种时,在原料配方上创制了瓷石加高岭土的二元配方法,使用了产在江西、浙江江山、云南玉溪的低锰高铁钴料作润色剂,造出了细腻、鲜艳、美洁的青花瓷。2009 年在景德镇御窑厂原址南大门 12 公里的元代窑业堆积区,经发掘,发现了初期制成的青花釉里红瓷高圈足碗 15 件,经检测,烧成温度为 1 210—1 220 ℃。其中 7 件在外壁口沿有一周青花波斯文和釉里红小花朵,是穆斯林崇敬的蔷薇花,在 11~15 世纪波斯文《古兰经》中属于常见纹饰;文字风格经英国白亚尼女士(Manijeh Bayani)鉴定,是 14 世纪风格,而器形则是伊朗西北部陶业烧制的调酒杯。这些青花瓷可能有波斯陶工参与绘图制作(黄薇等:《元青花瓷器早期类型的新发现》,《文物》2012 年 11 期),是当时中国与伊儿汗国的陶瓷同行合作的成果。

自从 9 世纪埃及突伦王朝和伊朗的赖依注意仿制唐三彩以后,伊朗积极致力于研制瓷器,但因难以得到制瓷工艺的要领,未能成功。元代和伊朗合作烧瓷,多半是伊朗要向中国请教制瓷秘密,而中国为研发受到伊斯兰世界欢迎的新产品青白花瓷,也乐意为对方开放学习这项工艺的方便之门,并且不惜从海外进口优秀的苏麻离青料作为烧造青花瓷的着色剂。据《岛夷志略》的记载,14 世纪上半叶,中国确实已从索马里运进一种叫"青蒙石"的钴料了,目的就是为了烧出"发色明艳"的青花瓷。在肯尼亚出土的 14 世纪釉里红瓷片,证实了华瓷新产品在东非市场上运销的情况。在阿拉伯和地中海世界青花瓷尤其深受青睐。青花瓷纹饰以花卉为主,兼画人物、山水、花鸟、动物,将使用毛笔彩绘的中国绘画技法展示在世人面前,再现了在伊斯兰和基督教世界中未曾出现过的又一个活生生的现实世界,其艺术成就既超过了过去瓷器的装饰效果,在造型上也采用了伊斯兰世界常用的大盘、花浇、波斯执壶、扁壶、八方烛台。明代成化(1465—1487 年)间,更创造了釉下高温青花与红、黄、绿、紫等多种釉下低温彩两次烧成的斗彩,一直传承到清代康熙(1662—1722 年)、雍正(1723—1735 年)、乾隆(1736—1795 年)间。明代晚期嘉靖(1522—1566 年)、万历(1573—1620 年)间推出铅釉的五彩瓷,烧造了釉下的青花和釉上的红、绿、黄等色彩相结合的青花五彩瓷器,开创了彩瓷的新局面。康熙年间更发明了釉上蓝彩和黑彩,康熙中期在白胎釉上彩中加上一种铅粉和玻璃白,发明了粉彩。雍正时用各种色底彩绘,瓷胎既白且薄,釉汁纯净,使粉彩技艺臻于极顶。乾隆中期以后,以五彩、粉彩、珐琅彩三彩并用,烧出的瓷器叫万花彩。从 15 世纪到 18 世纪,华瓷在技术和艺术上达到的高度,足以睥睨世界,令世人既倾慕而又难以追赶。

14 世纪以来华瓷的外销大有起色,主要得力于中国海运事业在印度洋上已经占有超群的地位。在印度洋西岸,沿着阿拉伯半岛、红海和东非海岸,由于华瓷成批的运入,北起苏丹、索马里和也门,南到肯尼亚、坦桑尼亚、莫桑比克,一般的居民都愿意放弃波斯釉陶和阿拉伯彩陶,改用中国瓷器了。在东起加里曼丹、西至坦桑尼亚基尔瓦的海域,华瓷成为一种既能祭祀神灵和祖宗的礼器,又是祛病去邪的灵丹妙药,它们被镶嵌在清真寺的墙壁和柱墓的柱子上,装饰在宫殿和居室里,给人们营造出祥和与幸运的氛围,将印度洋周边地区沐浴在瓷艺所展示的光华之中,引领了这一地区餐饮用具和日常器皿的时尚风貌。

陆上运输瓷器,长期被车辆的颠簸所困,运量难以大幅增长。中国北方在 15 世纪为运输瓷器想出了新招,伊朗人、粟特人、土耳其人、维吾尔人到北京购买瓷器后,在每件瓷器中放上少量沙土和豆、麦,然后套叠在一起,洒水培苗,直到黏结在一起,瓷器不会摔倒就破,然后装货上车启运。这样,成批的瓷器一直可以运到阿富汗的哈烈(Herat),甚或远到伊朗的伊斯法罕、阿拉伯的圣地麦加、土耳其的大都会伊斯坦布尔。

在 16 世纪,已经有比以往要多出许多的瓷器,从海上和陆路运进欧洲的里斯本和伊斯坦布尔。葡萄牙人和西班牙人最初是在阿拉伯世界才见到真正的中国瓷器,他们关于瓷器的知识也来自南海和印度洋地区。瓷器不吸水的特性导致贮存的食物不易腐败,由此产生的特异功能,像在东南亚和印度洋地区盛传的那样,使欧洲人也对瓷器产生了能够"排除食物的毒性"、祛除疾病的信念,因此对需要冒着远途运输的风险形成的昂贵价格,自然也会博得公众的认可。瓷器因此由于它传递的东亚艺术的美学与具有防腐的保健功能,在欧洲获得了极高的声誉。

17 世纪以来,五色缤纷的彩瓷逐渐成为中国外销瓷的重要产品。外销瓷中的大宗产品,由瓷都景德镇运往东南沿海地区,再运销海外。另外还有广州出产的"广彩"和福建德化白瓷,也是外销瓷中的大宗产品。18 世纪以来,在景德镇外销瓷影响下兴起的"广彩",是一种使用景德镇瓷胎以织金开光画法在广州加工的瓷器,在工艺上采用西洋画法和画题加以彩绘,产品在欧洲极受欢迎。德化瓷,是福建德化生产的白瓷,以当地出产的白胎瓷泥著称,17 世纪运到欧洲,法国人称作"中国白""鹅绒白",器物以瓷塑和仿古瓷为多。

经过长期的摸索,到 16 世纪,在亚洲西部地区,仿造瓷器也有了进展。最先成功制造出瓷器的是伊朗。伊朗依靠移居当地的中国工匠的帮助,在萨法维朝的阿巴斯王(1588—1629 年)在位的 1591 年以前造出了真正的瓷器。同一时期,欧洲也希望能仿照华瓷,生产这类精美无比的工艺产品,以及江苏宜兴出产的紫砂陶质茶具,好适应新兴的市场需求。在西欧,最早是西班牙东部马略卡岛上摹仿华瓷制作釉陶,后来有了意大利仿作的花釉陶制茶具,走在前头的是威尼斯,但造出来的只是染色的软质瓷器。佛罗伦萨也造过蓝花软瓷。随后,荷兰有了锡釉代尔夫特软瓷,法国也相继造出软瓷。直到 1709 年,才由发现了瓷土的德国一个名叫劢森的小镇造成了硬质瓷器,随后被奥地利、意大利、法国所传习。美国受到欧洲的影响,在1753年由安德鲁·杜歇在离弗吉尼亚州不远的地方找到了瓷石和高岭土,于是有了适宜造瓷的原材料。

不用说,欧洲初期的瓷器产品全是华瓷的仿制品,直到18世纪尚难以和"中国制造"的产品相提并论。直到19世纪下半叶,仿效青花瓷设计的手工艺样品,仍在欧洲十分流行。所以在以后的一二个世纪内,华瓷仍然是在欧洲享有极高地位的名牌货。

英国是晚到1768年才由普利茅斯瓷厂造出硬瓷的欧洲国家,但主要产品是骨瓷、意大利蓝釉陶瓷和硬瓷。他们制作的瓷器采用了华瓷的彩色,施展了富有欧洲风物的造意,将由法国展开的新一代的洛可可艺术风格承接过去,完美地将东方和西方两大不同的艺术风格调和与融合在一起,创造出了亦东亦西、西中有东、东中有西的新艺术,并将这种前所未有的新艺术,引入新近才由英国展开的机械革命的新工艺中,从而发出了工艺系列的新一轮的改革就将开始的信号。罗伯特·芬兰甚至以为华瓷充当了人类贸易史上第一件全球化商品的角色,赞扬华瓷"对世界史研究的最大的价值,在于它反映了一项规模最为巨大的文化转型活动"(R.Finlay,The Pilgrim Art:A Cultures of Porcelain in World History)。的确,这是继丝锦之后,在环球贸易的商品中,最令世人震撼的一种工艺制造品了。由此引发的工艺改革促使初露头角的产业革命,终于一发而不可停息地成为席卷世界的工业大潮。

三、造漆工艺让人间绚丽多彩

在气候润湿、盛产竹木的淮河和秦岭山脉以南的中国南方,生长着一种高可20米的落叶乔木漆树,在生长8年以后到40年间,能在茎干上分泌出黏性的乳汁,将它采集后涂抹在泥坯和竹木上,可以起到加固和延长器物寿命的效果。知道这种植物性能并最早发明了涂料的居民,居然也是很早便开始养蚕缫丝、制作陶器的浙江余姚河姆渡人。1978年在这个距今7 000年前的遗址中,出土过一件腹部作瓜棱形、底部有圈足的朱漆木碗,形制就像今天人们使用的饭碗。这是生活在这块大地上的成功地制作出的早期的漆碗,证实了这里的人已经完全知道,将涂料用来延长日用器皿的使用期,并且将它研磨得光亮夺目,与原生态的木碗相比,显得完全不同了。

最初的涂料大约是用树脂、动物油脂和干漆调和后产生的,造成的是黑色或深色的漆,后来懂得用植物油来调漆,色彩便多起来了,天蓝、桃红、雪白等多种浅色的漆,更非这样做才能成功。稍后,在太湖地区常州圩墩下层的马家浜文化中,出土了一件深黑色和另一件上部黑、下部暗红色的喇叭形漆木器。在太湖东边属于良渚文化的苏州吴江梅堰遗址,出土了漆绘的陶器,使用了棕红色和金色的漆,经过鉴定,这种色料与北方仰韶彩陶文化以及吴江红衣陶上的色料完全不同。1980年山西襄汾陶寺遗址出土的一批彩绘木器,也用了漆皮,有案、俎、几、匣等漆木器及家具,相当于尧舜时代,距今4000年以上。(《考古》1983年第1期)这些漆木器与4000年前古埃及使用黑漆,时间约略相仿。《韩非子·十过》说是:"禹作为祭器,墨染其外,而朱画其内。"红、黑两色是人类发明造漆工艺时最常见的色彩。

从此以后,造漆工艺便一条直线般流传下来,代代有遗物,时时有创新,漆艺作为一项富有实用价值和审美价值的工艺,和栖息在中华大地上的人们结上了不解之缘,流芳百世了。到了商代,漆工用木器上髹红漆加以彩绘或镶嵌玉石的技术,来丰富漆器的装饰效果,在湖北盘龙城、河北藁城、安阳殷墟都有出土物可以见到。西周时代出现了木胎雕花、贴上金箔、镶嵌螺钿、蚌泡、绿松石的漆器,已有10多处遗址出土物被保存在各地的博物馆中。漆器开始在一些地区被充作礼器,用于祭祀祖先。

公元前9世纪在长江中游建国的楚国,在春秋战国时期充分利用了当地的资源,在引领漆工技艺大发展运动中,走到了前头,成为造漆工艺的带头人、急先锋。江汉流域是这一时期出土漆器最多的地方,遗址多达近百处,出土漆器之精、品种之广,都足以令今人叹为观止,将20世纪初从考古发现中得知的漆艺历史从两汉又前推了四五百年。1978年湖北随县西北3公里发现的曾侯乙墓出土公元前5世纪的漆器多达上万件(片),制作这些漆器的胎骨由早先的木胎扩大到铜、铁、锡等金属,以及竹、藤、丝、骨、角和皮革类,制作的漆棺、衣箱、漆奁和皮甲上都有技艺高超的漆画。出土漆器有衣箱、餐具箱、酒具箱、桶、几、盒、豆(高足杯),遍及日常生活的各个方面。

在以后的近千年中,历先秦到两汉,漆艺中心随着楚文化的发展,自长江中游分别向上游和下游推进,西起蜀郡、东至吴郡,都被划入了漆艺流行的地区,造漆的色泽突破了红、黑、褐的基调,有了五色、九色。河南信阳长台关楚墓出土的小瑟,竟有了浅黄、金黄、蓝、绿等九种色彩。战国中期更发明了在麻布上层层施漆的夹纻胎,既可减轻重量,又可延长器物的寿命,佛教在中国流行以后,这一技艺成为各地制作佛像的一种极为普遍的造像手法。

汉代加强了漆器的生产,在中央建立作坊,集中工匠,提高漆器的工艺水平,扩大漆器的品种和数量。由于漆器容易朽坏，汉晋以来古老的漆艺并无传世品可见。直到 20 世纪开展田野考古，从 1916 年起，首先在朝鲜半岛北部从公元前 108 年起到 3 世纪初，属于汉朝管辖的乐浪郡故址（平壤以南），打开了深埋在地下的 2 000 座墓葬，发现了西汉和东汉时期制造的漆器，汉代漆器工艺的真相才得大白于天下。这些漆器多半是餐具、家具、贮存器和用具，矮足彩绘的案（进餐的单人饭桌）更是见所未见。漆器出土时光彩夺目，鲜洁不让当年，产品上还有"蜀郡西工""广汉工官"等标明产地四川的字样，着实令世人叹为观止。二三十年后，1939 年，一个法国考古团在阿富汗北部帕格拉姆的贵霜王朝宫室遗址中，在两间库房中再次发现了满屋的汉代漆器，它们完整的程度远远胜过乐浪漆器，可能是被当地政府作为税收贮存入库的实物。由此可以想像，在"皆无丝漆"的西域，当年漆器通过丝绸之路被运往伊朗和罗马世界的情景。漆器在汉代已经是一项足以和丝织品同样具有标志性工艺的名牌产品，在亚洲和地中海世界受到各国的称誉。

引起举世轰动的是 1972—1974 年在湖南长沙马王堆发现的三座西汉墓，出土的漆器、漆棺、漆屏风、竹木简、兵器、帛画、丝织品，展示了 2 000 年前墓主轪侯的贵族生活。毋庸置疑的是，光华照人的漆器在那时业已替代笨重的青铜器和粗糙的陶器，成为富裕家庭日常生活的伴侣，走进人们的宴饮、起居、娱乐、读写与狩猎、出行、格斗的各类活动，变得难以分离了。安徽马鞍山 3 世纪东吴朱然墓出土的一批漆器中有漆案，正面为全景式的宫闱宴乐图，绘有 55 个人物，铭文有"官"、"大官门"、"大官食具"，是供官家享用的全套食具，场面宏大。长江流域仍然引领着漆艺的制作。

在 4—6 世纪中国社会经历的巨大变迁中，中原地区由于室内生活和文化生活的需求急剧增长，漆艺的重要也进一步被凸显出来。最主要的是室内家具的增长和书写工具的嬗递。

原本是席地而坐的汉人，由于生活水平和医药知识的提高，认识到了高足家具的宜居性，逐步采用了有足或矮足的家具，产生了案、几、床、榻、凳、围屏等漆制家具，使用高脚的坐椅、方桌和橱柜，是到 11 世纪以后才在大江南北普及，促使漆制家具的生产迅猛增长。

作为涂料的漆，还是一种胜过必须经过冶炼才能显示和固定下来的古代文字，例如刻在陶器上的陶文、用龟甲和牛胛骨刻写的甲骨文、刻在石鼓上的石鼓文、铭记在青铜器上的金文的书写原料，与这些传统的古文字相比，漆书是要更加简便得多的一种新的书写工具。在采用竹简、木简作为书写材料的时代，漆书是比较合适和不易蜕变的书写方式。从 3 000 年前起，中国的方块字先后经历了由古文（大篆）到小篆，再到汉代使用隶书的嬗变过程，隶书的笔法适应了用漆在竹木简上书写，后来植物纤维纸得到推广，增加了墨的生产，漆书在4世纪便退出书写领域，让位给了用动物毛和竹管制成的毛笔，蘸墨后书写轻柔的墨书。

油漆工艺推动漆饰艺术逐渐成熟，形成中国传统工艺中的漆画由于用漆用油各有偏重，在2 800年前的东周便产生了碧油罩明技法，《周礼》记标志兵权的信物虎符因国情不同，分成山国用"虎节"、土国用"人节"、泽国用"龙节"，都用紫檀木画上各自的形象，由君主亲自用金粉书写，赐给重臣，再加"碧油笼之，殁而不用，则倒进之"。"碧油笼之"就是"碧油罩明"的油色绘画，最适合用在木板画和砖木建筑中的梁枋、廊檐和斗拱中，是中国古建筑中常见的用油调色和固定绘画的技法。公元前中国用来调色和罩明的干性油料多半是本地产的大麻油和荏油，还有西汉时才从波斯引进的胡桃和叫作"密陀僧"的一氧化铅药物，于是在早先的油绘、油彩绘之外，又有了"密陀绘"的新技法，设色更多，在罩明技法以外更有了厚涂的技法。两晋南北朝采用胡桃油调色，为厚涂法的运用提供了深浅浓淡的质感。唐代开始采用桐油炼制透明油，使油彩画达到登峰造极的地步。6世纪中叶梁代画家张僧繇是尽得透视法和油画技法的大师，他善画寺壁，唐人李嗣真在《后画品》中称赞他是一位"岂惟六法精备，实乃万类皆妙"的巨匠。后来唐代有了善画佛、道和人物、山水的吴道子（705—760年），才有所胜出。张、吴两人都可称为中国古代最伟大的油彩画大师。明代的《髹饰录》称古人"画饰"多用油，解释"画饰"就是桐油调色，中国古代的油调色正是古油画厚涂法。明人称作"描油"，用油色绘出的画，符合"天真之色"。

现在可以见到的实物，有长沙马王堆出土的西汉漆棺，上有繁缛的图画，是在底漆上用厚涂法作成的油彩画。死于484年的北魏司马金龙墓出土的漆屏列女图，现在已是举世闻名的珍宝，也是在朱漆底板上厚涂的油彩画。同一时期，宁夏固原西郊出土漆棺彩画，色泽明快，体现了用厚涂法表现的油彩画所能达到的色泽浅淡和渲染效果。大同华严寺平棊十多幅辽代大型飞天图，也是900多年前的木构油画。后来更成为民间装饰风格，留存在各地的寺宇和祠堂的门神油画以及部分古建筑的木构油画中，代代流传下去。

中国西部新疆境内石窟寺壁画也早施用这类油彩画，并且通过库车传到中亚和阿富汗，阿富汗西部巴米扬河谷中两座大佛也曾采用过这样的油彩画。2001年塔里班首领下令炸毁所有佛像，大佛也因此遭殃。当局在事后成立了一个文物保护组织，开始对幸存的壁画加以修复，将颜料送往法国格勒诺布尔的欧洲同步加速辐射中心检测。2008年4月22日出版的《分析原子光谱测定法杂志》发表的检测结果显示，油料来自胡桃和罂粟油，对油料样本检测，可以追溯到7世纪中期;结合红外线显微光谱学、显微 X 射线吸收光谱法和显微 X 射线衍射法,发现颜料成分复杂,它的最初成分和改进成分除干性油以外,还有天然树脂、植物胶和动物蛋白(皮胶或鸡蛋),甚至还有像清漆似的树脂,用得最多的是铅白。据研究,有些油画是由多层颜料仔细叠涂而成,另外一些油画是由无机颜料混合有机黏合剂绘成。小组中的日本专家指出,古埃及、希腊、罗马将油料用于药物、化妆品和造船,到目前为止,没有发现用油料作画,欧洲人要到 13 世纪才开始将油料添加到绘画中,经过一个多世纪,15 世纪初方才成批出现油画。他们好像根本不知道,两河流域以东的亚洲人早就知道在木板和墙壁上作油画的事。

巴米扬大佛开凿的年代,过去到阿富汗进行发掘的法国考古学家福歇说是 3 世纪,但对照最新的科学检测,查考当年到印度求经,路过巴米扬,曾见过东西两座大佛的玄奘在《大唐西域记》中的记录,此说便全无依据了。玄奘见到大佛,仍然美轮美奂,满缀珠饰,说过这是"先王所建"的话,认为是前朝君王新建。628 年玄奘在素叶城谒见统叶护可汗(617—628 年),取得度牒(护照),后来到巴米扬礼佛,已是 629 年,正当西突厥全盛时期(611-630)。但就在 628 年,统叶护可汗却被他伯父莫何咄杀害,并自立为可汗;五弩失毕部众则推举统叶护可汗的儿子肆叶护(628—632 年)为可汗,起兵击杀莫何咄,重新统一西突厥。所以玄奘所说的"先王",正是统叶护可汗。大佛成于 7 世纪上半叶完全毋庸置疑。

原本信奉袄教的突厥为什么会在吐火罗地区大兴佛法呢? 其中的因缘起自西突厥处罗可汗。早在 590 年,突厥利用波斯内战,占领了兴都库什山以北的吐火罗地区,后来在处罗可汗(603—611 年)统治下,大肆扩张,对内实行苛政,引起铁勒民族率领各部族起兵,将他打败。处罗的母亲向氏是汉人,嫁给泥利可汗,泥利被铁勒部杀死后,向氏改嫁泥利之弟婆实特勤,入朝长安,遇到达头可汗变乱,便留在长安。隋炀帝对处罗实行安抚无效,只得另立达头可汗的孙子射匮为可汗(610—616 年),率军打败处罗,处罗败逃天山东部的时罗漫山,隋炀帝派裴矩和向氏亲从将处罗迎到洛阳。611 年射匮可汗统治了西突厥,领土"东至金山,西至海(指里海——引者),自玉门以西诸国皆役属之"(《旧唐书·西突厥传》)。在龟兹以北三弥山建立王庭。于是西突厥成为东突厥的敌对势力,西突厥从此走上全盛时期。由于中国与西突厥王室的这重关系,因此早先信奉袄教的突厥也大兴佛教,仿照龟兹建造大佛的风气,在 590 年以后已经逐渐受突厥势力控制的巴米扬,也建造了佛窟。

此后,在唐朝全盛时期,唐太宗和他的继承者高宗先后臣服了东突厥和西突厥。657 年西突厥灭亡后,唐朝按照原来的氏族部落为单元,在这一地区用内地的行政建制设立府、州,加强中原文化的传送,成立 16 个都督府,归设在新疆境内的安西都护府管辖,巴米扬属于月氏都督府的地盘,所以这时的巴米扬完全归入唐朝的疆域之内。巴米扬洞窟中的油画,当然也就是中国的油画了,何况,新疆境内石窟寺的壁画也早就采用过类似的方法,在中国本土创作了这样的油彩画。6世纪以来,汉人、突厥人和中亚的粟特人都在用油彩作画,作为寺庙、城阁、宫室、官邸、陵墓的装饰画。将这类画技传入小亚细亚的,有可能是里海地区操突厥语的民族。1091年,拜占庭借助与库曼人联盟,打败了从北方入侵的帕仁纳克人,为帝国解除了君士坦丁堡的包围。在此以前,塞尔柱突厥人已在小亚细亚建立了"罗马人的苏丹国"(罗姆国),塞尔柱苏丹基尔杰·阿斯兰在1162年到君士坦丁堡住了3个月,双方签订过协议,尽管并未实行。此后便招来了西方世界的十字军东征。拜占庭皇帝曼纽埃尔一世(1143—1180年)经过南征北战,才保住了帝国的疆土,1172年,皇帝征讨塞尔维亚凯旋归来,皇宫壁画就以此为内容,表彰皇帝的功绩,大约已经采用了前所未有的油彩画。自从1204年4月13日拜占庭城遭到十字军洗劫,绘画人才便只得浪迹天涯了,欧洲最早的圣像画是13世纪末由拜占庭画家在西欧绘制的。(参见沈福伟:《中国与欧洲文明》,山西教育出版社,2017)这时的威尼斯商人已经远赴泉州,将光亮夺目的漆器和漆板画从海上运回欧洲,引起意大利人的注意,于是中国的山水画与动物画技法也进入了欧洲人的视野。

在欧洲,最早提到油画的是12世纪上半叶塔菲洛(Teofilo)的论文,但要到15世纪中叶油画才流行起来。在欧洲最初出现的油画,也像东方一样,是画在木板上,用石膏和浆糊加以调和,再精细地一层一层涂在木板上,用的是厚涂法。底色颜料用土、植物或动物油脂和研磨过的矿物质拌匀合成,黏合剂用普通的核桃油、亚麻油和罂粟油,这些也和东方一样,有时用松节油或迷迭香油合成,那样会使底色更具透明感。在慢慢地干燥时,调配色彩,增加色谱的范围,取得明暗对比和造型效果。欧洲最初的油画可以一眼看出就是从东方传去。

拜占庭画家大量使用铅白,油彩主要是黄、红、蓝(或绿)三色,边框都用墨线勾勒,在14世纪的意大利绘画中也能见到同样的墨线描边。锡耶纳画家安布罗吉·洛伦采蒂(Ambrogio Lorenzetti,1290—1348年)在1330年画的"圣桑的圣母像",用了白、黑、红、褐四种色彩,画中的圣母用左手托住圣子的头,以左乳喂圣子,圣母身披黑色披风,头部围着白色围巾,圣子身着浅红色袍裙,圣母和圣子的眉目、衣边都用墨线勾出边沿,圣子的手足和圣母的双手也使用黑线描边。这种勾勒法和东方绘画中的勾勒法并无不同。到14世纪末尼德兰的凡·艾克(Van Eyck Brother)兄弟(扬和汉伯特)改进了油料的调配,用半熟的干性油和树脂的混合物调成"布鲁日光油"(俗称"黄浆"),他们采用了晒稠的半熟核桃油、亚麻油加入树脂,使透视法中的光影效果发挥得淋漓尽致,才使油画面目一新。进入15世纪以来,在马萨乔(Masaccio)、弗拉·安吉立科、丢勒、弗兰西斯科等人的绘画中,再也见不到以前的墨线勾边,而是用晕染法,使人物和衣褶都具有自然的光泽。他们改变了以往的创作工序,选用优质纸张先起草图,在纸板上作画,再借助复制技术,将纸板草图印刷到灰泥墙面,然后彩绘;连画笔也不再像以前那样光靠刷子、鹅毛笔、银质尖头笔、炭笔,使用了新近才出现的红粉笔、彩色笔。最重要的是油料配方几乎也和东方一般无二。说油画起自中国,似乎不算牵强附会。因为早在七、八世纪,中国的油彩画便大放异彩,在中国西部和西亚得到了滋生的天地,大师则有"千古画圣"之称的吴道子(约700—759年),擎柱天地之间了。

下面再回头看中国漆器如何外传。自汉代以来,漆器首先向东传入朝鲜半岛和日本,最早是兵器,后来有琴、瑟、鼓、角等乐器。油漆工艺也随着中国移民东渡,在日本生根发芽,最引人注目的是螺钿漆器和金银嵌漆。螺钿漆器在长安县的西周墓中早有发现,到唐代风行一时,日本的遣唐使从中国带回去许多螺钿漆器,有乐器和棋弈等器具,至今保存在奈良正仓院中。另一种金银嵌漆比螺钿漆器更加费工、费料,公元前3世纪已出现在成都凤凰山墓葬中,在漆器口沿镶嵌金、银、铜丝,叫扣器。这种漆器在唐代得到高度发展,用填漆工艺将剪成花样的金箔、银箔贴在漆器上,之后,涂上多层漆泥,再经研磨,金银箔和漆面相平,显出花纹,叫金银平脱。宝钿、平脱、金泥等涂漆和金工艺技都属十分奢侈的工艺,唐、宋时代,浙江温州的漆艺成就卓著,传到日本后,日本在9世纪开始用中国的漆绘与泥金技艺相结合,创造出泥金画漆工艺,称作莳绘。后来螺钿工艺在中国衰退,螺钿、莳绘和软屏成为日本在近千年中向中国输出的主要漆艺产品。16世纪以后,这类产品被葡萄牙和荷兰船运到欧洲,受到西方世界高度的赞赏。

明清两代传承了前代金漆、雕漆、螺钿工艺的已有成就,有所创新。金漆原先是以金描画,宋代又新创戗金,在漆面上刻线再填金粉,显出金色纹样。明代金漆更结合五彩雕填、彩绘、镶嵌,更加富丽堂皇。北京、南京、宁国都有五彩加金的金漆工艺,纹样多作龙凤、花鸟、山水、人物。苏州金漆名匠蒋回回的金漆彩绘,冠绝一时,运用描金、彩绘、镶嵌多种装饰手法,绘出花鸟树石,技艺与成就远在日本莳绘之上。雕漆工艺在宋元时代用木胎、铜胎反复髹漆加以雕镂而出名,有剔红、剔绿、剔彩、剔黑等多种,集中在南宋的江南地区。明代这项工艺由于北京宫廷设立漆艺作坊果子厂而别开生面,作品以剔红为多,器物有小件的盘、盒,大件有橱柜、屏风之类的家具;前期多征集浙江嘉兴漆匠,后期嘉靖年间征调云南工匠入京,题材更加世俗化,引入山水楼阁、仕女人物的社会生活情景,制作风趋于精致华丽,被清代雕漆所传承。

扬州的填漆工艺在明代突飞猛进,在国内独树一帜。扬州螺钿以点螺为特长,元明以来,十分盛行,至清更精,将优良贝壳制成极薄的点、线、片,拼在漆底上,再涂漆、推光,使点点螺片闪发霞光。明代扬州匠师周翥始创百宝嵌,用金、银、珠宝、珊瑚、碧玉、翡翠、玛瑙、象牙、沉香、螺钿雕出山水、楼台、人物、花卉、翎毛,镶嵌在屏风、桌椅、门窗、书箱、茶具、砚盒上,精巧绝伦,穷极侈丽,螺钿镶嵌趋于登峰造极的地步。17世纪初,欧洲人慕名而来,荷兰阿姆斯特丹、德国纽伦堡等地开始仿照中国和日本的漆艺制作漆器,但漆树既无法在欧洲移栽,他们只得借助出产在泰国、印度支那等地的虫胶紫矿替代,光泽无法与东亚漆艺相比。柏林的达戈林兄弟以制作漆器成名后,法国皇家作坊也造出了以戈贝林命名的享有专利的漆器。18世纪法国有仿照东方漆艺著称的马丁兄弟,更是名重一时。东方漆艺在大西洋得到广泛传播,但西方世界终难得漆艺之真谛。

清代福建漆艺大有进展。福州沈绍安在18世纪中叶将失传多年的夹纻胎漆艺加以改进,在夹纻胎上再上灰底,然后运用多种漆艺技巧,造成质地轻巧、纹饰华美、光泽夺人的漆器,上献宫廷后,使宫廷漆艺大有长进。英国建筑师查布斯对这类产品情有独钟,极力推崇,英国商船因此不断从福建运进现成的漆板,在英国就地加工,制成适合他们风情的家具,福建漆因此在英伦三岛大为走俏。

四、 造纸和印刷: 古代信息技术的划时代跨越

人们为寻找合适的书写材料曾经花费过数千年,苏美尔人在泥板上刻写楔形文字,古埃及人用莎草加工成可以书写的莎草纸,闪族人用树皮写字,印度人在贝叶树的叶子上书写经文,中国人最初有陶文、甲骨文、钟鼎文、石鼓文,将文字刻划在坚硬的器物上,后来用漆和墨书写在木简和竹简上,但没有固定的书写材料。

最先走出这种困境的是中国人。公元前3世纪末,秦朝结束了七国混战局面,制定了统一的小篆文字,但还是没有找到现存的合适的书写材料,人们普遍感到用缣(帛)写字,费用太高,用木简写字,又嫌笨重,于是开始摸索利用可以纺织的植物纤维制作出像缣素一样轻薄的书写用纸。公元前2世纪一批最早制成的麻类纤维纸,便在中国陕西一带诞生了。经过物理、化学提纯和分拆的植物性纤维,会因氢键的缔合作用交结成薄膜性状的物体,大约最初是由于大量使用麻类纤维纺织时,发现了会因成批堆积的原料发生化学变化,所以最初被选取用来制造薄糊状的胶结物,出现了小片的纸张。西汉时代的古纸在中国西部地区已先后出土过五六批。最早的发现是参与西北科学考察团的黄文弼,1933年在新疆罗

布淖尔汉代烽燧遗址中找到的一小片长 10 厘米、宽 4 厘米的白色麻纸,纸面残现麻筋,一起出土的有汉宣帝黄龙元年(公元前 49 年)木简等物(黄文弼:《罗布淖尔考古记》)。1957 年以后,在陕西西安灞桥、居延肩水金关遗址、陕西扶风中颜、敦煌马圈湾等地发现多件西汉时代的麻纸。最可注意的是,1986 年在甘肃天水放马滩出土了放在墓主胸部的纸质墨画地图 1 幅,遗物属公元前 141 年以前的物品;1992 年在甘肃汉代驿站悬泉置遗址发现一批汉宣帝(公元前 73—前 49 年)、元帝(公元前 48—前 33 年)时的麻纸,内中 4 件有墨书文字。可以明白,这类早期的纸,首先由于军事方面的需要,在公元 1 世纪已用在西北边防要地的公文和作战地图上了。后来在工艺上不断改进,才能成批制造出以麻类为主的植物纤维纸。

东汉光武帝(公元 25—57 年)迁都洛阳时,从长安动用 2 000 辆车运输文书档案,既有写在缣素上的,也有写在简和纸上的三类文书。此后各地都向京城贡献纸墨,直到公元 102 年邓后即位,各地中断上贡,但"岁贡纸墨"仍未停顿,(《太平御览》卷六〇五引《后汉书·邓皇后纪》)纸的生产已在许多地方展开了。东汉时代进入了大量拓展麻纸生产的时段,尚方令蔡伦对造纸工艺作了改进,《后汉书·蔡伦列传》说蔡伦"造意用树肤、麻头及敝布、鱼网以为纸",用这四种材料造出合格的植物纤维纸,在 105 年上报后,被批准作为国家标准给予推广,造出的纸就叫"蔡侯纸"。造纸原料中的树肤一项,用的是北方和南方各地都有的榖树,陶弘景《名医别录》称榖树,南方人叫作楮树。麻纸以外,还造出了桑皮纸、藤角纸等韧皮纤维纸。2 世纪末在地方上有山东东莱人左伯以造纸闻名,造出的纸"妍妙辉光",可能就是以桑皮为主成分的桑皮纸。藤角纸产在浙江曹娥江流域的剡溪,可以代替楮纸用作公文用纸,是长江下游出产的一种优质纸。南方沿海还出产蜜香纸,是取沉香的树皮和叶子沤制而成,284 年从埃及出发走海路到中国南方的罗马使者,就在北部湾顺便采购了这种纸 3 万幅,作为贡礼进献洛阳宫廷。推想他回国时,一定也会有这种世所罕见的产品流传到地中海世界的。

在各类造纸原料中,含纤维素最高的是麻类(纻麻、大麻),其次是树皮(桑皮、楮皮、青檀皮、黄瑞香皮),再次是竹类(慈竹、毛竹),下品是草类(稻草、麦秆)。由于麻纤维的物理、化学性能良好,种植又广,和树肤一样原料易得,所以在中国,一开始便用麻和树皮造出了纸质坚挺的植物纤维纸。这种纸首先在 3—5 世纪的中国北方成为主要书写材料,5 世纪初,远到新疆东部的高昌也就地设有纸厂造纸。南方多树木、竹类,可作造纸原料,所以在早期造纸史上,有北纸坚厚、南纸细薄的说法。4 世纪对造纸工业的转折产生了极有意义的一项法令,是反对汉魏以来盛行厚葬的侈靡之风,在西晋咸宁(275—279 年)时,先已禁断石刻碑表;到403年,南方的造纸产量跟上北方以后,一度篡夺东晋政权的桓玄,便在建康(今南京)下令禁止使用简牍,只准用当时已经在市场上流通又经防蛀处理的黄纸书写,(《太平御览》卷六〇五引《桓玄伪事》)随后,义熙(405—417年)间再度禁断碑表,于是全国无分南北,都通用纸张,早先使用的简牍退出了书写领域。

纸的大量使用淘汰了笨重的木简、竹简和费时费工的漆书,在3世纪时将汉代定作真书通用的隶书简化成用墨写在纸上的楷书,给抄录诗文大开方便之门。此后,中国文字的书体由原先的篆、隶、章草转向楷书、行书、草书,出现六书俱备的新格局,进一步促使书写材料发生划时代的大变革。大批写在木简上的古书被整理重抄成纸本,粘贴成左右相连的长卷,推进了图书的保存和收藏。3世纪初,国家藏书写本达到22 945卷,后因战乱而散佚,但到421年刘宋初期,国家图书已上升到64 582卷,之后又因动乱而下降;到梁元帝萧绎将国家藏书迁往江陵时,总数达到了70 000卷,554年西魏军队入侵,萧绎下令将这批藏书全部焚毁,一度使古籍的保存出现断层。但仍有一部分纸抄本在民间保存了下来。现存最古的纸抄书是1922年在新疆鄯善出土的陈寿《三国志·吴志》的残本1 090个字,还有1965年在吐鲁番出土《三国志·孙权传》残本570多字,两本都是麻纸隶书。此外还有敦煌发现的《道德经》残本,是270年的纸写本,新疆出土的《诸佛要籍经》是296年的纸抄本;这些写本的书法大多处于隶、楷之间,其中《放光般若经》是东晋书法,已是楷书笔法。可知楷体创行虽早,但要到5世纪时,才完全成为通行的书体。

通用纸张书写后,信息往来得到空前提速,既加快了公文往还、财务信息的传递,促进了商业运行、知识交流,又便利了佛教、道教等宗教的传播、教育的普及,并且开创了书法艺术与绘画的黄金时代。书法成为专科艺术,与花样繁多的优质纸的生产密不可分,它们催发了书体的改革,催发了写在纸上的楷书、行书、草书的诞生,并且流传至今成为公众熟悉的书体。

称得上书艺始祖的是,3世纪时在隶、楷书体转变中开启一代新风的锺繇(151—230年)。锺繇是河南长杜(今长葛)人,魏明帝时官太傅,世称锺太傅,擅长篆、隶、行、草,突殊功绩在创立了便于墨书的楷体书法。他的楷书初脱隶书,字体横扁;楷带行草,就是行书。现在故宫博物院藏宋拓《宣示表》是他的代表作,传为东晋名家王羲之(303—361年)所摹。他的作品多收入宋代《淳化阁帖》及《淳熙秘阁续帖》,书艺为北碑所宗,又被南宗大师王羲之所传。

优质的纸张适合毛笔墨书,促使书体不再限于古人的篆、隶二体,而更便于奔放、飘逸的行书、草书成为书艺中的新军。现在能见到的最早的名人墨迹,就是西晋吴郡(苏州)人文学家陆机(261—303年)探问友人健康情况的草书《平复帖》,

他的草书书体是当时流行在江南地区知识界人士中的吴人书体,与稍后王羲之的草书风格不同,也有别于后世流传的章草。原本为清宫旧藏,20世纪流入民间,现为故宫博物院的镇院之宝。

书法史上足以彪炳千古的人物,是晋代山东琅邪临沂人王羲之,他是司徒王导从侄,官至右军将军、会稽内史,世称右军将军。王羲之书法初学擅长锺法的卫夫人(卫铄),后来周游各地观摹各家碑刻,眼界大开,精于诸体,自成一家,创立了行草的新体,成为集楷、行、草三体于一身的书法名家。他的楷书代表作有《乐毅论》,行书以《兰亭序》《快雪时晴帖》最精,行草绝作有《十七帖》中的《初月帖》,草书上品推《上虞帖》。356年东晋桓温北伐,攻占洛阳,王羲之以行草致书桓温探问,成《王略帖》,评者以为"天下法书第一"。他因书法艺术造就之高,被人尊为"书圣";作品借助后人摹写传刻,流传后世,冠绝古今。王羲之书艺由他的第七子王献之(344—386年)传承,梁武帝萧衍在《书断》中对他的评价是:"绝众超美,无人可拟"。当时就与王羲之齐名,并称"二王"。王献之传世墨宝有《宣和书谱》中的草书《鸭头丸帖》《中秋帖》等89件。梁武帝宝爱二王,收藏二王作品15 000纸以上,到唐太宗时刻意搜求,仅得3 600纸,宋徽宗时剩下243纸,此后屡经兵燹,真迹便难觅了。

纸本书画到了唐代,促成了水墨山水画的兴起,在绢、绫两种绘画材料之外开拓了新的画种。唐代生产了一种水纹纸,属于艺术加工纸,但无遗物。现在保存下来的世界上最早的水纹纸,是宋代李建中(945—1013年)的《同年帖》,现出透光的水纹;米芾(1051—1107年)的《韩马帖》,隐现出繁复的云中楼阁;两件均由北京故宫博物院收藏。欧洲的水纹纸要到1282年由意大利法布里亚诺造纸厂生产出来,而图案只是简单的十字架纹。宋代大量生产竹纸,以浙江越郡的产品最好,故宫博物院收藏的米芾《珊瑚帖》,是竹纸;故宫藏米芾《公议帖》、《新恩帖》是竹、麻混合纸,米芾《寒光帖》是竹料与楮皮混合纸。宋代更造出了巨幅的彩色粉笺、鹄白等匹纸,"匹纸"是指长三丈到五丈的粉笺纸等艺术纸,幅广一匹(约合一尺半)的长卷,有了这种纸,画长卷和写经卷、抄文书再也不需拼接,空前地拓展了画家和书法家的施展天地。

纸本流行有利于抄书、传书,唐代书法家孙过庭作有《书谱》,构筑书法的理论基础,现在保存下来的只有纸本行草《书谱序》,但已长达898.24厘米,高27.2厘米(台北"故宫博物院"藏),已是罕见之物。有很大数量的纸张用于书写佛经。现存写经实物,有1967年浙江瑞安(仙岩)北宋慧光塔出土1043年写成的《大悲陀罗尼经》5卷、《般若波罗蜜多心经》10卷,用的都是高20厘米、宽8.5厘米、棉纸墨书经折装上品书写纸。该塔同时出土有经折装《妙法莲华经》7卷一部,经纸光洁如新、质地细腻；页高 30.2 厘米，每半页宽 11.3 厘米，每卷 51 页以上。另有同时出土的卷轴装《莲华经》，残长 688.2 厘米。

唐、宋以来，生产的精品纸，由于造纸户可以免去力役，产品就称蠲府纸，大多产在东南沿海。宋代的江东纸，因"白如春云"而出名（《宋诗钞》初集，王今《广陵诗钞》，再寄满子权诗），是新安出产的一种长达 50 尺（约 16.5 米）一幅的楮纸，有四色，都属贡品。宋代温州专出蠲纸，洁白坚滑，和高丽纸不相上下，到至和（1053—1054 年）时才入贡。最适合于书画的宣纸，用青檀树皮精工制作，在 9 世纪已经开始生产，因皖南的宣州为集散地而得名。南唐后主李煜酷爱宣纸，专门设立御监，负责制造上品书写纸，采用他的先祖李昇居官金陵节度使时披阅公文的"澄心堂"为名，称作澄心堂纸，专供御用。这种纸的特点是"纯、坚、莹、腻"。（《永嘉县志》引《居士集》卷五）时人称赞它："肤卵如膜，坚洁如玉，细薄光润，冠于一时"。在宋代继续生产。宣纸最善润墨，又能持久保存原有的强度、韧性和色泽，质地十分稳定。有"法帖之祖"称号的《淳化阁帖》就是用澄心堂纸拓印，这部珍贵的海内孤本由上海博物馆从美国购得后，曾在 2003 年 9 月公开展览，轰动一时。

适合书画家信手展卷的巨幅精品纸，在宋代已经横空出世。宋徽宗赵佶草书《千字文》长三丈多，全非拼粘而成，用朱地描出泥金云龙纹图形（今藏辽宁省博物馆）；南宋法常（1176—1239 年）的《写生蔬果图卷》，也是长三丈的洁白皮纸，他的画技开辟了新途径，给书画作品的审美对象提供了比前更为宽广的视野。开创"湖州竹派"的文同（1018—1079 年），和创作了纸本白描墨画"五马图"的文人画家李公麟（1049—1106 年），对于纸本墨画的兴起起到了推波助澜的作用。南宋钱塘（杭州）画家夏圭的《溪山清远图》，用焦墨疏皴描绘坡石林木，开启了墨笔山水的绘画技艺，造就了元代在长江南岸苏嘉杭地区一批过着平民生活的文人画家钱选（约 1239—1300 年）、赵孟頫（1254—1322 年）、黄公望（1269—1354 年）、倪瓒（1301—1374 年）、王蒙（1308—1385 年）等极富创意的山水画家和花卉画家，将纸本绘画推向高峰，引导画坛走出院体，逐渐靠近民间。

钱选以点线的简拙和写意突破了以往青绿山水的绚丽，所作《八花图》（北京故宫博物院藏）以幽静、清丽见胜，重在写意，表白了不入仕途的隐居文士的孤高心理，着意水墨淡态；晚年的《白莲花图》（山东鲁王墓出土），以放逸的笔调，在明代院体花鸟画之外，另起一路，开启了后世淡色花鸟画的先河。

赵孟頫原本是宋室之后，早年隐居吴兴（湖州），是可以归入文人画家队伍中的唯一"荣际五朝，官居一品"的大儒，所作山水，以"士气""简率"为旨趣，力排宋代院体的纤细与浓艳，所画梅竹、树石、骏马，不忘名士风范，书法则以飘逸见称；

倪瓒的简笔山水,独树一帜,创作了以六枝枯树代表君子的纸本《六君子图》;入元不仕而死于洪武之狱的王蒙,更擅长以设色或墨色描绘层峦叠嶂的山景。以《富春山居图》(长 51.4 厘米,宽 31.8 厘米)屹立画坛的黄公望,更是开拓了水墨山水长卷的一代宗匠,不愧为纸本墨画的千古名作。这些生活在中国南方的元代文士,由于蒙古骑士的统治废除了科举,要当官只有从小吏起步,而不愿选择仕途,借助隐居以诗书画寄怀他们对故土的思恋之情,在世界上首先对文人画的创作理念提出了极具创造性的实践,给明代中叶以沈周、文徵明、唐寅、仇英为代表开创了"吴门画派"的江南文人画指明了方向,他们开始从绢本书画转向费用较低的纸本书画,并更多地采用了可以雅俗共赏的水墨画为绘画方式,给即将冲破中世纪禁锢的中国艺坛的文艺复兴铺平了道路。

进入 16 世纪后,失去朝气的院画开始衰落,作为城市文明标识的文人画,却在长江三角洲得到迅猛增长的经济的支撑,似日中天,日益红火,使文人画大为光扬,成为二三百年中画坛主流艺术的,是在 16 世纪崛起于苏州地区的吴派画家。吴门画派产生了沈周(1427—1509 年)、文徵明(1470—1559 年)、唐寅(1470—1524 年)、仇英(1502—1550 年,一说 1494—1552 年)四大书画名家。沈周是这一派的宗师,文、唐两人都师出他的门下;四人中只有仇英是从太仓移居苏州,其他三位都出身苏地。受宗师画艺与人格的感悟,四人作画,均是重彩、水墨全能,且都喜交江湖朋友,周人之急,贩夫、薪翁索画,无不慨允,唐、仇两人更是靠卖画谋生,所以作品广为流传。文徵明书画一丝不苟,佳作极多,主宗赵孟頫、王蒙,前期多青绿重彩,后期水墨淡色,亦多工细,《石湖清胜图》(上海博物馆藏),水墨浅绛,是其一例,画风兼具鲜丽淡雅、俊逸秀润。才华横溢的唐寅,字伯虎,生性放逸,而命运多舛,对山水、仕女、花鸟、楼观无所不工。他善于借画写意,纵览世态人情,《陶谷赠词图》(台北"故宫博物院"藏)、《骑驴归思图》(上海博物馆藏)、《西洲话归图》(台北)、写王鏊赴京任相的《王公拜相图》(北京故宫博物院藏),全是传世名作。吴派的后继者有许多是文徵明和仇英的弟子,苏州人陈白阳(1483—1544 年)的写意花鸟,以及他的儿子陈括和周少谷是其中的佼佼者。仇英作画时,"耳不闻鼓吹、阗骈之声",因其所下功夫"近苦",被人尊称"有士气",这士气也正是文人画家创作时所注入的工匠精神。吴派四大家相继辞世后,有华亭派、苏松派和以董其昌(1555—1636 年)为代表的松江画派和"画中九友"继起,他们力挽吴派的琐细空疏,重振文人画理想的自然景观,使文人画代有传人。

董其昌与清初虞山(常熟)画派四王(王翚、王时敏、王鉴、王原祁)倡导摹古仿古,拓宽了古画保存的路子,传世的董其昌题《小中见大册》(台北"故宫博物院"藏),缩临宋元名画 22 幅,使巨幅古画仍得传世。王翚的《小中见大册》(上海博物馆藏），保存了不少他多年临仿古画的墨迹，比他年长的书画收藏家王时敏在"石谷画卷跋"中赞扬他："凡唐宋元诸名家无不摹仿逼肖"，"且仿某家则全是某家，不杂一他笔，使非题款，虽善鉴者不能辨"。黄公望《富春山居图》就是他临摹过七八次，在晚年又翻成彩墨画的一个范本。

纸本书画和文人画成为画坛主流文化，开启了出现在明代的中国文艺复兴。对比出现在欧洲的西方文艺复兴，是借力于基督教要求冲破"原罪论"的禁锢，呼唤古希腊罗马文化复出，以人性替代神性，改革教会，而兴起的人文主义运动。中国的文艺复兴，却是在于要求突破600年以来，受到游牧民族蹂躏的黄淮流域的汉族民众摆脱困境，以长江流域的文明为基地，重振中华文明雄风的一场文化运动。在环球贸易的背景下，出而担任要角的，自然只有业已成为全国经济重心所在的东南沿海地区的文人和智库人士了。

推动纸本书画大众化的一个因素，是13世纪以后折扇在民间的时兴。这种折扇，有正反两面，一面画图，一面书写诗文，流传民间，数量日增。明清之际，正当文人画在经济发达、文人豪绅荟萃的江南兴起后，折扇经过北京和苏州两地的工艺名家精工制作，早已超脱了先前由于可以收之入袖、纳之于怀，兼得实用与便利的性能，替代了绢面团扇，成为东南沿海地区的一种实用工艺品，从16世纪以来在全国脱颖而出，成为一种可以雅俗共赏的民间工艺。这种纸扇以吴扇和川扇最为杰出，尤以吴扇为最。明代最著名的乌骨泥金笺纸扇、漆骨贴金扇就出在苏州，远销日本和泰国等海外国家。这类折扇名目繁多，从扇面、扇骨到扇坠都经精心加工，极为精致，往往集书、画、印、漆、雕等多种艺术于一体，成为以文人画著称的吴门画派乐于制作的材质而享有盛名。有文徵明书画的乌木泥金扇已在1973年在苏州近郊洞庭东山的许志问墓中出土，同墓还发现了由大官僚申时行手书行书的混金竹骨折扇，堪称明代苏州折扇的稀世之珍。尤为突出的是，本以文人画著称的吴门画派，也因折扇艺术出奇地成了环球航行时代中国城市文明中一枝独秀的大众化艺术，给全世界提供了文人画可以成为大众艺术的实例。

明清两代，纸本书画更是书艺和绘画大展宏图的舞台，绢本画逐渐被挤出画台。对纸张的尺幅、花色、性能和用途有了新的要求，进一步刺激了纸的工艺革新和生产规模。

在经济发达的东南沿海城市中，民间更盛行在住宅的中堂（通常是三间为一进，通高3米以上，南北有天井）张挂大尺幅的纸本书画，左右两个厢壁悬书画条屏，或者修筑镶嵌书画的隔窗，贴上饰有花纹的壁纸，作为书香门第的装饰，形成诗书画三联贯的大众化住宅装潢。欧洲要到1607年使用壁纸作为豪宅的装饰，这类花纹繁富、尺幅巨大的壁纸全都从中国进口，直到18世纪中叶，法国为了能自制这样的壁纸,依然在向到欧洲去留学的中国学子加以援助,要求他们找到制纸的技术秘密,好在欧陆就地生产。

中国制造的植物纤维纸始终是施展汉字书艺的最佳材料,所以和欧洲直到16世纪仍在使用价格高昂的羊皮纸不同,在中国,一直到活字印刷发明以后的许多年,用这种纸缮写书籍不但仍未绝迹,而且还用这种方式摹写了亿万汉字的《永乐大典》。1408年,这部世界上规模最大的、汇集了中国历代典籍的类书,由中央政府下令,用楷书抄录在上等白宣纸上,全书共有3亿7千万多个字,合计22 937卷,目录60卷,装订成11 095册。起初贮藏在北京宫中的文渊阁,后因失火,经过抢救,又缮写副本,在1567年完成了重录工作。但这部世所公认的大型百科全书,从18世纪起,特别是在19世纪,还是逐渐流散了,到今天,各国收藏的本子只有800多卷,仅剩原书的3%略多。

中国生产的植物纤维纸,首先流传到了周边国家。可能早到2世纪中国纸已经流入印度,梵文中的saya是"纸"的音译,比梵文中称呼榖楮纸的kakali还要早,kakali显然是从亚洲西部的粟特语、波斯语以及阿拉伯语中转去,中国北方对麻类和榖楮树皮抄造的褴褛纸,习惯称"榖楮纸",阿拉伯语因此叫这种纸用kāgiz这个词。东邻朝鲜因为是汉晋属地,早已用纸,随着一批豪族的移民进入境内,至少5世纪已能在本地造纸。610年佛教僧侣昙征向日本传授了造纸和制墨的工艺,开始建立纸坊和墨作工场。据10世纪的阿拉伯作家曼苏地追叙,萨珊波斯至少在6—7世纪开始用中国纸书写公文,当然数量不会太多,大约只在东部边区跟着和中国交往才用上了植物纤维纸。

在伊斯兰教兴起前,西亚和地中海地区通用的书写材料是埃及的莎草纸和羊皮纸,羊皮纸用作官方文书、记账和抄写典籍,价格高、不易磨损,擦去字迹后可以再写,但容易被随意涂改,而中国纸既价廉、美观、耐磨,写字后又不能再涂改,所以一旦运量增加,便可满足市场需求。751年中亚塔拉斯战役爆发,中国和中亚各国的联军由于内讧被阿拉伯军队打败,却给造纸技术的输出提供了机会,中国战俘被分到撒马尔罕的官办作坊中制造纸张、武器和工具,代代相传。工匠们仿照高昌纸多以桑皮为主要原料,就地取材,以桑科植物的亚麻为原料,像中国纸一样,打造出各种颜色的纸,运往美索不达米亚销售,使人耳目一新的中国纸立即受到各方的关注。794年,阿拔斯朝哈里发的首都巴格达也开办了同样的纸厂,不用说,也是靠了中国工匠的技术。接下来,叙利亚的大马士革和红海东岸的蒂哈玛也有了这样的厂。10世纪下半叶,撒马尔罕式样的纸就替代了莎草纸和羊皮纸,在地中海东部成为通行极广的书写材料。

中国纸在地中海世界取得成功,就像中国纸在本土所以能够迅猛增长,是靠了它所特具的复印的功能一样，关键在于阿拉伯人也已从中国的先例得知，要使印刷的技艺得到推广，得用中国纸才行。唐代生产的黄硬纸（简称硬黄）和粉蜡纸，是高品位的书写纸和拓碑用纸。而拓碑的办法，正是一种复制的技艺。办法是用湿纸平铺在石刻上，轻轻捶打后，使阴刻部分的纸下陷，再刷上墨，揭起纸，得到黑底白字的拓本。还有一种办法是先秦时代已经出现的，进山的人必须佩带的"黄神、越章之印"（章印），即克邪的符咒。加上在纺织品和米粉制作的食品上使用的木版印板，也是很早就已在运用的木版雕刻技艺。这三方面的工艺，在7世纪纸张生产获得大发展时期，直接萌发了木版雕刻技艺的诞生。复印的技艺大约在6世纪末已经开始，但那时"相承传拓之本，犹在秘府"，这些黑底白字的拓本，还多收藏在宫廷中。而且传拓与印刷毕竟还不是一回事，但印刷确是从复印起始的。

现在可以见到的世界上最早的印刷品，是唐初印刷的一件陀罗尼经咒。1974年在西安柴油机厂发现这件宝贵的文书装在铜颚托中，是一块长27厘米、宽26厘米的方纸，纸质粗糙，刻工简陋，有的字迹不清，属于7世纪初的印刷品。1975年，西安冶金机械厂出土了汉文印本陀罗尼经咒，是件长宽各35厘米的方纸，纸面光滑，印字娴熟，字迹清晰，是唐代中期印刷物。这二件发现品，都比1966年在韩国庆州佛光寺释迦塔内发现的长20尺的汉文印本《无垢净光大陀罗尼经咒》一卷要早，庆州的印本中用了武则天创制的19个新字中的一些字，是704—751年间的印刷品，751年是佛光寺竣工的一年。庆州出土的这一经咒可以肯定是在中国印刷，或由中国工匠制作的雕版印刷品。现存有确切纪年的早期印刷品是1900年在甘肃敦煌莫高窟藏经洞内发现的一卷《金刚般若波罗蜜经》，高约1尺，长16尺，由6块长方形木板雕印在6张纸上，卷后记"咸通九年（868）四月十五日王玠为二亲敬造普施"。很早便被英人斯坦因擅自运往不列颠博物馆收藏。

至于日本流传的宝龟本（宝龟是光仁天皇的年号，770—780年在位）《无垢净光经根本陀罗尼经》等四种陀罗尼经咒，据奈良《东大寺要录》，说是天平宝字八年（764年），"孝谦天皇（749—757）造一百万小塔，分配十大寺，各笼《无垢净光陀罗尼》折本"。而孝谦天皇天平宝字只一年（757），接下来是淳仁天皇（758—764）天平宝字总共七年，日本法隆寺虽至今保存了百万塔中的300多座，并有藏经可见，但年代可疑，而且1982年在韩国也发现了一座"百万塔"，所以这些印刷品的年代和来源地都需要作进一步的探讨。日本较早的印本书是宽治本《成唯识论》十卷，书末有宽治二年（1088）模工僧观增刊记，记述刻书经过，离开宝龟经咒尚有300年的空缺。

中国发明印刷技艺，起先是用来刻写经咒，保护信徒的灵魂可以升天。最初

300年中,大多用印刷品刻写佛经、佛印和历书、政府公报、法令之类的文书,并未多印书籍。10世纪初冯贽《云仙散录》引《僧园逸录》,记述645年初玄奘从印度回国后,用回锋纸印普贤像,向四方布施,自此"每岁五驮无余",到玄奘去世,19年中每年至少要用去几万,甚至几十万张佛印,只有靠了新发明的印刷技艺才能办到。在玄奘印佛像以前,据16世纪的邵经邦在《弘简录》卷四十六中记述,唐太宗的皇后洛阳人长孙氏,在36岁时去世,她生前写了《女则》十篇,采集古代妇女所行善事,皇帝以为有益于教育妇女,下令付梓。这是最早记录的宫廷印书了,隋代的事就无法推测了。唐代还印刷了最早的报纸《开元杂报》,是8世纪时办的雕版印刷报纸。到了明代却一直用写本办邸报,在1638年,距离明朝灭亡只有6年时,政府才发行活字印刷的邸报。但这次是第一回用活字排印政府公报。

9世纪初最流行的印本文集,是《白居易诗文集》。到10世纪初,后晋石敬瑭(936—941年)因好《道德经》,于是道教经典有了刻本,是最早付板的诸子中的一种。后唐明宗(926—933)时批准了宰相冯道、李愚的建议,校刊"九经",冯道印成了"五经"。"九经"由蜀人出资刊印,到953年后周时刻成。以后书籍的印刷才逐步多了起来,使入学的子弟可以拥有了字体统一的经学教本。据宋人岳珂记述,他的家塾曾藏有后晋天福(936—943年)时刻印的《春秋》三传,天福是石敬瑭和石重贵(942—943年)的年号,还在"九经"刻成之前。宋朝开国以后,先在四川用铜版印交子(后称"钱引"),南宋时将纸钞推广到南方统治区各地,称作"会子",现在仍有南宋发行的会子铜版可以见到,在长方形的铜版中栏,横镌"行在会子库"五字(现存上海市博物馆)。金代在海陵王贞元元年(1153年)迁都以后,也用铜版印刷纸钞,后来国库空虚,滥发纸币,终致亡国。

10世纪以来,由于大量印刷历书、经咒、符箓和经藏,印刷品已在民间普及。到宋代,印刷技术随着雕版的精细和纸张、油墨的讲究,比唐代有了长足的进步。规模最大的是由政府倡导开雕佛教经籍《大藏经》,先后有《开宝藏》(983年在成都刻成,称蜀版)等五次刻藏。《开宝藏》共有653帙,6 620卷,以后历次刻藏都以此为基准,高丽、契丹、日本雕印佛藏,也都以此为底本。

雕版印刷费时费工,所刻木版往往堆积如山,保存亦成难题。于是有平民出身的毕昇发明了泥活字印刷。毕昇在1041年以后几年中,最初试制的是木活字,但由于"文理有疏密,沾水则高下不平,兼与药相粘,不可取"(《梦溪笔谈》)。当初毕昇没有找到合适的材木,加工技术尚不成熟,所以想到用"燔土"的办法烧成胶泥活字,恐怕受到宋代冶金技艺中仍在使用的砂型铸造、泥型铸造的启发。沈括在《梦溪笔谈》卷十八中有一长段文字记胶泥活字:

其法：用胶泥刻字，薄如钱唇，每字为一印，火烧令坚。先设一铁板，其上以松脂蜡和纸灰之类冒之。欲印，则以一铁范置铁板上，乃密布字印，满铁范为一板，持就火炀之，药稍熔，则以一平板按其面，则字平如砥。若止印三二本，未为简易，若印数十百千本，则极为神速。常作二铁板，一板印刷，一板已自布字，此印者才毕，则第二板已具，更互用之，瞬息可就。每一字皆有数印，如之、也等字，每字有二十余印，以备一板内有重复者。不用则以纸贴之，每韵为一贴，木格贮之。有奇字素无备者，旋刻之，以草火烧，瞬息可成。

毕昇的这套泥活字后来给了沈括，传给后世。但只知道在 1193 年，周必大还用这种活字印刷了他著作的《玉堂杂记》。(《周益文忠公集》卷 198) 还有元初学者姚枢的学生杨古，在 13 世纪末用泥活字印过《近思录》、《东莱经史说》等书。

继泥活字之后，先后出现了锡活字和木活字印书。开创木活字印刷的王祯，是位下级官员，不但在 1298 年自制木活字印书，用 20 多天印成了一部 6 万多字的《大德旌德县志》，而且发明了轮盘式的按照字韵排列的字盘，写作了《造活字印书法》的文章，附在他写作的那部著名的《农书》的后面，促使木活字能够进一步得到推广。1322 年马称德在浙江奉化刻制木活字 10 万，印成的《大学衍义》等书已多到 20 册，卷帙比前增多。

过去有一种说法，以为印刷始于唐代，精于宋人。这"精"在于发明了活字，改进了版式与书籍装帧，扩大了图书发行的品种和数量，使印刷由宗教宣传和政府专有转向商业营作，为推动社会信息的发展效劳，印刷从此成为一宗重要的社会事业而首先屹立在中华大地上了。江东和四川（蜀中）以外，北宋京都汴梁刻书也多，可与杭州相比，但用纸不佳。陆游评述各地书业，以杭州为上，蜀本居次，福建最差。四川和福建都用柔木刻书，特别是福建，多用榕木刻版，易成速售，所以福建本通行全国。蜀本和杭州本称雄北宋，建阳麻沙版本的书是最大众化的本子。南宋时代，更有临安书棚本作为精刻，享誉海内外。后世追求的宋本，有中央官府刻本，也有地方官府刊本；自 1068 年对私刻弛禁以后，便有私宅家塾刊本和坊肆刊本，前者也有许多精本、善本。

元代印书，偏多坊刻医药、话本、杂剧、南戏以及插图本经、史、子书和应考的课本，福建建宁府属下建阳、建安两地渐成南方刻书中心，出版物流行上图下文的通俗读物，便于用木活字或金属活字排版。书籍销路比以前活跃。

明代的印刷业有很大的发展，但多半集中在沿海的江南、两浙和福建。由于城市经济生活的发展，文化娱乐盛行，图文并重的小说、戏曲、故事书的流行，连市井妇女都欢喜看图识字，因此坊刻本大受市民欢迎。明代的书院遍布乡里，开科取士成社会风气,八股文、试帖诗是应举子业的人必读书,在成化(1465—1487)前,并无刻本可读,杭州通判沈澄刊刻《京华日抄》一册,公开发行,销路极广,获得大利;随后福建起而效尤,以致各省都印发提学使考卷,供举子备用,成了科考的热门书(郎瑛:《七修类稿》卷二十四)。到 16 世纪中叶,这类书便到处都有坊刻本了。图画类的刻本由精于书法和绘画的高手参与,也多了起米。木刻版画和彩色套印都是明代才时兴,出现了许多图文并茂的读物,1626 年在南京用木版水印多彩的《萝轩变古笺谱》,共 184 面,是早期印刷史上罕见的精品。下一年,寓居南京的休宁人胡正言也用同样的彩色套印技艺,编印了《十竹斋画谱》,分几十道工序分层设色,使书画、竹石、花果、翎毛,无不色彩逼真,栩栩如生。1644 年,他又用"拱花"技艺刻了《十竹斋笺谱》4 卷,使学画的人可以展卷临摹,受益匪浅。两部画谱从此行销天下,成为中国彩印史上的千古绝唱。

从 10 世纪起,由中国开始,正式宣告人类进入了印刷文明时代,从此国家之是否文明,已不再是看它有无城市、冶金和文字了,要看是否拥有印刷业了。印刷与文明,文明与印刷,彼此已经变得分不开了。城市、冶金和文字是 5 000 年前展开的第一次文化大革命的标识,意味着人类开始步入文明社会;之后,人类从青铜时代跨入了铁器时代,东亚文明作为一支精壮的部队参与了这一次革命。时隔3 500 年以后,人类才迎来了第二次文化大革命,由印刷工艺推广的这一次文化大革命,到 10 世纪已经完全成熟,以中国为代表的东亚文明这次是以运动的先锋和主力军的身份揭开了帷幕,并随之将多项具有顶级知识产权的发明送往世界各地,让它们在那里安家落户。说中国人靠了造纸和印刷,拉扯着文明世界度过了第二次文化大革命的黄金时段,似乎并未夸张;最后在 18 世纪末,把接力棒交给了开始工业革命的英国和它的欧洲伙伴,将这次文化大革命从太平洋经过印度洋带到了大西洋。于是从欧洲的西部展开了第三次文化大革命,在这一次运动中,中国这个素来尊崇"礼义"的文明古国掉了队,落入"生存竞争"模式下殖民国家的虎口,直到 20 世纪末,才奋起跨上信息时代奔向第四次文化大革命的班列。

15 世纪以来,用铜活字和铅活字印书在东亚渐成风气,给活字印刷注入了新的活力。中国江南的南京、常州、苏州在 15 世纪末到 16 世纪初,都有铜、铅活字印刷。朝鲜受到邻国用铜版印刷纸币的启发,在 1234 年开始铸造铜活字印书,但由于工艺上还没有成熟,所以要到 15 世纪才正式开展铜活字印刷事业,在 1403 年由政府成立铸字所,先用黄杨木刻成木活字作底,然后按照中国铸造铜模的方法,浇铸铜活字,精印汉文图书,开启了金属活字印刷,成为活字印刷史上的又一项创新之举。1436 年朝鲜又开始用铅活字印刷。

在东亚地区,开始制作活字,早先都离不开制作泥模或木模的字型,朝鲜曾将毕昇和杨古的泥活字称作"陶活字",而铸铜活字也先要以木刻的字模作底。15世纪的朝鲜在使用金属活字印刷上走到了前头,但这些成就都离不了中国同行的启发和实际参与,更不能像今天有些韩国人宣传的那样,说他们是活字印刷的发明者。

有新疆出土的回纥文木活字作证,中国人发明的木活字在13世纪末年已有新疆的维吾尔人用来印刷,并且一路经过斯拉夫人、阿拉伯人、意大利人传递之后,这类活字印刷的书籍和印刷品进入了基督教治理下的欧洲。之后,产生了印刷技术史上具有爆炸性效应的新发明,德国人约翰·谷腾堡(Johannes Gutenberg, 1397—1468年)在1453年实现了他用铅、锑等合金铸成的金属活字,印刷《圣经》的宏愿。许多学者都相信谷腾堡是在获见中文书籍的印刷和装帧之后,才设计出他的印刷机,在美因兹开印《四十二行本圣经》的。此后半个世纪,西欧各国迅如捷雷地为迎接文艺复兴运动传播新知识的到来,在各地兴建了数以百计的印刷所,罗马、纽伦堡、巴黎、阿姆斯特丹,迅速赶过了威尼斯、美因兹、纽伦堡,一跃而成印刷业的中心。16世纪初,西欧各地出现了100多种报纸,一有消息,便会不胫而走。没有印刷业的城市一定就是没有文化的城市,业已成为公众不约而同的共识。

这项震惊欧洲的发明,推动了1521年掀起的宗教改革运动,让人们看到了"传播福音"使之成为公众的共同心愿,必须依赖印刷在纸上的文告、图画、宣教书和展开论战的小册子,才能迅速取得成效。运动的创导人马丁·路德称印刷这项发明是"上帝至高无上的恩赐",人文主义思想家伊拉斯谟则赞扬活字印刷是所有发明中最伟大的发明。

原本在中华大地上萌生的印刷文化,在地中海世界演绎成了催发欧洲走出阴暗的中世纪,通向现代文明大门的金钥匙,这是当初的欧洲人无论如何也不会想到,却是在历史上实实在在发生的事。

自信的欧洲人在很长一段时间中,当然只知道印刷术是谷腾堡天才的发明。

在16世纪东方与西方刚刚开始打造直线交通的初期,只有一个叫保罗·乔维斯(Paulus Jovius, 1483—1552年)的意大利人,在威尼斯出版的《当代史》中表示,他知道在中国的广州有印刷业,用和他们同样的方式印刷历史和礼仪书籍,并且装订成册。他记下了曾在教皇利奥那里见到了葡萄牙人向教廷进献的中国书,"使我确信,早在葡萄牙人去印度之前,这样一些对知识作出过无比贡献的印本书,就已通过斯基泰人(草原牧民——引者)和俄罗斯人传入欧洲了"。(钱存训:《纸和印刷》,上海古籍出版社,1990,280页)后来在1575年到达中国福建的西班牙修士拉达,从他和中国官员交谈后得知,中国比欧洲早几百年就有了印刷术。

拉达回国时带去许多中国书,有历史、地理、方志、年表、航海指南、礼仪、刑法、医药、地质、天文、名人传、娱乐、音乐、数学、建筑、军事、手相、占卜和书法,至少有数百部之多。不久以后,随着欧洲天主教各派教会派遣教士到中国布道,出现了明季7 000部西书运到北京天主教北堂的盛举。在东方和西方之间,初次展开了图书的大规模交流,标志着印刷业在旧大陆各地确实已经崛起。

中国生产的植物纤维纸到了20世纪,由于现代造纸工艺的飞速发展,已经退居到书法用纸和仅仅用于印刷硕果仅存的线装书用纸,但是还有一项功能却是由于它所特有的艺术性而得到拯救,那是中国传统的使用毛笔的绘画。被称作中国国画的这种毛笔画,有彩墨和水墨两大类,使用的底本有绢本和纸本之别,绢本大多用于彩墨,而纸本则由于纸张和用墨材质的提高,自14世纪以来已越来越多地被画家用作水墨画和彩墨画的创作,成了中国画的传统技法。20世纪以来,一些富有创意的中国画家走出国门,到欧洲去探求绘画的新技能、新理念,而他们的法国老师却告诉他们,中国有那么优秀的艺术传统可以吸纳,回国后一定要融通中西才会开拓出艺术的新路子。当时这批年青的中国学子并不知道法国在1886年已经成立了国际美术研究会,首任会长美国印象派画家威斯勒(I.M.Whister),就是从巴黎的日本美术书店所展示的中国绘画,感悟到了中国绘画的意韵的。所以这批怀着追求艺术新天地的意志到法国去留学的画家,往往又成了兼通中西绘事的艺术家,徐悲鸿、林风眠便是在这一队列中站到了前头的人物,他们都先后在法国和欧洲开办过画展。到1937年抗日战争全面爆发,中国的国画家操起画笔,走出国门,举办画展,前往欧美各国募款,以所得的收入上缴政府赈济委员会,支持抗日战争。徐悲鸿在1938年以后的4年中,到南洋各地和印度办画展,进行义卖。国画家张善子(子)、张大千兄弟带着180多帧画到欧美募款,呼吁侨胞和各国友好人士支援中国人民抗战,产生了巨大的振波。擅长画虎的张善子(子)以国民政府赈济委员会委员身份到巴黎,在1939年1月举办张氏兄弟画展,法国总统勒伯伦亲自向张善子(子)授予荣誉勋章,称赞他是"现代东方的杰出代表"。3个月后,他到美国开画展,各大报纸争着报道他们一行的行踪,称他是画虎大师。罗斯福总统夫妇多次邀请他到白宫作客。总统夫人还陪着他到各州演说、募款。他画了巨幅的老虎,题作"中国怒吼了",赠给总统和国务卿等官员。罗斯福总统将这幅画挂在白宫林肯像旁。张善子(子)一行在欧洲和美国开了一百多次画展和演讲会,将募得的巨款悉数寄回了中国。1940年5月下旬,他在美国听说重庆政府的空军顾问陈纳德答应向美国招募一百多架战机之后,画了两只飞虎飞临纽约上空,赠给这位视中国为兄弟的美国军官。陈纳德将这幅画作成了他率领的美国航空兵飞虎队的旗帜和队徽,发给队员,以励士气。1940年9月,急于回国的张善子(子),谢绝了各种讲学和为他治病的邀请,回国进行各项工作,年仅59岁的他到年底便因病去世了。这是用中国制作的纸笔和绘画技法铭记下来的,中美两个大国在第二次世界大战期间,为了相互支持、共同反对日本军国主义的侵略行为作出的,一项震撼了一代青年为国捐躯的重大贡献!

从公元1世纪纸的发明起步,经过6个世纪的酝酿与培育,中国在世界上首先对印刷工艺进行了从研发、试验到大规模展开的长征,再过5个世纪之后,在快印技术的新领域中走出了具有决定性意义的一步,进行了活字印刷的试验,并取得了成功,从此迈开了脚步,迅速向前奔驰,带动世界各地在15世纪对印刷业的进一步发展进行冲刺。在直到今天为止,最后剩下来的5个世纪中,由于这项信息技术的开发,在全球范围内实现了从出神入化的彩色绘画起步到多色套印技术的逐步完善,并且在20世纪依靠电子技术发明彩色照相和彩色摄像这样的新工艺,实现了对人类文明进程进行的全息复制工程,宣告进入了信息化的知识经济时代。在这以前,引导这项复制工程得以逐步实现的带路人,和为此而作出了富有成效的贡献的,正得数东亚的中国人了。

五、 开创大航海时代的耳目: 罗盘导航技术

远在太平洋西岸的中国,虽然拥有很长的海岸线,但在开拓海洋生活上,经历了很长的时段。中国的远洋航运事业,虽然起始不晚,但要到10世纪以后才有长足的进步。自10世纪宋朝建立以后,中国的造船业为迎接航海事业新形势,提升了海船的制造技术,增大了船只的载重量,制作了适合外海航行的尖底船,这类船吃水深,可以高速破浪前进。1979年在宁波东门出土的尖头、尖底、方尾海船,长度估计有10米,是迄今可见最早的单龙骨尖底船实物。宋代的河船和海船,都建有水密隔舱,一般1—2米设置有隔离舱,以防船体进水后水势迅速漫延。宋代对船舵技术有多项改进和发明。首先发明了平衡舵,来降低转舵的力距,提高转舵的灵敏度,防止转舵时发生侧翻事故,西方船只要到18世纪才拥有这项技能。至迟在13世纪时,中国已有了在舵叶上打出多处孔洞的开孔舵,以降低舵的扭矩,减少船舵受到的水流阻力,这是西方在20世纪才出现的一项技术更新。宋代海船还使用了由滑轮提携操作的升降舵,12世纪时的海船,每船备有正舵大小二等,随水深浅更替使用,实行多舵灵活操作,以适应船只在不同深浅的水域中航行;船只设有副舵和三副舵,当艌甲板之后从上插下二棹的,称三副舵,三副舵固定不动,专为减少舵行中的横漂而设;升降舵可在船只通过深水时,将舵降到船底

以下,免受船尾水流涡漩的干扰,以提高舵的效率。从宁波出土的南宋海船,可以见到在左右船舷的第七和第八接缝处,各有一根半圆形的舭龙骨,用铁钉加以固定,可以减轻船身左右摇晃,防止侧翻。这一装置在西方,要到 1820 年左右才出现,在此以前,尖底船尾在航行中产生的摇晃,胜过了船只遭到风浪袭击时产生纵摇所带来的恐惧,始终是欧洲海员最头痛的难题。此外,中国海船还运用风帆的调戗技术将侧风转化成正风,甚至可以在遇到逆风时继续前进,这是迟到 19 世纪飞箭船才能实现的航海技术。

中国海船所具备的这些航行优势,特别是从 11 世纪以来装备了水罗经以后,可以根据磁针指示方向不分昼夜和阴晦天气,实施远程航行,能够在 1130 年前后开辟了从广州启航经 40 天直航苏门答腊北部亚齐,再经过 60 天继续抵达阿拉伯佐法尔港的远程航线。这样的远洋航线在 16 世纪到来以前,在世界上一直是独一无二的壮举,所以中国海船能够在储备充足的粮食、腌制的鱼肉类食品、蔬菜和淡水以后,在同一季风期内到达目的港,而不至患上坏血病。从泉州或广州启航的大型船只,在那时甚至可以绕过南沙群岛穿越巽他海峡,直航桑给海岸,与穆斯林做买卖。这二大航线撑起了中国的远洋航运业,在 12 世纪到 15 世纪着实出足了风头,法宝正是航海罗盘。

12 世纪的《萍洲可谈》和《岭外代答》最早记载了由罗盘导航和称作“麻离拔航线”的远洋航路。凭借罗针和北辰星的指引,中国船可以计算出航行里程、确定船只在海中的位置,用毛笔绘制出标有航向和多少“更”(通常以 60 里为一“更”)的“针路”,利用这类“针路簿”(航海图)进行航行,便算有了指路明灯,不致在苍茫大海中“针迷途失”了。可惜 12 世纪以来在航海界通行的“针路簿”,今天已经所存无几,大约绘成在 1414 年的《郑和航海图》,是靠着《武备志》的刻本保存下来的少有的幸存物。这张地图记录了从长江口的刘家港开航的中国海船南下中国海,开往亚丁湾、霍尔摩斯海峡和东非沿岸,直到莫桑比克的金屿(今莫桑比克岛)的全部航路,提供了那时中国帆船实际通航的营运区域,是 16 世纪以前世界上最完美的一张航海全图。绘制这张地图全靠航海罗盘的导航。

罗盘在中国是一项古老的发明,在 9 世纪以前向来采用十六方位罗盘,后来晚唐的风水大师杨均松创造了二十四方位罗盘,两种方位的罗盘在宋代都在使用,但二十四方位罗盘精密度更高,杨均松的学生曾文迪在《青囊序》中说:“二十四山分顺逆,共成四十有八局。”而地中海地区使用的罗盘大多用三十二方位罗盘,是按照他们从古以来使用的风向玫瑰早先采用十六方位,再进到三十二方位的习惯做法。

航行在印度洋上的中国海船使用磁针导航技术,可以计算出正确的航行位置,这一非常具有实际价值的发明,是经过阿拉伯航海界传递给地中海的欧洲同行的,和英王狮心理查同年又同时被宫廷保姆抚养长大的内卡姆(1157—1217年),在他写作的论文中第一次提到。

欧洲有关罗盘和航海图的知识,显然是从十字军那里传去。欧洲现存最早的海图可以追寻到 1275 年在羊皮纸上绘制的比萨海图(*Carte Pisane*)(巴黎国家图书馆藏),图卷从黑海、地中海向西延伸到英国南部,按比例尺描绘,其中黑海到地中海的海岸线轮廓特别精细,推测是热那亚航海界人士所绘。这幅地图并无经纬线,但在爱琴海和撒丁尼亚岛附近分别绘出两个圆圈,各自从圆心向外射出 16 条等分线,形成风向玫瑰,是一张指示海上风向的导航图。这类地图通常附有航海指南,后来风向图在地理大发现时代成了探险家走出地中海发现新世界的指南。现存最早的指南有 1296 年的,上面按顺时针方向画出从伊比利亚半岛的圣文森角到摩洛哥的萨菲的环地中海航线,标出了危险区域、可供采取的安全下锚点,是一种属于意大利各个航海城邦在航海季节(开港)所用的实用航海图。地中海的海船通常在 11 月 1 日船只入港后要封港住冬,到下年 3 月 1 日才开港出海。实用航海图只有依靠航海罗盘才能精确绘制成功。欧洲人绘制这样的地图,方法与中国的航海图不同,是用鹅毛管笔画在坚硬的羊皮纸上,用罗经发射线认知航行地点和锚地,中国人则是用毛笔绘在植物纤维纸上,用文字标明针路展示航路和港口,两类航海图画面不同,但效果是相同的,都是根据罗盘导航精确计算后,才绘制出适合航海者使用的海图。

13 世纪末在欧洲开始的这类实用航海图,到 14 世纪下半叶先后在伊斯兰世界和欧洲各地不断被绘制出来,先后有西班牙东部马略卡岛卡塔兰学校(Majorca Cartographic School)绘成陆上地图"卡塔兰地图",还有被意大利语称作"波托兰地图"(Portolan)的航海手册。在 14—15 世纪,波托兰地图如雨后春笋般涌现在地中海地区的航海界,有 180 多张,被保存下来。但是直到葡萄牙人在 15 世纪末开始取道大西洋绕过好望角到达印度西海岸以后一段时间,欧洲人并未能绘出一张真正能反映出印度洋航行实况的海图。原因是欧洲人尽管有走海路到达中国的,但是欧洲人根据托勒密和阿拉伯的地理志,都把从非洲以东直到中国海(中国人称作"南海"或"涨海")的海洋说成是一大片"被大陆包围"的海,也就是说不但它的西边和北面是大陆,而且在它的南面和东边也是由大陆连着的。所以中世纪拜占庭地理学家画出的托勒密地图,以及给托勒密的《地理学》(阿拉伯语 Bast al-ard)作了补充并订正了经纬度的阿拉伯地理学家格拉纳达人伊本·赛义德(1214—1274),在他的稿本《马格里布》中,干脆将这片海洋称作"被大陆包围的海"。虽然这些生活在地中海的人完全知道怎样穿越"中国门"(七洲洋)到达广州,并且明白新罗南面的瓦克瓦克(或译"韦韦",指日本——引者)和中国南面的瓦克瓦克(指马来人、泰鲁古人——引者)不同,但始终没有弄清中国的东边到底是岛链还是陆地。

所以从 15 世纪到 16 世纪实现了环球航行以后很久,欧洲人才开始逐渐绘制出了类似今天的地图那样的航海图。葡萄牙人最初从非洲沿海纳克乌达人手里取得的地图,都用阿拉伯文标出海岛,1502 年出版的两种《航海指南》,一种由阿尔贝托·康提诺写作,另一种由尼古拉·德·卡内里奥编写,都只是重述纳克乌达穆斯林的资料。根据实航资料绘成的葡萄牙人的第一幅印度洋海图,是从编写了《沃尔芬·比特尔航海指南》的这位公爵的藏书中发现的,据卡梅雷尔研究,应该是 1510 年的事(《葡萄牙人发现马达加斯加》,A. Kammerer, *La découverte de Madagascar par les Portugais*, Lisbonne, 1950, p.98 et seq.)。航海地图在 16 世纪都掌管在葡、西两国人手中,秘不公开,直到 1583—1589 年在果阿担任大主教多年的荷兰人林育顿在 1595 年发表他的《见闻录》(Jan Haijgen von Linschoten: *Itinerario*)并附上地图,印度洋航行才开始有地图可循。此书的英文本,有 1885 年海克卢特学会的译本[A.C.Burnell & P.A.Tiele(eds): *The Voyage of John Huyghen von Linschoten to the East Indies*, 2 vols, Hakluyt Society, 1885]。最早的英译本在 1598 年便有了,这对于荷、英两国开展远洋航业的关系至为关键。1577 年 12 月—1580 年 11 月英国海军提督法朗西斯·德雷克率领帆船前往西非,靠了劫持葡萄牙船,取得航海图,前往美洲,取道麦哲伦海峡横渡太平洋,随后经印度洋返回英国。1595 年荷兰人为突破里斯本对荷兰的东方贸易封锁,由霍特曼将军率领 4 艘兵舰经好望角前往摩鹿加群岛贩运香料,正是靠了葡萄牙的航海地图,才获得成功,从此开启了荷兰人经营东方贸易节节攀升的盛世。

早期欧洲航海地图中,有关印度洋东部和中国海的确实信息,尤其全靠中国提供,才能纠正长时期以来欧洲人编制的地图中的错误。有一个例子可以说明,没有来自中国方面提供的地理信息,欧洲人是无法填补他们对东亚地区地理知识的空缺,和改正他们以往的错误的。当荷兰地图学家布劳(Joan Blaeu)在 1654 年正在绘制一套世界各大洲的地图时,意大利人耶稣会会士卫匡国在 1654 年从中国带去了大批罕见的资料到达荷兰,要求布劳帮他绘制《中国新地图》,布劳立即听从了他的话,放下手里的工作,投入了这项有意思的新工作。显然他已经了解到这项工作正好可以使欧洲地理学界改正许多错误,使地球翻然一新,所以他热情地接受并完成了这一任务。1656 年起,他编绘的非洲、美洲地图相继出版,总共有 12 巨幅之多,使世界各大洲的地图大展新颜。1660 年以后的 10 年内,另一位荷兰地图学家彼得·葛兹(Pieter Goos)绘制了印度洋地图,画出了从非洲好望角到澳洲卡奔塔利亚湾广大海域的地图,地图还绘出了日本国。这时离开哥伦布寻找日本国的探险活动,已经将近二个世纪了。

英国科技史家李约瑟因此非常重视东亚地理学的成就。正是由于一代又一代中国地图学家的勤奋工作,才能将东亚地理知识传给17世纪欧洲的地理学家,帮助他们运用现代地理制图学的新技术,正确地绘制出与实际符合的高精密度的东亚地图来。

六、 震撼人类历史进程的发明: 火药与火炮的研制

人类从使用冷兵器转向热兵器,在科学技术的进步史上取得的是一种划时代的成就。热兵器起始于燃烧性火器的应用,随后有了爆炸性火器的发明,最后进入由铜、铁铸造的管形火器的制造,这一过程大约在中国经历了5个世纪,从9世纪开始研制火药、烟花和发明由火药点燃的火箭,到13世纪下半叶制作铜铳,在世界上走在最前列的都要数中国。

火药的配方由硫磺、雄黄、木炭和硝石组成,硝石是最主要的成分,在8世纪的《新修本草》中已有提纯硝石的记录。在9世纪道教典籍《真元妙道要略》中记录了有硫磺、雄黄、蜜和硝石一起燃烧,可以着火,烧毁房屋,蜜经燃烧成木炭,所以木炭后来成了火药三要素硫磺、木炭和硝石中的一项。904年发生在豫章的攻城战中,攻城的军队使用了将火药团绑在箭上发射的"飞火",10世纪中叶,宋军开始成批生产火药箭和火球、火蒺藜等爆炸性火器,投入战争中。宋、金、元三个朝代相互攻击,都使用了火器。13世纪初出现了类似现代地雷的铁火炮。在火器发明的初级阶段,火箭用弩机发射,大型的火炮由抛石机投掷。

最早的管形火器是1132年德安守将陈规的发明,由两名士兵抬起的长竹竿装上火药去冲锋,名字就叫"火箭(筒)"。1232年守卫开封城的金军,采用了可以单兵操作的"飞火枪",可以将火焰喷射到一丈多(约4米)远的敌阵中。世界上最早由单兵操持的管形火器,就这样在黄河中游的战场上产生了。1259年守卫在淮河中游寿春的宋军,将管形火器加以改进,发明了可以安上"子窠"的"突火枪",可以发射到150多步远的地方。

12世纪中国发明的火器首先装备了近邻高丽的军队,12世纪初,高丽军中设置了"发火军"专掌火器。后来高丽成为元朝的直属地区,高丽军队中因此装备了各种火器。越南的陈朝受蒙古军三次南征,领教了火器的威力,到14世纪也学

会了制作火器,打败了占城国。

13世纪是火药和火器在亚非欧三洲广泛传播的初始时期。在南中国各地经商的阿拉伯人将火药、火炮的知识带回到中东各地,蒙古军则直接将各种火器运用到了地中海东部和直到多瑙河为止的欧洲战场上,迫使大家去注意研究有关火药和火器的新知识,开发这一新领域。在伊斯兰世界,最有名的阿拉伯药物学家伊本·贝塔尔(Ibn al-Bāytar, 1197—1248),在1240年编集的《医方汇编》中,将硝石称作"巴鲁得",说这个字,埃及老医生叫"中国雪",在西方普遍叫"巴鲁得",称作"焰硝花"(asīyūs 之花)。贝塔尔解释这个字原意是"焰硝花",也就是南宋都城临安(杭州)人所习称的"烟硝"、"花火"或"火戏儿"。这是12世纪以来就出了名的中国烟花、中国烟火。当然,烟硝不光是用于节庆时燃放的"火戏儿",其实是"火药"在起作用,所以巴鲁得不久便视同"火药"了,据1249年的记载,埃及艾优卜朝的国务大臣奥姆莱主持了伊斯兰国家研制火药的实验工作。继艾优卜朝统治埃及的马木鲁克朝,在1290年用火器攻击阿卡城,迫使欧洲基督教十字军从这里撤回老家,结束了延续两个世纪之久的十字军运动。马木鲁克人在14世纪按照从中国运去的新式武器加以仿制,研制成两大类火器,一类叫马达发(midfa'),相当于现代阿拉伯语中的"火器",仿自中国的火铳,用石球或铁箭作射远器;另一类叫马卡拉(makhula,或纳夫达 naft),可以译作"火炮",相当于爆炸性火器。这些火器很快替代了早先常用的火油机。但比中国使用这类火器,至少落后一个多世纪。1370年后,铜制的筒形大炮马达发出现在亚历山大里亚的阅兵场所。从此以后,纳夫达这类火器已不再是先前的石油机(naphta),而是爆炸性火器的火炮了。到1517年马木鲁克人被使用新式长程大炮马卡拉的奥斯曼王朝征服,巴鲁得从此销声匿迹,纳夫达作为新式管形火器的通用名词,风行伊斯兰世界。

马木鲁克王朝和钦察汗国结成联盟,共同对付与法兰克人友善的伊儿汗国。13世纪末在战场上连连被蒙古骑兵打败的欧洲军队中占优势的步兵,不得不采用东亚军队使用的效率更高的弓弩,自从蒙古军在欧洲战场上使用了火炮,欧洲军队才知道火炮的威力,随后又在地中海东部战场上遭到马木鲁克人的攻击,但几乎有一个世纪之久,仍未能打听到制造火药和火器的技术秘密。在欧洲基督教国家中最先装备火器的是意大利。1325年阿拉伯人用抛石机投掷火球攻击卡斯提尔的加沙城,佛罗伦萨派人探听到制造火器的窍门,在1326年制作了铁炮和铁弹,造出了欧洲第一批管形火器。根据当时图画,这种炮是放在木头发射架上的一只细颈瓶子,上面有一支火箭,形制和阿拉伯兵书上的"契丹火箭"相似。到1346年为止,法国、弗兰德斯、英国和德国也制造了火药、铁火罐、铁炮和红铜铳。

1364年意大利贾佩罗军火库的一份记有500门炮的清单,其长度为1腕尺(0.5米),可以手持,并说足以射穿各种盔甲。这是仿照13世纪末中国北方战场上使用的铜手铳,但这样的管形火器在欧洲战场上仍是十分稀罕的兵器。

英国是继西班牙、意大利制造火器之后,又一个热衷于发展火器的国家。英国的德比伯爵和索尔兹伯里伯爵参加了1342年摩洛哥人抗拒葡萄牙入侵的阿尔黑西拉斯保卫战,从摩洛哥人那里学会了使用大炮,不久就制造了24门发射铅弹的铁炮参与反对法国的克莱西战役。这一年,英国造了100件叫莱巴杜(ribaldos)的手铳。1347年仿照马达发,造出提拉尔火炮。

和中国先造铜炮后造铁炮不同,欧洲各国初期的管形火炮用的是容易开裂的铁炮,1364年意大利的20厘米长的火门手枪就是铁管枪。德国制造的坦奈堡手铳,是1390年用红铜制造,重量减低到1.24公斤,但铳身却加长到33厘米,好在射程也远了不少。值得注意的是,西班牙在14世纪后期就将铁炮和加农炮安装到了战舰上,使大炮在海战中能更加发挥它的机动性和战斗力。1500年后,全套索具的帆船逐渐成为大西洋海运的主流船型,16世纪的西班牙帆船经常装备5门4米长的大炮,主炮能发射50磅重的炮弹。当时单甲板平底战舰的常规装备,是拥有一门中弦主炮,两侧有24门重炮和轻炮作为护翼。地中海和大西洋各国的战舰的吨位已由哥伦布时代的二三百吨成倍地提高,目标在打造千吨以上有防卫和攻击火力的大帆船。15世纪欧洲进入了火炮时代,《战争论》的作者马基亚维里肯定了火炮的威力,破除了欧洲人的城墙观念。亚洲的伊斯兰国家也以先进的火器武装军队,伊朗人和蒙兀儿人就是其中的佼佼者,他们驱动了非洲东部地区的民族也开始使用火器。

一些千年古国在威力强猛的大炮攻击下倒去,奥斯曼土耳其人靠了大炮结束了拜占庭帝国,攻占了马木鲁克王朝的故土,拿破仑指挥骑兵和火炮,在1806年将已有千年之久的神圣罗马帝国送了终,使它仅仅剩下一个哈布斯堡王朝。一些新兴的海上国家借助火炮横行天下,葡萄牙、西班牙、荷兰和英吉利在16—17世纪为拓展海外商贸活动和争夺殖民地而不断展开海战。掌握世界命运的战争随着这些国家的争霸而展开,致使全球硝烟弥漫,久久无法安宁。

17世纪以来,荷兰人全力以赴地致力于东起香料群岛西到加勒比海的海上贸易,被欧洲人誉作“海上马车夫”。他们从中国吸取造船的奥秘,将香料、瓷器和纺织品运到亚洲和欧洲各地,提升了自身的经济地位和国力,在全球范围内抢占葡、西两国的海外基地,打击他们的海上力量。荷兰人在地中海、英吉利海峡和几内亚湾、西印度群岛间组织了三角贸易网,和英国、法国一起,利用输出枪支、火炮和日用百货,去换取西非的黄金、象牙、谷物和贩卖奴隶,到加勒比海抢夺印第安人的土地,开辟种植甘蔗、香料、棉花等经济作物的奴隶种植园。为了便于欧洲帆船往返这一地区,在西非沿海还划出了上风岸(Windward Coast,起自几内亚比绍、几内亚、塞拉利昂到利比里亚为止)和下风岸(Leeward Coast,起自科特迪瓦、加纳、多哥、贝宁至于尼日利亚、喀麦隆),于是在几内亚湾,自西而东出现了谷物海岸、象牙海岸、黄金海岸和奴隶海岸。在火器威迫下进行的奴隶贩卖,是欧洲殖民者在大西洋上掀起的最炙热的买卖,这使非洲的人口与全球总人口的比例,从17世纪的20%至19世纪末下降到不足10%。估计运到美洲的非洲人在16世纪有90万,17世纪有275万,18世纪有700万,19世纪还有400万,大约总共有2 000万黑人被运到了美洲,这个数字并不包括中途业已死亡的人数。(J.D.法奇:《西非史导论》,1957年剑桥大学重印本,82—85页)早先,法国的查理·德·拉·隆西埃(Charles B. de la Roncière)在《黑人与黑奴贩卖者》中计算过,17—18世纪运往美洲的黑人有1 500万人,1798—1848年有500万人,也不少于2 000万人。英国国会是在1807年继丹麦(1804年)之后,宣布禁止非洲奴隶贸易的国家,同时又是从中获益最大的国家,因此可以率先展开工业革命。

英国在1783年最终在印度和加拿大击败了法国势力,统治了4亿人口的印度,法国在印度只保持有313 000人口的几个据点,葡萄牙在印度持有的据点则有62万人口。颁布禁止奴隶贸易的法令,是出于英法争霸的战略需要,英国再次抢先向法国挑战。印度既被英国吞并,中国便变得近在咫尺了。英国已经作好新的打算,大力推进对华鸦片贸易的份额,来补偿奴隶贸易的损失。1793年英国政府决定向大清国派出第一个由马卡尔尼勋爵统率的使团,前去考察虚实。在这位大使眼中,大清国早已不过是一艘在大海中漂荡的破船,无非是早晚要烦劳他们去收拾的又一个蒙兀儿帝国而已。

相形之下,中国这一最早发明火药和管形火炮的国家,却由于不同的政治体制和奉行保守的海洋政策而陷入了被动、挨打的局面,自17世纪以来,不得不先后借助葡萄牙、荷兰这样的海洋国家来加强海上力量和火炮的建造。尽管如此,但命运不再青睐中国,直到19世纪,在东方又一个这样的千年古国,仍然在按照不利于自身的方向走去,几乎达到了无法峰回路转的地步。

在欧洲,正如腓特烈·恩格斯说的那样:"火器一开始就是城市和以城市为依靠的新兴君主政体反对封建贵族的武器"。在欧洲,火药把骑士阶层炸得粉碎,对封建社会加以荡涤,而给资产阶级上台扫清了道路,为发展环球经济指明前景。而开创这一切的,正是那个使自身最终陷入泥淖的东方的泱泱大国。

七、 中华武艺与兵学的辉煌成就

中华武艺起始于采集经济时代,人们与大自然展开的搏斗与生产实践中,在长达4 000多年中逐步形成,到18世纪以后,以"中国功夫"的名号享誉世界。古人的武艺最初多表现在手搏、田猎、射远、马术和象舞(模拟用兵器刺杀的舞蹈)等方面。武艺既和田猎等生产活动直接关联,而且在战争中更是决定胜负的重要因素。夏商时代,军队的召集都是临时征集,多数对象是平时从事农耕的农民,到商代晚期,武丁时期,开始出现了常备军性质的专职军队,有三个师的编制,一个师有一万人,三个师有三万人。武乙、文丁时又建立了三个师的军队。这样就出现了相当于屯田军的军户,平时屯田,战时入伍作战。周朝成立后,周武王召集京都丰镐(陕西长安一带)的"国人"(城市平民),建立六师军队,称宗周六师。后来周成王派王叔周公东征殷人故地,在成周(河南洛阳)建立八师军队,称成周八师,宗周六师又称西六师,总共有十四个师直属周王指挥。地方上各诸侯国也各有军队,大国三师,次国二师,小国一师。战时都听从周王调遣。周代设立了专掌军政的官职,叫司马,兵法也称司马法。到春秋战国时代,各诸侯国都擅自扩充军队,战争的规模越来越大,一次大战,双方动员的兵力都在二三十万以上,甚或高达四五十万人。

战争磨炼了人的才智,出现了专职襄助国君指挥军事行动的将军,军事学由于这些军事家的指挥艺术得到了发展。周代最早的军事家是襄助周文王和周武王灭亡商朝的姜尚(名吕望),因封在齐,又称齐太公或姜太公。最早由私人撰写兵学著作而得到官职的是齐人孙武,他的著作《兵法十三篇》,传到后世,习称《孙子兵法》,又名《吴孙子兵法》。这部《孙子兵法》是公元前6世纪留下来的保存得比较完整的古兵书。孙武在山东写成了这部书,离开家乡到了长江南边的吴国,献给吴王阖闾(公元前516—前494年),吴王用他为将,训练军队,后来吴国北上,制服齐国,称霸中原。兵法十三篇中前三篇论述战略问题,论述了决定战争胜负的基本因素和制胜方法,包括速决战和取用于敌、用计谋攻敌、立于不败之地、先胜后战的思想。第4篇到第12篇论述作战方法的变化、争取主动权的作战原则、各种战场下军队的行动原则和方法。最后一篇论述"用间",专论设法搜集军事情报。全书着眼于采取各种办法达到不战而胜的目标。孙子兵法的核心思想在于能做到"上兵伐谋,其次伐交,其次伐兵,其下攻城",达到"不战而屈人之兵,善之善者也"。由于孙武对军事科学所作的卓越贡献,在后世他被尊为武圣,与文圣孔子相并列。

《孙子兵法》在世界军事学发展史上，达到了超越同时代和以后很长一个时段中各类军事学论著的高峰。稍晚于孙武的兵学名著有楚国的《吴子》六篇、齐国的《孙膑兵法》三十篇、《尉缭子》二十四篇，以及公元前3世纪托名太公望的《六韬》六十篇。《六韬》对当时多兵种作战中的车战、骑战、步战、火战、林战、山地战、渡水战作了全面论述，对军队的建设和训练、将官的选拔和考核等组织问题，也有许多精辟的见解。

将官的遴选对兵学的发展有着重大意义。春秋战国时期，战略、战术和兵种的结构有了很大的变化，逐渐由战车、步兵配合作战转向骑兵（马军）和步兵联合作战，使用的青铜兵器也逐步被铁器所替代，战争的阵法大起波澜，促使军事人才的选拔也必须相应作出改革。战国时代秦国进行商鞅变法，首先提出军功进爵的法规，不计身世，专重武艺高强、富有才智、擅长用兵的人才，从中选拔，出现了白身将军，如白起这样杰出的将帅，对后世以军功论赏启用军事人才，起着示范作用，对军事作为一门独立的科学，产生了重要的推动作用。

中华武艺由于采用了相对轻巧多变的钢铁刀剑，而似虎添翼，对原本并非骑马民族而使用单骑作战和采用铁甲护身的中国北方的骑兵，产生了更高的武术要求，因而在三国时期为及时应对高桥鞍出现后所造成的上马难，首先在中国北方采用了方便上马用的单马镫。单马镫曾在公元3世纪前后在中国、中亚和西亚同时出现，但单镫并非骑行使用，还不是真正意义上的马镫。能够在骑行时支撑骑者双足的马镫，是中国北方骑马的军队在4世纪为改进骑术和进行马上作战的一项具有重大意义的发明。王铁英在《马镫的起源》（《欧亚学刊》第三辑，中华书局，2002）中对欧亚大陆发现的几百件4—13世纪间的马镫进行的研究，将马镫分成"直柄横穿型马镫"、"壶镫"、"T形柄金属马镫"和"8字形马镫"四类，各类马镫都以中国地区发明的为最早。马镫和高桥鞍的使用，进一步推动了骑马作战的武艺，使中华武艺在4—15世纪间达到了炉火纯青的境地。在许多以军事上交战双方对阵为内容的章回小说（例如《隋唐演义》《水浒》《精忠岳传》）中，常会出现双方主将会战时骑马交战，或官府主办的马上比武的实景描绘，对中华武艺的施展堪称表述得淋漓尽致。

自汉至唐，武艺通常以善于骑射、刀剑格斗为主。唐代的长柄格斗兵器有枪和陌刀，短柄格斗兵器以钢刀和剑为主，士兵必备弓箭，步兵用长弓，骑兵使角弓；另有弩和炮（抛石机）。唐代兵学极发达，隋、唐、五代时期，计有兵书216部，968卷之多，但多数已佚失，留存后世的有《卫公兵法》（《大唐卫公李靖兵法》）、《李卫公问对》（记李靖与唐太宗对答兵学）、李筌《太白阴经》（《神机制敌太白阴经》)、王真《道德真经论兵要义述》(809 年)、王琚《射经》等。唐太宗与初唐名将李靖讨论兵学的要义在于"致人而不致于人"、对敌方要"多方以误之"。唐代武艺以善弓马、能使枪(长枪)、避枪、夺枪为长技。剑与戟在战场上已不用,剑多用于剑舞与击剑,不用于实战。出现了马上使用的短兵击打武器铁锤、铁锏、铁鞭,五代时更有使铁枪的将士,枪重 30 多斤,比重 15 斤的常用武器又重许多。军队和民间都盛行角抵,时有高手辈出,周缄作有《角抵赋》:"前冲后敌,无非有力之人,左攫右拿,尽是用拳之手。"这项竞技活动将膂力与拳术相结合,讲究角力和轻捷,使力量与武艺各得其所。

自 8 世纪中叶,唐代将府兵制改为募兵制以后,经五代和宋朝,都采用招募士兵入伍的募兵制。宋朝疆域狭小,北有强敌辽、金,西有西夏,西南有大理国割据。宋朝在 11 世纪,为改变积弱的国势,三次组织力量整理兵学遗产,开始在私家之外官修兵书,出现兵学研究的高峰。宋神宗在 1072 年下令设置武学,由兵部主管,成立了中国历史上最早的正规的军官学校。学员经考试选录入学,先进入外舍学艺,学校分外舍、内舍、上舍三级培训军事指挥官。1080 年由国子监派员整理历代兵书,确定《孙子兵法》《吴子兵法》《司马法》《六韬》《尉缭子》《黄石公三略》《李卫公问对》七部兵书作为古代军事理论的精华,由神宗下令颁发给武学做教材,雕版刊行。在武学中列有学官,设立了武经博士,作为专职的教学和研究人员。由于兵学研究的盛行,宋代兵书超过了汉代、隋代和唐代的记录,共有 347 部1 956 卷。官修兵书的主要成果,有宋仁宗时由丁度和曾公亮总领编修的巨著《武经总要》,是现存最早的官修兵书,共有四十卷,前集二十卷中有制度十五卷,边防五卷;后集二十卷中有故事十五卷,阴阳、占候等五卷,可称中国第一部军事百科全书,编著的方法和内容成为后世仿效的楷模,明代范景文作兵书称《正续武经总要》,赵本学、俞大猷著兵书以《续武经总要》为名,茅元仪辑录的兵书《武备志》都是。

中华武艺到宋朝已经定型为十八般武艺,南宋华岳著《翠微北征录》卷七将弓列作三十六种兵器和十八般武艺之首,"弓弩斗力"和射箭的命中率是考察军士的最基本的课目,武卒挽弓的最高记录是 3 石(一宋石的斗力当 92.5 宋斤),南宋名将韩世忠和岳飞都能挽弓 300 宋斤,创历史最高记录,岳飞更善左右开弓。骑射的难度更胜过步射,真定人刘昌祚是骑射能手,箭出百步之外可以中的,曾著《射法》一书总结箭法,流传于世。宋代长兵器仍以枪为主要兵器,而形制更别致;其次是长杆大刀,有使大刀重 50 斤的将士,或左右挥舞各重 7 斤提刀的将军。抗金英雄岳飞,就是一位操持丈八铁枪能单骑闯敌阵建奇功的名将。他的儿子岳云手握两铁锤,重 50 斤。宋军的武术表演,规模之大,远胜前代,有刀剑手、相扑手、棍棒手,表演极具实战声势,开历代武术演练风气的先河,对民间武术的兴旺起着表率的作用。十八般武艺,在14世纪元末小说家施耐庵的长篇小说《水浒传》第二回讲史进武艺时,点出了十八般全套武艺——矛、锤、弓、弩、铳、鞭、铜、剑、链、挝、斧、钺并戈、戟、牌、棒与枪、杷,这些兵器史进全都会操练。其中的短柄而刀窄长的朴刀多了起来,并进行擂台赛,真打实战,是民间十分普遍的武术活动。宋代南方各地依靠天然险阻,结寨立社,原先用于健身娱乐的套子武术在南宋时代有了进一步的发展。元代禁止民间持有兵器和习武,不准"习学相扑,或弄枪棒"。(《元典章》卷五十七)但还是有人喜欢习武,后来参与了农民起义,反抗元朝的武力统治,朱元璋的拜兄弟徐达,还有大将常遇春,只是其中的一二而已。

明代打破了元代贵族严禁民间持有兵器和习武的禁令,立民兵万户府,提倡操练武艺,民间武术因此大有长进。明代政府倡导文士习武,提倡武学,设立武举,以《武经七书》为基本教材,推动了很多文学家和学者致力于军事学的研究。刘寅的《武经七书直解》,是当时整理兵学文献的最佳注释,赵本学的《孙子书校解引类》,汇集了孙子兵学的研究著作,他本人写了《续武经总要》,专研兵学阵法,都是传世名著。明代兵书计有1 164部,以郑若曾《筹海图编》十三卷、茅元仪编著的军事百科全书《武备志》二百四十卷、著名将领戚继光所著兵书《纪效新书》十八卷、《练兵实纪》十五卷,代表了火器时代练兵与军队编制革新后兵学的最高水平。汤若望口授、焦勖纂《火攻挈要》三卷,介绍了欧洲的军事技术,推动了西方新式火器在中国的运用,促使中国军事思想有了进一步的发展。

明代的民间武艺出现了拳、棍、刀、枪各类技艺门派林立、竞相争雄的局面;早先的套子武术也有了发展,甚而受到军事武术家的重视,使得社会上各种武艺成为实战的技能。明代以前尚未出现各家拳法,到了明代,出现众多的各家拳法,有的以"拳势"而立,有的以"路"组成。"拳势"贵在变化,可攻可守,含有攻防的各种变化,是武术招法的具体表现;"路"是武术套子中的路数,一路拳法可以用步法和转身将数个"拳势"连结而成,一个套子中往往可以用数路拳法。这都是从明代才展开的,明代才有了"拳谱"和"拳势歌"。郑若曾《江南经略》卷八所列拳派十一家,有赵家拳、南拳(四路)、北拳(四路)、西家拳(六路)、温家钩挂拳(十二路)、孙家披挂拳(四路)、张飞神拳(四路)、霸王拳(七路)、猴拳(三十六路)、童子拜观音神拳(五十三路)、九滚十八跌打挞拿法,以及三十六拿法、三十六解法、七十二跌法、七十二解法。其中多数拳法为南方流行的拳法。军事家戚继光主张将"各家拳法兼而习之",达到"上下周全,无有不胜"的目的。于是集中民间十六家拳法,汇成三十二势拳法,各有名目、图谱和拳诀,以资推广。(《纪效新书》卷十四《拳经捷要篇》)拳法之外,刀、剑、枪、棍亦各有妙法,可谓精益求精。

嵩山少林寺在明代更以棍法出名,擅长刀法的安徽休宁人程宗猷,曾到少林寺学艺十多年,说少林棍原名夜叉,明代称无上菩提。当时少林棍已有势、有路、有谱,编成了少林棍法歌二首。而少林拳则尚在跟进之中,其地位远非少林棍可比。宋人已有十八般武艺的说法,但未具体说明。明代则将十八般武艺,用弓、弩、枪、刀、剑、矛等十八种武器的套路加以简化,实则民间武艺使用的武器和达到的武艺都何止十八之数,仅王圻《总论兵器》列入"杂兵"类的武艺便有三十一家之多。

　　清代是东北的满洲贵族建立的一个王朝,向来提倡习射,注重马上格斗,素习武艺。在清代长达近3个世纪的统治下,许多对少数清朝权贵统治不满的汉人,更以民间宗教与秘密结社相结合,纷纷以练习武艺为名,结成门派,并串联各地习艺者,待机揭竿而起。练习武艺的人不仅兼习踢、打、跌、拿功夫,而且进一步,将武功和导引功结合起来,注重练习"气功",达到"练气可饥半月不死"的目的。在清代,传习拳法和武术往往与练习气功结合在一起。具有这种功夫的人,平时可以作为娱乐表演,积聚奔走江湖的本钱;有事则可防身御敌,甚或结群起而与政府对抗。明代已经出现的拳、械门类,到清代,更进一步门派化、套路化,各种拳术与器械逐渐形成体系,日趋完备。盛极一时的太极拳,是17世纪以来最有代表性的拳派,将拳势和吐纳术相结合,多称"练气"为"内功"。最早有出自清初河南温县的陈式太极拳,到19世纪演变成杨式和武式、吴式、孙式等派太极拳;山西姬龙凤的形意拳,后来传给山西祁县戴氏、河南洛阳马氏,逐渐分成山西、河南、河北各派。有创于康熙年间武探花河南滑县人杨丙的梅花拳,到18世纪已广及山东、河北等地。河南还流行八卦拳,18世纪末成立八卦教,加以传习,成为一大拳系。北方的一大拳系是北极拳,河北沧县吴钟是重要传人,信仰伊斯兰教,他的技艺传自一名道士,后来多次打败少林派名手,又到北京和康熙帝十一子武艺出众的允禔较艺而取胜,被尊之为师,京师中盛传神枪吴钟的大名。武艺的继承与创新、发展在清代传习有人,拳术和枪术大有进展。清末在山东、河北流行的义和拳,是在梅花拳、红拳基础上发展而成的民间武艺,这一大帮习武者在1900年掀起了反对列强侵略的义和团起义,义和团起义的失败、随后在1901年清政府废除武举,宣告了军旅武艺的最终退出历史舞台。从此以后,中国武艺便完全是民间武艺的天下了。

　　上海的精武体育会(1910年)和天津的中华武士会(1911年),是中国南方和北方的两大武术组织。1918年起,提倡"强国强民"的精武体育会,先后在中国南方和东南亚各地设立分会,国内外的分会共有40多处。中华武士会以提高中华武术、振奋民族精神为宗旨,先后在北京、日本东京等地设立分会,发扬中华武艺。

　　中华武艺传到欧洲,早在19世纪,就习称"中国功夫"。中国武术与气功相结合,可以产生"飞檐走壁"的绝技。这类武打技艺最初赢得国外公众的认可,是靠了香港影视界在 20 世纪 70 年代推出的一批武术片,博取了港台观众和东南亚华人及当地居民的赞赏。香港武打演员成龙,在 1980 年主演的功夫片《醉拳》,首先被美国好莱坞看中。随后有《计划》(1983)、《警察故事》(1986),将中国功夫演得出神入化,淋漓尽致。1989 年起开始自导自演《奇迹》、《双龙会》等影片。内地的影视界也制作了多种以历史为题材的武术片,其中有多种是以神奇的少林僧兵、少林武术为内容的功夫片,情节跌宕起伏,武艺精彩,趣味横生,一批知名度较高的武星随之在影艺界频频升起,曾经在中国武术比赛中五次连夺冠军的李连杰走上影视舞台,主演《少林寺》《南北少林》《中华英雄》等影视片,塑造了现代武术高手黄飞鸿、方世玉匡扶正义、为民撑腰的正义事迹,在西太平洋十分走红。为推广中国武术,在 21 世纪走出国门,到美国教授中国功夫,继成龙之后,投身好莱坞拍摄武打片,凸显中华武艺功夫之深厚与高超。2000 年美籍华人李安导演的武打片《卧虎藏龙》(*Crocking Tiger Hidden Dragon*),获得第 58 届奥斯卡 4 项大奖(最佳外语片、最佳原创音乐、最佳音效、最佳摄影奖),创造了高达 1 亿美元的票房纪录,给海外公众留下了诗情武侠片的美好印象,使中国功夫名声大为张扬。

中华武艺作为舞台艺术的精华,在京剧和各地的地方戏(晋剧、川剧、豫剧、汉剧)以及杂技演出中得到了传承和发扬,成为最受公众喜闻乐见的表演艺术。中国传统戏剧艺术中最杰出的代表要数京剧。京剧集说、唱、做、打于一体,将传习武艺作为重要的演技,融入舞台艺术,演出的剧目从赤手空拳的轻功到三十六种冷兵器的格斗,无所不包,《罗成叫关》《虹霓关》《曾头市》《阳平关》《四杰村》《鸳鸯楼》《艳阳楼》《八大锤》都是武术表演的精华所在,自 19 世纪末叶起,由演艺高超的各派演员传习至今,将中华武艺在舞台上发挥得淋漓尽致,足以使身处现代工业时代的观众为之叫绝,为之倾倒。

中国兵学的成就,到 17 世纪都汇集在《兵学七书》《纪效新书》《练兵实纪》和《武备志》十大名著中了,其中尤以《孙子兵法》推为世界军事学著作的鼻祖。《孙子兵法》在 7 世纪传入百济。唐代日本留学生吉备真备回国时带去大批典籍,将《孙子兵法》讲授给他的学生。从此在日本尊为武圣,与文圣之孔孟相提并论。古学家山鹿素行(1622—1685)所作《孙子谚义》,被称作注释《孙子》的代表作。法文版的《孙子》是北京的法国耶稣会士钱德明(J.J.M.Amiot, 1718—1793)所译,1772 年首次以《中国兵法》为名,在巴黎出版的北京传教士报告《中国论著集刊》第 7 卷刊出,第 8 卷刊出补篇,共译了《孙子》《吴子》《司马法》三部中国兵书,该书扉页写明,"想当军官的必须通过以本书为主要内容的考试"。拿破仑在作战时采用了孙子兵法的精华,战胜了他的对手。1922 年出现了一个钱译本的节选本《中国古代兵法》，足见法国在欧洲首先十分重视这一译本的出版。俄国在1860年由汉学家史连兹涅夫斯基译成俄文。1905年，在日本进修语言的英国军官查尔斯罗普从日译本将《孙子》转译成英文。1910年汉学家莱昂尼尔·翟理士经过研究，从中文译成英文，从此流行各地。同一年，德国也有了纳瓦拉的德译本，题作《兵法——中国军事家经典集》。美国的军事学院在第一次世界大战结束后就将《孙子》列入教学计划。欧洲国家在20世纪开始将孙子、亚历山大、拿破仑、克劳塞维茨等军事战略家的名字连在一起，而将孙子排在最前，因为他的生活年代与孔子相差无几。1963年在美国出版了一位退休将军格里菲斯按照宋本《武经七书》和《十一家注孙子》严格翻译的英译本。从此国际上研究孙子，更是如虎添翼，有了定本可依。美国的军事院校在上世纪80年代开始将《孙子》作为战略学、军事学的必修课，美国国防大学将《孙子》作为主修战略学的将军的第一门功课。

时至今日，世界各国都掀起了对孙子的研究热潮，并将由《孙子》衍化而成的《三十六计》运用到经济学和国际商贸战略的研究中去，美国、日本和德国的企业家将孙子的学说用来改进企业管理，以期提高经济效益，获得了许多成功的经验，推动了全球一体化经济的进展。从事国际战略研究的专家往往推崇孙子和克劳塞维茨是历史上最伟大的军事战略家，而孙子要比后者早2 000年。《孙子》的一些名言已经成为美国、日本等国家政要、战略家和企业家在演说、讲话、授课和写作中经常被征引的主题思想和经验谈，美国哈佛大学和哥伦比亚大学商学院早就将《孙子》列作了未来商业经理和金融管理人员的必读书，以为《孙子》也是组织和管理经济机构的最有功效和实际价值的经典读物。所以《孙子》算得上是中国人以之列入中国十大名著中的，最具有科学价值的一大"奇书"。

八、 保健饮料茶叶与中华医药的推广

茶是野生在中国长江流域的山茶树（*Camellia sinensis*）的鲜嫩芽叶，采用发酵或半发酵的方法制作成的一种保健饮料和药用植物。可以大致分成不发酵的绿茶、半发酵的乌龙茶和全发酵的红茶，以及黑茶、黄茶、白茶等门类，或者以红茶、绿茶、乌龙茶、花茶、砖茶相区分。茶树适合在热带、亚热带日照充足、降雨量1 000—3 000毫米、海拔2 000米以下的山岳和丘陵地带的酸性土壤生长。在北纬25°—31°之间的长江流域和福建、两广，是茶的主要产地。按照中国古代传说，神农氏尝百草，已知茶和水煮沸后，可以使人神清气爽，消解疲劳。茶因各地方言

和民族语言的差异,有多种称谓,古人称"茶"(音涂),还有"茗""荈""芳荼""过罗""咤"等名,在离开现在已有3 000多年的《尚书·顾命》中,有咤,就是茶的古称了。那时人们还不知道栽培茶树。大约要到公元前1世纪,云南和四川澜沧江下游的居民才开始栽培茶树,布朗族就是一个有茶饮习俗的古老民族。

茶在《神农本草经》、陶弘景编《本草经集注》、苏敬《新修本草》中都有著录,知道久服茶茗可以提神、清火、强心,具有开胃健脾、清热降火、生津止渴、醒脑提神、强心利尿的功效。8世纪后半叶陆羽写成《茶经》一书,对茶的栽培、加工、品尝加以总结,尤其注重泉饮,对各地泉水作了品评,提高了茶饮的品位。唐代众多的佛教寺院、丛林尤其提倡以茶代酒,达到清心寡欲的目的,种茶、饮茶、品茶因此渐成社会习俗,正式形成了茶文化。陕西扶风法门寺塔地宫出土唐代金银器100多件,其中有成套银茶具,体现出王室寺院讲究茶道的豪门气派。到了宋代,茶园遍布江淮之间和江南各地,饮茶已经普遍到贵贱不分,列入了民间生活的开门七件事中。

茶的加工、运输随着时代不断改进,使茶饮习俗也有了变化,唐、宋两代饮茶用团茶或饼茶,便于保存和运输。中国西部的回纥民族和唐朝开展茶马贸易,将茶饮推广到中亚的游牧民族中去,成为一种适合肉食为主的骑马民族的保健饮料。到14世纪的元代,茶叶加工改成制作散茶和末茶为主,开始出现了和后来蒸青生产过程相似的制作方式。明代在制茶工艺上有更大的改进,将蒸青改成炒青,使茶叶的焙制逐渐科学化;茶饮习惯也以清香为上,不再渗入盐、椒等物调味,展开了与现代茶饮习俗相似的清茶阶段,进一步促进了茶的生产和销路。

东邻日本在引进中国医药的同时,在奈良时代(710—794年)已将茶当作药物运用。平安时代初期天台宗高僧最澄、真言宗大师空海带回茶种,在畿内、近江等地繁殖,但茶味苦涩未能推广。1168年日僧荣西到中国巡礼,回国时再次引进茶种,在肥前、山城栂尾等地逐渐繁殖,栂尾茶种在镰仓时代(1192—1333年)到室町时代(1338—1573)中叶极为有名,荣西宣传吃茶养生,医好了幕府将军源实朝的病,唐式茶会由于禅僧的宣扬,便正式在日本立足。到了15世纪下半叶,村田珠光更将茶会与唐式点心、餐饮加以程式化,开创了日本茶道。不久,原本为寺院所专有的茶道,被千利休推广到社会上,与中国人以茶待客一样,茶道也成了日本的社会风习。

朝鲜半岛的饮茶习俗从7世纪开始。828年新罗的使臣大廉从中国引进茶种,在地理山上种植,朝鲜有了本国的茶园,但品味不佳。高丽时代(918—1391年)饮茶渐成风气,茶叶仍是大宗进口货,宋人制作的腊茶和压成龙凤花纹的团茶,最受高丽欢迎,常作为上层集团的礼品跟随使节送去,再由高丽国王分赐臣下,称龙凤赐团。各地寺院由于饮茶也仿造陶瓷和金银茶具,有金花鸟盏、翡色小瓯、银炉汤鼎等精品,茶花成为流行的装饰纹样。

蒙古西征,将饮茶的习俗和茶叶带到伊朗、俄罗斯和印度,他们喜欢将茶加入炼乳合饮。中国北方使用炭火在砳胎的陶盆中烤火、煮茶水的习俗,经过蒙古人传递,带入俄罗斯,俄国人干脆将这种Samovar(煮奶茶)的习俗,用来称呼"茶壶"(茶炉)这样的新事物。然而陶壶并不耐火,容易破损,这时中国铜矿采量大增,13世纪政府推用纸钞,不再冶铸铜钱,民间时兴用铜壶(南方人称"铜吊")煮茶水,陶瓷茶壶便只为保温而用了。

蒙古文、土耳其文、波斯文、印地文、俄文、新希腊文中,都根据中国北方的读法,有"茶"这个汉字。后来葡萄牙文、意大利文也都根据官方用语,采用"茶"字,但意大利人利玛窦到广东以后,用的词语cia,是粤语,但他全然不了解茶是中国特有的一种栽培作物。早期天主教传教士到过福建、广东以后,传回了当地对茶叶读音有tay、te、thè,荷兰人将奶茶传入欧洲,后来广为传扬,成为英语的tea,法语的thé,意大利语tè,西班牙语tè,德语tee。

福建和广东的居民都喜欢在茶中加上蜜饯或鲜牛奶,17世纪初广东的官员将加奶的茶招待荷兰客商,使茶香甜可口,大受欢迎,奶茶从此成为荷兰茶饮。后来英式奶茶就是效尤荷兰茶。欧洲人饮茶的风气,在1610年首先从荷兰展开,随后便像旋风般卷向法国和英国,巴黎和伦敦的咖啡厅都经营茶饮项目。1640年以后,荷兰医生开始对茶叶展开药理研究,积极提倡饮茶的荷兰医生柯纳里斯·本特柯以自身的经验宣传饮茶的好处,劝人天天饮茶,便可延年益寿,这道理自然是取自中国医学了。早先居住在里海和地中海地区的人,只知道中国的著名药物有肉桂(桂皮)、大黄、麝香、龙脑,现在有了可作保健饮料的茶,便大为惊喜,如获至宝了。但是也有一些士绅出来反对饮茶,认为将茶当药使用,在欧洲素来不见经传,长期饮茶,定会误人子弟。于是本特柯挺身而出,现身说法,在1679年写了一本《茶叶美谈》的书,说尽饮茶的好处。他靠了行医,从1684年起,首先在欧洲把茶叶当作万应灵药开处方给就诊的病人,饮茶之风从此有了科学支持,顿时走红起来。当时由于南中国和大西洋之间的海上运输已经大为便捷,欧洲人可以喝到当年中国的新茶,茶叶的药效也因此大增,何况饮茶究竟不比酗酒坏,在茶汤中加上糖块和奶酪后,出现了各种香甜鲜洁的调茶法,茶饮之风在18世纪便一发而不可止了。但是也有人出来反对在茶中加糖。蒙彼利埃学院的邓肯教授在1706年发表的论文《热酒精饮料的滥用》中,给几种具有药理作用的饮料加糖的做法,加上了一个"毒药"的罪名,他说:"咖啡、可可和茶最初是为了减轻人们疼痛所用的药物,如若加上了糖使它变得可口,便成了毒药了。"这些饮料一旦加上了从大西洋进口的糖，便变得无法使人不受诱惑了。何况，社会上开始对饮酒产生的恶习愈来愈产生反感，认识到那是一种有损健康又不利于社会安定的陋习。在英国，自 1799 年圣公会成立庆典时，选择了茶而不用酒，社会上便掀起了一股为取缔酗酒呼吁禁酒的运动，证明此举对改善国民健康确有裨益。

英国人在饮茶民族中属后起之秀，但与葡萄牙、荷兰相比，在好长一段时间中，英国还未从中国政府那里获准进行贸易。1637 年威德尔率领 6 艘英船闯入珠江口的虎门，后来被允许进入广州贸易。直到 1713 年东印度公司获准在广州设立商行，双方贸易方得正常开展，进口茶叶逐渐成为英国商行追逐高额利润的主要项目。

在欧洲和北美洲，得到了英国和美国的支持，茶文化随着饮茶习俗的风行，也像中国一样，时兴以茶待客，成为彰显社会礼仪的风俗，推动了瓷质和银制的茶具、玻璃茶罐成为流行的器皿。原先使用柴火或炭火煮茶的中国陶壶和铜壶，到了英国，变成了仿制的骨瓷、矼瓷。使用银制的茶壶，原本是中国皇家的茶饮方式，配上环保的酒精炉，便可以在寒冷天气下保温了。英国在 1670 年生产的第一把银质茶壶，上面镌刻了一段铭文，表明是伯克莱城堡教主乔治·伯克莱赠给东印度公司委员会的礼物，仅有 6 英寸高，仿自中国的小型陶壶，这套茶具中还配有存放牛奶或奶油的小壶和糖罐，和银制的咖啡壶一样，在当时还是稀见之物。18 世纪上半叶，银茶壶的壶身由梨形变成球状和筒状，引进洛可可风格后，壶嘴常被设计成一条飞旋的龙。原本价格昂贵的银茶具，由于 1742 年熔银时加入了铜、锌而降低了成本，到 1850 年逐渐被电镀壶所替代，但 1824 年以后乔治王时代风格的银茶具仍是社会上最贵重的茶具。在美国东部地区，这类茶具也是足以显示富有家庭的社交用品。当时整套的英国茶具包括茶壶、保温壶座、奶油壶、咖啡壶、糖缸或糖罐、托盘、茶叶盒、茶杯、茶碟、茶匙、茶勺、糖夹和滤茶器，一般家庭由于收入有限，很难拥有全套的瓷质或银质茶具，多数人只有选择购置矼胎瓷器或陶质茶具。

18 世纪的英国成了欧洲最大的茶叶消费者和茶叶贩子。原本高昂的茶叶，由于成批运到欧洲，茶饮者普遍要求政府降低进口税，才使价格逐渐下降。1660 年 1 磅茶叶的价格高到 6 英镑。1682 年，荷兰女王玛丽为购取瓶装的 1 磅茶叶，支付了 80 枚金币和 6 枚零钱，足见茶叶在欧洲价格之贵。在 1710 年以前，茶叶通常装在 75 磅的茶叶罐中运到欧洲，有的甚至可装 100 磅，后来才改为小额盒装出售或散装销售。1750 年以后，茶价开始下降；1800 年的茶价只相当于 100 年前的一半。此后茶叶便不再是稀缺和昂贵的奢侈品了。

茶叶在欧洲带动了各种材质的茶具的生产。仿瓷产品在欧洲出现后，茶叶罐的供需量也随之增长,多数采用陶器制作,少数用搪瓷和玻璃。一些英国茶叶罐也追随中国茶文化传统,采用乡村、花鸟和人物画,作为装饰图案,深受欧洲买家的青睐。这类茶叶罐分装红茶和绿茶,各自用B(Black)和G(Green)加以标明,欢迎成对出售;茶叶罐最初设计成三件套,分装红茶、绿茶和食糖。1723年以后,出现了标有"混合茶"和"英式早茶"字样的茶叶罐;银制茶叶罐在采用洛可可风格后,变得低矮,出现了圆形、方形、椭圆形和瓶形的茶叶盒,雕琢的纹饰有风景、花木和贝壳。

玻璃茶罐在18世纪60年代由德国工艺师传入英国,配有光亮的银座和尖顶。18世纪30年代以后,为饮茶时用的糖块配制了精美的银制糖罐,糖罐也成了整套茶具中不可或缺的一员。在安妮女王(1702—1714)时期出现了木制的茶叶箱(tea chest),箱中设计了三条铅线,分装红茶、绿茶和糖。茶叶箱的原型来自中国出口的茶箱。茶叶箱起先在英国做得比较简单,主要是为了方便装糖罐,可以一边放糖块,另一边放砂糖。在北美也时兴这类装糖的茶箱,那里的移民喜欢像俄国人那样饮茶,先在嘴里含一块糖,然后再喝茶。1760年以后英国不再制造茶盘,开始流行茶箱,茶箱越做越精美,有皮制的可以存放玻璃茶罐的箱子,更多的是用郁金香木、红木、茶梨木等进口木材制作的茶箱。这些茶箱可以加锁,在茶箱内配有刻度的茶叶罐,以防止仆人偷喝茶叶。著名的家具设计师汤麦斯·齐本达尔就制造过可以装两个木质茶罐的红木茶箱。

收藏茶叶罐也成了一项很有品位的举止。由茶叶罐、茶壶和茶碗组成的茶柜和小茶桌,在那时的英国家庭中已是不可缺少的家具和器皿,在威尔斯,几乎家家都有一个存放茶具的角柜。设计成三条腿的茶几和小茶桌,加上茶柜,全成了客厅中最时尚的摆设。

1784年贝德福郡的一家报纸报道,当时英伦三岛全国上下的人,每天都要喝两次茶,除了早茶,还有下午茶,饮茶成了英国人日常饮食的一部分。报纸要求公众对饮茶要有所讲究,指出黑茶、红茶、工夫茶、小种茶都味道苦涩,品性浓郁,要搭配经过两次精炼的块糖饮用,味道更佳;绿茶、松萝茶、熙春茶品性清淡,具有润肠通便的功效,采用巴巴多斯赤砂糖调和便可以了。

饮茶原本是英国贵族和富裕家庭才有的习俗,后来由于早出晚归的工人也成了喝热茶的爱好者,茶饮才成为社会上大众化的饮料。英国工人原本在5—6点就要出工,借了早茶,方可进餐休息;到1820年后,由于下午茶不分阶层成了社会习俗,工人们更可以乘机喝茶,在下午5点借此歇工一小时。当然,工人喝的茶,只能是次等的茶,有时茶商将富裕人家喝过一次就丢弃的茶,重新加工包装出售,这种茶价格虽然低廉,但茶的质量却比走私茶还要低劣许多。英国殖民地的移民,则干脆把下午茶当成午餐来吃。1864年英国的面包铺开始直接为顾客提供茶水,招徕生意,于是茶饮有了新的推销方法,茶馆店和面包铺连成了一条线。到1880年前后,下午茶提早到下午4点开始,常常延长到5点半才结束。下午茶早已是晚餐以前,英国人生活中别具情趣的社交方式,因而变得不可或缺了。

为了和咖啡馆竞争,露天茶园成为一种追求休闲生活的新花样出现在都市生活中,人们只要买上一张门票,进园后就可以在那里纳凉、散步、听音乐、玩板球,并在晚间观赏焰火。最有名的茶园,要算是1732年在伦敦开办的沃克斯公园了。公园和茶园相结合是英国首创,原本是中国人在私家花园中常见的茶会,至此,到了英国,被改造成了公园生活中的一大特色。19世纪下半叶,这类公园化的茶室首先在上海、天津等中国城市中出现,于是茶室成了露天花园中不可或缺的景点,沿袭至今。走进20世纪,出现了冰红茶和小型袋泡茶,方便了在不同的季节和不同的场合,人们都可饮茶,茶饮继续被工作节奏愈来愈快的年轻人所接受,在舞厅、酒吧、夜总会和大战后才时兴的卡拉OK厅等社交场所,找到新的定位。

茶叶在欧洲找到的新市场,引导世界贸易体系必须寻求和东亚的老朽帝国重新打造平衡的支点,催发了东西方关系走向悲剧性的后果。

茶叶消费市场在北美爆发独立战争以后,促使大英帝国为了补偿从中国进口茶叶产生的贸易逆差,动足了脑筋。1793年英国指派马卡尔尼率领一个外交使团到中国,主要目标在进一步扩大对华贸易。谈判虽不得要领,但副使斯汤登回国时,沿途留心采集了几种茶树苗木和茶籽,带到印度试种,预示了英国期待在他们统治下的印度,有朝一日也能繁殖茶树,好改变英国对华贸易的逆差。但这是一个要很长时间才能收效的想法,所以英国人迫不及待地采用了走私鸦片的办法,加以平衡,并且在1840年向中国发动了第一次鸦片战争,迫使虚弱的清政府就范。于是茶叶贸易变成了一次又一次的鸦片战争。1834年印度创办的茶园种植茶树有了起色,东印度公司便将移植茶苗作为下一步的目标加以实施,派了园艺学家罗伯特·福琼两次偷偷地到浙江、安徽、福建的茶区,招募制茶能手,连同工具和种苗,偷运出境,到1854年完成了他的任务。30年后,印度红茶、锡兰奶茶以及由西藏的酥油茶加上朗姆酒而成的热奶油茶,成了英国茶市上的三大品牌,而中国却在不知不觉中被人窃去制茶的所有技术秘密,得到的是从印度无休止地涌入中国的鸦片,将原本属于自己的茶叶市场悄悄地让给了大英帝国。1889年印度红茶在国际市场上超过了中国,随后中国靠了向俄国输出花茶和用茶末压成的砖茶,将三分之一以上出口的红茶销往俄国,在以后三四十年中,俄国成了中国红茶最后的一大主顾。

中国茶叶种植技术的输出,在19世纪随着华人成批出国,侨居东南亚、南非、毛里求斯、檀香山、美国、古巴、秘鲁,随着茶文化的世界性拓展而受到关注。

　　1808 年葡萄牙政府下令澳门当局诱拐了几百名湖北茶农,送往里约热内卢植物园栽茶,不久,这批华工全部死亡,他们栽种的茶树却存活了下来。19 世纪中期,巴西圣保罗州和米纳斯吉拉斯州的茶业曾有所进展。至今巴西人仍以葡萄牙语"cha"称呼茶。19 世纪末,墨西哥、秘鲁、危地马拉、牙买加等地均种过茶树,但未成功。在爪哇,1829 年茶树才在当地生根,到 1833 年从广东招募华工制茶,当地才能焙茶,在中华-马来语中留下许多有关茶事的词语。

　　从茶的种植和药物作用开始,中国草药具有的神奇威力,吸引了法国、英国和俄国的科学家、汉学家和医生对中国的各种栽培作物和草药进行实地考察和研究,在中国传统医学和西方医学之间,展开了铺路建桥的工程。《中国本草备注》和《本草纲目》、《群芳谱》是首先受到西方科学家注意的中医药宝库。1856 年,在北京俄罗斯馆供职的塔塔林诺夫,用拉丁文编写了《中药目录》,收录中药 500 种。不久,伦敦布道会的传教医生史密斯(E.P.Smith)研究了《本草纲目》和《群芳谱》等中国药物学图书,1871 年在上海发表了《中国本草学及博物学的贡献》,研究了 1 000 种中国草药。稍后,香港植物园总管查理·福特和克劳合作,据《本草纲目》编成《中国本草学备注》。这时上海的西医在 1884 年译出了英国海得兰编著的《西药大成》16 册,由江南制造局出版,共有 30 万字。美国医生洪士提反编成了 8 卷本的《万国药方》,在 1890 年由新教会办的上海美华书馆用石印刊出,请了李鸿章作序,收罗药品 1 013 种,分成 25 类,每种药物分叙制法、功用、服法、配伍禁忌等事项,并记录了 54 类方剂、药方 1 398 个,介绍了制备的方法。20 世纪初对中医药的研究和整理有了新的进展。英国药理学家伊博恩(Bernard Emms Read, 1887—1949 年)博士到北京,供职北京协和医学校,1916 年协和医学院成立,伊博恩担任药理学系主任,1928 年后受美国学者密尔斯之托,对《本草纲目》收录的 898 种药物进行药理鉴定,共完成了这部书 86% 的译文和药物鉴定,在 1936 年以他和刘汝强(J.T.Liu)的名义出版了《本草新注》的巨著。

　　茶文化代表的是一种中国式的信息和娱乐文化,明清以来茶文化便和市民文化结合在一起了。在华人聚居的城镇中,茶馆、茶楼随之兴起,为社交生活提供了方便的场所。中国人的早茶习俗和早餐相连,届时交流信息,谈妥事情。中国人喜欢在看戏时喝茶、嗑瓜子、吃零食。中国东南沿海一带,评弹、曲艺常在茶楼演出,观众边喝茶、边听唱,犹如西方的酒吧、咖啡厅和音乐茶座,也可以在私家花园中演出。这种风气在东南亚华人社会中十分流行,促使戏曲在许多华人聚居国家,成为一种大众化的娱乐文化。

　　在英国,则是由下午茶体现的茶文化,在西方世界独领一代风骚。

英国人爱喝红茶，19世纪以来，由于开埠通商，福建武夷山的红茶声誉雀起，可以直接由江浙和福建运往英国，让英伦三岛的茶客品味当年的新茶，产量因此大增。主要的品种可分红茶、乌龙茶、绿茶，还有可供贮藏的砖茶。红茶有7类，以工夫茶产量最大，名品有福鼎白琳（Paklum）、闽侯北岭（Pakling）、福州板洋（Panyong）、政和（Chingwo）；更有延平、建宁的小种（Souchong）；建宁的白毫（Pekoe）；武夷（崇安）（Bohea）；以及福州、建宁所产花香、珠兰、双龙。乌龙茶有建宁、福宁所产乌龙（Oolong）和包种（Paochong）二种。绿茶有建宁、福宁所产小珠（Gunpowder）、大珠（Imperial）、雨前（Young Hyson）、熙春（Hyson）和屯溪（今安徽黄山）（Twankey）。砖茶则有福州的红砖茶（Black Brick）、绿砖茶（Green Brick）、小享（Hiaiching Brick）。可见英人对茶饮的讲究，完全来自中国，尤与福建关系最深。

19世纪英国盛行下午茶以后，笨重的茶箱便完全不合时宜了。茶桌却由于逐渐和餐桌的功能靠近而放大了尺寸，茶杯和茶碟与餐具相比，减缩了它们的体形，糖罐和牛奶壶也变得小巧玲珑了一些。一种尺码较大设计成椭圆形的茶盘出现在茶会上，盘的一边弧圈内盛放茶杯、茶碟，另一边则放置鸡蛋、火腿、奶酪和面包等美食。这样的运作方式，特别适合茶饮的商业化营作。瓷器公司为找到新的商机，推出了成套多功能的茶具。英国史托克城的明顿公司，是汤麦斯·明顿在1793年创立，它一开始生产瓷质茶具，便将设计的样品印成图册，供客户挑选，它在1816年发行的设计手册中，公示了可以立即投产的140种茶具的各类彩色图案，征求订户。虽然明顿公司在1810年推出的整套茶具中，就配有茶壶、壶座、糖罐、牛奶壶、茶盏、12具（即"一打"）有圈柄的茶杯和茶碟、12具咖啡杯，以及2只奶油面包盘，但通常的中产阶级家庭，往往只置备6只茶杯，应付下午茶。盖斯克尔夫人在1848年出版的小说《玛丽·巴顿》中，描写巴顿夫人为一次准备了夹肉面包的下午茶，却由于仅有6只茶杯，只得要求第7位客人要带着茶杯来参加。

19世纪以来在英国、美国或欧洲，几乎每个家庭都会配置一件茶壶，收藏茶壶，成为一时风气。1890年出版的《康特演说——关于糖、咖啡、茶和可可的起源、制剂和用途》，是理查·班尼斯特关于茶饮的一本人人皆知手的手册，其中有一章专论茶壶的收藏，称赞当时的茶壶收藏者已遍布世界各地，周游世界的旅行者都会从东方带回一把茶壶，留作纪念，收藏品的年代跨度极长，可以早到原始社会的陶壶，和今天精美的瓷壶形成强烈的对比，显示出茶文化的悠久。

19世纪下半叶，在唯美主义主宰艺术潮流的年代中，中国式样的青花瓷图样重新成为代表纯洁、幽静与祥和的理念，合成各式餐饮器皿和茶具的装饰图样，在工艺界独领一代风骚，据说这类纹饰能够使茶香更加浓郁，沁人心脾。20世纪，明顿公司更推出了成套放置在茶盘中的立方体茶具,彩色图案依然具有中国花卉情怀,可以适用于远洋货轮的航行,足以对付惊涛骇浪而仍能安稳自恃。

1903年在美国俄亥俄州东利物浦开办的霍尔陶瓷公司,在欧战中获得发展,在1919年推出了风格新颖的镀金雕饰茶具,向社会广泛宣传正确泡制茶叶的方法,在1940年研制成功钩盖茶壶,从此成为美国最大的雕饰茶壶制造商。

从茶壶、茶具收藏风行欧美和世界各地,可以推知茶文化的世界意义已经超出了它所依扶的社会礼仪的层面,成为了兼具东西方共同语言与文化心态的超越时空的特殊现象,凸显了作为世界瓷都的景德镇和称得上世界陶都的宜兴,在世人心目中的地位。

尤其重要的是,茶文化随着华人移民的扩散,提升了中国医药在世界各地医疗事业中的地位。在东南亚、拉丁美洲,中国医药早就具有很高的威望,随着茶文化在欧洲的扩散,中国人对欧洲医学的成就,也通过西医在中国沿海城市的实践,逐渐改变了对西医的歧视与误解。跨进20世纪,顾不得当局的反对,认为中国的西医必须要有更大的发展,才能适应时代的见解开始得到传扬,对于仍然拥有广大天地的传统中医学,逐渐形成了必须加大改造的力度,方能提升自身的社会地位、获得发展机遇的紧迫感的压力。有一个明显的举措,通过医学教学的变化得到了体现,原本中医是老师带徒弟,一对一地培养接班人,在中国的西医也只是在医院中临床施教,没有专门的学校加以培养。从1905年上海圣约翰大学开办医学院为起点,同年长沙建成雅礼医学校,接着北京开办协和医学校(1906)、上海震旦大学设立医学院(1909),才开始给认真培育医学高等人才走出了重要的一步。在这些接受外国教会和基金会资助的专门医学校起而带头以后,中国人自主开办的大学也都纷纷设立了医学院校,逐步推动西方化的医学教育事业的进展。

清末中西医学研究会在上海成立,预告了中医最终必须走上现代化的道路,中西医学在上海开始汇成时代潮流。1916年中国医学会在上海成立,标志了西医在中国的确立,中国医学最终要走上现代化的道路。

九、 东方饮食文化的奇葩:中华美食

中国的饮食文化以粮油作物而论,最初就有南稻北粟的分野,在新石器时代,先民用陶制的三足器鼎和鬲烹煮食品,因此有了鼎鬲文化的名称。进入夏商时代以后,新增了爵、斝和三足盘。这些三足的炊具和餐具都曾被广泛地使用于日常生活中,与人们朝夕相处。上层贵族更用青铜制造同类器皿,于是原本用来烹饪

和祭飨的鼎，成了国家重器。传说夏代开国君主大禹用铜铸九鼎，峙立在他居住的地方，象征他统治了天下九州。后来世代相传，但没有等到秦始皇统一全国，便在战乱中丢失了。由鼎鬲文化开创的中国文明，却从此扬名于世了。中国的鼎由陶而铜，再变成铁，跟着移居者向北到了西伯利亚的外贝加尔湖地区，往南到了马来西亚。在中世纪，古老的鼎转成了铁制的锅、炉，宋代八大出口货中，铁器是其中之一，而铁铸锅灶便占了相当的数量。中国铁鼎不但是畅销菲律宾、爪哇的大宗货，而且远销地中海，14世纪在大西洋滨摩洛哥的丹吉尔也是极受欢迎的产品。凡有中国商旅到达和移民的地方，中国式样的餐饮具便随之成为热门的货色。公元前3世纪以后，光亮华美的漆制餐具跟着中国队商的足迹远销亚洲西部地区。公元8世纪起，釉色鲜艳、刻绘花纹的各种日用瓷，多半是供饮食用的食具、饮器，品种有杯、盘、碗、碟、钵和贮备饮料和食物的各式瓶、罐、壶、尊，层出不穷，由于海上运输的方便，在海外市场上，尤其享有盛名。

晶润艳丽的华瓷在饮食上的应用，促使人们对菜肴的烹饪精益求精，不厌其细，对酒和茶的饮用也增加了品位的要求。苏东坡就曾沉湎在"银瓶泻油浮蜜酒，紫碗铺粟盘龙茶"的情怀之中。马可波罗在1293年风尘仆仆地回到阔别已久的故乡威尼斯时，没有忘记在他的行囊中捎上一件德化窑的清白釉小酒瓶，大约寄托了他对中国式酒宴的美好回忆。另一个意大利人利玛窦被基督教教会派到中国传教，从此居住中国，他在《中国札记》这本写给欧洲人读的书中，恰当地将中国人的宴会称作酒宴，中国南方人用"吃酒馔"习称赴宴，介绍中国人在酒宴中可以进行社交。他赞赏中国菜肴烹调有方，花色繁多，他说："他们不大注意送上来的一道道单个的菜，他们评论饮食的多半是宴席上菜肴的花色，而不是有哪几样食物。"点出了中国菜肴注重花色，所以层出不穷、变幻莫测的奥秘，吐露了中国烹调技术胜过欧洲菜肴。利玛窦在中国南方居住极久，后来才到北京，长江流域和珠江流域素来是食料最为丰富的地方，尤多瓜果、菌菇、水产、海鲜，远非北方可比，所以利玛窦能够尝尽中国南方美食。

3000年前的美食，靠了古籍《礼记·内则》，留下八珍的菜单，反映出北方贵族饮食文化的奢华，代表的是北方口味。这类美食，在公元前4世纪的《楚辞·招魂》中说得更加明白，介绍了在宽敞的厅堂中举行家宴，享受美食的场景。饭菜多样，有大米、小米、二麦、黄粱；咸酸苦甜辣，五味俱全，可任挑食。菜肴有：甘香牛腱、吴产酸羹、红烧甲鱼、挂炉羊羔、炸烹天鹅、红焖野鸭、铁扒雁鹤、卤汁油鸡、清炖大龟、油炸蛋馓。点心有蜜沾粢粑、豆馅煎饼；饮料则有蜜渍果酱，还有冰镇糯米酒，和解酒的酸梅羹。体现了南方风味的饮食文化，真是一份人间天堂般的美食菜单。

隋唐建立起大一统的局面之后,四川盆地、两湖地区、江南地区和五岭以南的岭南地区得到进一步开发,在原有的华北平原之外,这些地区对食料的生产贡献尤多。历代首都长安(西安)、洛阳、汴梁(开封)、临安(杭州)、北京之外,还有重要的工商业城市成都、苏州、广州、佛山、泉州、扬州、汉口、荆州、襄阳、长沙纷纷兴起,成为水陆交通中心和生产、消费中心。唐代大中城市的坊、市原本是隔开的,坊门只在白天开启,日中鸣鼓开市,日落鸣钲收市。

宋代水陆运输比前发达,商业都会打破坊和市的界线,将居住区和商业区连成一片,增加夜市,饮食供应不分昼夜,夜市结束,到天一亮便有早市。由于商业发达,出现了穿街走巷的货郎担、小吃担。餐饮业成为城市商业的一道重要风景线。出现南食店、北食店、川食店、羊食店(清真馆)、素食店(佛教素斋)等各路菜系的饮食店,烹调技艺多样化,有炒、爆、烧、焐、爊(熬)、炟(烤)、煠(炸)、焙、脍(烩)、蒸、煎、糟、酿、炙、冻等多种常用的方法。社会上对包办酒筵提供许多特色服务,设立了专业管理的四司(帐设司、厨司、茶酒司、抬盘司)六局(果子局、蜜煎局、菜蔬局、油烛局、香药局、排办局),办宴席所需桌椅、餐具、炊具可以由租赁店经办。这种商业化操作方式,促使餐饮业因此空前繁荣。13 世纪吴自牧在《梦粱录》中记下杭州各大菜馆经营的菜肴共有 335 款之多。糖果、蜜煎、奶酪、粉果,各色鲜果、干果、咸酸和凉拌瓜菜,在宴席上一应俱全。仅干果便有锦荔、木弹、京枣、枣圈、香莲、串桃、条梨、松子、巴榄子、仁面子、嘉应子等南北各地的产品。供应的糕点亦有 70 多种。周密《武林旧事》中录下的名酒有 54 种。出现了为增加情趣而成摆设的雕花盘菜、看菜、看果,以及为每道菜肴所起的雅称,例如翡翠上汤鸡、大烩龙虎凤等名号。

13 世纪以来,以山东、江苏、四川和广东为中心的四大菜系逐渐浮出水面。

以山东为中心的鲁菜,在地域上跨越华北、内蒙古和东北地区。爱用鱼翅、鱼肚、海参、鹿肉、熊掌、蘑菇、银耳、蛤士蟆油等高档山珍海味,做出厚味大菜。善于用汤,口味清淡。烹调技艺长于爆、炒、扒、溜,都以备好的味汤溅锅或打芡。名菜有奶汤蒲菜、九转大肠、清汤燕菜、油爆双脆、清蒸加吉鱼、醋椒鱼。

以江苏为中心的苏菜,主要有苏杭菜和淮扬菜,涵盖地域由江苏、浙江施展到福建、江西、安徽和湖北、湖南的大部分地区。特点是味兼南北,既擅清炒、清溜的南方菜,又长于烹制火腿炖肘子、红烧狮子头、炒鳝糊等高热量菜肴。苏州菜,咸甜适中,注重火工,名菜有松鼠鳜鱼、鲃肺汤、走油肉、镜箱豆腐、响油鳝糊;杭州菜,重在清鲜脆嫩、淡雅细腻,名菜有西湖醋鱼、东坡肉、干炸响铃、叫花鸡、荷叶粉蒸肉。淮扬菜,注重本味,清鲜平和,名菜有三套鸭、清炖蟹粉狮子头、水晶肴蹄、清蒸鲥鱼、蛋炒饭。

以巴、蜀为发祥地的川菜,以四川为中心,播及贵州、云南、湘西、鄂西、陕南、甘南大片地区。雾多、湿气重,需用多种调味佐料产生麻辣以麻痹味觉,尤其擅用三椒(花椒、辣椒、胡椒),突出菜肴的家常、麻辣、怪味、鱼香的厚重之味。可分筵席、三蒸九扣、便餐、家常风味与小吃五类风味。筵席名菜有干烧鱼翅、樟茶鸭子、虫草鸭子、清蒸江团;三蒸九扣名菜有清蒸杂烩、扣肉、酥肉、扣鸡、扣鸭;便餐有鱼香肉丝、水煮肉片、麻婆豆腐(具有麻、辣、油、烫、咸、嫩、滑的特点);家常风味有回锅肉、毛肚火锅、蒜泥白肉;民间小吃有夫妻肺片、灯影牛肉、小笼蒸牛肉。

以广州为发源地的粤菜,多方吸收北方和华东地区移民的菜肴特色,17世纪以来首先与欧洲通商,善于博采众长。计有广州菜、潮州菜、客家菜三个菜种,涵盖了三个相应的方言区的境域,广及广东、广西、海南、福建、赣南和港、澳、台地区。广州菜,擅制野味,为其他菜系所不及,蛇馔尤其驰名;技法精于炒、烧、烤、烘;名菜有烤乳猪、清平鸡、蛇羹、鼎湖上素。潮州菜又称潮汕菜,喜用沙茶酱、鱼露、橘汁,偏重香醇、浓淡相宜;名菜有竹筒鱼、炸虾枣、炽鸳鸯膏蟹。客家菜又最叫东江菜,源于中州,用料以肉为主,少用海鲜,口味偏咸,酥香浓郁;技法长于焖、炖、煲、焗;名菜有东江咸焗鸡、扁米酥鸡、东江大鱼丸。

19世纪以来,各大菜系,又产生了分支,浙江、安徽、湖南、福建分别从苏菜、川菜、粤菜独立成系,于是产生了八大菜系之说,但万变难离其宗,后起之秀,其宗师仍不出四系。中国美味随着华人的足迹,在东南亚、非洲、北美、南美、澳洲和欧洲到处生根,中华菜肴的成就才能得到世界各地公众的认可,而成为可与西餐相媲美的一大菜系。现今世界各大都市,自纽约、三藩市到巴黎、伦敦、阿姆斯特丹、汉堡、罗马、马德里、巴塞罗那和莫斯科,中式餐馆已成东亚餐饮业的巨子,世界各国的公众都能方便地随处品尝到这个养活了世界上人口最多的国家的美味佳肴。中华美食终于在世界餐饮体系中,起到了扮演重要角色的作用。

十、 独树一帜的东亚建筑与庭园艺术

人类所使用的建筑材料,大致有泥土、石头、砖头、竹木材和钢筋混凝土几大类,泥土、石头、竹子和木材都是天然材料,砖头和钢筋混凝土是经过加工的合成材料,前者已有3 000多年历史,而后者的出现总共才100多年。在进入文明社会以后,人们大多仍然依靠天生的材料,修筑他们的居室、会所、仓库、祭坛和陵墓。公元前一千纪,许多文明国家经历了从木头和泥土建筑过渡到用石头和砖块打造建筑物的转折时期。此后,世界上只有三类地区在建筑文化上继续保持着本地独

特的文化特色。一类是北方温带大陆性气候的北缘和亚寒带针叶林气候地区,用原木作建材的方式;一类是热带沙漠气候地区,以泥坯为主要建材的方式;另外一类是在,亚洲东部温带季风气候和欧亚大陆腹地的干燥带之间,呈现的一条半月形的中间过渡带,北边起自大兴安岭、长城沿线,中经岷山、邛崃山至澜沧江一线,是高原灌木丛与草原分布地区,为其西人口稀少的畜牧区与其东人口密集的农业区的天然分界线。在这条线以东地区,最主要的建筑用材和建筑方式是砖木结构,是以木头为主要构架,而以砖块为辅材的建筑方式流行的地区,这种建筑结构方式分布在中华文明最早升起的地方,构建了砖木结构的中华建筑文化。

秦汉时代木结构建筑有了抬梁式、穿斗式、井干式和竹木结构、下部柱脚托空的干栏式,共计四种式样的木结构建筑方式。承托沉重的屋面的斗拱,自西周开始出现,后来越做越细,柱的做法也有圆形、方形、八角形和束竹柱,各各不同。5世纪起,从天水麦积山石窟、太原天龙山石窟等建筑得知,已经注意用材的模数,以拱枋的材高为设计的基本模数,加以规格化。

到了隋唐时代,木架建筑中的基本构件柱、梁、斗拱、榫卯,逐步定型化、规格化,在施工时可以方便地采用大量预制构件,加快建设进度,隋代重建长安、洛阳两大都城,因而只用了一年多时间便完成了。唐代建筑技术的成熟和城市生活的繁荣,促使在建筑业中更多采用泥坯和砖块。建成在782年的五台山南禅寺大殿、辽代在984年竣工的蓟县独乐寺山门和观音阁,是少数遗留至今最早的砖木结构建筑,都已体现了以材计"分"的设计理念。随即在7世纪后期传入日本,实物有604年圣德太子创建的法隆寺,因失火在680—710年重建,就已改用了模数制的新概念。砖的大量运用,由于洛阳宫城采用砖包砌城墙而用到了修筑城墙上,8、9世纪后,像苏州、成都这样的"道"(全国共分十道)一级官员的驻地,都相继用砖砌城墙。

10世纪以后,砖木结构的建筑物便层出不穷了。南方江浙地区先进的建筑技术自7世纪和10世纪两次输入到北方中原地区后,逐渐扭转了隋唐到北宋的官式建筑始终以北方的中原为主体的官式建筑格局,在北宋官方颁发的土木工程技术标准《营造法式》(1103)中,出现了南方建筑术语琴面卯、月梁形阑额、梁下加顺栿串等工程做法,随后福建式样的佛寺建筑,立即由旅华日僧东传日本。南方建筑工程模式最后在15世纪奠定了它的主导地位,1403年登位的永乐皇帝,从1407年按照南京宫殿形制开始营建他的北京宫殿,由苏州土木工程家蒯祥具体负责,1420年竣工后,正式迁都北京。后来清代稍加改造,成为保存至今的明清故宫。12世纪以来江浙地区采用顺栿串的工程技艺,在明初北方建筑中运用时,改称随梁枋或跨空枋,明初西安鼓楼的扩建、北京长陵稜恩殿、紫禁城中的皇极殿

（今太和殿）、建极殿（今保和殿）和太庙等建筑都采用了这类南京官式建筑，从此正式成为明清两代的官式建筑范式，一直流行到20世纪初。

中国的长城，号称万里，始自公元前3世纪的战国时期，公元前221年秦国吞并六国一统中国后，为对付北方匈奴和东胡民族的南侵，对秦、赵、魏、燕诸国的长城重加修筑，用夯土板筑，由今天甘肃境内的临洮（岷县）向东经陕西北部、山西、河北、内蒙古延伸到辽东，深入到朝鲜半岛的大同江口。长城在古代即已传扬欧洲，被拜占庭帝国仿效，后人以之列入世界七奇，受世人推崇。后来明代中叶再修长城，使用了条石墙、块墙、内包夯土和三合土的砖墙以及夯土墙和木板墙，修筑在重峦叠嶂蜿蜒起伏的山脉分水岭上，东起鸭绿江，西至甘肃西部的嘉峪关，全长12 700里，其中更有许多里外两重的复线工程，总长超过6 500公里。这项工程到16世纪末才基本完成，保存到今的就是明长城。长城每隔一定距离设有敌台、烽燧，居高临下，在进出要道建立关口，多至一千以上，八达岭上拱卫北京的居庸关以及雁门关、古北口、慕田峪等处的建筑尤其险峻、雄伟，墙高平均达到7—8米，墙基可达6—7米。连绵万里的长城因此蔚为世界奇观，足以熠服世人。曾先后出访过130多个国家的英国女王维多利亚二世，在1986年曾率领一个庞大的代表团访问中国，她登临了居庸关后，不禁赞赏长城是她见到的世界上最瑰丽的建筑。女皇的这番感受验证了宇航员在太空飞行中观察地球时，首先察觉的便是中国的长城，这样一项伟大的地标性工程的真实意义。长城在地表上的延伸，实在不下于埃及的金字塔之伸向空间与之争高。不同的是，中国人为此所争取的是千百万人的生存权利，而法老所想到的只是他的灵魂必须伸天，才能回归自然。

从北宋开始，一条北起汴京（开封）贯通江浙地区杭州的大运河开通，促使江南地区的商品经济大为活跃，海外交通的发达，传统的丝绸之路的堰塞，经济重心的南移，使得素以中心自居的中原，逐渐蜕变成僻处内地的政要的聚居地，大运河正好弥补了这一日渐强化的缺陷，增强了内地与沿海地区的联系。受皇室权贵倡导，写意式山水园林成为运河沿线各地富豪追求奢侈生活的时尚。起到了倡导作用的是，北宋在开封修筑皇家园林，用太湖地区的珍异花木、玲珑剔透的太湖石运往开封，称"花石纲"（"纲"是运输单元）。明清两代，此风大行，有钱人家纷起构筑模拟自然景观的缩微式仿真山水园，衙署、会馆、寺观也都建设花园，优化环境。寺院的花园对进香者开放，使园林最早面向公众，在城市和郊外体现人和自然合一的环保意识。

明代苏州是江苏巡抚驻地，属于省府一级，私家园林多达270处，是江南园林的代表。苏州的沧浪亭是宋代诗人苏舜钦的别业，狮子林是元代园林，拙政园、艺圃是明代城内园林，城西有留园；清代城内有网师园、环秀山庄、耦园，东城外有退思园。九处园林在 2000 年全成了世界文化遗产。拙政园的河光山影、庑廊萦回、堂榭陈设，沧浪亭的环湖水景，狮子林的假山，网师园的环池亭榭，都独具特色，在宅园中领略山水野趣，品赏茶木，构筑出诗情画意的情景美。明代江南名园还有上海豫园、南京瞻园、无锡寄畅园、杭州皋园，环拱苏地。苏州作为中国江南园林胜地，渐成周边地区造园的楷模，在明清两代蔚然成气。

北京的皇家园林和私家园林在明清两代不断扩建，形成了北海、中海、南海三水相连、楼台参差的图画景观。北京西郊在清代建成的行宫苑囿，有香山静宜园、玉泉山静明园、万寿山畅春园、圆明园、清漪园，总称三山五园。乾隆年间圆明园扩建成四十景，纳入杭州西湖、绍兴兰亭、庐山西峰、武陵春色，名山大川尽集园中。

17 世纪，专重人工规范与修正的西方园林，正从意大利向法兰西扩散，在欧洲鼓噪一时，却遭到了来自英国文人的反对，继而在法国国内，也有中国癖好的伏尔泰，向普鲁士国王表露了他对红极一时的凡尔赛花园的厌倦，在 18 世纪中期引发了中英式庭园对抗西方规正园的逆流。这时年轻的乾隆帝却蓄意要发扬光大中国庭园建筑艺术，并对西洋宫殿建筑兼收并蓄，花大力打造了长春园欧式宫殿，以示中华文明足以容纳欧洲文明。

到了 19 世纪，长春园虽毁于欧洲人的炮火，但不久，又有颐和园崛起于北京西郊海甸，继续发扬中国庭园建筑艺术。而西式花园随着开埠城市的租界，成了中国土地上的公园，从上海逐渐推向各地，渐成时代风气。旧式的中国庭园却因政局动荡、战乱蔓延、人事全非，一度几乎成为绝版。直到 20 世纪的 80 年代，象征着中国艺术建筑的园林艺术才再度走出国门，从纽约大都会博物馆打造苏州网师园中的明轩，显示中国庭园建筑的小品起始，逐步走向世界各地。于是亚洲、欧洲、澳大利亚、埃及和北美国家，重又向中国热情地伸出双手，欢迎中国庭园到它们那里去落户。

庭园建筑艺术虽然分成东、西两大派别，而且各异其趣，体现了彼此不同的价值观、生活节奏与审美情趣；但也必须看到，两派技艺各有所长，各有所取，只有兼收并容，方能相映成趣，相得益彰。

参考书目

一、史料·文献

1. 袁珂《山海经校译》,上海古籍出版社,1985。

2.《逸周书》,齐鲁书社,2000。

3.《史记·大宛列传》,中华书局标点本,1959。

4.《汉书·西域传》,中华书局标点本,1962。

5.《三国志·裴松之注》,中华书局标点本,1959。

6.《后汉书·西域传》,中华书局标点本,1965。

7.《魏书·西域传》,中华书局标点本,1974。

8.《梁书》,中华书局标点本,1973。

9.《隋书》,中华书局标点本,1973。

10.《北史》,中华书局标点本,1974。

11.《南史》,中华书局标点本,1975。

12.《旧唐书·西域传》,中华书局标点本,1975。

13.《新唐书·西域传》,中华书局标点本,1975。

14.《宋史·外国传》,中华书局标点本,1977。

15.《明史·外国传》,中华书局标点本,1974。

16.《明实录类纂·涉外史料卷》,武汉出版社,1991。

17. 王谟辑《汉唐地理书钞》,中华书局。

18.《法显传》(《佛国记》),章巽校注,上海古籍出版社,1985。

19. 玄奘《大唐西域记校注》,季羡林、张广达等校注,中华书局,1985。

20. 义净《南海寄归内法传校注》,王邦维校注,中华书局,1995。

21. 杜佑《通典》,商务印书馆,1935;中华书局,1988。

22. 段成式《酉阳杂俎》正续集,商务印书馆,《丛书集成》本。

23. 刘恂《岭表录异》,商务印书馆,《丛书集成》本。

24. 真人元开《唐大和上东征传》,汪向荣校注,中华书局,1979。

25. 李昉《太平御览》,中华书局,1960。

26. 庞元英《文昌杂录》，商务印书馆，《丛书集成》本，1936。

27. 周去非《岭外代答校注》，杨武泉校注，中华书局，1999。

28. 赵汝适《诸蕃志校注》，冯承钧校注，中华书局，1956；韩振华注补本，《韩振华选集》之二，香港大学亚洲研究中心，2000。

29. 陈大震《南海志》，元大德刻本。

30. 刘郁《西使记》，商务印书馆，《丛书集成》本。

31. 汪大渊《岛夷志略考释》，苏继顺校释，中华书局，1981。

32. 陈诚、李暹《西域番国志》，周连宽校注，中华书局，1991。

33. 费信《星槎胜览》，冯承钧校注，中华书局，1954。

34. 马欢《瀛涯胜览》，万明校注，海洋出版社，2005。

35. 《郑和航海图》，向达校注，中华书局，1961。《新编郑和航海图集》，朱鉴秋、李万权 编制，人民交通出版社，1988。

36. 严从简《殊域周咨录》，中华书局，1993；《续修四库全书》2735 册。

37. 张燮《东西洋考》，中华书局，1981。

38. 何乔远《闽书》，福建人民出版社，1995；《续修四库全书》。

39. 王之春《清朝柔远记》，中华书局，1989。

40. 梁廷枏《粤海关志》，台北成文出版社，1968；《续修四库全书》835 册。

41. 吴相湘编《天主教东传文献》(10 册)，台湾学生书局，1965，1966，1976。

42. 《耶稣会士中国书简集》(1—6 卷)，大象出版社，1994 年，中华书局，重订本。

43. 张星烺《中西交通史料汇篇》(1—6 册)，辅仁大学，1930；上海书店影印民国丛书本，1994；中华书局，1977 年重订本。

44. 陈翰笙主编《华工出国史料汇编》(1—10 辑)，中华书局，1980—1985。

45. 梁方仲编《中国历代户口、田地、田赋统计》，上海人民出版社，1980。

二、论著

1. 牟复礼、崔瑞德编《剑桥中国明代史》，中国社会科学出版社，1992。

2. 费正清主编《剑桥中国晚清史》，中国社会科学出版社，1992。

3. 方豪《中西交通史》，中国文化大学出版部，1977；湖南岳麓书社，1987。

4. 夏鼐《中国文明的起源》，文物出版社，1985。

5. 周一良主编《中外文化交流史》，河南人民出版社，1987。

6. 何芳川主编《中外文化交流史》，国际文化出版公司，2008。

7. 陈高华、陈尚胜《中国海外交通史》，文津出版社，1997。

8. 朱杰勤《中外关系史论文集》,河南人民出版社,1984。

9.《陈序经东南亚古史研究合集》,香港商务印书馆,1992。

10. 冯承钧《中国南洋交通史》,商务印书馆,1937。

11. 沈福伟《中西文化交流史》(二版),上海人民出版社,2005,2014。

12. 忻剑飞《世界的中国观——近二千年来世界对中国的认识史纲》,学林出版社,1991。

13. 武斌《中华文化海外传播史》,陕西人民出版社,1996。

14. 张国刚、吴莉苇《中西文化关系史》,高等教育出版社,2006。

15. 李金明《明代海外贸易史》,中国社会科学出版社,1990。

16. 朱谦之《中国哲学对于欧洲的影响》,福建人民出版社,1983。

17. 万明《中葡早期关系史》,社会科学文献出版社,2001。

18. 温雄飞《南洋华侨通史》,东方印书馆,1929。

19. 徐宗泽《中国天主教传教史概论》,上海土山湾印书馆,1938;上海书店,1990。

20.《郑和下西洋研究文选》(1905—2005),海洋出版社,2005。

21. 季羡林《中印文化关系史论文集》,三联书店,1983。

22. 沈福伟《中国与非洲文化交流研究》,新疆人民出版社,2010。

23. 沈福伟《中国与西亚文化交流研究》,新疆人民出版社,2010。

24. 沈福伟《中国与欧洲文明》,山西教育出版社,2017。

25. 朱谦之《扶桑国新证》,商务印书馆,1940。

26. 罗荣渠《现代化新论——世界与中国的现代化进程》,北京大学出版社,1993。

27. 卢嘉锡主编《中国科学技术史》(多卷本),科学出版社,1998—2007。

28. 耿昇《中法文化交流史》,云南人民出版社,2012。

三、译著

1.《丝绸之路》,(法)阿里·玛扎海里著,耿昇译,中华书局,1993。

2.《发现中国》,(法)雅克·布鲁斯著,耿昇译,山东画报出版社,2002。

3.《交广印度两道考》,(法)伯希和著,冯承钧译,中华书局,1955。

4.《中国南海古代交通丛考》,(日)藤田丰八著,何健民译,商务印书馆,1936。

5.《西域研究》,(日)藤田丰八著,杨鍊译,商务印书馆,1935。

6.《西突厥史料》,(法)沙畹著,冯承钧译,商务印书馆,1935;2004新版。

7.《希腊拉丁作家远东古文献辑录》,(法)戈岱司编,耿昇译,中华书局,2001。

8.《亚历山大远征记》,(希腊)阿里安著,李活译,商务印书馆,1979。

9.《阿拉伯波斯突厥东方文献译注》,(法)费琅编,耿昇译,中华书局,1989。

10.《苏门答剌古国考》,(法)费琅著,冯承钧译,中华书局,1955。

11.《中国印度见闻录》,(阿)苏莱曼著,穆根来、汶江等译,中华书局,1983。

12.《蒲寿庚考》,(日)桑原隲藏著,陈裕菁译,中华书局,1929。

13.《世界征服者史》,(伊朗)志费尼著,何高济译,内蒙古人民出版社,1980。

14.《马可波罗游记译注》,(法)韩伯诗注,耿昇译,中华书局。

15.《马可波罗游记》,梁生智译,中国文史出版社,1998。

16.《异境奇观》,(摩洛哥)伊本·白图泰著,李光斌译,海洋出版社,2008。

17.《中国印刷术的发明和它的西传》,(美)卡特著,吴泽炎译,商务印书馆,1990。

18.《唐代的外来文明》,(美)谢弗著,吴玉贵译,中国社会科学出版社,1995。

19.《内亚研究文选》,(美)丹尼斯·塞诺著,北京大学历史系译,中华书局,2006。

20.《中国伊朗编》,(美)劳费尔著,林筠因译,商务印书馆,1964。

21.《利玛窦中国札记》,何高济译,中华书局,1983。

22.《阿维斯塔》,贾利尔·杜斯特哈赫选编,元文琪译,商务印书馆,2005。

23.《犍陀罗佛教艺术》,(英)约翰·马歇尔著,许建英译,新疆美术摄影出版社,1999。

24.《西域考古图记》(1—5册),(英)奥莱尔·斯坦因著,刘文锁等译,广西师范大学出版社,1998。

25.《日中文化交流史》,(日)木宫泰彦著,胡锡年译,商务印书馆,1980。

26.《巴达维亚华人与中荷贸易》,(荷)包乐史著,庄国土译,广西人民出版社,1997。

27.《欧洲与中国》,(英)G.F.赫德逊著,李申等译,中华书局,1995;2004。

28.《罗马与中国》,(美),F.J.梯加特著,丘进译,人民交通出版社,1994。

29.《十八世纪中国与欧洲文化的接触》,(德)利奇温著,朱杰勤译,商务印书馆,1962,1991。

30.《中国对法国哲学思想形成的影响》,(法)维吉尔·毕诺著,耿昇译,商务印书馆,2013。

31.《出使蒙古记》,道森编,中国社会科学出版社,1983。

32.《中国和基督教》,谢和耐著,耿昇译,上海古籍出版社,1991。

33.《意大利与中国》,白佐良、马西尼著,商务印书馆。

34.《中华帝国对外关系史》,(美)马士著,张汇文等译,商务印书馆,1957,1963。

35.《清代西人见闻录》,中国人民大学出版社,1985。

36.《世界名人论中国文化》,清华大学思想文化研究所编,湖北人民出版社,1991。

37.《亲历晚清四十五年——李提摩太在华回忆录》,李宪堂、侯林莉译,天津人民出版社,2005。

四、西文书目

1. 艾兹哈德:世界史中的中国

Adshead, S.A.M., *China in World History*, Basingstoke：MacMillan Press, New-York：St. Martin's Press, 2000, 3rd ed.

2. 艾兹哈德:欧洲和中国的物质文化:保护消费运动

Adshead, S.A.M., *Material Culture in Europe and China, 1400—1800：The Rise of Consumerism*, Basingstoke：Macmillan Press, New York：St.Martin's Press, 1997.

3. 阿尔逊:蒙古统治下的欧亚草原文化

Allsen, Thomas T., *Culture and Conquest in Mongol Eurasia*, Cambridge, U.K.；New York：Cambridge University Press, 2001.

4. 夏里昂:从蒙古到多瑙河的游牧帝国

Chaliand, Gérard., *Nomadic Empires：from Mongolia to the Danube*, trs. from the French by A.M.Berrett, New Brunswick, N.J.：Transaction Publishers, 2004.

5. 康纳尔:西方世界的东方建筑

Conner, Patric., *Oriental Architecture in the West*, Thames and Hudson Ltd, London, 1979.

6. 费正清:新编中国史

Fairbank, John King, *China：A New History*, New York, 1992.

7. 吉尔曼,克林凯特:1500 年前亚洲的基督教徒

Gillman, Ian & Klimkeit, Hans-Joachim, *Christians in Asia before 1550*, Ann Arbor：University of Michigan Press, 1999.

8. 格拉曼:荷兰与中国的贸易,1620—1720

Glamann, Kristof, *Dutch-Asiatic Trade, 1620—1720*, The Hague, 1980.

9. 约可布逊:中国风

Jacobson, Dawn, *Chinoiserie*, Phaidon Press Limited, London, 1993.

10. 乔利:中国风,17—18 世纪中国对欧洲装潢艺术的影响

Jarry, Madeleine, *Chinoiserie*：*Chinese influence on European Decorative Art 17ᵗʰ and 18ᵗʰ Centuries*, New York：Vendome Press, London：Sotheby Publications, 1981.

11. 乔格:瓷器和荷兰对华贸易

Jorg, C. J. A., *Porcelain and the Dutch China Trade*, The Hague：Martinus Nijhoff, 1982.

12. 拉希:16—18 世纪欧洲人眼中的亚洲

Lach, Donald F., *Asia in the Eyes of Europe*：*Sixteenth through Eighteenth Century*, The University of Chicago Library, 1991.

13. 赖德烈:基督教对华传教史

Latourette, Kenneth S., *A History of Christian Mission to China*, New Nork：Macmillan, 1929.

14. 赖德烈:中美早期关系史

Latourette, Kenneth S., *History of the Early Relations between the United States and China*, *1784—1844*. New Haven：Yale University Press, 1917.

15. 奥尔良:中国留学生在美国

Orleans, Leo A., *Chinese Students in America*, National Academic Press, Washington D.C. 1988.

16. 赖斯:斯基泰民族

Rice, Tamara Talbot, *The Scythians*, London, 1957.

17. 罗斯托夫采夫:南俄和中国的动物纹饰

Rostovtzeff, Michael Ivanovitch, *The Animal Style in South Russia and China*, Princeton：Princeton University Press, 1929.

18. 舒尔兹:马尼拉大帆船

Schurz, W.L., *The Manila Galleon*, New York, 1959.

19. 沃尔克:瓷器和荷兰东印度公司

Volker, T., *Porcelain and Dutch East India Company as Recorded in the Dagh—Registers of Batavia Castle*, *1602—1682*, Leiden：Brill, 1954.

20. 卫理贤:中国精神

R.Wilhelm, *The Soul of China* (*English translation*), New York：Harcourt, 1928.

图书在版编目(CIP)数据

东亚文明八千年/沈福伟著.—上海:上海人民
出版社,2023
ISBN 978-7-208-16032-3

Ⅰ.①东⋯　Ⅱ.①沈⋯　Ⅲ.①文化史-研究-东亚
Ⅳ.①K310.03

中国版本图书馆 CIP 数据核字(2021)第 221788 号

责任编辑　史　文
封面设计　夏　芳

东亚文明八千年

沈福伟　著

出　　版	上海人民出版社	
	(201101　上海市闵行区号景路 159 弄 C 座)	
发　　行	上海人民出版社发行中心	
印　　刷	苏州工业园区美柯乐制版印务有限责任公司	
开　　本	720×1000　1/16	
印　　张	52.5	
插　　页	5	
字　　数	924,000	
版　　次	2023 年 4 月第 1 版	
印　　次	2023 年 4 月第 1 次印刷	

ISBN 978-7-208-16032-3/K・2882

定　　价　258.00 元